美国车系自动变速器维修手册

曹利民　主　编

金盾出版社

内 容 提 要

本书选择了美国公司在我国生产或销售的主力车型的十四款自动变速器进行介绍，主要内容包括各款自动变速器的技术参数、使用保养、结构特点、动力传递路线、控制原理、故障诊断及各部件的维修拆装要领等。

本书可供具有一定修理经验的汽车维修技术人员、汽车维修管理人员、汽车工程技术人员和大专院校相关专业的师生参考。

图书在版编目(CIP)数据

美国车系自动变速器维修手册/曹利民主编. --北京：金盾出版社，2010. 12
ISBN 978-7-5082-6214-7

Ⅰ. ①美… Ⅱ. ①曹… Ⅲ. ①汽车－自动变速装置－车辆修理－技术手册 Ⅳ. ①U472. 41-62

中国版本图书馆 CIP 数据核字(2010)第 025882 号

金盾出版社出版、总发行

北京太平路 5 号(地铁万寿路站往南)
邮政编码：100036 电话：68214039 83219215
传真：68276683 网址：www. jdcbs. cn
封面印刷：北京精美彩色印刷有限公司
正文印刷：北京金盾印刷厂
装订：永胜装订厂
各地新华书店经销
开本：787×1092 1/16 印张：45. 75 字数：1260 千字
2010 年 12 月第 1 版第 1 次印刷
印数：1～6 000 册 定价：89. 00 元

前　言

美国车系自动变速器在我国的装车率比其他车系要高得多，有些车型自动变速器的装车率达到了100%。自动变速器集机械、电子、液压等装置于一体，结构复杂，种类繁多，且不同车型自动变速器的结构差异较大，其故障诊断与维修难度高居汽车的各大总成之首。与手动变速器相比，自动变速器的故障率稍高，加之我国的油品、路况、环境、驾驶人的驾驶习惯等因素，在使用自动变速器的过程中出现了各种各样的故障，除了各车型的专业维修站外，一般修理厂也正越来越多地接触这些自动变速器，他们急需这一方面的资料。为此，我们组织国内著名专家和专业技师编写了这本《美国车系自动变速器维修手册》。

本书对所选十四款自动变速器的技术参数、使用保养、结构特点、动力传递路线、控制原理、故障诊断及各部件的维修拆装要领等作了详细的阐述。

在编写过程中，注意突出以下特点：

1. 涵盖车型广

本书精选了美国三大公司在我国国内生产或销售的主力车型的14种自动变速器进行介绍，所选车型的保有量大，技术含量高，自动变速器款型新，共涵盖几十个车型。

2. 针对性强

本书按车型分章，每章介绍一个箱型，读者在修理中遇到某具体型号的自动变速器故障时，可迅速查找到解决问题的办法。

3. 注重实用

本书对自动变速器使用、日常保养、正确操作、检查调整、结构与装配、故障诊断与排除及维修数据等作了详细介绍，而对广大修理人员都已熟悉和掌握的内容则从略。

4. 权威性强

参加本书编写的人员有国内知名专家、相关厂家和科研院所的汽车科技人员及维修一线的技术人员，使本书集实用性与权威性于一身。

5. 内容新颖，通俗易懂

本书对目前自动变速器的先进技术作了全面介绍。在叙述上深入浅出，通俗易懂，图文并茂，具有初中以上文化程度的维修人员即可读懂。

本书由曹利民担任主编，参加编写的人员有耿勤武、郭中起、杨亚敏、郑永、薛灿、赵振起、秘伟、张强、冯力平、赵津哲、李英、何宝文、张九梁、刘双利、李飞跃、杜强、马吉安、范英浦、白世君、吴利军、张彦峰、李淑颖、高贵娟、陈石庄、雷辉、高文斌、薄秀芳、郝丽芬、李耀、王文春、曹同振、高志合、刘汉文等。

本书在编写过程中，参考了大量国内外技术文献，也得到了有关汽车生产厂家和部门的帮助，在此一并致谢。由于作者水平有限，加之时间仓促，书中差错和疏漏在所难免，恳请广大读者批评指正。

编　者

目　录

第一章　4T45E/4T65E 型自动变速器

2006～2007 款 2.4L 别克君越轿车搭载 4T45E 型自动变速器，2008 款 2.4L 君越轿车搭载 6T40E 型自动变速器，3.0L 别克君越和陆尊轿车搭载改进后的 4T65E 型自动变速器。

第一节　技术参数与结构特点

一、主要技术参数

1. 4T45E 型自动变速器的基本参数

4T45E 型自动变速器是一款电子控制 4 速手/自动一体化自动变速器，适用于发动机横置、前轮驱动的轿车，其基本参数见表 1-1。

表 1-1　4T45E 型自动变速器的基本参数

项目	参数	项目	参数
档位布置	P-R-N-D-M	4 档传动比	0.681
		R 档传动比	2.143
最大发动机转矩(N·m)	225	链条传动比	32/38
最大换档转速(r/min)	6500	主减速器传动比	3.05
变矩器涡轮直径(mm)	245	总有效传动比	3.63
1 档传动比	2.960	油液类型	DEXRON® VI
2 档传动比	1.626	油液容量(L)	卸掉底储油盘:6.5 完全大修:9.0 干燥:12.2
3 档传动比	1.000		

2. 4T45E 型自动变速器主要部件螺栓的紧固力矩

4T45E 型自动变速器主要部件螺栓的紧固力矩见表 1-2。

表 1-2　4T45E 型自动变速器主要部件螺栓的紧固力矩　(N·m)

部件	数量	规格	力矩	部件	数量	规格	力矩
储油盘至变速器壳	12	M6×1.0×19.0	14	管路压力塞至变速器壳	1	1/8-27NPTF	12
油道板至变速器壳	2	M6×1.0×63.0	14	低速档/倒档伺服机构盖至变速器壳	3	M6×1.0×28.0	12
油道板至变速器壳	6	M6×1.0×28.0	12	润滑油油位控制塞至变速器壳	1	1/8-27NPTF	12
油道板至从动链轮支承	2	M6×1.0×28.0	14	润滑油管总成至变速器壳	2	M6×1.0×19.0	12
棘爪簧总成至油道板	1	M6×1.0×19.0	12	润滑油管总成至前进档离合器	1	M6×1.0×19.0	12
驱动链轮支承总成至变速器壳	6	M6×1.0×17.0	12	润滑油管总成至低速档/倒档伺服机构盖	1	M6×1.0×19.0	12
输入轴速度传感器至变速器壳	1	M6×1.0×15.0	12				
中间档/4 档伺服机构盖至变速器壳	3	M6×1.0×28.0	12	输出轴速度传感器至变速器壳	1	M6×1.0×16.0	12

续表 1-2

部件	数量	规格	力矩	部件	数量	规格	力矩
泵至变速器壳	1	M6×1.0×103.0	12	变速器油压力开关至油道板	3	M6×1.0×51.0	14
泵至油道板	1	M6×1.0×63.0	12	变速器油压力开关至油道板	1	M6×1.0×63.0	14
泵至油道板	6	M6×1.0×90.0	12	阀体至变速器壳	2	M6×1.0×103.0	14
侧盖至变速器壳	10	M8×1.25×28.0	28	阀体至变速器壳	5	M6×1.0×90.0	14
侧盖至变速器壳(螺柱)	1	M8×1.25×28.0	28	阀体至油道板	5	M6×1.0×51.0	14
隔板至从动链轮支承	2	M6×1.0×70.0	14	线束卡夹至变速器壳	1	M6×1.0×15.0	12
变速器油压力(TFP)开关总成至变速器壳	2	M6×1.0×90.0	14				

3. 4T45E型自动变速器换档时刻

4T45E型自动变速器换档时刻见表1-3。

表 1-3 4T45E 型自动变速器换档时刻

升档	1-2(±5km/h)			2-3(±6.4km/h)			3-4(±8km/h)		
TP(%)	12.5	25	50	12.5	25	50	12.5	25	50
车速(km/h)	13	18	37	23	31	63	61	63	101
降档	4-3(±6.4km/h)			3-2(±6.4km/h)			2-1(±6.4km/h)		
TP(%)	滑行			滑行			滑行		
车速(km/h)	53			16			10		
TCC	变矩器离合器接合(3档)								
TP(%)	10								
车速(km/h)	40								

二、结构特点

4T45E型自动变速器是前轮驱动电子控制4档自动变速器，有4个前进档(4档为超速档)和一个倒档。由一个单独的自动变速器控制模块(TCM)控制换档时刻和换档时变速器油液压力，TCM通过控制两个换档电磁阀和油压控制电磁阀，使换档快速、平稳。变矩器中锁止离合器为脉宽调制(PWM)电子控制方式，通过精确控制，允许锁止离合器和变矩器壳体间有很小的滑动，使接合更加平稳，改善了行驶平顺性。TCM与发动机控制模块(ECM)通过高速GM LAN通信。4T45E型自动变速器的总体构造如图1-1所示，内部机械部件分解如图1-2所示。

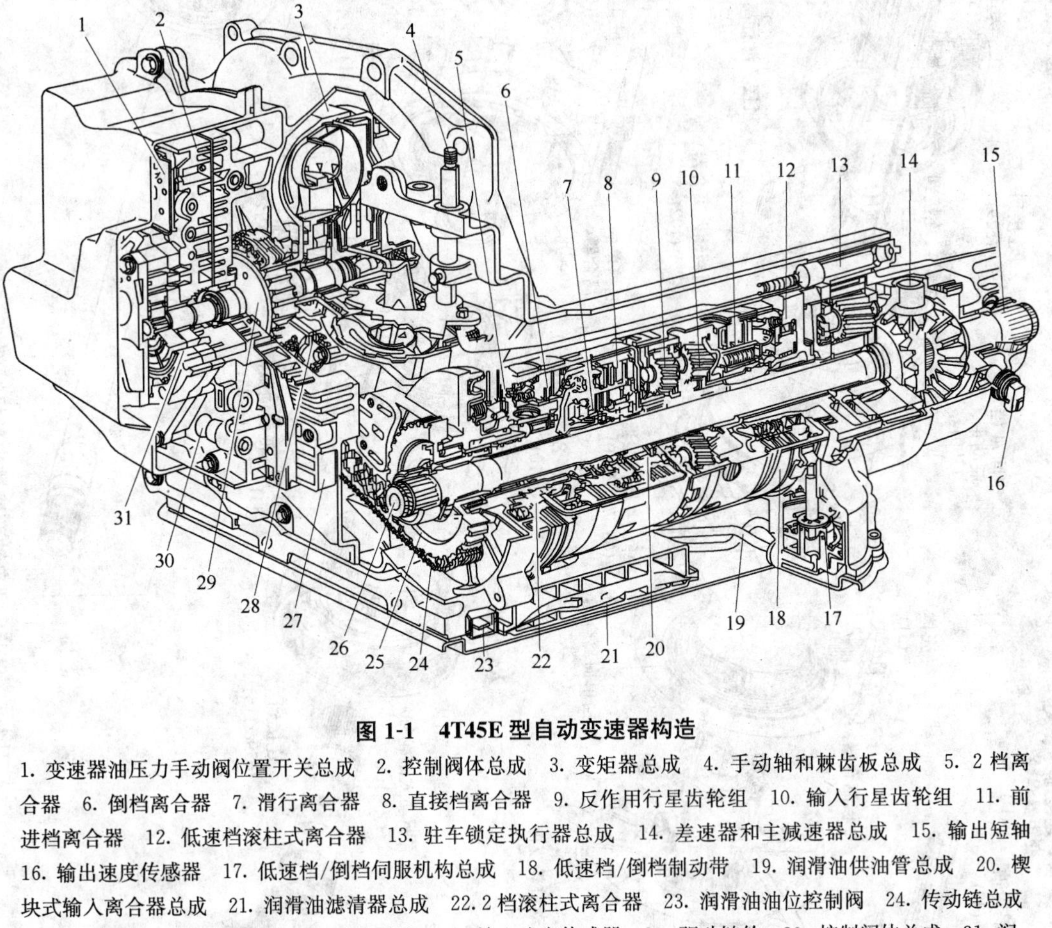

图 1-1 4T45E 型自动变速器构造

1. 变速器油压力手动阀位置开关总成 2. 控制阀体总成 3. 变矩器总成 4. 手动轴和棘齿板总成 5. 2 档离合器 6. 倒档离合器 7. 滑行离合器 8. 直接档离合器 9. 反作用行星齿轮组 10. 输入行星齿轮组 11. 前进档离合器 12. 低速档滚柱式离合器 13. 驻车锁定执行器总成 14. 差速器和主减速器总成 15. 输出短轴 16. 输出速度传感器 17. 低速档/倒档伺服机构总成 18. 低速档/倒档制动带 19. 润滑油供油管总成 20. 楔块式输入离合器总成 21. 润滑油滤清器总成 22. 2 档滚柱式离合器 23. 润滑油油位控制阀 24. 传动链总成 25. 从动链轮 26. 输出轴 27. 油道板总成 28. 输入速度传感器 29. 驱动链轮 30. 控制阀体总成 31. 润滑油泵总成

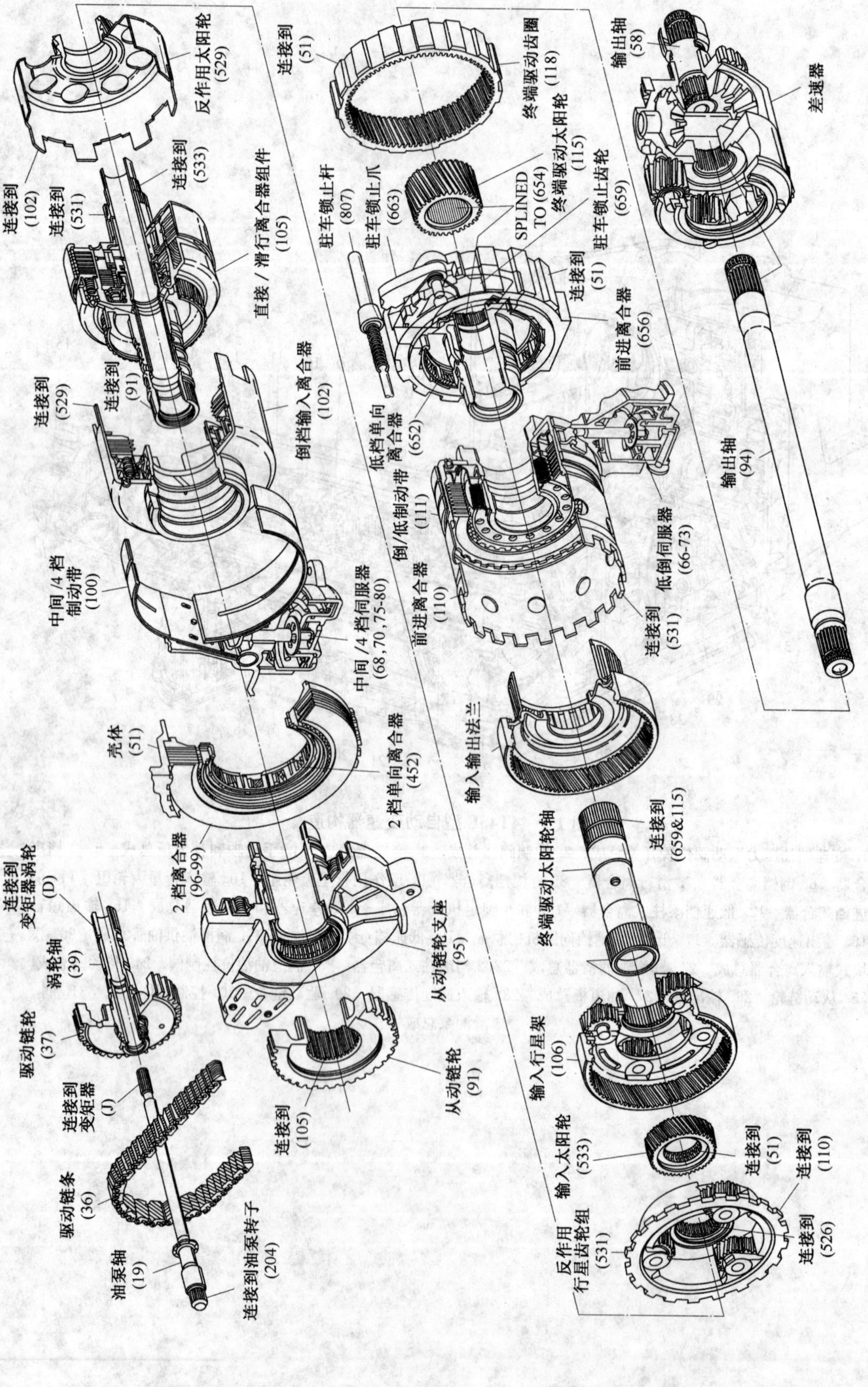

图 1-2　4T45E 型自动变速器内部机械部件

第二节　动力传递路线与换档执行元件

一、动力传递路线分析

4T45E型自动变速器动力传递路线如图1-3所示。由图可知，4T45E型自动变速器采用辛普森式行星齿轮机构，其前排行星齿轮机构内齿圈和后排行星齿轮机构行星架是一体，为动力输出端，前行星架和后齿圈通过前进离合器连接为一体。在4T45E型自动变速器内部有10个换档执行元件，各换档执行元件的作用见表1-4，不同档位时各部件的状态见表1-5。在通用公司给出的资料中，4T45E型自动变速器的档杆布置是P、R、N、D、3、2、1，上海通用生产的君越2.4轿车增加了手/自动一体化功能，档杆布置为P、R、N、D、M，在M位置可以手动加、减档。4T45E型自动变速器的机械部件比较复杂，各档位的动力传递路线不易看懂。如果我们把控制相同部件的离合器和制动器分别合并，如图1-3中的圆框所示，将执行元件合并为6个，这样就容易理解了。

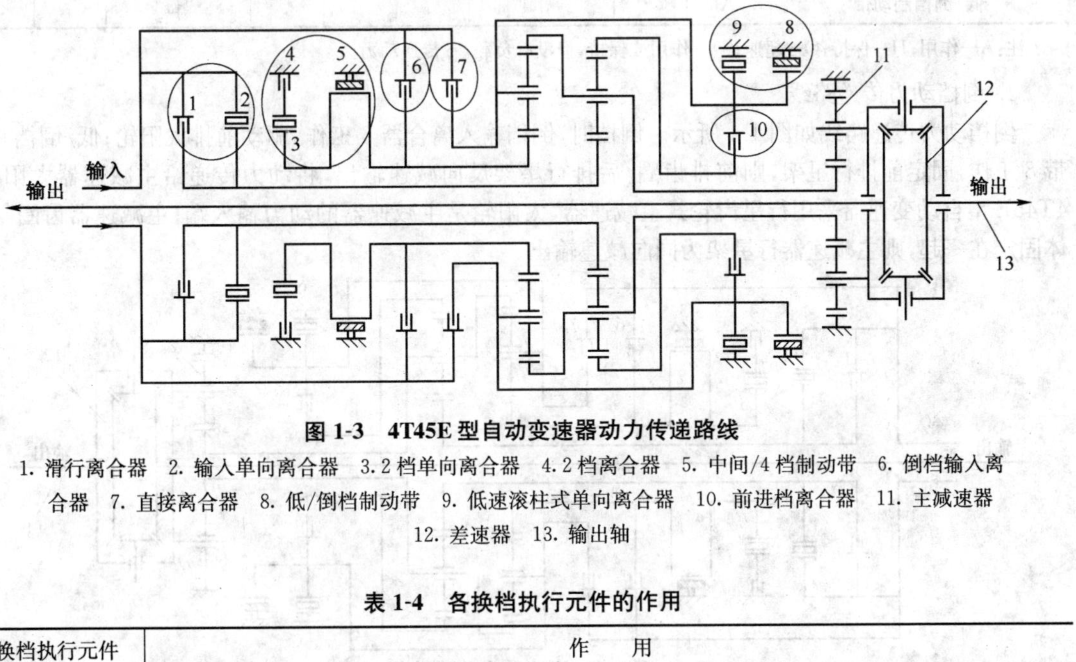

图1-3　4T45E型自动变速器动力传递路线

1. 滑行离合器　2. 输入单向离合器　3. 2档单向离合器　4. 2档离合器　5. 中间/4档制动带　6. 倒档输入离合器　7. 直接离合器　8. 低/倒档制动带　9. 低速滚柱式单向离合器　10. 前进档离合器　11. 主减速器　12. 差速器　13. 输出轴

表1-4　各换档执行元件的作用

换档执行元件	作　用
滑行离合器	驱动后太阳轮
输入单向离合器	锁止时驱动后太阳轮逆时针旋转
2档单向离合器	2档离合器工作时，防止前太阳轮顺时针旋转
2档离合器	通过2档单向离合器防止前太阳轮顺时针旋转
中间/4档制动带	在2、4档时固定前太阳轮
倒档输入离合器	驱动前排太阳轮
直接离合器	驱动前行星架
低速单向离合器	防止前行星架顺时针方向旋转
前进档离合器	接合时连接前行星架和后齿圈，通过低速滚柱式单向离合器防止前行星架/后齿圈顺时针方向旋转
低/倒档制动带	手动1档和倒档时工作，用于固定前排行星架/后排内齿圈

表1-5 工作元件表

操纵手柄位置	R	D				3			2		1
档位	R	1	2	3	4	1	2	3	1	2	1
滑行离合器						A	A	A	A	A	A
输入单向离合器		H	H	H	O	H	H	H	H	H	H
2档单向离合器			H	O			H	O	H		
2档离合器			A	A*	A*		A	A*		A	
中间/4档制动带					A					A	
倒档输入离合器	A										
直接离合器				A	A			A			
低速单向离合器		H				H			H		H
前进档离合器		A	A	A	A*	A	A	A	A	A	A
低/倒档制动带	A										A

注:A—作用;H—保持;O—超速;*—作用或保持,但没有负载,不传递动力。

1. 倒档动力传递路线

倒档动力传递路线如图1-4所示。倒档时,倒档输入离合器6工作,驱动前排太阳轮;低/倒档制动带8工作,固定前排行星架,则前排齿圈/后排行星架反向减速输出,将动力传递给主减速器太阳轮。4T45E型自动变速器采用行星齿轮式主减速器,太阳轮是主减速器的动力输入端;主减速器齿圈与壳体固定在一起,则主减速器行星架为同向减速输出。

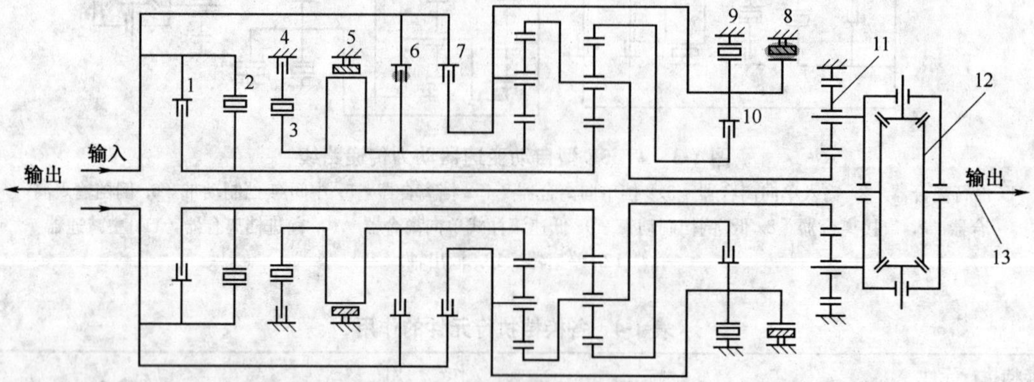

图1-4 倒档动力传递路线

2. 1档动力传递路线

(1)D位1档动力传递路线:D位1档动力传递路线如图1-5所示。在D位1档,输入单向离合器2锁止,驱动后排太阳轮;前进档离合器工作,低速单向离合器锁止,单向固定后排内齿圈/前排行星架,则后排行星架/前排内齿圈同向减速输出,将动力传递给主减速器太阳轮。在D位1档,输入单向离合器和低速单向离合器锁止是动力传递不可缺少的条件,他们不能逆向传递动力,故在D位1档没有发动机制动。

(2)3位1档和2位1档动力传递路线:在3位1档和2位1档,工作元件除D位1档的工作元件外,又增加了滑行离合器工作,虽可增加传递力矩,但低速单向离合器锁止仍是动力传递不可缺少的条件,当动力逆向传递时,它会打滑空转,故在3位1档和2位1档仍没有发动机制动。

(3)1位1档动力传递路线:1位1档动力传递路线如图1-6所示。在1位1档,输入单向离合器锁

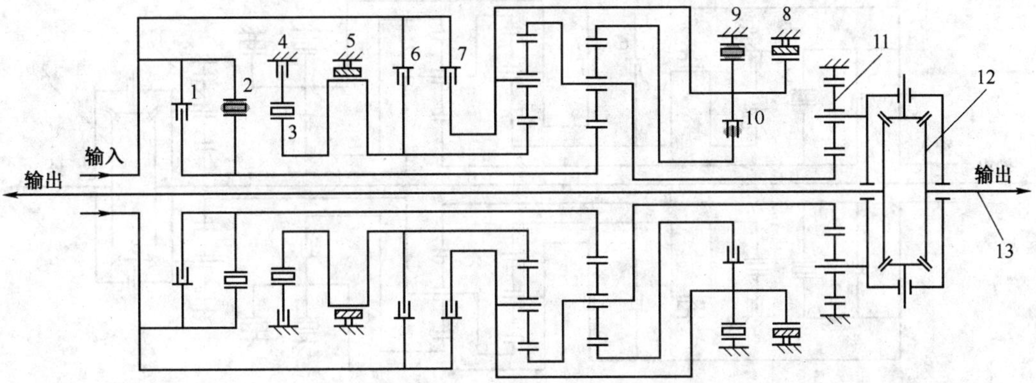

图 1-5　D 位 1 档动力传递路线

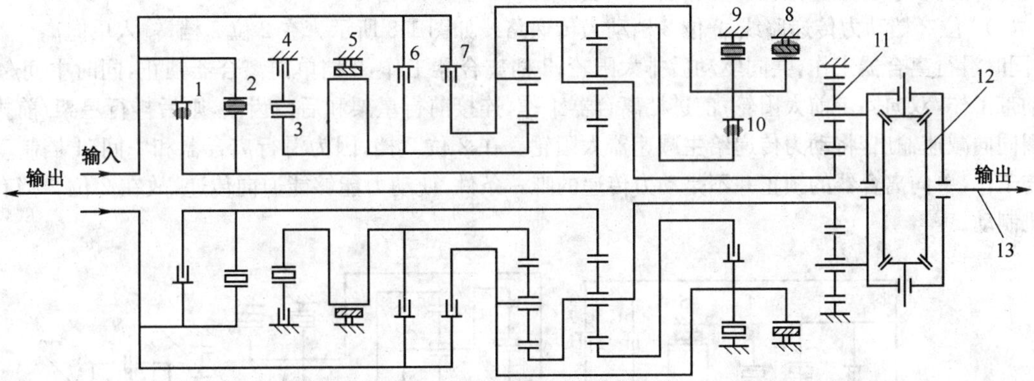

图 1-6　1 位 1 档动力传递路线

止，同时滑行离合器工作，共同驱动后排太阳轮；前进档离合器工作，低速单向离合器锁止，同时低/倒档制动带工作，双向固定后排内齿圈/前排行星架，则后排行星架/前排内齿圈同向减速输出，将动力传递给主减速器太阳轮。由以上分析可知，1 档时只有后排行星齿轮机构参与动力传递，4T45E 型自动变速器输入轴从前向后看是逆时针旋转的。后排太阳轮逆时针旋转，后排齿圈/前行星固定不动，则后排行星架/前排内齿圈逆时针减速旋转。1 位 1 档时，因为滑行离合器和低/倒档制动带参与工作，单向离合器的锁止并不是动力传递的唯一条件，使动力能够逆向传递，故在 1 位 1 档有发动机制动。

3. 2 档动力传递路线

(1)D 位 2 档动力传递路线：D 位 2 档动力传递路线如图 1-7 所示。在 D 位 2 档，输入单向离合器锁止，驱动后排太阳轮；2 档离合器工作，2 档单向离合器锁止，防止前排太阳轮顺时针旋转；前进档离合器工作，连接前行星架和后内齿圈，则后排行星架/前排内齿圈同向减速输出，将动力传递给主减速器太阳轮。在 D 位 2 档，输入单向离合器和 2 档单向离合器锁止是动力传递不可缺少的条件。他们不能逆向传递动力，故在 D 位 2 档没有发动机制动。

2 档时，前、后排行星齿轮机构都参与了动力传递。1 档时前排行星齿轮机构的运动状态是：前行星架固定；前齿圈逆时针旋转；前行星齿轮逆时针旋转；前太阳轮顺时针旋转。2 档时，前太阳轮固定，则前行星架/后齿圈逆时针旋转，低速单向离合器超越打滑。由以上分析可知，对于后行星齿轮机构而言，1、2 档时后太阳轮的状态是相同的；不同之处是 1 档时后齿圈固定，2 档时后齿圈逆时针减速旋转，故 2 档后行星架/前齿圈的转速要高于 1 档。

(2)3 位 2 档动力传递路线：在 3 位 2 档，工作元件除 D 位 2 档的工作元件外，又增加了滑行离合器工作，虽可增加传递力矩，但 2 档单向离合器锁止仍是动力传递不可缺少的条件。当动力逆向传递时，

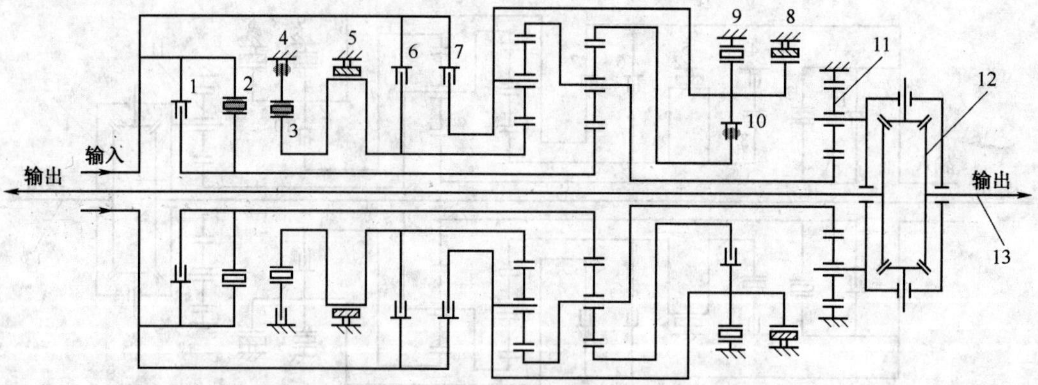

图 1-7　D 位 2 档动力传递路线

它会打滑空转，故在 3 位 2 档没有发动机制动。

(3)2 位 2 档动力传递路线：2 位 2 档动力传递路线如图 1-8 所示。在 2 位 2 档，输入单向离合器锁止，同时滑行离合器工作，共同驱动后排太阳轮；2 档离合器工作，2 档单向离合器锁止，同时中间/4 档制动带工作，双向固定前太阳轮；前进档离合器工作，连接前行星架和后内齿圈，则后排行星架/前排内齿圈同向减速输出，将动力传递给主减速器太阳轮。在 2 位 2 档，因为滑行离合器和中间/4 档制动带参与工作，单向离合器的锁止并不是动力传递的唯一条件，使动力能够能逆向传递，故在 2 位 2 档有发动机制动。

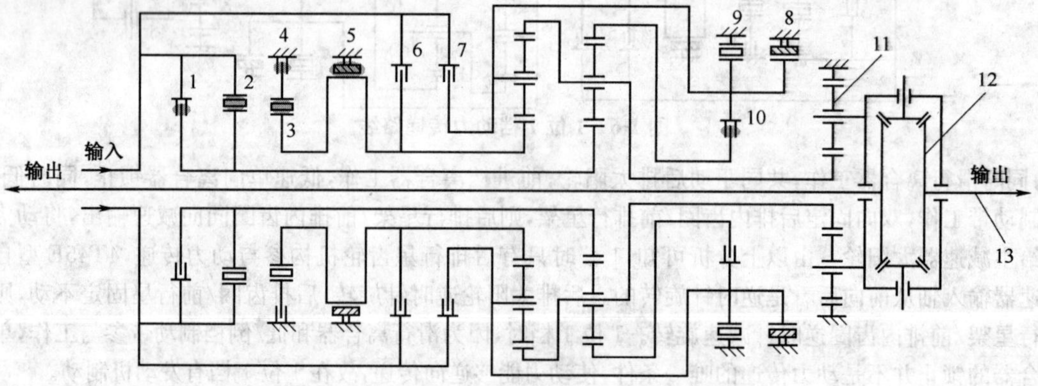

图 1-8　2 位 2 档动力传递路线

4. 3 档动力传递路线

(1)D 位 3 档动力传递路线：D 位 3 档动力传递路线如图 1-9 所示。在 D 位 3 档，输入单向离合器锁止，驱动后排太阳轮；直接离合器工作，驱动前行星架；前进档离合器工作，连接前行星架和后内齿圈，后排行星齿轮机构中的太阳轮和内齿圈被同时驱动，则整个行星齿轮机构以一个整体旋转，传动比为1∶1。在 D 位 3 档，输入单向离合器锁止是动力传递不可缺少的条件，它不能逆向传递动力，故在 D 位 3 档没有发动机制动。

(2)3 位 3 档动力传递路线：3 位 3 档动力传递路线如图 1-10 所示。在 3 位 3 档，除 D 位 3 档工作部件外，还增加了滑行离合器参与工作，输入单向离合器锁止并不是动力传递不可缺少的条件，故在 3 位 3 档有发动机制动。

5. 4 档动力传递路线

4 档动力传递路线如图 1-11 所示。4 档时，直接离合器工作，驱动前行星架；中间/倒档制动带工

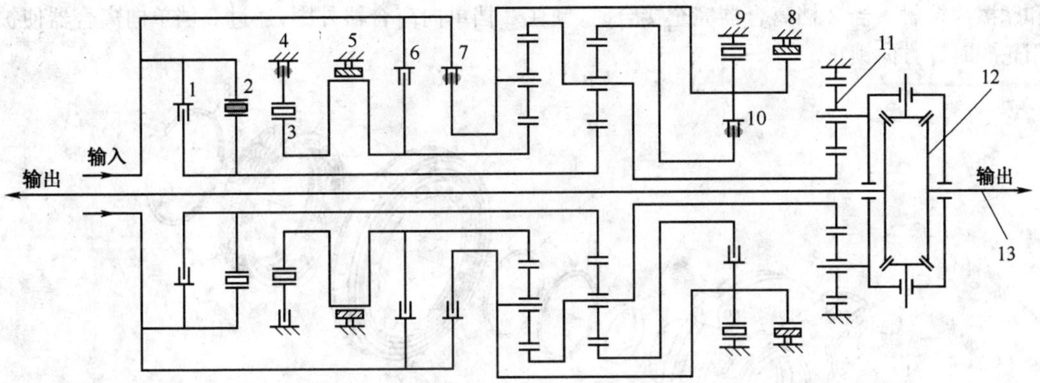

图 1-9　D 位 3 档动力传递路线

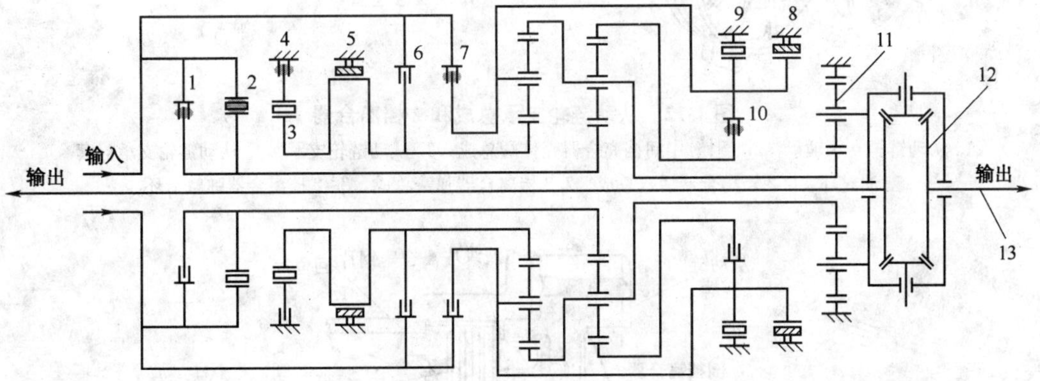

图 1-10　3 位 3 档动力传递路线

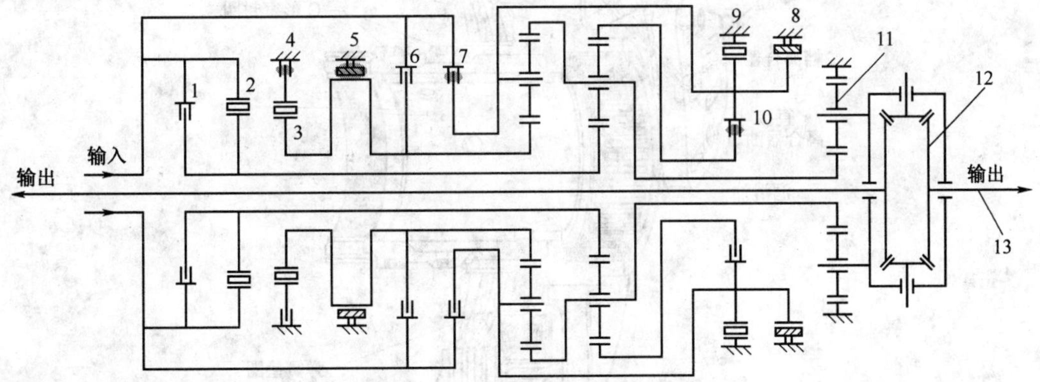

图 1-11　4 档动力传递路线

作,固定前排太阳轮,则后排行星架/前排内齿圈同向增速旋转。在 4 档,因动力传递过程没有单向离合器作用,故有发动机制动。

二、换档执行元件

1. 从动链轮支承总成和 2 档离合器

从动链轮支承总成和 2 档离合器部件分解如图 1-12 所示,2 档离合器工作示意图如图 1-13 所示。2 档离合器安装在从动链轮座与倒档输入离合器毂之间,在 2 档、3 档、4 档时,2 档离合器接合。2 档离合器油路通过从动链轮座到 2 档离合器活塞腔,该油压推动活塞,压缩回位弹簧,活塞持续移动直到钢片和摩擦片接触。当2档离合器完全接合时，锁住2档单向离合器外圈，通过2档单向离合器使被动太阳轮顺时针方向锁止。

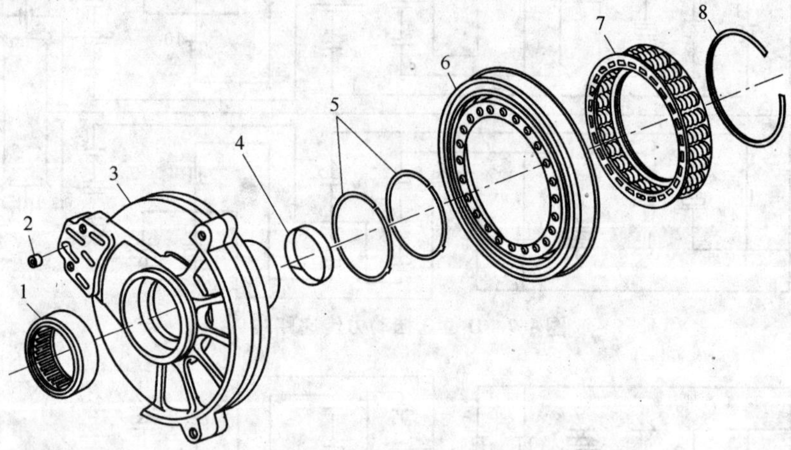

图1-12 从动链轮支承总成和2档离合器

1. 从动链轮支承轴承 2. 倒档/中间档离合器壳体阀总成 3. 从动链轮支承 4. 从动链轮支承衬套 5. 油封环 6. 2档离合器活塞总成 7. 2档离合器弹簧总成 8. 2档离合器弹簧卡环

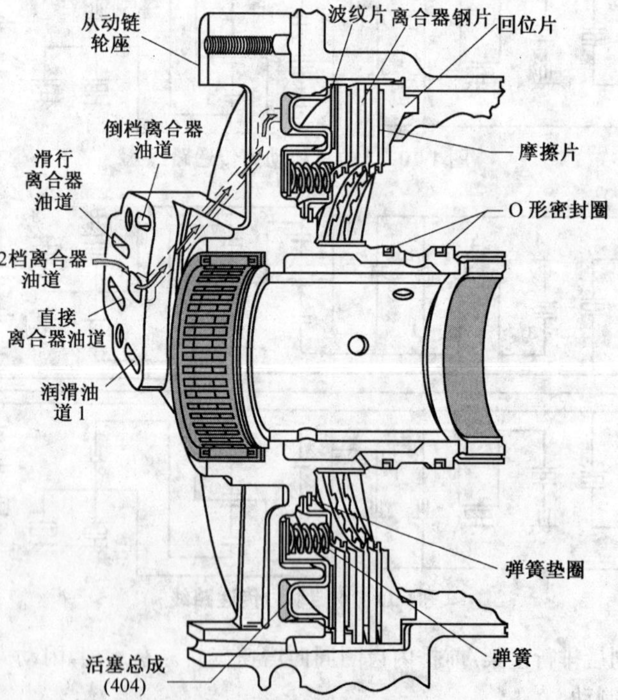

图1-13 2档离合器工作示意图

2. 2档滚柱单向离合器

2档滚柱单向离合器如图1-14所示，2档滚柱单向离合器安装于从动链轮座和倒档离合器毂之间，在变速器2档时锁止倒档离合器毂。2档离合器的摩擦片啮合在2档单向离合器外圈，钢片啮合在变速器壳体，2档单向离合器内圈是倒档输入离合器毂的一部分，在1档时，它运转的方向与发动机方向相反；当2档离合器接合时，2档离合器摩擦片固定，使单向离合器外圈固定，通过单向离合器，从而阻止倒档输入离合器毂顺时针方向移动，由于被动太阳轮与倒档输入离合器毂花键相连，所以阻止被动太阳轮顺时针方向转动。当2档离合器释放时，2档单向离合器脱开或称为超越。在3档时，倒档离合器毂逆时针方向转动，单向离合器处于超越状态。2档单向离合器损坏可能导致无超速档2档，但手动2档还可使用。

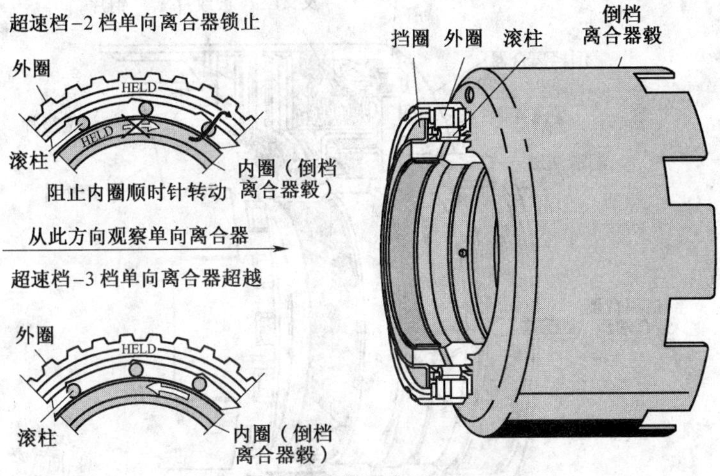

图1-14　2档滚柱单向离合器

3. 倒档输入离合器

倒档输入离合器部件分解如图1-15所示，工作示意图如图1-16所示。倒档离合器仅在倒档接合，使发动机动力传给被动太阳轮，它与低/倒档制动带一起完成变速器倒档传动。

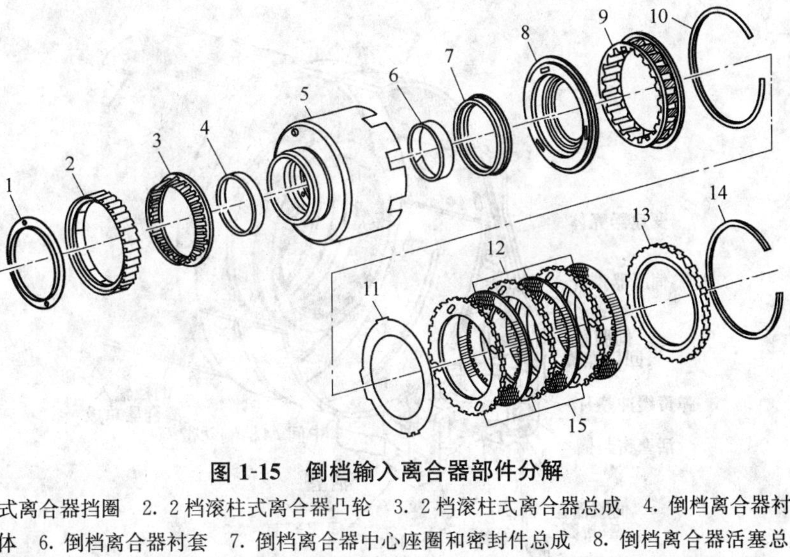

图1-15　倒档输入离合器部件分解

1. 2档滚柱式离合器挡圈　2. 2档滚柱式离合器凸轮　3. 2档滚柱式离合器总成　4. 倒档离合器衬套　5. 倒档离合器壳体　6. 倒档离合器衬套　7. 倒档离合器中心座圈和密封件总成　8. 倒档离合器活塞总成　9. 倒档离合器弹簧和座圈总成　10. 卡环(倒档离合器弹簧座圈)　11. 倒档离合器片(波形片)　12. 倒档离合器片(纤维片)　13. 倒档离合器底板　14. 卡环(倒档离合器)　15. 倒档离合器片(钢片)

4. 中间/4档制动带

中间/4档制动带如图1-17所示，中间/4档伺服器安装于变速器壳体前面，在超速档4档或手动2、1档时，使中间/4档制动带固定倒档输入离合器总成，这使倒档输入离合器总成固定在壳体上，完成4档以及手动档时的发动机制动。

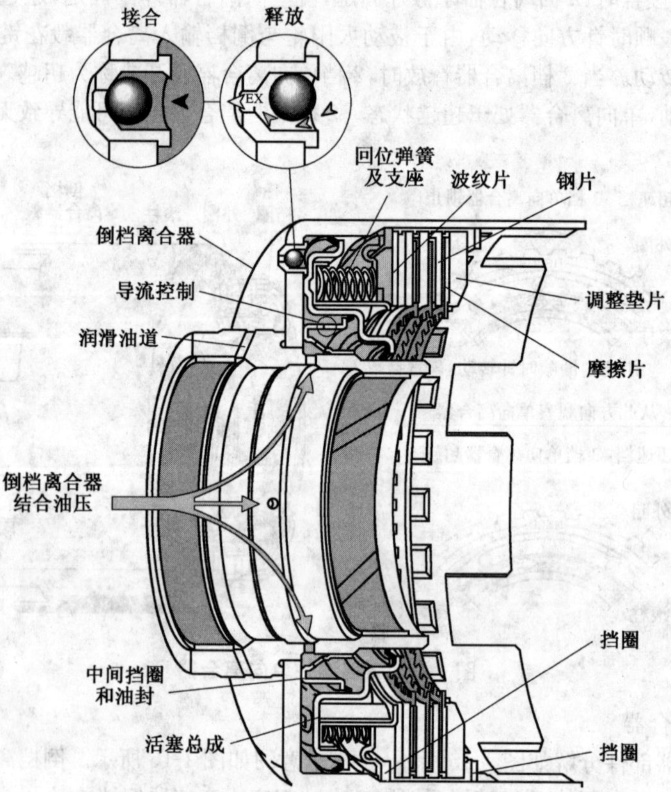

图 1-16　倒档输入离合器工作示意图

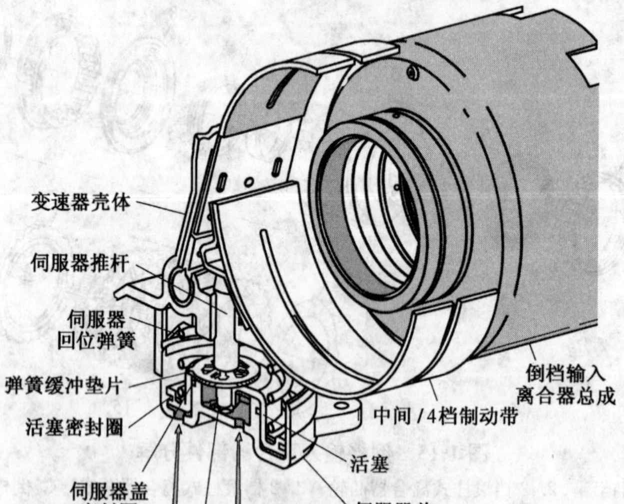

图 1-17　中间/4 档制动带

5．直接档和滑行离合器

直接档和滑行离合器部件分解图如图 1-18 所示，直接离合器工作示意图如图 1-19 所示，滑行离合器工作示意图如图 1-20 所示。直接离合器位于输入轴总成内，在超速档 3 档和 4 档以及手动档 3 档时接合，使发动机动力传给被动行星架轴壳，被动行星架轴壳与被动行星架机械啮合，被动行星架输入动力。直接离合器故障可能导致变速器只有1档和2档。

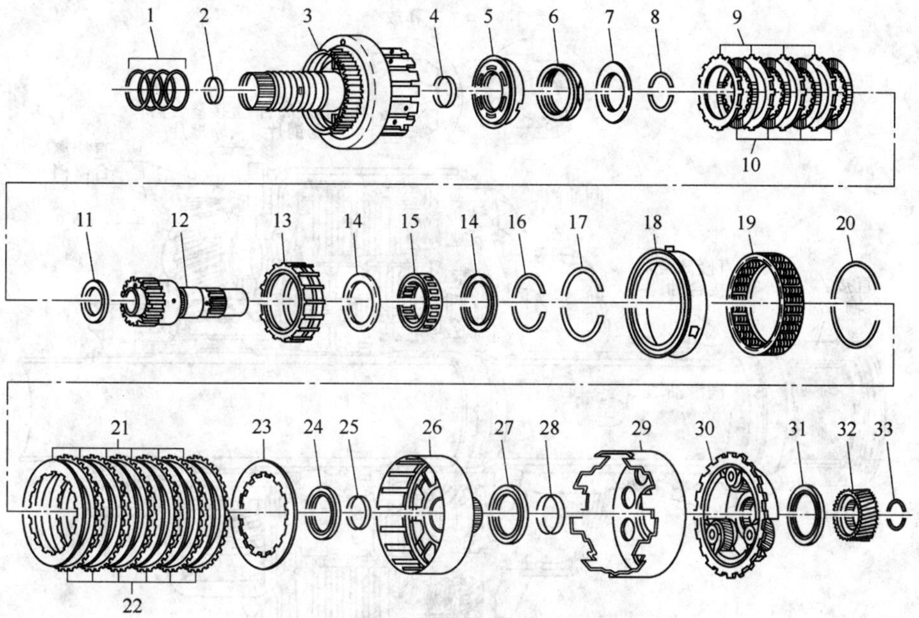

图1-18　直接档和滑行离合器部件分解图

1. 输入轴油封环　2. 输入轴衬套　3. 直接档和滑行离合器与输入轴壳体　4. 直接档离合器壳体至输出轴衬套　5. 滑行离合器活塞总成　6. 滑行离合器分离弹簧　7. 滑行离合器弹簧座圈　8. 卡环(滑行离合器弹簧座圈)　9. 滑行离合器片(钢片)　10. 滑行离合器片(纤维片)　11. 止推轴承　12. 输入太阳齿轮轴和内座圈总成　13. 外座圈(输入楔块)　14. 楔块式离合器端面轴承　15. 输入楔块总成　16. 卡环(外座圈至楔块总成)　17. 卡环(直接档/滑行离合器)　18. 直接档离合器活塞总成　19. 直接档离合器弹簧和座圈总成　20. 直接档离合器弹簧卡环　21. 直接档离合器片(钢片)-7或6(视车型而定)　22. 直接档离合器片(纤维片)-5或6(视车型而定)　23. 直接档离合器片(底板)　24. 止推轴承　25. 反作用齿轮架轴衬套　26. 反作用齿轮架轴壳　27. 止推轴承(齿轮架轴至轴壳)　28. 反作用太阳齿轮衬套　29. 反作用太阳齿轮壳　30. 反作用齿轮架总成　31. 止推轴承(反作用齿轮架至太阳齿轮)　32. 输入太阳齿轮　33. 卡环

滑行离合器安装于直接/滑行离合器输入轴总成内，变速器在手动档位置，其接合工作，使车辆有发动机制动，而在超速档的1、2、3档滑行离合器不工作，有空档滑行功能。滑行离合器接合时，动力未经单向离合器直接传入输入太阳轮轴，输入太阳轮轴被驱动，这种连接方式使输入太阳轮不能被超越，在手动档时形成发动机制动。

6. 输入单向离合器

输入单向离合器安装位置如图1-20所示，输入单向离合器外圈与直接/滑行离合器输入轴总成机械连接，内圈与输入太阳轮轴相连。在所有前进档(除4档)传递动力给输入太阳轮的同时，也提供了超速档(除4档)范围内的滑行功能。当发动机运转时，直接/滑行离合器输入轴总成带动单向离合器外圈运转，在超速档(除4档)范围，动力传给内圈，驱动输入太阳轮运转。在超速档(除4档)范围内减速时，车速比相对应的发动机转速快，也就是单向离合器内圈比外圈转得快，这就使单向离合器处于超越状态，允许车辆自由滑行。输入单向离合器故障可能导致车辆无1档、2档、3档或在超速档1、2、3档无滑行功能。

7. 前进档离合器

前进档离合器部件分解图如图1-21所示，前进档离合器支承总成部件分解图如图1-22所示，工作示意图如图1-23所示。前进档离合器安装在前进档离合器毂内，在任何前进档范围它都接合，使输入内齿圈和被动行星架连在一起。在1档时，它们由低速单向离合器或低/倒制动带固定。当选档操纵

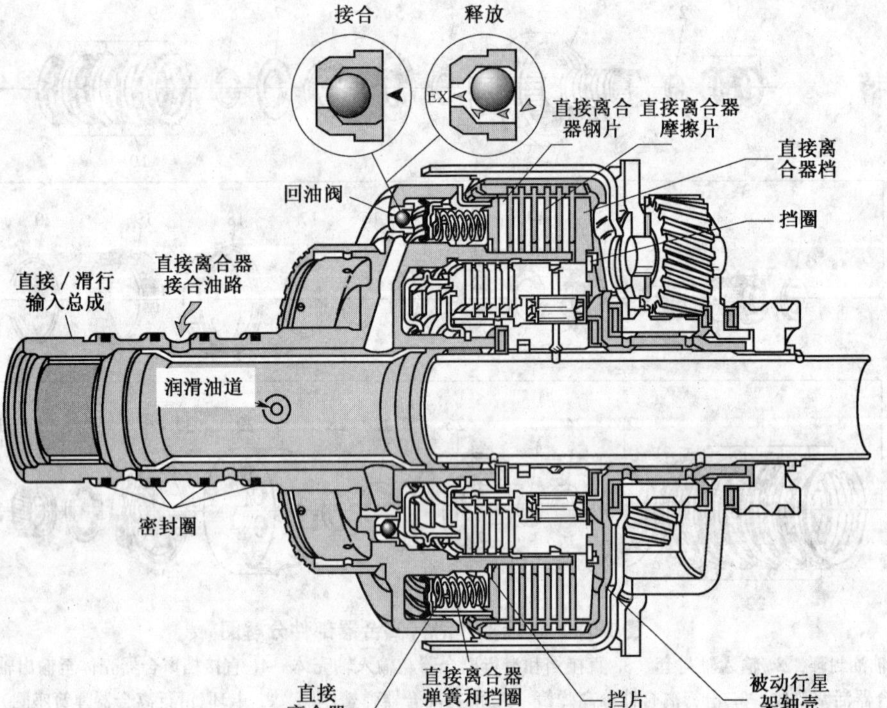

图 1-19　直接档离合器工作示意图

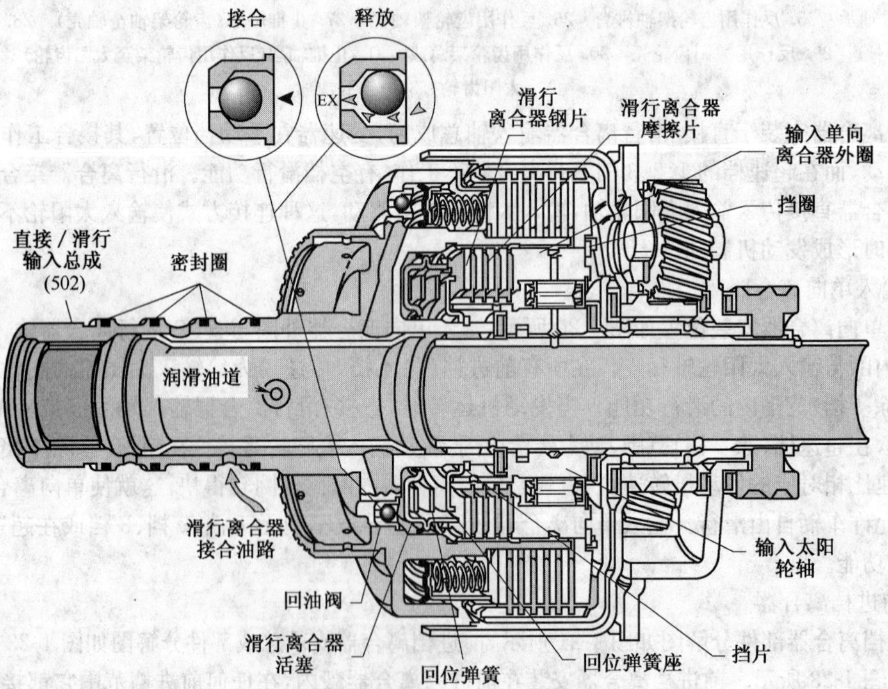

图 1-20　滑行离合器工作示意图

手柄在P、R、N范围时，前进档离合器释放。

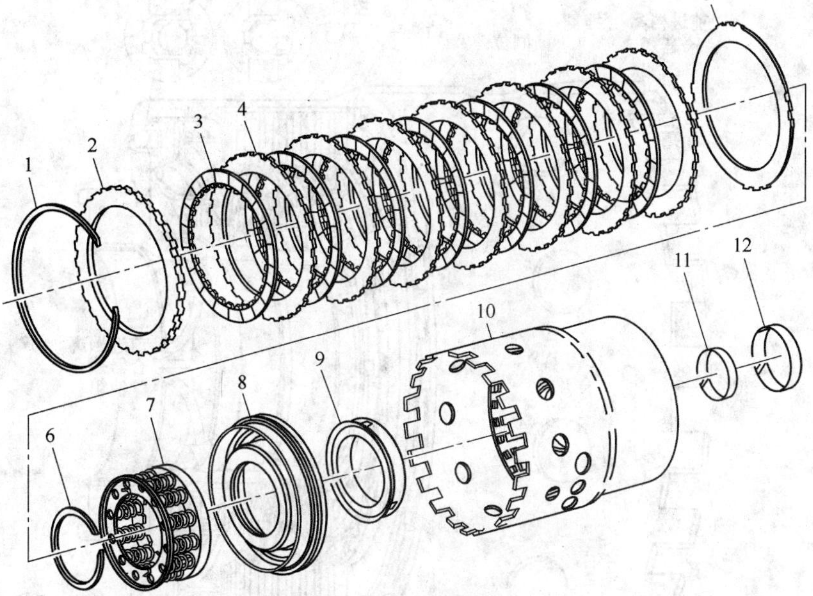

图 1-21　前进档离合器部件分解图

1. 卡环(前进档离合器)　2. 前进档离合器片(底板)　3. 前进档离合器片(纤维片)　4. 前进档离合器片(钢片)　5. 前进档离合器片(波形片)　6. 卡环(前进档离合器弹簧总成)　7. 前进档离合器回位弹簧总成　8. 前进档离合器活塞总成　9. 前进档离合器内密封和护套总成　10. 前进档离合器壳体　11. 前进档离合器支承衬套　12. 前进档离合器支承衬套

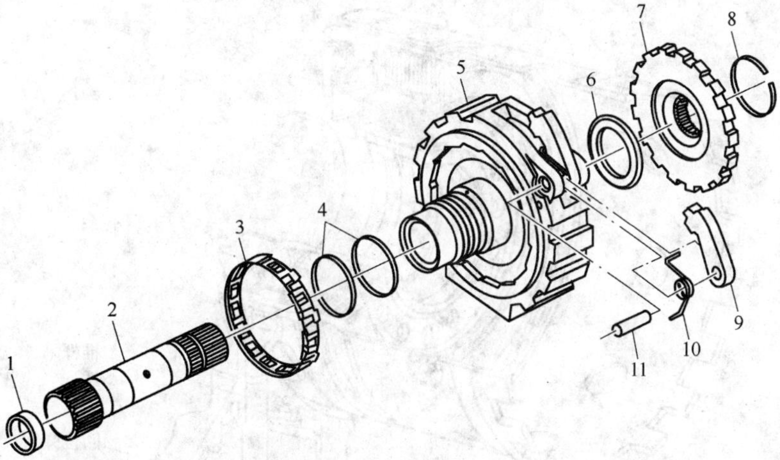

图 1-22　前进档离合器支承总成部件分解图

1. 主减速器太阳轴衬套　2. 主减速器太阳轴　3. 低速档滚柱式离合器总成　4. 油封环(前进档离合器支承)　5. 前进档离合器支承　6. 止推轴承(前进档支承至驻车档齿轮)　7. 驻车锁定齿轮　8. 卡环(主减速器太阳轴)　9. 驻车锁爪　10. 驻车锁爪回位弹簧　11. 驻车锁爪轴

8. 低/倒档制动带

低/倒档制动带如图1-24所示，低/倒档伺服器位于变速器壳体后面底部，在P、R、N和手动1档位置使低/倒档制动带工作。低/倒档制动带在变速器内部，缠绕在前进档离合器毂上，一端由固定销(64)固定，当伺服器推杆推动制动带时，制动带固定住前进档离合器毂。在P、N档时，低/倒档制动带

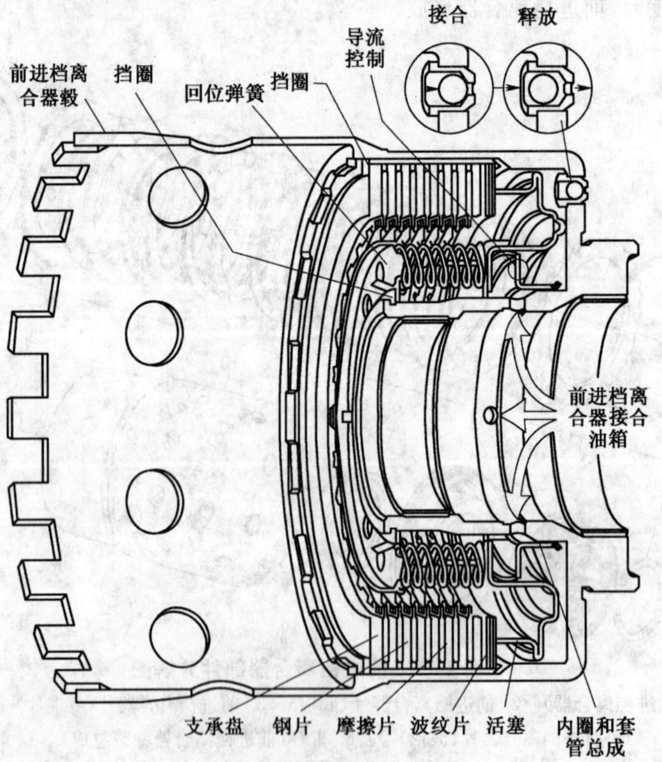

图 1-23 前进档离合器工作示意图

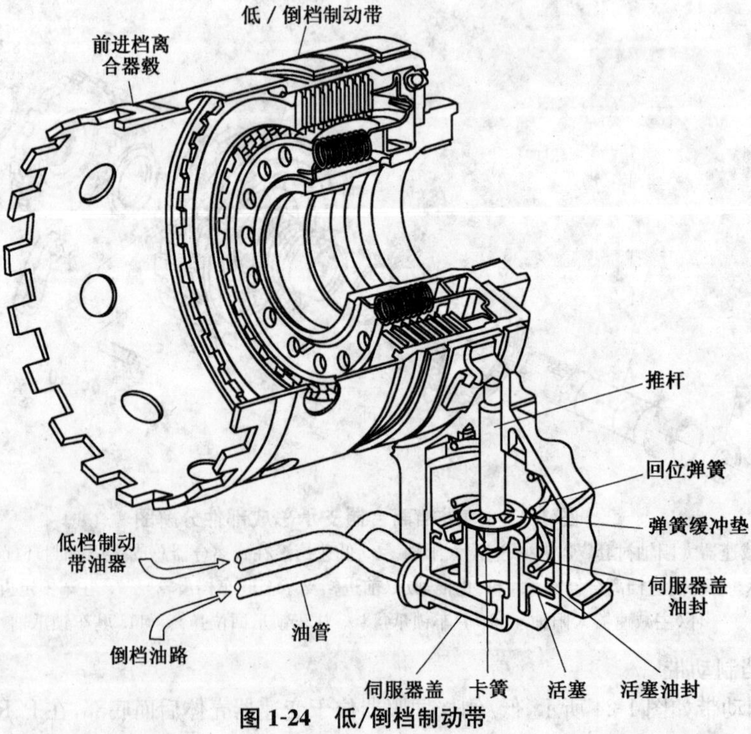

图 1-24 低/倒档制动带

是唯一接合元件，为进一步换档做好准备。在手动 1 档时，低/倒制动带的接合提供发动机制动。当选档操纵手柄移出 P、R、N 或手动档位置时，低/倒档制动带释放，油压释放后，伺服器内弹簧使活塞回位，从而释放制动带。低/倒伺服器故障可能导致无倒档或倒档打滑，手动 1 档无发动机制动。

9. 低速单向离合器

低速单向离合器如图 1-25 所示。它由三个元件组成：外圈（前进档离合器座 4），内圈（前进档离合器毂 1）和滚柱单向离合器（在内外圈之间）。当变速器处于超速 1 档时，它固定前进档离合器毂 1。在 1 档工作时，传给前进档离合器毂的动力使其有顺时针转的趋势，通过低速单向离合器使前进档离合器毂固定，从而实现行星齿轮组动力传递。当动力传递使前进档离合器毂 1 逆时针方向运动（与发动机运转方向相同）时，这时单向离合器处于超越状态（在 2、3、4 档时）。低速单向离合器故障可能导致无 1 档（手动 1 档除外）。

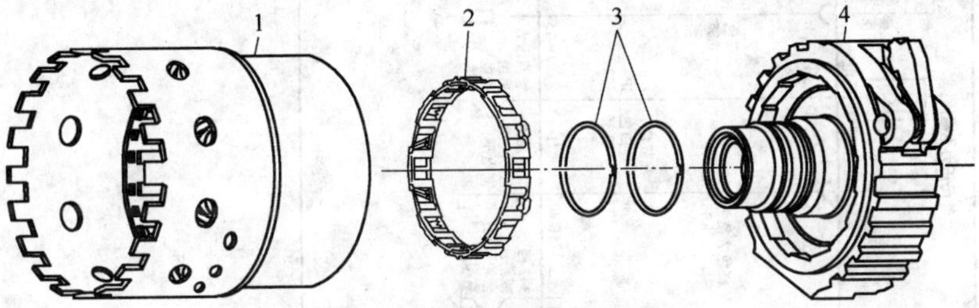

图 1-25 低速单向离合器

1. 前进档离合器毂 2. 低速单向离合器 3. 密封环 4. 离合器座

第三节 电、液控制系统

一、电子控制系统

4T45E 型自动变速器是全自动前轮驱动式电控变速器，提供包括超速档在内的 4 个前进档和 1 个倒档。电控系统电路图如图 1-26、图 1-27 和图 1-28 所示，变速器内部各电气部件的位置如图 1-29 所示，电控系统的电气部件包括：

—2 个换档电磁阀(1-2 档和 2-3 档)

—1 个变矩器锁止离合器（TCC）脉宽调制电磁阀

—1 个变速器压力控制电磁阀(PCS)

—1 个自动变速器油温度传感器（TFT）

—2 个速度传感器：输入（ISS）和输出（即车速 VSS）速度传感器

—1 个自动变速器油压力手动阀位置开关总成

—1 个自动变速器线束总成

—1 个驻车档/空档位置开关

1. 自动变速器控制模块（TCM）

4T45E 型自动变速器由控制模块（TCM）进行电子控制，TCM 与发动机控制模块（ECM）是两个单独的模块，通过 CANBUS 数据总路线通信，这一点与以往的别克君威轿车不同。TCM 收集车辆运行时的各个传感器输入信号，主要进行如下控制：

(1)换档点控制：TCM 主要根据输入速度传感器和车速信号的输入，通过两个换档电磁阀控制换档。

(2)主油压（换档舒适性）控制：TCM 通过调整压力控制电磁阀调节主油压，并由此控制换档进程。

(3)变矩器离合器锁止（TCC）控制：通过 TCC 电磁阀控制变矩器锁止离合器的接合与分离。

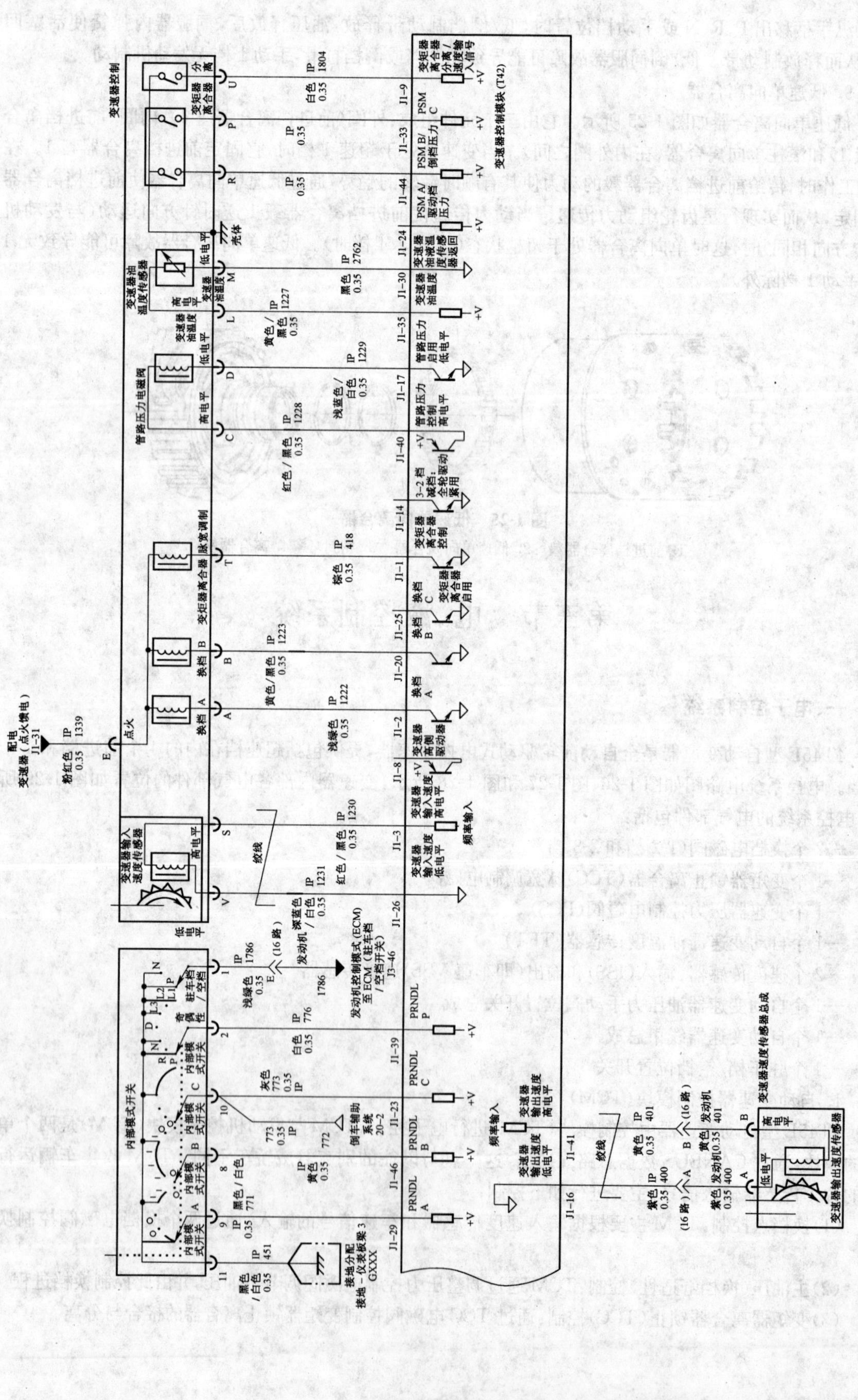

图 1-26 4T45E 型自动变速器电路图(一)

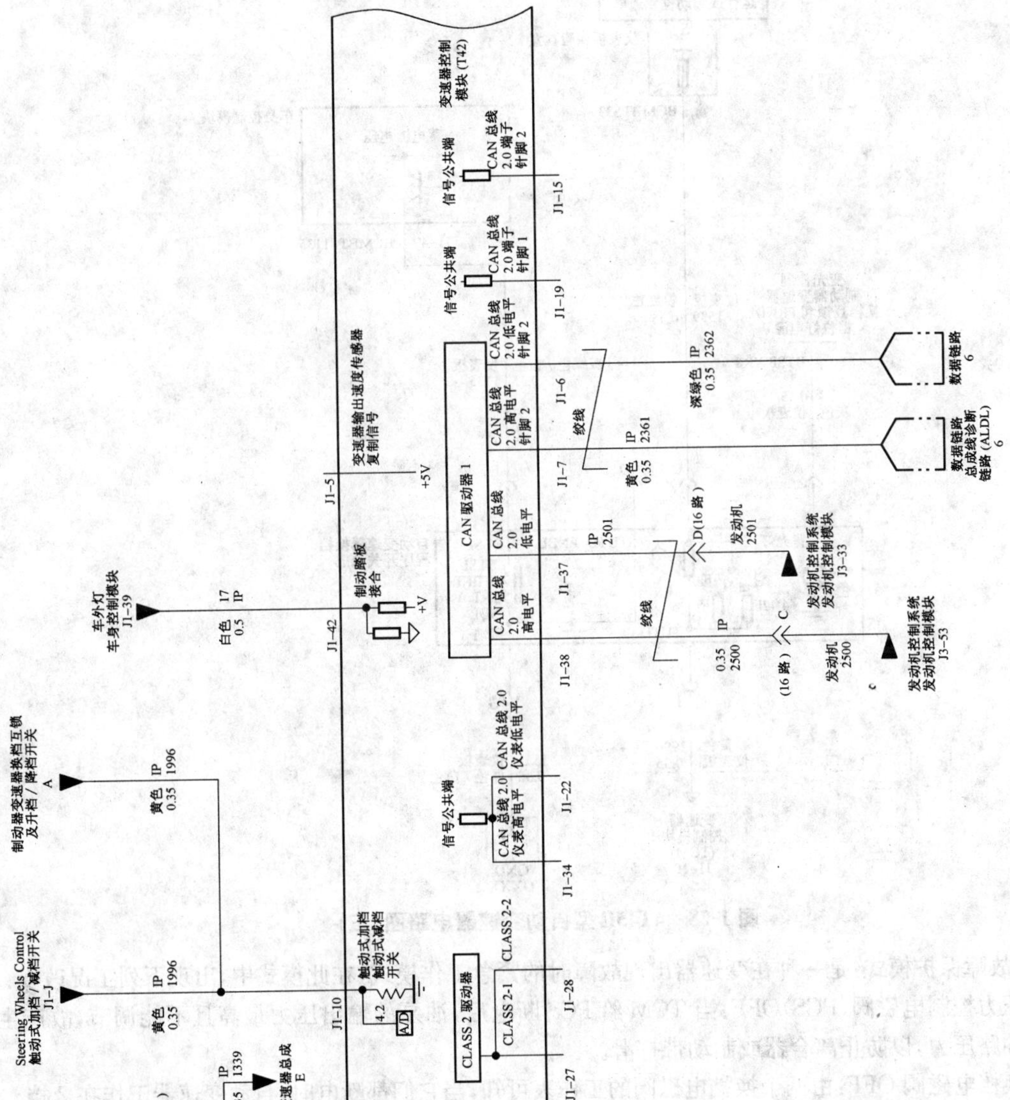

图 1-27　4T45E 型自动变速器电路图(二)

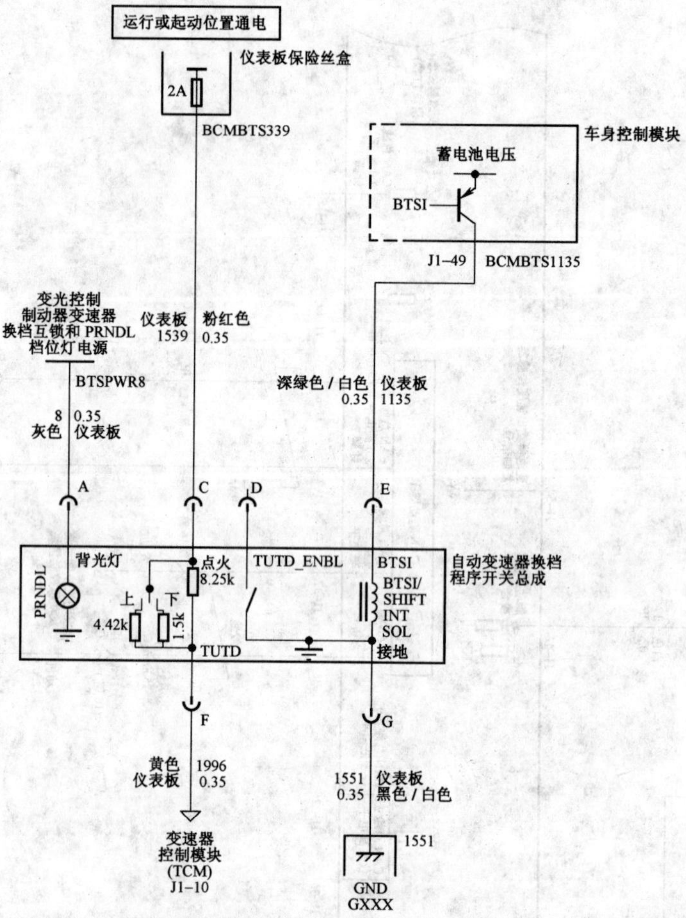

图 1-28 4T45E 型自动变速器电路图(三)

(4)故障保护模式：是一种在变速器出现故障时的紧急工作模式，在此模式中，出现下列工况改变：

①压力控制电磁阀(PCS)OFF：当 TCM 给 PCS 断电后，油泵的输出压力最高且不能调节，故产生最大主油路压力，以防止离合器或制动带打滑。

②换档电磁阀 OFF：由两个换档电磁阀的工作表可知，当它们都断电时，自动变速器工作在 2 档。

③TCC 电磁阀 OFF：防止 TCC 接合。

2. 车速传感器(VSS)

车速传感器(VSS)是一个磁感应式传感器，它向自动变速器控制模块(TCM)提供车速信号，TCM 利用此信号控制换档点、主油压和 TCC 的接合与释放的控制。车速传感器安装在主减速器壳体上，位置如图 1-30 所示。VSS 传感器工作原理如图 1-31 所示，其检测的是差速器的转速，它与感应齿轮之间的间隙在 0.27～1.57mm，转速在 25～1728r/min 时，电压在 0.5～200V 之间变化。如果 VSS 信号过低，TCM 将设置故障码 DTC P0502，阻止 TCC 接合，冻结自适应换档，指令最大主油路压力，自动变速器锁在 2 档工作。在 20℃时，VSS 的电阻值在 1500～1750Ω 之间。

3. 变速器输入速度传感器(ISS)

输入速度传感器(ISS)是一个磁感应传感器，它向自动变速器控制模块(TCM)提供输入轴转速信号，TCM 利用 ISS 信号与 VSS 信号计算齿轮传动比；TCM 还利用 ISS 信号与发动机转速信号计算 TCC 的滑差。ISS 安装于主动链轮的箱体一侧，如图 1-32 所示。ISS 工作原理如图 1-33 所示，在 ISS 传感器和齿轮之间有 0.26～2.90mm 间隙，在 550～7000r/min 时，输出电压在 0.5～200V 之间变化。

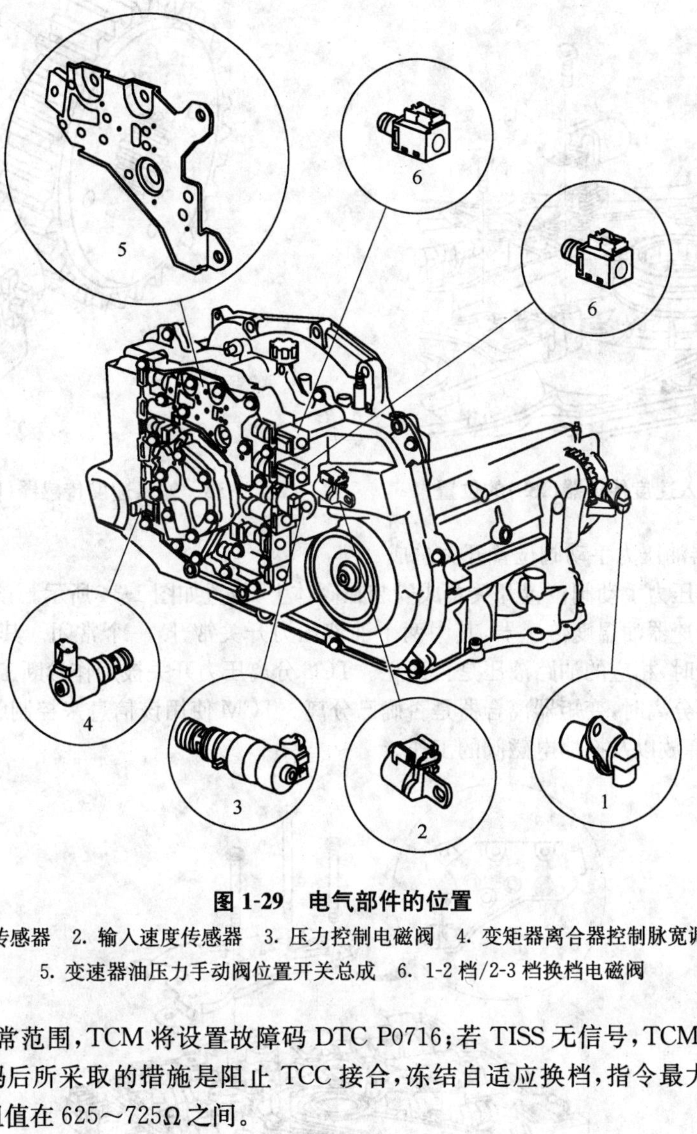

图 1-29　电气部件的位置

1. 输出速度传感器　2. 输入速度传感器　3. 压力控制电磁阀　4. 变矩器离合器控制脉宽调制电磁阀
5. 变速器油压力手动阀位置开关总成　6. 1-2 档/2-3 档换档电磁阀

若 ISS 信号超出正常范围，TCM 将设置故障码 DTC P0716；若 TISS 无信号，TCM 设置故障码 DTC P0717。设置故障码后所采取的措施是阻止 TCC 接合，冻结自适应换档，指令最大主油路压力。在 20℃时，传感器电阻值在 625～725Ω 之间。

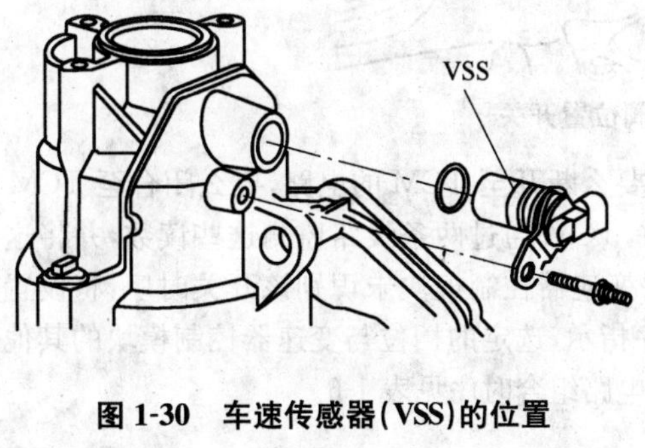

图 1-30　车速传感器(VSS)的位置

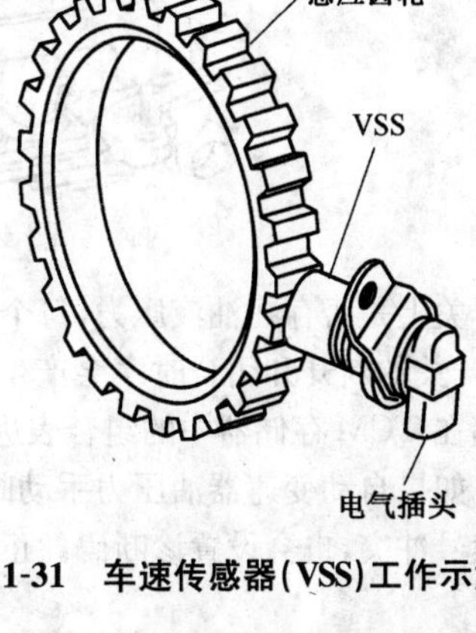

图 1-31　车速传感器(VSS)工作示意图

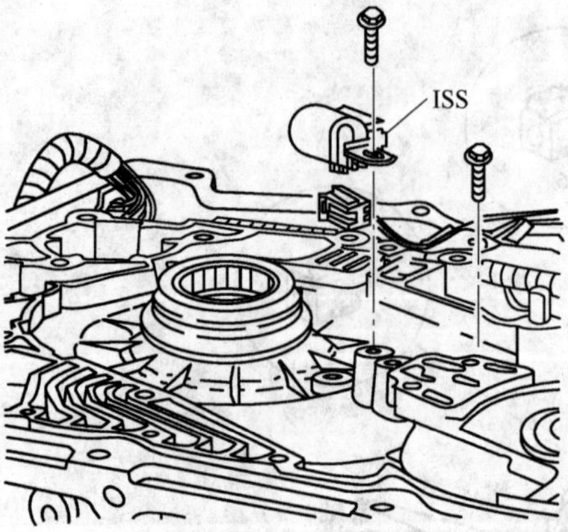

图 1-32 输入速度传感器(ISS)的位置

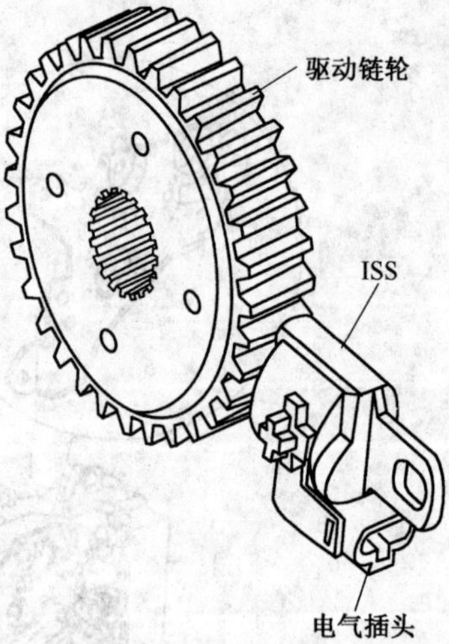

图 1-33 输入速度传感器(ISS)工作示意图

4. 自动变速器油压力手动阀位置开关总成

自动变速器油压力手动阀位置开关总成安装在阀体上,位置如图 1-34 所示。该总成包括三个油液压力开关和自动变速器油温度传感器,其中两个油液压力开关常开,一个常闭。其中两个开关指示手动阀位于指定位置时,相应的油路液压是否建立。TCC 分离压力开关被用作诊断工具,以确认当 TCM 指令变矩器离合器分离时,变矩器离合器是否确已分离。TCM 使用该信息来控制管路压力、变矩器离合器 TCC 接合和释放以及换档电磁阀的工作。

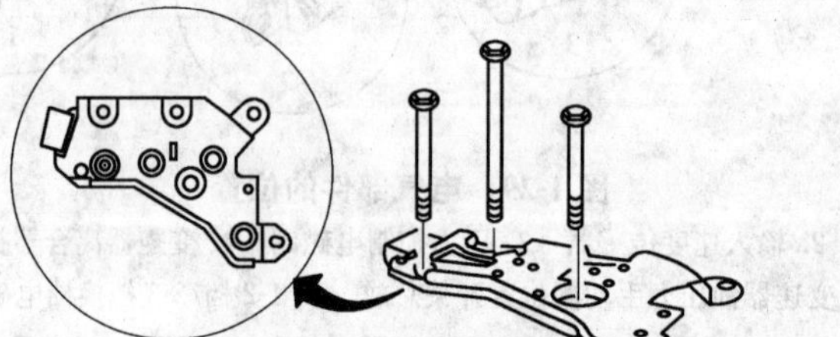

图 1-34 液压手动阀位置开关

根据开关上是否存在油液压力,每个油液压力开关要么断开至 TCM 的电路,要么闭合至 TCM 的接地电路,开关的断开和闭合时序会产生一组电压读数,TCM 通过两条线路监测这些读数,并将这个电压与存储在 TCM 存储器中的组合表进行比较。如果变速器控制模块未识别该开关时序,将设置一个故障码。如果自动变速器油压力手动阀位置开关时序指示,选定的档位与变速器控制模块的其他传感器输入信号冲突,也会设置诊断码。正确的液压力和电路组合时序见表 1-6。

表 1-6 油压力手动阀位置开关有效组合

档位	油液压力		电路	
	REV	DR	B	C
P/N	0	0	高	高
R	1	0	高	低
D	0	1	低	高

注：1—加压；0—排放；低—0V（开关被接地，电压为 0V）；高—点火电压（开关断开，电压为 12V）

5. 自动变速器油温传感器（TFT）

自动变速器油温传感器（TFT）是一个负温度系数的热敏电阻，向 TCM 提供变速器油温信号，其在不同温度下的电压值见表 1-7。TFT 传感器集成在手动阀压力开关中。TCM 输出 5V 参考电压给传感器，并检测电压在电路中的压降。油温较低时，传感器电阻较高，因而电压也较高。TCM 利用此信号调节主油压、换档模式及 TCC 接合当油温达到 140℃时，进入“热模式”，在此模式中，TCM 调整换档模式，在 3 档、4 档 TCC 更多时间接合（在 2 档的某些工况，TCC 也可能接合）。同时，TCM 会控制变速器更快升档以减少热量产生。若油温传感器过低电压输入，则计算一个油温替代，TCM 设置故障码 DTC P0712，冻结自适应换档；若油温传感器过高电压输入，则计算一个油温替代，设置故障码 DTC P0713，冻结自适应换档。若油温过高，TCM 设置故障码 DTC P1812，冻结自适应换档。

表 1-7 4T45E 型自动变速器油温传感器规格

温度(℃)	最小电阻(Ω)	标称电阻(Ω)	最大电阻(Ω)	信号电压(V)
−40	90636	100707	110778	5.00
−30	47416	52684	57952	4.78
−20	25809	28677	31545	4.34
−10	14558	16176	17794	3.89
0	8481	9423	10365	3.45
10	5104	5671	6238	3.01
20	3164	3515	3867	2.56
30	2013	2237	2461	1.80
40	1313	1459	1605	1.10
50	876	973	1070	3.25
60	600	667	734	2.88
70	420	467	514	2.56
80	299	332	365	2.24
90	217	241	265	1.70
100	159	177	195	1.42
110	119	132	145	1.15
120	89.9	99.9	109.9	0.87
130	69.1	76.8	84.5	0.60
140	53.8	59.8	65.8	0.32
150	42.5	47.2	51.9	0.00

6. 换挡电磁阀

4T45E型自动变速器使用两个换挡电磁阀控制各前进挡的换挡，这两个电磁阀结构相同，只有ON或OFF两种状态，是开/关式电磁阀。两个电磁阀以"ON"、"OFF"的顺序组合形成控制1-2换挡阀、2-3换挡阀和3-4换挡阀的油液，不同挡位两个电磁阀的状态见表1-8。

表1-8 不同挡位时换挡阀的状态

挡位	1-2电磁阀	2-3电磁阀
1	ON	OFF
2	OFF	OFF
3	OFF	ON
4	ON	ON
P/N/R	ON	OFF

换挡电磁阀的结构如图1-35所示，当TCM指令电磁阀OFF时，电磁阀内的阀芯被弹簧推离测量钢球，该动作使1-2、2-3信号油液推开钢球，从而电磁阀一侧的出油口泄压。TCM指令电磁阀ON时，电流使线圈产生磁场，磁力克服弹簧力推动阀芯返回，堵住测量钢球的进油口，这时电磁阀信号油路被钢球堵住，从而在1-2、2-3信号油路产生油压。在20℃时，换挡电磁阀的电阻值为19～24Ω，当电压>7.5V时，换挡电磁阀工作，电压<1V时，换挡电磁阀停止。

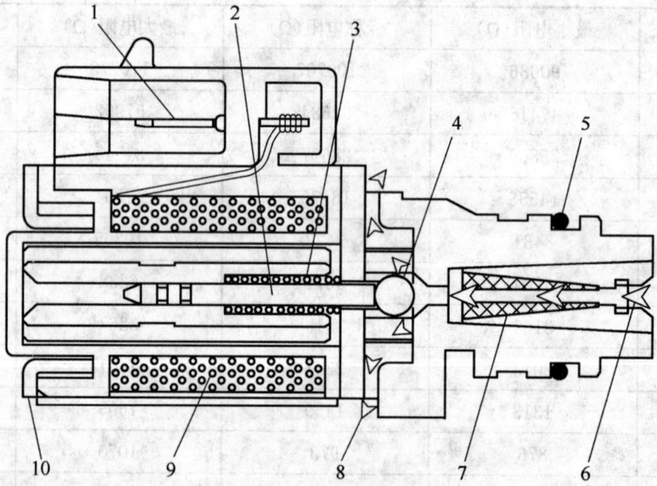

图1-35 换挡电磁阀的结构

1. 连接器 2. 柱塞 3. 弹簧 4. 球阀 5. O形密封圈 6. 信号油路 7. 滤清器 8. 排泄口 9. 线圈 10. 壳体

7. 油压控制电磁阀(PCS)

自动变速器控制模块(TCM)通过油压控制电磁阀(PCS)控制主油压的高低，压力控制电磁阀(PCS)为一精确的电子压力调节器，它根据流过其线圈上的平均电流控制变速器主油路压力。PCS的结构如图1-36所示，当电流增加时，由线圈产生的磁场使电磁阀芯远离泄油口，打开泄油通道降低该阀所调节的输出压力，这最终降低了主油路压力，详细控制过程见后面液控部分的油压控制分析。TCM根据节气门位置、进气压力等发动机负荷信号以及油温、挡位、车速等信号来控制PCS。TCM用614Hz的固定频率占空比控制PCS，不同电流值及对应的油压见表1-9。

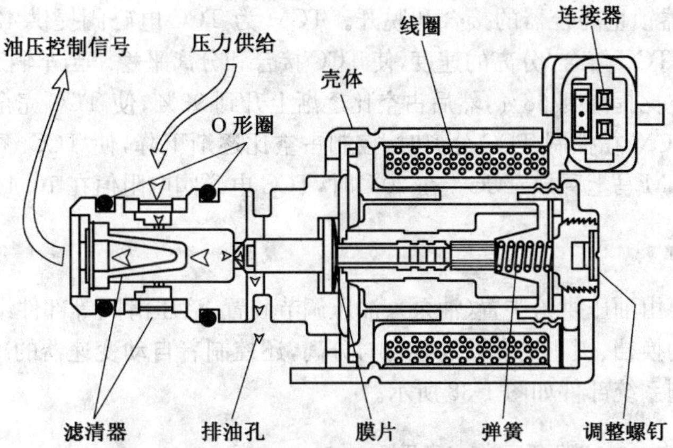

图 1-36　油压控制电磁阀(PCS)的结构

表 1-9　不同 PCS 阀电流时的油压值

PCS阀电流(A)	油压值(kPa)	PCS阀电流(A)	油压值(kPa)
0	1041～1138	0.6	723～820
0.1	1027～1123	0.7	606～703
0.2	1000～1096	0.8	475～572
0.3	965～1061	0.9	379～475
0.4	903～1000	1.0	317～386
0.5	827～923	1.1	289～330

TCM 通过监视自动变速器输入转速传感器(ISS)和车速传感器(VSS)信号来判断升高档的时间。如果换档时间大于标定时间，则 PCM 减小 PCS 阀的电流，增加管路主油压和转矩信号压力，以使换档时间缩短；如果换档时间小于标定值，则 PCM 增加 PCS 阀的电流，以增加换档时间。这个适应过程可以补偿因离合器片或制动带的磨损而造成的换档时间变化。20℃时，油压控制电磁阀(PCS)的阻值在 3.5～4.6Ω 之间。

8. 变矩器锁止离合器(TCC)电磁阀

变矩器锁止离合器(TCC)电磁阀是一个常闭脉宽调制式(PWM)电磁阀，结构如图 1-37 所示，

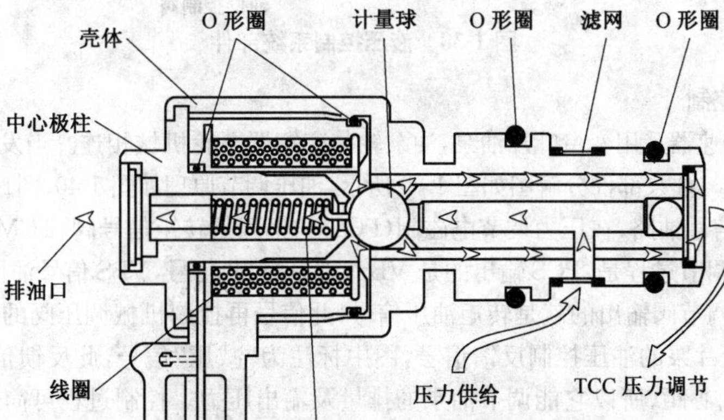

图 1-37　TCC 电磁阀的结构

TCM通过它控制变矩器锁止离合器的接合和脱开。TCM为TCC电磁阀提供42Hz的固定频率负占空比调制信号，以控制TCC接合/分离的速度，使TCC接合和分离平稳。当车辆工作情况适合TCC接合时，TCM立即将占空比提高到68%，然后占空比逐渐上升到93%，使TCC完全接合，这一接合速度由TCM控制。同样TCM在控制TCC分离时，控制占空比逐渐下降，使TCC逐渐分离。若TCM收到制动传感器信号，TCM马上释放TCC。在20℃时，TCC电磁阀电阻值在10.4～10.8Ω之间。

二、液压控制系统

液压控制系统主要由油压供给装置(油泵)、油压调节装置、液压滑阀等部件组成，液压控制系统不但控制着自动变速器的换档、锁止离合器的接合与分离，还控制着自动变速器的冷却与润滑等，4T45E型自动变速器液压控制系统部件如图1-38所示。

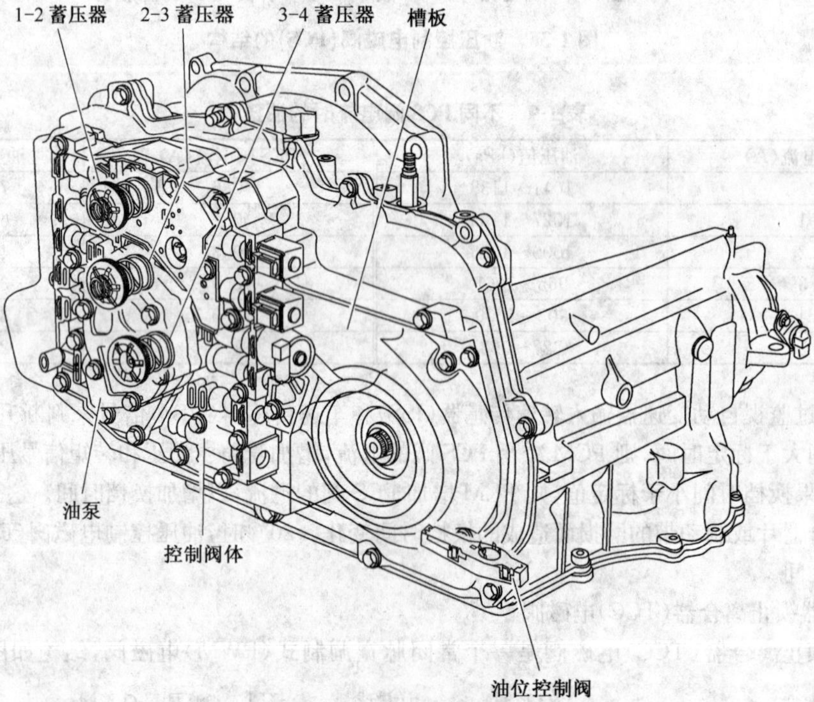

图1-38　液压控制系统部件

1. 油泵及油压控制

4T45E型自动变速器采用变量叶片油泵，油泵轴与变矩器泵轮机械相连。当发动机工作时，油泵轴即以相同的转速转动。油泵部件分解图如图1-39所示，油压调节原理如图1-40、图1-41和图1-42所示。

图1-40是转矩信号油路，在压力调节电磁阀(PCS)的里面是转矩信号阀，TCM通过控制PCS来调节转矩信号的大小，调节过程是：PCS输出的是VBS(压力控制)信号，VBS信号油压控制转矩信号调节阀的位置，转矩信号调节阀输出的就是转矩油压信号，此信号再控制机械调压阀的位置，机械调压阀输出之一就是变排量叶片泵的油压控制反馈信号，图中标注为“减压”信号，此反馈信号改变了变排量叶片泵滑座与转子的偏心距，所以它能调节油泵的排量及输出压力。控制过程可简述为：TCM→PCS→VBS信号→转矩油压信号→油泵反馈信号(减压信号)→油泵主油压调节。

油压调节过程参见图1-41和图1-42，当TCM控制PCS电流增加时，由线圈产生的磁场使电磁阀芯远离泄油口，打开泄油通道，降低VBS信号输出压力，转矩信号压力也降低，使图1-41中的油压调节阀下移，减压压力升高，减压油压推动变排量泵的滑动套克服弹簧力移动，减小了叶片泵定子和转子间

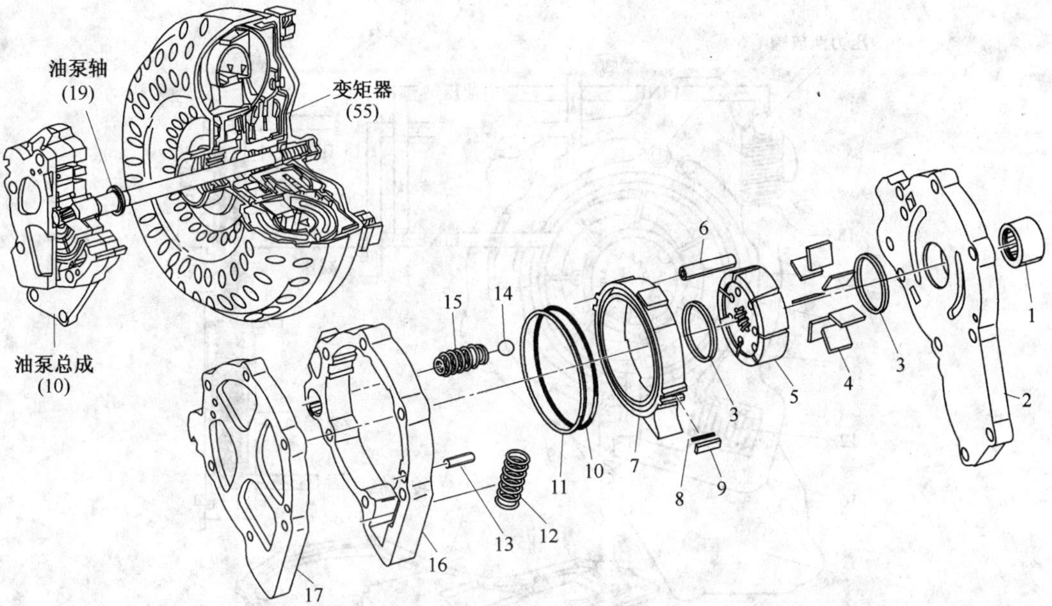

图 1-39　变排量叶片泵部件分解图

1. 泵轴承和密封件总成　2. 油泵底座　3. 叶片环　4. 叶片　5. 油泵转子　6. 枢销(油泵滑块)　7. 油泵滑块　8. 油泵滑块密封件支承　9. 油泵滑块密封件　10. O 形圈(油泵滑块)　11. 油液密封圈(滑块至泵体)　12. 油泵预润滑弹簧　13. 定位销　14. 释压钢球　15. 释压弹簧　16. 泵体　17. 泵盖

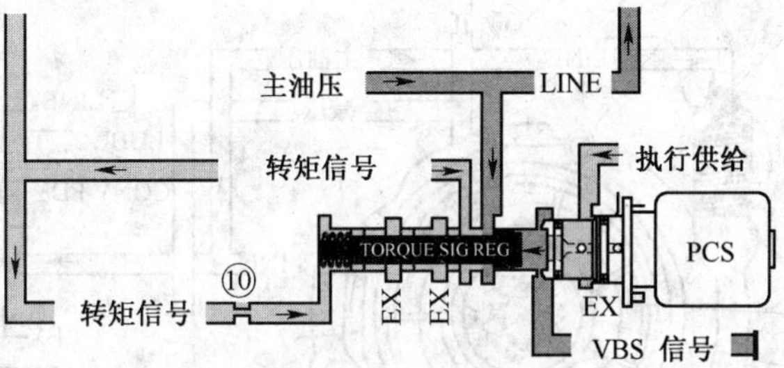

图 1-40　转矩信号油路

的偏心距离,使油泵排量减小,输出压力降低。当 PCS 电流减小或断电时,控制过程与上述相反,如图 1-42 所示,这使减压油压降低或为 0,变排量泵滑动套在弹簧(212)的作用力下向右移动,使叶片泵定子和转子间的偏心距离增大直至最大,这最终使油泵排量达到最大,主油压力达到最高。

自适应控制:TCM 中的程序可通过改变变速器部件的特性而自动调节换档压力,当变速器的接合元件磨损后,换档时间(接合离合器或制动带所需时间)增加。为维持原有的换档时间,TCM 会调节增加油压。在执行换档时,TCM 监测输入速度传感器(ISS)和车速传感器(VSS)以确定换档是否过快或过慢,并通过调节电磁阀电流维持设定的换档过程。

2. 变矩器锁止离合器(TCC)控制

(1)变矩器锁止离合器(TCC)未接合

变矩器锁止离合器(TCC)未接合时的油路图如图 1-43 所示,由图可知,4T45E 型自动变速器由 1 个电磁阀和 4 个机械滑阀来控制 TCC 的工作。TCC 未接合时,变矩器内部的工作油压是由主调压阀提供的,来自主调压阀的变矩器供给油路经 TCC 限流阀压力调节后,形成 TCC 供给限压油路,供给

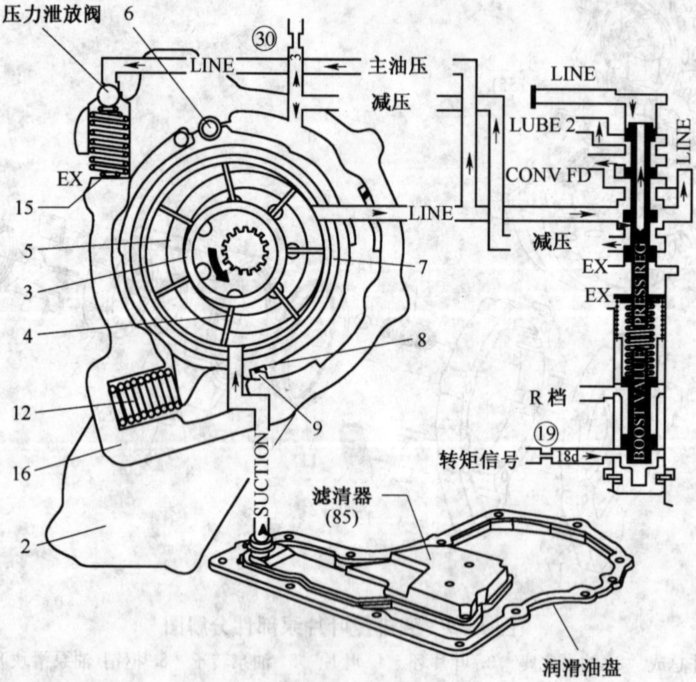

图 1-41 油压调节(一)

图注参见图 1-39

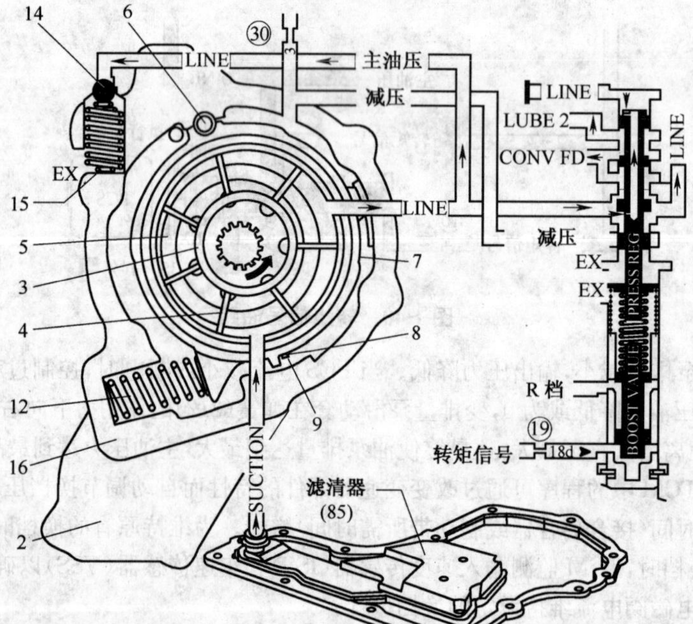

图 1-42 油压调节(二)

图注参见图 1-39

TCC控制阀。TCC控制阀在左侧弹簧力的作用下右移,TCC限流油液进入释放油路,油液从TCC释放侧进入变矩器,再从接合侧流出变矩器,流出的油液经TCC控制阀进入冷却器油路,冷却后的油液再润滑变速器内部部件。

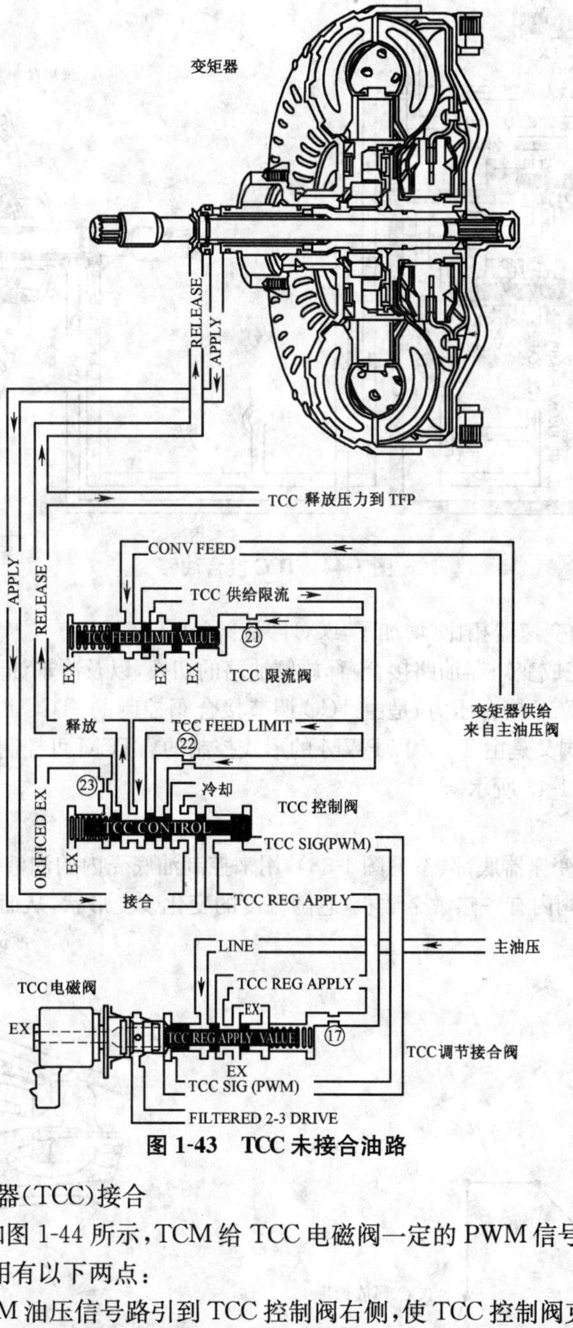

图 1-43　TCC 未接合油路

(2)变矩器锁止离合器(TCC)接合

TCC 接合时的油路如图 1-44 所示，TCM 给 TCC 电磁阀一定的 PWM 信号，则 TCC PWM 信号油压建立，此油压信号的作用有以下两点：

作用一：将 TCC PWM 油压信号路引到 TCC 控制阀右侧，使 TCC 控制阀克服弹簧力左移，该阀左移后又使三个油路发生变化：一是使 TCC 释放油液与泄放口相通，使该油压泄掉；二是使 TCC 调节接合油路与变矩器接合油路相通，TCC 调节接合油压从变矩器接合侧进入变矩器；三是来自主调压阀的变矩器供给油路经 TCC 限流阀压力调节后形成 TCC 供给限压油路，此油液直接到冷却油路。

作用二：TCC PWM 信号油压建立，使 TCC 调节接合阀克服弹簧力右移，主油压经 TCC PWM 信号调节在 TCC 调节接合阀中产生的 TCC 调节接合油压，此油压经过 TCC 控制阀进入变矩器接合侧，实现变矩器接合。

由以上分析可知，4T45E 型自动变速器 TCC 控制过程有以下特点：

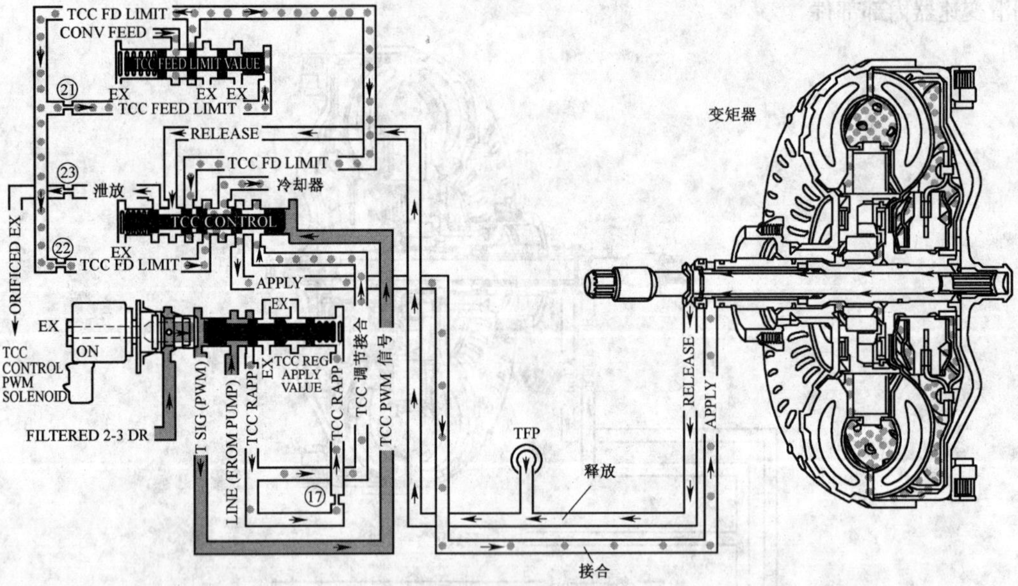

图 1-44 TCC 接合油路

①与 4T65E 型自动变速器相比，增加了 TCC 限流阀。

②在 TCC 控制阀完成变矩器油路接合/释放侧油路的切换，以及冷却油路的切换。

③TCC 接合速度(TCC 接合压力)是由 TCC 调节接合阀控制的，TCC 调节接合阀又是由 TCC 电磁阀控制的，TCC 电磁阀又是由 TCM 以 PWM 的形式控制的。TCM 可控制 TCC 接合与分离平稳，控制接合过程示意图如图 1-45 所示。

3. 油位控制

油位控制阀安装在变速器底部(参见图 1-38)，用来控制油底壳内的油液保持一个合适的高度。如图 1-46 所示，油位控制阀内有一热敏金属板，它随温度的变化改变形状，从而打开或关闭油路。油温低

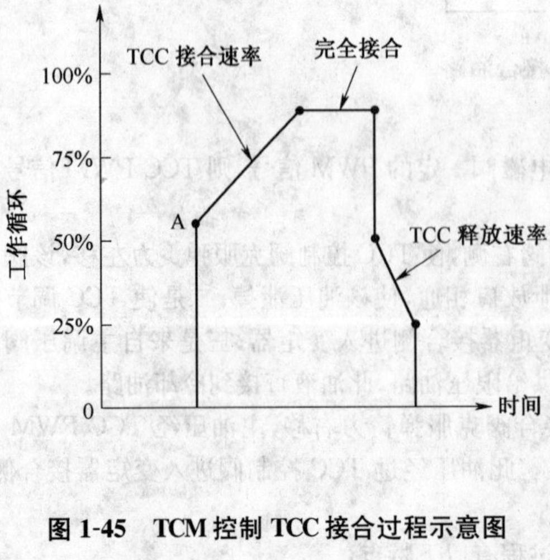

图 1-45 TCM 控制 TCC 接合过程示意图

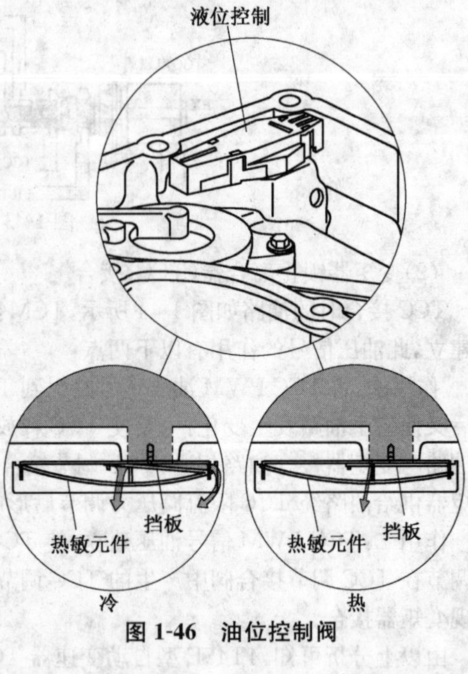

图 1-46 油位控制阀

时，热敏元件收缩，打开油路，油液进入油槽。当油温增加时，热敏元件膨胀，对温控器片施加压力，油路关闭。变速器内油液高度得以维持在能使油压系统处于正常工作状态。油位控制阀失效会造成液体起泡或不正确的液面高度。

4. 蓄压器油路

4T45E 型自动变速器有 1-2、2-3、3-4 共 3 个蓄压器，分别控制着 1 档升 2 档、2 档升 3 档和 3 档升 4 档的换档进程。蓄压器内部的弹簧和油压可吸收换档执行元件（离合器和制动器）的接合油压，从而控制着接合速率，而蓄压器油压又受转矩信号的控制。以 1-2 蓄压器为例，如图 1-47 所示，2 档离合器油压建立时，在压缩 1-2 蓄压器弹簧的同时，还迫使 1-2 蓄压器内的油液经过 1-2ACC 阀泄放，ACC 阀泄放速率受其右端转矩信号的控制。转矩信号油压升高，蓄压器油压升高，ACC 阀泄放速率变慢，换档时间变短；反之，换档时间变长。所以，TCM 通过 PCS 阀控制转矩信号油压，再通过转矩信号油压控制主油压和蓄压器油压，从而控制换档进程。

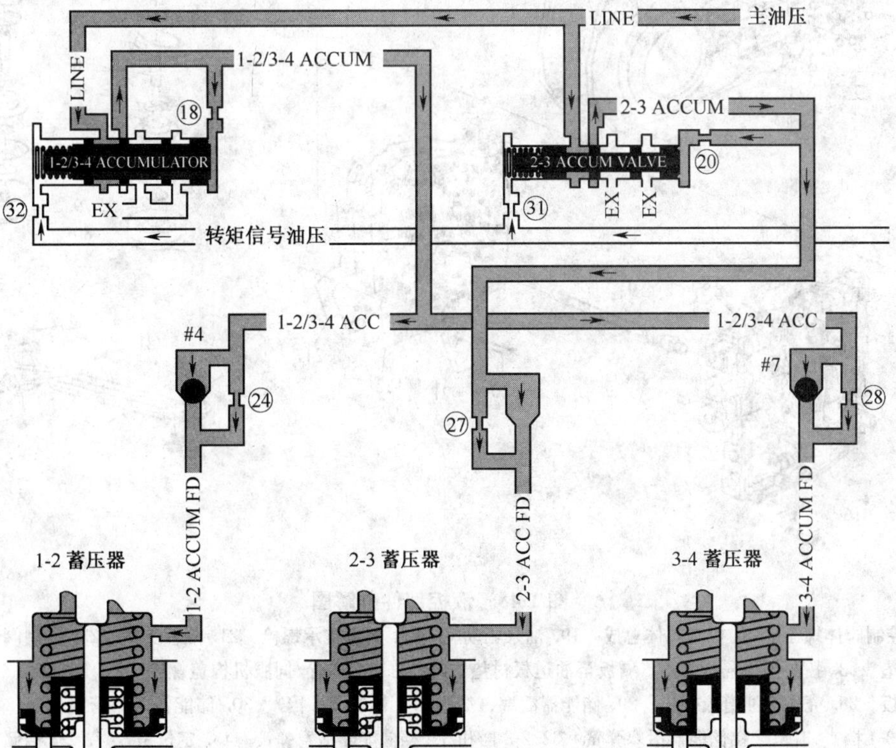

图 1-47　蓄压器油路

5. 液控部件分解图

4T45E 型自动变速器液控部件分解如图 1-48 所示，阀体部件分解如图 1-49 所示。

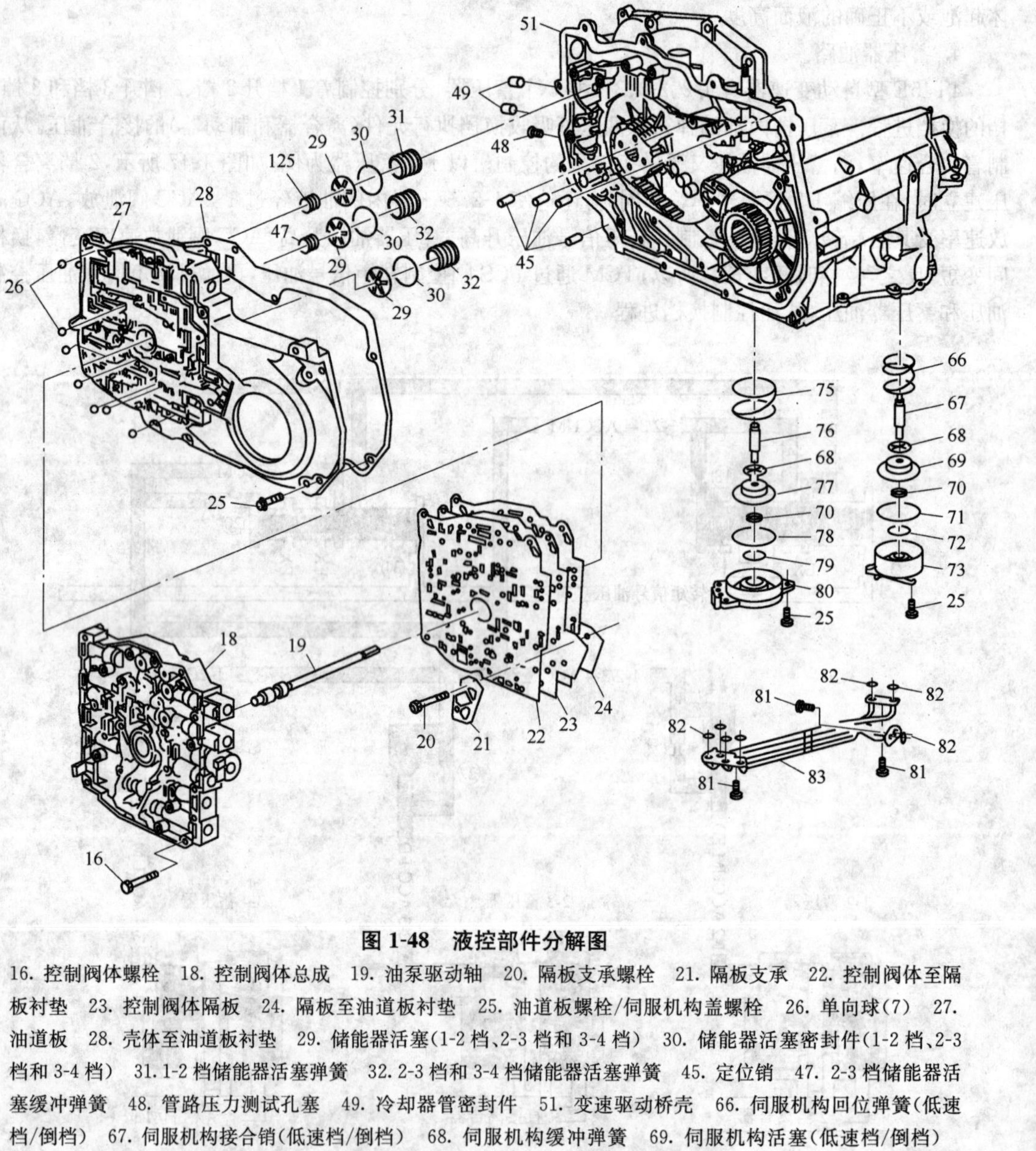

图 1-48 液控部件分解图

16. 控制阀体螺栓 18. 控制阀体总成 19. 油泵驱动轴 20. 隔板支承螺栓 21. 隔板支承 22. 控制阀体至隔板衬垫 23. 控制阀体隔板 24. 隔板至油道板衬垫 25. 油道板螺栓/伺服机构盖螺栓 26. 单向球(7) 27. 油道板 28. 壳体至油道板衬垫 29. 储能器活塞(1-2档、2-3档和3-4档) 30. 储能器活塞密封件(1-2档、2-3档和3-4档) 31. 1-2档储能器活塞弹簧 32. 2-3档和3-4档储能器活塞弹簧 45. 定位销 47. 2-3档储能器活塞缓冲弹簧 48. 管路压力测试孔塞 49. 冷却器管密封件 51. 变速驱动桥壳 66. 伺服机构回位弹簧(低速档/倒档) 67. 伺服机构接合销(低速档/倒档) 68. 伺服机构缓冲弹簧 69. 伺服机构活塞(低速档/倒档) 70. 伺服机构卡环 71. 伺服机构活塞密封件(低速档/倒档) 72. 伺服机构盖密封件(低速档/倒档) 73. 伺服机构盖(低速档/倒档) 75. 伺服机构回位弹簧(中间档/4档) 76. 伺服机构接合销(中间档/4档) 77. 伺服机构活塞(中间档/4档) 78. 伺服机构活塞密封件(中间档/4档) 79. 伺服机构盖密封件(中间档/4档) 80. 伺服机构盖(中间档/4档) 81. 供油管总成螺栓/储油盘螺栓 82. 供油管总成密封件 83. 供油管总成 125. 1-2档储能器活塞缓冲弹簧和座圈总成

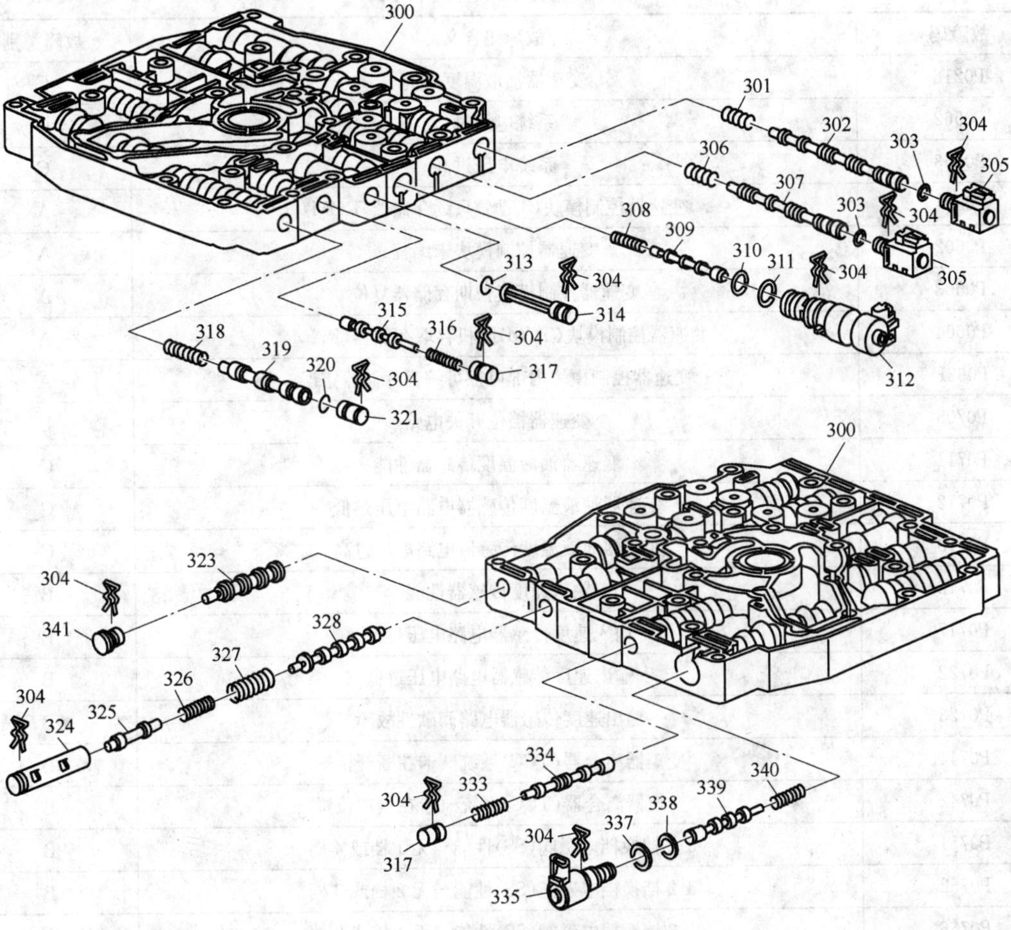

图 1-49 阀体部件分解图

300. 控制阀体总成 301. 1-2 档换档阀弹簧 302. 1-2 档换档阀 303. 换档电磁阀 O 形圈(1-2 档和 2-3 档) 304. 固定卡夹 305. 换档电磁阀(1-2 档和 2-3 档) 306. 2-3 档换档阀弹簧 307. 2-3 档换档阀 308. 转矩信号调节阀弹簧 309. 转矩信号调节阀 310. 压力控制电磁阀 O 形圈 311. 压力控制电磁阀 O 形圈 312. 压力控制电磁阀 313. 执行器机油滤清器 O 形圈 314. 执行器机油滤清器 315. 执行器供油管路限压阀 316. 执行器供油管路限压阀弹簧 317. 孔塞 318. 3-4 档换档阀弹簧 319. 3-4 档换档阀 320. 3-4 档换档阀塞 O 形圈 321. 孔塞 323. 1-2 档/3-4 档储能器阀 324. 压力调节增压阀衬套 325. 压力调节增压阀 326. 隔振弹簧 327. 压力调节阀弹簧 328. 压力调节阀 333. TCC 控制阀弹簧 334. TCC 控制阀 335. TCC 控制脉宽调制电磁阀 336. TCC 控制电磁阀 O 形圈 337. TCC 控制电磁阀 O 形圈 338. TCC 调节接合阀 339. TCC 调节接合阀弹簧 340. 孔塞

第四节 4T45E 型自动变速器的维修

一、故障码(DTC)列表

4T45E 型自动变速器故障诊断码见表 1-10。

表 1-10 故障码(DTC)列表

故障码	故障码含义	故障类别
P0218	变速器油液温度过高	C
P0562	系统电压过低	C
P0563	系统电压过高	C
P0601	变速器控制模块(TCM)只读存储器(ROM)	A
P0602	变速器控制模块未编程	A
P0603	变速器控制模块长期存储器复位	A
P0604	变速器控制模块(TCM)随机存取存储器(RAM)	A
P062F	变速器控制模块内部可擦可编程存储器错误	A
P0705	变速器档位开关电路	B
P0711	变速器油液温度传感器性能	C
P0712	变速器油液温度传感器电路电压过低	C
P0713	变速器油液温度传感器电路电压过高	C
P0716	输入速度传感器性能	B
P0717	输入速度传感器电路电压过低	B
P0722	输出速度传感器电路电压过低	B
P0723	输出速度传感器电路间歇性故障	B
P0741	变矩器离合器(TCC)系统一卡在断开位置	B
P0742	变矩器离合器(TCC)系统一卡在接通位置	B
P0751	1-2 档换档电磁阀(SS)性能一无 1 档或 4 档	B
P0752	1-2 档换档电磁阀(SS)性能一无 2 档或 3 档	B
P0756	2-3 档换档电磁阀(SS)性能一无 1 档或 2 档	A
P0757	2-3 档换档电磁阀(SS)性能一无 3 档或 4 档	A
P0815	加档开关线路	C
P0816	减档开关线路	C
P0826	加/减档开关线路	C
P0842	变速器油液压力(TFP)传感器电路电压过低	B
P0843	变速器油液压力(TFP)传感器电路电压过高	B
P0961	管路压力控制(PC)电磁阀系统性能	C
P0973	1-2 档换档电磁阀(SS)控制电路电压过低	B
P0974	1-2 档换档电磁阀(SS)控制电路电压过高	B
P0976	2-3 档换档电磁阀(SS)控制电路电压过低	A
P0977	2-3 档换档电磁阀(SS)控制电路电压过高	A
P1750	1-2 档换档阀卡滞	C
P1810	变速器油压力位置开关电路	B
P1811	最大自适应压力和换档时间过长	C
P1816	变速器油压力位置开关使用驱动传动比表示驻车档/空档	B

续表 1-10

故障码	故障码含义	故障类别
P1818	变速器油压力位置开关未用驱动传动比表示驱动档	B
P2534	点火开关电路电压过低	A
P2544	转矩降低请求电路	
P2763	变矩器离合器压力控制电磁阀控制电路电压过高	B
P2764	变矩器离合器压力控制电磁阀控制电路电压过低	B
U0073	CAN 总线电路故障	B
U0100	与发动机控制模块(ECM)失去通信	B
U0121	与电子制动控制模块(EBCM)失去通信	C
U0140	与电子制动控制模块(EBCM)失去通信	C

二、基本检查与保养

1. 更换自动变速器油

车辆每行驶 80000km，需更换自动变速器油液及滤清器，如长期在恶劣条件下行驶，可适当缩短换油里程。推荐使用型号为 DEXRON-VI 的自动变速器油液 ATF。换油步骤如下(见图 1-50)：

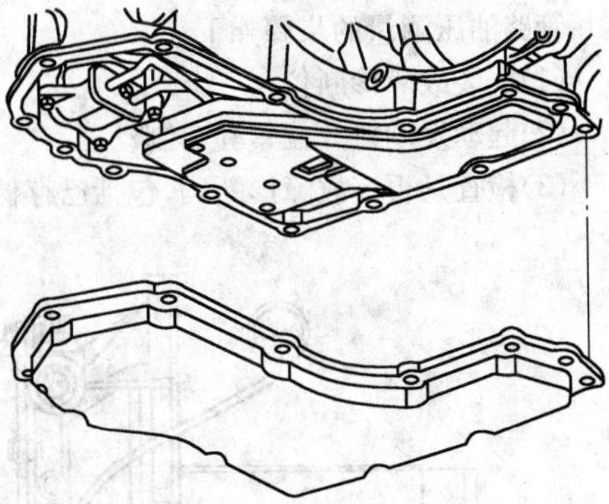

图 1-50　更换自动变速器油及滤清器

(1)举升并支撑车辆。

(2)将接油盘放在变速驱动桥储油盘下。

(3)仅拆卸储油盘前部和两侧的螺栓。

(4)旋松储油盘后部螺栓 4 圈。

(5)用橡胶锤轻轻敲打或撬动储油盘，使油液排尽。

(6)检查油液颜色。

(7)拆卸剩余的储油盘螺栓。

(8)取下储油盘。

(9)拆卸储油盘衬垫。

(10)拆卸润滑油滤清器：用一把旋具将润滑油滤清器颈部从密封件上撬开。

(11)检查机油滤清器密封件是否损坏或磨损，必要时拆卸并更换密封件。

安装程序与上述步骤相反，通过通风口加注自动变速器油，然后执行油面检查及调整程序。

2. 油面检查及调整

(1)起动发动机并且使发动机怠速运行直到变速器油温度达到规定值。

(2)踩下制动踏板，并将换档杆换遍所有档位，在每个档位停留数秒，将换档杆恢复到驻车档位置。

(3)拆卸油液通风盖，如图 1-51 所示。

(4)用举升机举升车辆。

(5)拆卸变速器油位控制螺塞，如图 1-52 所示，它位于变速器变矩侧的壳体上。用诊断工具读取变速器油温，在 40℃时，液面应该和螺纹塞孔的底部齐平。如果油面过低，通过加注口加注自动变速器油液，每次添加 0.5L，直到油液从塞孔处排出。

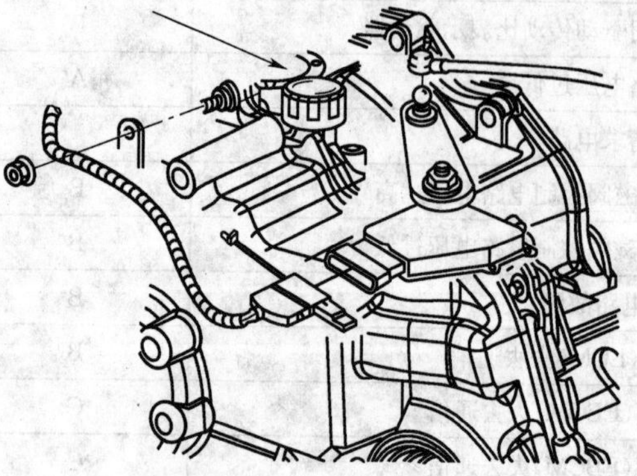

图 1-51　拆卸油液通风盖

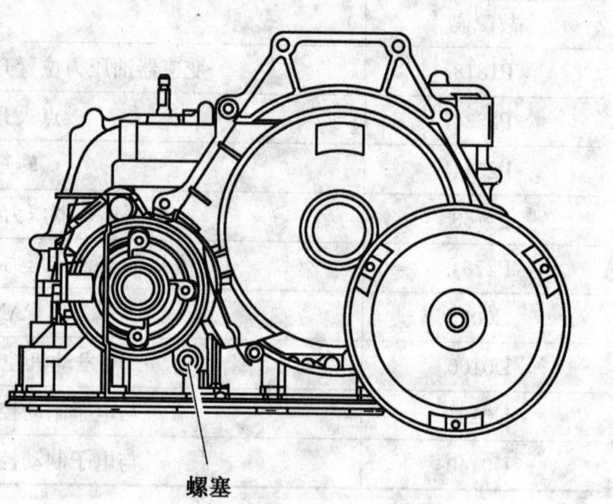

图 1-52　拆卸变速器油位控制螺塞

(6)装复油位控制螺塞，检查变速器是否有泄漏，然后降下车辆。

(7)装复油液通风盖。

3. 管路油压测量

管路油压测量的步骤如下：

(1)安装故障诊断仪。

(2)起动发动机并拉紧驻车制动器。

(3)检查是否有故障诊断码，包括已存储的压力控制电磁阀故障诊断码。

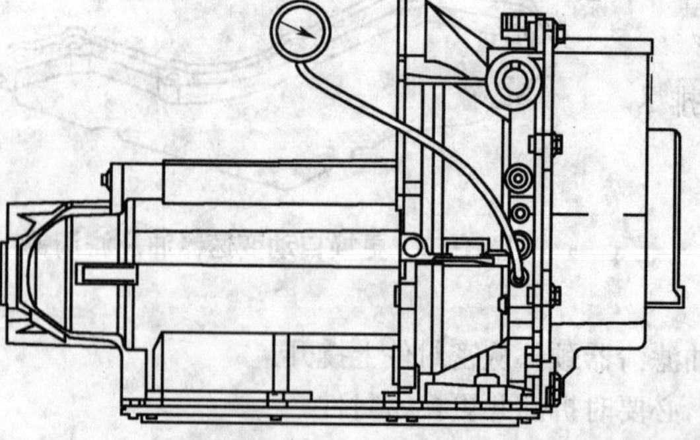

图 1-53　管路油压测量

(4)必要时检修车辆，包括检查液面、检查变速驱动桥处的手动连杆机构、电控系统故障排除。

(5)管路压力接口处安装润滑油压力表，如图 1-53 所示。

(6)起动发动机并使其怠速运转预热。

(7)进入故障诊断仪上的压力控制电磁阀控制测试，增加所需的压力控制电磁阀电流，每次增加 0.1A，让压力稳定 5s，读取压力表上相应的管路压力值。

(8)拆卸润滑油压力表并安装管路压力螺塞。

(9)正确的管路压力见表 1-9，表中的压力温度为 70℃时的规定值，压力会随温度的变化而变化。

三、自动变速器的解体

(1)安装自动变速器夹具，包括专用工具 J41230 变速器支撑夹具、J41230-TEM 钻孔模板和 J3289-20 支撑夹具，如图 1-54 所示。

(2)短轴的拆卸，如图 1-55 所示，使用专用工具 J6125-1B 惯性锤和 J38868 轴拆卸工具。注意：小心操作短轴，如果轴套未损坏或未从短轴上拆卸，则可以重复使用短轴轴套。损坏短轴轴套会导致变速器漏油。

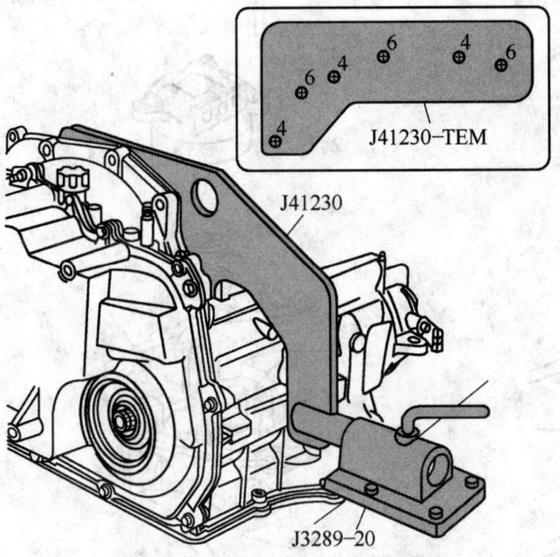

图 1-54　安装自动变速器夹具

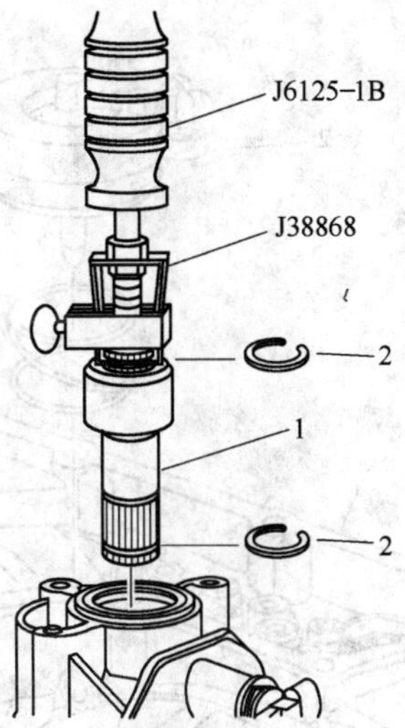

图 1-55　短轴的拆卸

1. 短轴　2. 卡环

①从短轴 1 的端部拆卸卡环 2，并将其弃置，短轴卡环不能重复使用。

②将 J6125-1B 连接到 J38868 上，将 J38868 装入短轴 1 上的卡环槽内，将 J38868 牢牢紧固到短轴上。

③轻轻拉动并转动轴，直到差速器处的短轴卡环就位于差速器半轴齿轮上的锥体内。确定短轴卡环 2 已正确就位于差速器半轴齿轮内。否则在拆卸短轴时，可能损坏变速器。

④在惯性锤的撞击下，将短轴 1 拉出。

(3)拆卸输出速度传感器。

(4)拆卸储油盘和衬垫，如图 1-56 所示，拆卸润滑油滤清器/密封件、润滑油油位控制阀。

(5)拆卸润滑油供油管，如图 1-57 所示，拆卸四个润滑油供油管螺栓 1，并拆卸润滑油供油管总成 3。

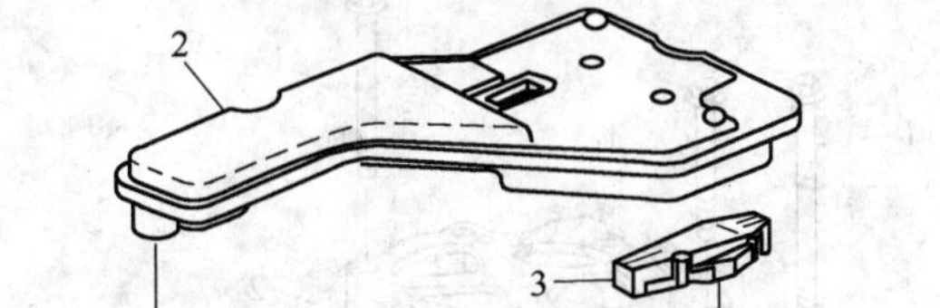

图 1-56　拆卸润滑油滤清器、密封件、润滑油油位控制阀

1. 密封件　2. 润滑油滤清器　3. 油位控制阀

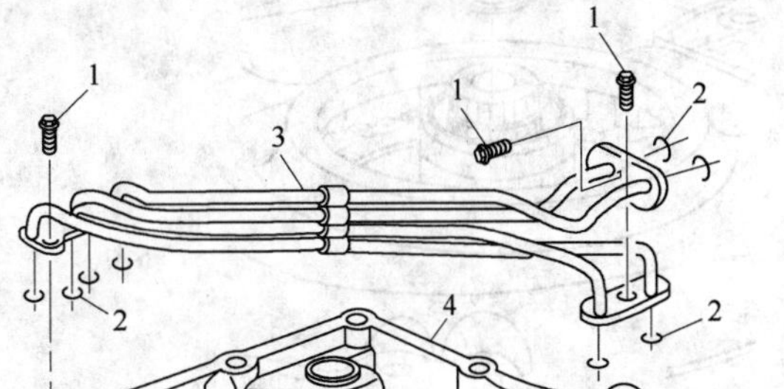

图 1-57　拆卸润滑油供油管

1. 润滑油供油管螺栓　2. 密封圈
3. 供油管总成　4. 壳体

(6)拆卸中间档/4 档伺服机构，如图 1-58 所示。

(7)拆卸低速档和倒档伺服机构，如图 1-59 所示。

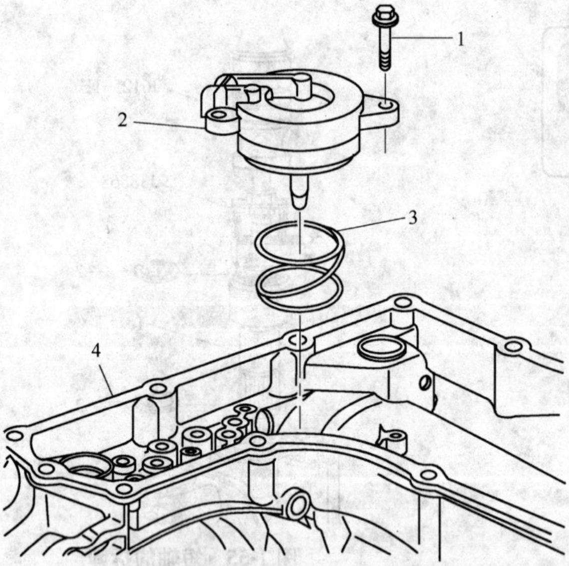

图 1-58　拆卸中间档/4 档伺服机构

1. 螺栓　2. 伺服机构总成　3. 回位弹簧　4. 变速器壳

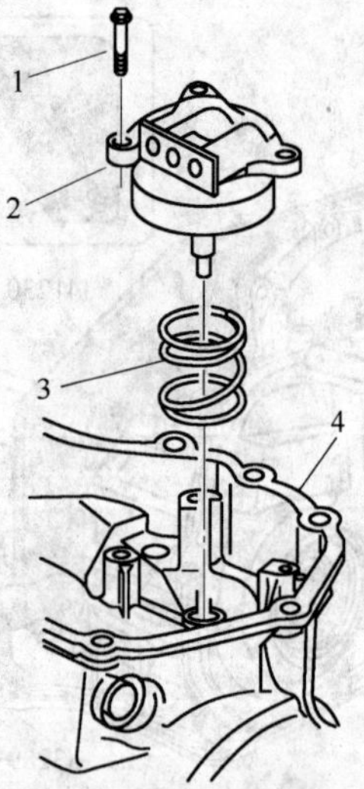

图 1-59　拆卸低速档和倒档伺服机构

1. 螺栓　2. 伺服机构总成　3. 回位弹簧　4. 壳体

(8)拆卸壳体侧盖。

(9)拆卸输出轴，如图 1-60 所示，拆卸卡环 1，将 J6125-1B 带接头的惯性锤和 J38868 输出轴总成拆卸工具和安装工具安装到输出轴 2，用旋具向上撬松轴，随后向上拉惯性锤。

(10)拆卸油泵和油泵轴，如图 1-61 所示，从油泵上拆卸 8 个螺栓 1，拆卸油泵总成 2，拆卸油泵轴 4。断开阀体上线束插头。

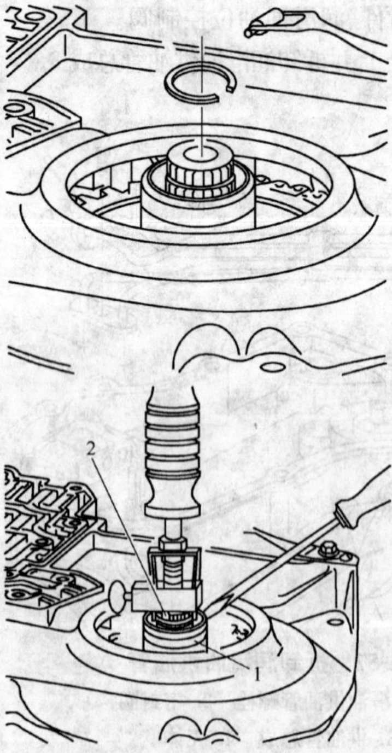

图 1-60　拆卸输出轴

1. 卡环　2. 输出轴

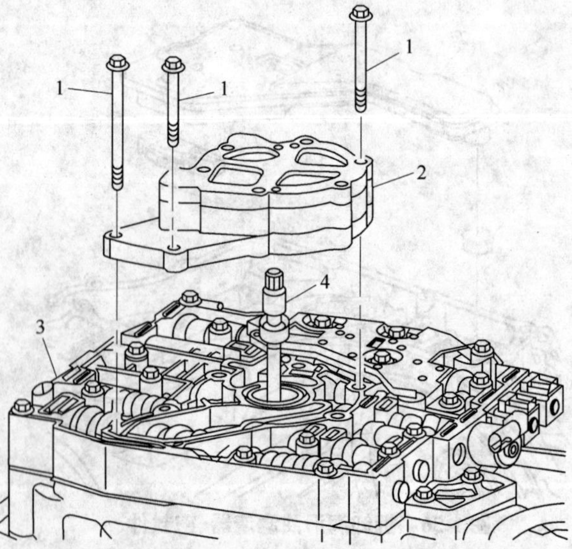

图 1-61　拆卸油泵和油泵轴

1. 螺栓　2. 油泵　3. 阀体总成　4. 油泵轴

(11)拆卸变速器油压力(TFP)开关,参见图 1-34。拆卸剩余的 12 个螺栓 1,拆卸阀体总成、衬垫和隔板,如图 1-62 所示。注意单向球阀的位置,如图 1-63 所示。

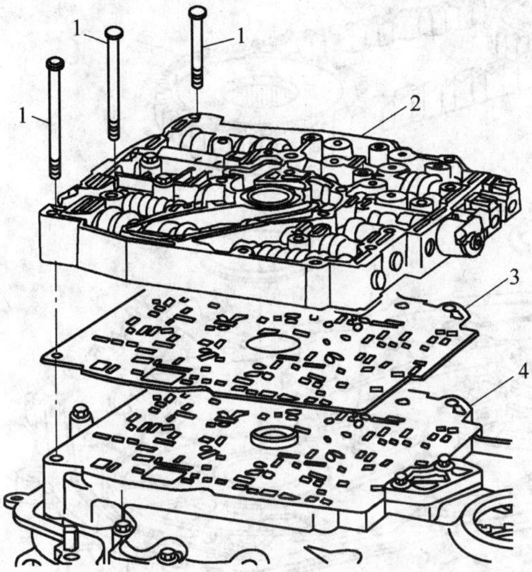

图 1-62　拆卸阀体

1. 螺栓　2. 阀体总成　3. 衬垫　4. 隔板

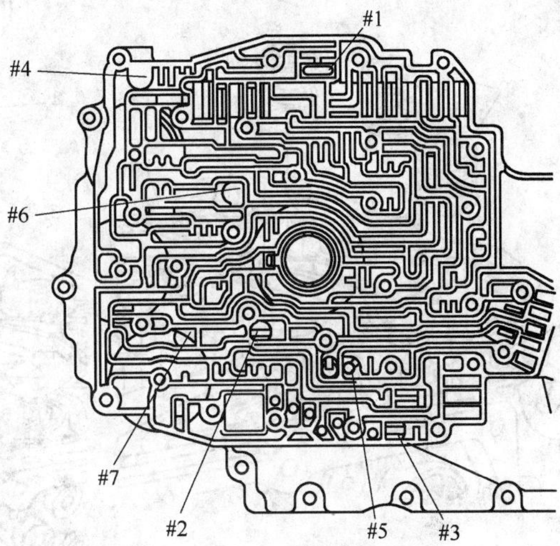

图 1-63　单向球阀的位置

(12)拆卸手动阀。

(13)拆卸油道板和衬垫,如图 1-64 所示。

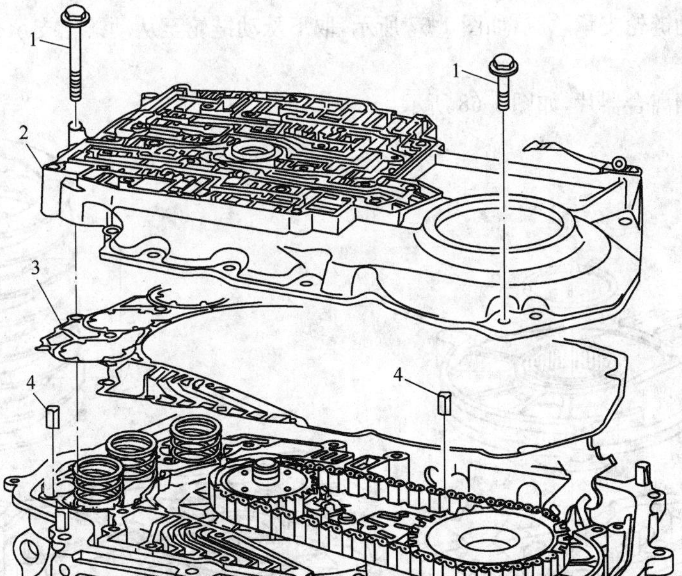

图 1-64　拆卸油道板和衬垫

1. 螺栓　2. 油道板总成　3. 衬垫　4. 定位销

(14)拆卸 3 个储能器弹簧,如图 1-65 所示。

(15)拆卸驱动链轮、从动链轮和传动机构,如图 1-66 所示。注意标记链条的朝向,后续必须按照相同的方向安装链条,以避免噪声过大。

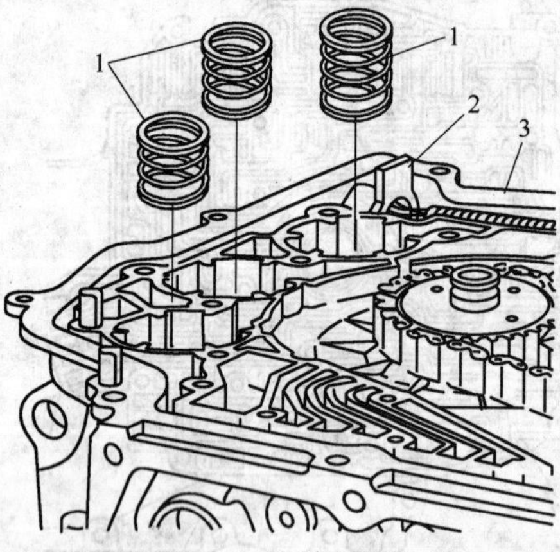

图 1-65 拆卸 3 个储能器弹簧

1. 储能器弹簧 2. 线束连接器 3. 壳体

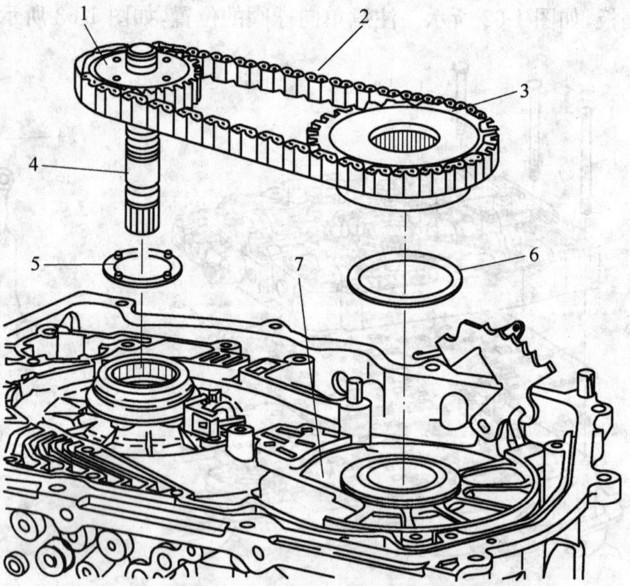

图 1-66 拆卸驱动链轮、从动链轮和传动机构

1. 驱动链轮 2. 链条 3. 从动链轮 4. 链轮轴 5. 驱动链轮支承止推垫圈 6. 从动链轮支承止推垫圈 7. 从动链轮支承总成

(16)拆卸输入速度传感器,参见图 1-32 所示。

(17)拆卸线束。

(18)拆卸从动链轮支承总成:如图 1-67 所示,取下从动链轮至从动链轮支承止推垫圈 1,拆卸从动链轮支承总成 2。

(19)拆卸 2 档离合器片,如图 1-68 所示。

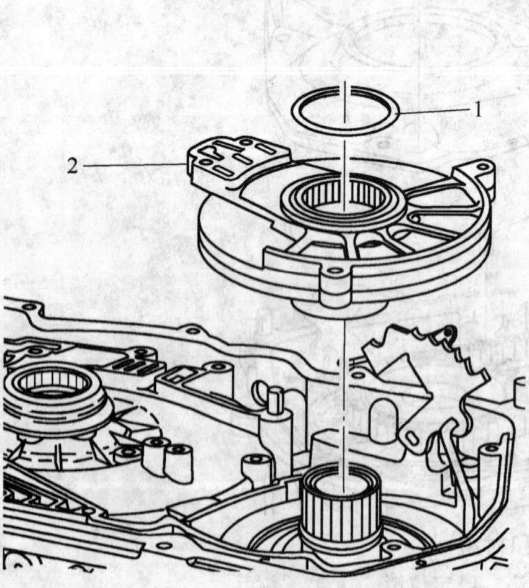

图 1-67 拆卸从动链轮支承总成

1. 止推垫圈 2. 从动链轮支承总成

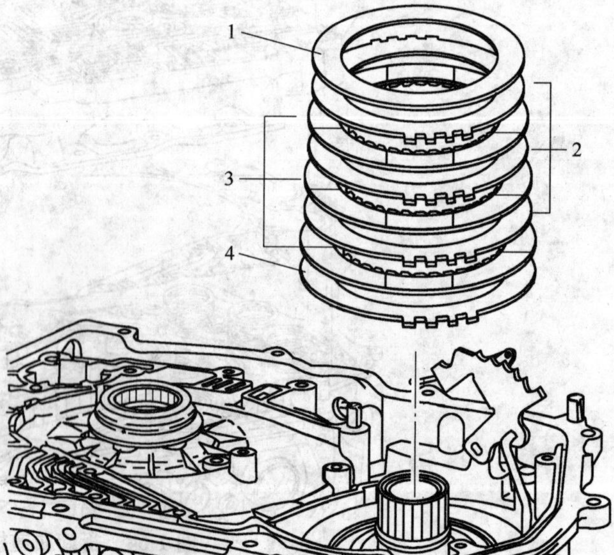

图 1-68 拆卸 2 档离合器片

1. 波形片 2. 钢片 3. 摩擦片 4. 底盘

(20)拆卸倒档输入离合器壳和 2 档滚柱离合器总成,如图 1-69 所示。

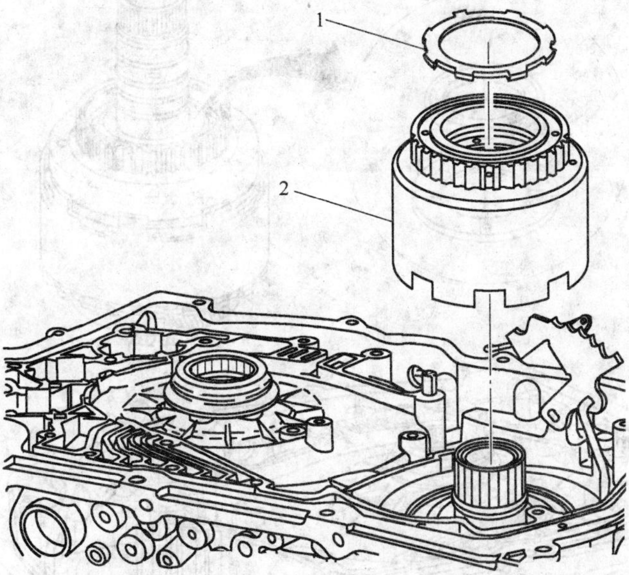

图 1-69　拆卸倒档输入离合器壳和 2 档滚柱离合器总成

1. 止推垫圈　2. 2 档输入离合器壳和 2 档滚柱离合器总成

(21)拆卸中间/4 档制动带,如图 1-70 所示。

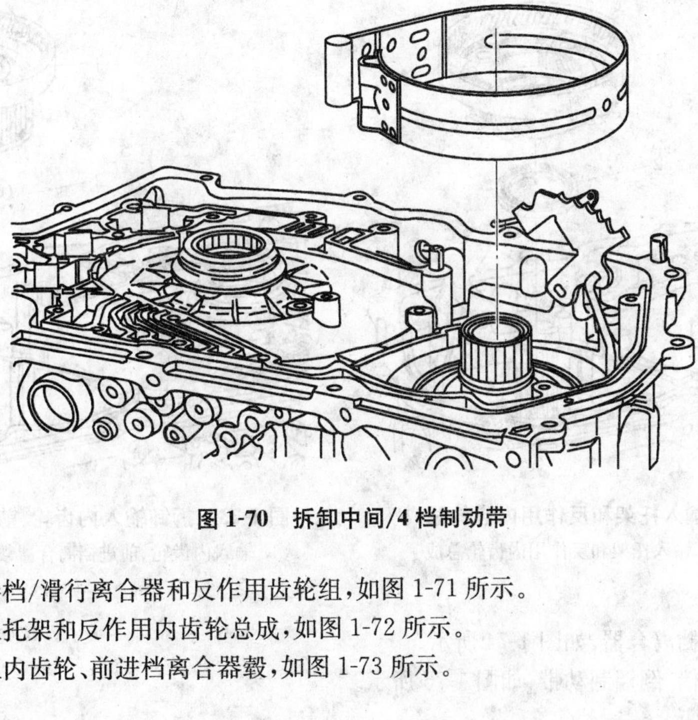

图 1-70　拆卸中间/4 档制动带

(22)拆卸直接档/滑行离合器和反作用齿轮组,如图 1-71 所示。

(23)拆卸输入托架和反作用内齿轮总成,如图 1-72 所示。

(24)拆卸输入内齿轮、前进档离合器毂,如图 1-73 所示。

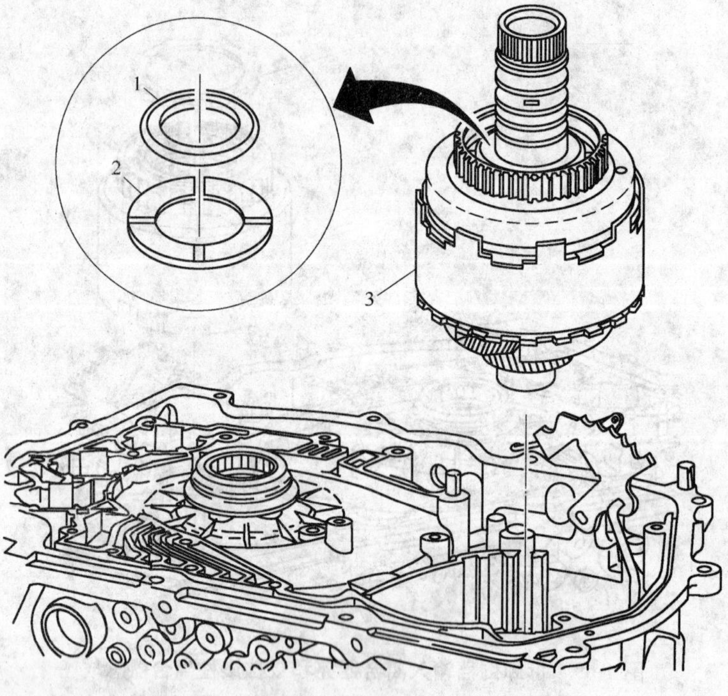

图 1-71 拆卸直接档/滑行离合器和反作用齿轮组

1. 保持轴承总成 2. 止推垫圈 3. 直接档/滑行离合器和反作用托架总成

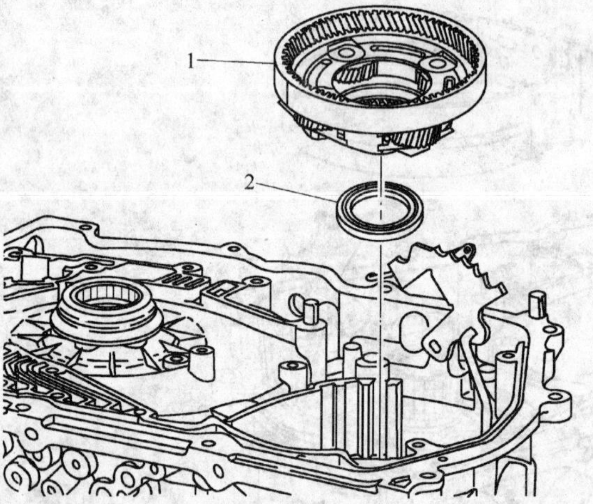

图 1-72 拆卸输入托架和反作用内齿轮总成

1. 止推垫圈 2. 输入托架和反作用内齿轮总成

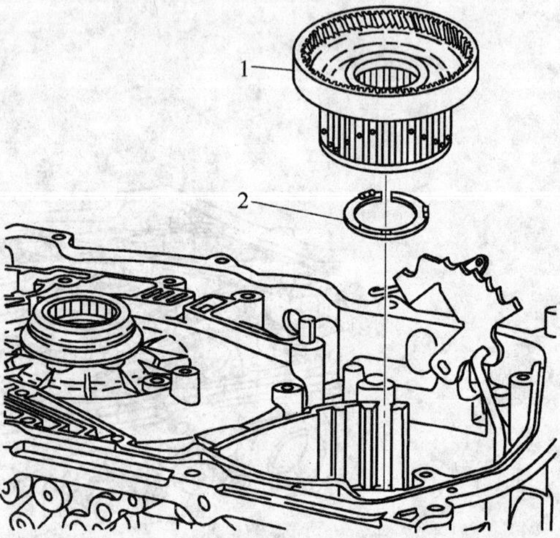

图 1-73 拆卸输入内齿轮、前进档离合器毂

1. 输入内齿轮、前进档离合器毂 2. 止推垫圈

(25)拆卸前进档离合器,如图 1-74 所示。

(26)拆卸低速档/倒档制动带,如图 1-75 所示。

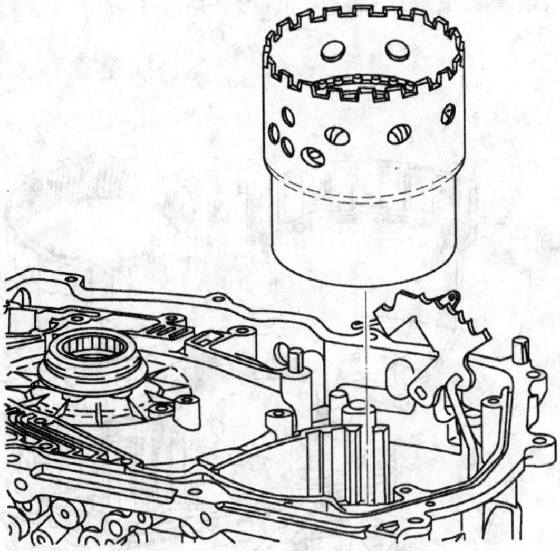

图 1-74　拆卸前进档离合器

图 1-75　拆卸低速档/倒档制动带

(27)用专用工具 J28585 从变速器壳上拆卸前进档离合器支承卡环，拆卸前进档离合器支承、低速档滚柱离合器，如图 1-76 所示。

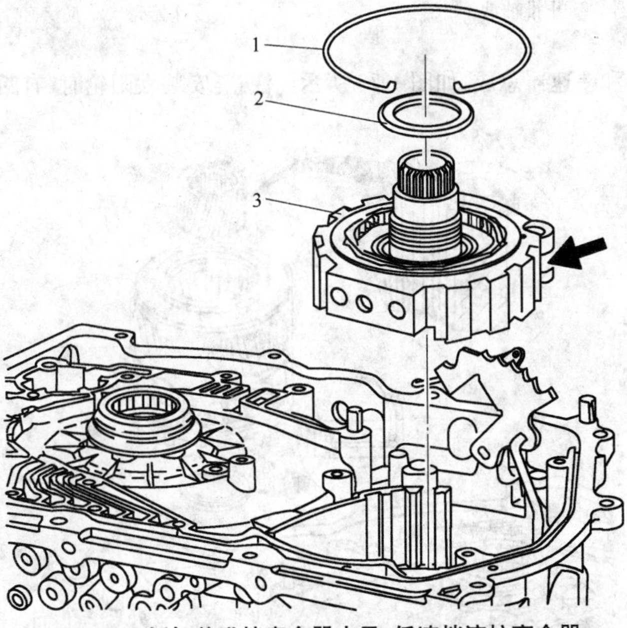

图 1-76　拆卸前进档离合器支承、低速档滚柱离合器

1. 卡环　2. 止推轴承　3. 前进档离合器支承、低速档滚柱离合器

(28)拆卸主减速器总成，如图 1-77 所示。

(29)拆卸主减速器内齿轮，如图 1-78 所示。注意：防磨环在壳体环槽内，切勿拆卸防磨环，除非其损坏。

四、自动变速器的装配

(1)如图 1-78 所示，安装防磨环、主减速器内齿轮，如果之前已拆卸防磨环，则将防磨环重新装入变速器壳内的小槽中。注意:按照拆卸前的相同方向重新安装主减速器内齿轮,内唇口朝上。

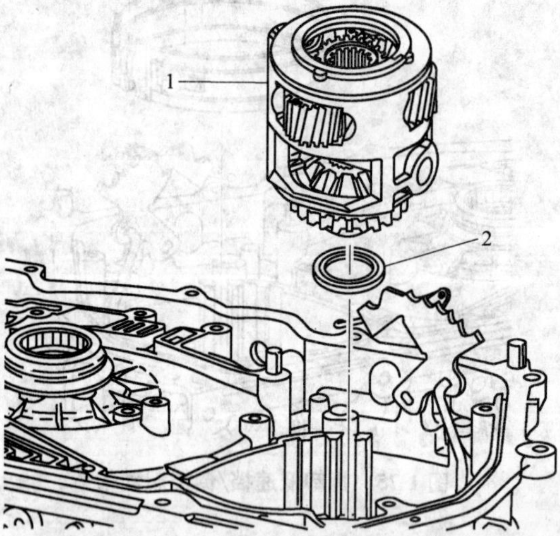

图 1-77　拆卸主减速器总成

1. 主减速器　2. 止推轴承

图 1-78　拆卸主减速器内齿轮

1. 变速器壳　2. 防磨环　3. 主减速器内齿轮

(2)安装主减速器和差速器总成,如图 1-79 所示。注意:安装太阳轮时,有凹槽的一侧朝上(平的一侧朝下)。

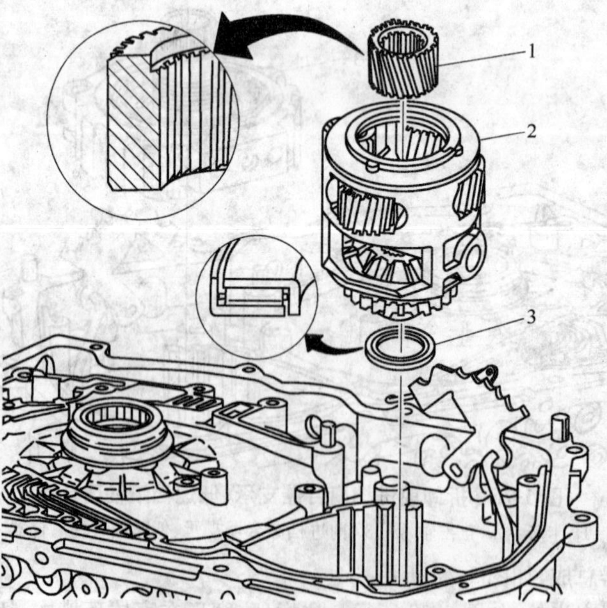

图 1-79　安装主减速器和差速器总成

1. 太阳轮　2. 主减速器　3. 止推轴承

(3)如图 1-80 所示,装配前进档离合器支承、低速档滚柱离合器。注意:将驻车棘爪齿轮安装到主减速器太阳齿轮轴上,内凸台朝上,以确保驻车棘爪与驻车棘爪齿轮上的轮齿正确啮合。驻车棘爪齿轮(659)和卡环之间的间隔约为 3mm。

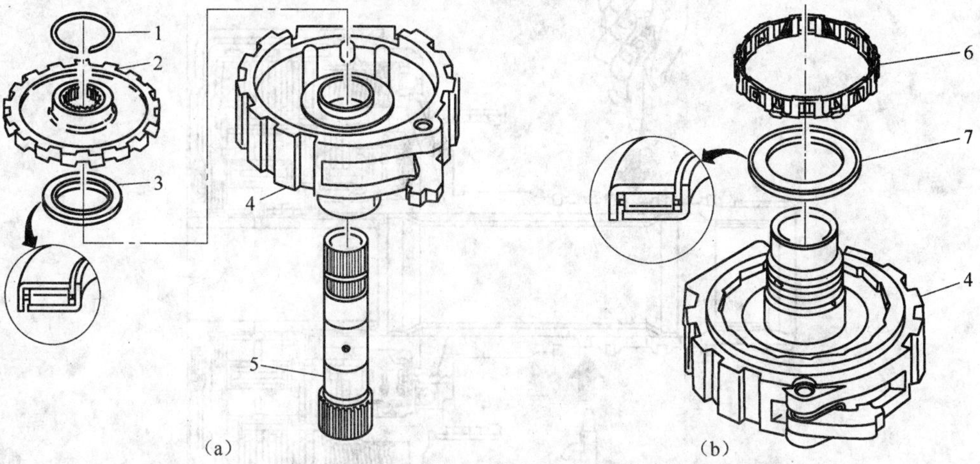

图 1-80 装配前进档离合器支承、低速档滚柱离合器

1. 卡环 2. 驻车棘爪齿轮 3、7. 止推轴承 4. 前进档离合器支承 5. 太阳齿轮轴 6. 低速档滚柱离合器

(4)参见图 1-76,安装前进档离合器支承、低速档滚柱离合器,注意:安装前进档离合器支承卡环 1 时,卡环开口必须对着变速器壳的底部,并朝向储油盘,如图 1-81 所示。

(5)参见图 1-75,安装低速档/倒档制动带。

(6)参见图 1-74,安装前进档离合器总成。如图 1-82 所示,向前进档离合器油孔中施加 140kPa 的压缩空气,以检验密封件和离合器总成的工作是否正常。

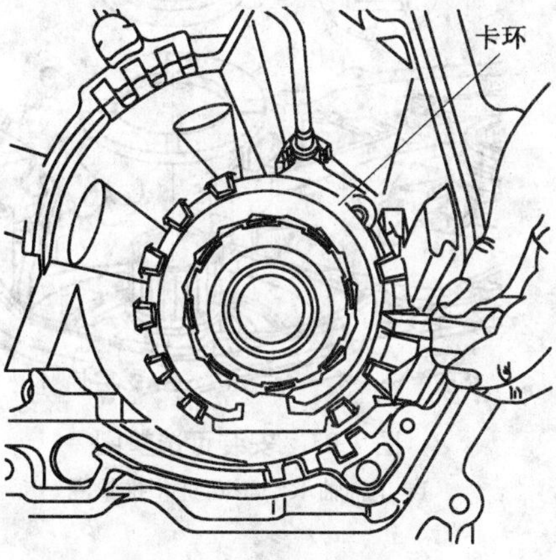

图 1-81 卡环的安装方向

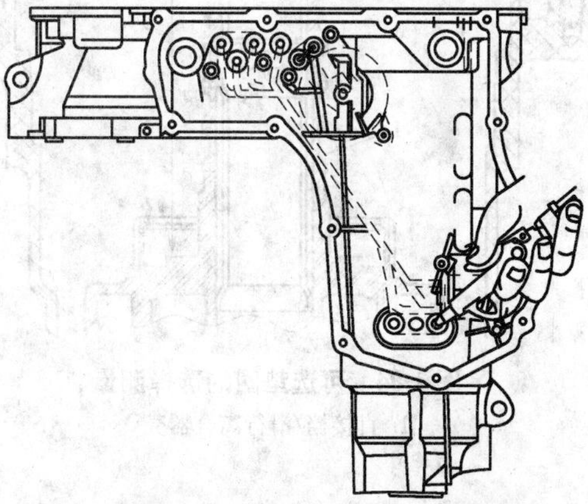

图 1-82 前进档离合器压力试验

(7)参见图 1-73,安装输入内齿轮、前进档离合器毂。

(8)参见图 1-72,安装输入托架和反作用内齿轮总成。

(9)安装直接档/滑行离合器、反作用托架。

①直接档和滑行离合器部件分解如图 1-18 所示,装配后,按图 1-83 所示用压缩空气检查直接档和滑行离合器及密封件工作是否正常。

②如图 1-71 所示,安装直接档/滑行离合器和反作用齿轮组。

(10)可选垫圈的测量和安装:如图 1-84 所示,将 J34673 横跨在壳体的机加工表面上,测量直接档/滑行离合器壳顶部与变速器壳机加工表面之间的距离(记录测量值)。根据测量值,并选择正确的有选择性垫圈,见表 1-12“端隙规格”。如图 1-85 所示,将可选止推垫圈装配到输入壳体的顶部,将止推轴承

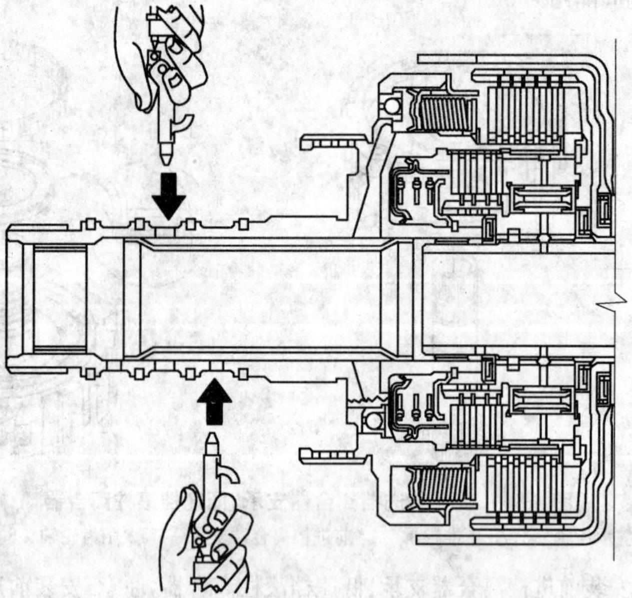

图 1-83 直接档和滑行离合器压力试验

装配到输入轴上、可选止推垫圈的顶部。

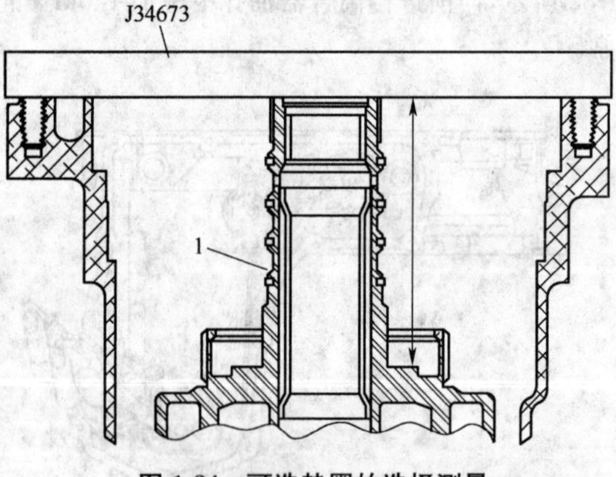

图 1-84 可选垫圈的选择测量

1. 直接档/滑行离合器壳

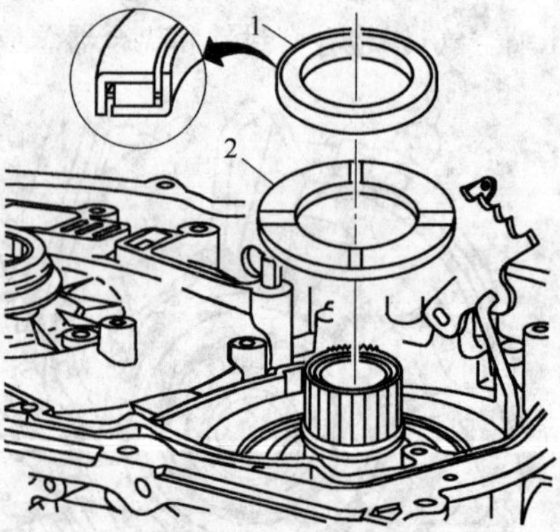

图 1-85 安装可选垫圈

1. 止推轴承 2. 可选止推垫圈

表 1-12 端隙规格

(mm)

测量值	垫圈选择	垫圈尺寸	测量值	垫圈选择	垫圈尺寸
100.40～100.70	棕色	1.50～1.60	101.89～102.18	紫色	2.98～3.08
100.71～100.99	灰色	1.80～1.90	102.19～102.48	黄色	3.28～3.38
101.00～101.29	本色	2.09～2.19	102.49～102.77	红色	3.57～3.67
101.30～101.59	黑色	2.39～2.49	102.78～103.07	绿色	3.87～3.97
101.60～101.88	橙色	2.68～2.78			

(11)如图 1-69 所示，安装倒档输入离合器壳和 2 档滚柱离合器总成。

(12)如图 1-70 所示，安装中间/4 档制动带。

(13)安装2档离合器片,如图1-86所示,离合器底板平的一面向上。

(14)如图1-67所示,安装从动链轮支承总成。将从动链轮支承和2档离合器总成装入变速驱动桥壳。从动链轮支承就位后,应稍低于变速驱动桥壳机加工表面。

(15)安装线束。

(16)安装输入速度传感器。

(17)如图1-66所示,安装驱动链轮、从动链轮和传动机构。注意:链条的安装方向应与拆卸标记方向相同。

(18)油道板的拆解与安装。油道板的分解如图1-87所示,1-2档储能器弹簧2略微高于另两个弹簧3,将1-2档储能器弹簧装入最靠近穿过式电气连接器的孔内,将两个剩余的储能器弹簧装入变速器壳储能器孔内,如图1-65所示。

(19)油道板总成的安装。

①如图1-88所示,将油道板至驱动链轮止推垫圈7安装到油道板2上。

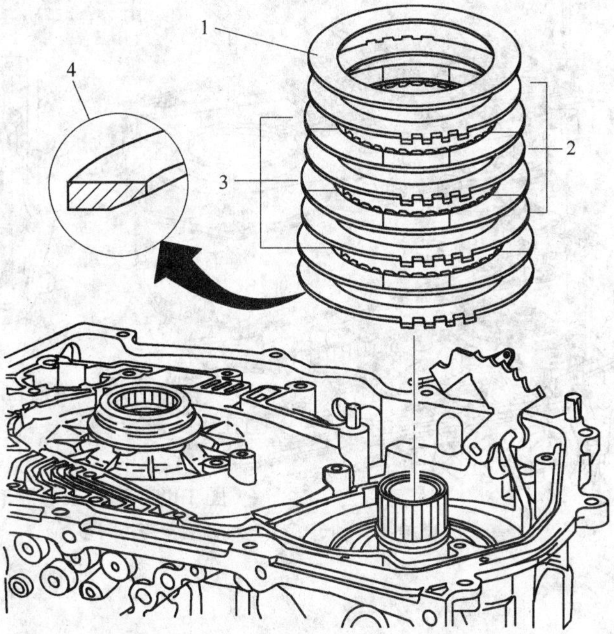

图1-86 安装2档离合器片

1. 波形片 2. 钢片 3. 摩擦片 4. 底板

②用J36850或同等品固定住止推垫圈7。

③将新的油道板至壳体衬垫3安装到变速器壳5上。

④将油道板总成安装到变速器壳5上。油道板应与位于变速器壳5上的导向销6牢固配合。

⑤安装两个油道板至从动链轮支承螺栓8。将两个油道板至从动链轮螺栓8紧固至14N·m。

⑥安装6个油道板至壳体螺栓8。手动上紧螺栓,再将6个油道板至壳体螺栓和两个油道板至从动链轮支承螺栓紧固至12N·m。

⑦安装两个油道板至壳体螺栓1。手动上紧螺栓,再将两个油道板至壳体螺栓1紧固至14N·m。

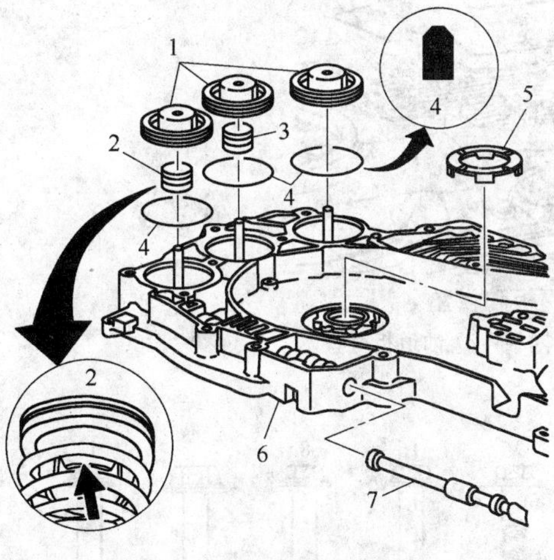

图1-87 油道板的分解图

1. 3个储能器活塞 2. 1-2档储能器弹簧 3. 2-3档储能器弹簧 4. 储能器活塞密封件 5. 止推垫圈 6. 油道板 7. 手动阀

(20)安装手动阀。

(21)参见图1-63,将7个单向球装入油道板上的正确位置。

(22)如图1-89所示,安装隔板和衬垫。将新的隔板至油道板衬垫安装到油道板上,将隔板安装到衬垫和油道板的顶部。将隔板支承2和两个螺栓1安装到隔板上,用手上紧螺栓,再将螺栓紧固至14N·m。

(23)安装控制阀总成和变速器油压力开关,螺栓规格及位置如图1-90所示,螺栓紧固至14N·m。

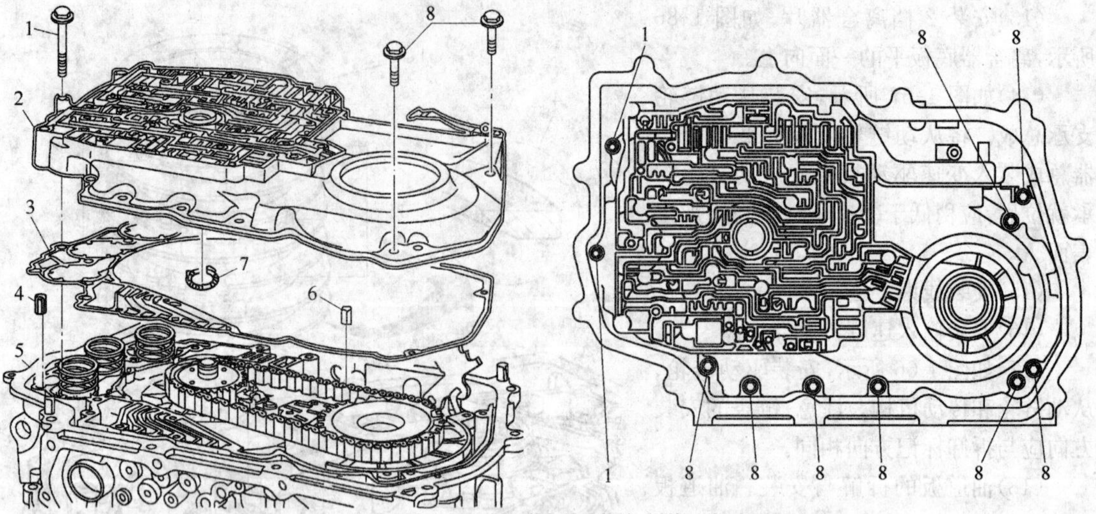

图 1-88　油道板总成的安装

1、8. 螺栓　2. 油道板　3. 油道板至壳体衬垫　4、6. 导向销　5. 变速器壳　7. 止推垫圈

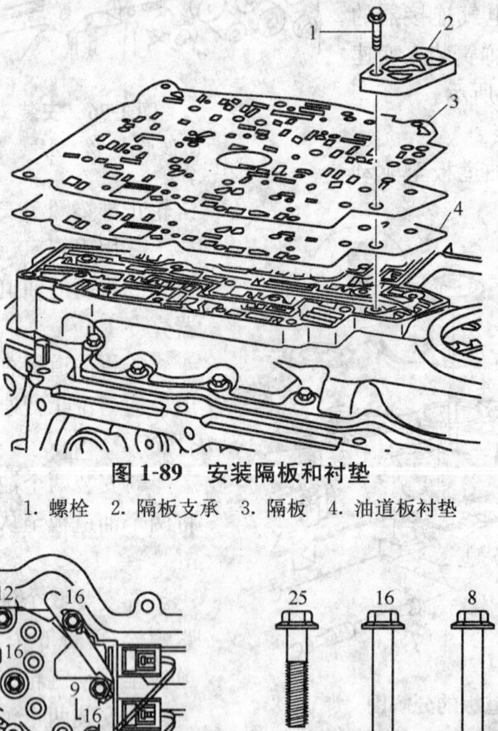

图 1-89　安装隔板和衬垫

1. 螺栓　2. 隔板支承　3. 隔板　4. 油道板衬垫

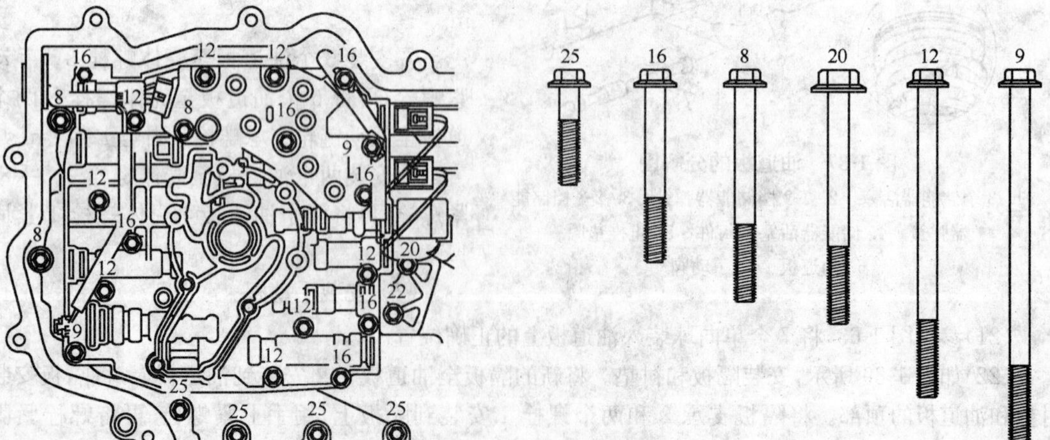

(a)　　　　(b)

图 1-90　阀体螺栓规格及数量

(24)安装油泵，参见图 1-61，将油泵轴装入油泵总成，将油泵总成和油泵轴安装到控制阀体上。油泵螺栓规格及位置如图 1-91 所示，螺栓紧固至 12N·m。

(25)安装侧盖及衬垫。如图 1-92 所示，将侧盖衬垫 3 和 2 装入侧盖 4 上的槽内，用 J36850 或同等品固定住密封件。将侧盖至驱动链轮止推垫圈 1 安装到侧盖上，用 J36850 或同等品固定住止推垫圈。将侧盖总成安装到变速器壳上。安装 11 个侧盖螺栓，将侧盖螺栓和螺柱紧固至 28N·m。

(26)安装输出轴。如图 1-93 所示，将新的卡环装入输出轴主减速器端(加工直径较小的一端)的卡环槽内，将输出轴装入主减速器总成。用木槌安装轴，使轴通过主减速器差速器齿轮。将新的卡环装入输出轴另一端的卡环槽内。

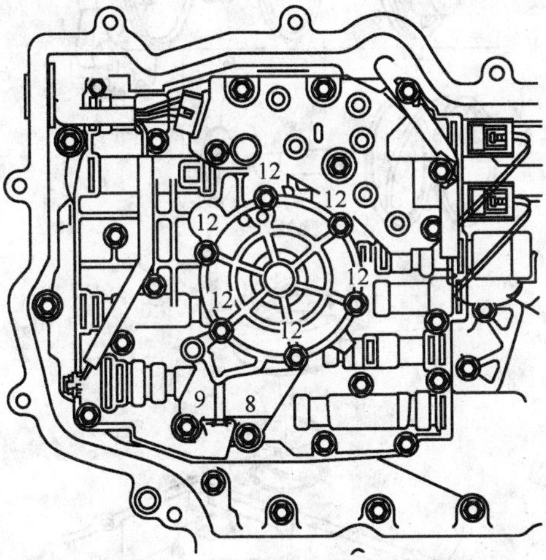

图 1-91　油泵螺栓规格及数量

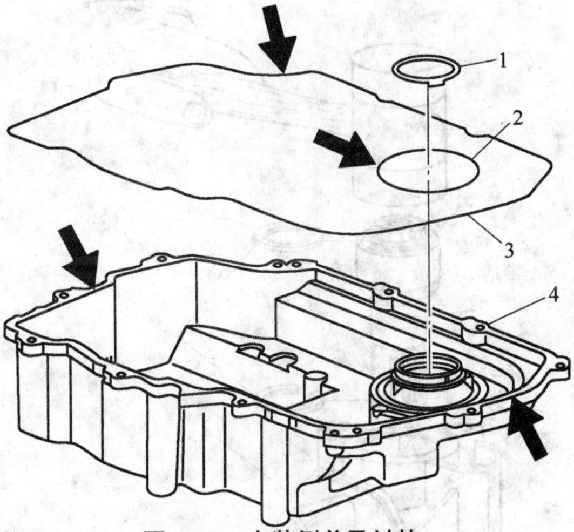

图 1-92　安装侧盖及衬垫

1. 止推垫圈　2、3. 侧盖衬垫　4. 侧盖

(27)短轴轴套总成的安装。

①安装轴套，如图 1-94 所示，将新的轴套 1 放到短轴 2 的端部，将轴套装入短轴卡环槽内，使轴套卡在带螺纹的轴上。将轴套安装管放置到轴套上，确保安装管的小外径端与轴套紧密配合。将轴承和螺母安装到带螺纹的轴上，为了移动安装管并将轴套压到短轴上，在向下紧固螺母的同时，固定住带螺纹的轴端。拆卸 J41228。

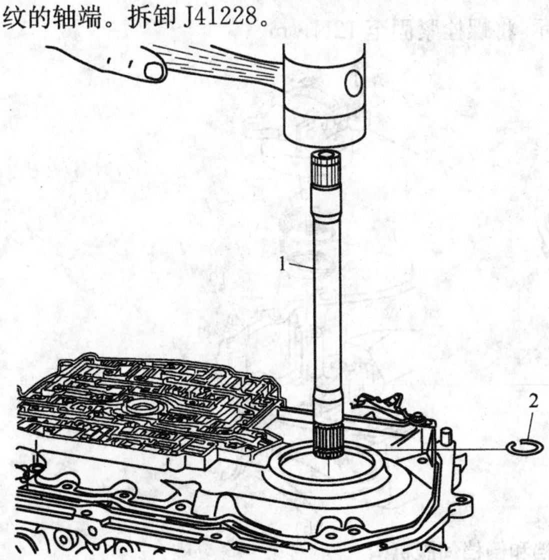

图 1-93　安装输出轴

1. 输出轴　2. 卡环

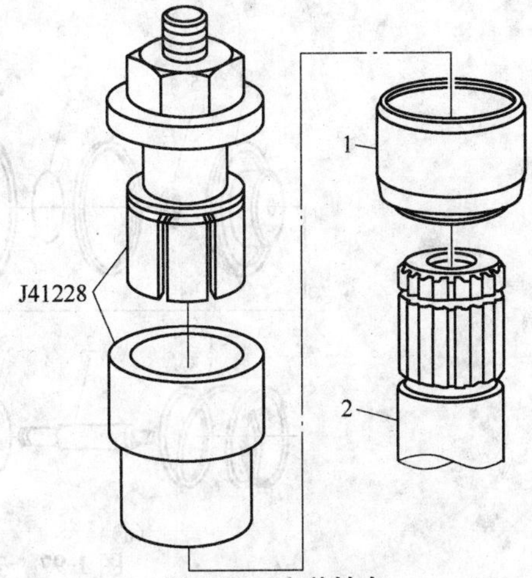

图 1-94　安装轴套

1. 轴套　2. 短轴

②安装短轴总成：如图 1-95 所示，安装短轴总成，将两个新卡环安装到短轴上，在拆卸短轴之后，卡环不可重复使用。将短轴安装到变速器内，用木槌安装短轴，使短轴通过主减速器差速器齿轮。

(28)安装输出速度传感器。

(29)安装中间档/4 档伺服机构，中间档/4 档伺服机构的部件分解如图 1-96 所示，将螺栓紧固至 12N·m。

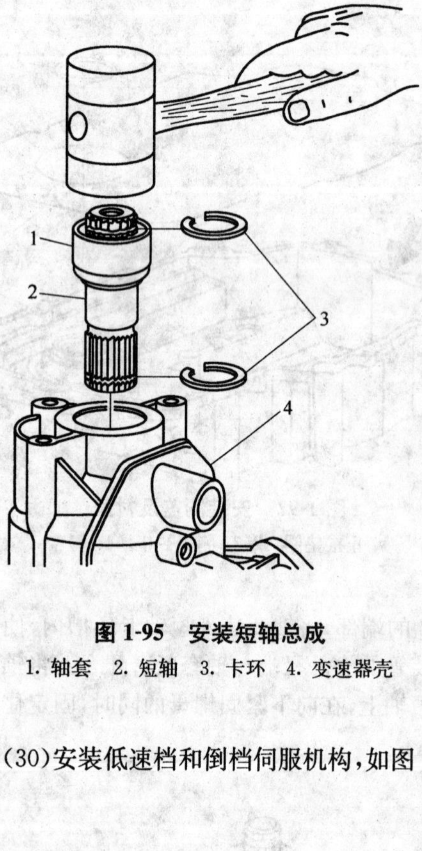

图 1-95　安装短轴总成

1. 轴套　2. 短轴　3. 卡环　4. 变速器壳

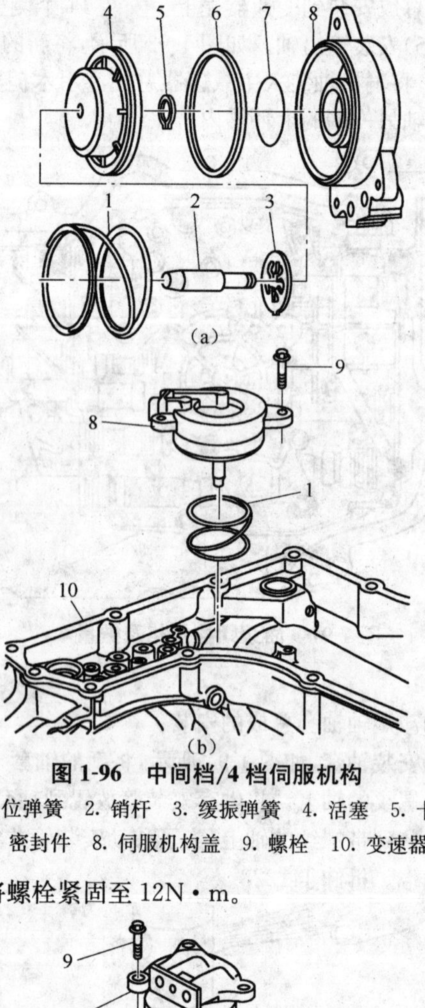

图 1-96　中间档/4 档伺服机构

1. 回位弹簧　2. 销杆　3. 缓振弹簧　4. 活塞　5. 卡环　6、7. 密封件　8. 伺服机构盖　9. 螺栓　10. 变速器壳

(30)安装低速档和倒档伺服机构，如图 1-97 所示，将螺栓紧固至 12N·m。

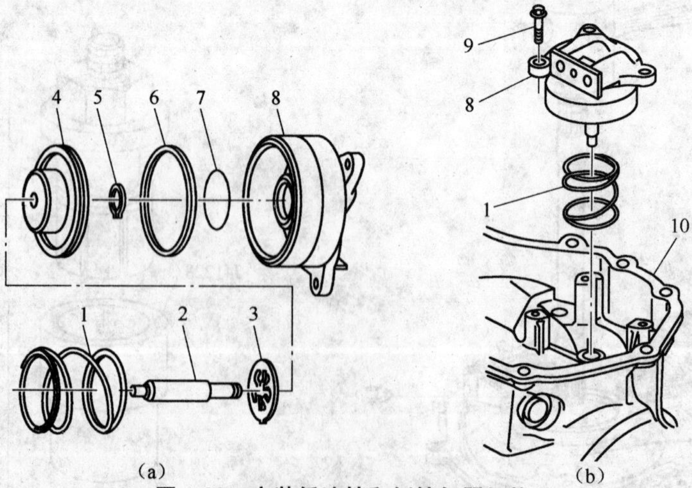

图 1-97　安装低速档和倒档伺服机构

1. 回位弹簧　2. 销杆　3. 缓振弹簧　4. 伺服机构活塞　5. 卡环　6、7. 密封件　8. 伺服机构盖　9. 螺栓　10. 变速器壳

(31)参见图1-57所示，安装润滑油供油管。

(32)安装润滑油滤清器密封件和润滑油滤清器。

(33)安装油位控制阀。

(34)安装储油盘的衬垫。

(35)安装变矩器。

五、机械部件分解与装配图

4T45E型自动变速器内部机械部件分解总图如图1-98所示，衬套、轴承和垫圈的位置如图1-99所示，各密封圈的位置及安装方向如图1-100所示。

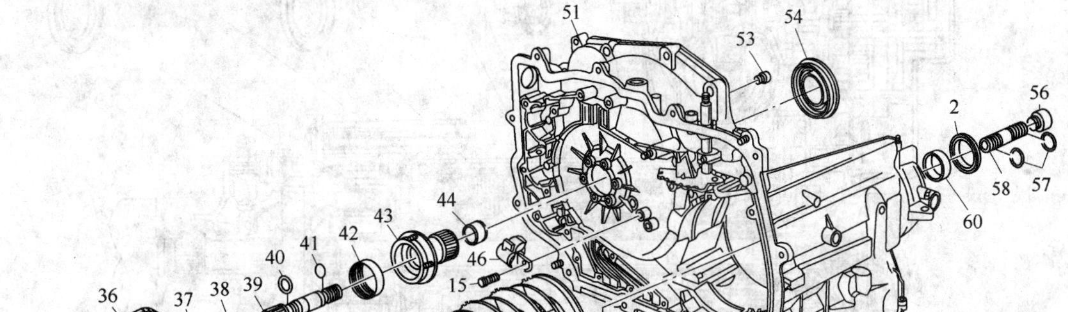

图1-98　机械部件分解总图

2. 车桥油封　15. 线束托架螺栓/输入速度传感器螺栓　33. 涡轮轴至油道板护套密封　34. 止推垫圈(油道板至驱动链轮)　35. 卡环(涡轮轴至驱动链轮)　36. 传动链总成　37. 驱动链轮　38. 止推垫圈(驱动链轮至支承)　39. 涡轮轴　40. 涡轮轴至支承密封件　41. O形圈(变矩器)　42. 驱动链轮支承轴承　43. 驱动链轮支承　44. 驱动链轮支承衬套　46. 输入速度传感器　51. 变速驱动桥壳　53. 驱动链轮支承螺钉　54. 变矩器密封件　56. 输出/短轴护套　57. 输出/短轴卡环　58. 输出短轴　60. 变速器壳至主减速器衬套　91. 从动链轮　92. 止推垫圈(从动链轮至支承)　94. 输出轴　95. 从动链轮支承总成　96. 2档离合器片(波形片)　97. 2档离合器片(钢片)　98. 2档离合器片(纤维片)　99. 2档离合器片(底板)　100. 中间档/4档制动带　101. 止推垫圈(支承至倒档输入离合器)　102. 倒档输入离合器总成　103. 止推轴承　104. 止推垫圈(可选)　105. 直接档和滑行离合器总成　106. 输入齿轮架总成　107. 止推轴承　108. 输入法兰和前进档离合器毂总成　109. 止推垫圈　110. 前进档离合器总成　111. 低速档/倒档制动带　112. 卡环(前进档离合器支承至变速器壳)　113. 止推轴承　114. 前进档离合器支承总成　115. 主减速器太阳齿轮　116. 差速器和主减速器总成　117. 止推轴承　118. 主减速器内齿轮　119. 内齿轮至变速器壳防磨环

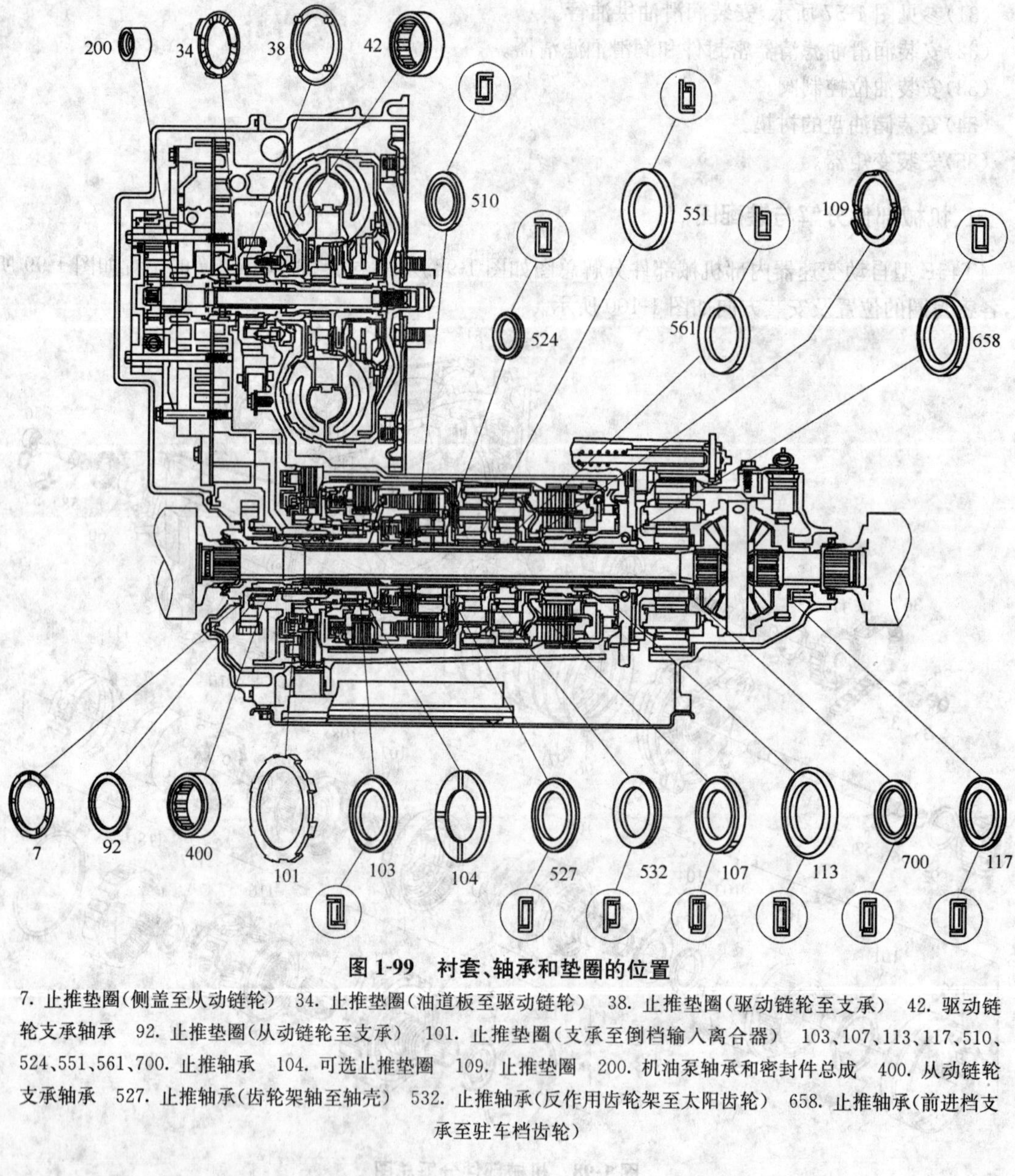

图1-99 衬套、轴承和垫圈的位置

7. 止推垫圈(侧盖至从动链轮) 34. 止推垫圈(油道板至驱动链轮) 38. 止推垫圈(驱动链轮至支承) 42. 驱动链轮支承轴承 92. 止推垫圈(从动链轮至支承) 101. 止推垫圈(支承至倒档输入离合器) 103、107、113、117、510、524、551、561、700. 止推轴承 104. 可选止推垫圈 109. 止推垫圈 200. 机油泵轴承和密封件总成 400. 从动链轮支承轴承 527. 止推轴承(齿轮架轴至轴壳) 532. 止推轴承(反作用齿轮架至太阳齿轮) 658. 止推轴承(前进档支承至驻车档齿轮)

六、常见故障诊断

1. 管路压力过高或过低

(1)润滑油油位:过高、过低。

(2)压力调节阀、弹簧、助力阀:卡滞。

(3)压力控制电磁阀:O形圈泄漏、损坏;连接器松动、针脚损坏;受到污染。

(4)转矩信号调节阀:卡滞。

(5)变速器线束:车辆线束上的连接器松动;短路。

(6)压力开关总成:连接器松动;O形圈损坏或缺失。

(7)节气门位置传感器:损坏、卡滞、断开;电路间歇性断路或短路。

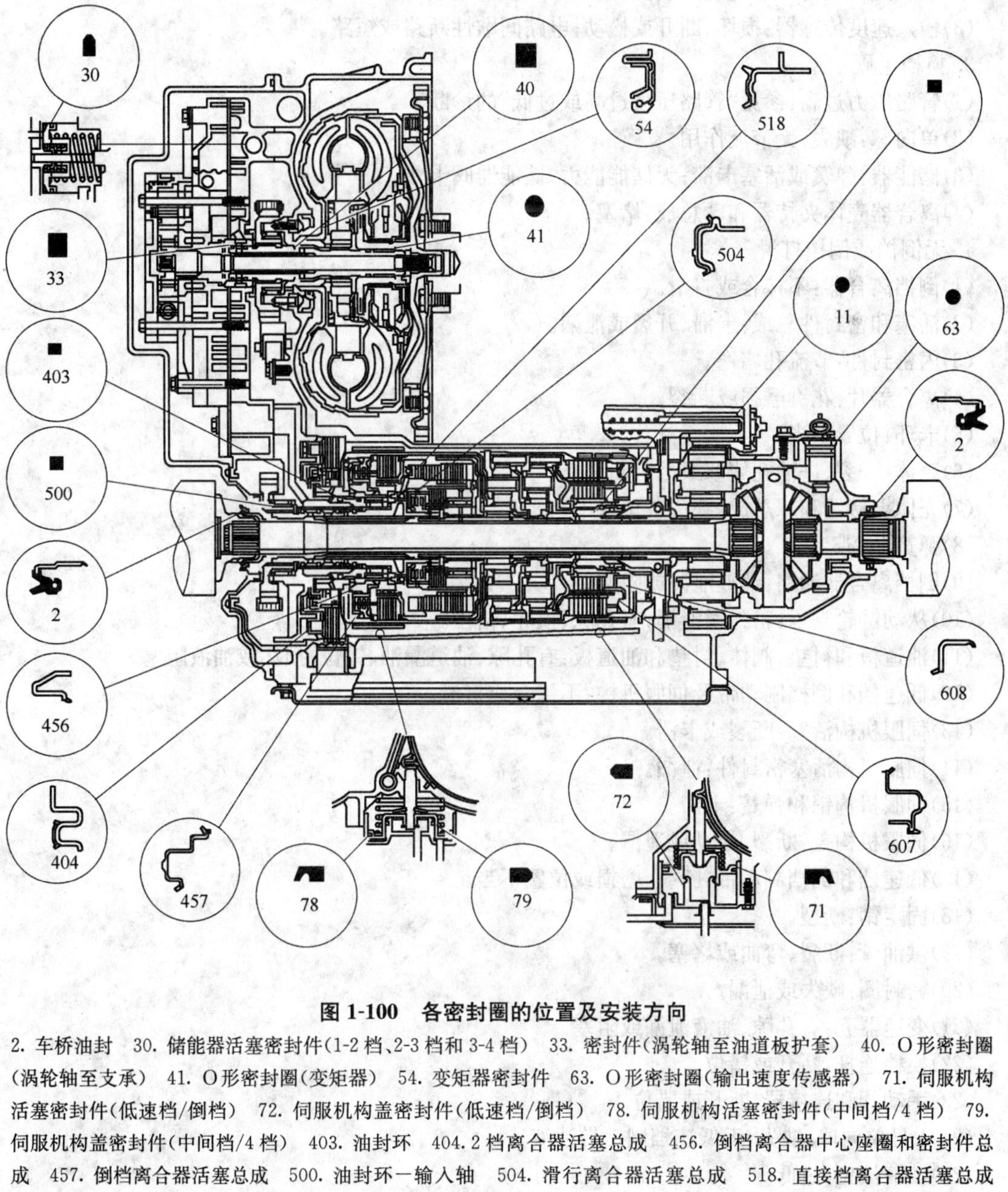

图 1-100　各密封圈的位置及安装方向

2. 车桥油封　30. 储能器活塞密封件(1-2 档、2-3 档和 3-4 档)　33. 密封件(涡轮轴至油道板护套)　40. O 形密封圈(涡轮轴至支承)　41. O 形密封圈(变矩器)　54. 变矩器密封件　63. O 形密封圈(输出速度传感器)　71. 伺服机构活塞密封件(低速档/倒档)　72. 伺服机构盖密封件(低速档/倒档)　78. 伺服机构活塞密封件(中间档/4 档)　79. 伺服机构盖密封件(中间档/4 档)　403. 油封环　404. 2 档离合器活塞总成　456. 倒档离合器中心座圈和密封件总成　457. 倒档离合器活塞总成　500. 油封环一输入轴　504. 滑行离合器活塞总成　518. 直接档离合器活塞总成　607. 前进档离合器活塞总成　608. 前进档离合器内密封件和护套总成　654. 油封环(前进档离合器支承)　811. 执行器导杆密封件

(8)润滑油滤清器:堵塞、破裂或松动;密封件泄漏。

(9)冷却器管路堵塞或阻塞;冷却器管路密封件泄漏。

(10)油泵:损坏、卡滞、有孔隙或泄漏;油泵驱动轴损坏;限压阀弹簧损坏或阀球缺失。

(11)变速器壳、阀体、油道板:油路有孔隙、泄漏;加工表 1-面的平面度。

2. 换档点不准确/不一致

(1)换档电磁阀:污染;电路间歇性断路或短路。

(2)节气门位置传感器:损坏、断开;电路间歇性断路或短路。

(3)输入速度传感器:损坏、断开或松动;电路间歇性断路或短路。

3. 换档生硬

(1)管路压力过高:参见“管路压力过高或过低”的诊断。

(2)单向球:缺失;无节流作用。

(3)储能器:弹簧或活塞卡滞;无储能能力;储能器阀卡住。

(4)离合器壳体夹持器和球总成:堵塞。

4. 无倒档或倒档打滑

(1)倒档离合器:不接合或打滑。

(2)活塞和密封件总成:卡滞、开裂或泄漏。

(3)内密封件:节流孔堵塞。

(4)离合器片:花键磨损或断裂。

(5)卡环:位置不当。

(6)壳体:开裂、进油孔堵塞或凸舌断裂。

(7)壳体夹持器和球总成:缺失或位置不当。

(8)弹簧:卡滞。

(9)倒档离合器油路:油液泄漏或阻塞。

(10)从动链轮支承:密封圈泄漏;有孔隙、损坏、错位。

(11)油道板和衬垫、阀体、衬垫和油道板:有孔隙、油道漏油、错位、损坏或油液阻塞。

(12)低速档和倒档制动带及伺服机构:不接合或打滑。

(13)伺服机构活塞:断裂或卡滞。

(14)伺服机构活塞密封件:泄漏。

(15)伺服机构销和弹簧:卡滞。

(16)伺服机构盖:断裂、松动或泄漏。

(17)低速档和倒档制动带:断裂、磨损或位置不当。

(18)固定销:断裂。

(19)供油管:断裂、弯曲或堵塞。

(20)密封圈:缺失或泄漏。

(21)变速器壳:有孔隙、油液泄漏或阻塞。

(22)换档连杆:断开或错位。

(23)手动阀和连接器:断开或错位。

(24)1号单向球:缺失、无低速档制动带油液。

(25)油液液位:过低。

(26)油液压力:过低。

5. 无1档或1档打滑

(1)前进档离合器:不接合或打滑。

(2)活塞和密封件总成:卡滞、开裂或泄漏。

(3)内密封件:孔堵塞。

(4)离合器片:花键磨损或断裂。

(5)卡环:位置不当。

(6)壳体:开裂或供油孔堵塞。

(7)壳体夹持器和球总成:缺失或位置不当。

(8)弹簧:卡滞。
(9)输入楔块:损坏或不固定。
(10)低速档滚柱离合器:损坏或不固定。
(11)前进档离合器油路:油液泄漏或阻塞。
(12)供油管:弯曲、断裂或堵塞;密封圈泄漏。
(13)前进档离合器支承:有孔隙;密封圈泄漏或损坏;供油孔堵塞。
(14)油道板和衬垫:有孔隙;错位;油道漏油;阻塞。
(15)PSA:驱动开关O形圈泄漏。
(16)1-2档换档电磁阀:卡在关闭位置;泄漏。
(17)1-2档换档阀:卡在加档位置。
(18)2-3档换档电磁阀:卡在打开位置;排油口堵塞。
(19)手动阀、换档连杆:错位。
(20)变矩器:导轮的滚柱离合器未固定住。
(21)管路压力:压力过低。

6. 无2档或2档打滑

(1)2档离合器:不接合或打滑。
(2)活塞和密封件总成:卡滞、开裂或泄漏。
(3)离合器片:花键磨损或断裂。
(4)卡环:位置不当。
(5)弹簧:卡滞。
(6)从动链轮支承:损坏、泄漏、有孔隙。
(7)2档离合器油路:油液泄漏或阻塞。
(8)阀体、衬垫和隔板、油道板和衬垫、从动链轮支承:有孔隙;错位;松动或阻塞;油道漏油。
(9)2档滚柱离合器:损坏、不固定。
(10)1-2档换档电磁阀:卡在接通位置;堵塞。
(11)前进档离合器:在2档位置出现容量过低。
(12)管路压力:压力过低。
(13)1-2档储能器:活塞密封件处泄漏;油道板或壳体有孔隙。
(14)1-2档储能器阀:卡滞。
(15)2-3档换档阀:卡在加档位置。
(16)PSA:电气或液压故障。

7. 无3档或3档打滑

(1)直接档离合器:不接合或打滑。
(2)活塞和密封件总成:卡滞、开裂或泄漏。
(3)离合器片:花键磨损或断裂。
(4)卡环:位置不当。
(5)弹簧:卡滞。
(6)直接档/滑行壳体和输入轴:损坏或开裂;供油孔阻塞。
(7)壳体夹持器和球总成:缺失或松动。
(8)直接档离合器油路:油液泄漏或阻塞。
(9)阀体、衬垫/隔板、油道板/衬垫、从动链轮支承:有孔隙;错位;松动;油液阻塞;油道漏油。
(10)从动链轮支承密封件:泄漏。

(11)输入轴:密封件泄漏;轴套损坏或错位。

(12)2-3 档换档电磁阀:卡在关闭位置;泄漏。

(13)2-3 档储能器:活塞密封件处泄漏;油道板或壳体有孔隙。

(14)2-3 档储能器阀:卡滞。

(15)管路压力:压力过低。

(16)3-4 档换档阀:卡在加档位置。

(17)PSA:电气或液压故障。

8. 无 4 档或 4 档打滑

(1)中间档/4 档制动带或伺服机构:不接合或打滑。

(2)伺服机构活塞:断裂或卡滞。

(3)伺服机构活塞密封件:泄漏。

(4)伺服机构销和弹簧:卡滞。

(5)伺服机构盖:断裂、松动或泄漏。

(6)制动带:断裂、磨损或位置不当。

(7)壳体:制动带座处开裂。

(8)制动带接合油路:油液泄漏或油液阻塞。

(9)阀体、衬垫/隔板、油道板、壳体:有孔隙;错位;油道漏油。

(10)1-2 档换档电磁阀:卡在关闭位置;泄漏。

(11)3-4 档换档阀:卡在减档位置。

(12)手动阀:手动 3 档错位。

(13)3-4 档储能器:活塞密封件处泄漏;油道板或壳体有孔隙。

(14)3-4 档储能器阀:卡滞。

(15)管路压力:压力过低。

(16)直接档离合器容量过低:会导致 4 档出现故障。

(17)PSA:液压或电气故障。

9. 仅有 2 档

1-2 档换档阀:卡在减档位置。

10. 无驱动档

(1)变矩器:凸耳断裂或凸耳焊接处出现故障;凸耳螺栓切断;涡轮轴花键磨损;内部故障;变矩器盖的两个焊接处开裂。

(3)车轮驱动轴:损坏;花键磨损或松动。

(4)涡轮轴:花键滑扣。

(5)油泵:泵齿轮卡住或断裂。

(6)油泵轴:花键断裂或滑扣。

(7)滤清器和滤清器密封件:堵塞或缺失。

(8)油液液位:过低。

(9)换档连杆:断开。

(10)驱动/从动链轮和传动链条:断裂。

(11)行星齿轮:润滑油故障或不足。

(12)主减速器:齿轮故障或润滑油不足。

(13)油道板和衬垫:损坏、泄漏或错位。

(14)阀体、衬垫和隔板:损坏、泄漏或错位。

(15)前进档楔块式离合器、前进档离合器、低速档滚柱离合器:损坏或不固定,参见“无1档或1档打滑”。

(16)液压系统:卡滞;油路泄漏。

11. 发动机失速

(1)变矩器离合器系统:卡在接通位置或出现拖滞。

(2)变矩器离合器电磁阀:卡在接通位置;电磁阀排油口堵塞。

(3)变矩器离合器调节接合阀:卡在接合位置。

12. 空档时行驶

(1)前进档离合器(向前行驶):不分离。

(2)倒档离合器和低速档/倒档伺服机构(向后行驶):都不分离。

(3)手动阀和连杆机构:错位。

13. 油液有泡沫

(1)油液:油液性能下降;受防冻剂污染;变速器过量加注。

(2)冷却器管路:堵塞。

(3)变速器润滑油滤清器:堵塞或开裂。

(4)滤清器密封件:泄漏。

(5)侧盖密封件:损坏。

(6)发动机:过热。

(7)车辆:过载。

(8)润滑油油位控制阀:损坏或松动。

第五节　4T65E型自动变速器

老款别克、别克君威和别克GL8商务车搭载4T65E型自动变速器,别克陆尊、君越(3.0)也搭载4T65E型自动变速器,其机械构造基本相同,但控制系统有所不同,特别是电控系统,由原来的动力系统控制模块(PCM)统一控制发动机和变速器,改为自动变速器由单独的控制模块(TCM)控制,驻车/空档开关(P/N开关)由装配在变速器壳体外部改为装配在变速器内部,称为内部模式开关等等。因为介绍4T65E自动变速器的资料很多,故这里重点介绍与以往老款别克、别克君威和别克GL8商务车搭载4T65E型自动变速器的不同之处。

一、电控系统说明

1. 电控元件的组成

4T65E型自动变速器是电子、液压混合控制式自动变速器,电控自动变速器的特点就是采用电子元件控制液压元件的动作。电子元件的布置如图1-101所示,包括两个换档电磁阀(1-2/3-4换档阀和2-3换档阀)、锁止离合器(TCC)脉冲宽度调制(PWM)电磁阀、压力控制(PC)电磁阀、油液温度(TFT)传感器、输入轴转速传感器(ISS)和输出轴(车速)转速传感器(VSS)、油液压力手动阀位置(TFP)开关、变速杆位置开关(也称多功能开关或P/N开关)。

2. 自动变速器控制模块

4T65E型自动变速器控制模块(TCM)进行电子控制,TCM通过各传感器收集的各种信息,然后处理这些信息,对相关部件进行控制。TCM位于空气驾驶员座椅下面,位置如图1-102所示,TCM线束插头端口视图(线束侧)如图1-103所示,插头中各端子的作用见表1-13。

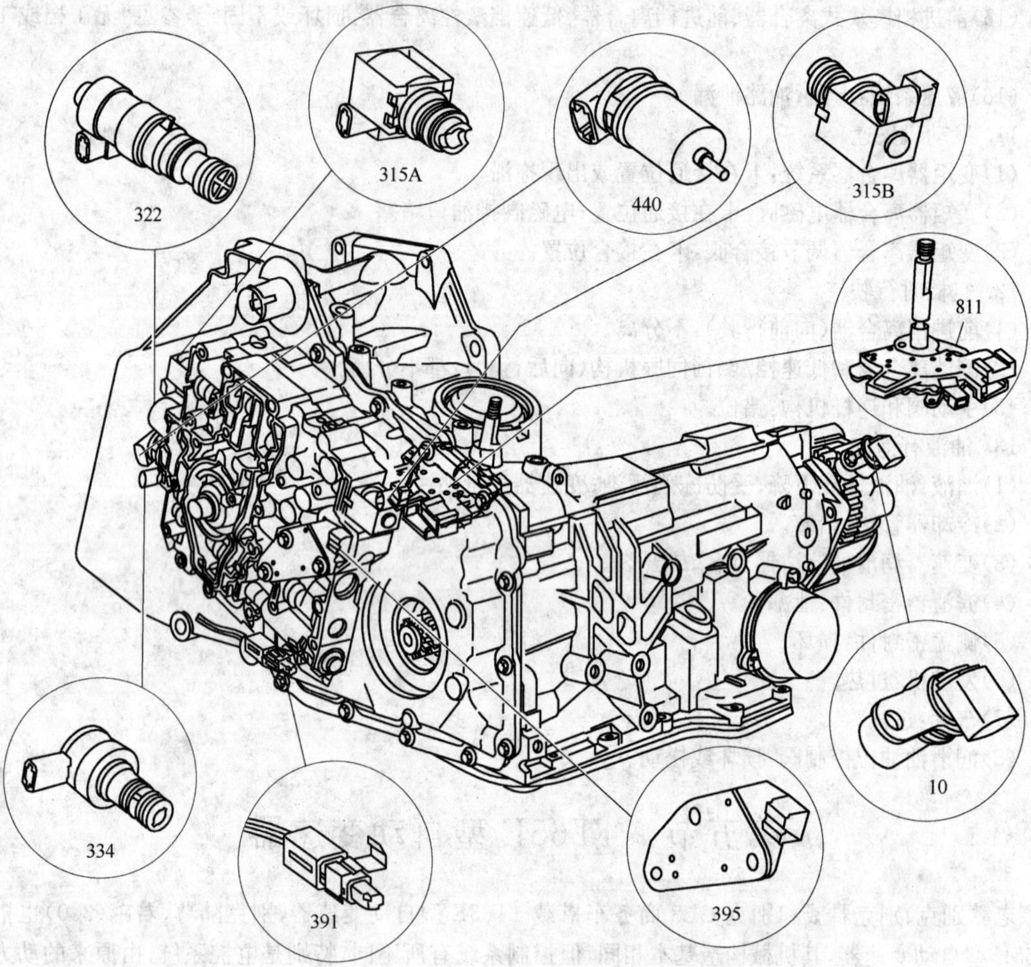

图 1-101 电子元件布置图

10. 车速传感器 VSS 总成 315A. 1-2,3-4 换档电磁 SS 阀总成 315B. 2-3 换档电磁 SS 阀总成 322. 压力控制 PC. 电磁阀总成 334. 变矩器离合器脉冲宽度调制 TCC PWM 电磁阀总成 391. 变速器油液温度 TFT 传感器 395. 变速器油液压力 TFP 手动阀位置开关总成 440. 自动变速器输入轴速度 A/TISS 传感器总成 811. 内部模式开关

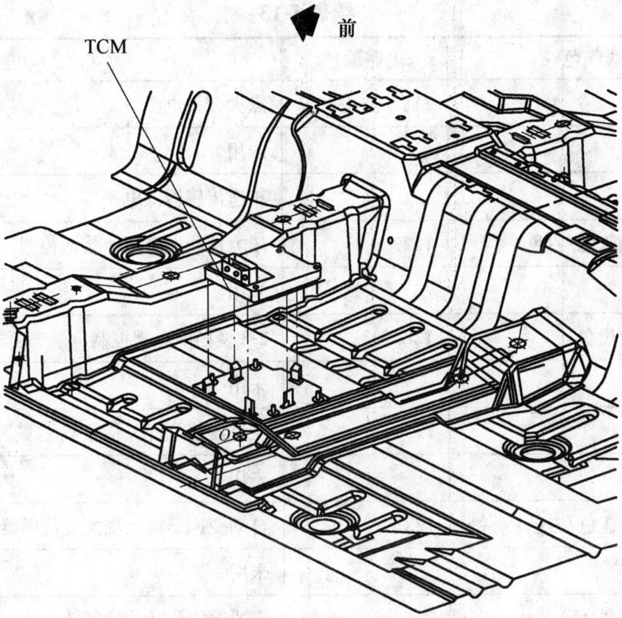

图 1-102 自动变速器控制模块(TCM)

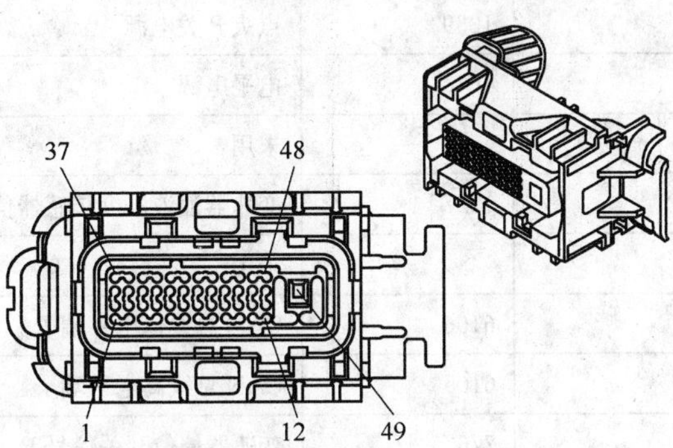

图 1-103 PCM 端口视图

表 1-13 TCM 插头各端子的作用说明(线束侧)

引脚	导线颜色	电路编号	功能
1	BN(棕色)	418	变矩器离合器脉冲宽度调制电磁阀控制
2	L-GN(浅绿色)	1222	1-2 换档电磁阀控制
3	RD/BK(红色/黑色)	1230	自动变速器输入轴速度传感器信号
4-5	—	—	未用
6	D-GN(深绿色)	2362	CAN 总线低电平端子
7	YE(黄色)	2361	CAN 总线高电平端子
8	—	—	未用
9	WH(白色)	1804	变矩器离合器释放开关输入
10	YE(黄色)	1996	触动式升档/降档开关

续表 1-13

引脚	导线颜色	电路编号	功能
11	BN(棕色)	1141	点火开关电源
12-15	—	—	未用
16	PU(紫色)	401	车速传感器低电平
17	L-BU/WH(浅蓝色/白色)	1229	压力控制电磁阀－接地控制
18-19	—	—	未用
20	YE/BK(黄色/黑色)	1223	2-3换档电磁阀控制
21-22	—	—	未用
23	GY(灰色)	773	变速器档位开关信号C
24-25	—	—	未用
26	D-BU/WH(深蓝色/白色)	1231	自动变速器输入轴速度传感器接地
27-28	—	—	未用
29	BK/WH(黑色/白色)	771	变速器档位开关信号A
30	BK(黑色)	2762	变速器油液温度传感器接地
31	PK(粉红色)	1339	点火开关电源
32	OG(橙色)	1640	电平电源
33-34	—	—	未用
35	YE/BK(黄色/黑色)	1227	变速器油液温度传感器信号
36	—	—	未用
37	L-BU(浅蓝色)	6106	CAN总线低电平端子
38	D-BU(深蓝色)	6105	CAN总线高电平端子
39	WH(白色)	776	变速器档位开关信号P
40	RD/BK(红色/黑色)	1228	压力控制电磁阀－供电控制
41	YE(黄色)	400	车速传感器高电平
42	WH(白色)	17	刹车灯开关信号
43-45	—	—	未用
46	YE(黄色)	772	变速器档位开关信号B
47-48	—	—	未用
49	BK/WH(黑色/白色)	1451	电源接地

3. 内部模式开关(IMS)

内部模式开关(IMS)是一个滑动触点式电气开关总成，它与变速器操纵手柄位置所选的档位一致。总成包括两个主要的部件：内部模式开关和控制杆总成。内部模式开关的壳体形成静态触点；绝缘体并被固定在控制杆上，形成动触点。控制杆总成包括手动轴和棘爪杆，当驾驶人选择操纵手柄位置时，变速器内的控制杆旋转，使得绝缘体旋转，改变内部模式开关内的触点状态，也就改变了线束的接地组合。IMS通过5根导线经过连接器连接到变速器的通道上，如果某信号线路闭合搭铁，TCM相应端子收到一个低电压信号(LOW)；如果某信号线路断开，TCM相应端子收到一个12V的高电压信号(HI)，TCM通过对A、B、C的电压信号和奇偶位P的有效组合，与存储在存储器中的档位开关组合表进行比较解码，从而判断出变速杆的实际档位。IMS插头端子视图如图1-104所示，各端子的作用见表1-14。

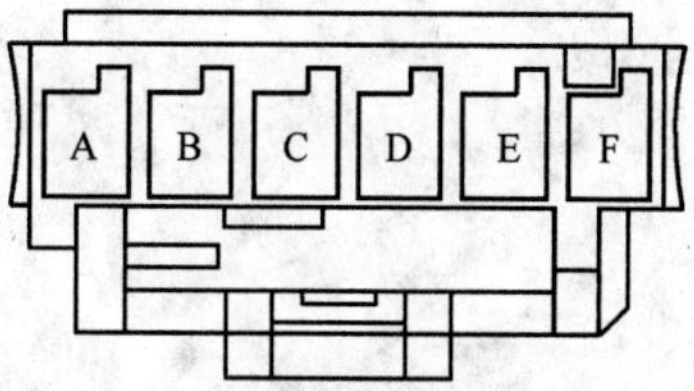

图1-104 IMS插头端子视图

表1-14 IMS插头端子作用

引脚	导线颜色	电路编号	功能
A	—	—	未用
B	WH(白色)	776	变速器档位信号P
C	GY(灰色)	773	变速器档位信号C
D	YE(黄色)	772	变速器档位信号B
E	BK/WH(黑色/白色)	771	变速器档位信号A
F	YE(黄色)	451L	接地

4. 液压手动阀位置(TFP)开关

自动变速器油液压力(TFP)开关安装在阀体上，包括一个监控TCC松开压力的油液压力开关。该开关被用作诊断工具，确认当ECM发出TCC关闭指令时，TCC确实关闭。TCC松开开关是一种常闭的压力开关，当没有油液时，一个常闭的开关允许电流从正极触点通过开关流到地；当有油液压力时，膜片断开，打开开关并停止电流流动，向TCM发出TCC松开的信号。

二、控制电路

(1)别克陆尊4T65E型自动变速器控制系统电路如图1-105、图1-106、图1-107所示。

(2)君越(3.0)4T65E型自动变速器控制系统电路图如图1-108、图1-109、图1-110所示。

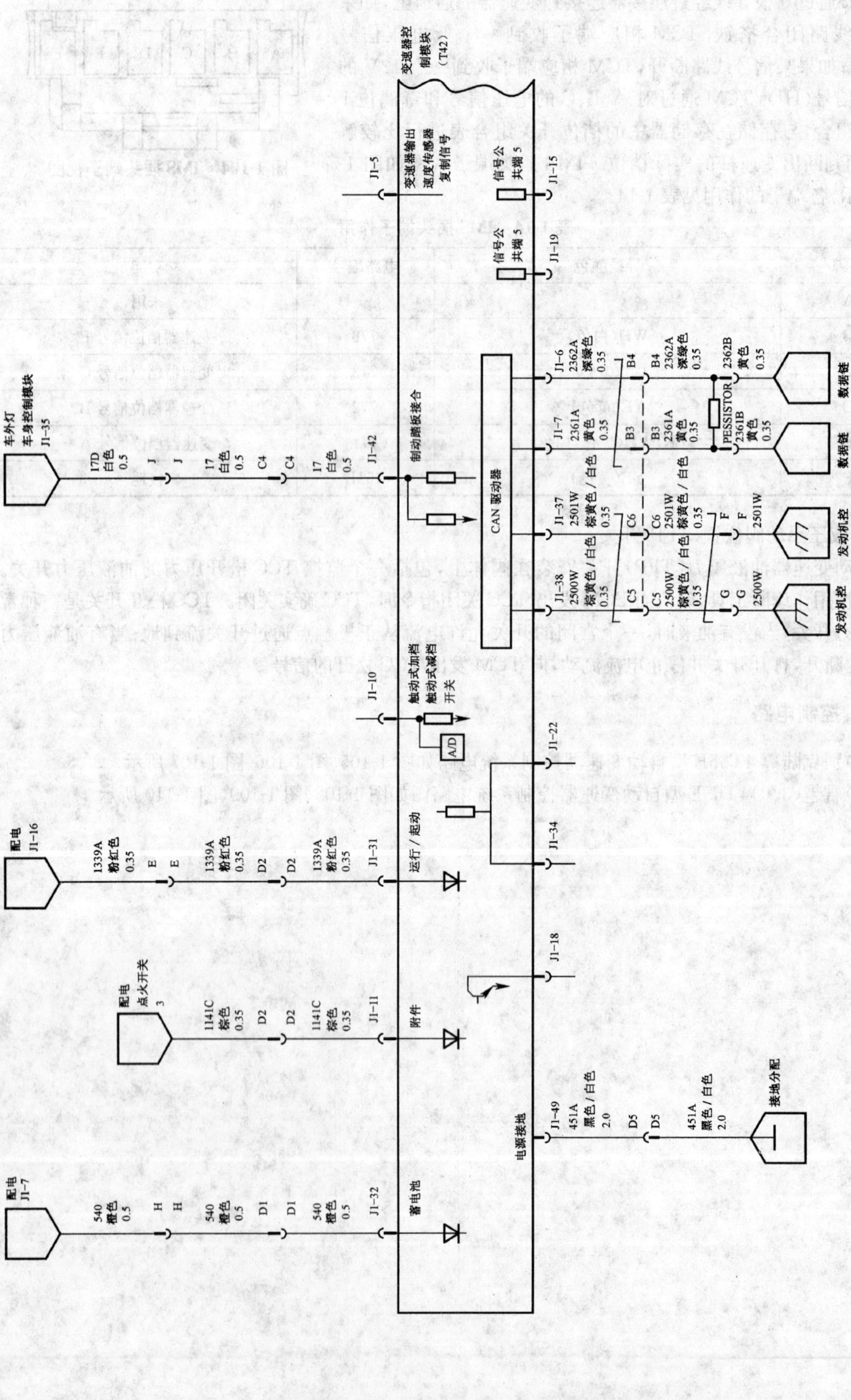

图 1-105 陆尊 4T65E 型自动变速器电路(一)

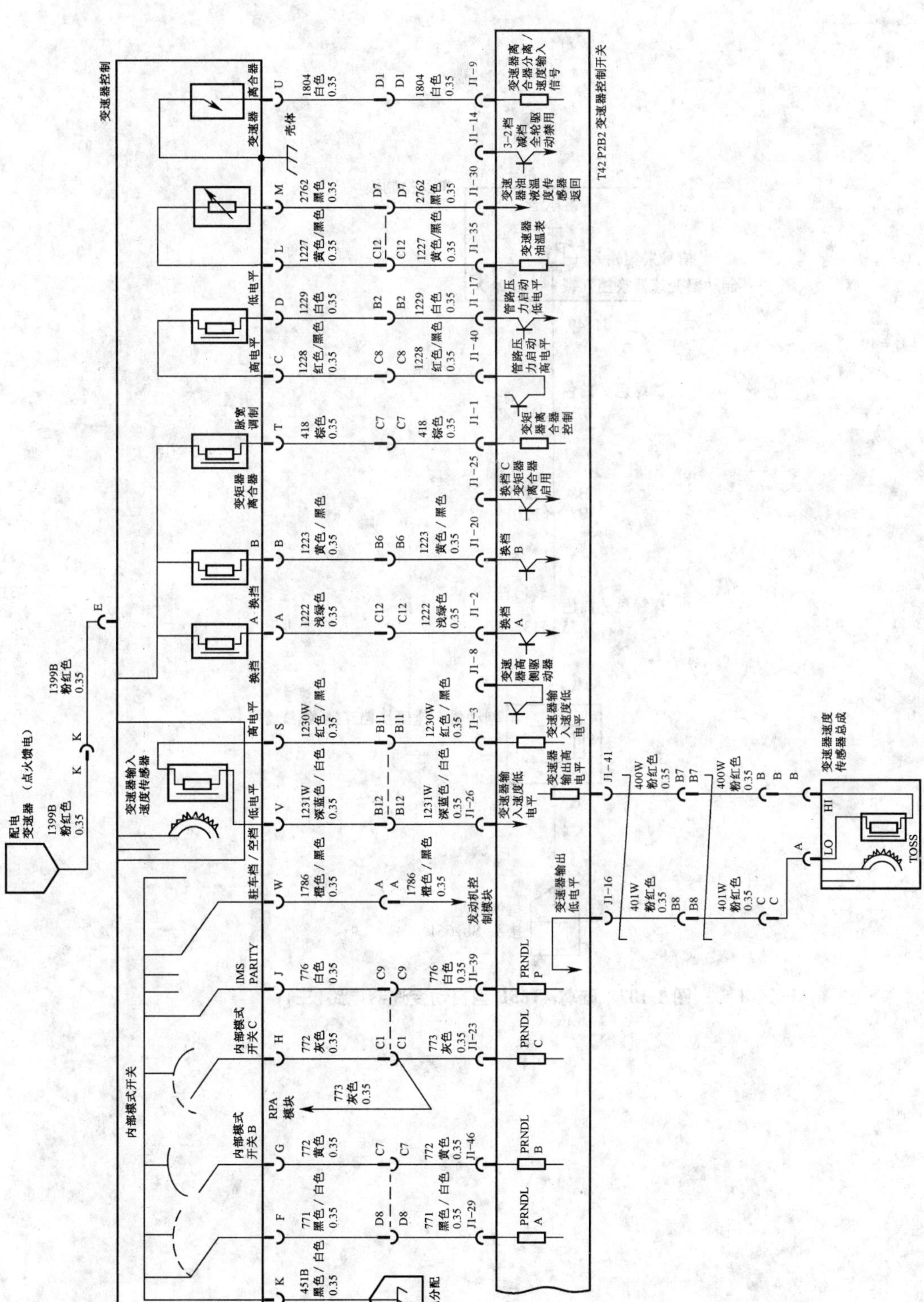

图 1-106　陆尊 4T65E 自动变速器电路(二)

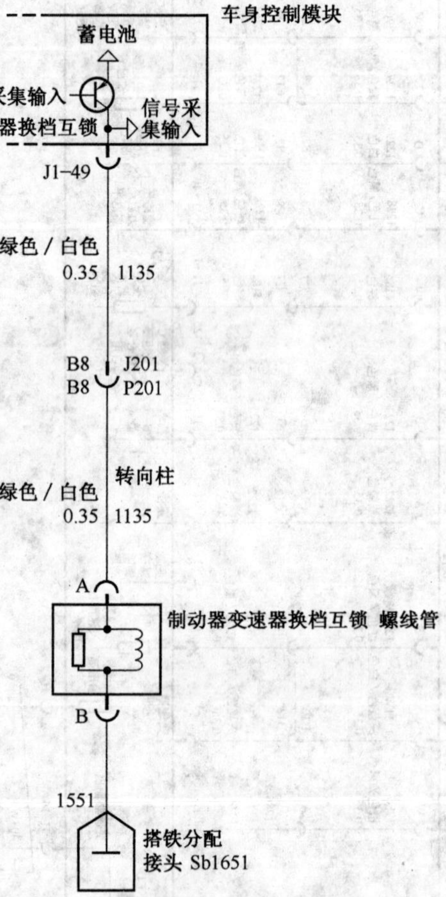

图 1-107 陆尊 4T65E 型自动变速器电路(三)

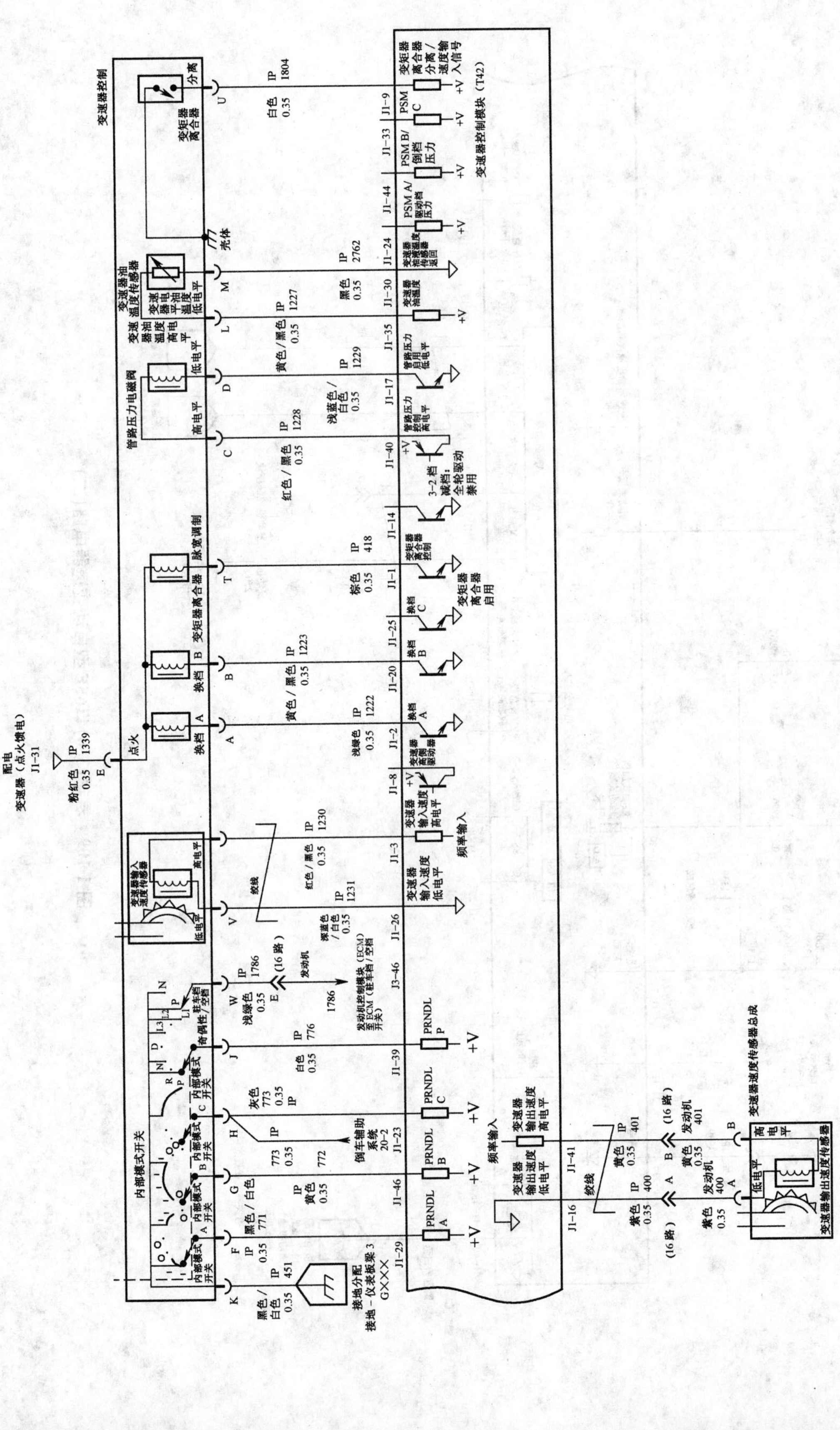

图 1-108　君越(3.0)4T65E 型自动变速器电路(一)

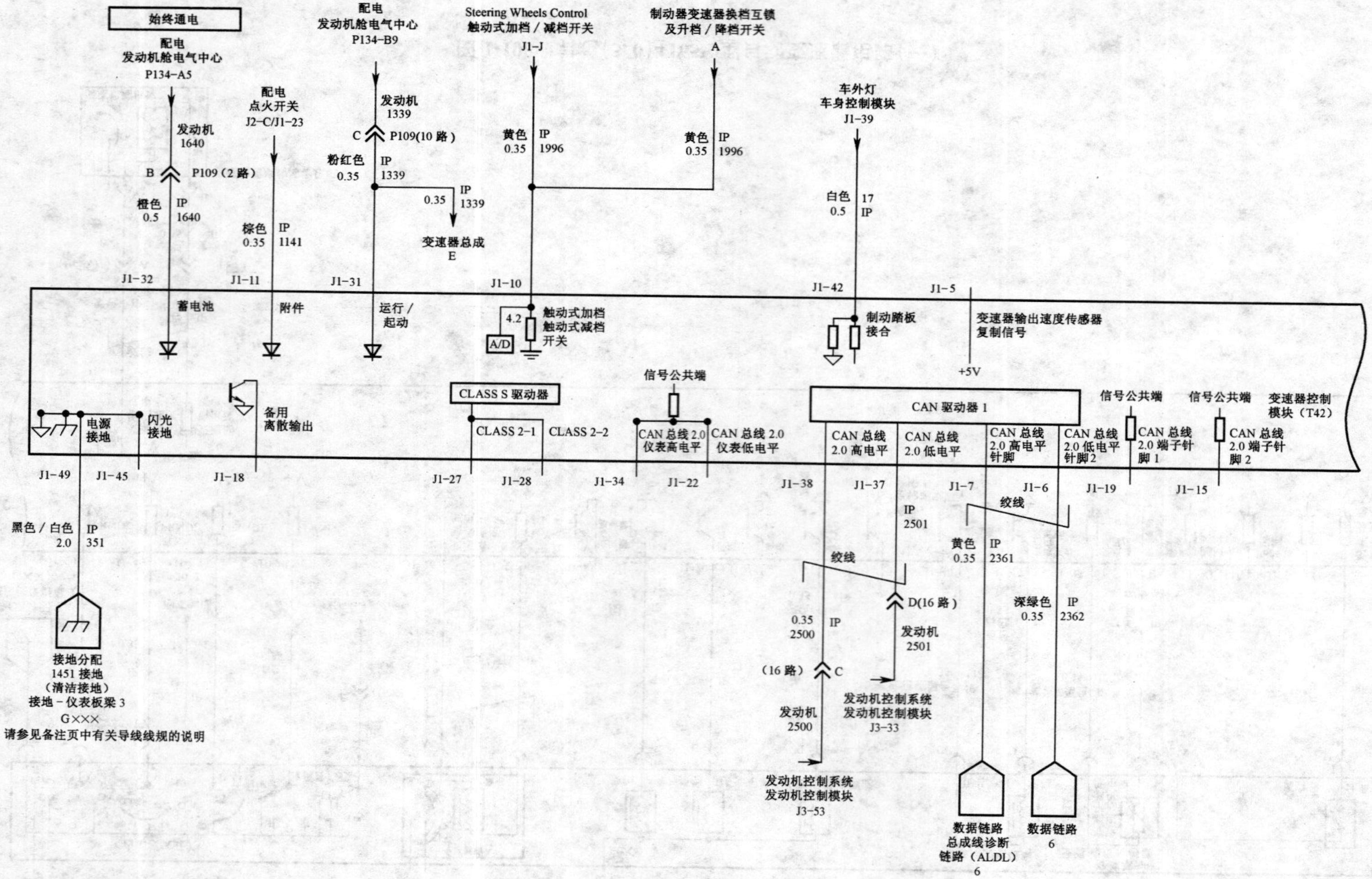

图 1-109 君越(3.0)4T65E 型自动变速器电路(二)

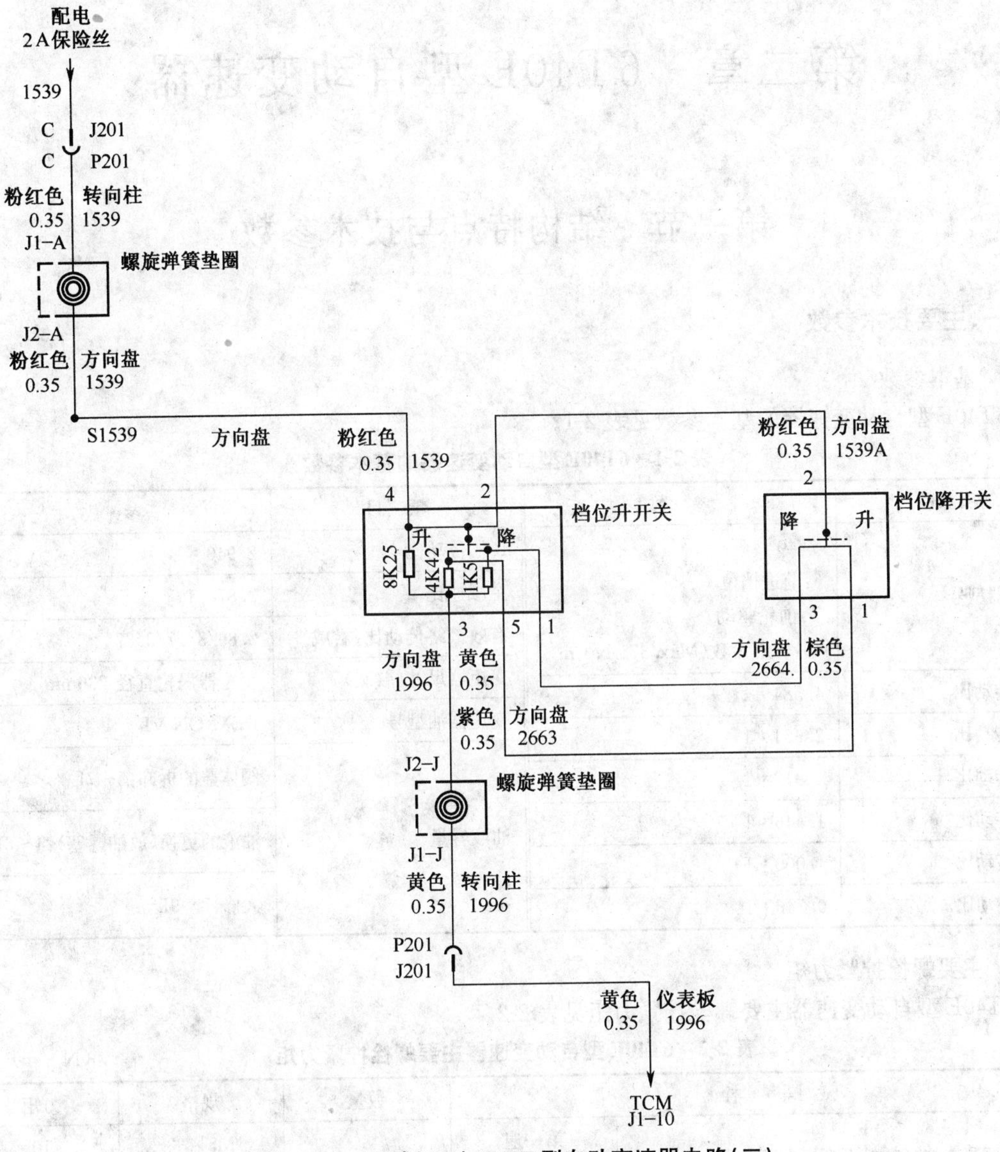

图 1-110　君越(3.0)4T65E 型自动变速器电路(三)

第二章　6T40E 型自动变速器

第一节　结构特点与技术参数

一、主要技术参数

1. 基本参数

6T40E 型自动变速器的基本参数见表 2-1。

表 2-1　6T40E 型自动变速器的基本参数

项　目	参　数	项　目	参　数
变速器型号	6T40 6:前进档位 T:前轮驱动 40:转矩参数(Max. 375 N·m)	R 档传动比	2.940∶1
		主减速比	3.87∶1
		有效最终传动比(君威)	2.89/3.17/3.87
1 档传动比	4.584∶1	变矩器尺寸(君威)	变矩器涡轮直径 236mm
2 档传动比	2.964∶1	变速器油型号	DEXRON VI
3 档传动比	1.912∶1	油液容量	阀体盖的拆卸:5～7L
4 档传动比	1.446∶1		
5 档传动比	1.000∶1		油液的更换(放油螺塞):4～6L
6 档传动比	0.746∶1		大修:7～9L

2. 主要螺栓拧紧力矩

6T40E 型自动变速器主要螺栓拧紧力矩见表 2-2。

表 2-2　6T40E 型自动变速器主要螺栓拧紧力矩　(N·m)

螺　栓		数量	规格	力矩
自动变速器油泵螺栓至变矩器壳体	第一遍	8	M8×33	10
	最后一遍	8	M8×33	45°
自动变速器油泵盖螺栓		23	M6×25	12
控制电磁阀总成(带变速器控制模块和阀体)至壳体螺栓		12	M6×97	12
控制电磁阀总成(带变速器控制模块和阀体)至壳体螺栓		3	M5×40.5	8
控制阀体总成(整体)螺栓		1	M5×40.5	8
控制阀阀体至壳体螺栓		2	M6×53	12
控制阀阀体至壳体螺栓		9	M6×60	12
控制阀阀体盖螺栓		13	M6×30	12
放油螺塞		1	1/8”-27NPTF	12
油位孔塞		1	1/8”-27NPTF	12
油压测试孔塞		1	1/8”-27NPTF	12

续表 2-2

螺　栓		数量	规格	力矩
前差速器支座挡油板螺栓-变矩器壳体		2	M6×25	12
前差速器支座挡油板螺栓-外壳		2	M6×16	12
输入轴支架螺栓		3	M6×50	12
输入轴转速传感器螺栓		1	M6×23	12
手动换档轴止动弹簧		1	M6×16	12
输出轴转速传感器螺栓		1	M6×18	12
变矩器和差速器壳体螺栓	第一遍	15	M8×30	10
	最后一遍	15	M8×30	50°
变矩器至飞轮螺栓(君威)				60
变速器螺栓(1、2、3)(君威)				75
变速器螺栓(4、5)(君威)				50
变速器托架支座至支座贯穿螺栓(君威)				100
变速器油冷却器出口管螺母(君威)				22
变速器油冷却器进口管螺母(君威)				22
变速器支座螺栓(君威)				62
变速器支座螺栓-左侧至壳体(君威)				62
变速器支座螺栓-左侧至变速器(君威)				50N·m ＋60°～75°
变速器支座螺母-左侧至壳体(君威)				62
变速器支座贯穿螺栓(君威)				62
变速器支座至变速器螺栓(君威)				100

二、结构特点

08 款别克君越和 09 款新君威轿车装用的 6T40E 型自动变速器，是一款全自动 6 速变速器，可以有前轮驱动，两轮驱动和全轮驱动几种配置。6T40E 型自动变速器也称 GF6，由上海通用东岳生产基地生产。该自动变速器有以下特点：

1. 单一轴设计

变速器内只有一根轴，使变速器整体体积缩小，重量减轻。6T40E 型自动变速器只有 81kg，而原来 4 速自动变速器 4T45E 型的重量是 85kg。

2. 离合器-离合器直接换档

离合器-离合器直接换档的技术含义是重叠换档控制，这项技术源于精确的电子/液压控制技术，它相当于把两个灯开与关，用一个开关控制，一个关闭的同时另一个就能打开，只需按一下就能完成切换。

3. GM 专利行星齿轮组

只用了 3 个简单的行星排，加上 6 个换档执行元件，即可实现 6 个前进档 1 个倒档。齿轮组是高精度的斜纹齿轮，并采用高标准高精度加工研磨，可以提高变速器效率，降低噪声。

4. 嵌入式新一代变速器控制模块(TEHCM)

变速器控制模块是安装在变速器内部的,不仅节省了空间,更可以有效屏蔽电气信号的干扰,简化布线,使变速器工作的稳定性大大提高。

6T40E型自动变速器内部总体构造如图2-1所示,该自动变速器主要由变矩器、三组行星齿轮组、

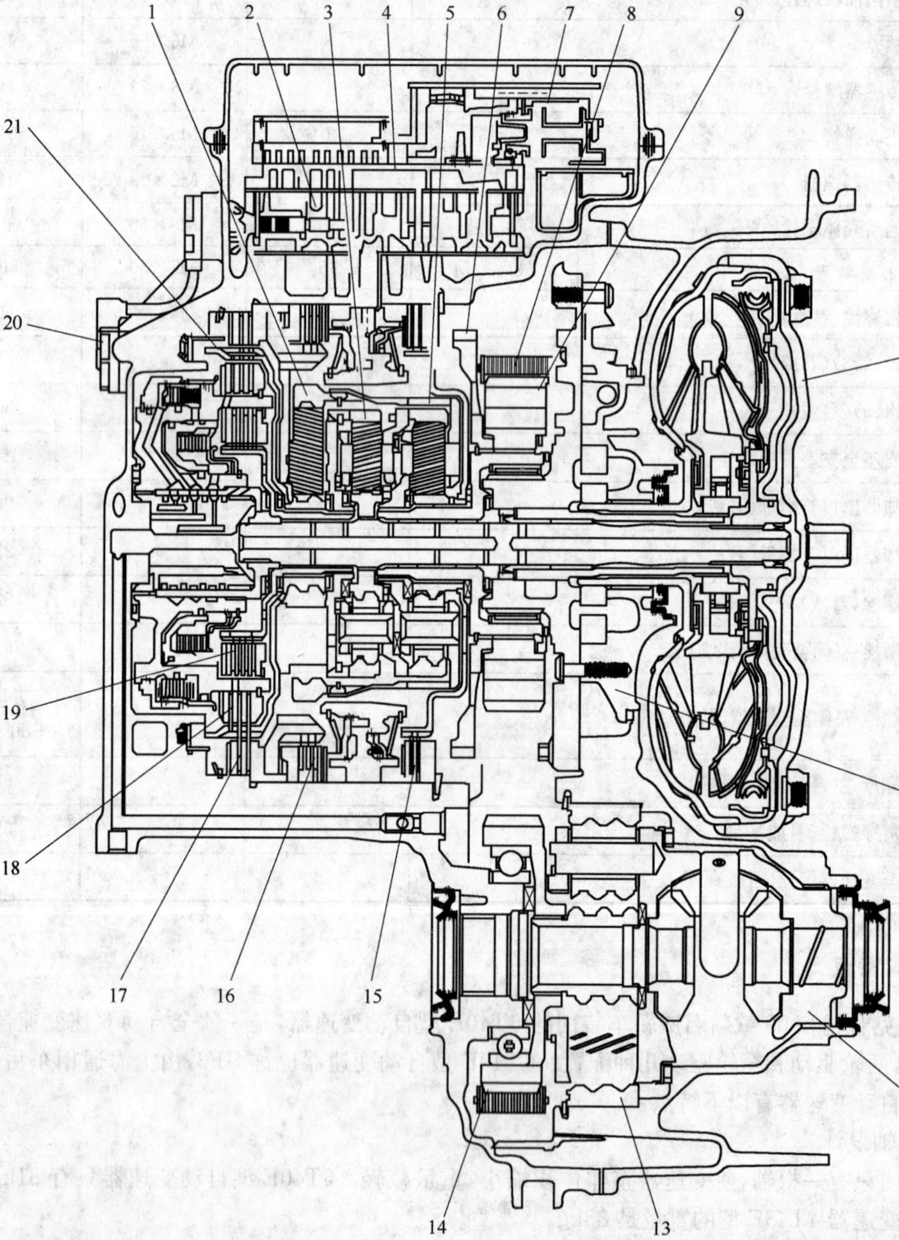

图2-1 6T40E自动变速器的总体构造

1. 反作用托架总成 2. 控制阀体总成 3. 输入支座总成 4. 阀体槽板 5. 输出支座总成 6. 驻车档 7. 控制电磁阀(带阀体和变速器控制模块)总成 8. 传动机构总成 9. 传动链轮 10. 变矩器总成 11. 自动变速器油泵总成 12. 差速器外壳总成 13. 前差速器齿圈 14. 从动链轮 15. 1-2-3-4档离合器总成 16. 低速档和倒档离合器总成 17. 2-6档离合器总成 18. 3-5档倒档离合器总成 19. 4-5-6档离合器总成 20. 自动变速器输入轴转速传感器总成 21. 反作用太阳齿轮总成

5组机械式离合器、一个单向离合器、主减速器及差速器、液压控制系统和电子控制系统组成。变矩器由泵轮、涡轮、与涡轮相连的压盘，导轮4个元件组成。变矩器通过油液将发动机的动力平滑地传递到变速器，在需要的时候，变矩器也可以增加转矩的输出。在压盘接合的时候，发动机和变速器通过机械连接直接连到一起。行星齿轮组可以提供6个前进档和一个倒档，TCM通过监测各个传感器的信息，自动控制档位的切换，使变速器始终处在最优化的状态。TCM通过控制换档电磁阀和压力调节阀来控制换档正时，TCM也通过控制TCC的接合和释放实现发动机动力传递效率最大化。液压控制系统主要由一个齿轮泵，一个控制阀体和变矩器组成，液压泵保证离合器活塞工作时的压力。变速机构由5个片式多片离合器、一个机械式单向离合器及行星齿轮组构成，可以提供7种不同的齿轮速比，变速器的输入轴和输出轴是通过一根链条连接的。主减速器为行星齿轮式。

第二节　动力传递路线分析

一、行星齿轮机构与换档执行元件

6T40E型自动变速器动力传递路线如图2-2所示，行星齿轮机构图2-3所示。由图可知，变速器内部有三排行星齿轮机构和6个换档执行元件，主减速器为行星齿轮式。各换档执行元件的名称及作用见表2-3，不同档位各换档执行元件的状态见表2-4。在6T40E型自动变速器中，没有带式制动器，各执行元件都称作离合器，其中的C3-5-R和C4-5-6工作时是驱动行星齿轮机构中的某部件，而C1-2-3-4、CL-R和C2-6工作时是固定行星齿轮机构中的某部件，习惯称之为制动器，这样更容易理解其工作原理。

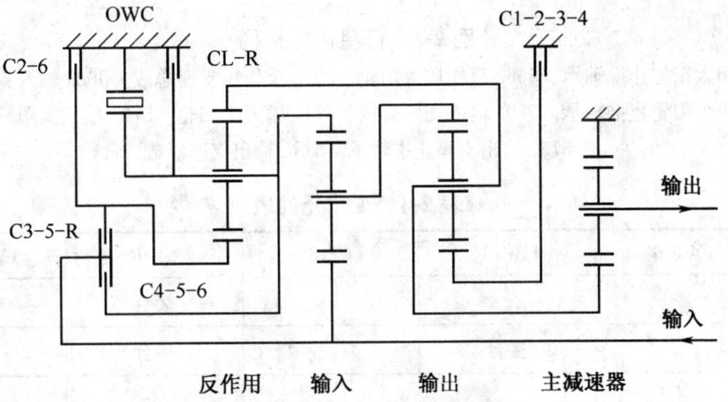

图2-2　动力传递路线

表2-3　换档执行元件的作用

执行元件	作　用
C1-2-3-4	固定输出太阳轮
CL-R	固定输入内齿圈/反作用行星架
C2-6	固定反作用太阳轮
C3-5-R	连接反作用太阳轮与输入轴
C4-5-6	连接反作用行星架/输入内齿圈与输入轴
OWC	单向固定输入内齿圈/反作用行星架，防止输入内齿圈/反作用行星架逆时针旋转

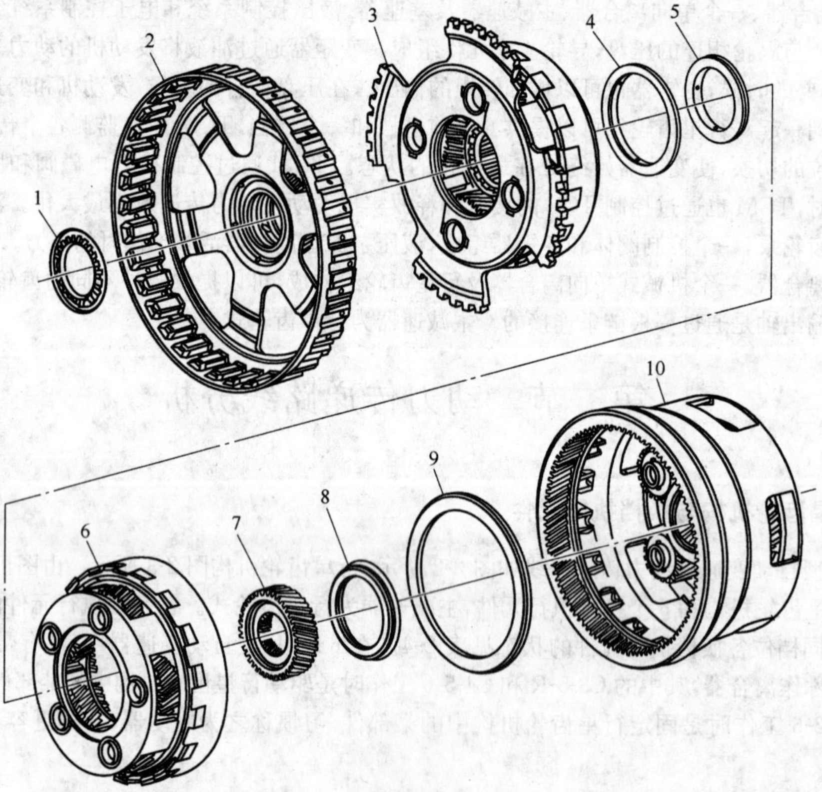

图 2-3 行星齿轮机构

565. 反作用太阳轮止推轴承 566. 反作用太阳轮 567. 反作用支座总成 568. 输入支座止推轴承 569. 输入太阳轮止推轴承 570. 输入支座总成 571. 输入太阳轮 572. 输入太阳轮止推轴承 573. 输出支座止推轴承 574. 输出支座总成

表 2-4 工作元件表

档位	C4-5-6	C3-5-R	C2-6	CL-R	C1-2-3-4	OWC
P/N				接合		
R		接合		接合		
1				接合*	接合	接合
2			接合		接合	
3		接合			接合	
4	接合				接合	
5	接合	接合				
6	接合		接合			

二、动力传递路线分析

1. P/N档动力传递路线

P/N档动力传递路线如图 2-4 所示。

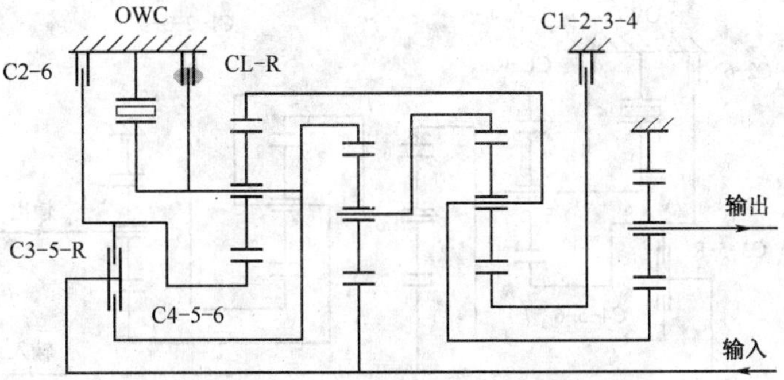

图 2-4　P/N 档动力传递路线

输入行星齿轮机构：输入太阳轮与输入轴相连，与输入轴同步旋转；CL-R 离合器工作，固定输入内齿圈，输入行星架/输出内齿圈同向减速旋转。

输出行星齿轮机构：输出内齿圈同向减速旋转，但太阳轮没有被固定，行星架没有输出。

反作用行星齿轮机构：CL-R 离合器工作，固定反作用行星架，但反作用行星齿轮机构没有被固定部件，故没有输出。

在 P 档时，P 档锁止机构将驱动齿轮架固定，传动链条被固定，车辆处在静止状态。

2. R 档动力传递路线

R 档动力传递路线如图 2-5 所示。

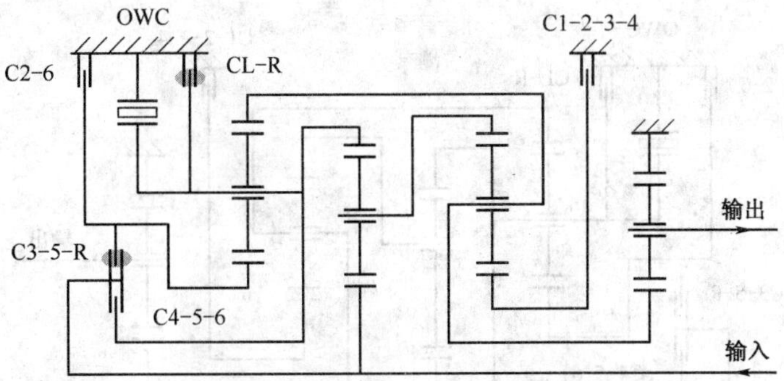

图 2-5　R 档动力传递路线

反作用行星齿轮机构：C3-5-R 离合器工作，连接输入轴与反作用太阳轮；CL-R 离合器工作，固定反作用行星架，则反作用内齿圈/输出行星架反向减速旋转（输出）。

在 R 档，输入行星齿轮机构和输出行星齿轮机构没有参与速比变化。

3. 1 档动力传递路线

1 档动力传递路线如图 2-6 所示。

输入行星齿轮机构：输入轴顺时针转动，输入太阳轮与输入轴相连，也顺时针旋转，带动输入小行星轮逆时针转动；输入行星架/输出内齿圈与动力输出端相连，有较大的运动阻力，可暂时视为固定或约束转速；小行星轮逆时针转动将带动输入内齿圈/反作用行星架有逆时针旋转的趋势，此时单向离合器（OWC）锁止，防止其逆时针旋转，于是，输入小行星轮逆时针转动的同时带动输入行星架沿内齿圈顺时针爬行，即输入行星架/输出内齿圈同向减速旋转。

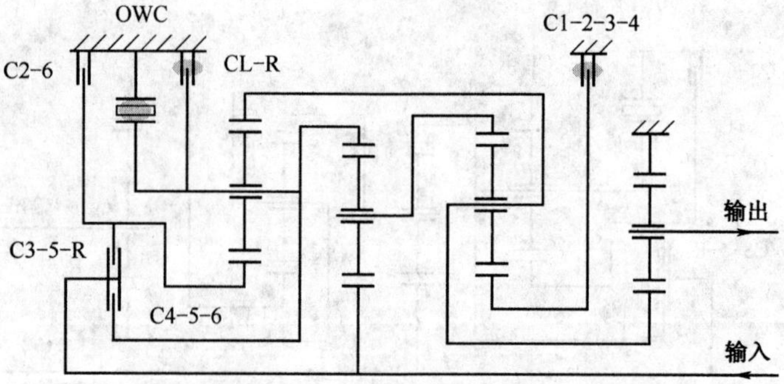

图 2-6 1 档动力传递路线

输出行星齿轮机构:内齿圈顺时针减速旋转;C1-2-3-4 离合器工作,固定输出太阳轮,则输出行星架同向减速旋转,即顺时针减速转动(输出)。

反作用行星齿轮机构:反作用内齿圈与输出行星架为一体,顺时针减速转动,带动行小星齿轮顺时针旋转;单向离合器(OWC)锁定反作用行星架;太阳轮逆时针旋转。在需要发动机制动的情况下,TCM 控制 CL-R 离合器工作,反作用行星架被双向锁止,会产生发动机制动。由以上分析可知,在 1 档时,输入和输出行星齿轮机构都在作同向减速运动,反作用行星齿轮机构没有参与速比变化。

4. 2 档动力传递路线

2 档动力传递路线如图 2-7 所示。

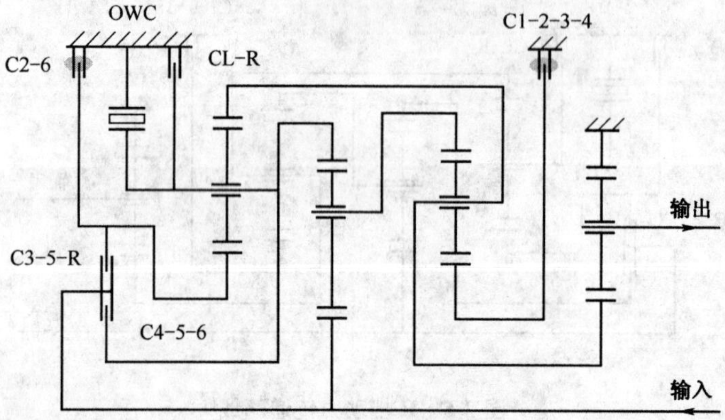

图 2-7 2 档动力传递路线

反作用行星齿轮机构:在 1 档位时,反作用小行星轮顺时针转动,反作用太阳轮逆时针转动。在 2 档时,C2-6 离合器工作,原来逆时针转动的反作用太阳轮被固定,而反作用小行星轮的顺时针转动将带动反作用行星架/输入内齿圈顺时针转动。

输入行星齿轮机构:输入内齿圈/反作用行星架在 1 档时是静止的,2 档时,它开始顺时针转动,而输入太阳轮的状态不变,输入内齿圈的转动将加速输入行星架的顺时针转动速度。

输出行星齿轮机构:输出内齿圈/输入行星架顺时针减速旋转,但比 1 档时转速要快;离合器 C1-2-3-4 工作,固定输出太阳轮;则输出行星架顺时针减速转动(输出),且转速比 1 档时要快。

5. 3 档动力传递路线

3 档动力传递路线如图 2-8 所示。

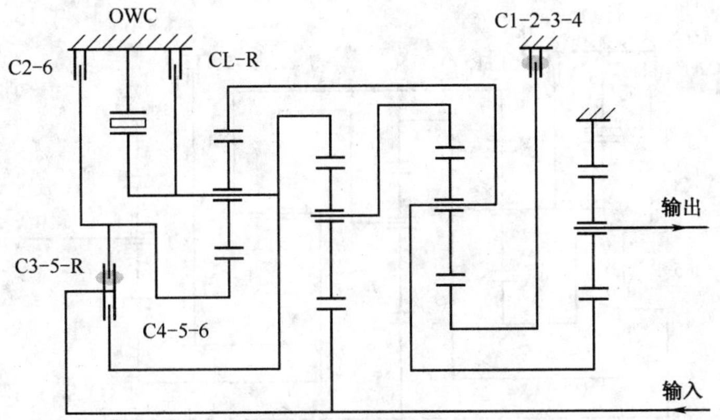

图 2-8　3 档动力传递路线

反作用行星齿轮机构：在 2 档时，反作用太阳轮被固定；3 档时，由于 C3-5-R 合器工作，连接输入轴与反作用太阳轮，带动反作用行星架/输入内齿圈转动速度加快。

输入行星齿轮机构和输出行星齿轮机构的分析参见 2 档。前三个档位的动力传动路线相同，只是速比不同，其原因就在于反作用太阳轮的状态发生了改变，它在 1 档时是逆时针转动；2 档时固定不动；3 档时变为顺时针转动，导致最终的输出速度逐渐加快。

6. 4 档动力传递路线

4 档动力传递路线如图 2-9 所示。

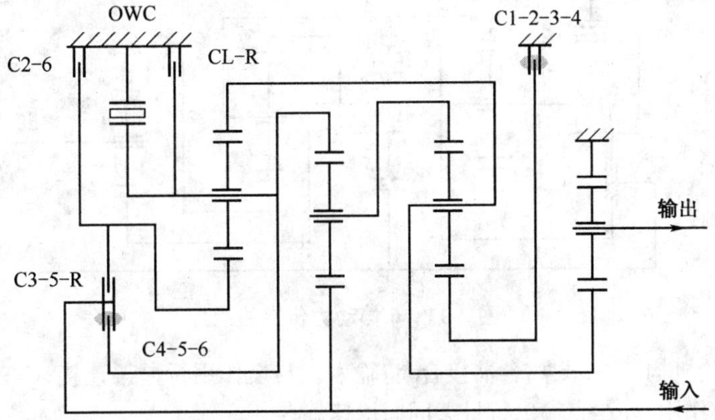

图 2-9　4 档动力传递路线

输入行星齿轮机构：C4-5-6 离合器工作，连接输入轴与输入内齿圈；输入太阳轮也与输入轴相连，则整个输入行星齿轮机构以一个整体旋转，即输入行星架/输出内齿圈与输入轴等速旋转。输入行星齿轮机构的内齿圈在 1 档时是固定；在 2 档和 3 档时是顺时针减速旋转；在 4 档时顺时针等速旋转，动力未经减速直接传递给了输出行星齿轮机构内齿圈。

输出行星齿轮机构：输出内齿圈与输入轴的转速相同；C1-2-3-4 离合器工作，将太阳轮固定；于是行星架作为输出顺时针转动。在 4 档时，反作用行星齿轮机构没有参与速比变化；输入行星齿轮机构是等速传动；只有输出行星齿轮机构是同向减速传动。

7. 5 档位动力传递路线

5 档动力传递路线如图 2-10 所示。

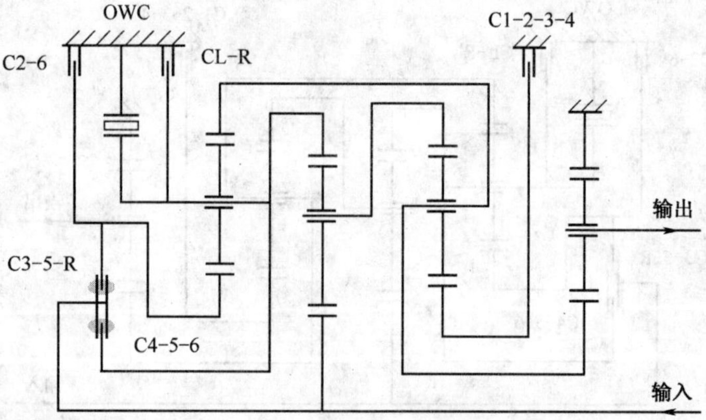

图 2-10 5 档动力传递路线

反作用行星齿轮机构：C3-5-R 离合器接合，将输入轴与反作用太阳轮连接；C4-5-6 离合器接合，将输入轴与反作用行星架连接；反作用行星齿轮机构有两个部分被同时以输入轴转速驱动，则整个行星齿轮机构以一个整体旋转，传动比是 1，即反作用行星齿轮机构的内齿圈/输出行星架与输入轴同向同速转动。5 档时，变速器内部所有行星齿轮机构的部件都没有相对的运动。

8. 6 档位动力传递路线

6 档动力传递路线如图 2-11 所示。

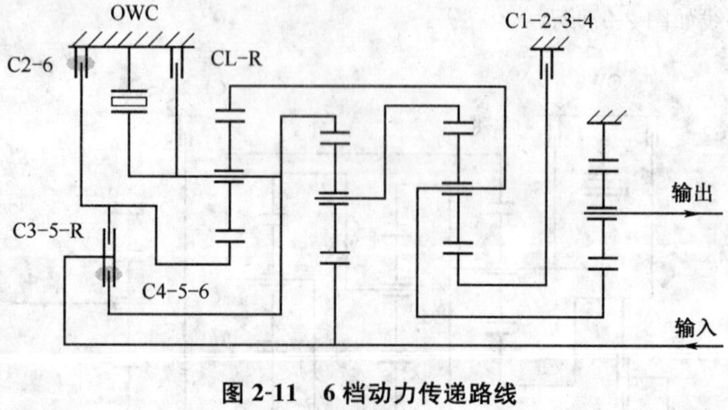

图 2-11 6 档动力传递路线

反作用行星齿轮机构：C4-5-6 离合器接合，将输入轴与反作用行星架连接；C2-6 离合器工作，固定反作用太阳轮；则反作用内齿圈/输出行星架同向增速旋转。

第三节 控制系统

一、电子控制系统

1. 控制系统的组成

6T40E 型自动变速器具有电子控制功能，变速器控制模块（TCM）可以控制变速器换档、TCC 接合/释放管路压力。在变速器内部，TCM、换档电磁阀、PC 电磁阀、TFT 传感器及油压开关都集成在一个单元总成内，被称作控制电磁阀总成。在 TCM 内部有两个温度传感器，分别检测油温和 TCM 的工作温度。电子控制系统部件组成如图 2-12 所示，TCM 输入、输出信号如图 2-13 所示，用于 08 款君越的控制系统电路如图 2-14 所示，换档互锁及加/减档控制电路如图 2-15 所示。在图 2-13 中，Tap+/

Tap一信号、制动信号、ECM 通信信号、PRND(TCM 的 R 档输出信号)为 TCM 外部输入/输出信号;其他为 TCM 内部输入/输出信号,内部输入/输出信号与 TCM 间没有外部连线。其中:

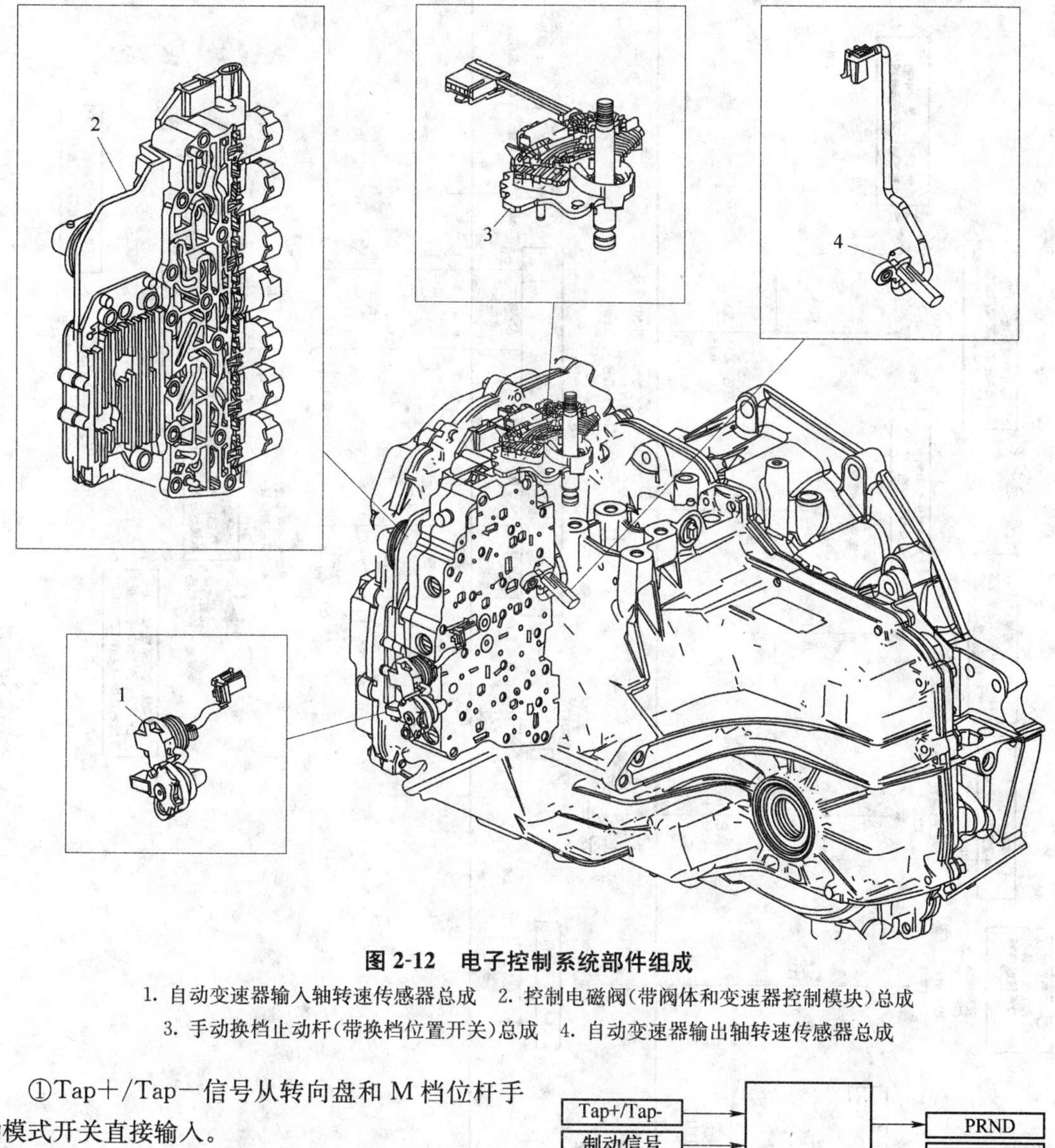

图 2-12　电子控制系统部件组成

1. 自动变速器输入轴转速传感器总成　2. 控制电磁阀(带阀体和变速器控制模块)总成　3. 手动换档止动杆(带换档位置开关)总成　4. 自动变速器输出轴转速传感器总成

①Tap+/Tap一信号从转向盘和 M 档位杆手动模式开关直接输入。

②制动信号从制动开关输入。

③ECM 通过 GMLAN 与 TCM 通信:传输信号有发动机转速(RPM)、节气门位置(TPS)、负载(Load)、加速踏板位置(APP)、发动机温度(ECT)、转矩(Torque)、档位 Gear(P/N)等信号。

④TCM 通过 GMLAN 与 EBCM 通信:传输信号有车速(VSS)、转矩请求、档位齿轮等信号。

⑤PRND 是 TCM 的 R 档输出信号,是驻车辅助系统的触发信号,也是倒车灯信号。

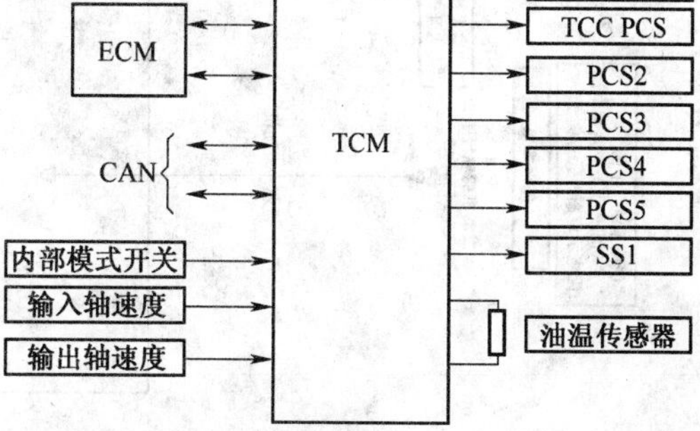

图 2-13　TCM 输入、输出信号

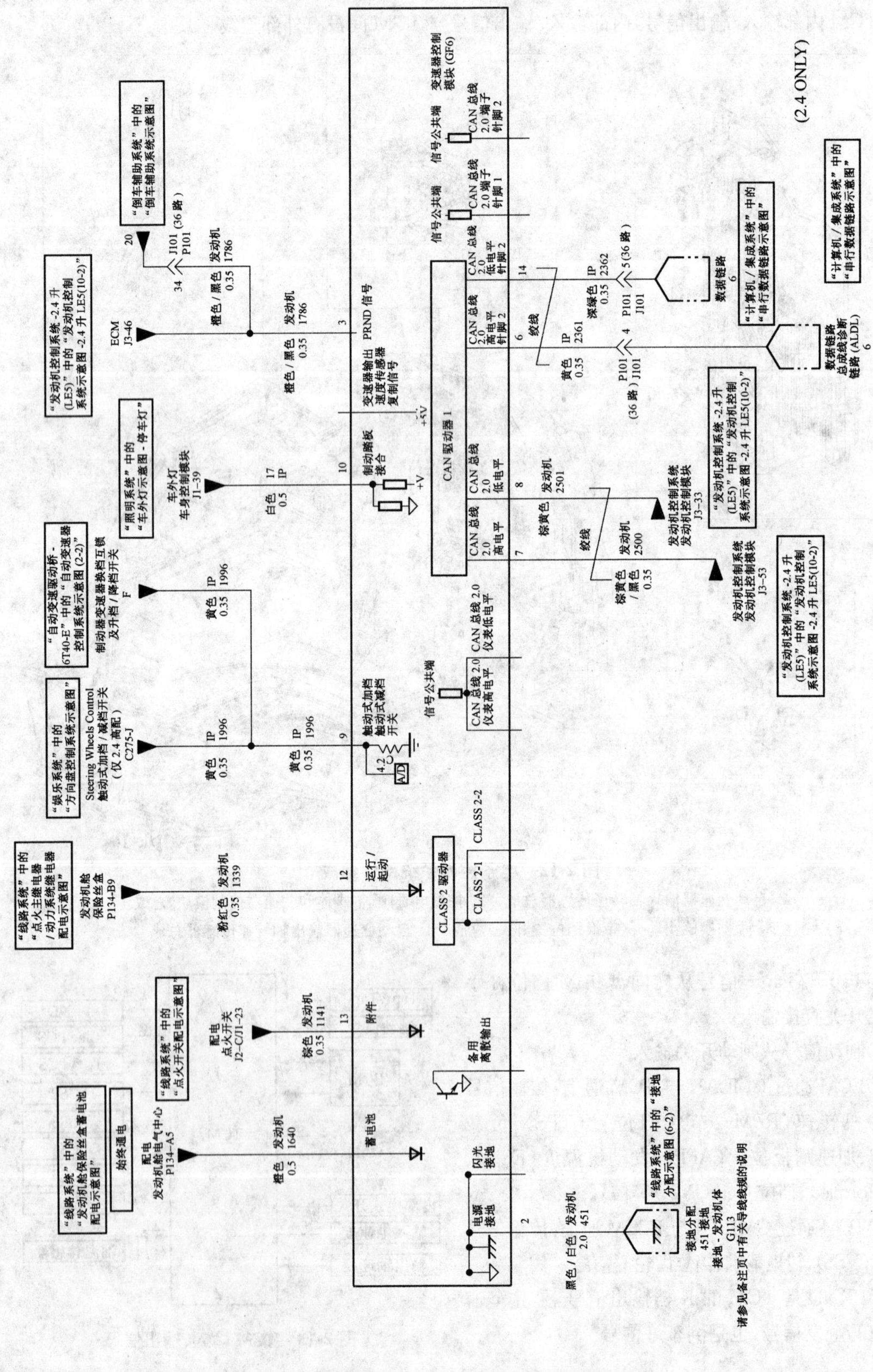

图 2-14 电控系统电路图

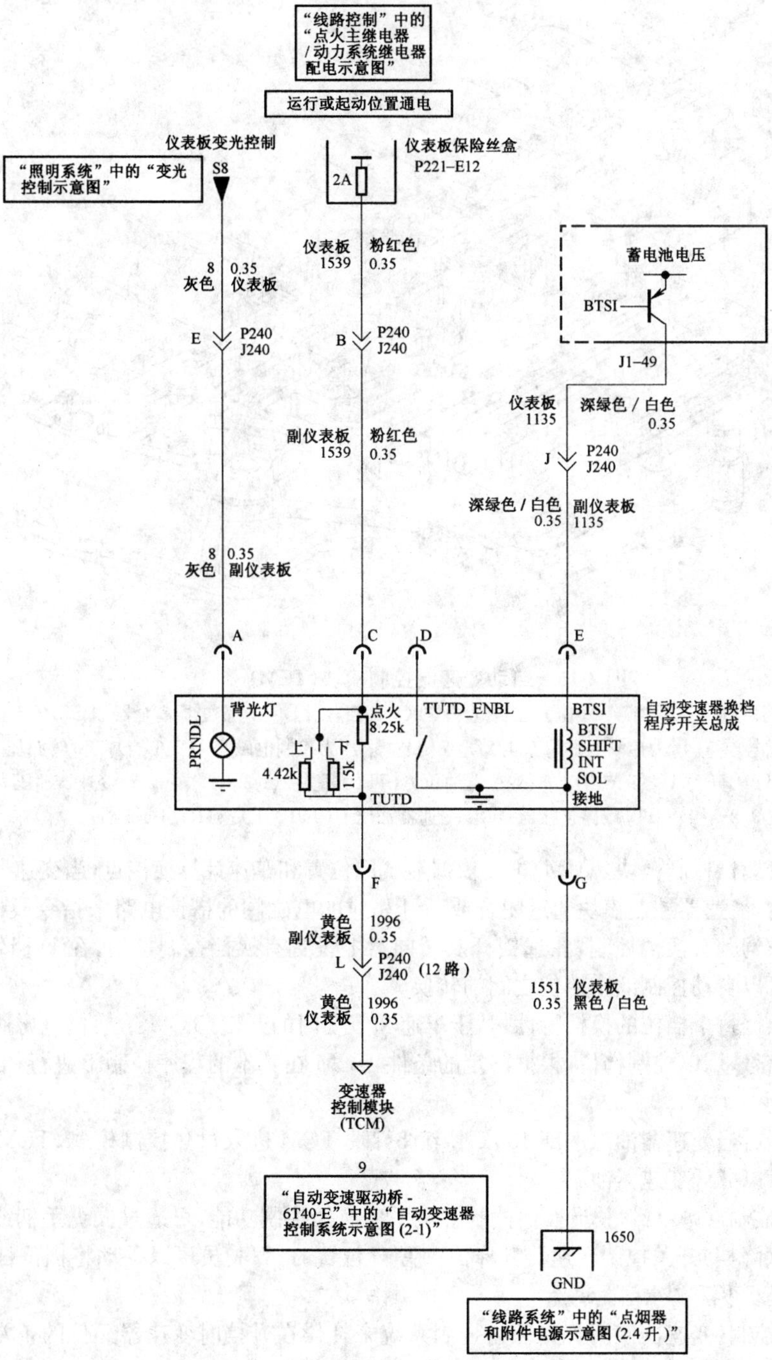

图 2-15　换档互锁及加/减档控制电路

2. 自动变速器控制模块(TCM)

自动变速器控制模块(TCM)位于变速器内部的阀体上,如图 2-16 所示,它具有以下控制功能。

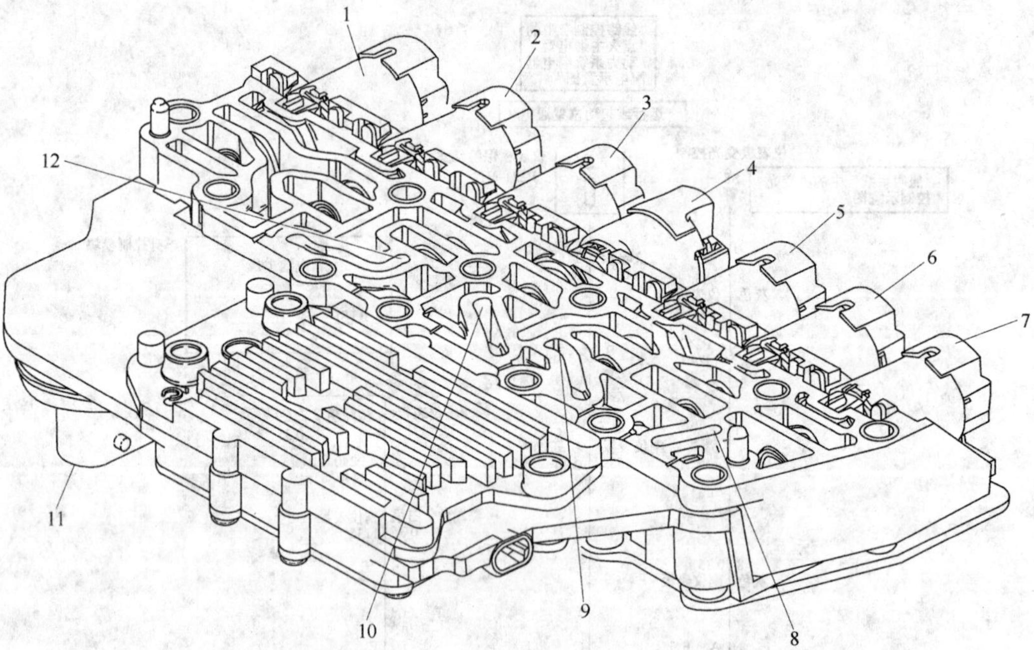

图 2-16 自动变速器控制模块(TCM)

1. 压力控制电磁阀 3(倒档/1/4/5/6 档) 2. 压力控制电磁阀 2(3/5 档/倒档) 3. 变矩器离合器(TCC)压力控制电磁阀 4. 换档电磁阀(通电/断电) 5. 压力控制电磁阀 5(1/2/3/4 档) 6. 压力控制电磁阀 4(2/6 档) 7. 管路压力控制电磁阀 8. 变速器油压力(TFP)开关 1(3-5-R 档) 9. 变速器油压力(TFP)开关 2(1-2-3-4 档) 10. 变速器油压力(TFP)开关 3(2-6 档) 11. 线路连接器 12. 变速器油压力(TFP)开关 4(R1/4-5-6 档)

(1)换档控制:变速器控制模块(TCM)主要依据节气门位置和车速计算换档点,当变速器控制模块确定满足换档条件时,变速器控制模块通过闭合或断开相应的电磁阀的搭铁电路来指令换档。6T40E型自动变速器还提供驾驶员换档控制,在选档杆及转向盘上设置有换档控制按钮,在D档驾驶时有6个前进档位,TCM可以自动控制6个档位之间的转换。

(2)默认模式:根据每个档位的换档特性,基于车速和节气门的开度,TCM给换档电磁阀和压力控制电磁阀发送控制信号,用以控制档位,根据特定的条件,TCM在基本的程序控制下进行档位的转换,即"默认模式"。

(3)过热模式控制:当变速器油温达到130℃持续5s时,TCM进入过热控制模式,TCM修正换档表和TCC接合控制,以减低变速器油温。

(4)驾驶员换档控制(DSC):驾驶员换档控制就是手动换档控制功能,可通过操纵手柄或方向盘上的M+(升档)/M-(降档)开关控制变速器升降档。在M位置时,驾驶员可以手动将档位杆推动到M+或M-的位置进行升档和减档。

(5)自适应换档控制:变速器使用管路压力控制系统来补偿在升档时变速器元件的正常磨损。当变速器元件在磨损或更换后,换档时间会变增加或缩短。为了补偿这种变化,TCM调整各个压力控制电磁阀,以保证换档时间与所设计的要求相吻合。TCM通过监测输入速度传感器和输出速度传感器的信号,用以确定在换档时是否出现了过快(换档生硬)或过慢(换档不畅)的现象出现,并通过控制压力电磁阀来保证良好的换档感觉。自适应换档控制的目的是为了补偿不断变化的车辆驾驶条件下的换档质量。自适应控制功能是一个持续的控制过程,可以延长车辆的使用寿命,提高换档质量。

(6)TCC控制:此变速器装备了电子控制容量离合器(ECCC),允许锁离合器不完全锁止在变矩器盖上。离合器保持少量转差,在2档、3档、4档、5档和6档时大约20r/min,视车辆的具体情况而定。

电子控制容量离合器(ECCC)的目的是为了减少因变矩器离合器(TCC)接合而引起的噪声、振动或颤动。在某些应用场合,在高速公路车速下可将变矩器离合器完全锁定。只有当发动机闭环运行且车速在规定范围内时,变矩器离合器才会接合。车辆必须在水平路面上,处于接近巡航的状态(不加速或滑行)。

(7)自诊断功能:TCM的这项功能是持续地监视各个传感器、电磁阀和其他电子元件的工作状况,如果这些元件出现了故障,TCM将请求ECM点亮故障指示"MIL"灯,指示驾驶人变速器出现了故障。要想将故障代码或自适应值清除,必须使用检测仪器。

(8)故障保护模式:即使变速器出现了电气元件上的故障,TCM也会尽可能地保证车辆能够行驶,在这种情况下,所有的电磁阀都回到它们的常态,如果TCC在接合状态,TCC也会进行分离。此时,变速器保持在5档的默认位置,直到点火开关被关闭或档位杆被推至倒档位置,这可以保证车辆仍能安全的开到维修中心。

3. 控制电磁阀阀体总成

控制电磁阀阀体总成直接用螺栓固定在变速器阀体上,参见图2-16,通过一个14针脚的接头连接在发动机线束上,一个可维修更换的滤网保护电磁阀总成不被脏物污染。总成上包括以下部件:

—变速器控制模块
—离合器压力控制电磁阀
—换档电磁阀
—管路压力控制电磁阀
—变矩器离合器压力控制电磁阀
—变速器油温度传感器
—变速器控制模块温度传感器
—通电温度传感器
—变速器油压力开关

目前,这些部件不能单独维修。控制电磁阀(带阀体和变速器控制模块)总成利用铅制框架系统将这些部件电气连接到变速器控制模块上,这些部件没有使用导线。控制电磁阀总成螺栓直接固定阀体总成,总成与发动机线束通过14路连接器连接。不同档位各电磁阀的状态见表2-5。

表2-5 不同档位各电磁阀的状态

档位	换档电磁阀	压力电磁阀5	压力电磁阀4	压力电磁阀2	压力电磁阀3	速比
P	ON	OFF	OFF	OFF	ON	—
R	ON	OFF	OFF	ON	ON	2.940
N	ON	OFF	OFF	OFF	ON	—
1st *	ON	ON	OFF	OFF	ON	4.585
1st	OFF	ON	OFF	OFF	OFF	4.585
2nd	OFF	ON	ON	OFF	OFF	2.940
3rd	OFF	ON	OFF	ON	OFF	1.912
4th	OFF	ON	OFF	OFF	ON	1.446
5th	OFF	OFF	OFF	ON	ON	1.000
6th	OFF	OFF	ON	OFF	ON	0.746

(1)换档电磁阀

换档电磁阀是常闭型,3通路、开/关式电磁阀,受TCM控制。电磁阀加电后,柱塞和计量球阀受磁场吸引，克服弹簧力向右移动，将排放油路封闭，将执行器进给限制油压油路和控制油路连通。电磁阀断电后，柱塞和计量球阀在弹簧的推动下向左移动，将执行器进给限制油压油路封闭，将排放油路和控制油路连通。其工作原理如图2-17所示。

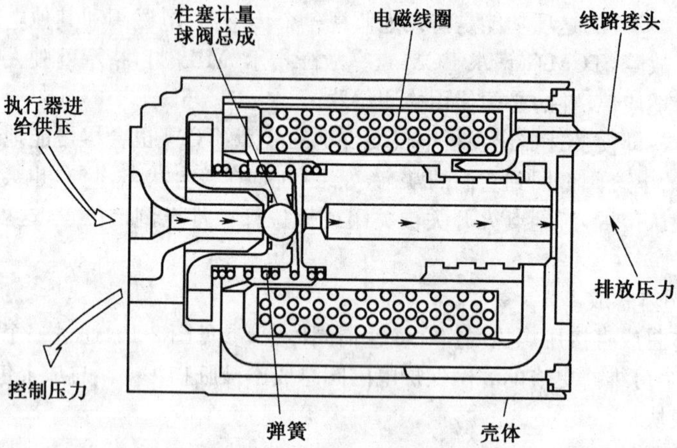

图2-17 换档电磁阀

(2)TCC压力控制电磁阀

TCC压力控制电磁阀是常低型电磁阀，在电磁阀断电时，控制油压油路和排放油路相通，在电磁阀加电时，排放油路被封闭。其工作原理如图2-18所示。

(3)管路压力控制电磁阀

管路压力控制电磁阀是常高型电磁阀，在电磁阀断电时，排放油路被封闭，在电磁阀加电时，控制油压油路和排放油路相通。其工作原理如图2-19所示。

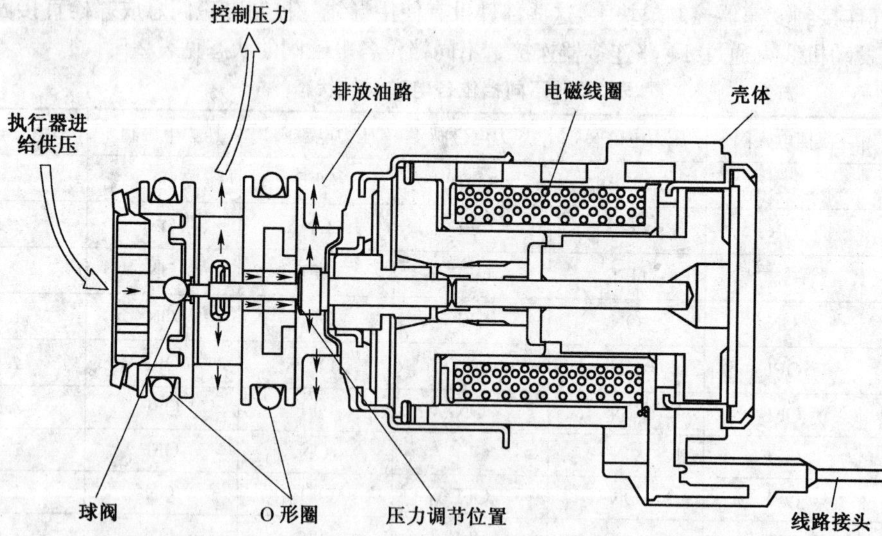

图2-18 常低型电磁阀

(4)离合器压力控制电磁阀

离合器压力控制电磁阀有两种类型：常低型和常高型。离合器压力控制电磁阀4/5是常低型，与

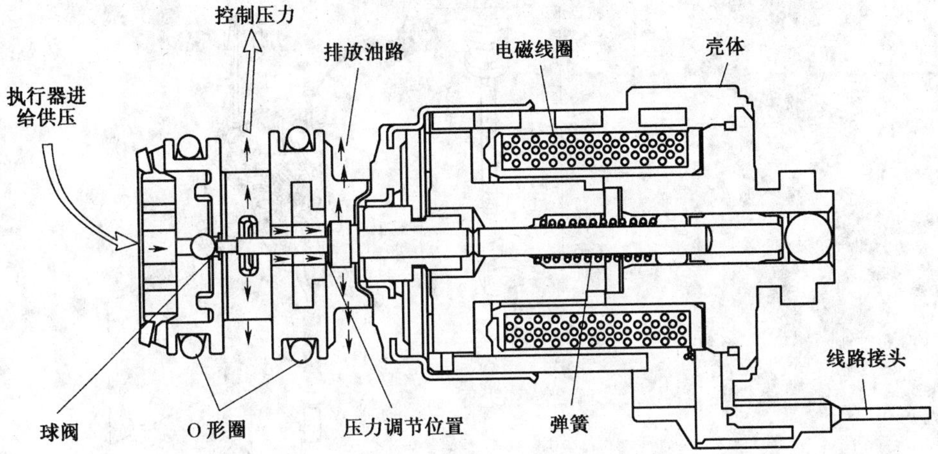

图 2-19 常高型电磁阀

TCC 压力控制电磁阀相同。离合器压力控制电磁阀 4 控制 2-6 档离合器调节阀，离合器压力控制电磁阀 5 控制 1-2-3-4 档离合器调节阀。离合器压力控制电磁阀 2/3 是常高型，与管路压力控制电磁阀相同。离合器压力控制电磁阀 2 控制 3-5-R 档离合器调节阀，离合器压力控制电磁阀 3 控制低/倒档离合器/4-5-6 离合器调节阀。

4. 变速器油压开关

在电磁阀总成内有 4 个常闭型的油压开关，没有油压时闭合；有油压时，开关断开。各 TFP 开关的位置如图 2-16 所示，各开关的作用如下：

TFP 开关 1：监测 1-2-3-4 离合器调节阀信号。

TFP 开关 2：监测 3-5-R 离合器调节阀信号。

TFP 开关 3：监测 2-6 离合器调节阀信号。

TFP 开关 4：监测 R1/4-5-6 离合器调节阀信号。

5. 变速器油温传感器

变速器油温传感器是负温度系数的温度传感器，位于电磁阀总成内，室温条件下，ATF 温度传感器电阻实际测量值是 26.6kΩ。

6. 档位开关

档位开关，也叫内部模式开关(ISM)或换档轴位置开关，它是一个滑动触点式开关，安装在变速器壳体内的手动换档止动杆总成上，如图 2-20 所示。它向 TCM 传送 4 个信号：A、B、C、PA，TCM 利用它确定换档杆的位置。此信息用于发动机控制系统，并用以确定变速器换档模式。档位开关逻辑值见表 2-6。

表 2-6 档位开关逻辑值

档 位	信号 A(B 脚)	信号 B(C 脚)	信号 C(D 脚)	信号 PA(E 脚)
P	低	高	高	低
R	低	低	高	高
N	高	低	高	低
D	高	低	低	高
M	低	低	低	低

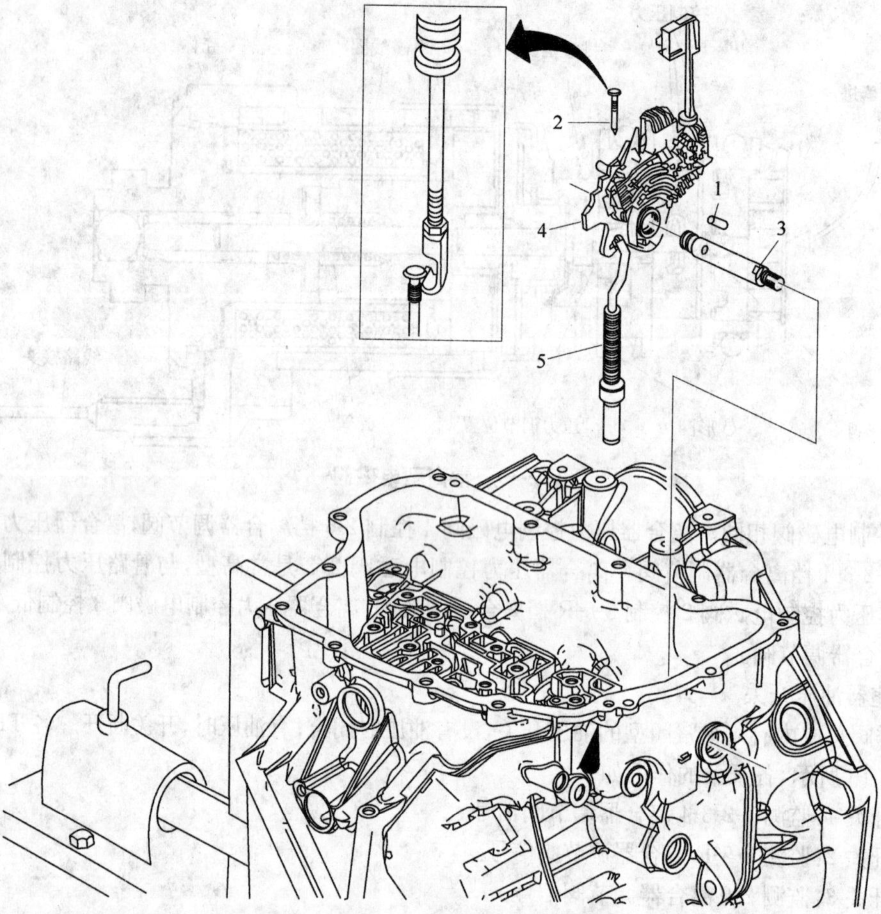

图 2-20 档位开关内部模式开关(ISM)

1. 手动轴止动杆毂销 2. 手动换档轴销 3. 手动轴
4. 手动轴止动杆(带换档位置开关)总成 5. 驻车棘爪执行器总成

7. 输入速度传感器

输入轴转速传感器(ISS)是一个霍尔效应型传感器,安装在变速器壳体总成上,并通过线束和连接器连接至控制电磁阀(带阀体和变速器控制模块)总成上,如图 2-21 所示。ISS 用于检测 4-5-6 档离合器/3-5-R 档离合器壳体的转速,TCM 向传感器提供 8.3~9.3V 的供电电压,传感器输出的是脉冲电流信号,TCM 使用输入轴转速传感器信号确定管路压力、变速器换档模式、变矩器离合器(TCC)转速差和传动比。

8. 输出速度传感器

输出轴转速传感器(OSS)也是一个霍尔效应型传感器,安装在变速器壳体上,位于控制阀阀体总成下方并通过线束和连接器连接至控制电磁阀(带阀体和变速器控制模块)总成,参见图 2-21。OSS 用于检测驻车档齿轮(与输出主动齿轮相连)的转速,TCM 向传感器提供8.3~9.3V 的供电电压,传感器输出的是脉冲电流信号,TCM 使用输出轴转速传感器信号确定管路压力、变速器换档模式、变矩器离合器(TCC)转速差和传动比。

9. 电气部件连接器端子视图

电气部件连接器端子视图如图 2-22 所示,各端子的作用见表 2-7。

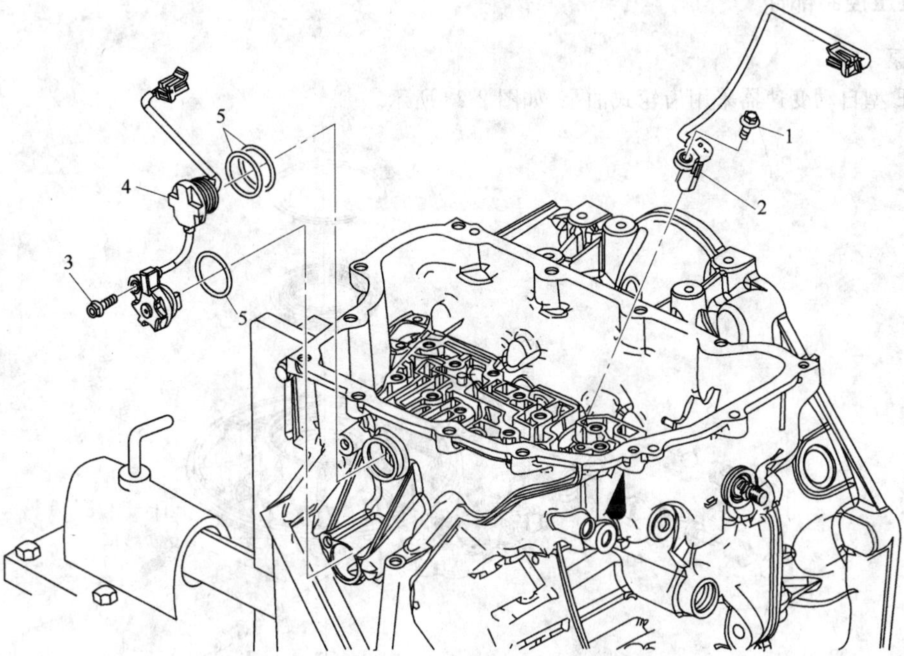

图 2-21　输入、输出速度传感器

1、3. 紧固螺栓　2. 输出速度传感器　4. 输入速度传感器　5. 密封圈

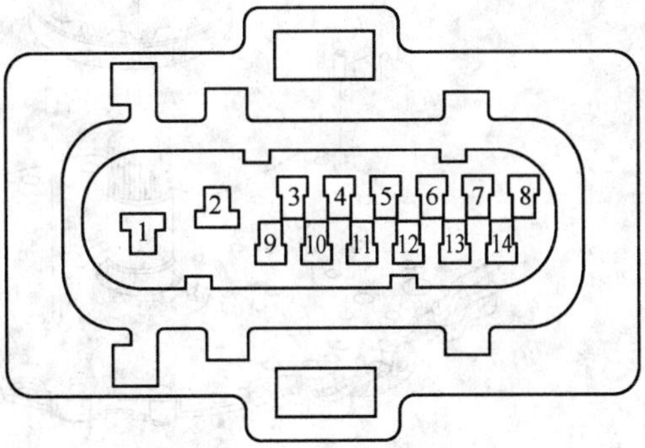

图 2-22　电气部件连接器端子视图

表 2-7　电气部件连接器各端子的作用

端子号	导线颜色	电路号码	功　能	端子号	导线颜色	电路号码	功　能
1	OG(橙色)	1640	蓄电池电源电压	8	TN(棕色)	2501	CAN 总线低电平端子
2	BK/WH(黑色/白色)	451	搭铁	9	YE(黄色)	1996	触动式升档/降档开关
3	OG/BK(橙色/黑色)	1786	驻车/空档信号输入	10	WH(白色)	17	制动灯开关信号
4	—	—	未用	11	—	—	未用
5	—	—	未用	12	PK(粉红色)	1339	点火 1 电压
6	YE(黄色)	2361	CAN 总线高电平端子	13	BN(棕黄色)	1141	点火开关电源
7	TN/BK(棕色/黑色)	2500	CAN 总线高电平端子	14	D-GN(深绿色)	2362	CAN 总线低电平端子

二、液压控制部件

1. 油泵

6T40E型自动变速器采用齿轮式油泵,如图2-23所示。

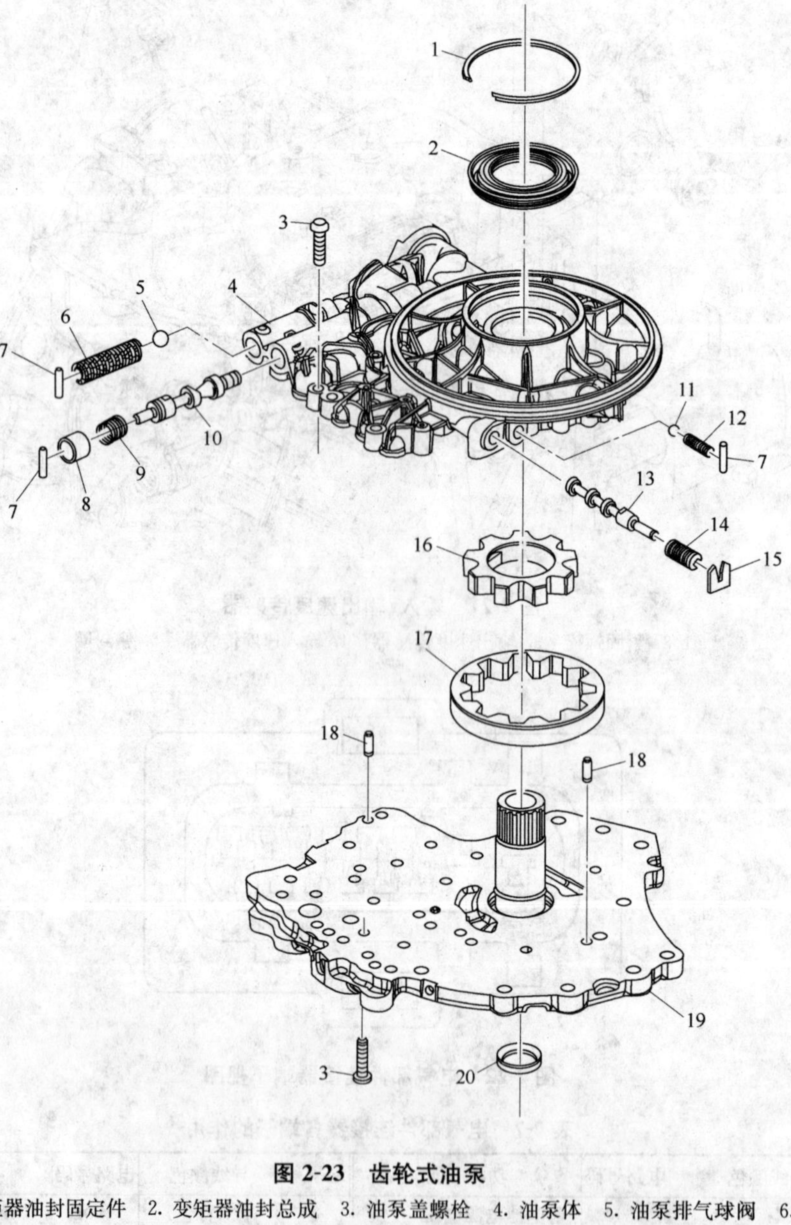

图2-23 齿轮式油泵

1. 变矩器油封固定件 2. 变矩器油封总成 3. 油泵盖螺栓 4. 油泵体 5. 油泵排气球阀 6. 油泵排气阀弹簧 7. 压力调节阀孔塞固定件 8. 压力调节阀孔塞 9. 压力调节阀弹簧 10. 压力调节阀 11. 变矩器离合器排气球阀 12. 变矩器离合器排气球阀弹簧 13. 变矩器离合器控制阀 14. 变矩器离合器控制阀弹簧 15. 变矩器离合器控制阀弹簧限位器 16. 油泵主动齿轮 17. 油泵从动齿轮 18. 泵盖至泵体定位销 19. 油泵盖总成 20. 变矩器油封总成

2. 控制阀体

控制阀体及各滑阀部件分解如图2-24和图2-25所示,阀体内各球阀的位置如图2-26所示。

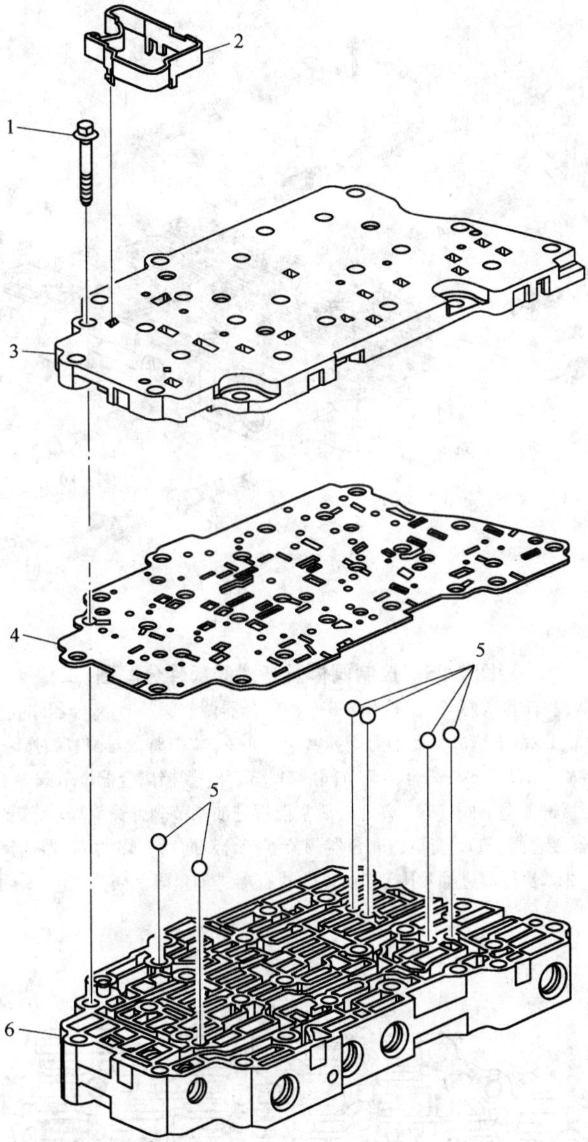

图 2-24 控制阀体及各滑阀部件分解图(一)

1. 控制阀体螺栓 2. 控制电磁阀支架 3. 阀体槽板 4. 筒状盖板至阀体隔板总成
5. 控制阀体单向球阀 6. 控制阀体总成

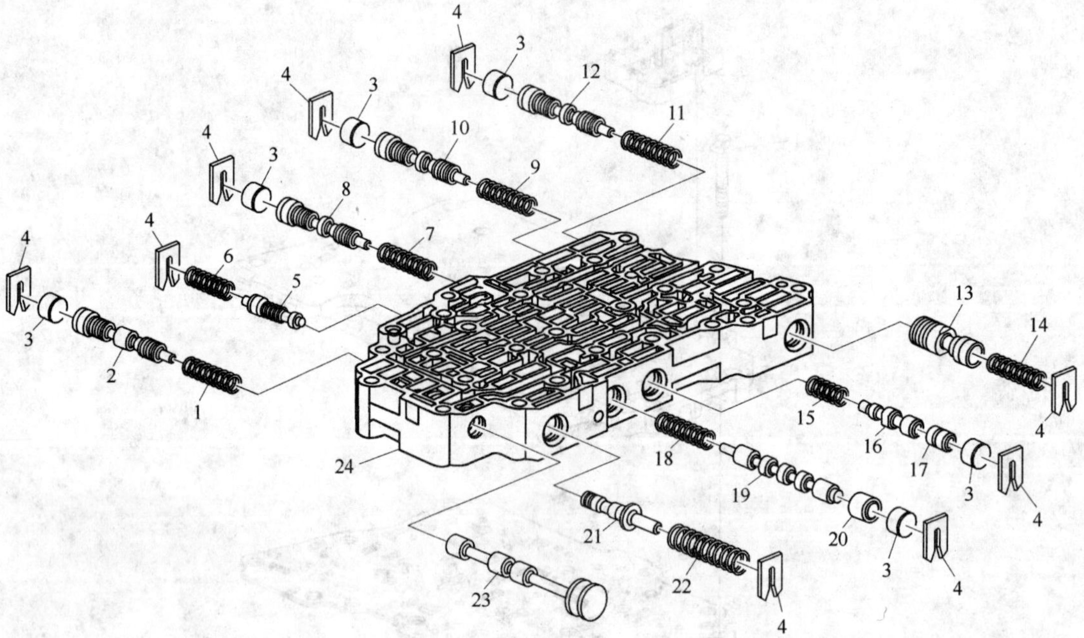

图 2-25 控制阀体及各滑阀部件分解图(二)

1. 倒档和 4-5-6 档离合器调节阀弹簧 2. 倒档和 4-5-6 档离合器调节阀 3. 离合器阀孔塞 4. 阀弹簧限位器 5. 1-2-3-4 档离合器助力阀 6. 1-2-3-4 档离合器助力阀弹簧 7. 1-2-3-4 档离合器调节阀弹簧 8. 1-2-3-4 档离合器调节阀 9. 2-6 档离合器调节阀弹簧 10. 2-6 档离合器调节阀 11. 3-5 档-倒档离合器调节阀弹簧 12. 3-5 档-倒档离合器调节阀 13. 离合器活塞挡板进油调节阀 14. 离合器活塞挡板进油调节阀弹簧 15. 变矩器离合器调节器接合阀弹簧 16. 变矩器离合器调节器接合阀 17. 变矩器离合器调节器接合双向阀 18. 离合器选择阀弹簧 19. 离合器选择阀 20. 默认超速双向阀 21. 执行器进油量限制阀 22. 执行器进油量限制阀弹簧 23. 手动阀 24. 控制阀体总成

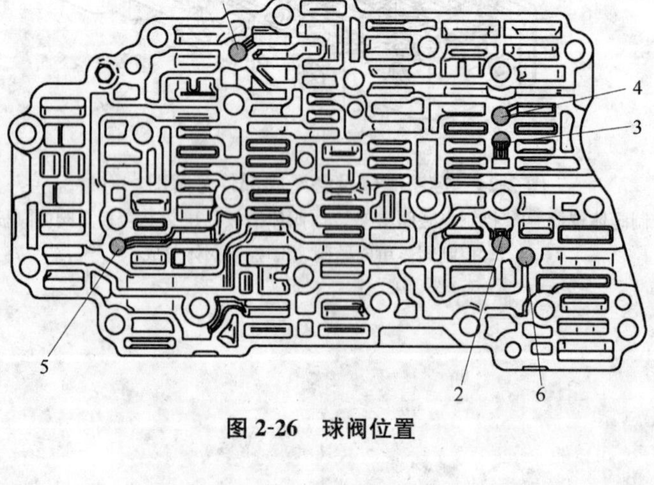

图 2-26 球阀位置

第四节　主要机械部件分解

一、壳体及相关零件分解

6T40E型自动变速器壳体及相关零件分解如图2-27所示，变速器壳体总成相关零件分解如图2-28所示，变矩器壳和油泵壳体总成相关零件分解如图2-29所示。

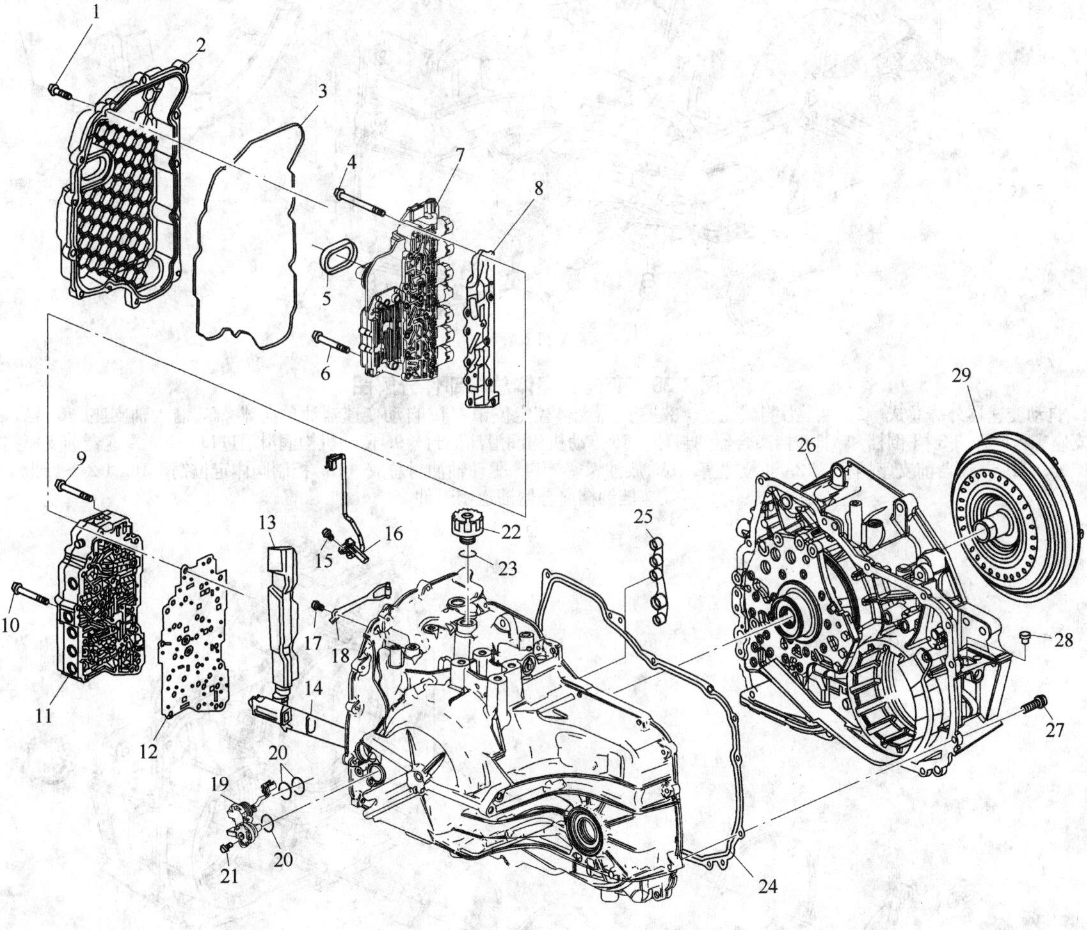

图2-27　壳体及相关零件分解图

1. 控制阀体盖螺栓　2. 控制阀体盖总成　3. 控制阀体盖衬垫　4. 控制阀体螺栓　5. 控制阀体盖孔密封件　6. 控制电磁阀散热螺栓　7. 控制电磁阀(带阀体和变速器控制模块)总成　8. 控制阀体滤板总成　9. 控制阀体螺栓　10. 控制阀体螺栓　11. 控制阀体总成　12. 控制阀体隔板总成　13. 液位控制阀　14. 液位控制阀衬垫　15. 输出轴转速传感器螺栓　16. 输出轴转速传感器总成　17. 手动轴止动弹簧螺栓　18. 手动轴止动杆弹簧总成　19. 输入轴转速传感器总成　20. 输入轴转速传感器总成O形密封圈　21. 输入轴转速传感器螺栓　22. 加注口盖　23. 加注口盖密封件　24. 变矩器壳体衬垫　25. 油泵密封件总成　26. 带油泵的变矩器壳体总成　27. 变矩器和差速器壳体螺栓　28. 加油管螺塞总成　29. 变矩器总成

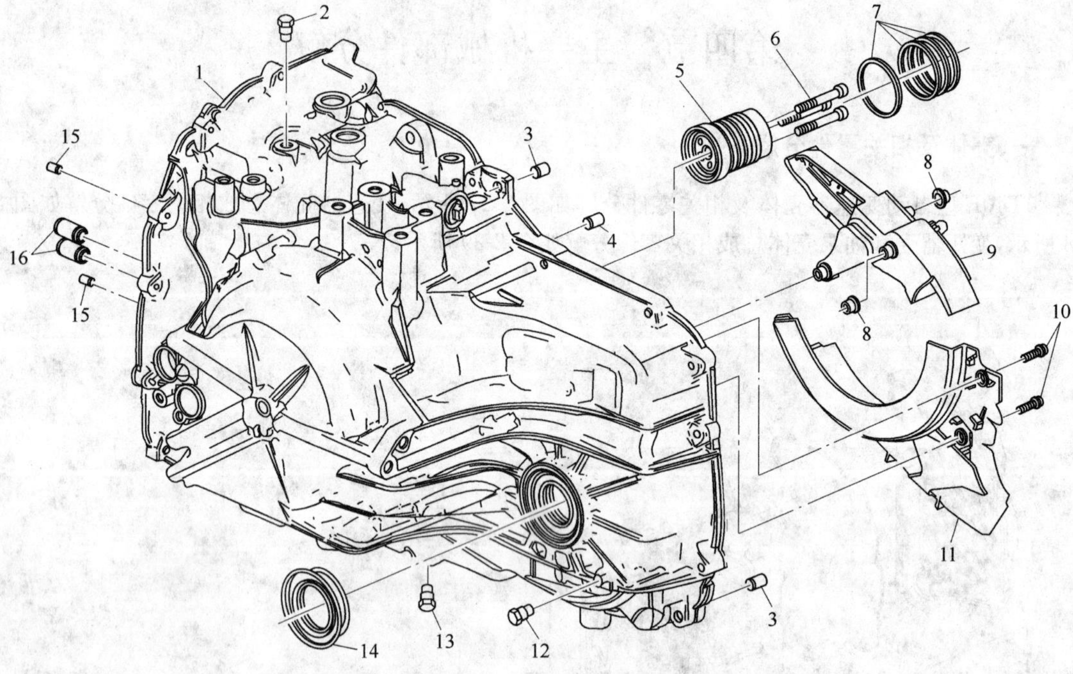

图 2-28　变速器壳体总成部件分解图

1. 自动变速器外壳总成　2. 油压力测试孔塞　3. 变速器壳体盖定位销　4. 自动变速器油单向球　5. 输入轴支座　6. 输入轴支座螺栓　7. 3-5 档-倒档和 4-5-6 档离合器油封环　8. 传动机构润滑油油封　9. 传动机构润滑油进口　10. 差速器前支座挡板螺栓　11. 差速器前支座挡板　12. 油位螺塞　13. 放油螺塞　14. 驱动轴油封总成　15. 控制阀体定位销　16. 1-2-3-4 档和低速档倒档离合器油道密封件

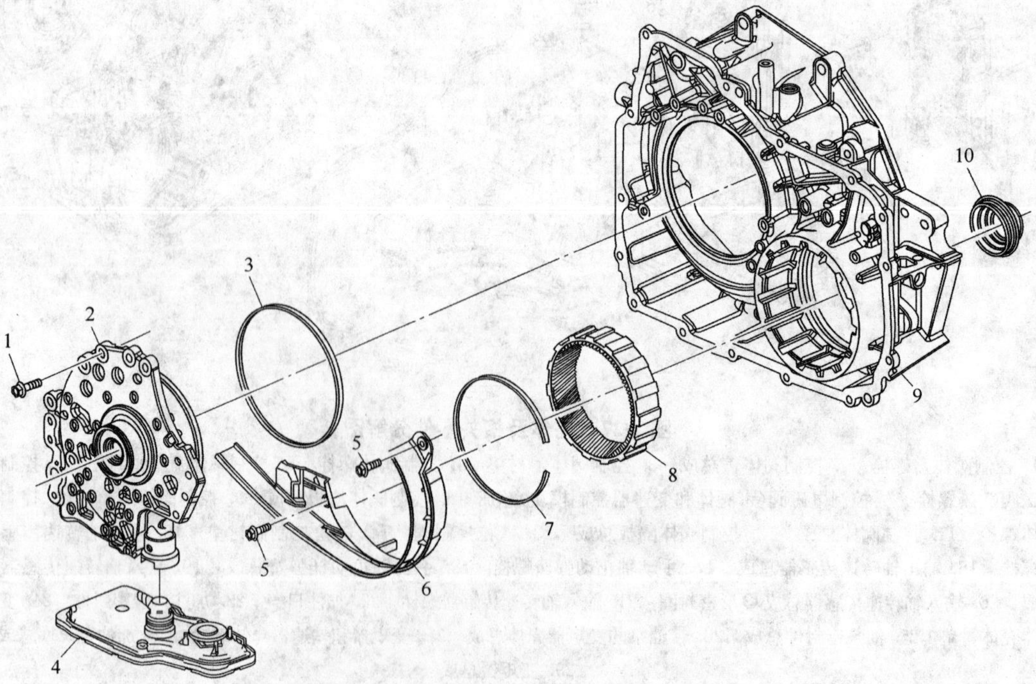

图 2-29　变矩器壳和油泵壳体总成部件分解图

1. 油泵螺栓　2. 油泵总成　3. 变矩器和差速器壳体密封件　4. 滤清器总成　5. 差速器支座挡板螺栓　6. 差速器支座挡板　7. 差速器齿圈座圈　8. 差速器齿圈　9. 变矩器和差速器壳体　10. 前轮驱动轴油封总成

二、链条传动机构及差速器部件分解

链条传动机构及差速器部件分解如图 2-30 所示。

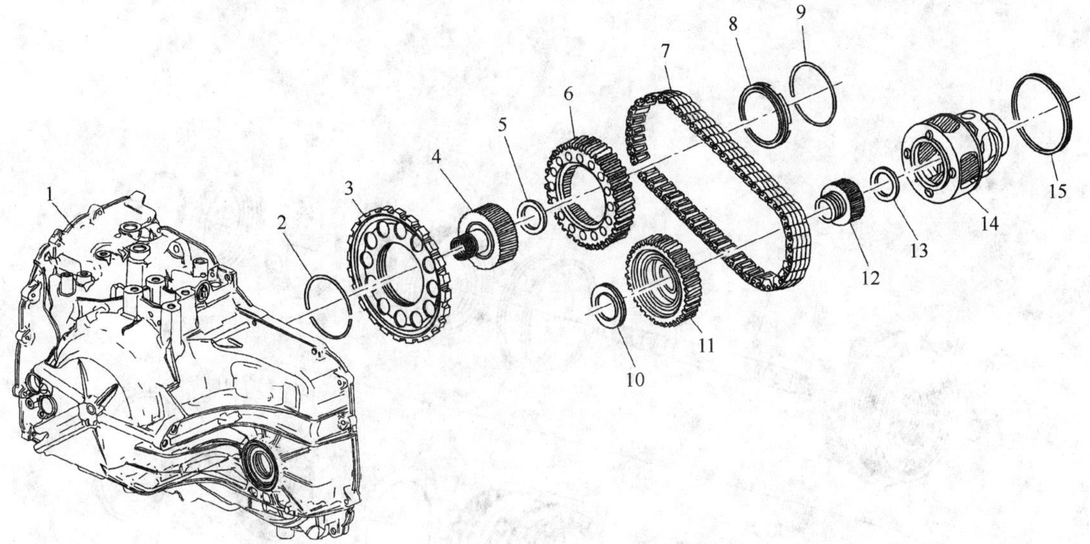

图 2-30　链条传动机构及差速器部件分解图

1. 自动变速器外壳　2. 驻车齿轮卡环　3. 驻车齿轮　4. 传动链轮毂总成　5. 传动链轮轴承总成　6. 传动链轮　7. 传动机构总成　8. 传动链轮止推垫圈　9. 传动链轮卡环　10. 从动链轮轴承总成　11. 从动链轮　12. 主减速器太阳齿轮　13. 差速器太阳齿轮至差速器壳体轴承总成　14. 差速器支座总成　15. 差速器支座轴承总成

三、执行元件部件分解

1. 3-5-R 档离合器

3-5-R 档离合器部件分解如图 2-31 所示。

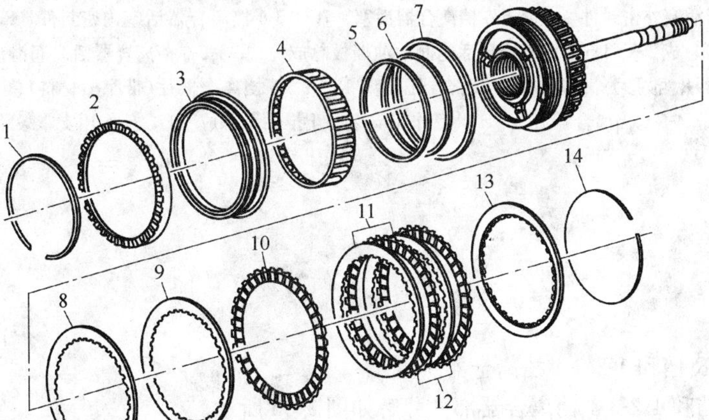

图 2-31　3-5-R 档离合器

1. 输入轴转速传感器变磁阻转子卡环　2. 输入轴转速传感器变磁阻转子　3. 3-5-R 档离合器活塞　4. 3-5-R 档离合器活塞回位弹簧总成　5. 3-5-R 档离合器活塞内密封件　6. 3-5-R 档离合器活塞内密封件　7. 3-5-R 档离合器活塞挡板密封件　8. 3-5-R 档离合器压盘　9. 3-5-R 档离合器片　10. 3-5-R 档离合器片(带摩擦材料)总成　11. 3-5-R 档离合器底板　12. 3-5-R 档离合器底板卡环

2. 4-5-6 档离合器

4-5-6 档离合器部件分解如图 2-32 所示。

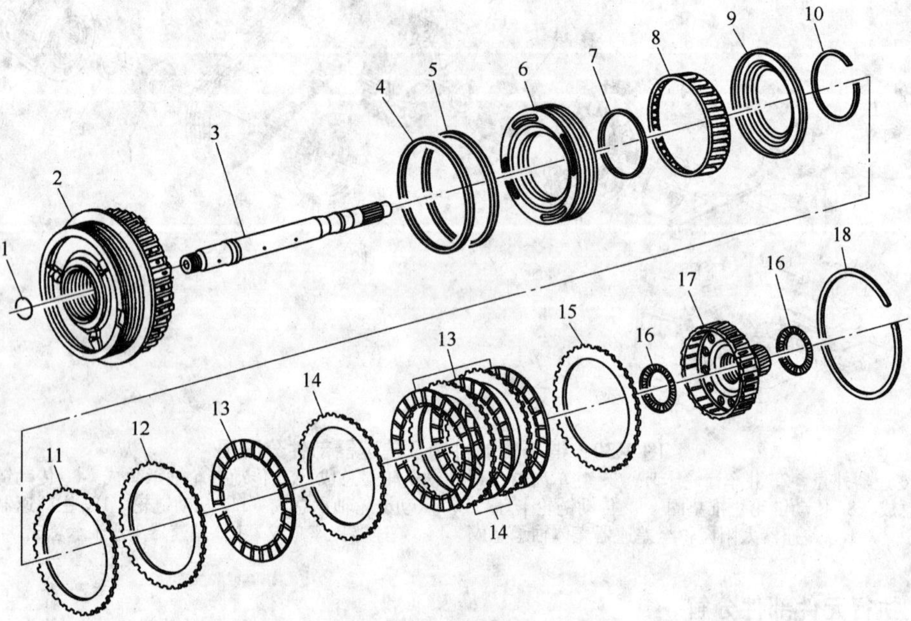

图 2-32 4-5-6 档离合器

1. 涡轮轴卡环 2. 3-5-R 档和 4-5-6 档离合器壳体总成 3. 涡轮轴 4. 4-5-6 档离合器活塞外密封件 5. 4-5-6 档离合器活塞外密封件 6. 4-5-6 档离合器活塞 7. 4-5-6 档离合器活塞内密封件 8. 4-5-6 档离合器活塞回位弹簧总成 9. 4-5-6 档离合器活塞润滑油挡板总成 10. 4-5-6 档离合器活塞润滑油挡板卡环 11. 4-5-6 档离合器片(波形) 12. 4-5-6 档离合器压盘 13. 4-5-6 档离合器片(带摩擦材料)总成 14. 4-5-6 档离合器片 15. 4-5-6 档离合器底板 16. 反作用支座毂止推轴承总成 17. 反作用支座毂总成 18. 4-5-6 档离合器底板卡环

3. 2-6 档、L-R 档和 1-2-3-4 档离合器

2-6 档、L-R 档和 1-2-3-4 档离合器部件分解如图 2-33 所示。

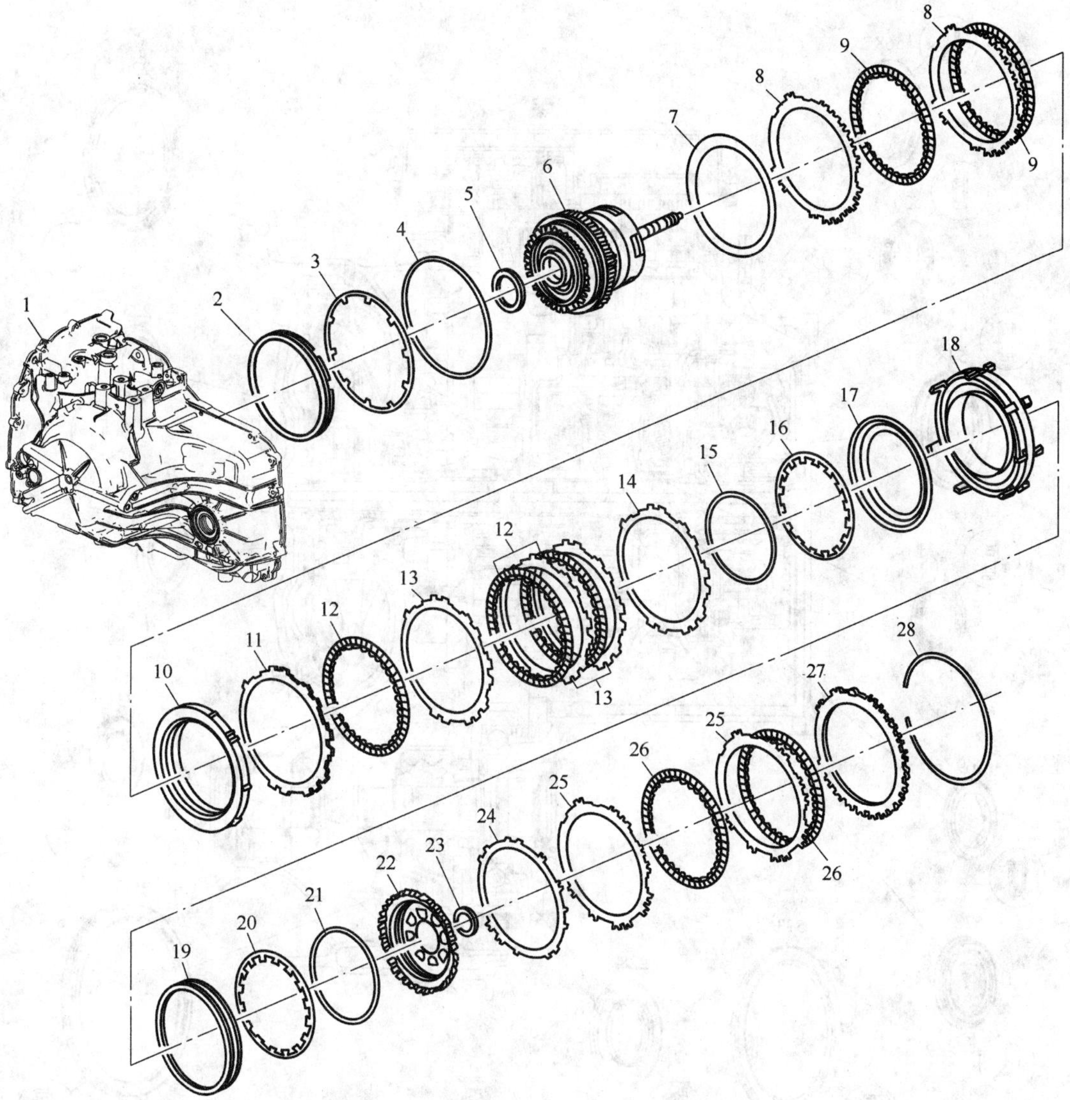

图 2-33　2-6 档、L-R 档和 1-2-3-4 档离合器

1. 自动变速器外壳　2. 2-6 档离合器活塞总成　3. 2-6 档离合器弹簧　4. 2-6 档离合器弹簧卡环　5. 3-5-R 档和 4-5-6 档离合器壳体止推轴承　6. 3-5-R 档和 4-5-6 档离合器壳体总成　7. 2-6 档离合器压盘(波形)　8. 2-6 档离合器片　9. 2-6 档离合器片(带摩擦材料)总成　10. 低速档和倒档离合器总成　11. L-R 档离合器底板　12. 低速档和倒档离合器片(带摩擦材料)总成　13. L-R 档离合器片　14. L-R 档离合器压盘(波形)　15. L-R 档离合器弹簧座圈　16. L-R 档离合器弹簧　17. L-R 档离合器活塞　18. L-R 档和 1-2-3-4 档离合器壳体　19. 1-2-3-4 档离合器活塞　20. 1-2-3-4 档离合器弹簧　21. 1-2-3-4 档离合器活塞固定件　22. 输出太阳轮总成　23. 输出太阳止推轴承总成　24. 1-2-3-4 档离合器片(波形)　25. 1-2-3-4 档离合器片　26. 1-2-3-4 档离合器片(带摩擦材料)总成　27. 1-2-3-4 档离合器底板　28. 1-2-3-4 档离合器底板卡环

四、轴承、垫圈、密封件的位置及安装方向

1. 轴承、垫圈的位置及安装方向

轴承、垫圈的位置及安装方向如图 2-34 所示。

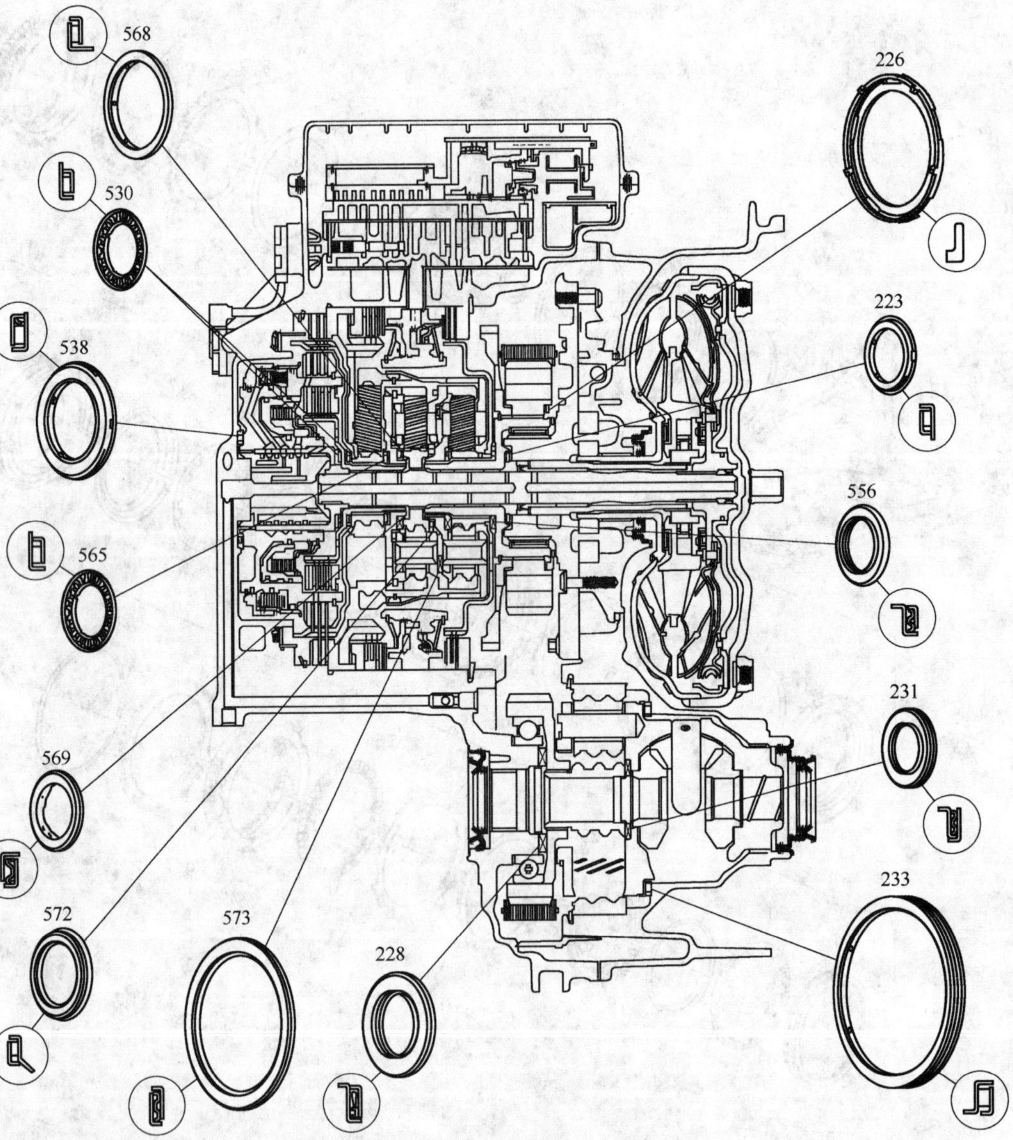

图 2-34 轴承、垫圈的位置及安装方向

1、3. 传动链轮轴承总成 2. 传动链轮止推垫圈 4. 差速器太阳齿轮至差速器壳体轴承总成 5. 前差速器外壳轴承总成 6. 反作用托架毂止推轴承总成 7. 3-5-R 档倒档和 4-5-6 档离合器壳体止推轴承 8. 输出太阳轮止推轴承总成 9. 反作用太阳轮止推轴承总成 10. 输入支座止推轴承总成 11、12. 输入太阳齿轮止推轴承总成 13. 输出支座止推轴承总成

2. 密封件的位置及安装方向

密封件的位置及安装方向如图 2-35 所示。

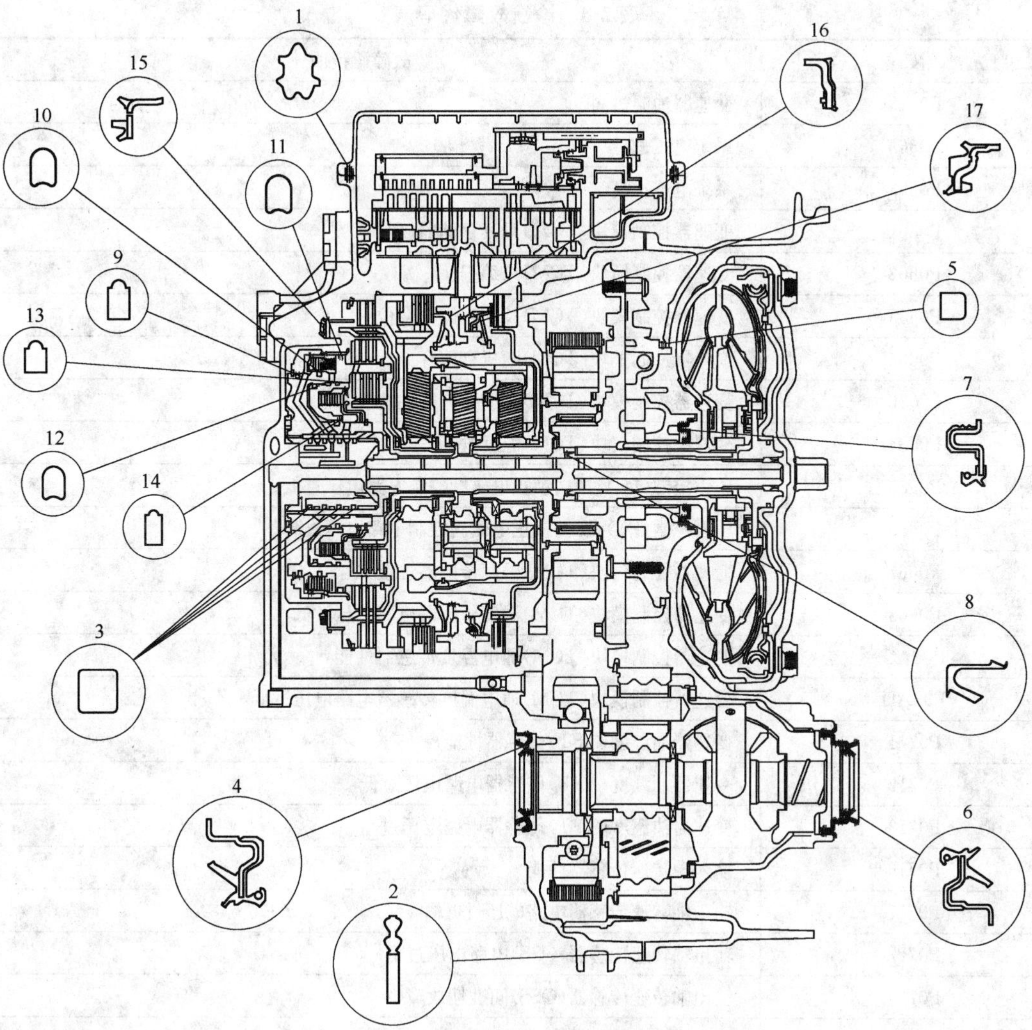

图 2-35 密封件的位置及安装方向

1. 控制阀体盖衬垫 2. 变矩器壳体衬垫 3. 3-5 档倒档和 4-5-6 档离合器油封环 4. 驱动轴油封总成 5. 变矩器和差速器壳体密封件 6. 前轮驱动轴油封总成 7、8. 变矩器油封总成 9. 3-5-R 档离合器活塞内密封件 10. 3-5-R 档离合器活塞内密封件 11. 3-5-R 档离合器活塞挡板密封件 12、13. 4-5-6 档离合器活塞外密封件 14. 4-5-6 档离合器活塞内密封件 15. 2-6 档离合器活塞总成 16. L-R 档离合器活塞 17. 1-2-3-4 档离合器活塞

第五节 自动变速器的维修

一、电控系统故障诊断

1. 诊断故障码

6T40E 型自动变速器故障码见表 2-8。

表 2-8 诊断故障代码表

故障码	故障码说明
P0218	变速器油温过高
P0562	系统电压过低
P0563	系统电压过高
P0601	变速器控制模块(TCM)只读存储器(ROM)
P0602	变速器控制模块(TCM)未编程
P0603	变速器控制模块(TCM)长期存储器复位
P0604	变速器控制模块(TCM)随机存取存储器(RAM)
P062F	变速器控制模块(TCM)长期存储器性能
P0634	变速器控制模块(TCM)温度过高
P0658	压力控制(PC)/换档锁止电磁阀控制电路电压过低
P0659	压力控制(PC)/换档锁止电磁阀控制电路电压过高
P0667	变速器控制模块(TCM)温度传感器性能
P0668	变速器控制模块(TCM)温度传感器电路电压过低
P06AC	变速器控制模块(TCM)通电温度传感器性能
P06AD	变速器控制模块(TCM)通电温度传感器电路电压过低
P0711	变速器油温度(TFT)传感器性能
P0712	变速器油温度(TFT)传感器电路电压过低
P0713	变速器油温度(TFT)传感器电路电压过高
P0716	输入轴转速传感器性能
P0717	输入轴转速传感器电路电压过低
P0722	输出轴转速传感器(OSS)电路电压过低
P0723	输出轴转速传感器(OSS)间歇性故障
P0741	变矩器离合器(TCC)-卡在分离位置
P0742	变矩器离合器(TCC)-卡在接合位置
P0751	换档电磁阀(SS)1 性能-卡在断电位置
P0752	换档电磁阀(SS)1 性能-卡在通电位置
P0776	离合器压力控制(PC)电磁阀 2-卡在断电位置
P0777	离合器压力控制(PC)电磁阀 2-卡在通电位置
P0796	离合器压力控制(PC)电磁阀 3-卡在断电位置
P0797	离合器压力控制(PC)电磁阀 3-卡在通电位置
P0815	加档开关电路
P0816	减档开关电路
P0826	加档和减档开关电路
P1876	加档和减档启用开关电路电压过低
P0842	变速器油压力(TFP)开关 1 电路电压过低
P0843	变速器油压力(TFP)开关 1 电路电压过高

续表 2-8

故障码	故障码说明
P0872	变速器油压力(TFP)开关 3 电路电压过低
P0873	变速器油压力(TFP)开关 3 电路电压过高
P0877	变速器油压力(TFP)开关 4 电路电压过低
P0878	变速器油压力(TFP)开关 4 电路电压过高
P0961	管路压力控制(PC)电磁阀系统性能
P0962	管路压力控制(PC)电磁阀控制电路电压过低
P0963	管路压力控制(PC)电磁阀控制电路电压过高
P0965	离合器压力控制(PC)电磁阀 2 系统性能
P0966	离合器压力控制(PC)电磁阀 2 控制电路电压过低
P0967	离合器压力控制(PC)电磁阀 2 控制电路电压过高
P0969	离合器压力控制(PC)电磁阀 3 系统性能
P0970	离合器压力控制(PC)电磁阀 3 控制电路电压过低
P0971	离合器压力控制(PC)电磁阀 3 控制电路电压过高
P0973	换档电磁阀(SS)1 控制电路电压过低
P0974	换档电磁阀(SS)1 控制电路电压过高
P0989	变速器油压力(TFP)开关 5 电路电压过低
P0990	变速器油压力(TFP)开关 5 电路电压过高
P1751	换档阀 1 性能
P1825	内部模式开关-无效档位
P1915	启动过程中内部模式开关未指示 P(驻车档)/N(空档)(P/N)
P2534	点火 1 开关电路电压过低
P2714	离合器压力控制(PC)电磁阀 4-卡在断电位置
P2715	离合器压力控制(PC)电磁阀 4-卡在通电位置
P2719	离合器压力控制(PC)电磁阀 4 系统性能
P2720	离合器压力控制(PC)电磁阀 4 控制电路电压过低
P2721	离合器压力控制(PC)电磁阀 4 控制电路电压过高
P2723	离合器压力控制(PC)电磁阀 5-卡在断电位置
P2724	离合器压力控制(PC)电磁阀 5-卡在通电位置
P2728	离合器压力控制(PC)电磁阀 5 系统性能
P2729	离合器压力控制(PC)电磁阀 5 控制电路电压过低
P2730	离合器压力控制(PC)电磁阀 5 控制电路电压过高
P2762	变矩器离合器(TCC)压力控制电磁阀系统性能
P2763	变矩器离合器(TCC)压力控制(PC)电磁阀控制电路电压过高
P2764	变矩器离合器(TCC)压力控制(PC)电磁阀控制电路电压过低

2. 诊断仪数据流定义

(1)1-2 档换档时间:该参数显示的是最后一次自适应式 1-2 档换档的实际时间。换档时间基于指令1-2档换档后传动比的改变。

(2)2-3档换档时间：该参数显示的是最后一次自适应式2-3档换档的实际时间。换档时间基于指令2-3档换档后传动比的改变。

(3)3-4档换档时间：该参数显示的是最后一次自适应式3-4档换档的实际时间。换档时间基于指令3-4档换档后传动比的改变。

(4)4-5档换档时间：该参数显示的是最后一次自适应式4-5档换档的实际时间。实际换档时间是通过测量输入轴从以前的传动比减至当前的传动比所需要的时间获得的。

(5)5-6档换档时间：该参数显示的是最后一次5-6档换档的实际时间。换档时间基于指令5-6档换档后传动比的改变。

(6)制动开关：该参数显示制动开关电路输入信号的状态。“接合”表示零电压输入，即踩下制动踏板；“分离”表示有电压输入，即松开制动踏板。

(7)计算的节气门位置：该参数显示一个由加速踏板位置和节气门实际位置确定的计算值，用来优化变速器控制机构。该参数表示驾驶人预期的转矩和加速度要求，范围为0～100%，0表示驾驶人要求怠速运行或滑行；100%表示驾驶人要求节气门全开(WOT)。

(8)指令档位：该参数显示的是换档电磁阀的当前指令状态。故障诊断仪显示1、2、3、4、5或6档。

(9)驾驶人换档控制：该参数显示“启动”或“未启动”。当换档杆挂运动(S)位置时，变速器自适应压力(TAP)换档功能启用，故障诊断仪显示“启动”。当换档杆不挂运动(S)位置时，变速器自适应压力(TAP)换档功能停用，故障诊断仪显示“未启用”。

(10)驾驶人换档请求：该参数显示来自变速器自适应压力(TAP)换档系统的当前请求。根据在分离式换档杆输入端测得的电压值，该参数将显示“加档”、“减档”或“无效”，当没有请求时，将显示“无”。

(11)发动机冷却液温度(ECT)：该参数显示来自发动机冷却液温度(ECT)传感器的输入信号。当发动机冷却液温度高至151℃时，信号电压较低，为0V。当发动机冷却液温度低至－40℃时，信号电压较高，为5V。

(12)发动机转速：该参数显示发动机的转速，以r/min表示。

(13)发动机转矩：该参数显示基于发动机负荷、节气门开度、空气流量和其他发动机输入计算出的值。该参数精确至与实际测得的发动机转矩相差20N·m之内。

(14)传动比：该参数显示的是实际的变速器传动比。故障诊断仪显示根据自动变速器输入轴转速传感器(AT ISS)和自动变速器输出轴转速传感器(AT OSS)的输入信号计算得出的传动比。

(15)高电平侧驱动器2：该参数在故障诊断仪上显示高电平侧驱动器2的状态。当高电平侧驱动器2被指令关闭时，该参数显示“停用”，当高电平侧驱动器2被指令接通时，该参数显示“启用”。

(16)高电平侧驱动器2电路状态：该参数在故障诊断仪上显示高电平侧驱动器2电路的状态。如果电磁阀被指令断电时电压过低，故障诊断仪将显示“开路/对搭铁短路”。如果电磁阀被指令通电时电压过高，故障诊断仪将显示“对电压短路”。如果不存在电路故障，故障诊断仪将显示“正常”或“不确定”。

(17)点火电压：该参数显示的是在点火供电电路测得的系统电压。

(18)内部模式开关(IMS)：该参数显示的是“驻车档”、“驻车档/倒档”、“倒档”、“倒档/空档”、“空档”、“空档/D4档”、“D4档”、“D4/D3档”、“D3档”、“D3/D2档”、“D2档”、“D2/D1档”、“D1档”或“无效”。变速器内部模式开关档位显示来自变速器内部模式开关四个输入的解码状态。内部模式开关输入组合用来随时确定手动阀的位置。

(19)内部模式开关(IMS)A/B/C/P：该参数显示来自自动变速器内部模式开关A/B/C/P四个输入信号的状态。“高”代表点火电压信号。“低”代表一个0电压信号。

(20)输入轴转速传感器(ISS)/输出轴转速传感器(OSS)电源电压：该参数显示“正常”、“超出范围”。

(21)上次换档时间:该参数显示的是上次加档的实际时间。只有在进行自适应式换档时,该值才是准确的。

(22)管路压力控制电磁阀电路状态:该参数显示在管路压力控制(PC)电磁阀反馈信号电路中是否存在断路、搭铁或短路现象。故障诊断仪显示"正常"、"开路/对电压短路"、"(对搭铁短路)"或"不确定"。

(23)管路压力控制电磁阀压力指令:该参数以 kPa 为单位显示结果。

(24)压力控制电磁阀 2 电路状态:该参数显示"正常"、"开路/对搭铁短路"、"对电压短路"或"不确定"。

(25)压力控制电磁阀 2 压力指令:该参数显示的压力单位为 kPa。压力控制电磁阀 3 电路状态:该参数显示"正常"、"开路/对搭铁短路"、"对电压短路"或"不确定"。

(26)压力控制电磁阀 3 压力指令:该参数显示的压力单位为 kPa。压力控制电磁阀 4 电路状态:该参数显示"正常"、"开路/对搭铁短路"、"对电压短路"或"不确定"。

(27)压力控制电磁阀 4 压力指令:该参数显示的压力单位为 kPa。压力控制电磁阀 5 电路状态:该参数显示"正常"、"开路/对搭铁短路"、"对电压短路"或"不确定"。

(28)压力控制电磁阀 5 压力指令:该参数显示的压力单位为 kPa。

(29)输出轴转速传感器电路状态:该参数显示"正常"、"开路/对搭铁短路"、"对电压短路"、"不确定"。

(30)换档电磁阀 1 电路状态:该参数显示"正常"、"开路/对搭铁短路"、"对电压短路"、"不确定"。

(31)换档电磁阀 1:该参数显示的是倒档、一档换档电磁阀(S1)的指令状态。故障诊断仪显示"通电/断电"。

(32)换档电磁阀 2 电路状态:该参数显示"正常"、"开路/对搭铁短路"、"对电压短路"或"不确定"。

(33)换档电磁阀 2:该参数显示的是 2-3 档、3-4 档换档电磁阀(S2)的指令状态。故障诊断仪显示"通电/断电"。

(34)变矩器离合器(TCC)压力控制电磁阀压力指令:该参数以 kPa 为单位显示结果。

(35)变矩器离合器(TCC)转差速度:该参数显示变速器输入轴转速和发动机转速之差。负值表示发动机转速小于输入轴转速,即减速。正值表示发动机转速大于输入轴转速,即加速。零值表示发动机转速与输入轴转速相等,即变矩器离合器已接合。

(36)变速器控制模块温度:该参数以 ℃为单位显示结果。

(37)变速器油压力(TFP)开关 1:该参数显示 1 档离合器油压力开关的状态。故障诊断仪显示"高电平/低电平"。

(38)变速器油压力(TFP)开关 3:该参数显示 3 档离合器油压力开关的状态。故障诊断仪显示"高电平/低电平"。

(39)变速器油压力(TFP)开关 4:该参数显示 4 档离合器油压力开关的状态。故障诊断仪显示"高电平/低电平"。

(40)变速器油压力(TFP)开关 5:该参数显示 5 档离合器油压力开关的状态。故障诊断仪显示"高电平/低电平"。

(41)变速器油温度:该参数显示变速器油温度传感器的输入信号。当发动机冷却液温度高至151℃ 时,信号电压较低,为 0V。当发动机冷却液温度低至 −40℃ 时,信号电压较高,为 5V。

(42)变速器输入轴转速传感器(ISS):该参数显示变速器输入轴的旋转速度。故障诊断仪以每分钟的转数(r/min)显示输入轴转速。

(43)变速器输出轴转速传感器(OSS):该参数显示变速器输出轴的旋转速度。故障诊断仪以每分钟的转数(r/min)显示输出轴转速。

3. 快速读入自适应值

只有当车辆进行了以下维修中的一项时，使用故障诊断仪执行“快速读入自适应值”程序。在以下维修中的一项完成之后若未执行本程序，可能会造成变速器性能不良以及设置变速器故障诊断码：

—变速器内部维修/大修

—阀体修理或更换

—控制电磁阀(带阀体和变速器控制模块)总成更换

—变速器控制模块软件/校准更新

—针对换档质量问题的任何维修

执行“维修快速读入自适应值”程序之前，确保满足以下条件：

—阻挡驱动车轮

—接合驻车制动器

—接合行车制动器

—0 节气门且无外部发动机转速控制

—变速器油温度为 70℃～110℃

—变速器换档杆从 P 档挂到 R 档，循环 3 次，以排除倒档离合器中的空气

操作步骤：

(1)使用故障诊断仪进入：变速器控制模块→模块设置→快速读入自适应值过程。

(2)执行“维修快速读入自适应值”程序，成功完成“维修快速读入自适应值”程序包括 2 个阶段：

—PARK(驻车档)测试设置

—DRIVE(前进档)模式

注意：一旦程序执行完毕，关闭发动机并使变速器控制模块(TCM)断电，这将会导致与故障诊断仪失去联系。重新起动发动机，将会完成维修快速读入自适应值程序。

P 档读入：变速器挂 P 档，“维修快速读入自适应值”准备测试循环。测试准备将包括诊断标准检查、安全性检查、车辆状态检查，然后将执行内部变速器测试准备功能，例如离合器空气吹洗。故障诊断仪将仅指示操作者选择驻车档并踩下制动档。

D 档读入：一旦完成 P 档设置，故障诊断仪将指示驾驶员选择 D 档。一旦选择 D 档，变速器控制模块接合独立的离合器以读入离合器容积、全满阈值和压力补偿。变速器控制模块将仅循环此测试一次。多次运行“维修快速读入自适应值”程序将得到相同的结果。

注意：当“维修快速读入自适应值”程序完成时，需关闭点火开关至少 10s，否则将无法正常起动车辆。

4. 控制电磁阀和变速器控制模块总成清理

控制电磁阀(带阀体和变速器控制模块)总成清理程序是变速器控制模块中的一个特定的例行软件，用故障诊断仪启动此程序，以循环控制电磁阀总成的螺线管和阀，在设置了一个性能故障诊断码(DTC)之后清除碎屑和释放阀门。清理程序完成后，再次运行故障诊断码启用标准，重新检测故障诊断码问题是否得到了解决。步骤如下：

(1)运行变速器至 70℃～90℃。

(2)用故障诊断仪选择“维修清理程序”。启动清理程序。

(3)清理程序完成后，将点火开关置于 OFF 位置 30s。

(4)根据“故障诊断码的运行条件”重新启动发动机并操作车辆。

(5)观察相应的故障诊断码是否运行并通过，以确认清洁程序是否有效。

注意：进行此程序前可先踩下驻车制动踏板，防止车辆的异常滑动。

二、自动变速器的基本检查

1. 检查自动变速器油面

6T40E 型自动变速器可分为带油尺和不带油尺两种，其油面检查程序也不同。参见图 2-36，无油尺油位检查程序如下：

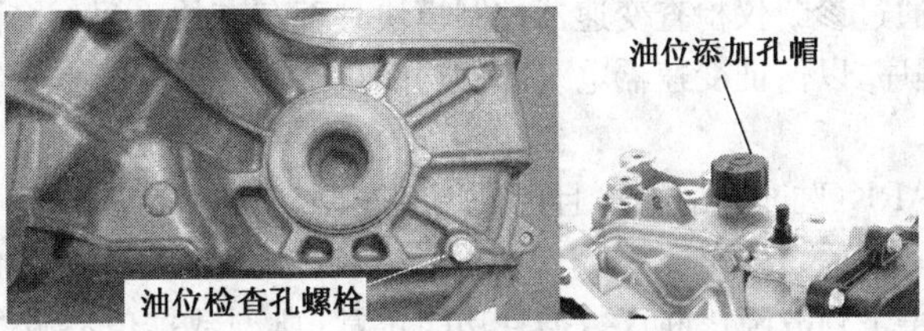

图 2-36　油位检查与添加

(1)起动发动机。

(2)踩下制动踏板，并将换档杆挂到每个档位，在每个档位上停顿约 3s，然后将换档杆挂回驻车档(P)。

(3)让发动机以怠速运行至少 3min，以使油液气泡消散和油位稳定，松开制动踏板。

(4)保持发动机运行，使用驾驶员信息中心或故障诊断仪观察变速器油温度(TFT)，当变速器油温度(TFT)在 85℃～95℃之间时，检查变速器油位。

(5)用举升机举升车辆，发动机运转且换档杆挂驻车档(P)时，车辆保持水平。

(6)车辆怠速时，拆下油位设置螺塞并将油液排入储油盘中。排出的油量应在 0.75～1.05L 之间，以便正确检查油位。

(7)检查油液颜色。油液应为红色或深棕色。如果油液颜色很深或发黑还有燃烧的气味，则检查油液是否有多余的金属微粒或其他碎片，少量摩擦材料属于正常情况；如果在油液中发现大片碎片或金属碎片，需冲洗油冷却器和冷却器管路，并且大修变速器。如果没有发现变速器内部损坏的迹象，则更换油液、修理油冷却器并冲洗冷却器管路。若油液呈现出絮状或乳液状或看起来像是被水污染，则表示发动机冷却液或水污染。

(8)通过加注口向变速器加注约 0.8L 变速器油。

有油尺油位检查程序(若装备)如下：

(1)将车辆停在水平面上，接合驻车制动器并将换档杆挂驻车档(P)位置，起动发动机。

(2)踩下制动踏板，并将换档杆挂到每个档位，在每个档位上停顿约 3s，然后将换档杆挂回驻车档(P)。

(3)使发动机以怠速运转至少 3min，以使油液气泡消散和油位稳定，松开制动踏板。

(4)保持发动机运转，使用驾驶员信息中心或故障诊断仪观察变速器油温度(TFT)。当变速器油温度介于 85℃～95℃之间时，检查变速器油位。

(5)在发动机运转且换档杆挂驻车档(P)时，车辆必须置于水平位置。

(6)拆下油尺并用干净的抹布或纸巾将其擦干净。

(7)检查油液颜色。

(8)安装油尺，等待 3s，再次将其拆下。注意：务必检查油位至少 2 次，稳定的读数对保持正确的油位十分重要。如果出现不稳定读数，则检查变速器通风口盖以确保其干净且未堵塞。

(9)检查油尺两侧并读取低油位：在交叉阴影带范围内的任何地方都可接受。

(10)再次安装并拆下油尺以确认读数。

(11)如果油位不在交叉阴影带范围内，且变速器温度为 90℃，则额外添加或排放油液。如果油位过低，则检查变速器是否泄漏。

(12)如果油位在可接受范围内，则安装油尺。

(13)如果更换油液，若适用，则复位变速器油寿命监视器。

2. 自动变速器路试

路试是对变速器的性能进行监测，通过以下的测试顺序来完成：

(1)电气功能检查：通过诊断仪检查变速器控制模块是否存有故障码，并确认变速器主要数据且功能正常，路试先进行该程序，以保证变速器电气部件功能正常。

①连接故障诊断仪。

②确保换档杆在 PARK(驻车)档位置，且已使用驻车制动器。

③起动发动机。

④检查并确认可获得下列故障诊断仪数据且功能正常(典型数据值参见“故障诊断仪数据列表”，有问题的数据表明可能有故障)。

—发动机转速

—变速器输入轴转速

—变速器输出轴转速

—车速

—内部模式开关

—指令档位

—传动比

—管路压力控制电磁阀压力指令

—变矩器离合器制动开关

—发动机冷却液温度(发动机数据列表)

—变速器油温度

—变速器控制模块温度

—计算的节气门位置

—点火电压

—变速器油压力开关 1

—变速器油压力开关 2

—变速器油压力开关 3

—变速器油压力开关 4

—压力控制电磁阀 2 压力指令

—压力控制电磁阀 3 压力指令

—压力控制电磁阀 4 压力指令

—压力控制电磁阀 5 压力指令

—换档电磁阀

—变矩器离合器压力控制电磁阀占空比

—变矩器离合器转差速度

⑤踩下和松开制动踏板时监视变矩器离合器制动开关参数，故障诊断仪应显示：

—当制动踏板踩下时显示“打开”

—当制动踏板松开时显示“闭合”

⑥监视故障诊断仪发动机数据列表上的变速器档位：

—踩下制动踏板，并确保使用驻车制动器

—将换档杆换到所有档位

—在每个档位暂停 2～3s

—使换档杆返回驻车档

—检查并确认所有换档杆位置与故障诊断仪显示相符

⑦检查节气门位置输入：

—踩下制动踏板，并确保使用驻车制动器

—确保换档杆挂在 PARK(驻车)档

—当用加速踏板提高或降低发动机转速，监视故障诊断仪“计算的节气门位置”参数，显示的百分比应随着发动机速度增加和减小

如果上述任何检查未通过，应记录检查结果以便路试完成后参考。

(2)检查换档控制：踩下制动踏板，并确保使用驻车制动器。将换档杆挂到以下档位：

①驻车档到倒档；

②倒档到空档；

③空档到前进档；

在每个档位暂停 2～3s，检查挂档情况。挂档生硬可能由下列情况引起：

—高的发动机怠速转速：将发动机怠速转速和理想的怠速转速对比

—指令压力控制(PC)电磁阀电流过低：查看所有电磁阀的“压力控制电磁阀压力指令 kPa”，压力过高将导致换档生硬

—由于某些故障诊断代码引起的默认条件，会导致最大管路压力而阻止离合器滑动，检查是否有故障码存在

挂档疲软或迟滞可能由以下情况引起：

—低的发动机怠速转速：将发动机怠速转速和理想的怠速转速对比

—油位过低

—指令压力控制(PC)电磁阀电流过高：查看所有电磁阀的“压力控制电磁阀压力指令 kPa”，压力过低将导致挂档疲软或迟滞

—变速器油温度(TFT)过低：使用故障诊断仪确定变速器油温度

—换档杆传动机构：进行必要的检查和调整

(3)加档控制和变矩器离合器(TCC)接合：此项路试用于检查换档点是否正确及换档品质是否良好。执行下列步骤：

①监视下列故障诊断仪参数：

—计算的节气门位置

—车速

—发动机转速

—变速器输入轴转速

—变速器输出轴转速

—指令档位

—变矩器离合器压力控制电磁阀压力指令

—变矩器离合器实际压力

—变矩器离合器转差速度

—变速器油压力开关 1

—变速器油压力开关 2

—变速器油压力开关 3

—变速器油压力开关4
—压力控制电磁阀2压力指令
—压力控制电磁阀3压力指令
—压力控制电磁阀4压力指令
—压力控制电磁阀5压力指令
—S换档电磁阀

②将换档杆置于D(前进档)位置。

③使用所选择的节气门位置给车辆加速,保持节气门稳定。

④变速器加档时,在指令的档位变换的1～2s内,应有换档感觉或发动机转速变化,变速器离合器感觉可能不明显,查看100～300r/min的发动机转速改变。

⑤将换档速度与“换档速度”表比较，换档速度可能稍有变化,这是由于变速器油温度或其他操作变量,包括液压系统对电子控制的响应延迟。记录任何换档生硬、疲软或迟滞现象或打滑现象,记录任何噪声或振动。

⑥行驶时监视变矩器离合器(TCC)压力控制电磁阀电流,确保变矩器离合器指令接合时电流上升。当TCC接合时,发动机转速应有明显下降,转差速度下降到100r/min以下。此变速器装备了电子控制容量离合器(ECCC),离合器可以不完全锁止在变矩器盖上,离合器保持少量转差,在2档、3档、4档、5档和6档时大约20r/min,视车辆的具体情况而定。开发电子控制容量离合器(ECCC)的目的是为了减少因变矩器离合器(TCC)接合而引起的噪声、振动或颤动。在某些应用场合,在高速公路车速下可将变矩器离合器完全锁定。只有当发动机闭环运行且车速如“换档速度”表中所示时,变矩器离合器(TCC)才会接合,且车辆必须在水平路面上处于接近巡航的状态(不加速或滑行)。

(4)节气门半开强制减档:

①将换档杆置于D(前进档)位置。

②在6档使车辆加速至64～88km/h。

③快速增加节气门开度到25%～30%之间。

④检查并确认:变矩器离合器(TCC)分离;变速器立即减档。

(5)倒档:执行下列测试:

①车辆停止时,将换档杆挂R(倒档)。

②使用10%～15%节气门位置,缓慢加速车辆。

③检查并确认车辆没有明显的滑动、噪声或振动。

(6)手动换档:对装备驾驶人换档控制(DSC)的车辆可以进行手动换档测试,但不需要手动减档测试,因为变速器控制模块(TCM)会指令换档电磁阀将自动超控驾驶人换档控制(DSC)减档,以保护变速器不受损坏。

(7)滑行减档:

①将换档杆置于D(前进档)位置。

②在变矩器离合器(TCC)接合的情况下,将车辆加速至6档。

③松开节气门,踩下制动踏板。

④检查并确认以下各项:变矩器离合器(TCC)分离(在大多数情况下);按指令发生减档。

3. 管路压力测试

告诫:始终接合制动器,以防止车辆意外移动。如果车辆意外移动,可能导致人身伤害。

(1)安装故障诊断仪。

(2)起动发动机。

(3)检查变速器油位是否合适。

(4)使用故障诊断仪检查所有启动或存储的故障诊断码。

(5)检查变速器手动机构功能是否正常。

(6)关闭发动机。

(7)拆下管路压力测试孔塞，安装油压表专用工具 J21867，如图 2-37 所示。

(8)选择故障诊断仪“变速器路压力控制电磁阀输出控制”。

(9)起动发动机。

注意：为了获得精确的管路压力读数，必须执行以下程序至少 3 次以获取统一的压力读数。故障诊断仪仅能在挂驻车档(P)和空档(N)且发动机转速低于 1500r/min 的状态下控制管路压力控制电磁阀。从而避免离合器管路压力过高或过低。

(10)测量并记录管路压力，正常的压力值见表 2-9，不正常的压力分析见表 2-10。

表 2-9　正常的压力值

档位杆位置	ATF 温度(℃)	TECH2 增加量(kPa)	油压表数值(kPa)
P	50	—	500
		200	800
		400	1250
		600	1500～1700
	70	—	350
		200	750～800
		400	1200～1300
		600	1500～1800

表 2-10　不正常的压力分析

检　查	原　　因
油泵总成	—检查油泵螺栓是否松动 —检查油泵出口密封件和润滑油滤清器密封件是否泄漏或损坏 —检查润滑油滤清器是否安装不当、阻塞或损坏 —检查管路压力放气阀是否卡滞 —检查压力调节阀或压力调节阀弹簧是否磨损、卡滞或损坏 —检查润滑油泵体是否损坏或油孔阻塞
变矩器壳体	—检查差速器润滑油路节流孔是否缺失或阻塞 —检查前差速器隔油板是否缺失
控制电磁阀总成(带阀体和变速器控制模块)	检查过滤板总成密封件是否泄漏或损坏
壳体总成	—检查油位是否正确 —检查润滑油路节流孔或前差速器外壳隔油板是否缺失 —检查阀体隔板总成是否泄漏或损坏 —检查油液单向阀是否损坏或泄漏 —检查油位控制阀是否泄漏、损坏或破损
变矩器总成	—检查变矩器离合器密封件(变矩器总成内部)是否损坏 —检查变矩器毂至油泵的主动齿轮是否损坏或脱离

三、自动变速器的解体

(1)如图 2-38 所示，安装吊板和夹具。

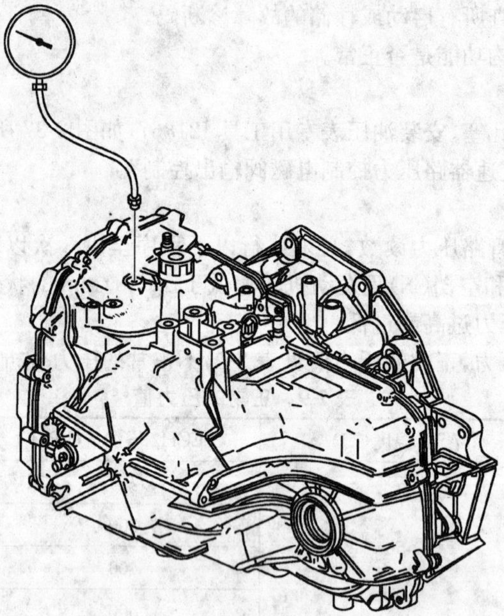

图 2-37　油压测试口的位置

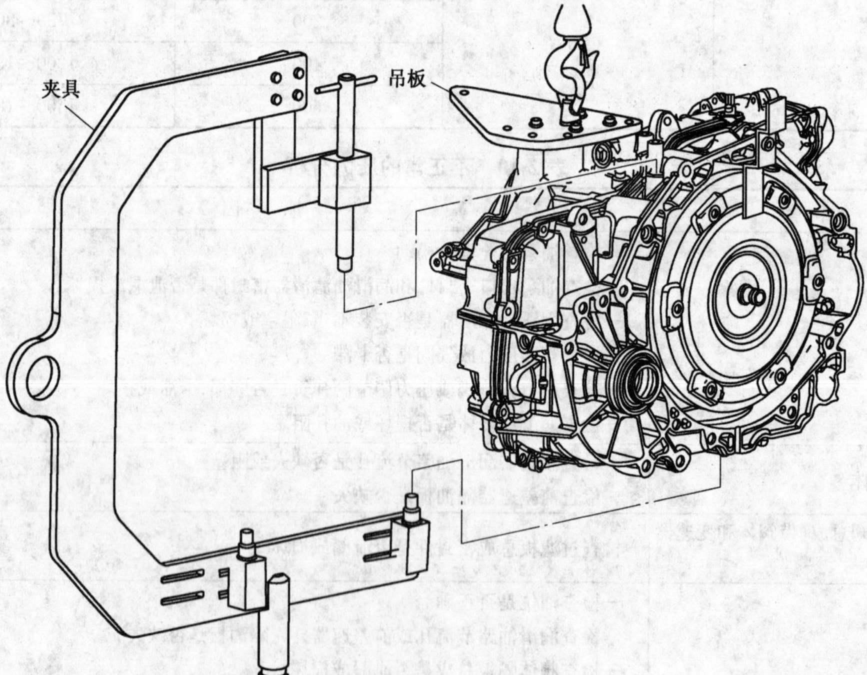

图 2-38　安装吊板和夹具

(2)拆卸控制阀体总成。提示:报废密封件,不可重复使用。

①如图 2-39 所示,拆卸控制阀体盖。注意:拆卸密封件 4 时,应支撑控制电磁阀总成,过大的拉力可能会损坏内部电气连接。

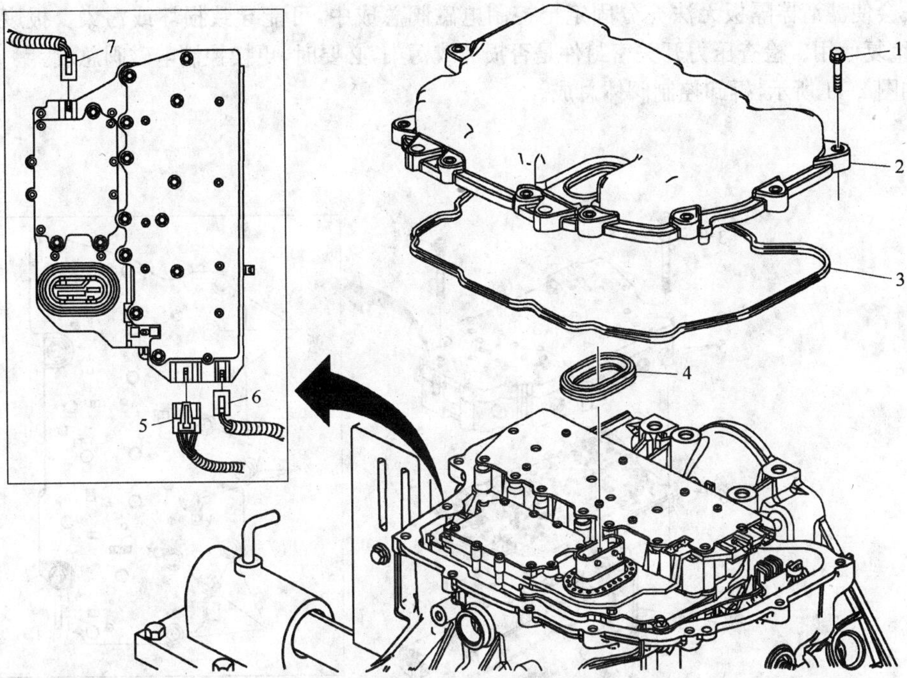

图 2-39 拆卸控制阀体盖

1. 控制阀体盖螺栓 M6×30(13 个) 2. 控制阀体盖 3. 控制阀体盖衬垫 4. 控制阀体盖线束连接器孔密封件 5. 换档位置开关连接器 6. 输出轴转速传感器连接器 7. 输入轴转速传感器连接器

②如图 2-40 所示，拆卸控制电磁阀总成。注意：在拆卸或安装滤清器隔板时要当心，固定凸舌损

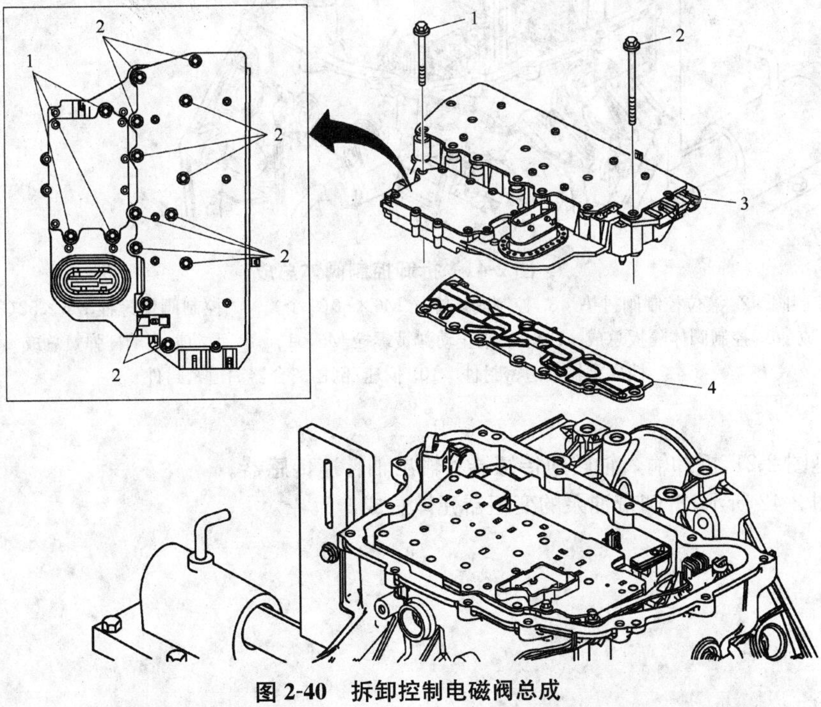

图 2-40 拆卸控制电磁阀总成

1. 控制阀体螺栓 M5×40.5(3 个) 2. 控制阀体螺栓 M6×30(12 个)
3. 控制电磁阀(带阀体和变速器控制模块)总成 4. 控制电磁阀总成滤清器隔板

坏或缺失会使滤清器隔板无法充分固定至控制电磁阀总成中，可能导致损坏或污染。报废滤清器隔板，不可重复使用。检查压力开关密封件是否损坏或污染，必要时，更换控制电磁阀总成。

③如图2-41所示，拆卸控制阀体总成。

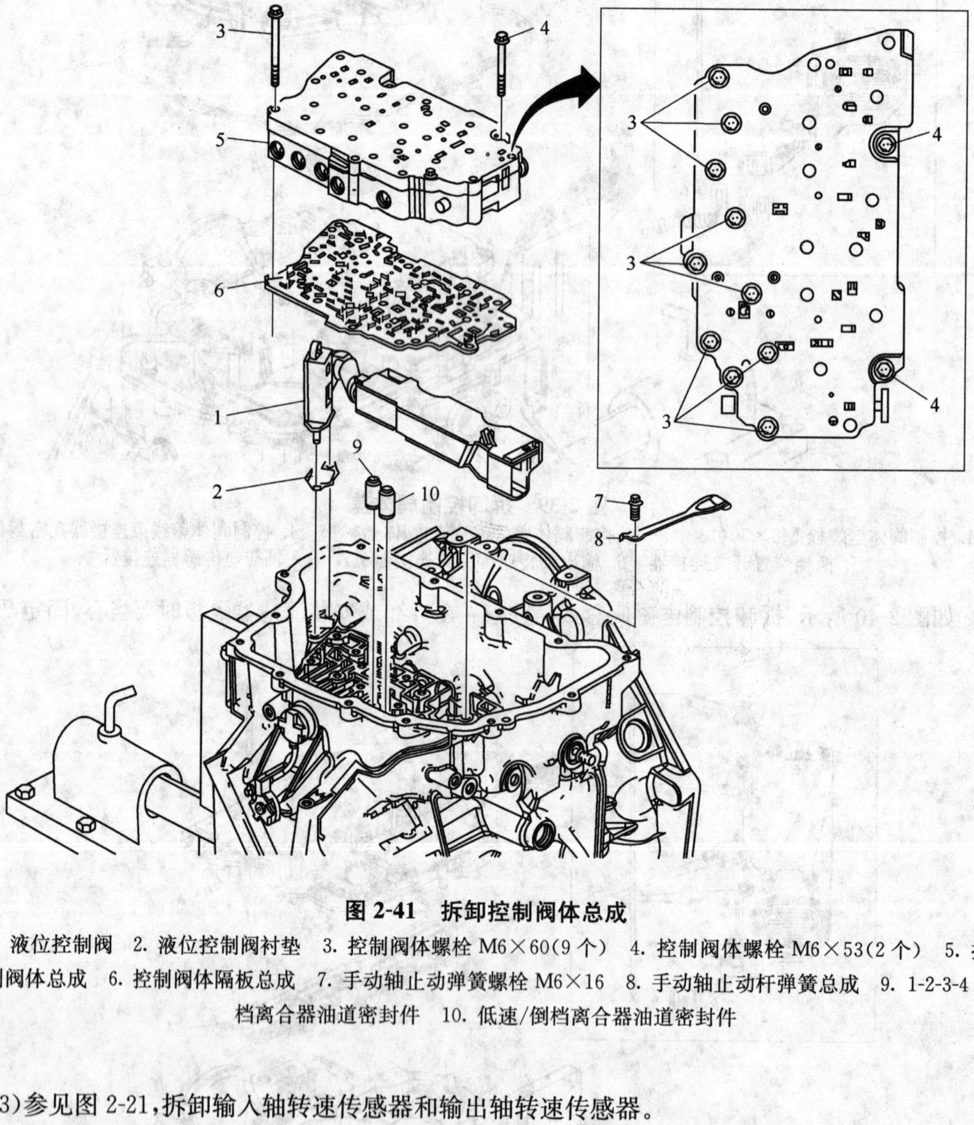

图2-41　拆卸控制阀体总成

1. 液位控制阀　2. 液位控制阀衬垫　3. 控制阀体螺栓M6×60(9个)　4. 控制阀体螺栓M6×53(2个)　5. 控制阀体总成　6. 控制阀体隔板总成　7. 手动轴止动弹簧螺栓M6×16　8. 手动轴止动杆弹簧总成　9. 1-2-3-4档离合器油道密封件　10. 低速/倒档离合器油道密封件

(3)参见图2-21，拆卸输入轴转速传感器和输出轴转速传感器。

(4)如图2-42所示，拆卸带油泵的变矩器壳体总成。

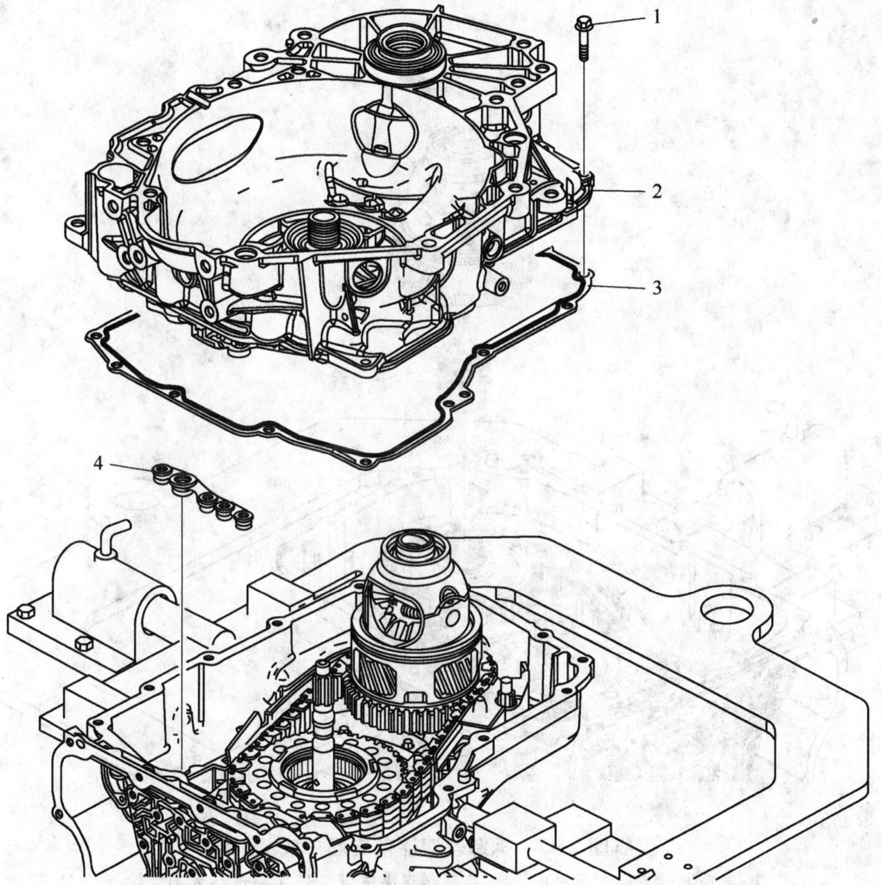

图 2-42　拆卸带油泵的变矩器壳体总成

1. 变矩器和差速器壳体螺栓 M8×30(15 个)　2. 带油泵的变矩器壳体总成
3. 变矩器壳体衬垫　4. 油泵密封件总成

(5)如图 2-43 所示，拆卸差速器前支座总成。

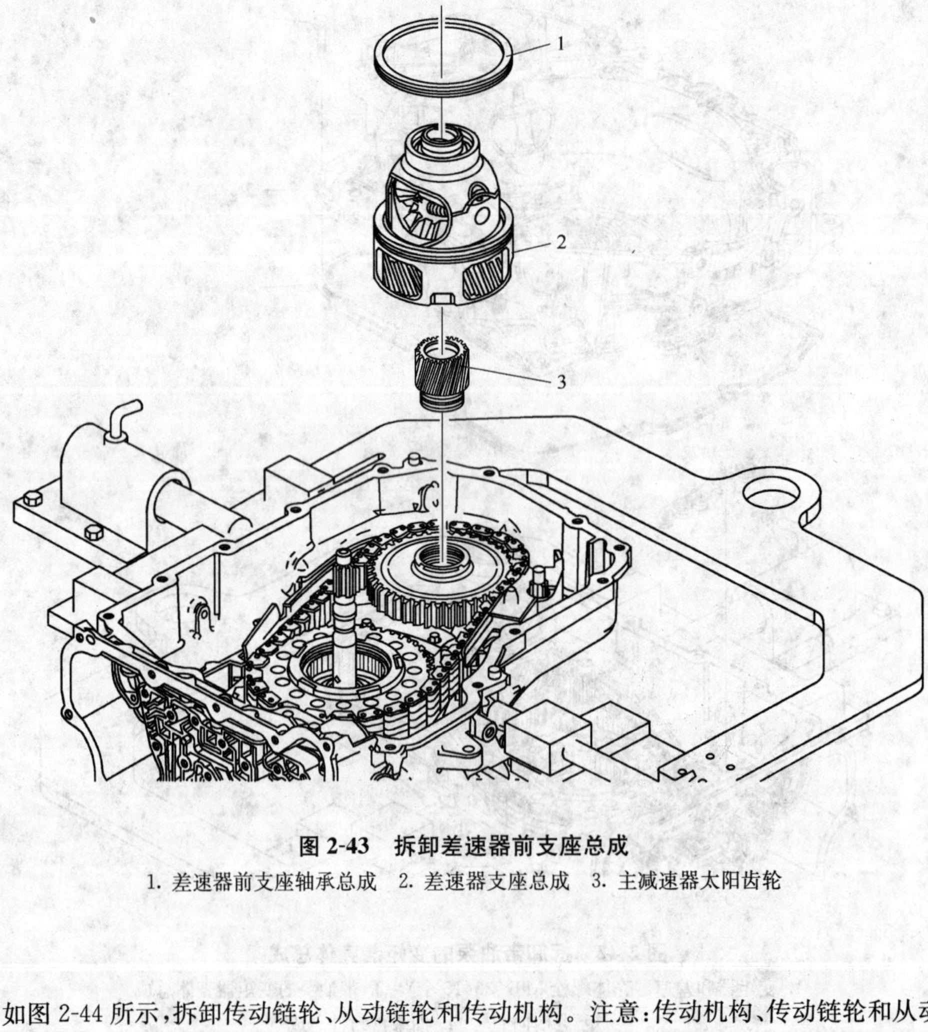

图 2-43 拆卸差速器前支座总成

1. 差速器前支座轴承总成 2. 差速器支座总成 3. 主减速器太阳齿轮

(6)如图 2-44 所示，拆卸传动链轮、从动链轮和传动机构。注意：传动机构、传动链轮和从动链轮总成必须同时拆卸。从动链轮滚珠轴承内座圈与壳体有较小的过盈配合，垂直拉起以便于拆卸。

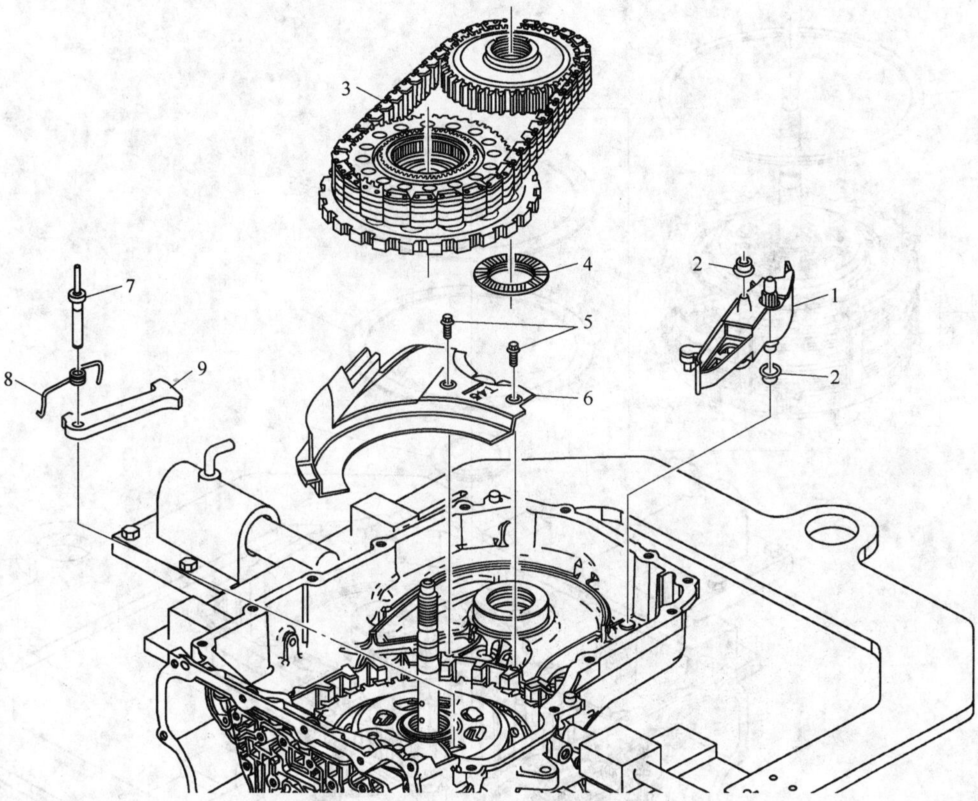

图 2-44 拆卸传动链轮、从动链轮和传动机构

1. 传动机构润滑油进口 2. 传动机构润滑油进口密封件 3. 从动链轮总成、传动链轮、驻车齿轮总成和传动机构 4. 从动链轮轴承总成 5. 差速器前支座挡板螺栓 M6×16(2个) 6. 差速器前支座挡板 7. 驻车棘爪轴 8. 驻车棘爪弹簧 9. 驻车棘爪

(7)如图 2-45 所示,拆卸内部执行元件。

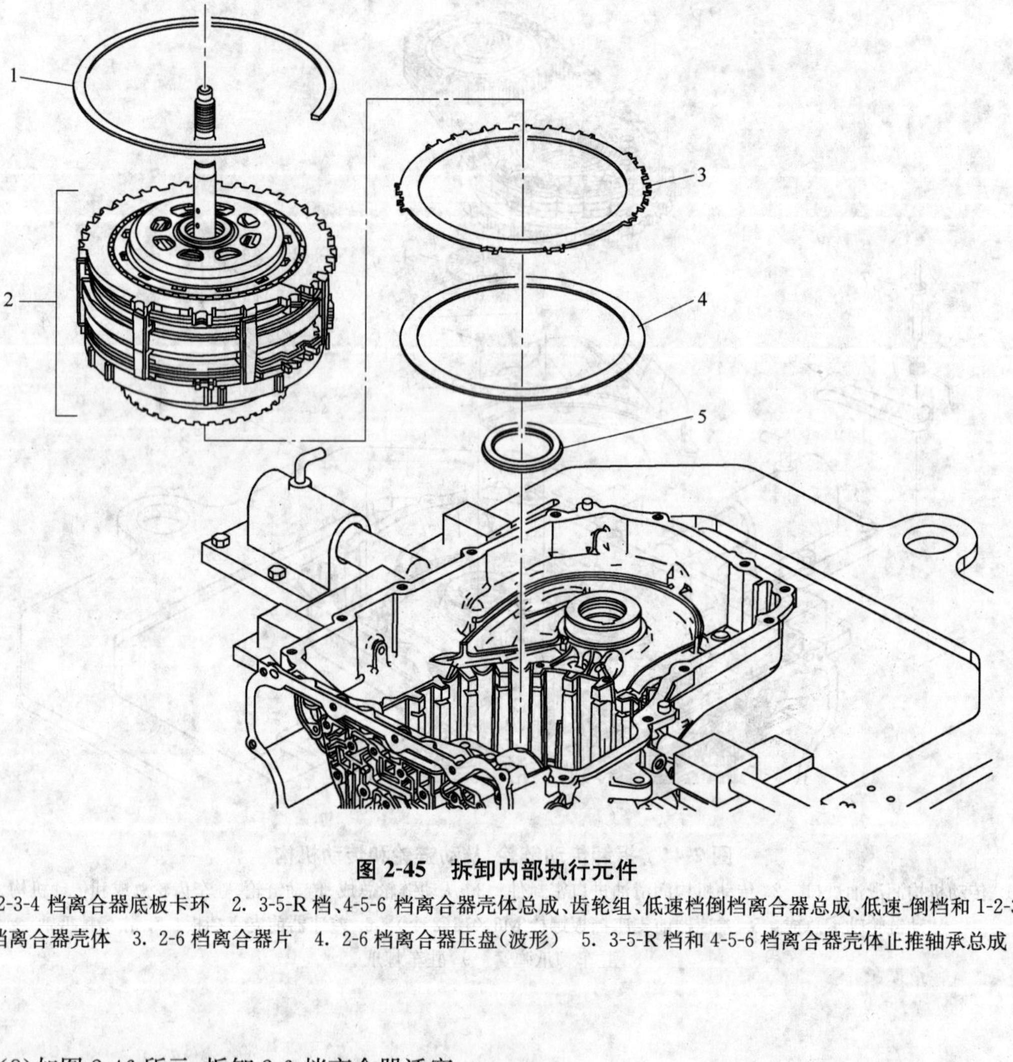

图 2-45 拆卸内部执行元件

1. 1-2-3-4 档离合器底板卡环 2. 3-5-R 档、4-5-6 档离合器壳体总成、齿轮组、低速档倒档离合器总成、低速-倒档和 1-2-3-4 档离合器壳体 3. 2-6 档离合器片 4. 2-6 档离合器压盘(波形) 5. 3-5-R 档和 4-5-6 档离合器壳体止推轴承总成

(8)如图 2-46 所示,拆卸 2-6 档离合器活塞。

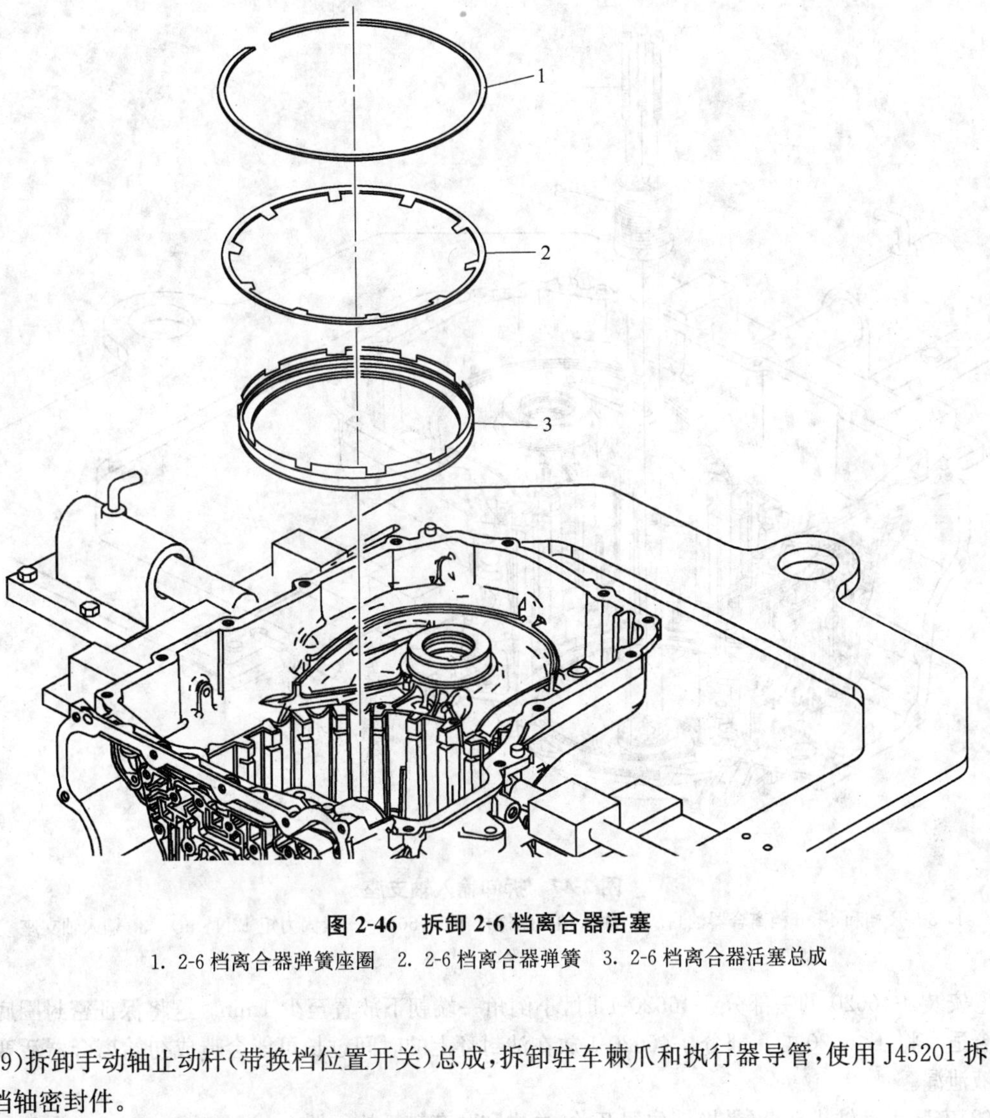

图 2-46　拆卸 2-6 档离合器活塞

1. 2-6 档离合器弹簧座圈　2. 2-6 档离合器弹簧　3. 2-6 档离合器活塞总成

(9)拆卸手动轴止动杆(带换档位置开关)总成,拆卸驻车棘爪和执行器导管,使用 J45201 拆卸手动换档轴密封件。

(10)如图 2-47 所示,拆卸输入轴支座。

四、内部部件的分解组装及自动变速器的装配

(1)如图 2-48 所示,更换 3-5-R 档和 4-5-6 档离合器油封环。

①将 J-46620 的一部分 J-46620-3 置于壳体毂上方,进行调整使其只露出底部密封圈。

②将一个新的油封环置于 J-46620 的一部分 J-46620-3 上。

③使用 J-46620 的一部分 J-46620-2 将油封环推入 J-46620 的一部分 J-46620-3 的下方,使其嵌入毂圈凹槽内。

④重复以上步骤,安装所有四个密封圈,调整 J-46620 的一部分 J-46620-3 至相应的密封圈凹槽内。

⑤安装 J-46620 的一部分 J-46620-1 时,大倒角的一端朝下置于油封环上,且将 J-46620-1 置于密封件上至少 1min。如果 J-46620-1 很难安装到密封圈上方,则用手帮助收缩密封件。

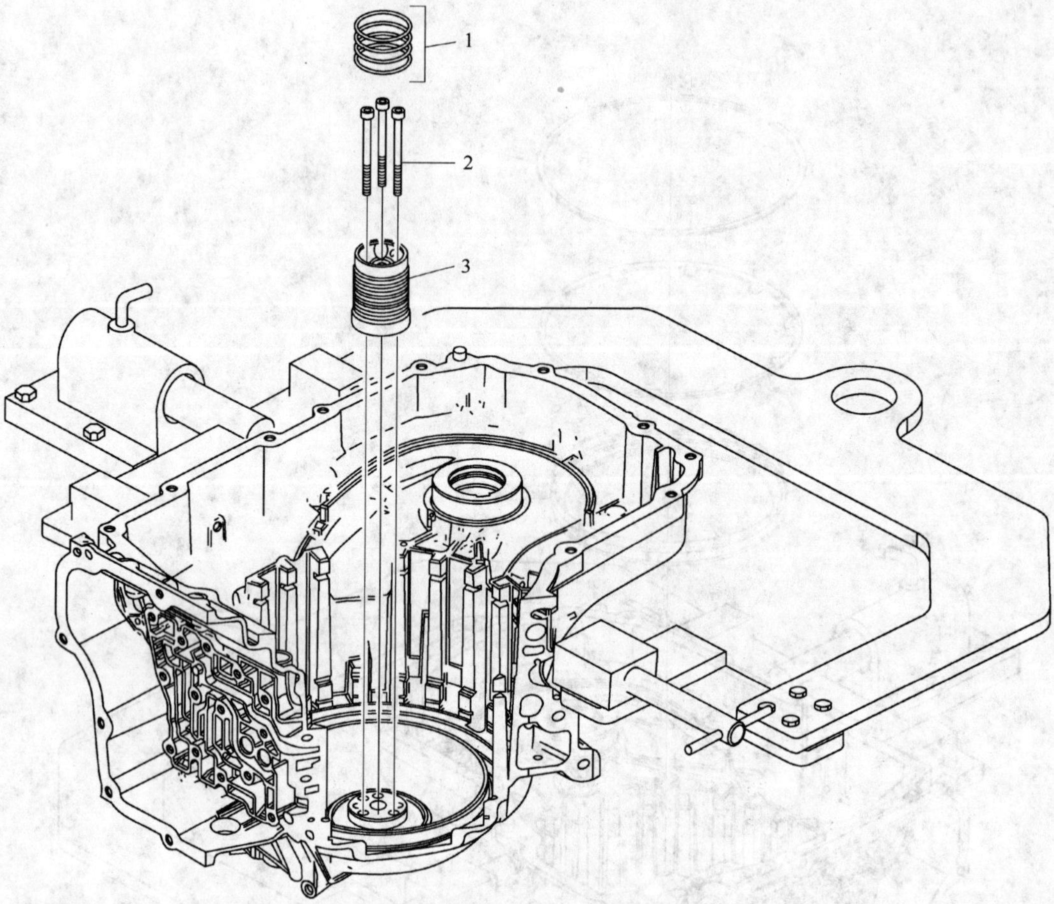

图 2-47 拆卸输入轴支座

1. 3-5-R 档和 4-5-6 档离合器油封 2. 输入轴支座螺栓 M6×50(3 个,紧固力矩 12N·m) 3. 输入轴支座

⑥安装 J-46620 的一部分 J-46620-1 时,小倒角一端朝下放置至少 1min。这将保证密封圈底部的尺寸合适。将 J-46620 的一部分 J-46620-1 放在油封环上的时间过长可能会造成初始离合器活塞电路的油液泄漏。

(2)安装手动轴止动杆(带换档位置开关)总成和驻车棘爪执行器。

(3)如图 2-49 所示,安装 2-6 档离合器活塞。

①将 2-6 档活塞置于排气位置,且大槽朝向壳体的顶部。

②DT-477796 是活塞密封件保护装置,防止活塞密封件唇部在安装时损坏。在 DT-47796 表面上涂抹一薄层自动变速器油,以便于安装活塞。

③将座圈开口与朝向壳体底部的壳体花键上的最大间隙对准,使用弹簧压缩工具 DT-47797 和 DT-48056 安装弹簧座圈。

④将压缩空气施加到离合器壳体的进油孔,以检验活塞是否正常工作。

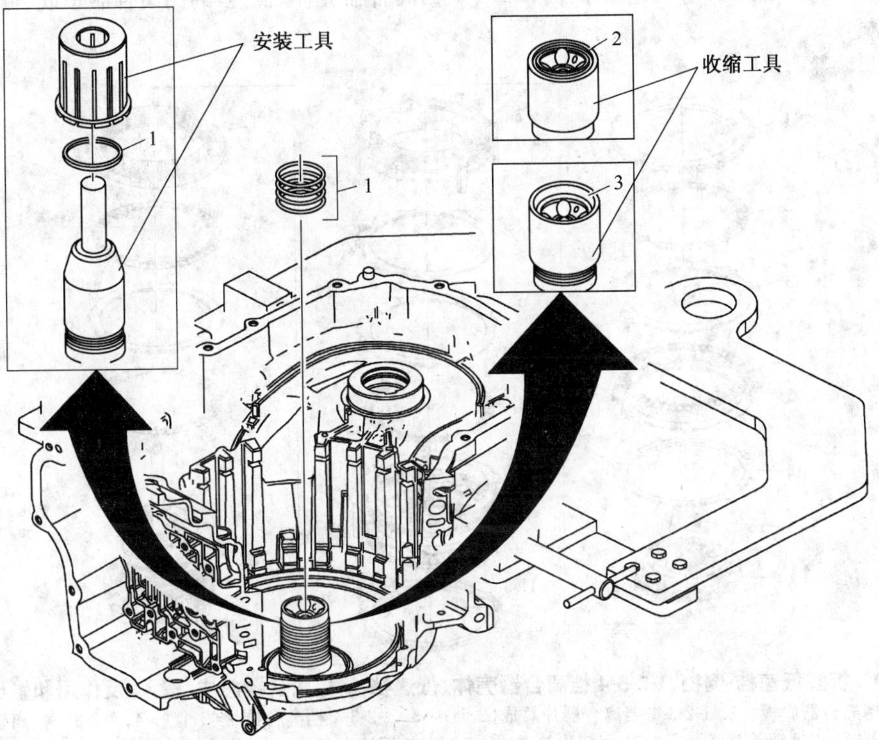

图 2-48　更换 3-5-R 档和 4-5-6 档离合器油封环

1. 3-5 档倒档和 4-5-6 档离合器油封（4 个）　2. 小倒角朝上　3. 大倒角朝上

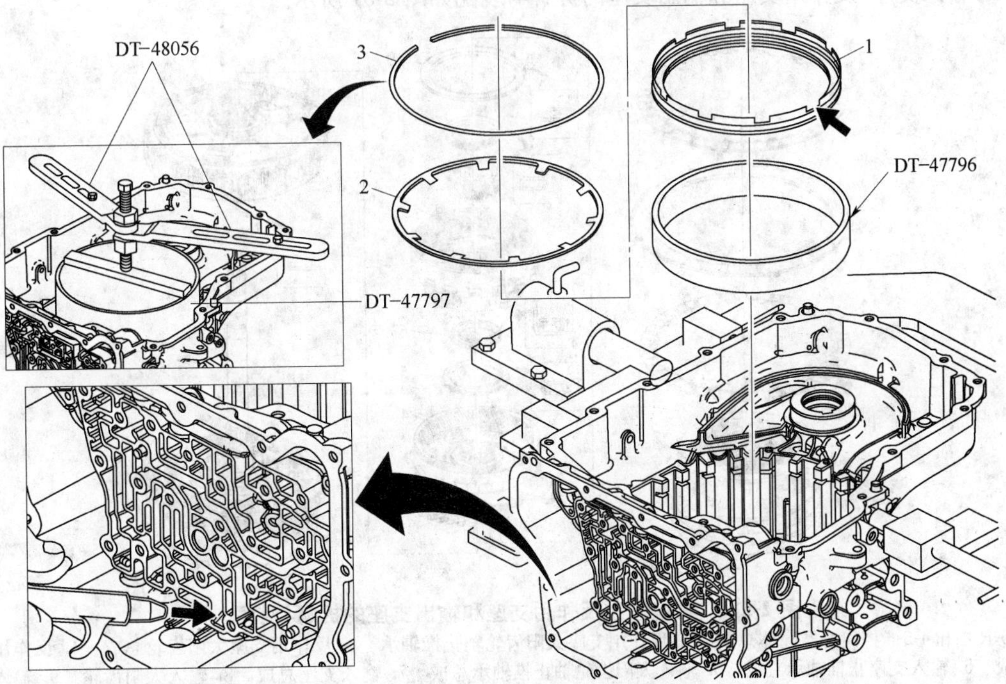

图 2-49　安装 2-6 档离合器活塞

1. 2-6 档离合器活塞总成　2. 2-6 档离合器弹簧　3. 2-6 档离合器弹簧座圈

(4)如图 2-50 所示，拆解低速档-倒档、1-2-3-4 档离合器壳体、低速-倒档离合器总成、输入、反作用和输出壳体。

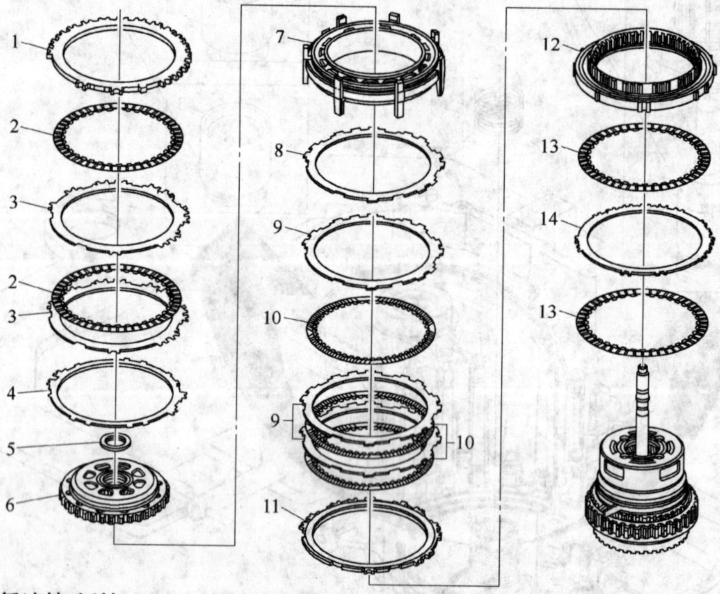

图 2-50　拆解低速档-倒档、1-2-3-4 档离合器壳体、低速档-倒档离合器总成、输入、反作用和输出壳体

1. 1-2-3-4 档离合器底板　2. 1-2-3-4 档离合器片总成(2 个)　3. 1-2-3-4 档离合器片(2 个)　4. 1-2-3-4 档离合器波形片　5. 输出太阳齿轮止推轴承总成　6. 输出太阳齿轮总成　7. 低速-倒档和 1-2-3-4 档离合器壳体总成　8. 低速档和倒档离合器压盘　9. 低速档和倒档离合器片(3 个)　10. 低速档和倒档离合器片总成(3 个)　11. 低速档和倒档离合器底板　12. 低速档和倒档离合器总成(单向离合器)　13. 2-6 档离合器片总成(2 个)　14. 2-6 档离合器片

(5)输入支座、反作用支座和输出支座的拆解与装配如图 2-51 所示。

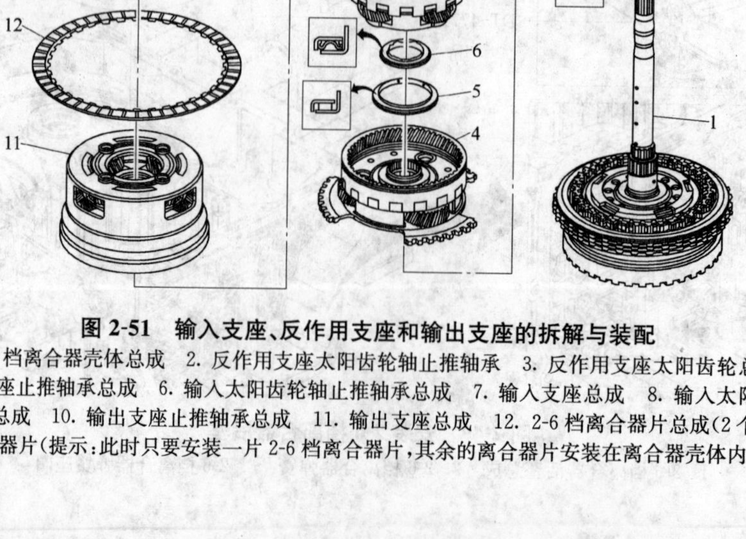

图 2-51　输入支座、反作用支座和输出支座的拆解与装配

1. 3-5-R 档和 4-5-6 档离合器壳体总成　2. 反作用支座太阳齿轮轴止推轴承　3. 反作用支座太阳齿轮总成　4. 反作用支座总成　5. 输入支座止推轴承总成　6. 输入太阳齿轮轴止推轴承总成　7. 输入支座总成　8. 输入太阳齿轮　9. 输入太阳齿轮轴止推轴承总成　10. 输出支座止推轴承总成　11. 输出支座总成　12. 2-6 档离合器片总成(2 个)　13. 2-6 档离合器片(提示：此时只要安装一片 2-6 档离合器片，其余的离合器片安装在离合器壳体内)

(6) 3-5-R 档和 4-5-6 档离合器壳体的拆解与组装

①如图 2-52 所示，使用专用工具 J-5586-A 卡环钳子或同等工具拆卸涡轮轴。

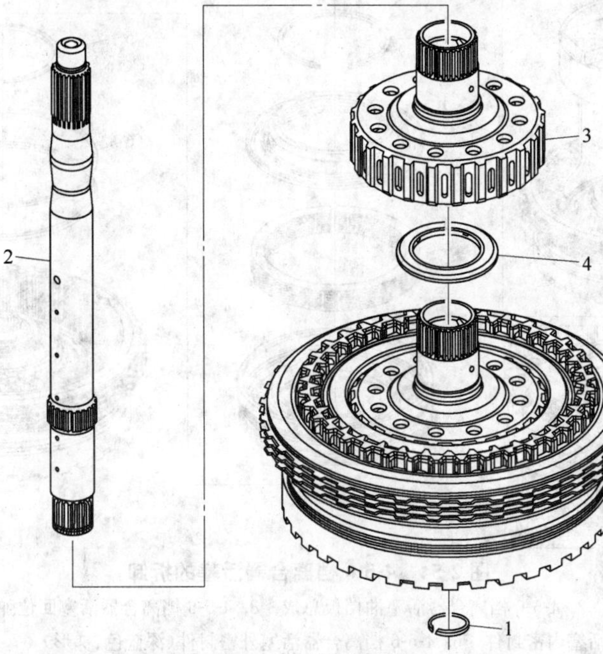

图 2-52　拆卸涡轮轴

1. 涡轮轴卡环　2. 涡轮轴　3. 反作用支座毂总成　4. 反作用支座毂止推轴承总成

②4-5-6 档离合器片的拆卸和安装如图 2-53 所示。

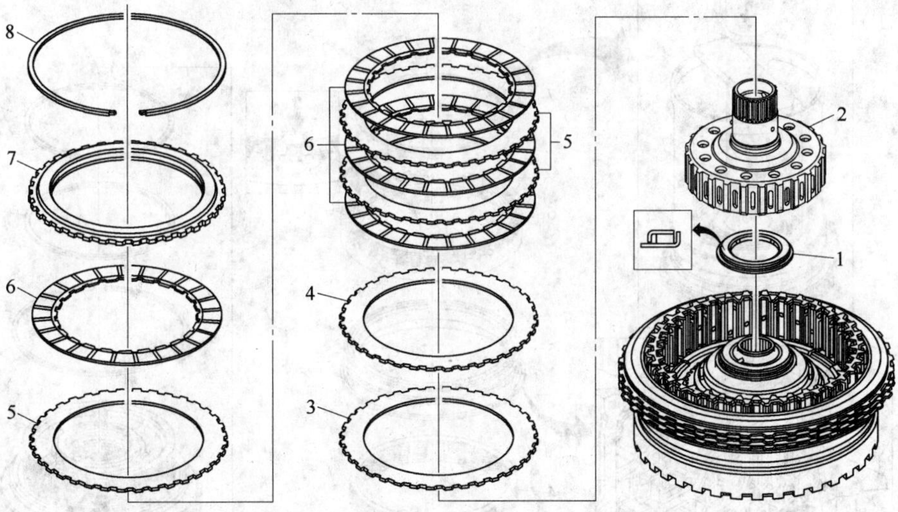

图 2-53　4-5-6 档离合器片的拆卸和安装

1. 反作用支座毂止推轴承总成　2. 反作用支座毂总成　3. 4-5-6 档离合器波形片　4. 4-5-6 档离合器压盘　5. 4-5-6 档离合器片(3 个)　6. 4-5-6 档离合器片总成(4 个)　7. 4-5-6 档离合器底板　8. 4-5-6 档离合器底板卡环

③4-5-6 档离合器活塞的拆卸如图 2-54 所示，用弹簧压缩专用工具 DT-47951-2、J-5586-A 卡环钳子或同等工具拆卸卡环。将 3-5-R 档和 4-5-6 档离合器壳体置于壳体的支架毂上，用橡胶嘴气枪将压缩空气施加到 4-5-6 档离合器的进油孔，使挡板活塞和 4-5-6 档离合器活塞从离合器壳体上脱开。

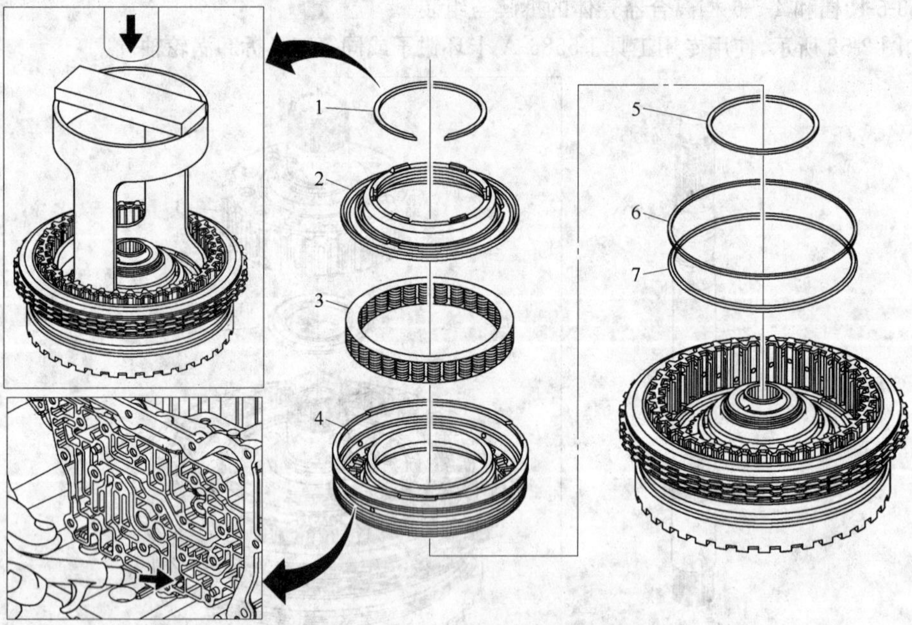

图 2-54 4-5-6 档离合器活塞的拆卸

1. 4-5-6 档离合器挡板卡环 2. 4-5-6 档离合器活塞油挡板总成 3. 4-5-6 档离合器活塞回位弹簧总成 4. 4-5-6 档离合器活塞 5. 4-5-6 档离合器活塞内密封件 6. 4-5-6 档离合器活塞外密封件(深蓝色、梯形) 7. 4-5-6 档离合器活塞外密封件(大、圆形)

④变磁阻转子和活塞的拆卸和安装如图 2-55 所示,用弹簧压缩专用工具 DT-47694 适度压缩变

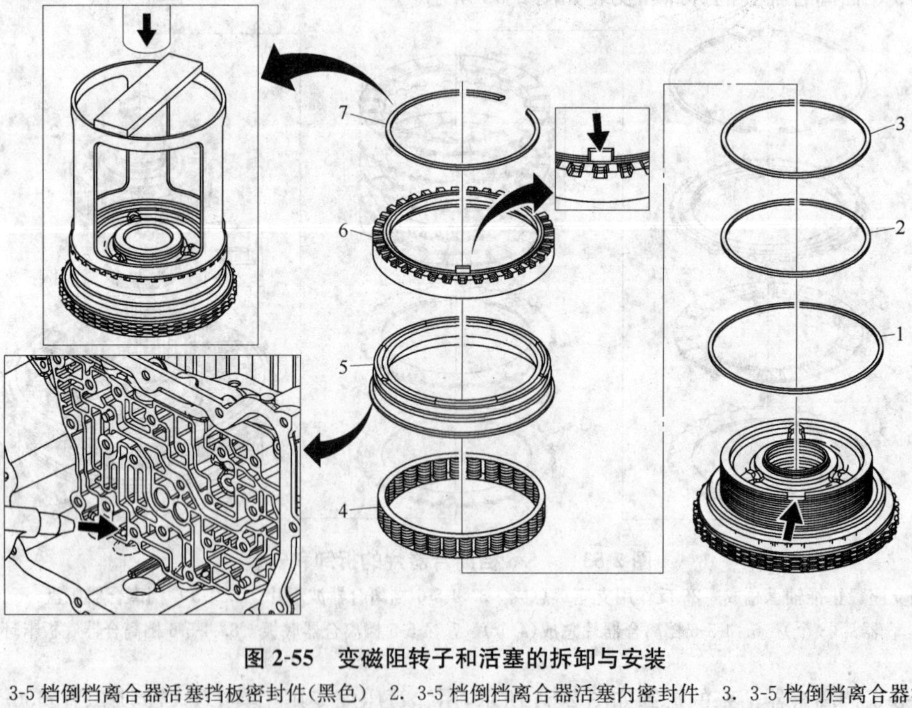

图 2-55 变磁阻转子和活塞的拆卸与安装

1. 3-5 档倒档离合器活塞挡板密封件(黑色) 2. 3-5 档倒档离合器活塞内密封件 3. 3-5 档倒档离合器活塞内(变磁阻)密封件(橙色) 4. 3-5 档倒档离合器活塞回位弹簧总成 5. 3-5 档倒档离合器活塞 6. 输入轴转速传感器变磁阻转子 7. 输入轴转速传感器变磁阻转子卡环

磁阻，过分压缩会损坏定位凸舌和离合器壳体。安装后，将压缩空气施加到离合器壳体的进油孔，以检验活塞是否正常工作。

⑤3-5-R 倒档离合器片的拆卸和安装如图 2-56 所示。

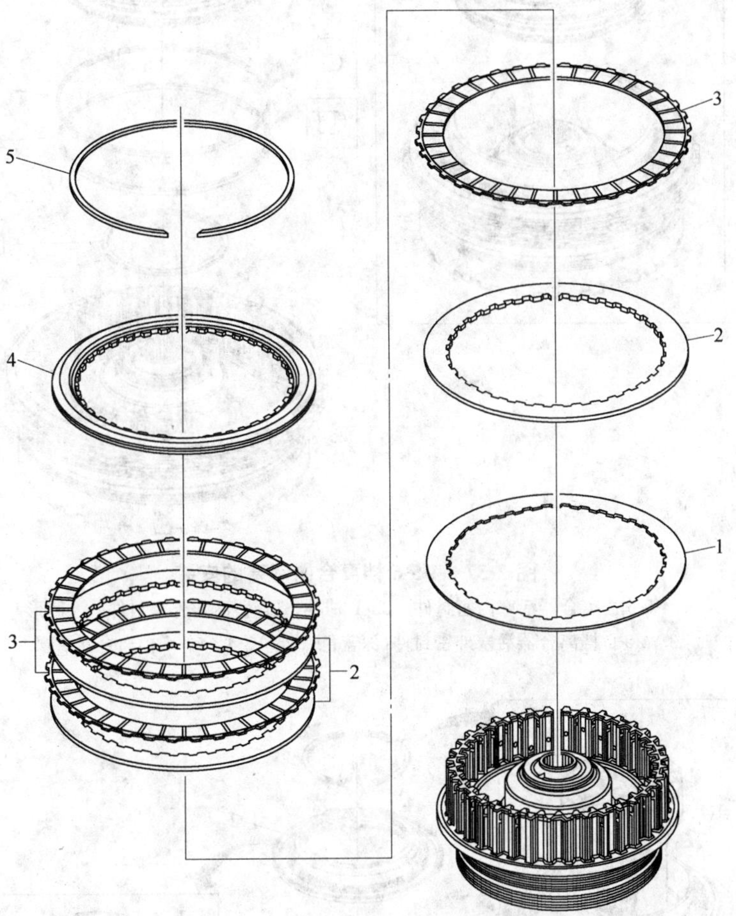

图 2-56　3-5-R 倒档离合器片的拆卸和安装

1. 3-5-R 档离合器压盘(波形)　2. 3-5-R 档离合器片(3 个)　3. 3-5-R 档离合器片总成(3 个)　4. 3-5-R 档离合器底板　5. 3-5-R 档离合器底板卡环

⑥4-5-6 档离合器活塞的安装如图 2-57 所示，安装时需用活塞密封件保护装置 DT-47805，防止挡板密封件唇部在安装时损坏。在 DT-47805 表面上涂抹一薄层自动变速器油，以便于安装活塞。必要时，DT-47951 可作推动器使用。

⑦4-5-6 档离合器润滑油挡板的安装如图 2-58 所示，安装时需用活塞密封件保护装置 DT-47951-1 防止挡板密封件唇部在安装时损坏。在 DT-47951 表面上涂抹一薄层自动变速器油，以便于安装挡板。在安装卡环时使用离合器弹簧压缩 DT-47951。安装后，将壳体总成置于壳体内部的输入轴支座上，将压缩空气施加到离合器壳体的进油孔以检验活塞是否正常工作。

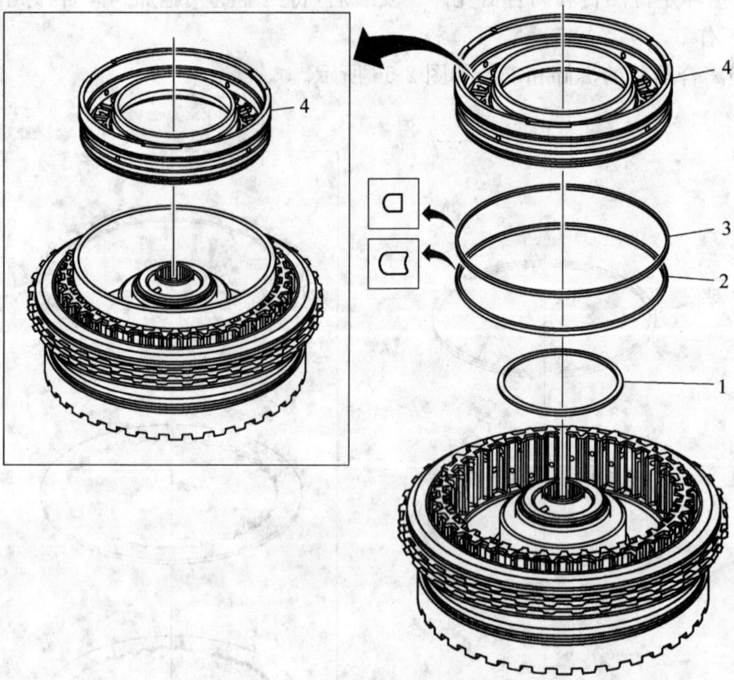

图 2-57 4-5-6 档离合器活塞的安装

1. 4-5-6 档离合器活塞内密封件 2. 4-5-6 档离合器活塞外密封件(大、圆形)
3. 4-5-6 档离合器活塞外密封件(深蓝色、梯形) 4. 4-5-6 档离合器活塞

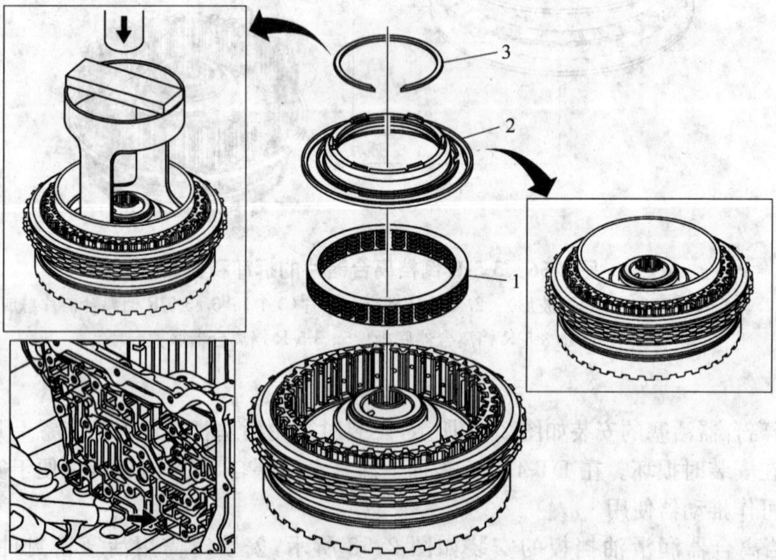

图 2-58 4-5-6 档离合器润滑油挡板的安装

1. 4-5-6 档离合器活塞回位弹簧总成 2. 4-5-6 档离合器活塞润滑油挡板总成 3. 4-5-6 档离合器挡板卡环

(7)如图 2-59 所示，安装 3-5-R 档和 4-5-6 档离合器壳体、输入支座、反作用支座和输出支座。安装时，只要安装一片 2-6 档离合器片，其余的离合器片连同齿轮组总成一起安装。将大面积的平面区域对准离合器壳体的阀体端部和离合器片上的两个凸舌，这两个凸舌互相紧靠在离合器壳体底部右角的槽

孔内。

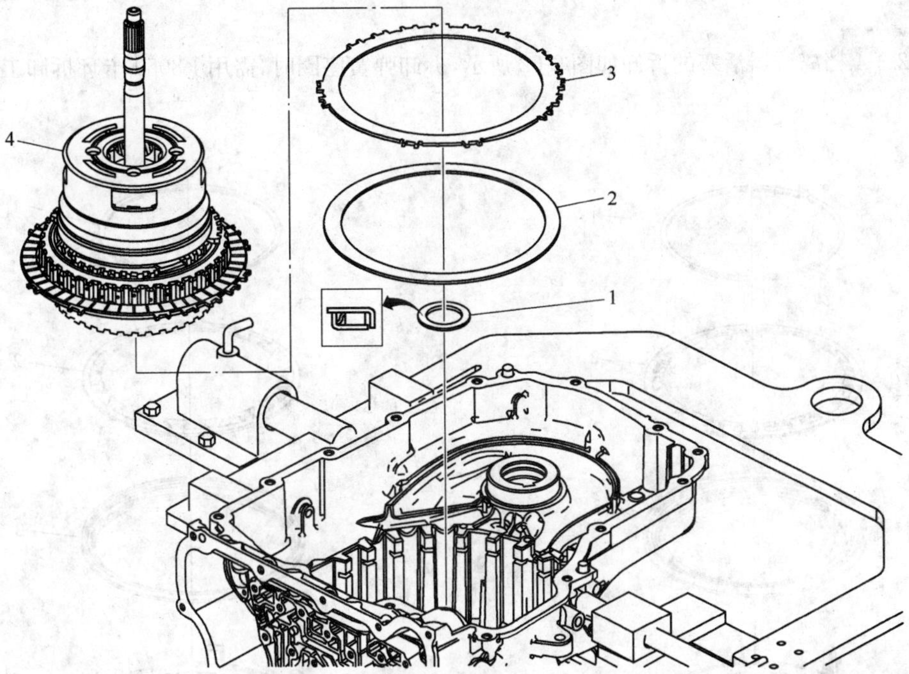

图 2-59　安装 3-5-R 档和 4-5-6 档离合器壳体、输入支座、反作用支座和输出支座

1. 3-5-R 档和 4-5-6 档离合器壳体止推轴承　2. 2-6 档离合器压盘(波形)　3. 2-6 档离合器片
4. 3-5 档倒档和 4-5-6 档离合器壳体总成和齿轮组

(8)低速档、倒档离合器总成和低速档、倒档离合器盘的装配如图 2-60 所示，安装时，低速档和倒档离合器片的大面积平坦区域对准离合器壳体的阀体端部。

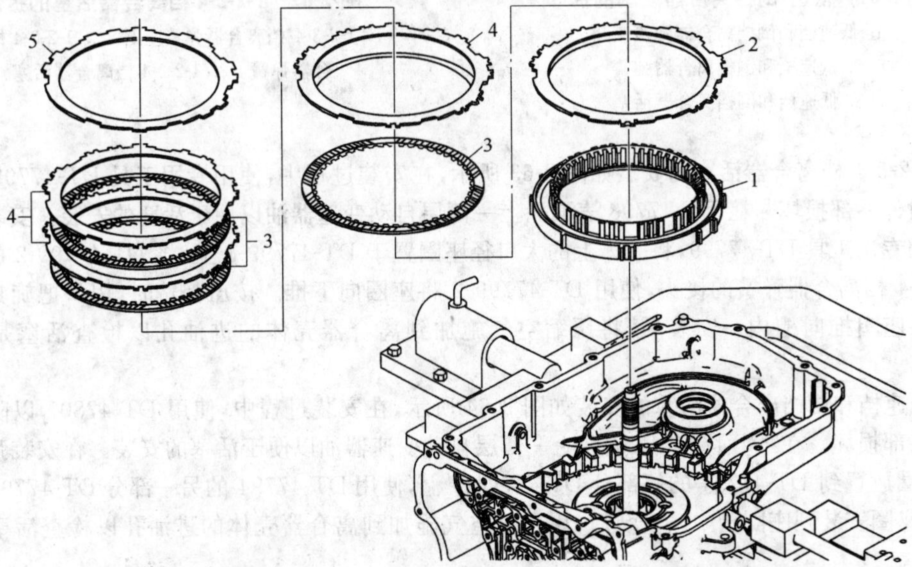

图 2-60　低速档、倒档离合器总成和低速档、倒档离合器盘的装配

1. 低速档和倒档离合器总成(单向离合器)　2. 低速档和倒档离合器底板　3. 低速档和倒档离合器片总成(3 个)
4. 低速档和倒档离合器片总成(3 个)　5. 低速档和倒档离合器(波形)压盘

(9)低速-倒档和1-2-3-4档离合器壳体的拆解、检查与装配。

①低速-倒档离合器活塞的拆卸如图2-61所示,拆卸弹簧座圈时,需用J-8059卡环拆卸工具或同等工具。

②1-2-3-4档离合器活塞的拆卸如图2-62所示,拆卸弹簧座圈时,需用J-8059卡环拆卸工具或同等工具。

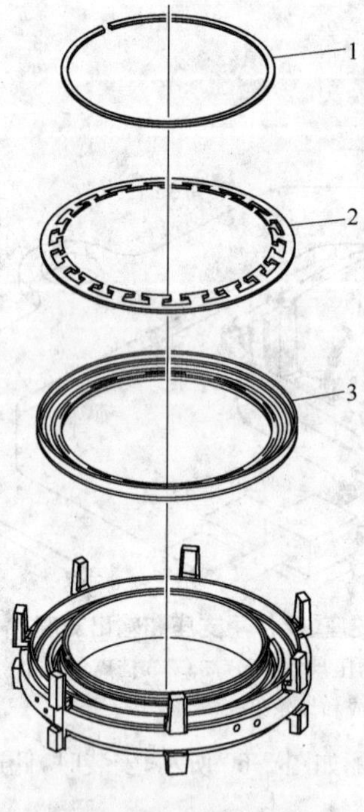

图2-61 低速-倒档离合器活塞的拆卸

1. 低速档和倒档离合器弹簧座圈
2. 低速档和倒档离合器弹簧
3. 低速档和倒档离合器活塞

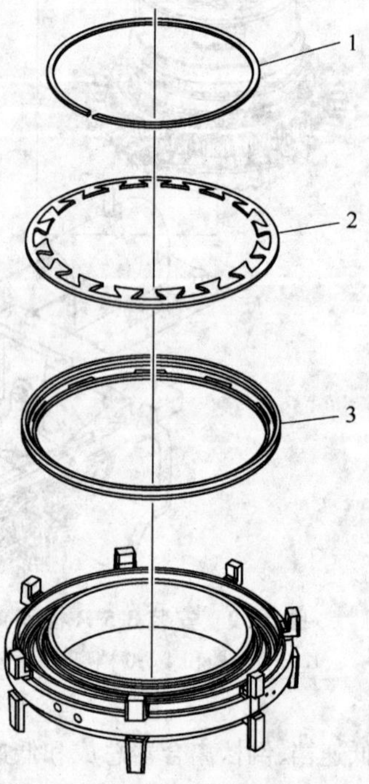

图2-62 1-2-3-4档离合器活塞的拆卸

1. 1-2-3-4档离合器弹簧座圈 2. 1-2-3-4档离合器弹簧 3. 1-2-3-4档离合器活塞

③1-2-3-4档离合器活塞的安装如图2-63所示,在安装过程中,使用专用工具DT-47798以防止活塞密封件唇部损坏。在DT-47798表面涂上一薄层自动变速器油以便于活塞的安装。安装弹簧座时需使用专用工具DT-47799,将壳体上的大口径座圈置于DT-47799-1上,将DT-47799-2的接头对准1-2-3-4档离合器弹簧的接头,使用DT-47799-2将座圈向下推。按压弹簧时,用一把旋具或类似的工具将座圈推向槽内。安装后,将压缩空气施加到离合器壳体的进油孔以检查活塞是否正常工作。

④低速档和倒档离合器活塞的安装如图2-64所示,在安装过程中,使用DT-47807以防止活塞密封件唇部损坏。在DT-47807表面涂上一薄层自动变速器油以便于活塞的安装。在安装弹簧座圈时,将座圈放置到DT-47794的一部分DT-47794-1上,使用DT-47794的另一部分DT-47794-2压缩弹簧,使座圈安装到座圈槽中。安装后,用压缩空气施加到离合器壳体的进油孔以检查活塞是否正常工作。

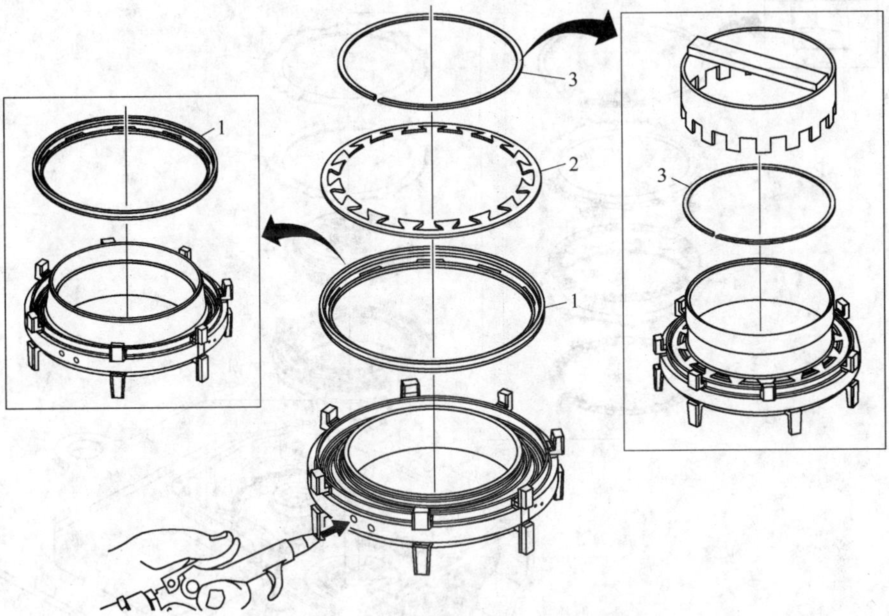

图 2-63　1-2-3-4 档离合器活塞的安装

1. 1-2-3-4 档离合器活塞　2. 1-2-3-4 档离合器弹簧　3. 1-2-3-4 档离合器弹簧座圈

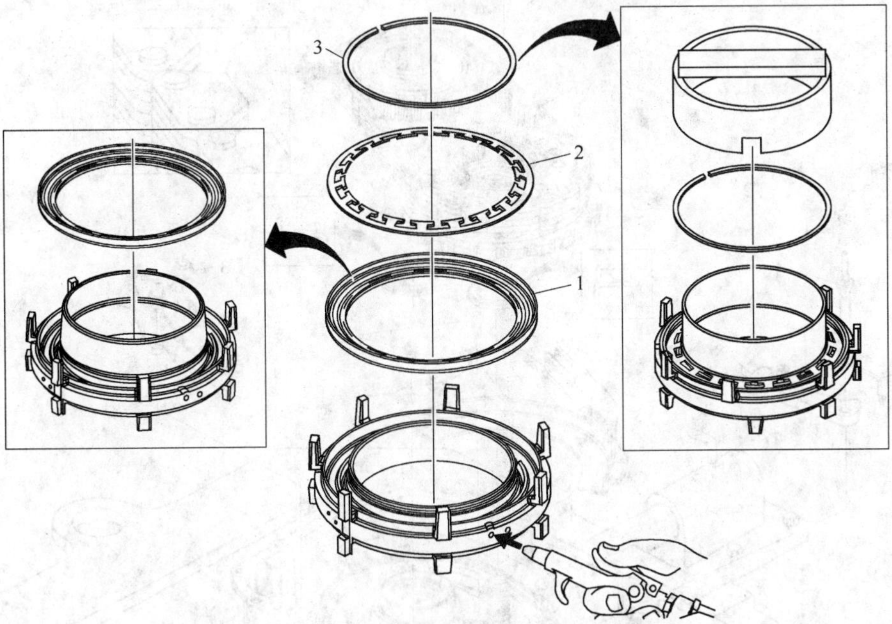

图 2-64　低速档和倒档离合器活塞的安装

1. 低速档和倒档离合器活塞　2. 低速档和倒档离合器弹簧　3. 低速档和倒档离合器弹簧座圈

⑤如图 2-65 所示，安装低速-倒档、1-2-3-4 档离合器壳体和 1-2-3-4 档离合器片。离合器壳体较长的支脚朝向离合器壳体底部而润滑油油道朝向离合器壳体的阀体端部。1-2-3-4 档离合器波形片一对单独的凸舌对准离合器壳体底部的阀体端部。1-2-3-4 档离合器底板单独的小凸舌对准朝向离合器壳体顶部的花键。使用专用工具 J 28585 卡环拆卸工具或同等工具安装卡环。

(10)如图 2-66 所示，安装传动链轮、从动链轮和传动机构。安装传动机构时，要将带有颜色或带有

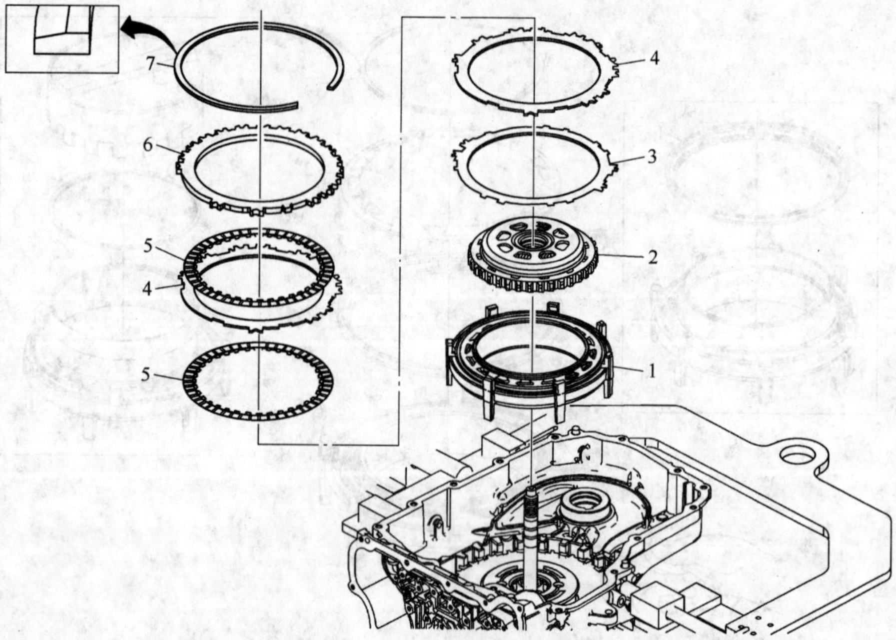

图 2-65　安装低速-倒档、1-2-3-4 档离合器壳体和 1-2-3-4 档离合器片

1. 低速-倒档和 1-2-3-4 档离合器壳体　2. 输出太阳齿轮总成　3. 1-2-3-4 档离合器波形片　4. 1-2-3-4 档离合器片(2 个)　5. 1-2-3-4 档离合器片总成(2 个)　6. 1-2-3-4 档离合器底板　7. 1-2-3-4 档离合器底板卡环

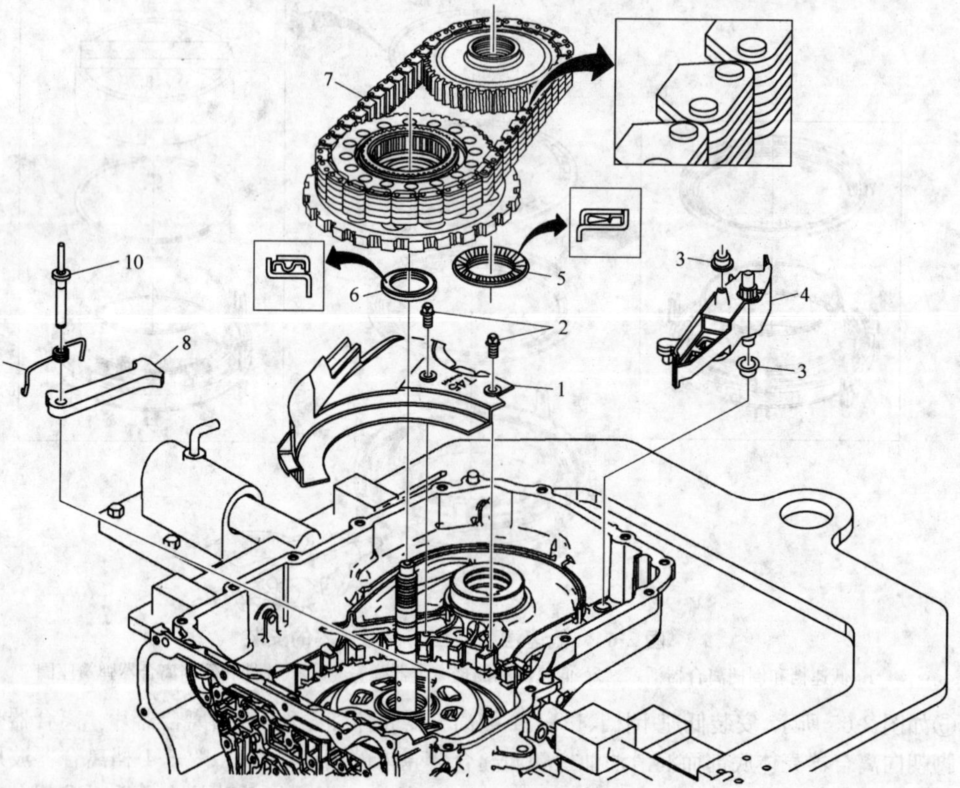

图 2-66　安装传动链轮、从动链轮和传动机构

1. 差速器前支座挡板　2. 差速器前支座挡板螺栓 M6×16(2 个,紧固力矩 12N·m)　3. 传动机构润滑油进口密封件　4. 传动机构润滑油进口　5. 从动链轮轴承总成　6. 传动链轮轴承总成　7. 从动链轮总成、传动链轮总成和传动机构　8. 驻车棘爪　9. 驻车棘爪弹簧　10. 驻车棘爪轴

零件号的链节向上。必须同时安装传动机构、传动链轮总成和从动链轮总成。从动链轮滚珠轴承内座圈与壳体有较小的过盈配合，可用手掌轻轻拍打或用软锤端部来进行安装。检查以确保驻车棘爪能自由运行而无卡滞。

(11)如图 2-67 所示，安装差速器前支座。

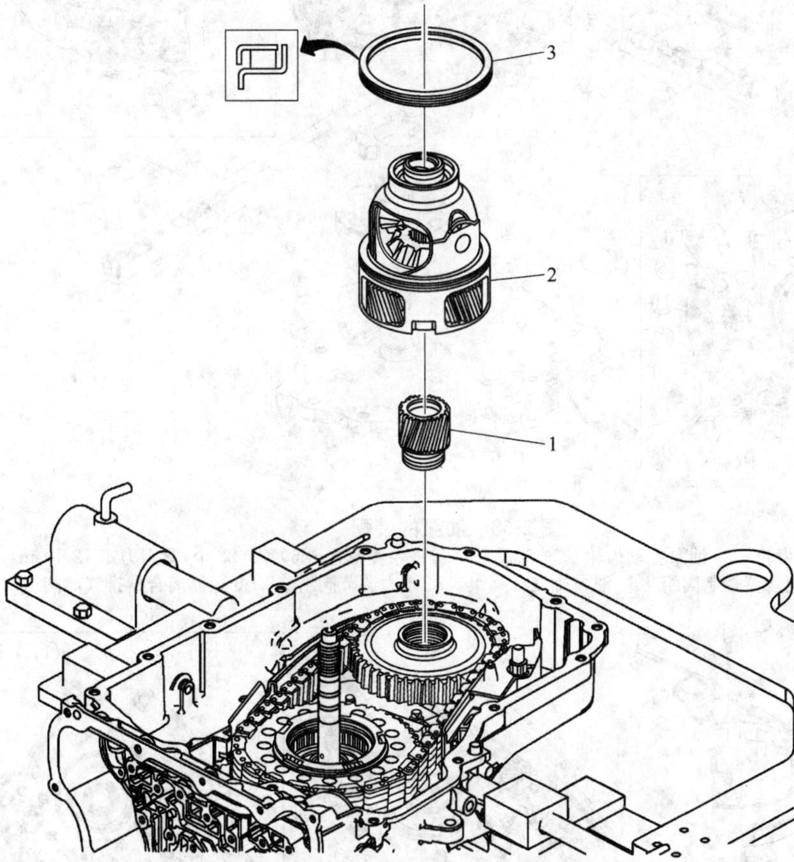

图 2-67 安装差速器前支座

1. 主减速器太阳齿轮 2. 差速器支座总成 3. 差速器前支座轴承总成

(12)油泵、差速器前挡板和差速器前齿圈的拆卸与安装。

①油泵的拆解参见图 2-23，油泵的装配如图 2-68 所示。注意：从动齿轮外径和主动齿轮有倒角的一侧面向泵体；油泵盖螺栓的紧固顺序和力矩如图所示。

②油泵、差速器前挡板和差速器前齿圈的安装如图 2-69 所示。注意：油泵至变矩器壳体固定螺栓的紧固顺序和力矩如图所示；朝向齿圈偏离一定的锥度安装固定件。

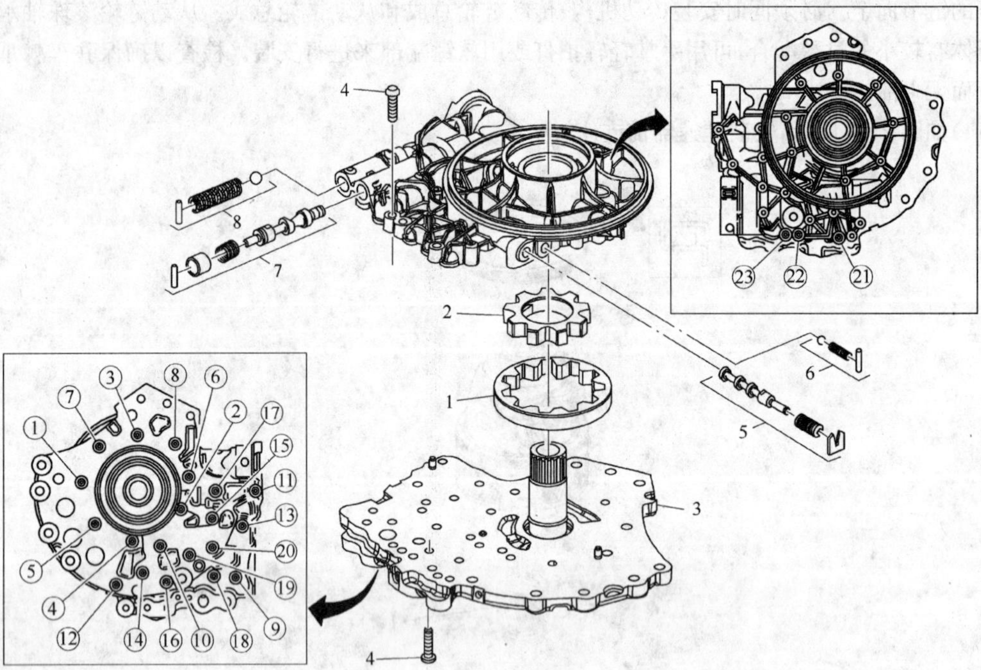

图 2-68　油泵的装配

1. 油泵从动齿轮　2. 油泵主动齿轮　3. 油泵盖　4. 油泵盖螺栓 M6×25(23 个,紧固力矩 12N·m)
5. 变矩器离合器控制阀组　6. 油泵排气球阀组　7. 压力调节阀组　8. 变矩器离合器排气球阀组

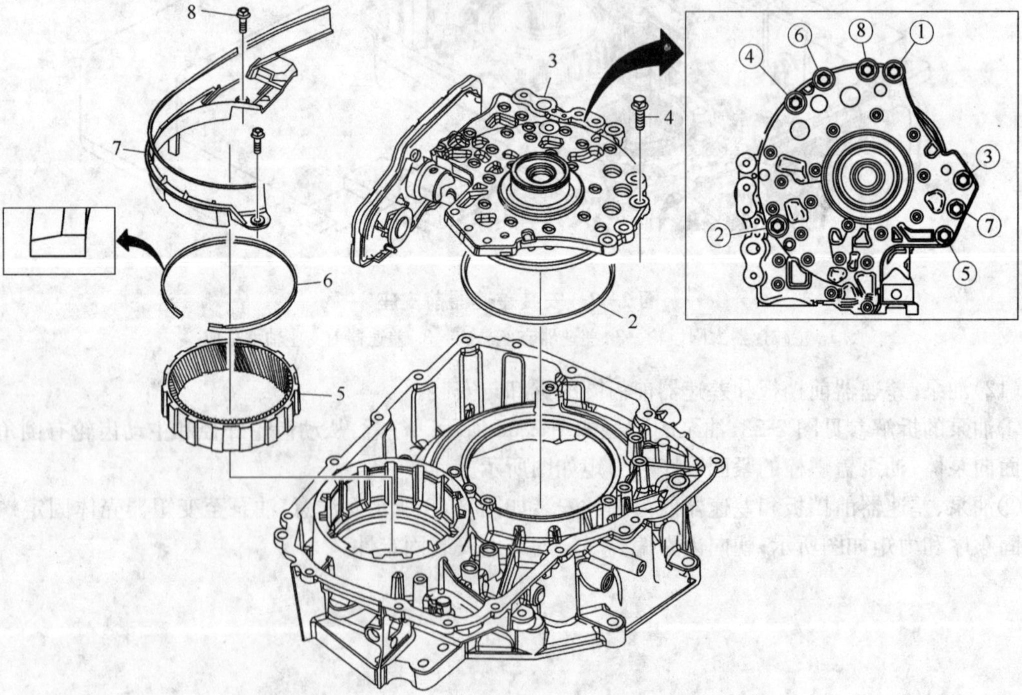

图 2-69　油泵、差速器前挡板和差速器前齿圈的安装

2. 变矩器和差速器壳体密封件　3. 油泵总成　4. 油泵螺栓 M8×33(8 个,将螺栓紧固至 10N·m,然后再旋转 45°)
5. 差速器前齿圈　6. 差速器前齿圈固定件　7. 差速器前支座挡板
8. 差速器前支座挡板螺栓 M6×25(2 个,紧固力矩 12N·m)

(13)将带油泵的变矩器壳体总成安装到变速器壳上，变矩器壳体螺栓 M8×30(15 个)紧固至 12N·m，然后将螺栓再旋转 50°。

(14)安装输入轴转速传感器和输出轴转速传感器。

(15)控制阀体总成的安装如图 2-70 所示，按图示顺序和力矩拧紧控制阀体螺栓至12N·m。

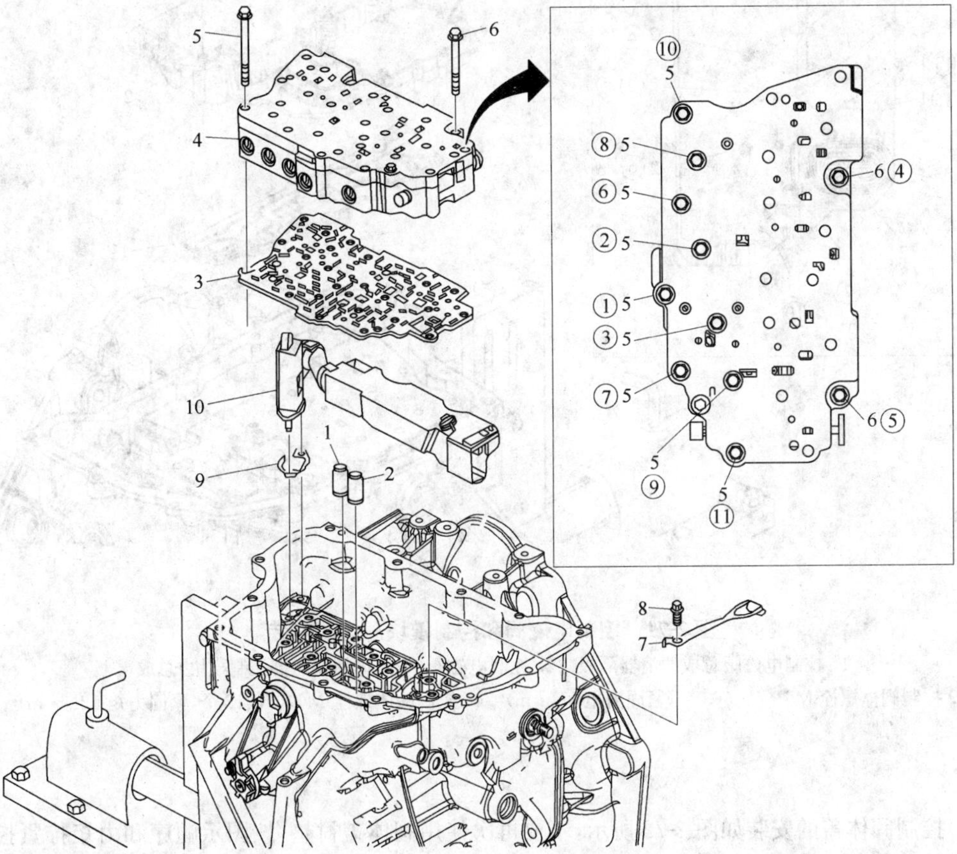

图 2-70　控制阀体总成的安装

1. 低速档和倒档离合器油道密封件　2. 1-2-3-4 档离合器油道密封件　3. 控制阀体隔板总成　4. 控制阀体总成　5. 控制阀体螺栓 M6×60(9 个)　6. 控制阀体螺栓 M6×53(2 个)　7. 手动轴止动杆弹簧总成　8. 手动轴止动弹簧螺栓 M6×16　9. 液位控制阀衬垫　10. 液位控制阀

(16)控制电磁阀和控制模块总成的安装如图 2-71 所示。注意：在拆卸和安装滤清器隔板时要小心，破裂或缺失的固定凸舌不能完全将滤清器隔板固定至控制电磁阀总成，会导致损坏或污染。安装新的滤清器隔板以防止油液从油封中泄漏。按图示顺序和力矩拧紧控制阀体螺栓。

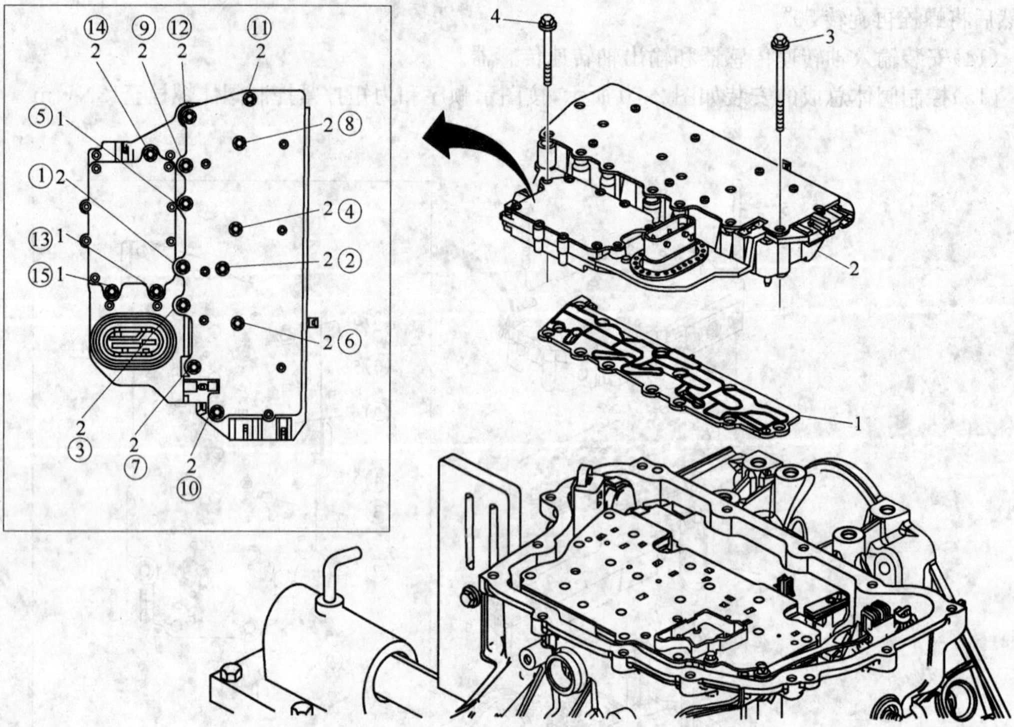

图 2-71 控制电磁阀和控制模块总成的安装

1. 控制电磁阀总成滤清器隔板 2. 控制电磁阀(带阀体和变速器控制模块)总成
3. 控制阀体螺栓 M5×40.5(3 个,紧固力矩 8N·m) 4. 控制阀体螺栓 M6×97(12 个,紧固力矩 12N·m)

(17)控制阀体盖的安装如图 2-72 所示,不要再次使用阀体盖衬垫,按图示顺序和力矩拧紧控制阀体盖螺栓。

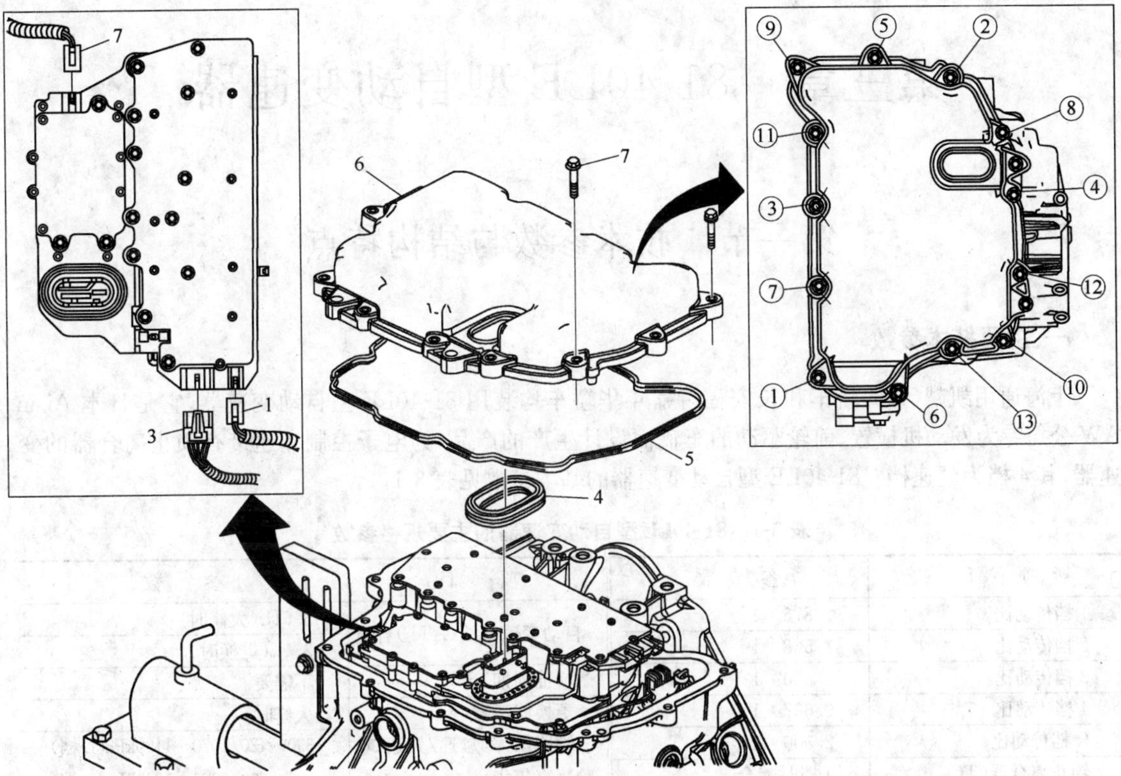

图 2-72　控制阀体盖的安装

1. 输入轴转速传感器连接器　2. 输出轴转速传感器连接器　3. 换档位置开关连接器　4. 控制阀体盖线束连接器孔密封件　5. 控制阀体盖衬垫　6. 控制阀体盖　7. 控制阀体盖螺栓 M6×30(13 个,按顺序紧固至 12N·m)

(18)安装变矩器。

(19)拆卸变速器夹具。

第三章　81-40LE型自动变速器

第一节　技术参数与结构特点

一、主要技术参数

上海通用凯越(1.6)轿车和长安福特嘉年华轿车均装用81-40LE型自动变速器，它是日本Aisin AW公司专为发动机横置、前轮驱动的车辆而设计生产的产品，为电子控制4速带有锁止离合器的变速器，其4档为超速档。81-40LE型自动变速器的基本参数见表3-1。

表3-1　81-40LE型自动变速器的主要规格参数

项　目	参　数	项　目	参　数
1档传动比	2.875：1	自动变速器油(ATF)容量	5.61L(大修时)
2档传动比	1.568：1		2.1L(更换时)
3档传动比	1.000：1	换油周期	不需要
4档传动比	0.697：1	更换滤清器	大修时
R档传动比	2.300：1	管路压力(怠速/失速试验)(嘉年华)	390～420/1070～1190kPa(D档)
锁止离合器(TCC)	4档时啮合		600～690/1620～1860kPa(R档)
中间轴齿轮传动比	1.019	失速转速(嘉年华)	(2390±150)r/min(D档)
差速器速比	3.750：1(凯越)	管路压力(怠速/失速试验)(凯越)	382～411/1108～1225kPa(D档)
	4.277：1(嘉年华)		588～677/1588～1824kPa(R档)
换档杆档位	P-R-N-D-2-1	失速转速(凯越)	2240～2540r/min
自动变速器油型号	JWS—3309(T—IV)	变速器重量(嘉年华)	64kg

2. 主要螺栓紧固力矩

主要螺栓紧固力矩见表3-2。

表3-2　主要螺栓紧固力矩　　(N·m)

螺　栓	紧固力矩	螺　栓	紧固力矩
减振块连接螺母和螺栓	80	行星齿圈螺母一最大	29
差速器壳体至差速器齿圈螺栓	102	行星齿圈螺母一标准	9.8
润滑油放油塞	17	后安装架螺栓	60
润滑油冷却器进油管螺栓	9	换档电磁阀螺栓	11
润滑油冷却器进油管接头螺母	35	定轮轴螺栓	25
前出口管卡箍螺栓	9	变矩器螺栓	45
前出口管连接螺栓	35	变速器驱动桥壳体螺栓	29
变速器至发动机固定螺栓(下)	73	变速器驱动桥后盖螺栓	25
变速器至发动机固定螺栓(下)	31	变速器驱动桥安装架螺栓(上)	60
变速器至发动机固定螺栓(下)	21	变速器至发动机固定螺栓(上)	73
储油盘螺栓	7	阀体螺栓	11
润滑油泵螺栓	25		

二、结构特点

81-40LE 型自动变速器的总体构造如图 3-1 所示，它采用拉维那式行星齿轮机构，前排为双级行星齿轮机构，后排是单级行星齿轮机构，前后排太阳轮独立，前后排行星齿轮机构共用行星架和内齿圈，动力由内齿圈输出。换档执行元件包括 3 个离合器 C1、C2、C3，3 个制动器 B1、B2、B3 和 2 个单向离合器 F1、F2。

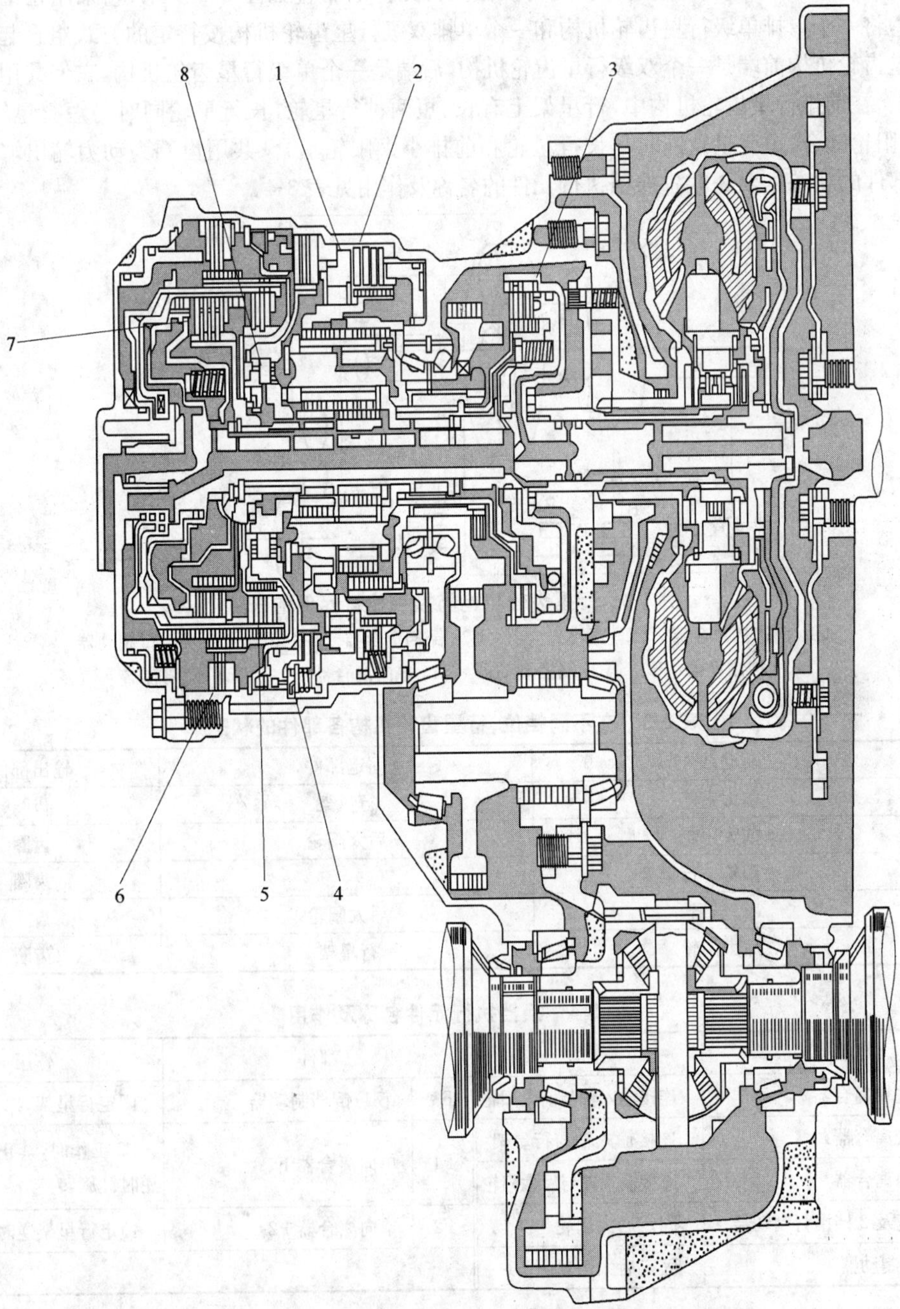

图 3-1　81-40LE 型自动变速器的总体构造

1. 2 号单向离合器　2. 1 档/倒档制动器　3. 直接档离合器　4. 2 档制动器
5. 倒档离合器　6. 超速档/2 档制动器　7. 前进档离合器　8. 1 号单向离合器

第二节　动力传递路线分析

一、行星齿轮机构与换档执行元件

81-40LE 型自动变速器行星齿轮机构与换档执行元件的布置如图 3-2 所示，它采用拉维那式行星齿轮机构，将一个单排单级行星齿轮机构和一个单排双级行星齿轮机构按特定的方式组合起来。由图可知，行星齿轮机构前端是一个双级行星齿轮机构，后端是一个单级行星齿轮机构，它们共用一个行星架和齿圈。在前排行星齿轮机构中，行星架上有长、短两种行星轮，长行星轮同时与短行星轮、齿圈和后排大太阳轮啮合；短行星轮同时与长行星轮和前排小太阳轮啮合；共用齿圈为动力输出端。在不同档位，各部件的状态见表 3-3，各换档执行元件的名称及作用见表 3-4。

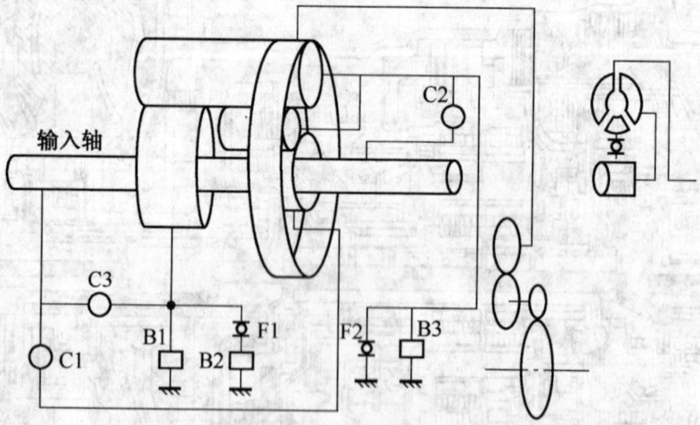

图 3-2　行星齿轮机构与换档执行元件的布置

C1. 前进档离合器　C2. 直接离合器　C3. 倒档离合器　B1. 超速及 2 档滑行制动器
B2. 2 档制动器　B3. 第 1/倒档制动器　F1. 单向离合器 F1　F2. 单向离合器 F2

表 3-3　在不同档位，行星齿轮机构各部件的状态

档位	驱动部件	固定部件	输出部件
1	前太阳轮	行星架	齿圈
2	前太阳轮	后太阳轮	齿圈
3	前太阳轮＋行星架		齿圈
4	行星架	后太阳轮	齿圈
R	后太阳轮	行星架	齿圈

表 3-4　换档执行元件名称及作用

部件		作用	部件		作用
C1	前进档离合器	连接输入轴与前太阳轮	B3	第 1/倒档制动器	固定行星架
C2	直接离合器	连接输入轴与行星架	F1	单向离合器 F1	B2 工作时，禁止后太阳轮逆时针旋转
C3	倒档离合器	连接输入轴与后太阳轮			
B1	超速及 2 档滑行制动器	固定后太阳轮	F2	单向离合器 F2	锁定行星架逆时针旋转
B2	2 档制动器	固定后太阳轮与 F1			

二、动力传递路线分析

81-40LE 型自动变速器动力传递路线如图 3-3 所示，不同档位时，各换档执行元件的状态见表 3-5。

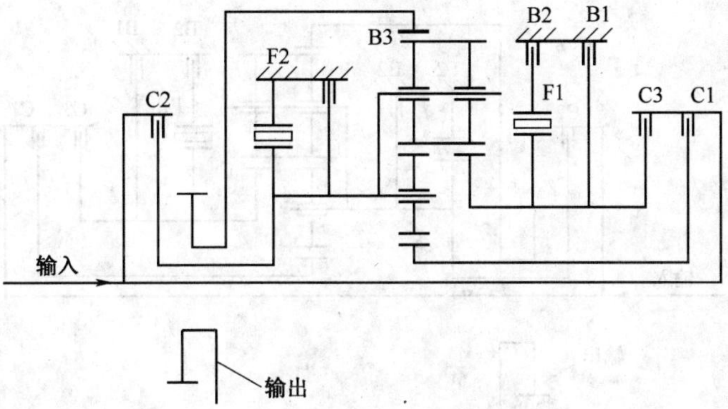

图 3-3 动力传递路线

C1. 前进档离合器 C2. 直接离合器 C3. 倒档离合器 B1. 超速及 2 档滑行制动器 B2. 2 档制动器 B3. 第 1/倒档制动器 F1. 单向离合器 F1 F2. 单向离合器 F2

表 3-5 工作元件表

档位		C1	C2	C3	B1	B2	B3	F1	F2
P									
R	<9			0			O		
	≥9								
N									
D	1	O							O
	2	O				0		0	
	3	O	0			0			
	3<=>4	ON/OFF	0		ON/OFF	0			
	4		0		0	0			
2	1	O						O	
	2	O			0	O		O	
	3	0	0			0			
1	1	O					O		O
	2	0			0	0			0

注:在车速>9km/h 挂 R 档时,制动器 B2 不接合,倒档不工作。

1. 1 档动力传递路线分析

(1)D1 档动力传递路线

D1 档动力传递路线如图 3-4 所示,由图可知,在 1 档时,输入轴顺时针旋转,前进档离合器 C1 接合,驱动前太阳轮;前太阳轮顺时针旋转,短行星轮逆时针旋转,长行星轮顺时针旋转,长行星轮与齿圈是内啮合,则齿圈顺时针旋转;因齿圈是动力输出端,旋转阻力较大,则长行星轮顺时针旋转的同时会带动行星架有逆时针旋转的趋势,此时,单向离合器 F2 锁止,防止行星架逆时针旋转,齿圈顺时针减速旋转(输出)。1 档速比也可以按以前讲过的双级行星齿轮机构的运动规律简单理解:太阳轮输入,行星架固定,齿圈是顺时针减速旋转。在 D1 档,由于单向离合器 F2 锁止是动力传递不可缺少的条件,故没有发动机制动。

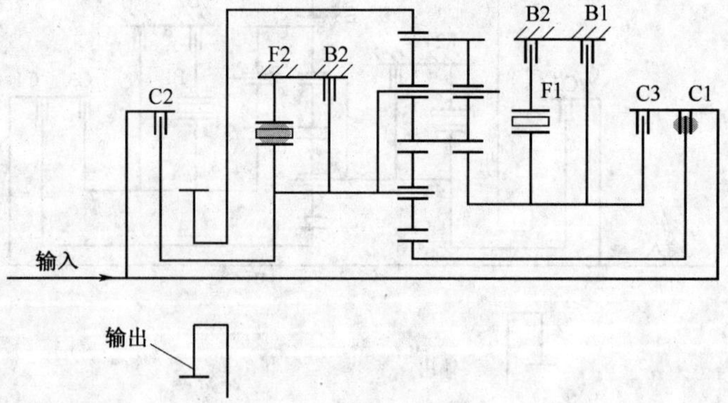

图 3-4 D1 档动力传递路线

(2)1 位 1 档动力传递路线

1 位 1 档动力传递路线如图 3-5 所示,在 1 位 1 档时,除 D1 档工作元件之外,还增加了 1/倒档制动器 B3 工作,它与 F2 是并联关系,B3 双向固定行星架,单向离合器 F2 锁止并不是动力传递的唯一条件,故在 1 位 1 档有发动机制动。

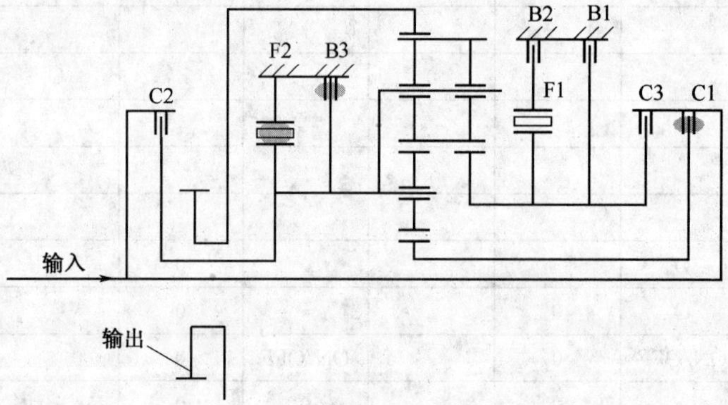

图 3-5 1 位 1 档动力传递路线

2. 2 档动力传递路线分析

(1)D2 档动力传递路线

D2 档动力传递路线如图 3-6 所示,在 D2 档,输入轴顺时针旋转,前进档离合器 C1 接合,驱动前太阳轮;前太阳轮顺时针旋转,短行星轮逆时针旋转,长行星轮顺时针旋转;长行星轮与后排大太阳轮是外啮合,则后太阳轮有逆时针旋转的趋势,此时,2 档制动器 B2 工作,单向离合器 F1 锁止,防止后太阳

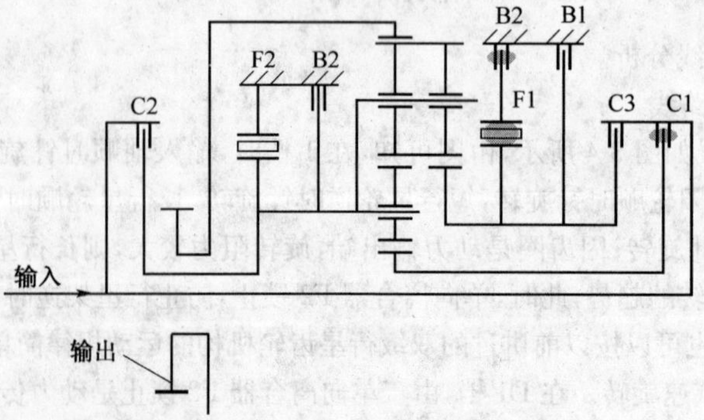

图 3-6 D2 档动力传递路线

轮逆时针旋转，则长行星轮顺时针旋转的同时，还会带动行星架绕后太阳轮顺时针旋转，也就是说，在1档和2档时，前太阳轮输入状态不变，而行星架由1档时的固定变为2档时的顺时针旋转，故齿圈顺时针减速旋转速度比1档要快。在D2档，由于单向离合器F1锁止是动力传递的唯一条件，故没有发动机制动。

(2)2位2档动力传递路线

2位2档动力传递路线如图3-7所示，在2位2档时，除D2档工作元件之外，还增加了超速及2档滑行制动器B1工作，它与(B2+F1)是并联关系，B1双向固定后太阳轮，单向离合器F1锁止并不是动力传递的唯一条件，故有发动机制动。

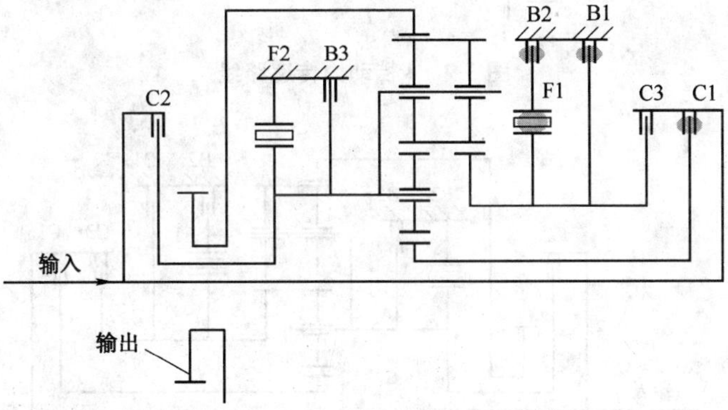

图3-7 2位2档动力传递路线

3. 3档动力传递路线分析

3档动力传递路线如图3-8所示，在3档时，输入轴顺时针旋转，前进档离合器C1接合，驱动前太阳轮；同时，直接离合器C2工作，驱动行星架。因前排太阳轮与行星架同时驱动，则整个行星齿轮机构以一个整体旋转，为直接档，传动比是1∶1。在3档时，2档制动器B2仍处于接合状态，但单向离合器F1处于打滑状态，故B2不起作用。3档时，因动力直接由输入轴输入，无单向离合器参与工作，故有发动机制动。

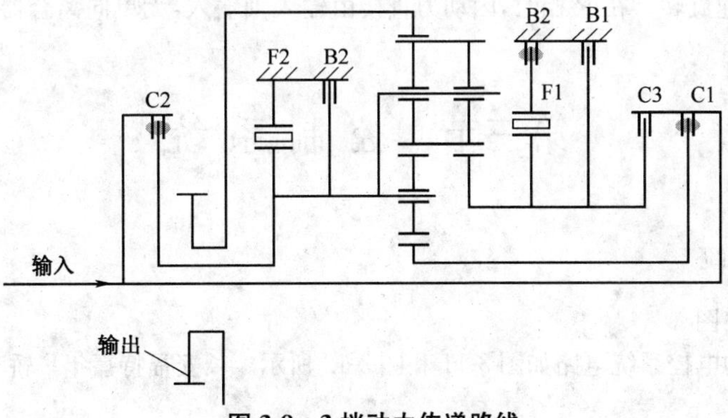

图3-8 3档动力传递路线

4. 4档动力传递路线分析

4档动力传递路线如图3-9所示，在4档时，输入轴顺时针旋转，直接离合器C2工作，驱动行星架；超速及2档滑行制动器B1工作，固定后太阳轮，则前排齿圈顺时针增速旋转。在4档时，因动力直接由输入轴输入，无单向离合器参与工作，故有发动机制动。

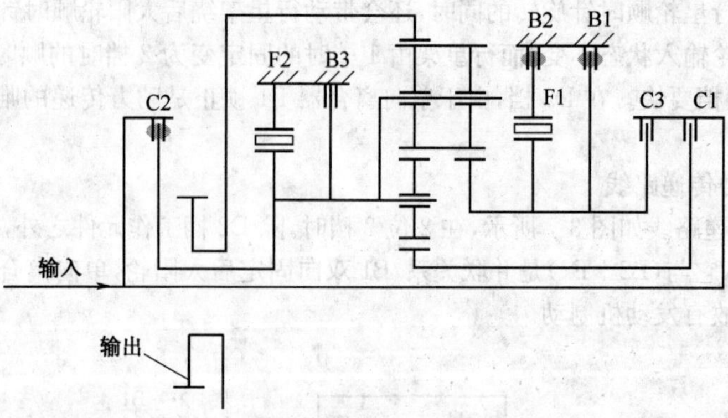

图 3-9 4档动力传递路线

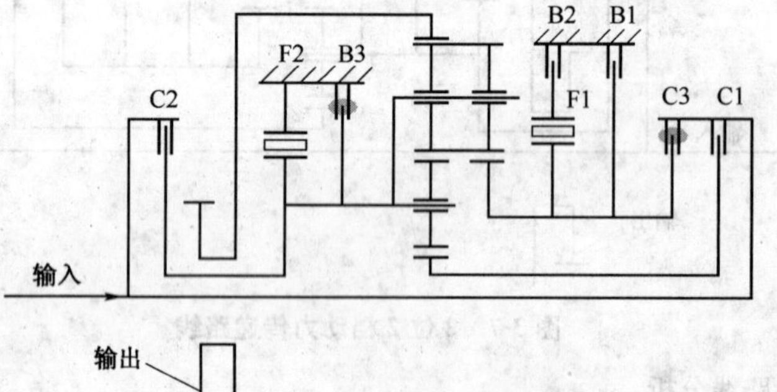

图 3-10 R档动力传递路线

5. R档动力传递路线分析

R档动力传递路线如图3-10所示，在R档时，输入轴顺时针旋转，倒档离合器C3接合，驱动后太阳轮；第1/倒档制动器B3工作，固定行星架，这是一个定轴轮系，后太阳轮顺时针旋转，行星轮逆时针旋转，则齿圈反向减速旋转。在R档时，因动力直接由输入轴输入，无单向离合器参与工作，故有发动机制动。

第三节 控制系统

一、电子控制系统

1. 电控系统电路图

08款凯越轿车的电控系统电路如图3-11和图3-12所示。长安福特嘉年华轿车电控系统电路如图3-13所示。

2. 变速器控制模块(TCM)

81-40LE自动变速器的控制系统为电子、液压混合控制，变速器控制模块(TCM)是控制系统的核心部件，它接收来自不同传感器的信号，经计算处理后，控制各执行元件的操作，凯越轿车TCM插头端子视图如图3-14所示，各端子的作用见表3-6。嘉年华轿车TCM插头端子视图如图3-15所示，各端子的作用见表3-7。以下有关TCM控制的介绍以福特嘉年华轿车为例。

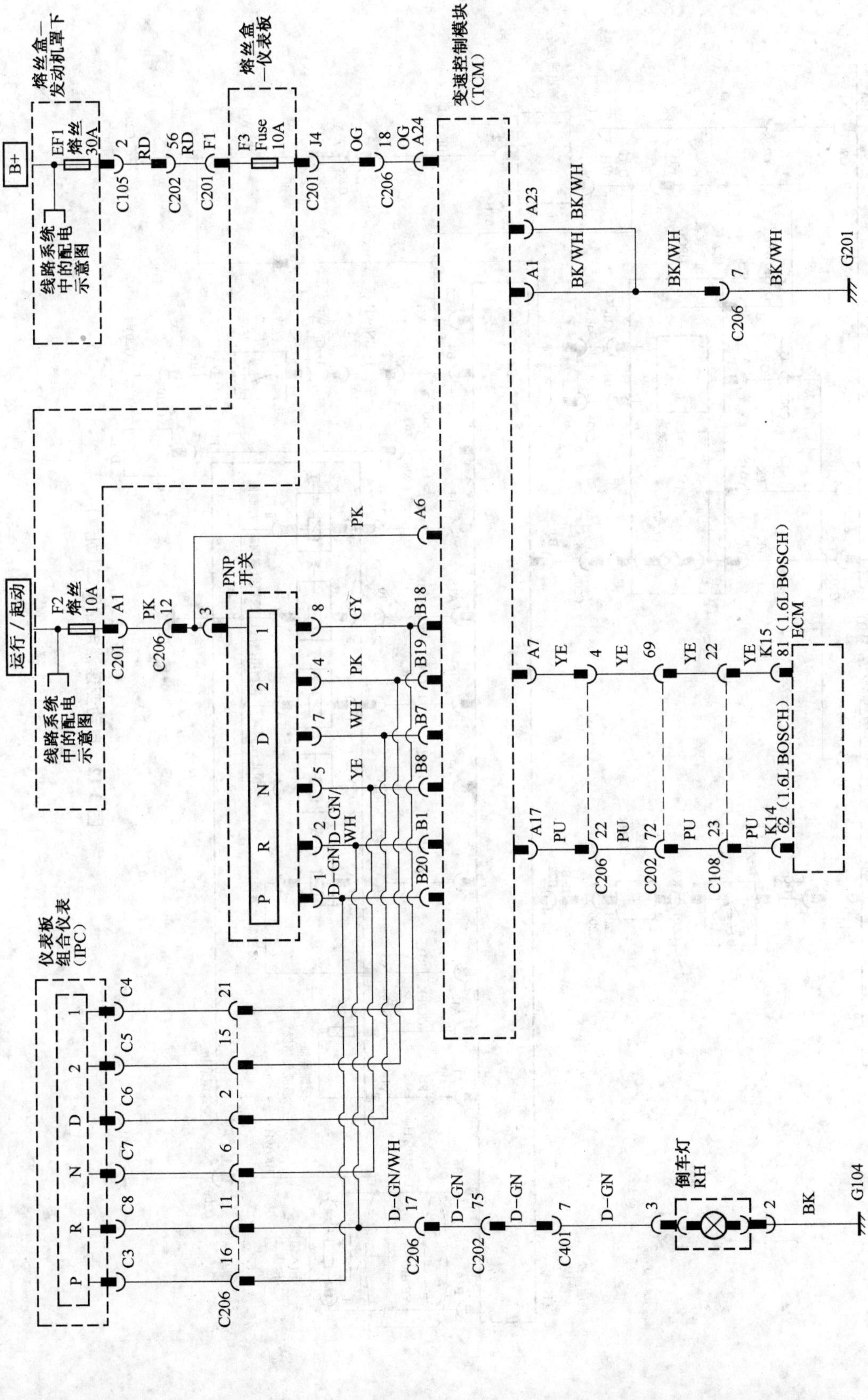

图 3-11　自动变速器电路图一（凯越）

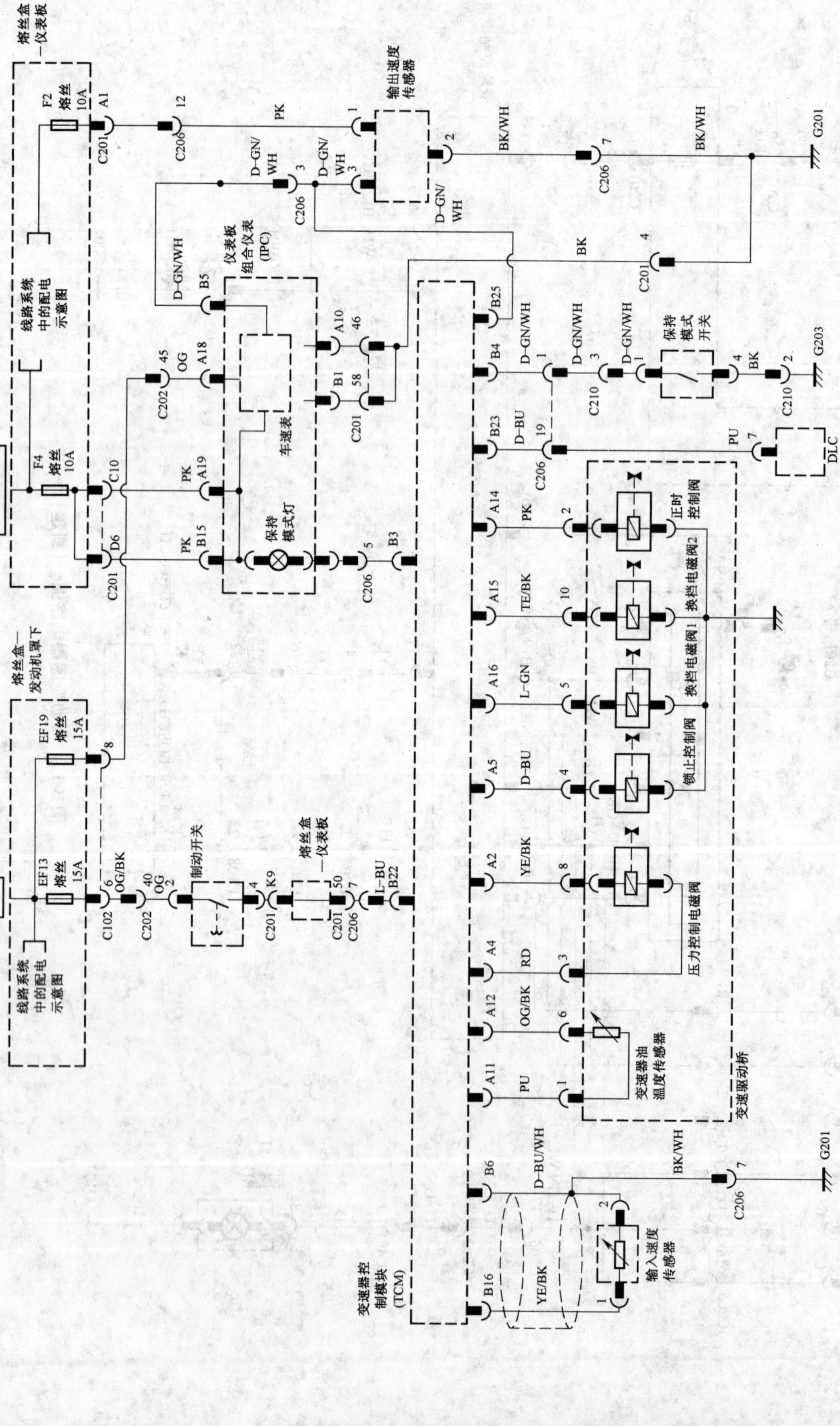

图 3-12 自动变速器电路图二(凯越)

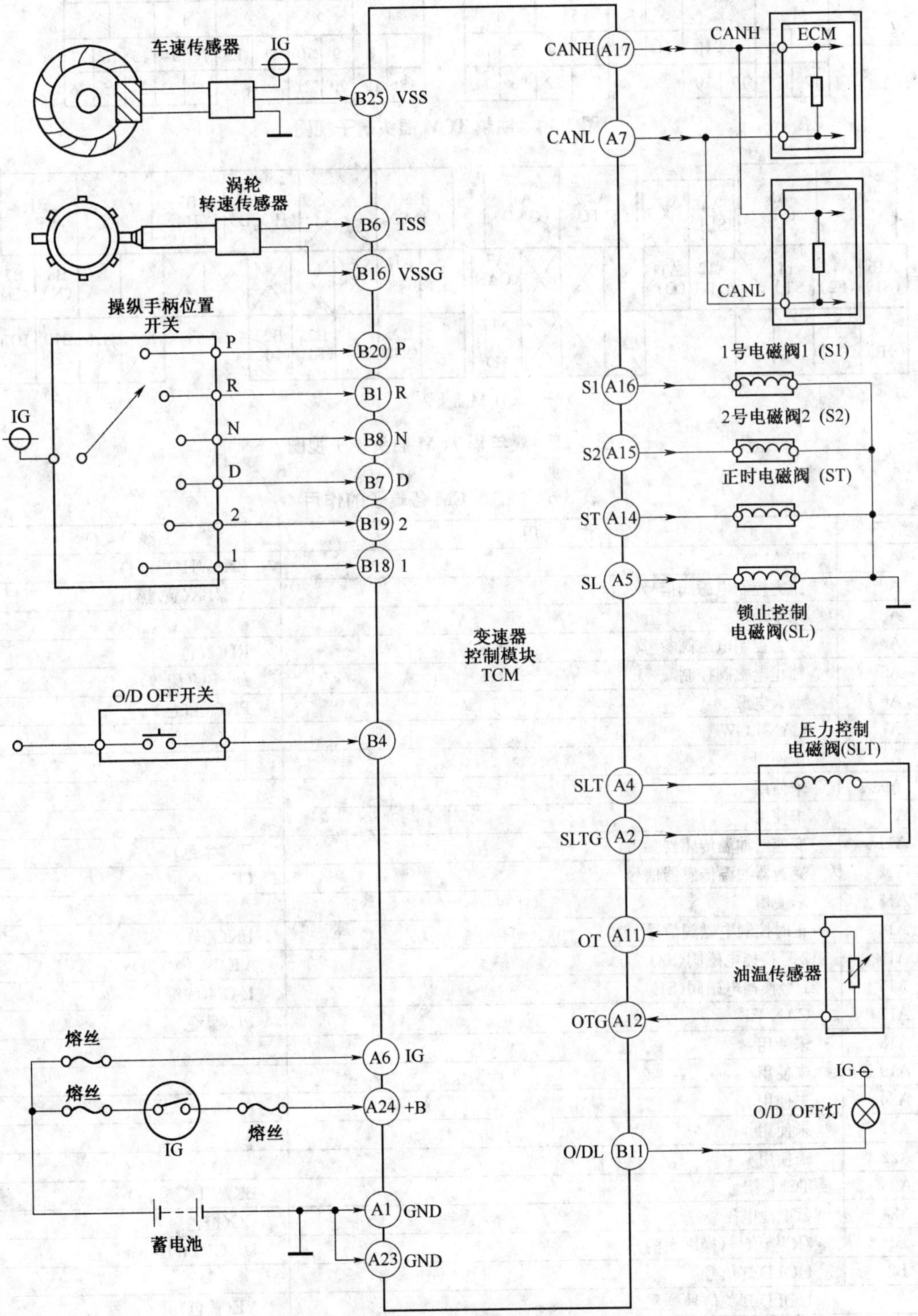

图 3-13 自动变速器电路图(嘉年华)

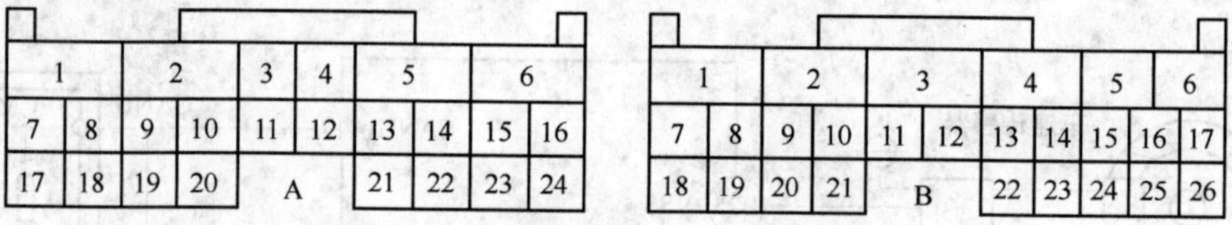

图 3-14 凯越 TCM 插头端子视图

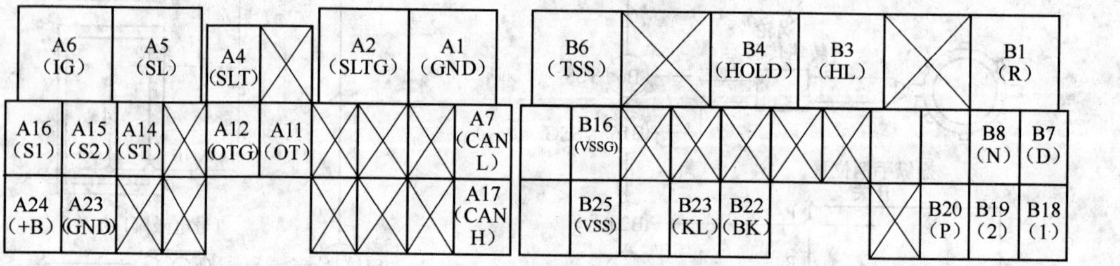

(TCM插头)

图 3-15 嘉年华 TCM 插头端子视图

表 3-6 凯越 TCM 各端子的作用

端子	作 用	线 色
A1	TCM 接地	BK/WH(黑/白)
A2	压力控制电磁阀信号	YE/BK(黄/黑)
A3	未使用	
A4	压力控制电磁阀参考	RD(红色)
A5	锁止电磁阀控制	D—BU(深蓝)
A6	点火电源	PK(粉红色)
A7	CAN LOW	YE(黄色)
A8	未使用	
A9	未使用	
A10	未使用	
A11	变速器油温传感器参考	PU(紫色)
A12	变速器油温传感器信号	OG/BK(橙/黑)
A13	未使用	
A14	正时控制电磁阀信号	PK(粉红)
A15	2 号换档电磁阀(S2)	YE/BK(黄/黑)
A16	1 号换档电磁阀(S1)	L-GN(浅绿)
A17	CAN Hi	PU(紫色)
A18	未使用	
A19	未使用	
A20	未使用	
A21	未使用	
A22	未使用	
A23	TCM 接地	BK/WH(黑/白)
A24	蓄电池电压	OG(橙色)
B1	“R”档信号(操纵手柄)	D—GN/WH(深绿/白)
B2	HOLD 灯信号	
B3	HOLD 开关信号	YE(黄色)
B4	未使用	D—GN/WH(深绿/白)
B5	未使用	
B6	输入轴速度传感器信号	D—BU/WH(深蓝/白)

续表 3-6

端子	作　用	线　色
B7	驻车/空档位置开关“D”档信号(操纵手柄)	WH(白色)
B8	驻车/空档位置开关“N”档信号(操纵手柄)	YE(黄色)
B9	未使用	
B10	未使用	
B11	未使用	
B12	未使用	
B13	未使用	
B14	未使用	
B15	未使用	
B16	输入轴速度传感器信号参考	YE/BK(黄/黑)
B17	未使用	
B18	驻车/空档位置开关“1”档信号(操纵手柄)	GY(灰色)
B19	驻车/空档位置开关“2”档信号(操纵手柄)	PK(粉红)
B20	驻车/空档位置开关“P”档信号(操纵手柄)	D－GN(深绿)
B21	未使用	
B22	制动开关信号	L－BU(浅蓝)
B23	数据连接插头信号	D－BU(深蓝)
B24	未使用	
B25	车速传感器信号	D－GN/WH(深绿/白)
B25	未使用	

表 3-7　嘉年华 TCM 各端子的作用

端子	作　用	端子	作　用
A1	TCM 接地	B1	“R”档信号(换档杆)
A2	压力控制电磁阀(－)	B2	未使用
A3	未使用	B3	未使用
A4	压力控制电磁阀(＋)	B4	未使用
A5	锁止电磁阀控制	B5	未使用
A6	点火电源	B6	涡轮转速传感器(TSS＋)
A7	CAN LOW	B7	“D”档信号(换档杆)
A8	未使用	B8	“N”档信号(换档杆)
A9	未使用	B9	O/D OFF 开关
A10	未使用	B10	未使用
A11	变速器油温传感器(－)	B11	O/D OFF 灯
A12	变速器油温传感器(＋)	B12	未使用
A13	未使用	B13	未使用
A14	正时控制电磁阀	B14	未使用
A15	2 号换档电磁阀(S2)	B15	未使用
A16	1 号换档电磁阀(S1)	B16	涡轮转速传感器(TSS－)
A17	CAN Hi	B17	未使用
A18	未使用	B18	“1”档信号(换档杆)
A19	未使用	B19	“2”档信号(换档杆)
A20	未使用	B20	“P”档信号(换档杆)
A21	未使用	B21	未使用
A22	未使用	B22	未使用
A23	TCM 接地	B23	未使用
A24	蓄电池电压	B24	未使用
A25	未使用	B25	车速传感器
A26	未使用	B25	未使用

(1)换档控制

变速器控制模块(TCM)根据不同行驶模式的换档方式，控制换档电磁阀S1和S2的接通(ON)或断开(OFF)，从而控制离合器和制动器的动作，使变速器处于适合的档位。在由N→D和N→R换档时，TCM通过控制压力调节电磁阀(SLT)，使变速器油压达到最佳。

(2)倒档抑制控制

81-40LE型自动变速器配有电子式安全联锁，在行驶时如果将操纵手柄突然拨到R档，在车辆前进速度大于9km/h时，变速器控制模块(TCM)能够控制正时电磁阀，以防止倒档啮合。

(3)变矩器离合器(TCC)锁止控制

为了提高驾驶性能和燃油经济性，变速器控制模块(TCM)主要根据车速和节气门开度信号，控制TCC锁止电磁阀的工作。嘉年华轿车在4档，节气门开度大于70%且油温高于20℃的条件情况，TCM控制锁止离合器工作。

(4)油压控制与管路压力学习控制

变速器控制模块(TCM)根据节气门开度、车速和换档来控制变速器油压。管路压力学习控制包括以下情况：

升档：该控制模式可感知施加在各离合器上的管路压力，以减小换高档时引起的换档振动。

4档换3档：该控制模式可感知施加在离合器C1上的管路压力，以减小4档换低档至3档时引起的换档振动。

3档换4档：该控制模式可根据正时电磁阀(ST)的工作情况，感知离合器C1接合时间，并为离合器C1提供油液，以减小3档换4档时引起的换档振动。

(5)N→D平稳控制

当变速器从N换到D档时，变速器控制模块(TCM)临时切换到2档，然后再控制1档啮合，以减少排档振动和平稳车辆。

(6)入档排档控制

当变速器从N或P、R切换到D、2、1或者从其他范围切换到R档时，变速器控制模块(TCM)会向发动机控制模块(ECM)发出降低转矩的信号，限制发动机转矩的增加，以减少因换档引起的振动，使换档更加平顺。

(7)数据匹配

在更换自动变速器或变速器控制模块(TCM)软件更新后，需清除适配数据并重新设置，进行数据匹配时，变速器油温范围为50℃≤油温<120℃，操作步骤如下：

升档：操纵手柄置于D档且各节气门开度为20%、40%、60%、80%、100%时，从1档、2档、3档分别换高档至2档、3档、4档并重复操作5次。

3档换档：操纵手柄置于D档且各节气门开度为20%、40%、60%、80%、100%时，从3档换高档至4档并重复操作5次。

4档降3档：持续加速，直至变速器处于D之4档，当车速分别为20～55km/h、55～70km/h、70～90km/h、90～125km/h、高于125km/h时，由4档强迫降档并重复操作5次。

(8)低温4档控制

当发动机冷却液温度低于65℃时，变速器不会升入4档，当发动机温度高于68℃时，变速器才会升入4档。对于别克凯越和雪佛兰乐骋，当变速器油温度低于规定的15°C(59°F)时，禁止升入4档。

(9)自诊断

变速器控制模块(TCM)持续监视各传感器、电磁阀和其他电气部件，当探测到上述任一部件出现故障时，将记忆相关故障码。如果故障符合点亮仪表板故障指示灯的条件，则TCM控制仪表面板上的“O/D OFF”闪亮，以提示驾驶人自动变速器出现故障。可用FORD公司专用故障检测仪WDS读取和

清除故障码。注意:使用给 TCM 断电的方法不能清除故障码

(10)保持模式(HOLD)

保持模式(HOLD)开关按钮位于操纵手柄旁边,如图3-16所示。在此模式下,变速器保持在特定的齿轮档,让自动变速器像手动变速器那样工作。要启用保持模式,按住控制台上的保持模式开关。仪表板上的保持模式指示灯点亮。再按一下开关则恢复正常模式,指示灯熄灭。如果仪表上的“HOLD”指示灯不是常亮而是闪亮,说明自动变速器控制系统有故障。当在打滑路面上起步困难时,请选择 HOLD(保持)和 D4 档位。车辆将从3档起步,从而减小打滑和牵引力损失。要恢复正常模式,再次按下开关。在 HOLD 模式下的档位变化见表 3-8。

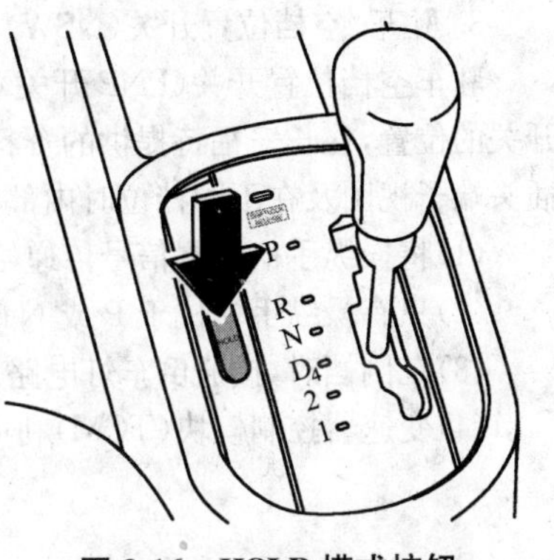

图 3-16　HOLD 模式按钮

表 3-8　HOLD 模式下的档位

操纵手柄位置	变速器内部档位	操纵手柄位置	变速器内部档位
D4	3 档	1	1 档
2	2 档		

(11)紧急模式

当变速器控制模块(TCM)探测与换档相关的故障时,进入紧急模式,TCM 给所有 4 个电磁阀断电,以保护变速器。不过车辆可以通过手动排档,驾驶到最近的修理厂。在紧急模式,操纵手柄处于不同位置时,变速器的实际档位见表 3-9。

表 3-9　紧急模式变速器实际档位

操纵手柄位置	P	R	N	D	2	1
实际档位	P	R	N	3	3	3

(12)CAN(控制器局域网络)通信

变速器控制模块(TCM)与发动机控制模块(ECM)之间的信息交换是通过 CAN(控制器局域网络)总线来实现的。TCM 接收和传输与 ECM 之间的某些信息,用以自动变速器的最优化控制。

①由 ECM 至 TCM 的信息:

—发动机转速

—发动机转矩控制

—节气门位置传感器信号

—发动机冷却液传感器信号

—进气温度传感器信号

—支管绝对压力传感器信号

—电子火花正时

—空调“ON”(接通)信号。

②由 TCM 至 ECM 的信息:

—发动机转矩减小控制请求

—车速传感器信号

—变速器油温传感器信号

—NSW 开关信号

—档位。

3. 驻车/空档位置开关(NSW)

驻车空档位置开关(PNP 开关)位于变速器外部,套在手动阀拨轴上,操纵手柄通过拉索控制 NSW 开关的位置,在长安福特提供的资料中,将 PNP 开关称为 NSW。PNP 开关的位置如图 3-17 所示,电气插头端子视图及在不同档位时内部状态如图 3-18 所示。驻车/空档位置开关(NSW)有如下作用:

(1)将操纵手柄位置信号传递给变速器控制模块(TCM)。

(2)只有操纵手柄位于 P 或 N 时才能起动发动机。

(3)在倒档时,接通倒车灯电路。

(4)变速器控制模块(TCM)利用该信息控制管路压力、锁止离合器工作及换档电磁阀的工作。

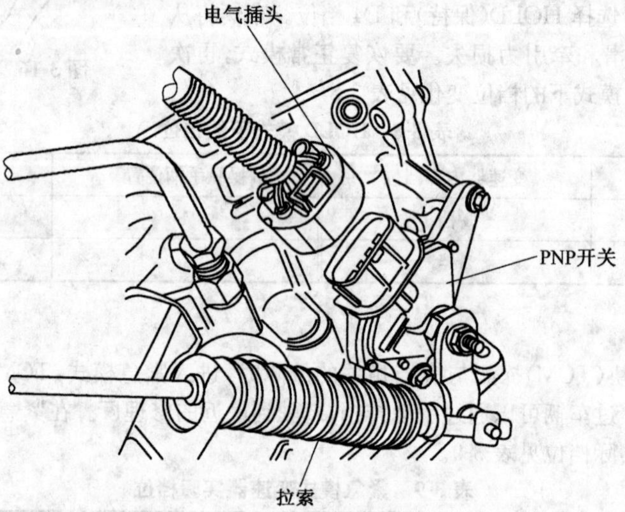

图 3-17　驻车/空档位置开关(NSW)

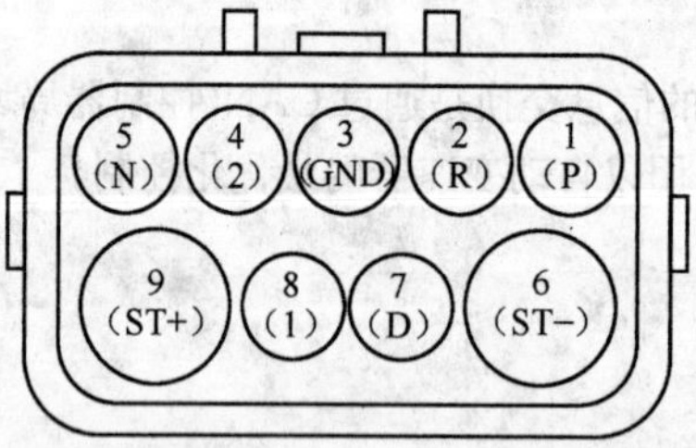

档位	起动机电路		指示器电路						
	ST+	ST−	IG	P	R	N	D	2	1
P	○	○	○	○					
R			○	—	○				
N	○	○	○	—	—	○			
D			○	—	—	—	○		
2			○	—	—	—	—	○	
1			○	—	—	—	—	—	○
极性	+	−	+	−	−	−	−	−	−

图 3-18　NSW 端子视图及作用

4. 输入速度传感器(ISS)

输入速度传感器(ISS)也称涡轮转速传感器(TSS),它位于变速器上部,位置如图 3-19 所示。涡轮转速传感器(TSS)是一个电磁式传感器,用于测量直接离合器 C2 鼓的转速,并将信号传递给自动变速器控制模块(TCM)。其基本构造是在永久磁铁上绕着线圈,输入轴带动离合器 C2 鼓旋转,每转一周在线圈中感应出 16 个交流电压转速信号。变速器控制模块(TCM)根据输入轴(ISS)和输出轴(OSS)转速信号计算齿轮传动比、换档控制、油压控制及变矩器离合器的锁止控制和判断变矩器锁止离合器的滑差。

5. 输出轴转速传感器(OSS)

输出轴转速传感器(OSS)也称车速传感器(VSS),它是一个霍尔式传感器,它根据差速器的转速来检测车速，其位置如图3-20所示。车速传感器(VSS)每转一周感应出4个脉冲信号，传递给变速器控制模块(TCM)和仪表。TCM根据车速信号来控制档位变换与变矩器的工作。

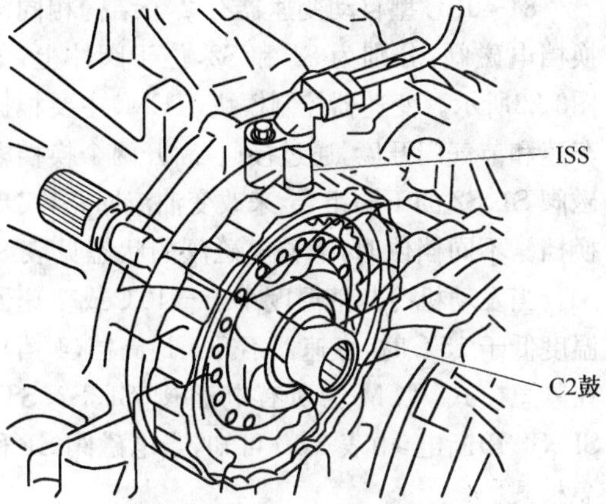

图3-19 输入速度传感器(ISS)

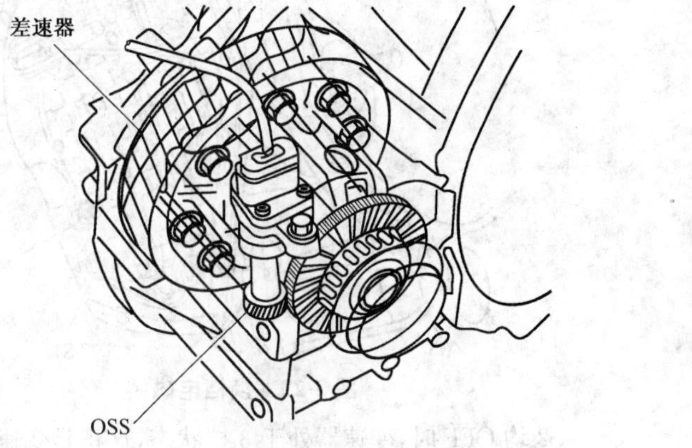

图3-20 输出轴转速传感器(OSS)

6. 压力控制电磁阀(PCS)

压力控制电磁阀(PCS)位于自动变速器阀体上，如图3-21所示。变速器控制模块(TCM)根据不同的行驶工况，以脉宽调制(PWM)的方式通过压力控制电磁阀来调节变速器油液压力，从而调节管路压力并减小换档引起的振动。

7. 变矩器离合器锁止电磁阀(TCC)

变矩器离合器锁止电磁阀(TCC)位于阀体上，是一个常开电磁阀，如图3-22所示。变矩器锁止离合器接合时，可以改善高速行驶时的燃油消耗与驾驶性能。TCM根据车辆速度和节气门开度来控制TCC电磁阀的工作。81-40LE型自动变速器只有在4档时，变矩器锁止离合器才锁止。在以下情况，变矩器锁止离合器不起作用：

图3-21 压力控制电磁阀

图3-22 变矩器离合器锁止电磁阀(TCC)

(1)在使用制动(制动开关接通ON)时。

(2)节气门开度为0时。

(3)发动机冷却液温度低于－40℃时。

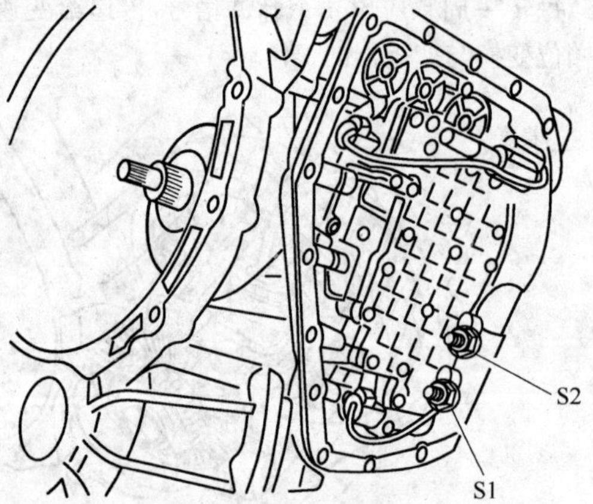

图 3-23 换档电磁阀

(4)变速器油温低于－40℃时。

8. 换档电磁阀

81-40LE型自动变速器有2个结构相同的换档电磁阀，分别为S1和S2，位于阀体上，如图3-23所示。变速器控制模块(TCM)主要根据车速和节气门开度，通过接通/断开两个换档电磁阀S1、S2的不同组合，来改变油液回路，实现换档。不同档位时，换档电磁阀的状态见表3-10。当发动机冷却液温度小于－40℃或变速器温度低于15℃时，变速器不升入最高档(4档)。在紧急模式，TCM为所有电磁阀(S1、S2、ST、SL、SLT)断电，由表3-10可知，当电磁阀S1和S2均OFF时，变速器处于3档状态，这正是变速器的应急模式。

表 3-10 不同档位时换档电磁阀的状态

档位	换档电磁阀1	换档电磁阀2	档位	换档电磁阀1	换档电磁阀2
1	ON	ON	4	OFF	ON
2	ON	OFF	P、R、N	ON	ON
3	OFF	OFF			

9. 自动变速器油液温度传感器(TFT)

自动变速器油液温度传感器(TFT)是一个负温度系统热敏电阻(NTC)，位于油底壳侧的阀体上，如图3-24所示。当油液温度升高时，TFT传感器阻值降低；油液温度降低时，TFT电阻值升高。油液温度传感器在不同温度下的阻值见表3-11。

表 3-11 TFT温度阻值特性

TFT温度(℃)	阻值(kΩ)	TFT温度(℃)	阻值(kΩ)
－30	44±6.6	110	0.274±0.016
10	6.45±0.64	145	0.111±0.006

10. 正时电磁阀(ST)

正时电磁阀位于阀体上，如图3-25所示。正时电磁阀用于控制前进档离合器C1油液的供给与排放，以缓解3-4换档时的冲击。正时电磁阀同时控制前进档离合器C1的工作压力，以与最佳工况相匹配。出于安全考虑，当车速超过9km/h时，防止倒档齿轮啮合。

二、液压控制部件

1. 自动变速器油泵

液压控制系统主要包括油泵与控制阀体，81-40LE型自动变速器油泵位于变矩器和变速器驱动桥壳体之间，由变矩器直接驱动。油泵通过滤清器吸入油液，并将油液输送到阀体等部件，作为液压控制系统和润滑、冷却油液的压力源，多余油液返回液压泵，油泵部件分解如图3-26所示。

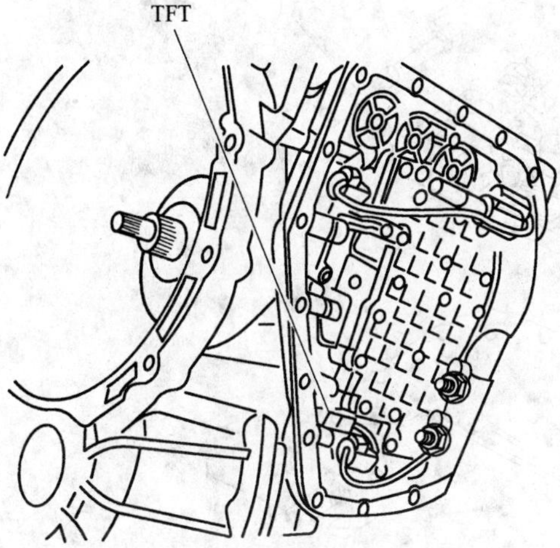

图 3-24　油液温度传感器(TFT)

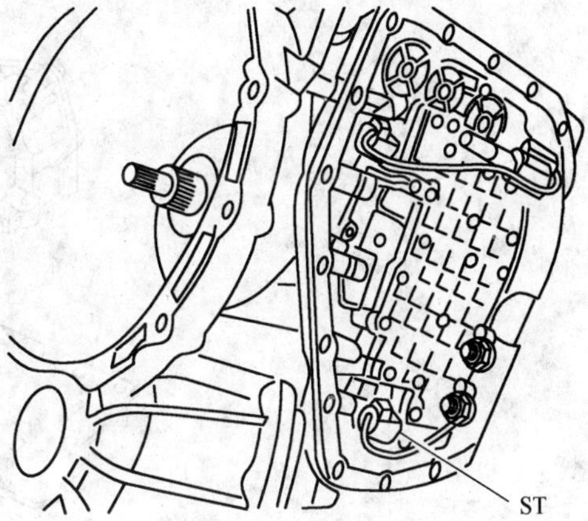

图 3-25　正时电磁阀

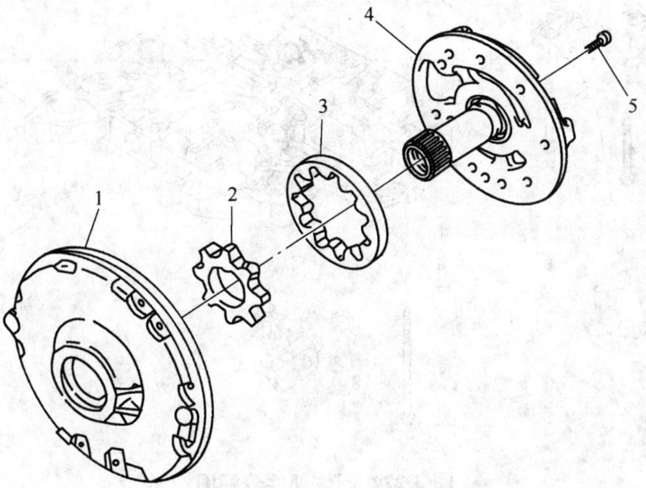

图 3-26　油泵部件分解图

1. 润滑油泵体　2. 驱动齿轮　3. 从动齿轮　4. 定子轴　5. 螺栓

2. 阀体

81-40LE 型自动变速器阀体由上、下两部分组成，如图 3-27 所示，阀体上安装有各电磁阀和变速器油温传感器，在阀体内部有各种机械阀，通过电磁阀的动作来控制机械阀的位置，从而产生操纵换档元件所需的管路压力。同时，阀体还可以保证电子部件出现故障时，变速器能进行简单操作行驶。阀体还用来控制变矩器锁止离合器的工作及变速器驱动桥内部的润滑及冷却油液的循环。

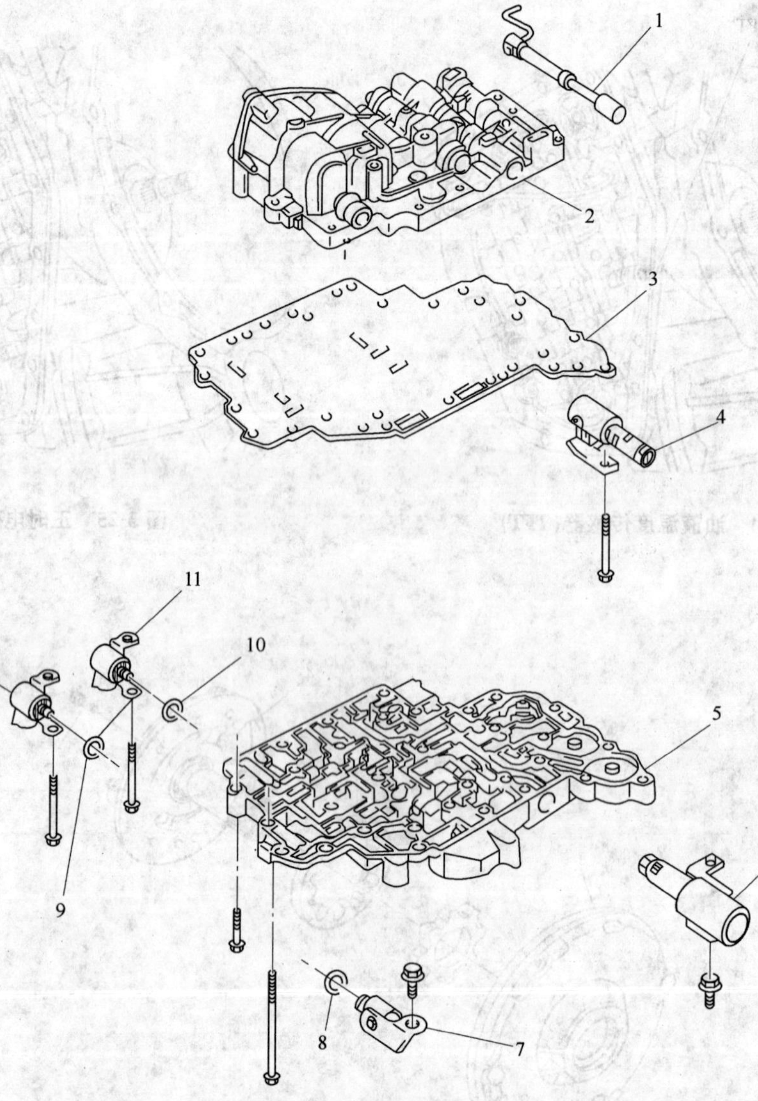

图 3-27　阀体部件分解图

1. 手动阀　2. 上阀体　3. 阀体隔板　4. 压力控制电磁阀　5. 下阀体　6. 锁止电磁阀
7. 正时电磁阀　8、9、10. O 形圈　11. 换档阀 S2　12. 换档阀 S1

第四节　自动变速器的维修

一、电控系统的维修

1. 81-40LE 自动变速器电控系统故障代码(DTC)表

81-40LE 自动变速器电控系统故障码可以用通用诊断仪 TECH2 或福特专用诊断工具 WDS 读取，08 款别克凯越(1.6L)自动变速器故障码见表 3-12 所示，嘉年华故障码说明及失效保护措施见表 3-13。

表 3-12　08 款别克凯越自动变速器故障码表

故障代码	含　义	类型
P0562	系统电压过低	B
P0563	系统电压过高	B
P0601	控制模块只读存储器(ROM)	A
P0604	控制模块随机存取存储器(RAM)	B
P0705	变速器档位开关电路	B
P0712	变速器油液温度(TFT) 传感器电路电压过低	A
P0713	变速器油液温度(TFT) 传感器电路电压过高	A
P0717	输入速度传感器电路电压过低 A	A
P0722	输出轴速度传感器电压过低	A
P0727	发动机转速信号	A
P0741	变矩器离合器(TCC) 系统-卡在断开位置	B
P0742	变矩器离合器(TCC) 系统-卡在接合位置	B
P0743	变矩器离合器电路	B
P0748	压力控制(PC) 电磁阀控制电路	A
P0751	1-2 档换档电磁阀(SS) 性能-无 1 档或 4 档齿轮	B
P0753	1-2 档换档电磁阀(SS) 控制电路	A
P0756	2-3 档换档电磁阀(SS) 性能-无 1 档或 2 档	B
P0758	2-3 档换档电磁阀(SS) 控制电路	A
P0785	3-2 档换档电磁阀(SS) 控制电路	A
P1701	发动机冷却液温度传感器	D
P1702	发动机速度信号故障	A
P1710	正时电磁阀电路	A
P1781	发动机转速信号故障	A
P1790	2 档制动器控制电磁阀	A
P1791	节气门位置信号故障	A
P1792	无发动机冷却液温度信号	D
U0001	CAN 总线错误	D

表 3-13　电控系统故障码说明(嘉年华)

<table>
<tr><th>故障码</th><th>故障电路</th><th>故障说明</th><th>失效保护</th></tr>
<tr><td>0974</td><td rowspan="3">1 号换档电磁阀(S1)电路</td><td>电源 B+短路、断路</td><td rowspan="2">无锁止,紧急模式</td></tr>
<tr><td>0973</td><td>地线短路</td></tr>
<tr><td>0972</td><td>S1 卡滞故障</td><td>—</td></tr>
<tr><td>0977</td><td rowspan="3">2 号换档电磁阀(S2)电路</td><td>电源 B+短路、断路</td><td rowspan="2">无锁止,紧急模式</td></tr>
<tr><td>0976</td><td>地线短路</td></tr>
<tr><td>0975</td><td>S2 卡滞故障</td><td>—</td></tr>
<tr><td>0788</td><td rowspan="2">正时电磁阀(ST)电路</td><td>电源 B+短路、断路</td><td rowspan="2">紧急模式</td></tr>
<tr><td>0787</td><td>地线短路</td></tr>
</table>

续表 3-13

故障码	故障电路	故障说明	失效保护
0740	锁止电磁阀(SL)电路	电源 B+短路、断路	无锁止,10km/h 以下 1 档
0743		地线短路	无锁止
0741		无锁止(SL 卡滞在关闭位置)	—
0742		全部锁止接通(SL 卡滞在接通位置)	
1747	压力控制电磁阀(SLT)电路	电源 B+短路	无锁止,无 4 档,紧急模式
1746		地线短路、断路	
0717	涡轮速度传感器(TSS)	无信号	无锁止,无 4 档
0722	车速传感器(VSS)	无信号	无锁止,无 4 档
0706	空档/起动开关(NSW)	短路	TCM 判断下列顺序优先:D＞2＞L＞R＞N＞P,无锁止,无 4 档
0707		无信号	
0712	ATF 温度传感器电路	地线短路	TCM 默认值为 200℃,无锁止,无 4 档
0713		断路	
A207	检查和错误	TCM 故障	紧急模式
E516	CAN 通信	CAN 母线断路故障	无锁止,无 4 档,TCM 判断发动机转速为 0
D900		无通信	
0727	CAN 通信	来自 ECU 的发动机速度信号故障	无锁止,无 4 档,TCM 判断发动机转速为 0
0115		来自 ECU 的冷却液温度信号故障	TCM 判断冷却液温度为 90℃
1719		来自 ECU 的发动机转矩信号故障	无锁止,无 4 档
5750		来自 ECU 的节气门开度信号故障	

2. 驻车/空档(P/N)开关的调整

在更换调整驻车/空档(P/N)开关后,需对其进行位置调整,调整步骤如下:

(1)将驻车/空档(P/N)开关安装到手动杆轴上,并临时固定两个调节螺栓。

(2)安装新的锁紧垫圈和螺母。

(3)临时安装控制杆。

(4)将控制杆沿逆时针方向转到底,然后再顺时针退转 2 个缺口,如图 3-28a 所示。

(5)拆卸控制杆。

(6)将槽和空档基线对准,如图 3-28b 所示,然后紧固 2 只固定螺栓至 5.4N·m。

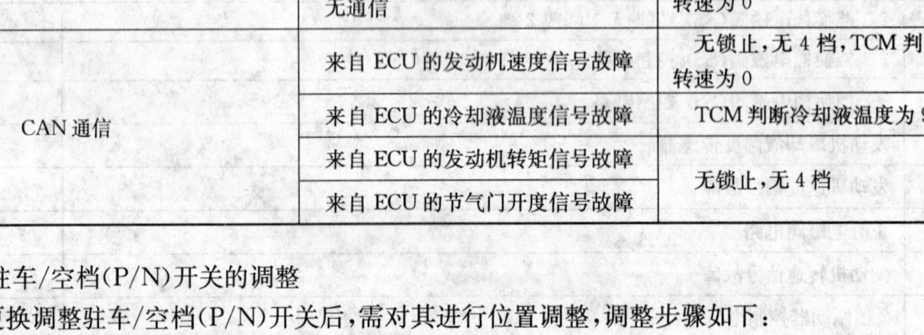

(a)　　(b)

图 3-28　驻车/空档(P/N)开关的调整

(7)用旋具将撬锁紧垫圈,锁紧螺母。

(8)安装控制杆、垫圈和螺母,紧固螺母至 12 N·m。

(9)连接并视情调整换档拉线。

(10)连接驻车/空档(P/N)开关电气插头。

(11)连接蓄电池负极接线。

3. 车速传感器(VSS)的检查

断开车速传感器插头,按图 3-29a 所示给车速传感器接 12V 电源,用万用表电压档测量图示端子,在转动从动齿轮时,电压表显示应在 0～12V 之间变化,每转一圈从动轴,应有 4 个脉冲。也可用示波器测量,正确的波形如图 3-29b 所示。

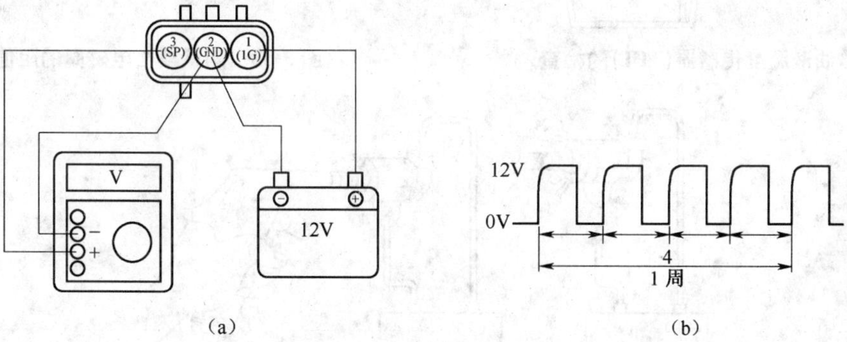

图 3-29　车速传感器的检查

(a)VSS 供电与检测　(b)VSS 测量波形

4. 输入速度传感器(ISS)的检查

输入速度传感器是电磁式传感器,可用万用表电阻档测量其阻值,以判断其好坏,如图 3-30 所示。在 20℃时,输入轴转速传感器阻值为 560～680Ω。

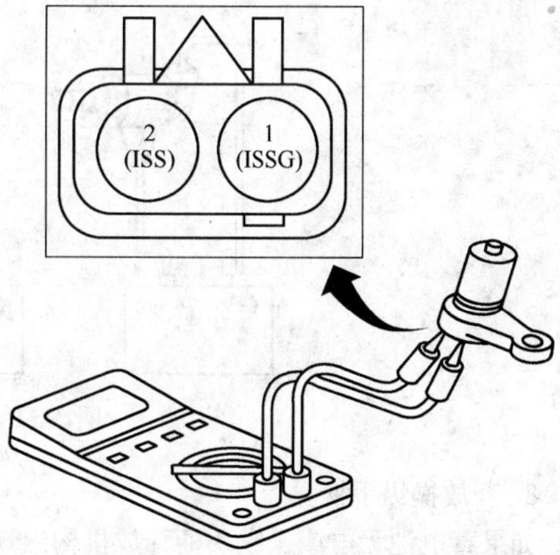

图 3-30　输入速度传感器(ISS)的检查

5. 自动变速器油液温度传感器(TFT)的检查

自动变速器油液温度传感器(TFT)是一个负温度系数热敏电阻(NTC),如图 3-31 所示,可用万用表电阻档测量其在不同温度下的电阻,以判断其好坏。油液温度传感器在不同温度下的阻值参见表 3-11。

6. 换档电磁阀(SS1、SS2)与正时电磁阀检查

换档电磁阀 SS1 和 SS2 的结构相同,可用万用表电阻档测量其阻值,以判断其好坏,如图3-32所示。在 20℃时,换档电磁阀阻值为 11～16Ω。正时电磁阀、变矩器锁止离合器控制电磁阀(TCC)的阻值与换档电磁阀相同。换档电磁阀是常开电磁阀,在电磁阀不通电时,压缩空气可以通过;电磁阀通电后,压缩空气不能通过,所以,可以据此判断其好坏,如图 3-33 所示。正时电磁阀是常闭电磁阀,故用压缩空气检查时,结果与换档电磁阀相反,如图 3-34 所示。

7. 压力控制电磁阀(PCS)

可用万用表电阻档测量压力控制电磁阀(PCS)的阻值,以判断其好坏,如图 3-35 所示。在 20℃时,压力控制电磁阀阻值为 5.0～5.6Ω。

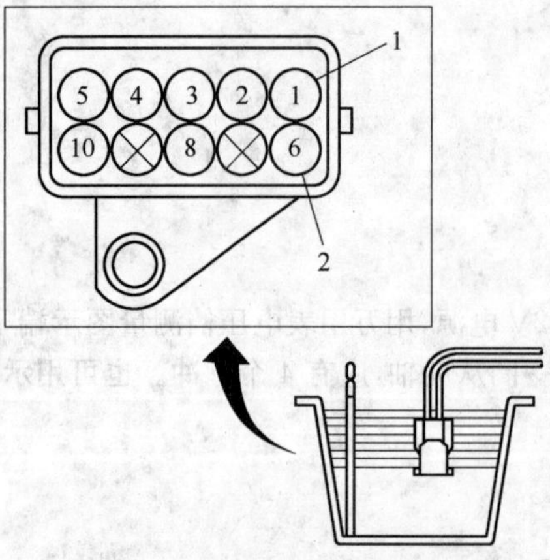

图 3-31　油液温度传感器(TFT)的检查

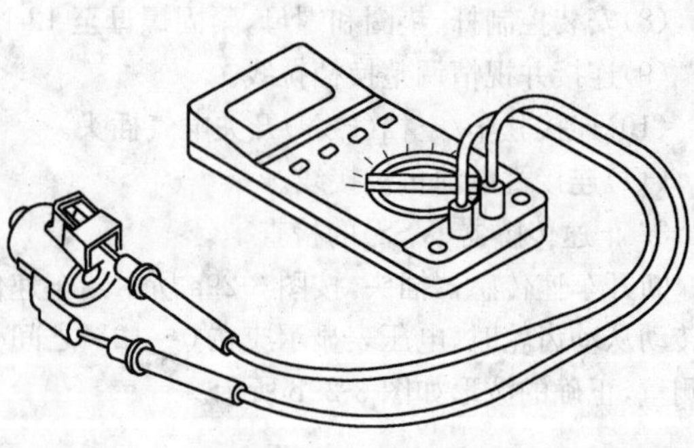

图 3-32　测量换档电磁阀的阻值

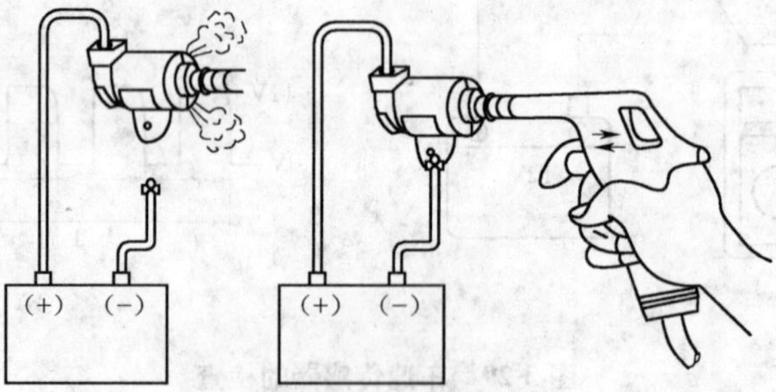

图 3-33　换档电磁阀的检查

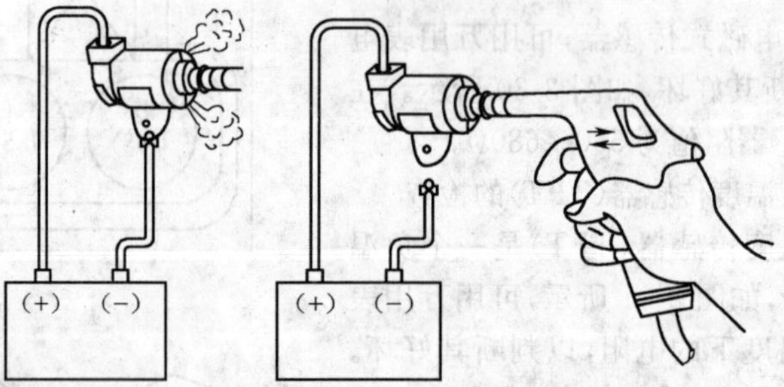

图 3-34　正时电磁阀的检查

8. 释放操纵手柄

如果蓄电池无电或操纵手柄释放机构出现故障，操纵手柄不能移离 P 位置时，可用点火钥匙插入位于中央操纵台右侧的缝隙中，同时将操纵手柄移出 P 档位置，如图 3-36 所示。如果车辆出现故障需拖车时，拖车速度不能超过 50km/h，拖车距离不可超过 50km，否则必须将车辆前轮抬离地面。

二、自动变速器解体前的检查

1. 检查自动变速器油

81-40LE 自动变速器检查油面时，变速器应为热状，油温为 70℃～80℃，把车辆停在一个平坦路面上，拉紧手刹车，踩住制动踏板，在所有的档位间切换并使操纵手柄在每个档位停留大约 3s，然后把操纵手柄移到 P 位，保持发动机怠速运转，取出油尺，液面应位于“HOT”范围。

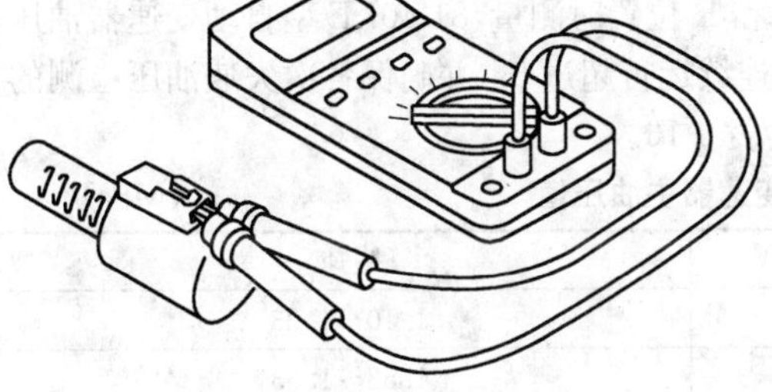

图 3-35　压力控制电磁阀的检查

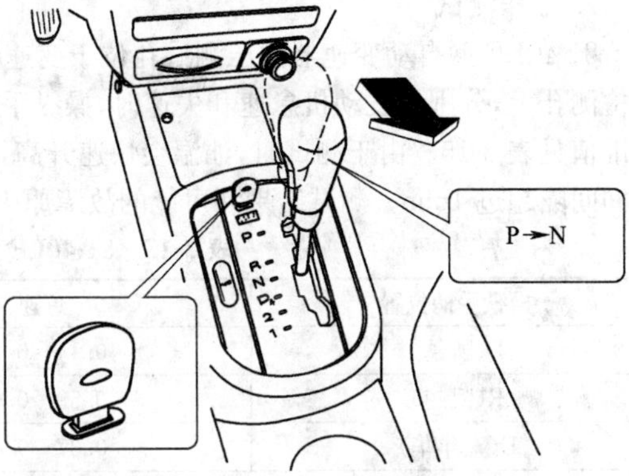

图 3-36　释放操纵手柄

2. 时滞检测

时滞检测也称时滞试验，它是指在发动机怠速状态下，操纵手柄由 N 到 D 或由 N 到 R 位时，可以感觉到车辆轻微振动的一段时间。81-40LE 型自动变速器时滞时间标准是：N→D 时滞时间间隔少于 0.7s，N→R 时滞时间间隔少于 1.2s。当进行时滞测试时，应保持间隔时间在 1min 以上，以避免剩余油压力的影响。时滞试验结果取三次测量的平均值。测量结果和可能的故障原因见表 3-12。

表 3-12　时滞试验结果与故障原因分析

试验结果	故障原因	试验结果	故障原因
N→D 时滞时间高于标准值	管路压力下降 检查压力控制电磁阀(PCST) 检查主调节阀 离合器 C1 故障打滑 正时电磁阀(ST)故障 D 档位油路有中泄漏	N→R 时滞时间高于标准值	管路压力下降 检查压力控制电磁阀(PCST) 检查主调节阀 离合器 C3 故障打滑 制动器 B3 故障打滑 R 档位油中有泄漏

3. 失速试验

进行失速试验的步骤是：变速器处于热状，同时使用脚制动器、驻车制动器和刹车块，分别在操纵手柄位于 R 和 D 位置时，将加速踏板踩到底，读取最大发动机转数。进行失速试验的时间不要超过 5s，各失速试验的间隔必须超过 1min，81-40LE 型自动变速器的标准失速转数为（2390±150）r/min。失速试验结果及可能的故障原因分析见表 3-14。

表 3-14　失速试验结果及故障原因分析

失速试验结果	故障原因	失速试验结果	故障原因
在 D 和 R 位，失速转速均低于标准值	发动机功率下降 变矩器单向离合器故障	只在 R 位失速转速高于标准值	管路压力下降 检查压力控制电磁阀(PCST) 检查主调节阀 倒档离合器 C3 故障打滑 倒档制动器 B3 故障
在 D 位，失速转速均高于标准值	管路压力下降 检查压力控制电磁阀(PCST) 检查主调节阀 前进档离合器 C1 故障打滑 单向离合器 F2 故障	在 D 和 R 位，失速转速均低于标准值	管路压力下降 检查压力控制电磁阀(PCST) 检查主调节阀 油泵故障 润滑油滤网堵塞 各档位油路有泄漏情况

4. 油压测试

81-40LE型自动变速器油压测试孔位于变速器左侧前下方，如图3-37所示。测量时将油压表连接到检测孔上，分别在发动机怠速和失速时，操纵手柄在D和R位置时测量，81-40LE型自动变速器油压标准值见表3-15。由于测试时，油温会快速升高，故不得连续运行超过5s，并确保各次失速油压检测的时间间隔超过1min。测试结果和可能的故障原因分析见表3-16。

表3-15　81-40LE型自动变速器主油压值　(MPa)

操纵手柄位置	怠速	失速
D(凯越)	0.14～0.37	1.10～1.23
R(凯越)	0.59～0.68	1.58～1.83
D(嘉年华)	0.37～0.41	1.05～1.17
R(嘉年华)	0.59～0.68	1.58～1.83

表3-16　油压测试结果和故障原因分析

失速油压测试结果	故障原因	失速油压测试结果	故障原因
在D和R档，均高于标准值	管路压力控制电磁阀(PCS)故障 主调压阀故障	只在D档时低于标准值	D液压回路故障 前进档离合器C1故障
在D和R档，均低于标准值	管路压力控制电磁阀(PCS)故障 主调压阀故障 润滑油泵故障 润滑油滤网堵塞 各档位油路中有泄漏	只在R档时低于标准值	R液压回路故障 倒档离合器C3故障 倒档制动器B3故障

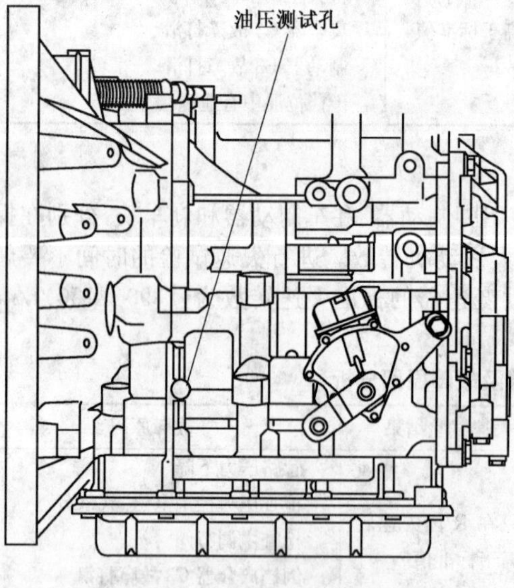

图3-37　油压测试孔的位置

5. 路试

路试的目的是验证并准确诊断故障症状，路试时变速器油温应处于热状。将操纵手柄移至D档，进行换档点试验，检查升档、降档、换低档和变矩器锁止机构的工作是否正常；检查发动机制动工作是否正常；检查变速器是否有异常振动、噪声和行驶不平顺。凯越轿车81-40LE型自动变速器换档曲线见图3-38，供路试时参考。

三、故障诊断

1. 车辆不能移动或驱动打滑

(1)变矩器故障。

(2)阀体故障。

(3)变速器内部机械故障，如离合器或制动器烧损打滑。

(4)压力控制电磁阀及其电路故障。

(5)正时电磁阀电路故障。

(6)变速器控制模块(TCM)故障。

(7)换档索线或档位开关调整不当。

(8)自动变速器没有油压或不足，检查自动变速器油是否正常、油面是否过低、滤清器是否堵塞、变速器油是否进入冷却液。

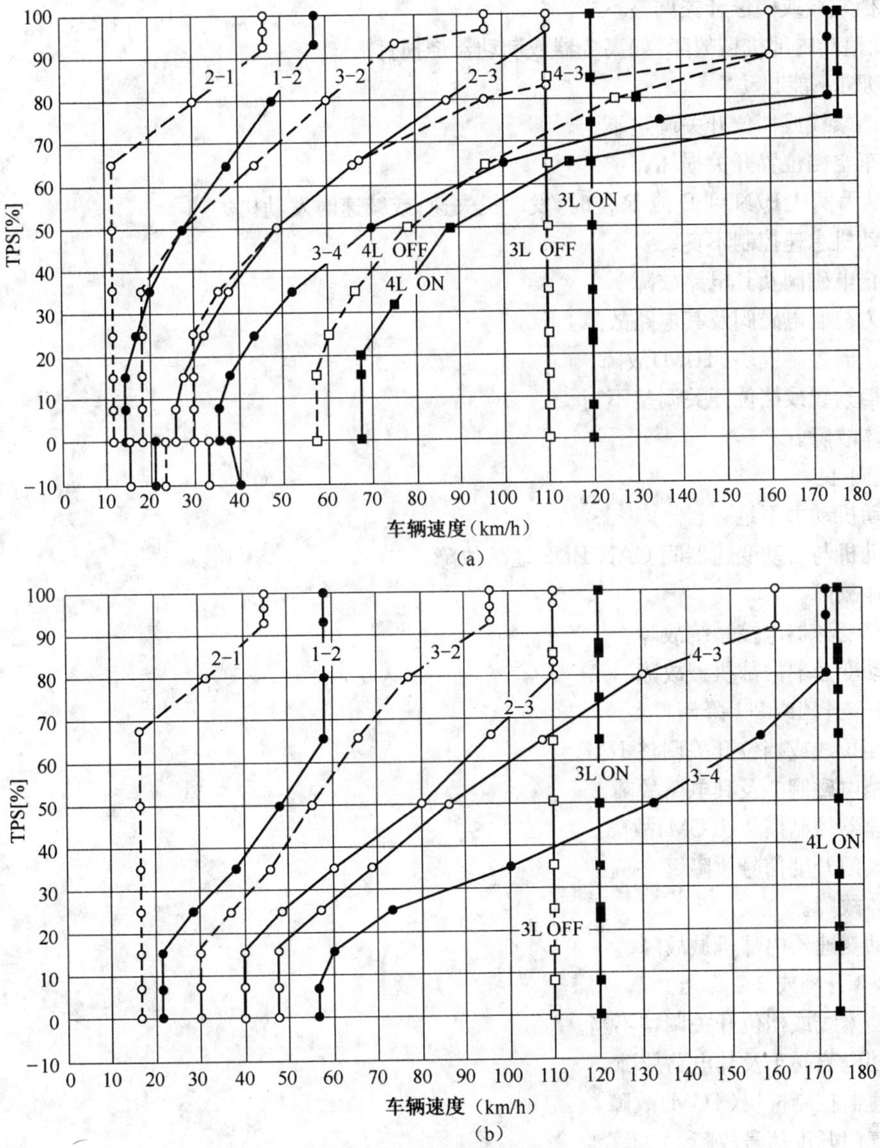

图 3-38 凯越换档曲线

(a)经济模式 (b)动力模式

2. 加速打滑

(1)自动变速器油压不足，检查自动变速器油是否正常、油面是否过低、滤清器是否堵塞、变速器油是否进入冷却液。

(2)变矩器故障。

(3)换档电磁阀 1、2 及其电路故障。

(4)正时电磁阀及其电路故障。

(5)锁止电磁阀及其电路故障。

(6)压力控制电磁阀及其电路故障。

(7)正时电磁阀电路故障。

(8)变速器控制模块(TCM)故障。

(9)换档索线或档位开关调整不当。

(10)变速器内部机械故障,如离合器或制动器烧损打滑。

3. 发动机不能起动

(1)换档索线或档位开关调整不当。

(2)驻车空档位置开关损坏。

4. 操纵手柄从P/N到D或R位时,发动机失速;或减速时发动机失速

(1)发动机怠速控制不良。

(2)锁止电磁阀及其电路故障。

(3)压力控制电磁阀及其电路故障。

(4)变速器控制模块(TCM)故障。

(5)换档索线或档位开关调整不当。

(6)阀体故障。

5. 加速不良

(1)发动机动力不足。

(2)发动机与自动变速器间CAN BUS通信故障。

(3)阀体故障。

(4)自动变速器电控系统故障。

(5)自动变速器内部机械故障。

6. 无1-2升档或2-1降档

(1)换档拉线或档位开关调整不当。

(2)换档电磁阀2及其电路故障。

(3)变速器控制模块(TCM)故障。

(4)节气门开度信号故障。

(5)阀体故障。

(6)自动变速器内部机械故障。

7. 无2-3升档或3-2降档

(1)换档索线或档位开关调整不当。

(2)换档电磁阀1及其电路故障。

(3)变速器控制模块(TCM)故障。

(4)节气门开度信号故障。

(5)阀体故障。

(6)自动变速器内部机械故障。

8. 无3-4升档或4-3降档

(1)换档索线或档位开关调整不当。

(2)换档电磁阀1及其电路故障。

(3)换档电磁阀2及其电路故障。

(4)变速器控制模块(TCM)故障。

(5)节气门开度信号故障。

(6)阀体故障。

(7)自动变速器内部机械故障。

9. 不能锁止

(1)锁止电磁阀及其电路故障。

(2)制动开关及其线路故障。
(3)变速器控制模块(TCM)故障。
(4)节气门开度信号故障。
(5)阀体故障。
10. 不能强制降档
(1)输出速度传感器信号故障。
(2)换档电磁阀 1 及其电路故障。
(3)换档电磁阀 2 及其电路故障。
(4)正时电磁阀及其线路故障。
(5)压力控制电磁阀及其线路故障。
(6)变速器控制模块(TCM)故障。
(7)节气门开度信号故障。
11. 换档点不正确
(1)输出速度传感器信号故障。
(2)换档索线或档位开关调整不当。
(3)压力控制电磁阀及其线路故障。
(4)变速器控制模块(TCM)故障。
(5)阀体故障。
12. 换档感觉生硬
(1)发动机故障。
(2)输入速度传感器故障。
(3)变速器油温传感器及其线路故障。
(4)换档电磁阀 1 及其电路故障。
(5)换档电磁阀 2 及其电路故障。
(6)正时电磁阀及其线路故障。
(7)压力控制电磁阀及其线路故障。
(8)锁止电磁阀及其线路故障。
(9)变速器控制模块(TCM)故障。
(10)发动机水温信号不良。
(11)阀体故障。
(12)自动变速器油液型号不正确,或油面不正确。

四、结构与装配

(1)壳体部件分解如图 3-39 所示。
(2)内部机械部件分解如图 3-40 所示。
(3)差速器部件分解如图 3-41 所示。
(4)上阀体滑阀分解如图 3-42 所示,下阀体滑阀分解如图 3-43 所示,上阀体中的单向球阀位置如图 3-44 所示。
(5)内部轴承和垫圈的位置及方向见图 3-45,规格见表 3-17。

五、自动变速器的解体

(1)从汽车上拆下自动变速器驱动桥。

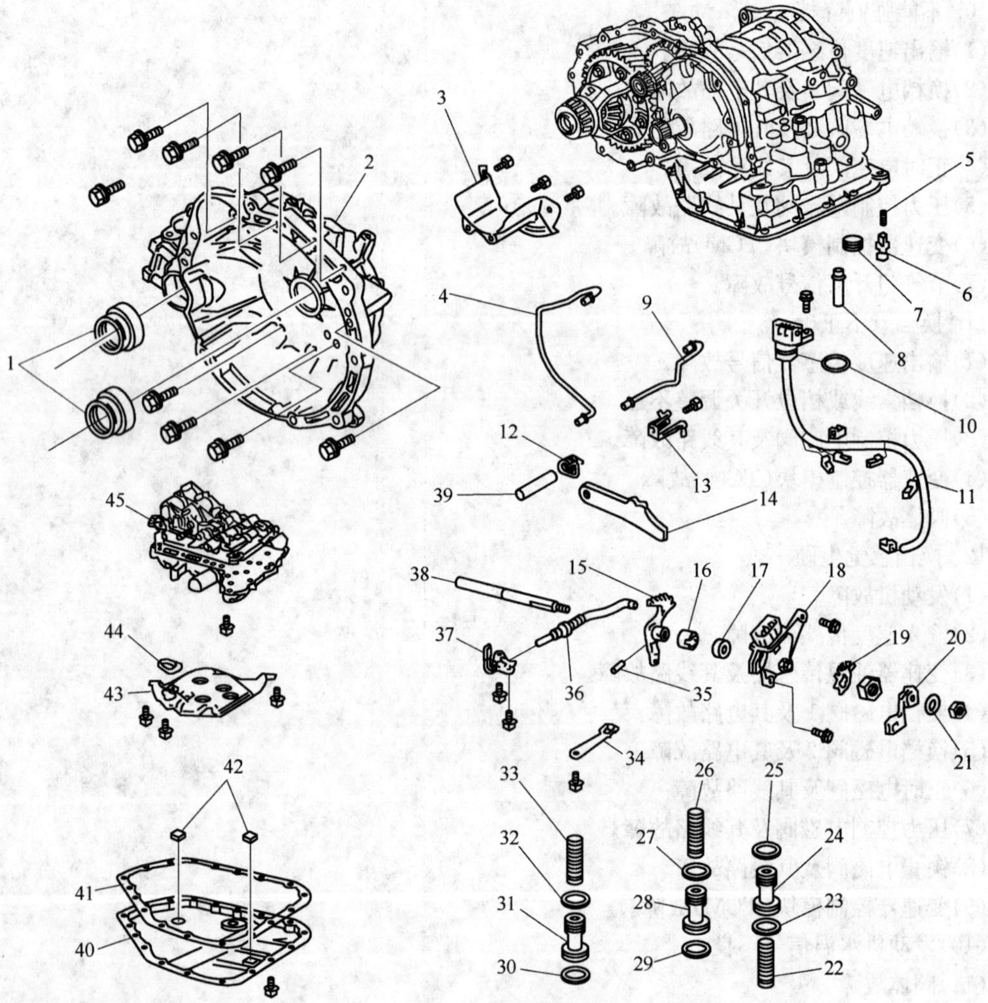

图 3-39 壳体部件分解图

1、17. 油封 2. 变速驱动桥外壳 3. 储油罐板 4. 变速驱动桥供油管 5、22、26、33. 弹簧 6. 单向阀管卡箍 7. 密封衬垫 8. 制动鼓衬垫 9. 差速器齿轮供油管 10、23、25、27、29、30、32. O形圈 11. 变速驱动桥导线 12. 扭力弹簧 13. 变速驱动桥供油管卡箍 14. 驻车锁爪 15. 手动阀操纵杆 16、21. 垫圈 18. 驻车/空档位置开关 19. 锁紧垫圈 20. 操纵杆 24. 超速档制动器储能器活塞 28. 前进档离合器储能器活塞 31. 直接档离合器储能器活塞 34. 手动锁止弹簧 35. 销 36. 驻车锁定杆 37. 驻车锁爪轴 38. 手动阀操纵杆轴 39. 驻车锁爪托架 40. 储油盘 41、44. 衬垫 42. 磁铁 43. 润滑油滤网 45. 阀体

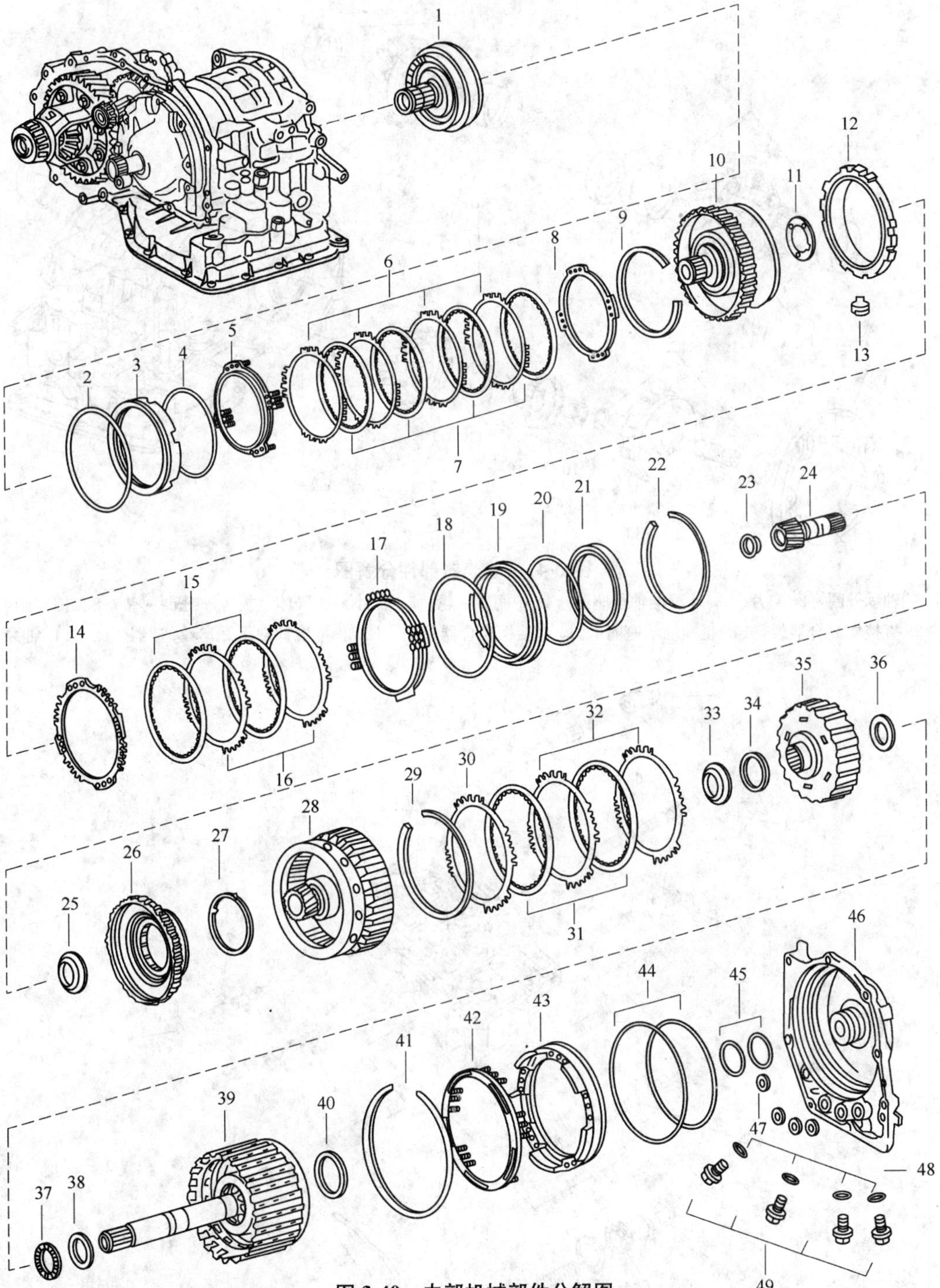

图 3-40　内部机械部件分解图

1. 行星齿圈　2、4、18、20、44、48. O形圈　3. 1档和倒档制动器活塞　5. 1档和倒档制动器活塞回位弹簧　6、7、15、31. 离合器盘　8、14、30. 法兰　9、22、29、41. 弹簧卡环　10. 行星齿轮　11、27. 止推垫圈　12. 2号单向离合器　13. 抗振卡夹　14. 法兰　15. 离合器盘　16、32. 离合器片　17. 2档制动器活塞回位弹簧　19. 2档制动器活塞　21. 2档制动器离合器油缸　23、25、33、36、38. 止推轴承座圈　24. 前行星太阳齿轮　26. 单向离合器总成　28. 后行星太阳齿轮　34、37、40. 止推滚针轴承　35. 前进档离合器毂　39. 前进档和倒档离合器总成　42. 超速档制动器回位弹簧　43. 超速档制动器活塞　45. 密封圈　46. 变速驱动桥后盖　47. 密封衬垫　49. 螺塞

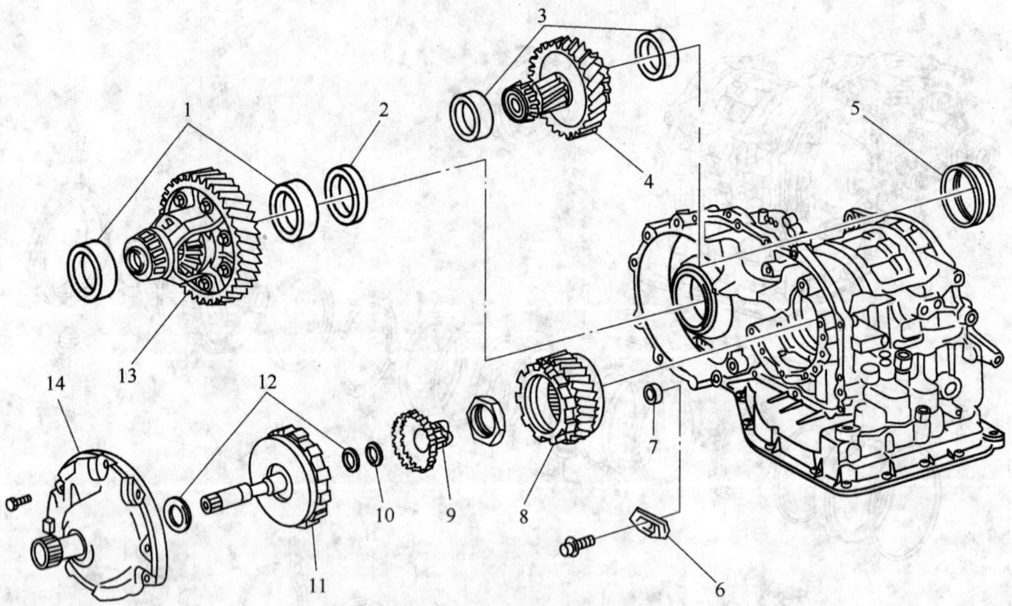

图 3-41 差速器部件分解图

1. 侧轴承外圈 2. 垫片 3. 外滚锥轴承座圈 4. 中间轴齿轮 5. 油封 6. 壳体盖板 7. 密封衬垫 8. 中间轴齿轮 9. 直接档离合器毂 10. 止推轴承座圈 11. 直接档离合器总成 12. 止推滚针轴承 13. 差速器壳体 14. 油泵

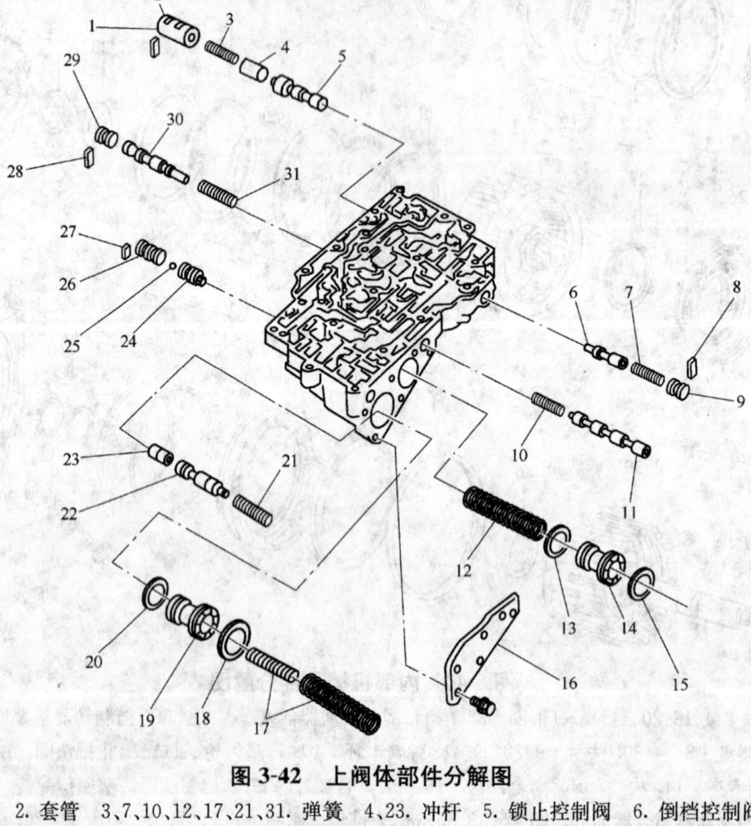

图 3-42 上阀体部件分解图

1、8、27、28. 键 2. 套管 3、7、10、12、17、21、31. 弹簧 4、23. 冲杆 5. 锁止控制阀 6. 倒档控制阀 9、29. 孔塞 11. 3-4 换档阀 13、15、18、20. O 形圈 14. 倒档离合器储能器活塞 16. 上阀体盖 19. 2 档离合器储能器活塞 22. 3-4 换档正时阀 24. 1 号单向阀 25. 钢球 26. 2 号单向阀 30. 辅助调节阀

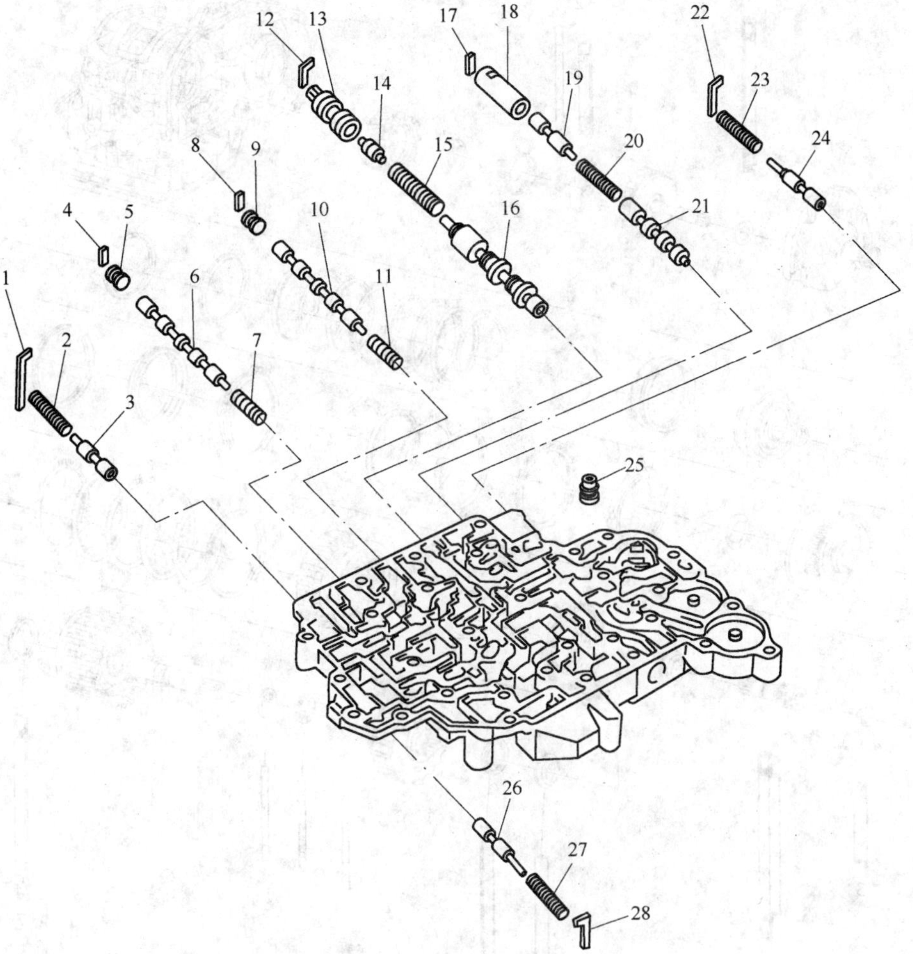

图 3-43　下阀体部件分解图

1、4、8、12、17、22、28. 键　2、7、11、15、20、23、27. 弹簧　3. 4-3 换档正时阀　5、9. 孔塞　6. 2-3 换档阀　10. 1-2 换档阀　13、18. 套管　14、19. 冲杆　16. 主调节阀　21. 锁止中继阀　24. 电磁调节阀　25. 电磁阀润滑油滤网　26. 下调节阀

图 3-44　单向球阀的位置

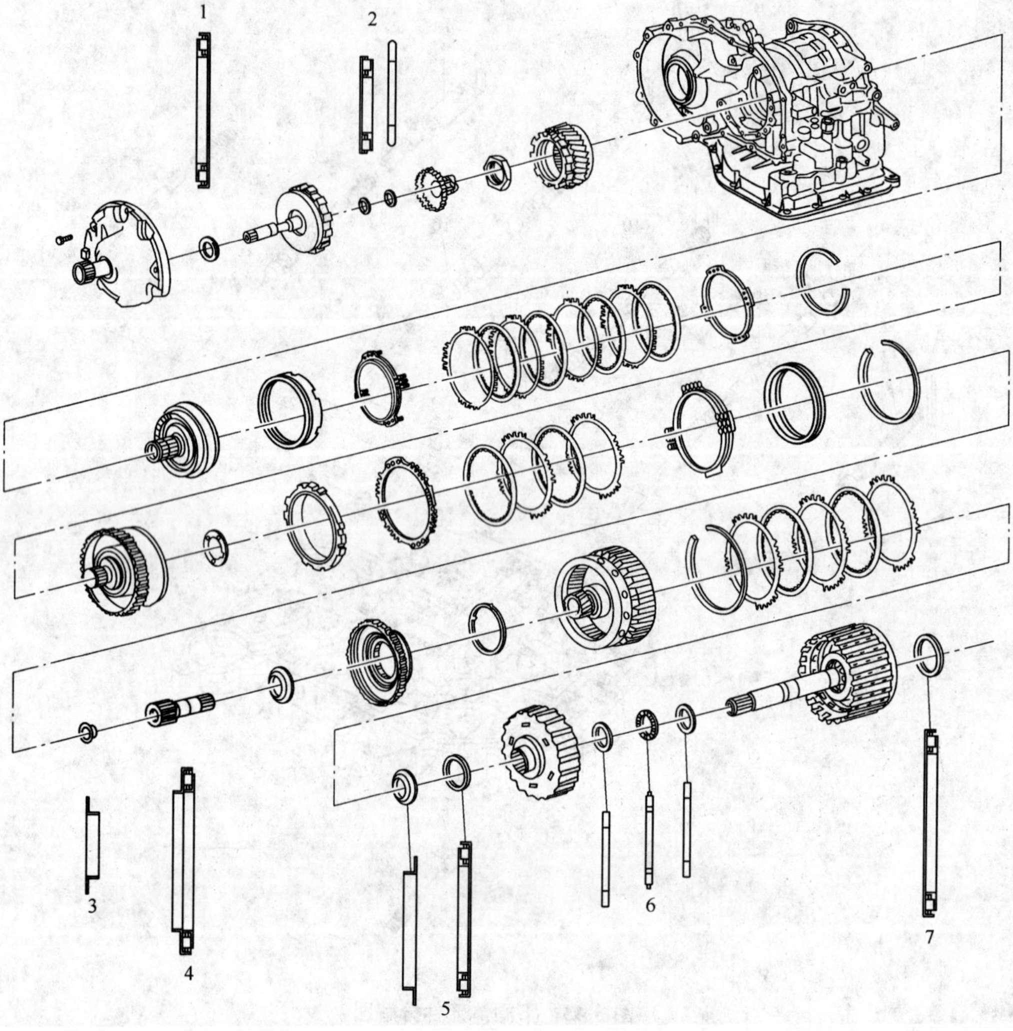

图 3-45 轴承及垫圈位置图

表 3-17 内部轴承和垫圈的规格

标号	前圈直径		止推轴承直径		后圈直径	
	内	外	内	内	外	内
1			32.5	48.5		
2			17.8	30.2	20.5	32.6
3	19.3	29.0				
4			42.5	57.5		
5	34.95	45.50	33.3	46.5		
6	19.3	30.6	18.1	29.6	18.1	28.2
7			43.2	62.0		

(2)用专用工具 DT46469-2 或合适工具将自动变速器安装在可翻转支架上，如图 3-46 所示。

(3)拆卸驻车空档位置(PNP)开关。

(4)如图 3-47a 所示，拆卸 2 个变速器壳体连接螺栓及 O 形密封圈。

(5)拆卸图 3-47b 所示的螺塞及 O 形密封圈。

(6)拆卸固定螺栓，拆卸输入轴转速(ISS)传感器。

(7)拆卸通气塞和 O 形圈。

(8)拆卸固定螺栓，拆卸输出轴转速传感器(OSS)。

(9)拆卸油底壳及衬垫。

(10)拆卸 3 只固定螺栓，取下润滑油滤清器，从滤清器上拆卸衬垫。

(11)拆卸油温传感器及卡箍。

(12)断开 5 个电磁阀电气插头，位置如图 3-48 所示。

(13)支撑阀体并拆卸 14 个固定螺栓，拆卸手动阀控制杆，取下阀体。

(14)如图 3-49 所示，拆卸单向阀和弹簧。

(15)如图 3-50 所示，拆卸制动鼓衬垫。

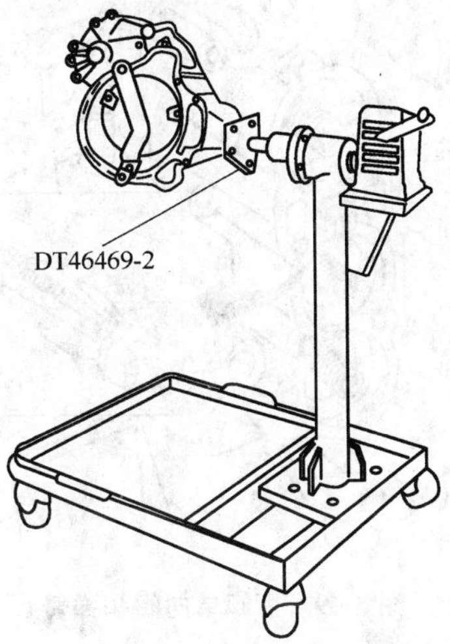

图 3-46　自动变速器安装在支架上

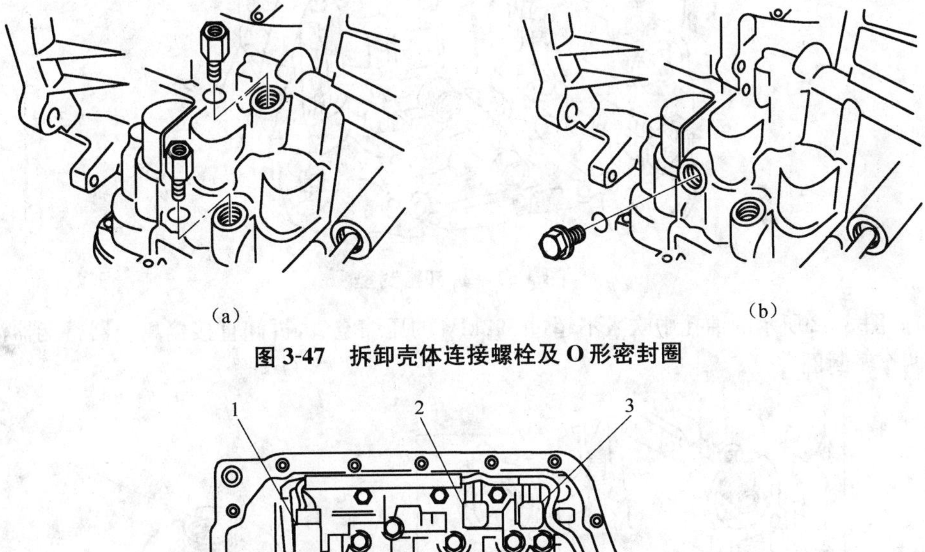

图 3-47　拆卸壳体连接螺栓及 O 形密封圈

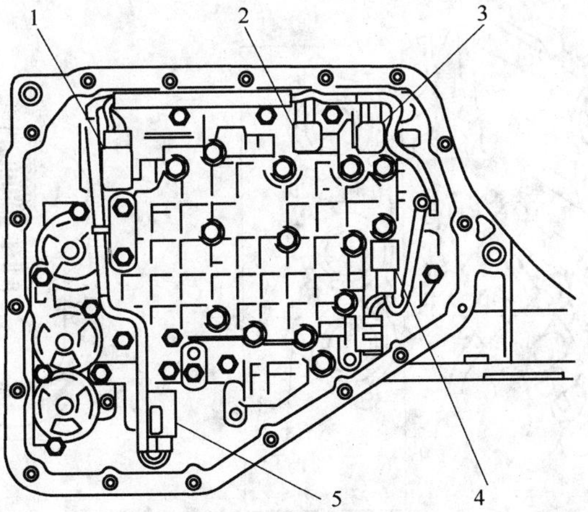

图 3-48　断开电磁阀电气插头

1. 压力控制电磁阀(PCS)　2. 2 号换档电磁阀(SS2)　3. 1 号换档电磁阀(SS1)　4. 正时电磁阀　5. 锁止控制电磁阀(TCC)

(16)如图 3-51 所示，拆卸密封垫。

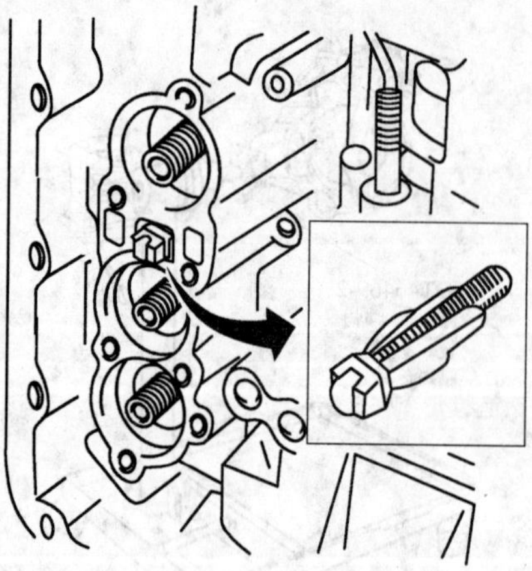

图 3-49 拆卸单向阀和弹簧

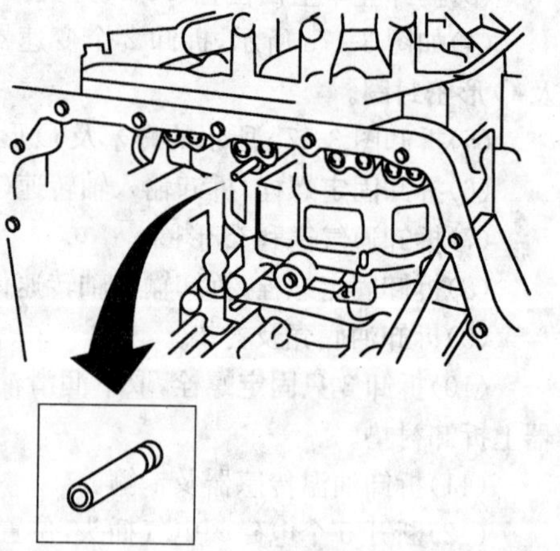

图 3-50 拆卸制动鼓衬垫

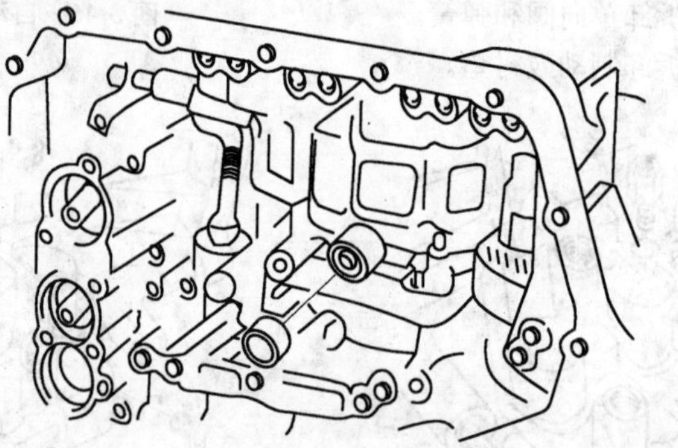

图 3-51 拆卸密封垫

(17)向图 3-52 所示的油孔中吹入不超过 392kPa 的压缩空气，拆卸直接档离合器蓄能器活塞和弹簧，取下两个密封圈。

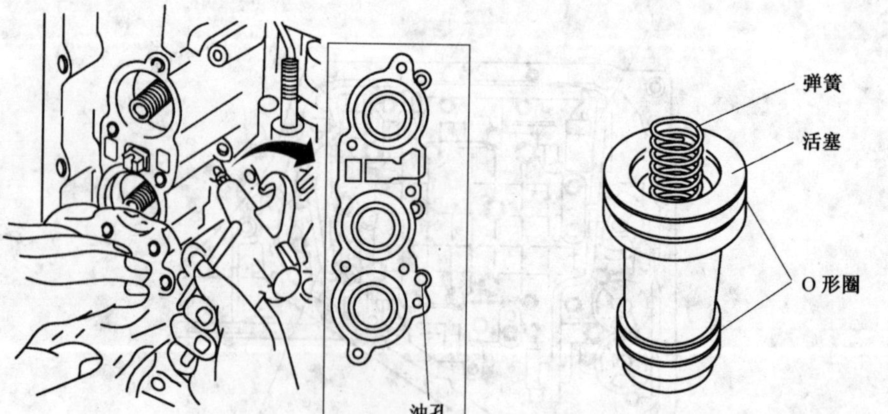

图 3-52 拆卸直接档离合器蓄能器活塞

(18)向图 3-53 所示的油孔中吹入不超过 392kPa 的压缩空气，拆卸前进档离合器蓄能器活塞和弹簧，取下两个密封圈。

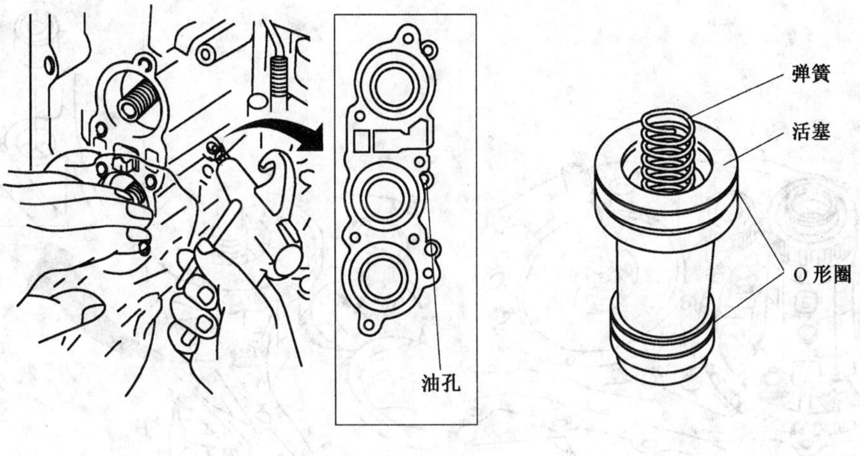

图 3-53　拆卸前进档离合器蓄能器活塞

(19)向图 3-54 所示的油孔中吹入不超过 392kPa 的压缩空气，拆卸超速/2 档制动器蓄能器活塞和弹簧，取下两个密封圈。

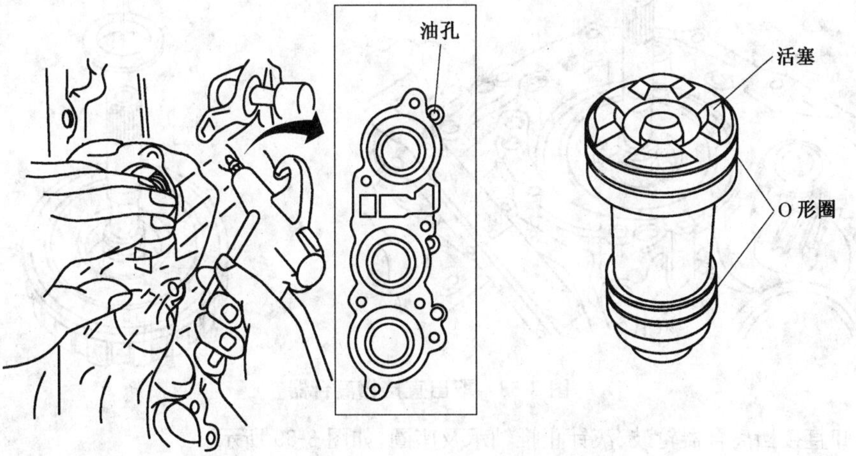

图 3-54　拆卸超速/2 档制动器蓄能器活塞

(20)拆卸自动变速器电气线束。

(21)拆卸 16 个螺栓，用塑料锤轻敲并拆卸自动变速器外壳。

(22)如图 3-55 所示设置百分表，测量杆与输入轴端部接触，上下移动输入轴，测量端隙值应为 0.3～0.9mm。

(23)拆卸 6 只润滑油泵螺栓，取下润滑油泵。

(24)如图 3-56 所示，取出差速器总成。

(25)取下图 3-57 所示的密封垫。

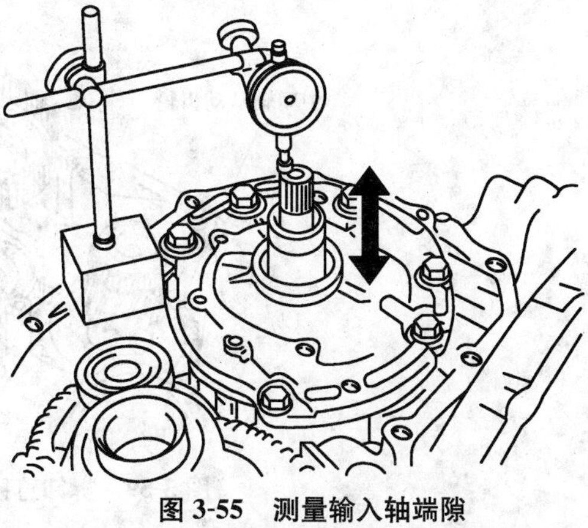

图 3-55　测量输入轴端隙

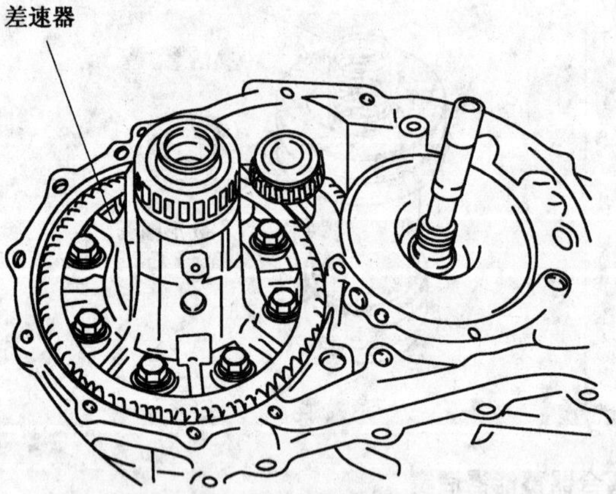

图 3-56 取出差速器总成

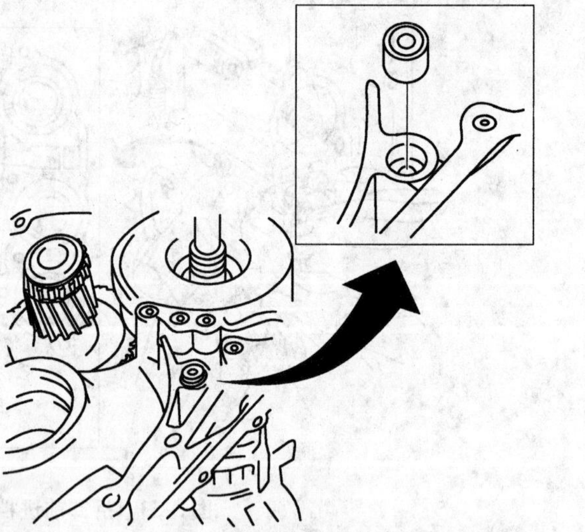

图 3-57 取下密封垫

(26)取出直接档离合器总成，从直接档离合器总成上取下滚针止推轴承，如图 3-58 所示。

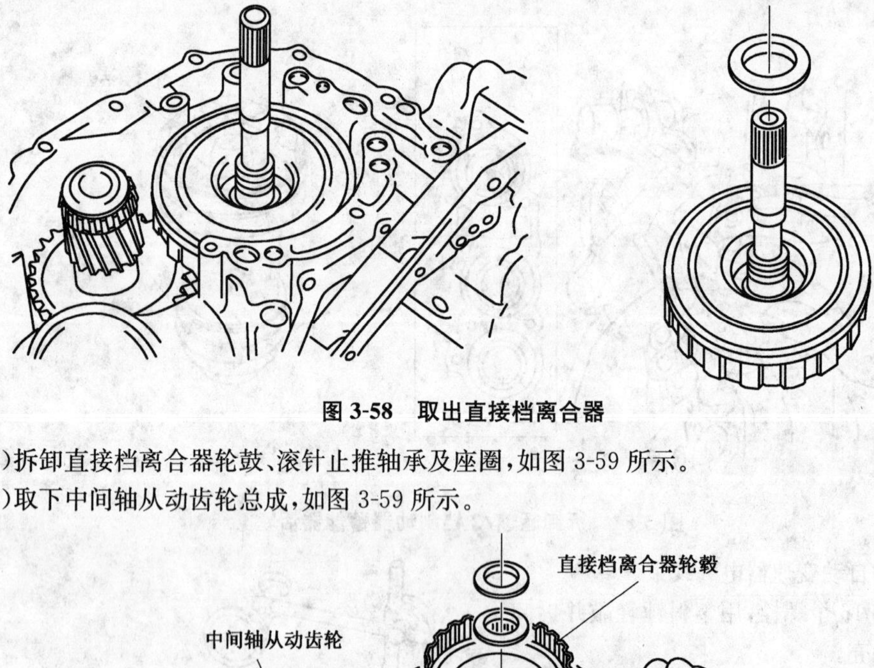

图 3-58 取出直接档离合器

(27)拆卸直接档离合器轮鼓、滚针止推轴承及座圈，如图 3-59 所示。
(28)取下中间轴从动齿轮总成，如图 3-59 所示。

图 3-59 拆卸直接档离合器轮毂

(29)拆卸 9 个变速器后盖螺栓,用塑料锤轻敲并拆卸后盖,如图 3-60a 所示。然后取下图3-60b所示密封圈。

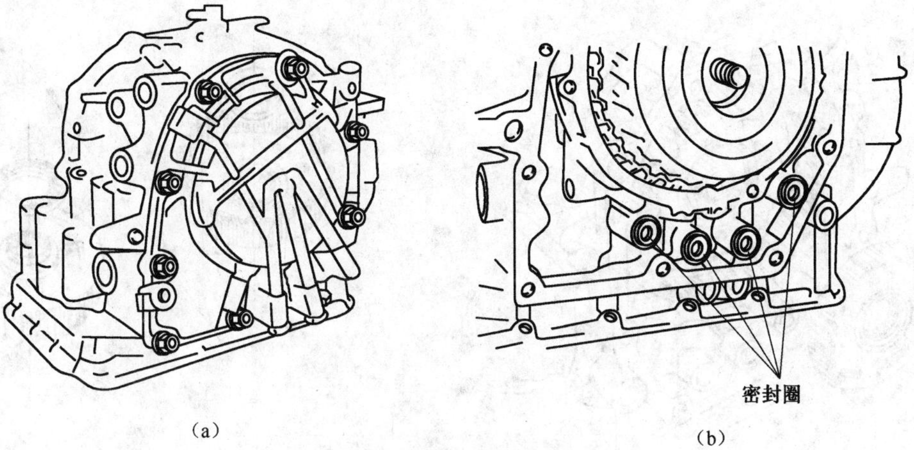

图 3-60　拆卸变速器后盖及密封圈

(a)拆卸变速器后盖　(b)取下密封圈

(30)如图 3-61 所示,拆卸超速及 2 档滑行制动器法兰 1、制动盘 2、压盘 3。

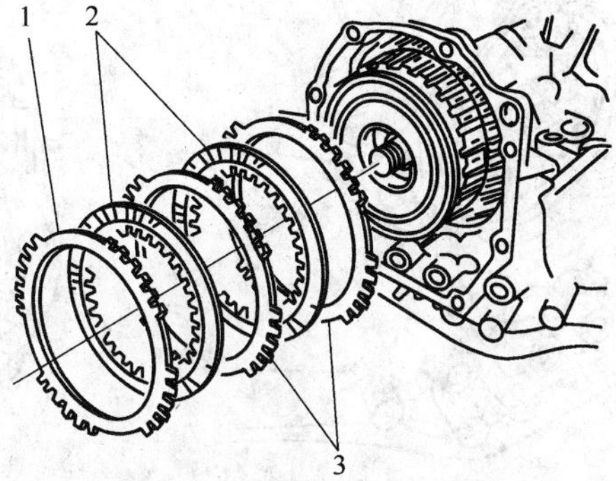

图 3-61　拆卸超速及 2 档滑行制动器

(31)拆卸止推滚针轴承和前进档与倒档离合器总成,从前进档与倒档离合器总成上拆卸止推滚针轴承和轴承座圈,如图 3-62 所示。

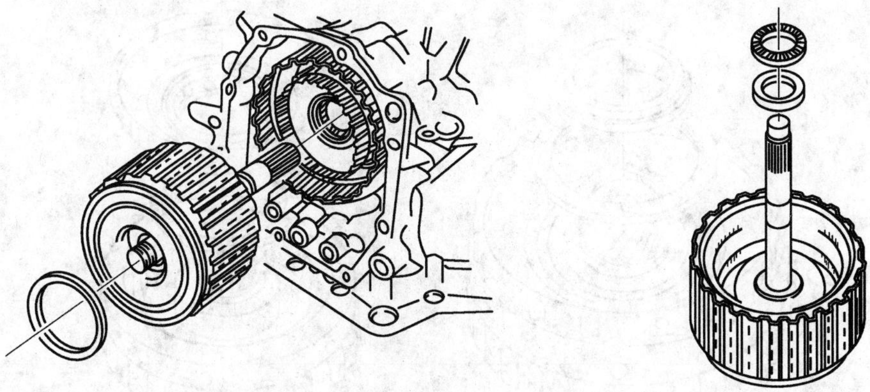

图 3-62　拆卸前进档与倒档离合器总成

(32)拆卸前进档离合器毂，从前进档离合器毂上取下止推轴承座圈和止推滚针轴承，如图 3-63 所示。

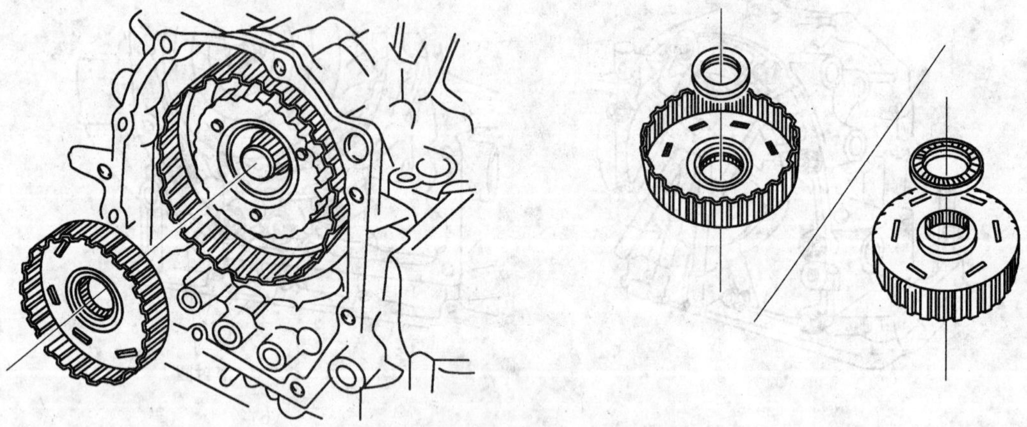

图 3-63 拆卸前进档离合器毂

(33)如图 3-64 所示，拆卸后排太阳轮和单向离合器，取下止推垫圈。

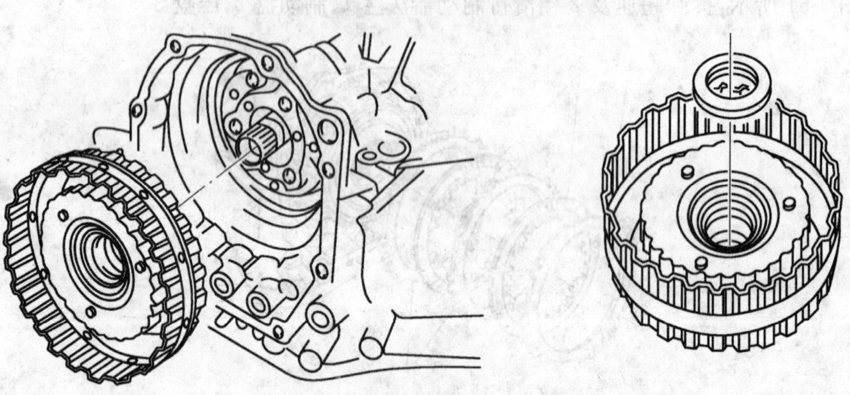

图 3-64 拆卸后排太阳轮和单向离合器

(34)如图 3-65 所示，从后排太阳轮和单向离合器总成上拆卸止推滚针轴承和行星齿轮架止推垫圈；从后排太阳轮上拆卸单向离合器和止推垫圈。

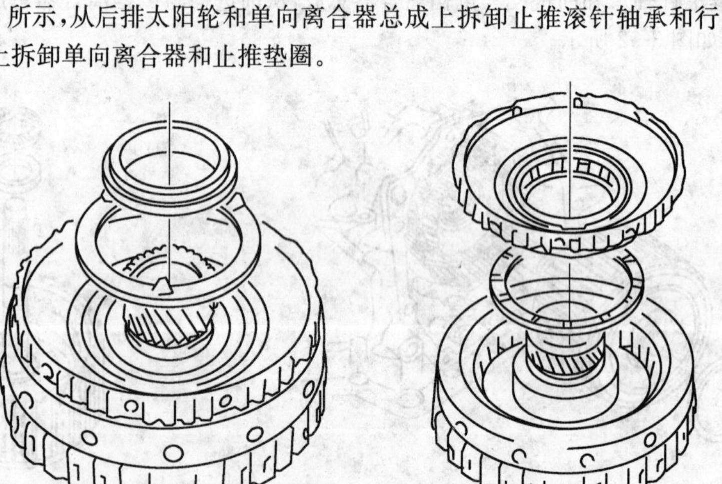

图 3-65 分解后排太阳轮和单向离合器

(35)拆卸前排太阳轮，从前太阳轮上取下止推轴承座圈，如图 3-66 所示。

(36)如图 3-67 所示，使用专用工具 DT 46455 和 DT 46458 拆卸 2 个弹簧卡环和 2 档制动器活塞及回位弹簧。

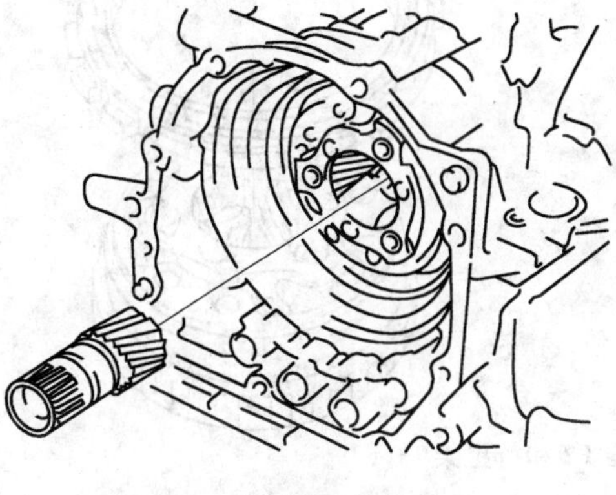

图 3-66　拆卸前排太阳轮

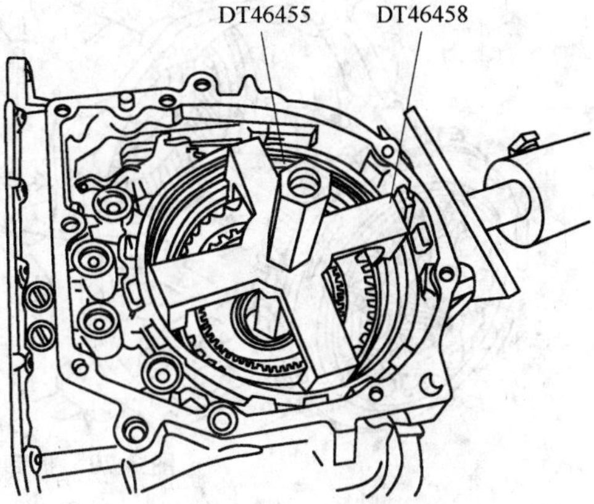

图 3-67　拆卸 2 档制动器活塞及回位弹簧

(37)向图 3-68 所示的油孔中吹入不超过 392kPa 的压缩空气，从 2 档制动器油缸中拆卸 2 档制动器活塞，从活塞上拆卸 2 个密封圈。

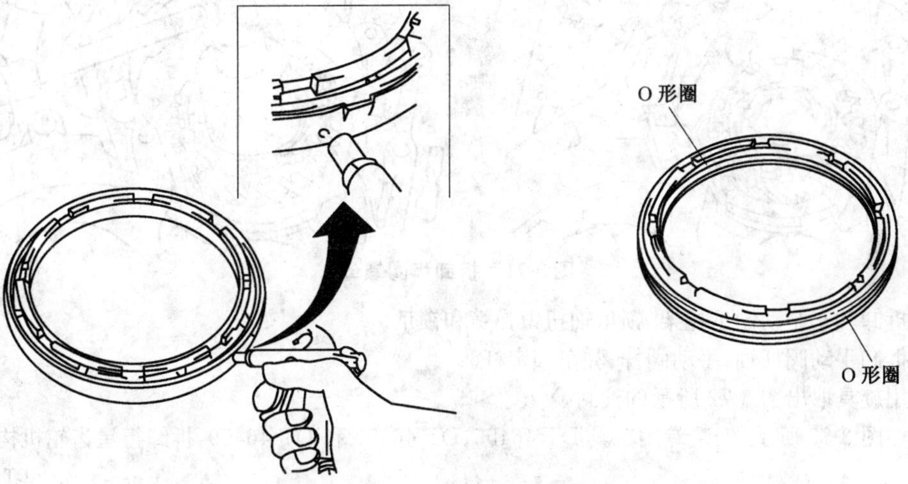

图 3-68　分解 2 档制动器活塞

(38)如图 3-69 所示，取出 2 档制动器摩擦片和压盘。

图 3-69　取出 2 档制动器摩擦片和压盘

(39)拆卸单向离合器 F2 和行星架，从行星架上分解单向离合器 F2，如图 3-70 所示。

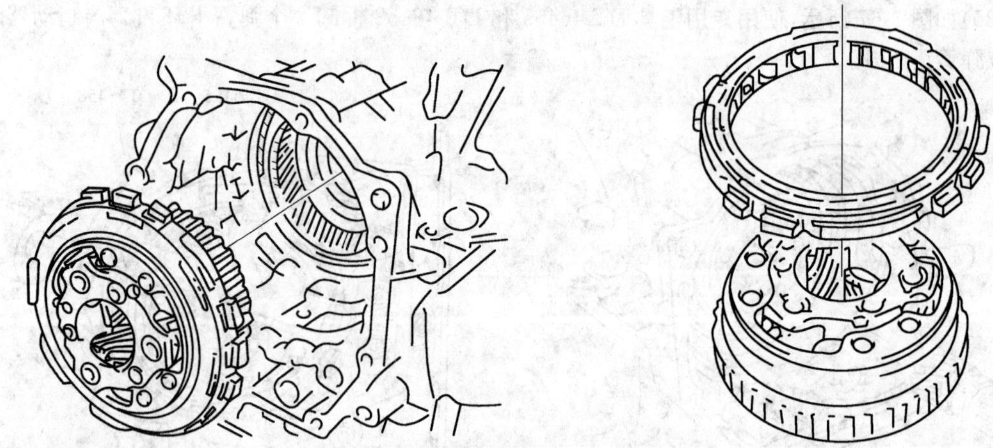

图 3-70　拆卸单向离合器 F2 和行星架

(40)用驻车锁爪固定中间轴驱动齿轮，用专用工具 DT 46472 拆卸齿圈螺母，如图 3-71 所示。

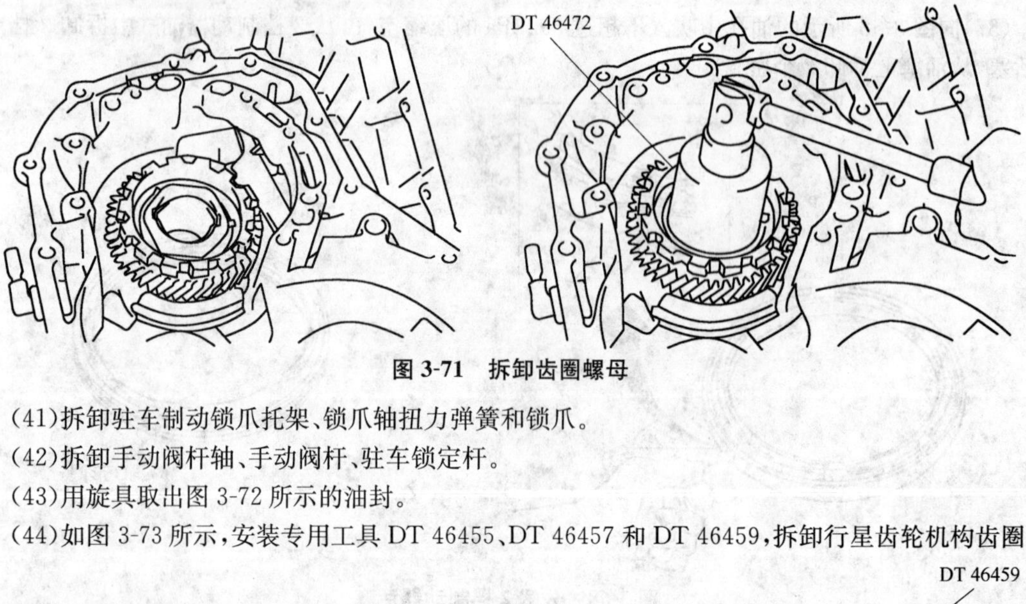

图 3-71　拆卸齿圈螺母

(41)拆卸驻车制动锁爪托架、锁爪轴扭力弹簧和锁爪。

(42)拆卸手动阀杆轴、手动阀杆、驻车锁定杆。

(43)用旋具取出图 3-72 所示的油封。

(44)如图 3-73 所示，安装专用工具 DT 46455、DT 46457 和 DT 46459，拆卸行星齿轮机构齿圈。

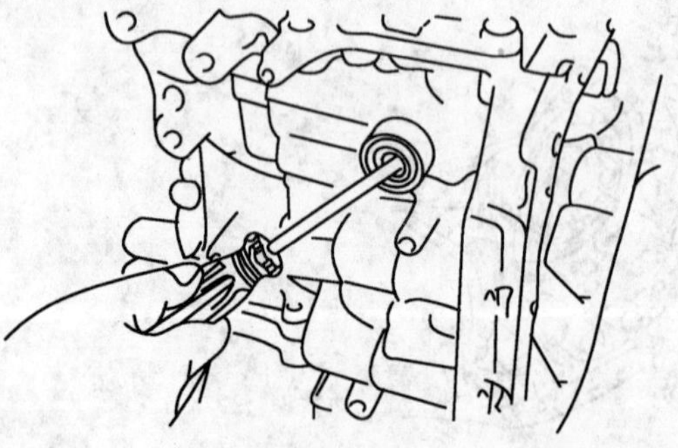

图 3-72　取出油封

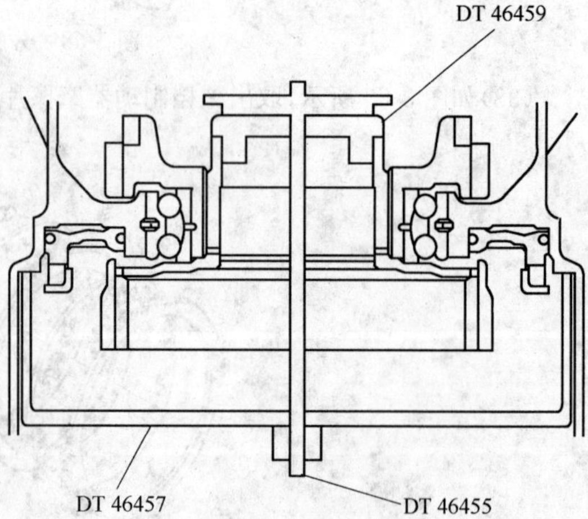

图 3-73　拆卸行星齿轮机构齿圈

(45)用3个M6×1.0(40~80mm)螺栓按顺序拧到中间轴驱动齿轮上，拆卸中间轴驱动齿轮，如图3-74所示。

(46)用专用工具DT 46455和DT 46457拆卸第1/倒档制动器弹簧卡环，如图3-75所示。

(47)拆卸第1/倒档制动器摩擦片和压盘，如图3-76所示。

(48)向图3-77所示的油孔中吹入不超过392kPa的压缩空气，拆卸第1/倒档制动器活塞，从活塞上取下2个O形密封圈。

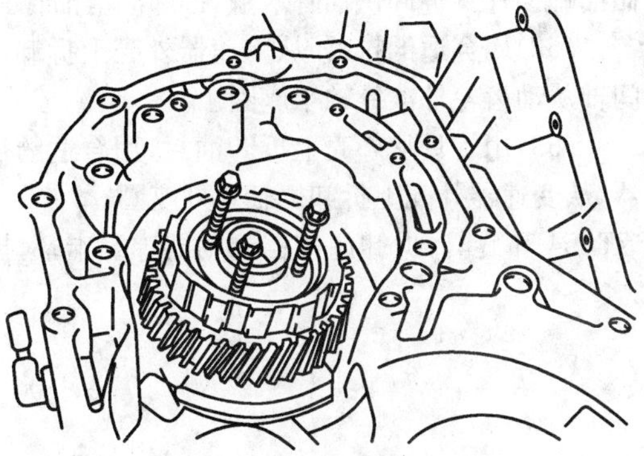

图3-74　拆卸中间轴驱动齿轮

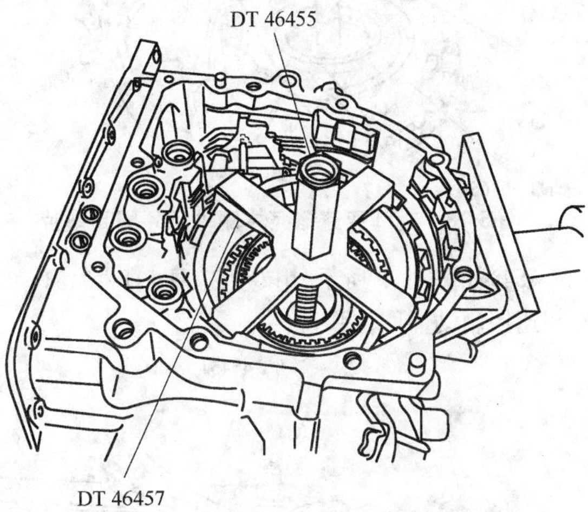

图3-75　拆卸第1/倒档制动器弹簧卡环

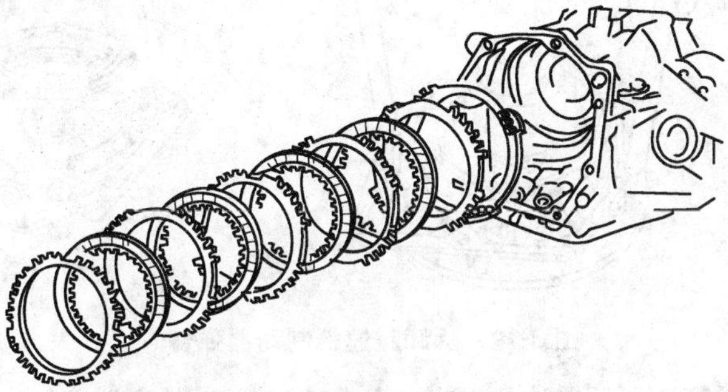

图3-76　拆卸第1/倒档制动器

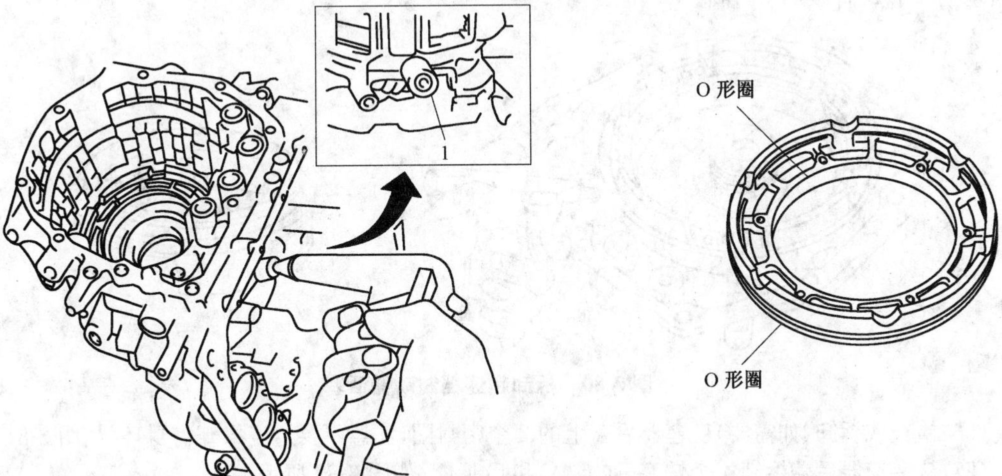

图3-77　拆卸第1/倒档制动器活塞

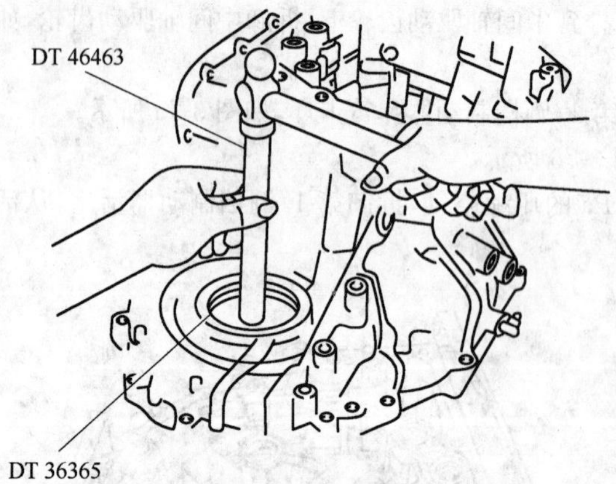

图 3-78 拆卸变速器壳体侧轴承外圈和垫片

(49)从变速器壳体上拆卸 1 号壳体盖板,用合适的拉器拆卸中间轴从动齿轮滚针轴承座圈和垫片,用旋具从变速器壳上拆卸油封。

(50)用专用工具 DT 46463 和 DT 36365(1)拆卸变速器壳体侧轴承外圈和垫片,如图 3-78 所示。

(51)从自动变速器外壳上拆卸 3 个螺栓和储油罐锁片。拆卸供油管卡箍,拆卸润滑油管。

(52)用合适的拉器,从变速器外壳上拆卸中间轴从动齿轮外滚针轴承座圈。

(53)用旋具从外壳上拆卸油封,用合适的拉器,从变速器外壳上拆卸侧轴承外座圈。

(54)如图 3-79 所示,用专用工具 DT 46451 和 DT 46454 和旋具,拆卸超速档制动器弹簧卡环,拆卸超速档制动器回位弹簧。

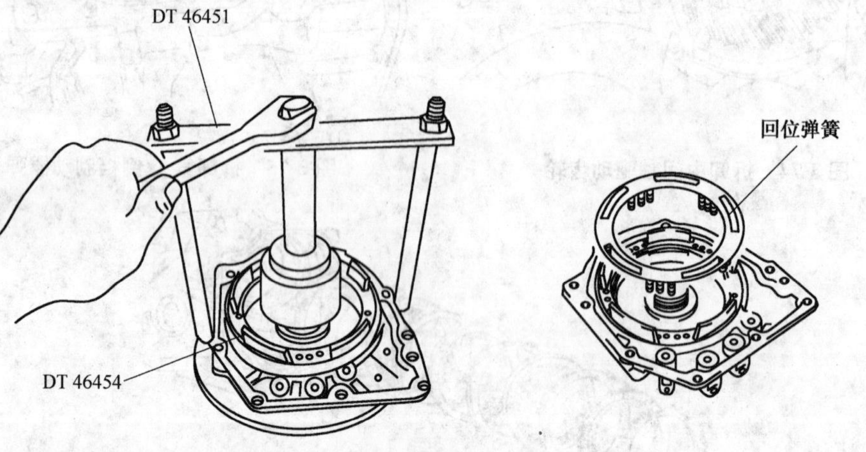

图 3-79 拆卸超速档制动器弹簧

(55)向图 3-80 所示的变速器后盖油孔中吹入不超过 392kPa 的压缩空气,拆卸超速档制动器活塞,从活塞上取下 2 个 O 形密封圈。

图 3-80 拆卸超速档制动器活塞

(56)检查或拆卸(如需要)变速器后盖上的 2 个密封圈,注意不要过度撑开密封环,如图 3-81 所示。

(57)从变速器后盖拆卸 4 个螺塞(如需要)和 O 形圈,如图 3-82 所示。

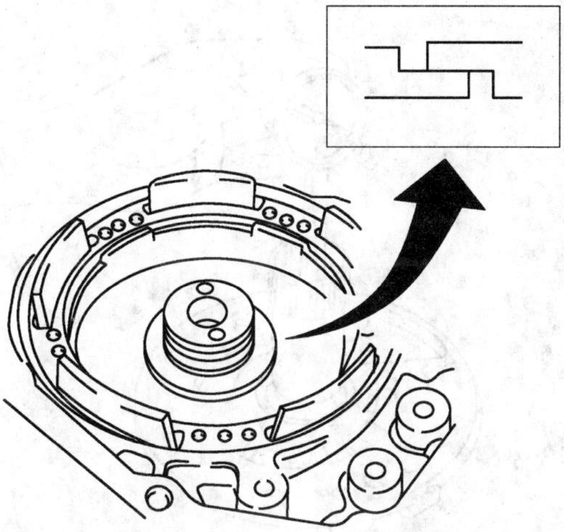

图 3-81　检查或拆卸变速器后盖上的 2 个密封圈

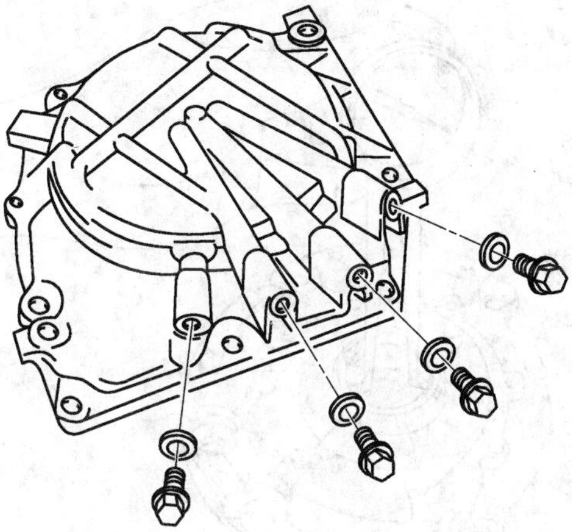

图 3-82　拆卸变速器后盖上的螺塞

六、主要部件的拆检与装配

1. 润滑油泵的解体、检查与装配

(1)拆卸 8 个油泵壳螺栓和定轮轴。

(2)取出并检查主动齿轮和从动齿轮。

(3)检查润滑油泵齿轮侧隙：如图 3-83 所示，将从动齿轮推至泵体一侧，用塞尺测量齿轮与泵体的间隙，规定值为 0.1～0.17mm。

(4)检查润滑油泵齿轮顶隙：如图 3-84 所示，用塞尺测量从动齿轮和主动齿轮齿顶间隙，规定值为 0.07～0.15mm，如果测量值超过规定值，更换润滑油泵总成。

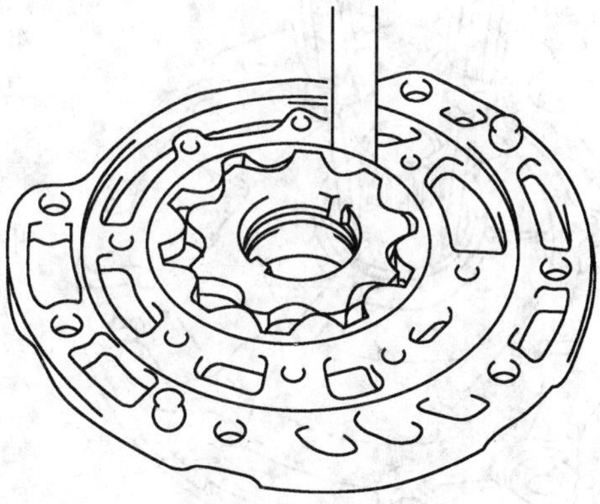

图 3-83　测量润滑油泵齿轮的侧隙

(5)检查润滑油泵齿轮端隙：如图 3-85 所示，用钢尺和塞尺测量主、从动齿轮的侧隙值，标准规定值为 0.02～0.05mm。

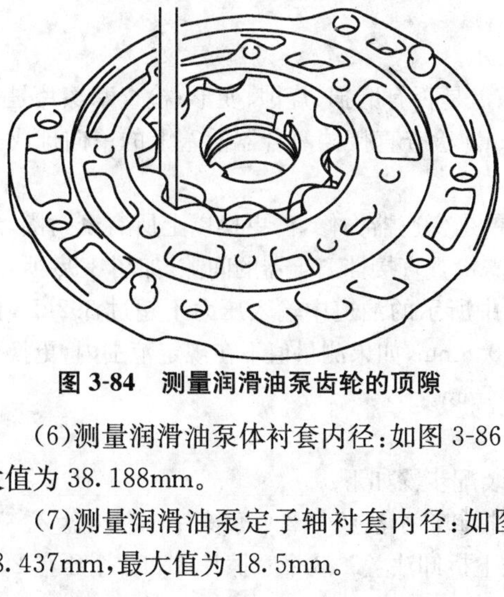

图 3-84　测量润滑油泵齿轮的顶隙

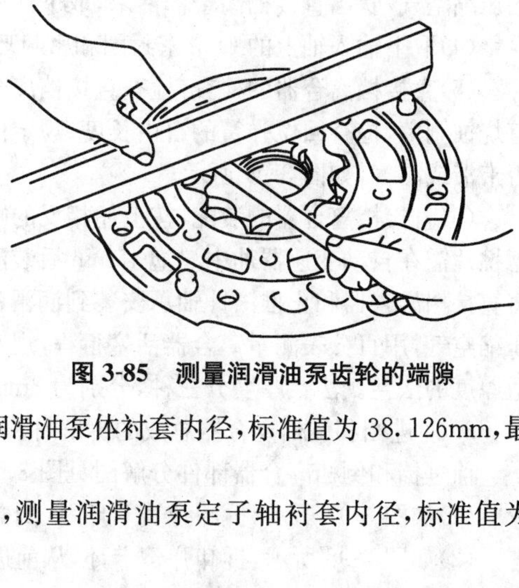

图 3-85　测量润滑油泵齿轮的端隙

(6)测量润滑油泵体衬套内径：如图 3-86 所示，测量润滑油泵体衬套内径，标准值为 38.126mm，最大值为 38.188mm。

(7)测量润滑油泵定子轴衬套内径：如图 3-87 所示，测量润滑油泵定子轴衬套内径，标准值为 18.437mm，最大值为 18.5mm。

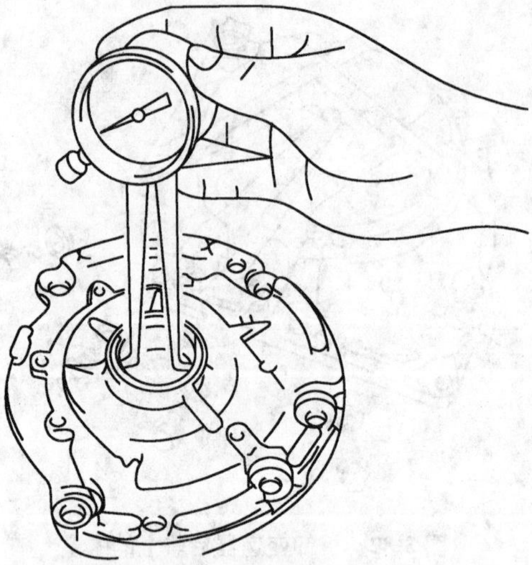

图 3-86　测量润滑油泵体衬套内径

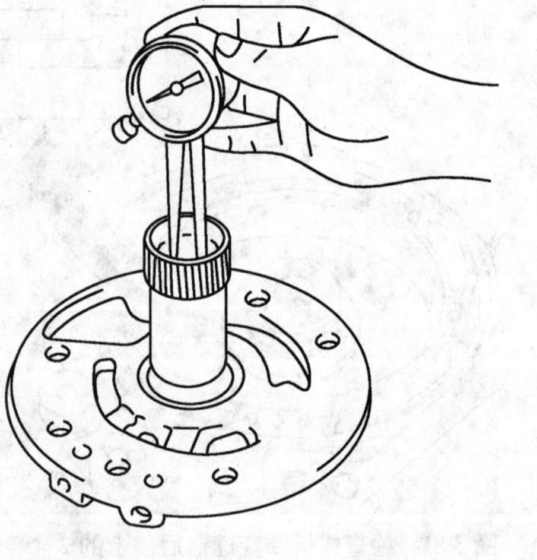

图 3-87　测量润滑油泵定子轴衬套内径

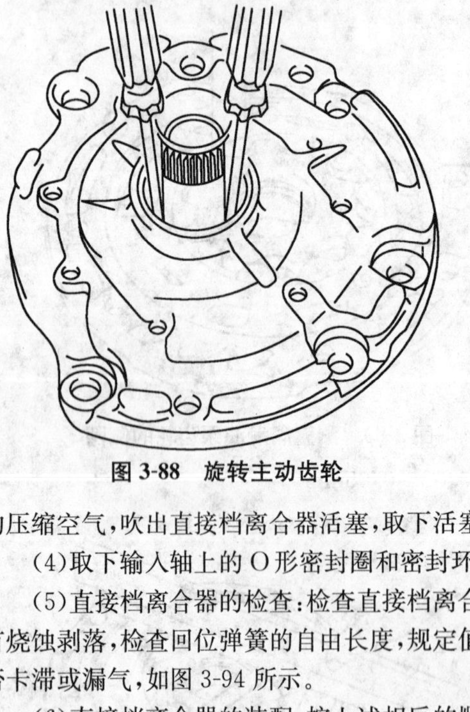

图 3-88　旋转主动齿轮

(8)安装润滑油泵主动齿轮和从动齿轮，将定子轴对准各螺栓孔，安装 8 个螺栓，紧固至9.8N·m。用两把旋具转动主动齿轮，确保齿轮转动平稳，如图3-88所示。

2. 直接档离合器总成的拆解、检查与装配

直接档离合器部件分解图见图 3-89，其解体与装配步骤如下：

(1)如图 3-90 所示，拆卸弹簧卡环，取下直接档离合器法兰、压盘和摩擦片。

(2)将专用工具 DT 46451 和 DT 46453 放置在直接档离合器回位弹簧上并压紧，拆卸弹簧卡环，如图 3-91 所示。

(3)将直接档离合器和止推滚针轴承安装到润滑油泵上，向如图 3-92 所示的油道中输入压力不超过 398kPa 的压缩空气，吹出直接档离合器活塞，取下活塞上的密封圈。

(4)取下输入轴上的 O 形密封圈和密封环，如图3-93所示。

(5)直接档离合器的检查：检查直接档离合器法兰和压盘是否有磨损、烧蚀、变形；检查摩擦片是否有烧蚀剥落，检查回位弹簧的自由长度，规定值为 36.04mm。检查直接档离合器活塞上的单向球阀是否卡滞或漏气，如图 3-94 所示。

(6)直接档离合器的装配：按上述相反的顺序进行，如果是变速器大修，需更换以上所有密封圈，新摩擦片需在自动变速器油中浸泡 15min 后装配。装配后，需检查直接档离合器的间隙，如图 3-95 所示，将直接档离合器和止推滚针轴承安装到润滑油泵上，向图中所示的油道中输入压力不超过 392kPa 的压缩空气，用百分表测量离合器活塞行程，规定值为 0.4～0.8mm，如果测量值不在规定范围内，更换合适厚度的法兰。法兰厚度分三种，分别为 3mm、3.2mm、3.4mm。

3. 前进档和倒档离合器总成的拆解、检查与装配

前进档和倒档离合器部件分解图见图 3-96，其解体与装配步骤如下：

(1)如图 3-97 所示，拆卸弹簧卡环，从倒档离合器鼓上拆卸 2 个法兰 1、2 个摩擦片 3 和压盘 2。

(2)如图 3-98 所示，拆卸弹簧卡环，从前进档离合器鼓上拆卸法兰 1、3 个摩擦片 3 和 3 个压盘 2。

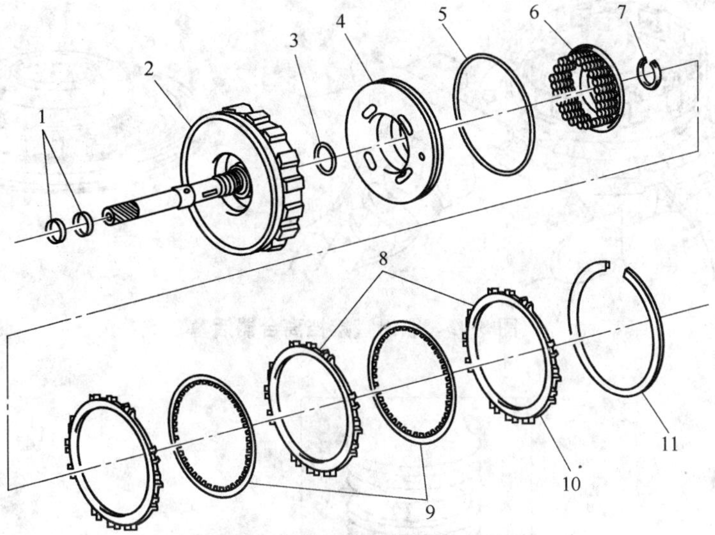

图 3-89　直接档离合器部件分解图

1. 密封圈　2. 输入轴分总成　3、5. O形圈　4. 活塞　6. 回位弹簧
7、11. 弹簧卡环　8. 离合器片　9. 离合器盘　10. 法兰

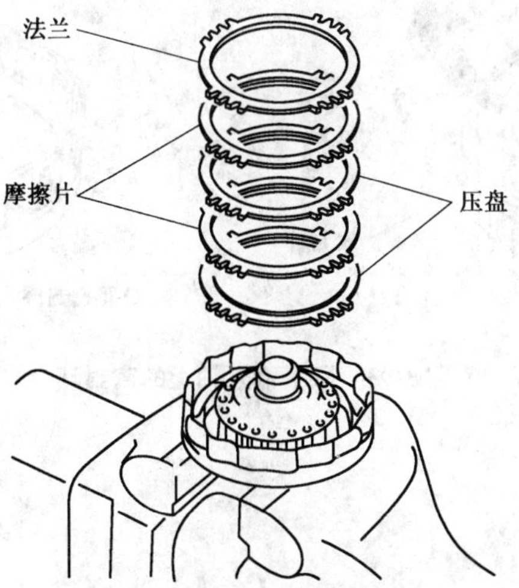

图 3-90　取出直接档离合器片组

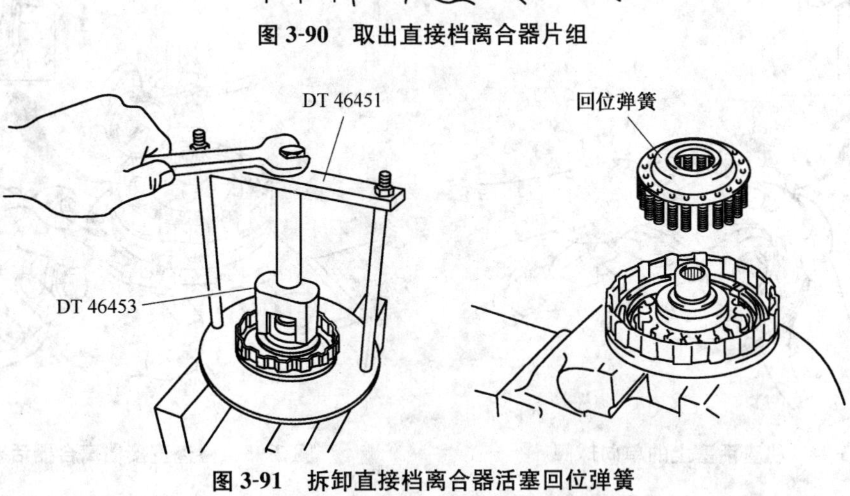

图 3-91　拆卸直接档离合器活塞回位弹簧

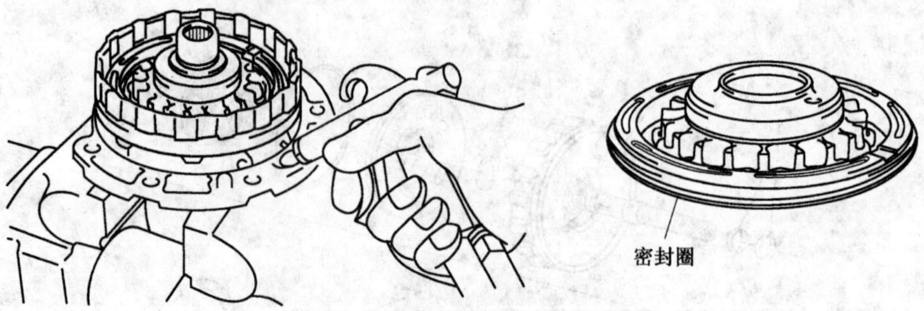

图 3-92 取出直接档离合器活塞

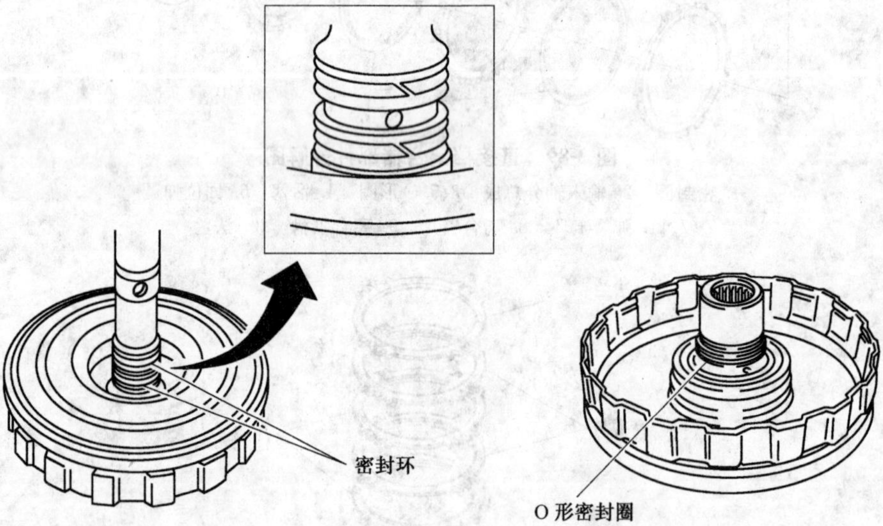

图 3-93 取下输入轴上的密封环

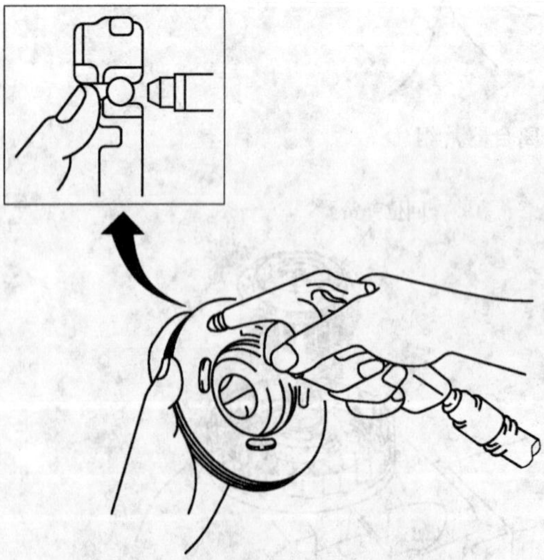

图 3-94 检查活塞上的单向球阀

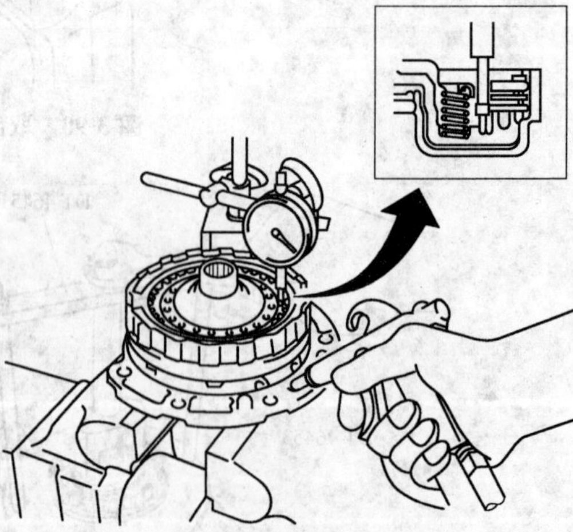

图 3-95 检查直接档离合器活塞行程

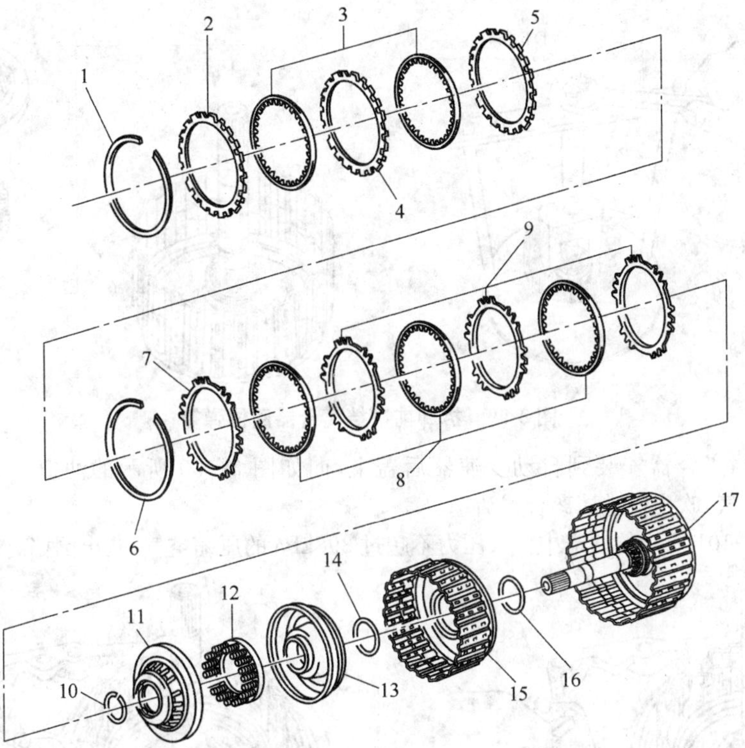

图 3-96　前进档和倒档离合器部件分解图

1. 密封圈　2、5、7. 法兰　3、8. 离合器盘　4、9. 离合器片　6、10. 弹簧卡环　11. 离合器平衡器　12. 前进档离合器回位弹簧　13. 前进档离合器活塞　14、16. O形圈　15. 前进档离合器毂　17. 中间轴分总成

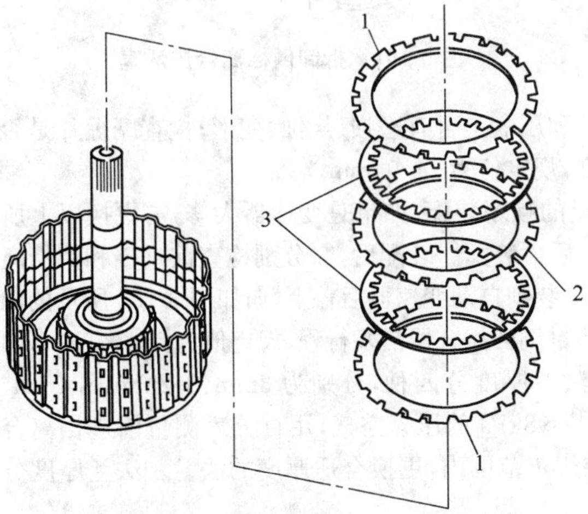

图 3-97　取出倒档离合器片组

1. 法兰　2. 压盘　3. 摩擦片

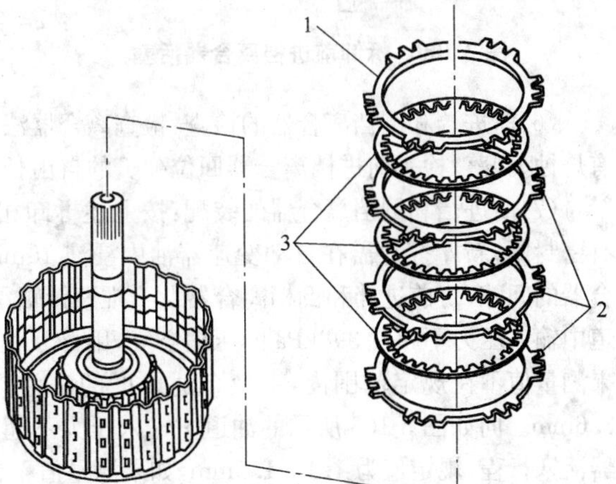

图 3-98　取出前进档离合器片组

1. 法兰　2. 压盘　3. 摩擦片

(3)如图 3-99 所示,用专用工具 DT 46451 和 DT 46452 压缩回位弹簧,拆卸弹簧卡环,拆卸前进档离合器回位弹簧。

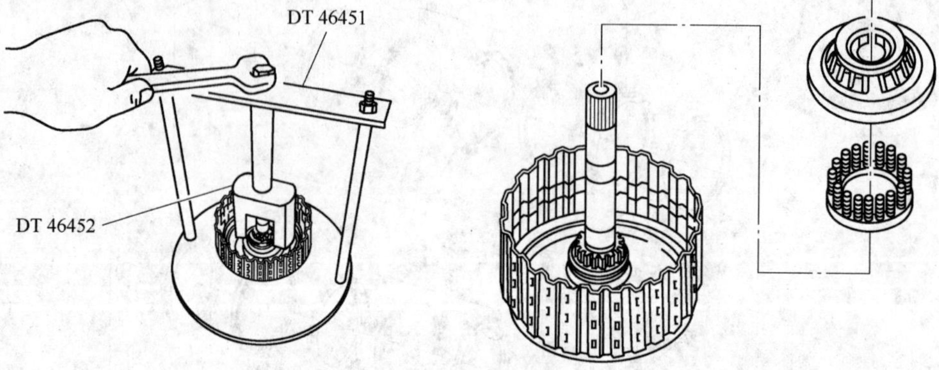

图 3-99　拆卸前进档离合器回位弹簧

(4)将前进档离合器安装到自动变速器后盖上，向如图 3-100 所示的油道中输入压力不超过 398kPa 的压缩空气，吹出前进档离合器活塞。

(5)向如图 3-101 所示的油道中输入压力不超过 398kPa 的压缩空气，吹出倒档离合器活塞。

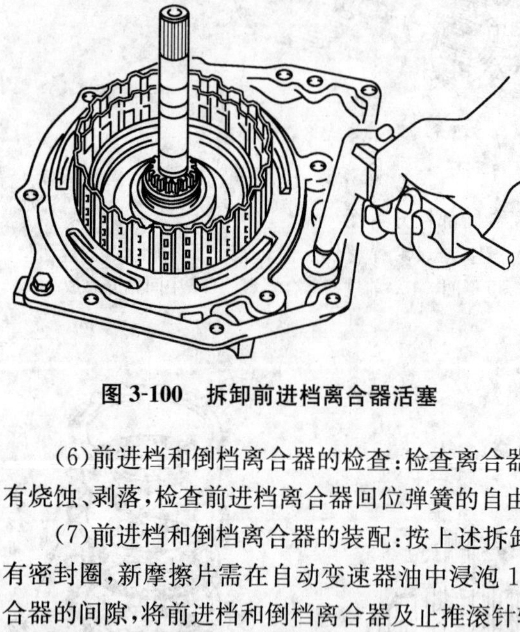

图 3-100　拆卸前进档离合器活塞

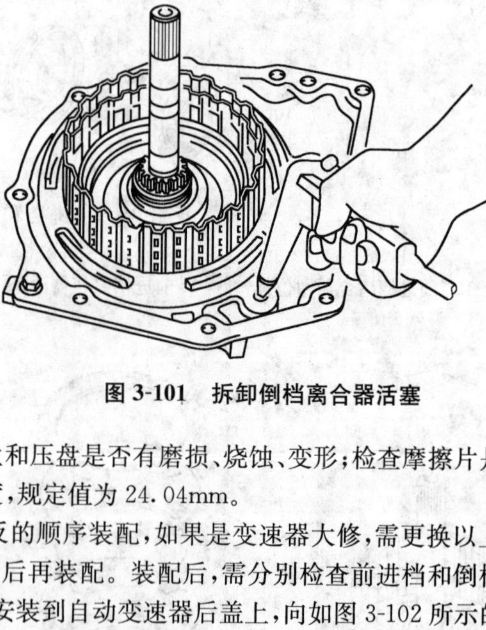

图 3-101　拆卸倒档离合器活塞

(6)前进档和倒档离合器的检查：检查离合器法兰和压盘是否有磨损、烧蚀、变形；检查摩擦片是否有烧蚀、剥落，检查前进档离合器回位弹簧的自由长度，规定值为 24.04mm。

(7)前进档和倒档离合器的装配：按上述拆卸相反的顺序装配，如果是变速器大修，需更换以上所有密封圈，新摩擦片需在自动变速器油中浸泡 15min 后再装配。装配后，需分别检查前进档和倒档离合器的间隙，将前进档和倒档离合器及止推滚针轴承安装到自动变速器后盖上，向如图 3-102 所示的油道中输入压力不超过 398kPa 的压缩空气，用百分表测量倒档离合器活塞行程，规定值为 0.4～1mm，如果测量值不在规定范围内，更换合适厚度的法兰。法兰厚度分四种，分别为 3mm、3.2mm、3.4mm、3.6mm。向如图 3-103 所示的油道中输入压力不超过 398kPa 的压缩空气，用百分表测量前进档离合器活塞行程，规定值为 1.1～1.5mm，如果测量值不在规定范围内，更换合适厚度的法兰。法兰厚度分四种，分别为 3mm、3.2mm、3.4mm、3.6mm。

七、自动变速器的装配

(1)参见图 3-82，将 4 个新 O 形密封圈安装到螺塞上，将 4 个螺塞安装到自动变速器后盖上，拧紧力矩为 7.4N·m。

(2)参见图 3-81，将 2 个新密封环安装到自动变速器后盖。

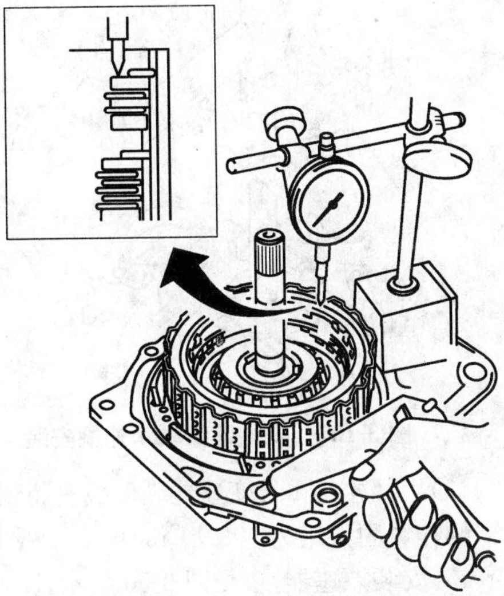

图 3-102　测量倒档离合器活塞行程

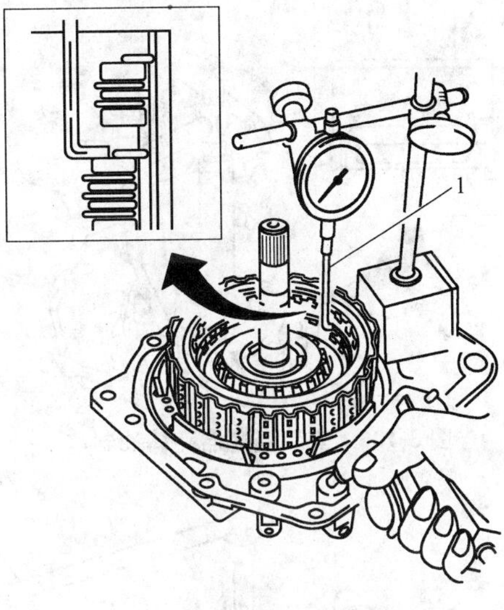

图 3-103　拆卸前进档离合器活塞行程

(3)将 2 个新 O 形密封圈涂自动变速器油，再安装到超速档制动器活塞上，在活塞上涂自动变速器油，然后将活塞安装到自动变速器后盖上，参见图 3-80。

(4)参见图 3-79，用专用工具 DT 46451 和 46454 安装超速档制动器回位弹簧和卡环安装到自动变速器后盖上。

(5)使用专用工具 DT 46462 和 DT 46465 将新轴承外圈安装到自动变速器外壳上，如图 3-104 所示。

(6)用专用工具 DT 46471 将新的油封装入自动变速器外壳，如图 3-105 所示，油封装入深度为 3. 1mm。

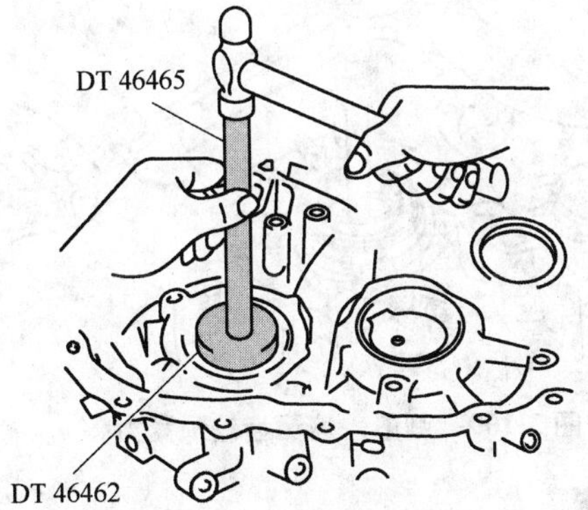

图 3-104　安装轴承外圈

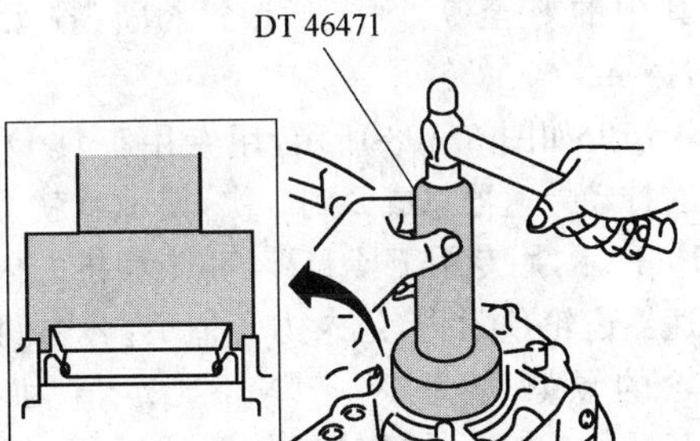

图 3-105　安装变速器外壳油封

(7)将新外滚锥轴承座圈安装到自动变速器外壳。

(8)安装润滑油管，安装油管卡箍，安装储油罐锁片，紧固力矩为 5. 4 N · m。

(9)将垫片与新轴承外圈安装到变速器壳体。

(10)用专用工具 DT 47521 安装变速器壳体油封，如图 3-106 所示，安装深度为 4. 3mm。

(11)安装垫片，用专用工具 DT 46464 和 DT46465 将新的滚锥轴承外圈安装入变速器壳体，如图 3-107所示。

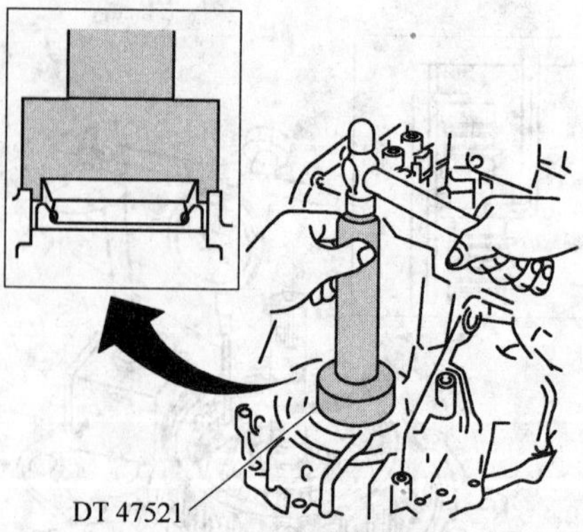

图 3-106 安装变速器壳体油封

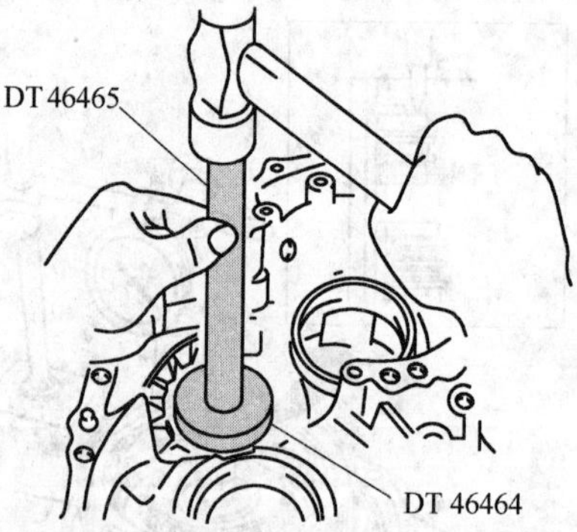

图 3-107 安装滚锥轴承外圈安装

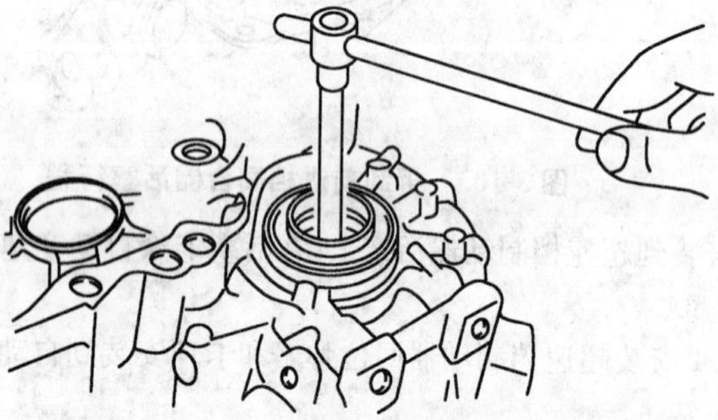

图 3-108 用专用工具左右拧动差速器

(12)用螺栓将1号变速器壳体板安装到变速器,螺栓紧固力矩为9.8N·m。

(13)安装差速器,参见图3-56所示。

(14)安装变矩器壳,临时安装16个紧固螺栓,将其中的8至9个螺栓完全紧固,拧紧力矩为29N·m。

(15)用专用工具DT 46461左右拧动差速器总成2到3次,使轴承就位,如图3-108所示。

(16)用专用工具DT 46461和扭力扳手测量差速器齿轮预紧力,记录力矩值 N_1,如图3-109所示。

(17)拆卸变矩器壳,安装中间轴从动齿轮。

(18)安装变矩器壳,临时安装16个紧固螺栓,将其中的8至9个螺栓完全紧固,拧紧力矩为29N·m。

(19)如图3-108所示,用专用工具DT 46461左右拧动差速器总成2到3次,使轴承就位。如图3-109所示,用专用工具DT 46461和扭力扳手测量差速器齿轮预紧力,记录力矩值 N_2。中间轴从动齿轮的预紧力为 N_2-N_1,规定值为0.33～0.76N·m;如果是已使用的旧的轴承,规定值为0.17～0.38N·m。否则,更换合适厚度的调整垫片。

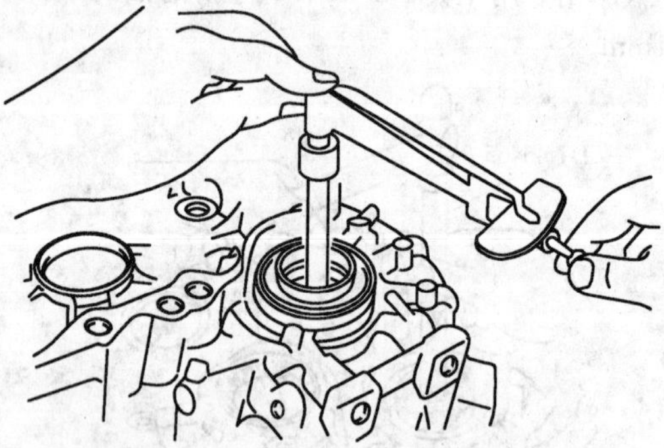

图 3-109 测量差速器齿轮预紧力

(20)检查、测量第1/倒档制动器活塞回位弹簧的自由长度,规定值为18.053mm。检查第1/倒档制动器法兰、摩擦片、压盘是否有过度磨损、烧蚀、剥落、变形。如需更换新的制动摩擦片,需将其在自动变速器油中浸泡至少15min。

(21)将2个新的O形密封圈涂上自动变速器油,并装到第1/倒档制动器活塞上,将活塞安装到自动变速器壳体,参见图3-77和图3-76。

(22)将回位弹簧安装到自动变速器壳,如图3-110所示。

(23)安装第1/倒档制动器压盘、摩擦片和法兰,参见图3-77和图3-76。

(24)如图3-75所示,用专用工具DT 46457和DT 6455安装弹簧卡环。

(25)向图3-111所示的油道孔中输入392～785kPa的压缩空气,测量第1/倒档制动器活塞行程,规定值为 0.6～1.3mm。

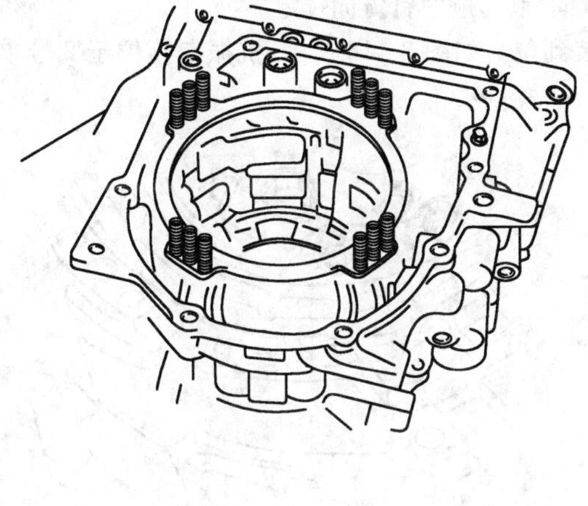

图 3-110　安装第 1/倒档制动器回位弹簧

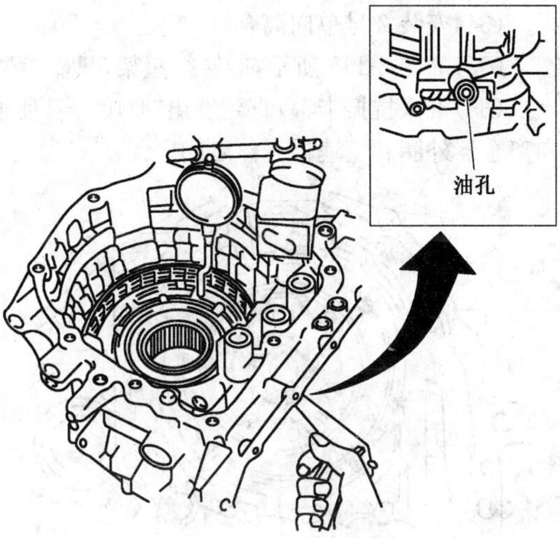

图 3-111　测量第 1/倒档制动器活塞行程

(26)用专用工具 DT 46460 和 DT 46455 和 DT 46456 安装中间轴驱动齿轮，如图 3-112 所示。

(27)安装驻车锁止机构和手动阀杆。

(28)用专用工具 DT 46460 和 DT 46455 安装齿圈，如图 3-113 所示。

(29)用驻车锁爪固定中间轴主动齿轮。

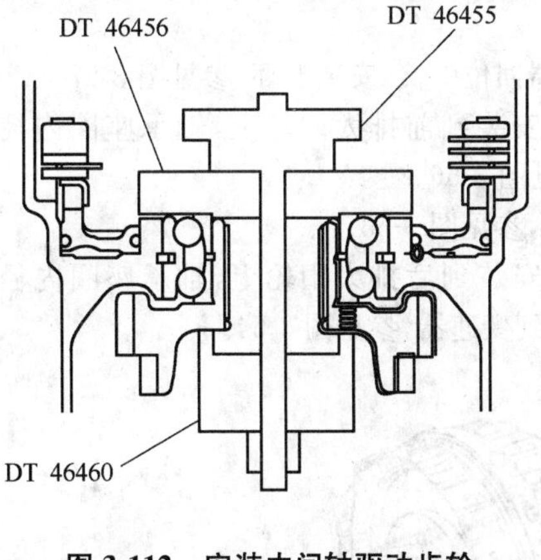

图 3-112　安装中间轴驱动齿轮

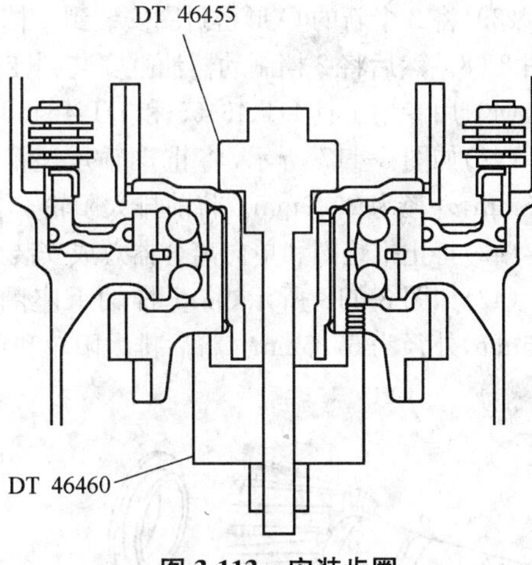

图 3-113　安装齿圈

(30)用专用工具 DT 46472 安装新螺母，紧固力矩为 9.8 N·m，如图 3-71 所示。

(31)如图 3-114 所示，用扭力扳手以 100r/min 的转速旋转中间轴主动齿轮并测量预紧力矩，规定值为 0.05～0.35 N·m。当力矩小于规定值时，加大紧固螺母力矩，直至预紧力矩达到规定值。锁紧螺母力矩值为不大于 29N·m。

(32)将行星架装入自动变速器壳体，参见图 3-70。

(33)在行星架止推垫圈上涂凡士林，将止推垫圈

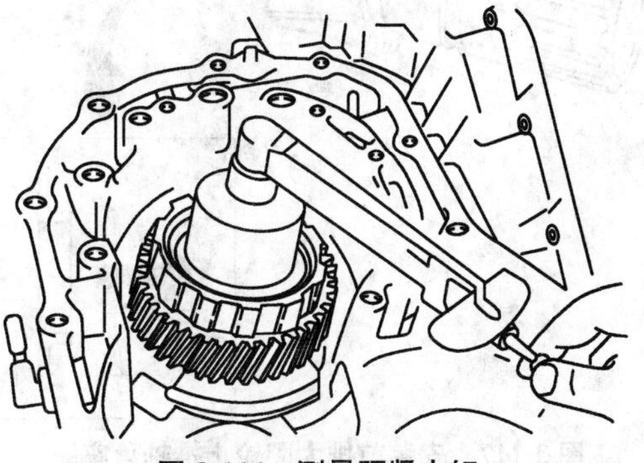

图 3-114　测量预紧力矩

安装到行星架上。

(34)安装2号单向离合器,参见图3-70。

(35)如图3-115所示,旋转行星架,只能沿逆时针方向旋转,顺时针方向锁定。

(36)推入抗振卡箍,直到发出“咯哒”声,使卡箍安装到位。如图3-116所示,抗振卡箍位于2号单向离合器外圈和变速器壳体之间。

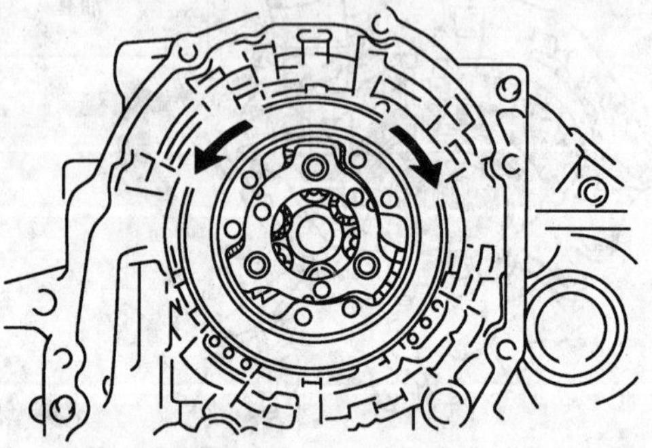

图3-115　检查行星架的锁止方向

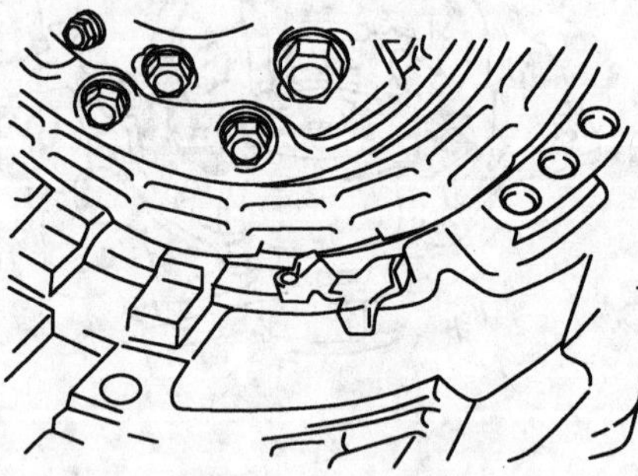

图3-116　安装抗振卡箍

(37)检查、测量2档制动器活塞回位弹簧连同弹簧座的自由长度,规定值为15.85mm。检查2档制动器法兰、摩擦片、压盘是否有过度磨损、烧蚀、剥落、变形。如需更换新的制动摩擦片,需将其在自动变速器油中浸泡至少15min。

(38)安装2档制动器压盘、摩擦片和法兰,参见图3-69。安装2档制动器回位弹簧。

(39)将2个新的O形密封圈安装到2档制动器活塞上,将2档制动器活塞安装到制动器油缸,参见图3-68。然后将2档制动器油缸安装到变速器壳体。

(40)用专用工具DT 46455和DT 46458压缩2档制动器回位弹簧,安装卡环,参见图3-67。

(41)如图3-117所示,将止推轴承座圈涂上凡士林并安装到前排太阳轮上,轴承座圈内径为19.3mm,外径为29.0mm。将前排太阳轮安装到变速器,参见图3-66。

(42)将止推垫圈和单向离合器总成安装到后排太阳轮上,参见图3-65。

(43)如图3-118所示,将止推轴承座圈涂上凡士林并安装到后排太阳轮上,轴承座圈内径为42.5mm,外径为57.5mm。将后排太阳轮和单向离合器安装到变速器,参见图3-64。

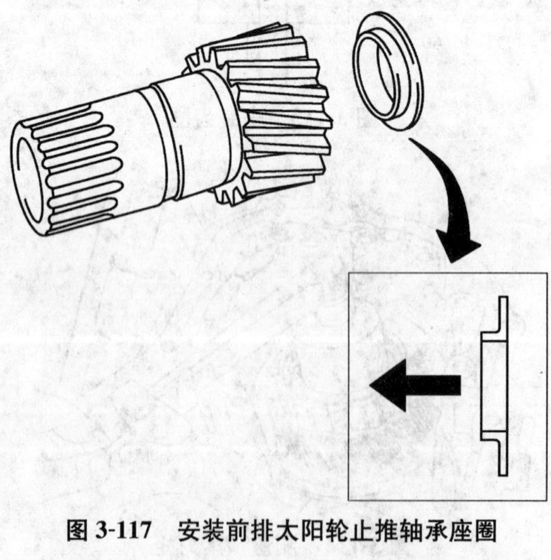

图3-117　安装前排太阳轮止推轴承座圈

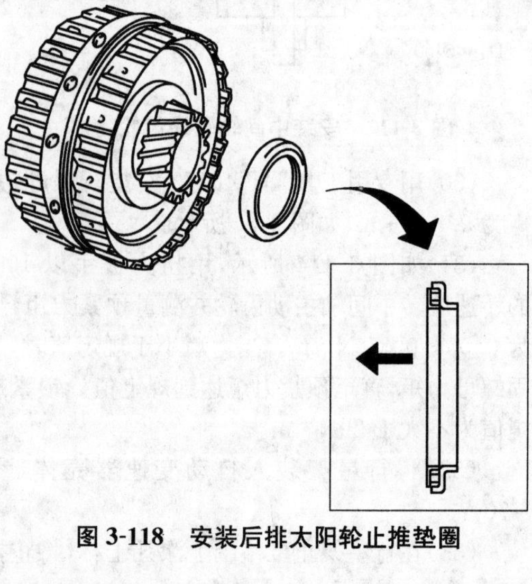

图3-118　安装后排太阳轮止推垫圈

(44)将止推轴承座圈涂上凡士林并安装到变速器，轴承座圈内径为 34.95mm，外径为 45.50mm，方向如图 3-119 所示。

(45)将止推滚针轴承涂上凡士林并安装到前进档离合器毂上，轴承内径为 33.3mm，外径为 46.5mm，方向如图 3-120 所示。安装前进档离合器毂，参见图 3-63。

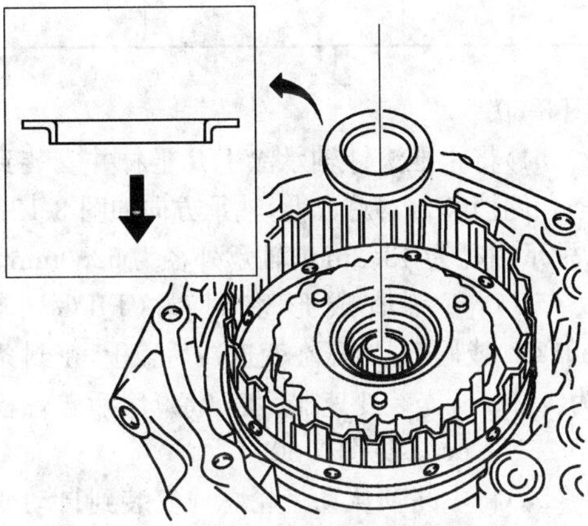

图 3-119　安装止推轴承座圈

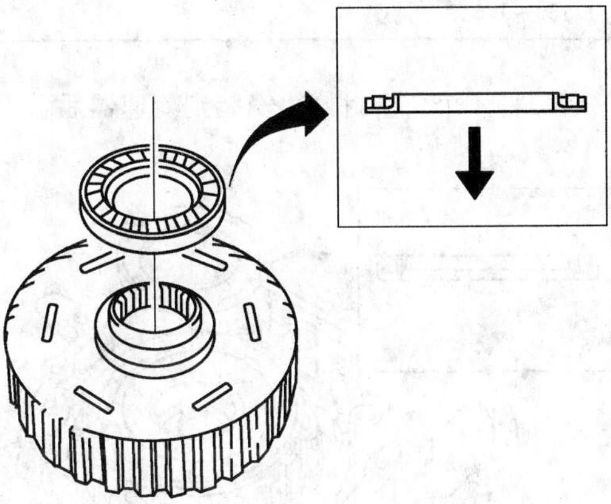

图 3-120　安装止推轴承

(46)将止推轴承座圈涂上凡士林并安装到前进档离合器毂上，轴承座圈内径为 19.3mm，外径为 30.6mm。

(47)参见图 3-62，将止推轴承座圈和止推滚针轴承安装到前进档与倒档离合器总成上，轴承座圈内径为 18.1mm，外径为 28.2mm；滚针轴承内径为 18.1mm，外径为 29.6mm。然后，将前进档与倒档离合器安装到自动变速器并安装卡环。

(48)检查超速及 2 档滑行制动器法兰、摩擦片、压盘是否有过度磨损、烧蚀、剥落、变形。如需更换新的制动摩擦片，需将其在自动变速器油中浸泡至少 15min。用旋具安装卡环，然后安装超速及 2 档滑行制动器压盘、摩擦片和法兰，参见图 3-61。

(49)如图 3-121a 所示，将直尺放到自动变速器壳体上，用深度尺测量超速及 2 档滑行制动器法兰至直尺之间的距离 a。如图 3-121b 所示，将直尺放到超速及 2 档滑行制动器活塞上，用深度尺测量变速器后盖与直尺间的距离 b。则活塞行程 $=a-b$，根据计算值，选择合适厚度的法兰，规格见表 3-17。

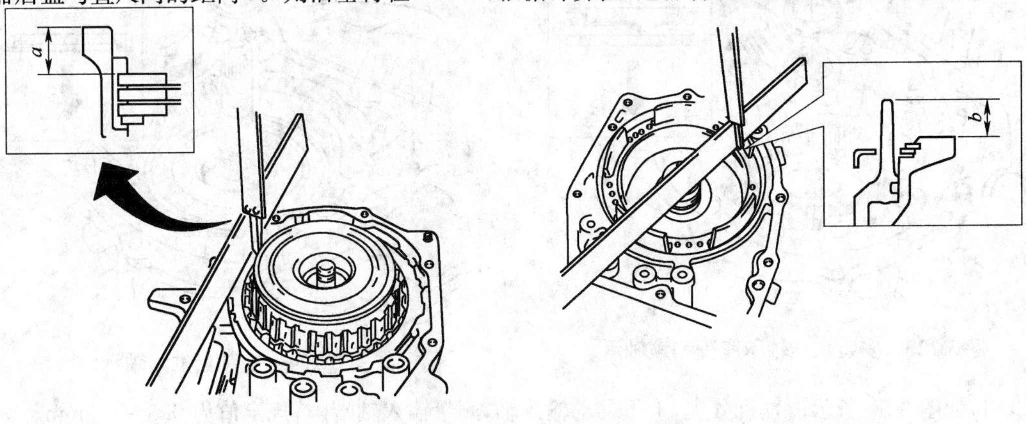

(a)　(b)

图 3-121　测量超速及二档滑行制动器行程

(a)测量尺寸 a　(b)测量尺寸 b

表 3-17　法兰厚度规格　　(mm)

计算活塞行程值	法兰厚度	标记	计算活塞行程值	法兰厚度	标记
0.738～0.949	3.0	0	1.350～1.549	3.6	3
0.950～1.149	3.2	1	1.550～1.702	3.8	0
1.150～1.349	3.4	2			

(50)将 4 个新密封衬垫安装到变速器后盖上，参见图 3-60。

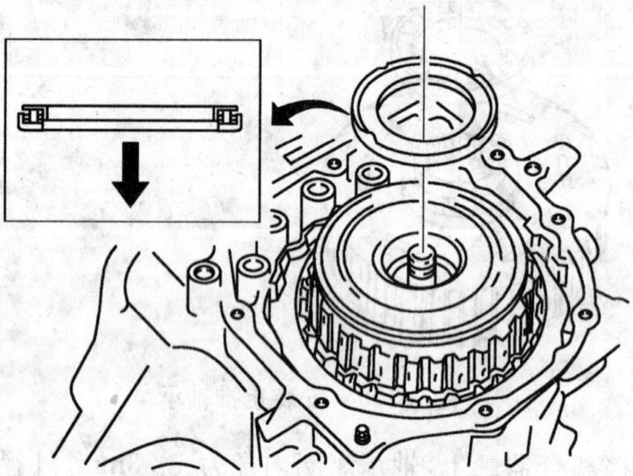

图 3-122　安装止推滚针轴

(51)将止推滚针轴承涂上凡士林并安装到前进档和倒档离合器总成上，轴承方向如图 3-122 所示，轴承内径为 43.2mm，轴承外径为 62.0mm。

(52)将就地成形密封垫(FIPG Three bond1281 或同等品)压在变速器后盖上，密封条宽度为 1.2mm，安装变速器后盖，将 9 个后盖螺栓拧紧至 25N·m，参见图 3-60。

(53)将中间轴从动齿轮总成安装到自动变速器，参见图 3-59。

(54)安装差速器总成，参见图 3-56。

(55)将直接档离合器毂安装到自动变速器，参见图 3-59。

(56)如图 3-123 所示，将止推轴承座圈和滚轴承安装到变速器，轴承座圈内径为 20.5mm，外圈为 32.6mm；滚针轴承内径为 17.8mm，轴承外径为 30.2mm。

(57)安装直接档离合器总成。

(58)安装新的密封圈，参见图 3-57。

(59)安装止推滚针轴承，方向如图 3-124 所示。

(60)使润滑油泵的螺栓孔对准变速器壳体，通过输入轴放入润滑油泵，紧固 6 个润滑油泵螺栓至 25N·m。

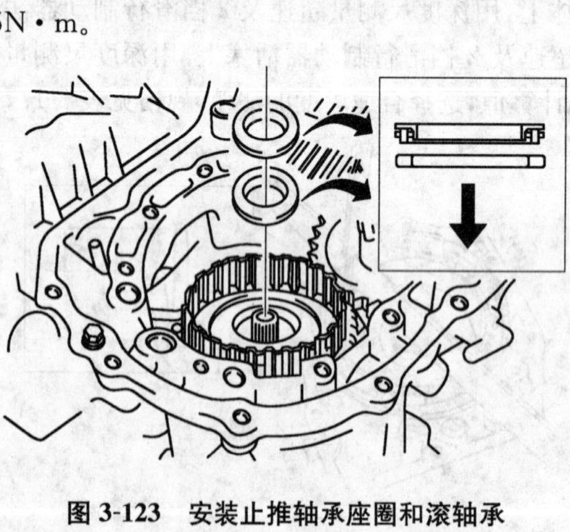

图 3-123　安装止推轴承座圈和滚轴承

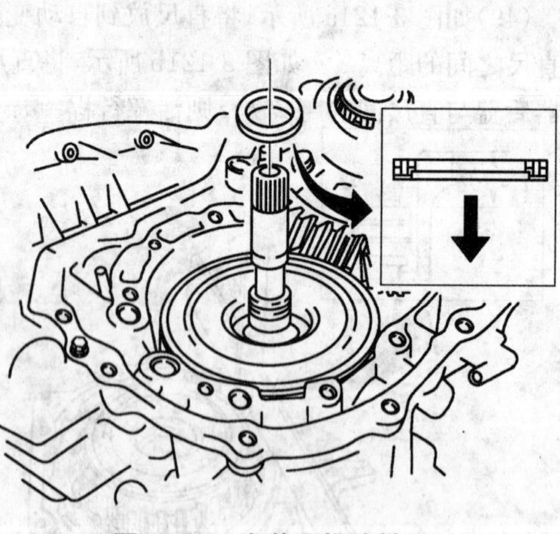

图 3-124　安装止推滚轴承

(61)如图 3-55 所示设置百分表，上下移动输入轴，测量输入轴端隙，规定值为 0.3～0.9mm。

(62)转动输入轴，确保输入轴转动平稳。

(63)清洁变矩器壳接合面，将就地成形密封垫(FIPG Three bond1281 或同等品)压在变矩器壳上，密封条宽度为 1.2mm，安装变矩器后，将 16 个后盖螺栓拧紧至 29N·m。

(64)安装输出轴转速传感器。

(65)在 6 个 O 形密封圈上涂自动变速器油，将 O 形密封圈安装到蓄压器活塞上，将 3 个蓄压器弹簧和活塞涂自动变速器油后装到自动变速器的孔中，如图 3-125所示。

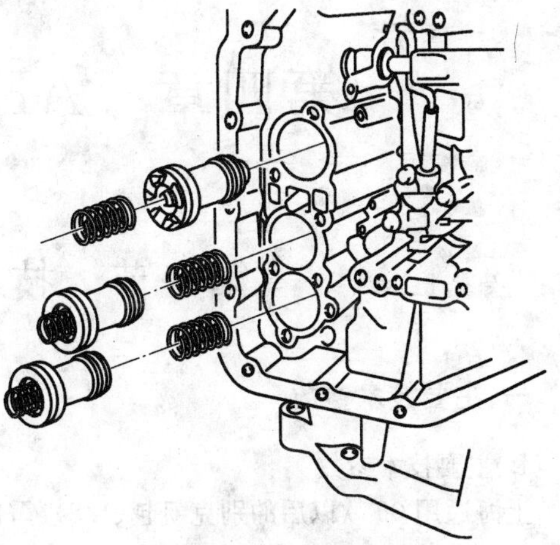

图 3-125　安装蓄压器

(66)参见图 3-51，将 2 个密封衬垫涂自动变速器油，然后安装到自动变速器壳体。

(67)参见图 3-50 所示，将新制动鼓衬垫涂上自动变速器油，然后安装到自动变速器壳体上。

(68)参见图 3-49，安装弹簧和单向阀。

(69)连接手动阀制动杆与手动阀。

(70)安装阀体总成，紧固阀体螺栓至 11N·m。

(71)安装电磁阀线束，连接 5 个电磁阀电气插头，固定自动变速器油温传感器卡箍，参见图 3-48。

(72)将新的衬垫安装到自动变速器油滤清器上，安装滤清器，紧固 3 个滤清器螺栓到9.8N·m。

(73)清洁 2 块磁铁并重新装回油底壳上，更换新的油底壳密封垫，安装油底壳，紧固油底壳螺栓至 7 N·m。

(74)安装输出轴转速传感器(OSS)，紧固螺栓至 7.4 N·m。

(75)安装通气塞。

(76)安装输入轴转速传感器(ISS)，紧固螺栓至 5.4 N·m。

(77)参见图 3-47 所示，将新的 O 形密封圈上涂自动变速器油，将密封圈装到螺塞上，然后将螺塞安装到自动变速器，紧固螺塞至 7.4 N·m。

(78)参见图 3-47 所示，将 2 个新的 O 形密封圈上涂自动变速器油，将密封圈装到螺塞上，然后将 2 个螺塞安装到自动变速器，紧固螺塞至 25N·m。

(79)安装并调整驻车空档位置开关。

(80)检查变矩器安装位置(凯越 1.6)：在安装变矩器时，需注意变矩器与油泵的两个定位销的位置，如位置不正确，在装配时可能损坏变矩器或油泵。安装变矩器后，检查变矩器的安装位置。变矩器凸台与壳体间的距离 a 应为 11.1mm，如图 3-126 所示。

(81) 检查变矩器安装位置(嘉年华)：安装变矩器后，变矩器凸台与壳体间的距离 A 应$\not<$28.2mm，如图 3-127 所示。

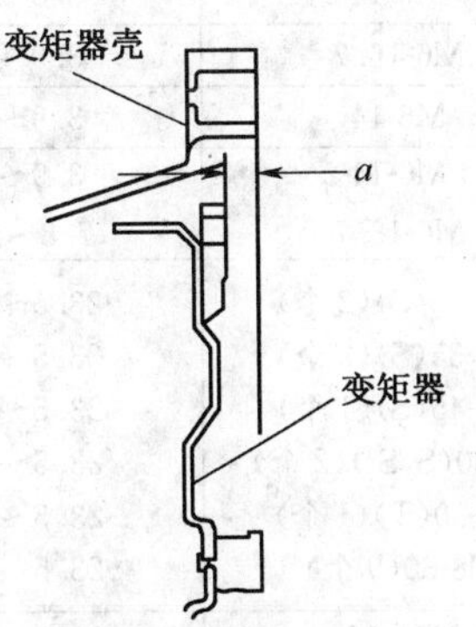

图 3-126　检查变矩器的安装位置(凯越)

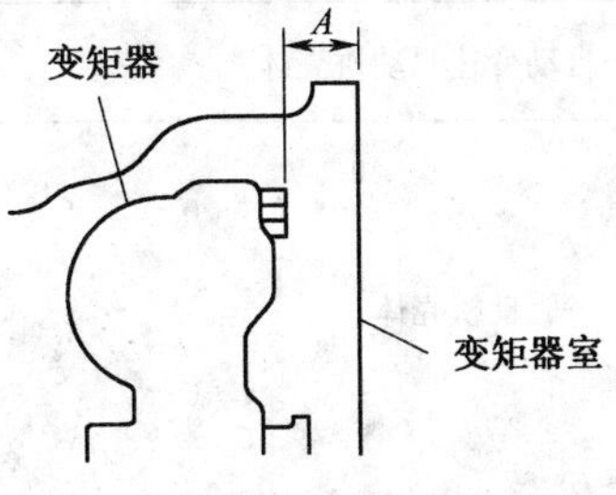

图 3-127　检查变矩器的安装位置(嘉年华)

第四章　AF20 型自动变速器

第一节　技术参数与结构特点

一、主要技术参数

1. 主要技术参数

上海通用 06 款以后的别克凯越(1.8)/雪佛兰景程(2.0)搭载 AF20 型自动变速器，它是日本 AISIN AW 公司专为发动机横置、前轮驱动的车辆而设计生产的电子控制 4 速带有锁止离合器的自动变速器，还用于 OPEL VECTRA-B 等车型，其基本参数见表 4-1。

表 4-1　AF20 自动变速器的基本参数

项　目	规　　格	项　目	规　格
制造商	日本 AISIN AW 公司	3 档传动比	1.391
类型或型号	AF20(生产厂型号:50-40LN) AF:自动前轮驱动 20:向前轮传递的最大转矩为 200N·m	4 档传动比	1.000
		倒档传动比	4.021
		主减速器传动比	2.812
1 档传动比	3.671	变速器油容量(L)	6.9
2 档传动比	2.098	变速器油类型	DEXRONⅢ(TEXACO ETL-7045E)

2. 主要部件紧固力矩

AF20 型自动变速器主要部件螺栓的紧固力矩见表 4-2。

表 4-2　AF20 型自动变速器主要部件螺栓的紧固力矩　(N·m)

部　件	数量	规格	力矩
储油板-自动变速驱动桥外壳	3	M6-14	3.9～6.9
2 号扭力弹簧(B-4 蓄压器)-自动变速驱动桥壳体	2	M6-14.5(T) M6-25(T)	7.8～11.8 7.8～11.8
B-4 锚定器螺栓	1	M20-26.6	133.3～199.9
储油板-自动变速驱动桥壳体	2	M6-14	3.9～6.9
油液滤网	1	M6-16.7	3.9～6.9
自动变速驱动桥壳体板-自动变速驱动桥壳体	2	M6-14	3.9～6.9
锁止弹簧-自动变速驱动桥壳体	2	M6-14 M6-16.7	3.9～6.9 7.8～11.8
驱动桥外壳-驱动桥壳体	17	M8-30(S)(2 个) M8-35(S)(2 个) M8-45(S)(1 个) M8-30(S,St)(2 个) M8-30(T)(1 个) M8-30(9 个)	23.5～35.3 23.5～35.3 23.5～35.3 23.5～35.3 23.5～35.3 23.5～35.3
润滑油放油螺塞-驱动桥外壳	1	M18-12	23.5～54.9
润滑脂卡箍-驱动桥壳体	1	M6-19(T)	7.0～11.0

续表 4-2

部　件	数量	规格	力矩
Rr 壳体-驱动桥壳体	9	M6-16(2 个) M8-25(S)(2 个) M8-48(S)(2 个) M8-45(3 个)	7.8～11.8 19.6～29.4 19.6～29.4 19.6～29.4
润滑油泵总成-驱动桥壳体	8	M8-35(S)	19.6～29.4
阀体总成-驱动桥壳体	7	M6-16(2 个) M6-50(2 个) M6-55(3 个)	7.8～11.8 7.8～11.8 7.8～11.8
吸油盖-阀体总成	2	M6-50	7.8-11.8
侧盖-驱动桥壳体	8	M8-28(2 个) M8-40(1 个) M8-72(1 个) M8-105(S)(2 个) M8-57(S)(2 个)	19.6～29.4 19.6～29.4 19.6～29.4 19.6～29.4 19.6～29.4
外壳盖-驱动桥壳体	4	M6-14	5.9～8.8
润滑油泵体-盖	14	M6-14.5(T)(13 个) M5-17(T)(1 个)	9.8～13.72 5.88～7.35
C-1 蓄压器-Rr 壳体	2	M6-14.5(T)	7.8～11.8

注：S-密封螺栓，St-双头螺栓，T-梅花螺栓。

3. 离合器/制动器规格

离合器和制动器的盘/片规格见表 4-3，离合器 C1(前进离合器)规格见表 4-4，离合器 C2(直接档离合器)规格见表 4-5。

表 4-3　离合器和制动器的盘/片规格

离合器/制动器	法兰(F)	片(P)	盘(D)	垫板(CP)	带
C1(前进档离合器)	1	4	4	—	—
C2(直接档离合器)	1	4	4	—	—
C3(低速档离合器)	1	3	3	1	—
B1(2 档滑行制动器)	1	2	2	—	—
B2(2 档制动器)	1	3	3	1	—
B3(1 档和倒档制动器)	2	4	5	—	—
B4(低速档制动器)	—	—	—	—	1

表 4-4　离合器 C1(前进档离合器)规格

(mm)

零件名称	规定值
活塞行程	0.74～1.06
法兰厚度类型	Th=3.6 Th=3.8 Th=4.0

表 4-5　离合器 C2(直接档离合器)规格

(mm)

零件名称	规定值
活塞行程	1.54～1.89
法兰厚度类型	Th=3.6 Th=3.8 Th=4.0

二、结构特点

AF20 型自动变速器内部总体构造如图 4-1 所示，AF20 型自动变速器为两轴变速器，即液压和机械部件安装在两根轴上，在输入轴和输出轴上都装有多片式离合器、单向离合器、行星齿轮系。在 AF20 型自动变速器内部有 2 组行星齿轮机构，执行元件包括 3 个离合器 4 个制动器和 3 个单向离合器。

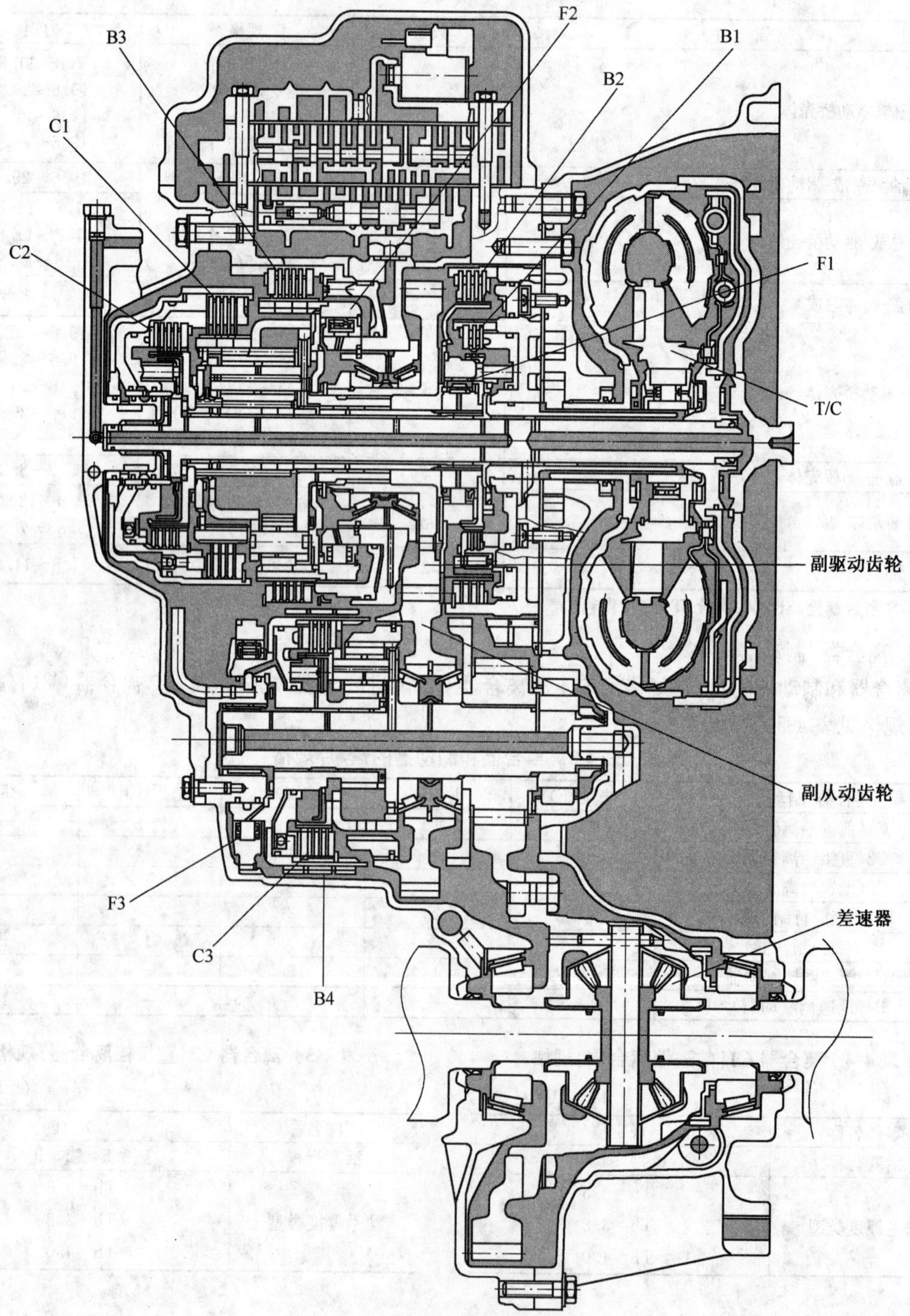

图 4-1 AF20 型自动变速器的总体构造

第二节　行星齿轮机构与动力传递路线

一、行星齿轮机构与换档执行元件

AF20 型自动变速器档执行元件的布置如图 4-2 所示，各换档执行元件的作用见表 4-6，不同档位各换档执行元件的状态见表 4-7。AF20 型自动变速器动力传递路线如图 4-3 所示，它有 2 个行星齿轮

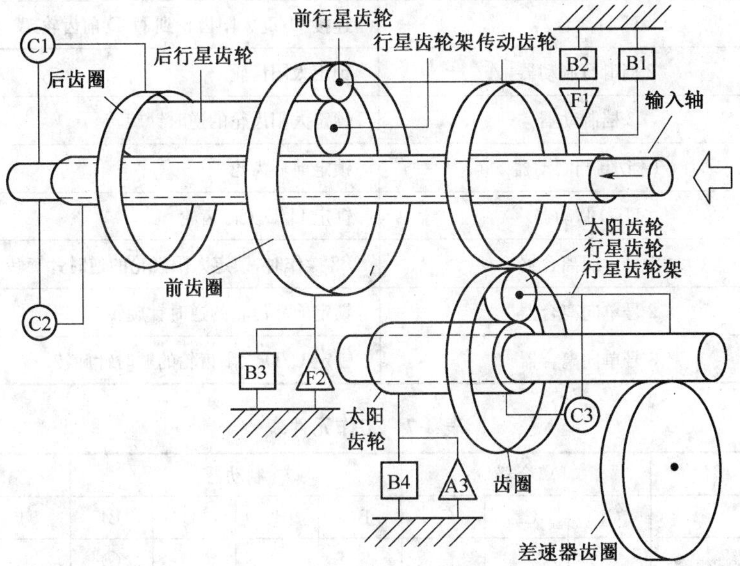

图 4-2　换档执行元件的布置

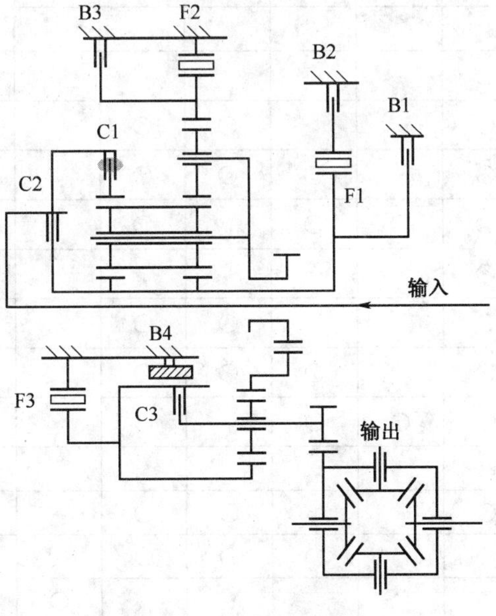

图 4-3　动力传递路线

组，在输入轴上的行星齿轮组称为行星齿轮组Ⅰ，它由2个单排行星齿轮机构组成，前排为双级结构，后排为单级结构，前、后排行星齿轮机构共用行星架和太阳轮。在输出轴上的行星齿轮组称为行星齿轮组Ⅱ，它只是一个单排单级的简单行星齿轮机构。

表4-6 各换档执行元件的作用

离合器和制动器		作　用
C1	前进档离合器	连接输入轴到后环齿轮
C2	直接档离合器	连接输入轴到太阳齿轮
C3	U/D离合器	连接U/D太阳齿轮到U/D前齿轮架
B1	2档滑行制动器	锁定太阳齿轮
B2	2档制动器	锁定太阳齿轮的逆时针旋转
B3	1档/倒档制动器	锁定前环齿轮
B4	U/D制动器	锁定U/D太阳齿轮
F1	1号单向离合器	B2操作时，锁定太阳齿轮的逆时针旋转
F2	2号单向离合器	锁定前环齿轮的逆时针旋转
F3	3号单向离合器	锁定U/D太阳齿轮的顺时针旋转

表4-7 工作元件表

选档杆位置	档位	离合器			制动器				超越离合器		
		C1	C2	C3	B1	B2	B3	B4	F1	F2	F3
P								○			
R	$v\leqslant7$km/h		○				○	○			
	$v>7$km/h		○					○			
N								○			
D	1	○						○		○	○
	2	○			○	○		○	○		○
	3	○		○	○	○			○		
	4	○	○	○		○					
3	1	○						○		○	○
	2	○			○	○		○	○		○
	3	○		○	○	○			○		
	4	○	○	○		○					
2	1	○						○		○	○
	2	○			○	○		○	○		○
	3	○		○	○	○			○		
1	1	○					○	○		○	○
	2	○			○	○			○		○

1. 输入离合器 C1 和 C2

离合器 C1 和 C2 为输入离合器，发动机的动力由变矩器通过输入轴传递到离合器 C1 和 C2。当离合器 C1 接合时，行星齿轮组中的齿圈被驱动。如果离合器 C2 接合，行星齿轮组中的太阳齿轮被驱动。离合器 C1 在所有档位时接合，离合器 C2 在 4 档和倒档时接合。

2. 制动器 B1、B2 和 B3

当制动器 B1 和 B2 接合时，行星齿轮组中的太阳齿轮被固定。B1 和 B2 在 2 档和 3 档时接合。制动器 B3 在倒档和选档杆位于位置“1”时接合。行星齿轮组齿圈上的制动器 B3 支承在单向离合器轴承上。

3. 输入离合器 C3 和制动带 B4

在 3 档和 4 档，离合器 C3 接合。当离合器 C3 接合时，太阳齿轮与附加行星齿轮系的行星齿轮架连接。现在，附加行星齿轮系为直接传动，不减速。除了 3 档和 4 档，制动带 B4 在所有档位接合。结果，附加行星齿轮系的太阳齿轮锁定，驱动行星齿轮架齿圈。

二、动力传递路线分析

1. 倒档动力传递路线分析

倒档动力传递路线如图 4-4 所示。

行星齿轮组Ⅰ：倒档时，直接档离合器 C2 工作，驱动行星齿轮组Ⅰ的共用太阳轮；制动器 B3 工作，固定行星齿轮组Ⅰ的前排大齿圈，则行星齿轮组Ⅰ的行星架反向减速旋转(输出)，传动比约为 2.7。

行星齿轮组Ⅱ：动力由行星齿轮组Ⅱ的齿圈输入，制动器 B4 工作，固定太阳轮，则行星架同向减速旋转(输出)，传动比约为 1.5。

倒档时总的传动比为行星齿轮组Ⅰ和行星齿轮组Ⅱ传动比的乘积，即 2.7×1.5≈4.0。

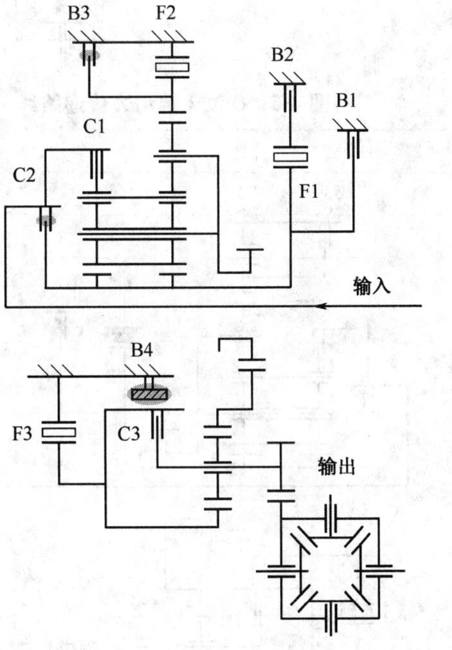

图 4-4 倒档动力传递路线

2. 1 档动力传递路线

(1)D 位 1 档动力传递路线

D 位 1 档动力传递路线如图 4-5 所示。

行星齿轮组Ⅰ：在 D 位 1 档，前进档离合器 C1 工作，驱动行星齿轮组Ⅰ的后排小内齿圈；单向离合器 F2 锁止，单向固定行星齿轮组Ⅰ的前排大齿圈，则行星齿轮组Ⅰ的行星架同向减速旋转(输出)，传动比约为 2.4。

行星齿轮组Ⅱ：动力由行星齿轮组Ⅱ的齿圈输入，单向离合器 F3 锁止，同时制动器 B4 工作，固定太阳轮，则行星架同向减速旋转(输出)，传动比约为 1.5。

1 档时总的传动比为行星齿轮组Ⅰ和行星齿轮组Ⅱ传动比的乘积，即 2.4×1.5=3.6。

由以上分析可知，在 D 位 1 档，单向离合器 F2 锁止是动力传递不可缺少的条件，故在 D1 档没有发动机制动。

(2)1 位 1 档动力传递路线

1 位 1 档动力传递路线如图 4-6 所示。在 1 位 1 档，为获得发动机制动，制动器 B3 工作，B3 与 F2 是并联关系，B3 双向固定了行星齿轮组Ⅰ的前排大齿圈。动力传递过程中因没有单向离合器单独参与动力传递，故在1位1档有发动机制动。

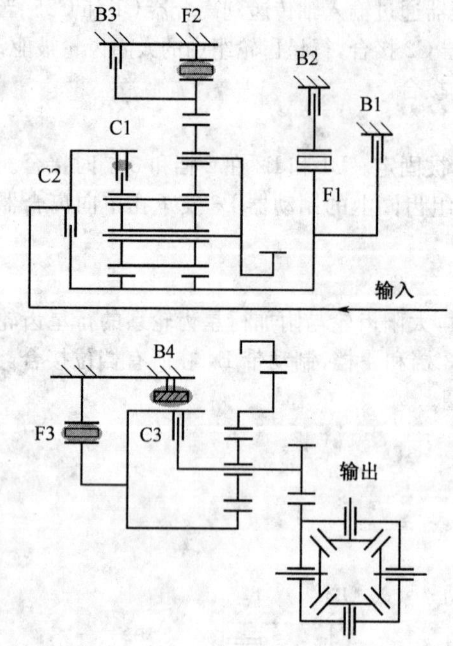

图4-5 D位1档动力传递路线

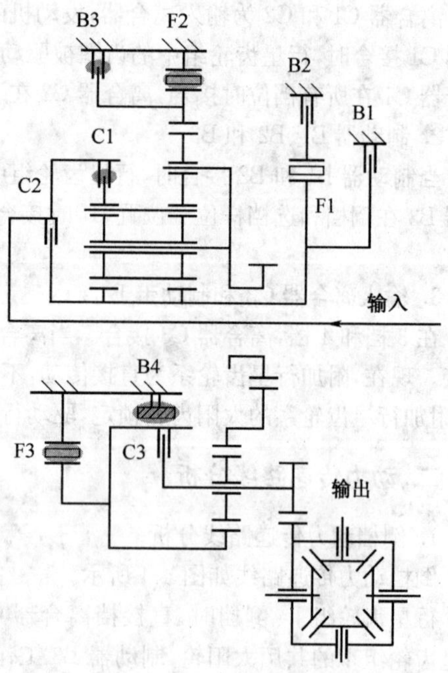

图4-6 1位1档动力传递路线

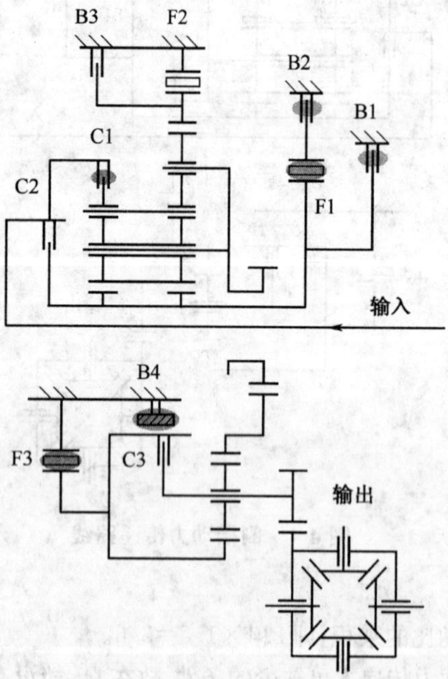

图4-7 2档动力传递路线

3. 2档动力传递路线

D位2档动力传递路线如图4-7所示。

行星齿轮组Ⅰ：在D位2档，前进档离合器C1工作，驱动行星齿轮组Ⅰ的后排小内齿圈；制动器B1工作，单向离合器F1锁止，单向固定行星齿轮组Ⅰ的共用太阳轮；同时制动器B2工作，双向固定行星齿轮组Ⅰ的共用太阳轮，则行星架同向减速旋转（输出），传动比约为1.4。

行星齿轮组Ⅱ：同1档。

2档时总的传动比为行星齿轮组Ⅰ和行星齿轮组Ⅱ传动比的乘积，即$1.4\times1.5=2.1$。

由以上分析可知，在D位2档，没有单向离合器单独参与动力传递，故有发动机制动。2位2档和D位2档的动作元件完全相同，这里不再多述。

4. 3档动力传递线路分析

3档动力传递路线如图4-8所示。

行星齿轮组Ⅰ：同2档。

行星齿轮组Ⅱ：动力由行星齿轮组Ⅱ的齿圈输入，离合器C3工作，将太阳轮和行星架连接为一体，则整个行星齿轮组Ⅱ以一个整体旋转，传动比为1。

3档时，行星齿轮组Ⅰ传动比约是1.4；行星齿轮组Ⅱ的传动比为1，则总传动比约为1.4。

3位3档和D位3档的动作元件完全相同，这里不再多述。

5. 4档动力传递线路分析

4档动力传递路线如图4-9所示。

行星齿轮组Ⅰ：在D位4档，前进档离合器C1工作，驱动行星齿轮组Ⅰ的后齿圈；直接档离合器C2工作，驱动行星齿轮组Ⅰ的共用太阳轮，行星齿轮组Ⅰ中2个部件被同时驱动，则整个行星齿轮机构以一个整体旋转，传动比为1。在D位4档，制动器B2仍工作，但单向离合器F1在超越滑转，对动力传递没有影响。

行星齿轮组Ⅱ：同3档。

4档时，行星齿轮组Ⅰ和行星齿轮组Ⅱ都是直接传动，总的传动比为1，是直接档。

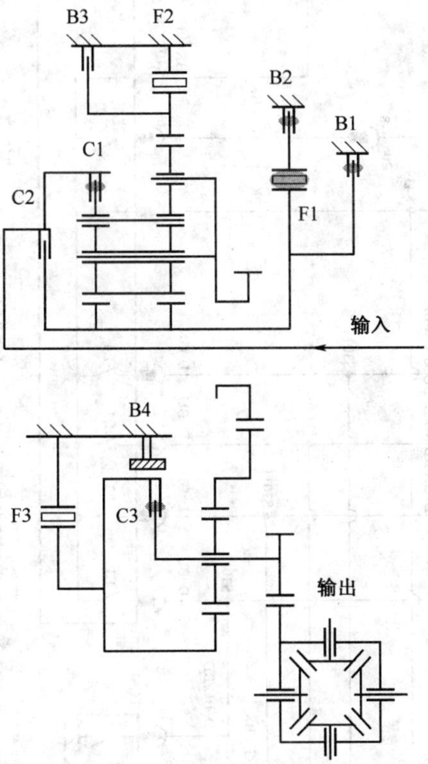

图4-8　3档动力传递路线

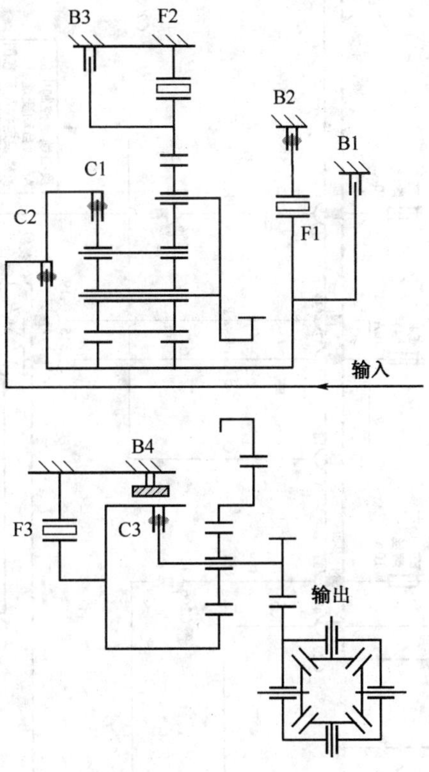

图4-9　4档动力传递路线

第三节　控制系统

一、电控系统电路图

(1)用于新款凯越1.8轿车的AF20型自动变速器电控系统电路如图4-10和图4-11所示。

(2)用于雪佛兰景程2.0轿车的AF20型自动变速器电控系统电路如图4-12、图4-13、图4-14和图4-15所示。

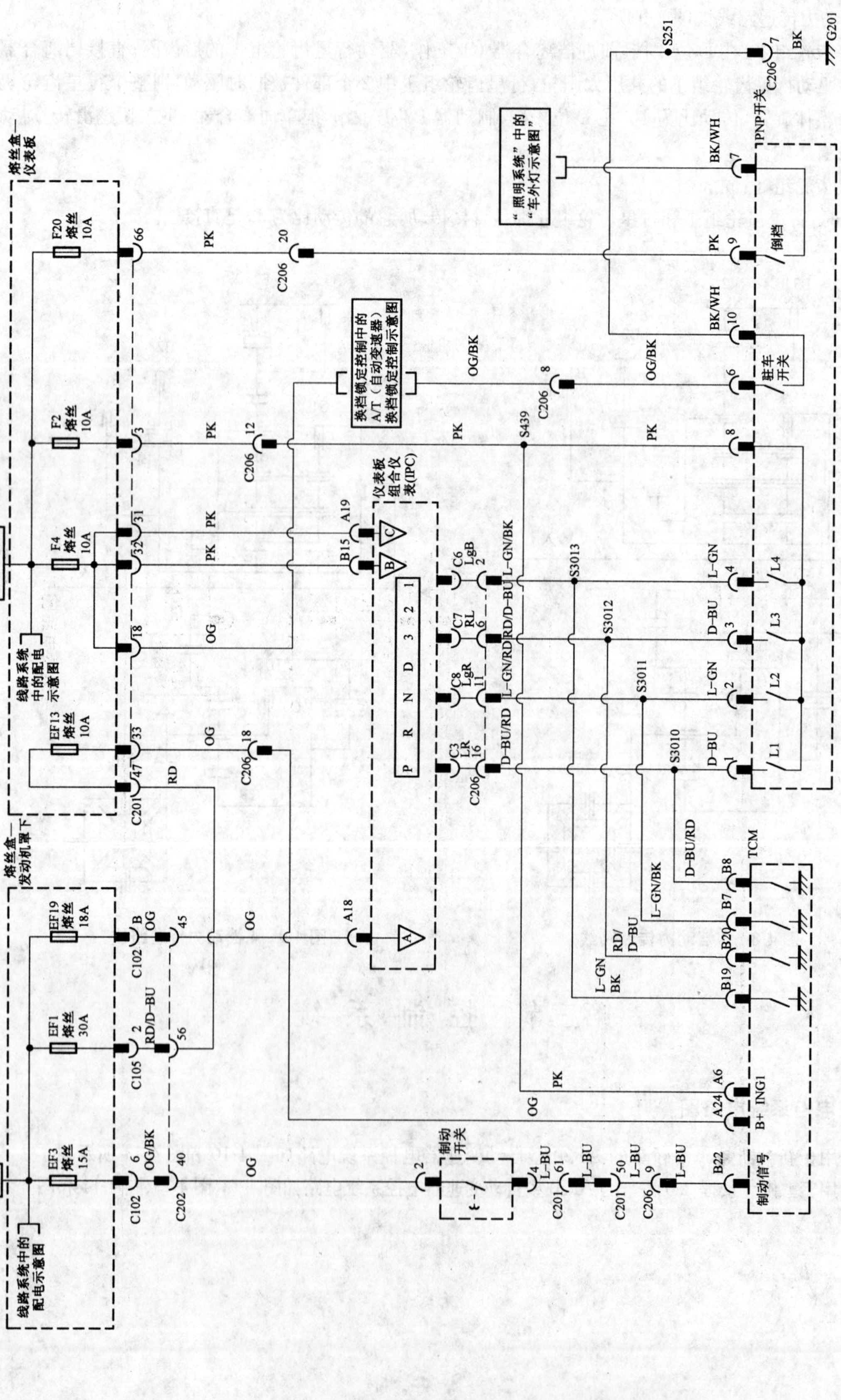

图 4-10 自动变速器电路图—(凯越)

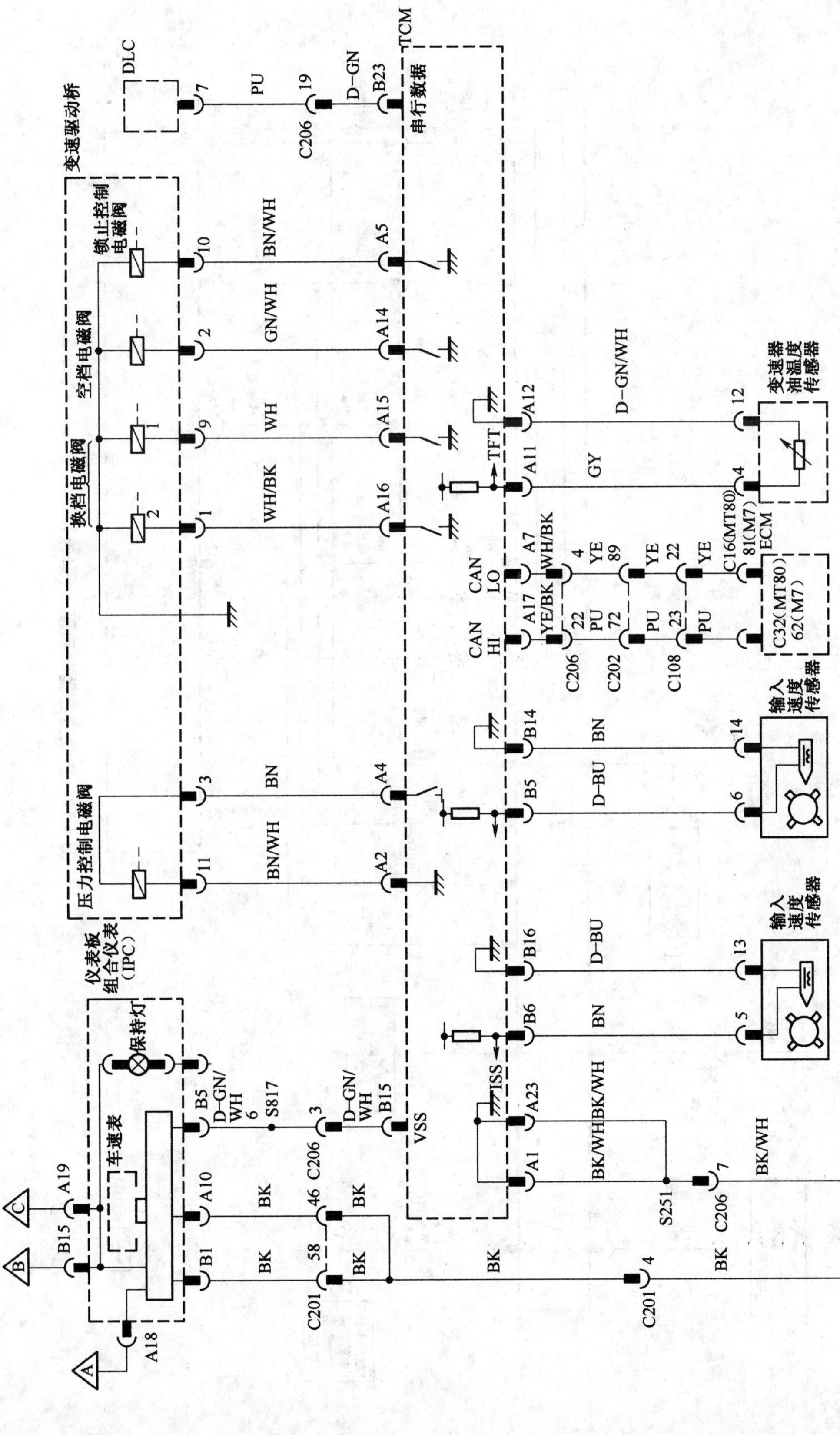

图 4-11 自动变速器电路图二(凯越)

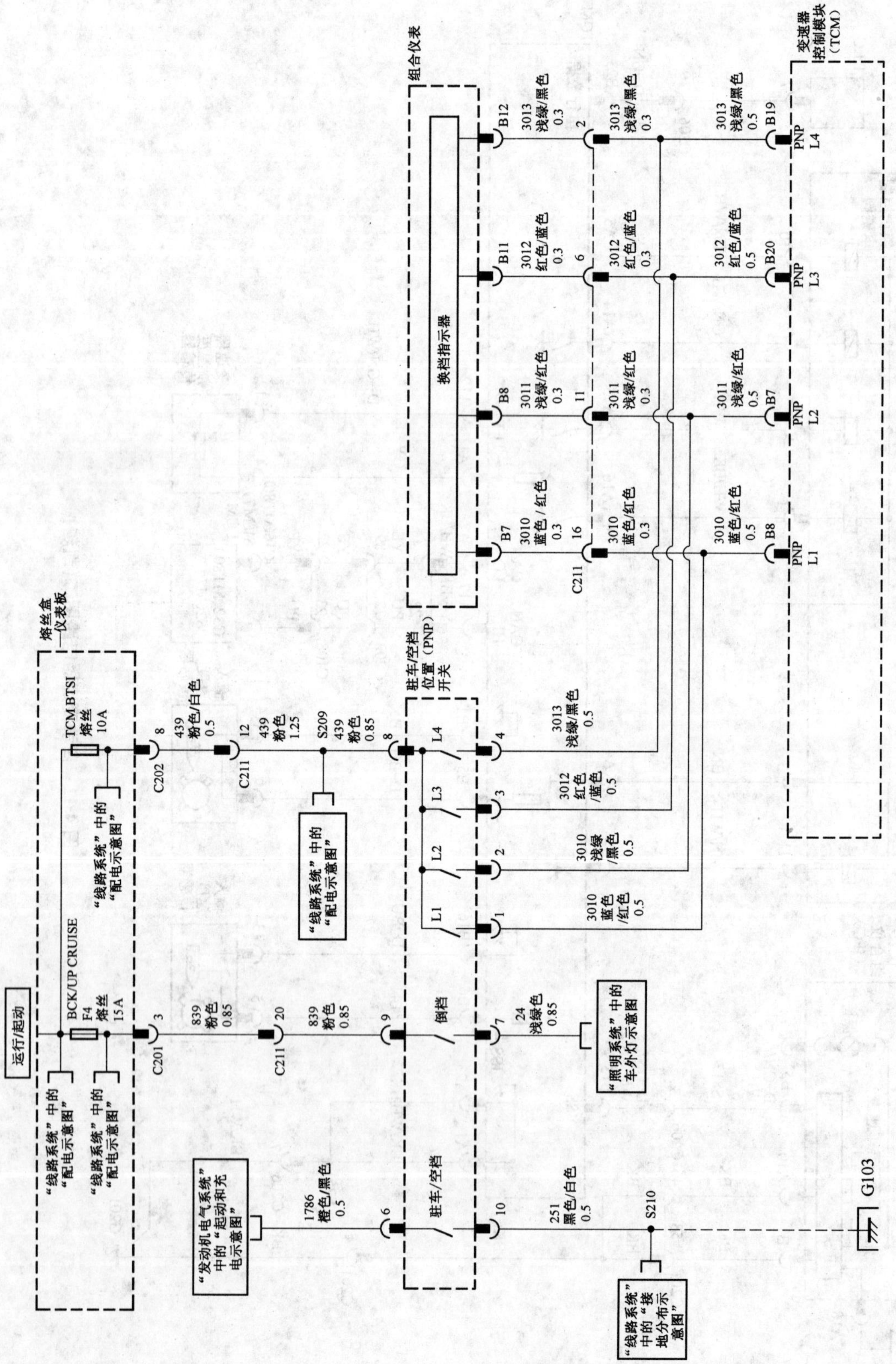

图 4-12 自动变速器电路图—(景程)

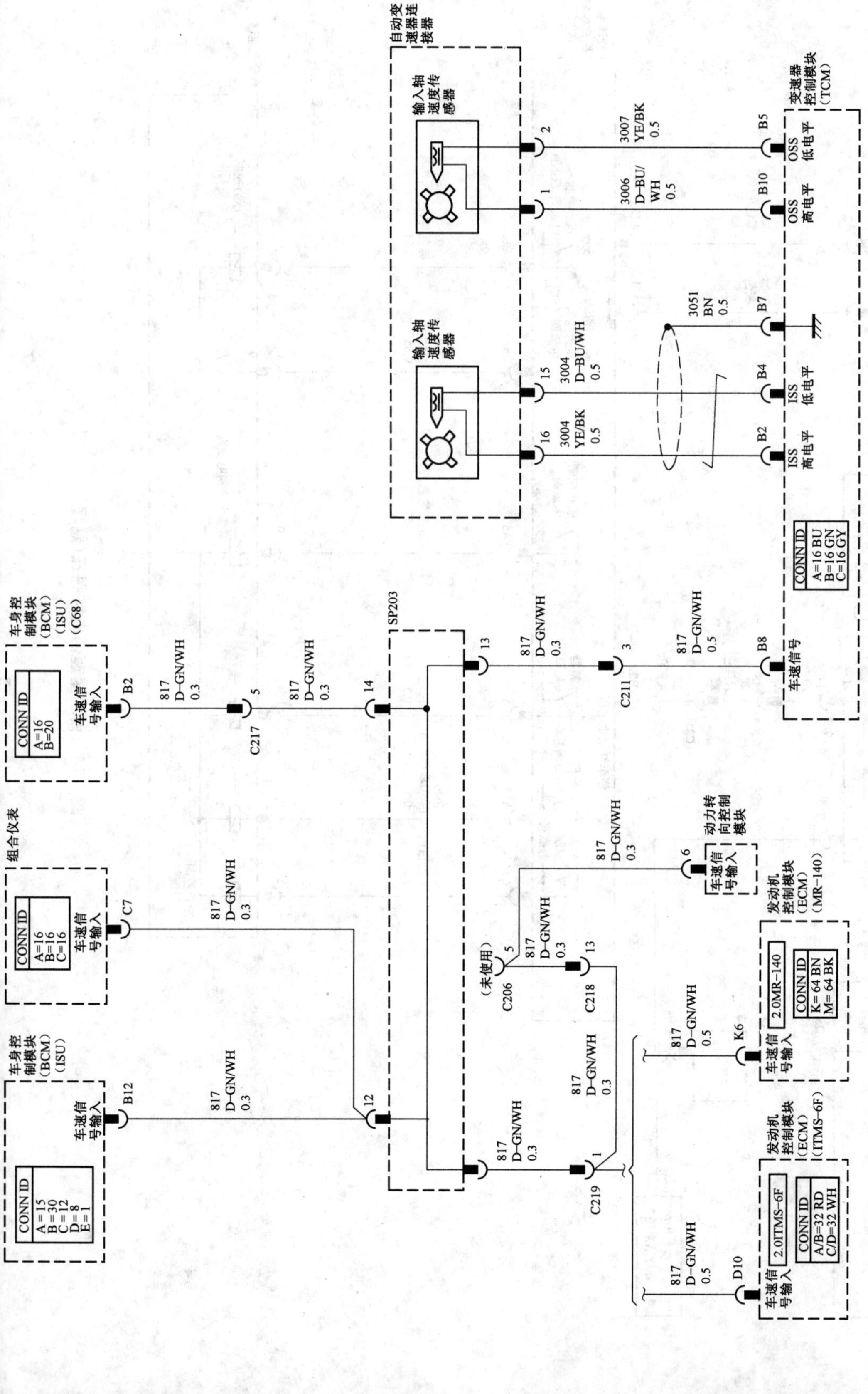

图 4-13　自动变速器电路图二（景程）

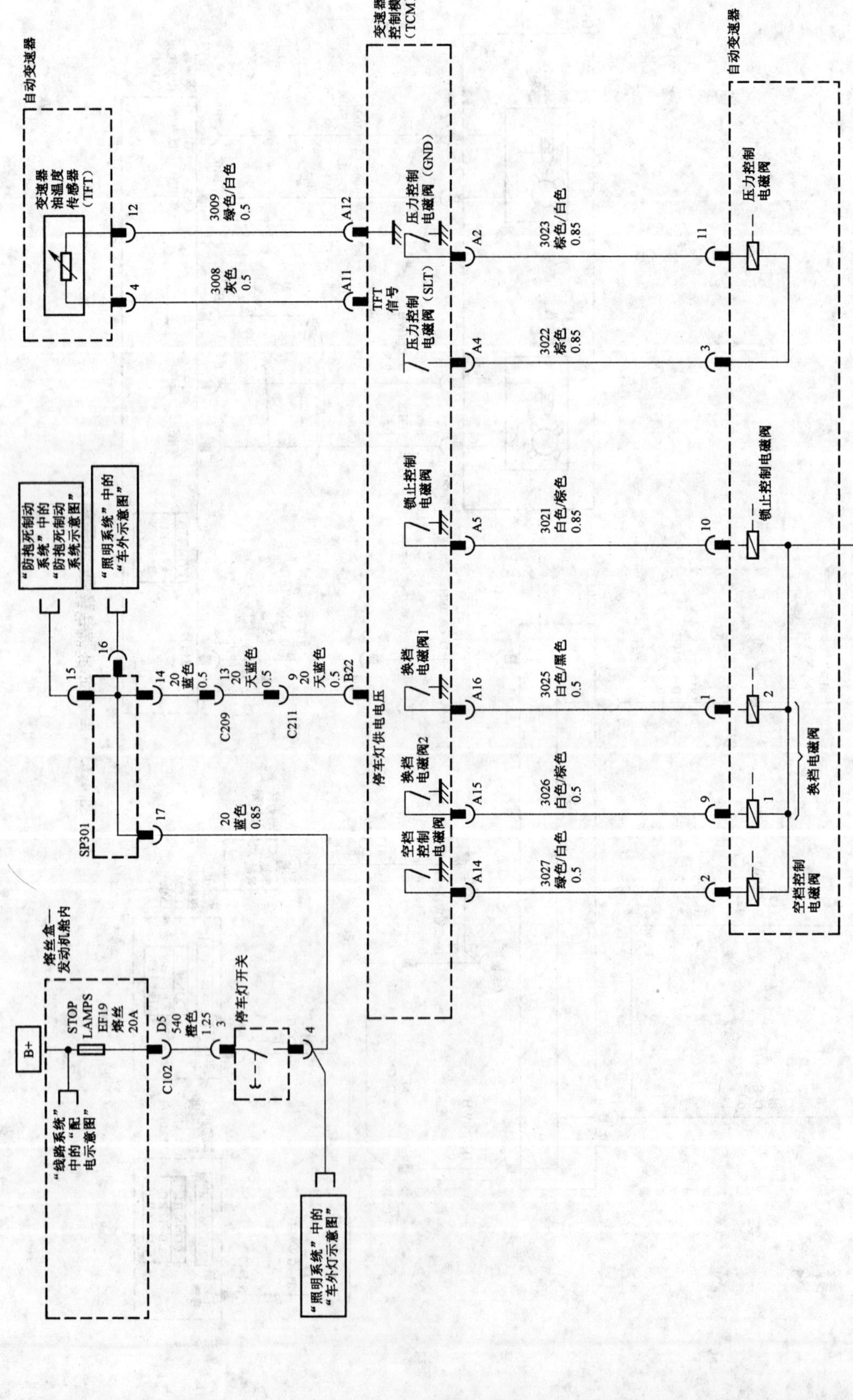

图 4-14 自动变速器电路图三（景程）

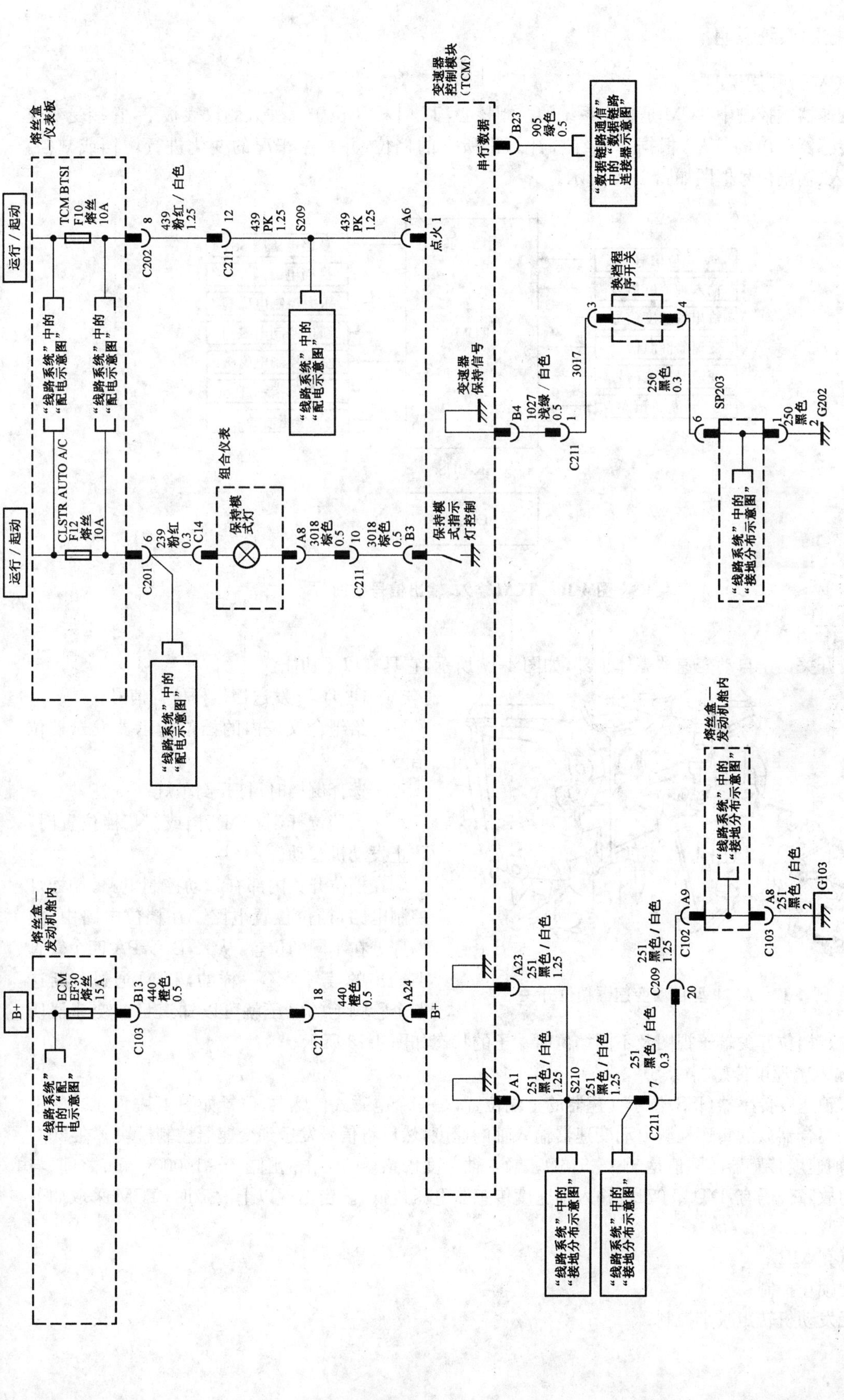

图 4-15 自动变速器电路图四（景程）

二、控制系统说明

1. TCM 及控制说明

在变速器的控制中 TCM 是整个系统的控制核心，TCM 模块位于驾驶人侧仪表板下，它接受变速器各个传感器发出的信号，根据车况综合计算出所需的档位，并根据车况的变化进行增档或减档。TCM 输入、输出信号框图如图 4-16 所示。

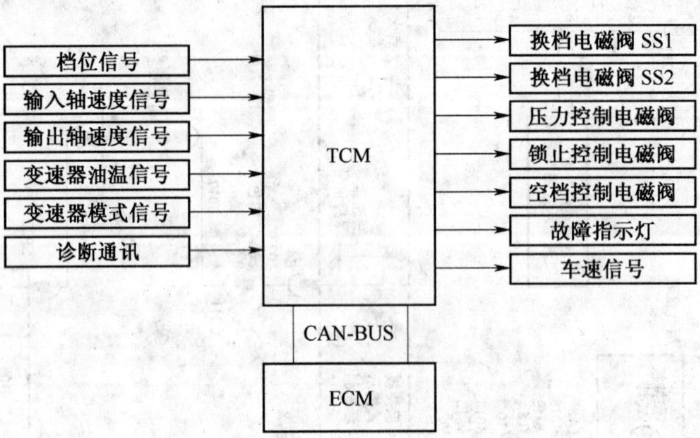

图 4-16 TCM 输入、输出信号框图

2. 档位开关

档位开关位于自动变速器壳体顶部，如图 4-17 所示，它具有以下功能：

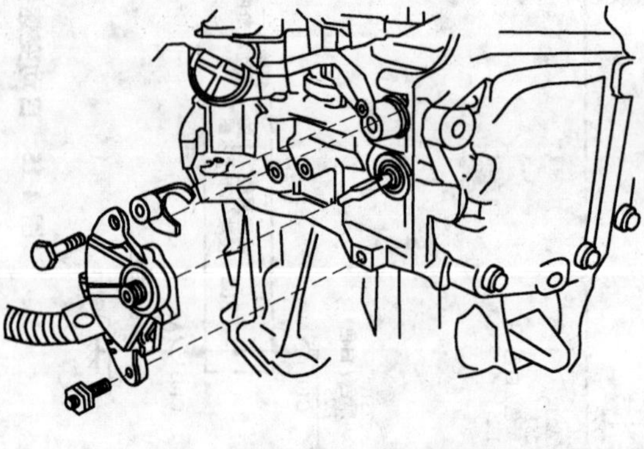

图 4-17 AF20 型自动变速器档位开关

—向 TCM 发送档位杆位置信号；

—给组合仪表内的档位指示器发送档位信号；

—选择倒档时，打开倒车灯；

—当档位杆不在“P”档或“N”档位置时，防止发动机起动。

在档位开关内部有起动控制电路，倒档灯控制电路，档位位置电路。在档位电路中，换档杆处在不同的位置，从 A，B，C，PA 四个管脚上输出的信号是不一样的，TCM 通过判断这四个管脚上的电压就可以知道目前变速器所处的档位。档位开关端子视图及不同档位时端子的状态如图 4-18 所示。

3. 输入轴速度传感器(ISS)

输入轴速度传感器(ISS)位于变速器的上端位置，是一个电磁式传感器，位置如图 4-19 所示。它根据直接档离合器鼓的转速检测自动变速器输入轴的速度，然后将信号发送到变速器控制模块。在 20℃时，输入轴速度传感器的阻值是 344～516Ω。输入轴速度传感器的工作范围在 0～10000r/min 之间，与之相关的故障代码有：DTC P0717(输入轴速度传感器电压过低)。当出现以上故障时，TCM 采取如下措施：

—点亮 MIL；

—无锁止控制；

—无发动机转矩减小控制；

—无挂档压力控制；

—无自适应控制；

—空档至驱动档无空档控制电磁阀控制；

—在确定故障后进入应急模式。

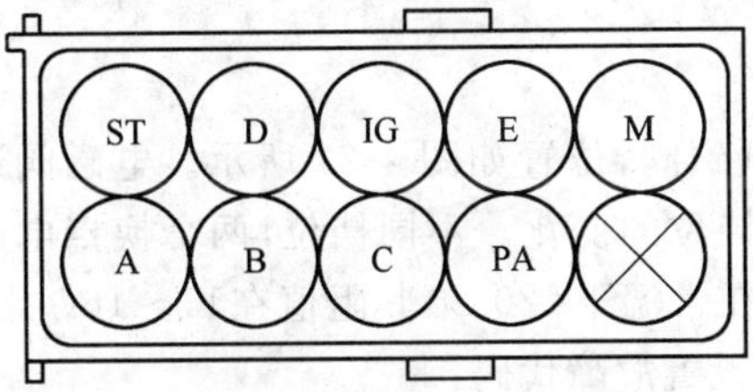

	起动器电路		倒档电路		位置电路				
范围	ST	M	D	E	IG	A	B	C	PA
P	○	○			○	○			○
R			○	○	○	○	○		
N	○	○			○		○		○
D					○		○	○	
3					○	○	○	○	○
L					○			○	○
极性	+	−	−	+	+	−	−	−	−

图 4-18　档位开关端子视图及不同档位时端子的状态

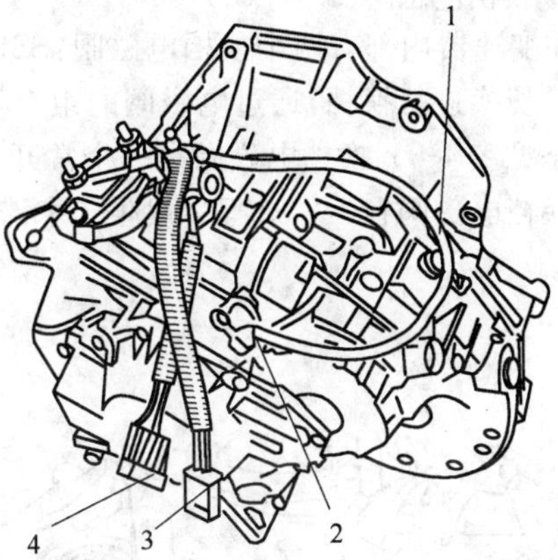

图 4-19　输入、输出速度传感器

1. 输出速度传感器　2. 输入速度传感器

3. 选档杆位置开关线束插头　4. 电磁阀线束插头

4. 输出轴速度传感器(OSS)

输出轴速度传感器(OSS)位于变速器的上端位置，是一个电磁式传感器，其位置参见图 4-19，它根据差速器齿轮的转速来检测车辆速度。在 20℃时，输出轴速度传感器的阻值是 344～516Ω。相关的故障代码：DTC P0722(输出轴速度传感器电压过低)。当出现以上故障时，TCM 采取如下措施：

—点亮 MIL；

—无锁止控制；

—无发动机转矩减小控制；

—无换档压力控制；

—无 4 档；

—无自适应控制；

—无防倒档控制。

输入、输出速度传感器插头是一样的，有插反的可能性，插反后会造成没有倒档的故障，正确的传感器及线束位置参见图 4-19。

5. 变速器油温传感器(TFT)

变速器油温传感器(TFT)安装在自动变速器壳体上，位置如图 4-20 所示。TFT 为变速器控制模块(TCM)提供变速器油温信息。变速器控制模块根据油温传感器的信息计算换档点，并控制变矩器的锁止功能。TFT 正常的工作范围在 0℃～150℃之间，在 10℃时，阻值在 1.8～2.2kΩ 之间；在 110℃时，阻值在 0.23～0.26kΩ 之间。如果当变速器油温低于规定值时，TCM 禁止变速器升入 4 档。与变速器油温传感器相关的故障代码有：

—DTC P0711(TFT 电路性能故障)；

—DTC P0712(TFT 电路电压过低)；

—DTC P0713(TFT 电路电压过高)；

在以上故障码出现时，TCM 会采取如下措施：

—点亮 MIL；

—无锁止离合器控制；

—无 4 档；

—TCM 无自适应学习功能。

6. 换档电磁阀(SS1/SS2)

在变速器内部有两个换档电磁阀：SS1 和 SS2 换档电磁阀，位置如图 4-21 所示。电磁阀通过油路的切换进行换档，通过电磁阀的组合可以实现四种档位的变化。不同档位，两个换档电磁阀的状态见表 4-8。换档电磁阀是一个常开(ON)电磁阀，在常温下(20℃)其阻值在11～16Ω之间。如果换档电磁阀在工作过程中发生了卡滞现象，TCM 会设置故障代码：

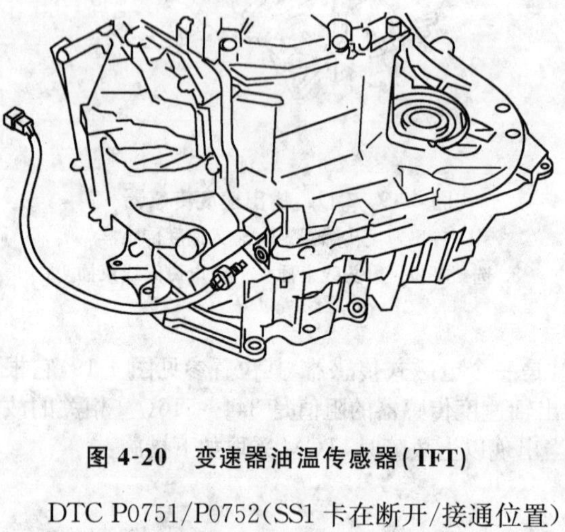

图 4-20 变速器油温传感器(TFT)

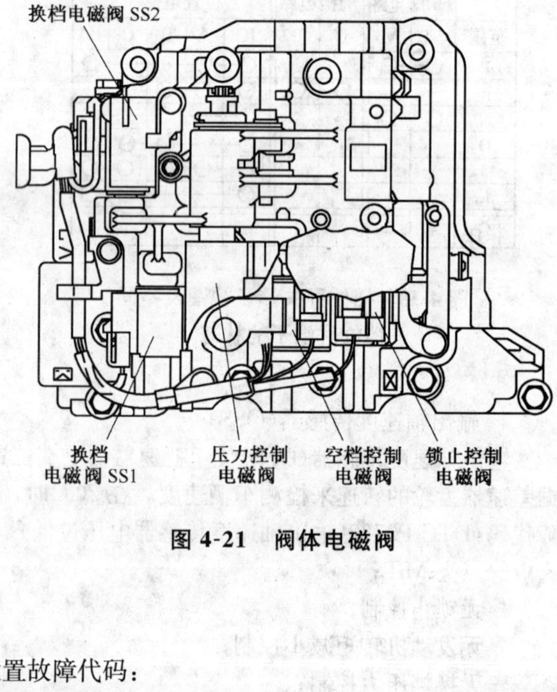

图 4-21 阀体电磁阀

DTC P0751/P0752(SS1 卡在断开/接通位置)；

DTC P0756/P0757(SS2 卡在断开/接通位置)。

如果换档电磁阀的电路发生了故障，TCM 会设置故障代码：

DTC P0973/P0974(SS1 控制电路对地短路/开路或者对蓄电池短路)；

DTC P0976/P0977(SS2 控制电路对地短路/开路或者对蓄电池短路)。

同时 TCM 会采取如下措施：

—点亮 MIL；

—无锁止控制；

—无发动机转矩降低控制；

—无接合压力控制；

—空档至驱动档无空档控制电磁阀控制；

—无自学习控制；

—在确定故障后进入应急模式。

可通过吹入压缩空气的方法测试换档电磁阀的操作，如图 4-22 所示，换档电磁阀为常开电磁阀，空气只有在电磁阀不通电时才能通过电磁阀。将压缩空气施加到电磁阀进口，如果电磁阀无法使空气通过，则更换电磁阀；将电磁阀连接至 B+并接地，如果电磁阀允许空气通过，则更换电磁阀。

表 4-8　换档电磁阀工作状态表

档位	SS1	SS2
1	OFF	ON
2	ON	ON
3	ON	OFF
4	OFF	OFF

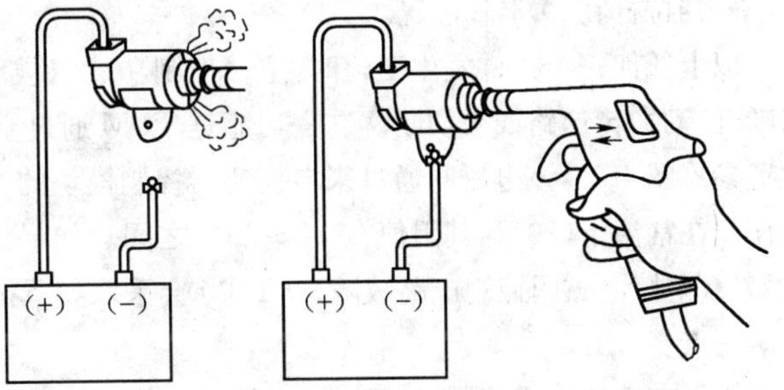

图 4-22　检查换档电磁阀

7. 变速器压力控制(PC)电磁阀

压力控制电磁阀位于阀体内,位置参见图 4-21。TCM 控制通过电磁阀的供电和接地,调节变速器液压系统的压力。其控制信号是一个脉宽调制信号(PWM),信号频率为 301Hz,信号电压为蓄电池电压。流过电磁阀的平均电流强度与节气门位置之间有一定的函数关系。在常温下(20℃)其阻值在 3.3～3.7Ω 之间。PC 阀相关故障代码:

DTC P0962[压力控制(PC)电磁阀控制电路对地短路或开路];

DTC P0963[压力控制(PC)电磁阀控制电路对蓄电池短路]。

TCM 在上述故障条件下采取如下措施:

—点亮 MIL;

—无变矩器锁止离合器控制;

—无发动机转矩降低控制;

—无接合压力控制;

—无自学习控制;

—在确定故障后进入应急模式。

8. 变矩器锁止控制(TCC)电磁阀

变矩器锁止控制(TCC)电磁阀位于阀体上,位置参见图 4-21,其控制信号是一个脉宽调制(PWM)信号,信号频率为 40Hz,信号电压为蓄电池电压。TCM 通过调节 TCC 的 PWM,锁止离合器可以部分或全部地接合。在常温下(20℃),其阻值在 3.3～3.7Ω 之间。与变矩器锁止电磁阀相关的故障代码有:

DTC P0741(锁止离合器卡在分离位置);

DTC P0742(锁止离合器卡在接合位置)。

当锁止电磁阀电路发生故障时会产生如下故障代码:

DTC P2769[锁止电磁阀(SL)对地短路];

DTC P2770[锁止电磁阀(SL)开路或对蓄电池短路];

同时,TCM 会使变速器进入应急模式。

9. 空档控制电磁阀

由于交通拥挤或交通指示灯的原因,车辆可能会随时停下来,为了减少尾气排放对环境的污染和燃油的消耗,TCM 在以下条件下会自动从驱动档进入空档:

—制动开关接通;

—车辆速度为 0;

—加速踏板在怠速位置;

—档位杆在 D,3,L 位置。

以上任何一个条件发生变化时,空档控制功能将被解除。在空档控制起作用时,TCM 将 C1 离合器断开,动力传递路线被切断。这一功能是 TCM 通过空档控制电磁阀实现的,该电磁阀位于阀体上,位置参见图 4-21,该电磁阀通过来自变速器控制模块的控制信号进行“接通/断开”操作,从而进行空档操作。在常温下(20℃)其阻值在 11～16Ω 之间。如果该电磁阀电路发生故障会产生故障代码:DTC P0773(空档电磁阀控制电路故障)。TCM 会采取如下措施:

—点亮 MIL;

—无变矩器锁止控制;

—无发动机转矩降低控制;

—无接合压力控制;

—空档至驱动档无空档控制电磁阀控制;

—无自学习控制;

—在确定故障后进入应急模式。

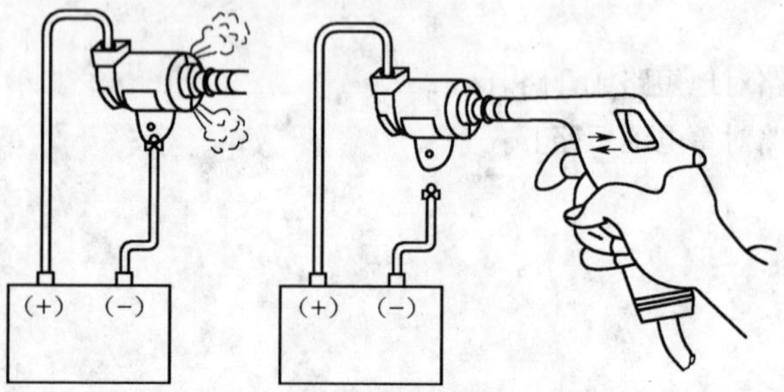

图 4-23　检查空档控制电磁阀

可通过吹入压缩空气的方法测试换档电磁阀的操作,如图 4-23 所示,空档控制电磁阀为常闭电磁阀,空气只有在电磁阀通电时才能通过电磁阀。将压缩空气施加到电磁阀进口,如果电磁阀能使空气通过,则更换电磁阀;将电磁阀连接至 B+并接地,如果电磁阀无法使空气通过,则更换电磁阀。

10. ECM 输出转矩控制

在变速器进行换档时,TCM 向 ECM 发送一个信号,要求降低发动机的输出转矩,从而使换档更加平稳。转矩控制并非每次换档时都会出现,这要取决于负荷条件。当 TC(牵引力控制系统)起作用时,TCM 也会从 ECM 上获取节气门位置信号和降低转矩的请求信号,依据此信号 TCM 会抑制档位从高档换到低档。当行车速度低于某一值、节气门开度超过 80%的时间多于 1s 和轿车加速度低于某一数值时,ECM 控制压缩机继电器分离压缩机,以便减轻发动机负载,增加车辆动力的输出。

11. 倒档禁止控制

当变速器在前进档位工作时,很有可能因误挂倒档而损坏变速器,为了避免这种误操作而引发变速器的损坏,当车辆速度在 7km/h 以上时,TCM 禁止进入倒档。在 AF20 型自动变速器中,控制单元控制倒档制动器 B3 分离,结果变速器中的前齿圈可继续自由旋转,从而防止动力传递。

12. “HOLD”模式控制

当按下 HOLD 键后,TCM 会将换档电磁阀 SS1 通电,SS2 断电,此时车辆将在三档起步,在路面比较湿滑的时候使变速器在一个较高的档位起步,防止车轮打滑。当变速器工作在“HOLD”模式时,仪表上的“HOLD”模式指示灯点亮。如果“HOLD”模式指示灯闪亮,说明自动变速器控制系统有故障。

13. 自动变速器控制模块(TCM)与发动机控制模块(ECM)通信

自动变速器控制模块(TCM)与发动机控制模块(ECM)是通过 CAN BUS 进行通信的,ECM 通过 BUS 向 TCM 传递的信号有:节气门信号、水温信号、发动机转速信号、空调运行信号和发动机转矩信号,TCM 用这些信号进行档位转换的计算。TCM 也通过 CAN BUS 向 ECM 传递以下信号:变速器档位信号、变速器转矩请求信号、变速器故障信号。

14. 变速器紧急模式

当AF20(50-40LN)自动变速器控制系统发生某些故障时，TCM禁止对变速器做任何控制，此时变速器就会进入紧急模式，在下列部件发生电气故障时，TCM有可能进入紧急模式：

—输入轴速度传感器；

—换档电磁阀；

—压力控制电磁阀；

—锁止控制电磁阀；

—空档控制电磁阀。

在应急模式下：

—故障指示灯MIL点亮；

—变速器油压最高；

—档位杆在D的位置时，变速器的实际工作档位都是4档；

—没有锁止离合器的控制；

—没有换档的控制；

—没有自适应的学习功能。

第四节　自动变速器的维修

一、电控系统故障代码

AF20(50-40LN)型自动变速器电控系统故障代码表见表4-9。

表4-9　电控系统故障代码表

故障码	故障码说明	故障码	故障码说明
DTC P0562	系统电压过低	DTC P0752	换档电磁阀(SS)1卡在接通位置
DTC P0563	系统电压过高	DTC P0756	换档电磁阀(SS)2卡在断开位置
DTC P0601	控制模块只读存储器(ROM)	DTC P0757	换档电磁阀(SS)2卡在接通位置
DTC P0602	电子控制单元编程错误	DTC P0773	空档电磁阀(SS)3控制电路故障
DTC P0603	活性存储器(KAM)故障	DTC P0962	压力控制(PC)电磁阀控制电路对地短路或开路
DTC P0604	控制模块随机存取存储器(RAM)故障	DTC P0963	压力控制(PC)电磁阀控制电路对蓄电池短路
DTC P0705	变速器档位开关电路	DTC P0973	换档电磁阀(SS)1控制电路对地短路
DTC P0711	变速器油液温度(TFT)传感器电路性能故障	DTC P0974	换档电磁阀(SS)1控制电路开路或者对蓄电池短路
DTC P0712	变速器油液温度(TFT)传感器电路电压过低	DTC P0976	换档电磁阀(SS)2对地短路
DTC P0713	变速器油液温度(TFT)传感器电路电压过高	DTC P0977	换档电磁阀(SS)2开路或者对蓄电池短路
DTC P0717	输入速度传感器电路电压过低	DTC P2769	锁止换档电磁阀(SL)对地短路
DTC P0722	输出轴速度传感器电压过低	DTC P2770	锁止换档电磁阀(SL)开路或者对蓄电池短路
DTC P0741	变矩器离合器(TCC)系统-卡在断开位置	DTC U0001	CAN总线错误
DTC P0742	变矩器离合器(TCC)系统-卡在接合位置	DTC U0100	与发动机控制模块(ECM)失去通信
DTC P0751	换档电磁阀(SS)1卡在断开位置		

二、结构与装配

1. 壳体和关联零件部件分解

AF20(50-40LN)型自动变速器壳体和关联零件部件分解如图 4-24 和图 4-25 所示。

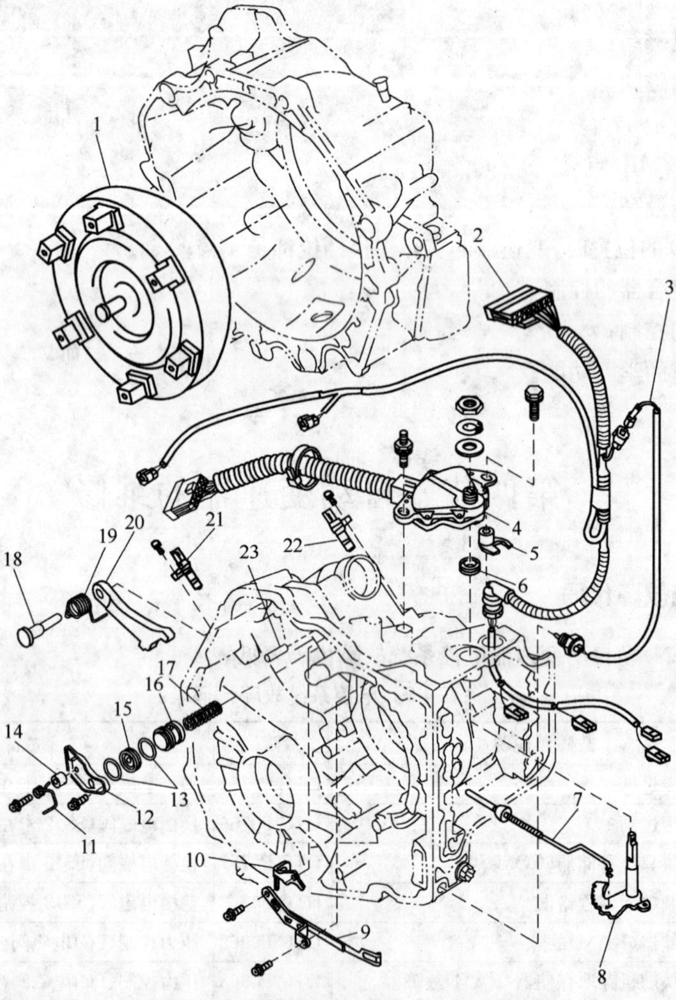

图 4-24 壳体和关联零件部件分解图

1. 变矩器总成 2. 变速器线束 3. 温度传感器 4. 空档起动开关总成 5. 压板 6. T型油封(不可重复使用零件) 7. 驻车锁杆分总成 8. 手动阀止动杆分总成 9. 止动弹簧分总成 10. 凸轮盘 11. 2 号扭力弹簧 12. B-4 储能器托架 13. O 形圈(不可重复使用零件) 14. 弹簧导向套管 15. B-4 储能器盖 16. 低速档制动储能器活塞 17. 压缩弹簧 18. 驻车锁棘爪轴 19. 1 号扭力弹簧 20. 驻车锁棘爪 21. 输出转速传感器 22. 输入转速传感器 23. 驻车锁销

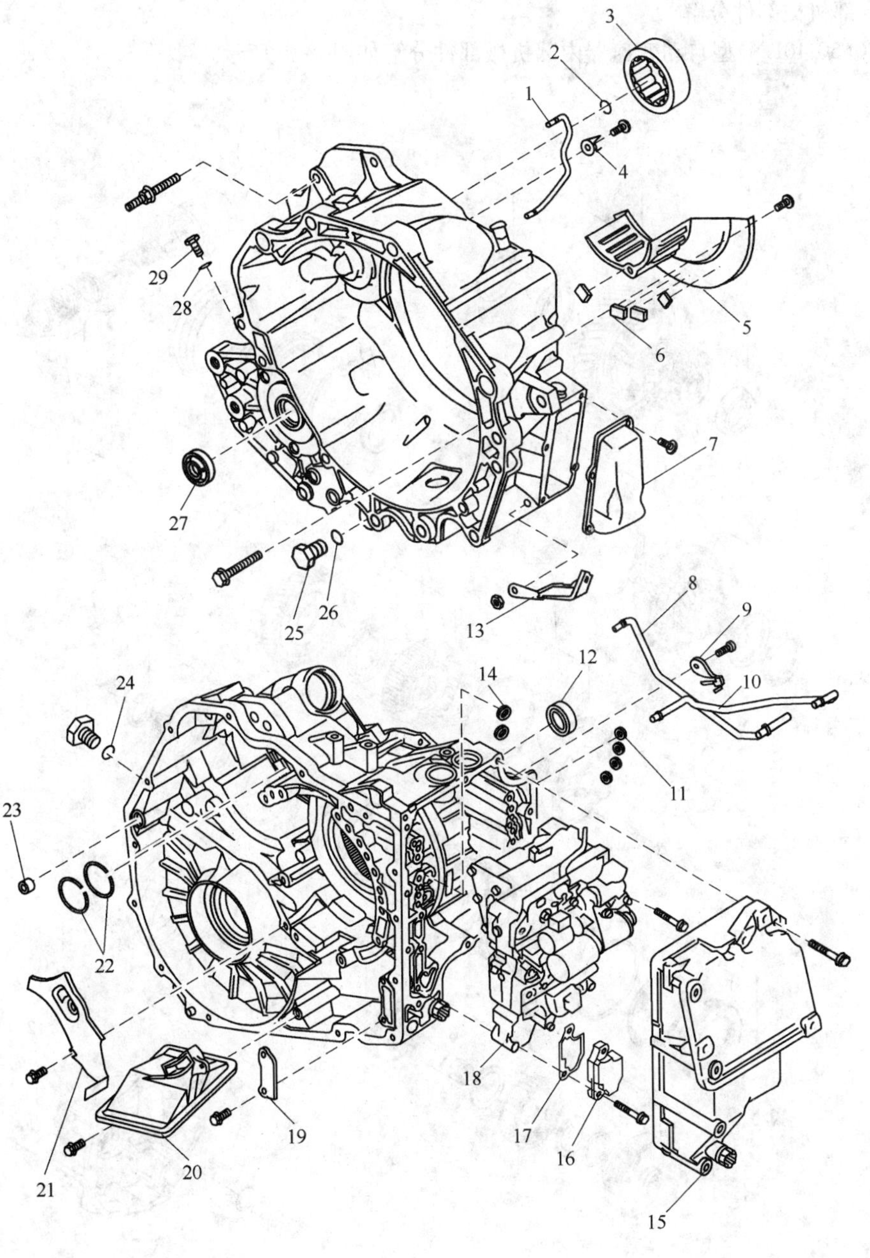

图 4-25　空档控制电磁阀

1. 差速器轴承润滑接合管(不可重复使用零件)　2. 密封圈　3. 滚柱轴承　4. 管子卡箍　5. 储油罐盖板　6. 润滑油洗涤器磁体　7. 自动变速驱动桥壳体盖　8. 用 C-3 涂抹管子(不可重复使用零件)　9. 管子卡箍　10. 润滑接合管(不可重复使用零件)　11. 调节作用衬垫(不可重复使用零件)　12. T 形油封(不可重复使用零件)　13. 润滑油温度传感器保护器　14. 调节作用衬垫(不可重复使用零件)　15. 变速驱动桥侧盖分总成　16. 吸油盖　17. 吸油盖衬垫(不可重复使用零件)　18. 阀体　19. 变速器壳体盖板　20. 润滑油滤网总成　21. 储油罐盖板　22. 密封圈　23. 调节作用衬垫(不可重复使用零件)　24. O 形圈(不可重复使用零件)　25. 带直头螺钉的螺塞　26. 衬垫(不可重复使用零件)　27. T 形油密封胶(不可重复使用零件)　28. O 形圈　29. 带平头螺钉的螺塞分总成

2. 内部机械部件分解

AF20(50-40LN)型自动变速器内部机械部件分解如图4-26所示。

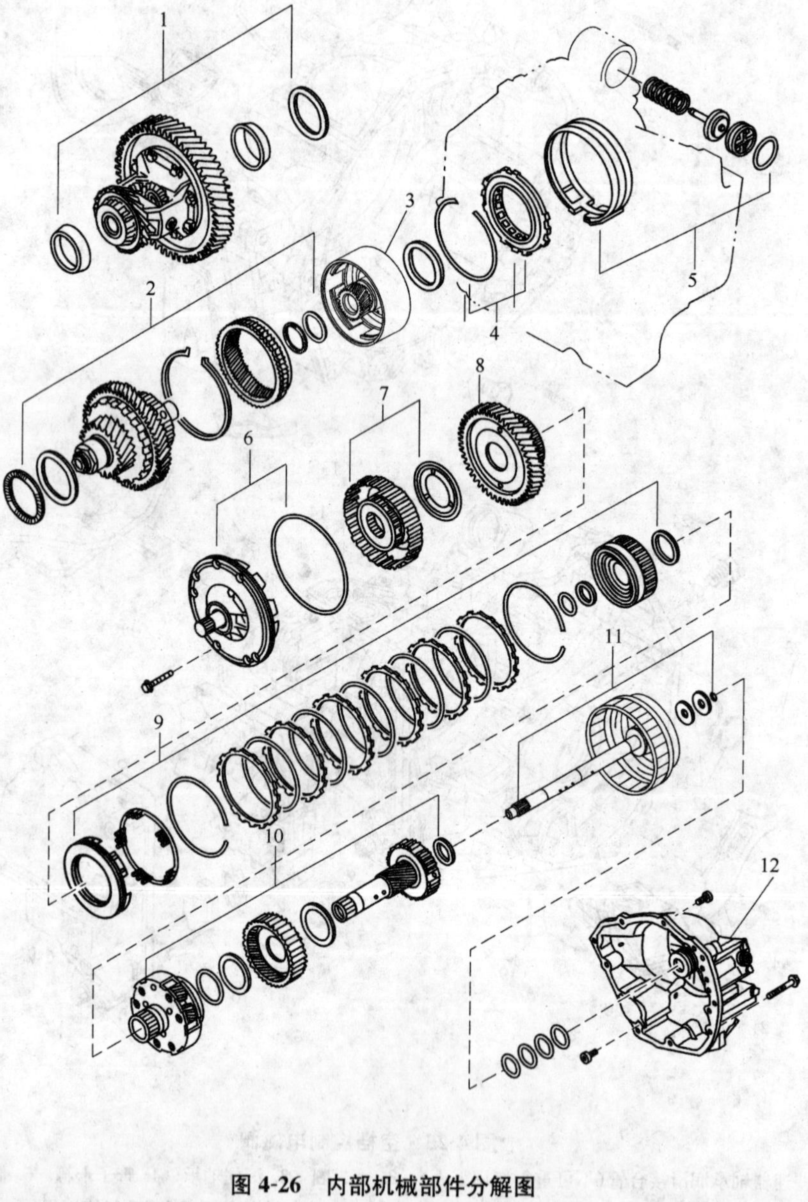

图4-26 内部机械部件分解图

1. 差速器齿轮总成 2. 低速档齿轮和齿轮轴总成 3. 低速档离合器总成 4. F-3 O.W.C总成 5. 低速档制动器总成 6. 润滑油泵总成 7. F-1 O.W.C总成 8. 中间驱动齿轮分总成 9. 1档和倒档制动器以及F-2 O.W.C总成 10. 行星齿轮总成 11. 前进档和直接档离合器总成 12. 后壳总成

3. 润滑油泵、2档滑行、2档制动器

润滑油泵、2档滑行、2档制动器部件分解如图4-27所示。

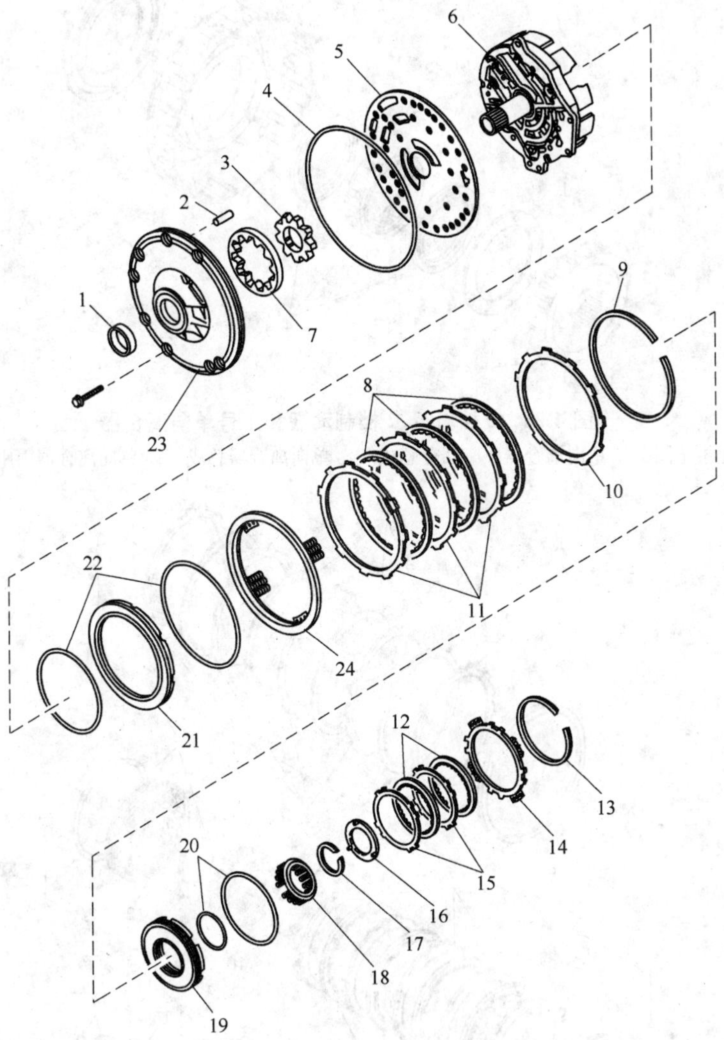

图 4-27　润滑油泵、2 档滑行、2 档制动器

1. T形油封(不可重复使用零件)　2. 直销　3. 润滑油泵主动齿轮　4. O形圈(不可重复使用零件)　5. 润滑油泵板　6. 导轮支撑总成　7. 润滑油泵从动齿轮　8. 离合器盘和衬片　9. 孔卡环　10. 制动法兰　11. 盘式离合器片　12. 离合器盘和衬片　13. 孔卡环　14. 制动法兰　15. 盘式离合器片　16. 止推垫圈　17. 轴卡环　18. 制动活塞回位弹簧分总成　19. 2 档滑行制动活塞　20. O形圈(不可重复使用零件)　21. 2 档制动活塞　22. O形圈(不可重复使用零件)　23. 润滑油泵体分总成　24. 制动活塞回位弹簧分总成

4. 2 档滑行、2 档制动毂和 1 号单向离合器

2 档滑行、2 档制动毂和 1 号单向离合器部件分解如图 4-28 所示。

5. 前进档离合器和直接档离合器

前进档离合器和直接档离合器部件分解如图 4-29 所示。

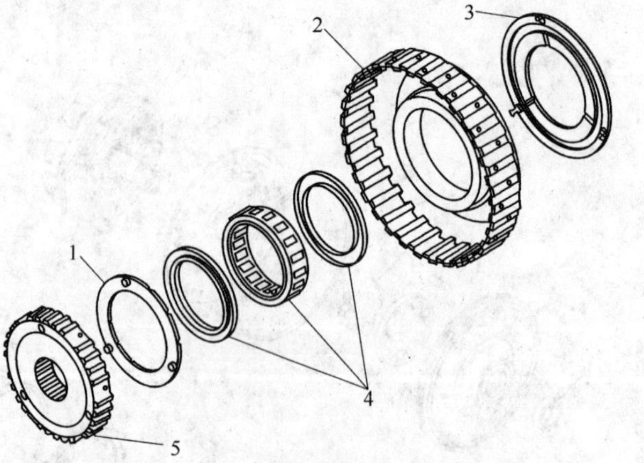

图 4-28 2 档滑行、2 档制动毂和 1 号单向离合器

1、3. 止推垫圈 2. 单向离合器外座圈分总成 4. 单向离合器总成 5. 单向离合器内座圈分总成

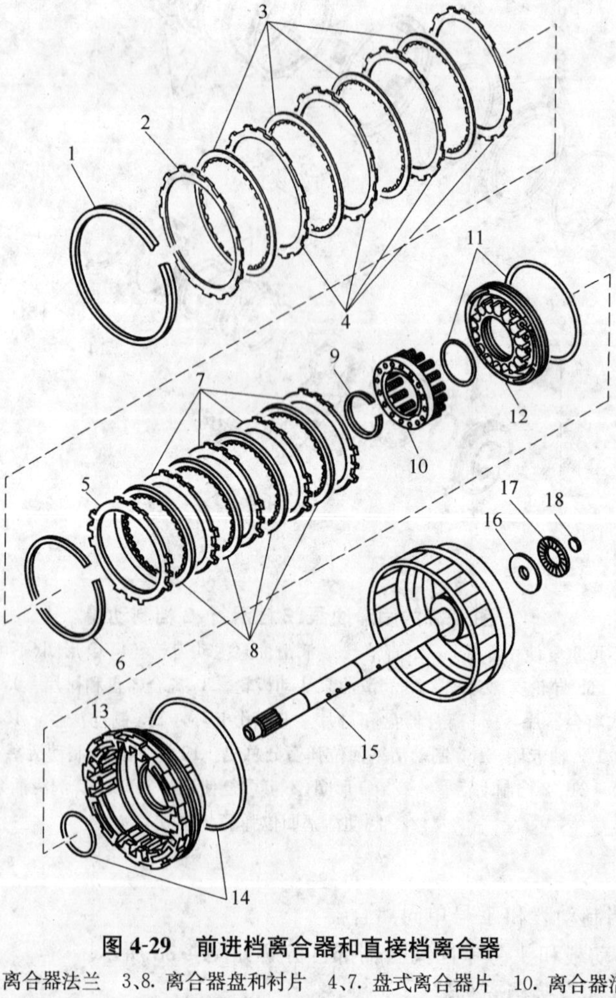

图 4-29 前进档离合器和直接档离合器

1、6、9. 孔卡环 2、5. 离合器法兰 3、8. 离合器盘和衬片 4、7. 盘式离合器片 10. 离合器活塞回位弹簧分总成 11、14. O形圈(不可重复使用零件) 12. 直接档离合器活塞分总成 13. 前进档离合器活塞分总成 15. 输入轴分总成 16. 止推轴承座圈 17. 止推滚针轴承 18. 密封圈

6. 一档和倒档制动器、前行星齿圈、2 号单向离合器

一档和倒档制动器、前行星齿圈、2 号单向离合器部件分解图如图 4-30 所示。

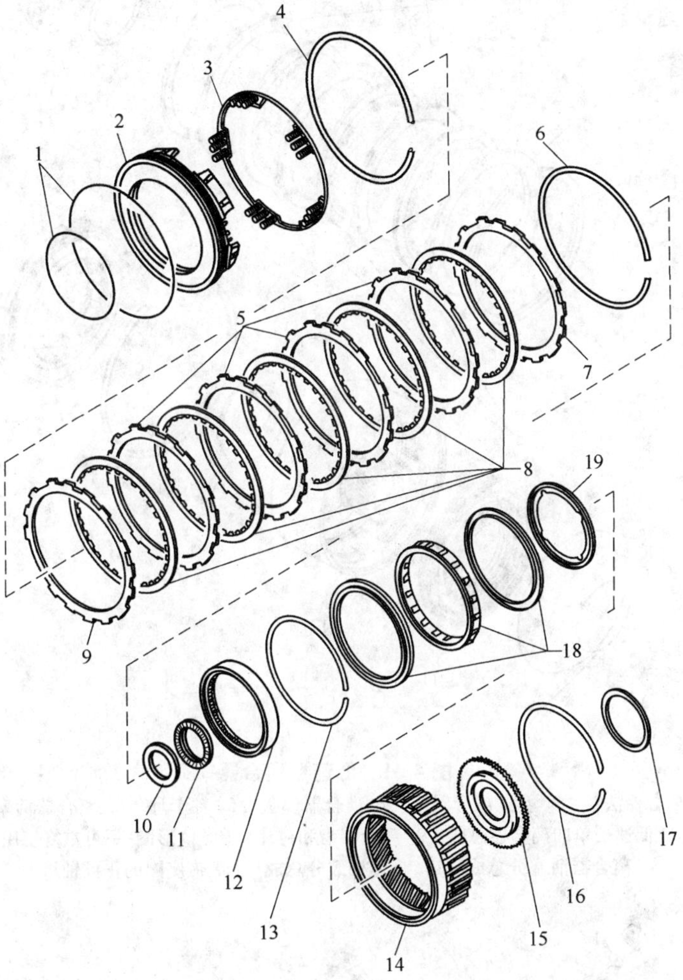

图 4-30　1 档和倒档制动器、前行星齿圈、2 号单向离合器

1. O 形圈(不可重复使用零件)　2. 1 档和倒档制动活塞　3. 制动活塞回位弹簧分总成　4、6、13、16. 孔卡环　5. 盘式离合器片　7、9. 制动法兰　8. 离合器盘和衬片　10. 止推轴承座圈　11、17. 带座圈的止推轴承　12. 单向离合器内座圈　14. 前行星齿圈分总成　15. 前行星齿圈法兰　18. 2 号单向离合器　19. 止推垫圈

7. 低速档离合器

低速档离合器部件分解如图 4-31 所示。

8. 低速档制动器

低速档制动器部件分解如图 4-32 所示。

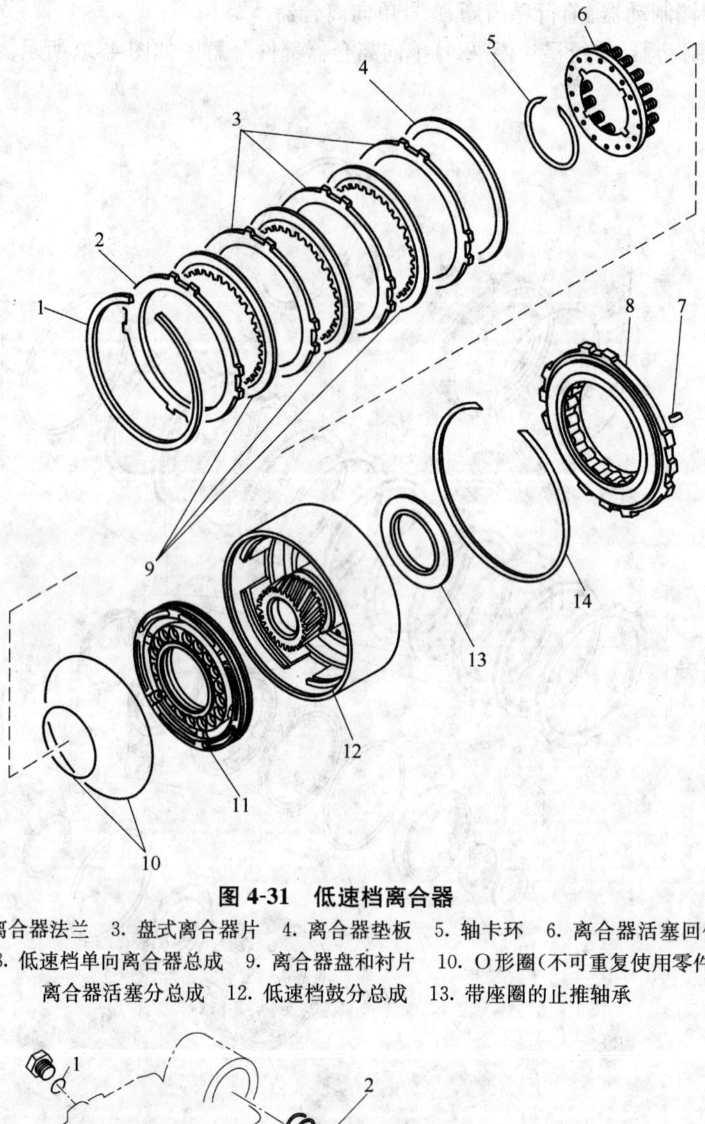

图 4-31 低速档离合器

1、14. 孔卡环 2. 离合器法兰 3. 盘式离合器片 4. 离合器垫板 5. 轴卡环 6. 离合器活塞回位弹簧分总成 7. 外座圈固定件 8. 低速档单向离合器总成 9. 离合器盘和衬片 10. O形圈(不可重复使用零件) 11. 低速档离合器活塞分总成 12. 低速档鼓分总成 13. 带座圈的止推轴承

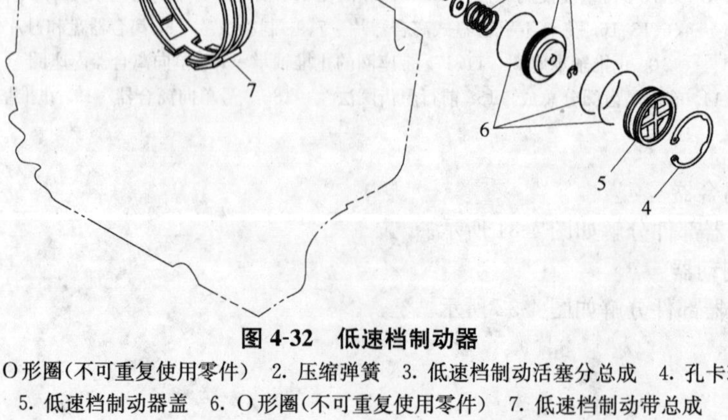

图 4-32 低速档制动器

1. O形圈(不可重复使用零件) 2. 压缩弹簧 3. 低速档制动活塞分总成 4. 孔卡环 5. 低速档制动器盖 6. O形圈(不可重复使用零件) 7. 低速档制动带总成

9. 变速驱动桥后壳和 C-1 储能器活塞

变速驱动桥后壳和 C-1 储能器活塞部件分解如图 4-33 所示。

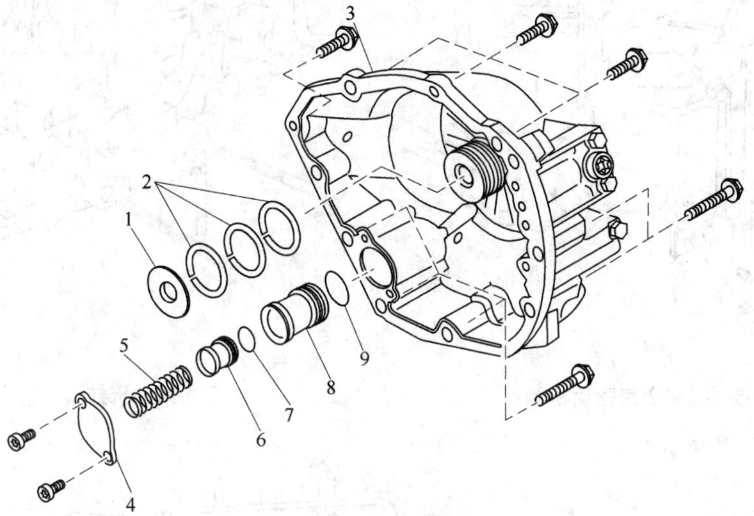

图 4-33　变速驱动桥后壳和 C-1 储能器活塞

1. 止推轴承座圈　2. 密封圈　3. 变速驱动桥后壳分总成　4. 储能器盖　5. 压缩弹簧　6. C-1 储能器活塞　7、9. O 形圈(不可重复使用零件)　8. C-1 储能器套管

三、自动变速器的解体

(1)拆卸空档起动开关。用旋具松开垫圈的卷边锁紧部分,拆下螺母和垫圈。拆下两个螺栓和空档起动开关。

(2)拆下油液温度传感器,将 O 形圈从油液温度传感器上拆下。

(3)拆卸输入速度传感器。

(4)拆卸输出速度传感器。

(5)拆卸放油螺塞。

(6)如图 4-34 所示,用旋具拆下 4 个螺栓和变速驱动桥壳体盖。

(7)如图 4-35 所示,用锤和旋具拆下 8 个螺钉和变速驱动桥侧盖。小心不要损坏变速驱动桥侧盖和变速驱动桥壳体的接触表面。

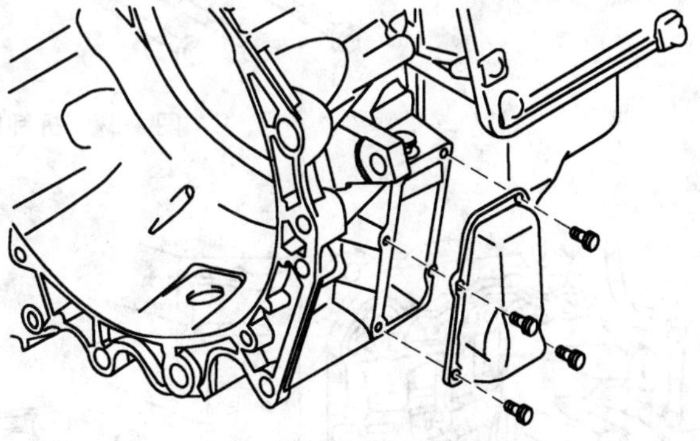

图 4-34　拆卸变速驱动桥壳体盖

(8)断开 5 个电磁阀线束连接器。

(9)拆卸阀体。如图 4-36 所示,拆下 2 个螺栓、吸油盖和衬垫。如图 4-37 所示,用手按住阀体总成的同时拆下 7 个螺栓。按住阀体总成,将手动阀连杆从手动阀杆上断开,并拆下阀体。

(10)取下图 4-38 所示的 2 个衬垫。

(11)拆下变速器线束。

(12)均匀地拆下将油泵安装至变速驱动桥壳体上的 8 个螺栓,拆下油泵。

(13)如图 4-39 所示,拆卸制动器毂和 1 号单向离合器总成。

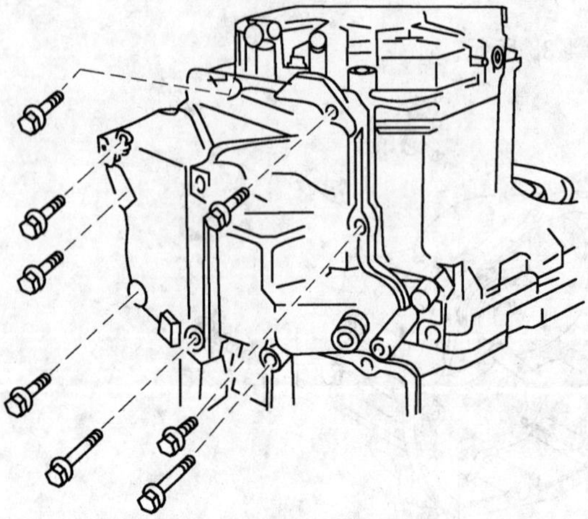

图 4-35 拆卸变速驱动桥侧盖

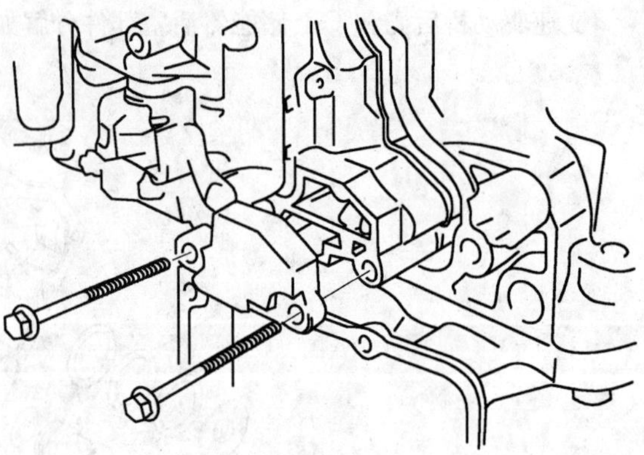

图 4-36 拆卸吸油盖和衬垫

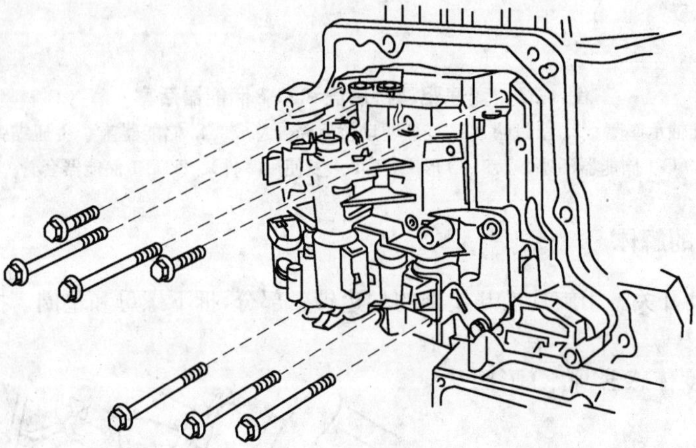

图 4-37 拆卸阀体

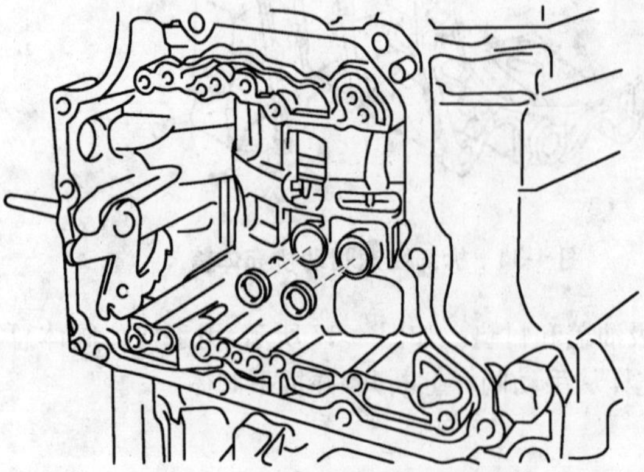

图 4-38 取下 2 个衬垫

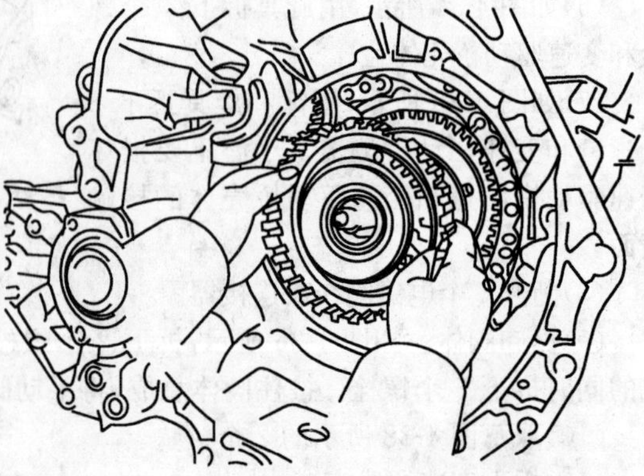

图 4-39 拆卸制动器毂和 1 号单向离合器总成

(14)均匀拆下 17 个螺栓,用塑料锤拆下变速驱动桥外壳,拆下衬垫。

(15)取出差速器。

(16)如图 4-40 所示,拆下螺栓和油液滤网。

(17)拆下 2 个螺栓和壳体盖板。

(18)拆下 2 个螺栓和储油罐盖板。

(19)拆卸手动阀杆和驻车制动器。

(20)如图 4-41 所示,拆卸低速档制动储能器。用梅花扳手拆下螺钉,拆下螺栓和 2 号扭转弹簧以及低速档制动储能器托架。拆下低速档制动储能器盖,将 O 形圈从低速档制动储能器盖上拆下,拆下储能器活塞和弹簧,将 O 形圈从储能器活塞上拆下。

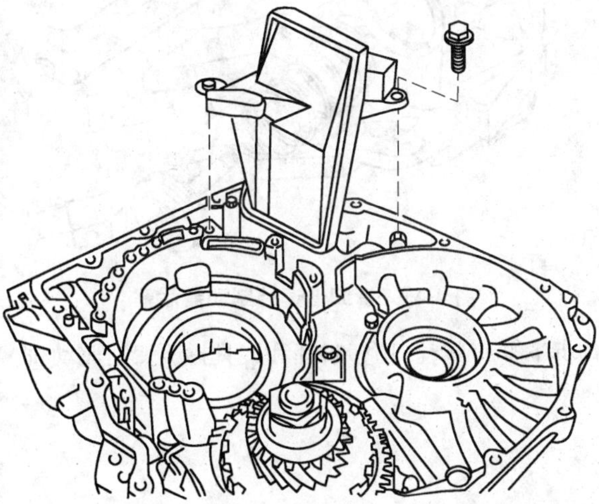

图 4-40　拆下螺栓和油液滤网

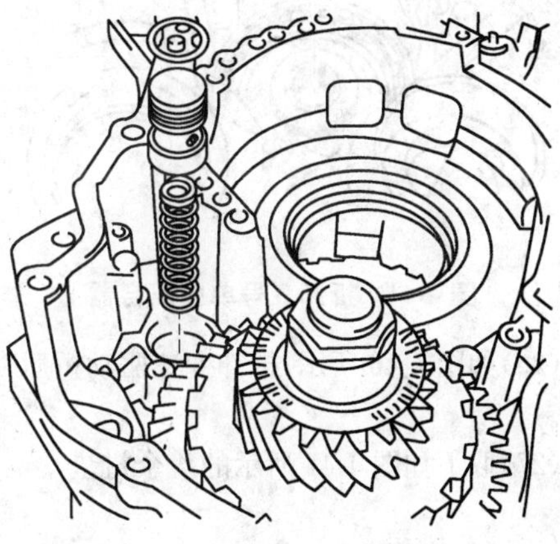

图 4-41　拆卸低速档制动储能器

(21)低速档行星齿轮总成的拆卸。拆下低速档行星齿轮总成、止推总成和止推座圈,将止推轴承总成从低速档行星齿轮总成上拆下。

(22)如图 4-42 所示,拆卸低速档离合器总成。拆下低速档离合器总成和止推轴承座圈,将止推轴承总成从低速档离合器上拆下。

(23)如图 4-43 所示,将低速档制动带从变速驱动桥壳体上拆下。

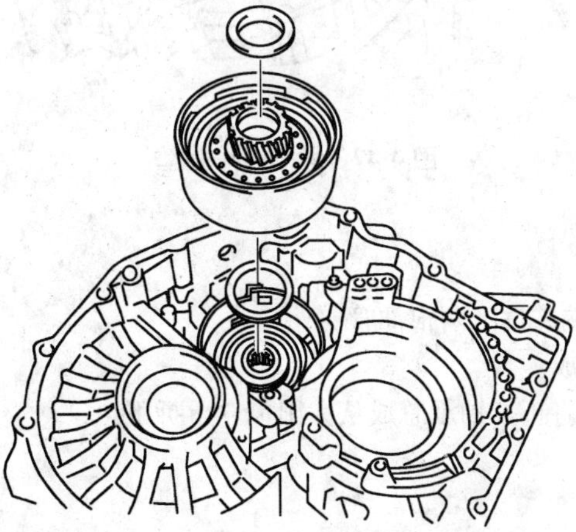

图 4-42　拆卸低速档离合器总成

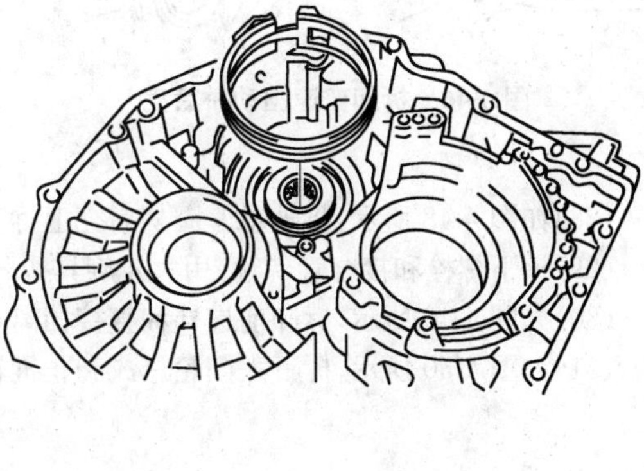

图 4-43　拆卸低速档制动带

(24)如图 4-44 所示,用旋具拆下卡环,将 3 号单向离合器和固定件从变速驱动桥外壳上拆下。

(25)如图 4-45 所示,拆卸低速档制动器活塞。用专用维修工具拆下卡环,将 2 个 O 形圈从制动器外壳上拆下,拆下活塞总成和弹簧。

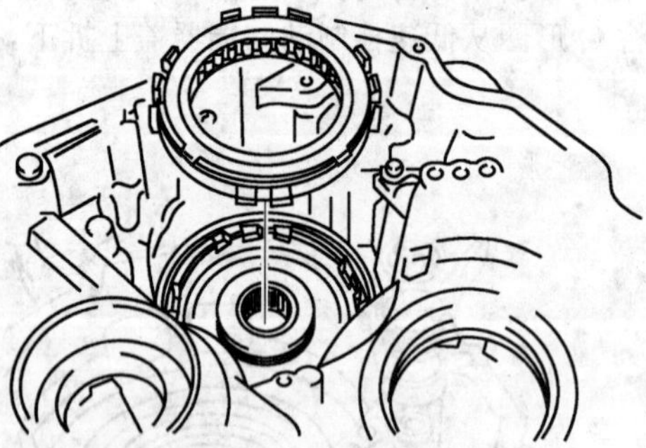

图 4-44　拆卸 3 号单向离合器

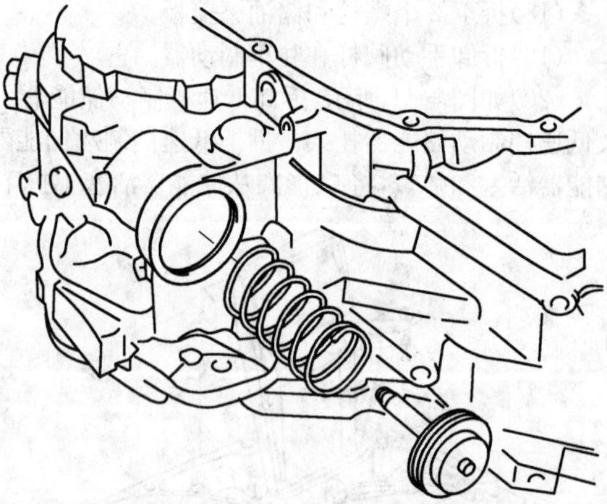

图 4-45　拆卸低速档制动器活塞

(26)如图 4-46 所示,拆卸变速驱动桥后壳。均匀拆下 9 个螺栓,用塑料锤和旋具拆下变速驱动桥外壳。

(27)取下如图 4-47 所示的 4 个衬垫。

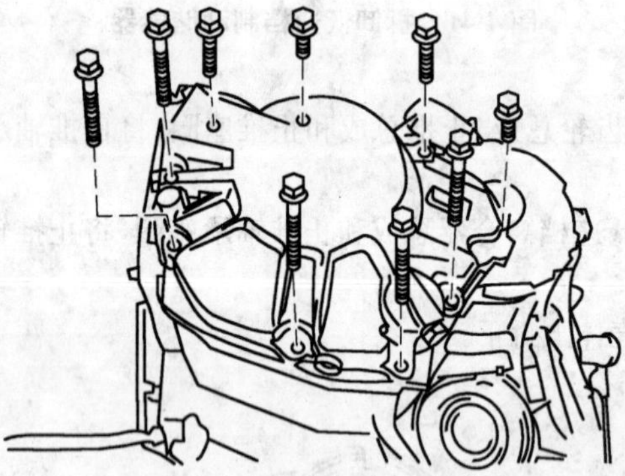

图 4-46　拆卸变速驱动桥后壳

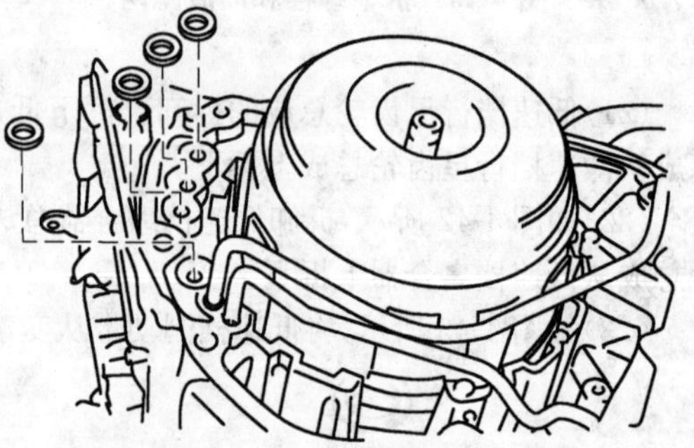

图 4-47　取下 4 个衬垫

(28)如图 4-48 所示,将轴承座圈从后壳上拆下。

(29)拆下螺栓和接合管卡箍,用大号旋具撬开管两端并拆下两根油管。

(30)如图 4-49 所示,拆卸前进档和直接档离合器总成。

(31)如图 4-50 所示,拆下太阳轮总成和止推轴承。将止推轴承总成从太阳齿轮上拆下。

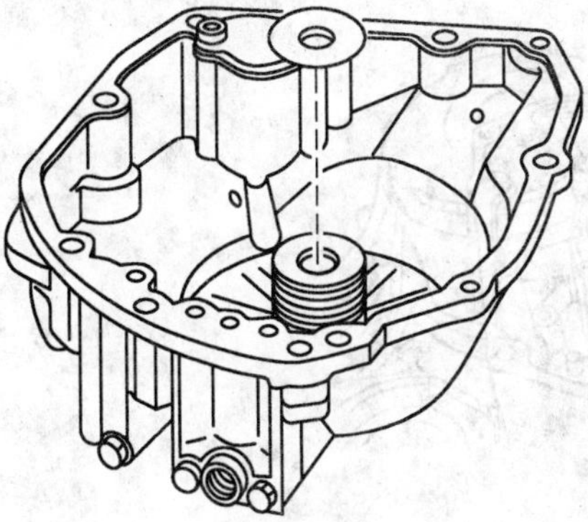

图 4-48　将轴承座圈从后壳上拆下

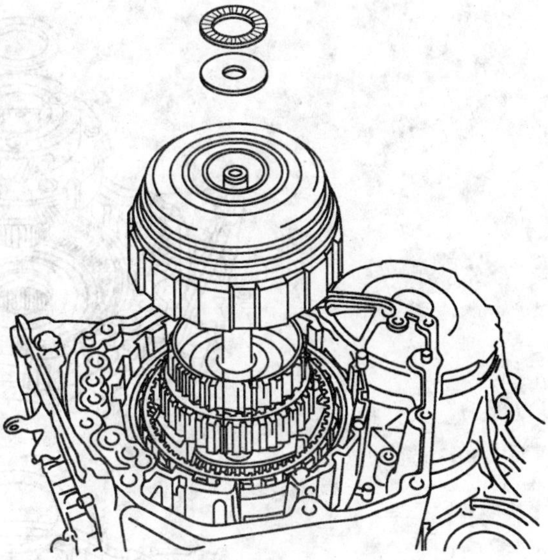

图 4-49　拆卸前进档和直接档离合器总成

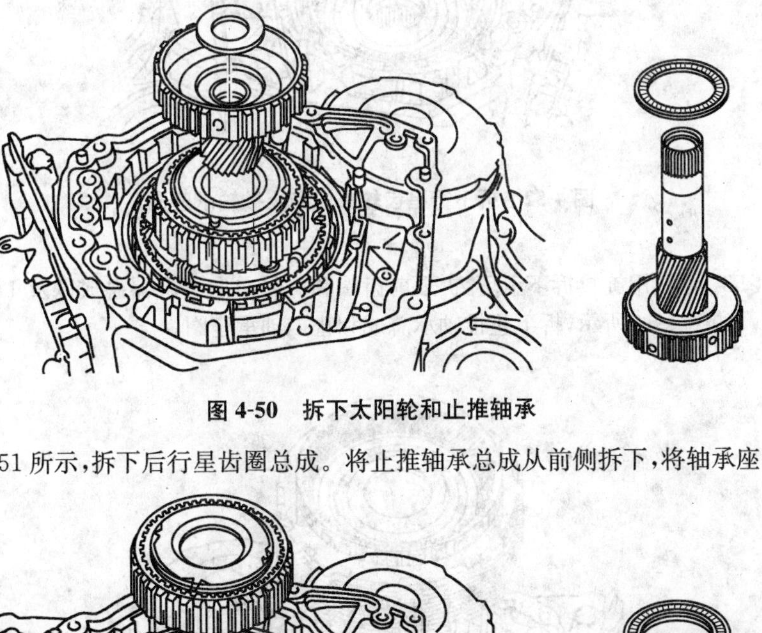

图 4-50　拆下太阳轮和止推轴承

(32)如图 4-51 所示,拆下后行星齿圈总成。将止推轴承总成从前侧拆下,将轴承座圈从后侧拆下。

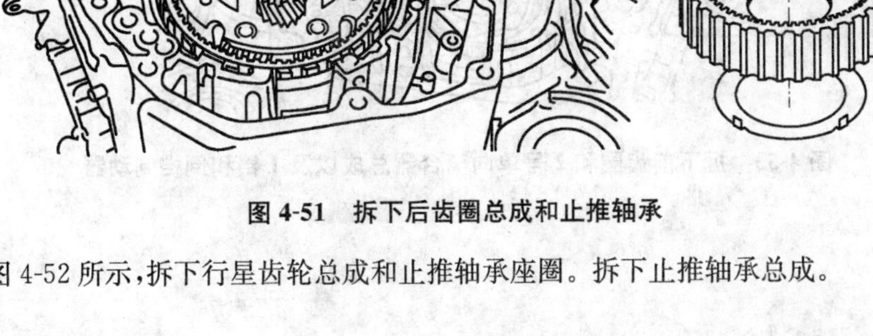

图 4-51　拆下后齿圈总成和止推轴承

(33)如图 4-52 所示,拆下行星齿轮总成和止推轴承座圈。拆下止推轴承总成。

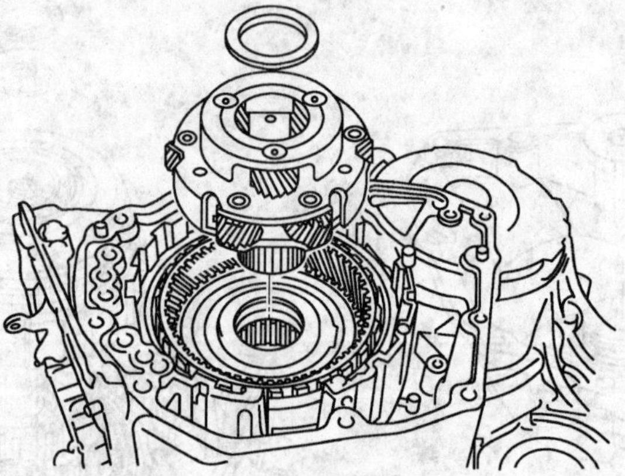

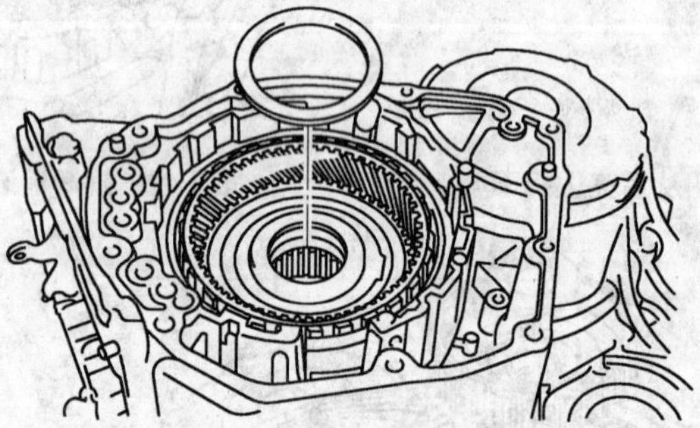

图 4-52 拆下行星齿轮总成和止推轴承座圈

(34)如图 4-53 所示,用旋具拆下卡环,拆下前齿圈和 2 号单向离合器总成以及 1 档和倒档制动器的盘、片和法兰。如图 4-54 所示,拆下止推轴承总成和止推轴承座圈。

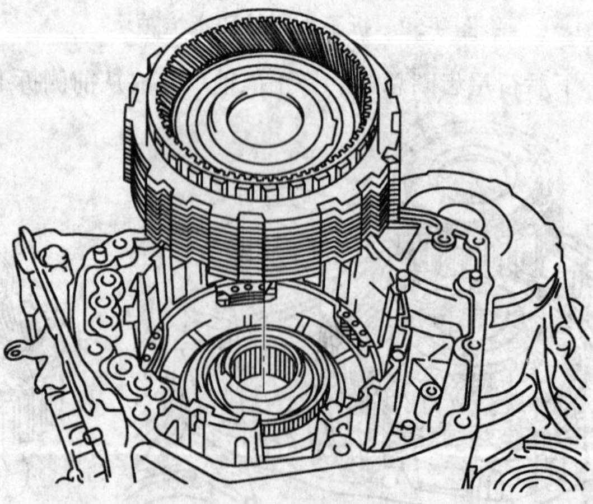

图 4-53 拆下前齿圈和 2 号单向离合器总成以及 1 档和倒档制动器

(35)如图 4-55 所示,用手按住回位弹簧总成,用旋具将卡环拆下,拆卸一档和倒档制动器回位弹簧总成。

(36)拆卸 1 档和倒档制动器活塞。将前齿圈总成安装至 1 档和倒档制动器活塞上以方便拔出活塞。如图 4-56 所示,将压缩空气(400kPa)施加至变速驱动桥壳体的油道内,以拆下 1 档和倒档制动器活塞。如果活塞没有完全取出,则用尖嘴钳将其拆下。

(37)如图 4-57 所示,用专用维修工具拆下卡环,拆下中间驱动齿轮。

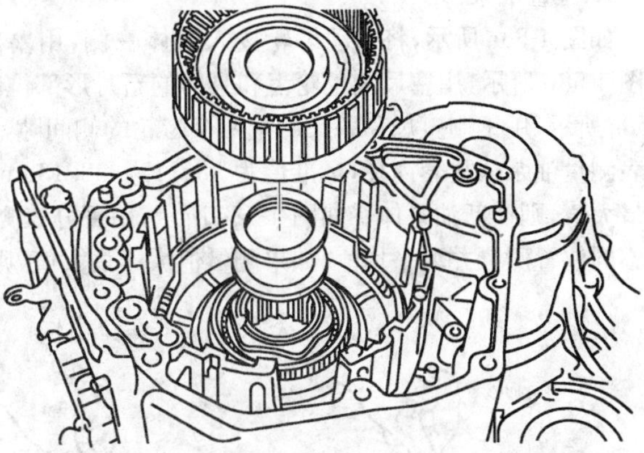

图 4-54　拆下止推轴承总成和止推轴承座圈

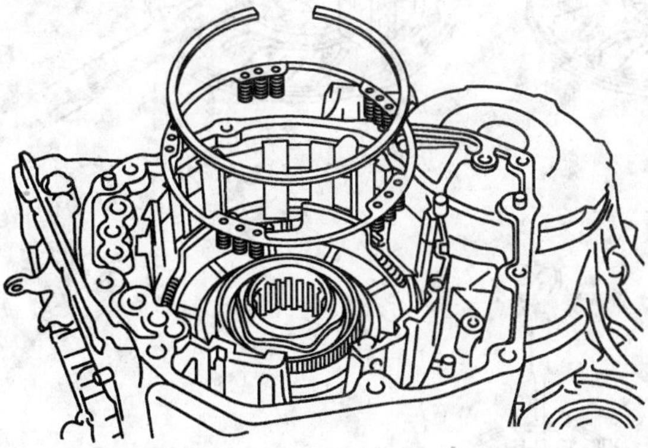

图 4-55　拆卸 1 档和倒档制动器回位弹簧

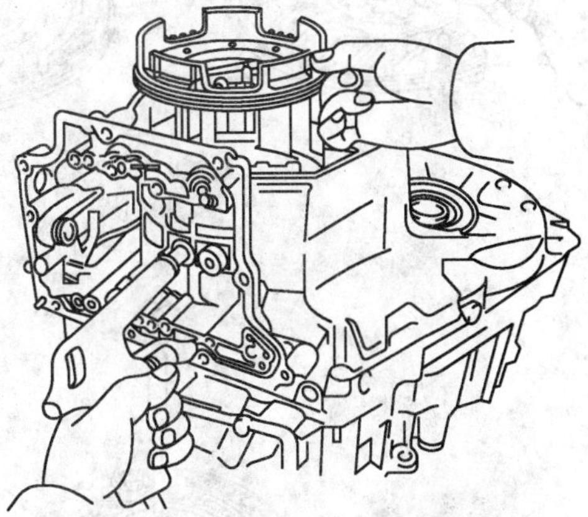

图 4-56　拆卸 1 档和倒档制动器活塞

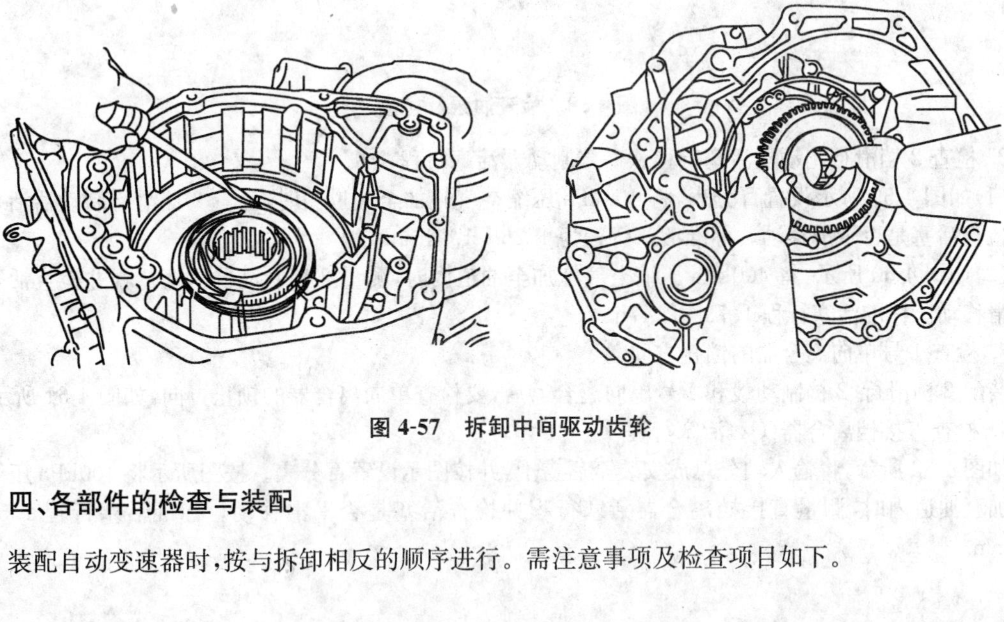

图 4-57　拆卸中间驱动齿轮

四、各部件的检查与装配

装配自动变速器时,按与拆卸相反的顺序进行。需注意事项及检查项目如下。

1. 检查油泵

如图 4-58a 所示，将从动齿轮按入泵体一侧，用塞尺测量泵体间隙，标准值为 0.075～0.150mm。如图 4-58b 所示，用塞尺测量轮齿和泵体的新月形部位的齿顶间隙，规定值为 0.004～0.248mm。如图 4-58c 所示，用钢制直尺和塞尺测量两个齿轮的侧间隙，标准 0.030～0.050mm。如图 4-58d 所示，用百分表测量油泵体衬套内径，标准值为 38.113～38.138mm。在不同位置测量并取平均值，如果测量值大于最大值，则换新油泵体。如图 4-58e 所示，用百分表测量导轮轴内径，标准值为 21.501～21.527mm。在不同位置测量并取平均值，如果测量值大于最大值，则更换新的导轮轴。

(a) (b) (c)

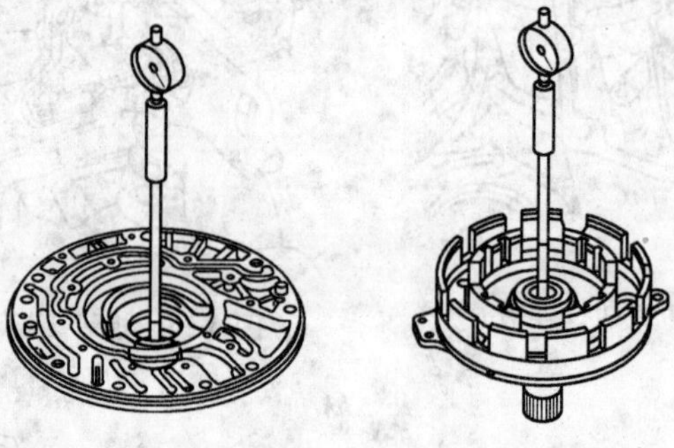

(d) (e)

图 4-58 检查油泵及衬套

2. 检查 2 档滑行制动器活塞行程和 2 档制动器活塞行程

(1)如图 4-59 所示设置百分表，将 400kPa 压缩空气施加至油道内时，测量 2 档滑行制动器活塞行程并检查活塞是否平滑移动。标准活塞行程为 1.26～1.94mm。

(2)如图 4-60 所示，将 400kPa 压缩空气施加至油道内时，测量 2 档制动器活塞行程并检查活塞是否平滑移动。标准活塞行程 1.73～2.47mm。

3. 检查 1 号单向离合器的锁止方向

装配 2 档滑行、2 档制动毂和 1 号单向离合器后，要检查单向离合器的锁止方向，如图 4-61 所示。

4. 检查直接档离合器(C2)活塞行程

如图 4-62 所示，将输入轴分总成安装至后盖上，并按图示设置百分表。按图所示将 400kPa 压缩空气施加至油道内时，测量直接档离合器活塞行程并检查活塞是否平滑移动。标准活塞行程 1.52～1.89mm。

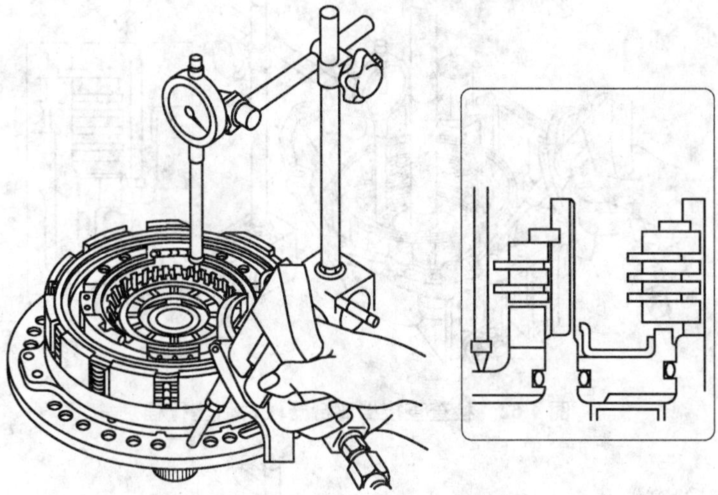

图 4-59　检查 2 档滑行制动器活塞行程

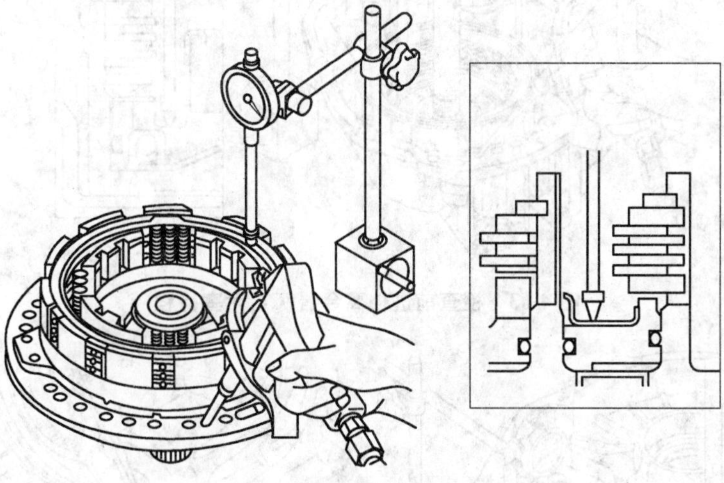

图 4-60　检查 2 档制动器活塞行程

5. 检查前进档离合器(C1)活塞行程

如图 4-63 所示，将输入轴分总成安装至后盖上，并按图示设置百分表。按图所示将 400kPa 压缩空气施加至油道内时，测量前进档离合器活塞行程并检查活塞是否平滑移动。标准活塞行程 0.74～1.06mm。

6. 检查低速档离合器(UD)活塞行程

将低速档离合器分总成安装至自动变速驱动桥壳体，并按图 4-64a 所示设置百分表。按 4-64b 所示将 400kPa 压缩空气施加至油道内(后侧)时，测量前进档离合器活塞行程并检查活塞是否平滑移动。标准活塞行程 1.22～1.69mm。

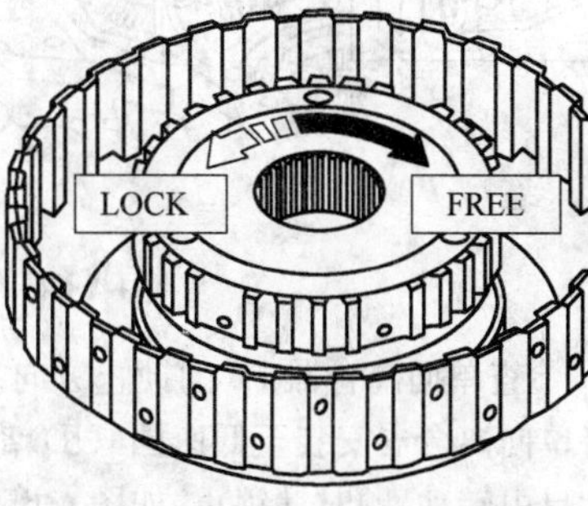

图 4-61　检查 1 号单向离合器的锁止方向

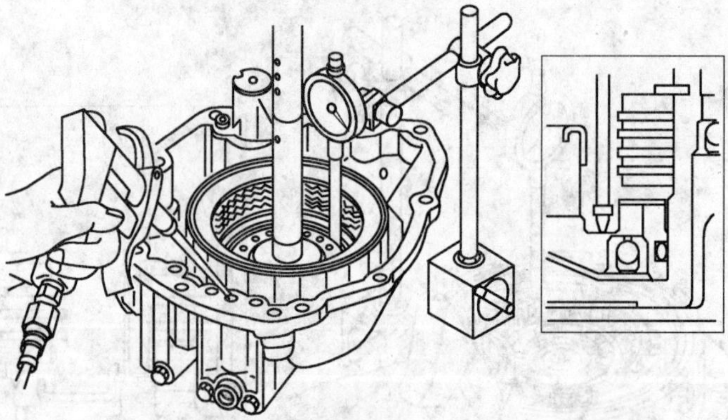

图 4-62　检查直接档离合器(C2)活塞行程

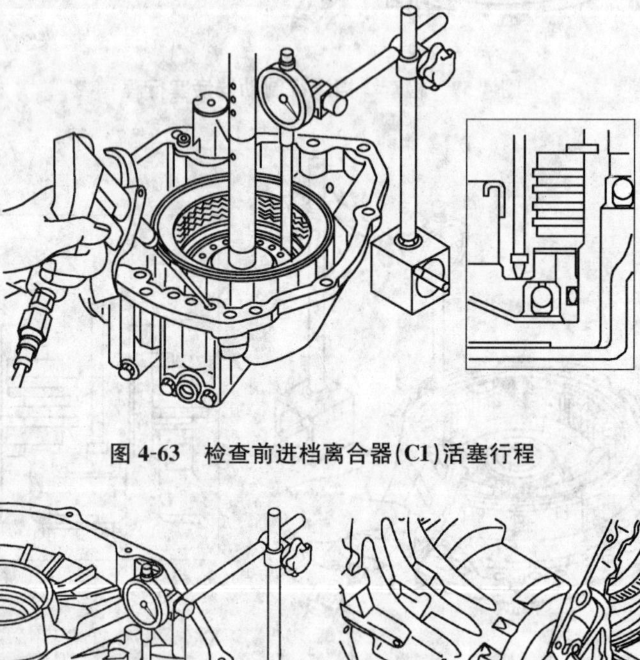

图 4-63　检查前进档离合器(C1)活塞行程

(a)　　　　　　　　　　　　(b)

图 4-64　检查低速档离合器(UD)活塞行程

7. 检查单向离合器 F3 的锁止方向

将单向离合器安装至低速档(UD)离合器鼓,按住外座圈并转动低速档离合器。低速档离合器应逆时针自由转动,顺时针锁止,如图 4-65 所示。

8. 检查低速档制动器活塞行程

如图 4-66 所示施加和释放 400kPa 压缩空气,以测量活塞行程。活塞行程标准值为 5.48～

7.02mm,如不符合要求,更换合适长度的活塞杆。活塞杆的规格有70.5mm和72.0mm两种。

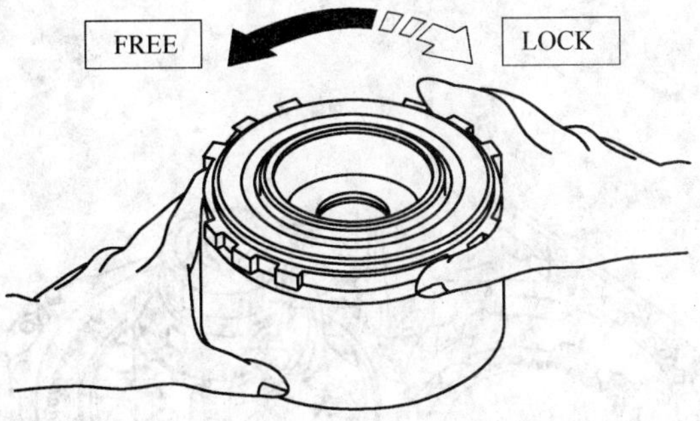

图4-65　检查单向离合器F3的锁止方向

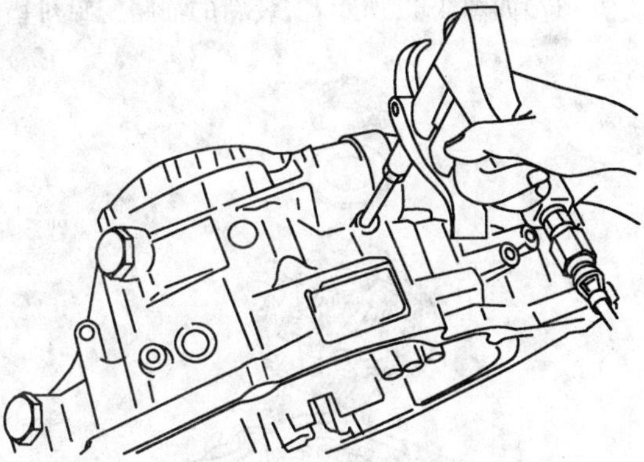

图4-66　检查低速档制动器活塞行程

五、自动变速器的装配

(1)安装变速驱动桥外壳附件。

(2)安装低速档制动储能器活塞,参见图4-41。

(3)安装低速档制动储能器托架。

(4)安装低速档离合器鼓密封环。

(5)安装低速档单向离合器,注意单向离合器的安装方向。低速档单向离合器保持弹簧的位置如图4-67所示,用旋具安装卡环,检查并确认卡环端隙没有与其中一个切口对齐。

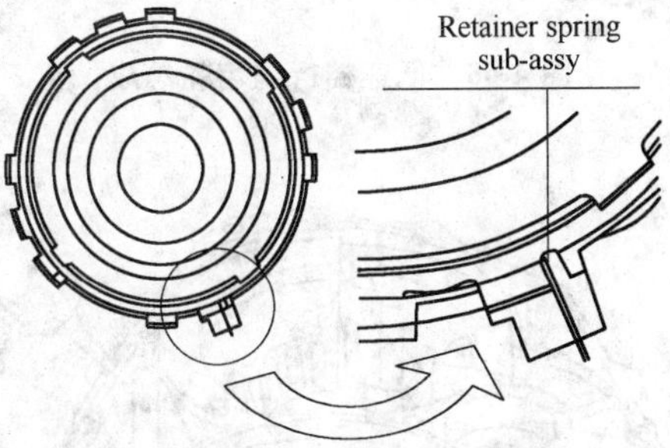

图4-67　低速档单向离合器保持弹簧的位置

(6)将低速档制动带与锚定器螺栓位置对齐,在锚定器螺栓安装涂有自动变速器油的新O形圈并将其紧固,转矩:133.3～199.9N·m。

(7)安装低速档制动器活塞。将新O形圈涂上自动变速器油并将其安装至活塞盖,将弹簧和活塞安装在一起并将其安装固定,安装低速档制动器活塞盖。按住活塞盖时,用专业维修工具安装卡环。检查低速档制动器活塞行程,参见图4-66所示。

(8)安装中间驱动齿轮总成。将中间驱动齿轮总成安装至变速驱动桥壳体,用专业维修工具安装卡环。

(9)安装低速档离合器。参见图4-42,将涂有润滑脂的止推轴承总成安装至低速档离合器,将低速档离合器安装至变速驱动桥壳体中。确保低速档离合器逆时针时自由转动,顺时针时锁止。将涂有润滑脂的止推轴承座圈安装至低速档离合器毂。

(10)如图4-68所示,将带止推轴承的低速档行星齿轮总成安装至后侧,将座圈和轴承安装至低速档齿轮总成,检查并确认轴承应面朝齿轮方向。

(11)安装储油罐盖板。

(12)安装油液滤网。

(13)安装变速驱动桥壳体板。

(14)驻车零件的安装。将驻车锁销安装至变速驱动桥壳体,将凸轮板和止动弹簧安装至变速驱动桥壳体。安装弹簧和驻车棘爪。

(15)安装手动阀杆。

(16)安装差速器壳体总成。

(17)如图 4-69 所示,安装新的油路密封衬垫。

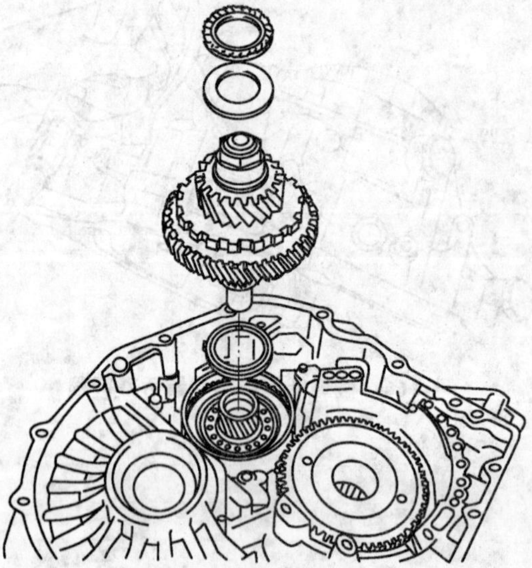

图 4-68 低速档行星齿轮总成

图 4-69 安装新的油路密封衬垫

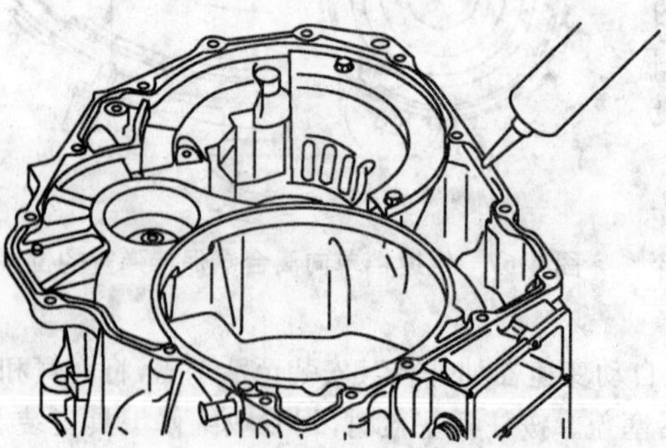

图 4-70 在壳体接合面涂密封材料

(18)变速驱动桥外壳的安装。清除原有密封材料,如图 4-70 所示将密封材料涂在自动变速驱动桥外壳。将变速驱动桥外壳安装至壳体上,安装并紧固螺栓至 23.5~35.3N·m。

(19)安装放油螺塞。

(20)安装低倒档制动器和前内齿圈、单向离合器,确保齿圈逆时针自由转动,安装卡环。检查一档和倒档制动器活塞工作行程,如图 4-56 所示,将400kPa 压缩空气施加至油道内时,测量间隙并检查活塞是否平滑移动。活塞行程 1.32~2.18mm。

(21)如图 4-52 所示,安装行星齿轮支座总成和止推轴承。

(22)如图 4-51 所示,安装行星齿轮后齿圈和止推轴承。

(23)如图 4-50 所示,安装太阳齿轮和止推轴承。

(24)安装油管和固定螺栓。

(25)安装前进档和直接档离合器总成。参见图 4-49,将止推轴承和座圈安装至制动器鼓上,用润滑剂涂抹轴承和座圈以使其就位。安装前进档和直接档离合器总成。注意:前进档和直接档离合器端面与壳体上边缘的距离应当为 51.3~52.3mm。

(26)安装油管。

(27)如图 4-47 所示,用润滑脂涂抹 4 个接合衬垫,将其安装至变速驱动桥壳体。

(28)安装后壳体总成。参见图 4-48,将轴承座圈安装至后壳体。排出后壳体中的油液,去除后壳体和变速驱动桥壳体接触面上密封胶,并擦去接触面的油液。按图 4-71 所示将密封胶涂在后盖上,注意不要将油弄到后壳体和变速驱动桥壳体接触面上。将后壳体安装至变速驱动桥壳体。均匀安装并紧固 9 个螺栓，M6 螺栓 7.8～11.8N·m，M8 螺栓 19.6～29.4N·m。

(29)油泵总成的安装。用自动变速器油涂抹 O 形圈，将其安装至油泵总成。将 1 号单向离合器、2 号滑行离合器和 2 档制动器毂安装至油泵总成。在水平方向将油泵总成通过输入轴，并将泵体的螺栓孔与变速驱动桥壳体对齐。轻按油泵体。均匀安装并紧固 8 个螺栓至 19.6～29.4N·m。

(30)检查输入轴止推间隙。如图 4-72 所示，用百分表测量输入轴止推间隙，规定值为 0.372～0.900mm。

(31)安装图 4-38 所示的两个油路密封衬垫。

(32)安装阀体。按住阀体总成时，将手动阀连接杆连接至手动阀杆。螺栓规格如图 4-73 所示，均匀安装并紧固 7 个螺栓至 7.8～11.8N·m。

(33)安装吸油盖。

(34)变速器线束的安装，将涂有自动变速器油的新 O 形线圈安装至线束电磁阀，将电磁阀线束安装至变速驱动桥壳体。连接 5 个电磁阀连接器并卡紧导线。

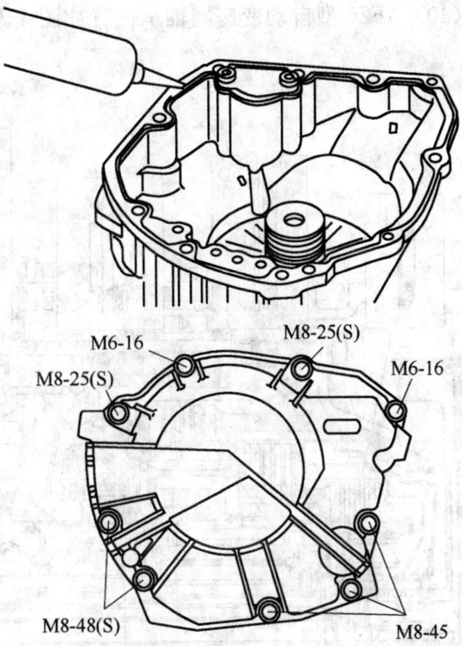

图 4-71　安装后壳体总成

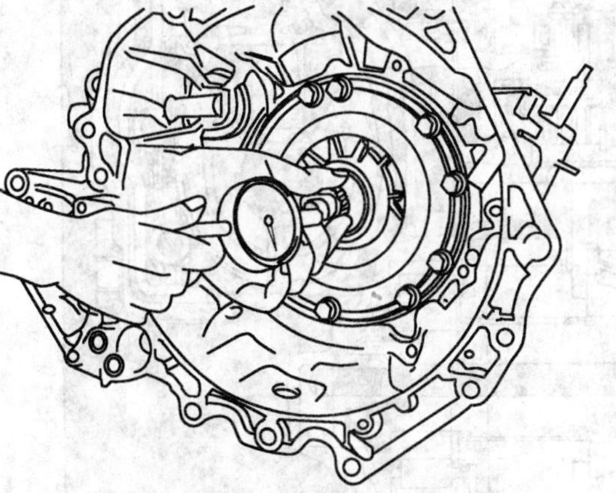

图 4-72　检查输入轴止推间隙

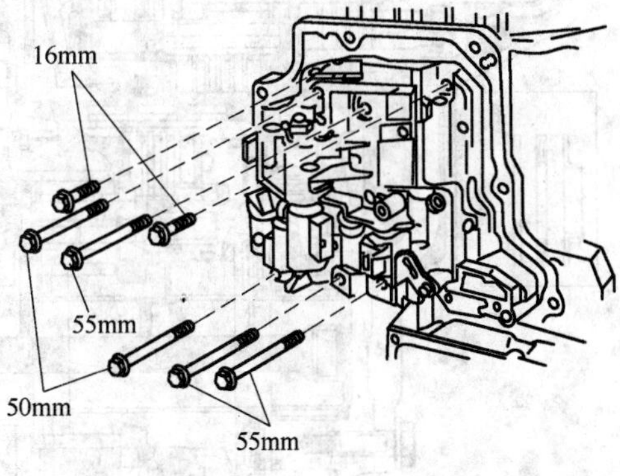

图 4-73　阀体螺栓规格

(35)安装侧盖总成。排出侧盖中的油液，去除侧盖和变速驱动桥壳体接触面上的密封材料，并擦去接触面的油液。在侧盖接合部位涂上新的密封材料，小心不要将油液弄到接触面上。将侧盖安装至变速驱动桥壳体，安装并紧固螺栓至 19.6～29.4N·m。

(36)安装油液温度传感器保护装置并紧固螺栓和螺母。

(37)转速传感器的安装。将涂有自动变速器油的新 O 形圈安装至转速传感器，用自动变速器油涂抹转速传感器的壳体孔，用梅花螺钉将转速传感器安装至壳体。

(38)将变速器线束连接至传感器连接器。

(39)安装空档起动开关。

(40) AF20型自动变速器轴承位置如图4-74所示，规格见表4-10所示。

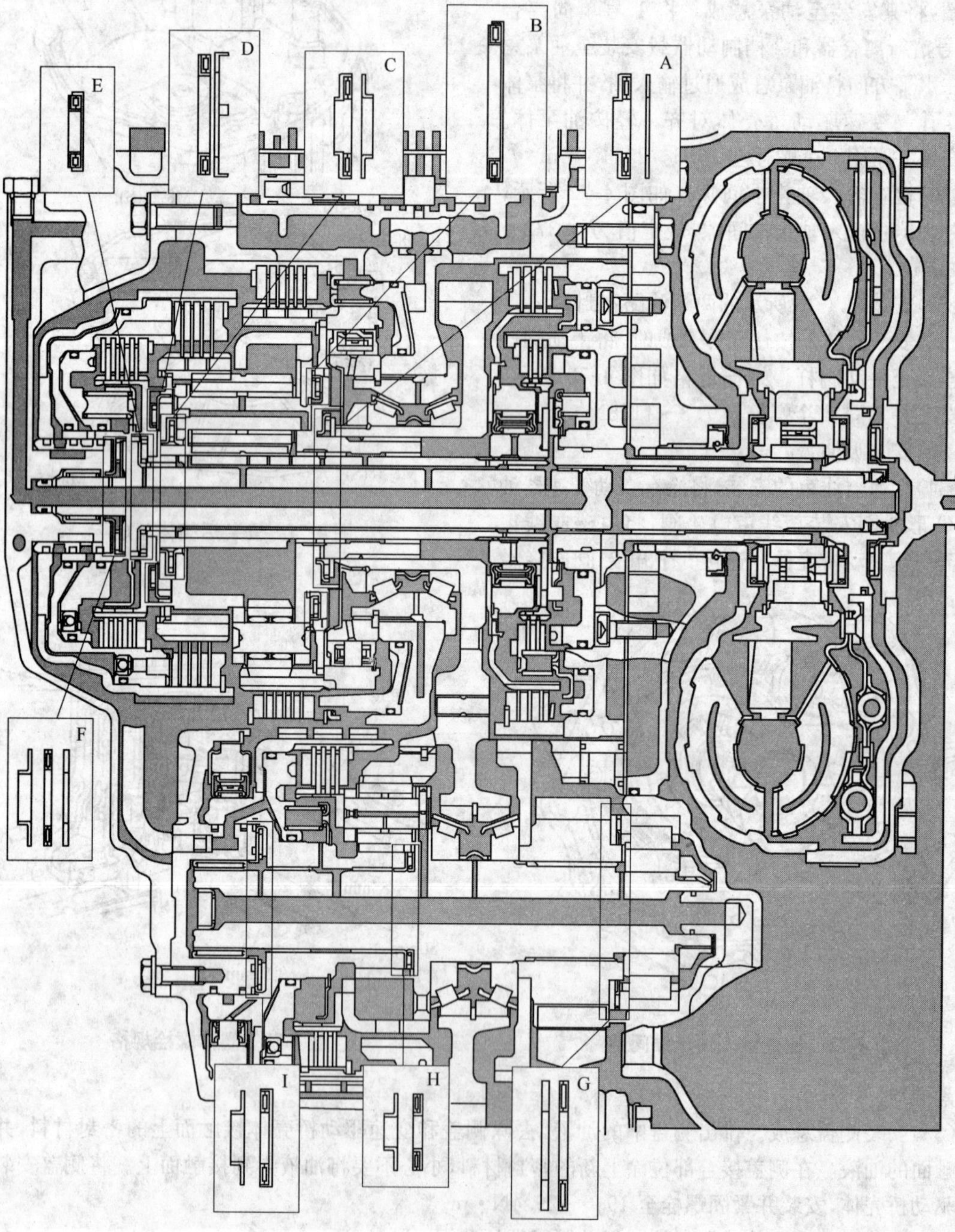

图4-74　轴承位置及规格

表 4-10　轴承规格

	(mm)	A	B	C	D	E	F	G	H	I
轴承座圈（前）	外径	58.0	—	54.0	74.02	—	41.0	—	—	—
	内径	43.8	—	39.0	53.0	—	13.5	—	—	—
轴承	外径	61.95	89.0 或 88.7	57.0	65.0	43.4	41.7	70.65	41.8	60.5
	内径	45.8	73.5 或 72.4	39.0	50.0	22.05	23.0	49.0	28.6	36.5
轴承座圈（后）	外径	—	—	—	—	—	41.0	71.0	42.1	55.1
	内径	—	—	—	—	—	17.3	49.0	29.13	34.2

六、基本检查与测试

1. 变速器油液检查

(1)加注变速器油:取出变速器油尺,从油尺导管处添加变速器油。加注总量 3/4 的自动变速器油液,起动发动机并预热至正常工作温度。将档位杆挂遍所有档位。

(2)检查油位:正确的油位必须介于油尺上 HOT MIN(热油液最低高度)和 HOT MAX(热油液最高高度)刻线之间。然后添加油液,直到油尺指示正确油位。

(3)变速器油质检查:见表 4-11 所示。

表 4-11　变速器油质检查

油液状态	正常		污染	
颜色	红色	浅棕色	不清澈	深棕色
是否需要更换	不	是	是	是
污染物	无	轻微污染物	污染物和小颗粒	金属或烧损的离合器颗粒

2. 失速测试

在测试前要将车辆进行如下设置:

—车辆预热;

—检查变速器油位正常;

—用楔块挡住 4 个车轮并完全接合驻车制动器。

用左脚完全踩下制动踏板,换至 D 档或 R 档,右脚完全踩下加速踏板,观察并记录发动机转速。注意:不要使车辆连续测试时间超过 5s,否则可能导致润滑油温度上升过快。两次测试时间间隔要大于 1min 以上。变速器在 D 档及 R 档的失速转速为:2240～2540r/min。失速测试结果及可能的故障原因见表 4-12。

表 4-12　失速测试结果及故障原因

失速测试结果	故障原因
在驱动档(D)和倒档(R)条件下都低于标准值	· 发动机功率过低 · 变矩器单向离合器故障
只在驱动档(D)条件下高于标准值	· 管路压力过低 —压力控制电磁阀(PCS)故障 —主调节阀故障 · 前进档离合器(C1)故障(打滑) · 2 号单向离合器(F2)故障

续表 4-12

失速测试结果	故障原因
只在倒档(R)条件下高于标准值	·管路压力过低 —压力控制电磁阀故障 —主调节阀故障 ·倒档离合器(C3)故障(打滑) ·1档和倒档制动器(B3)故障(打滑)
在驱动档(D)和倒档(R)条件下都高于标准值	·管路压力过低 —压力控制电磁阀故障 —主调节阀故障 ·润滑油泵故障 ·滤油网故障(堵塞) ·各档位油路漏油

3. 变速器油压检测

在变速器壳体上有三个测试接头，即图 4-75 中 A1、A2 和 A3。A 为带接头(KM-498-B 和 KM-580)的油压表。

A1：主油压和制动带 B4 油压测试接头(制动带操作活塞旁边的接头)。维修后用新 O 形密封圈，紧固孔塞至 8N·m。

A2：离合器 C1 油压测试接头(变速器壳体侧面上接头)。维修后用新 O 形密封圈，紧固孔塞至 8N·m。

A3：离合器 C2 油压测试接头(位于变速器壳体侧面，A2 下部的接头)。维修后用新 O 形密封圈，紧固槽头螺栓至 35N·m。

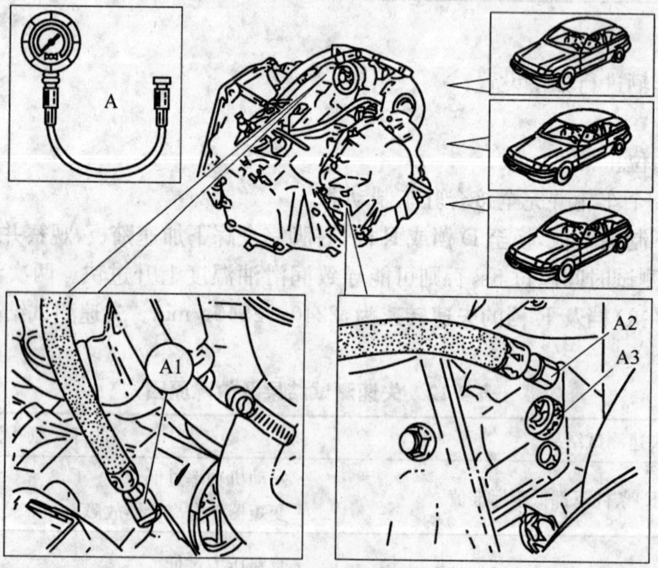

图 4-75　压力测试口的位置

油压测试是通过测量驱动档(D)及倒档(R)在怠速和失速条件下的管路压力，检查自动变速器内部的工作情况，变速器油压测试规定值见表 4-13，压力测试结果及可能的故障原因分析见表 4-14。测试步骤如下：

(1)怠速油压测试

在测试前要将车辆进行如下设置：

—车辆预热；

—检查变速器油位正常；

—用楔块挡住 4 个车轮并完全接合驻车制动器；

—安装管路压力测试表，怠速时测量并记录油压值。

(2)失速压力测试

在进行测试时：用左脚完全踩下制动踏板，换至 D 档或 R 档，右脚完全踩下加速踏板，观察并记录发动机转速和变速器的油压数值。

表 4-13　变速器油压测试规定值

档 位	测 试 项 目	压 力 标 准(MPa)
D	怠速	0.35～0.39
	失速	1.12～1.27
R	怠速	0.61～0.71
	失速	1.67～1.91

表 4-14　压力测试结果及故障原因分析

液压测试结果	故 障 原 因
在驱动档(D)和倒档(R)条件下都高于标准值	· 压力控制电磁阀(PCS)故障 · 主调节阀故障
在驱动档(D)和倒档(R)条件下都低于标准值	· 压力控制电磁阀故障 · 主调节阀故障 · 润滑油泵故障 · 滤油网故障(堵塞) · 各档位油路漏油
只在驱动档(D)条件下低于标准值	· 驱动档(D)液压油路故障 · 前进档离合器(C1)故障
只在倒档(R)条件下低于标准值	· 倒档(R)液压油路故障 · 倒档离合器(C3)故障 · 1 档和倒档制动器(B3)故障

4. 迟滞测试

在发动机怠速时，将变速器档位杆从 N 档挂入 D 档或 R 档，驾驶人会感觉到车辆有一种轻微的向前(D 档)或向后(R 档)的耸动，这种感觉一般要滞后于档位杆的移动。迟滞测试就是测量换档滞后的时间，通过测试可以判断变速器液压压力和离合器/制动器的工作情况。

测试标准：从 N 档到 D 档＜0.7s；从 N 档到 R 档＜1.2s。

如果测试与标准数值不相符，可能的故障原因分析见表 4-15。

表 4-15 迟滞测试故障原因分析

换档时滞测试结果	故障原因
从空档(D)换到驱动档(D)时比标准时间长	·管路压力过低 —压力控制电磁阀(PCS)故障 —主调节阀故障 ·前进档离合器(C1)故障(打滑) ·空档控制电磁阀故障 ·驱动档(D)油路漏油
从空档(D)换到倒档(R)时比标准时间长	·管路压力过低 —压力控制电磁阀故障 —主调节阀故障 ·倒档离合器(C3)故障(打滑) ·1档和倒档制动器(B3)故障(打滑) ·倒档(R)油路漏油

七、故障诊断

AF20型自动变速器故障症状及可能的故障原因见表4-16。

表 4-16 故障症状及可能的故障原因

症 状	可能的故障原因
驱动档时无法移动或打滑	·传动板跳动量 ·压力控制电磁阀电路 ·变速器控制模块 ·换档拉线或驻车档/空档位置调整不当 ·自动变速器油液不足,有自动变速器油液燃烧气味 ·混入水,自动变速器油液错误 ·变矩器 ·阀体 ·变速驱动桥内部零件
倒档时无法移动或打滑	·传动板跳动量 ·锁止换档电磁阀(SL)电路 ·压力控制电磁阀电路 ·变速器控制模块 ·换档拉线或驻车档/空档位置调整不当 ·自动变速器油液不足,有自动变速器油液燃烧气味 ·混入水,自动变速器油液错误 ·变矩器 ·阀体 ·变速驱动桥内部零件
加速时打滑	·1号换档电磁阀电路 ·2号换档电磁阀电路 ·空档控制电磁阀电路 ·锁止电磁阀电路 ·压力控制电磁阀电路 ·变速器控制模块 ·换档拉线或驻车档/空档位置调整不当 ·自动变速器油液不足,有自动变速器油液燃烧气味 ·混入水,自动变速器油液错误 ·变矩器 ·阀体 ·变速驱动桥内部零件

续表 4-16

症　状	可能的故障原因
从空档换到驱动档时有时滞	·输入速度传感器 ·空档控制电磁阀电路 ·压力控制电磁阀电路 ·变速器控制模块 ·自动变速器油液不足,有自动变速器油液燃烧气味 ·混入水,自动变速器油液错误 ·阀体 ·变速驱动桥内部零件
从空档换到倒档时有时滞	·输入速度传感器 ·压力控制电磁阀电路 ·变速器控制模块 ·自动变速器油液不足,有自动变速器油液燃烧气味 ·混入水,自动变速器油液错误 ·阀体 ·变速驱动桥内部零件
发动机不起动	·驻车档/空档位置开关 ·换档拉线或驻车档/空档位置调整不当
从空档换到驱动档或者从空档换到倒档时发动机失速	·发动机故障 ·空档控制电磁阀电路 ·锁止电磁阀电路 ·压力控制电磁阀电路 ·变速器控制模块 ·换档拉线或驻车档/空档位置调整不当 ·润滑油冷却器管 ·阀体 ·变速驱动桥内部零件
减速时发动机失速	·发动机故障 ·锁止电磁阀电路 ·压力控制电磁阀电路 ·变速器控制模块 ·换档拉线或驻车档/空档位置调整不当 ·润滑油冷却器管 ·阀体 ·变速驱动桥内部零件
加速性能差	·发动机故障 ·CAN 通信 ·阀体 ·变速驱动桥内部零件
从 1 档换到 2 档或者从 2 档换到 1 档时无法加档或减档	·驻车档/空档位置开关 ·2 号换档电磁阀电路 ·变速器控制模块 ·节气门开度信号 ·阀体 ·变速驱动桥内部零件

续表 4-16

症 状	可能的故障原因
从2档换到3档或者从3档换到2档时无法加档或减档	·驻车档/空档位置开关 ·1号换档电磁阀电路 ·变速器控制模块 ·节气门开度信号 ·阀体 ·变速驱动桥内部零件
从3档换到4档或者从4档换到3档时无法加档或减档	·驻车档/空档位置开关 ·1号换档电磁阀电路 ·2号换档电磁阀电路 ·变速器控制模块 ·节气门开度信号 ·阀体 ·变速驱动桥内部零件
禁止锁止启用或者关闭时无法加档或减档	·锁止电磁阀电路 ·制动器开关 ·变速器控制模块 ·节气门开度信号 ·阀体 ·变速驱动桥内部零件
2档发动机制动时无法加档或减档	·1号换档电磁阀电路 ·变速器控制模块 ·阀体 ·变速驱动桥内部零件
1档发动机制动时无法加档或减档	·1号换档电磁阀电路 ·2号换档电磁阀电路 ·变速器控制模块 ·阀体 ·变速驱动桥内部零件
无法强制降档	·输出速度传感器 ·1号换档电磁阀电路 ·2号换档电磁阀电路 ·空档控制电磁阀电路 ·压力控制电磁阀电路 ·变速器控制模块 ·节气门开度信号
换档异常	·输出速度传感器 ·驻车档/空档位置开关 ·压力控制电磁阀电路 ·变速器控制模块 ·节气门开度信号 ·阀体

续表 4-16

症 状	可能的故障原因
燃油经济性异常	·发动机故障 ·压力控制电磁阀电路 ·制动器开关 ·变速器控制模块 ·节气门开度信号 ·阀体 ·变速驱动桥内部零件
无模式选择	·保持模式开关 ·变速器控制模块
换档杆生硬/绵软	·换档拉线或驻车档/空档位置调整不当 ·变速驱动桥内部零件
通气管漏油	·润滑油冷却器管 ·自动变速器油液不足，有自动变速器油液燃烧气味 ·混入水，自动变速器油液错误 ·变速驱动桥内部零件
发动机和自动变速驱动桥外壳之间漏油	·油封 ·O形圈 ·变矩器
差速器油封漏油	油封
手动换档轴油封漏油	油封
自动变速驱动桥外壳、储油盘后盖、自动变速驱动桥壳体漏油	就地成形密封垫(FIPG)、衬垫
O形圈漏油-传感器、变速器(T/M)导线	O形圈
润滑油冷却器管漏油	润滑油冷却器管共振
从空档换到驱动档时换档生硬	·发动机故障 ·发动机和自动变速器座 ·驱动轴 ·悬架系统故障 ·输入速度传感器 ·驻车档/空档位置开关 ·变速器油液温度(TFT)传感器 ·空档控制电磁阀电路 ·压力控制电磁阀电路 ·变速器控制模块 ·发动机水温信号 ·自动变速器油液不足，有自动变速器油液燃烧气味 ·混入水，自动变速器油液错误 ·阀体 ·变速驱动桥内部零件

续表 4-16

症　状	可能的故障原因
从空档换到倒档时换档生硬	·发动机故障 ·发动机和自动变速器座 ·悬架系统故障 ·输入速度传感器 ·驻车档/空档位置开关 ·变速器油液温度传感器 ·空档控制电磁阀电路 ·压力控制电磁阀电路 ·变速器控制模块 ·发动机水温信号 ·自动变速器油液不足,有自动变速器油液燃烧气味 ·混入水,自动变速器油液错误 ·阀体 ·变速驱动桥内部零件
加档过程中换档生硬	·发动机故障 ·发动机和自动变速器座 ·驱动轴 ·悬架系统故障 ·输入速度传感器 ·变速器油液温度传感器 ·1 号换档电磁阀电路 ·2 号换档电磁阀电路 ·空档控制电磁阀电路 ·锁止电磁阀电路 ·压力控制电磁阀电路 ·变速器控制模块 ·发动机水温信号 ·自动变速器油液不足,有自动变速器油液燃烧气味 ·混入水,自动变速器油液错误 ·阀体 ·变速驱动桥内部零件
减速滑行期间换档生硬	·发动机和自动变速器座 ·驱动轴 ·悬架系统故障 ·输入速度传感器 ·变速器油液温度传感器 ·1 号换档电磁阀电路 ·2 号换档电磁阀电路 ·空档控制电磁阀电路 ·锁止电磁阀电路 ·压力控制电磁阀电路 ·变速器控制模块 ·发动机水温信号 ·自动变速器油液不足,有自动变速器油液燃烧气味 ·混入水,自动变速器油液错误 ·阀体 ·变速驱动桥内部零件

续表 4-16

症　状	可能的故障原因
强制降档期间换档生硬	·发动机和自动变速器座 ·驱动轴 ·悬架系统故障 ·输入速度传感器 ·变速器油液温度传感器 ·1 号换档电磁阀电路 ·2 号换档电磁阀电路 ·空档控制电磁阀电路 ·锁止电磁阀电路 ·压力控制电磁阀电路 ·变速器控制模块 ·发动机转矩信号 ·发动机水温信号 ·自动变速器油液不足,有自动变速器油液燃烧气味 ·混入水,自动变速器油液错误 ·阀体 ·变速驱动桥内部零件
加速开启,关闭期间换档生硬-无加档,减档	·发动机故障 ·发动机和自动变速器座 ·驱动轴 ·悬架系统故障
怠速时有振动	·发动机故障 ·传动板跳动量 ·发动机和自动变速器座 ·排气管共振 ·驱动轴 ·刮碰到传动系统和车身 ·悬架系统故障
行驶时有振动	·发动机故障 ·传动板跳动量 ·发动机和自动变速器座 ·排气管共振 ·驱动轴 ·轮胎失衡 ·刮碰到传动系统和车身 ·悬架系统故障 ·自动变速器油液不足,有自动变速器油液燃烧气味 ·变速驱动桥内部零件
怠速时有噪声	·发动机故障 ·润滑油冷却器管安装错误、损坏 ·自动变速器油液不足,有自动变速器油液燃烧气味

续表 4-16

症　状	可能的故障原因
车库换档过程中有噪声	· 发动机和自动变速器座 · 驱动轴
行驶过程中有噪声	· 发动机故障 · 发动机和自动变速器座 · 排气管共振 · 驱动轴 · 轮胎失衡 · 刮碰到传动系统和车身 · 悬架系统故障
加档或减档过程中有噪声	· 发动机故障 · 发动机和自动变速器座 · 排气管共振 · 轮胎失衡 · 刮碰到传动系统和车身 · 悬架系统故障
加速开启或关闭时有噪声	· 发动机故障 · 发动机和自动变速器座 · 排气管共振 · 轮胎失衡 · 刮碰到传动系统和车身 · 悬架系统故障

第五章　5L40E 型自动变速器

第一节　技术参数与结构特点

一、技术参数

1. 基本参数

5L40E 型自动变速器是一个电控 5 速(前进档)、后轮驱动式变速器,用于上海通用公司生产的别克林荫大道、荣御和凯迪拉克轿车,其基本参数见表 5-1。

表 5-1　5L40E 型自动变速器的基本参数

自动变速器型号及应用型号	5L40E	2.8L 发动机	5HEG
		3.6L 发动机	5HAG
	5	5 前进档	
	L	纵置	
	40	产品序列号	
	E	电子控制	
干重	73kg		
净重	80.5kg		
传动比	1 档	3.42∶1	
	2 档	2.21∶1	
	3 档	1.60∶1	
	4 档	1.00∶1	
	5 档	0.75∶1	
	R 档	3.03∶1	
变矩器	失速转矩比	5HAG	1.90∶1
		5HEG	1.76∶1
	标称直径	5HAG	258mm
		5HEG	245mm
自动变速器油液	油液类型	Dexron Ⅲ/DEXRON-Ⅵ(05MY 以后)	
	油液容量	更换量	4.6L
		大修更换加注(干)	8.5L
直接档离合器	内片	5HAG	5
		5HEG	4
	外片	5HAG	5
		5HEG	4
	波纹片	1	
	底板	1	
	离合器行程(mm)	1.41～1.86	

续表 5-1

倒档离合器	内片	5HAG	3
		5HEG	3
	外片	5HAG	3
		5HEG	3
	波纹片	1	
	底板	1	
	离合器行程(mm)	0.98～1.43	
滑行离合器	内片	5HAG	3
		5HEG	3
	外片	5HAG	3
		5HEG	3
	波纹片	1	
	底板	1	
	离合器行程(mm)	1.17～1.93	
前进档离合器	内片	5HAG	4
		5HEG	3
	外片	5HAG	5
		5HEG	3
	波纹片	1	
	底板	1	
	离合器行程(mm)	1.20～1.65	
超速档离合器	内片	5HAG	3
		5HEG	3
	外片	5HAG	3
		5HEG	3
	波纹片	无	
	底板	1	
	离合器行程(mm)	1.60～2.05	
中间离合器	内片	5HAG	4
		5HEG	3
	外片	5HAG	4
		5HEG	3
	波纹片	1	
	底板	1	
	离合器行程(mm)	1.13～1.58	
低/倒档离合器	内片	5HAG	5
		5HEG	5
	外片	5HAG	5
		5HEG	5
	波纹片	1	
	底板	1	
	离合器行程(mm)	1.72～2.17	

续表 5-1

第二离合器	内片	5HAG	5
		5HEG	5
	外片	5HAG	5
		5HEG	5
	波纹片	1	
	底板	1	
	离合器行程(mm)	1.47～1.92	
第二滑行离合器	内片	5HAG	3
		5HEG	2
	外片	5HAG	3
		5HEG	2
	波纹片	无	
	底板	1	
	离合器行程(mm)	0.94～1.39	

2. 主要部件螺栓的紧固力矩

5L40E 型自动变速器主要部件螺栓的紧固力矩见表 5-2。

表 5-2　主要部件螺栓的紧固力矩　(N·m)

螺栓	数量	规格	紧固力矩
储能器壳体至阀体	12	M6×1.0×30.0	11
筒状盖板至阀体	7	M6×1.0×38.0	11
变矩器壳体至变速器壳体	7	M8×1.25×35.0	22
放油螺塞至储油盘	1	M14×1.5×10.0	20
延伸壳体至变速器壳体	7	M8×1.25×35.0	22
储油盘至变速器壳体	20	M6×1.0×16.0	11
前控制阀体至顶部筒状盖板	2	M6×1.0×38.0	11
驻车棘爪执行器托架至变速器壳体	2	M8×1.25×25.0	22
传动轴法兰至输出轴	1	M22×1.5×10.0	57
变矩器螺栓	—	—	63
变速器油泵盖至变矩器壳体	6	M6×1.0×40.0	11
变速器油泵盖至变矩器壳体	5	M8×1.25×40.0	22
变速器油位孔塞至变速器壳体	1	M18×1.5×12.0	20
变速器支座托架至车身螺栓	—	—	60
变速器支座托架至变速器	—	—	60
变速器安装螺栓	—	M10×1.5	50
变速器安装螺栓	—	M12×1.75	75
阀体至变速器壳体	2	M6×1.0×50.0	11
阀体至变速器壳体	6	M6×1.0×50.0	11
阀体至变速器壳体	1	M6×1.0×68.0	11
阀体至筒状盖板	1	M6×1.0×68.0	11

二、结构特点

5L40E型自动变速器内部总体构造如图5-1所示，它主要包括：变矩器、2个拉式行星齿轮组、9组机械摩擦式离合器/制动器、4个单向离合器及液压控制系和电子控制系统。

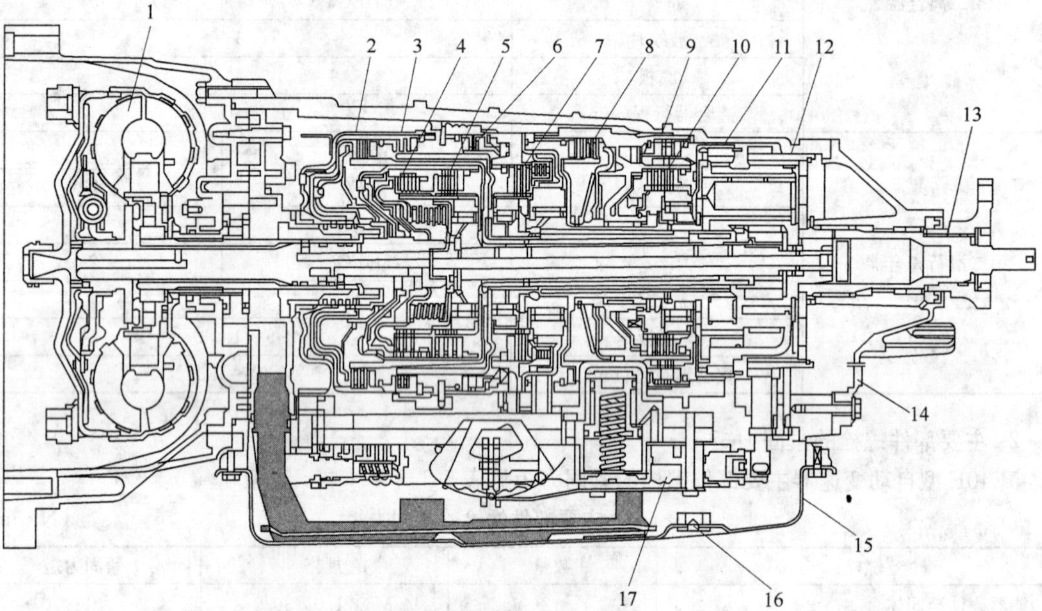

图5-1 5L40E型自动变速器的总体构造

1. 变矩器 2. 直接离合器 3. 倒档离合器 4. 滑行离合器 5. 前进档离合器 6. 超速档制动器 7. 中间制动器 8. 低/倒档制动器 9. 第二滑行制动器 10. 第二制动器 11. 前排齿圈 12. 后排齿圈(动力输出端) 13. 输出轴 14. 后延伸壳体 15. 储油盘 16. 放油螺堵 17. 控制阀体

第二节 换档执行元件与动力传递分析

一、行星齿轮机构与换档执行元件

5L40E型自动变速器行星齿轮机构与换档执行元件的布置如图5-2所示，各换档执行元件的作用见表5-3，行星齿轮机构由两个单排双级行星齿轮机构组成；换档执行元件包括9组机械摩擦式离合器/制动器和4个单向离合器，各离合器的控制部件见表5-4。在原版资料中，将所9个换档执行元件都称为“离合器”，但其中有5个在工作时是固定行星齿轮机构某部件的，业内习惯称为“制动器”，这样也便于理解其工作原理和动力传递路线路线分析。在本节的叙述中将工作时固定部件的“离合器”改称为“制动器”，如原“超速离合器”改称为“超速制动器”，这一点读者在参考其他5L40E型自动变速器资料时请注意。

二、动力传递路线分析

5L40E型自动变速器动力传递路线示意图如图5-3所示，不同档位时各换档执行元件的状态见表5-4。现将各档位动力传递路线分析如下。

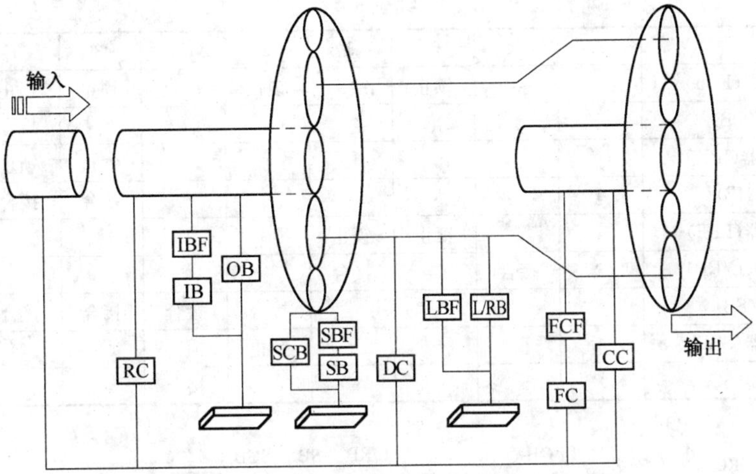

图 5-2 行星齿轮机构与换档执行元件的布置

RC(REVERSE CLUTCH)—倒档离合器 DC(DIRECT CLUTCH)—直接离合器 FC(FORWARD CLUTCH)—前进离合器 CC(COAST CLUTCH)—滑行离合器 FCF(FORWARD CLUTCH SPRAG)—前进单向离合器 OB(OVER DRIVE CLUTCH)—超速制动器 IB(INTER-MEDIAT CLUTCH)—中间制动器 IBF(INTER-MEDIAT CLUTCH SPRAG)—中间单向离合器 LBF(LOW CLUTCH SPRAG)—低档单向离合器 L/RB(LOW/REVERSE CLUTCH)—低/倒档制动器 SB(SECOND CLUTCH)—第二制动器 SBF(SECOND CLUTCH SPRAG)—第二单向离合器 SCB (SECOND COAST CLUTCH)—第二滑行制动器

表 5-3 换档执行元件的作用

换档执行元件	作 用
直接离合器(DC)	驱动行星架。在直接离合器上有输入转速讯号轮
滑行离合器(CC)	驱动后太阳轮
倒档离合器(RC)	驱动前太阳轮
前进离合器(FC)	驱动前进单向离合器外圈
前进单向离合器(FCF)	锁止时驱动后太阳轮
超速制动器(OB)	固定前太阳轮
中间单向离合器(IBF)	锁止时单向固定前太阳轮
中间制动器(IB)	固定中间单向离合器外圈,允许前太阳轮顺时针旋转,阻止前太阳轮逆时针旋转
低档单向离合器(LBF)	锁止时单向固定行星架,允许行星架顺时针旋转;阻止行星架逆时针旋转
低/倒档制动器(L/RB)	固定行星架
第二制动器(SB)	固定第二单向离合器外圈
第二单向离合器(SBF)	锁止时单向固定前排齿圈,允许前排齿圈顺时针旋转;阻止前排齿圈逆时针旋转
第二滑行制动器(SCB)	固定前排齿圈

表 5-4 工作元件表

档位	P/N	R	1	1	2	2	3	3	4	5
发动机制动			否	是	否	是	否	是	是	是
直接离合器(DC)									接合	接合
滑行离合器(CC)			接合	接合	接合	接合	接合	接合	接合	
倒档离合器(RC)		接合								
前进离合器(FC)			接合	接合	接合	接合	接合	接合	接合	接合

续表 5-4

档位	P/N	R	1	1	2	2	3	3	4	5
前进单向离合器(FCF)			锁止	锁止	锁止	锁止	锁止	锁止	锁止	
超速制动器(OB)								接合		接合
中间单向离合器(IBF)							锁止	锁止		
中间制动器(IB)							接合	接合	接合	接合
低档单向离合器(LBF)			锁止	锁止						
低/倒档制动器(L/RB)		接合		接合						
第二制动器(SB)					接合	接合	接合	接合	接合	接合
第二单向离合器(SBF)					锁止	锁止				
第二滑行制动器(SCB)						接合				

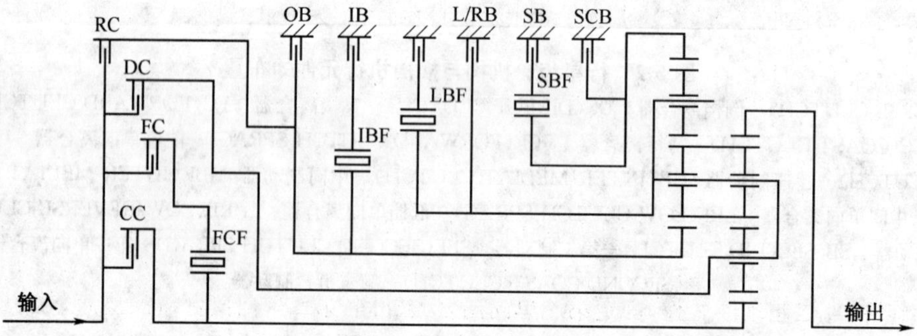

图 5-3　动力传递路线示意图

RC—倒档离合器　DC—直接离合器　FC—前进离合器　CC—滑行离合器　FCF—前进单向离合器　OB—超速制动器　IB—中间制动器　IBF—中间单向离合器　LBF—低档单向离合器　L/RB—低/倒档制动器　SB—第二制动器　SBF—第二单向离合器　SCB—第二滑行制动器

1. 1 档动力传递路线

(1)无发动机制动：1 档动力传递路线如图 5-4 所示，1 档时，前进离合器接合，前进单向离合器锁止；滑行离合器接合，前进离合器和滑行离合器同时驱动后太阳轮，后太阳轮顺时针旋转；行星架有逆时针旋转的趋势，因低档单向离合器锁止，单向固定行星架；则后齿圈顺时针减速旋转。因动力传递过程中，低档单向离合器锁止，单向固定行星架是不可缺少的条件，所以当动力由车轮传至变速器时，低档单向离合器会超越打滑，没有发动机制动。

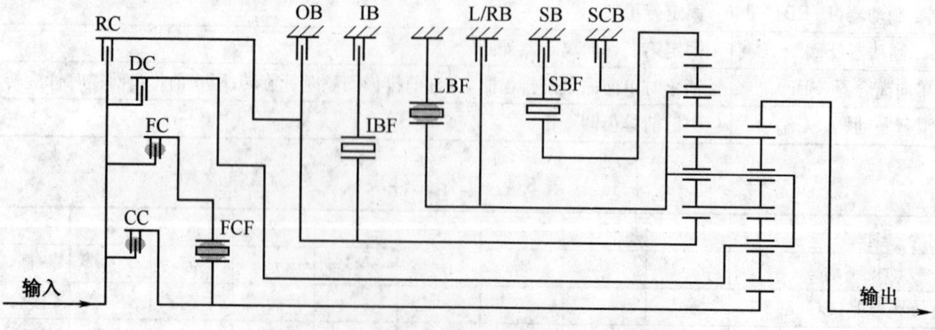

图 5-4　1 档动力传递路线(无发动机制动)

(2)有发动机制动：1 档时，自动变速器控制模块可根据情况控制自动变速器是否有发动机制动。

如图 5-5 所示，当需要发动机制动时，前进离合器接合，前进单向离合器锁止；滑行离合器接合，前进离合器和滑行离合器同时驱动后太阳轮，后太阳轮顺时针旋转；行星架有逆时针旋转的趋势，低/倒档制动器工作，双向固定行星架；则后齿圈顺时针减速旋转(输出)。因动力传递过程中，没有单向离合器单独参与动力传递，故有发动机制动。

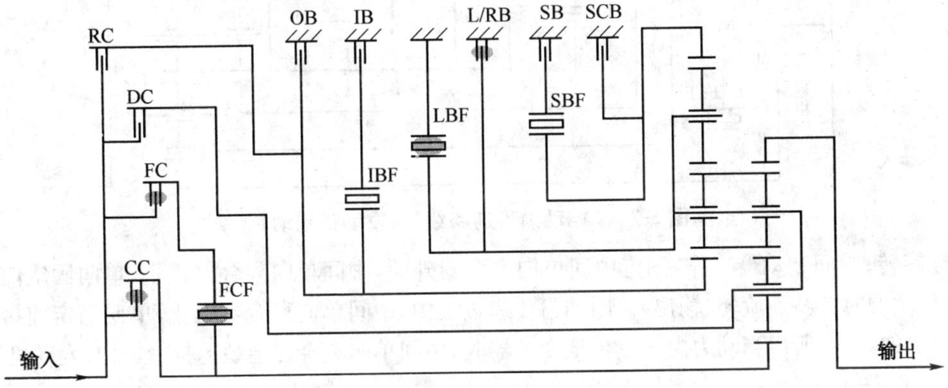

图 5-5　1 档动力传递路线(有发动机制动)

2. 2 档动力传递路线

(1)无发动机制动：2 档动力传递路线如图 5-6 所示，2 档时，动力输入元件与 1 档一样，即前进离合器接合，前进单向离合器锁止；滑行离合器接合，前进离合器和滑行离合器同时驱动后太阳轮，后太阳轮顺时针旋转；第二制动器工作，固定第二单向离合器外圈，第二单向离合器锁止，前内齿圈被单向固定，不能逆时针旋转；则后齿圈顺时针减速旋转(输出)。因动力传递过程中，第二单向离合器锁止，单向固定前排齿圈是不可缺少的条件，所以当动力由车轮传至变速器时，第二单向离合器会超越打滑，没有发动机制动。

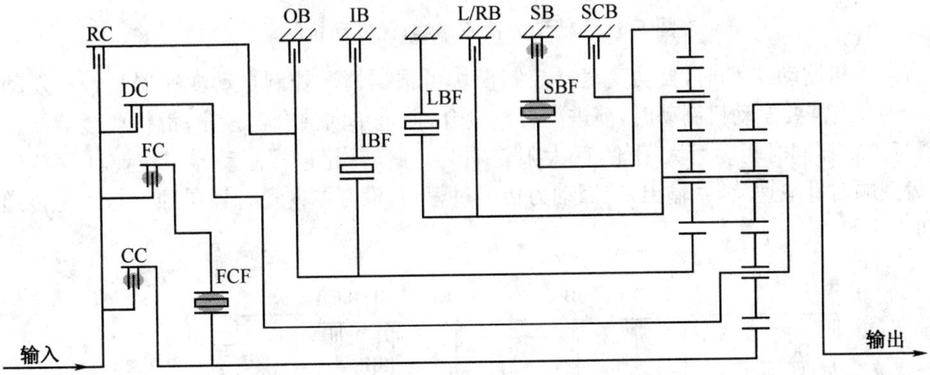

图 5-6　2 档动力传递路线(无发动机制动)

(2)有发动机制动：2 档时，自动变速器控制模块可根据情况控制自动变速器是否有发动机制动。如图 5-7 所示，当需要发动机制动时，前进离合器接合，前进单向离合器锁止；滑行离合器接合，前进离合器和滑行离合器同时驱动后太阳轮，后太阳轮顺时针旋转；第二滑行制动器工作，双向固定前内齿圈；则后齿圈顺时针减速旋转(输出)。因动力传递过程中，没有单向离合器单独参与动力传递，故有发动机制动。

3. 3 档动力传递路线

(1)无发动机制动：3 档动力传递路线如图 5-8 所示，3 档时，动力输入元件与 1 档一样，即前进离合器接合，前进单向离合器锁止；滑行离合器接合，前进离合器和滑行离合器同时驱动后太阳轮，后太阳

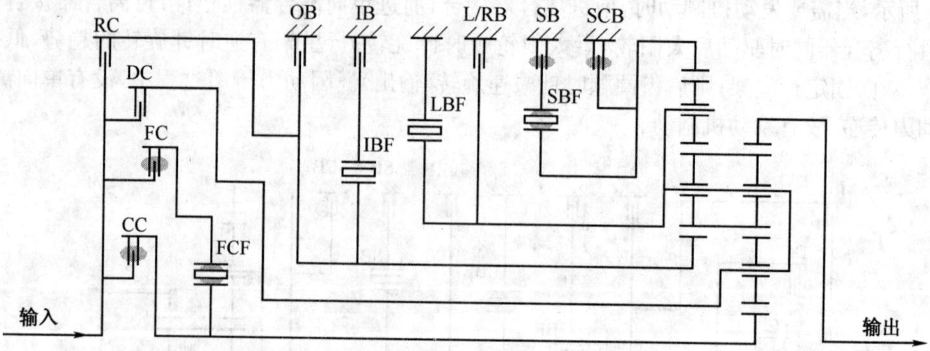

图 5-7 2 档动力传递路线(有发动机制动)

轮顺时针旋转;中间制动器工作,固定中间单向离合器外圈,中间单向离合器锁止,单向固定前排太阳轮,则后齿圈顺时针减速旋转(输出)。因动力传递过程中,中间单向离合器锁止,单向固定前排太阳轮是不可缺少的条件,所以当动力由车轮传至变速器时,中间单向离合器会超越打滑,没有发动机制动。

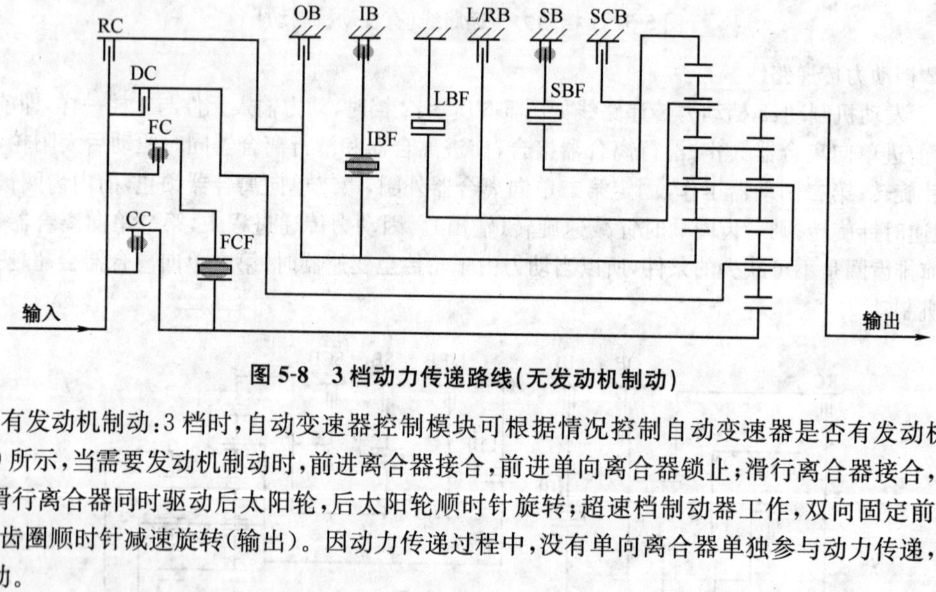

图 5-8 3 档动力传递路线(无发动机制动)

(2)有发动机制动:3 档时,自动变速器控制模块可根据情况控制自动变速器是否有发动机制动。如图 5-9 所示,当需要发动机制动时,前进离合器接合,前进单向离合器锁止;滑行离合器接合,前进离合器和滑行离合器同时驱动后太阳轮,后太阳轮顺时针旋转;超速档制动器工作,双向固定前排太阳轮,则后齿圈顺时针减速旋转(输出)。因动力传递过程中,没有单向离合器单独参与动力传递,故有发动机制动。

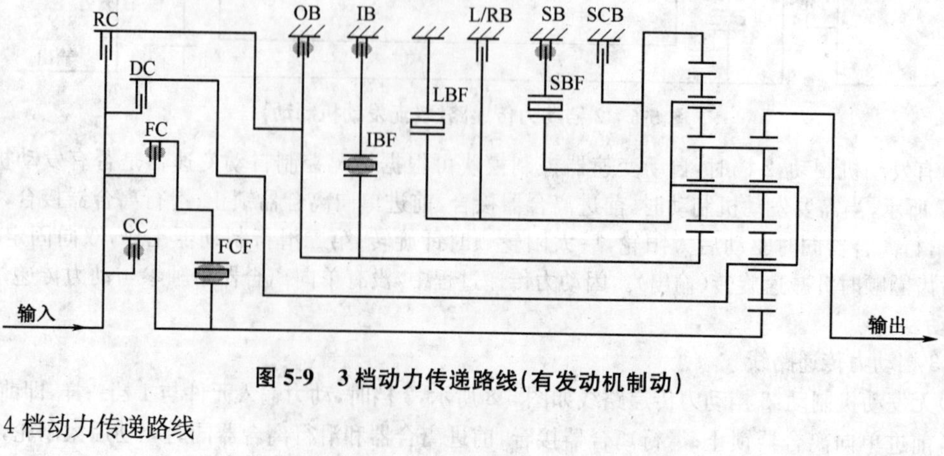

图 5-9 3 档动力传递路线(有发动机制动)

4. 4 档动力传递路线

4 档动力传递路线如图 5-10 所示，4 档时，输入元件与 1 档相同，即前进离合器接合，前进单向离合器锁止；滑行离合器接合，前进离合器和滑行离合器同时驱动后太阳轮；同时直接档离合器接合，驱动行星架，则整个行星齿轮机构以一个整体同步旋转，为直接档，传动比为 1∶1。因 4 档动力传递过程中，没有单向离合器单独参与动力传递，故有发动机制动。

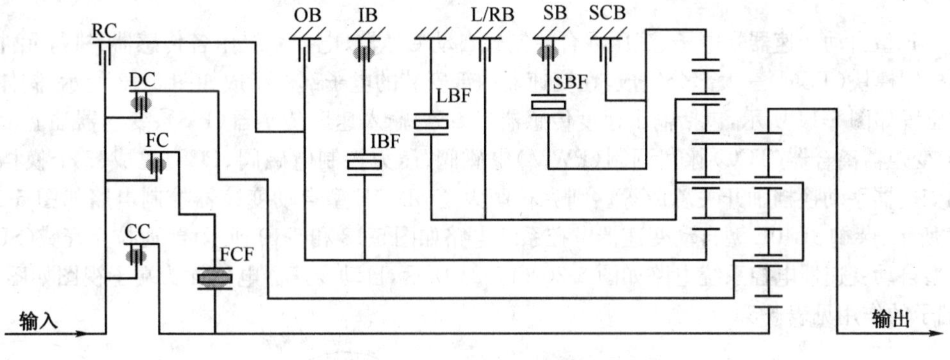

图 5-10　4 档动力传递路线

5. 5 档动力传递路线

5 档动力传递路线如图 5-11 所示，前太阳轮、行星架、后齿圈组成一个简单的单级行星齿轮机构，5 档时，直接离合器接合，驱动行星架顺时针旋转，超速档制动器工作，固定前排太阳轮，则后排齿圈同向增速旋转，为超速档。因 5 档动力传递过程中，没有单向离合器单独参与动力传递，故有发动机制动。

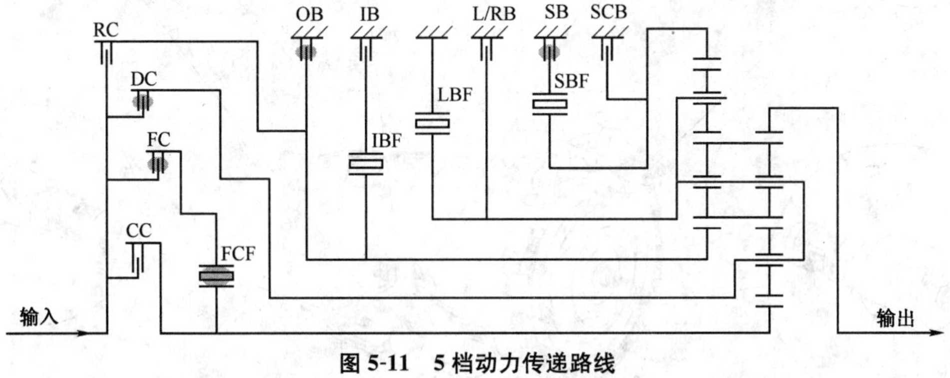

图 5-11　5 档动力传递路线

6. R 档动力传递路线

R 档动力传递路线如图 5-12 所示，R 档时，倒档离合器接合，驱动前排太阳轮；同时低/倒档制动器工作，固定行星架，则后排齿圈反向减速旋转（输出）。

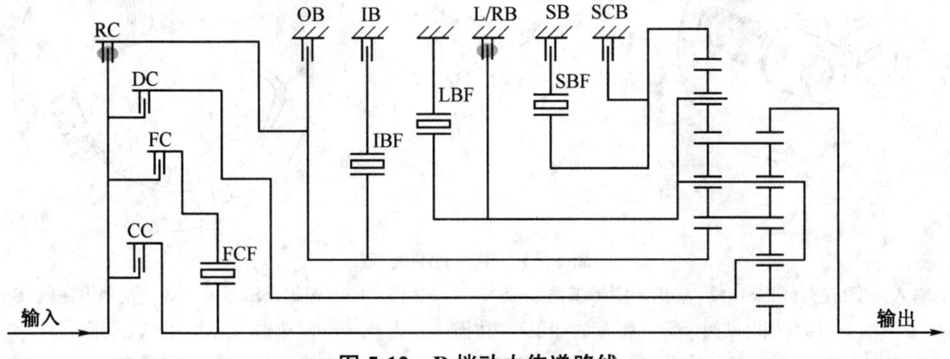

图 5-12　R 档动力传递路线

第三节　控制系统

一、电子控制系统

5L40E 型自动变速器是电子、液压混合控制式自动变速器，电控系统由各传感器、执行元件和自动变速器控制模块（TCM）三大部分组成，在变速器内部安装的电子部件组成如图 5-13 所示，阀体上电气部件的位置如图 5-14 所示，包括输出速度传感器（OSS）、输入速度传感器（ISS）、变速器油温度（TFT）传感器、变矩器离合器（TCC）脉宽调制（PWM）电磁阀、压力控制电磁阀（PCS）总成、3 个换档电磁阀（SS）和变速器手动换档轴开关总成等。别克林荫大道 5L40E 型自动变速器控制电路如图 5-15、5-16 和 5-17 所示，荣御 5L40E 型自动变速器电控系统电路如图 5-18 和 5-19 所示，凯迪拉克赛威（SLS）轿车 5L40E 型自动变速器电控系统电路如图 5-20 和 5-21 所示，自动变速器电气插头端子视图如图 5-22 所示，各端子的作用见表 5-5。

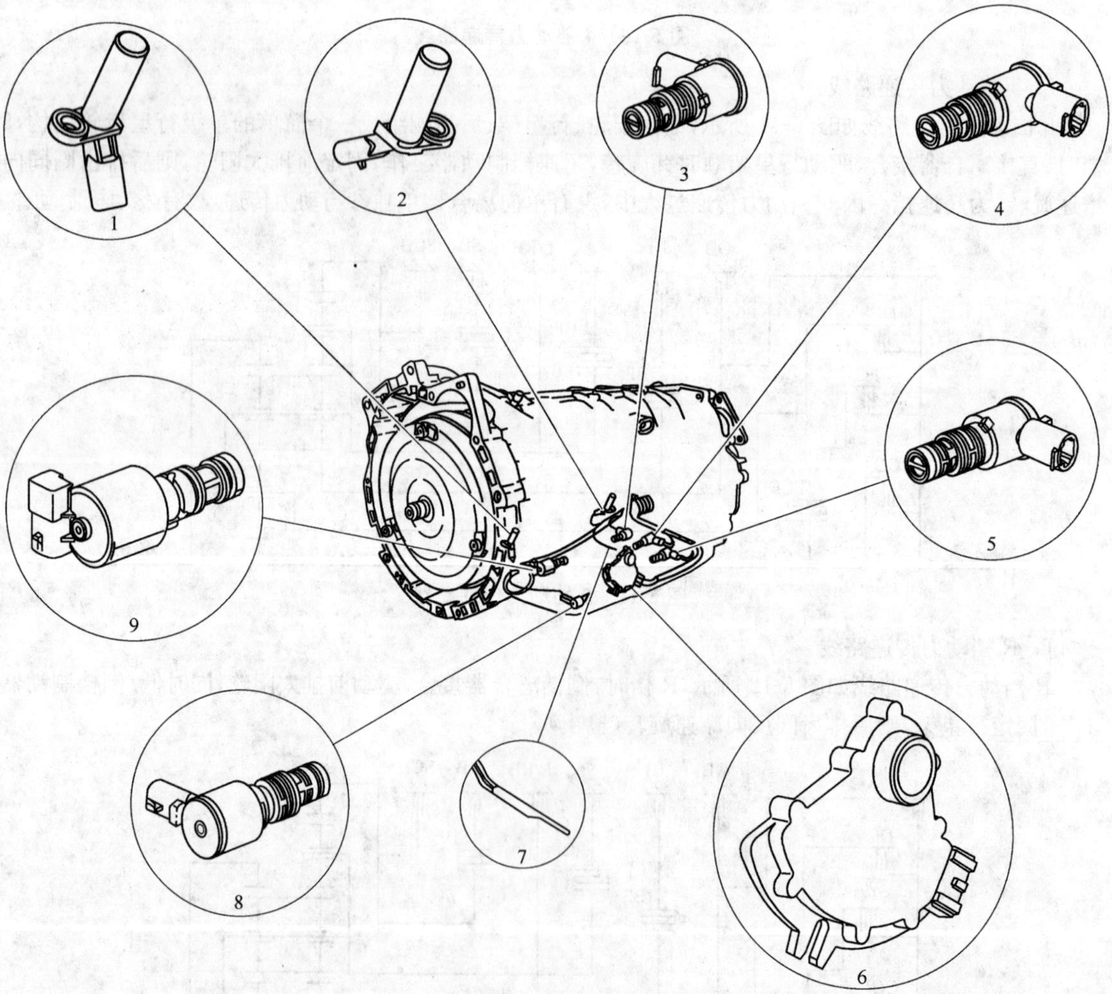

图 5-13　电气部件组成

1. 输入速度传感器（ISS）　2. 输出速度传感器（OSS）　3. 1-2 档换档电磁阀（SS）　4. 2-3 档换档电磁阀（SS）　5. 4-5 档换档电磁阀（SS）　6. 变速器手动换档轴开关总成　7. 变速器油温度（TFT）传感器　8. 变矩器离合器（TCC）脉宽调制（PWM）电磁阀　9. 压力控制电磁阀（PCS）总成

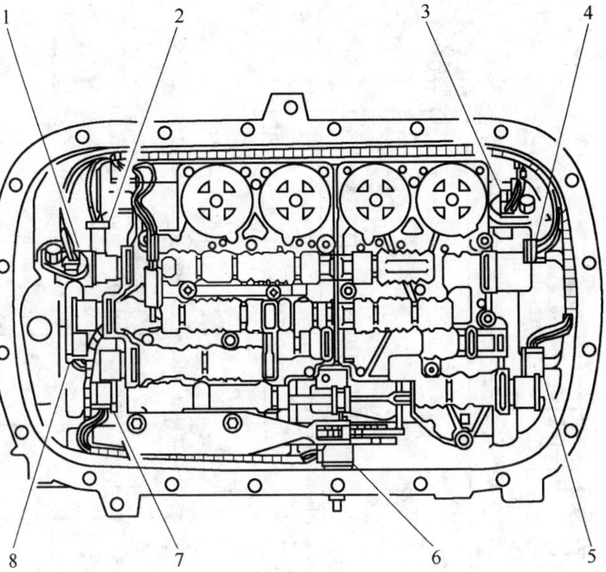

图 5-14　阀体上电气部件的位置

1. 输出速度传感器　2. 1-2 档换档电磁阀　3. 输入速度传感器　4. 压力控制电磁阀
5. 变矩器离合器(TCC)脉宽调制电磁阀　6. 手动换档轴位置开关
7. 4-5 档换档电磁阀　8. 2-3 档换档电磁阀

1. 自动变速器控制模块(TCM)

(1)控制信号:变速器控制模块(TCM)是控制系统的核心,它接收各传感器及控制开关的信号,经计算后,通过各执行元件控制换档点、变矩器离合器(TCC)的接合/分离和自动变速器管路压力。发动机控制模块(ECM)通过 GMLAN 网络向自动变速器控制模块(TCM)发送如下信号:

—发动机转速和转矩信号;
—发动机进气温度(IAT)信号;
—加速踏板位置(APP)信息;
—发动机冷却液温度(ECT)信号;
—强制降档请求信号;
—牵引力控制状态;
—驾驶人选择的换档模式;
—空调(A/C)状态信息等。

另外,TCM 还通过其他传感器获取如下信号:

—蓄电池和点火电压;
—制动开关状态;
—变速器手动换档轴开关位置;
—变速器油液温度(TFT);
—变速器输入(轴)速度(ISS)传感器信号;
—变速器输出(轴)速度(OSS)传感器信号。

变速器控制模块(TCM)利用以上信息来确定加档或者减档的精确时间,应该接合还是分离变矩器离合器(TCC)以及接合离合器所需油液压力。这种控制能根据车辆的工况提供连续、准确的换档点和换档质量。TCM 输出的控制信号有:

—3 个换档电磁阀的操作,以控制变速器换档;

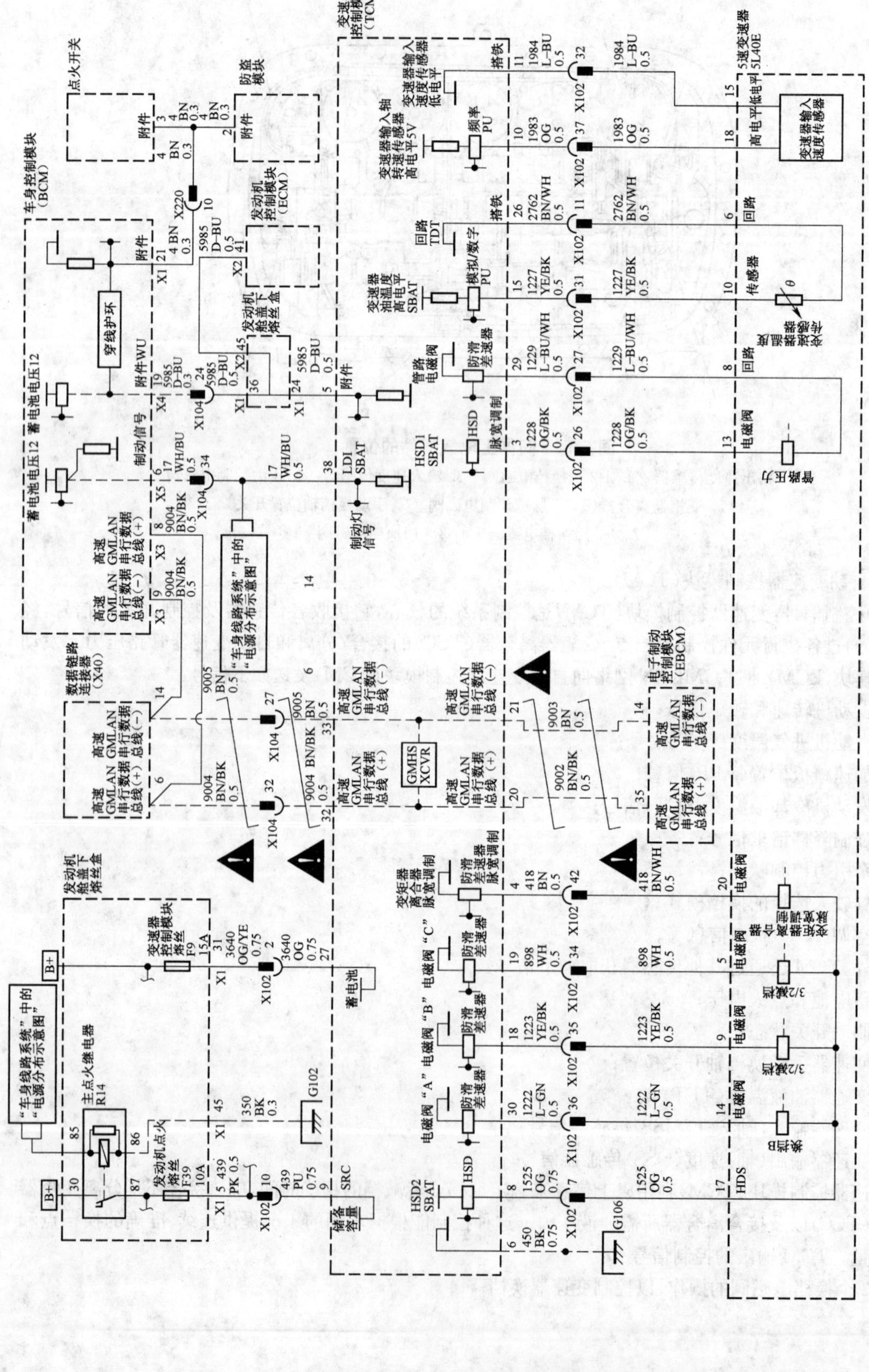

图5-15 林荫大道 5L40E型自动变速器电路图(一)

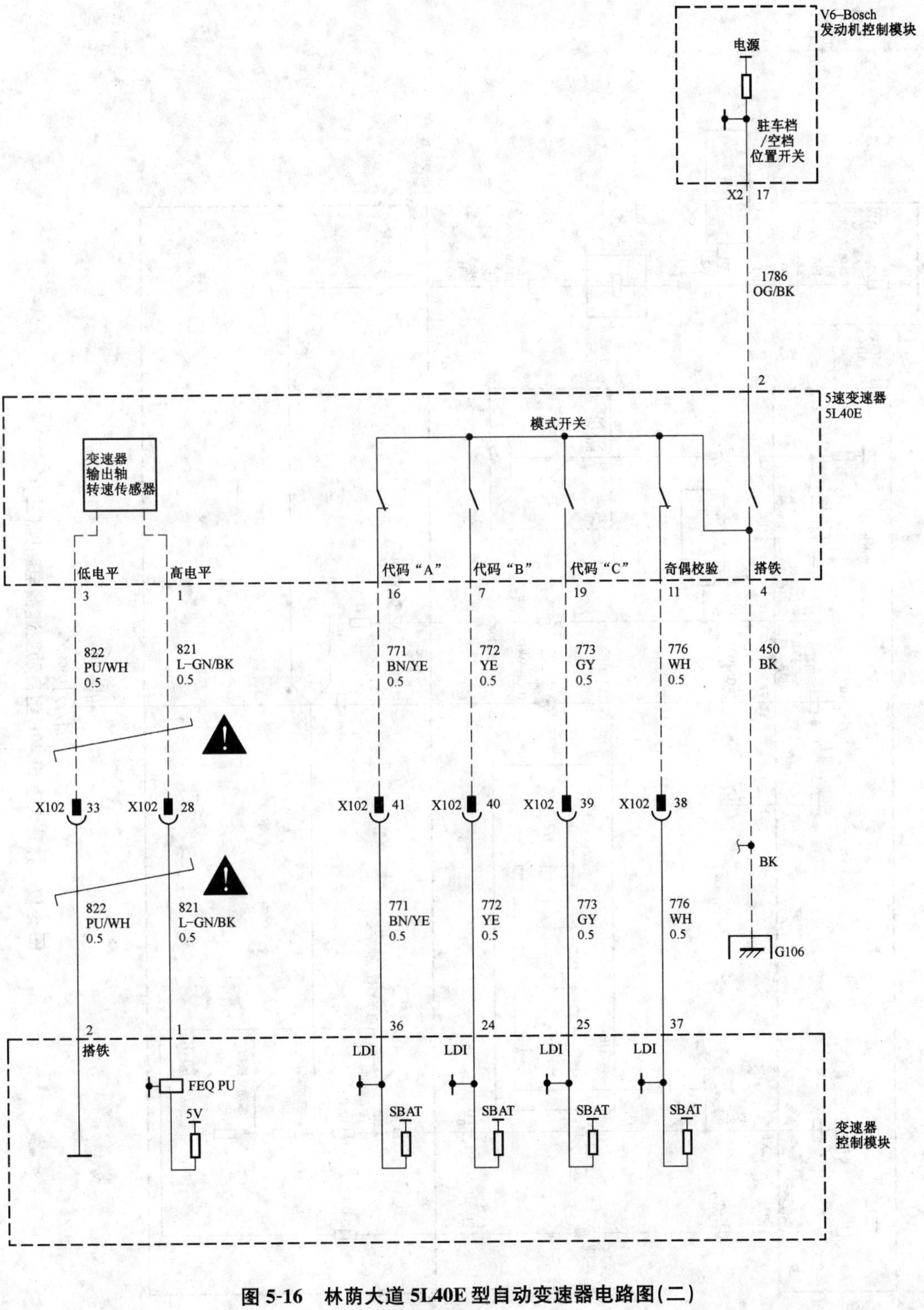

图 5-16 林荫大道 5L40E 型自动变速器电路图(二)

—变矩器离合器(TCC)脉宽调制(PWM)电磁阀的操作,以控制变矩器离合器总成的接合和分离;

—压力控制电磁阀(PCS),以调节变速器管路压力。

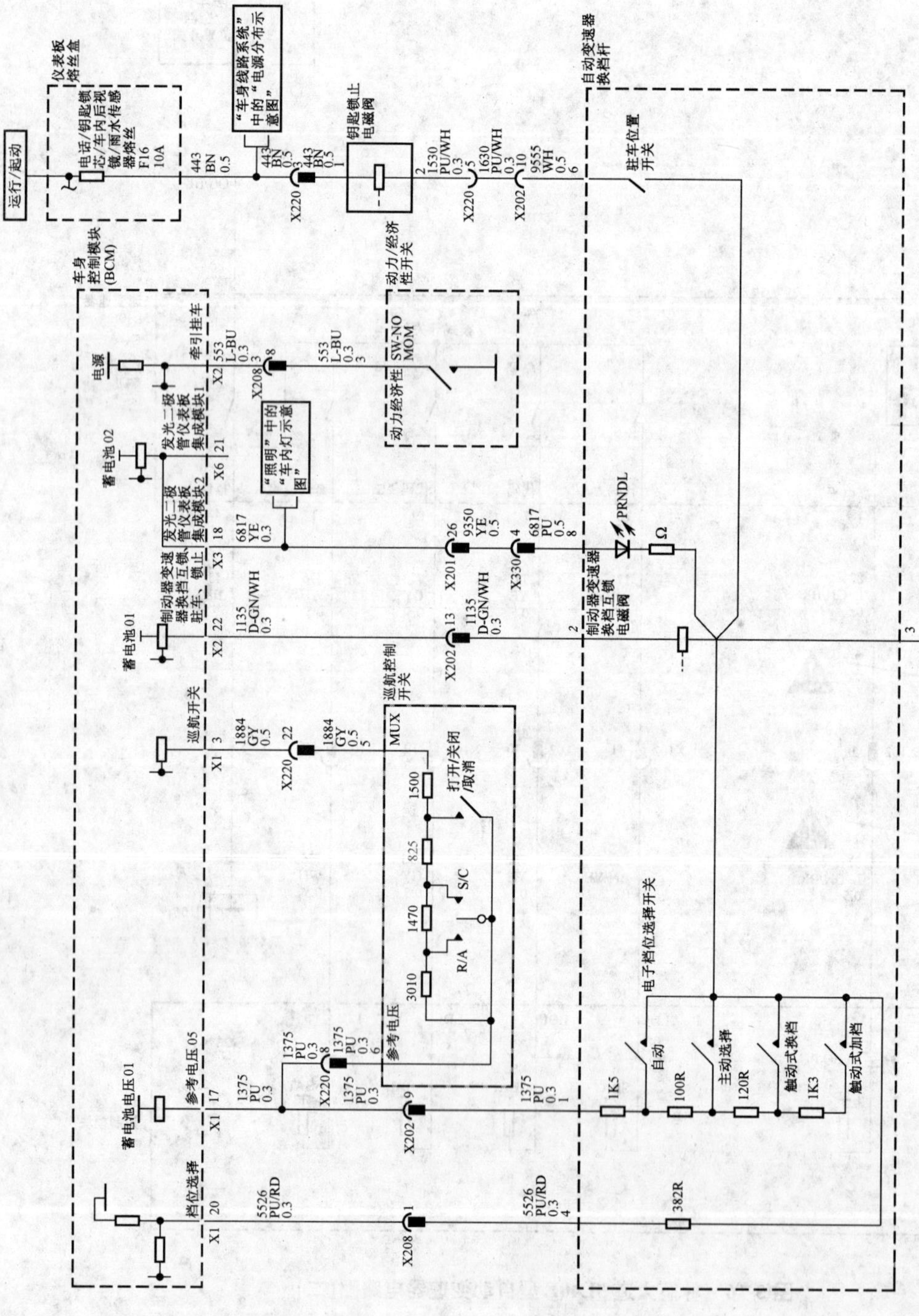

图 5-17 林荫大道 5L40E 型自动变速器电路图(三)

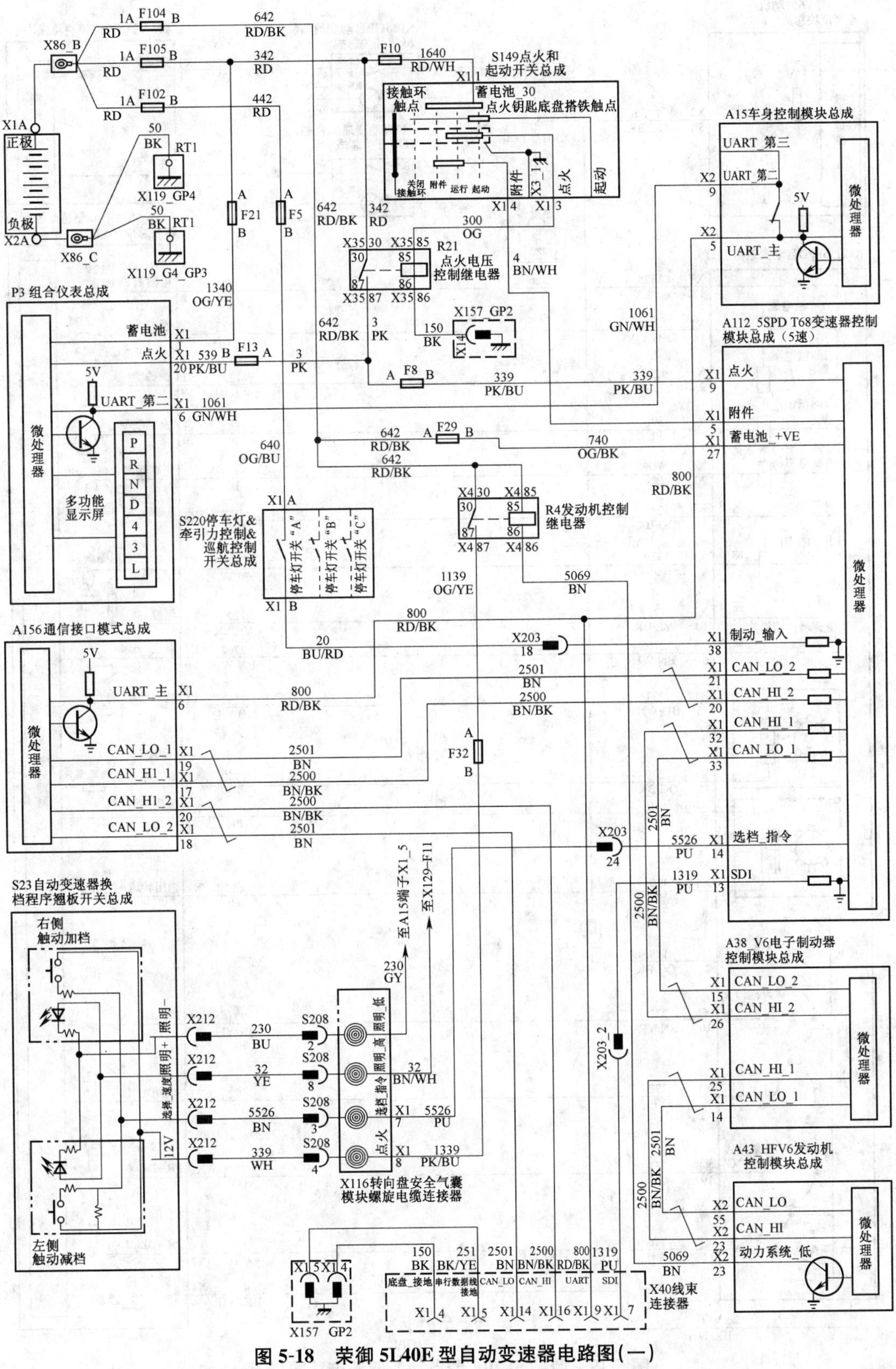

图 5-18　荣御 5L40E 型自动变速器电路图(一)

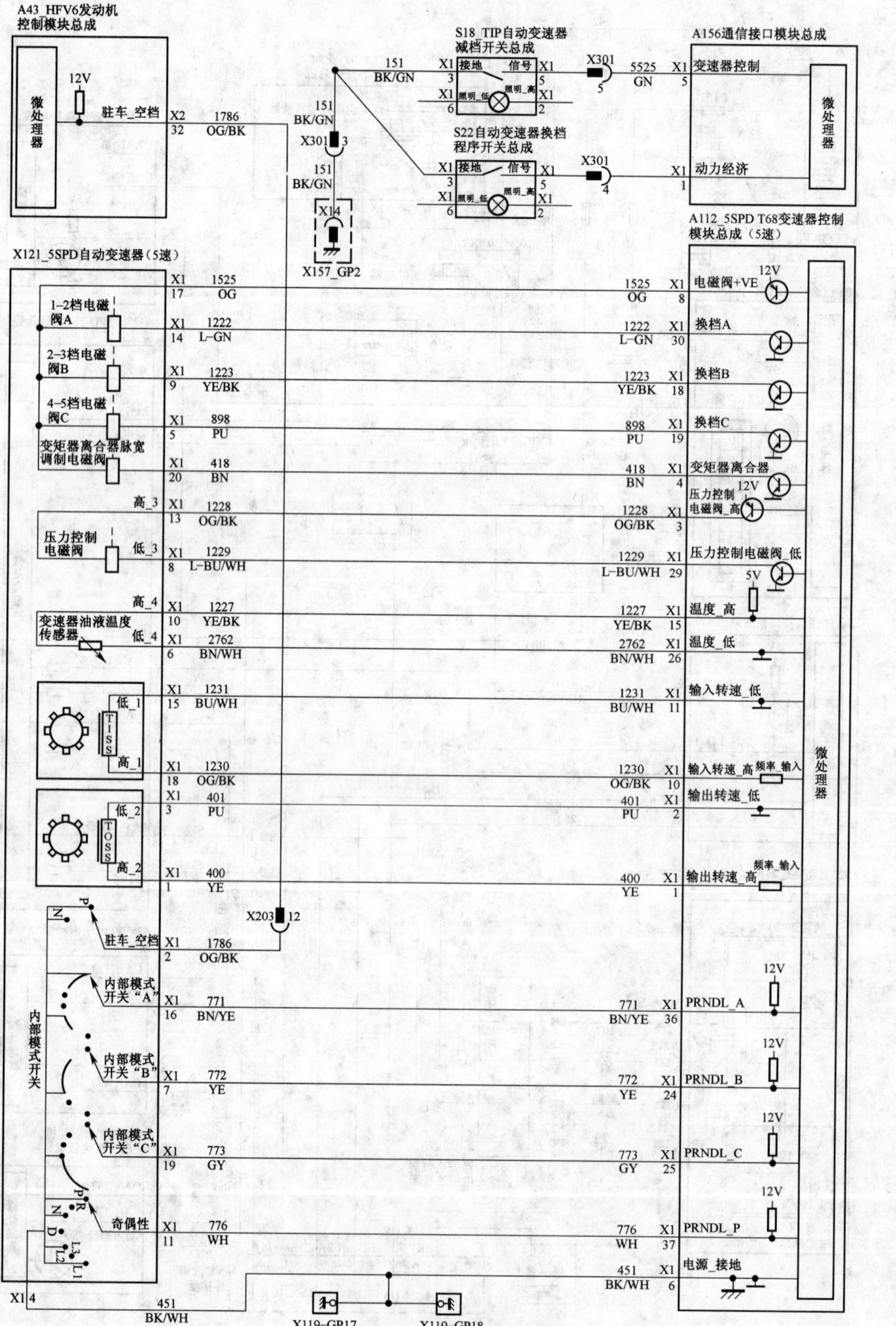

图 5-19 荣御 5L40E 型自动变速器电路图(二)

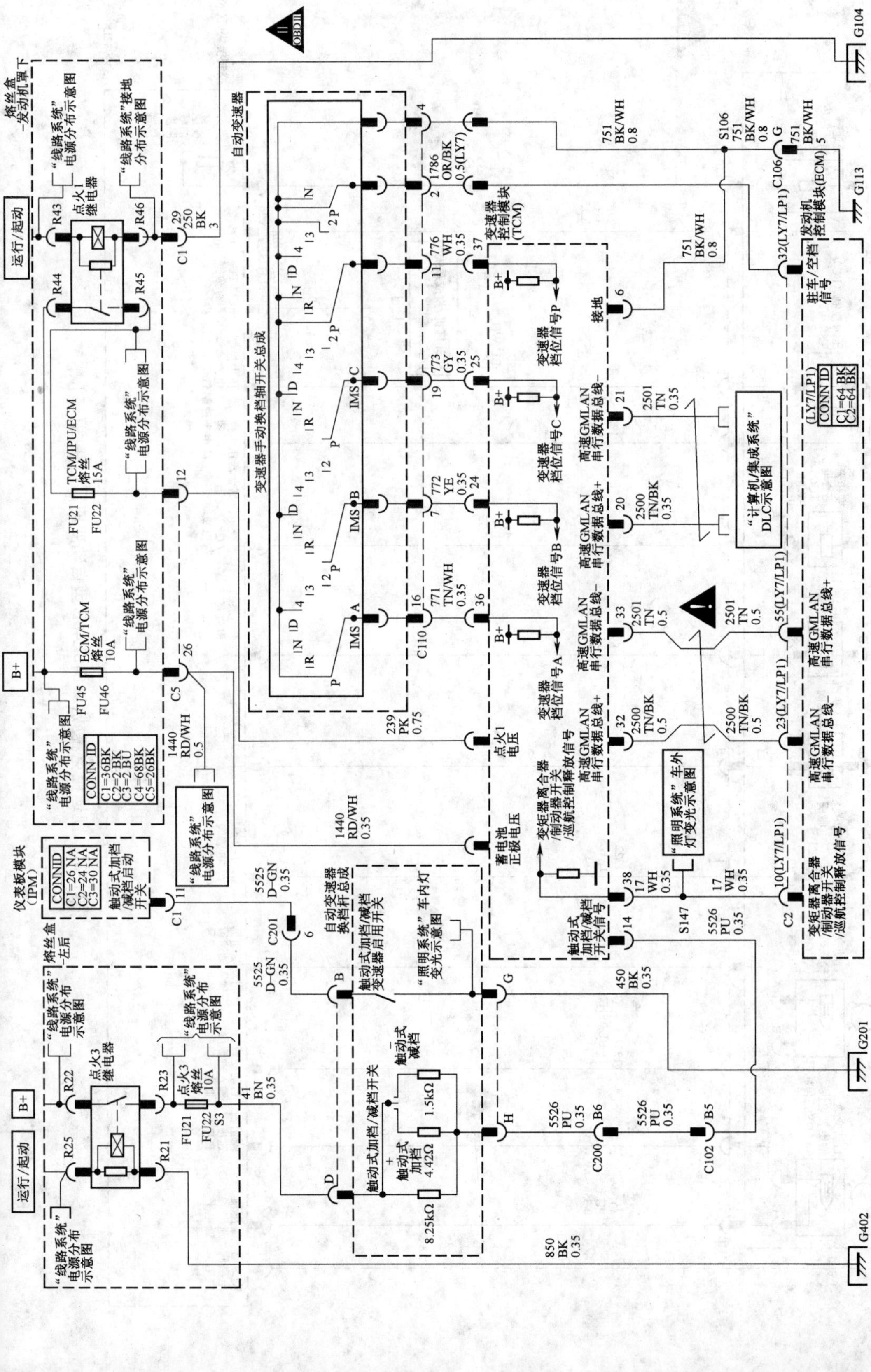

图 5-20　凯迪拉克赛威(SLS)5L40E 型自动变速器电路图(一)

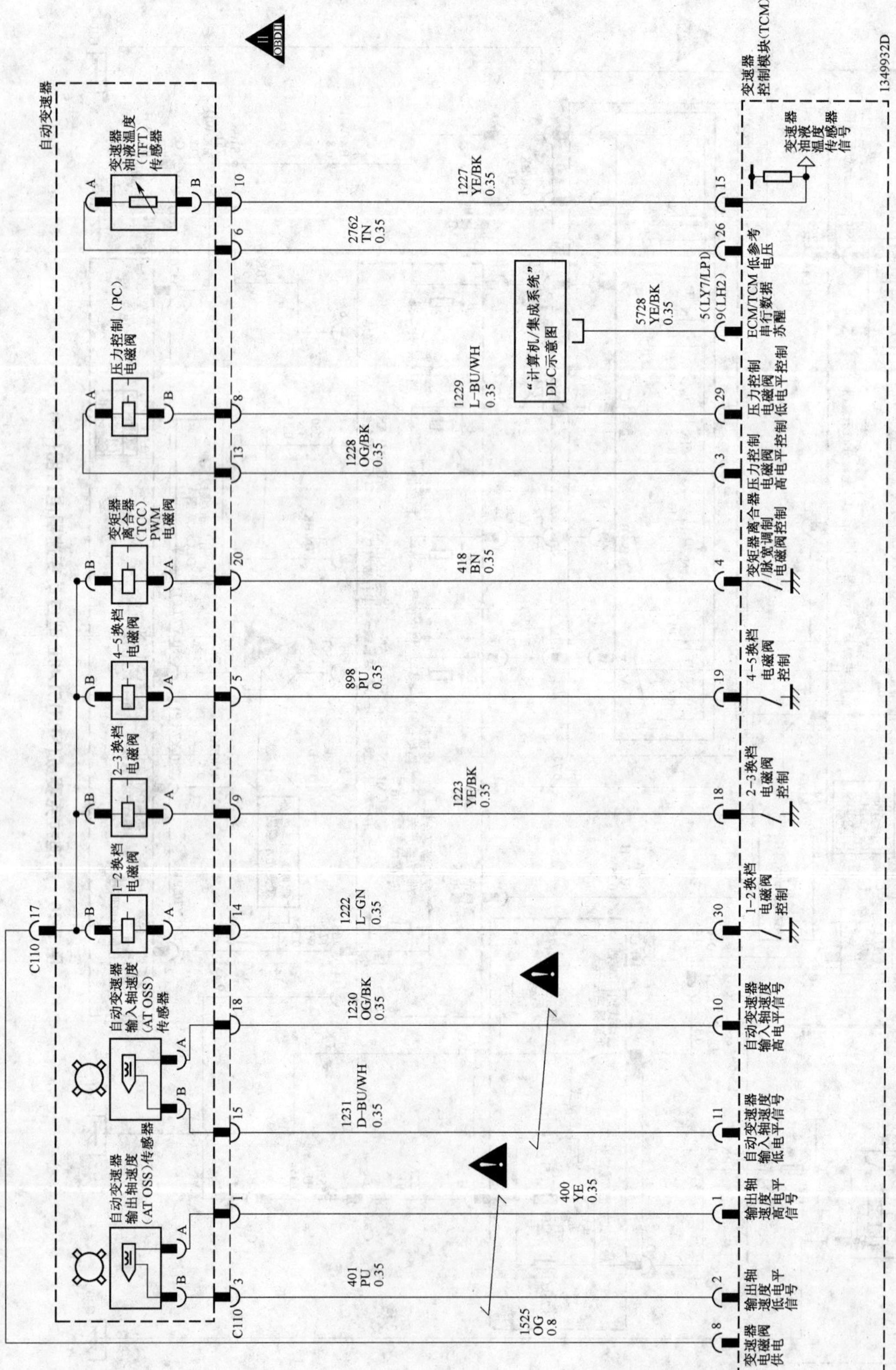

图 5-21 凯迪拉克赛威(SLS)5L40E 型自动变速器电路图(二)

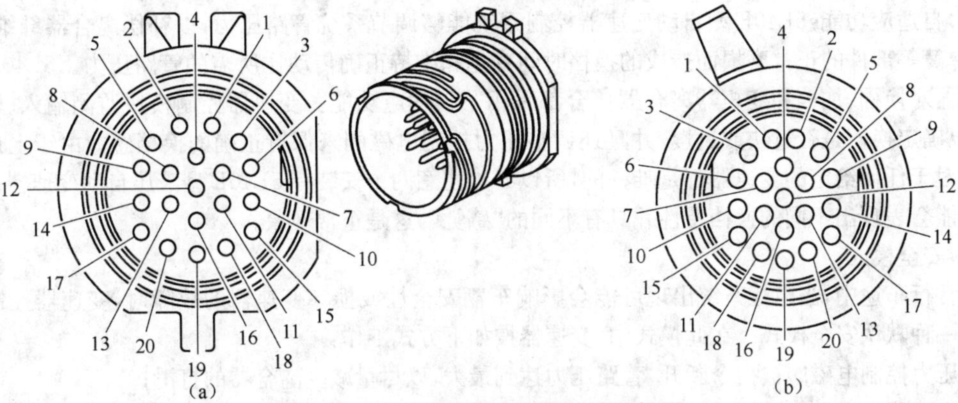

图 5-22　自动变速器电气插头端子视图

(a)变速器侧　(b)线束侧

表 5-5　自动变速器线束插头各端子的作用

端子	线色	线路编号	作　用
X5-1	YE(黄色)	400	输出速度传感器(OSS)高压信号电路
X5-2	OG/BK(橙/黑)	1786	驻车档/空档信号电路
X5-3	PU(紫色)	401	输出速度传感器(OSS)低压信号电路
X5-4	BK/WH(黑/白)	451	搭铁电路
X5-5	PU(紫色)	898	4-5 档换档电磁阀控制电路
X5-6	BN/WH(褐/白)	2762	变速器油液温度(TFT)传感器低参考电压电路
X5-7	YE(黄色)	772	变速器档位信号 B 电路
X5-8	L-BU/WH(浅蓝/白)	1229	压力控制(PC)电磁阀低压控制电路
X5-9	YE/BK(黄/黑色)	1223	2-3 换档电磁阀控制电路
X5-10	YE/BK(黄/黑)	1227	变速器油液温度(TFT)传感器信号电路
X5-11	WH(白色)	776	变速器档位信号奇偶校验电路
X5-12	—	—	未用
X5-13	OG/BK(橙/黑)	1228	压力控制(PC)电磁阀高压控制电路
X5-14	L-GN(浅绿色)	1222	5-2 档换档电磁阀控制电路
X5-15	BU/WH(蓝/白)	1231	输入轴速度传感器(ISS)低压信号电路
X5-16	BN/YE(褐/黄色)	771	变速器档位信号 A 电路
X5-17	OG(橙色)	1525	电磁阀供电电路
X5-18	OG/BK(橙/黑)	1230	输入轴速度传感器(ISS)高压信号电路
X5-19	GY(灰色)	773	变速器档位信号 C 电路
X5-20	BN(褐色)	418	变矩器离合器(TCC)脉宽调制电磁阀控制电路

由变速器控制模块(TCM)通过 GMLAN 网络向发动机控制模块/动力系统接口模块提供的其他输出包括：

—检查动力系统故障指示灯(MIL)启亮请求；

—车速；

—变速器输入速度；

—变速器油液温度；

—指令档位状态；

—变矩器离合器状态；

—转矩减小请求；

—手动换档轴开关状态。

(2)自适应功能：5L40E 型自动变速器控制系统能够调节系统管路压力，以补偿离合器纤维板、密封件、弹簧等部件的正常磨损而造成的换档时间变化和维持正确传动比所需的管路压力。5L40E 型自动变速器对换档、加档和变矩器离合器接合都采用了自适应功能。变速器控制模块监测输入、输出轴速度，以确定换档是否过快或过慢，并且还调整压力控制电磁阀来保持正确的换档感。由于上述自适应功能对于任何给定的变速器都是唯一的，所以必须注意两个安装有 5L40E 型液压自动变速器的不同车辆可能会表现出不同的换档特性并具有不同的“感觉”，这是正常现象。

(3)安全模式

正常行车途中，当电控系统出现可能会影响车辆安全性或损坏变速器的故障时，变速器控制模块将进入一种默认安全模式。在此模式中，变速器按如下方式工作：

—压力控制电磁阀被指令断开，管路压力达到最大，以尽量减少离合器的打滑；

—变矩器离合器电磁阀被指令断开；变矩器离合器被禁止工作；

—所有三个换档电磁阀被指令断开；

—如果车辆在当前点火循环中成功完成 1-2 档加档，变速器将工作在 5 档；

—如果在当前点火循环中车辆未完成 1-2 档加档，变速器将工作在 4 档；

—如果变速器工作在 5 档，当发动机短时关闭然后再次起动时可能会挂到 4 档。

在安全模式 4 档或 5 档，热量会迅速在变速器中积聚，尤其是当车辆走走停停时。如果车辆在安全模式下长距离行驶会积聚过多热量，因而导致变速器故障。

(4)换档点：搭载于别克林荫大道轿车的 5L40E 型自动变速器的换档点数据见表 5-6。

表 5-6　5L40E 型自动变速器的换档点数据

档位	节气门位置(%)	车速(km/h)	档位	节气门位置(%)	车速(km/h)
1-2 档换档	12	13	3-2 档换档	12	21
	25	16		25	21
	50	27		50	21
2-3 档换档	12	25	4-3 档换档	12	37
	25	31		25	37
	50	48		50	37
3-4 档换档	12	45	5-4 档换档	12	50
	25	48		25	50
	50	79		50	64
4-5 档换档	12	66	3 档 TCC 接合	12	39
	25	80		25	72
	50	171	4 档 TCC 接合	12	42
2-1 档换档	12	8		25	48
	25	8	5 档 TCC 接合	12	50
	50	8		25	120

2. 变速器手动换档轴开关总成

变速器手动换档轴开关总成是一个滑动触点开关，安装在变速器壳体内的手动换档轴上，位置如图 5-23 所示。从变速器手动换档轴开关总成到变速器控制模块(TCM)有 4 个输入，每个输入的状态可在 TECH2 上显示。在 TECH2 数据和诊断中被写成内部模式开关(IMS)，4 个输入参数的是信号 A、信号 B、信号 C 和信号 P(奇偶校验)，第五个输入(至发动机控制模块)是信号 P/N(驻车档/空档起动)。变速器手动换档轴开关的逻辑值见表 5-7。

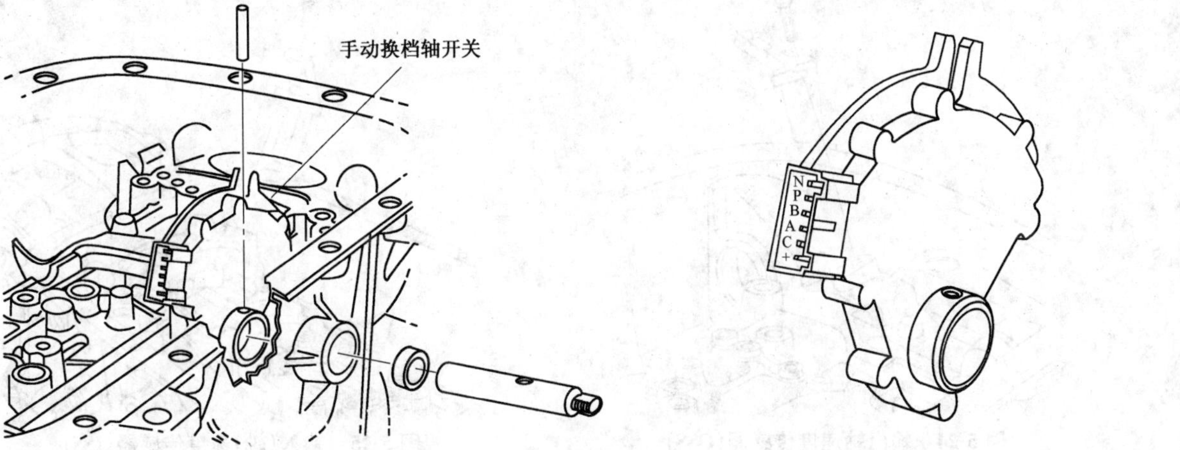

图 5-23　变速器手动换档轴开关总成

表 5-7　变速器手动换档轴开关逻辑值

操纵手柄位置	信号 A	信号 B	信号 C	信号 P	P/N
P	LOW	HI	HI	LOW	LOW
R	LOW	LOW	HI	HI	HI
N	HI	LOW	HI	LOW	LOW
D	HI	LOW	LOW	HI	HI
4	LOW	LOW	LOW	LOW	HI
3	LOW	HI	LOW	HI	HI
L	HI	HI	LOW	LOW	HI
断开	HI	HI	HI	HI	—
无效	HI	HI	HI	LOW	—

3. 输出轴速度传感器(OSS)

变速器输出轴速度传感器(OSS)位于变速器壳体后部下面,安装在变速器壳体内部,与后内齿轮相对,后内齿轮通过花键连接至变速器输出轴总成,如图 5-24 所示。OSS 传感器是一个电磁式传感器,当输出轴和后内齿轮转动时,后内齿轮上的轮齿经过磁性传感器,使线圈产生交流电(AC)。因此,当车辆移动时,输出速度传感器产生与车速成比例的交流电压信号。在变速器控制模块(TCM)中,交流信号被转化为 5V 电子方波,然后,TCM 由此计算变速器输出速度。

4. 变速器输入(轴)速度传感器(ISS)

变速器输入(轴)速度传感器(ISS)位于变速器壳体前部下面,它也是一个电磁式传感器,位置如图 5-25 所示。但输入速度传感器使用倒档离合器输入壳体总成上的冲压轮齿作为磁阻转子,倒档离合器输入壳体总成的转速与变矩器涡轮转速相同。自动变速器控制模块(TCM)利用 ISS 和 OSS 传感器信号确定管路压力、变速器换档模式、变矩器离合器接合压力、齿轮传动比和变矩器离合器转差等。

5. 变速器油液温度传感器(TFT)

变速器油液温度传感器(TFT)是位于变速器内部线束总成中间,它是一个负温度系数热敏电阻,其阻值随温度而改变。温度升高时,电阻减小;温度下降则电阻增大,TFT 传感器在不同温度下的阻值见表 5-8。变速器控制模块(TCM)向传感器发送一个 5V 参考电压,并测量电路上的电压降。当变速器油液为冷态时,传感器电阻增大,变速器控制模块就检测到高信号电压。当油液温度预热到正常工

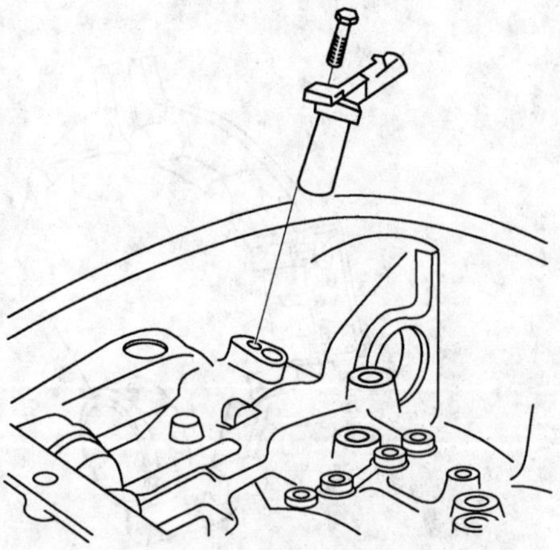

图 5-24　输出轴速度传感器(OSS)

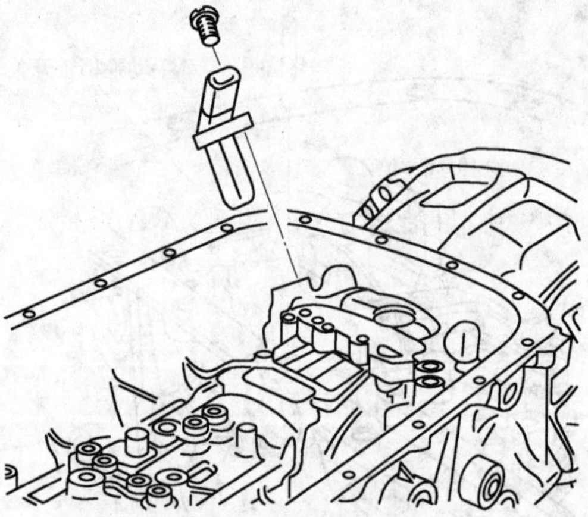

图 5-25　输入(轴)速度传感器(ISS)

作温度时,阻值减小,信号电压也随之降低。TCM 利用此信息控制换档质量和变矩器离合器接合。如果变速器油液温度变得过高,高于大约 140℃时,TCM 会解除电子变矩器离合器控制功能,并指令锁止模式,接合变矩器离合器可降低变矩器油液耦合所产生的变速器油液温度。同时,TCM 将设置变速器油液温度故障诊断码(P0218),利用固定的默认值 135℃作为变速器油液温度输入信号。

表 5-8　TFT 传感器在不同温度下的阻值

温度(℃)	最小阻值(Ω)	标称阻值(Ω)	最大阻值(Ω)	温度(℃)	最小阻值(Ω)	标称阻值(Ω)	最大阻值(Ω)
−40℃	89500	100000	110500	70	432	453	474
−30	46419	51400	56381	80	310	324	338
−20	25120	27610	30100	90	228	237	246
0	8278	8972	9666	100	170	176	182
10	5005	5391	5777	110	128	132	136
20	3120	3342	3564	120	98	101	104
30	2000	2132	2264	130	77	79	81
40	1317	1397	1477	140	60	62	64
50	888	938	988	150	48	49	50
60	613	645	677				

6. 换档电磁阀

5L40E 型自动变速器利用 1-2、2-3 和 4-5 档 3 个换档电磁阀,来控制所有前进档内的加档和减档操作。3 个换档电磁阀的结构相同,都为 3 端口通/断型常闭电磁阀,由变速器控制模块(TCM)控制。这些换档电磁阀配合工作,通过不同的接通和断开序列组合来控制不同的档位。不同档位时,各换档电磁阀的状态见表 5-9。当温度在 20℃时,换档电磁阀的电阻应该在15.0～17.0Ω;158℃时,电阻值为 17.9～20.3Ω。

表 5-9　不同档位各换档电磁阀的状态

档位	发动机制动	S1-2	S2-3	S4-5	档位	发动机制动	S1-2	S2-3	S4-5
1	NO	OFF	ON	OFF	3	YES	ON	OFF	ON
1	YES	OFF	ON	ON	4	YES	OFF	OFF	ON
2	NO	ON	ON	OFF	5	YES	OFF	OFF	OFF
2	YES	ON	ON	ON	R	YES		ON/OFF	
3	NO	ON	OFF	OFF	P/N	—			

7. 变矩器锁止离合器(TCC)脉宽调制电磁阀

变矩器锁止离合器(TCC)脉宽调制电磁阀是一个常闭型脉宽调制(PWM)电磁阀,用于控制变矩器离合器的接合和分离,TCC电磁阀的位置如图5-26所示。变速器控制模块利用负占空比、以固定的32Hz的频率控制电磁阀的动作,以控制变矩器离合器的接合与分离速度,从而使变矩器离合器可更平滑的操作。变矩器离合器脉宽调制电磁阀在20℃时的电阻值应为10.0～11.5Ω,在158℃时电阻值应在11.8～13.6Ω之间。

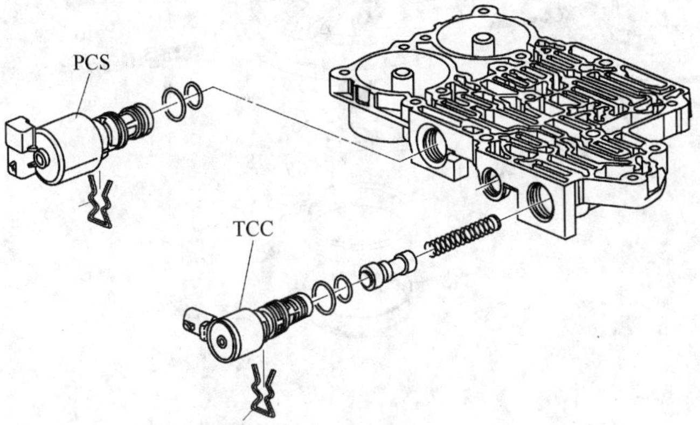

图5-26 TCC与PCS电磁阀

8. 压力控制电磁阀(PCS)

压力控制电磁阀(PCS)是一个精密的电子压力调节器,它根据通过其线圈绕组的电流来控制变速器管路压力。当电流增大时,线圈产生的磁场将电磁阀柱塞移离排油孔,排油孔打开,降低由压力控制电磁阀调节的输出油液压力,从而最终降低了管路压力。变速器控制模块(TCM)根据各种输入(包括节气门位置、变速器油液温度和档位状态)来控制压力控制电磁阀,压力控制电磁阀(PCS)的位置如图5-26所示。当温度在20℃时,压力控制阀的电阻值应该在3.5～4.6Ω;在158℃时,电阻值在4.2～5.5Ω之间。变速器控制模块以正占空比在292.5Hz的固定频率来控制压力控制电磁阀,占空比越高,流过电磁阀的电流也较大,管路压力降低;反之管路压力升高。占空比和流至压力控制电磁阀的电流主要受节气门位置和发动机转矩影响。当节气门开度和发动机转矩上升时,变速器控制模块将减小占空比,从而减小流至压力控制电磁阀的电流,以增加管路压力。

变速器控制模块(TCM)可控制换档压力根据变速器部件特性的变化进行自动调整,随着变速器中的接合部件逐渐磨损,换档时间以及离合器接合所需的时间也将增加,为了补偿这些磨损,TCM通过控制压力控制电磁阀来调整管路压力,以保持原来校准的换档正时。这一自动调节过程被称为自适应学习,它用来确保一致的换档感觉,以及增加变速器的耐久性。TCM监测变速器输入轴速度传感器(TISS)和输出速度传感器(TOSS),以确定换档是否过快/过慢(或者过硬/过软),并且通过调整压力控制阀信号来保持一定的换档感觉。

二、液压控制系统

液压控制系统主要包括油泵、控制阀体和蓄压器等。5L40E型自动变速器采用叶片泵,其部件分解如图5-27所示,前控制阀体部件分解如图5-28所示,后控制阀体部件分解如图5-29所示,蓄压器部件分解如图5-30所示。

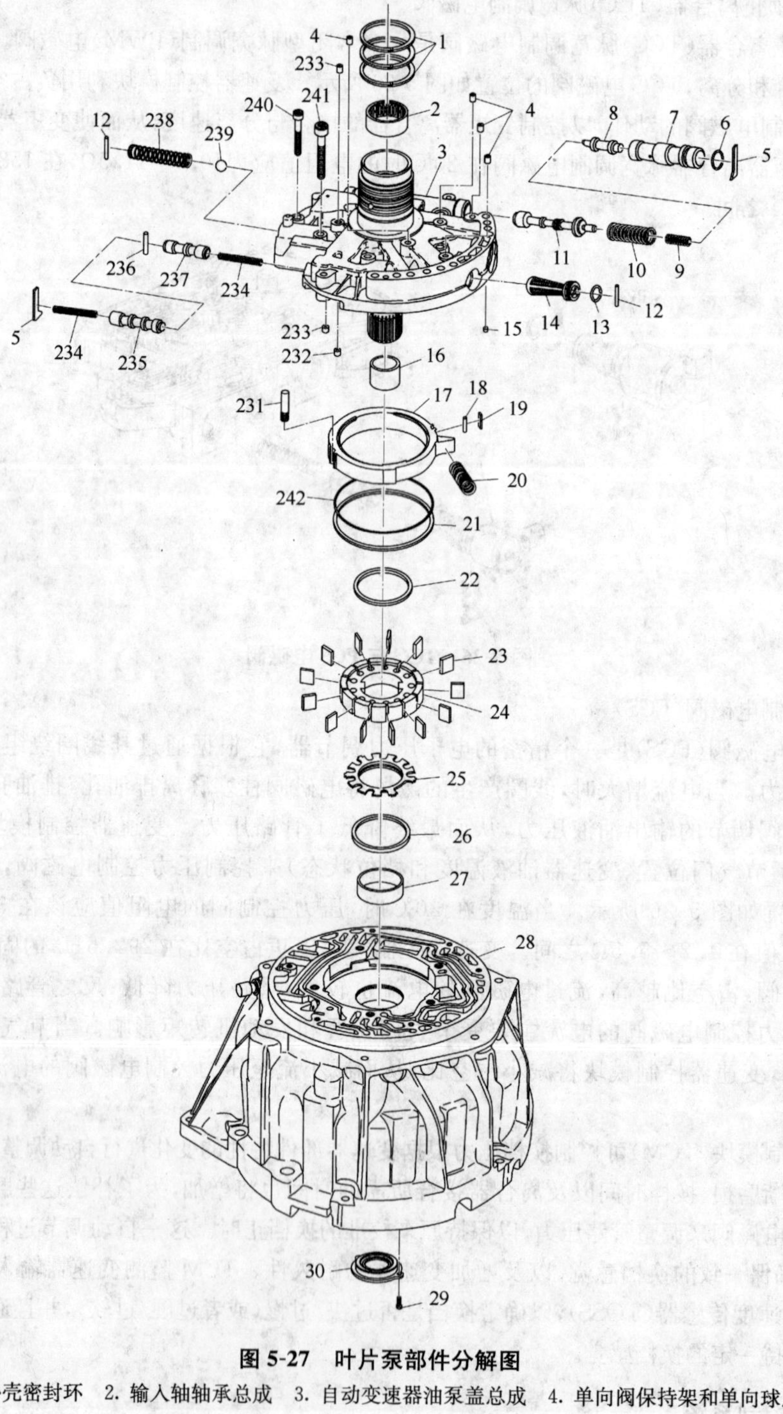

图 5-27　叶片泵部件分解图

1. 倒档离合器外壳密封环　2. 输入轴轴承总成　3. 自动变速器油泵盖总成　4. 单向阀保持架和单向球总成　5. 阀套管/弹簧限位器　6. 管路助力阀套管密封圈　7. 管路助力阀套管　8. 管路助力阀　9. 管路助力阀弹簧　10. 压力调节阀弹簧　11. 压力调节阀　12. 油泵固定销　13. 油泵盖密封　14. 油泵过滤器总成　15. 铜制孔插塞　16. 涡轮轴轴套　17. 油泵滑套　18. 油泵盖滑套密封支座　19. 油泵盖滑套密封　20. 油泵滑套弹簧　21. 油泵滑套环　22. 油泵叶片环　23. 油泵叶片　24. 油泵转子-可选　25. 油泵转子导向环　26. 油泵叶片环　27. 变矩器轴套　28. 变矩器外壳　29. 变矩器外壳密封螺栓　30. 变矩器外壳密封

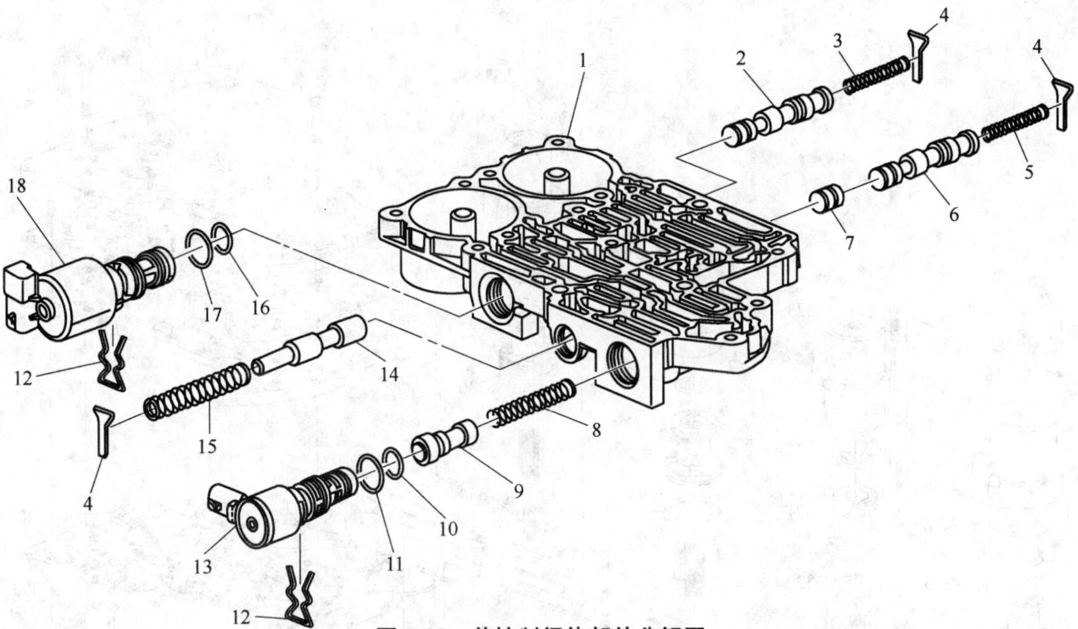

图 5-28　前控制阀体部件分解图

1. 前控制阀体　2. 安全模式阀　3. 安全模式阀弹簧　4. 阀弹簧限位器　5. 3-4 档换档阀弹簧　6. 3-4 档换档阀　7. 3-4 档换档控制阀　8. 变矩器离合器(TCC)调节器接合阀弹簧　9. 变矩器离合器(TCC)调节器接合阀　10、11、16、17. 电磁阀 O 形圈　12. 电磁阀夹持器　13. TCC 电磁阀　14. 进油量限制阀　15. 弹簧　18. 压力控制(PC)电磁阀

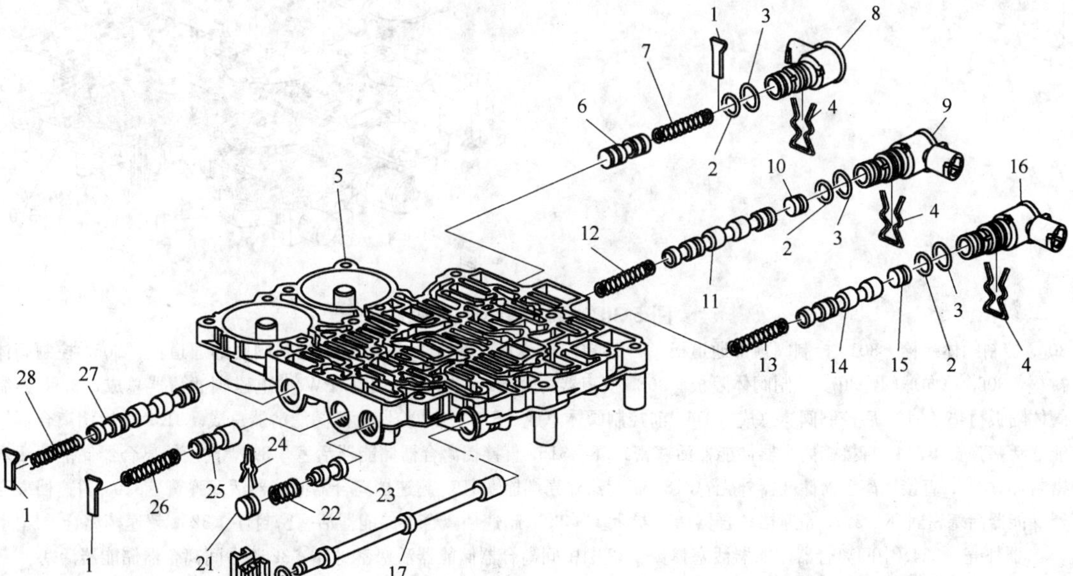

图 5-29　后控制阀体部件分解图

1. 阀弹簧限位器　2、3. 电磁阀 O 形圈　4. 电磁阀夹持器　5. 后控制阀体　6. 1-2 档换档控制阀　7. 1-2 档换档控制阀弹簧　8. 1-2 档换档电磁阀总成　9. 2-3 档换档电磁阀总成　10. 2-3 档换档控制阀　11. 2-3 档换档阀　12. 2-3 档换档阀弹簧　13. 4-5 档换档阀弹簧　14. 4-5 档换档阀　15. 4-5 档换档控制阀　16. 4-5 档换档电磁阀总成　17. 手动阀　18. 手动阀连接器垫圈-波型　19. 手动阀连接器　20. 手动阀连接器卡环　21. 低压控制阀孔塞　22. 低压控制阀弹簧　23. 低压控制阀　24. 低压控制阀孔塞夹持器　25. 倒档锁止阀　26. 倒档锁止阀弹簧　27. 5-2 档换档阀　28. 5-2 档换档阀弹簧

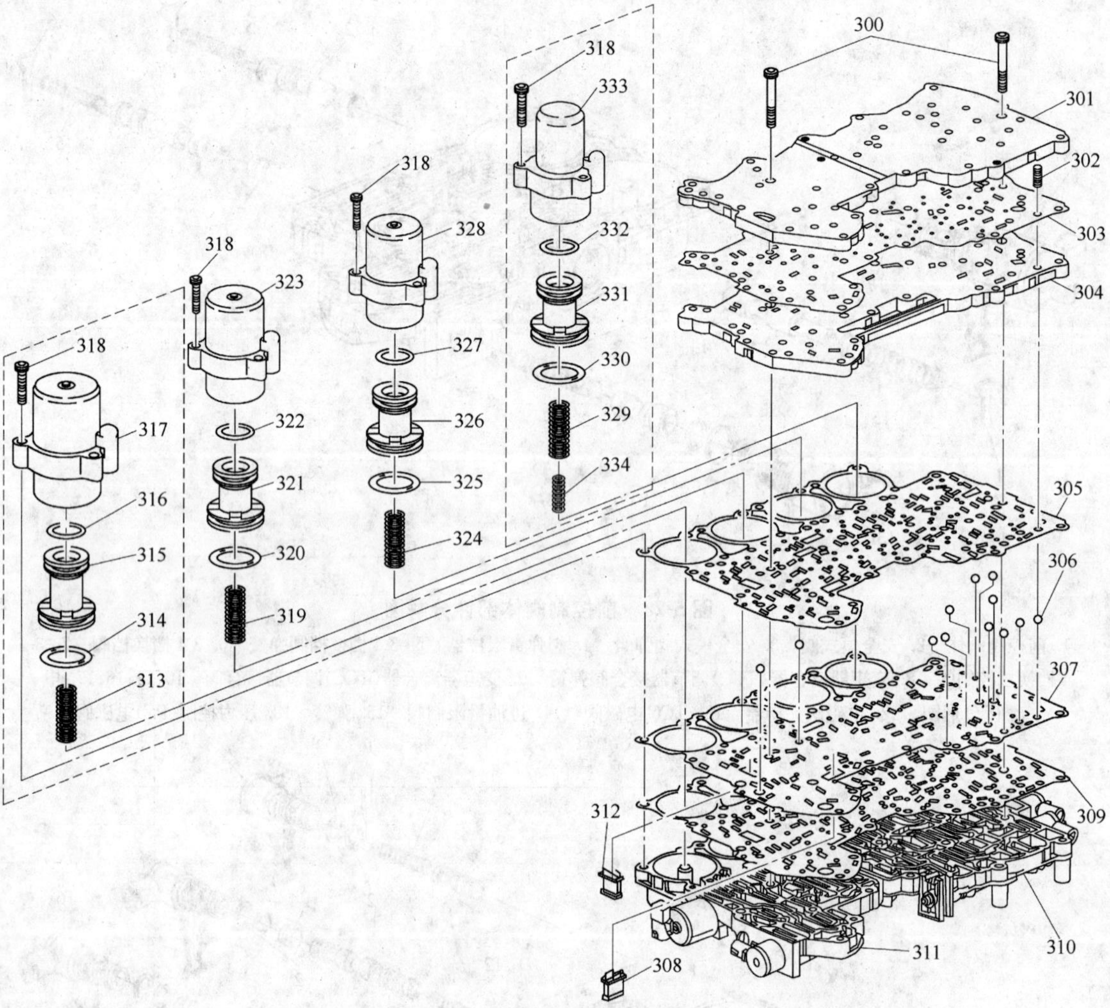

图 5-30 蓄压器部件分解图

300. 控制阀体螺栓 301. 控制阀顶部通道板 302. 单向球弹簧 303. 衬垫 304. 控制阀底部通道板 305. 控制阀体衬垫 306. 单向球阀 307. 控制阀体隔板 308. 变矩器离合器(TCC)脉宽调制(PWM)电磁阀滤清器总成 309. 控制阀体隔板衬垫 310. 后控制阀体总成 311. 前控制阀体总成 312. 压力控制电磁阀滤清器总成 313. 直接档离合器储能器活塞弹簧 314. 直接档离合器储能器活塞密封环 315. 直接档离合器储能器活塞 316. 直接档离合器储能器活塞密封环 317. 直接档离合器储能器外壳 318. 储能器外壳螺栓 319. 超速档离合器储能器活塞弹簧 320. 超速档离合器储能器活塞密封环 321. 超速档离合器储能器活塞 322. 超速档离合器储能器活塞密封环 323. 超速档离合器储能器外壳 324. 中间离合器储能器活塞弹簧 325. 中间离合器储能器活塞密封环 326. 中间离合器储能器活塞

第四节 自动变速器的维修

一、电控系统的维修

1. 故障码(DTC)

利用通用公司专用诊断仪 TECH2 可以读取电控系统故障码、清除故障码、阅读数据流及执行特殊功能中的测试，包括指令各执行元件动作等。故障诊断码(DTC)分为几种类型，A类故障码与排放有关，一旦检测到此类故障码，则故障指示灯启亮并启动默认操作(如果有的话)，然后故障码被存储进历史记录中，并且获得“冻结故障状态”数据。B类故障码与排放有关，第一次检测到此类故障码，则启动默认操作(如果有的话)，并存储故障记录；如果通过了下一个测试循环，则删除此故障码；如果在下一个连续的行驶周期中仍未通过测试，则故障指示灯启亮，故障诊断码被存储进历史记录，并且捕捉测试失败的“冻结故障状态”数据。C类故障码与排放无关，并且不启亮故障指示灯。当设置C类故障诊断码时，组合仪表多功能显示器可能显示一个信息。5L40E型自动变速器的故障码含义及类型见表5-10。

表5-10　故障码含义及类型

故障码	说　明	类型	故障指示灯
P0115	发动机冷却液温度故障(没有有效的GMLAN信号)	C	否
P0120	节气门位置信号(没有有效的GMLAN信号)	B	是
P0218	变速器油液温度过高	C	否
P0562	系统电压过低	C	否
P0563	系统电压过高	C	否
P0572	制动开关卡在断开位置	C	否
P0573	制动开关卡在接通位置	C	否
P0601	变速器控制模块只读存储器测试	A	是
P0602	没有起动校准	A	是
P0603	通电后非易失性存储器(NVM)至随机存储器(RAM)的复制	A	是
P0604	随机存储器测试	B	是
P0711	变速器油液温度(TFT)传感器电路-性能测试	C	否
P0712	变速器油液温度(TFT)传感器电路-低输入(高温度)	C	否
P0713	变速器油液温度(TFT)传感器电路-高输入(低温度)	C	否
P0716	变速器输入速度传感器-性能信号下降	B	是
P0717	变速器输入速度传感器-低输入，没有活动	B	是
P0722	变速器输出速度传感器-低输入	B	是
P0723	变速器输出速度传感器-间歇性故障	B	是
P0727	发动机转速传感器电路-没有有效的GMLAN信号	B	是
P0741	变矩器离合器系统卡在断开位置	B	是
P0742	变矩器离合器系统卡在接通位置	B	是
P0748	压力控制电磁阀电路故障	C	否
P0751	1-2档换档电磁阀卡在接通位置	B	是
P0752	1-2档换档电磁阀卡在断开位置	B	是
P0756	2-3档换档电磁阀卡在断开位置	B	是
P0757	2-3档换档电磁阀卡在接通位置	B	是
P0761	4-5档换档电磁阀卡在断开位置	B	是
P0762	4-5档换档电磁阀卡在接通位置	B	是
P0815	变速器加档开关电路卡在接通位置	C	否
P0816	变速器减档开关电路卡在接通位置	C	否
P0826	触动电路读入一个无效的电压值	C	否
P0973	1-2档换档电磁阀电气故障(开路或者对搭铁短路)	B	是

续表 5-10

故障码	说　明	类型	故障指示灯
P0974	1-2档换档电磁阀电气故障(对电压短路)	B	是
P0976	2-3档换档电磁阀电气故障(开路或者对搭铁短路)	B	是
P0977	2-3档换档电磁阀电气故障(对电压短路)	B	是
P0979	4-5档换档电磁阀电气故障(开路或者对搭铁短路)	B	是
P0980	4-5档换档电磁阀电气故障(对电压短路)	B	是
P1621	断电后随机存储器(RAM)至非易失性存储器(NVM)的复制	A	是
P1793	车轮速度传感器信号(没有有效的GMLAN信号)	C	否
P1815	内部模式开关在错误的档位起动	B	是
P1820	内部模式开关电路A-低	B	是
P1822	内部模式开关电路B-高	B	是
P1823	内部模式开关电路P-低	B	是
P1825	内部模式开关非法范围	B	是
P1826	内部模式开关电路C-高	B	是
P1831	高压侧驱动器1-对搭铁短路	C	否
P1832	高压侧驱动器1-对电压短路	C	否
P1833	高压侧驱动器2-对搭铁短路	B	是
P1834	高压侧驱动器2-对电压短路	B	是
P2544	转矩减小信号电路(GMLAN)	B	是
P2637	发动机转矩信号电路(没有有效的GMLAN信号)	B	是
P2763	变矩器离合器脉宽调制电磁阀故障-对电压短路	B	是
P2764	变矩器离合器脉宽调制电磁阀故障-开路或对搭铁短路	B	是
U0100	发动机控制模块和变速器控制模块之间的GMLAN总线错误	B	是

2. 数据列表

(1)1-2档换档误差:该参数显示的是期望的1-2档换档时间和实际的1-2档换档时间之间的差别。正数表示换档过硬或者过快,实际的换档时间比期望的换档时间短。负数表示换档过软或者过慢,实际的换档时间比期望的换档时间长。只有在换档自适应时,该值才是准确的。

(2)1-2档换档时间:该参数显示的是上一次1-2档换档自适应的实际时间。换档时间基于指令1-2档换档后传动比的改变。

(3)1-2档电磁阀:该参数显示的是换档电磁阀的当前指令状态。5L40E所有三个换档电磁阀为常闭型,这意味着电磁阀被指令"关闭"时,没有油液流过。当被指令"接通"时,电磁阀打开并允许油液流过。

(4)1-2档电磁阀电路状态:在故障诊断仪上,该参数显示电磁阀反馈电压信号电路的状态。如果电磁阀被指令"关闭"时电压过低,故障诊断仪将显示"开路/对地短路"。如果电磁阀被指令"接通"时电压过高,故障诊断仪将显示"对电压短路"。如果没有电路故障存在,故障诊断仪将显示"正常"。

(5)1-2档变速器自适应压力(TAP)单元(4-16):该参数显示变速器自适应压力(TAP)的大小,即基于每单元17N·m的发动机转矩增量,在1-2档加档期间换档压力增加或减小的量。正数表示检测到换档时间过长并增加了压力控制电磁阀压力以减少换档时间。负数表示检测到换档时间过短并减小了压力控制电磁阀压力以增加换档时间。

(6)2-3档换档误差:该参数显示的是期望的2-3档换档时间和实际的2-3档换档时间之间的差别。正数表示换档过硬或者过快,实际的换档时间比期望的换档时间短。负数表示换档过软或者过慢,实际的换档时间比期望的换档时间长。只有在换档自适应时，该值才是准确的。

(7)2-3 档换档时间：该参数显示的是上一次 2-3 档换档自适应的实际时间。换档时间基于指令 2-3 档换档后传动比的改变。

(8)2-3 档电磁阀：该参数显示的是换档电磁阀的当前指令状态。5L40E 所有三个换档电磁阀为常闭型，这意味着电磁阀被指令“关闭”时，没有油液流过。当被指令“接通”时，电磁阀打开并允许油液流过。

(9)2-3 档电磁阀电路状态：在故障诊断仪上，该参数显示电磁阀反馈电压信号电路的状态。如果电磁阀被指令“关闭”时电压过低，故障诊断仪将显示“开路/对地短路”。如果电磁阀被指令“接通”时电压过高，故障诊断仪将显示“对电压短路”。如果没有电路故障存在，故障诊断仪将显示“正常”。

(10)2-3 档变速器自适应压力(TAP)单元(4-16)：该参数显示变速器自适应压力(TAP)的大小，即基于每单元 17N·m 的发动机转矩增量，在 2-3 档加档期间换档压力增加或减小的量。正数表示检测到换档时间过长并增加了压力控制电磁阀压力以减少换档时间。负数表示检测到换档时间过短并减小了压力控制电磁阀压力以增加换档时间。

(11)3-4 档换档误差：该参数显示的是期望的 3-4 档换档时间和实际的 3-4 档换档时间之间的差别。正数表示换档过硬或者过快，实际的换档时间比期望的换档时间短。负数表示换档过软或者过慢，实际的换档时间比期望的换档时间长。只有在换档自适应时，该值才是准确的。

(12)3-4 档换档时间：该参数显示的是上一次 3-4 档换档自适应的实际时间。换档时间基于指令 3-4 档换档后传动比的改变。

(13)3-4 档变速器自适应压力(TAP)单元(4-16)：该参数显示变速器自适应压力(TAP)的大小，即基于每单元 17N·m 的发动机转矩增量，在 3-4 档加档期间换档压力增加或减小的量。正数表示检测到换档时间过长并增加了压力控制电磁阀压力以减少换档时间。负数表示检测到换档时间过短并减小了压力控制电磁阀压力以增加换档时间。

(14)4-5 档换档误差：该参数显示的是期望的 4-5 档换档时间和实际的 4-5 档换档时间之间的差别。正数表示换档过硬或者过快，实际的换档时间比期望的换档时间短。负数表示换档过软或者过慢，实际的换档时间比期望的换档时间长。只有在换档自适应时，该值才是准确的。

(15)4-5 档换档时间：该参数显示的是上一次换档的实际时间。实际换档时间是通过测量输入轴从以前的传动比减至当前的传动比所需要的时间获得的。

(16)4-5 档电磁阀：该参数显示的是换档电磁阀的当前指令状态。5L40E 所有三个换档电磁阀为常闭型，这意味着电磁阀被指令“关闭”时，没有油液流过。当被指令“接通”时，电磁阀打开并允许油液流过。

(17)4-5 档电磁阀电路状态：在故障诊断仪上，该参数显示电磁阀驱动器反馈电压信号和电路状态。如果电磁阀被指令“关闭”时电压过低，故障诊断仪将显示“开路/对地短路”。如果电磁阀被指令“接通”时电压过高，故障诊断仪将显示“对电压短路”。

(18)4-5 档变速器自适应压力(TAP)单元(4-16)：该参数显示变速器自适应压力(TAP)的大小，即基于每单元 17N·m 的发动机转矩增量，在 4-5 档加档期间换档压力增加或减小的量。正数表示检测到换档时间过长并增加了压力控制电磁阀压力以减少换档时间。负数表示检测到换档时间过短并减小了压力控制电磁阀压力以增加换档时间。

(19)空调离合器：该参数显示的是空调(A/C)压缩机离合器继电器驱动电路的指令状态，显示形式为“接通”或“断开”。当显示“接通”时，空调压缩机离合器应接合。当显示“接通”时，管路压力和换档时间将根据额外的发动机载荷进行调整。

(20)指令档位:该参数显示的是换档电磁阀的当前指令状态。故障诊断仪显示 1、2、3、4 或 5。

(21)巡航:该参数显示巡航控制系统的指令状态。故障诊断仪显示“启用/禁用”。当显示器显示“启用”时,发动机控制模块允许巡航控制运行。当显示器显示“禁用”时,发动机控制模块禁止巡航控制运行。当巡航控制启用时,变速器控制模块修改加档和减档模式。

(22)当前变速器自适应压力(TAP)单元:该参数显示用来调整变速器管路自适应压力的当前变速器自适应压力(TAP)单元。该单元基于 17N・m 的发动机转矩。发动机转矩越大,当前变速器自适应压力(TAP)单元越高。上次所用的单元将一直显示到发生下次自适应加档操作。

(23)驾驶人换档控制:该参数显示“启用”或“未启用”。当换档杆处于手动位置(M)时,变速器自适应压力(TAP)换档功能启用,故障诊断仪显示“启用”。当换档杆不处于手动位置(M)时,变速器自适应压力(TAP)换档功能被禁用,故障诊断仪显示“未启用”。

(24)驾驶人换档请求:该参数显示来自变速器换档系统的当前请求。根据在遥控换档杆输入端测得的电压值,该参数将显示加档、减档或者无效,当没有请求时,将显示“无”。

(25)发动机冷却液温度:该参数显示来自发动机冷却液温度(ECT)传感器的输入信号。故障诊断仪显示−40℃至 151℃。当发动机冷却液温度高达 151℃时,信号电压为低电平(0V)。当发动机冷却液温度低至−40℃时,信号电压为高电平(5V)。发动机控制模块(ECM)通过高速局域网串行数据线路,将发动机冷却液温度信息发送到变速器控制模块(TCM)。

(26)发动机转速:该参数基于来自发动机控制模块(ECM)的信号,显示发动机转速。故障诊断仪以每分钟转数(r/min)显示发动机转速。发动机控制模块(ECM)通过高速局域网串行数据线路,将发动机转速信息发送到变速器控制模块(TCM)。

(27)发动机转矩:该参数显示从发动机输出的转矩估计量。故障诊断仪以牛・米(N・m)显示发动机转矩。发动机控制模块(ECM)通过高速局域网串行数据线路,将发动机转矩信息发送到变速器控制模块(TCM)。

(28)传动比:该参数显示的是变速器实际传动比。故障诊断仪显示的是从自动变速器输入轴速度传感器(ATISS)和自动变速器输出轴速度传感器(ATOSS)的输入信号计算出的传动比。

(29)高电平侧驱动器 1:在故障诊断仪上,该参数显示高电平侧驱动器 1 的状态。当高电平侧驱动器 1 被指令“关闭”时,该参数显示“禁用”,当高电平侧驱动器 1 被指令“接通”时,该参数显示“启用”。

(30)高电平侧驱动器 1 电路状态:在故障诊断仪上,该参数显示高电平侧驱动器 1 的电路状态。如果电磁阀被指令“关闭”时电压过低,故障诊断仪将显示“开路/对地短路”。如果电磁阀被指令“接通”时电压过高,故障诊断仪将显示“对电压短路”。如果没有电路故障存在,故障诊断仪将显示“正常”。

(31)高电平侧驱动器 2:在故障诊断仪上,该参数显示高电平侧驱动器 2 的状态。当高电平侧驱动器 2 被指令“关闭”时,该参数显示“禁用”,当高电平侧驱动器 2 被指令“接通”时,该参数显示“启用”。

(32)高电平侧驱动器 2 电路状态:在故障诊断仪上,该参数显示高电平侧驱动器 2 的电路状态。如果电磁阀被指令“关闭”时电压过低,故障诊断仪将显示“开路/对地短路”。如果电磁阀被指令“接通”时电压过高,故障诊断仪将显示“对电压短路”。如果没有电路故障存在,故障诊断仪将显示“正常”。

(33)点火电压:该参数显示的是在点火供电电路测得的系统电压。

(34)变速器内部模式开关:该参数显示的是驻车档、驻车档/倒档、倒档、倒档/空档、空档、空档/驱动 5 档、驱动 5 档、驱动 5 档/驱动 4 档、驱动 4 档、驱动 4 档/驱动 3 档、驱动 3 档、驱动 3 档/驱动 2 档、驱动 2 档或无效。变速器内部模式开关(IMS)档位显示来自变速器内部模式开关(IMS)四个输入的解码状态。内部模式开关(IMS)的输入组合用来确定手动阀的位置。

(35)变速器内部模式开关 A/B/C/P:该参数显示来自自动变速器内部模式开关的 A/B/C/P 四个输入信号的状态。“高”表示点火电压信号,“低”表示 0 电压信号。故障诊断仪将显示“高/低、高/低、高/低、高/低”。

(36)上次换档时间:该参数显示的是上一次加档的实际时间。只有在换档自适应时,该值才是准确的。

(37)压力控制电磁阀实际电流:该参数显示由控制模块测得的通过压力控制电磁阀电路的实际电流。高电流导致管路压力低。低电流导致管路压力高。

(38)压力控制电磁阀参考电流:该参数显示的是压力控制电磁阀电路的指令电流。强电流导致管路压力低,弱电流导致管路压力高。

(39)压力控制电磁阀占空比:该参数显示的是压力控制电磁阀的指令状态,以通电时间的百分比表示。低百分比表示零接通时间,即未通电或无电流通过。高百分比表示最大接通时间,即通电或强电流通过。

(40)稳态变速器自适应压力 1 档:该参数显示 1 档时加给管路压力的修正值。该值越大,管路压力增加越大。

(41)稳态变速器自适应压力 1 档/变矩器离合器:该参数显示在变矩器离合器接合的条件下挂 1 档时加给管路压力的修正值。该值越大,管路压力增加越大。

(42)稳态变速器自适应压力 2 档:该参数显示 2 档时加给管路压力的修正值。该值越大,管路压力增加越大。

(43)稳态变速器自适应压力 2 档/变矩器离合器:该参数显示在变矩器离合器接合的条件下挂 2 档时加给管路压力的修正值。该值越大,管路压力增加越大。

(44)稳态变速器自适应压力 3 档:该参数显示 3 档时加给管路压力的修正值。该值越大,管路压力增加越大。

(45)稳态变速器自适应压力 3 档/变矩器离合器:该参数显示在变矩器离合器接合的条件下挂 3 档时加给管路压力的修正值。该值越大,管路压力增加越大。

(46)稳态变速器自适应压力 4 档:该参数显示 4 档时加给管路压力的修正值。该值越大,管路压力增加越大。

(47)稳态变速器自适应压力 4 档/变矩器离合器:该参数显示在变矩器离合器接合的条件下挂 4 档时加给管路压力的修正值。该值越大,管路压力增加越大。

(48)稳态变速器自适应压力 5 档:该参数显示 5 档时加给管路压力的修正值。该值越大,管路压力增加越大。

(49)稳态变速器自适应压力 5 档/变矩器离合器:该参数显示在变矩器离合器接合的条件下挂 5 档时加给管路压力的修正值。该值越大,管路压力增加越大。

(50)稳态变速器自适应压力倒档:该参数显示倒档时加给管路压力的修正值。该值越大,管路压力增加越大。

(51)变矩器离合器制动开关:该参数显示变矩器离合器制动开关电路输入信号的状态。“断开”表示零电压输入,即踩下制动踏板。“闭合”表示有电压输入,即松开制动踏板。故障诊断仪显示“断开”或“闭合”。

(52)变矩器离合器占空比:该参数显示变矩器离合器脉冲宽度调制电磁阀的指令接通时间百分比。高百分比表示接通(通电)的指令状态。0 则表示关闭(断电)的指令状态。

(53)变矩器离合器占空比电路状态:在故障诊断仪上,该参数显示电磁阀驱动器反馈电压信号和电路状态。如果电磁阀被指令“关闭”时电压过低,故障诊断仪将显示“开路/对地短路”。如果电磁阀被指令“接通”时电压过高,故障诊断仪将显示“对电压短路”。如果没有电路故障存在,故障诊断仪将显示“正常”。

(54)变矩器离合器滑转转速:该参数显示变速器输入转速和发动机转速之间的差别。负值表示发动机转速小于输入转速,即减速。正值表示发动机转速高于输入转速,即加速。0表示发动机转速与输入转速相等,即变矩器离合器已接合。

(55)节气门位置开度:该参数基于节气门位置传感器电压输入,显示节气门位置(TP)传感器开度。发动机控制模块(ECM)通过高速局域网串行数据线路,将节气门位置开度信息发送到变速器控制模块(TCM)。故障诊断仪以百分比来显示节气门位置开度。当节气门位置电压低于0.90V时,怠速状态下节气门位置开度自动设置为0%;当节气门位置电压为5V时,节气门全开(WOT)状态下节气门位置开度将显示100%。

(56)牵引力控制:该参数显示“启用”或“未启用”。当动力系控制模块(PCM)从电子制动牵引力控制模块(EBTCM)收到减小转矩的请求时,显示“启用”。

(57)变速器油液温度:该参数显示变速器油液温度传感器的输入信号。当信号电压为低电平(0)时,变速器油液温度高达151℃,当信号电压为高电平(5V)时,变速器油液温度低至-40℃。

(58)变速器油液寿命:该参数显示变速器油液剩余寿命。故障诊断仪以百分比来显示变速器油液剩余寿命的大小。变速器油液寿命是根据变速器油液温度和发动机运行时间进行计算的。

(59)变速器热模式:该参数显示自动变速器油液温度(TFT)并且显示为“接通”或“关闭”。“关闭”表示变速器油液温度还没有超过130℃。“接通”表示变速器油液温度已经超过130℃,并且未冷却到120℃达5s以上。备注:上述数值为近似值。它们因变速器的不同而不同。

(60)变速器输入轴转速:该参数显示变速器输入轴的旋转速度。故障诊断仪以每分钟转数(r/min)显示输入轴转速。

(61)变速器输出轴转速:该参数显示变速器输出轴的旋转速度,以每分钟转数来表示。

二、基本检查

1. 自动变速器油位检查

(1)起动发动机,将操纵手柄分别置于各档位并停留数秒钟,然后返回P位。

(2)支起车辆并保持水平。

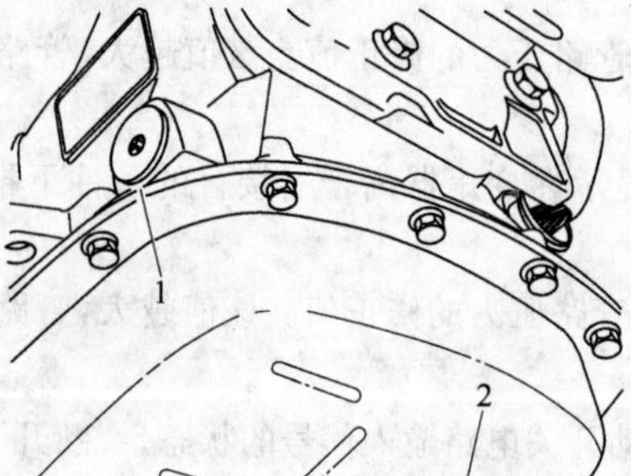

图5-31 自动变速器油位检查

1. 油面检查螺塞 2. 放油螺塞

(3)用TECH2观察自动变速器油温,在30℃~50℃时,拧下如图5-31所示的油面检查螺塞1,油位应和螺塞孔的底部平齐。

(4)检查自动变速器油是否变质。自动变速器油添加了红色的染色剂,以与其他油液区分,随着车辆的使用,油液会变为深浅色,这是正常的。如果油液为深褐色或黑色且有焦味,说明变速器油已变质,需更换;如果自动变速器油中有银白色金属粉末,说明自动变速器内部有机构部件磨损或损坏。

(5)如果油面不符合规定要求,需添加适量的自动变速器油,04款及以前的5L40E型自动变速器指定用油为Dexron®Ⅲ;05款及以后为Dexron®-Ⅵ。

2. 更换自动变速器油和滤清器

在恶劣使用条件下，5L40E 型自动变速器油的更换周期在 3 万～5 万 km，更换量为 4.6L。

(1)支起车辆。

(2)在自动变速器下放一接油盘，拧下如图 5-31 所示的放油螺塞。

(3)排空自动变速器油。

(4)拆卸油底壳密封垫。

(5)拆卸滤清器和密封圈。

安装程序与拆卸相反。

3. 油压测试

(1)连接 TECH2，确认电控系统没有故障码记忆。

(2)连接专用工具 J21867-L40 和 J21867 或合适的压力表，5L40E 型自动变速器油压测试孔如图 5-32所示。

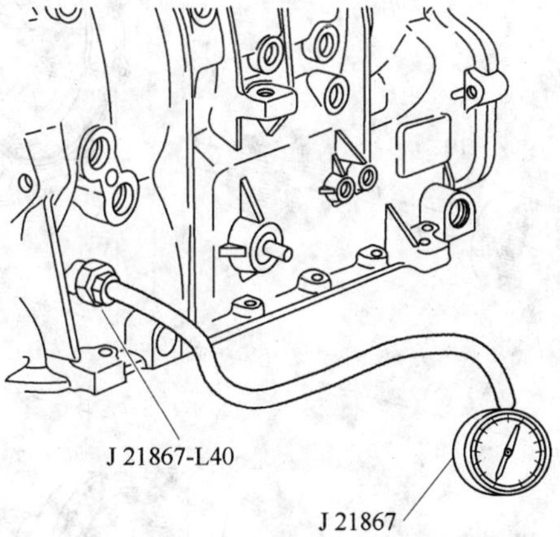

图 5-32　5L40E 型自动变速器油压测试

(3)运转发动机以预热自动变速器。

(4)用 TECH2 驱动压力控制电磁阀电流，从 0 增加至 1.1A，每次增加 0.1A。在每次压力变化后等待 5s，以使压力稳定，记录相应的管路压力。油压规定值见表5-11。

表 5-11　5L40E 自动变速器油压规定值

PC 阀电流(A)	管路压力(kPa)	PC 阀电流(A)	管路压力(kPa)
0.1	1194～1355	0.8	654～819
0.3	1118～1296	0.9	453～611
0.5	1002～1166	1.1	288～440
0.7	804～966	发动机转速	1300r/min

三、结构与装配

1. 壳体部件分解

5L40E 型自动变速器壳体部件分解如图 5-33 和图 5-34 所示。

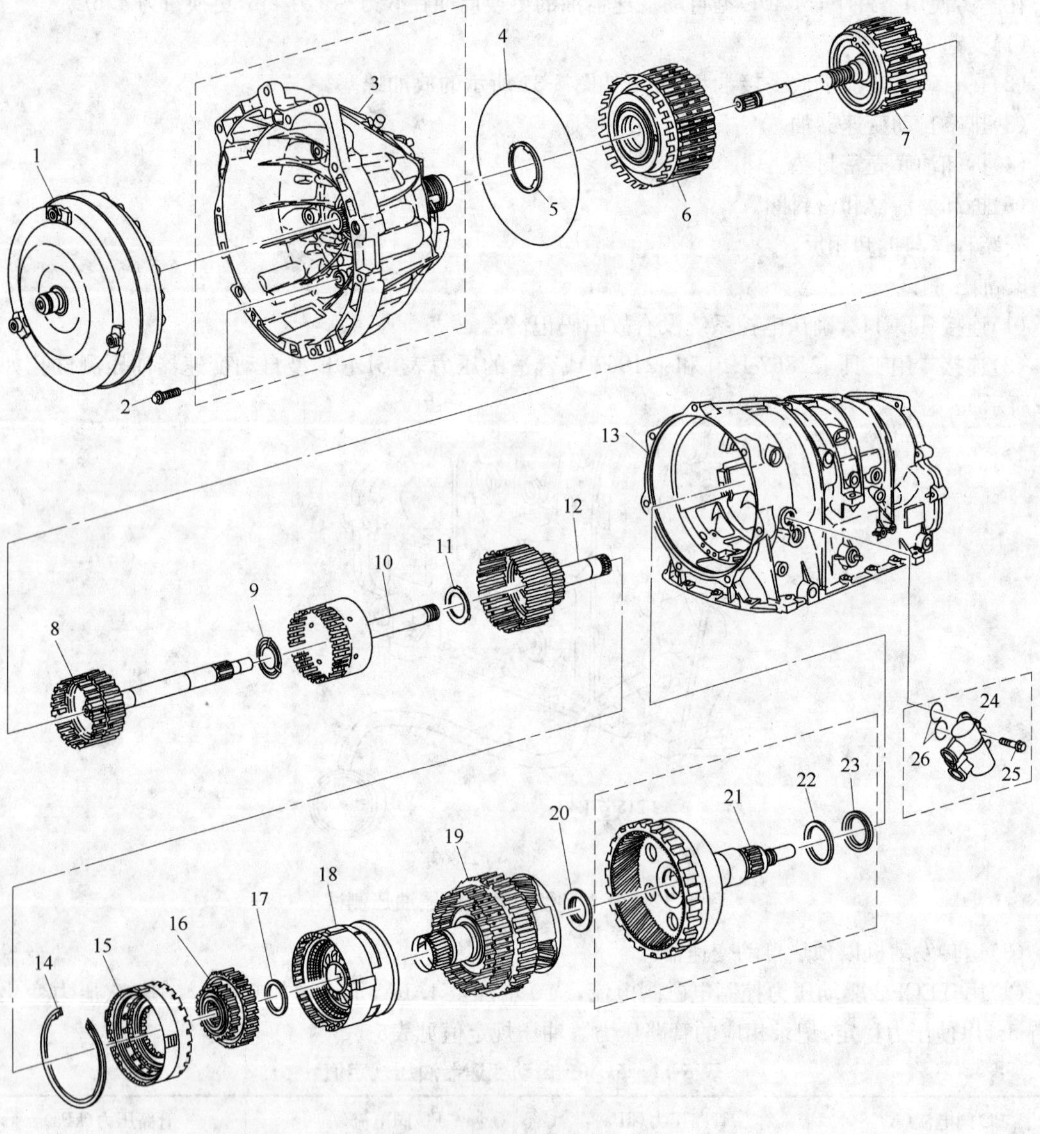

图5-33 壳体部件分解图(一)

1. 变矩器 2. 变矩器外壳至主壳体螺栓 3. 变矩器外壳 4. 变矩器外壳油液密封件 5. 倒档离合器外壳止推垫圈 6. 直接档和倒档离合器总成 7. 前进档和滑行离合器总成 8. 输入太阳轮-带前进档离合器滚柱内座圈轴 9. 直接档离合器毂止推垫圈 10. 直接档离合器总成-毂中带输入和反作用托架 11. 输入和反作用托架内轴止推垫圈 12. 中间离合器楔块总成 13. 自动变速器壳体总成 14. 中间和超速档离合器外壳卡环 15. 超速档离合器外壳 16. 低速档离合器楔块总成 17. 低速档离合器滚柱止推轴承 18. 中心支架 19. 输入和反作用托架总成 20. 输入和反作用托架止推轴承 21. 输出轴总成(带后内齿轮) 22. 输入和反作用托架垫圈 23. 输入和反作用托架止推轴承 24. 变速器冷却器旁通阀 25. 变速器冷却器旁通阀螺栓 26. O形圈

2. 直接档和倒档离合器

5L40E型自动变速器直接档和倒档离合器部件分解如图5-35所示。

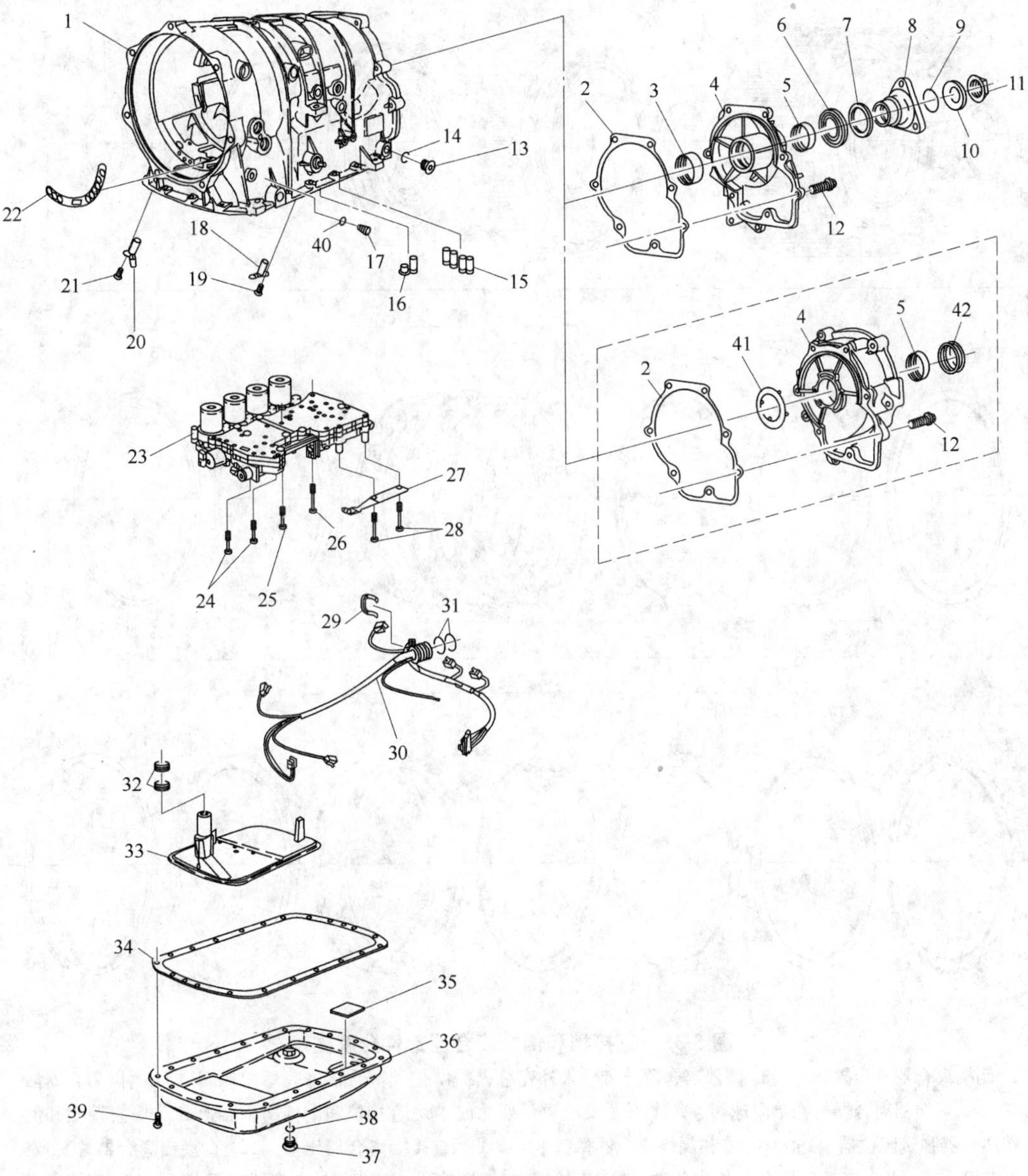

图 5-34 壳体部件分解图(二)

1. 自动变速器壳体 2. 延伸壳衬垫 3. 输出轴轴承 4. 延伸壳 5. 输出轴轴承 6. 自动变速器传动轴 7. 输出轴总成卡环 8. 传动轴法兰 9. 传动轴法兰O形密封圈 10. 传动轴止推垫圈 11. 传动轴法兰螺母 12. 延伸壳螺栓 13. 液面孔塞 14. 自液面孔塞O形密封圈 15. 中心支架油道衬套 16. 超速档离合器油道衬套 17. 压力测试塞 18. 输出速度传感器 19. 输出速度传感器螺栓 20. 输入速度传感器 21. 输入速度传感器螺栓 22. 油泵盖衬垫 23. 控制阀体和储能器总成 24. 控制阀体螺栓(M6×1.0×50) 25. 控制阀体螺栓(M6×1.0×38) 26. 控制阀体螺栓(M6×1.0×50) 27. 手动轴止动总成 28. 控制阀体螺栓(M6×1.0×68) 29. 线束卡夹 30. 自动变速器线束 31. 线束O形密封圈 32. 滤清器密封圈 33. 液滤清器 34. 储油盘衬垫 35. 储油盘磁铁 36. 储油盘总成 37. 储油盘放油螺塞 38. 储油盘放油螺塞密封圈 39. 储油盘螺栓 40. 压力测试塞O形密封圈 41. 输入和反作用托架止推垫圈 42. 传动轴法兰密封

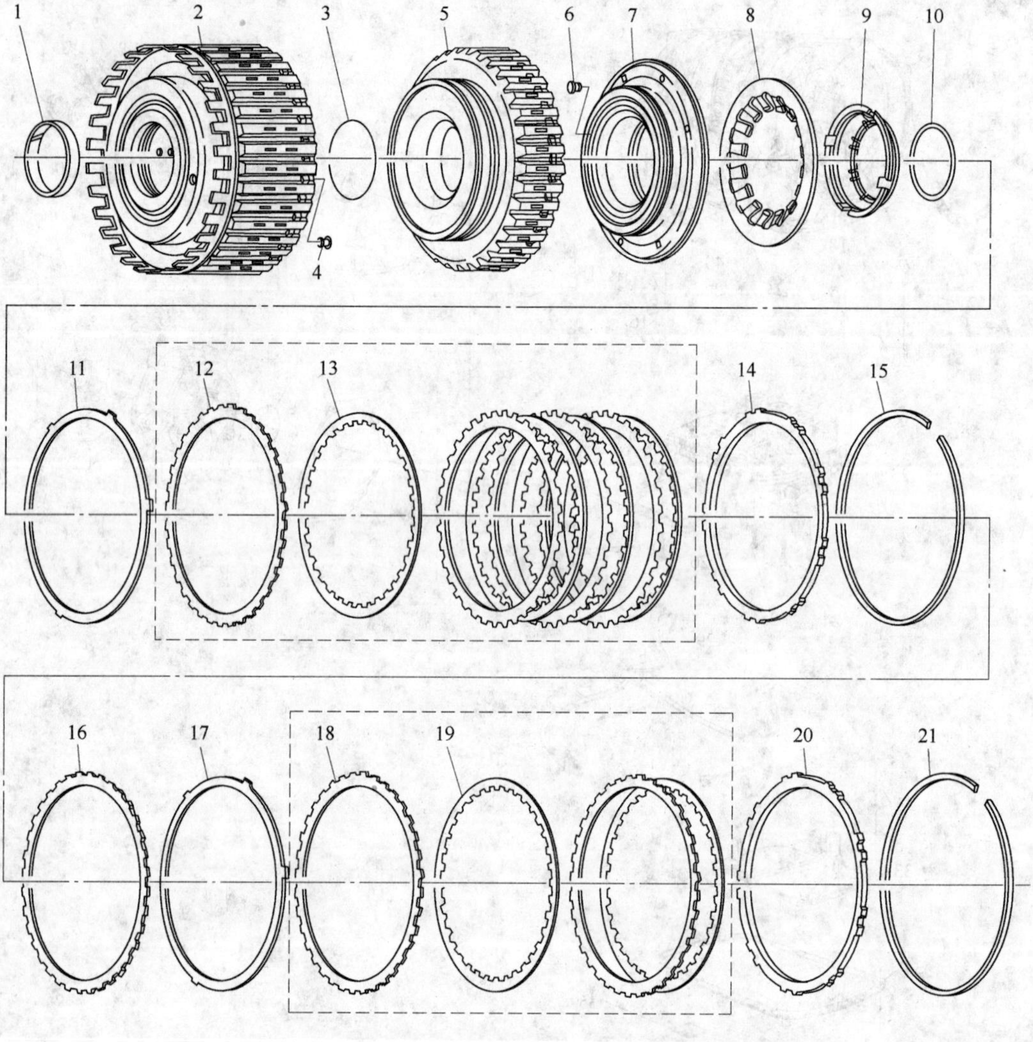

图 5-35 直接档和倒档离合器部件分解图

1. 倒档离合器外壳轴套 2、3. 倒档离合器一带输入外壳总成 4. 倒档离合器外壳单向球阀 5. 倒档离合器活塞 6. 直接档离合器外壳单向球阀 7. 直接档离合器活塞总成 8. 直接档和倒档离合器弹簧 9. 直接档和倒档离合器弹簧限位器 10. 直接档和倒档离合器弹簧卡环 11. 直接档离合器压盘 12. 直接档离合器片总成-外花键 13. 直接档离合器片总成-内花键 14. 直接档离合器底板 15. 直接档离合器底板卡环 16. 倒档离合器隔圈 17. 倒档离合器压盘 18. 倒档离合器片总成-外花键 19. 倒档离合器片总成-内花键 20. 倒档离合器底板 21. 倒档离合器底板卡环

3. 前进和滑行离合器

5L40E 型自动变速器前进和滑行离合器部件分解如图 5-36 所示。

4. 输入太阳齿轮轴和前进档楔块式离合器总成

5L40E 型自动变速器输入太阳齿轮轴和前进档楔块式离合器总成部件分解如图 5-37 所示。

5. 直接档离合器毂和轴

5L40E 型自动变速器直接档离合器鼓和轴部件分解如图 5-38 所示。

6. 中间楔块式离合器总成

5L40E 型自动变速器中间楔块式离合器总成部件分解如图 5-39 所示。

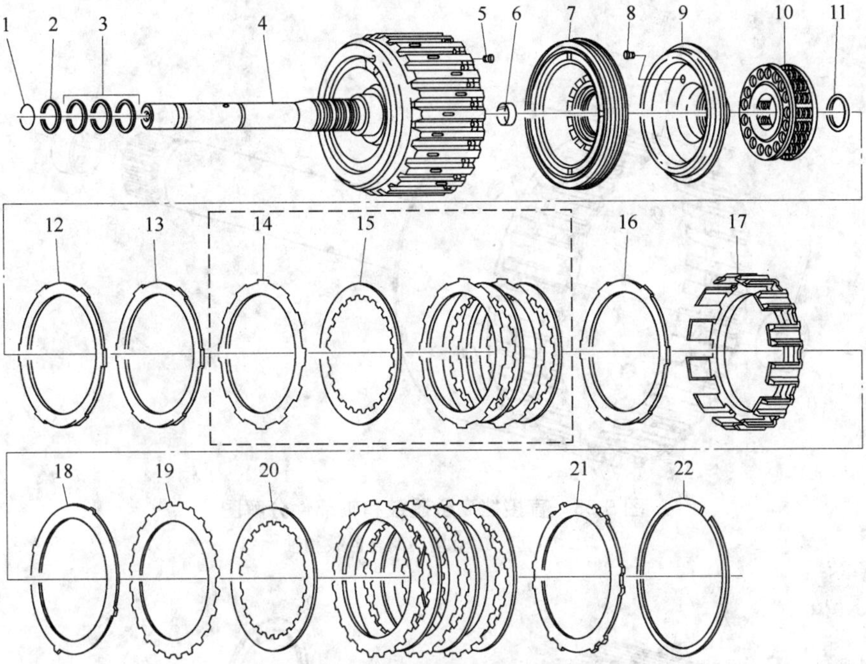

图 5-36　前进和滑行离合器部件分解图

1. 输入轴O形圈　2、3. 输入轴密封环　4. 前进档离合器-带输入外壳总成　5. 前进档离合器外壳单向球阀总成　6. 前进档离合器轴套　7. 前进档离合器活塞总成　8. 滑行离合器活塞单向球阀总成　9. 滑行离合器活塞总成　10. 前进档和滑行离合器弹簧　11. 前进档和滑行离合器弹簧卡环　12. 滑行离合器隔板　13. 滑行离合器压盘　14. 滑行离合器片总成-外花键　15. 滑行离合器片总成-内花键　16. 滑行离合器底板　17. 滑行离合器外壳　18. 前进档离合器压盘　19. 前进档离合器片总成-外花键　20. 前进档离合器片总成-内花键　21. 前进档离合器底板　22. 前进档离合器底板卡环

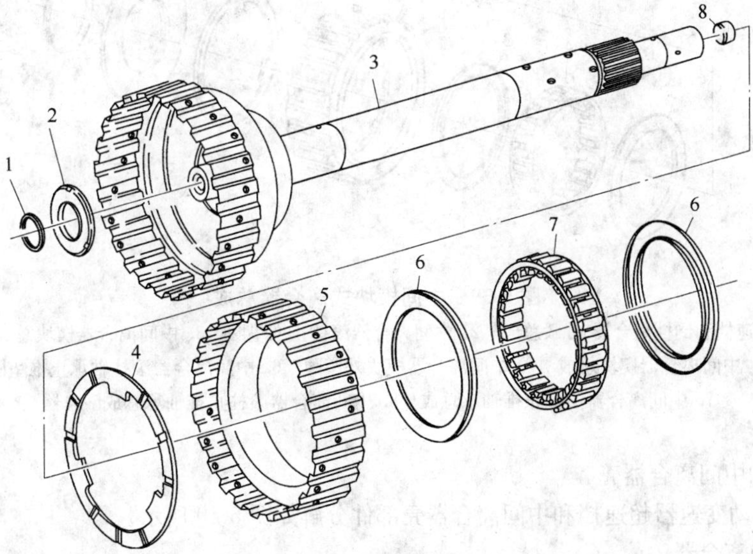

图 5-37　输入太阳齿轮轴和前进档楔块式离合器总成

1. 前进档离合器滚柱内座圈止推环　2. 前进档离合器无外座圈滚柱轴承　3. 输入太阳齿轮轴总成　4. 前进档离合器滚柱外座圈垫片　5. 前进档离合器楔块外座圈　6. 前进档离合器楔块总成卡环-2　7. 前进档离合器楔块总成　8. 节流孔塞-润滑

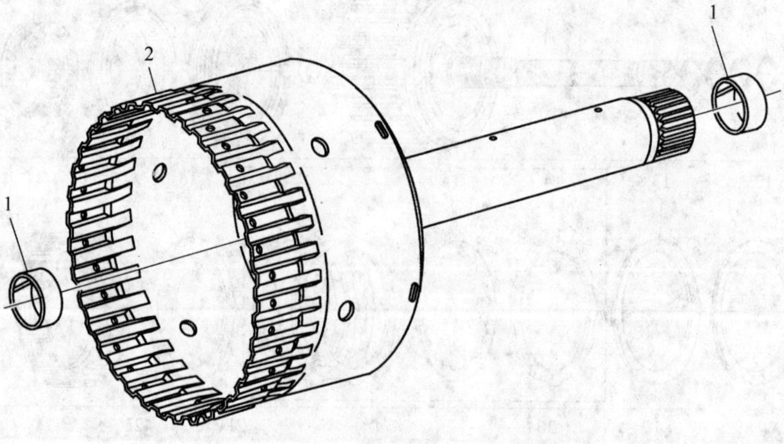

图 5-38 直接档离合器鼓和轴部件分解图

1. 轴套 2. 直接档离合器鼓和轴

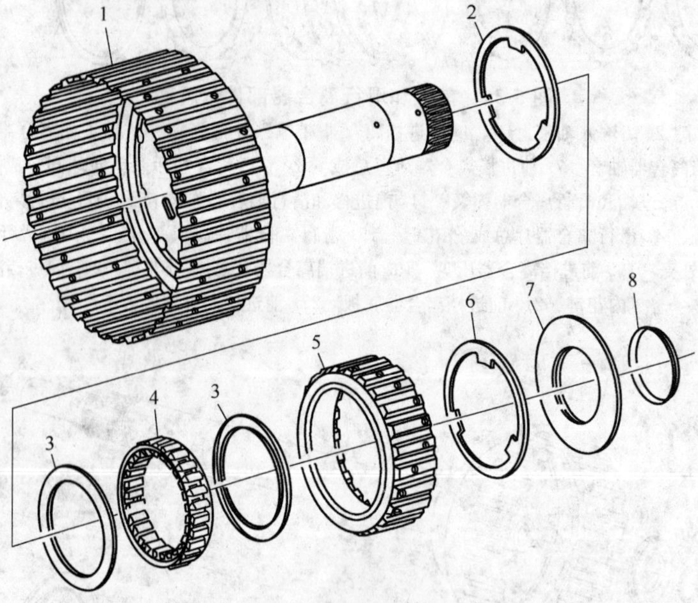

图 5-39 中间楔块式离合器总成

1. 超速档和倒档离合器-带毂总成 2. 中间离合器滚柱止推垫圈 3. 中间离合器楔块总成卡环 4. 中间离合器楔块总成 5. 中间离合器楔块外座圈 6. 中间离合器滚柱轴承止推垫圈 7. 中间离合器滚柱止推轴承总成 8. 中间离合器滚柱止推轴承总成限位器

7. 超速档和中间离合器壳

5L40E型自动变速器超速档和中间离合器壳部件分解如图5-40所示。

8. 低速单向离合器

5L40E型自动变速器低速单向离合器部件分解如图5-41所示。

9. 中心支架总成

5L40E型自动变速器中心支架总成部件分解如图5-42所示。

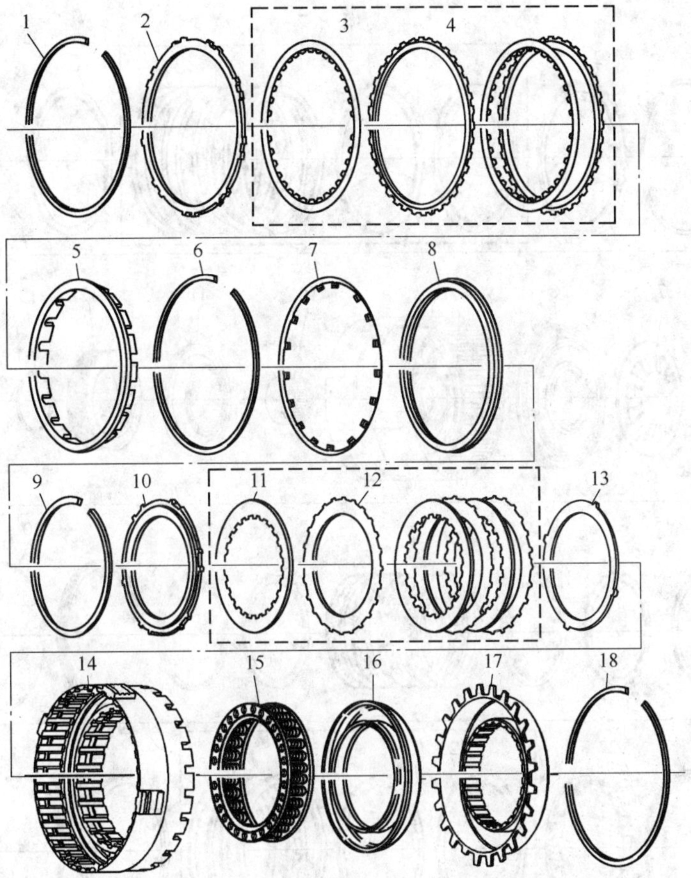

图 5-40　超速档和中间离合器总成部件分解图

1. 超速档离合器底板卡环　2. 超速档离合器底板　3. 超速档离合器片总成-内花键　4. 超速档离合器片总成-外花键　5. 超速档离合器隔圈　6. 超速档离合器弹簧卡环　7. 超速档离合器活塞弹簧　8. 超速档离合器活塞总成　9. 中间离合器底板卡环　10. 中间离合器底板　11. 中间离合器片总成-内花键　12. 中间离合器片总成-外花键　13. 中间离合器压盘　14. 超速档离合器外壳　15. 中间离合器弹簧　16. 中间离合器活塞总成　17. 中间离合器外壳　18. 中间离合器外壳卡环

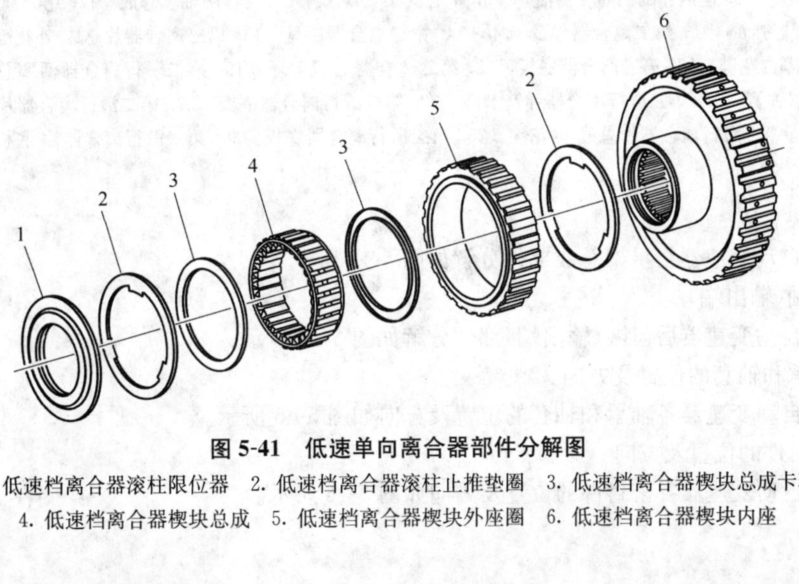

图 5-41　低速单向离合器部件分解图

1. 低速档离合器滚柱限位器　2. 低速档离合器滚柱止推垫圈　3. 低速档离合器楔块总成卡环　4. 低速档离合器楔块总成　5. 低速档离合器楔块外座圈　6. 低速档离合器楔块内座

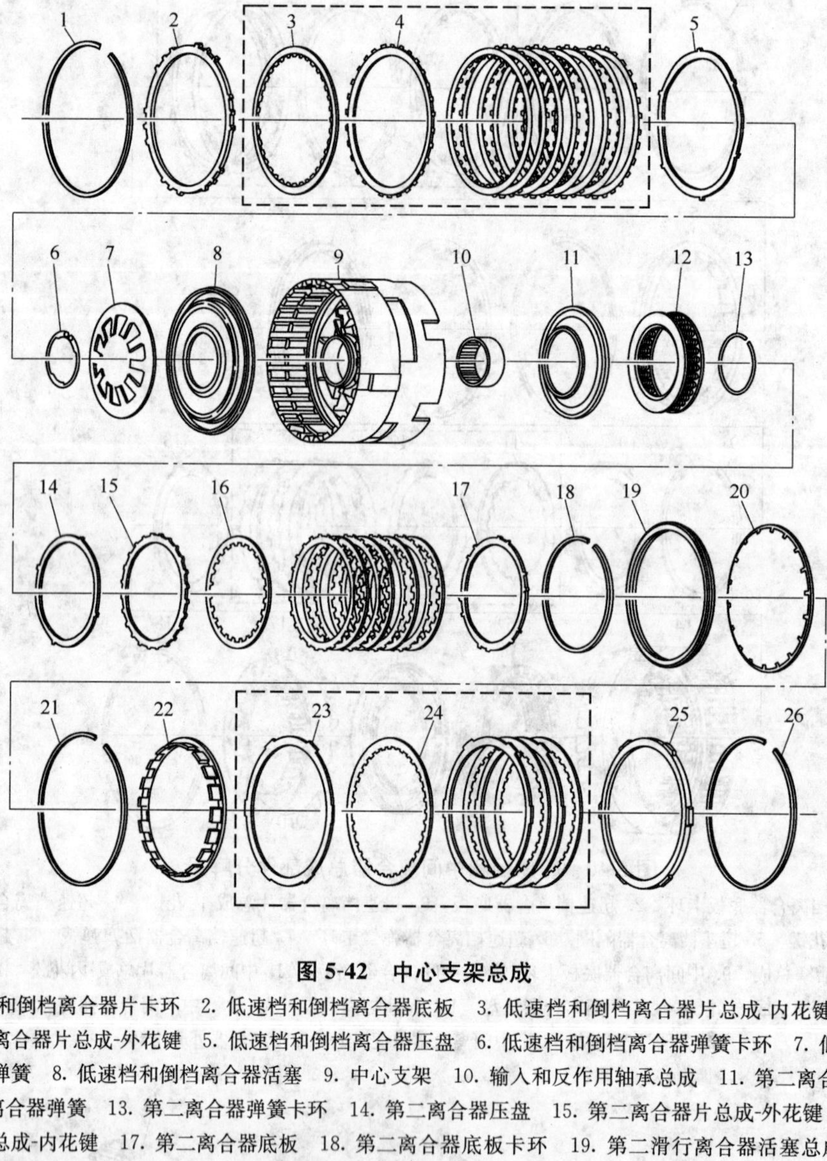

图 5-42　中心支架总成

1. 低速档和倒档离合器片卡环　2. 低速档和倒档离合器底板　3. 低速档和倒档离合器片总成-内花键　4. 低速档和倒档离合器片总成-外花键　5. 低速档和倒档离合器压盘　6. 低速档和倒档离合器弹簧卡环　7. 低速档和倒档离合器弹簧　8. 低速档和倒档离合器活塞　9. 中心支架　10. 输入和反作用轴承总成　11. 第二离合器活塞　12. 第二离合器弹簧　13. 第二离合器弹簧卡环　14. 第二离合器压盘　15. 第二离合器片总成-外花键　16. 第二离合器片总成-内花键　17. 第二离合器底板　18. 第二离合器底板卡环　19. 第二滑行离合器活塞总成　20. 第二滑行离合器弹簧　21. 第二滑行离合器弹簧卡环　22. 第二滑行离合器隔圈　23. 第二滑行离合器片总成-外花键　24. 第二滑行离合器片总成-内花键　25. 第二滑行离合器底板　26. 第二滑行离合器片-底板-卡环

10. 行星架总成

5L40E 型自动变速器行星架总成部件分解如图 5-43 所示。

11. 后齿圈(输出端)

5L40E 型自动变速器后齿圈(输出端)部件分解如图 5-44 所示。

12. 各轴承和轴套的位置及方向

5L40E 型自动变速器各轴承和轴套的位置及方向如图 5-45 所示。

13. 各密封件的位置及方向

5L40E 型自动变速器各密封件的位置及方向如图 5-46 所示。

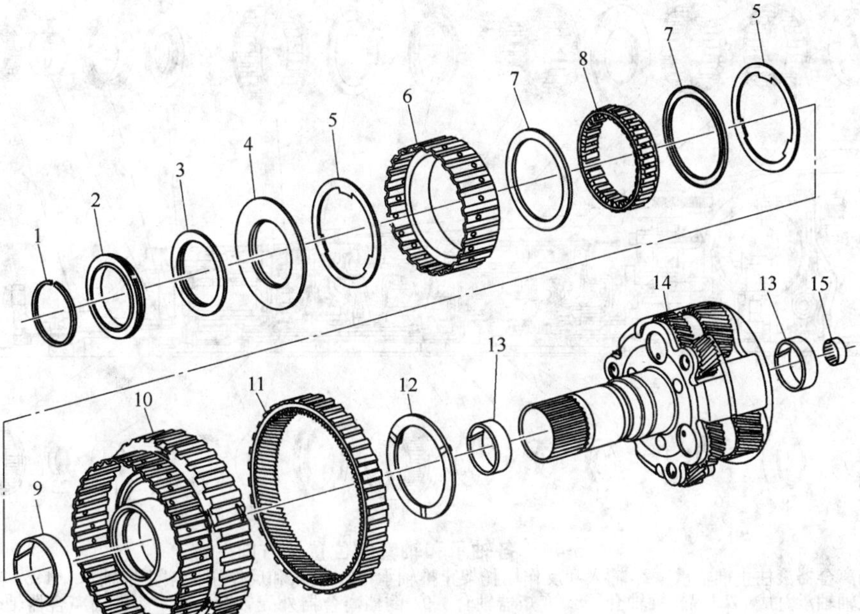

图 5-43　行星架总成部件分解图

1. 输入和反作用托架外卡环　2. 输入和反作用轴承总成　3. 第二离合器无外座圈滚柱轴承总成　4. 第二离合器楔块限位器　5. 第二离合器滚柱外座圈垫圈　6. 第二离合器楔块外座圈　7. 第二离合器楔块总成限位器　8. 第二离合器楔块总成　9. 输入和反作用托架轴套　10. 第二离合器楔块内座圈　11. 反作用内齿轮　12. 反作用内齿轮法兰垫圈　13. 反作用托架轴套　14. 输入和反作用托架　15. 输入和反作用轴承总成

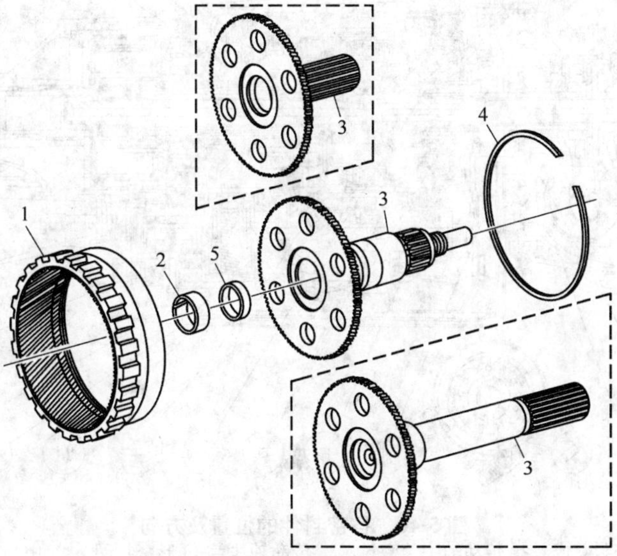

图 5-44　后齿圈(输出)部件分解图

1. 后内齿轮　2. 输入和反作用托架轴套　3a. 输出轴总成(凯迪拉克-全轮驱动)　3b. 输出轴总成(两轮驱动)　3c. 输出轴总成(凯迪拉克-XLR)　4. 后内卡环　5. 皮碗

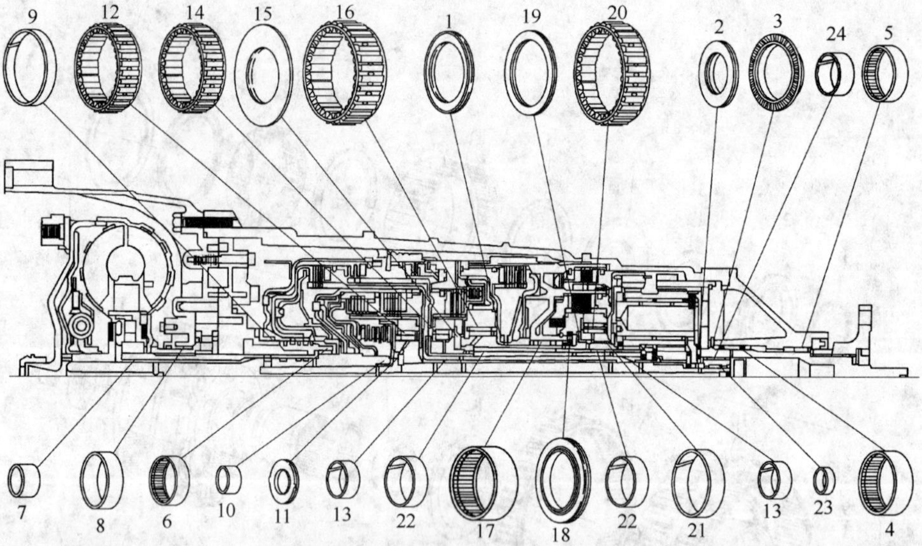

图 5-45　各轴承和轴套的位置及方向

1. 低速档离合器滚柱止推轴承　2. 输入和反作用托架止推轴承　3. 输入和反作用托架止推轴承　4、5. 输出轴轴承　6. 输入轴轴承总成　7. 涡轮轴轴套　8. 变矩器轴套　9. 倒档离合器外壳轴套　10. 前进档离合器轴套　11. 前进档离合器无外座圈滚柱轴承　12. 前进档离合器楔块总成　13. 输入和反作用托架轴套总成　14. 中间离合器楔块总成　15. 中间离合器滚柱止推轴承总成　16. 低速档离合器楔块总成　17. 输入和反作用轴承总成　18. 输入和反作用轴承总成　19. 第二离合器无外座圈滚柱轴承总成　20. 第二离合器楔块总成　21. 输入和反作用托架轴套　22. 反作用托架轴套　23. 输入和反作用轴承总成　24. 输入和反作用托架轴套

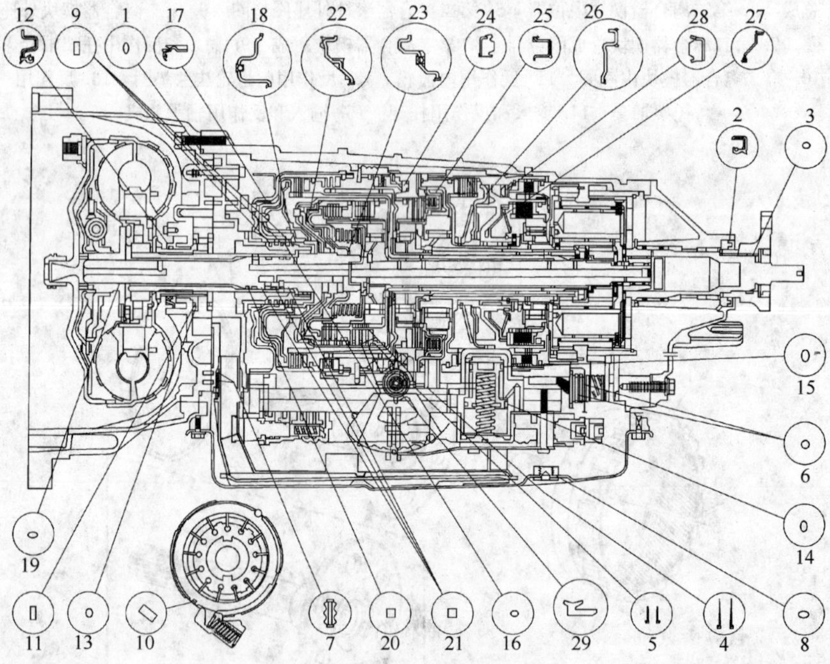

图 5-46　各密封件的位置及方向

1. 变矩器外壳油液密封总成　2. 传动轴法兰密封　3. 传动轴法兰-O形密封圈　4. 中心支架油道衬套　5. 超速档离合器油道衬套　6. 自动变速器线束-O形密封圈　7. 自动变速器滤清器密封圈　8. 储油盘放油螺塞密封圈　9. 倒档离合器外壳油液密封　10. 油泵盖滑套密封　11. 油泵滑套环　12. 变矩器外壳密封　13. 油泵滑套O形密封圈　14、15. 储能器活塞油液密封　16. 倒档离合器活塞内密封圈　17. 倒档离合器活塞　18. 直接档离合器活塞总成　19. 输入轴-O形密封圈　20、21. 输入轴密封环　22. 前进档离合器活塞总成　23. 滑行离合器活塞总成　24. 超速档离合器活塞总成　25. 中间离合器活塞总成　26. 低速档和倒档离合器活塞　27. 第二离合器活塞　28. 第二滑行离合器活塞总成　29. 手动换档轴密封

四、自动变速器的解体

(1)拆卸变矩器,如图5-47所示,将变速器安装在夹具上。用小号一字形旋具,撬起并拆卸输入涡轮轴密封件。

(2)放掉自动变速器油,拆卸传动轴法兰。用T-45梅花头和合适的工具,拆卸储油盘放油螺塞和密封件,并将变速器油液排放至大小合适的容器中(约6L)。如图5-48所示,将变速器置于驻车档,用30mm深的套筒和合适的工具,拆卸传动轴法兰螺母,从变速器输出轴上拆卸碟形垫圈,从变速器输出轴上拆卸传动轴法兰和形密封圈。用小号一字形旋具,拆卸O形密封圈并报废。拆卸夹具工具基座插销并缓慢转动变速器和夹具至垂直位置,保持变矩器罩朝上,在此位置重新插入工具基座插销并将残余油液排放至合适容器。

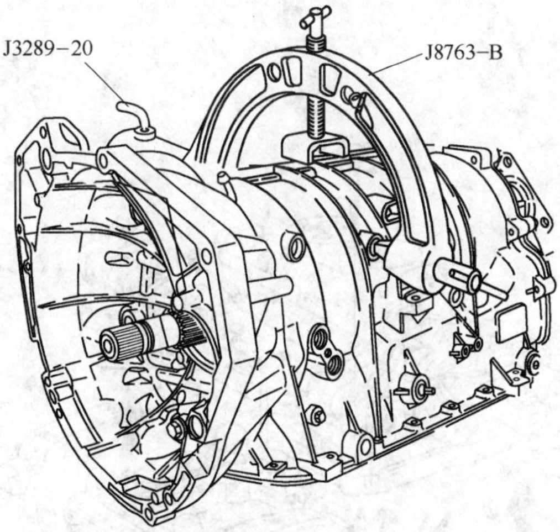

图5-47　将变速器安装在夹具上

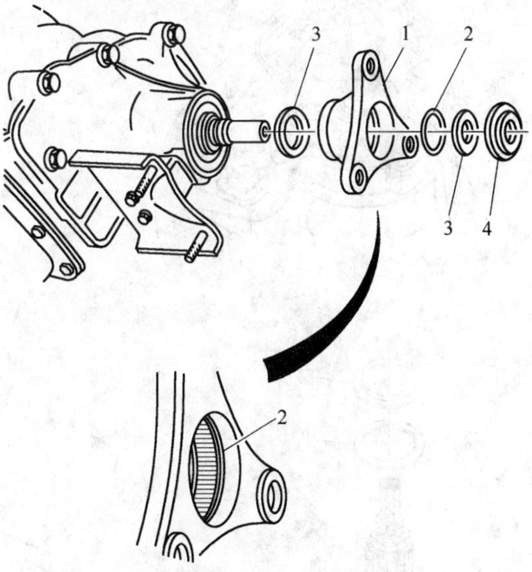

图5-48　拆卸传动轴法兰

1. 传动轴法兰　2. 密封圈　3. O形垫圈　4. 法兰螺母

(3)拆卸延伸壳及止推轴承。如图5-49所示,转动变速器180°至垂直位置,保持延伸壳朝上。用密封拆卸工具E308(或市售同等工具)和合适的套筒工具拆卸传动轴法兰油封,用合适的卡环钳拆卸输出轴总成档圈,拆卸延伸壳螺栓,拆卸延伸壳和密封衬垫。取下输入和反作用托架止推轴承和可选垫圈。

(4)拆卸储油盘和滤清器。

(5)拆卸变速器线束。

(6)拆卸控制阀体。如图5-50所示,拆卸控制阀体梅花头螺栓E8(49,51),注意:本阶段不要拆卸其余两个TX-30梅花头螺钉。拆卸10mm控制阀体六角头螺栓(53)。拆卸手动换档轴棘齿板弹簧总成(52)。从变速器壳体(24)上拆卸控制阀体总成(47)。如图5-51所示,从变速器壳体上拆卸中心支座油道密封套(38)和超速档离合器油道密封套(39)。

(7)拆卸输出轴速度传感器,参见图5-24。

(8)拆卸输入轴速度传感器,参见图5-25。

(9)如图5-52所示,拆卸变矩器壳(带油泵总成)。

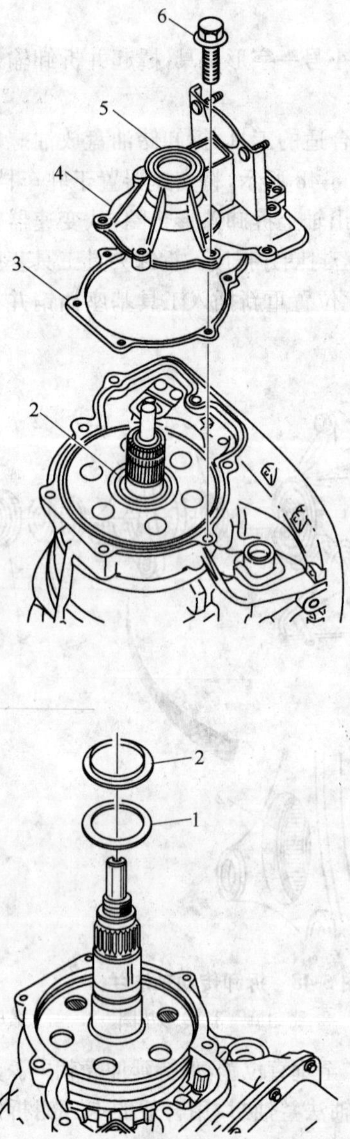

图 5-49　拆卸延伸壳及止推轴承

1. 可选垫圈　2. 止推轴承　3. 密封衬垫　4. 延伸壳　5. 法兰油封　6. 螺栓

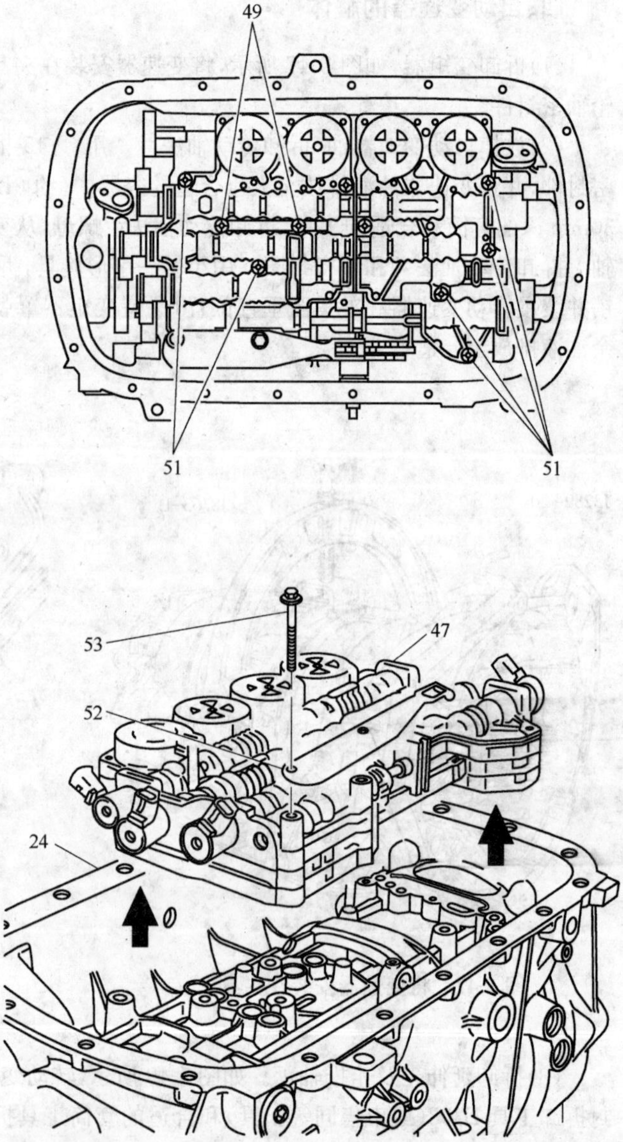

图 5-50　拆卸控制阀体

49、51. 梅花头螺栓　53. 六角头螺栓　52. 棘齿板弹簧　24. 变速器壳体　47. 控制阀体总成

(10)如图 5-53 所示，拆卸直接档和倒档离合器、前进档和滑行离合器。

(11)如图 5-54 所示，拆卸输入太阳齿轮轴。

(12)如图 5-55 所示，拆卸直接档离合器毂。

(13)如图 5-56 所示，拆卸中间离合器楔块总成。

(14)拆卸超速档离合器外壳。如图 5-57 所示，用卡环钳 J45126 或同等工具，拆卸超速档离合器外壳至变速器壳体的卡环(14)。从变速器壳体上提出超速档离合器外壳(15)。

(15)如图 5-58 所示，拆卸低速档离合器楔块和止推轴承。

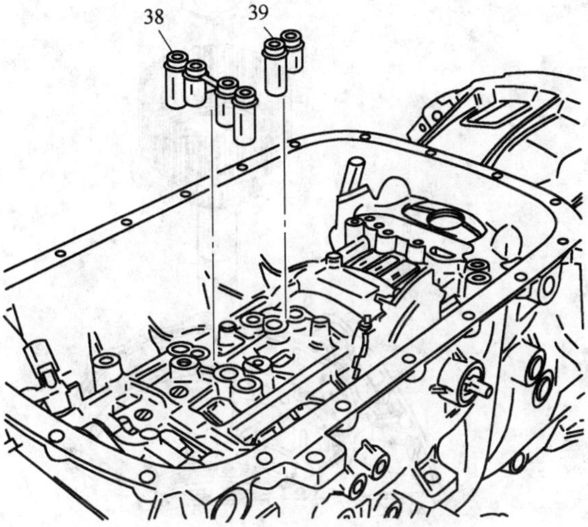

图 5-51　拆卸油道密封套

38. 中心支座油道密封套　39. 超速档离合器油道密封套

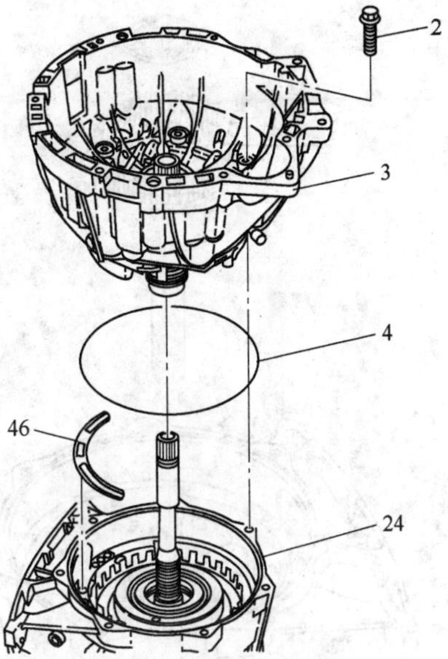

图 5-52　拆卸变矩器壳(带油泵总成)

2. 螺栓　3. 变矩器壳　4. 密封圈

24. 变速器壳体　46. 油泵盖衬垫

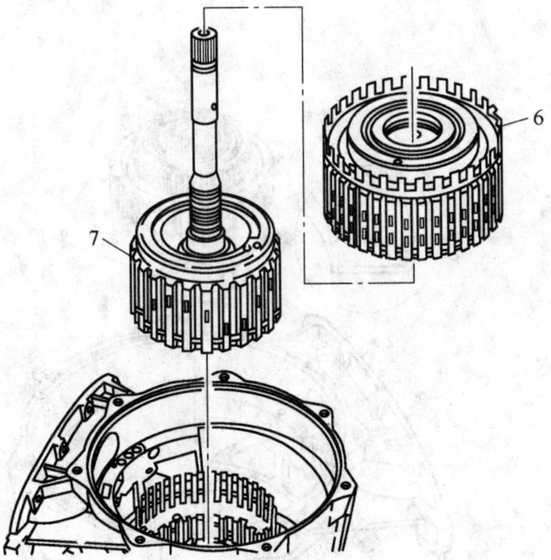

图 5-53　拆卸直接档和倒档离合器、前进档和滑行离合器

6. 直接档和倒档离合器总成　7. 前进档和滑行离合器总成

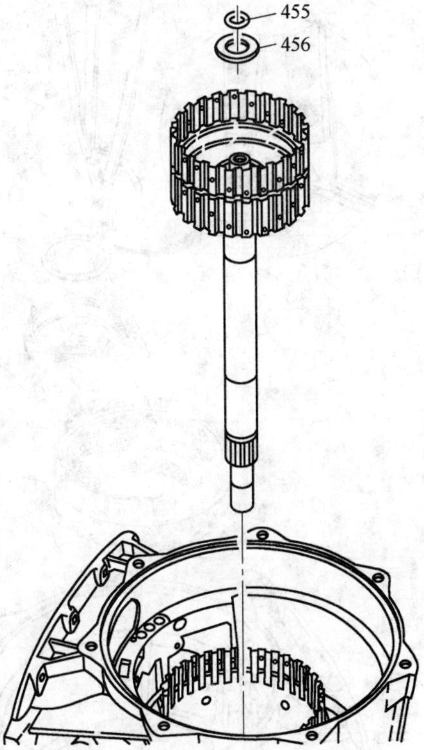

图 5-54　拆卸输入太阳齿轮轴

455. 内座圈卡环　456. 内止推轴承

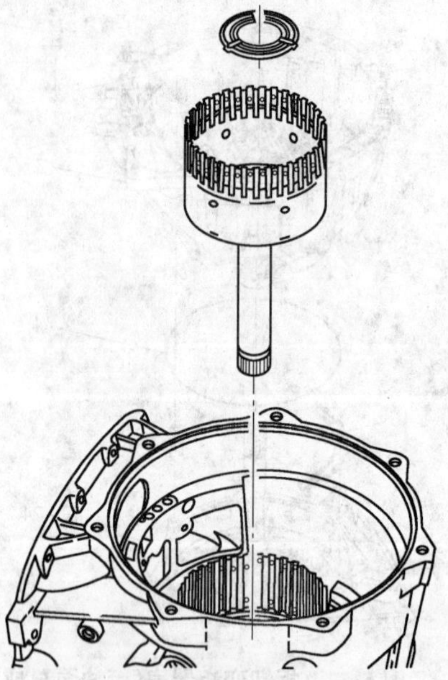

图 5-55 拆卸直接档离合器毂

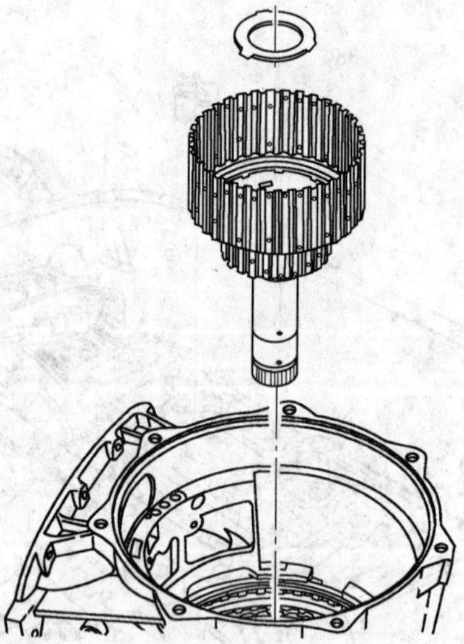

图 5-56 拆卸中间离合器楔块总成

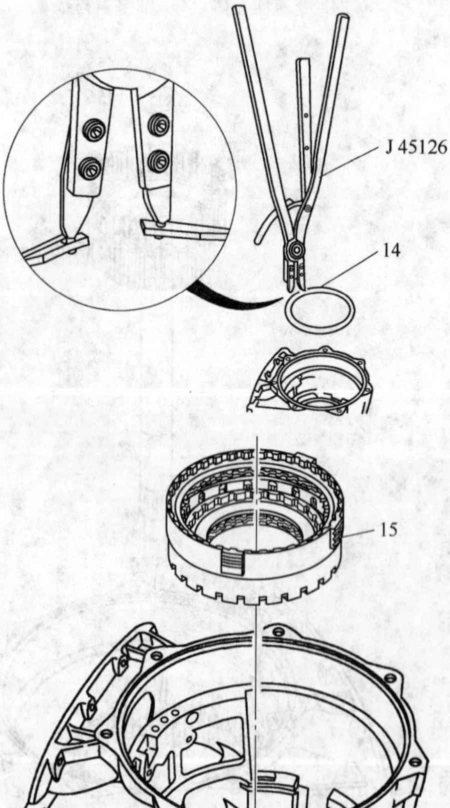

图 5-57 拆卸超速档离合器外壳

14. 卡环 15. 超速档离合器外壳

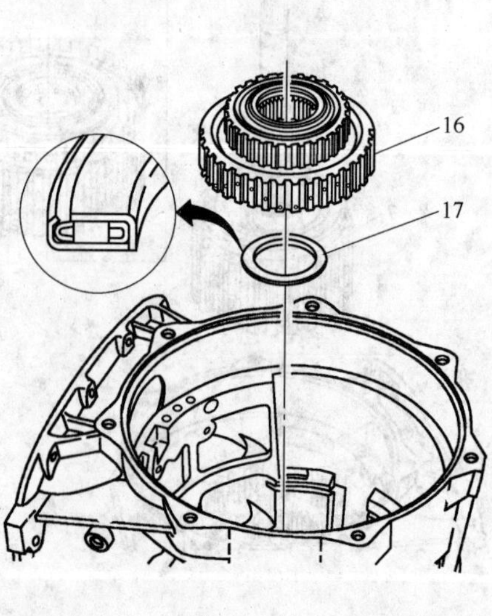

图 5-58 拆卸低速档离合器楔块和止推轴承

16. 低速档离合器楔块 17. 止推轴承

(16)拆卸中心支架,如图 5-59 所示,用中心支架拆卸工具 J45127,卡住中心支架并从变速器壳体上取下。

(17)拆卸输入和反作用托架,如图 5-60 所示,从变速器壳体中拆卸输入和反作用托架,从壳体中拆卸输入和反作用托架止推轴承。

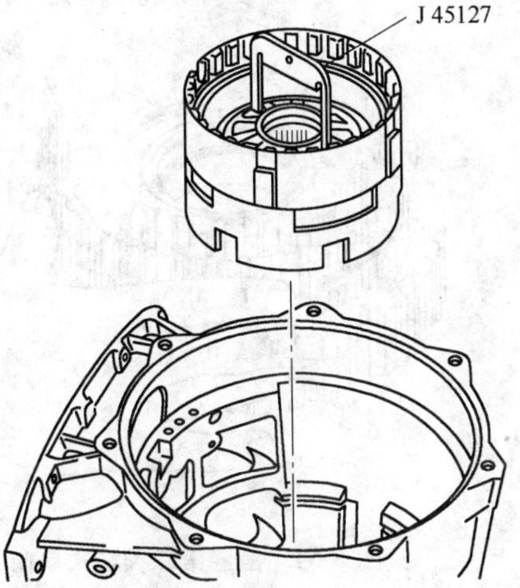

图 5-59　拆卸中心支架

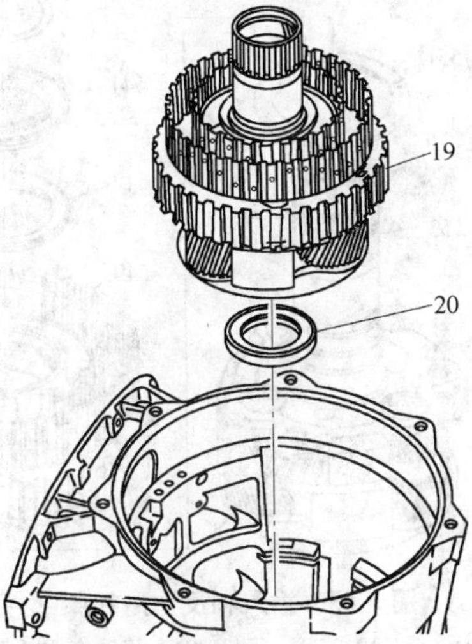

图 5-60　拆卸输入和反作用托架

19. 输入和反作用托架　20. 止推轴承

(18)拆卸输出轴,如图 5-61 所示。

(19)拆卸驻车系统部件。

五、自动变速器的装配

(1)安装驻车系统部件。

(2)安装输出轴和后内齿轮。输出轴和后内齿轮部件分解如图 5-62 所示,分解后检查各部件是否有磨损或损坏,然后将其组装,将总成装配到壳体中,参见图 5-61。

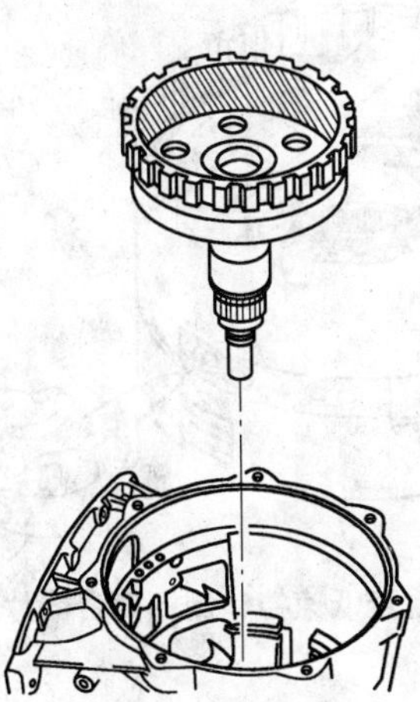

图 5-61　拆卸输出轴

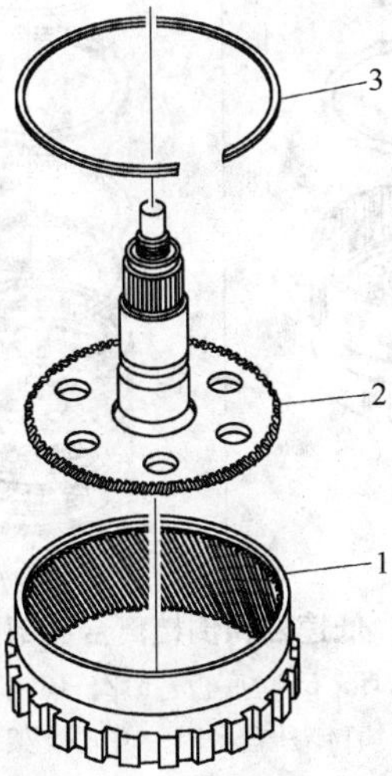

图 5-62　输出轴和后内齿轮部件分解图

1. 后内齿轮　2. 输出轴　3. 卡环

(3)安装输入和反作用托架，参见图5-60。输入和反作用托架部件分解如图5-63所示，卡环(540)为一次性使用。装配后检查第二楔块式单向离合器的锁止方向，如图5-64所示，握住第二离合器楔块内圈部件的同时，检查外圈部件是否可以在箭头所指方向上自由转动并在相反方向上锁止。

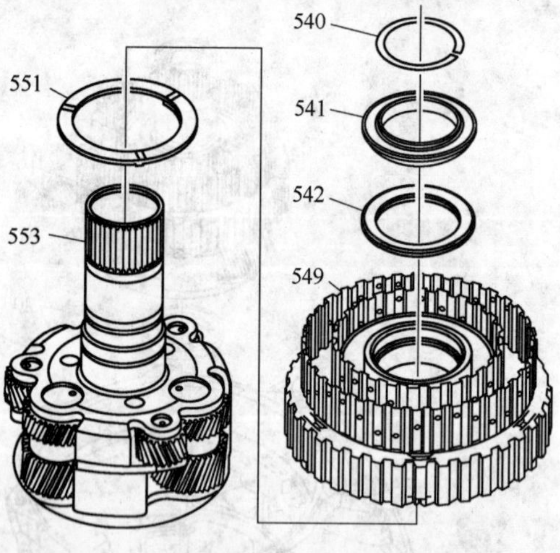

图5-63 输入和反作用托架部件分解图

540. 卡环 541. 输入和反作用托架轴承
542. 第二离合器滚柱内座圈轴承 549. 第二离合器楔块
551. 反作用托架内齿圈法兰垫圈 553. 输入和反作用托架

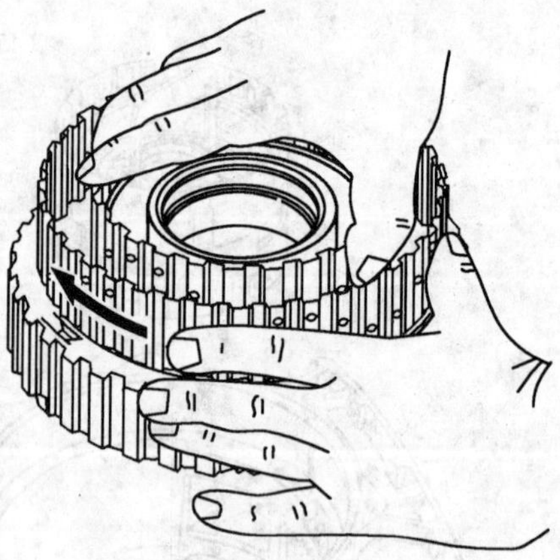

图5-64 检查第二楔块式单向离合器的锁止方向

(4)安装中心支架

①中心支架内，低速档和倒档离合器部件分解如图5-65所示。装配后，要检查离合器片组行程，如图5-66所示，向图示孔中施加450kPa的压缩空气，在离合器底盘上3个不同位置测量，取其平均值，规定行程为1.72～2.17mm。

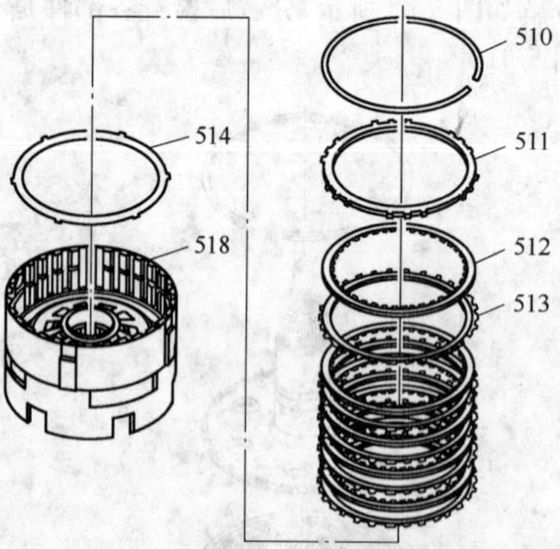

图5-65 低速档和倒档离合器部件分解图

510. 卡环 511. 底板 512、513. 离合器片
514. 压盘 518. 中心支架

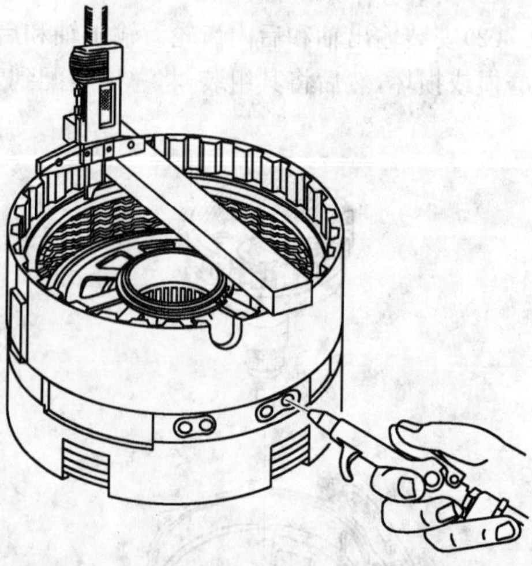

图5-66 检查低速档和倒档离合器片组行程

②中心支架内，第二滑行离合器部件分解如图5-67所示。装配后，要检查离合器片组行程，如图5-68所示，向图示孔中施加450kPa的压缩空气，在离合器底盘上3个不同位置测量，取其平均值，规定行

程为 0.94～1.39mm。

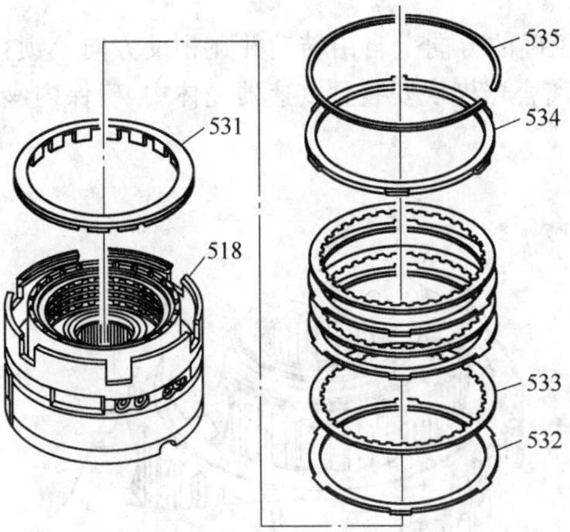

图 5-67 第二滑行离合器部件分解图

518. 中心支架 531. 隔片 532、533. 离合器片
534. 底板 535. 卡环

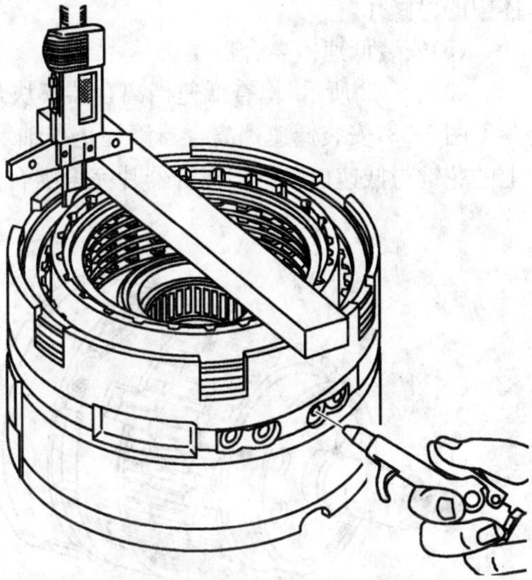

图 5-68 检查第二滑行离合器片组行程

③中心支架内，第二离合器部件分解如图 5-69 所示。装配后，要检查离合器片组行程，如图 5-70 所示，向图示孔中施加 450kPa 的压缩空气，在离合器底盘上 3 个不同位置测量，取其平均值，规定行程为 1.47～1.92mm。

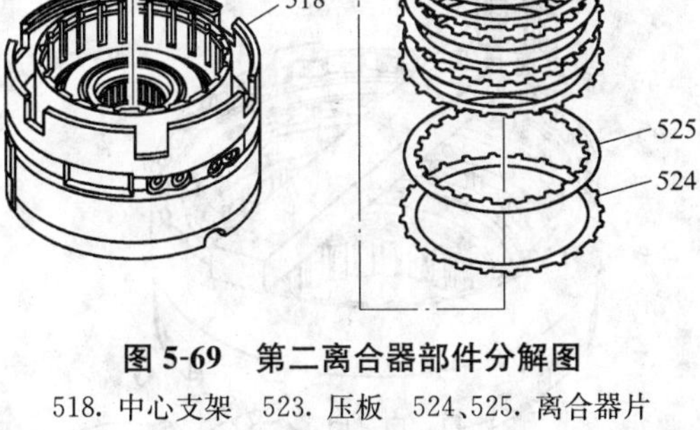

图 5-69 第二离合器部件分解图

518. 中心支架 523. 压板 524、525. 离合器片
526. 底板 527. 卡环

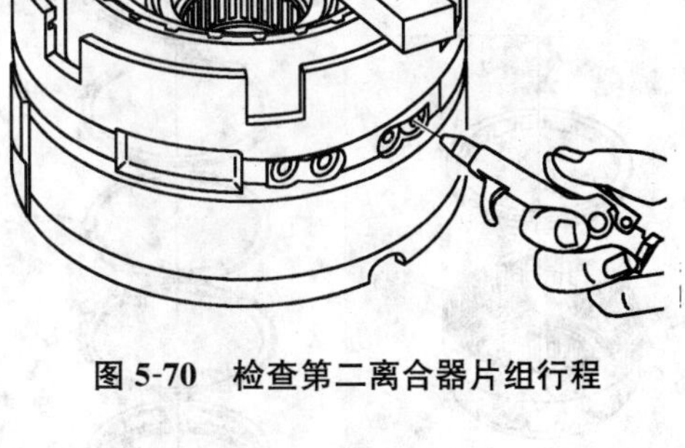

图 5-70 检查第二离合器片组行程

参见图 5-59 所示，安装中心支架。用工具 J45127，将中心支架总成安装到变速器壳体中，确保第二离合器片和第二滑行离合器片与第二离合器楔块总成的配合花键完全啮合。除了以上所描述的逐个安装变速器部件的方法外，重新装配中心支架还有另一种方法，如图 5-71 所示，将中心支架总成装配到行星架和第二离合器楔块总成和后内齿轮输出轴上。使变速器壳体处于水平位置，将预先装配好的

部件安装到壳体中。注意：如果所有离合器片正确啮合，中心支架中的油道检修孔(A)应对准变速器壳体中的检修孔。

(5)安装低速档离合器楔块

如图 5-72 所示，检查低速档离合器楔块是否可以在正确的方向上自由转动并在相反方向上锁止。参见图 5-58，安装低速档离合器滚柱止推轴承，将低速档离合器楔块安装到变速器壳体中，确保内座圈上的花键与低速档和倒档离合器片完全啮合。

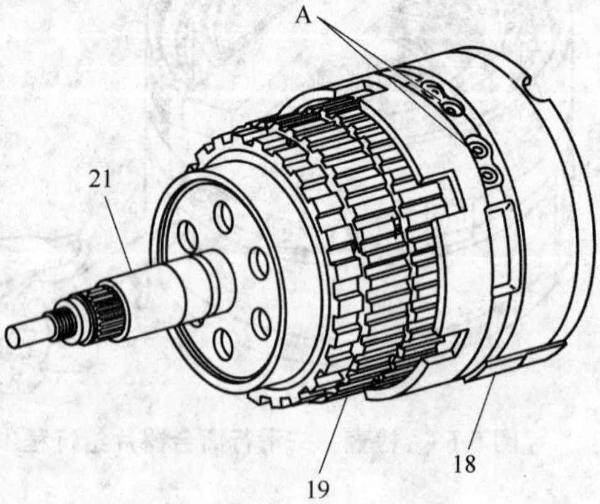

图 5-71 装配中心支架的另一种方法

18. 支架总成 19. 第二离合器楔块总成
21. 后内齿轮输出轴 A—中心支架中的油道检修孔

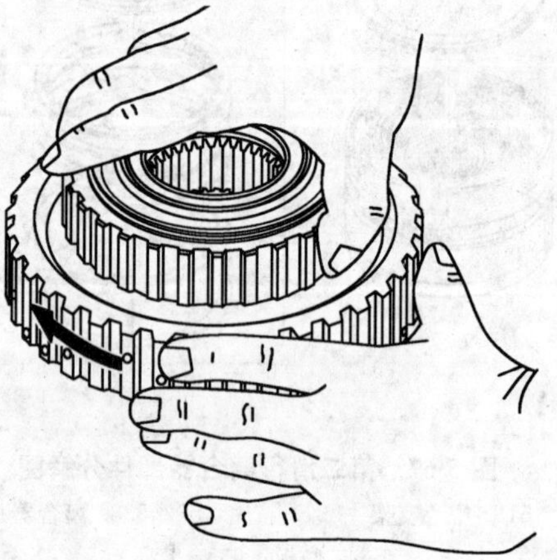

图 5-72 检查低速档离合器楔块的锁止方向

(6)安装超速档和中间离合器

①超速档离合器部件分解如图 5-73 所示，装配后，要检查离合器片组行程，如图 5-74 所示，向图示孔中施加 450kPa 的压缩空气，在离合器底盘上 3 个不同位置测量，取其平均值，规定行程为 1.60～2.05mm。

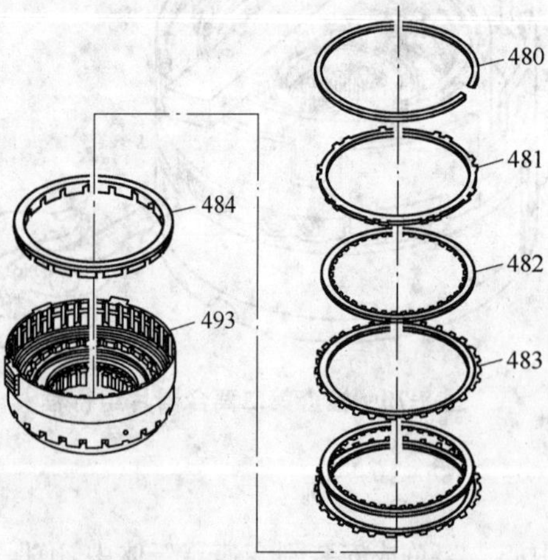

图 5-73 超速档离合器部件分解图

480. 卡环 481. 底板 482、483. 离合器片
484. 隔板 493. 超速档离合器

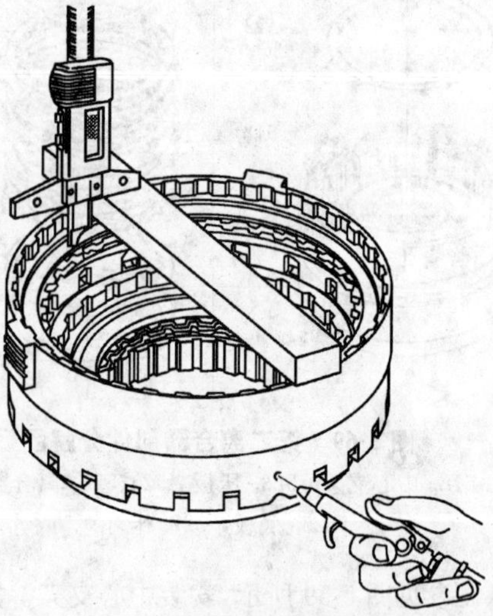

图 5-74 检查超速档离合器行程

②中间档离合器部件分解如图 5-75 所示，装配后，要检查离合器片组行程，如图 5-76 所示，向图示孔中施加 450kPa 的压缩空气，在离合器底盘上 3 个不同位置测量，取其平均值，规定行程为 1.60～2.05mm。

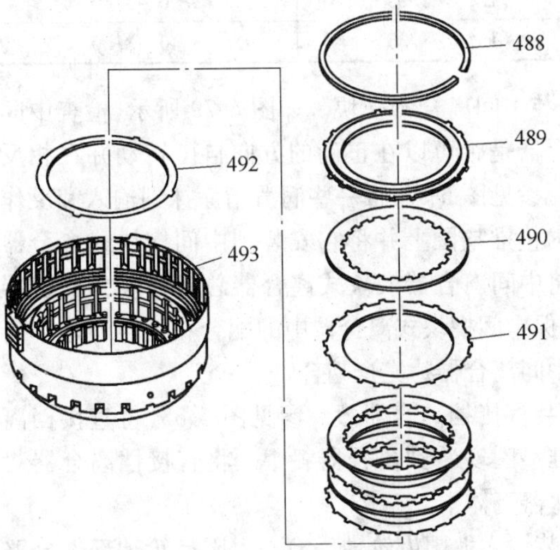

图 5-75　中间离合器部件分解图

488. 卡环　489. 底板　490、491. 离合器片
492. 压盘　493. 超速档离合器壳

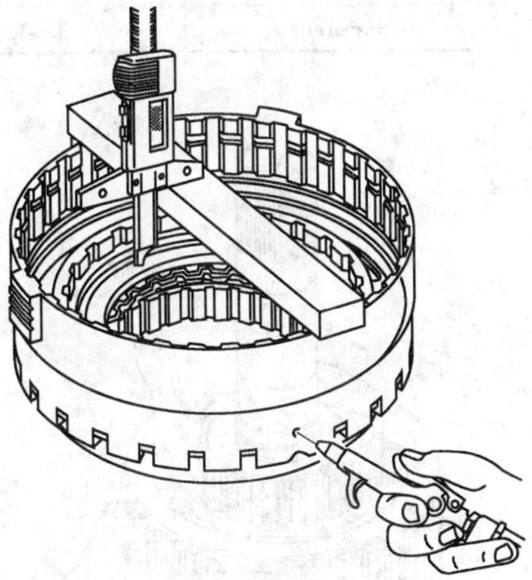

图 5-76　检查中间离合器片组行程

③安装超速档和中间离合器。如图 5-77 所示，使变速器壳体转到图示垂直位置，将超速档离合器外壳安装到变速器壳体中。检查中间离合器片上的配合花键是否与低速档和倒档楔块总成外座圈完全啮合。

④选择并安装中间和超速档离合器外壳卡环。如图 5-78 所示，测量量规杆底部至超速档和中间离合器顶部之间的距离，此距离记录为 M_1。测量量规杆底部至中间和超速档卡环槽底部之间的距离，此距离记录为 M_2。$M=M_1-M_2$。根据测量结果，选择中间和超速档离合器外壳卡环，卡环规格见表 5-12。卡环的安装参见图 5-57。

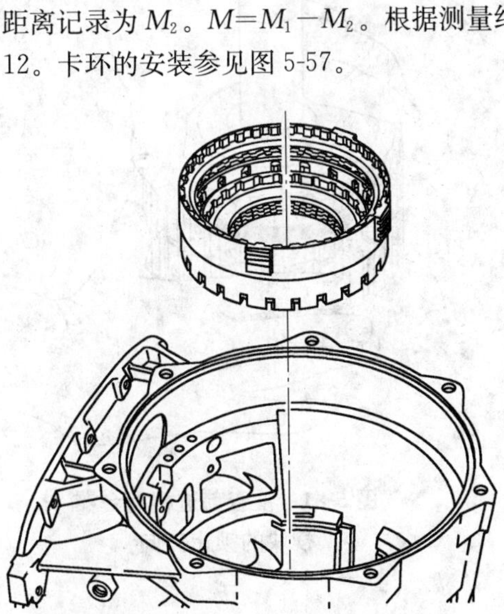

图 5-77　安装超速档和中间离合器

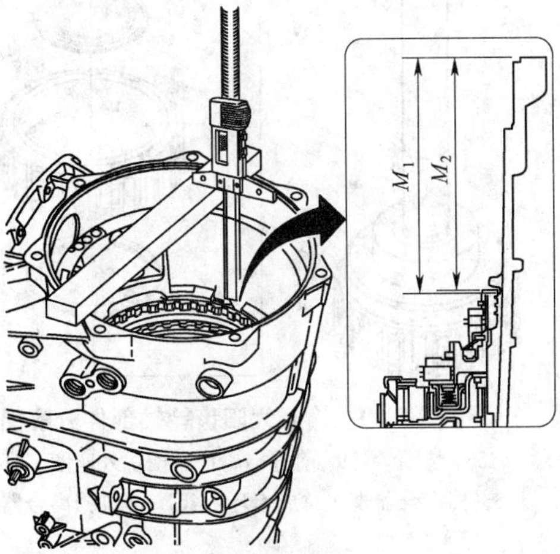

图 5-78　测量尺寸 M

表 5-12 卡环规格 (mm)

测得M值	卡环厚度	测得M值	卡环厚度
0.75～0.85	3.90～4.00	1.05～1.15	3.60～3.70
0.85～0.95	3.80～3.90	1.15～1.25	3.50～3.60
0.95～1.05	3.70～3.80	1.25～1.35	3.40～3.50

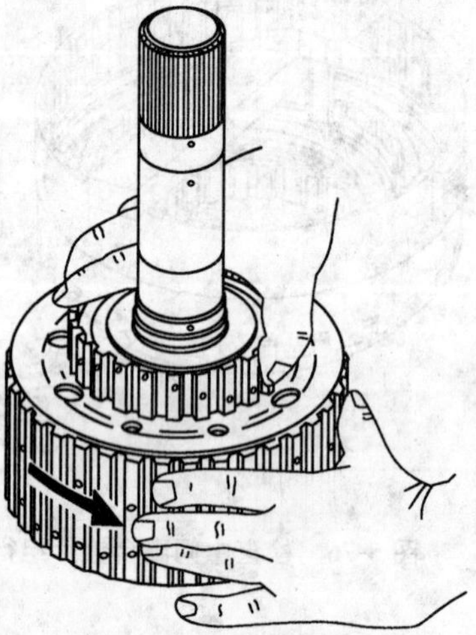

图 5-79 检查中间离合器楔块的锁止方向

(7)安装中间离合器楔块。如图 5-79 所示，检查中间楔块式离合器是否可以在正确的方向自由转动并在相反方向锁止。参见图 5-56，将一些润滑脂涂抹到输入和反作用托架的内止推垫圈上并将它安装到中间楔块式离合器总成中。将中间离合器楔块式离合器总成安装到变速器壳体中，确保中间楔块式离合器中的配合花键与超速档离合器片和中间离合器片完全啮合。

(8)安装直接档离合器毂。参见图 5-55，将直接档离合器毂止推垫圈安装到离合器毂中。将直接档离合器毂安装到变速器壳体中。

(9)安装输入太阳齿轮轴。输入太阳齿轮轴部件分解图如图 5-80 所示。如图 5-81 所示，检查太阳齿轮轴是否可以按图示方向转动并在相反方向上锁止。参见图 5-54，安装内止推轴承，安装新的内座圈卡环，将输入太阳齿轮轴安装到变速器中。

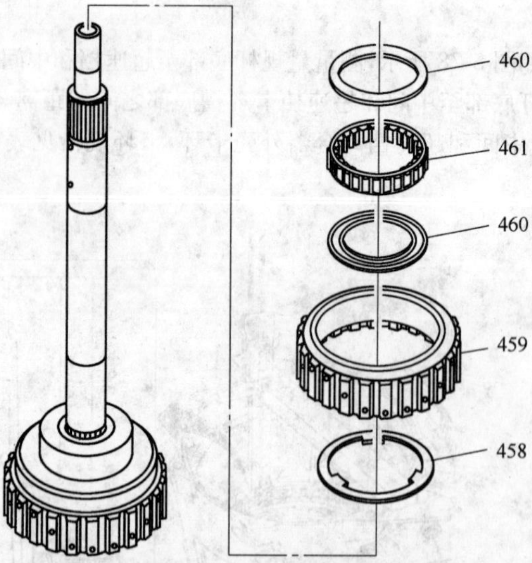

图 5-80 输入太阳齿轮轴部件分解图

458. 垫圈 459. 前进档离合器楔块外座圈 460. 前进档离合器楔块总成卡环 461. 前进档离合器楔块

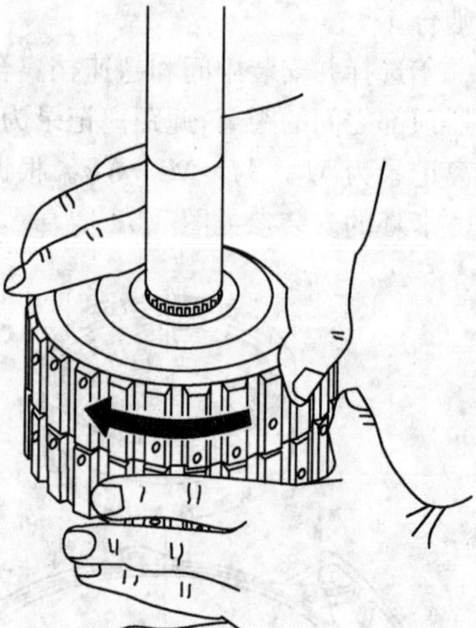

图 5-81 检查前进档离合器楔块的锁止方向

(10)前进档和滑行离合器的检查与组装

①分解：前进档离合器部件分解如图 5-82 所示，滑行离合器部件分解如图 5-83 所示。

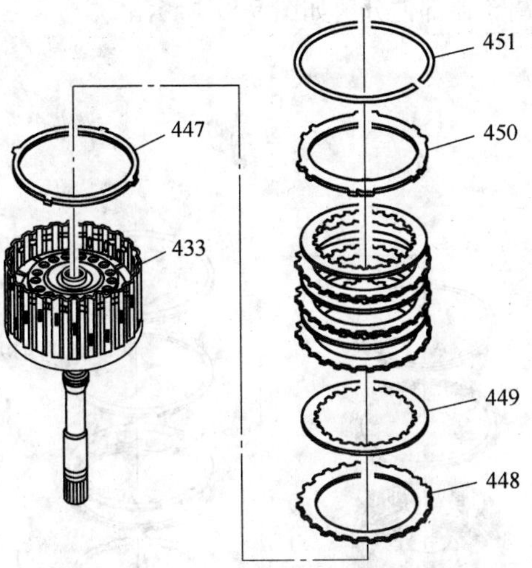

图 5-82　前进档离合器部件分解图

433. 离合器壳　447. 压盘　448、449. 离合器片
450. 前进档离合器底板　451. 卡环

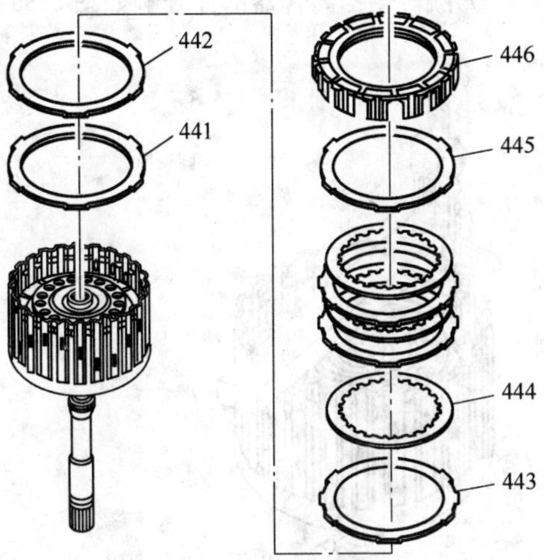

图 5-83　滑行离合器部件分解图

441. 隔片　442. 压盘　443、444. 离合器片
445. 底板　446. 滑行离合器外壳

②测量滑行离合器片组行程：如图 5-84a 所示，测量从前进档离合器外壳顶部至滑行离合器活塞的距离，将之记录为尺寸 c。测量从前进档离合器外壳顶部至前进档离合器活塞的距离，将之记录为尺寸 b。$a=b-c$。如图 5-84b 所示，安装滑行离合器，测量从滑行离合器外壳顶部至滑行离合器隔片顶部的距离，将之记录为尺寸 d。将尺寸 a 减去尺寸 d，这就是离合器盘片组行程。滑行离合器盘片组的行程规定值为 1.17～1.67mm。

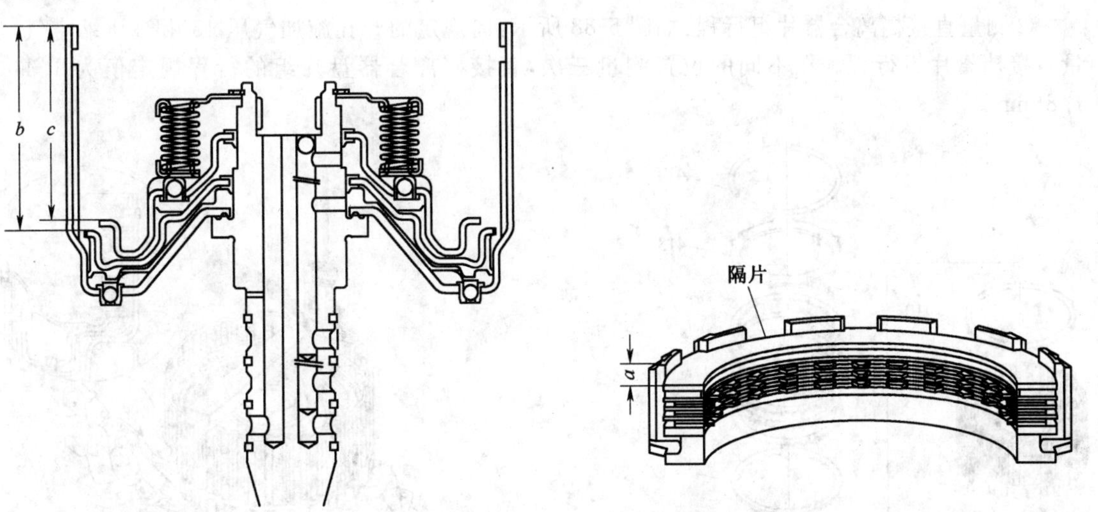

(a)　(b)

图 5-84　测量滑行离合器片组的行程

(a)测量尺寸 a　(b)测量尺寸 b

③测量前进档离合器片组行程：如图 5-85 所示，向规定的开孔施加气压，测量前进档离合器盘片组的行程，规定值为 1.20～1.65mm。

此时不要将前进档和滑行离合器总成安装到变速器壳体上，先将其放到一边。

(11)直接档和倒档离合器的安装

①分解：倒档离合器部件分解如图5-86所示，直接档离合器部件分解如图5-87所示。

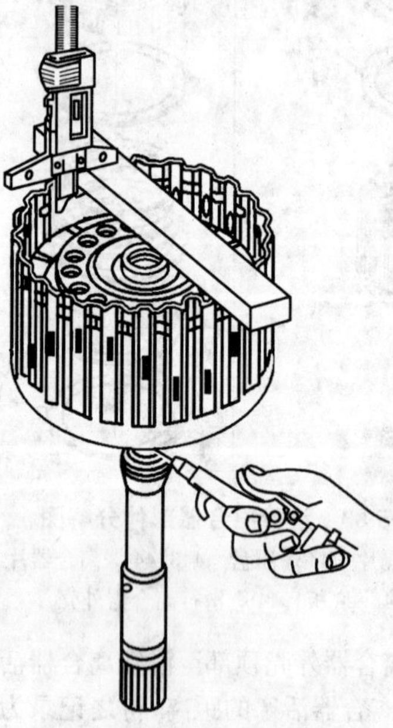

图5-85　测量前进档离合器片组行程

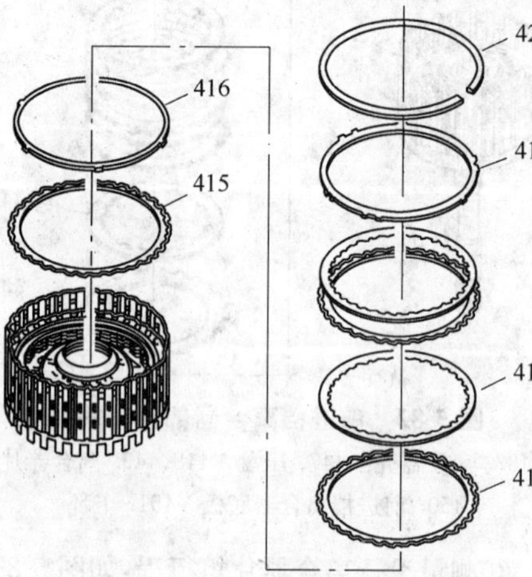

图5-86　倒档离合器部件分解图

415.隔片　416.压盘　417、418.离合器片　419.底板　420.卡环

②测量直接档离合器片组行程：如图5-88所示，向规定的开孔施加气压450kPa压缩空气，测量直接档离片组行程。在不同的位置测量三次，直接档离合器盘片组的行程规定值为1.41～1.86mm。

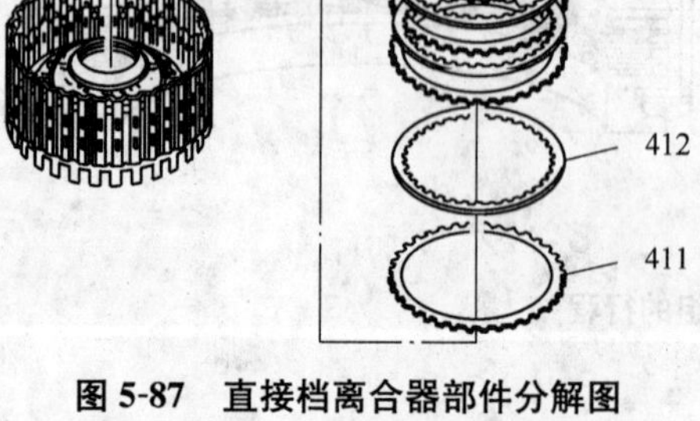

图5-87　直接档离合器部件分解图

410.压盘　411、412.离合器片　413.底板　414.卡环

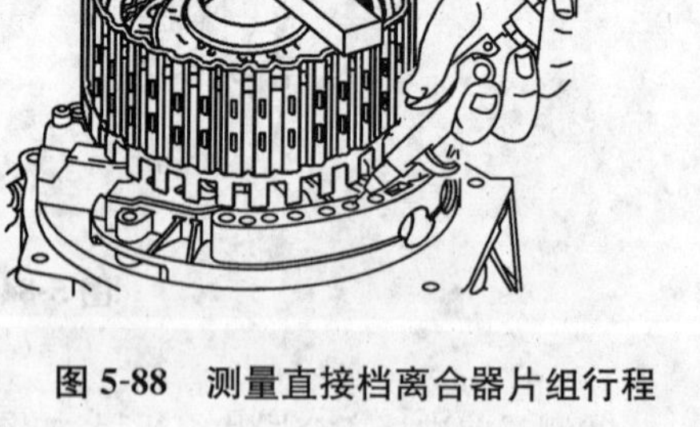

图5-88　测量直接档离合器片组行程

③测量倒档离合器片组行程：如图5-89所示，向规定的开孔施加气压450kPa压缩空气，测量倒档离片组行程。在不同的位置测量三次，直接档离合器盘片组的行程规定值为0.98～1.43mm。

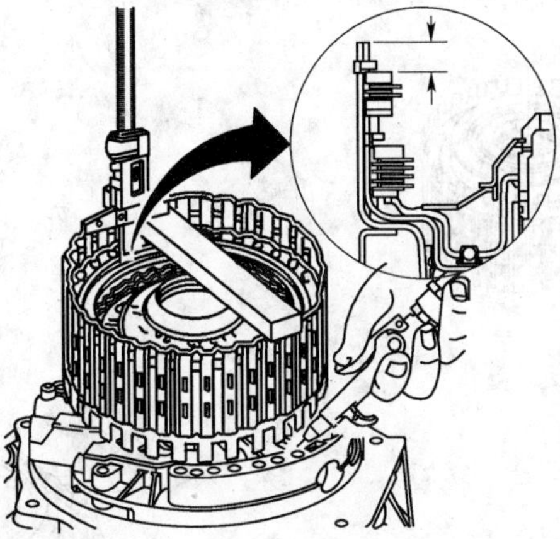

图 5-89　测量倒档离合器片组行程

(12)安装直接档和倒档离合器一前进档和滑行离合器

①如图 5-90 所示,将直接档和倒档离合器总成放到前进档和滑行离合器总成上。将直接档和倒档离合器总成与前进档和滑行离合器总成安装到壳体中。

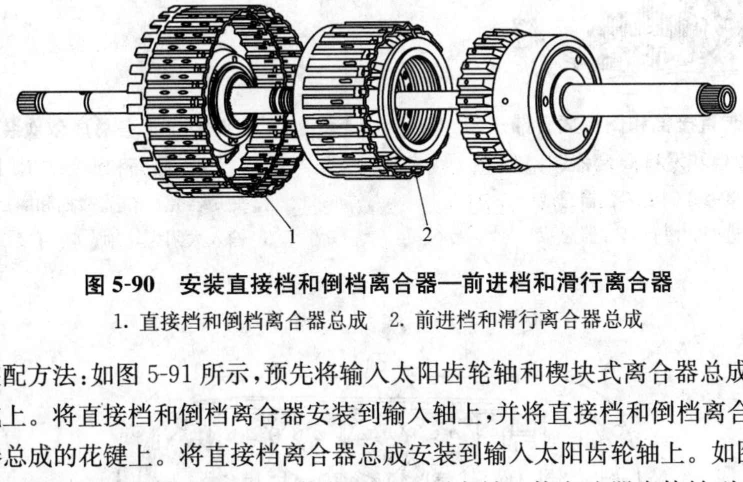

图 5-90　安装直接档和倒档离合器—前进档和滑行离合器

1. 直接档和倒档离合器总成　2. 前进档和滑行离合器总成

②另一种装配方法:如图 5-91 所示,预先将输入太阳齿轮轴和楔块式离合器总成装配到前进档和滑行离合器总成上。将直接档和倒档离合器安装到输入轴上,并将直接档和倒档离合器片接合到前进档和滑行离合器总成的花键上。将直接档离合器总成安装到输入太阳齿轮轴上。如图 5-92 所示,将各总成依次装配在变矩器壳和油泵总成上,以使装配过程更容易。使变速器壳体转到水平位置(储油盘侧朝上),从变矩器罩上拆卸预先装配好的部件,并将其安装到变速器壳体中。

(13)安装油泵。

(14)安装变矩器壳。

(15)安装输入速度传感器。

(16)安装输出速度传感器。

(17)参见图 5-50 和 5-51,安装油路密封圈和阀体总成。按图 5-93 所示的正确顺序将控制阀体和储能器至壳体螺栓紧固至 11N • m。

(18)安装线束。

(19)安装储油盘的滤清器。

(20)安装延伸壳。

(21)安装传动轴法兰。

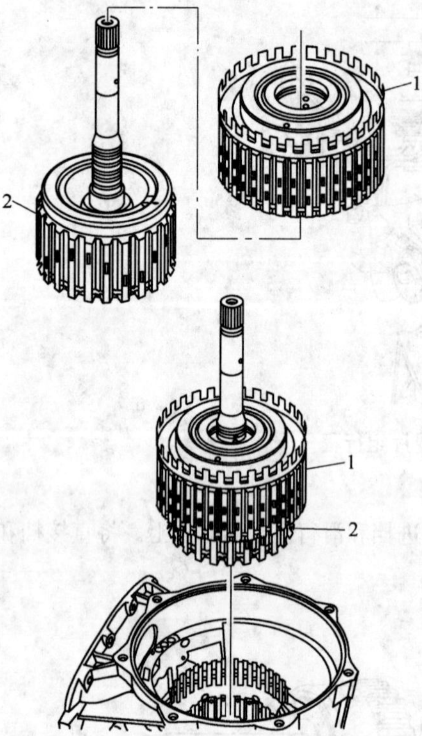

图 5-91　组装直接档和倒档离合器—前进档和滑行离合器

1. 直接档和倒档离合器总成
2. 前进档和滑行离合器总成

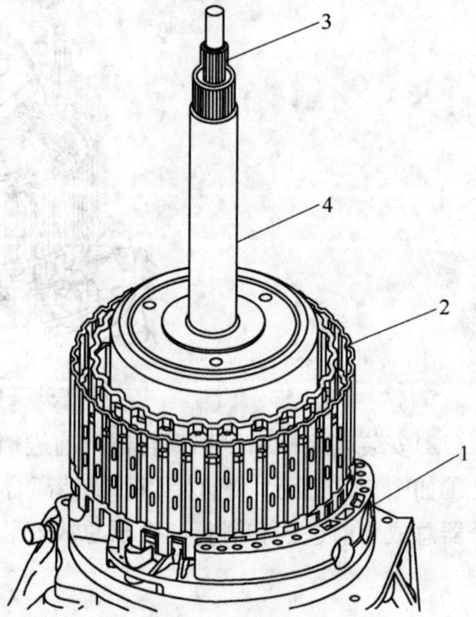

图 5-92　将各总成依次装配在变矩器壳和油泵总成上

1. 变矩器壳　2. 直接档和倒档离合器总成
3. 输入太阳齿轮轴　4. 直接档离合器总成

图 5-93　紧固阀体螺栓

(22)拆卸夹具。

(23)安装涡轮轴上的密封圈和变矩器。

六、5L40E 型自动变速器故障诊断

1. 所有驱动档位下都不能驱动
(1)前进档离合器总成
—离合器片损坏或磨损；
—活塞损坏或有切口；
—单向球阀损坏或卡滞。
(2)前进档单向离合器
—楔块损坏；
—内圈磨损或出现点蚀。
(3)油泵
—叶片损坏；
—滑套弹簧缺失；
—油泵滤网总成阻塞或损坏；
—油泵转子导向环缺失或装配不当；
—油泵转子开裂或断裂；
—油泵有孔隙；
—油泵表面不平；
—油泵转子间隙过大。
(4)低速档单向离合器
—楔块损坏；
—内圈磨损或出现点蚀。
(5)输入和反作用托架
—齿轮损坏或磨损。
2. 无倒档或倒档打滑
(1)直接档和倒档离合器总成
—倒档离合器外壳单向球阀损坏；
—活塞损坏或有切口；
—离合器片损坏或磨损。
(2)控制阀体储能器总成
—倒档锁止阀卡滞；
—变矩器离合器脉宽调制电磁阀泄漏。
(3)换档杆
—调整不当。
3. 换档时打滑
(1)控制阀体储能器总成
—储能器活塞密封件损坏；
—储能器活塞外壳有孔隙；
—单向球阀卡滞或缺失。
(2)压力控制电磁阀
—压力控制电磁阀损坏。

(3)油泵
—油泵损坏。
4. 变矩器离合器(TCC)不接合
(1)控制阀体和储能器总成
—变矩器离合器调节器接合阀卡在分离位置;
—变矩器离合器调节器接合阀弹簧断裂。
(2)变矩器外壳
—变速器油泵盖损坏或错位。
(3)变矩器离合器脉宽调制电磁阀总成
—卡在断开位置;
—内部损坏;
—O形密封圈损坏或有切口;
—滤网损坏;
—电气连接器损坏。
(4)油泵
—变矩器离合器控制阀卡滞、粘结;
—变矩器离合器启动阀不良;
—变矩器离合器启动阀弹簧卡滞或粘结;
—衬垫错位。
(5)涡轮轴O形密封圈
—损坏或有切口。
(6)检查是否有当前变速器故障码
—变速器故障码导致的系统默认操作启动。
5. 换档点不准确
(1)油泵总成
—压力调节阀卡滞;
—油泵滑套卡滞。
(2)控制阀体
—储能器总成隔片和衬垫错位或损坏。
(3)节气门位置传感器
—断开或损坏。
(4)输入速度传感器
—断开或损坏;
—传感器至变速器壳体的螺栓未正确紧固。
(5)输出速度传感器
—断开或损坏;
—传感器至变速器壳体的螺栓未正确紧固。
(6)换档电磁阀
—泄漏。
(7)动力模式启动
—检查动力模式开关及线路。

6. 换档生硬
(1)压力控制电磁阀
—O 形密封圈损坏；
—污染。
(2)输出速度传感器
—电路断路或搭铁。
(3)输入速度传感器
—电路断路或搭铁。
(4)节气门位置
—电路断路或搭铁。
(5)前进档离合器总成
—离合器片损坏或磨损；
—活塞损坏或有切口；
—单向球阀损坏或卡滞。
(6)控制阀体储能器总成
—储能器活塞卡滞；
—单向球阀卡滞或缺失。
(7)油泵
—压力调节阀卡滞；
—压力调节阀弹簧；
—管路助力阀弹簧；
—管路助力阀或套管卡滞、损坏或装配不当；
—油泵滤网总成阻塞或损坏；
—油泵转子导向环缺失或装配不当；
—油泵转子开裂或断裂；
—油泵有孔隙；
—油泵表面不平；
—油泵转子间隙过大；
—油泵滑套密封件错位；
—油泵叶片损坏；
—油泵滑套弹簧损坏。
(8)检查是否有当前变速器故障码
变速器故障码导致的系统默认操作启动。
7. 变矩器离合器(TCC)接合生硬
(1)控制阀体和储能器总成
—变矩器离合器调节器接合阀卡滞。
(2)变矩器离合器电磁阀
—卡在接通位置。
8. 无发动机制动
(1)滑行离合器
—活塞损坏或有切口；

—离合器片损坏或磨损；
—单向球阀损坏或卡滞。
(2)超速档离合器
—活塞损坏或有切口；
—离合器片损坏或磨损。
9. 自动变速器过热
(1)油泵总成
—压力调节阀卡滞；
—压力调节阀弹簧；
—管路助力阀弹簧；
—管路助力阀或套管卡滞、损坏或装配不当；
—限压球阀未就位或损坏；
—限压球阀弹簧；
—油泵滤网总成阻塞或损坏；
—油泵转子导向环缺失或装配不当；
—油泵转子开裂或断裂；
—油泵有孔隙；
—油泵表面不平；
—油泵转子间隙过大。
(2)压力控制电磁阀总成
—被污染；
—O形密封圈有切口或损坏；
—电气连接。
(3)检查是否有当前变速器故障码
—变速器故障码导致的系统默认操作启动。
10. 换档杆在空档位置时车辆行驶
(1)前进档离合器和滑行离合器总成
—离合器片损坏或磨损；
—活塞损坏或有切口；
—单向球阀损坏或卡滞。
(2)换档杆
—调整不当。

第六章 6L50E/80E型自动变速器

第一节 结构特点与技术参数

一、结构特点

2007年年初，上海通用推出了凯迪拉克赛威SLS，SLS配用两款自动变速器，一款是5L40E/50E型自动变速器，另一款是6L50E/80E型自动变速器，该自动变速器是通用新开发的电控6速自动变速器，还用于08款凯迪拉克CTS和凯雷德（ESCALADE）和2010款别克林荫大道。多档位使得车辆的动力性发挥得更佳，并且降低了油耗。因采用了新型的行星齿轮机构和先进的控制系统，使得变速器的内部机械结构并不复杂，只使用了5个用油元件和1个单向离合器，即可实现6个前进档和1个倒档，其内部总体构造如图6-1所示。

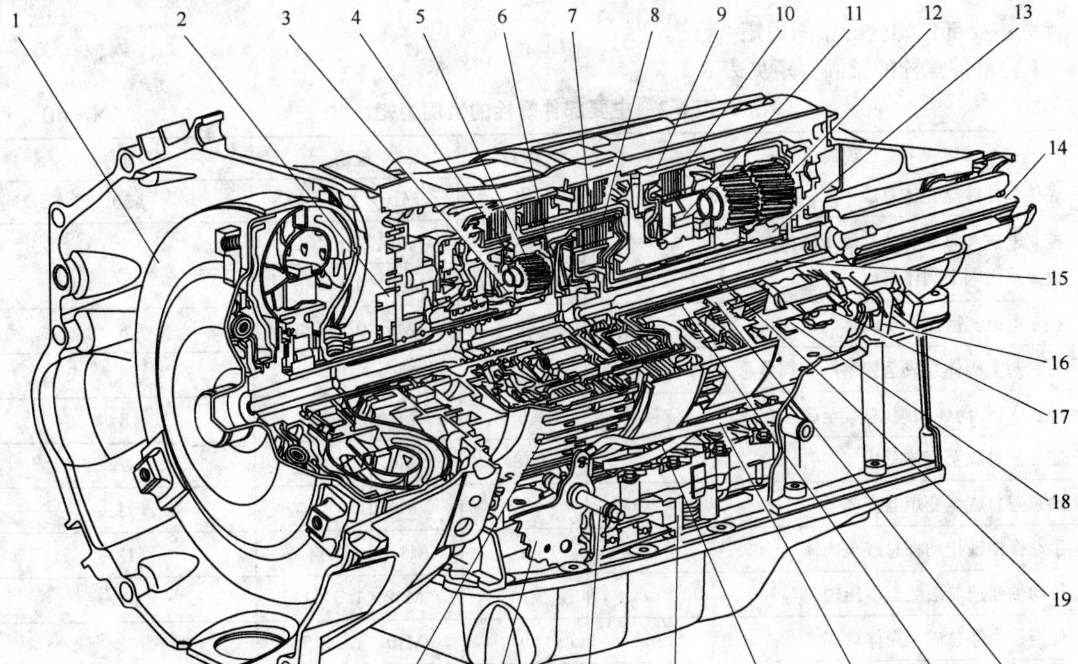

图6-1 6L50E/80E自动变速器总体构造

1. 变矩器 2. 变矩器壳 3. 输入太阳轮 4. 1-6-3-4离合器 5. 输入行星架组件 6. 3-5-R离合器 7. 6-6离合器 8. 4-5-6离合器（带涡轮轴） 9. 6-6和L-R离合器中间支架总成 10. L-R离合器 11. 单向离合器 12. 输出行星架 13. 输出行星架后太阳轮 14. 输出轴 15. 4-5-6离合器与输出行星架连接毂 16. 驻车爪 17. 输出行星架后内齿圈 18. 输出行星架前内齿圈 19. 输出行星架前太阳轮 20. 1-6-3-4离合器与输出行星架内太阳轮轴连接毂 21. 6-6和3-5-R离合器毂（带输出行星架外太阳轮轴） 22. 驻车执行组件 23. 输入和输出速度传感器组件 24. 控制阀体 25. 手动轴 26. 手动轴扇齿 27. 1-6-3-4和5-R离合器

二、主要技术参数

1. 基本参数

6L50E/80E 型自动变速器的基本参数见表 6-1。

表 6-1 6L50E 型自动变速器基本参数

项目	参数	项目	参数
变速器型号： 6L50E/80E	6-六前进档 L一纵向安装 50/80一产品序列 E一电控	4 档传动比 5 档传动比 6 档传动比 倒档传动比	1.157 0.853 0.674 3.200
档位划分	P、R、N、D、M	油液容量	6.83L(拆卸油底) 10.10L(大修) 10.52L(系统整体容量)
驱动形式	后轮驱动		
1 档传动比	4.065		
2 档传动比	2.371	油液类型	Dexron VI
3 档传动比	1.551		

2. 主要部件螺栓的紧固力矩

主要部件螺栓的紧固力矩见表 6-2。

表 6-2 主要部件螺栓的紧固力矩 (N·m)

螺栓	数量	规格	紧固力矩
壳体延伸件至壳体总成	6	M10×1.5×40	50
控制电磁阀总成和控制阀下阀体总成至控制阀上阀体总成	6	M5×0.8×55	8
	10	M5×0.8×45	
控制电磁阀散热片至阀体	2	M5×0.8×53	8
控制阀上阀体总成至控制阀下阀体总成	12	M5×0.8×36	8
控制阀(带阀体和阀)总成至壳体总成	6	M5×0.8×73	8
储油盘总成至壳体总成	18	M6×1.0×20	9
油泵盖总成至变矩器壳体	13	M6×1.0×40	11
手动换档轴止动杆总成至阀体	1	M6×1.0×14.5	12
传动轴变速器法兰至输出轴	1	M22×1.5×14	105
变矩器壳体总成至壳体总成	9	M10×1.5×50	72
变矩器至飞轮螺栓	3	—	63
变速器油位检查螺塞至储油盘总成	1	M12×1.75	25
变速器至发动机气缸体螺栓	10	—	50
变速器支座总成至车身螺栓	2	—	60
变速器支座总成至变速器螺栓	2	—	60

3. 离合器底板卡环规格

(1)3-5-R 档离合器：3-5-R 档离合器底板卡环规格见表 6-3。

表 6-3 3-5-R 档离合器底板卡环规格 (mm)

卡环厚度	外径颜色	卡环厚度	外径颜色
2.25～2.35	浅绿色-浅绿色	2.47～2.57	灰色-灰色
2.69～2.79	黄色-黄色	2.91～3.01	橙色-橙色
3.13～3.23	浅蓝色-浅蓝色	3.35～3.45	白色-白色
3.57～3.67	黄色-紫色		
离合器组件行程规格：1.20～1.74mm			

(2)1-2-3-4 档离合器：1-2-3-4 档离合器底板卡环规格见表 6-4。

表 6-4 1-2-3-4 档离合器底板卡环规格 (mm)

卡环厚度	外径颜色	卡环厚度	外径颜色
2.47～2.57	灰色-灰色	3.35～3.45	白色-白色
2.69～2.79	黄色-黄色	3.57～3.67	黄色-紫色
2.91～3.01	橙色-橙色	3.79～3.89	浅蓝色-紫色
3.13～3.23	浅蓝色-浅蓝色		
离合器组件行程规格：1.50～1.98mm			

(3)4-5-6 档离合器：4-5-6 档离合器底板卡环规格见表 6-5。

表 6-5 4-5-6 档离合器底板卡环规格 (mm)

卡环厚度	外径颜色	卡环厚度	外径颜色
2.52～2.62	浅绿色-浅绿色	3.64～3.74	浅蓝色-浅蓝色
2.80～2.90	灰色-灰色	3.92～4.02	白色-白色
3.08～3.18	黄色-黄色	4.20～4.30	黄色-紫色
3.36～3.46	橙色-橙色		
离合器组件行程规格：1.17～1.76mm			

第二节 动力传递路线分析

一、工作元件表

6L50E/80E 型自动变速器动力传递路线如图 6-2 所示，变速器内部有两组行星齿轮机构，分别称为输入支座总成和输出支座总成。输入支座总成是一个简单的行星齿轮机构；输出支座总成是一个拉维那式行星齿轮机构，即其前排是一个简单的单级行星齿轮机构，后排是一个双级行星齿轮机构，前、后排共用行星架，前、后内齿圈连接为一体，是动力输出端。自动变速器内部换档执行元件有 3 个驱动离合器、2 个制动离合器和一个单向离合器，各执行元件的作用见表 6-6，不同档位各执行元件的状态见表 6-7。

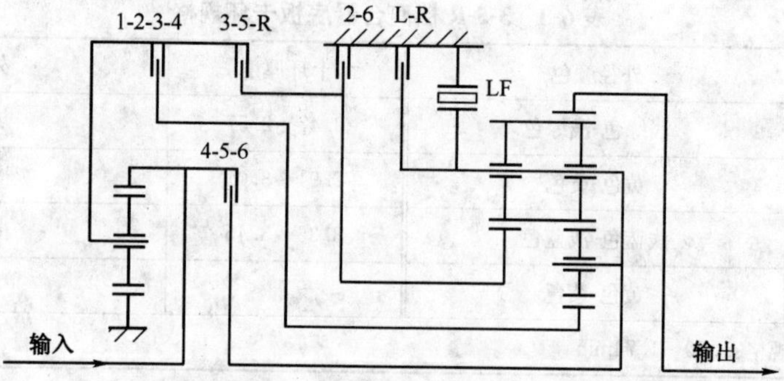

图 6-2　6L50E/80E 型自动变速器动力传递路线

表 6-6　各换档执行元件的作用

换档执行元件	作　用	换档执行元件	作　用
1-2-3-4 离合器	减速驱动输出行星齿轮组后排太阳轮	2-6 离合器	固定输出行星齿轮组前排太阳轮
3-5-R 离合器	减速驱动输出行星齿轮组前排太阳轮	L-R 离合器	固定输出行星齿轮组行星架
4-5-6 离合器	直接驱动双排行星齿轮组行星架		

表 6-7　工作元件表

档位	P/M	R	1B	1	2	3	4	5	6
1-2-3-4 离合器			●	●	●	●	●		
3-5-R 离合器		●				●		●	
4-5-6 离合器							●	●	●
2-6 离合器					●				●
L-R 离合器	●*	●*	●						
低速单向离合器			●	●					

1B：1 档发动机制动

*：接合，但不传递动力

二、动力传递路线分析

1. 1 档动力传递路线

(1)没有发动机制动：1 档(没有发动机制动时)动力传递路线如图 6-3 所示，为能表达清楚，现将输入、输出行星齿轮组的状态分别说明如下：

输入行星齿轮组：动力由涡轮轴传至内齿圈，太阳轮固定，则行星架同向减速输出；1-2-3-4 离合器工作，将输入行星齿轮组的行星架和输出行星齿轮组后排太阳轮连接在一起，将涡轮轴动力经输入行星齿轮组减速后传至输出行星齿轮组后排太阳轮。

输出行星齿轮组：动力由输出行星齿轮组后排太阳轮输入；低速单向离合器 LF 锁止，单向固定输出行星齿轮组共用行星架，输出行星齿轮组后排是一个双级行星齿轮机构，故输出行星齿轮组共用齿圈同向减速输出。

由以上动力传递路线可知，在 1 档时，单向离合器 LF 锁止是动力传递不可缺少的条件，当动力反向传递时，单向离合器会打滑空转，故没有发动机制动。

(2)有发动机制动：1 档(有发动机制动时)动力传递路线如图 6-4 所示，为能表达清楚，现将输入、

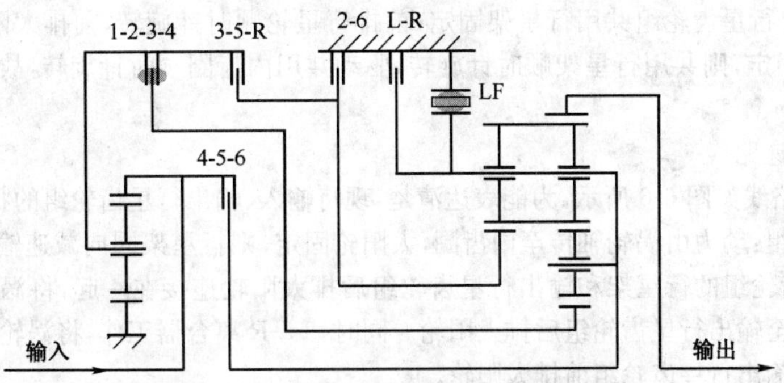

图 6-3　1 档动力传递路线(无发动机制动)

输出行星齿轮组的状态分别说明如下：

输入行星齿轮组：同 1 档无发动机制动。

输出行星齿轮组：当需要发动机制动时，L-R 离合器工作，双向固定输出行星齿轮组共用行星架。L-R 离合器与低速单向离合器 LF 并联，单向离合器 LF 的锁止并不再是动力传递不可缺少的条件，故可以获得发动机制动。

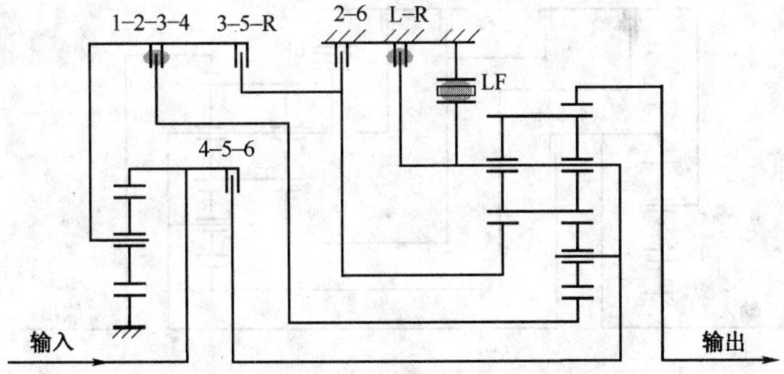

图 6-4　1 档动力传递路线(有发动机制动)

2. 2 档动力传递路线

2 档动力传递路线如图 6-5 所示，为能表达清楚，现将输入、输出行星齿轮组的状态分别说明如下：

输入行星齿轮组：动力由涡轮轴传至内齿圈，太阳轮固定，则行星架同向减速输出；1-2-3-4 离合器工作，将输入行星齿轮组的行星架和输出行星齿轮组后排太阳轮连接在一起，将涡轮轴动力经输入行星齿轮组减速后传至输出行星齿轮组后排太阳轮。

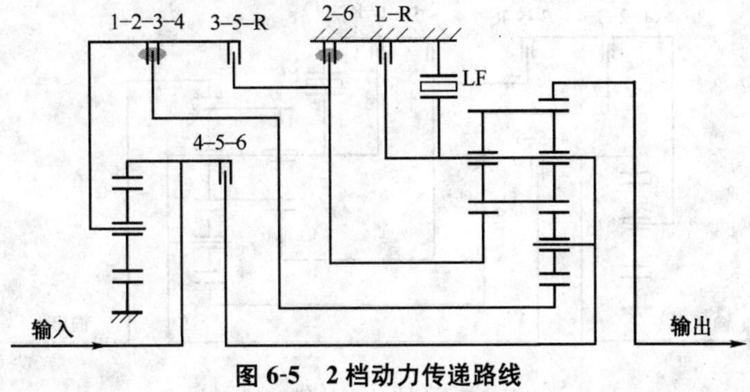

图 6-5　2 档动力传递路线

输出行星齿轮组：动力由输出行星齿轮组后排太阳轮输入；2-6 离合器工作，固定输出行星齿轮组前排太阳轮，则输出行星齿轮组共用齿圈同向减速输出。

在1档时，输出行星齿轮组共用行星架固定，前排行星轮顺时针旋转，前排太阳轮逆时针旋转。2档时，前排太阳轮固定，则共用行星架顺时针旋转，驱动共用内齿圈顺时针旋转，故转速比1档时要快一些。

3. 3档动力传递路线

3档动力传递路线如图6-6所示，为能表达清楚，现将输入、输出行星齿轮组的状态分别说明如下：

输入行星齿轮组：动力由涡轮轴传至内齿圈，太阳轮固定，则行星架同向减速输出；1-2-3-4离合器工作，将输入行星齿轮组的行星架和输出行星齿轮组后排太阳轮连接在一起，将涡轮轴动力经输入行星齿轮组减速后传至输出行星齿轮组后排太阳轮。同时，3-5-R离合器工作，将涡轮轴动力经输入行星齿轮组减速后传至输出行星齿轮组前排太阳轮。

由以上分析可知，输出行星齿轮组前后两个太阳轮被同时驱动，则整个行星齿轮机构以一个整体旋转，输出行星齿轮组的齿轮传动比为1∶1，即输出行星齿轮组共用齿圈相对1-2-3-4离合器、3-5-R离合器的输入转速而言是同向等速输出。自动变速器的总传动比等于输入行星齿轮组和输出行星齿轮组传动比的乘积，输入行星齿轮组是一个减速传动，传动比大于1；输出行星齿轮组是等速传动，传动比等于1，则整个自动变速器的传动比等于输入行星齿轮组传动比，即总传动比大于1，是同向减速运动。

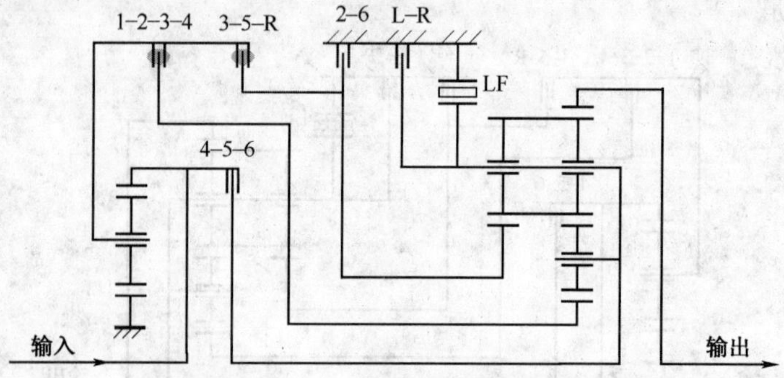

图6-6 3档动力传递路线

4. 4档动力传递路线

4档动力传递路线如图6-7所示，为能表达清楚，现将输入、输出行星齿轮组的状态分别说明如下：

输入行星齿轮组：动力由涡轮轴传至内齿圈，太阳轮固定，则行星架同向减速输出；1-2-3-4离合器工作，将输入行星齿轮组的行星架和输出行星齿轮组后排太阳轮连接在一起，将涡轮轴动力经输入行星齿轮组减速后传至输出行星齿轮组后排太阳轮。

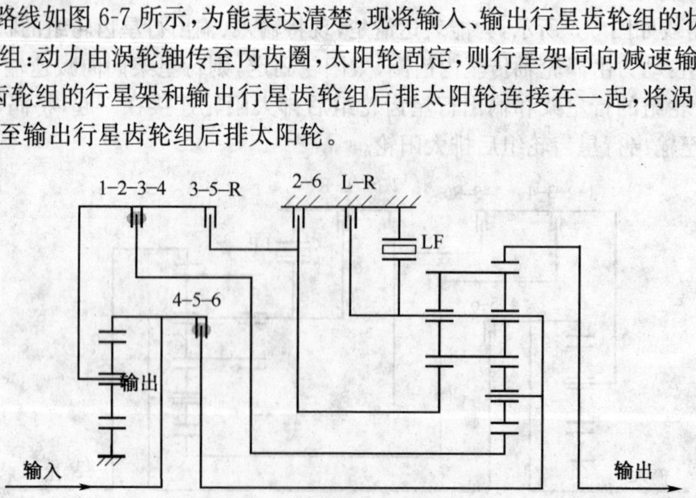

图6-7 4档动力传递路线

输出行星齿轮组：4-5-6离合器工作，将涡轮轴与输出行星齿轮组行星架连接为一体，涡轮轴动力未经减速直接传至输出行星齿轮组行星架。

输出行星齿轮组是一个双级行星齿轮机构，行星架被以涡轮轴转速等速驱动，如果后排太阳轮固定，则输出行星齿轮组齿圈为同向减速输出；如果后排太阳轮也被以涡轮轴转速等速驱动，则输出行星齿轮组齿圈为同向等速输出；现在，后排太阳轮被减速驱动，则输出行星齿轮组齿圈的输出转速介于以上两种情况之间，即同向减速。

5. 5 档动力传递路线

5 档动力传递路线如图 6-8 所示，为能表达清楚，现将输入、输出行星齿轮组的状态分别说明如下：

输入行星齿轮组：动力由涡轮轴传至内齿圈，太阳轮固定，则行星架同向减速输出；3-5-R 离合器工作，将输入行星齿轮组的行星架和输出行星齿轮组前排太阳轮连接在一起，涡轮轴动力经输入行星齿轮组减速后传至输出行星齿轮组前排太阳轮。

输出行星齿轮组：4-5-6 离合器工作，将涡轮轴与输出行星齿轮组行星架连接为一体，涡轮轴动力未经减速直接传至输出行星齿轮组行星架。

输出行星齿轮组的前排是一个简单的单级行星齿轮机构，行星架被以涡轮轴转速等速驱动，如果前排太阳轮固定，则输出行星齿轮组齿圈为同向增速输出；如果前排太阳轮也被以涡轮轴转速等速驱动，则输出行星齿轮组齿圈为同向等速输出；现在，前排太阳轮被减速驱动，则输出行星齿轮组齿圈的输出转速介于以上两种情况之间，即同向增速。

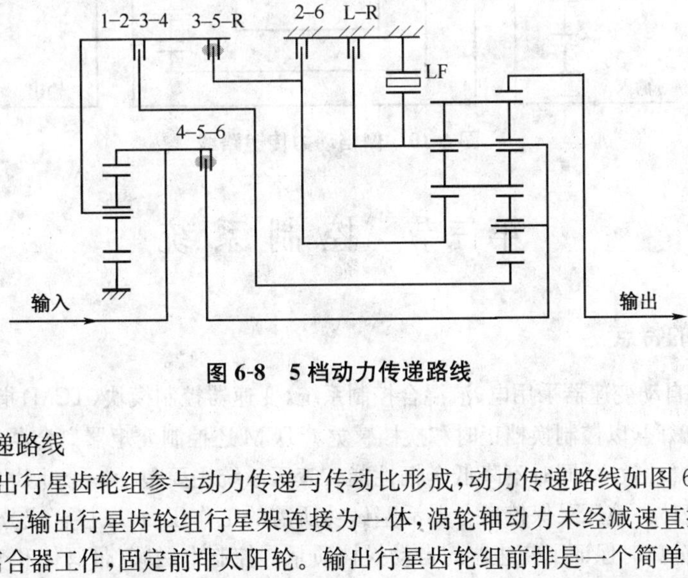

图 6-8　5 档动力传递路线

6. 6 档动力传递路线

6 档时，只有输出行星齿轮组参与动力传递与传动比形成，动力传递路线如图 6-9 所示。4-5-6 离合器工作，将涡轮轴与输出行星齿轮组行星架连接为一体，涡轮轴动力未经减速直接传至输出行星齿轮组行星架。2-6 离合器工作，固定前排太阳轮。输出行星齿轮组前排是一个简单的单级行星齿轮机构，行星架被以涡轮轴转速等速驱动，前排太阳轮固定，则输出行星齿轮组齿圈为同向增速输出。传动比的定性分析参考 5 档，这里从略。

7. 倒档动力传递路线

倒档动力传递路线如图 6-10 所示，为能表达清楚，现将输入、输出行星齿轮组的状态分别说明如下：

输入行星齿轮组：动力由涡轮轴传至内齿圈，太阳轮固定，则行星架同向减速输出；3-5-R 离合器工作，将输入行星齿轮组的行星架和输出行星齿轮组前排太阳轮连接在一起，涡轮轴动力经输入行星齿轮组减速后传至输出行星齿轮组前排太阳轮。

输出行星齿轮组：动力由前排太阳轮输入；L-R 离合器工作，固定行星架，因输出行星齿轮组前排是一个简单的单级行星齿轮机构，则输出行星齿轮组齿圈反向减速输出。

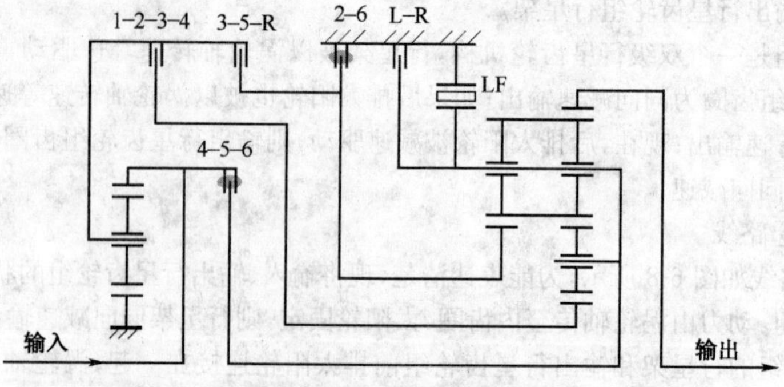

图 6-9　6 档动力传递路线

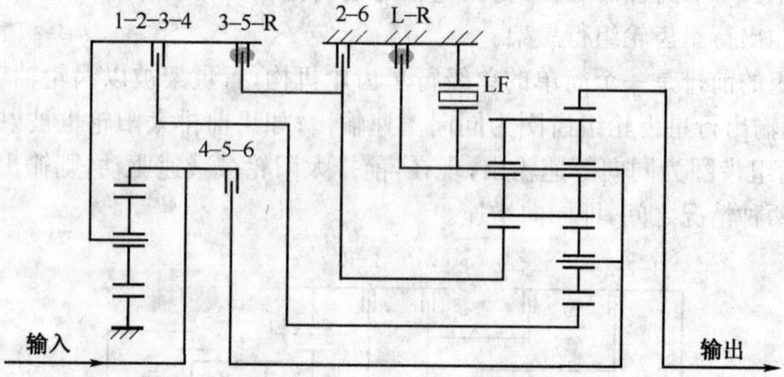

图 6-10　倒档动力传递路线

第三节　控 制 系 统

一、控制系统的特点

6L50E/80E 型自动变速器采用电、液混合控制系统，变速器控制模块（TCM）指令换档电磁阀和可变排气压力控制电磁阀，以控制换档正时和换档感觉。TCM 还控制变矩器离合器的接合和分离，从而使发动机实现最大燃油效率，同时不降低车辆性能。液压系统主要包括一个叶片泵、两个控制阀体总成、变矩器外壳和壳体。液压泵保持离合器活塞做功所需的工作压力，以接合或分离摩擦部件。这些摩擦部件在接合或分离时保证了变速器的自动换档质量。控制电磁阀（带阀体和变速器控制模块）组装成一个独立的控制电磁阀总成，总成包含以下部件：

—变速器控制模块（TCM）；

—离合器压力控制电磁阀（Clutch PC Sol）；

—换档电磁阀（SS）；

—管路压力控制电磁阀（Line PC Sol）；

—变矩器离合器压力控制电磁阀（TCC 空调　PC Sol）；

—变速器油温度传感器（TFT Sensor）；

—变速器控制模块温度传感器；

—温度传感器；

—变速器油压力开关（TFP Sw）。

这些部件不能单独维修，控制电磁阀（带阀体和变速器控制模块）总成直接将这些部件电气连接到变速器控制模块上，这些部件没有使用导线，控制总成通过引出线套管与发动机线束 16 路连接器连接，控制总成如图 6-11 所示，电控系统框图如图 6-12 所示，控制系统部件位置如图 6-13 所示。

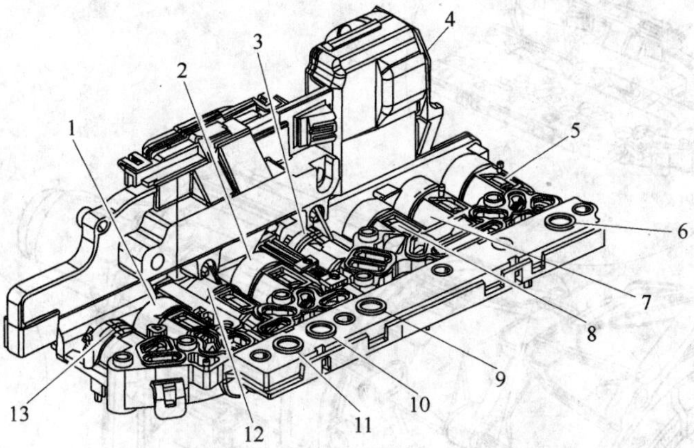

图 6-11 控制电磁阀(带阀体和变速器控制模块)总成

1. 管路压力控制(PC)电磁阀 2. 变矩器离合器(TCC)压力控制(PC)电磁阀 3. 换档电磁阀(SS)2 4. 16 针连接器 5. 压力控制(PC)电磁阀 3 6. 变速器油压力(TFP)开关 5 7. 压力控制(PC)电磁阀 8. 压力控制(PC)电磁阀 2 9. 变速器油压力(TFP)开关 3 10. 变速器油压力(TFP)开关 1 11. 变速器油压力(TFP)开关 4 12. 压力控制(PC)电磁阀 5 13. 换档电磁阀(SS)1

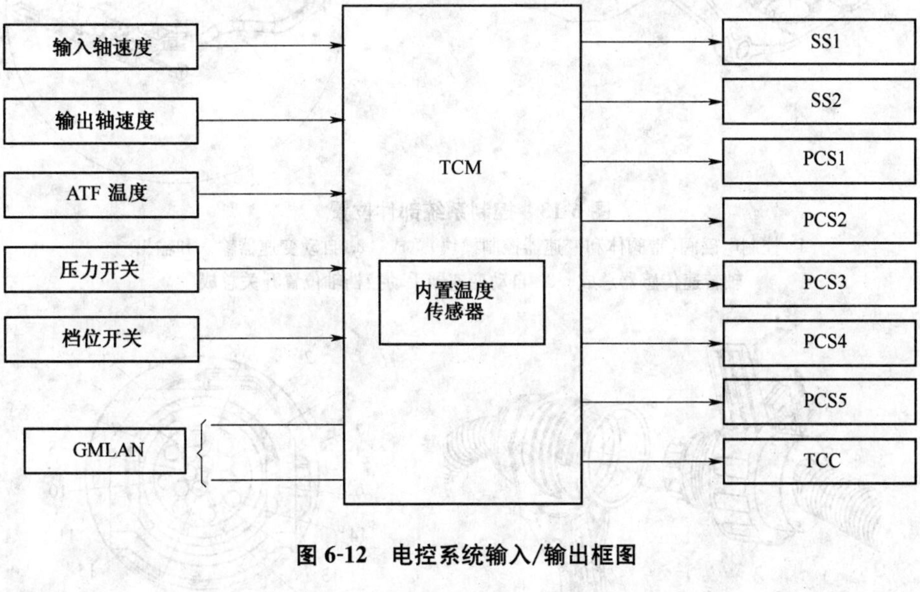

图 6-12 电控系统输入/输出框图

控制电磁阀(带阀体和变速器控制模块)总成通过引出线套管与发动机线束 16 路连接器连接，将连接器的发动机侧从变速器侧断开时，首先解锁发动机线束连接器上的滑动锁，逆时针旋转连接器杆，并将连接器从电气连接器套管上拆下，如图 6-14 所示。将连接器发动机侧重新连接至变速器侧时，将连接器发动机侧上的定位槽对准电气连接器套管上的定位凸舌，滑动发动机侧连接器，使其穿过电气连接器套管并滑入变速器侧连接器。顺时针旋转连接器杆直至连接器完全就位，锁止连接器上的滑动锁。TCM 16 路连接器的端子视图参见图 6-14，各端子的作用见表 6-8。

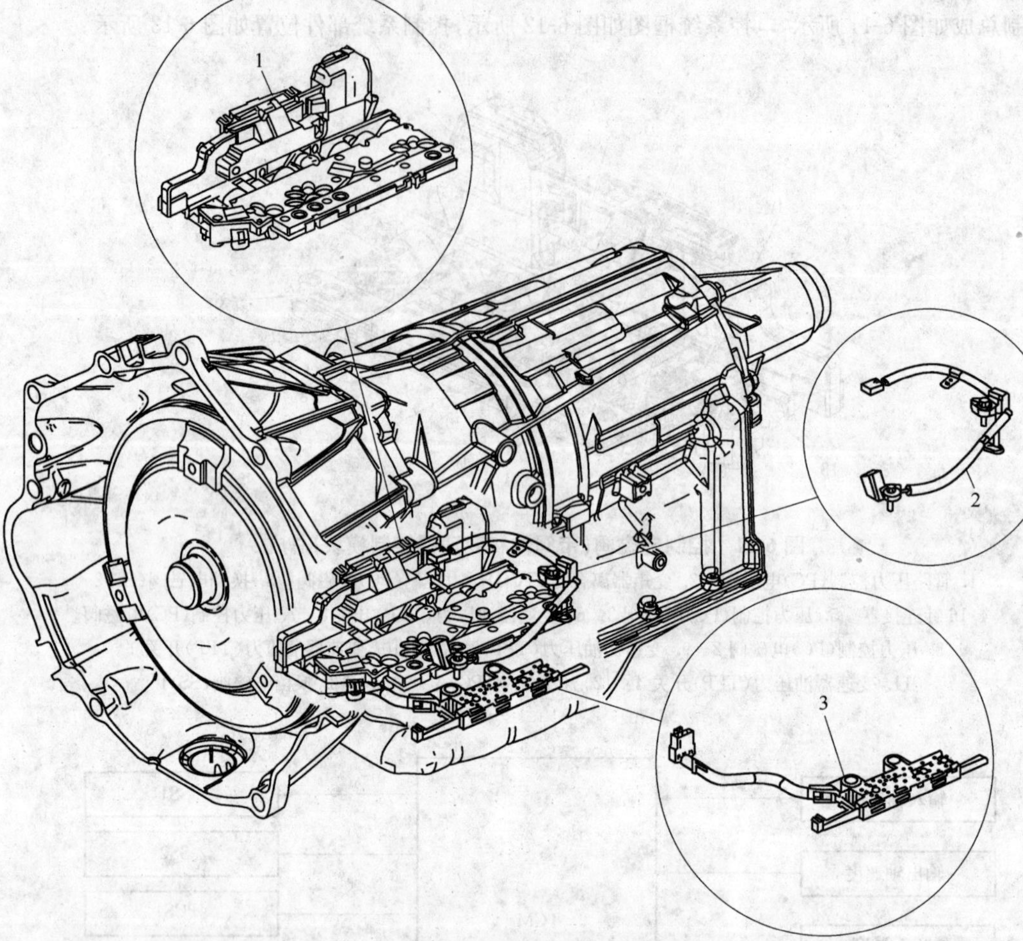

图 6-13　控制系统部件位置

1. 控制电磁阀(带阀体和变速器控制模块)总成　2. 自动变速器输入和输出轴转速传感器总成　3. 自动变速器手动换档轴位置开关总成

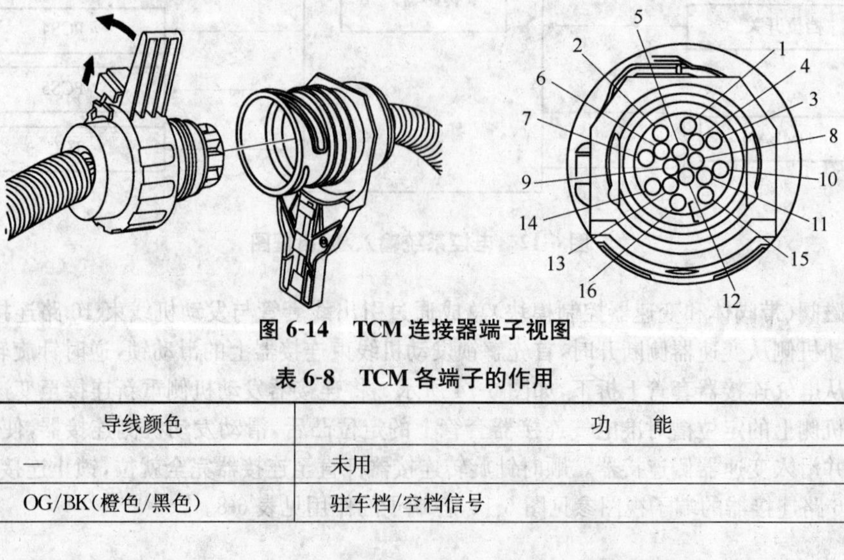

图 6-14　TCM 连接器端子视图

表 6-8　TCM 各端子的作用

端子	导线颜色	功　能
1、2	—	未用
3	OG/BK(橙色/黑色)	驻车档/空档信号

续表 6-8

端子	导线颜色	功　能
4	RD/WH(红色/白色)	蓄电池正极电压
5	BK/WH(黑色/白色)	接地
6	WH(白色)	制动踏板接合信号
7	PU(紫色)	触动式加档/减档信号
8	—	未用
9	YE/BK(黄色/黑色)	发动机控制模块/变速器控制模块串行数据唤醒
10	TN/BK(棕黄色/黑色)	高速 GM 局域网串行数据总线(+)
11	TN(棕黄色)	高速 GM 局域网串行数据总线(－)
12	PK(粉红色)	运行/曲轴转动电压
13	TN(棕黄色)	高速 GM 局域网串行数据总线(－)
14	TN/BK(棕黄色/黑色)	高速 GM 局域网串行数据总线(+)
15、16	—	未用

二、主要电控部件说明

1. 内部模式开关(IMS)

内部模式开关(IMS)也称变速器手动换档轴开关，它是一个滑动触点式开关，安装在变速器壳体内的手动换档轴上，如图 6-15 所示。IMS 向 TCM 传送 5 个输入信号，指示了变速器换档杆的位置。此信息用于发动机控制系统，并用以确定变速器换档模式。每一个输入信号的状态都可在故障诊断仪上显示，这 5 个输入信号是信号 A、信号 B、信号 C、信号 P(奇偶性)和信号 N(驻车/空档起动)。

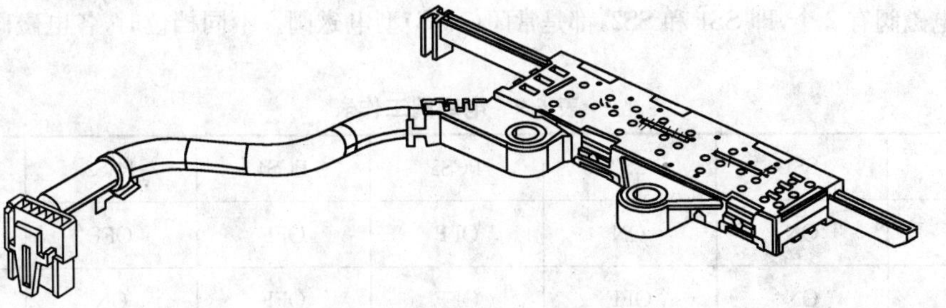

图 6-15　内部模式开关(IMS)

2. 输入速度转速传感器(ISS)

输入转速传感器(ISS)是一个霍尔效应式传感器，如图 6-16 所示，它安装在控制阀上阀体总成上，并通过线束和连接器连接至控制电磁阀(带阀体和变速器控制模块)总成。ISS 从变速器控制模块(TCM)的输入转速传感器/输出转速传感器供电电压电路上接收 8.3～9.3V 电压，传感器朝向 1-2-3-4 档和 3-5-R 档离合器壳体切齿表面，随着 1-2-3-4 档和 3-5-R 档离合器壳体的旋转，传感器产生一定的信号频率，此信号传递给 TCM，TCM 利用输入转速传感器信号确定管路压力、变速器换档模式、变矩器离合器(TCC)滑

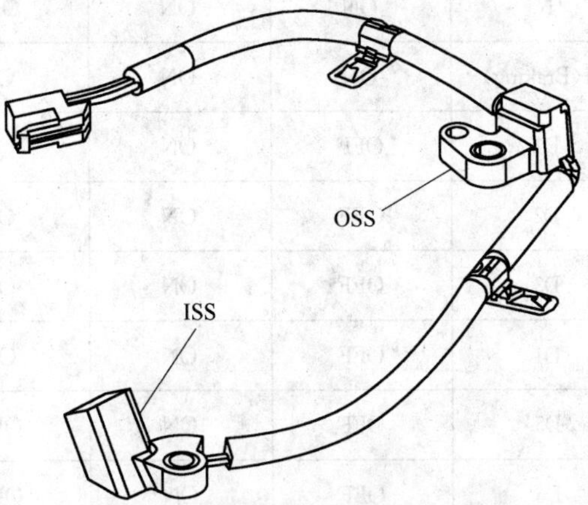

图 6-16　输入、输出速度转速传感器

转速度和传动比。

3. 输出转速传感器(OSS)

输出转速传感器(OSS)也是一个霍尔效应传感器,参见图 6-16,它安装在控制阀上阀体总成上,OSS 传感器朝向输出轴切齿表面。OSS 从变速器控制模块(TCM)接收 8.3～9.3V 电压。随着输出轴的旋转,传感器产生一个信号频率,并传送到 TCM。TCM 利用输出转速传感器信号确定管路压力、变速器换档模式、变矩器离合器(TCC)滑转速度和传动比。

4. 自动变速器油温传感器(TFT)及 TCM 内部温度传感器

自动变速器油温传感器(TFT)是一个负温度系数可变电阻,当温度上升时,电阻值下降。它将自动变速器油温信息传递到自动变速器控制模块(TCM)。另外,在 TCM 内部还有一个温度传感器,用于监测 TCM 的工作温度,是一个不可维修部件。

5. 油压电磁阀

6L50E 型自动变速器采用 6 个压力控制电磁阀,为可变流量的压力控制电磁阀,TCM 对油压电磁阀的控制都是脉宽调制(PWM)式的。这 6 个电磁併又分为两种:

(1)常高(Normally High)电磁阀:在没有电流流过时,电磁阀控制的管路输出压力最高。常高电磁阀包括主管路压力控制电磁阀 PCS1 和压力控制电磁阀 PCS2、PCS3。这 3 个电磁阀在控制电流为 0.1A 时输出压力最大;在控制电流为 1.1A 时输出压力最小。PCS2 控制 3-5-R 离合器压力,PCS3 控制 L-R 及 4-5-6 离合器压力。

(2)常低(Normally Low)电磁阀:在没有电流流过时,电磁阀控制的管路输出压力最小。常低电磁阀包括 TCC 控制电磁阀和压力控制电磁阀 PCS4、PCS5。这 3 个电磁阀在控制电流为 0.1A 时输出压力最小;在控制电流为 1.1A 时输出压力最大。PCS4 控制 2-6 离合器压力,PCS5 控制 1-2-3-4 离合器压力。

6. 换档电磁阀

换档电磁阀有 2 个,即 SS1 和 SS2,都是常闭(N.C)型电磁阀。不同档位时,各电磁阀的状态见表 6-9。

表 6-9 电磁阀工作表

档位	SS1	SS2	PCS5	PCS4	PCS2	PCS3
P	ON	ON	OFF	OFF	OFF	ON
R	ON	OFF	OFF	OFF	ON	ON
N	ON	ON	OFF	OFF	OFF	ON
D1(Braking)	ON	ON	ON	OFF	OFF	ON
D1	OFF	ON	ON	OFF	OFF	OFF
D2	OFF	ON	ON	ON	OFF	OFF
D3	OFF	ON	ON	OFF	ON	OFF
D4	OFF	ON	ON	OFF	OFF	ON
D5	OFF	ON	OFF	OFF	ON	ON
D6	OFF	ON	OFF	ON	OFF	ON

7. 油压开关

6L50E型自动变速器有4个油压开关，编号分别为1、2、3、4，它们都是常闭(N.C)型压力开关，当有油压施加在压力开关上时，油压开关电路与接地电路断开。每个开关监测的是与之相关的压力控制电磁阀的工作状态，也就是离合器的工作状态。油压开关的逻辑值见表6-10。

表6-10　油压开关的逻辑值

档位	油压开关1	油压开关3	油压开关4	油压开关5
P	Low	High	High	High
R	High	High	High	High
N	Low	High	High	High
D1(braking)	Low	Low	High	High
D1	Low	Low	High	Low
D2	Low	High	High	Low
D3	High	Low	High	Low
D4	Low	Low	High	High
D5	High	Low	Low	High
D6	Low	High	Low	High

注：Low—施加压力　High—无压力

三、控制电路

(1)凯迪拉克赛威(SLS)轿车6L50E型自动变速器电控系统电路如图6-17所示。

(2)08款凯迪拉克CTS轿车6L50E型自动变速器控制系统电路如图6-18、6-19、6-20、6-21所示。

四、液压控制部件

(1)6L50E型自动变速器采用排量叶片泵，变矩器壳体(带油泵)部件分解如图6-22所示。

(2)阀体部件分解如图6-23所示，上控制阀体部件分解如图6-24所示，下控制阀体部件分解如图6-25所示，单向球阀的位置如图6-26所示。

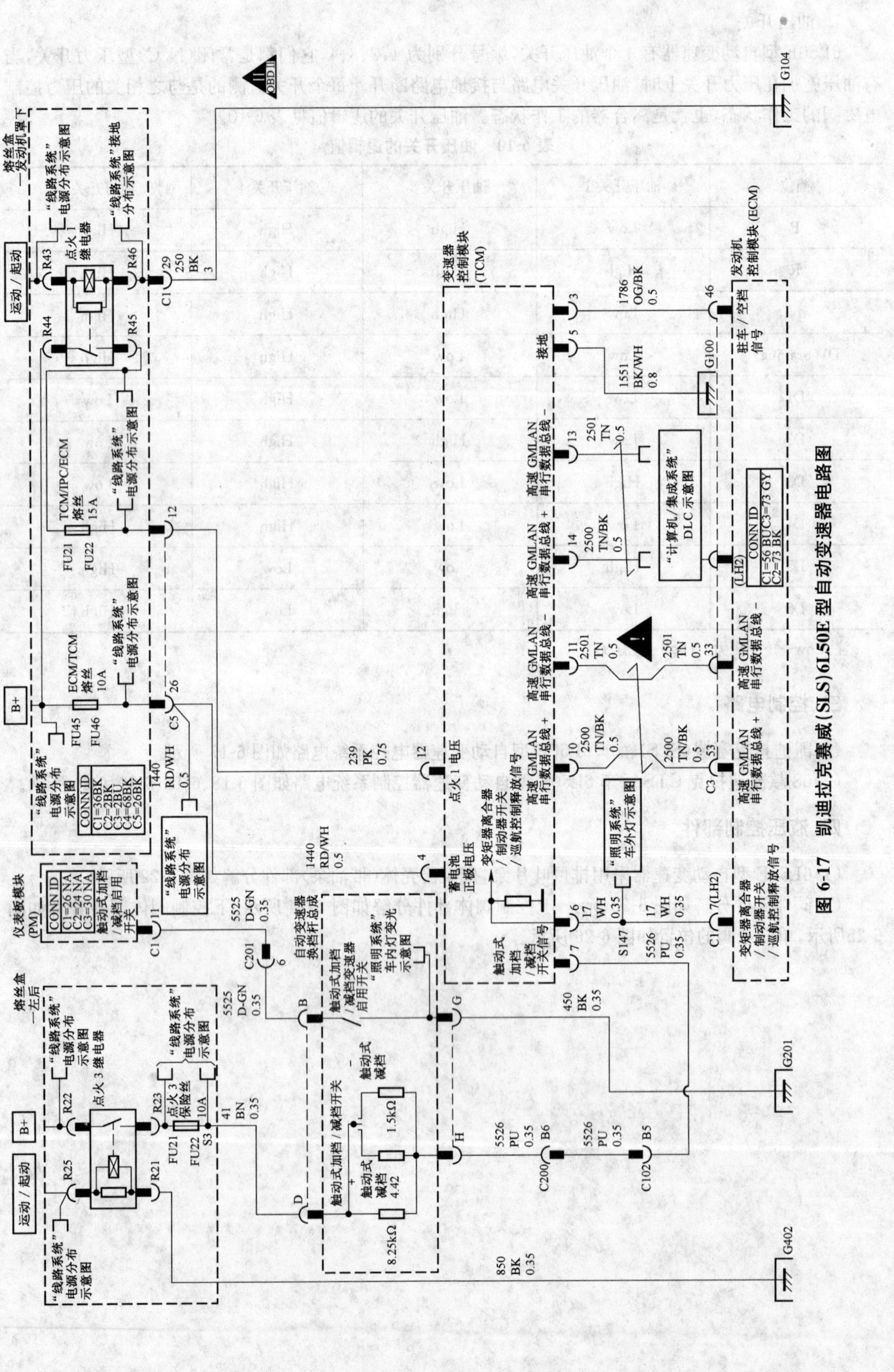

图 6-17 凯迪拉克赛威(SLS)6L50E 型自动变速器电路图

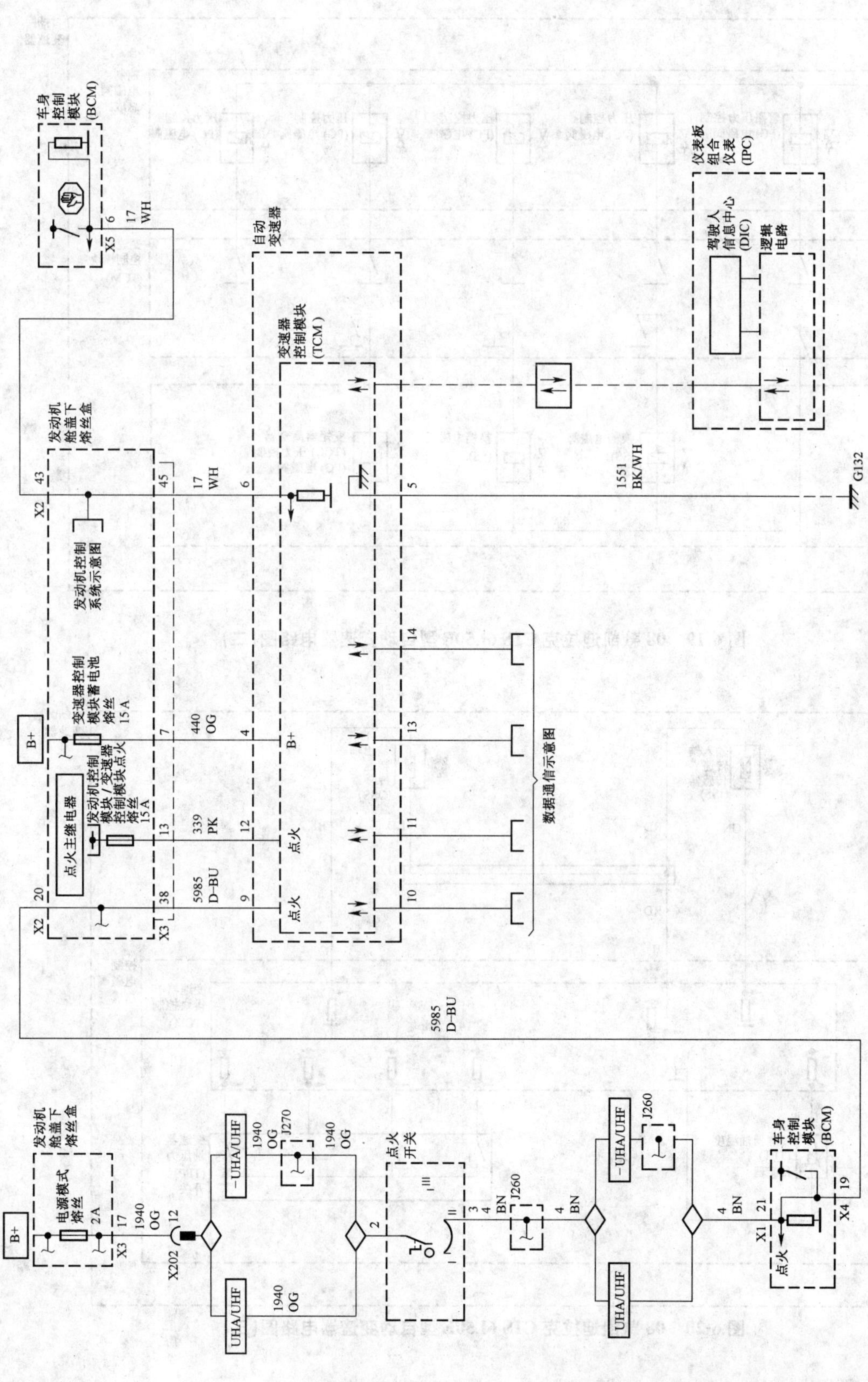

图 6-18　08 款凯迪拉克 CTS 6L50E 型自动变速器电路图(一)

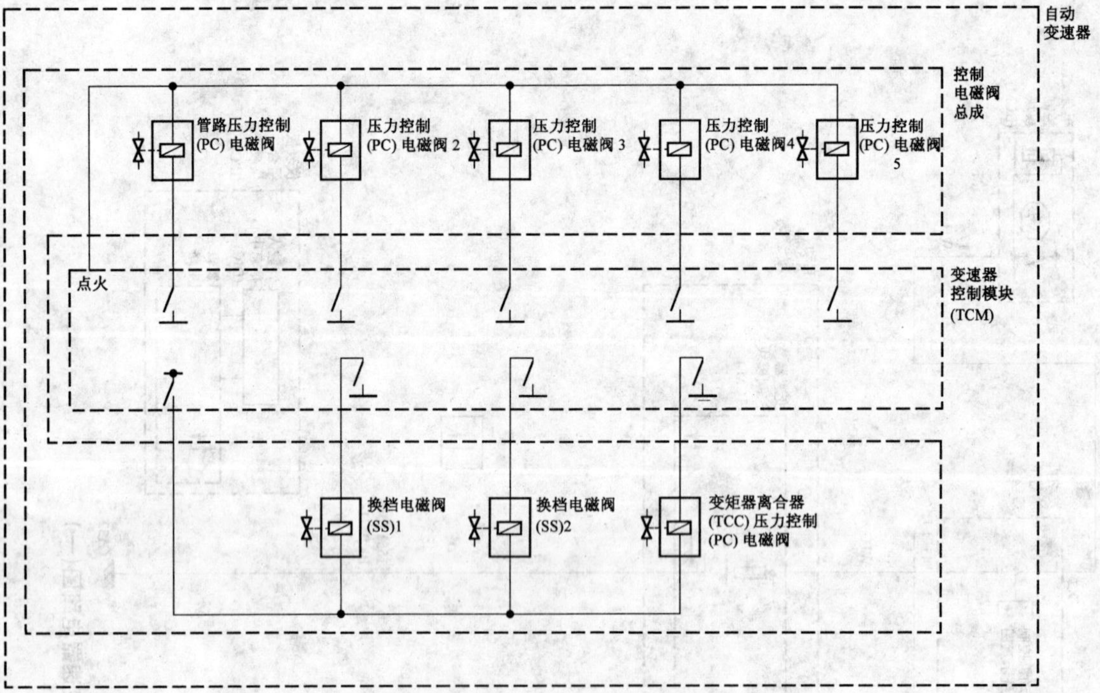

图 6-19 08 款凯迪拉克 CTS 6L50E 型自动变速器电路图(二)

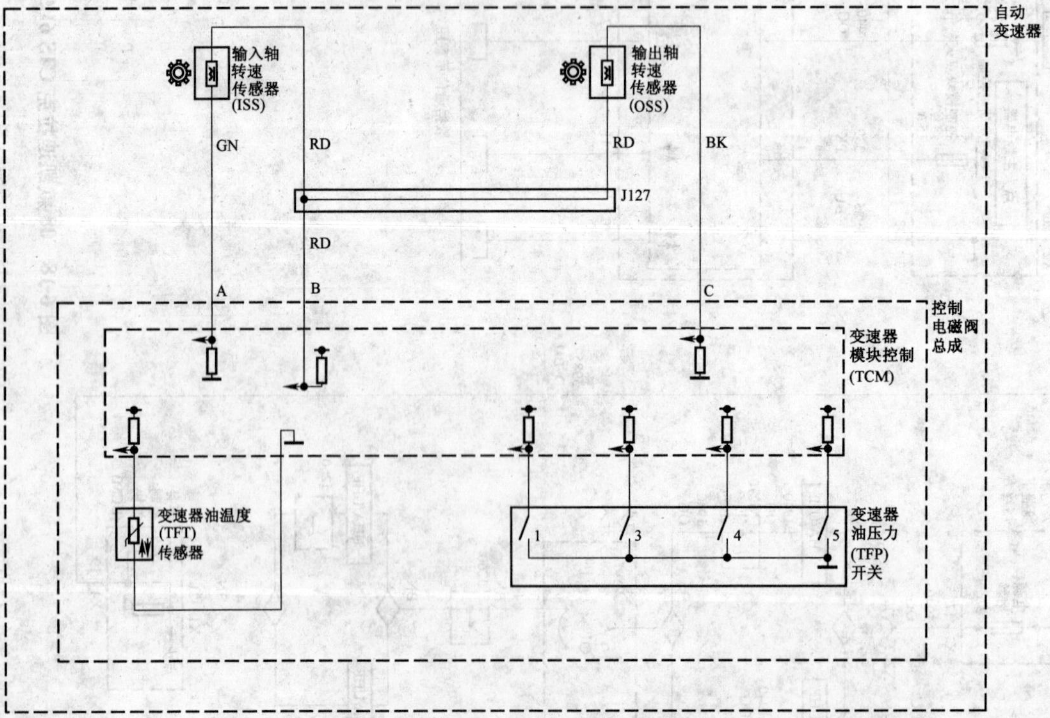

图 6-20 08 款凯迪拉克 CTS 6L50E 型自动变速器电路图(三)

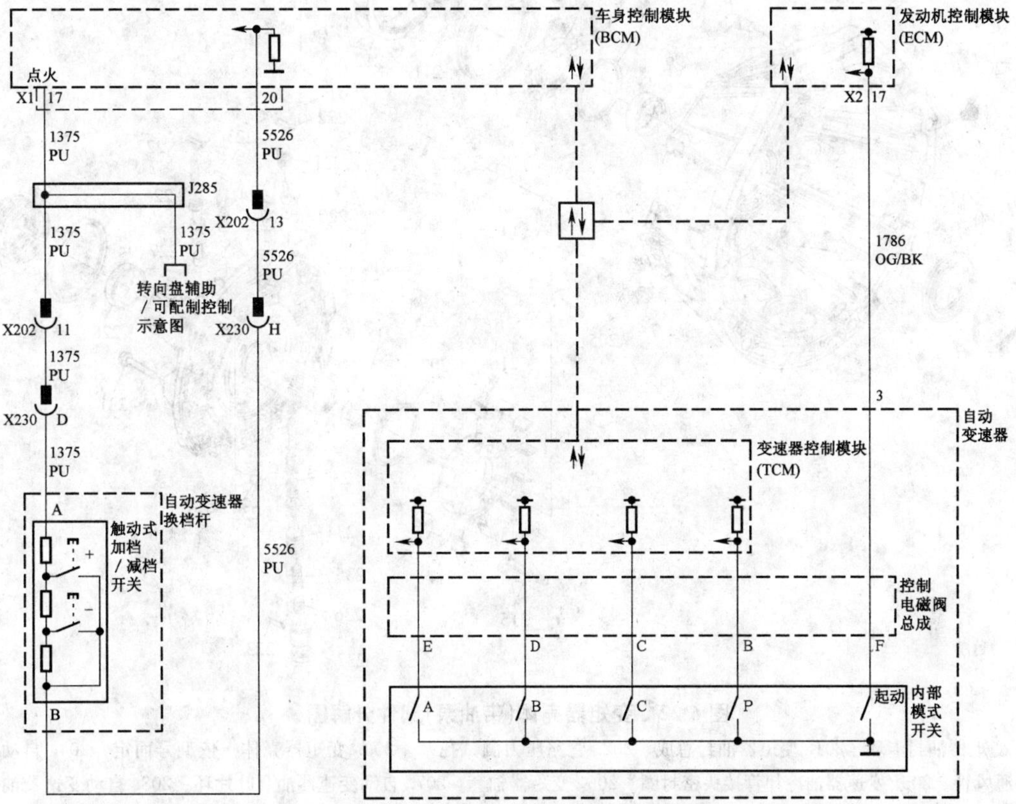

图 6-21　08 款凯迪拉克 CTS 6L50E 型自动变速器电路图(四)

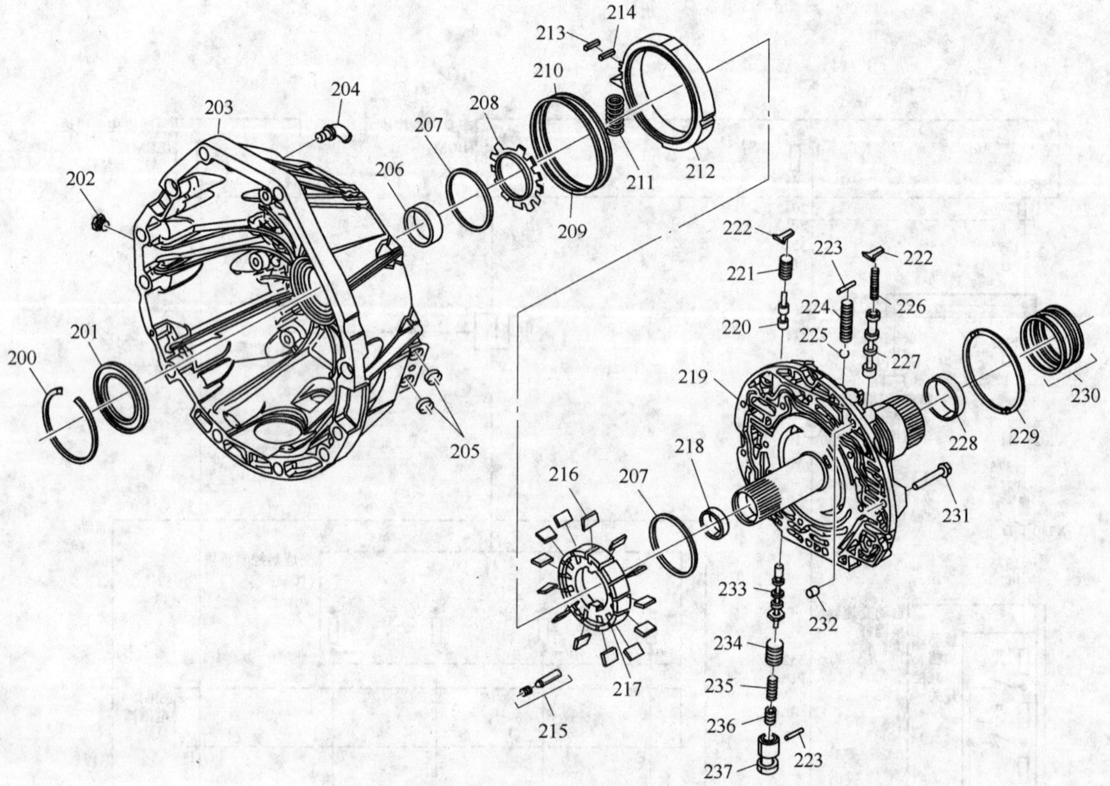

图 6-22　变矩器壳体(带油泵)部件分解图

200. 变矩器油封卡环　201. 变矩器油封总成　202. 管路压力测试孔塞　203. 变矩器壳体一依型号而定　204. 自动变速器通风管　205. 变速器油冷却管接头密封圈　206. 变矩器轴套　207. 自动变速器油泵叶片环　208. 自动变速器油泵转子导向环　209. 自动变速器油泵滑块油封环　210. 自动变速器油泵滑块O形密封圈　211. 自动变速器油泵滑块外部弹簧　212. 自动变速器油泵滑块　213. 自动变速器油泵滑块密封圈　214. 自动变速器油泵滑块密封圈支架　215. 自动变速器油泵滑块枢销　216. 自动变速器油泵叶片　217. 自动变速器油泵转子　218. 涡轮轴前轴套　219. 自动变速器油泵盖总成　220. 变矩器进油量限制阀　221: 变矩器进油量限制阀弹簧　222. 阀弹簧限位器　223. 泄压球阀弹簧销　224. 限压球阀弹簧　225. 限压球阀　226. 变矩器离合器TCC. 控制阀弹簧　227. 变矩器离合器TCC. 控制阀　228. 涡轮轴后轴套　229. 1-2-3-4和3-5档倒档离合器壳体止推垫圈　230. 1-2-3-4和3-5档倒档离合器油封环　231. 螺栓　232. 自动变速器油泵定位销　233. 压力调节阀　234. 压力调节阀外部弹簧　235. 压力调节阀内部弹簧　236. 隔离阀　237. 隔离阀套管

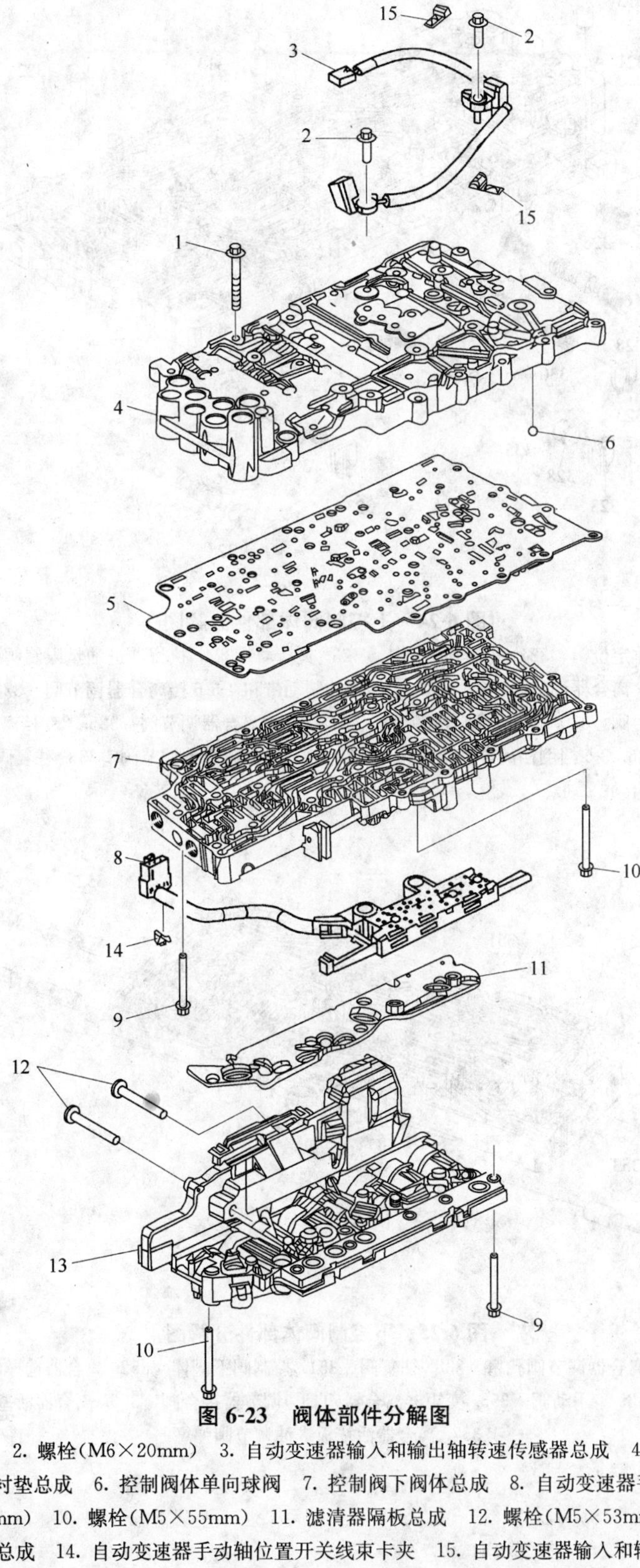

图 6-23　阀体部件分解图

1. 螺栓(M5×36mm)　2. 螺栓(M6×20mm)　3. 自动变速器输入和输出轴转速传感器总成　4. 控制阀上阀体总成　5. 控制阀阀体隔板带衬垫总成　6. 控制阀体单向球阀　7. 控制阀下阀体总成　8. 自动变速器手动换档轴位置开关总成　9. 螺栓(M5×45mm)　10. 螺栓(M5×55mm)　11. 滤清器隔板总成　12. 螺栓(M5×53mm)　13. 控制电磁阀带阀体和变速器控制模块总成　14. 自动变速器手动轴位置开关线束卡夹　15. 自动变速器输入和输出速度传感器线束卡夹

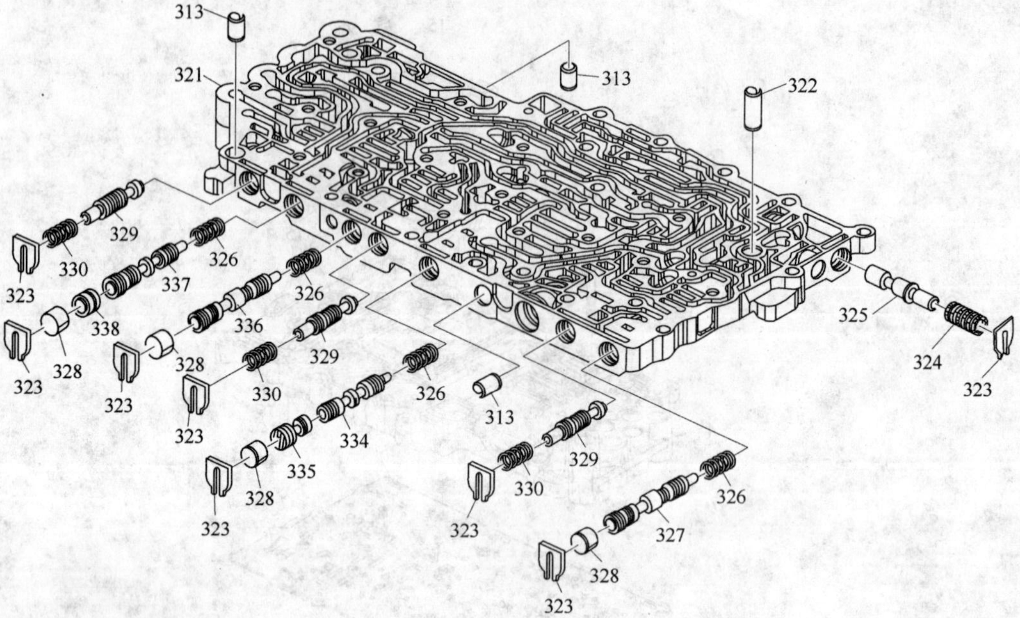

图 6-24　上控制阀体部件分解图

313、322. 控制阀阀体定位销　321. 控制阀上阀体　323. 夹持器　324. 执行器进油量限制阀弹簧　325. 执行器进油量限制阀　326. 离合器调节阀弹簧　327. 1 档倒档制动带和 4-5-6 档离合器调节阀　328. 离合器调节阀孔塞　329. 离合器助力阀　330. 离合器助力阀弹簧　334. 2-6 档离合器调节阀　335. 2-6 档离合器调节阀增益阀　336. 3-5 档倒档离合器调节阀　337. 1-2-3-4 档离合器调节阀　338. 往复阀

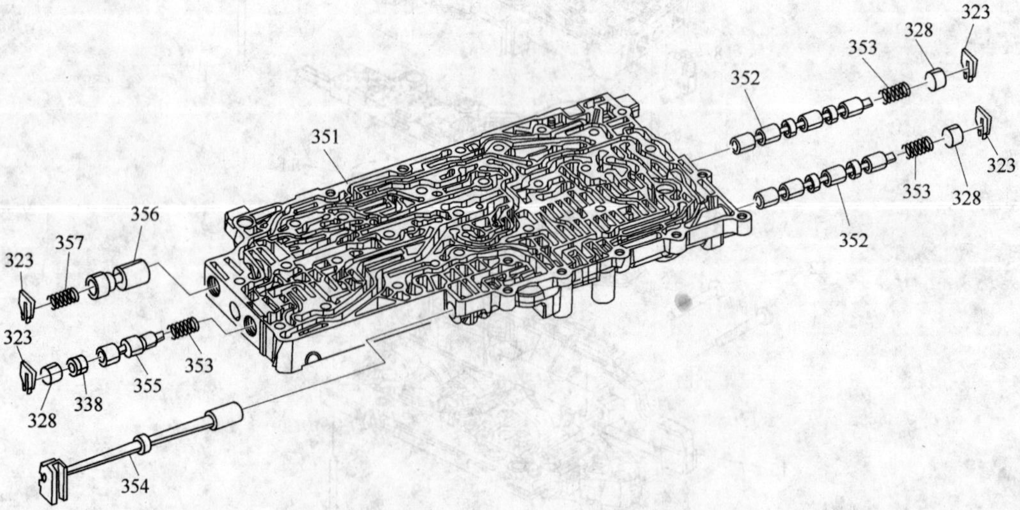

图 6-25　下控制阀体部件分解图

323. 夹持器　328. 离合器调节阀孔塞　338. 往复阀　351. 控制阀下阀体　352. 离合器选择电磁阀　353. 离合器选择电磁阀弹簧　354. 手动阀　355. 变矩器离合器(TCC)调节器接合阀　356. 离合器活塞板进油调节阀　357. 离合器活塞板进油调节阀弹簧

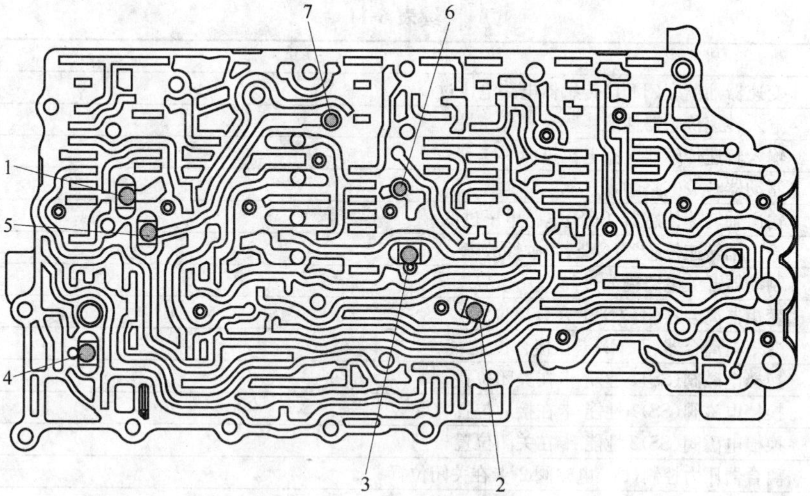

图 6-26　单向球阀的位置

1～7. 球阀

第四节　自动变速器的维修

一、电控系统故障码

1. 故障码(DTC)

故障诊断码(DTC)分为以下几种类型:A类故障码与排放有关,一旦检测到此类故障码,则故障指示灯启亮并启动默认操作(如果有的话),然后故障码被存储进历史记录中,并且获得“冻结故障状态”数据。B类故障码与排放有关,第一次检测到此类故障码,则启动默认操作(如果有的话),并存储故障记录;如果通过了下一个测试循环,则删除此故障码;如果在下一个连续的行驶周期中仍未通过测试,则故障指示灯启亮,故障诊断码被存储进历史记录,并且捕捉测试失败的“冻结故障状态”数据。C类故障码与排放无关,并且不启亮故障指示灯。当设置C类故障诊断码时,组合仪表多功能显示器可能显示一个信息。6L50E型自动变速器的故障码含义及类型见表6-11。

表 6-11　故障码含义及类型

故障码	说　明	类型
P0218	变速器油温度过高	C
P0562	系统电压过低	C
P0563	系统电压过高	C
P0601	变速器控制模块(TCM)只读存储器(ROM)	A
P0602	变速器控制模块(TCM)未编程	A
P0603	变速器控制模块(TCM)长期存储器复位	A
P0604	变速器控制模块(TCM)随机存取存储器(RAM)	A
P062F	变速器控制模块(TCM)长期存储器性能	A
P0634	变速器控制模块(TCM)温度过高	A
P0667	变速器控制模块(TCM)温度传感器性能	C
P0668	变速器控制模块(TCM)温度传感器电路电压过高	C
P0669	变速器控制模块(TCM)温度传感器电路电压过低	C
P0711	变速器油温度(TFT)传感器性能	C
P0712	变速器油温度(TFT)传感器电路电压过低	C

续表 6-11

故障码	说　明	类型
P0713	变速器油温度(TFT)传感器电路电压过高	C
P0716	输入转速传感器性能	A
P0717	输入转速传感器电路电压过低	A
P0719	制动器开关电路输入过低	C
P0722	输出轴转速传感器(OSS)电路电压过低	A
P0723	输出轴转速传感器(OSS)间歇性故障	A
P0724	制动器开关电路输入过高	C
P0741	变矩器离合器(TCC)-卡在分离位置	B
P0742	变矩器离合器(TCC)-卡在接合位置	A
P0751	换档电磁阀(SS)1 性能-卡在关闭位置	C
P0752	换档电磁阀(SS)1 性能-卡在接通位置	A
P0756	换档电磁阀(SS)2 性能-卡在关闭位置	A
P0776	离合器压力控制(PC)电磁阀 2-卡在关闭位置	A
P0777	离合器压力控制(PC)电磁阀 2-卡在接通位置	A
P0796	离合器压力控制(PC)电磁阀 3-卡在关闭位置	A
P0797	离合器压力控制(PC)电磁阀 3-卡在打开位置	A
P0815	加档开关电路	C
P0816	减档开关电路	C
P0826	加档和减档开关电路	C
P1876	加速和减速换档启用开关电路电压过低	C
P0842	变速器油压力(TFP)开关 2 电路电压过低	C
P0843	变速器油压力(TFP)开关 2 电路电压过高	C
P0872	变速器油压力(TFP)开关 3 电路电压过低	C
P0873	变速器油压力(TFP)开关 3 电路电压过高	C
P0877	变速器油压力(TFP)开关 4 电路电压过低	C
P0878	变速器油压力(TFP)开关 4 电路电压过高	C
P0961	管路压力控制(PC)电磁阀 1 系统性能	C
P0962	管路压力控制(PC)电磁阀 1 控制电路电压过低	A
P0963	管路压力控制(PC)电磁阀 1 控制电路电压过高	C
P0965	离合器压力控制(PC)电磁阀 2 系统性能	C
P0966	离合器压力控制(PC)电磁阀 2 控制电路电压过低	A
P0967	离合器压力控制(PC)电磁阀 2 控制电路电压过高	A
P0969	离合器压力控制(PC)电磁阀 3 系统性能	C
P0970	离合器压力控制(PC)电磁阀 3 控制电路电压过低	A
P0971	离合器压力控制(PC)电磁阀 3 控制电路电压过高	A
P0973	换档电磁阀(SS)1 控制电路电压过低	A
P0974	换档电磁阀(SS)1 控制电路电压过高	B
P0976	换档电磁阀(SS)2 控制电路电压过低	B
P0977	换档电磁阀(SS)2 控制电路电压过高	A
P0989	变速器油压力(TFP)开关 4 电路电压过低	C
P0990	变速器油压力(TFP)开关 4 电路电压过高	C
P1684	变速器控制模块(TCM)温度传感器性能	C
P1685	变速器控制模块(TCM)温度传感器电路电压过低	C
P1686	变速器控制模块(TCM)温度传感器电路电压过高	C
P1751	换档阀 1 性能	B
P1825	内部模式开关-无效范围	A
P1915	内部模式开关-起动/错误范围	A
P1831	压力控制(PC)/换档锁止电磁阀控制电路电压过低	A

续表 6-11

故障码	说　明	类型
P1832	压力控制(PC)/换档锁止电磁阀控制电路电压过高	C
P2534	点火 1 开关电路电压过低	A
P2714	离合器压力控制(PC)电磁阀 4 卡在断开位置	A
P2715	离合器压力控制(PC)电磁阀 4 卡在接通位置	A
P2719	离合器压力控制(PC)电磁阀 4 系统性能	C
P2720	离合器压力控制(PC)电磁阀 4 控制电路电压过低	A
P2721	离合器压力控制(PC)电磁阀 4 控制电路电压过高	A
P2723	离合器压力控制(PC)电磁阀 5 卡在断开位置	A
P2724	离合器压力控制(PC)电磁阀 5 卡在接通位置	A
P2728	离合器压力控制(PC)电磁阀 5 系统性能	C
P2729	离合器压力控制(PC)电磁阀 5 控制电路电压过高	A
P2730	离合器压力控制(PC)电磁阀 5 控制电路电压过低	A
P2762	变矩器离合器(TCC)压力控制电磁阀系统性能	C
P2763	变矩器离合器(TCC)压力控制电磁阀控制电路电压过低	A
P2764	变矩器离合器(TCC)压力控制电磁阀控制电路电压过高	A

2. 电控系统数据流

(1)1-2 档换档时间：该参数显示的是上一次自适应 1-2 档换档的实际时间。换档时间基于指令 1-2 档换档后传动比的改变。

(2)2-3 档换档时间：该参数显示的是上一次自适应 2-3 档换档的实际时间。换档时间基于指令 2-3 档换档后传动比的改变。

(3)3-4 档换档时间：该参数显示的是上一次自适应 3-4 档换档的实际时间。换档时间基于指令 3-4 档换档后传动比的改变。

(4)4-5 档换档时间：该参数显示的是上一次自适应 4-5 档换档的实际时间。实际换档时间是通过测量输入轴从以前的传动比减至当前的传动比所需要的时间获得的。

(5)5-6 档换档时间：该参数显示的是上一次 5-6 换档的实际时间。换档时间基于指令 5-6 档换档后传动比的改变。

(6)计算的节气门位置：该参数显示一个由加速踏板位置和节气门实际位置决定的计算值，用来使变速器控制达到最优。该参数表示驾驶人预期的转矩和加速度要求。该参数的范围为 0～100%，0 表示驾驶人要求怠速运行或滑行，100%表示驾驶人要求节气门全开(WOT)。

(7)指令档位：该参数显示的是换档电磁阀的当前指令状态。故障诊断仪显示 1、2、3、4、5 或 6。

(8)驾驶人换档控制：该参数显示“Active(启动)”或“Inactive(未启动)”。当换档杆处于运动(S)位置时，变速器自适应压力(TAP)换档功能启用，故障诊断仪显示“Active(启动)”。当换档杆不处于运动位置时，变速器自适应压力换档功能被禁用，故障诊断仪显示“Inactive(未启动)”。

(9)驾驶人换档请求：该参数显示来自变速器自适应压力(TAP)换档系统的当前请求。根据在分离式换档杆输入端测得的电压值，该参数将显示加档、减档或者无效，当没有请求时，将显示无。

(10)发动机冷却液温度：该参数显示来自发动机冷却液温度(ECT)传感器的输入信号。发动机冷却液温度高，为 151℃，此时信号电压低，为 0。发动机冷却液温度低，为－40℃，此时信号电压高，为 5V。

(11)发动机转速：该参数显示发动机的转动速度，以 r/min 表示。

(12)发动机转矩：该参数显示基于发动机载荷、节气门开度、空气流量和其他发动机输入计算出的一个值。该参数精确至实际测得的发动机转矩的±20N·m之内。

(13)传动比：该参数显示的是实际的变速器传动比。故障诊断仪显示的是由自动变速器输入轴转速传感器(AT ISS)和自动变速器输出轴转速传感器(AT OSS)的输入信号计算出的传动比。

(14)高压侧驱动器2:该参数在故障诊断仪上显示高压侧驱动器2的状态。当高压侧驱动器2被指令"OFF(关闭)"时,该参数显示"Disabled(禁用)",当高压侧驱动器2被指令"ON(接通)"时,该参数显示"Enabled(启用)"。

(15)高压侧驱动器2电路状态:该参数在故障诊断仪上显示高压侧驱动器2电路状态。如果电磁阀被指令关闭时电压过低,故障诊断仪将显示"Open/Short to GND(开路/对地短路)"。如果电磁阀被指令接通时电压过高,故障诊断仪将显示"Short to Volts(对电压短路)"。如果没有电路故障存在,故障诊断仪将显示"OK(正常)"或"Indeterminate(待定)"。

(16)点火电压:该参数显示的是在点火供电电路测得的系统电压。

(17)内部模式开关:该参数显示的是"PARK(驻车档)"、"PARK/REVERSE(驻车档/倒档)"、"REVERSE(倒档)"、"REVERSE/NEUTRAL(倒档/空档)"、"NEUTRAL(空档)"、"NEUTRAL/DRIVE4(空档/4档)"、"DRIVE4(4档)"、"DRIVE4/DRIVE3(4档/3档)"、"DRIVE3(3档)"、"DRIVE3/DRIVE2(3档/2档)"、"DRIVE2(2档)"、"DRIVE2/DRIVE1(2档/1档)"、"DRIVE1(1档)"或"INVALID(无效)"。变速器内部模式开关(IMS)范围显示代表变速器内部模式开关(IMS)四个输入的解码状态。内部模式开关(IMS)的输入组合用来随时确定手动阀的位置。

(18)内部模式开关A/B/C/P:该参数显示来自自动变速器内部模式开关的A/B/C/P四个输入信号的状态。"HI"代表点火电压信号。"LOW"代表0电压信号。故障诊断仪将显示"HI/LOW(高电平/低电平)"、"HI/LOW(高电平/低电平)"、"HI/LOW(高电平/低电平)"、"HI/LOW(高电平/低电平)"。

(19)输入和输出轴转速传感器电源电压:此参数显示"OK(正常)"、超出范围。

(20)上次换档时间:该参数显示的是上次加档的实际时间。只有在进行自适应式换档时,该值才是准确的。

(21)管路压力控制电磁阀电路状态:此参数显示在管路压力控制(PC)电磁阀反馈信号电路中是否有开路、对电压或搭铁短路现象。故障诊断仪显示"OK(正常)","Open/Short to Volts (开路/对电压短路)","Short to GND(对搭铁短路)"或"Indeterminate(不确定)"。

(22)管路压力控制电磁阀压力指令:此参数显示的单位为kPa。

(23)压力控制电磁阀2电路状态:该参数显示"OK(正常)","Open/Short to GND(开路/对搭铁短路)","Short to Volts (对电压短路)"或"Indeterminate(不确定)"。

(24)压力控制电磁阀2压力指令:此参数显示的压力单位为kPa。

(25)压力控制电磁阀3电路状态:该参数显示"OK(正常)","Open/Short to GND(开路/对搭铁短路)","Short to Volts(对电压短路)"或"Indeterminate(不确定)"。

(26)压力控制电磁阀3压力指令:此参数显示的压力单位为kPa。

(27)压力控制电磁阀4电路状态:该参数显示"OK(正常)","Open/Short to GND (开路/对搭铁短路)","Short to Volts(对电压短路)"或"Indeterminate(不确定)"。

(28)压力控制电磁阀4压力指令:此参数显示的压力单位为kPa。

(29)压力控制电磁阀5电路状态:该参数显示"OK(正常)","Open/Short to GND(开路/对搭铁短路)","Short to Volts(对电压短路)"或"Indeterminate(不确定)"。

(30)压力控制电磁阀5压力指令:此参数显示的压力单位为kPa。

(31)压力控制电磁阀1电路状态:该参数显示"OK(正常)","Open/Short to GND(开路/对搭铁短路)","Short to Volts(对电压短路)"或"Indeterminate(不确定)"。

(32)换档电磁阀1:该参数显示的是倒档、1档换档电磁阀(S1)的指令状态。故障诊断仪显示"ON/OFF(接通/关闭)"。

(33)换档电磁阀 2 电路状态：该参数显示“OK(正常)”，“Open/Short to GND(开路/对搭铁短路)”，“Shortto Volts(对电压短路)”或“Indeterminate(不确定)”。

(34)换档电磁阀 2：该参数显示的是 2-3，3-4 档换档电磁阀(S2)的指令状态。故障诊断仪显示“ON/OFF(接通/关闭)”。

(35)变矩器离合器制动开关：该参数显示变矩器离合器制动开关电路输入信号的状态。“OPEN(断开)”表示零电压输入，即踩下制动踏板。“CLOSED(闭合)”表示有电压输入，即松开制动踏板。故障诊断仪显示“OPEN(断开)”或“CLOSED(闭合)”。

(36)变矩器离合器压力控制电磁阀电路状态：此参数显示在变矩器离合器(TCC)压力控制(PC)电磁阀反馈信号电路中是否有开路、对电压或搭铁短路故障。故障诊断仪显示“OK(正常)”，“Open/Short to Volts(开路/对电压短路)”，“Short to GND(对搭铁短路)”或“Indeterminate(不确定)”。

(37)变矩器离合器压力控制电磁阀占空比：此参数显示指令变矩器离合器(TCC)电磁阀接通。故障诊断仪显示的接通单位为百分比。100%读数表示通电，指令“ON(接通)”状态。0%读数表示断电，指令“OFF(关闭)”状态。

(38)变矩器离合器管路压力控制电磁阀压力指令：此参数显示的单位为 kPa。

(39)变矩器离合器转差速度：该参数显示变速器输入转速和发动机转速之间的差别。负值表示发动机转速小于输入轴转速，即减速。正值表示发动机转速大于输入轴转速，即加速。0 表示发动机转速与输入轴转速相等，即变矩器离合器已接合。

(40)变速器控制模块温度：此参数显示的单位为℃。

(41)变速器油压力开关 1：此参数显示 1 档离合器油压开关的状态。故障诊断仪显示“HI/LOW(高/低)”。

(42)变速器油压力开关 3：此参数显示 3 档离合器油压开关的状态。故障诊断仪显示“HI/LOW(高/低)”。

(43)变速器油压力开关 4：此参数显示 4 档离合器油压开关的状态。故障诊断仪显示“HI/LOW(高/低)”。

(44)变速器油压力开关 5：此参数显示 5 档离合器油压开关的状态。故障诊断仪显示“HI/LOW(高/低)”。

(45)变速器油温度：该参数显示变速器油液温度传感器的输入信号。变速器油温度高，为 151℃，此时信号电压为低电平，0V。变速器油温度低，为−40℃，此时信号电压为高，5V。

(46)变速器输入轴转速：该参数显示变速器输入轴的旋转速度。故障诊断仪按每分钟的转数(r/min)显示输入轴转速。

(47)变速器输出轴转速：该参数显示变速器输出轴的旋转速度。故障诊断仪按每分钟的转数(r/min)显示输出轴转速。

二、结构与装配图

(1)壳体和相关零件部件分解如图 6-27 所示。

(2)内部机械部件分解如图 6-28 所示。

(3)1-2-3-4 和 3-5-R 档离合器总成部件分解如图 6-29 所示。

(4)4-5-6 档(带涡轮轴)离合器总成部件分解如图 6-30 所示。

(5)2-6 档离合器总成部件分解如图 6-31 所示。

(6)低速档和倒档离合器总成部件分解如图 6-32 所示。

(7)4-5-6 档离合器毂总成如图 6-33 所示。

(8)输出支座总成如图 6-34 所示。

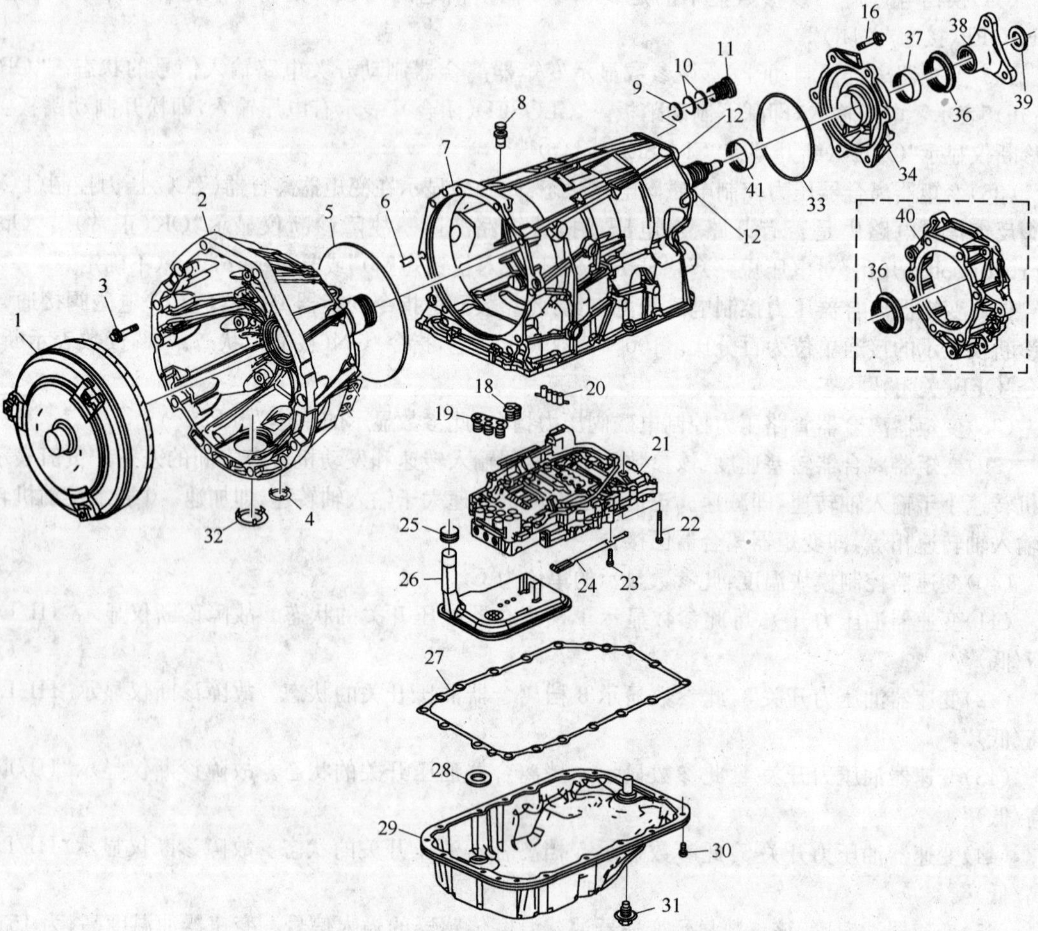

图 6-27　壳体和相关零件部件分解图

1. 变矩器总成　2. 变矩器带油泵壳体总成　3. 螺栓(M10×50mm)　4. 变矩器壳体检修孔盖　5. 自动变速器油泵密封件　6. 变矩器壳体定位销　7. 自动变速器壳体总成　8. 变速器油加注管塞总成　9. 自动变速器连接器密封圈　10. 自动变速器连接器O形密封圈　11. 自动变速器电气连接器布线套管　12. 自动变速器壳体塞　16. 螺栓(M10×40mm)　18. 自动变速器油泵密封件总成　19. 自动变速器油泵密封件总成　20. 中心支座油道密封件总成　21. 控制阀带阀体和阀总成　22. 螺栓(M5×73mm)　23. 螺栓(M6×14.5mm)　24. 手动换档轴棘齿板总成　25. 自动变速器油滤清器密封件总成　26. 自动变速器油滤清器总成　27. 自动变速器储油盘衬垫　28. 自动变速器储油盘磁铁　29. 自动变速器储油盘总成　30. 螺栓(M6×20mm)　31. 变速器油位检查螺塞　32. 变矩器壳体检修孔盖　33. 自动变速器壳体延伸件密封件　34. 自动变速器壳体延伸件　36. 输出轴密封件总成　37. 输出轴轴承总成　38. 变速器传动轴法兰　39. 前传动轴法兰螺母　40. 自动变速器壳体延伸件　41. 输出轴轴承总成-壳体

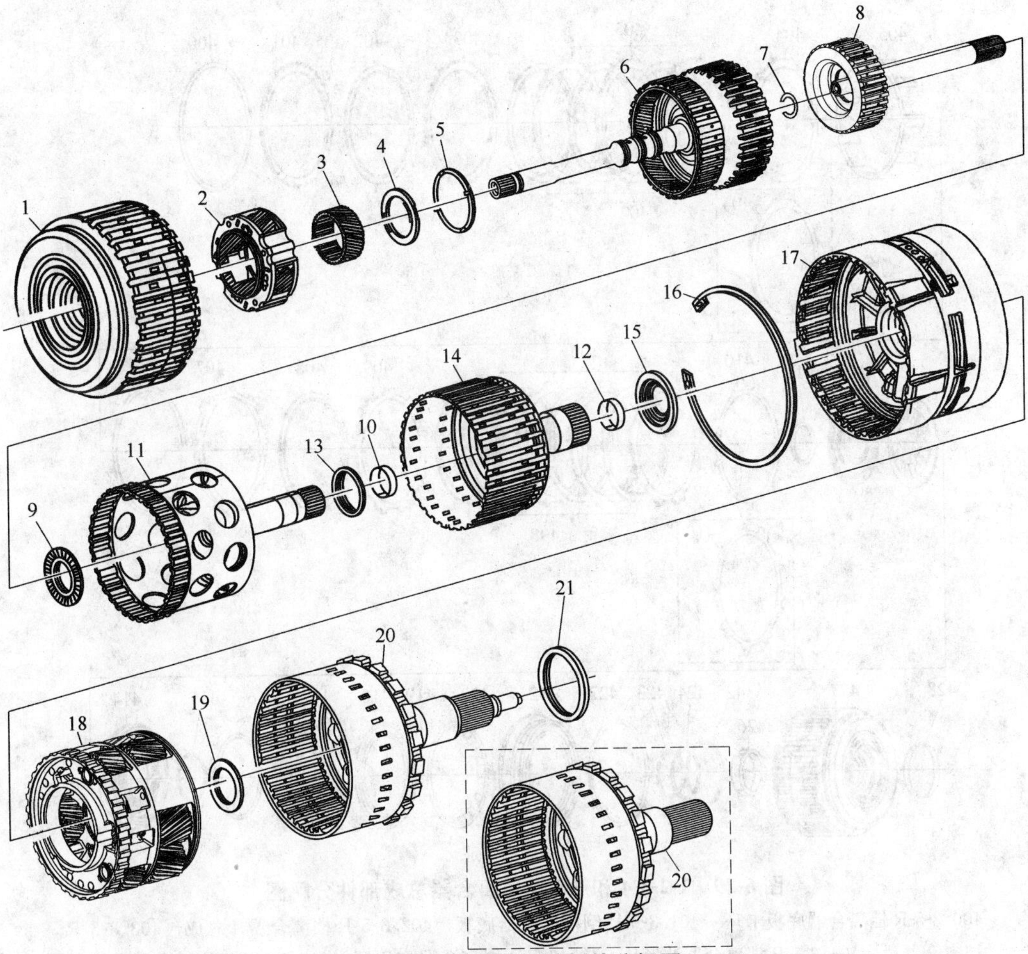

图 6-28　内部机械部件分解图

1. 1-2-3-4 和 3-5-R 档离合器总成　2. 输入支座总成　3. 输入太阳齿轮　4. 输入太阳齿轮止推轴承　5. 输入太阳齿轮止推垫圈　6. 4-5-6 档带涡轮轴．离合器总成　7. 涡轮轴止推轴承总成　8. 4-5-6 档离合器(带输出支座轴和减振器)毂总成　9. 4-5-6 档离合器毂止推轴承总成　10. 输出支座内太阳齿轮轴前轴套　11. 1-2-3-4 档离合器带输出支座内太阳齿轮轴毂总成　12. 输出支座内太阳齿轮轴轴套　13. 1-2-3-4 档离合器毂止推轴承总成　14. 2-6和 3-5 档倒档离合器带输出支座外太阳齿轮轴毂总成　15. 2-6 和 3-5 档倒档离合器毂止推轴承总成　16. 中心支座卡环　17. 中心带 2-6 低速档和倒档离合器．支座总成　18. 输出支座总成　19. 输出支座止推轴承总成　20. 输出轴总成　21. 输出轴止推轴承总成

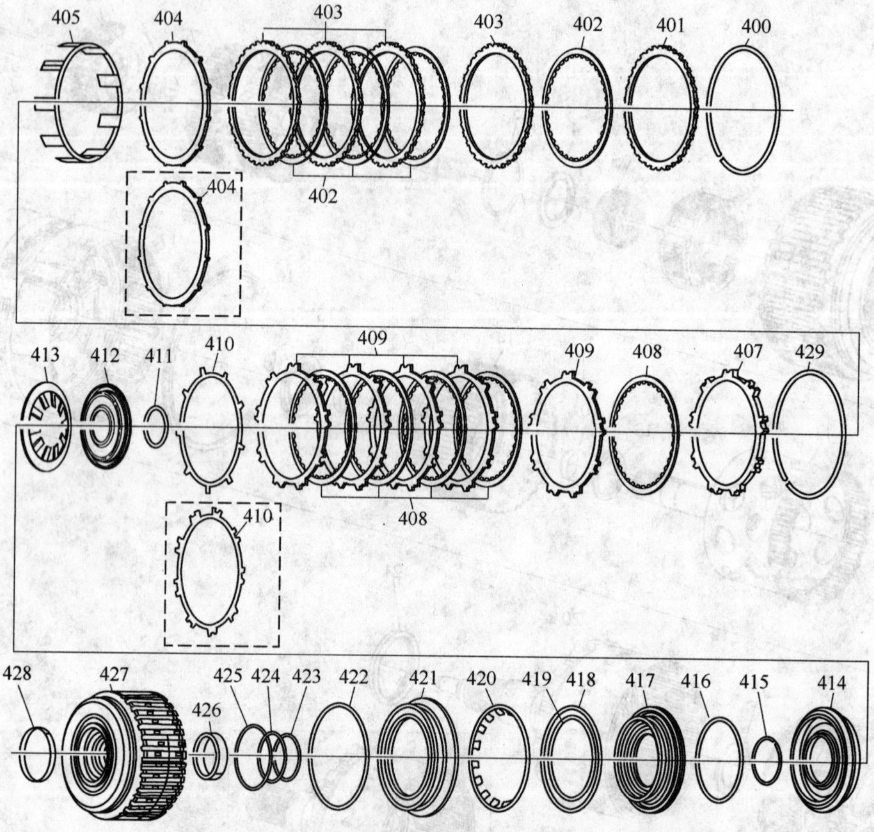

图 6-29　1-2-3-4 和 3-5-R 档离合器总成部件分解图

400. 3-5-R 档离合器底板卡环　401. 3-5 档倒档离合器底板　402. 3-5-R 档离合器片总成　403. 3-5-R 档离合器片　404. 3-5-R 档离合器波形片　405. 3-5-R 档离合器作用环　407. 1-2-3-4 档离合器底板　408. 1-2-3-4 档离合器片总成　409. 1-2-3-4 档离合器片　410. 1-2-3-4 档离合器波形片　411. 1-2-3-4 档离合器活塞档板卡环　412. 1-2-3-4 档离合器活塞挡板总成　413. 1-2-3-4 档离合器弹簧　414. 1-2-3-4 档离合器活塞　415. 1-2-3-4 档离合器活塞壳体卡环　416. 1-2-3-4 档离合器活塞密封件　417. 1-2-3-4 档离合器活塞壳体　418. 3-5-R 档离合器活塞挡板 O 形密封圈　419. 3-5-R 档离合器活塞内密封件　420. 3-5-R 档离合器弹簧　421. 3-5-R 档离合器活塞　422. 3-5-R 档离合器活塞外密封件　423. 1-2-3-4 档离合器活塞内密封件　424. 1-2-3-4 档离合器活塞壳体密封件　425. 1-2-3-4 档离合器活塞壳体密封件　426. 1-2-3-4 和 3-5 档倒档离合器壳体后轴套　427. 1-2-3-4 和 3-5-R 档离合器壳体总成　428. 1-2-3-4和 3-5 档倒档离合器轴承总成　429. 1-2-3-4 档离合器底板卡环

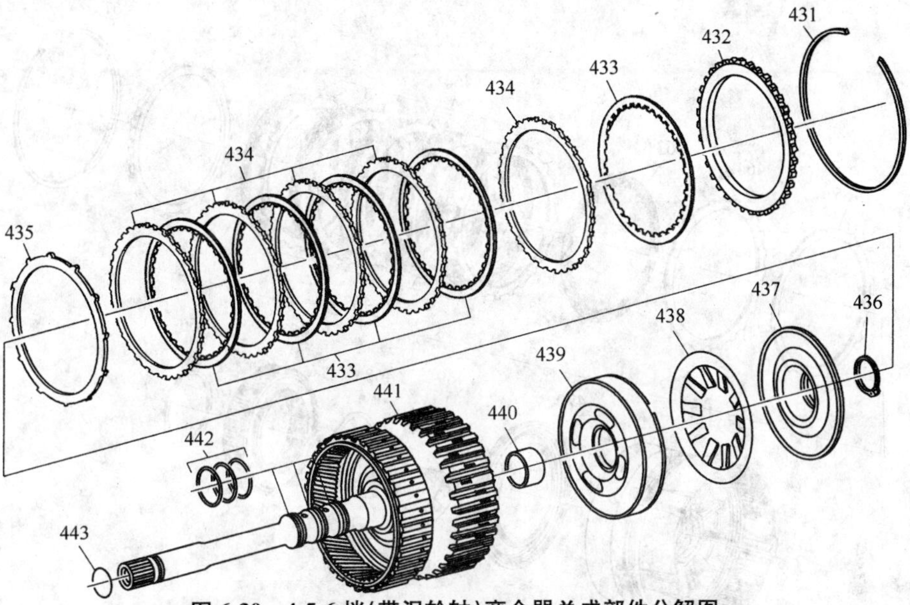

图 6-30　4-5-6 档(带涡轮轴)离合器总成部件分解图

431. 4-5-6 档离合器底板卡环　432. 4-5-6 档离合器底板　433. 4-5-6 档离合器片总成　434. 4-5-6 档离合器片　435. 4-5-6 档离合器波形片　436. 4-5-6 档离合器活塞挡板卡环　437. 4-5-6 档离合器活塞挡板总成　438. 4-5-6 档离合器弹簧　439. 4-5-6 档离合器活塞总成　440. 输出支座轴壳体轴套　441. 4-5-6 档带涡轮轴壳体总成　442. 涡轮轴油封环　443. 涡轮轴 O 形密封圈

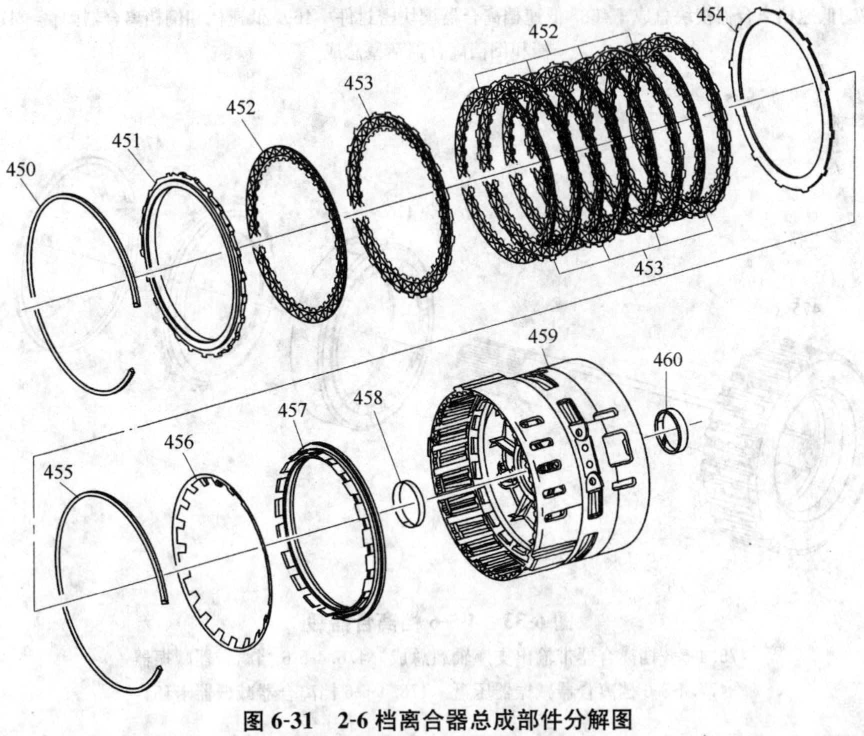

图 6-31　2-6 档离合器总成部件分解图

450. 2-6 档离合器底板卡环　451. 2-6 档离合器底板　452. 2-6 档离合器片总成　453. 2-6 档离合器片　454. 2-6 档离合器波形片　455. 2-6 档离合器弹簧卡环　456. 2-6 档离合器弹簧　457. 2-6 档离合器活塞总成　458. 输出支座外太阳齿轮轴前轴套　459. 中心支座总成　460. 输出支座外太阳齿轮轴后轴套

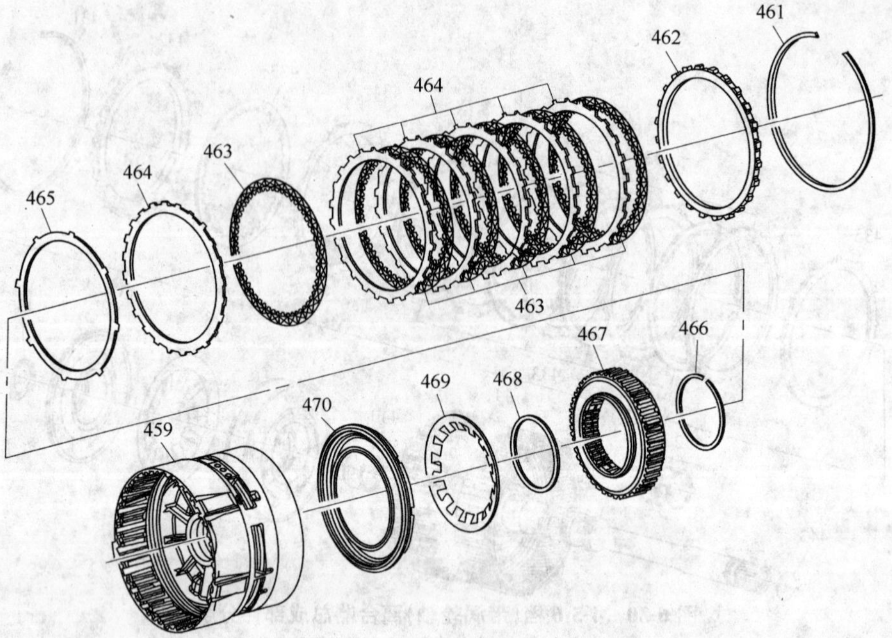

图 6-32 低速档和倒档离合器总成部件分解图

459. 中心支座总成 461. 低速档和倒档离合器底板卡环 462. 低速档和倒档离合器底板 463. 低速档和倒档离合器片总成 464. 低速档和倒档离合器片 465. 低速档和倒档离合器片波纹形 466. 低速档和倒档离合器弹簧卡环 467. 低速档离合器楔块总成 468. 低速档离合器楔块密封件 469. 低速档和倒档离合器弹簧 470. 低速档和倒档离合器活塞总成

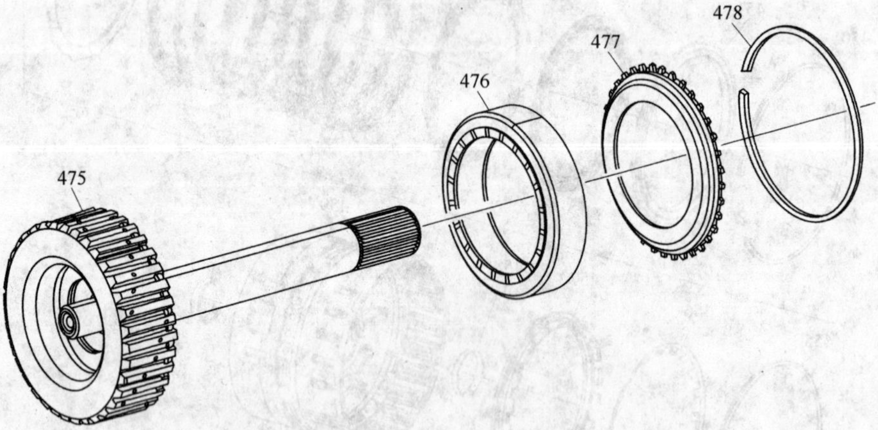

图 6-33 4-5-6 档离合器毂

475. 4-5-6 档离合器带输出支座轴毂总成 476. 4-5-6 档离合器减振器
477. 4-5-6 档离合器减振器压盘 478. 4-5-6 档离合器减振器卡环

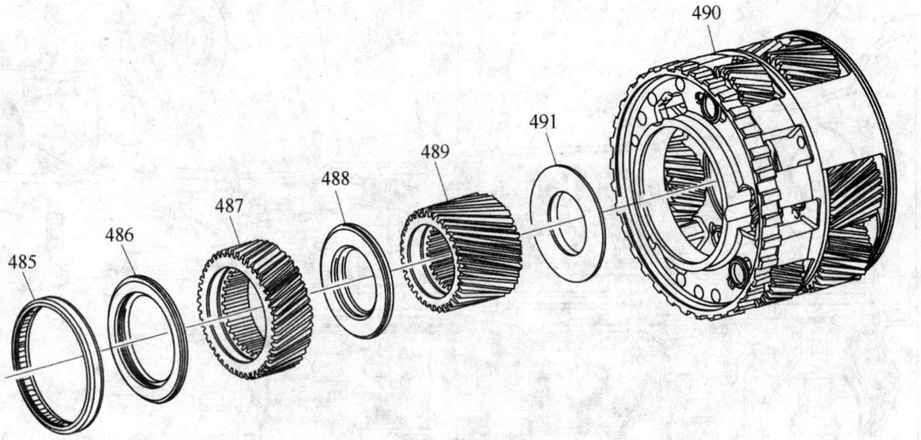

图 6-34　输出支座总成

485. 中心支座滚柱轴承总成　486. 输出支座前太阳齿轮止推轴承总成
487. 输出支座前太阳齿轮　488. 输出支座前太阳齿轮后止推轴承总成
489. 输出支座后太阳齿轮　490. 输出支座　491. 输出支座后太阳齿轮止推轴承总成-固定式

(9)输出轴总成如图 6-35 所示。

(10)轴套、轴承和垫圈位置如图 6-36 所示。

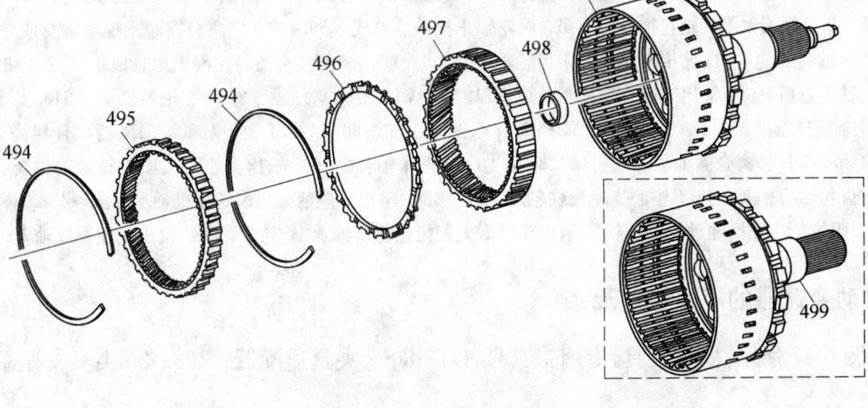

图 6-35　输出轴总成

494. 输出支座内齿轮卡环　495. 输出支座内前齿轮　496. 输出支座内齿轮隔圈
497. 输出支座内后齿轮　498. 输出支座总成轴套　499. 输出轴总成

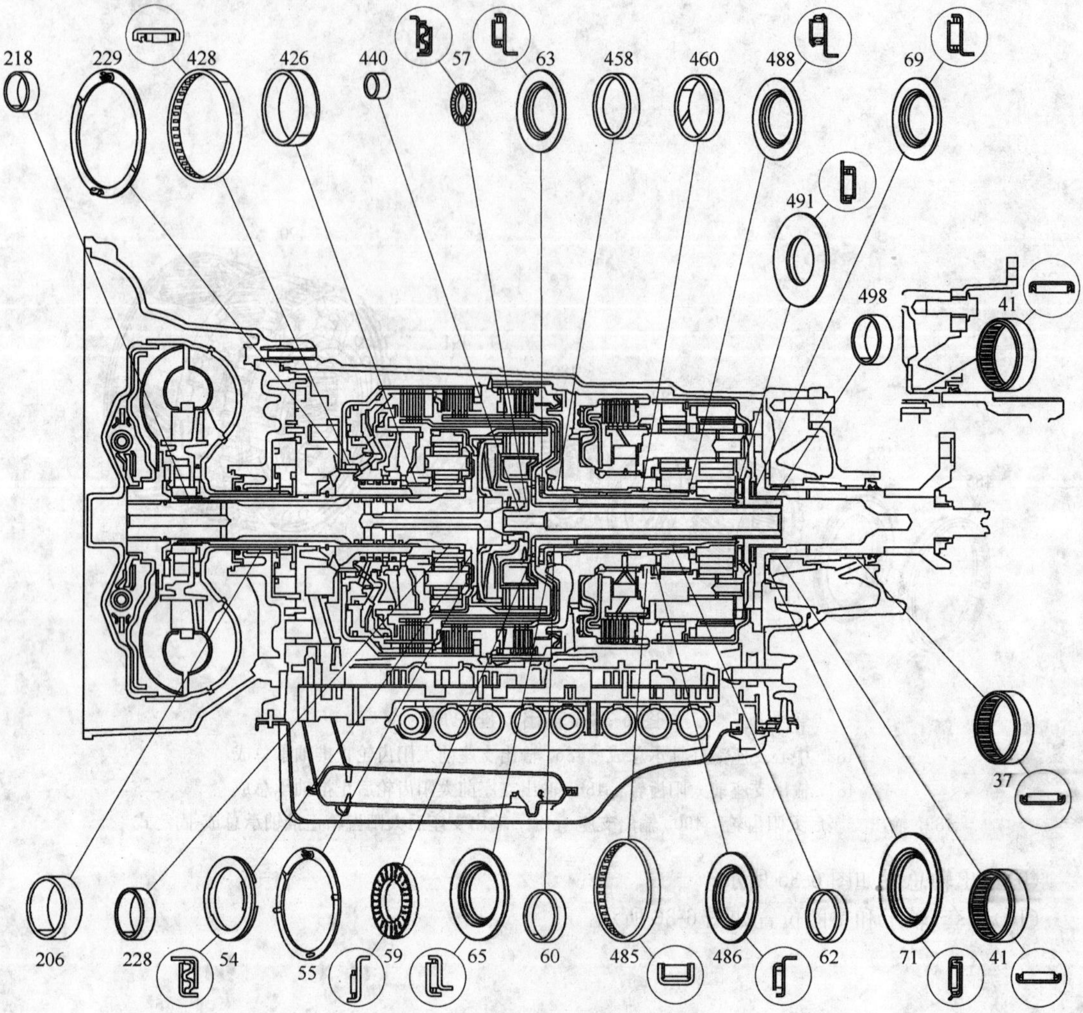

图 6-36　轴套、轴承和垫圈位置

13. 输出轴轴套　35. 传动轴前滑动万向节叉轴套　37. 输出轴轴承总成　41. 输出轴轴承总成-壳体　54. 输入太阳齿轮止推轴承　55. 输入太阳齿轮止推垫圈　57. 涡轮轴止推轴承总成　59. 4-5-6 档离合器毂止推轴承总成　60. 输出支座内太阳齿轮轴前轴套　62. 输出支座内太阳齿轮轴轴套　63. 1-2-3-4 档离合器毂止推轴承总成　65. 2-6 和 3-5-R 档离合器毂止推轴承总成　69. 输出支座止推轴承总成　71. 输出轴止推轴承总成　206. 变矩器轴套　218. 涡轮轴前轴套　228. 涡轮轴后轴套　229. 1-2-3-4 和 3-5-R 档离合器壳体止推垫圈　426. 1-2-3-4 和 3-5-R 档离合器壳体后轴套　428. 1-2-3-4 和 3-5-R 档离合器轴承总成　440. 输出支座轴壳体轴套　458. 输出支座外太阳齿轮轴前轴套　460. 输出支座外太阳齿轮轴后轴套　485. 中心支座滚柱轴承总成　486. 输出支座前太阳齿轮止推轴承总成　488. 输出支座前太阳齿轮后止推轴承总成　491. 输出支座后太阳齿轮止推轴承-固定式　498. 输出支座总成轴套

三、自动变速器的解体与装配

(1)如图 6-37 所示，安装夹具，专用工具号：DT-48067 夹具适配器；J3289-20 夹具支座总成；J8763-B 夹具。

(2)拆卸传动轴变速器法兰。

(3)拆卸延伸壳总成。

(4)拆卸储油盘、油液滤清器和电气连接器油道套管。

(5)拆卸控制阀体总成。如图 6-38 所示，只拆卸图中所示的 6 只螺栓，不要拆卸所有螺栓。

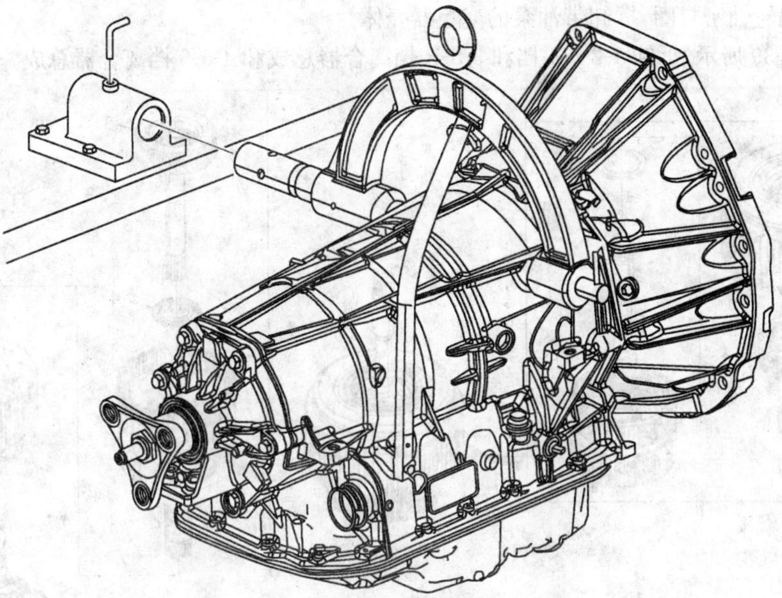

图 6-37 安装夹具

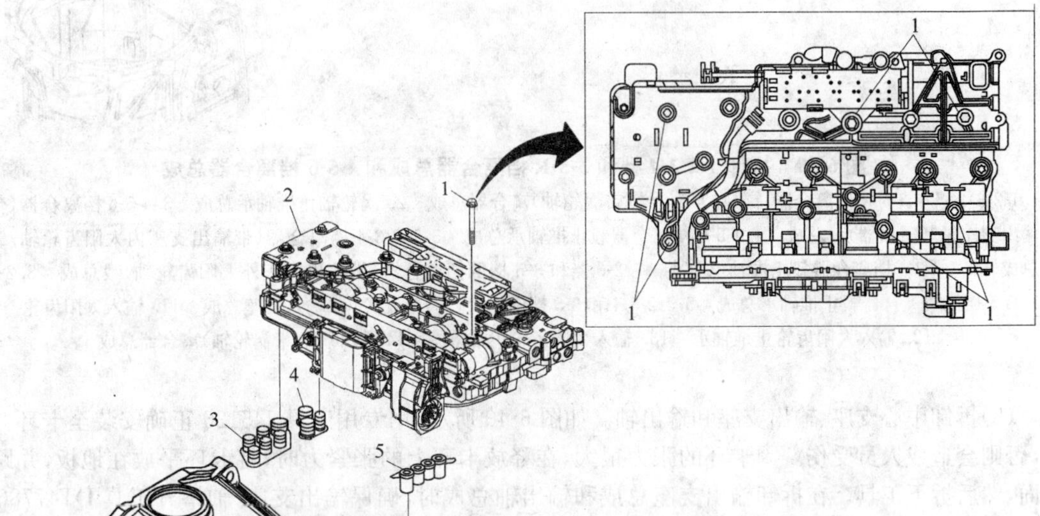

图 6-38 拆卸控制阀体总成

1. 螺栓(M5×73,6 个) 2. 控制阀体总成 3、4. 油泵密封件总成 5. 中心支座油道密封件总成

(6)取下涡轮轴密封圈,拆卸带油泵的变矩器壳体。

(7)如图6-39所示,拆卸1-2-3-4档和3-5-R档离合器总成和4-5-6档离合器总成。

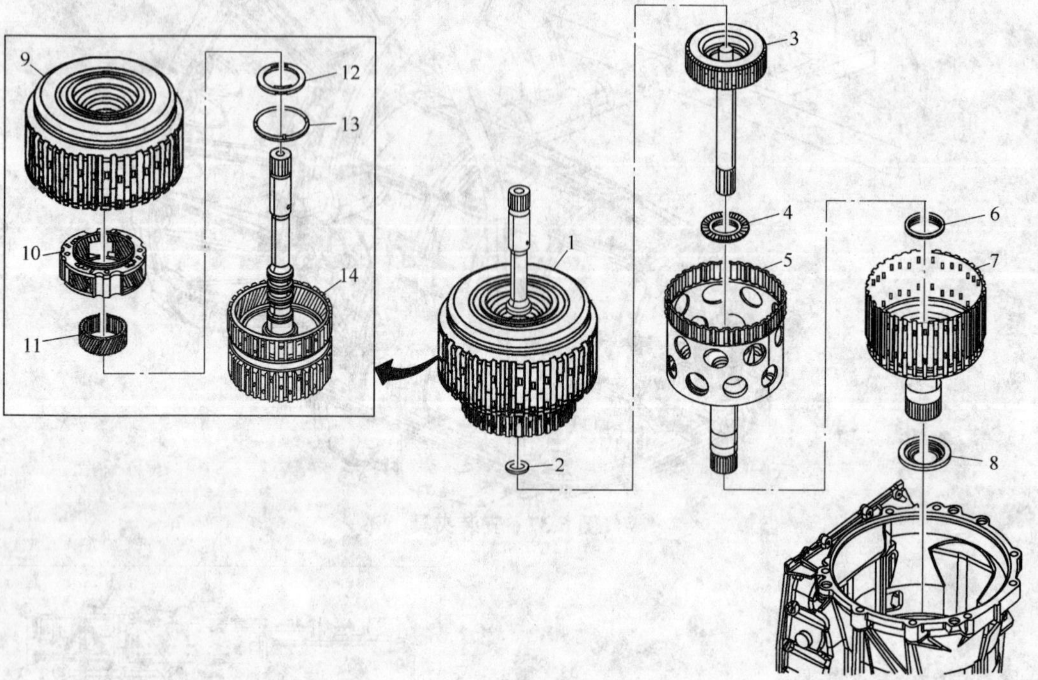

图6-39 拆卸1-2-3-4档和3-5-R档离合器总成和4-5-6档离合器总成

1. 1-2-3-4档和3-5-R档离合器总成和4-5-6档(带涡轮轴)离合器总成 2. 涡轮轴止推轴承总成 3. 4-5-6档离合器(带输出支座轴和减振器)毂总成 4. 4-5-6档离合器毂止推轴承总成 5. 1-2-3-4档离合器(带输出支座内太阳齿轮轴)毂总成 6. 1-2-3-4档离合器毂止推轴承总成 7. 2-6档和3-5档倒档离合器(带输出支座外太阳齿轮轴)毂总成 8. 2-6和3-5档倒档离合器毂止推轴承总成 9. 1-2-3-4和3-5档倒档离合器总成 10. 输入支座总成 11. 输入太阳齿轮 12. 输入太阳齿轮止推轴承 13. 输入太阳齿轮止推垫圈 14. 4-5-6档(带涡轮轴)离合器总成

(8)拆卸中心支座、输出支座和输出轴。如图6-40所示,用专用工具J45126正确安装至卡环并拆卸,否则会造成人员受伤。因卡环的张力很大,在释放卡环上的张紧力时,将卡环平放在地板,并踩在上面,然后拆下工具。在拆卸输出支座总成和输出轴总成时,确保输出支座/轴举升工具DT47786完全拧入输出轴总成。由于总成本身的重量,不完全拧入会使该总成与DT47786分离,导致部件损坏。

(9)拆卸手动换档轴和驻车系统部件。

(10)阀体的拆解与装配注意事项。

①如图6-41所示,拆卸输入和输出轴转速传感器总成。

②如图6-42所示,拆卸手动换档轴止动杆总成和手动换档轴位置开关(内部模式开关)。

③如图6-43所示,拆卸控制电磁阀总成。注意:要小心拿起控制阀体总成,如果掉落,会损坏控制电磁阀体总成的内部部件,包括变速器控制模块(TCM)。在拆下或安装过滤板总成时要小心,破裂或缺失的固定凸耳不能完全将过滤板固定至控制电磁阀总成,会导致损坏或污染。报废过滤板;用新的过滤板替换。重复使用旧过滤板,会导致控制电磁阀总成损坏。

④如图6-44所示,拆解上、下阀体。注意:在指示点小心撬开,分离上下阀体。切勿使用旧隔板。安装新的隔板。重复使用旧隔板,会导致变速器内部油液泄漏和变速器损坏。

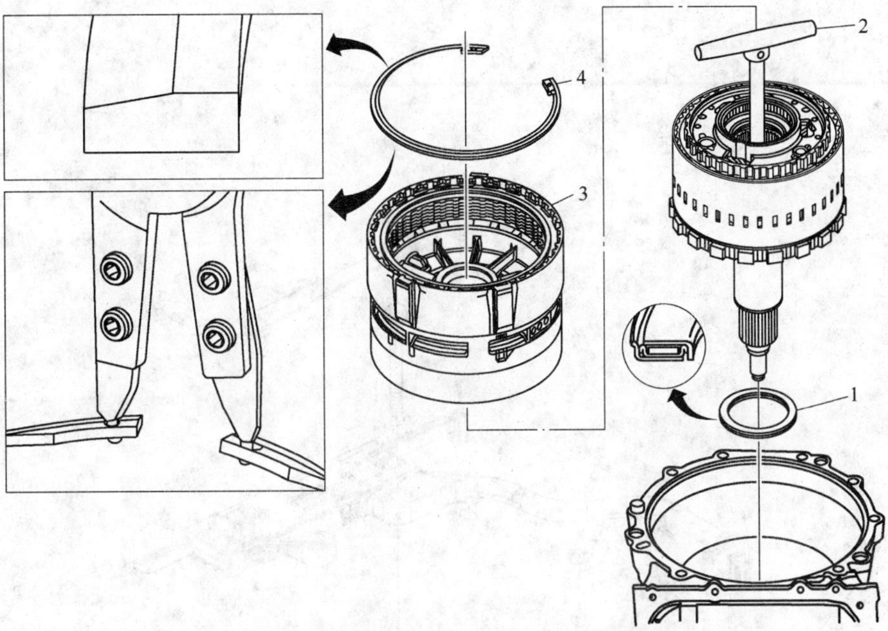

图 6-40　拆卸中心支座、输出支座和输出轴

1. 输出轴止推轴承总成　2. 输出支座总成和输出轴总成　3. 中心支座总成　4. 中心支座卡环

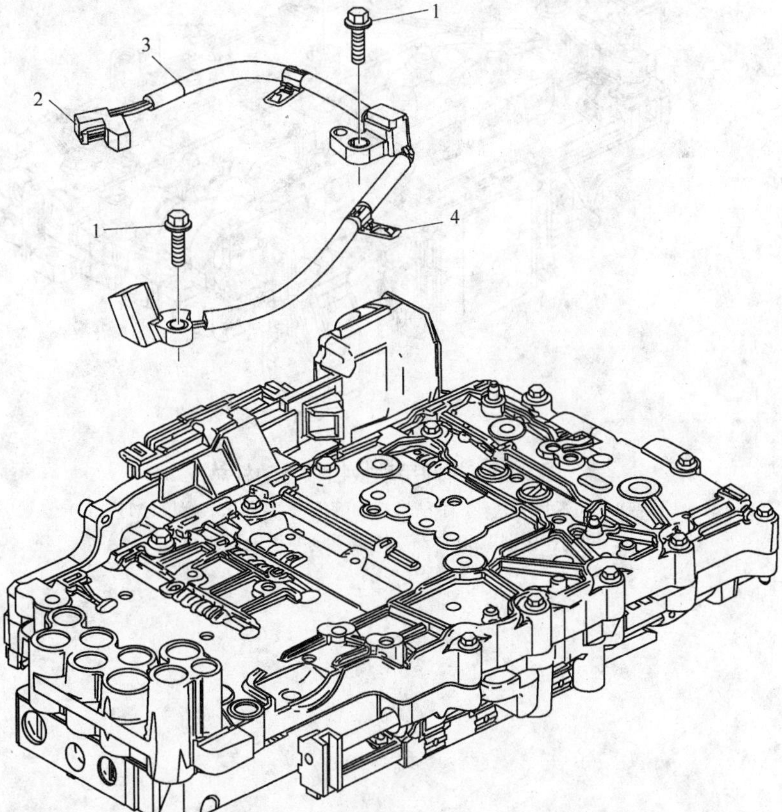

图 6-41　拆卸输入和输出轴转速传感器总成

1. 螺栓(M6×20,2 个)　2. 转速传感器电气连接器　3. 自动变速器输入和输出轴转速传感器总成　4. 线束卡夹(2 个)

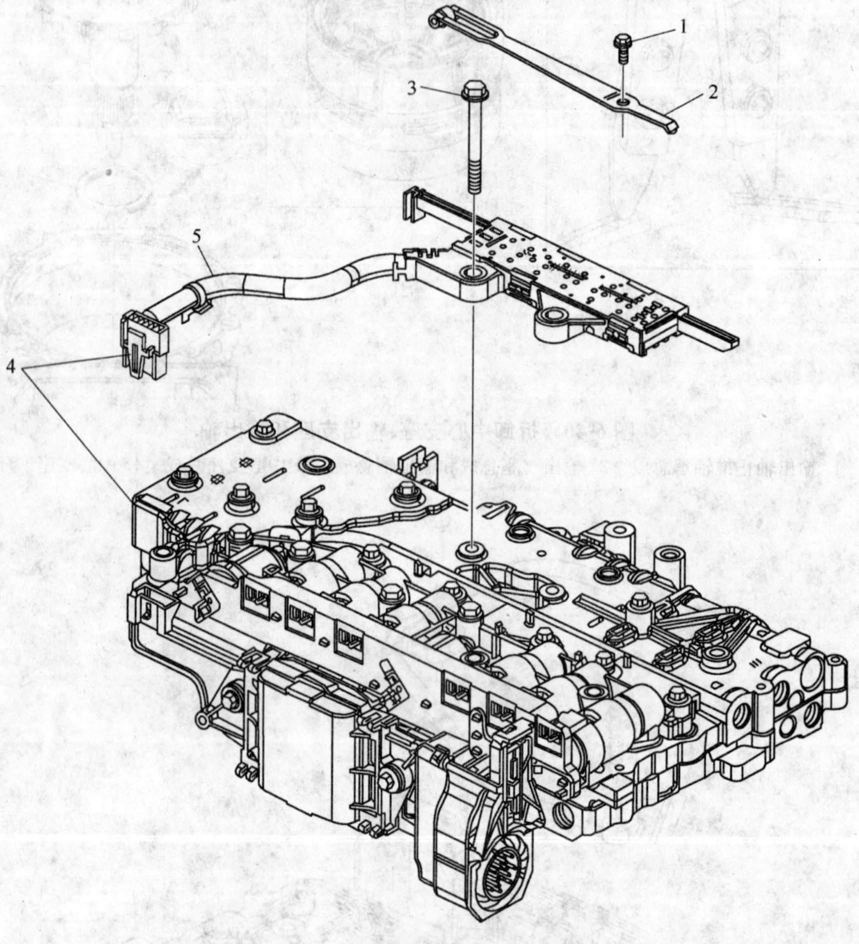

图6-42 拆卸手动换档轴上动杆总成

1. 螺栓(M6×14.5) 2. 手动换档轴棘齿板总成 3. 螺栓(M5×55)
4. 电气连接器 5. 自动变速器手动换档轴位置开关总成

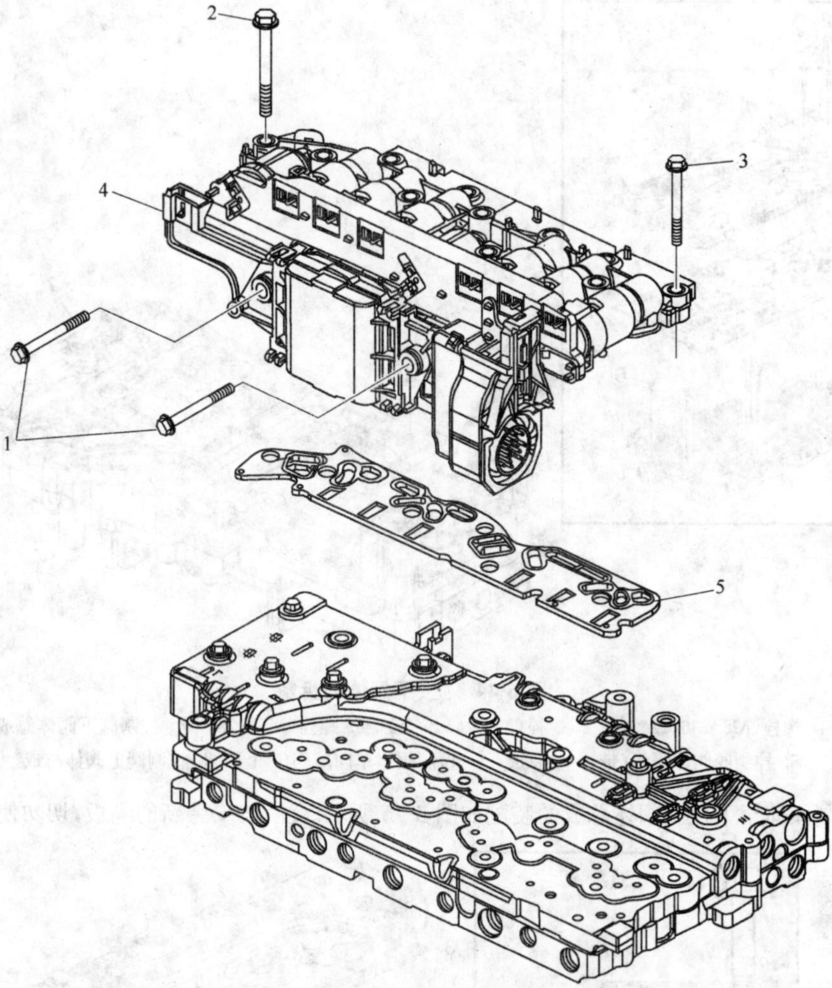

图 6-43　拆卸控制电磁阀总成

1. 螺栓(M5×53,2 个)　2. 螺栓(M5×55,4 个)　3. 螺栓(M5×45,5 个)
4. 控制电磁阀(带阀体和变速器控制模块)总成　5. 滤清器隔板总成

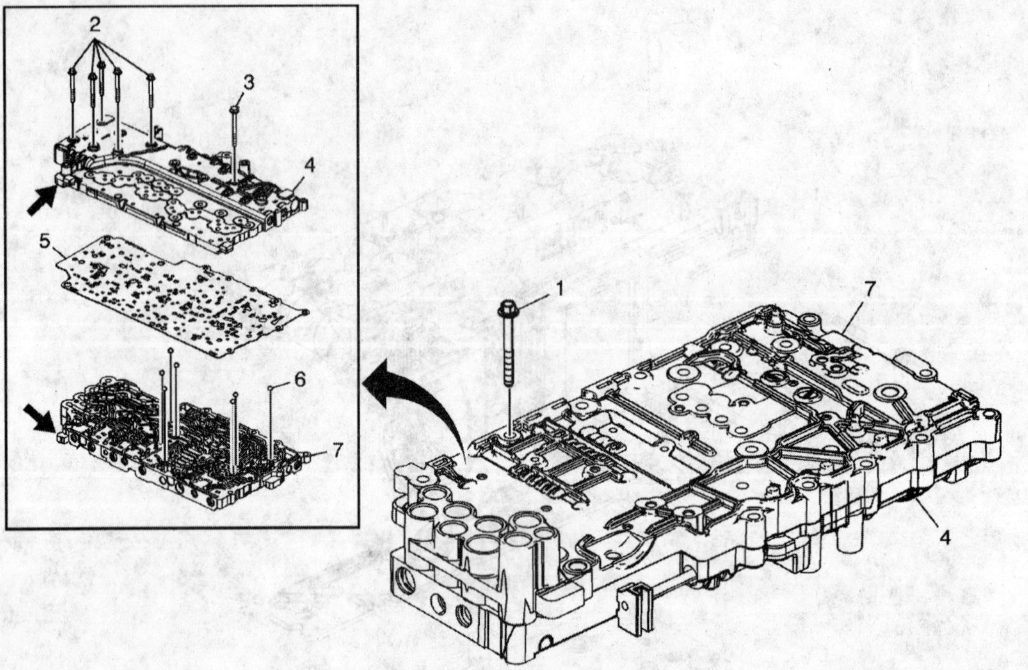

图 6-44 上、下阀体的拆解

1. 螺栓(M5×36,12 个) 2. 螺栓(M5×45,5 个) 3. 螺栓(M5×55) 4. 控制阀下阀体总成
5. 控制阀阀体隔板(带衬垫)总成 6. 控制阀体单向球阀(7 个) 7. 控制阀上阀体总成

⑤上控制阀体至下控制阀体总成的装配如图 6-45 所示。注意:安装新的隔板,切勿使用旧隔板,重

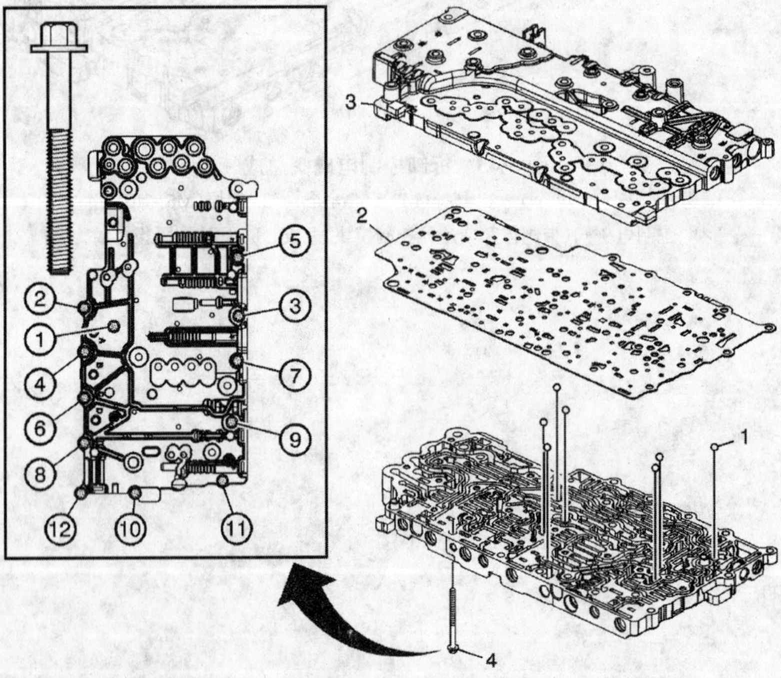

图 6-45 上控制阀体至下控制阀体总成的装配

1. 控制阀体单向球阀(7 个) 2. 控制阀阀体隔板(带衬垫)总成 3. 控制阀下阀体总成。4. 螺栓(M5×36,12 个)

复使用旧隔板，会导致变速器内部油液泄漏和变速器损坏。将控制阀下阀体总成安装到上控制阀体后，翻转阀体总成。按图示顺序紧固螺栓至8N·m。

⑥过滤板的安装如图 6-46 所示。注意：报废过滤板，用新的过滤板替换。重复使用旧过滤板，会导致控制电磁阀总成损坏。

⑦控制电磁阀总成的安装如图 6-47 所示。注意：要对准控制电磁阀总成的同时注意下控制阀体总成定位销。螺栓只能用手暂时紧固。

⑧阀体、控制电磁阀拧紧顺序如图6-48所示，紧固所有 18 个螺栓至 8N·m。注意：5 个剩余的螺栓(1)和 1 个螺栓(2)只能先用手紧固。2 个散热片螺栓(17,18)必须最后紧固。检查控制电磁阀总成的散热片区域和阀体之间的接触部位。确保没有显而易见的间隙。如果有间隙，松开所有 18 个螺栓，按所要求的顺序重新紧固。

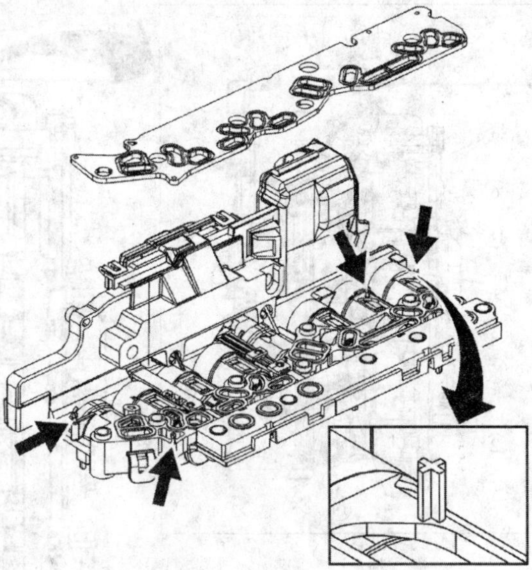

图 6-46　过滤板的安装

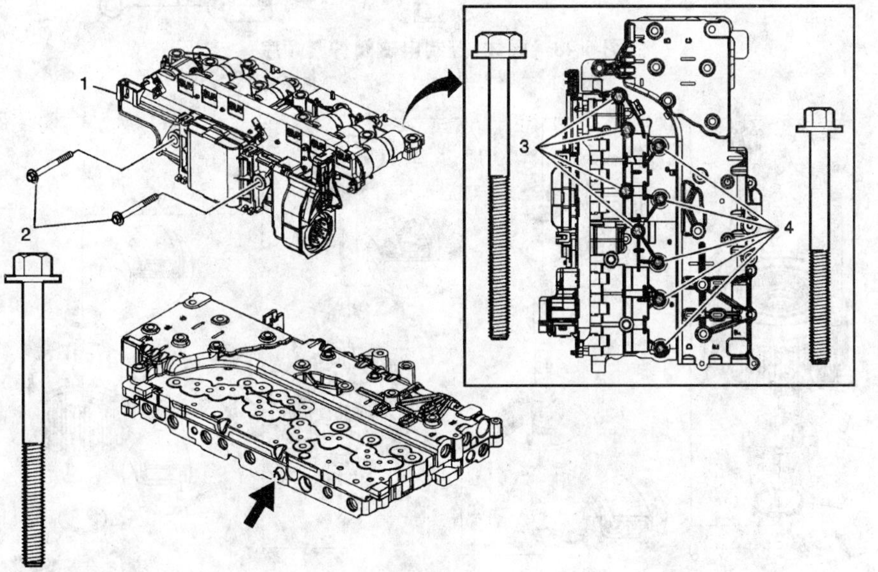

图 6-47　控制电磁阀总成的安装

1. 控制电磁阀(带阀体和变速器控制模块)总成　2. 螺栓(M5×53,2 个)
3. 螺栓(M5×55,4 个)　4. 螺栓(M5×45,5 个)

11. 自动变速器装配

自动变速器的装配按与拆卸相反的顺序进行。

(1)1-2-3-4 档和 3-5-R 档离合器总成和 4-5-6 档离合器总成的安装如图 6-49 所示，安装1-2-3-4和 3-5-R 档离合器总成时要使用 DT47781 C1234 35 档倒档离合器总成安装工具，用 4-5-6 档离合器总成的

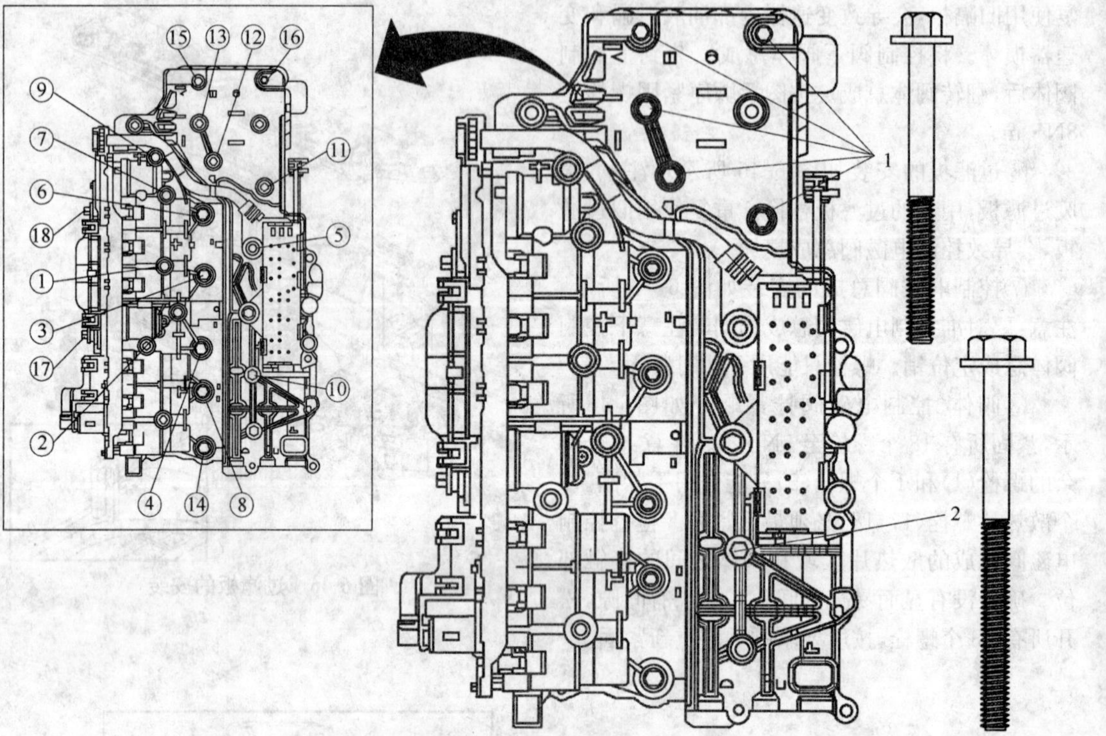

图 6-48　阀体、控制电磁阀拧紧顺序

1. 螺栓(M5×45,5个)　2. 螺栓(M5×55)

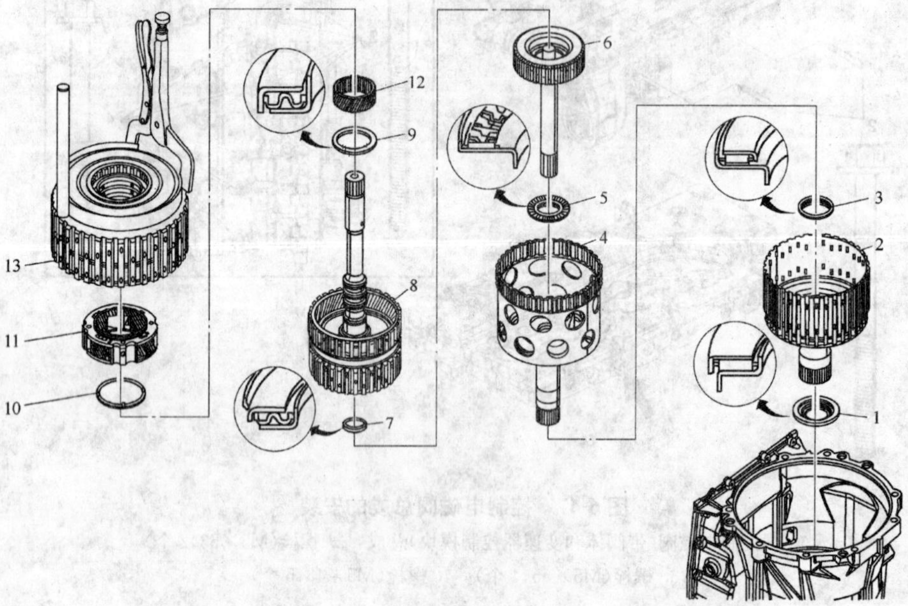

图 6-49　1-2-3-4 档和 3-5-R 档离合器总成和 4-5-6 档离合器总成

1. 2-6 和 3-5-R 档离合器毂止推轴承总成　2. 2-6 和 3-5 档倒档离合器(带输出支座外太阳齿轮轴)毂总成　3. 1-2-3-4 档离合器毂止推轴承总成　4. 1-2-3-4 档离合器(带输出支座内太阳齿轮轴)毂总成　5. 4-5-6 档离合器毂止推轴承总成　6. 4-5-6 档离合器(带输出支座轴和减振器)毂总成　7. 涡轮轴止推轴承总成　8. 4-5-6 档(带涡轮轴)离合器总成　9. 输入太阳齿轮止推轴承　10. 输入太阳齿轮止推垫圈　11. 输入支座总成　12. 输入太阳齿轮　13. 1-2-3-4 和 3-5 档倒档离合器总成

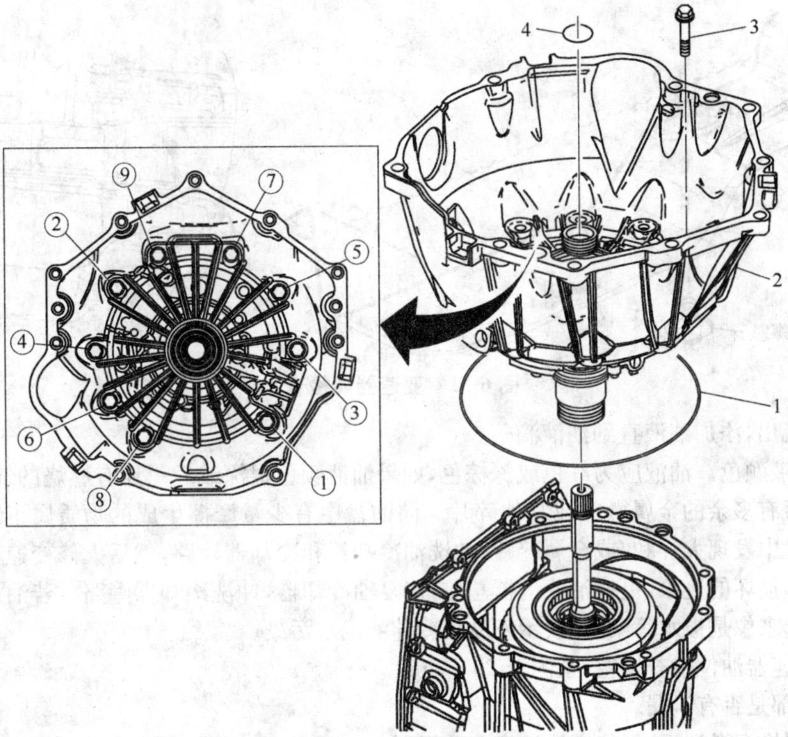

图 6-50　安装变矩器壳体

1. 新油封环　2. 变矩器(带油泵)壳体总成　3. 螺栓(M10×50,9 个)　4. 新涡轮轴(O形)密封圈

外花键转动 DT 47781,以便对准 1-2-3-4 档和 3-5-R 档离合器片。确认 1-2-3-4 档和 3-5-R 档离合器总成完全安装,提升涡轮轴,不应有任何明显的松弛。

②变矩器壳体螺栓的拧紧顺序如图 6-50 所示,紧固力矩为 72N·m。注意:在安装变矩器壳体总成之前,确保没有安装涡轮轴 O 形密封圈。否则,在安装变矩器壳体总成时,密封件可能会划破或损坏。

四、基本检查与诊断

1. 变速器油检查

此程序检查变速器油油位高度,同时检查油液本身状况。因为 6L50E 型变速器未安装加注管和油尺,储油盘底部的一根管子用来设置油位高度。检查变速器油位时变速器油温度(TFT)必须在 30℃～50℃之间。如果变速器油温度不在此范围内,操作车辆或等油液冷却。若在变速器油液温度超出范围时设置油液高度,将导致变速器加注不足或者加注过满的状况。加注不足的变速器将导致早期部件磨损或损坏。加注过满的变速器将导致油液溢出通风管、油液起泡、或泵的气穴现象,如图 6-51 所示。检查步骤如下:

(1)使用故障诊断仪查看变速器油温度。

(2)起动发动机并怠速运行。

(3)踩下制动踏板,并将换档杆挂到每个档位。在每个档位至少停留 3s。将换档杆挂回 PARK(驻车)档。确保发动机低转速(500～800r/min)。

(4)允许发动机怠速运转至少 1min。

(5)用举升机举升车辆。车辆置于水平位置,发动机运转,将档杆挂 PARK(驻车)档。

(6)从变速器储油盘上拆下变速器油位检查螺塞,如果油液稳定地流出,等待直到油液开始滴落。

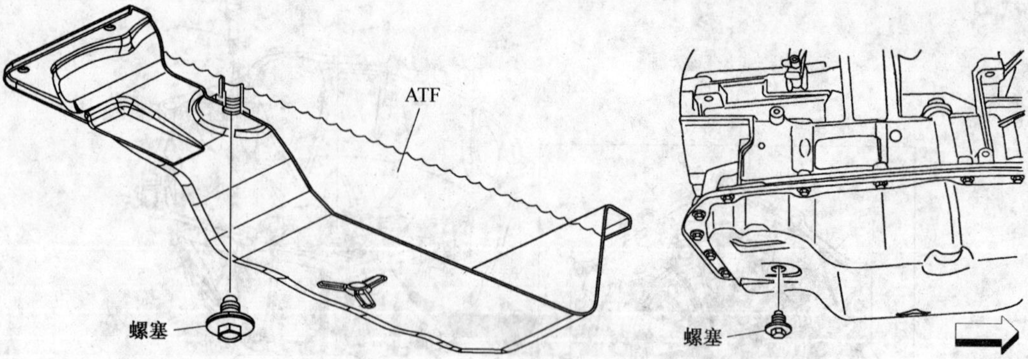

图 6-51 变速器油检查

如果没有油液流出，添加油液直到油液滴落。

(7)检查油液颜色。油液应为红色或深棕色，如果油液颜色很深或发黑还有燃烧的气味，检查油液和储油盘内是否有多余的金属微粒或其他碎片。储油盘中有少量摩擦生成的物质属正常情况。如果在油液或储油盘中发现大片和/或金属碎片，冲洗油冷却器和冷却器管路，然后大修变速器。如果没有发现变速器内部损坏的迹象，更换油滤清器总成，修复油冷却器，冲洗冷却器管路。若油液呈现出絮状或乳液状或看起来像是被水污染，则表示发动机冷却液或水污染。

(8)更换变速器油位检查螺塞，紧固至 25N·m。

(9)检查外部是否有泄漏。

(10)仅在更换润滑油后，复位润滑油寿命监视器。

2. 加注自动变速器油

6L50E 型自动变速器未装备加注管和油尺，根据易接近程度，变速器油可以通过油液加注管孔添加或通过在变速器储油盘底部的油位高度检查螺塞孔加注。

(1)通过油液加注管孔加注：如图 6-52 所示，需使用专用工具 J45096-40(Transflow 油加注适配器)和 J45096(变速器油冷却系统冲洗和流量测试工具)。加注完后重新检查 ATF 液位。

(2)通过油位高度检查螺塞孔加注：如图 6-53 所示，需使用专用工具 DT47784(变速器油加注盘适配器)、J45096-30(变速器冷却器冲洗适配器)和 J45096(变速器油冷却系统冲洗和流量测试工具)。加注完后重新检查 ATF 液位。

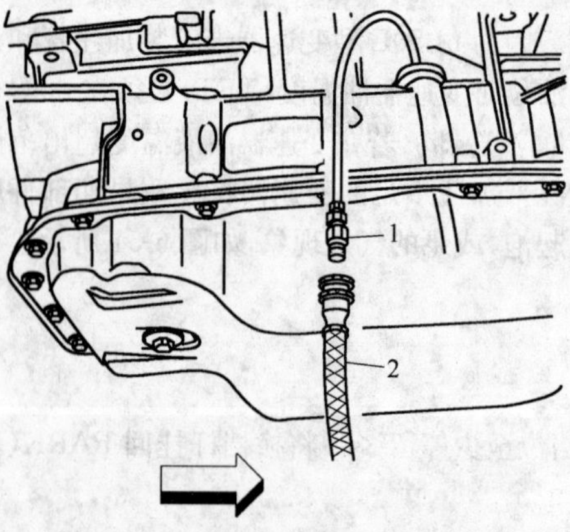

图 6-52 通过油液加注管孔加注

1. J45096-40 2. J45096

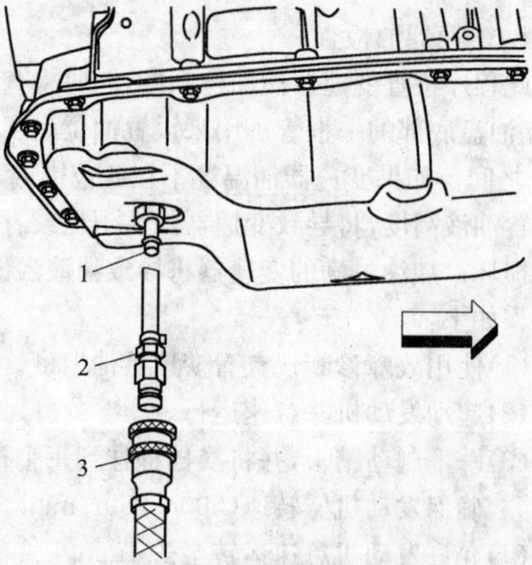

图 6-53 通过油位高度检查螺塞孔加注

1. DT47784 2. J45096-30 3. J45096

3. 管路压力检查

6L50E 型自动变速器管路压力测试口如图 6-54 所示，测试步骤如下：

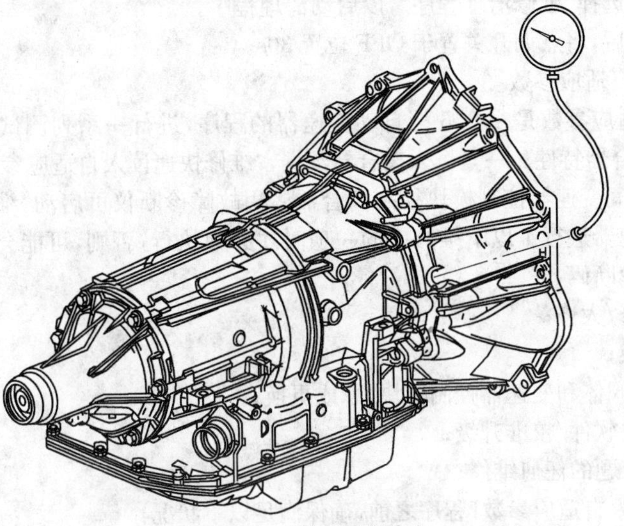

图 6-54　管路压力检查

(1)安装故障诊断仪。

(2)起动发动机。

(3)检查变速器油位是否合适。

(4)使用故障诊断仪检查所有当前或历史故障诊断码。

(5)检查变速器手动机构功能是否正常。

(6)关闭发动机。

(7)拆下管路压力测试孔塞。

(8)安装压力表 J21867。

(9)选择故障诊断仪“变速器管路压力控制电磁阀输出控制”。

(10)起动发动机。注意：为了得到精确的管路压力读数，必须执行下列程序至少三次以获取统一的压力读数。故障诊断仪只能在驻车档和空档状态下控制管路压力控制电磁阀，且要求发动机转速低于 1500r/min，从而避免离合器管路压力过高或过低。

(11)使用故障诊断仪增加和减小管路压力控制电磁阀(大约以 100kPa 递增或递减)。

(12)在递增或递减后的某一期间保持压力稳定。

(13)将故障诊断仪上的压力读数和 J21867 上的读数进行对比。

(14)如果压力读数相差很大，参见“油液压力过高或过低”的检查。

(15)关闭发动机。

(16)拆下 J21867。

(17)安装管路压力测试孔塞；紧固压力测试孔塞至 11N · m。

4. 控制电磁阀和变速器控制模块总成清理

控制电磁阀(带阀体和变速器控制模块)总成清理程序是变速器控制模块中的一个专用例行软件，此程序被故障诊断仪启动，用于循环控制电磁阀总成的线圈和阀，用于在设置了一个性能故障诊断码(DTC)之后清除污物和释放阀门。首先排净变速器油后重新加注新油，然后执行清理程序。清理程序完成后，再次运行故障诊断码启用标准，重新检测故障诊断码问题是否得到了解决。注意：为了排净油液必须拆下储油盘。控制电磁阀和变速器控制模块总成清理步骤如下：

(1)排净并重新加注变速器油。

(2)操作变速器达到70℃～90℃。

(3)用故障诊断仪选择"维修清理程序",以启动清理程序。

(4)清理程序完成后,将点火开关置于OFF位置30s。

5. 维修快速读入自适应参数

维修快速读入自适应参数是一个6档自动变速器的程序,进行一系列测试使得变速器控制模块(TCM)读入单个的离合器特性。一旦读入离合器数据,"维修快速读入自适应参数"将它转换为自适应数据单元,用于换档期间变速器控制模块控制离合器。用故障诊断仪可启动"维修快速读入自适应参数"程序,此程序在变速器进行了以下维修中的一项时才必须执行,否则,可能会造成变速器性能不良以及设置变速器故障诊断码:

—变速器内部维修/大修;

—阀体修理或更换;

—控制电磁阀(带阀体和变速器控制模块)总成更换;

—变速器控制模块软件/校准升级;

—针对换档质量问题的任何维修;

执行"维修快速读入自适应参数"程序之前,确保满足以下状况:

—已用木楔挡住驱动轮;

—使用驻车制动器;

—踩下行车制动器;

—节气门零开度且无外部发动机转速控制;

—变速器油温度(TFT)在70℃～100℃之间;

—变速器换档杆从驻车档挂到倒档,循环3次,以清除倒车档离合器中的空气。

使用故障诊断仪,选中"维修快速读入自适应参数"选项,按诊断仪提示依次完成:

—PARK(驻车)档测试设置;

—DRIVE(前进)档模式;

—REVERSE(倒档)模式;

一旦程序完成,关闭发动机并将变速器控制模块断电。然后,重新起动发动机,这将完成"维修快速读入自适应参数"程序。

五、故障症状检查表

1. 换档生硬

检查部件及可能的故障原因见表6-12。

表6-12 换档生硬的检查部件及可能的原因

检查部件	故障原因
1-2-3-4档和3-5档倒档离合器总成	—检查1-2-3-4档离合器片是否损坏或磨损

2. 无前进档

检查部件及可能的故障原因见表6-13。

表6-13 无前进档检查部件及可能的故障原因

检查部件	故障原因
4-5-6档(带涡轮轴)离合器总成	—检查4-5-6档离合器底板是否损坏或磨损 —检查4-5-6档离合器(带涡轮轴)壳体总成是否损坏

续表 6-13

检查部件	故障原因
输出支座总成	—检查支座总成上的小齿轮、止推垫圈、销和滚柱是否损坏 —检查止推轴承是否损坏 —检查太阳齿轮是否损坏 —检查支座总成上的输出支座后太阳齿轮止推轴承(固定式)是否损坏
输出支座止推轴承总成	—检查轴承是否磨损或损坏
输出轴总成	—检查内齿轮是否损坏
输入太阳齿轮止推垫圈	—检查垫圈是否磨损或损坏
输入太阳齿轮止推轴承	—检查轴承是否磨损或损坏
输入太阳齿轮	—检查花键是否磨损或损坏
输入支座总成	—检查支座总成上是否有损坏的小齿轮、止推垫圈、导向销和滚柱
涡轮轴止推轴承总成	—检查轴承是否磨损或损坏
油滤清器总成	—检查油滤清器总成是否损坏或堵塞 —检查油滤清器总成是否损坏或密封口接合不当、泄漏和油液有气泡
自动变速器油泵密封件	—检查密封件是否磨损或损坏

3. 无驱动档或倒档

检查部件及可能的故障原因见表 6-14。

表 6-14　无驱动档或倒档检查部件及可能的故障原因

检查部件	故障原因
4-5-6 档(带涡轮轴)离合器总成	—检查 4-5-6 档离合器(带涡轮轴)壳体总成是否损坏 —检查涡轮轴是否损坏或变形
1-2-3-4 档离合器(带输出支座内太阳齿轮轴)毂总成	—检查毂总成上的轴是否损坏或变形
2-6 档和 3-4-5 档倒档离合器(带输出支座外太阳齿轮轴)毂总成	—检查毂总成上的轴是否损坏或变形 —检查输出支座内太阳齿轮轴轴套是否损坏或磨损

4. 无 1 档

检查部件及可能的故障原因见表 6-15。

表 6-15　无 1 档检查部件及可能的故障原因

检查部件	故障原因
中心(带 2-6 低速档和倒档离合器)托架总成	—检查低速档离合器楔块总成是否损坏。卡环朝上固定住楔块总成,固定楔块总成的内座圈,外座圈应该逆时针自由转动 —检查低速档离合器楔块密封件是否割裂、磨损或损坏

5. 无 1 档和倒档

检查部件及可能的故障原因见表 6-16。

表 6-16　无 1 档和倒档检查部件及可能的故障原因

检查部件	故障原因
中心(带 2-6 低速档和倒档离合器)支座总成	—检查低速档和倒档离合器片是否损坏或磨损 —检查低速档和倒档离合器底板是否损坏 —检查底板上的花键是否磨损 —检查低速档和倒档离合器底板卡环是否损坏 —检查低速档和倒档离合器活塞总成、弹簧、弹簧卡环和中心支座总成是否损坏 —检查低速档离合器楔块总成是否损坏。卡环朝上固定住楔块总成,固定楔块总成的内座圈,外座圈应该逆时针自由转动 —检查低速档离合器楔块密封件是否割裂、磨损或损坏
输出支座总成	—检查在输出支座总成上的花键是否损坏或脱扣

6. 1 档或倒档生硬、疲软、迟滞、打滑

检查部件及可能的故障原因见表 6-17。

表 6-17　1 档或倒档生硬、疲软、迟滞、打滑检查部件及可能的故障原因

检查部件	故障原因
中心(带 2-6 低速档和倒档离合器)托架总成	—检查低速档和倒档离合器片是否损坏或磨损 —检查低速档和倒档离合器底板是否损坏。检查底板上的花键是否磨损 —检查低速档和倒档离合器底板卡环是否损坏 —检查低速档和倒档离合器活塞总成、弹簧、弹簧卡环和中心支座总成是否损坏 —检查低速档离合器楔块总成是否损坏。卡环朝上固定住楔块总成,固定楔块总成的内座圈,外座圈应该逆时针自由转动 —检查低速档离合器楔块密封件是否割裂、磨损或损坏

7. 1 档卡滞或倒档卡滞

检查部件及可能的故障原因见表 6-18。

表 6-18　1 档卡滞或倒档卡滞检查部件及可能的故障原因

检查部件	故障原因
中心(带 2-6 低速档和倒档离合器)托架总成	—检查低速档和倒档离合器片是否损坏或磨损 —检查低速档和倒档离合器底板是否损坏。检查底板上的花键是否磨损 —检查低速档和倒档离合器底板卡环是否损坏 —检查低速档和倒档离合器活塞总成、弹簧、弹簧卡环和中心支座总成是否损坏 —检查低速档离合器楔块总成是否损坏。卡环朝上固定住楔块总成,固定楔块总成的内座圈,外座圈应该逆时针自由转动 —检查低速档离合器楔块密封件是否割裂、磨损或损坏

8. 无 1、2、3 和 4 档

检查部件及可能的故障原因见表 6-19。

表 6-19　无 1、2、3 和 4 档检查部件及可能的故障原因

检查部件	故障原因
1-2-3-4 档和 3-5 档倒档离合器总成	—检查 1-2-3-4 档离合器片是否损坏或磨损 —检查 1-2-3-4 档离合器活塞、活塞壳体、弹簧和挡板总成是否损坏 —检查 1-2-3-4 档离合器活塞挡板卡环是否损坏 —检查 1-2-3-4 档离合器活塞密封件、内密封件和壳体密封件是否割裂、磨损或损坏 —检查 1-2-3-4 档离合器底板卡环是否选择错误 —检查 1-2-3-4 档离合器底板是否损坏 —检查底板上的花键是否磨损

续表 6-19

检查部件	故障原因
1-2-3-4 档离合器(带输出支座内太阳齿轮轴)毂总成	检查毂总成上的花键是否损坏

9. 1-2-3-4 档换档生硬、疲软、迟滞或打滑

检查部件及可能的故障原因见表 6-20。

表 6-20 1-2-3-4 档换档生硬、疲软、迟滞或打滑检查部件及可能的故障原因

检查部件	故障原因
1-2-3-4 档和 3-5 档倒档离合器总成	—检查 1-2-3-4 档离合器片是否损坏或磨损 —检查 1-2-3-4 档离合器活塞、活塞壳体、弹簧和挡板总成是否损坏 —检查 1-2-3-4 档离合器活塞档板卡环是否损坏 —检查 1-2-3-4 档离合器活塞密封件、内密封件和壳体密封件是否割裂、磨损或损坏 —检查 1-2-3-4 档离合器底板卡环是否选择错误 —检查 1-2-3-4 档离合器底板是否损坏。检查底板上的花键是否磨损

10. 无 1、2、3、4、5 档或倒档

检查部件及可能的故障原因见表 6-21。

表 6-21 无 1、2、3、4、5 档或倒档检查部件及可能的故障原因

检查部件	故障原因
1-2-3-4 档和 3-5 档倒档离合器总成	—检查 3-5 档倒档离合器底板卡环是否选择错误 —检查 1-2-3-4 档离合器底板卡环是否选择错误 —检查离合器轴承是否磨损或损坏

11. 无 1、2、6 档或倒档

检查部件及可能的故障原因见表 6-22。

表 6-22 无 1、2、6 档或倒档检查部件及可能的故障原因

检查部件	故障原因
中心(带 2-6 低速档和倒档离合器)托架总成	—检查中心支座总成是否损坏 —检查输出支座外太阳齿轮前轴和后轴轴套是否磨损或损伤
中心支座卡环	—检查是否有损坏
输出支座总成	—检查中心支座滚柱轴承总成是否磨损或损坏
2-6 档和 3-5 档倒档离合器毂止推轴承总成	—检查轴承是否磨损或损坏

12. 无 2 档和 6 档

检查部件及可能的故障原因见表 6-23。

表 6-23 无 2 档和 6 档检查部件及可能的故障原因

检查部件	故障原因
中心(带 2-6 低速档和倒档离合器)支座总成	—检查 2-6 档离合器片是否损坏或磨损 —检查 2-6 档离合器底板是否损坏。检查底板上的花键是否磨损 —检查 2-6 档离合器底板卡环是否损坏 —检查 2-6 档离合器活塞总成、弹簧、弹簧卡环和中心支座总成是否损坏

13. 2档或6档生硬、疲软、迟滞、打滑

检查部件及可能的故障原因见表6-24。

表6-24 2档或6档生硬、疲软、迟滞、打滑检查部件及可能的故障原因

检查部件	故障原因
中心(带2-6档低速档和倒档离合器)支座总成	—检查2-6档离合器片是否损坏或磨损 —检查2-6档离合器底板是否损坏。检查底板上的花键是否磨损 —检查2-6档离合器底板卡环是否损坏 —检查2-6档离合器活塞总成、弹簧、弹簧卡环和中心支座总成是否损坏

14. 2档或6档卡滞

检查部件及可能的故障原因见表6-25。

表6-25 2档或6档卡滞检查部件及可能的故障原因

检查部件	故障原因
中心(带2-6低速档和倒档离合器)支座总成	—检查2-6档离合器片是否损坏或磨损 —检查2-6档离合器底板是否损坏。检查底板上的花键是否磨损 —检查2-6档离合器底板卡环是否损坏 —检查2-6档离合器活塞总成、弹簧、弹簧卡环和中心支座总成是否损坏

15. 在2、3、4、5或6档振动

检查部件及可能的故障原因见表6-26。

表6-26 在2、3、4、5或6档振动检查部件及可能的故障原因

检查部件	故障原因
4-5-6档离合器(带输出支座轴和减振器)毂总成	检查毂总成、减振器和压盘是否磨损或损坏

16. 无3、5档和倒档

检查部件及可能的故障原因见表6-27。

表6-27 无3、5档和倒档检查部件及可能的故障原因

检查部件	故障原因
1-2-3-4档和3-5档倒档离合器总成	—检查3-5档倒档离合器片是否损坏或磨损 —检查3-5档倒档离合器活塞、作用环和弹簧是否损坏 —检查3-5档倒档离合器活塞O形密封圈、内密封件和外密封件是否割裂、磨损或损坏 —检查3-5档倒档离合器底板卡环是否选择错误 —检查3-5档倒档离合器底板是否损坏。检查底板上的花键是否磨损

17. 3档、5档或倒档生硬、疲软、迟滞、打滑

检查部件及可能的故障原因见表6-28。

表6-28 3档、5档或倒档生硬、疲软、迟滞、打滑检查部件及可能的故障原因

检查部件	故障原因
1-2-3-4档和3-5档倒档离合器总成	—检查3-5档倒档离合器片是否损坏或磨损 —检查3-5档倒档离合器活塞、作用环和弹簧是否损坏 —检查3-5档倒档离合器活塞O形密封圈、内密封件和外密封件是否割裂、磨损或损坏 —检查3-5档倒档离合器底板卡环是否选择错误 —检查3-5档倒档离合器底板是否损坏。检查底板上的花键是否磨损

18. 无 4、5 和 6 档

检查部件及可能的故障原因见表 6-29。

表 6-29 无 4、5 和 6 档检查部件及可能的故障原因

检查部件	故障原因
4-5-6 档(带涡轮轴)离合器总成	—检查离合器片是否损坏或磨损 —检查活塞、活塞挡板、挡板卡环和离合器弹簧是否损坏 —检查 4-5-6 档离合器底板卡环是否选择错误 —检查涡轮轴油封环是否割裂、磨损或损坏 —检查涡轮轴是否损坏或变形
上控制阀体总成	检查 1 档/倒档制动带和 4-5-6 档离合器调节阀和弹簧是否磨损或损坏
4-5-6 档离合器(带输出支座轴和减振器)毂总成	检查毂总成、减振器和压盘是否磨损或损坏
输出支座总成	检查输出支座总成上的内部花键是否损坏或剥落

19. 4-5-6 档换档生硬、疲软、迟滞或打滑

检查部件及可能的故障原因见表 6-30。

表 6-30 4-5-6 档换档生硬、疲软、迟滞或打滑检查部件及可能的故障原因

检查部件	故障原因
4-5-6 档(带涡轮轴)离合器总成	—检查离合器片是否损坏或磨损 —检查活塞、活塞挡板、挡板卡环和离合器弹簧是否损坏 —检查 4-5-6 档离合器底板卡环是否选择错误 —检查涡轮轴油封环是否割裂、磨损或损坏

20. 变矩器离合器未接合

检查部件及可能的故障原因见表 6-31。

表 6-31 变矩器离合器未接合检查部件及可能的故障原因

检查部件	故障原因
变矩器总成	诊断变矩器是否可能有内部损坏
油泵盖总成	—检查变矩器进油量限制阀和弹簧是否会磨损、损坏或卡滞 —检查变矩器离合器控制阀和弹簧是否会磨损、损坏或卡滞 —检查定子轴是否损坏
下控制阀体总成	检查变矩器离合器(TCC)调节器接合阀是否会磨损、损坏或卡滞
4-5-6 档(带涡轮轴)离合器总成	—检查涡轮轴是否损坏 —检查涡轮轴 O 形密封圈是否损坏

21. 变矩器离合器未分离

检查部件及可能的故障原因见表 6-32。

表 6-32 变矩器离合器未分离检查部件及可能的故障原因

检查部件	故障原因
变矩器总成	诊断变矩器是否可能有内部损坏
油泵盖总成	—检查变矩器进油量限制阀和弹簧是否会磨损、损坏或卡滞 —检查变矩器离合器(TCC)控制阀和弹簧是否磨损、损坏或卡滞
下控制阀体总成	检查变矩器离合器调节器接合阀是否磨损、损坏或卡滞

22. 无倒档

检查部件及可能的故障原因见表6-33。

表6-33 无倒档检查部件及可能的故障原因

检查部件	故障原因
上控制阀体总成	—检查3-5档倒档调节阀和阀弹簧是否磨损、损坏或卡滞 —检查#5单向球是否损坏或缺失
下控制阀体总成	检查离合器选择电磁阀3和阀弹簧是否磨损、损坏或卡滞

23. 油液压力过高或过低

检查部件及可能的故障原因见表6-34。

表6-34 油液压力过高或过低检查部件及可能的故障原因

检查部件	故障原因
带油泵总成的变矩器壳体	—检查压力调节阀是否磨损、卡滞或损坏 —检查压力调节阀外弹簧是否磨损、卡滞或损坏 —检查压力调节阀内弹簧是否磨损、卡滞或损坏 —检查隔离阀和阀套是否磨损、卡滞或损坏 —检查限压球阀是否磨损、卡滞或损坏 —检查限压球阀弹簧是否磨损、卡滞或损坏 —检查油泵盖总成是否损坏或有孔隙。检查油泵表面是否不平 —检查油泵转子是否间隙过大或损坏。确保使用正确选择的转子 —检查油泵滑块是否损坏。确保使用正确选择的滑块 —检查油泵滑块外弹簧是否磨损、卡滞或损坏 —检查油泵滑块密封件、密封件支座、枢轴销、油液密封圈和O形密封圈是否磨损或损坏 —检查油泵叶片环和导向环是否磨损或损坏
上控制阀体总成	—检查执行器进油量限制阀和弹簧是否磨损、卡滞或损坏 —检查离合器助力阀和弹簧是否磨损、卡滞或损坏
油滤清器总成	—检查油滤清器总成是否损坏或堵塞 —检查油液滤清器密封件总成是否损坏

第七章　雪佛兰开拓者/悍马 4L60E 型自动变速器

第一节　技术参数与结构特点

一、技术参数

1. 4L60E 型自动变速器主要技术参数

雪佛兰开拓者和悍马越野汽车装用 4L60E 型自动变速器，下面介绍以我国保有量较大的金杯通用雪佛兰开拓者为例，悍马也可以参考。4L60E 型自动变速器的主要技术参数见表 7-1。

表 7-1　4L60E 型自动变速器技术规格

<table>
<tr><th>项　目</th><th>参　　数</th><th>项　目</th><th colspan="2">参　　数</th></tr>
<tr><td rowspan="7">型号：4L60E</td><td rowspan="2">4—4 速</td><td rowspan="5">各档速比</td><td>1 档</td><td>3.059</td></tr>
<tr><td>2 档</td><td>1.625</td></tr>
<tr><td rowspan="2">L—纵置装配</td><td>3 档</td><td>1.000</td></tr>
<tr><td>4 档</td><td>0.696</td></tr>
<tr><td rowspan="2">60—产品序列</td><td>R 档</td><td>2.294</td></tr>
<tr><td rowspan="2">变速器油容量</td><td colspan="2" rowspan="2">大修：10.6L
储油盘拆卸：4.7L</td></tr>
<tr><td rowspan="2">E—电子控制</td></tr>
<tr><td></td><td>油液类型</td><td colspan="2">DEXRON Ⅲ</td></tr>
</table>

2. 主要部件紧固力矩

4L60E 型主要部件螺栓的紧固力矩见表 7-2。

表 7-2　4L60E 型主要部件螺栓的紧固力矩　(N・m)

部　　件	力矩	部　　件	力矩
储能器盖至壳体螺栓	8～14	储油盘孔塞(C/K)	30～40
壳体加长件至壳体螺栓	42～50	储油盘孔塞(Y)	28-32
壳体加长件至壳体螺栓(四驱)	11～22	压力控制电磁阀线圈支架至阀体螺栓	8～14
变矩器盖螺栓	10	油泵总成至壳体螺栓	26～32
变矩器壳至变速器壳螺钉	65～75	油泵盖至泵体螺栓	20～27
冷却器管接头	35～41	自动变速器壳体加长件双头螺栓	18～22
飞轮至变矩器螺栓	63	阀体至壳体螺栓	8～14
前进档储能器盖至阀体螺栓	8～14	变速器至发动机螺栓	47
润滑油液面指示器螺栓	47	液压手动阀位置开关至阀体螺栓	8～14
储油盘至变速器壳螺栓	11		

二、结构特点

4L60E 型自动变速器的总体构造见图 7-1，包括如下部件：

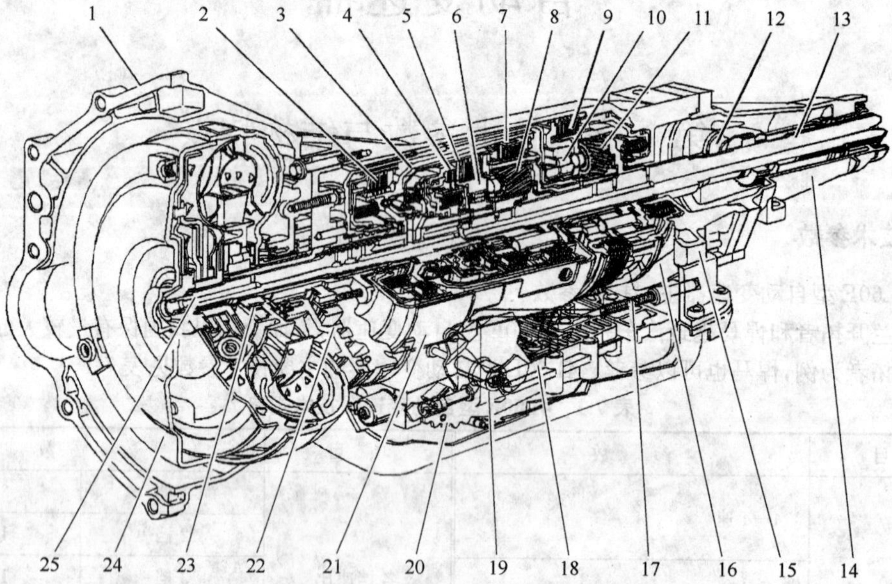

图 7-1　4L60E 型自动变速器总体构造

1. 变矩器壳体　2. 倒档输入离合器　3. 输入离合器壳体　4. 超越离合器　5. 前进档离合器　6. 前进档单向离合器　7. 3-4 档离合器　8. 输入行星齿轮副　9. 低/倒档离合器　10. 低档单向离合器　11. 反作用行星齿轮副　12. 速度传感器　13. 输出轴　14. 壳体加长件　15. 主剖面壳体　16. 驻车制动爪　17. 驻车锁定执行器　18. 控制阀体　19. 手动轴　20. 内上动杆　21. 2-4 制动带　22. 油泵总成　23. 滚柱式单向离合器　24. 变矩器　25. 涡轮轴

1. 机械部件

4L60E 型自动变速器的机械部件包括变矩器总成、润滑油泵、伺服装置总成和 2-4 制动带总成、倒档离合器、超越离合器、前进档离合器、3-4 档离合器、前进档单向离合器总成、低速档单向离合器总成、低档和倒档离合器总成、行星齿轮系、控制阀体总成等。

2. 电气部件

4L60E 型自动变速器电气部件包括 1-2 换档电磁阀、2-3 换档电磁阀、3-2 换档电磁阀、变速器油压控制电磁阀(PC)、变矩离合器电磁阀(TCC)、变矩离合器脉冲宽度调制(PWM)电磁阀、自动变速油压力手动阀位置开关(TFP)、自动变速油温度(TFT)传感器、车速传感器等。

第二节　动力传递分析

4L60E 型自动变速器动力传递路线示意图如图 7-2 所示，执行元件工作表见表 7-3。

1. D1 档动力传递路线

D1 档动力传递路线如图 7-3 所示，在 D 位 1 档，前进档离合器接合，前进档单向离合器锁止，动力由输入轴传入前排太阳轮；低速单向离合器锁止，单向固定后排行星架/前排齿圈；动力由前排行星架/后排齿圈同向减速输出。1 档时，前进档单向离合器和低速单向离合器锁止是动力传递不可缺少的条件，故没有发动机制动。

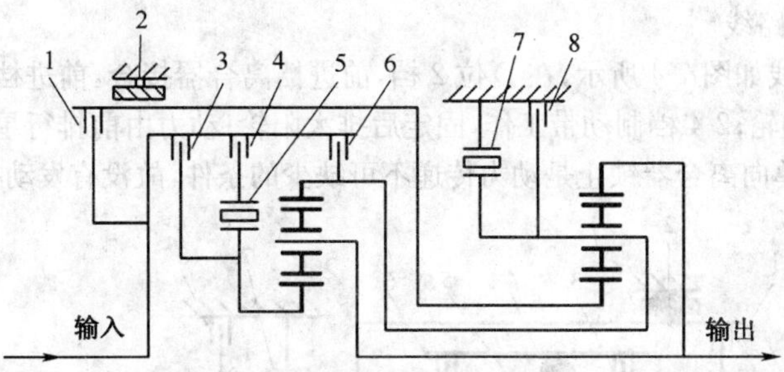

图 7-2　动力传递路线示意图

1. 倒档离合器　2. 2-4 制动带　3. 超越离合器　4. 前进离合器　5. 前进档单向离合器
6. 3-4 档离合器　7. 低速单向离合器　8. 低速/倒档离合器

表 7-3　执行元件工作表

档位	R 档	OD 位				D 位			2 位		1 位	
	倒档	1 档	2 档	3 档	4 档	1 档	2 档	3 档	1 档	2 档	1 档	2 档
2-4 制动带	—	—	A	—	A	—	A	—	—	A	—	A
倒档离合器	A	—	—	—	—	—	—	—	—	—	—	—
超越离合器	—	—	—	—	—	—	—	A	A	A	A	A
前进离合器	—	A	A	A	—	A	A	A	A	A	A	A
前进档单向离合器	—	H	H	H	—	H	H	H	H	H	H	H
3-4 档离合器	—	—	—	A	A	—	—	A	—	—	—	—
低速单向离合器	—	H	—	—	—	H	—	—	H	—	H	—
低倒档制动器	A	—	—	—	—	—	—	—	—	—	A	—

A:＝作用　H:＝保持

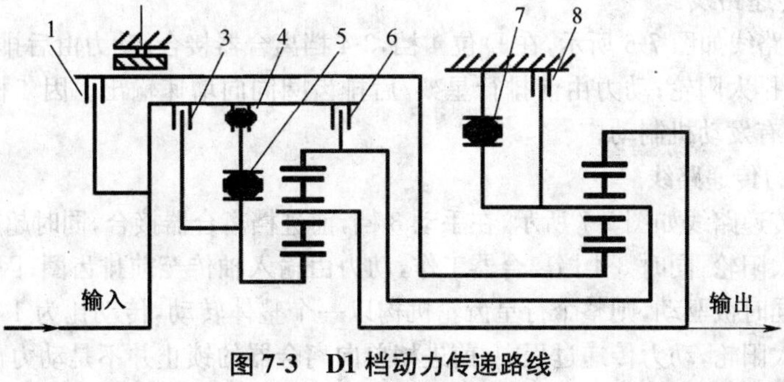

图 7-3　D1 档动力传递路线

2. D2 档动力传递路线

D2 档动力传递路线如图 7-4 所示，在 D 位 2 档，前进档离合器接合，前进档单向离合器锁止，动力由输入轴传入前排太阳轮；2-4 档制动带工作，固定后排太阳轮；动力由前排行星架/后排齿圈同向减速输出。2 档时，前进档单向离合器锁止是动力传递不可缺少的条件，故没有发动机制动。

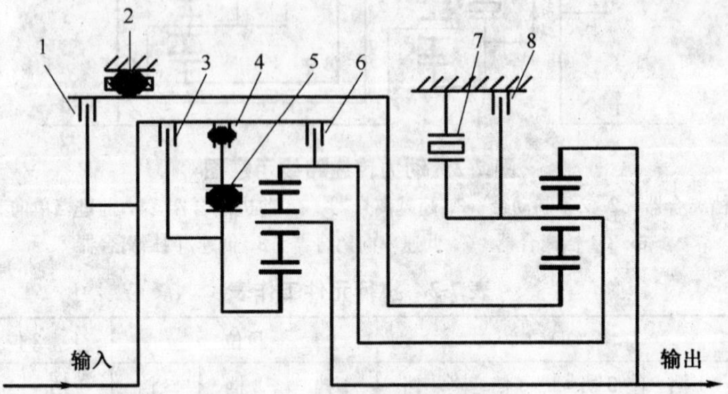

图 7-4　D2 档动力传递路线

3. D3 档动力传递路线

D3 档动力传递路线如图 7-5 所示，在 D 位 3 档，前进档离合器接合，前进档单向离合器锁止，动力由输入轴传入前排太阳轮；同时 3-4 档离合器工作，动力由输入轴传至前排齿圈；因前排行星齿轮机构中太阳轮和内齿圈同时被驱动，则整个行星齿轮机构以一个整体转动，传动比为 1∶1。同理，在 D 位 3 档没有发动机制动。

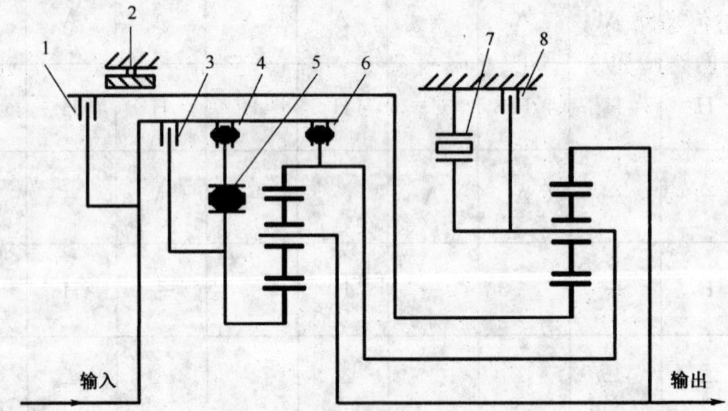

图 7-5　D3 档动力传递路线

4. D4 档动力传递路线

D4 档动力传递路线如图 7-6 所示，在 D 位 4 档，3-4 档离合器接合，动力由后排行星架输入；2-4 档制动带工作，固定后排太阳轮；动力由前排行星架/后排齿圈同向增速输出。因 4 档时，没有单向离合器参与动力传递，故有发动机制动。

5. 手动 3 档动力传递路线

手动 3 档动力传递路线如图 7-7 所示，在手动 3 档，前进档离合器接合，同时超越离合器接合，动力由输入轴传入前排太阳轮；同时 3-4 档离合器工作，动力由输入轴传至前排齿圈；因前排行星齿轮机构中太阳轮和内齿圈同时被驱动，则整个行星齿轮机构以一个整体转动，传动比为 1∶1。因超越离合器接合直接驱动前排太阳轮，动力传递过程中，前进档单向离合器的锁止并不是动力传递的唯一条件，故在手动 3 档有发动机制动。

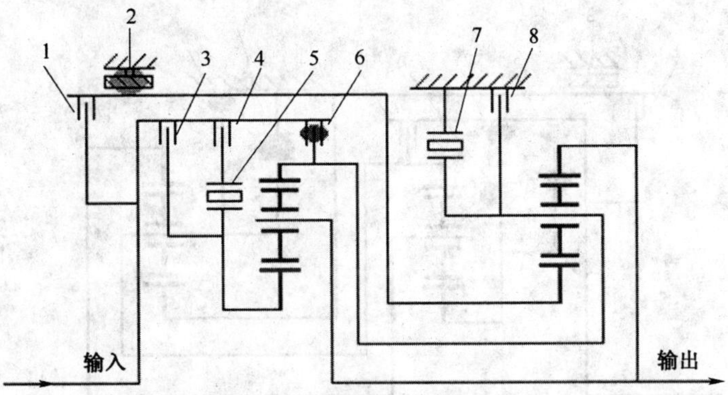

图 7-6　D4 档动力传递路线

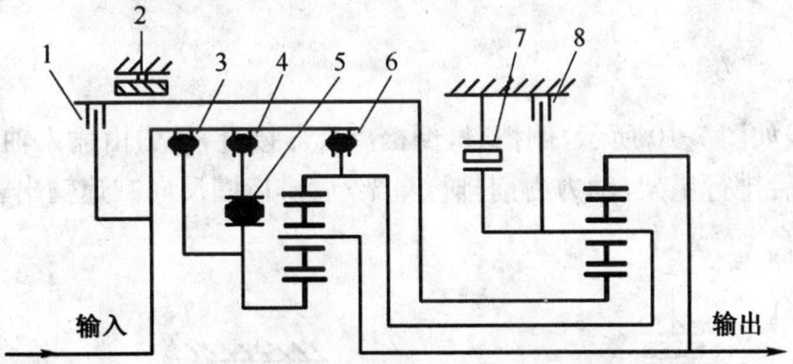

图 7-7　手动 3 档动力传递路线

6. 手动 2 档动力传递路线

手动 2 档动力传递路线如图 7-8 所示，在手动 2 档时，前进档离合器接合，前进档单向离合器锁止，同时超越离合器接合，动力由输入轴传入前排太阳轮；2-4 档制动带工作，固定后排太阳轮；动力由前排行星架/后排齿圈同向减速输出。因动力传递过程中，前进档单向离合器的锁止并不是动力传递的唯一条件，故在手动 2 档有发动机制动。

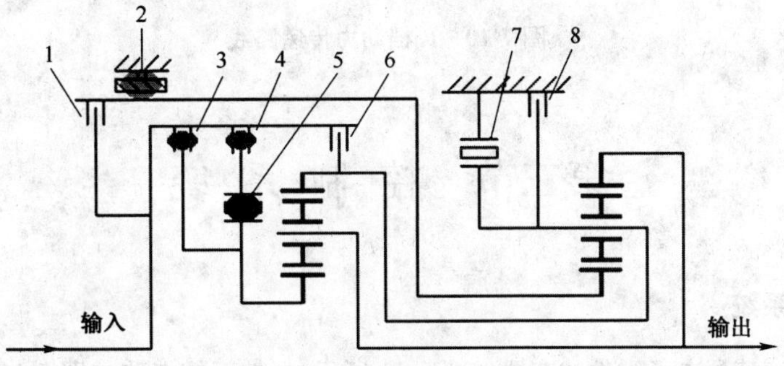

图 7-8　手动 2 档动力传递路线

7. 手动 1 档动力传递路线

手动 1 档动力传递路线如图 7-9 所示，在手动 1 档时，前进档离合器接合，前进档单向离合器锁止，同时超越离合器接合，动力由输入轴传入前排太阳轮；低速单向离合器锁止，同时低速/倒档制动器工作，双向固定后排行星架/前排齿圈；动力由前排行星架/后排齿圈同向减速输出。因动力传递过程中单向离合器的锁止并不是动力传递的唯一条件，故手动 1 档有发动机制动。

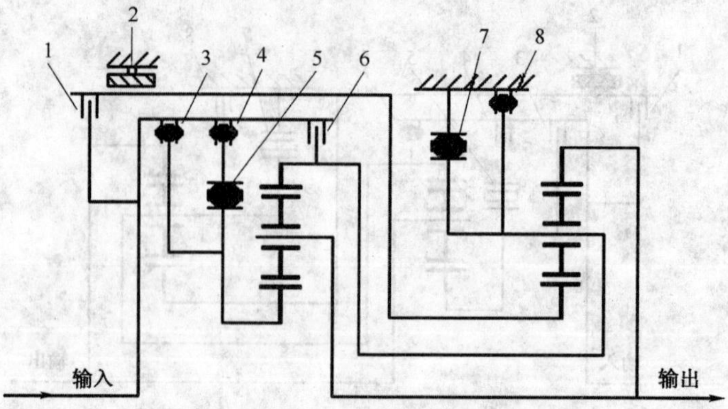

图 7-9　手动 1 档动力传递路线

8. R 档动力传递

倒档动力传递路线如图 7-10 所示，倒档时，倒档离合器接合，动力由输入轴传入后排太阳轮；低速/倒档制动器工作，固定后排行星架；动力由前排行星架/后排齿圈反向减速输出。

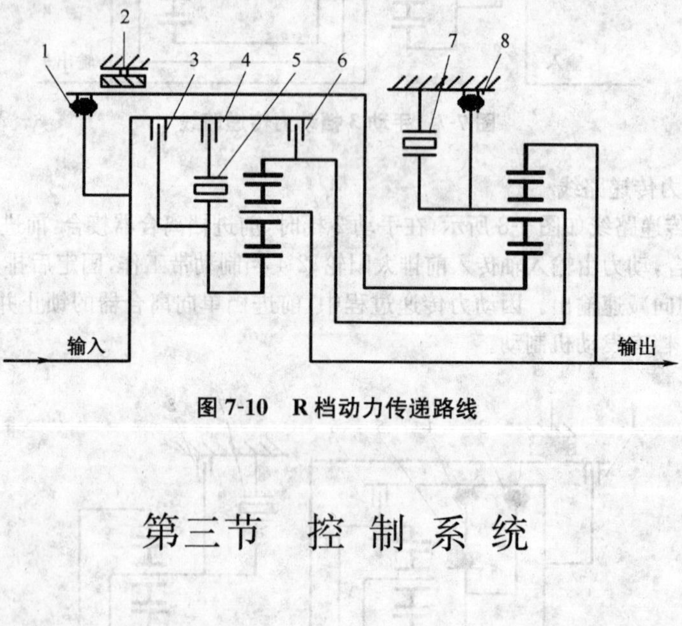

图 7-10　R 档动力传递路线

第三节　控 制 系 统

一、电子控制系统

4L60E 型自动变速器电子元件的布置如图 7-11 所示，电控系统电路如图 7-12、图 7-13 和图 7-14 所示，下面分别介绍这些电子元件与相关液压元件的控制原理。

1. 车速传感器(VSS)

车速传感器(VSS)为动力控制模块(PCM)提供变速器输出轴转速(即车速信号)，PCM 再利用车速信号决定换档时刻和变矩锁止离合器(TCC)的工作。车速传感器的位置如图 7-15 所示。车速传感器是一个电磁式传感器，在变速器输出轴上有传感器讯号盘，输出轴旋转时，在传感器中感应出信号电压。当输出轴转速较低时，在 100r/min 的转速下可感应出 0.5V 的电压，转速较高时，在 8000r/min 的转速下可感应出约 100V 的电压。PCM 利用 VSS 信号的频率来计算车速。

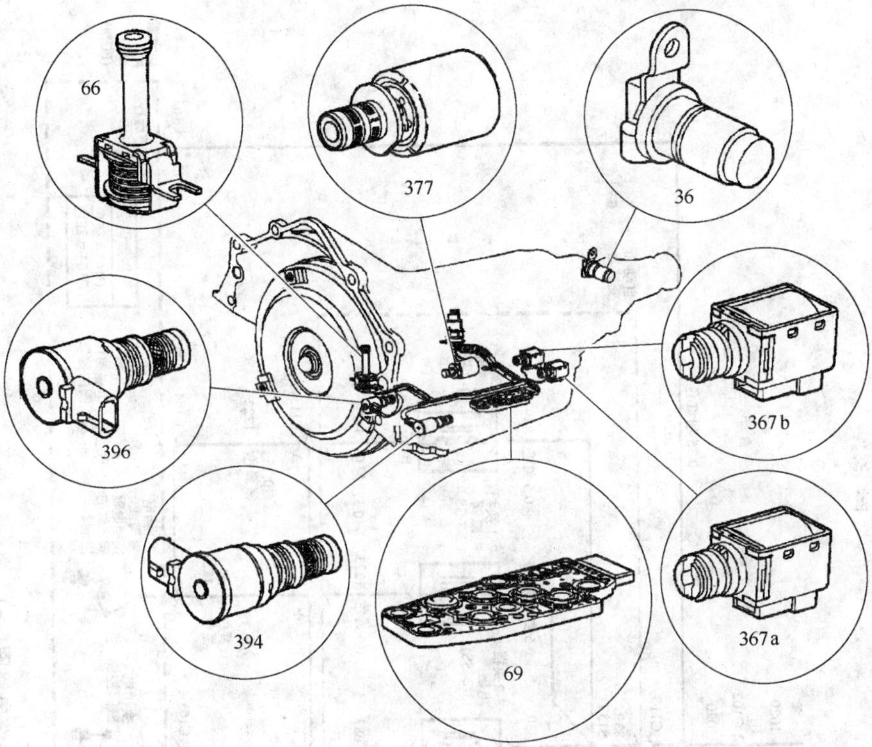

图 7-11　电控系统部件组成

36. 车速传感器　66. 变矩离合器(TCC)电磁阀　69. 液压力手动阀位置(TFP)开关　367a. 1-2 换档电磁阀　367b. 2-3 换档电磁阀　377. 压力控制(PC)电磁阀　394. 3-2 换档电磁阀　396. 变矩器离合器脉冲宽度调制(TCC PWM)电磁阀

2. 自动变速液压手动阀位置(TFP)开关

自动变速液压手动阀位置(TFP)开关位于控制阀体上，包括 5 个压力开关(2 个常闭和 3 个常开)，用于感应阀体不同油道上是否出现压力。TFP 开关如图 7-16 所示，来自手动阀的液压使这些开关中的一个或多个接地或断开。对于常开开关而言，当相应油路有压力时，开关闭合，动力系统控制模块(PCM)相应端子搭铁，PCM 收到一个低电平信号。对于常闭开关而言，当相应油路有压力时，开关断开，PCM 相应端子为高电平。PCM 检测每个开关的状态组合，并与存储器中的记忆比较，以确定手动阀处于某位置时，相应的油道压力是否正常。但是，自动变速油压力手动阀位置开关不能分辨驻车和空档，因为在这两种情况下所检测的阀体压力相同。TFP 开关信号用于帮助控制管路压力、变矩离合器的工作和换档电磁阀的操作。不同档位时 TFP 开关逻辑见表 7-4。

3. 压力控制(PC)电磁阀

压力控制(PC)电磁阀是一个电子压力调节器，动力系统控制模块(PCM)通过控制 PC 阀线圈绕组的占空比，来控制管路压力。占空比改变，通过线圈的平均电流改变，则控制压力改变。PCM 需根据节气门开度及车速信号与操纵手柄位置等信号来调节主油压。PCM 指令占空比在 5%～95%之间变化(一般小于 60%，平均电流在 0.1～1.1A 间变化)，平均电流越大，管路压力越小；平均电流越小，管路压力越大。如果 PC 电磁阀断开，变速器路压力为最大值。

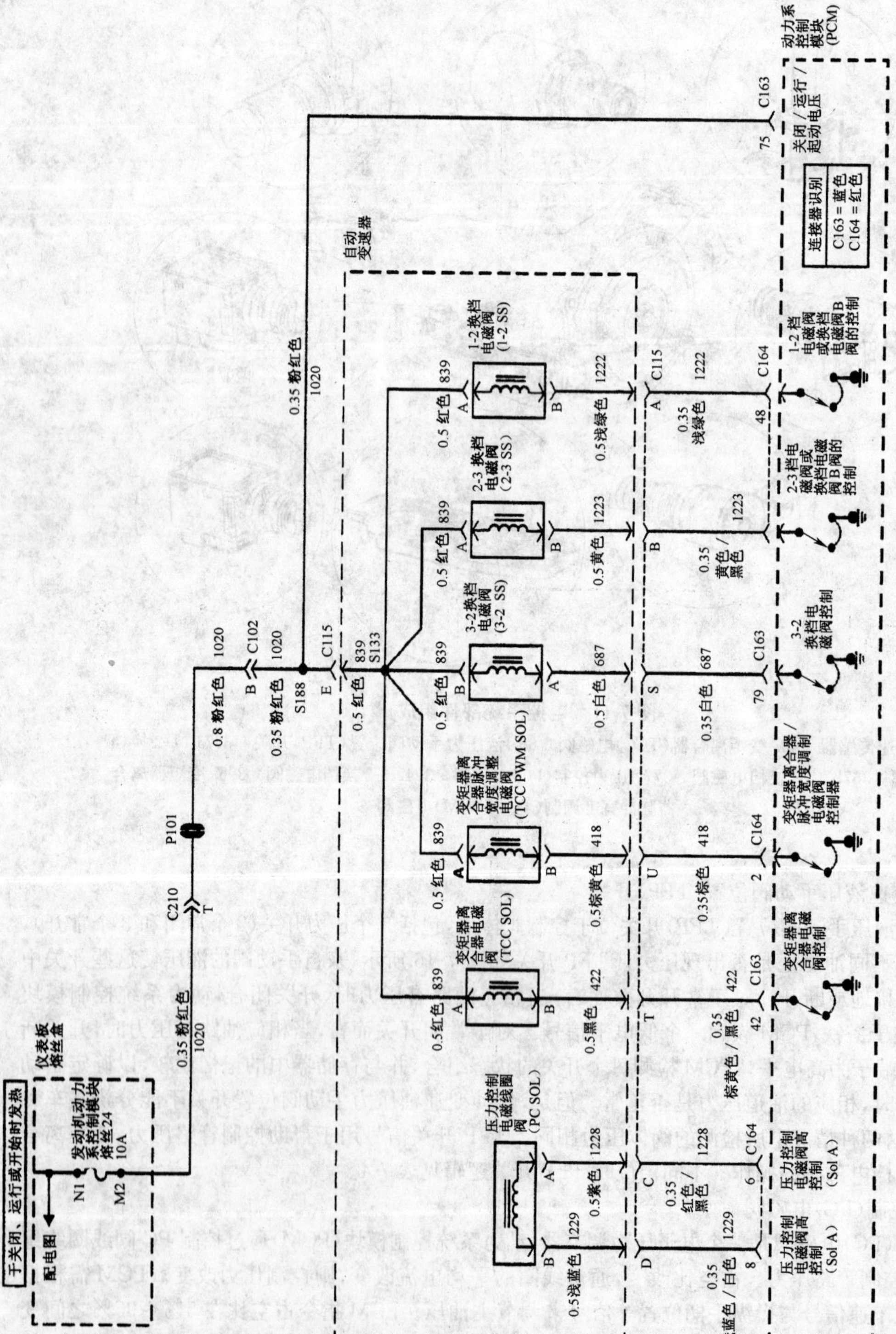

图 7-12　电控系统电路图(一)

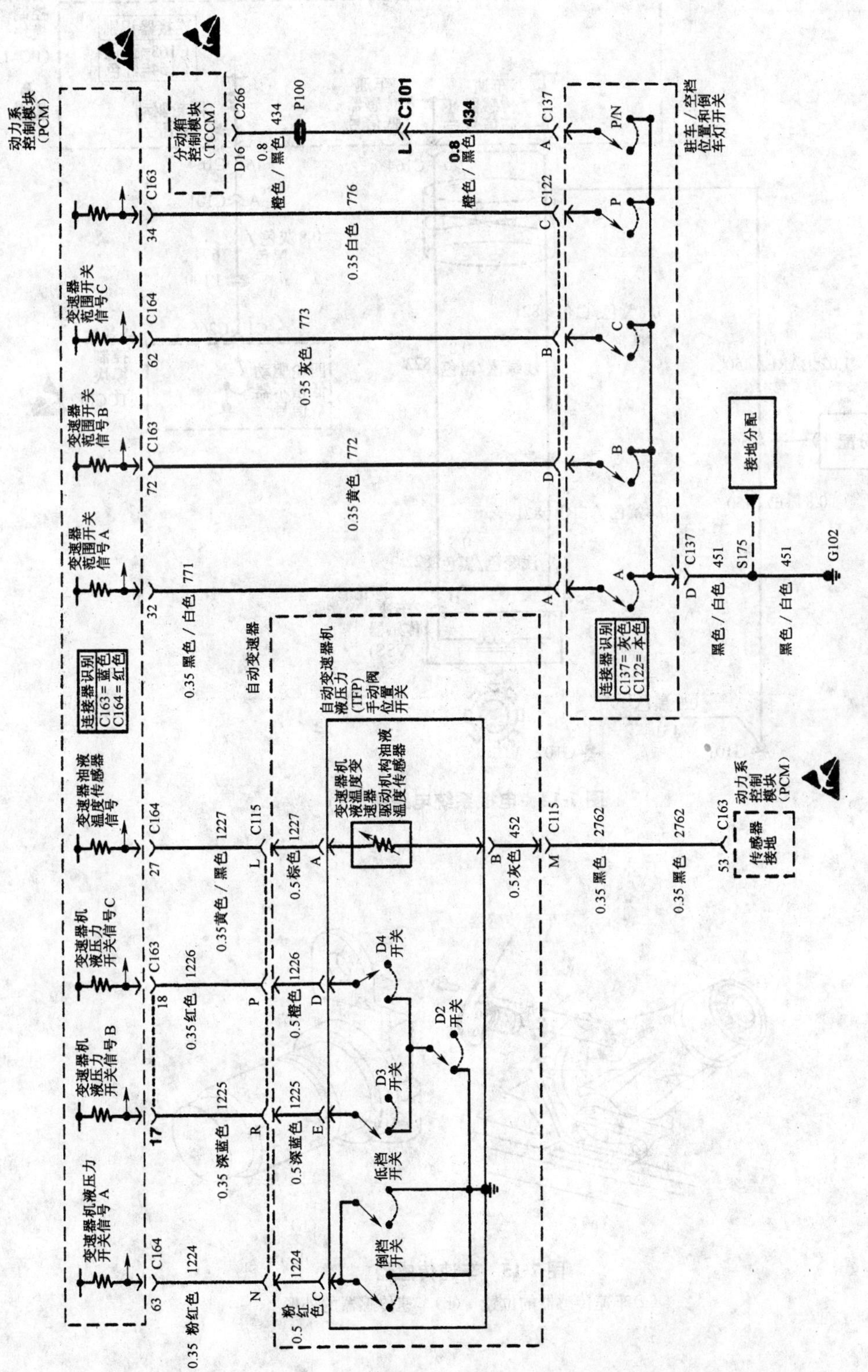

图 7-13 电控系统电路图(二)

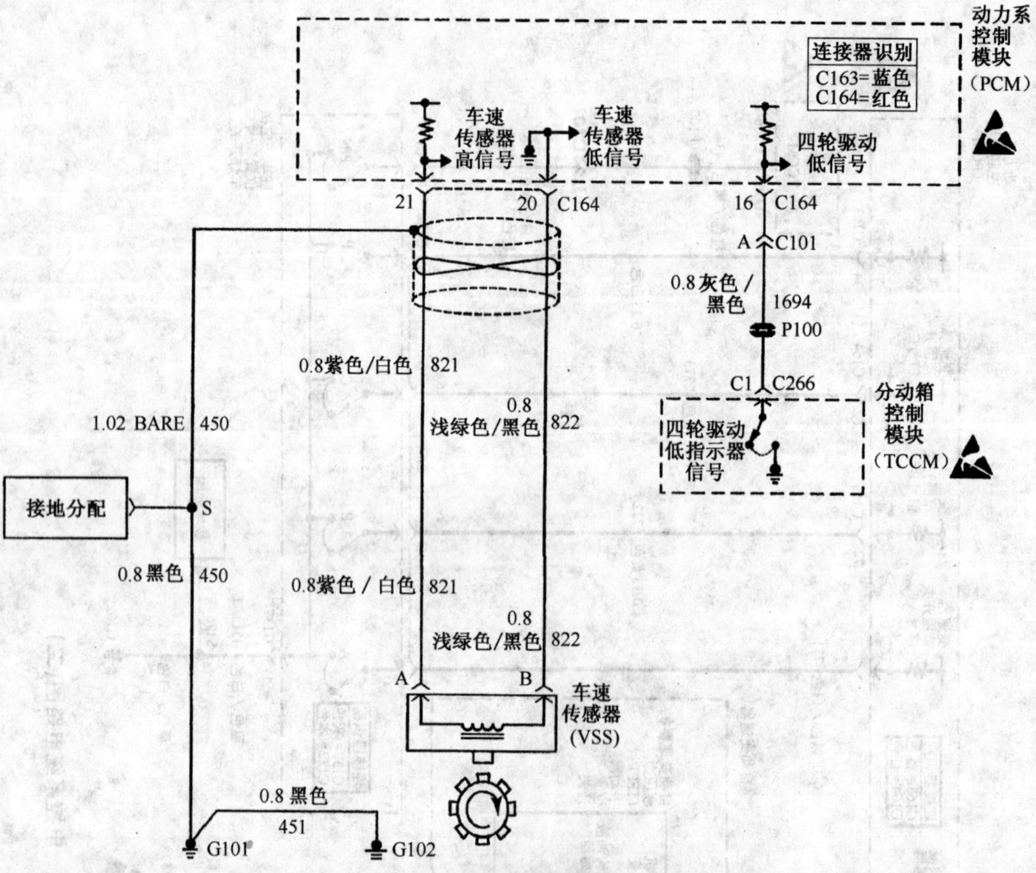

图 7-14　电控系统电路图(三)

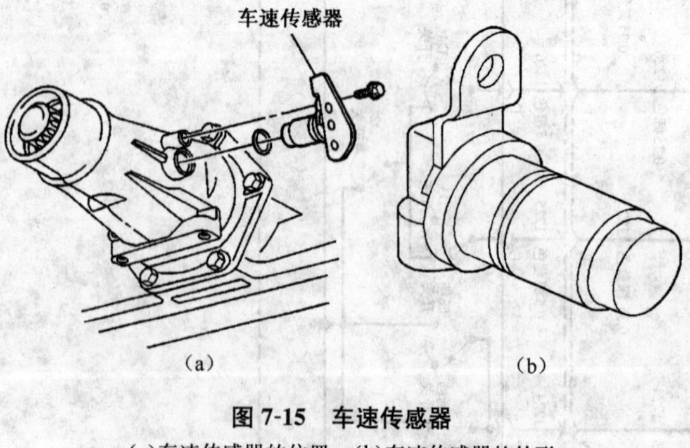

图 7-15　车速传感器

(a)车速传感器的位置　(b)车速传感器的外形

表 7-4　TFP 开关逻辑表

选档杆位置	信号 A	信号 B	信号 C	选档杆位置	信号 A	信号 B	信号 C
驻车/空档	高	低	高	前进 2 档	高	高	高
倒档	低	低	高	前进 1 档	低	高	高
前进 4 档	高	低	低	无效	低	高	低
前进 3 档	高	高	低		低	低	低

注：高：蓄电池电压　低：0V

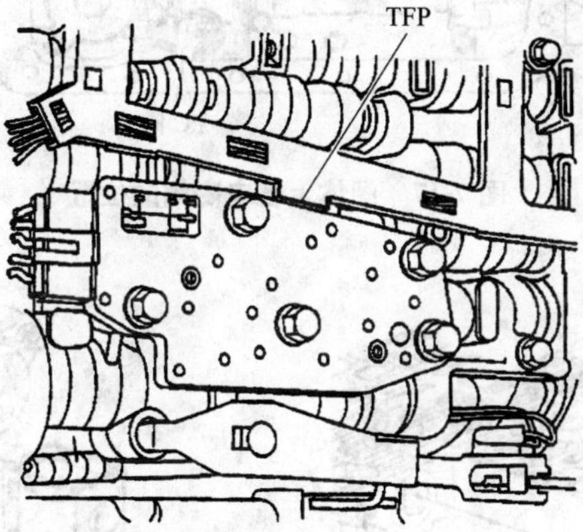

图 7-16　液压手动阀位置(TFP)开关

表 7-5　压力控制(PC)电磁阀电流-压力调节特性表

压力控制电磁线圈电流(A)	估计管路压力(MPa)	压力控制电磁线圈电流(A)	估计管路压力(MPa)
0.00	30～35	0.60	22～27
0.10	30～35	0.70	18～25
0.20	29～34	0.80	15～21
0.30	28～33	0.90	11～17
0.40	26～32	1.00	9.5～12
0.50	24～30	1.10	9.5～12

档位	状态	主油路压力(kPa)
R	怠速	441～2234
P、N 或 D	怠速	379～1303

阀体上各电磁阀的位置如图 7-17 所示，压力控制电磁阀如图 7-18 所示，控制电流与管路压力关系见表 7-5。

4. 换档电磁阀

1-2 和 2-3 换档阀的位置如图 7-19 所示，1-2 换档电磁阀和 2-3 换档电磁阀完全相同，它们控制 1-2 和 2-3 换档阀的动作(3-4 换档阀不直接受换档电磁阀控制)。动力系统控制模块(PCM)通过控制电磁阀的接地来决定电磁阀是否工作(ON 或 OFF)，不同的 ON/OFF 组合决定了不同的档位。手动阀可以用液压的方式越过换档电磁阀，只有在 D 位，换档电磁阀完全确定变速器所处的档位。电磁阀工作表见表 7-6。在 20℃ 时换档电磁阀线圈的电阻值是 19～24Ω。3-2 控制电磁阀如图 7-20 所示，该阀用于

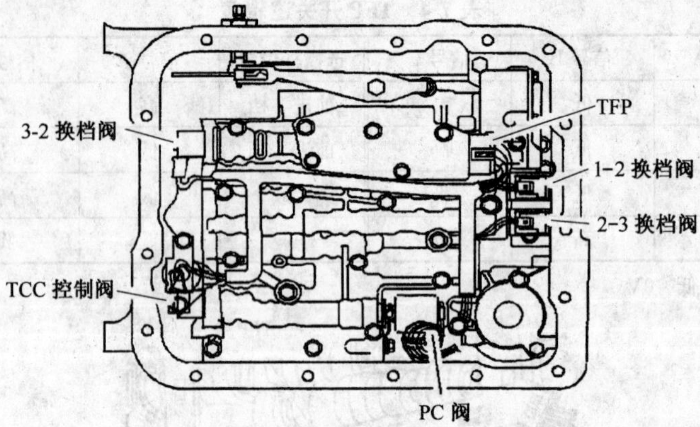

图 7-17 阀体上各电磁阀的位置

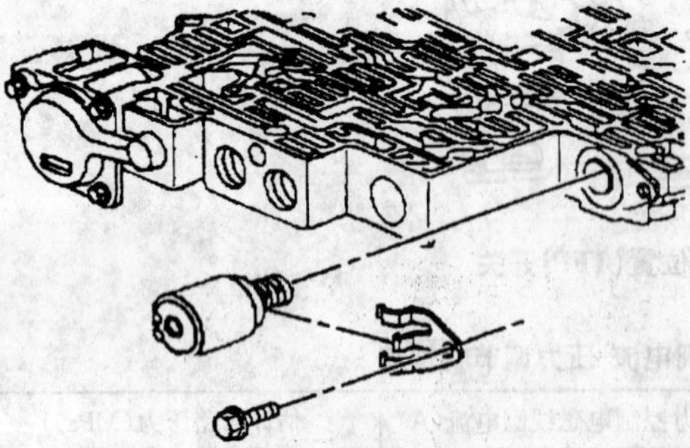

图 7-18 压力控制(PC)电磁阀

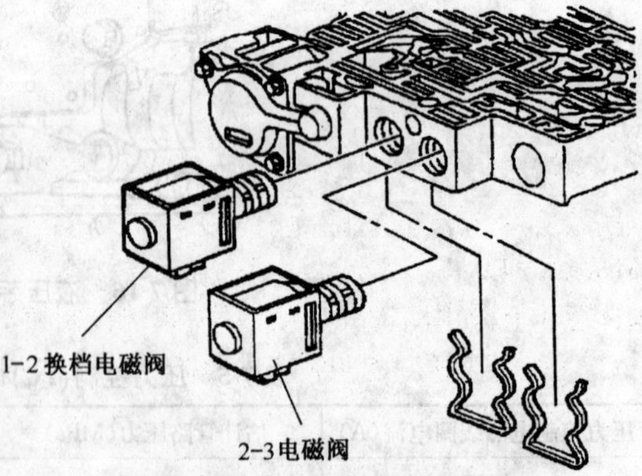

图 7-19 1-2 和 2-3 换档电磁阀

改善 3-2 挂低档性能,该电磁阀调节 3-4 离合器的释放和 2-4 档制动带的工作。

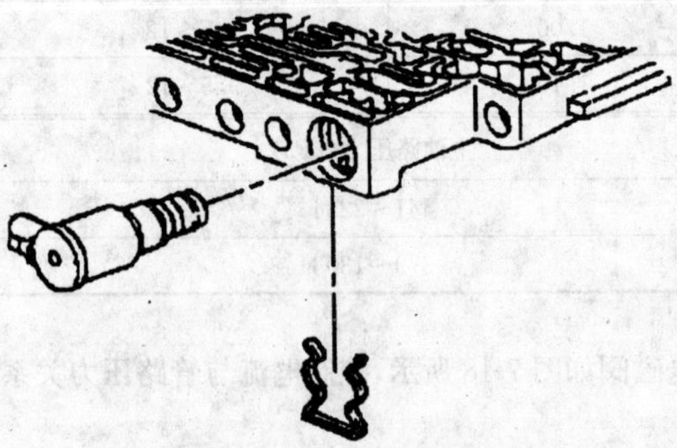

图 7-20 3-2 控制电磁阀

表 7-6 电磁阀工作表

档位	1-2 电磁阀	2-3 电磁阀
1	ON	ON
2	OFF	ON
3	OFF	OFF
4	ON	OFF
P/N/R	ON	ON

5. 变矩器离合器控制(TCC)电磁阀

TCC 电磁阀如图 7-21 所示,变矩器离合器控制(TCC)电磁阀是一个常通排气电磁阀,用于控制变矩器锁止离合器的接合和分离。当动力系统控制模块为 TCC 电磁阀提供接地回路时,TCC 电磁阀工作(ON),变矩器锁止离合器信号油压停止泄放,压力增加。

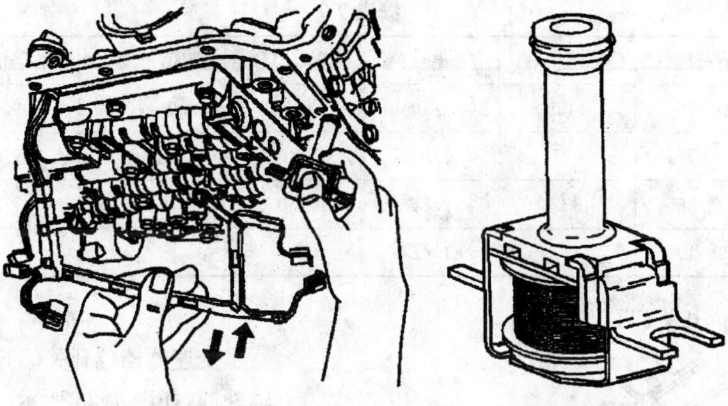

图 7-21　变矩器锁止离合器控制(TCC)电磁阀
(a)TCC 电磁阀的位置　(b)TCC 电磁阀的外形

6. 变矩器离合器脉宽调制(TCC PWM)电磁阀

变矩器离合器脉宽调制(TCC PWM)电磁阀控制变矩锁止离合器阀的油压，以控制锁止离合器的接合和分离。该电磁阀连接在变速器内控制阀体总成上，如图 7-22 所示。动力系统控制模块(PCM)通过控制 TCC PWM 电磁阀的占空比，使变矩离合器平稳接合。

图 7-22　变矩器离合器脉宽调制(TCC PWM)电磁阀

7. 变速器油液温度传感器(TFT)

变速器油液温度传感器(TFT)是一只负温度系数热敏电阻，其值随温度变化，属于自动变速油压力手动阀位置开关(TFP)的一部分。当温度升高时，传感器电阻值降低；而当温度降低时，电阻值增加。动力控制模块(PCM)为油液温度传感器提供 5V 参照信号，并测量电路中的压降。当变速器油液温度低时，动力控制模块检测到高信号电压；当变速器油液温度高时，PCM 检测到低信号电压。TFT 传感器的温度-阻值关系见表7-7。

表 7-7　变速器油液温度传感器规格

温度(℃)	电阻值范围(Ω)	公称阻值(Ω)	信号电压(V)	温度(℃)	电阻值范围(Ω)	公称阻值(Ω)	信号电压(V)
−40	90636～110778	100707	5.00	0	8481～10365	9423	3.45
−20	25809～31545	28677	4.34	10	51010～6238	5671	3.01
−10	14558～17794	16176	3.89	20	31610～3867	3515	2.56

续表 7-7

温度(℃)	电阻值范围(Ω)	公称阻值(Ω)	信号电压(V)	温度(℃)	电阻值范围(Ω)	公称阻值(Ω)	信号电压(V)
40	1310～1605	1459	1.10	120	89.9～109.9	99.9	0.87
60	600～734	667	2.88	140	53.8	59.8	0.32
80	299～365	332	2.24	150	42.5	47.2	0.00
100	159～195	177	1.42				

8. 变速器档位开关(TR)

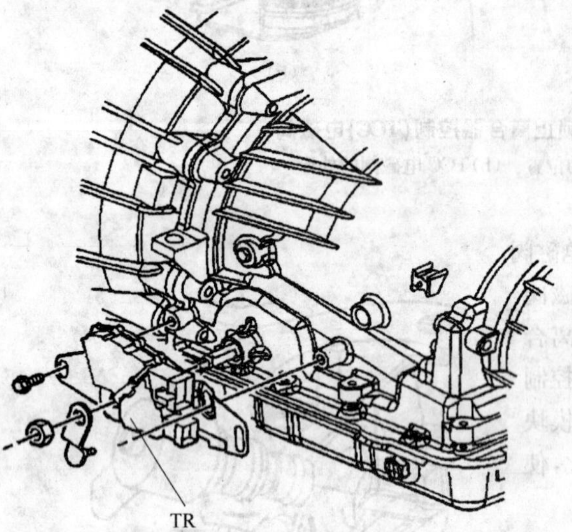

图 7-23　变速器档位开关(TR)

变速器档位开关(TR)位于变速器手动轴外部,如图 7-23 所示。变速器档位开关包括四个指示变速器选档杆位置的内部触点,动力系统控制模块(PCM)向 A、B、C、P 这四根线提供 12V 电压,操纵手柄位于不同的位置时,开关内部各信号线的搭铁状态发生改变,从而使信号线路搭铁或断开。如果某信号线路闭合搭铁,PCM 相应端子收到一个低电压信号(LOW);如果某信号线路断开,PCM 相应端子收到一个高电压信号(HI),PCM 通过对 A、B、C 的电压信号和奇偶位 P 的有效组合,与存储在存储器中的档位开关组合表进行比较解码,从而判断出操纵手柄的实际位置。此外,多功能开关还在倒车时接通倒车灯电路,控制起动机在 P、N 以外的档位不能起动等功能。操纵手柄在不同位置时档位开关的内部状态见表7-8。

表 7-8　变速器档位开关状态

操纵手柄位置	信号 A	信号 B	信号 C	信号 P
P	LOW	HI	HI	LOW
R	LOW	LOW	HI	HI
N	HI	LOW	HI	LOW
D	HI	LOW	LOW	HI
3	LOW	LOW	LOW	LOW
2	LOW	HI	LOW	HI
1	HI	HI	LOW	LOW

9. 电气部件电阻规格(表 7-9)

表 7-9　部件电阻规格

部件	贯穿插脚	20℃时的电阻(Ω)	100℃时的电阻(Ω)	接地(壳体)电阻
1-2 换档电磁阀	A,E	19～24Ω	24～31Ω	大于 250kΩ
2-3 换档电磁阀	B,E	19～24Ω	24～31Ω	大于 250kΩ

续表 7-9

部件	贯穿插脚	20℃时的电阻(Ω)	100℃时的电阻(Ω)	接地(壳体)电阻
变矩器离合器电磁阀	T,E	21～26Ω	26～33Ω	大于 250kΩ
变矩器离合器脉冲宽度调制电磁阀	U,E	10～11Ω	13～15Ω	大于 250kΩ
3-2 换档电磁阀总成	S,E	20～24Ω	29～32Ω	大于 250kΩ
压力控制电磁阀	C,D	3～5Ω	4～7Ω	大于 250kΩ
变速器油液温度(TFT)传感器	M,L	3088～3942Ω	159.3～198.0Ω	大于 10MΩ
车速传感器	A,B 车速传感器连接器	1377～2220(2 驱),1420(25℃)(四驱)	1800～3355Ω(2 驱),2140Ω(150℃)(4 驱)	大于 10MΩ

二、液压控制系统

1. 油泵

4L60E 型自动变速器采用变排量叶片泵,由变矩器直接驱动,叶片泵由定子、转子、叶片、壳体和泵盖组成,结构见图 7-24。

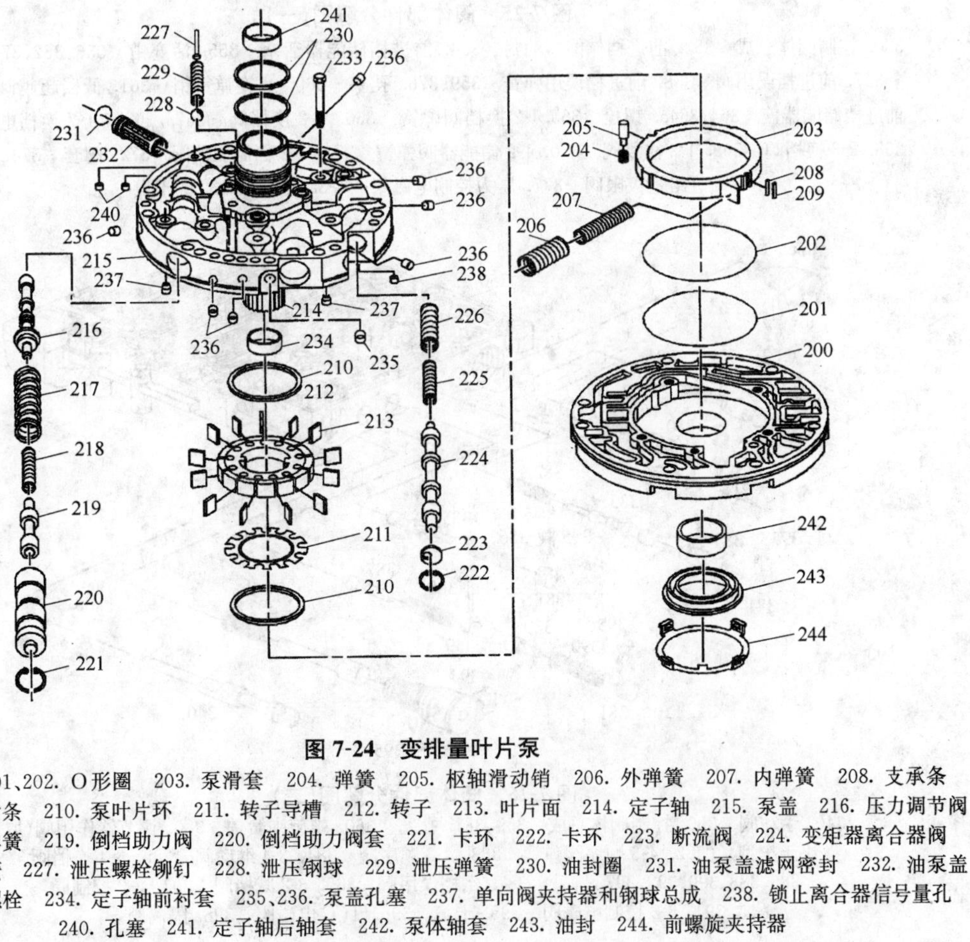

图 7-24　变排量叶片泵

200. 泵体　201、202. O 形圈　203. 泵滑套　204. 弹簧　205. 枢轴滑动销　206. 外弹簧　207. 内弹簧　208. 支承条　209. 滑块密封条　210. 泵叶片环　211. 转子导槽　212. 转子　213. 叶片面　214. 定子轴　215. 泵盖　216. 压力调节阀　217、218. 弹簧　219. 倒档助力阀　220. 倒档助力阀套　221. 卡环　222. 卡环　223. 断流阀　224. 变矩器离合器阀　225、226. 弹簧　227. 泄压螺栓铆钉　228. 泄压钢球　229. 泄压弹簧　230. 油封圈　231. 油泵盖滤网密封　232. 油泵盖滤网　233. 螺栓　234. 定子轴前衬套　235、236. 泵盖孔塞　237. 单向阀夹持器和钢球总成　238. 锁止离合器信号量孔　240. 孔塞　241. 定子轴后轴套　242. 泵体轴套　243. 油封　244. 前螺旋夹持器

2. 控制阀体

阀体是自动变速器液压控制部件，在阀体上安装有各电磁阀和机械阀，阀体中各控制滑阀的排列见图 7-25 和图 7-26，阀系位置见图 7-27。

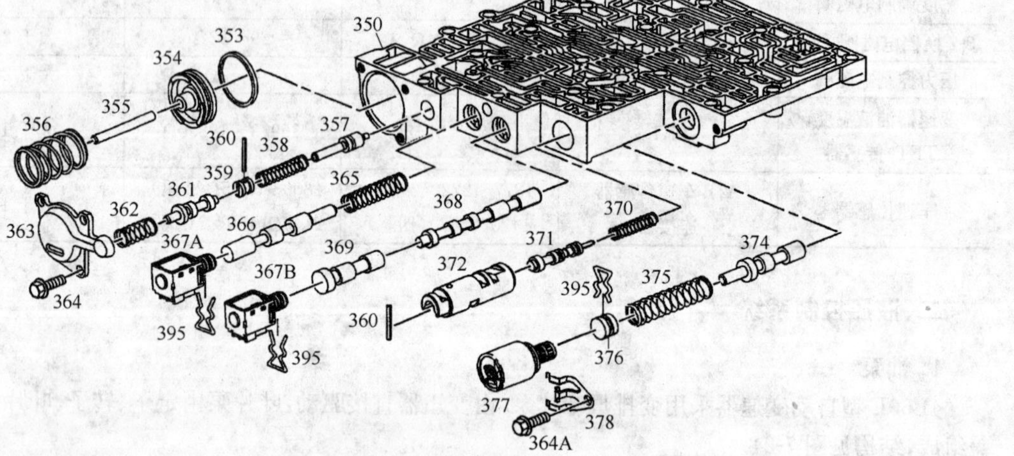

图 7-25　阀体部件分解图(一)

350. 控制阀体总成　353. 前进档储能器油封　354. 前进档储能器活塞　355. 活塞销　356、362、375. 弹簧　357. 前进档误用阀　358. 前进档误用弹簧　359、376. 孔塞　360. 螺旋弹簧销　361. 低档超越阀　363. 前进档储能器盖　364、364a. 螺栓　365. 1-2 换档阀弹簧　366. 1-2 换档阀　367a/367b. 1-2 换档电磁阀　368. 2-3 换档阀　369. 1-2 往复阀　370. 1-2 储能器阀弹簧　371. 1-2 档储能器阀　372. 阀套　374. 执行器进给量极限阀　377. 压力控制电磁阀　378. 夹持器　395. 卡簧

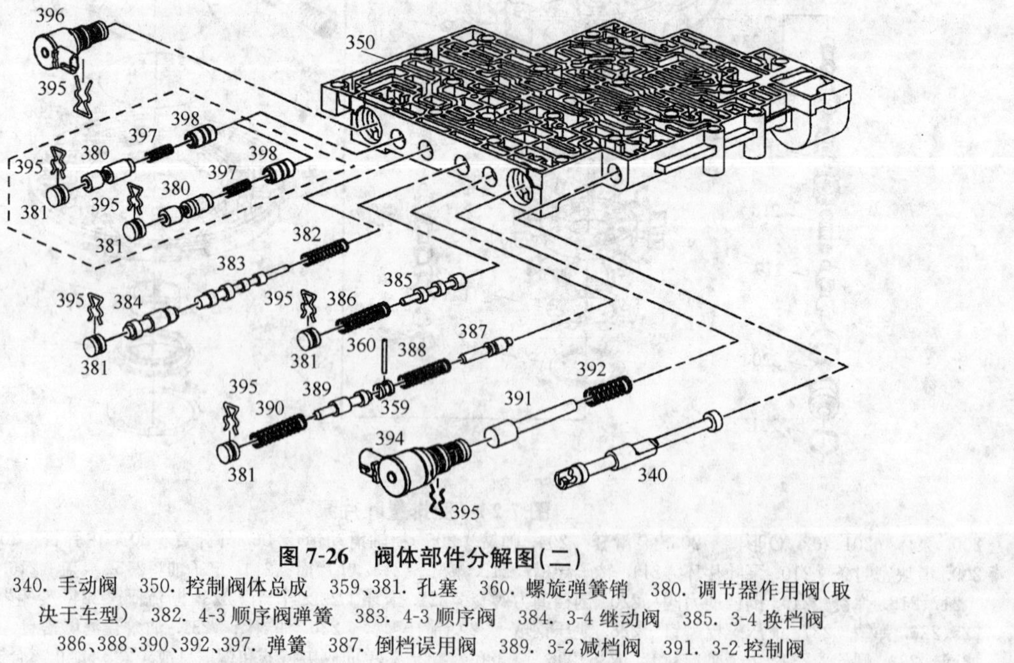

图 7-26　阀体部件分解图(二)

340. 手动阀　350. 控制阀体总成　359、381. 孔塞　360. 螺旋弹簧销　380. 调节器作用阀(取决于车型)　382. 4-3 顺序阀弹簧　383. 4-3 顺序阀　384. 3-4 继动阀　385. 3-4 换档阀　386、388、390、392、397. 弹簧　387. 倒档误用阀　389. 3-2 减档阀　391. 3-2 控制阀　394. 3-2 控制电磁阀　395. 卡簧　396. TCC 电磁阀　398. 隔离阀

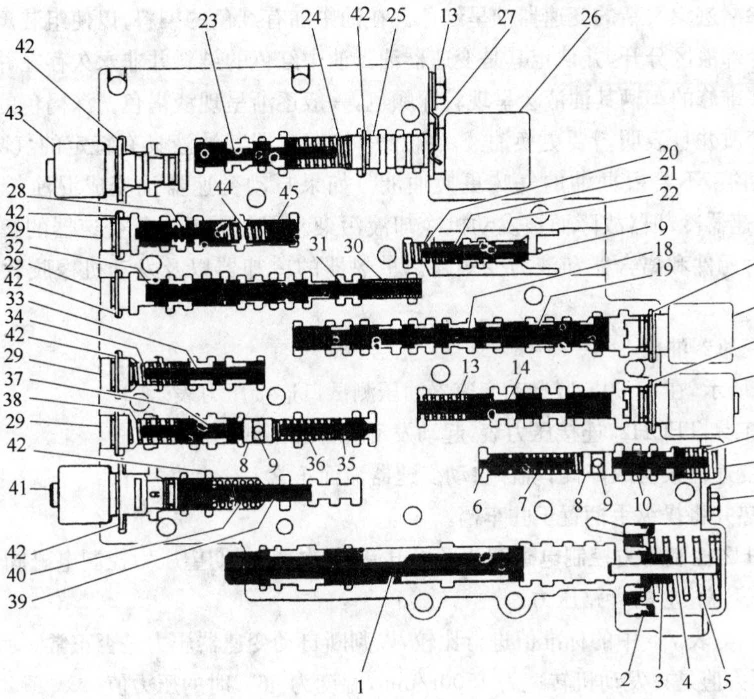

图 7-27　阀系位置图

1. 手动阀　2. 前进档储能器油封　3. 前进档储能器活塞　4. 前进档储能器活塞销　5. 前进档储能器弹簧　6. 前进档误用阀　7. 前进档误用阀弹簧　8、25、29. 孔塞　9. 螺旋弹簧销　10. 低档超越阀　11. 低档超越阀弹簧　12. 前进档储能器盖　13. 前进档储能器盖螺栓　14. 1-2 换档阀弹簧　15. 1-2 换档阀　16. 1-2 换档电磁阀　17. 2-3 换档电磁阀　18. 2-3 换档阀　19. 2-3 往复阀　20. 1-2 档储能器阀弹簧　21. 1-2 档储能器阀　22. 1-2 档储能器阀套　23. 执行器进给极限阀　24. 执行器进给极限阀弹簧　26. 压力控制电磁阀　27. 压力控制电磁线圈夹持器　28. 调节器作用阀(取决于车型)　30. 4-3 顺序阀弹簧　31. 4-3 顺序阀　32. 3-4 继动阀　33. 3-4 换档阀　34. 3-4 换档阀弹簧　35. 倒档误用阀　36. 倒档误用阀弹簧　37. 3-2 减档阀　38. 3-2 减档阀弹簧　39. 3-2 控制阀　40. 3-2 控制阀弹簧　41. 3-2 控制电磁阀　42. 孔塞和电磁线圈夹持器　43. 变矩器离合器脉冲宽度调制电磁阀　44. 调节器作用弹簧　45. 隔离阀

第四节　变速器的维修

一、解体前的检查

1. 检查变速器液面

(1)起动发动机直到变速器油温达到 82℃～93℃。

(2)将车驻于平坦地面上。

(3)踩住制动器,同时移动操纵手柄至每个档位,在每个档位停留片刻,直至档位齿轮啮合,然后将操纵手柄移至 P 位。

(4)拉紧驻车制动器并使发动机怠速运行 3min。

(5)取出变速器油液液面油尺,擦干净后再次插入。

(6)等候 3s,拔出油尺,观察指示器的两侧面,油液必须介于交叉阴影区。

(7)检查油液颜色,应清洁。检查油液中是否有气泡。检查油液中是否有金属颗粒或大块摩擦片。

检查油液是否有渗漏迹象。新的变速器油呈红色。在油中加有红色的染料，以使组装厂能将其与发动润滑油或发动机冷却液区分开，并认定其是变速器油。油中红色的染料并非永久存在并且也不表明油的质量。一个正在维修的车辆其油液会呈现较深颜色，一般逐渐呈现淡褐色。深褐色的油液并带有燃烧气味说明油已变质并且表明需要更换油液。维修中的变速器其油液具有特定的气味，除非有其他症状例如深褐色油液，不要根据油的气味更换油液。如果自动变速器油变成混浊粉红色的变速器油，有可能是因变速器冷却器故障而被发动机冷却液污染。因此需要进行变速器的解体检修。这包括更换所有的密封元件和离合器和液力变矩器。散热器的冷却器以及发动机橡胶软管和密封件均必须更换。

2. 测量自动变速器油压

(1)如图 7-28 所示，在 4L60E 型自动变速器油压测试口连接压力表。

(2)连接诊断工具 TECH2，连接压力表，起动发动机并踩下驻车制动。

(3)确保自动变速器没有故障码；确保自动变速器液面正常。

(4)发动机预热并将操纵手柄置于驻车档。

(5)通过 TECH2 控制压力控制电磁阀的平均电流，每次增加“期望压力控制电磁阀”0.1A，让压力稳定 5s，读取压力表上相应的管路压力。

(6)将所读数据与表 7-5 中的标准值进行比较，以判断自动变速器压力是否正常。

表中给出的压力值是在发动机转速为 1500r/min，温度为 66℃时的压力值。

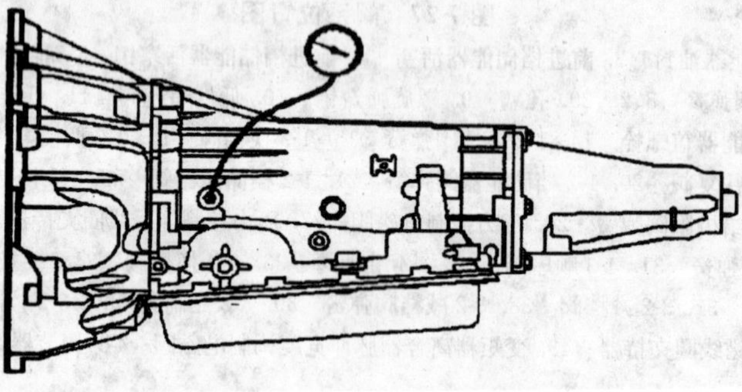

图 7-28　测量自动变速器油压

3. 自动变速器路试

路试对判断自动变速器是否有故障和故障点非常必要，正确的路试方法可以快速准确地判断自动变速器的故障部位。进行路试时，应连接诊断工具 TECH2，以读取有关参数，同时参照 4L60E 型自动变速器的换档时刻表进行路试，以判断自动变速器工作是否正常。4L60E 型自动变速器的换档点见表 7-10，路试项目如下：

(1)挂高档控制及液力变矩器锁止离合器接合控制：将操纵手柄置于 0 位，分别以 12%、25%和 50%的节气门开度进行换档点试验，同时用 TECH2 观察节气门开度、车速、发动机机转速、输出轴转速、指令档位、滑动速度及电磁阀状态等数据项，并与表 7-10 中的换档点比较，看换档点是否正常，换档质量是否良好，TCC 接合是否平稳。TCC 在 3 档时的接合速度为 49～52km/h；4 档时为 65～73km/h。液力变矩器锁止离合器只有在达到一定工作温度和加速踏板稳定的情况下才接合。

表 7-10 换档速度表(4.3L) 单位:r/min

			输出轴转速(1-2 挂高档,在±250r/min)			输出轴转速(2-3 挂高档,在±250r/min)			输出轴转速(3-4 挂高档,在±250r/min)			输出轴转速(1-2 挂高档,节气门全开,±250r/min)	输出轴转速(2-3 挂高档,节气门全开,±250r/min)	输出轴转速(3-1 挂低档,节气门全开,±100r/min)
节气门位置传感器百分比(%)			12	25	50	12	25	50	12	25	50			
变速器标定	车身	车轴	—			—			—			—	—	—
A	S/T	3.08	542	736	1131	930	1299	1840	1298	1697	2577	1635	3076	1298
B	S 跑车	3.08	529	761	1058	909	1206	1882	1290	1586	2390	1643	3097	1310
B	S/T	3.42	529	761	1058	909	1206	1882	1290	1586	2390	1643	3097	1310
B	T 高宽	3.73	529	761	1058	909	1206	1882	1290	1586	2390	1643	3097	1310
C	S 跑车	3.42	521	747	1042	906	1200	1857	1268	1563	2378	1636	3077	1291
C	S/T	3.73	521	747	1042	906	1200	1857	1268	1563	2378	1636	3077	1291

(2)部分节气门开度下减档:将操纵手柄置于 0 位,在自动变速器 4 档时将车速加速至 64～88km/h,然后将加速踏板踩至 50%以上,确认变矩器锁止离合器应分离且变速器减至 3 档。

(3)节气门全开减档:将操纵手柄置于 0 位,在自动变速器 4 档时将车速加速至 64～88km/h,然后将加速踏板踩至 100%(WOT),确认变矩器锁止离合器应分离且变速器减至 3 档。

(4)手动减档:将操纵手柄置于 0 位,在自动变速器 4 档时将车速加速至 64～88km/h,然后将操纵手柄移至 3 位,松开加速踏板,确认变矩器锁止离合器应分离,变速器减至 3 档,且能感觉到发动机制动。将操纵手柄置于位,在自动变速器 4 档时将车速加速至 64～88km/h,然后将操纵手柄移至 2 位,松开加速踏板,确认变矩器锁止离合器应分离,变速器减至 2 档,且能感觉到发动机制动。将操纵手柄置于位,在自动变速器 4 档时将车速加速至 48km/h,然后将操纵手柄移至 1 位,松开加速踏板,确认变矩器锁止离合器应分离,变速器减至 1 档,且能感觉到发动机制动。

(5)滑行减档:将操纵手柄置于 0 位,在自动变速器 4 档且 TCC 接合时,松开加速踏板并稍加制动,确认变矩器锁止离合器应分离,变速器应按表 7-10 所示的速度减档。

(6)手动选档:手动选档试验包括 R 档、手动 1 档、手动 2 档和手动 3 档,当操纵手柄处于 R 位时,慢慢踩下加速踏板(10%～15%),确认倒档正常,没有明显滑动、噪声和振动;车辆静止时,将操纵手柄移至 1 位,踩下加速踏板至 10%～15%,将车速提高到 32km/h,确认自动变速器不升入高档,变距器锁止离合器未啮合,没有明显滑动、噪声和振动;车辆静止时,将操纵手柄移至 2 位,踩下加速踏板至 10%～15%,将车速提高到 57km/h,确认自动变速器出现 1-2 换档但不出现 2-3 换档,没有明显滑动、噪声和振动;车辆静止时,将操纵手柄移至 3 位,踩下加速踏板至 10%～15%,将车速提高到 64km/h,确认自动变速器出现 1-2 和 2-3 换档,没有明显滑动、噪声和振动。

二、电控系统的检查

1. 故障码诊断

金杯通用雪佛兰汽车动力系统故障码有三种,分别为 A、B、C 类。A 类故障代码与废气排放有关。在诊断故障代码设置条件满足的第一次行驶过程中,动力控制模块同时也点亮故障指示灯。B 故障码与废气排放有关，在诊断故障代码设置条件满足的第二次行驶过程中，动力控制模块同时也点亮故障指示灯。C 类故障码与非废气排放有关，不会点亮故障指示灯。通用公司电控系统故障诊断仪是 TECH2，用 TECH2 不但可以测量电控系统故障码，还可以读取数据流。4L60E 型自动变速器电控系统故障码及含义见表 7-11。

表 7-11　电控系统故障码列表

故障码	类　型	故障代码的内容
DTC P0218	C	变速器油液过热
DTC P0502	B	车速传感器(VSS)电路输入过低
DTC P0503	B	车速传感器(VSS)电路间断
DTC P0706	C	不可靠的档位开关信号
DTC P0711	C	变速器油液温度(TFT)传感器电路范围/性能
DTC P0712	C	变速器油液温度(TFT)传感器电路输入过低
DTC P0713	C	变速器油液温度(TFT)传感器电路输入过高
DTC P0719	C	制动器开关电路输入过低
DTC P0724	C	制动器开关电路输入过高
DTC P0740	B	变矩器离合器电路故障
DTC P0741	B	变矩器离合器处于接通时变矩器离合片为高速
DTC P0742	B	变矩器离合器处于关闭时变矩器离合片为低速
DTC P0748	C	压力控制(PC)电磁阀电气电路
DTC P0751	A	1-2 换档电磁阀性能-无第 1 档或第 4 档
DTC P0752	B	1-2 换档电磁阀性能-无第 2 档或第 3 档
DTC P0753	B	1-2 换档电磁阀开路或短路
DTC P0756	A	2-3 换档电磁阀性能-无第 1 档或第 2 档
DTC P0757	A	2-3 换档电磁阀性能-无 3 档或第 4 档
DTC P0758	A	2-3 换档电磁阀开路或短路
DTC P0785	A	3-2 控制电磁阀开路或短路
DTC P1810	B	自动变速器油压力手动阀位置开关电路无效
DTC P1860	B	变矩器离合器脉冲宽度调制电磁阀开路或短路
DTC P1870	B	变矩器离合器打滑
DTC P1875	B	四轮驱动低压电路开路或短路

2. 用 TECH2 检测数据流

用 TECH2 检测到的 4L60E 型自动变速器的数据包括：

F0：变速器数据。

F1：变矩器离合器数据。

F2：1-2 换档数据。

F3：2-3 换档数据。

F4：3-4 换档数据。

F5:3-2 挂低档数据。

F6:压力控制电磁阀数据。

F7:1-2 适配数据。

F8:2-3 适配数据。

各数据项的典型数值见表 7-12。

表 7-12　变速器扫描工具数据列表

扫描工具参数	数据表	显示单位	典型数据值
1-2 换档故障	F2,F7	秒	变化
1-2 换档时间	F0,F2,F7	秒	变化
1-2 电磁阀	F0,F2,F3,F4	接通/断开	接通
1-2 电磁阀开路/对接地短路	F2	是/否	否
1-2 电磁阀对电压短路	F2	是/否	否
1-2 变速器调节压力单元(4-16)	F7	kPa	变化
2-3 换档阀故障	F3,F8	秒	变化
2-3 换档时间	F0,F3,F8	秒	变化
2-3 换档阀	F0,F2,F3,F4	接通/断开	接通
2-3 电磁阀开路/对接地短路	F3	是/否	否
2-3 电磁阀对电压短路	F3	是/否	否
2-3 变速器调节压力单元	F8	kPa	变化
3-2 挂低档电磁阀	F0,F5	接通/断开	接通
3-2 电磁阀开路/对接地短路	F5	是/否	否
3-2 电磁阀对电压短路	F5	是/否	否
3-4 换档故障	F4	秒	变化
3-4 换档时间	F0,F4	秒	变化
四轮驱动	F0	启用/中止	中止
四轮驱动(4WD)低速	F0	启用/中止	中止
空调离合器	F0	接通/断开	关闭
巡航	F0	启用/中止	中止
当前档位	F0,F1,F2,F3,F4,F5,F6	1,2,3,4	1
当前变速器调节压力单元	F7,F8	10-16	变化
发动机冷却液温度	F0,F1	℃/	变化
发动机运行时间	F0,F1	小时/分钟/秒	变化
发动机转速	F0,F1,F2,F3,F4,F5,F6	转/分	变化
发动机转矩	F0,F1	牛·米	变化
估计传动比	F0,F1,F2,F3,F4	传动比	8∶1
点火电压	F0	伏	110-14 伏
最后换档时间	F0	秒	变化
滑动记数	F0,F1	0,1	0
压力控制电磁阀实际电流	F0,F6	安培	可变化(0.1～1.1)
压力控制电磁阀负载周期	F0,F6	百分比	变化
压力控制电磁阀参照电流	F0,F6	安培	可变化(0.1～1.1)
动力输出	F0	接通/断开	接通
速度比	F0,F1,F2,F3,F4,F5	传动比	8∶1
变矩器离合器制动开关	F0,F1	开启/关闭	关闭
变矩器离合器负载周期	F0,F1	百分比	0%
变矩器离合器负载周期开路/对接地短路	F1	是/否	否
变矩器离合器负载周期对电压短路	F1	是/否	否
变矩器离合器工作	F0,F1	是/否	否
变矩器离合器启用开路/对接地短路	F1	是/否	否

续表 7-12

扫描工具参数	数据表	显示单位	典型数据值
变矩器离合器对电压短路	F1	是/否	否
变矩器离合器滑动速度	F0,F1	转/分	偏离发动机转速+/－50r/min
变速器油压开关	F0	驻车/空档,倒车,4,3,2,1 档或无效	驻车/空档
变速器油压开关 A/B/C	F0	高/低	高/低/高
变速器油液温度传感器	F0,F1	伏	变化
变矩器效率	F0,F1,F2,F3,F4	传动比	TBD
牵引/拖曳模式	F0	启动/未启动	未启动
节气门位置开度	F0,F1,F2,F3,F4,F5,F6	百分比	0%

故障诊断仪中各数据项的定义：

(1)1-2 换档故障。显示－6.38～＋6.38s。该参数是理想的 1-2 换档时间与实际 1-2 档换档时间之间的差值。正数指示强硬或快速换档(实际换档时间比理想换档时间短),负数指示柔和或慢速换档(实际换档时间比理想换档时间长)。

(2)1-2 换档时间。显示 0.00～6.38s 的范围。该参数是上一次 1-2 档的实际换档时间,该换档时间依据指令 1-2 换档之后发动机转速的下降。

(3)1-2 电磁换档电磁阀。显示接通或关闭,该参数是 1-2 换档电磁阀的指令状态。

(4)1-2 电磁阀开路/对接地短路。显示 YES(是)或 NO(否),该参数指示在 1-2 换档电磁阀反馈到动力控制模块的信号电路是否存在开路或对接地短路。

(5)1-2 电磁阀对电压短路。显示 YES(是)或 NO(否),该参数指示在 1-2 换档电磁阀反馈到动力控制模块的信号电路是否存在开路或对接地短路。

(6)1-2 变速器调节压力单元(4-16)。该参数显示从标定的基本管路压力变化的换档压力值。每个变速器调节压力单元都基于标定的换档转矩值。每个变速器调节压力单元的值从上一次换档时间计算而来,此单元的压力还用来标定基本管路压力,从而调整在下一次换档期间离合器或制动器的接合。

(7)2-3 换档故障。显示－6.38～＋6.38s。该参数是理想的 2-3 换档时间与实际 2-3 档换档时间之间的差值。正数指示强硬或快速换档(实际换档时间比理想换档时间短),负数指示柔和或慢速换档(实际换档时间比理想换档时间长)。该值仅在适配换档时精确。

(8)2-3 换档时间。显示 0.00～6.38s 的范围。该参数是上一次 2-3 档的实际换档时间,该换档时间依据指令 2-3 换档之后发动机转速的下降。

(9)2-3 电磁阀。显示接通或关闭,该参数是 2-3 换档电磁阀的指令状态。

(10)2-3 电磁阀开路/对接地短路。显示 YES(是)或 NO(否),该参数指示在 2-3 换档电磁阀反馈到动力控制模块的信号电路是否存在开路或对接地短路。该参数仅在 2-3 换档电磁阀指令关闭时有效。

(11)2-3 电磁阀对电压短路。显示 YES(是)或 NO(否),该参数指示在 2-3 换档电磁阀反馈到动力控制模块的信号电路是否存在开路或对接地短路。该参数仅在 2-3 换档电磁阀指令打开时有效。

(12)2-3 变速器调节压力单元(4-16)。见 1-2 变速器调节压力单元(4-16)。

(13)3-2 挂低档电磁阀。显示开或关,此参数指示 3-2 控制电磁阀总成当前是否指令打开或关闭。根据变速器油温度,电磁阀在 3-2 挂低档到调节适当压力期间将更改状态。电磁阀的指令状态发生在大约 48km/h 且节气门加大时。

(14)3-2 电磁阀开路/对接地短路。显示 YES(是)或 NO(否),该参数指示在 3-2 控制电磁阀反馈到动力控制模块的信号电路是否存在开路或对接地短路。

(15)3-2 电磁阀对电压短路。显示 YES(是)或 NO(否),该参数指示在 3-2 控制电磁阀反馈到动力控制模块的信号电路是否存在开路或对接地短路。

(16)3-4 换档故障。显示－6.38～＋6.38s 的范围。该参数是理想的 3-4 换档时间与实际 3-4 档换档时间之间的差值。正数指示强硬或快速换档(实际换档时间比理想换档时间短)，负数指示柔和或慢速换档(实际换档时间比理想换档时间长)。

(17)3-4 换档时间。显示 0.00～6.38s 的范围。该参数是上一次 3-4 档的实际换档时间，该换档时间依据指令 3-4 换档之后发动机转速的下降，该值仅在适配换档时精确。

(18)四轮驱动。显示“启用”或“禁用”，该参数指示当前车辆是否处于四轮驱动模式。

(19)四轮驱动低速(4WD)。显示“启用”或“禁用”，该参数是四轮驱动低速电路的信号状态。“启用”指示 0 电压信号(请求四轮低速)；“禁用”指示一个蓄电池电压信号(没有请求四轮低速)。

(20)空调离合器。显示接通或关闭，该参数指示空调控制继电器的指令状态。当显示“开”时离合器应啮合。

(21)巡航控制。显示“启用”或“禁用”，该参数指示是否动力控制模块允许巡航运转，在一定条件下，动力控制模块可以中止巡航。

(22)当前档位。显示 1，2，3，或 4。该参数指示换档电磁阀的电流指令状态。

(23)当前变速器调节压力(变速器适配压力)单元。显示节气门位置单元范围 0～16。

(24)发动机冷却液温度(ECT)。显示－40℃～151℃，该参数是发动机冷却液温度传感器的输入信号。当信号电压低(0V)时，发动机冷却液温度高(151℃)，当信号电压高时(5V)，发动机冷却液温度低(－40℃)。

(25)发动机运行时间。显示范围 0∶00∶00 到 18∶12∶15。该参数测量发动机已经运行了多长时间。当点火开关转到 OFF(关闭)时，该值重设定为 0。

(26)发动机速度。显示 0～8192r/min，该参数表示发动机的转速，用 r/min 来表示。

(27)发动机转矩。显示范围 0～9999 磅英尺，该参数表示从发动机输送来的转矩值。

(28)估计传动比。显示范围 0.00∶1 到 8.00∶1。该参数指示被变速器输出速度所分的估计涡轮转速，估计的涡轮转速是从发动机转速和发动机转矩计算而来。

(29)点火电压。显示范围 0.0～25.5V，这表示由动力控制模块在点火供电时测量的系统电压。

(30)最后换档时间。范围是 0～6.38s，该参数是上一次换档的实际时间。

(31)P1870 滑动计数器：该参数显示 0 或 1，当设置 DTC P1870 的所有条件均满足时，计数器从 0 增加到 1，当随后出现第二次故障时，DTCP1870 将点亮故障指示灯(MIL)，计数器重设为 0。

(32)压力控制电磁阀实际电流。显示范围 0.00～1.10A。该参数是控制模块中的压力控制电磁阀电路的实际电流。0A(没有电流流过)指示较高的实际管路压力，1.1A 指示实际较低的管路压力(大电流流过)。

(33)动力控制电磁阀载荷周期。显示范围 0～100％。该参数是压力控制电磁阀的指令状态，以通电时间的百分比来表示。读数 0 指示通电时间为零(没有通电)或没有电流流过，大约 60％的怠速运转指示最大打开时间(通电)或最大电流流过。

(34)压力控制电磁阀参照电流。显示范围 0.00 到 1.10A，该参数是压力控制电磁阀电路的指令电流。0A(没有电流流过)指示指令较高的管路压力，1.1A(大电流流过)指示指令较低的管路压力。

(35)动力输出装置：显示(YES)是或(NO)否，该参数表示何时动力输出装置啮合，动力输出模式中止所有变速器诊断。

(36)速度比。显示范围 0.00∶1 到 8.00∶1。该参数指示发动机转速的一部分用于变速器输出速度。该值用来估计变速器传动比。

(37)变矩器离合器制动开关。显示“打开”或“关闭”。该参数指示制动器开关电路输入的状态。

"打开"指示零电压输入(制动器开关打开,制动器踏板踩下)。"关闭"指示蓄电池正极电压输入(制动器开关关闭,制动器踏板松开)。

(38)变矩器离合器载荷周期。显示范围 0%～100%。该参数是变矩器离合器电磁阀指令打开时间的百分比。大约 90%表示 ON(打开)的指令状态,读数 0%表示 OFF(关闭)的指令状态。

(39)变矩器离合器载荷周期开路/对接地短路。显示 YES 或 NO。该参数指示在变矩器离合器脉冲宽度调制电磁阀反馈到动力系统控制模块的信号电路中是否存在开路或对接地短路。该参数仅在变矩器离合器宽带调制解调器电磁阀指令关闭(OFF)时(载荷周期是 0%)是有效的。

(40)变矩器离合器载荷周期对电压短路。显示 YES(是)或 NO(否)。该参数批示在变矩器离合器脉冲宽度调电磁阀反馈到动力系统控制模块的信号电路中是否对电压短路。该参数仅当变矩器离合器电磁阀指令接通(ON 工作在最大周期)时有效。

(41)变矩器离合器处于"启用"状态。显示 YES(是)或 NO(否)。该参数是变矩器离合器电磁阀的指令状态。YES(是)指令通电状态(电流通过电磁阀)。NO(否)指示指令断电状态(电流不通过电磁阀)。此指令状态可发生汽车应用之间的各种车速时。

(42)变矩器离合器"启用"开路/对接地短路。显示是或否。该参数指示在变矩器离合器电磁阀反馈到动力系统控制模块的信号电路中是否开路或与地短路。该参数仅在变矩器离合器电磁阀指令关闭(OFF)时有效。

(43)变矩器离合器"启用"对电压短路。显示是或否。该参数指示变矩器离合器电磁阀反馈到动力系统控制模块的信号电路中是否存在对电压短路。该参数仅在变矩器离合器电磁阀指令接通(ON)时有效。

(44)变矩器离合器滑动速度。显示范围－4080～4079r/min。该参数是变速器输入速度和发动机速度之间的差值。负值指示发动机速度小于输入速度(减速);正值指示发动机速度大于输入速度(减速)。零指示发动机速度同输入速度相同(变矩器离合器啮合)。

(45)变速器油液压力(TFP)开关。显示驻车/空档,倒档,4 档,3 档,2 档,1 档或无效。该参数是在自动变速器油液压力手动阀位置开关处三个 A/B/C 输入的解码状态。当动力系统控制模块未识别有效的输入组合时,显示无效。

(46)变速器油压开关 A/B/C。显示高/低,高/低,高/低。该参数指示从自动变速器油液压力手动阀位置开关总成到动力系统控制模块的三个输入的状态。低表示零电压信号。高表示点火电压信号。

(47)变速器油液温度(TFT)传感器。显示范围 0.00～5.00V。当变速器油液冷却时,传感器电阻高且动力系统控制模块将感测到高信号电压;随着变速器油液温度升到正常的运行温度,传感器电阻减小且电压降低。

(48)变矩器效率。待定。

(49)节气门位置调节器(节气门位置)角度。显示范围 0%～100%。节气门位置开度由动力系统控制模块从节气门位置传感器电压计算而来。节气门位置开度在怠速时读数应为 0%,在节气门全开时(WOT)时 100%。

(50)节气门位置调节器(节气门位置)传感器。显示范围 0.00～5.00V。节气门位置传感器被动力系统控制模块用来确定驾驶员需要的节气门开度。怠速时电压低于 1V,节气门全开(WOT)时电压在 4V 之上。

(51)变速器档位开关。显示驻车/空档,倒档,4 档,3 档,2 档、1 档或无效。该参数表示从变速器档位开关四个 A/B/C/P 输入的解码状态。当动力系统控制模块未识有效的输入组合时,显示无效。

(52)分动箱传动比。扫描工具显示范围 0.00～3.00。该参数指示分动箱传动比,此传动比是根据指令传动由发动机速度除以变速器输出速度得到。

(53)变速器油液温度。显示－40℃～151℃，该参数是变速器油液温度传感器的输入信号。当信号电压低(0V)时，变速器油液温度高(151℃)；当信号电压高(5V)时，变速器油液温度低(－40℃)。

(54)变速器热模式。显示接通(ON)或关闭(OFF)。该参数监视变速器温度，接通(ON)指变速器温度已经超过135℃。

(55)变速器输出速度(OSS)。显示范围0～8192r/min。

(56)车速。显示范围0～255km/h。该参数是来自于车速传感器总成的输出信号。

三、部件分解图

4L60E型自动变速器壳体及相关零件分解图见图7-29和图7-30，内部零件分解图见图7-31和图7-32，各轴承、轴套和止推垫的位置及方向见图7-33，密封圈的位置及方向见图7-34，阀体油道及球阀的位置见图7-35和图7-36。

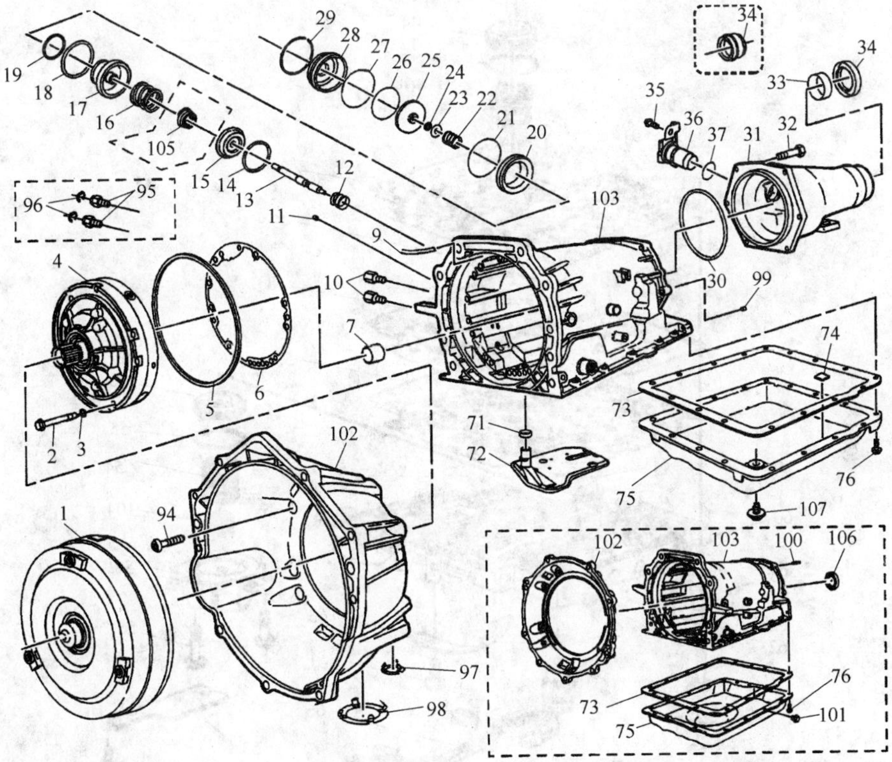

图7-29　壳体及相关零件分解图(一)

1. 变矩器　2、32、35. 螺栓　3. 泵至壳体O形密封圈　4. 油泵　5. 油泵油封　6. 油泵垫　7. 壳体轴套　9. 通风孔　10. ATF冷却油管接头　11. 孔塞　12. 伺服器复位弹簧　13. 活塞销　14. 夹持器环　15. 伺服器弹簧夹持器　16. 外弹簧　17. 2档作用活塞　18. 2档活塞外密封圈　19. 2档作用内密封圈　20. 伺服器活塞内壳体　21、27、37. O形圈　22. 伺服器作用销弹簧　23. 垫圈　24. 夹持器(作用销环)　25. 4档活塞　26. 4档活塞外密封圈　28. 2-4伺服器盖　29. 卡环　30. 壳体加长件密封圈　31. 壳体加长件　33. 套　34、106. 油封　36. 变速器速度传感器　71. 滤清器密封圈　72. 滤清器　73. 油底壳垫　98. 变矩器螺栓检查片(取决于车型)　99. D4量孔塞　100. 双头螺栓　101. 油底壳孔塞　102. 变矩器壳　103. 变速器壳体　105. 伺服器内弹簧(取决于车型)　107. 油堵

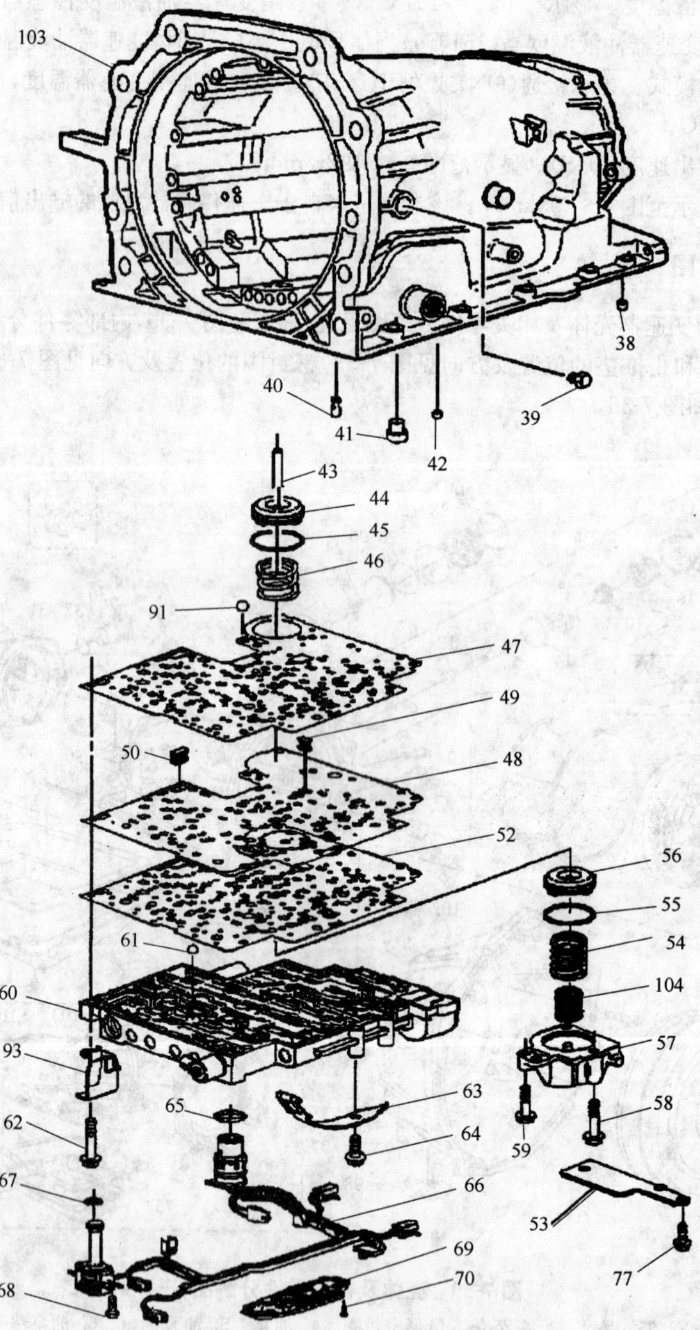

图 7-30　壳体及相关零件分解图(二)

40. 3 档储能器夹持器(7 号)和钢球　41. 制动带锚销　42. 夹持器和钢球(10 号双量孔)　43. 储能器活塞销　44. 3-4 储能器活塞　45. 3-4 储能器油封　46. 3-4 储能器弹簧　47. 阀体隔片衬垫　48. 阀体隔片　49. 换档电磁阀滤网　50. 压力控制电磁阀滤网　52. 隔板至阀体衬垫　53. 隔板支板　54. 1-2 储能器外弹簧　55. 1-2 储能器油封　56. 1-2 储能器活塞　57. 储能器盖和销　58、59、64、68、70、77. 螺栓　60. 阀体总成　61. 钢球　62. 阀体螺栓　63. 手动锁止弹簧　65. 线束 O 形密封圈　66. 线束　67. O 形圈　69. TFP 开关　91. 1 号钢球　油尺止动支架　103. 壳体　104. 1-2 储能器内弹簧

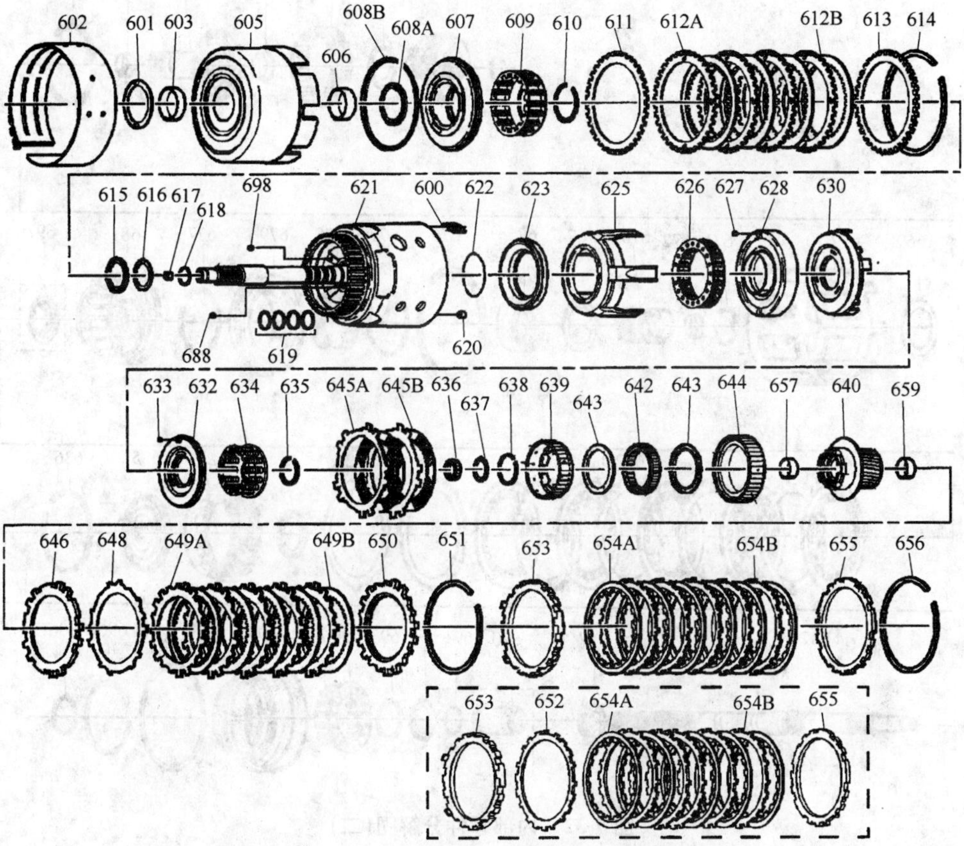

图 7-31　内部零件分解图(一)

600. 3-4离合器助力弹簧　601. 止推垫圈　602. 2-4制动带　603. 倒档输入离合器前轴套　605. 倒档输入离合器壳体和传动鼓总成　606. 倒档输入离合器后轴套　607. 倒档输入离合器活塞　608a. 倒档输入离合器内密封圈　608b. 倒档输入离合器外密封圈　609. 回位弹簧　610、614. 卡环　611. 倒档输入离合器碟形片　612a. 倒档输入离合器钢片　612b. 摩擦片　613. 可选压板　615. 止推轴承　616. 可选止推垫圈　617. 单向阀夹持器和钢球　618. 密封圈(取决于车型)　619. 油封圈　620. 夹持器和钢球　621. 输入壳体和轴总成　622. 输入至前进离合器O形圈　623. 3-4离合器活塞　625. 3-4离合器作用环　626. 回位弹簧　627. 前进离合器壳体钢球　628. 前进离合器壳体　630. 前进离合器活塞

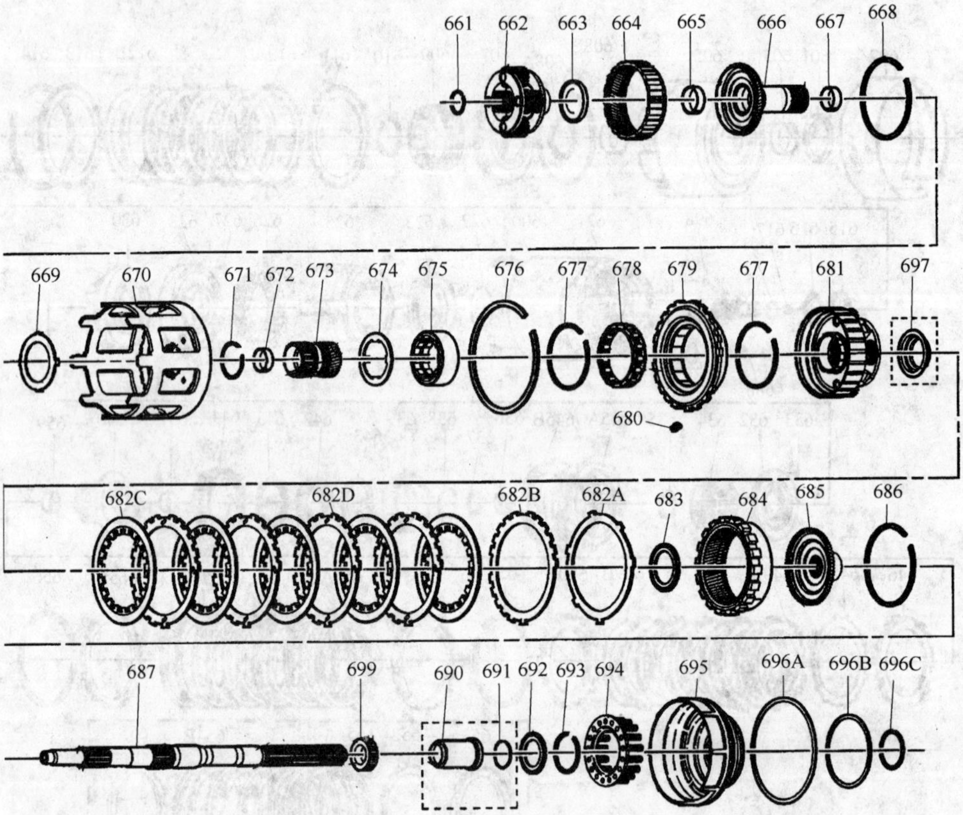

图 7-32　内部零件分解图(二)

661. 输出轴至输入架夹持器　662. 输入架总成　663. 止推(输入架至反作用轴)轴承总成　664. 内输入齿轮　665. 反作用架轴前轴套　666. 反作用架轴　667. 反作用架轴后轴套　668. 反作用轴/内齿轮锁环　669. 止推(反作用轴壳)垫圈　670. 反作用中心齿轮罩　671. 反作用太阳齿轮锁环　672. 反作用太阳齿轮轴套　673. 反作用太阳齿轮　674. 止推(圈/反作用壳)垫圈　675. 低档和倒档滚柱离合器圈　676. 低档和倒档支座至壳体锁环　677. 低档和倒档滚柱总成(凸轮)锁环　678. 低档和倒档滚柱式单向超越离合器总成　679. 低档和倒档离合器支座总成　680. 低档和倒档离合器支座夹持器弹簧　681. 反作用架总成　682. 低档和倒档离合器片总成　683. 止推(反作用架/支座)轴承总成　684. 内反作用齿轮　685. 内反作用齿轮支座　686. 反作用齿轮/支架锁环　687. 输出轴　690. 输出轴轴套　691. 输出轴密封　692. 反作用齿轮支架至壳体轴承　693. 低档和倒档离合器锁环　694. 低档和倒档离合器弹簧总成　695. 低档和倒档离合器活塞　696. 低档和倒档离合器密封　697. 润滑油导流板　699. 内部变速器速度传感器转子

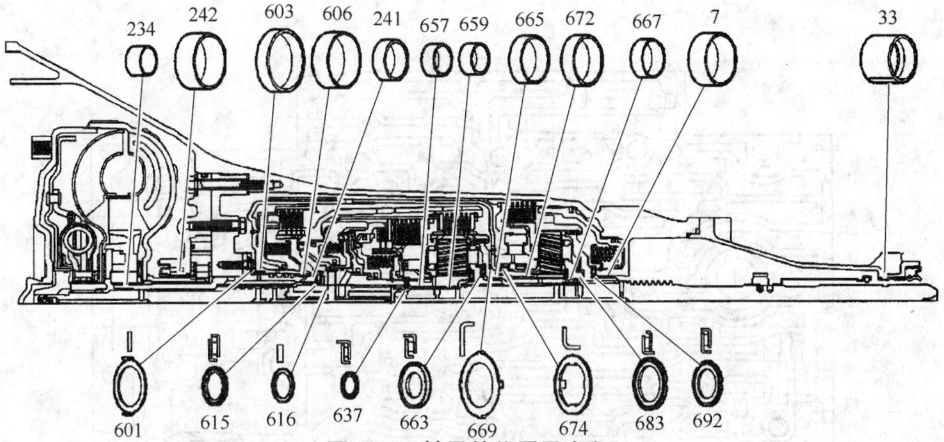

图 7-33　轴承的位置及方向

7. 壳体衬套　33. 壳体加长件衬套　234. 定子轴衬套(前)　241. 定子轴衬套(后)　242. 润滑油泵体衬套　601. 止推垫圈(至鼓)　603. 倒档输入离合器衬套(前)　606. 倒档输入离合器衬套(后)　615. 定子轴可选垫圈轴承　616. 可选止推垫圈　637. 主动太阳齿轮轴承　657. 主动太阳齿轮衬套(前)　659. 主动太阳齿轮衬套(后)　663. 输入加至反作用轴止推轴承　665、667. 反作用架轴衬套(前)　669. 反作用轴/壳止推垫圈　672. 反作用齿轮衬套　674. 圈/反作用壳止推垫圈　683. 反作用架/支座止推轴承　692. 反作用齿轮支座至壳体轴承

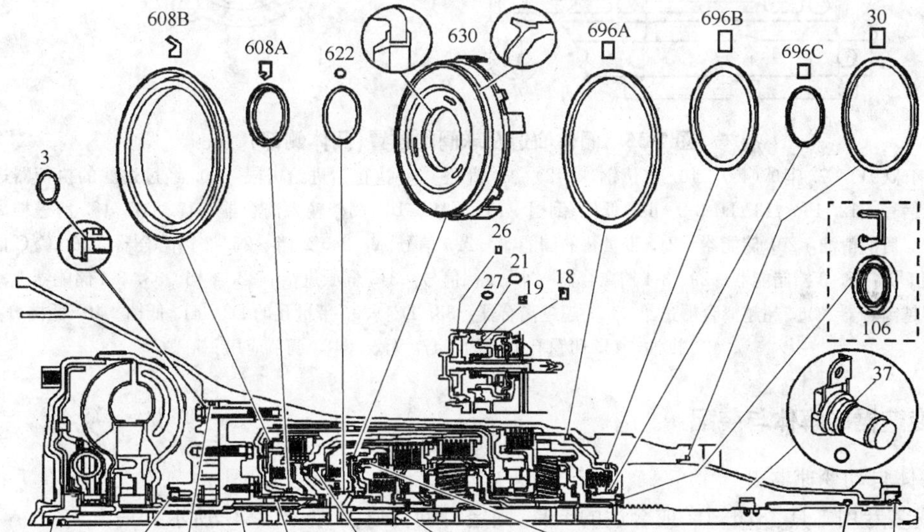

图 7-34　密封件的位置及方向

3. 泵至壳体螺栓 O 形密封圈　5. 泵至壳体油封　18. 2 档活塞外油封圈　19. 2 档活塞内油封圈　21. O 形密封圈　26. 4 档活塞外油封圈　27. 3-4 伺服装置盖 O 形密封圈　30. 壳体加长件至壳体密封　34. 油封总成　106. 壳体油封　230. 定子轴油封圈　243. 油封总成　608a. 倒档输入离合器内密封圈　608b. 倒档输入离合器外密封圈　618. 涡轮轴 O 形密封圈　619. 油封圈　622. 输入至前壳体 O 形密封圈　623. 3-4 档离合器活塞　630. 前进档离合器活塞　632. 超越离合器活塞　636. 输入壳体至输出轴密封　691. 输出轴密封　696a. 低倒档离合器外密封圈　696b. 低倒档离合器中心密封圈　696c. 低倒档离合器内密封圈

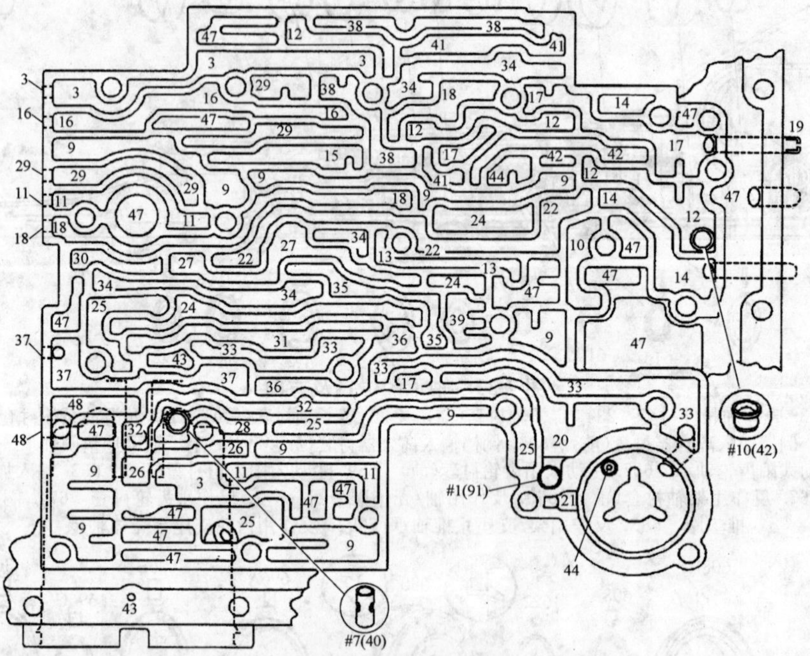

图 7-35　阀体油道及球阀的位置(阀体侧部)

1. 定位钢球(91)　7. 钢球(40)　10. 定位钢球(42)　3. 管路　9. 执行器进给极限　10. 经过过滤的执行器进给　11. 转矩信号　12. PR　13. D4-3-2　14. 低档/倒档　15. 倒档　16. 倒档输入离合器　17. D4　18. 前进档离合器进给　19. 后润滑油　20. 储能器　21. 带量孔的储能器　22. 信号 A　24. 2 档　25. 2 档离合器　26. C.C 信号　27. 3-4 信号　28. 3 档储能器　29. 3-4 档离合器　30. 4 档信号　31. 伺服进给　32. 4 档　33. 3-4 储能器　34. D3　35. 超越离合器　36. 超越离合器进给　37. 超越离合器　38. D2　39. 带量孔的 D2　41. 低档　42. 低档/1 档　43. 排油　44. 带量孔的排油　47. 无效　48. 调节应用

四、变速器的解体与装配

1. 解体自动变速器

(1)安装专用工具 J8763-02 或合适的卡具,固定自动变速器,如图 7-37 所示。

(2)拆卸变矩器。

(3)泄放自动变速器油。

(4)拆卸伺服器总成,如图 7-38 所示,安装专用工具 J29714-A,拧紧螺栓,压缩伺服器盖,拆卸盖固定卡环,取下伺服器盖、内部活塞与推杆。

(5)拆卸储油盘和滤清器。拆卸全部储油盘螺栓,取下储油盘,取下储油盘垫,拆卸滤清器,拆卸滤清器密封件,如图 7-39 所示。

(6)拆卸自动变速器内部线束和阀体。断开电气部件插头,拆卸线束,拆卸油液压力手动阀位置(TFP)开关,拆卸手动锁止弹簧,拆卸阀体螺栓,断开手动阀连杆,拆卸阀体,如图 7-40 所示。拆卸阀体后,注意钢球的正确位置,取下 7 个钢球。

(7)拆卸 1-2 储能器,如图 7-41 所示。

(8)拆卸隔板支座,拆卸阀体衬垫,阀体隔板,壳体衬垫,报废衬垫,如图 7-42 所示。

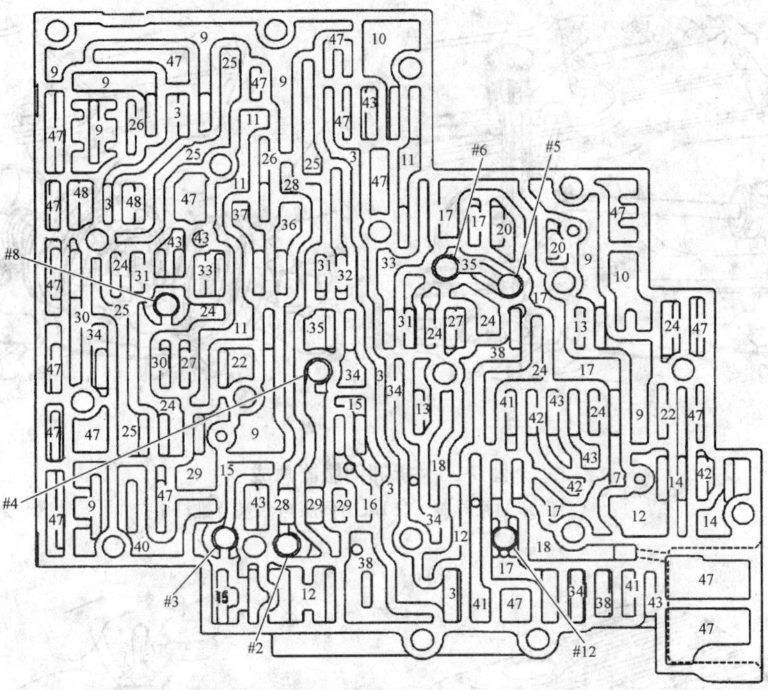

图 7-36　阀体油道及球阀的位置(壳体侧部)

2～6、8、12. 定位钢球(61)　3. 管路　9. 执行器进给极限　10. 经过过滤的执行器进给　11. 转矩信号　12. PR　13. D4-3-2　14. 低档/倒档　15. 倒档　16. 倒档输入离合器　17. D4　18. 前进档离合器进给　19. 后润滑油　20. 储能器　22. 信号 A　24. 2 档　25. 2 档离合器　26. C.C 信号　27. 3-4 信号　28. 3 档储能器　29. 3-4 档离合器　30. 4 档信号　31. 伺服进给　32. 4 档　33. 3-4 储能器　34. D3　35、37. 超越离合器　36. 超越离合器进给　38. D2　40. 3-2 信号　41. 低档(LO)　42. 低档/1 档　43. 排油　47. 无效　48. 调节应用

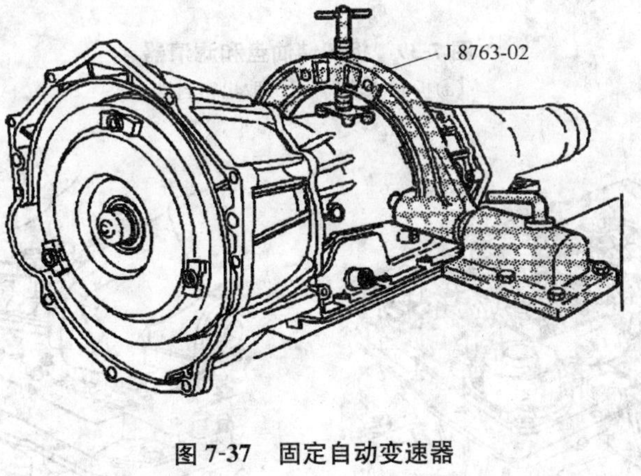

图 7-37　固定自动变速器

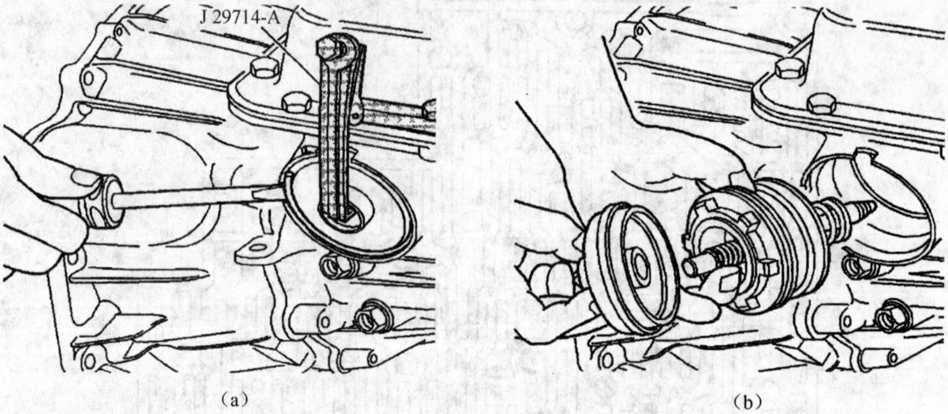

图 7-38 拆卸伺服器总成

(a)拆卸伺服器盖 (b)取出伺服器活塞及推杆

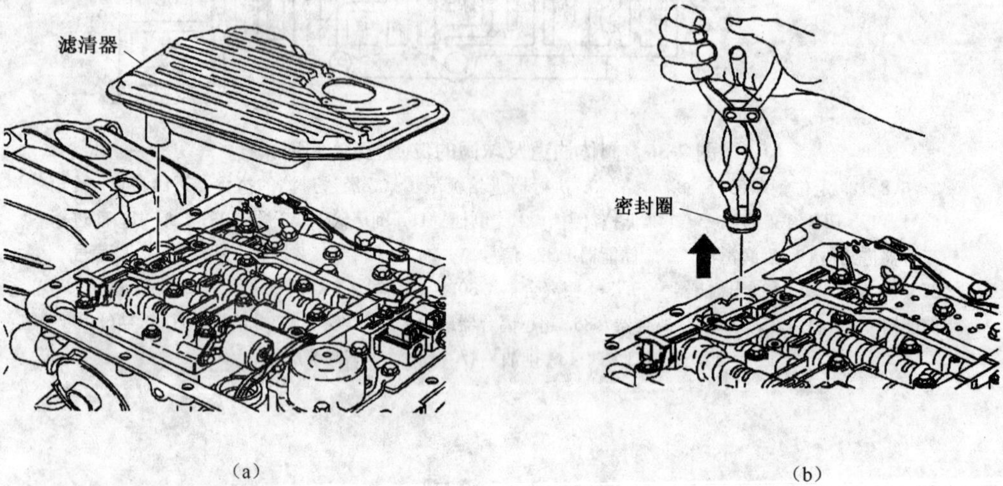

图 7-39 拆卸储油盘和滤清器

(a)拆卸滤清器 (b)取出密封圈

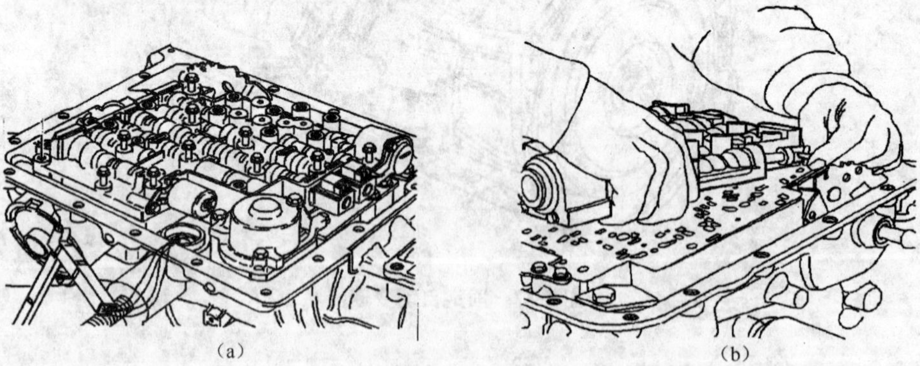

图 7-40 拆卸阀体

(a)拆卸滤清器 (b)取出密封圈

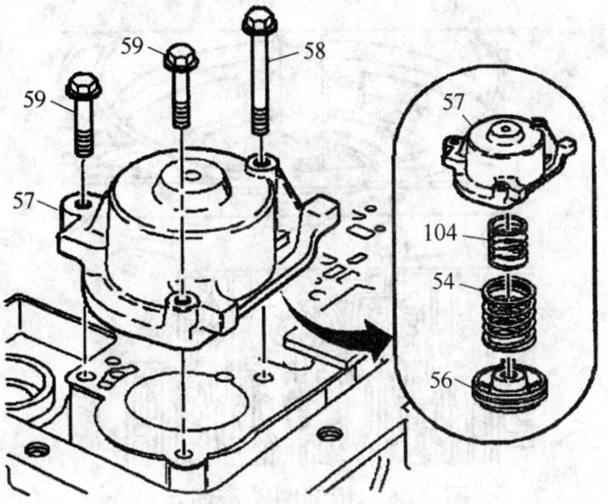

图 7-41　拆卸 1-2 储能器

54、104 弹簧　56. 储能器活塞　57. 储能器盖　58、59. 螺栓

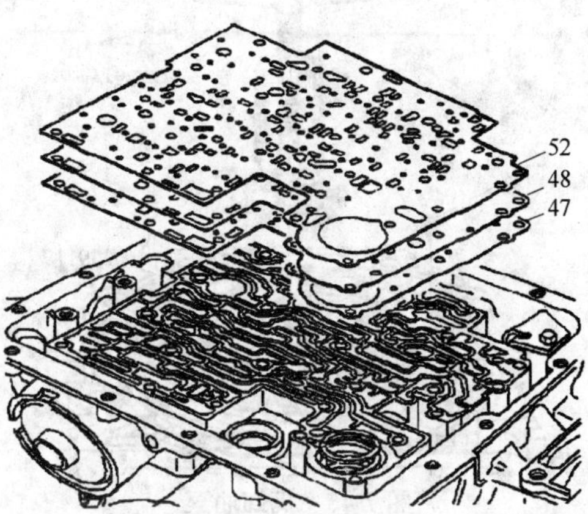

图 7-42　拆卸阀体垫

47. 壳体衬垫　48. 阀体隔板　52. 阀体衬垫

(9)拆卸 3-4 储能器弹簧和活塞，取出 1 钢球，如图 7-43 所示。

(10)拆卸变矩器壳体螺栓，拆卸变矩器壳体，如图 7-44 所示。

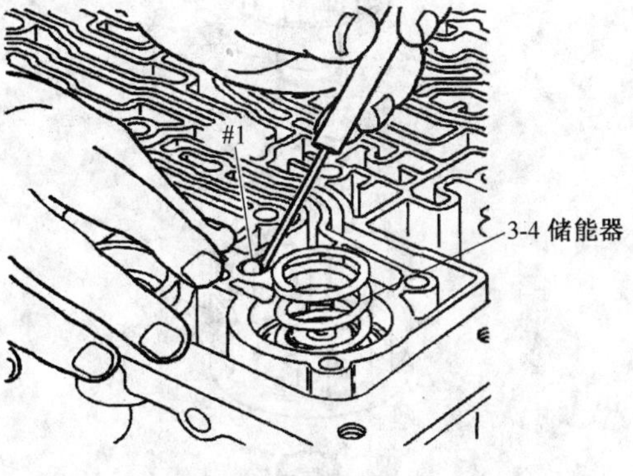

图 7-43　拆卸 3-4 储能器弹簧和活塞

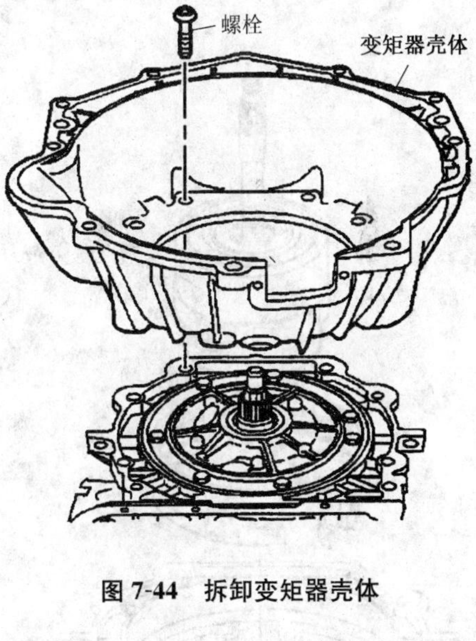

图 7-44　拆卸变矩器壳体

(11)取下涡轮轴上的 O 形密封圈。

(12)拆卸油泵。如图 7-45 所示，拆卸油泵螺栓，安装专用工具 J39119 和 J37789-A，拆卸油泵总成，取出油泵至变速器壳体间的衬垫。

(13)拆卸制动带、输入离合器和制动带。拆卸图 7-46 所示制动带固定销，再拆卸输入离合器壳体、轴总成及鼓，取出 2-4 制动带，如图 7-47 所示。

(14)用卡环钳拆卸输出轴至输入壳体的卡环，报废卡环。

(15)如图 7-48 所示，依次拆卸壳体总成(行星架)662 和止推轴承轴；拆卸内齿圈 664、反作用壳体轴 666；拆卸止推垫圈 669 和太阳轮鼓 670，拆卸太阳轮和止推垫圈。

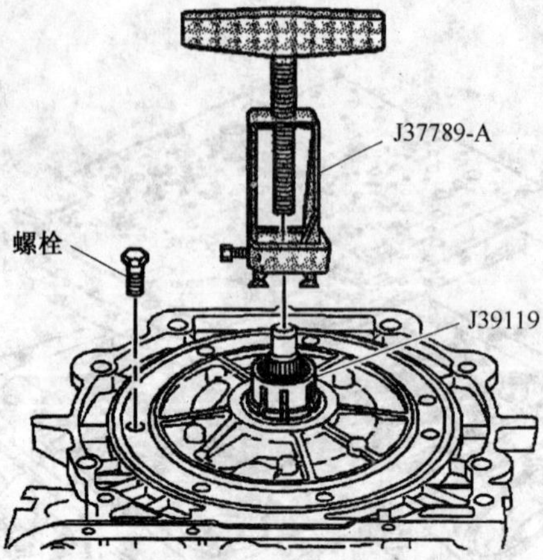

图 7-45　拆卸油泵

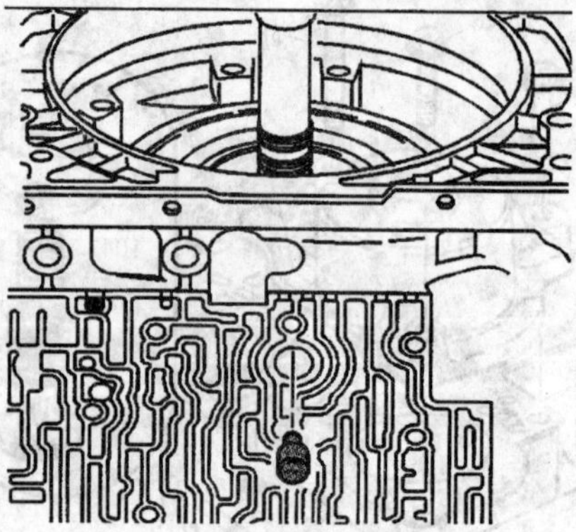

图 7-46　拆卸制动带固定销

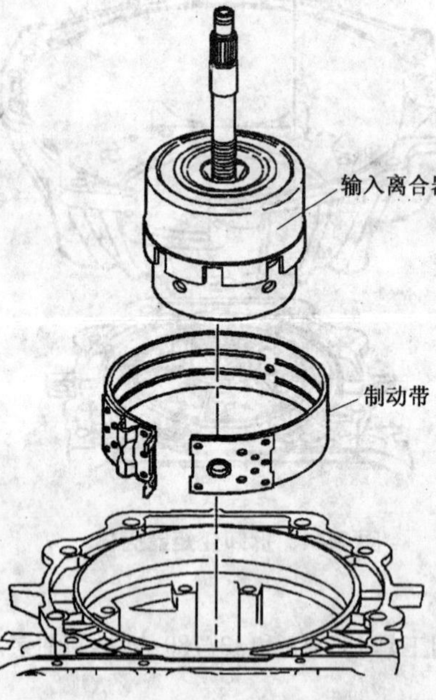

图 7-47　拆卸输入离合器及 2-4 制动带

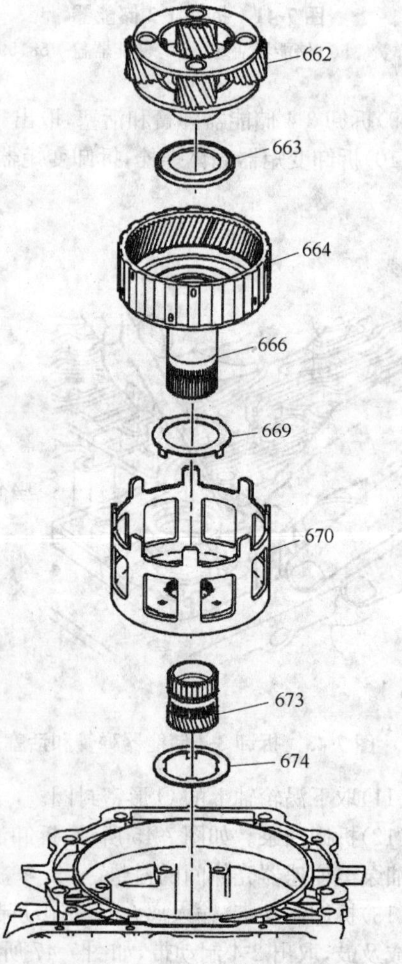

图 7-48　拆卸行星齿轮机构

662. 壳体总成(行星架)　663. 止推轴承　664. 输入内齿圈
666. 反作用壳体轴　669. 止推垫圈　670. 太阳轮鼓
673. 太阳轮　674. 止推垫圈

(16)拆卸低档和倒档支座卡环。

(17)推动输出轴,松开并拆卸低档和倒档离合器支座,拆卸输出轴,如图 7-49 所示。

(18)拆卸低档和倒档离合器座夹持器弹簧,如图 7-50 所示。

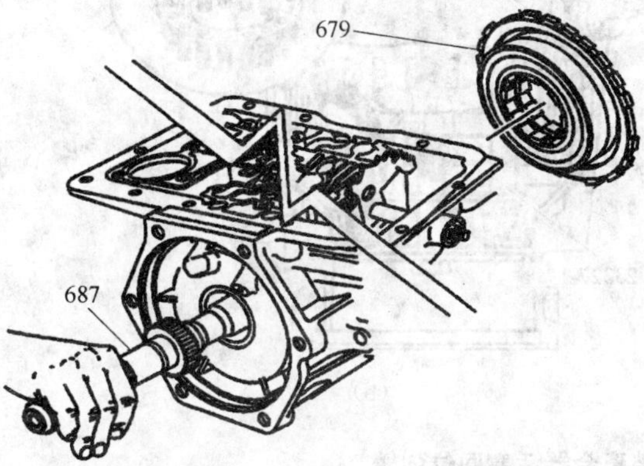

图 7-49　拆卸输出轴、低档和倒档离合器支座

687. 输出轴　679. 低档和倒档离合器支座

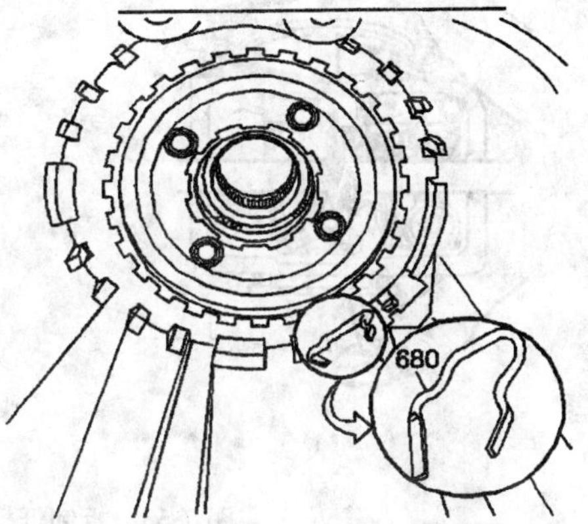

图 7-50　拆卸低档和倒档离合器座夹持器弹簧

680. 低档和倒档离合器座夹持器弹簧

(19)拆卸反作用壳体总成(行星架),拆卸低档和倒档离合器片组,如图 7-51 所示。

(20)拆卸内反作用齿轮(内齿圈),注意止推轴承的位置和方向,如图 7-52 所示。

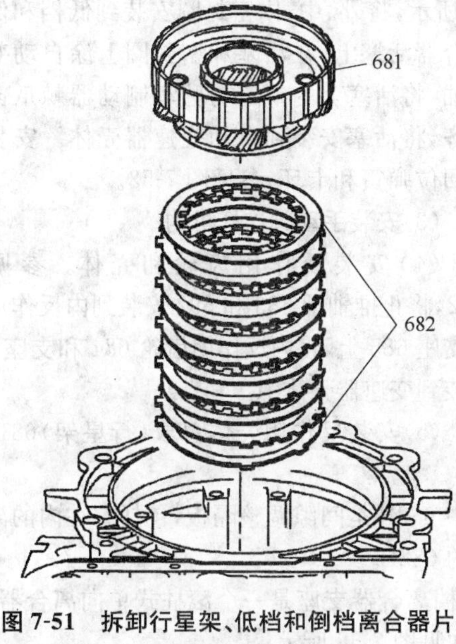

图 7-51　拆卸行星架、低档和倒档离合器片组

681. 反作用壳体总成(行星架)

682. 低档和倒档离合器片组

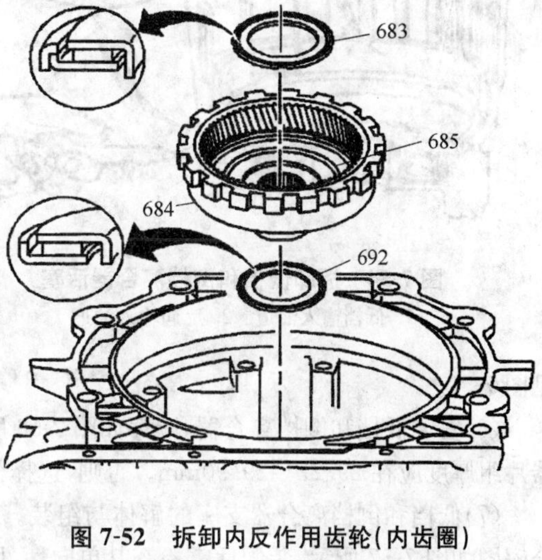

图 7-52　拆卸内反作用齿轮(内齿圈)

683. 止推轴承　685. 内反作用齿轮支座

684. 内反作用齿轮(内齿圈)　692. 支座轴承

(21)拆卸手动阀连杆机构,用旋具拆卸手动轴密封件。

(22)拆卸低档和倒档离合器活塞。如图 7-53 所示,安装专用工具 J23327 和 J42628,紧固 J23327-1,压缩活塞回位弹簧,取下固定卡环,拆卸低档和倒档离合器弹簧总成。向如图 7-54 所示的油道孔中输入压缩空气，拆卸低档和倒档离合器活塞。

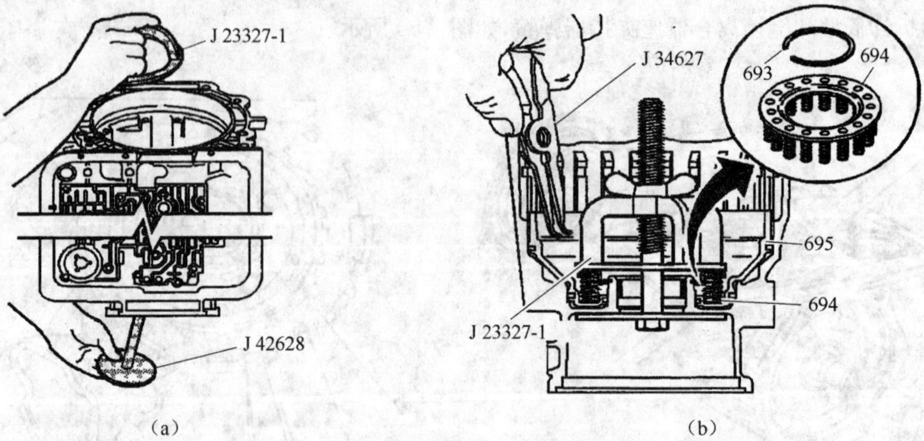

图 7-53　拆卸低档和倒档离合器活塞回位弹簧

(a)安装专用工具　(b)拆卸回位弹簧

693. 卡环　694. 回位弹簧　695. 低档和倒档离合器活塞

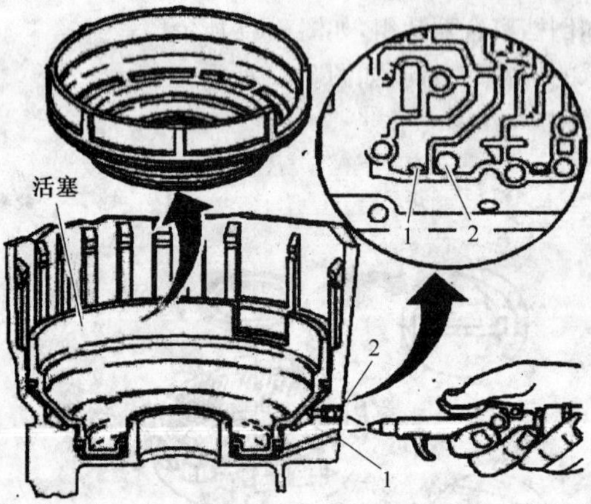

图 7-54　拆卸低档和倒档离合器活塞

1. 低档输入油道　2. 反向输入油道

2. 自动变速器的装配

(1)安装手动轴密封件。

(2)安装低档和倒档离合器活塞。如图 7-55 所示，将外、中、内密封圈安装到低档和倒档离合器活塞上，在活塞和密封圈上涂自动变速器油，将活塞上的缺口与驻车制动器棘爪窗口对齐，将活塞安装到自动变速器壳体。安装活塞回位弹簧和卡环，参见图 7-53。

(3)安装手动阀连杆机构。

(4)安装反作用齿轮和壳体。参见图 7-52，将止推轴承 683 和 692 安装到内反作用齿轮支座 685 上，将内反作用齿轮 684 和支座 685 安装到变速器壳体中。

(5)安装反作用壳体总成(行星架)681，参见图 7-51。

(6)安装低档和倒档离合器，顺序如图 7-56 所示。图中 682B 是间隙调整隔板，包括它在内的离合器片组厚度应在 29.22～29.90mm。否则，选择合适厚度的 682B。

(7)低档和倒档离合器支座的解体与组装。低档和倒档离合器支座是一个滚柱式单向离合器，其分解图如图 7-57 所示，装配后需检查其单向性，可旋转方向见图 7-58 所示。

(8)低档和倒档离合器支座的安装。将低档和倒档离合器支座夹持器弹簧安装到自动变速器壳体上，参见图 7-50。如图 7-59 所示，安装低档和倒档离合器支座 679 和轴承座圈 675，安装时注意将低档和倒档离合器支座的宽缺口对准壳体凸耳，且轮毂一侧向下。

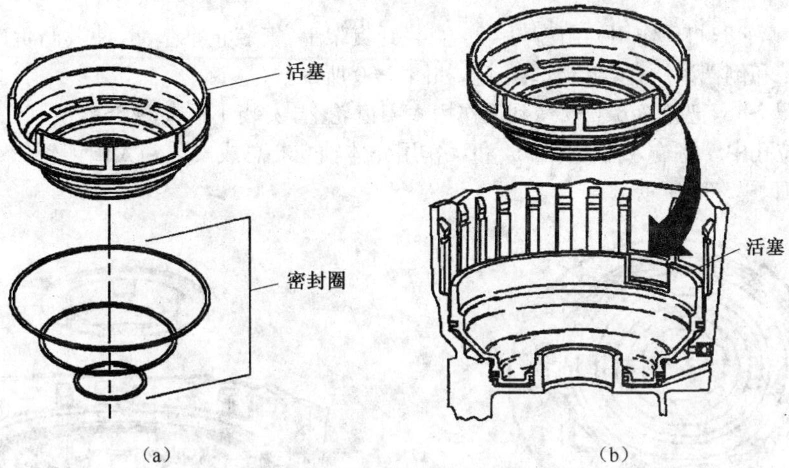

图 7-55　安装低档和倒档离合器活塞

(a)安装活塞密封圈　(b)安装活塞

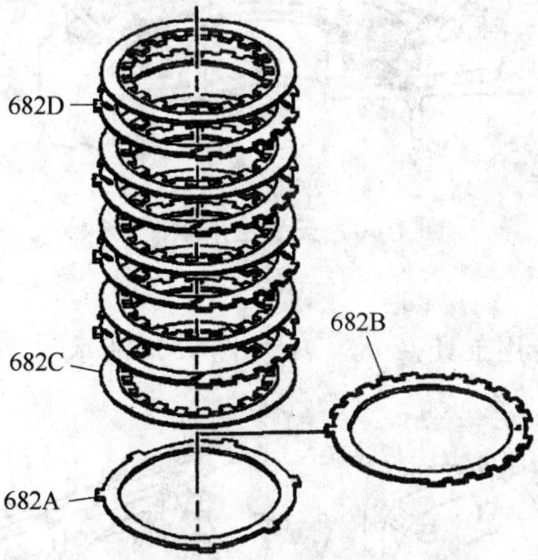

图 7-56　安装低档和倒档离合器

682A. 波纹片　682B. 调隙隔板

682C. 摩擦片　682D. 钢片

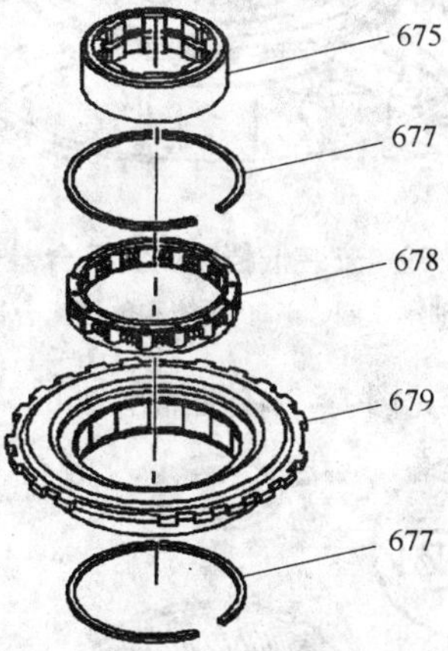

图 7-57　低档和倒档离合器支座

675. 轴承座圈　677. 卡环

678. 滚柱及保持架　679. 低档和倒档离合器支座

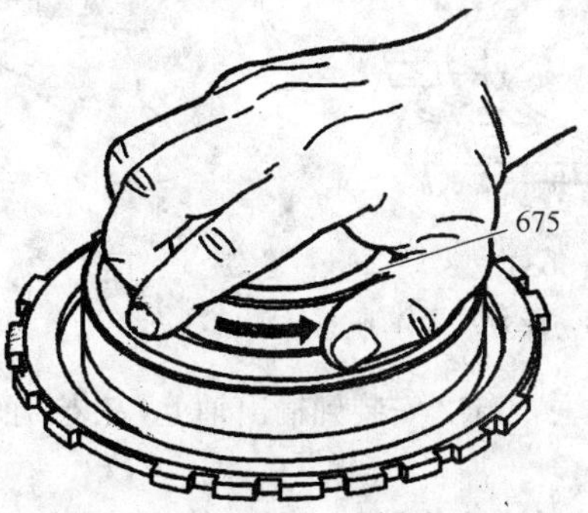

图 7-58　单向离合器的旋转方向

675. 轴承座圈

(9)安装卡环。

(10)参见图 7-48,将反作用太阳齿轮 673 安装到支架上,安装止推垫圈,使其凸舌向下,用止推垫圈凸舌定位低档和倒档滚柱离合器座圈花键,如图 7-60 所示。

(11)参见图 7-48,把轮毂 670 安装到反作用太阳齿轮上,安装止推垫圈 669,使其凸舌进入反作用太阳轮毂的定位孔中。将输入内齿圈 664 和反作用壳体轴 666 总成安装到太阳齿轮轮毂上,安装止推轴承 663,方向如图 7-61 所示。

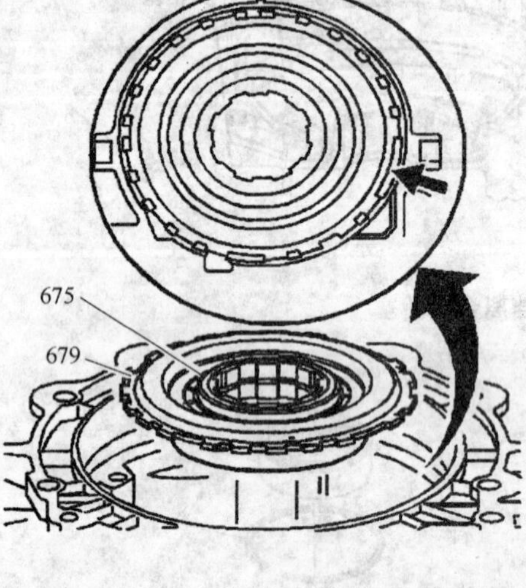

图 7-59 安装低档和倒档离合器支座

675. 轴承座圈 679. 低档和倒档离合器支座

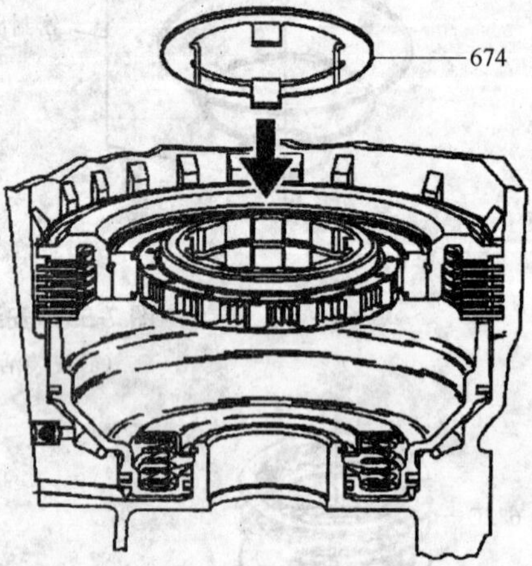

图 7-60 安装止推垫圈(674)

(12)参见图 7-49,安装输出轴 687,安装输出轴定位专用工具 J29837-A,如图 7-62 所示。

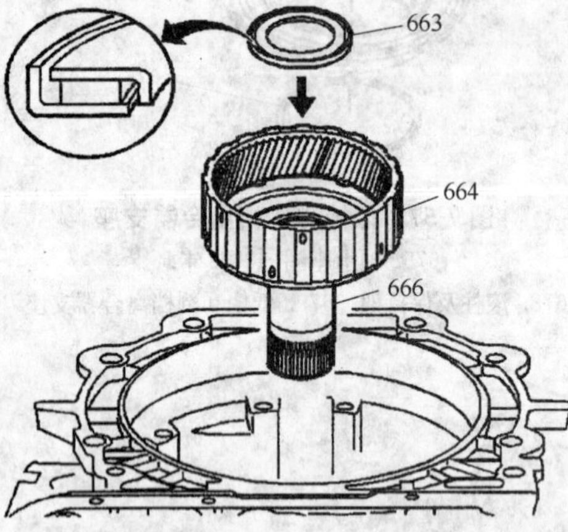

图 7-61 安装止推轴承(663)

663. 止推轴承 664. 输入内齿圈 666. 反作用壳体轴

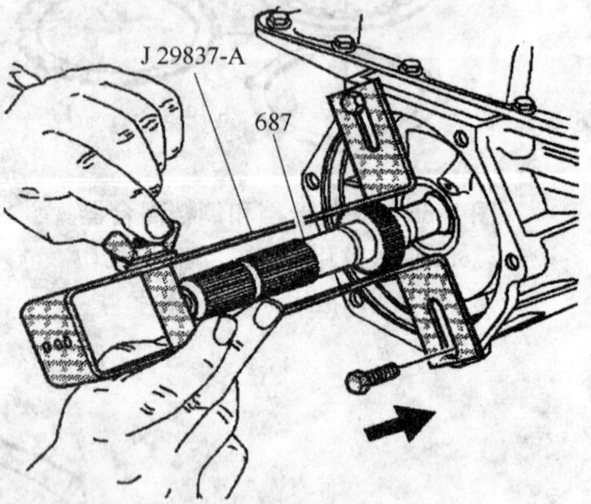

图 7-62 安装输出轴定位专用工具

(13)参见图 7-48,将输入壳体总成 662 安装到输出轴上,安装新的输出轴卡簧,然后拆卸输出轴固定专用工具 J29837-A。

(14)输入离合器总成的解体。输入离合器总成的解体步骤如下:

①如图 7-63 所示,从输入离合器总成(621)上拆卸倒档输入离合器壳体和离合器鼓总成(605),取出止推轴承(615)和止推垫圈(616)。

②如图 7-64 所示，拆卸卡环 656，取出 3-4 档离合器压盘和摩擦片，拆卸 3-4 档离合器助力弹簧 600。

③如图 7-65 所示，拆卸前进档单向离合器。

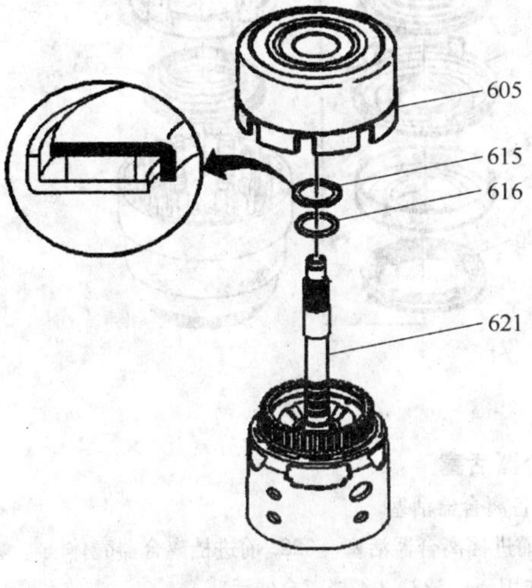

图 7-63 拆卸倒档输入离合器壳体和离合器鼓总成

605. 倒档输入离合器壳体和离合器鼓总成

615. 止推轴承 616. 止推垫圈 621. 输入离合器总成

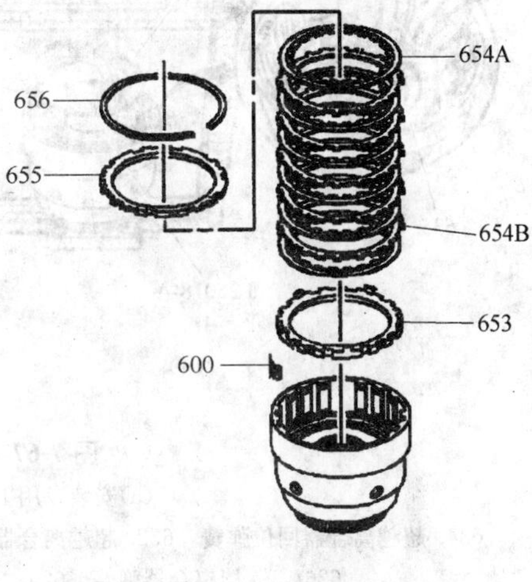

图 7-64 拆卸 3-4 档离合器片组

656. 卡环 655. 压板(可选) 654A. 摩擦片

654B. 钢片 653. 作用环(阶梯片) 600. 助力弹簧总成

④如图 7-66 所示，拆卸前进档离合器片组(部件 646、648、649A、649B)，拆卸主动太阳轮轴承 637，拆卸输入壳体至输出轴密封件 636，拆卸超速离合器片组(部件 645A、645B)。

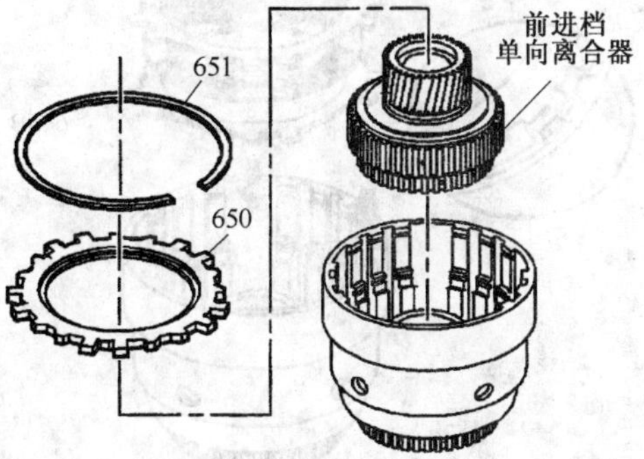

图 7-65 拆卸前进档单向离合器

651. 卡环 650. 底板

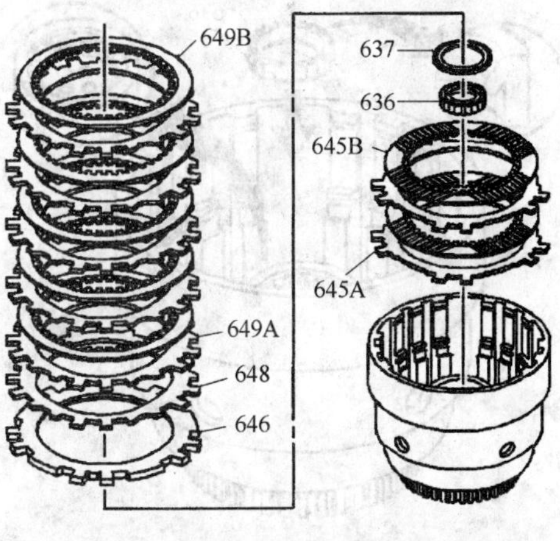

图 7-66 拆卸前进和超越离合器片组

649B. 前进档离合器摩擦片 649A. 前进档离合器钢片

648. 前进档离合器波形片 646. 前进档离合器压板

637. 止推轴承 636. 密封件 645B. 超越离合器摩擦片

645A. 超越离合器钢片

⑤如图 7-67 所示，安装专用工具 J23327-1 和 J25018-A，用 J23456 压缩离合器弹簧，拆卸超越离合器、前进档离合器和 3-4 离合器活塞。

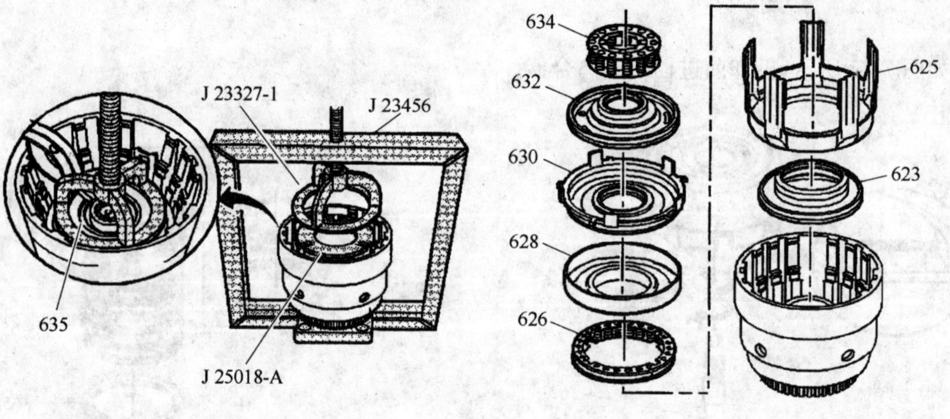

(a)　　　　(b)

图 7-67　拆卸各离合器活塞

(a)安装专用工具　(b)分解各离合器活塞

634. 超越离合器回位弹簧　632. 超越离合器活塞　630. 前进档离合器活塞　628. 前进档离合器壳体　626. 3-4 档离合器弹簧　625. 3-4 档离合器作用环　623. 3-4 档离合器活塞

(15)输入离合器总成的安装。输入离合器总成的安装步骤如下：

①安装新的输入壳体至输出轴密封件 636，方向如图 7-68 所示。

②安装超越离合器片组。从钢片(645B)开始，交替安装摩擦片组(645A)，安装位置要求见 7-69 中箭头所示。

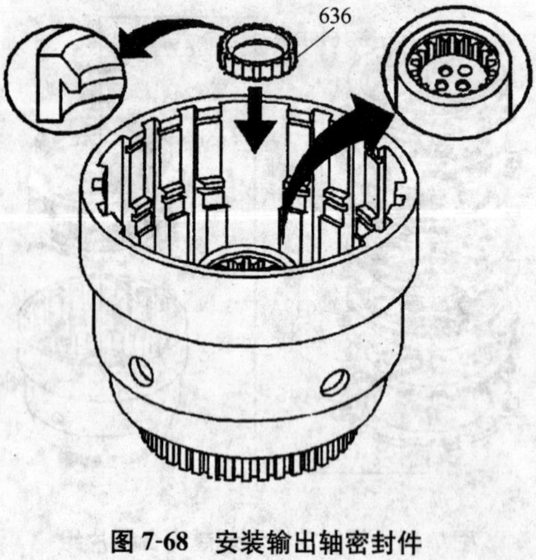

图 7-68　安装输出轴密封件

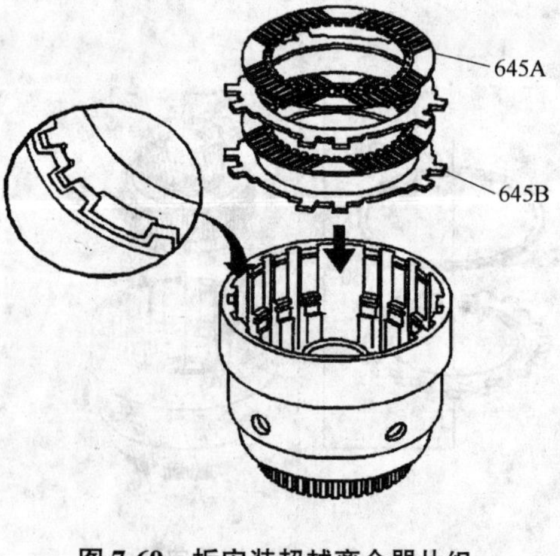

图 7-69　拆安装超越离合器片组

645A. 摩擦片　645B. 钢片

③安装主动太阳轮止推轴承，方向如图 7-70 所示。

④将前进单向离合器和主动太阳轮装入输入离合器壳体，参见图 7-65。

⑤参见图 7-66，安装前进档离合器片组，安装后检查前进档离合器片组间隙。如图 7-71 所示，用塞尺测量卡簧 651 到离合器可选压板 650 的间隙，规定值为 0.866～1.756mm。

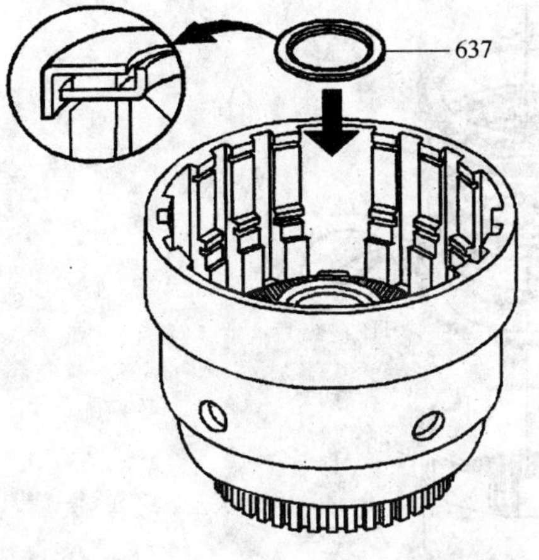

图 7-70　安装主动太阳轮止推轴承

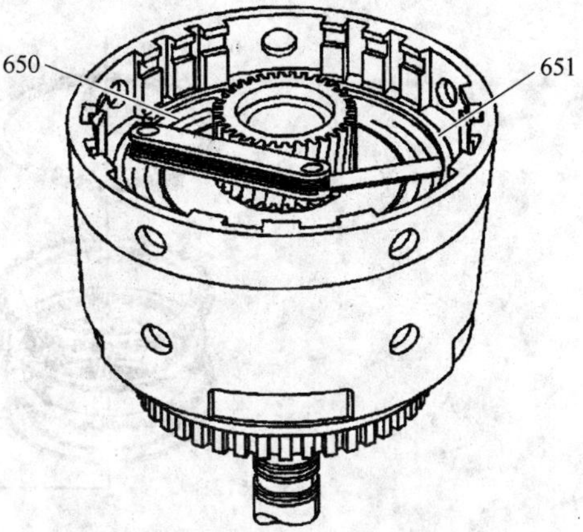

图 7-71　检查前进档离合器片组间隙

650. 可选压板　651. 卡簧

⑥参见图 7-64，先安装 3-4 档离合器压板 653，然后从摩擦片 654A 开始，交替安装钢片 654B。如图 7-72 所示，将 3-4 档离合器助力弹簧 600 安装到壳体，再安装压板 655 和卡环 656。安装后检查 3-4 档离合器片组间隙，如图 7-73 所示，用塞尺测量压板 655 与第一摩擦片 654A 的间隙，规定值为 0.9～2.1mm。

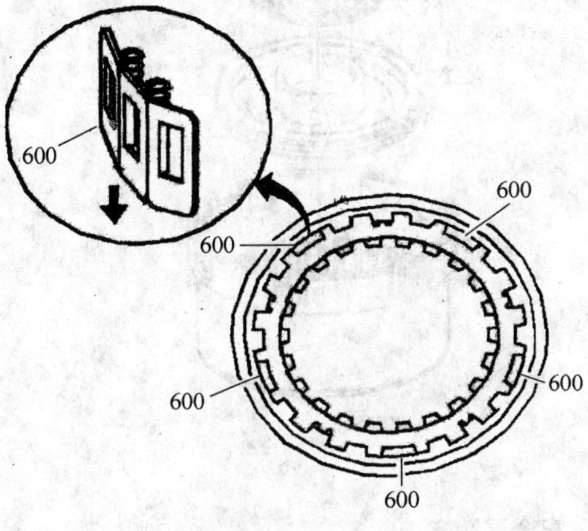

图 7-72　安装 3-4 档离合器助力弹簧

600. 助力弹簧

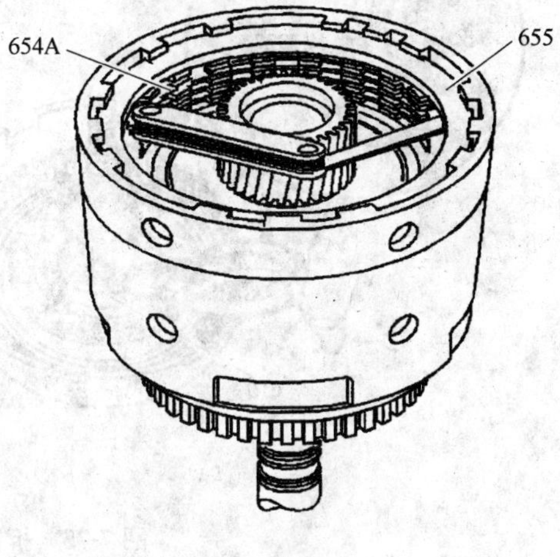

图 7-73　检查 3-4 档离合器片组间隙

654A. 第一摩擦片　655. 可选压板

(16)倒档输入离合器的解体与安装。倒档输入离合器的解体与安装步骤如下：

①拆卸倒档输入档离合器卡环，取出倒档输入离合器片组，如图 7-74 所示。

②安装专用工具 J23327-1 和 J25018-A，压缩倒档输入离合器回位弹簧，取下卡环 610，拆卸倒档输入离合器活塞和回位弹簧，如图 7-75 所示。

③倒档输入离合器装配后要测量片组间隙，如图 7-76 所示，在离合器组件上均匀加载，使用中等压力，使衬板受力约 89N，用塞尺测量底板和卡环的间隙，规定值为 1.02～1.94mm。

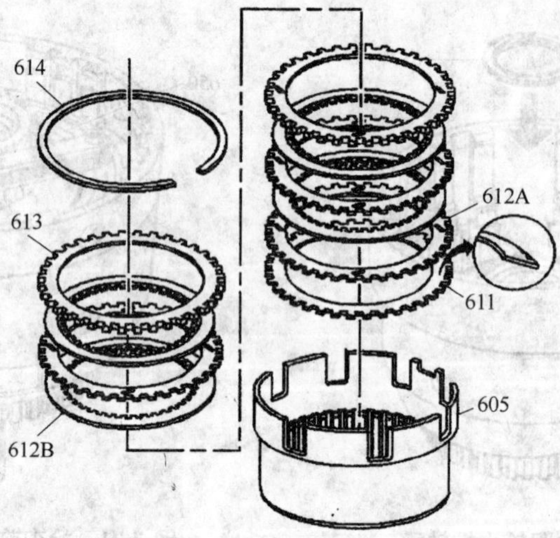

图 7-74 倒档输入离合器分解图

614. 卡环 613. 可选压板 612B. 摩擦片 612A. 钢片

611. 碟形片 605. 倒档输入离合器壳和传动鼓

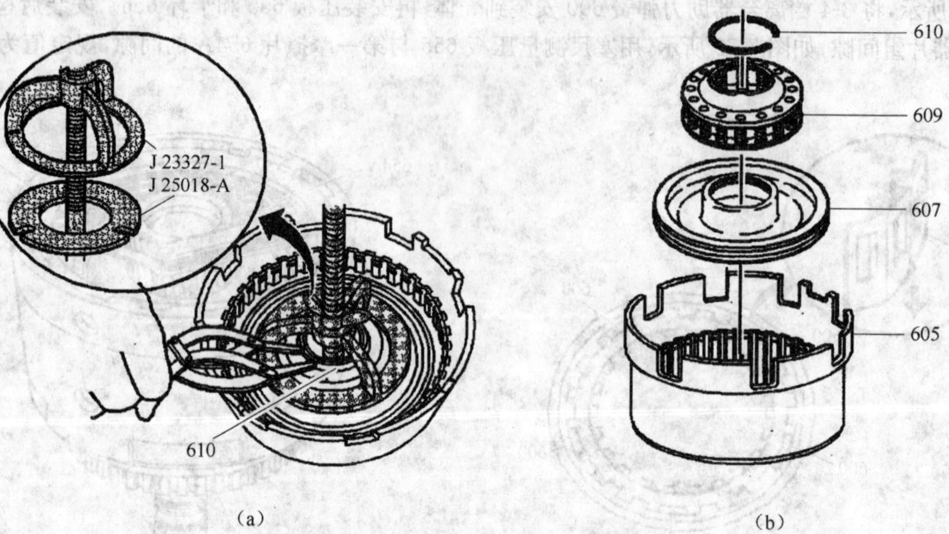

(a) (b)

图 7-75 拆卸倒档输入离合器活塞

(a)安装专用工具 (b)拆卸倒档输入离合器活塞

610. 卡环 609. 回位弹簧 607. 活塞 605. 倒档输入离合器壳和传动鼓

(17) 装配输入离合器总成。将止推垫圈 616 和轴承 615 安装到输入壳体 621 上，轴承的方向参见图 7-63 所示。将倒档输入离合器总成 605 安装到输入壳体 621 上，确保离合器片已安全啮合。

(18)参见图 7-47，将输入离合器总成安装至自动变速器壳体。确保 3-4 档离合器片与输入内齿轮完全啮合，此时，倒档输入离合器壳体正好位于变速器壳体的油泵平面上。

(19)参见图 7-46 和 7-47，安装 2-4 制动带。将制动带固定销安装到壳体，定位制动带，以便将定位销装入。

(20)如图 7-77 所示，将止推垫圈安装到润滑油泵上，安装新的润滑油泵壳体密封圈，安装新的润滑油泵衬垫,安装润滑油泵,紧固润滑油泵螺栓至29N·m。

(21)检查变速器端隙。如图7-78所示,安装专用工具,将测量百分表J8001调零,向上拔专用工具J24773-A,读出自动变速器端隙值,规定的端隙值为0.13～0.92mm。如果测量间隙不在规定范围内,更换合适厚度的垫片616,其位置如图7-63所示。

(22)安装变矩器壳,如图7-44所示,紧固变矩器壳螺栓至65～75N·m。

(23)安装涡轮轴密封圈。

(24)安装阀体,连接手动阀,先用手拧紧阀体螺栓。

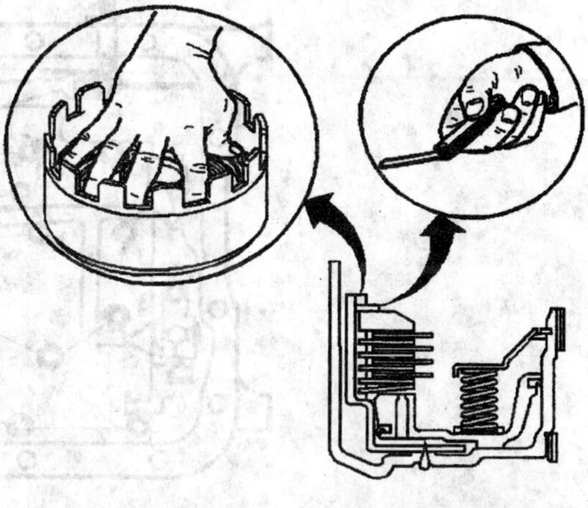

图7-76　检查倒档输入离合器片组间隙

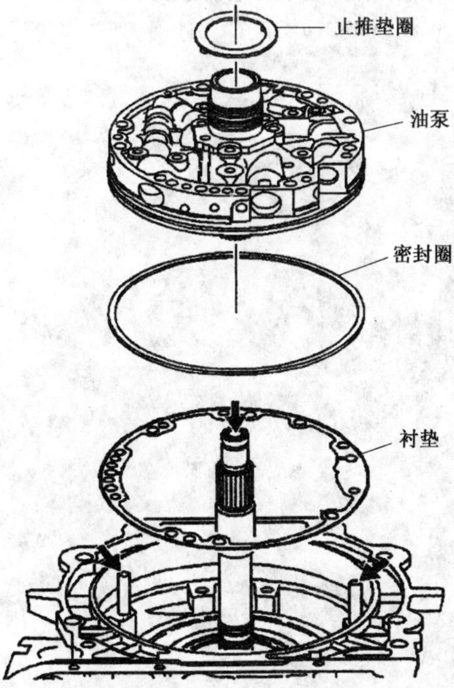

图7-77　安装润滑油泵

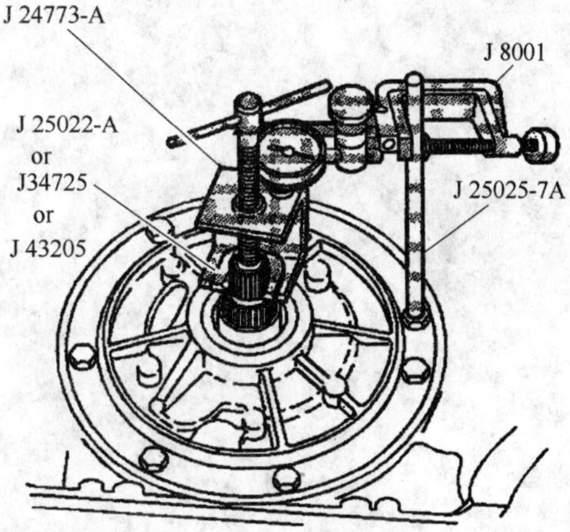

图7-78　测量变速器端隙

(25)安装油液压力手动阀位置(TFP)开关。

(26)安装自动变速器内部线束。

(27)阀体螺栓的位置及规格如图7-79所示,按规定顺序将阀体螺栓紧固到11N·m。

(28)连接自动变速器内部电气线束插头。

(29)安装手动阀锁止弹簧。

(30)更换新的润滑油滤清器密封件,安装新滤清器,参见图7-39。

(31)安装油底壳,紧固螺栓至12N·m。

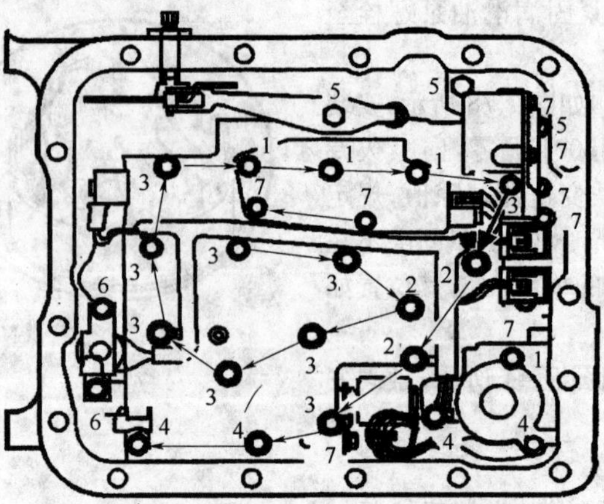

图 7-79　紧固阀体螺栓

1. M6×1.0×65.0　2. M6×1.0×54.4　3. M6×1.0×47.5　4. M6×1.0×35.0
5. M8×1.25×20.0　6. M6×1.0×12.0　7. M6×1.0×18.0

(32)安装 2-4 伺服器,参见图 7-38。

(33)安装变矩器。

(34)拆卸自动变速器卡具(J8763-02)。

第八章　CD4E 型自动变速器

第一节　结构特点与技术参数

一、结构特点

长安福特汽车有限公司生产的蒙迪欧 2.0 轿车和部分进口福特车系装用了 CD4E 型自动变速器，该自动变速器是电控 4 速、前轮驱动自动变速器，其内部总体构造如图 8-1 所示。该自动变速主要部件组成及结构特点如下：

(1)变速器壳和变矩器壳

(2)变矩器

(3)换档执行部件，包括：

①1 个摩擦制动带(中间档/超速档制动带)

②5 个摩擦离合器

—倒档离合器

—直接离合器

—前进离合器

—滑行离合器

—低/倒档离合器

—两个单向离合器

—前进离合器

—低档离合器

(4)由两个单排行星齿轮组形成 4 个前进档和 1 个倒档，分别为：

①低档－中间档行星齿轮组

②倒档/超速档行星齿轮组

(5)一个链条传动机构：行星齿轮组输出端与主减速器间采用链条传动

(6)采用行星齿轮组式主减速器

(7)采用小齿轮和半轴齿轮式差速器

(8)一个油泵

(9)一个主控制总成

二、主要技术参数

1. 基本参数

CD4E 型自动变速器的基本参数见表 8-1。

2. 主要部件螺栓的拧紧力矩

CD4E 型自动变速器主要部件螺栓的拧紧力矩见表 8-2。

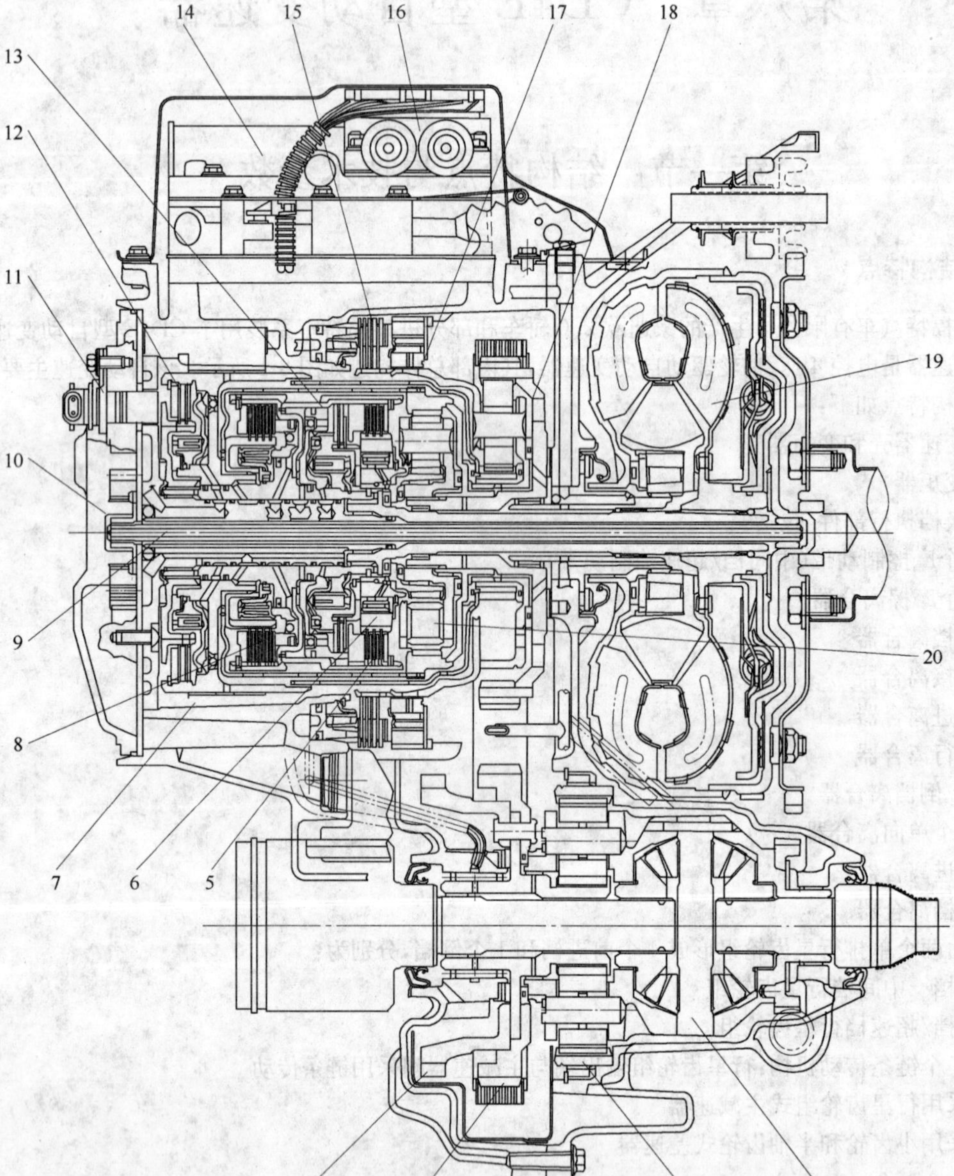

图 8-1 CD4E 型自动变速器内部总体构造

1. 差速器壳(主减速器行星架) 2. 主减速器齿圈 3. 驱动链条 4. 从动链轮(驻车齿轮和主减速器太阳轮) 5. 前进离合器 6. 前进单向离合器 7. 2/4(中间/超速档)制动带 8. 直接离合器 9. 油泵驱动轴 10. 油泵 11. 涡轮转速传感器(TSS) 12. 倒档离合器 13. 滑行离合器 14. 控制阀体 15. 低/倒档离合器 16. 电磁阀体 17. 低速单向离合器 18. 驱动链轮(倒档超速档驱动齿圈) 19. 变矩器 20. 行星齿轮组

表 8-1　CD4E 型自动变速器的主要规格参数

变速器型号	CD4E	变速器型号	CD4E
1 档速比	2.889：1	差速器速比	4.23：1
2 档速比	1.571：1	自动变速器油型号	ESP－M2C168-H
3 档速比	1.000：1	自动变速器油(ATF)容量	7.5L 6.0L(添加量,不含变矩器残油)
4 档速比	0.689：1		
R 档速比	2.31：1	变速器重量	64kg

表 8-2　主要部件螺栓的拧紧力矩　(N·m)

螺　栓	拧紧力矩	螺　栓	拧紧力矩
放油塞	27	车速传感器(VSS)螺栓	5
冷却器油管接头	40	电磁阀体至壳体螺栓	10
差速器润滑油管固定螺栓	13	壳体油压分流板	8
手控杆固定螺栓	27	副梁固定螺栓	130
油压管路柱塞	24	变速器支撑支架螺栓	48
手控杆轴	74	发动机后支撑架防震螺栓	80
油压分流板螺栓	8	变速器冷却器油管	23
油泵总成螺栓	13	变矩器螺母	36
油泵支撑架螺栓	13	车轮螺母	128
电磁阀体螺栓	10	驱动轴短柱螺母	290
恒温油面高度控制阀螺栓	12	变矩器壳至变速器壳体	22
变速器档位(TR)传感器固定螺栓	12	主控制阀盖螺栓	20
变速器壳体至发动机螺栓	48	输出轴转速(OSS)传感器螺栓	13
涡轮轴转速传感器(TSS)螺栓	13		

3. 维修调整数据

CD4E 型自动变速器维修调整数据见表 8-3。

表 8-3　CD4E 型自动变速器维修调整数据　(mm)

低/中间档驱动架总成的小齿轮端隙	
低/中间档驱动架总成的小齿轮端隙	0.7～0.72
低/中间档行星架总成的小齿轮	
离合器片至卡环的间隙	0.33～0.89
卡环厚度	0.39～1.49
卡环厚度	1.53～1.63
卡环厚度	1.68～1.78
前进/滑行离合器片组的间隙	
离合器片组间隙	0.23～0.96
卡环厚度	1.43～1.53
卡环厚度	1.59～1.69

续表 8-3

前进/滑行离合器片组的间隙		
卡环厚度		1.75～1.85
卡环厚度		1.92～2.02
直接离合器片组的间隙		
离合器片至卡环的间隙		0.52～1.12
卡环厚度		1.28～1.38
卡环厚度		1.39～1.49
卡环厚度		1.52～1.62
卡环厚度		1.65～1.75
1档/倒档离合器片组的间隙		
离合器片至卡环的间隙		0.57～1.17
卡盘尺寸		2.57～2.47
卡盘尺寸		2.37～2.26
卡盘尺寸		2.17～2.06
中间/超速档服务器		
服务器行程		2.4～4.9
中间/超速档服务器推杆		
项目	环数量	推杆长度
F3RP－74188－CB	0	108.1
F3RP－74188－BB	1	107.1
F3RP－74188－AB	2	105.7
倒档/超速档驱动架总成的小齿轮端隙		
倒档/超速档驱动架总成的小齿轮端隙		0.7～0.72
主减速器支座总成的小齿轮端隙		
主减速器支座总成的小齿轮端隙		0.17～0.65
油泵		
驱动齿轮间隙		0.04～0.08
驱动轴转矩(短)		0.3N·m
变矩器		
涡轮轴转矩		13.5N·m
端隙		>1.27
从动链轮调整的10号止推垫圈		
主动链轮至变矩器壳体止推轴承(尺寸)		1.51～1.41
主动链轮至变矩器壳体止推轴承(尺寸)		1.77～1.67
主动链轮至变矩器壳体止推轴承(尺寸)		2.03～1.93
主动链轮至变矩器壳体止推轴承(尺寸)		2.29～2.19
在校准程序中测量的距离和专用的止推垫圈		1.12～0.86

续表 8-3

从动链轮调整的 10 号止推垫圈	
在校准程序中测量的距离和专用的止推垫圈	0.85～0.60
在校准程序中测量的距离和专用的止推垫圈	0.59～0.34
在校准程序中测量的距离和专用的止推垫圈	0.33～0.08
主动链轮调整的 11 号调隙片	
变速器壳体至主动链轮调整的 11 号垫片至从动链轮/主减速器中心齿轮止推轴承调隙垫片 AB(尺寸)	2.20～2.10
变速器壳体至从动链轮/主减速器中心齿轮止推轴承调隙垫片 BB(尺寸)	2.02～1.92
变速器壳体至从动链轮/主减速器中心齿轮止推轴承调隙垫片 BB(尺寸)和 CB(尺寸)	1.85～1.75
变速器壳体至从动链轮/主减速器中心齿轮止推轴承调隙垫片 DB(尺寸)	1.67～1.57
变速器壳体至从动链轮/主减速器中心齿轮止推轴承调隙垫片 EB(尺寸)	1.50～1.40
变速器壳体至从动链轮/主减速器中心齿轮止推轴承调隙垫片 FB(尺寸)	1.32～1.22
在校准程序中测量的距离和专用的止推轴承调隙垫片 AB	14.34～14.17
在校准程序中测量的距离和专用的止推轴承调隙垫片 BB	14.17～14.00
在校准程序中测量的距离和专用的止推轴承调隙垫片 CB	13.99～13.83
在校准程序中测量的距离和专用的止推轴承调隙垫片 DB	13.82～13.66
在校准程序中测量的距离和专用的止推轴承调隙垫片 EB	13.65～13.49
在校准程序中测量的距离和专用的止推轴承调隙垫片 FB	13.49～13.32
差速器间隙的 14 号调隙片	
差速器壳体至变矩器壳止推轴承垫片 AA(尺寸)	1.08～0.98
差速器壳体至变矩器壳止推轴承垫片 BA(尺寸)	1.28～1.28
差速器壳体至变矩器壳止推轴承垫片 CA(尺寸)	1.67～1.57
差速器壳体至变矩器壳止推轴承垫片 DA(尺寸)	1.97～1.86
差速器壳体至变矩器壳止推轴承垫片 FA(尺寸)	2.27～2.17
在校准程序中测量的距离和专用的止推轴承调隙垫片 AB	130.77～130.46
在校准程序中测量的距离和专用的止推轴承调隙垫片 BB	130.45～130.16
在校准程序中测量的距离和专用的止推轴承调隙垫片 CB	130.7～129.87
在校准程序中测量的距离和专用的止推轴承调隙垫片 DB	129.88～129.57
在校准程序中测量的距离和专用的止推轴承调隙垫片 EB	129.57～129.27

第二节 动力传递路线分析

一、行星齿轮机构与主减速器

1. 行星齿轮机构

CD4E 型自动变速器采用改进型辛普森式行星齿轮机构，如图 8-2 所示，其前排行星架与后排内齿圈为一体；前排内齿圈与后排行星架为一体，是动力输出端，两个太阳轮独立运动。行星齿轮机构共有 6 个部件组成，低速/中间档中心齿轮、低速/中间档行星架和低速/中间档齿圈如图 8-3 所示，倒档/超速档驱动中心齿轮、倒档/超速档驱动行星架和倒档/超速档驱动齿圈如图8-4所示。

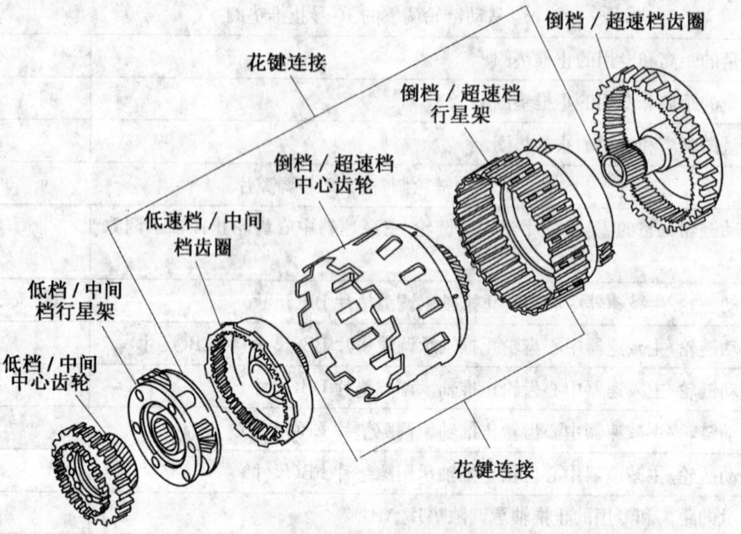

图 8-2　CD4E 型自动变速器行星齿轮机构

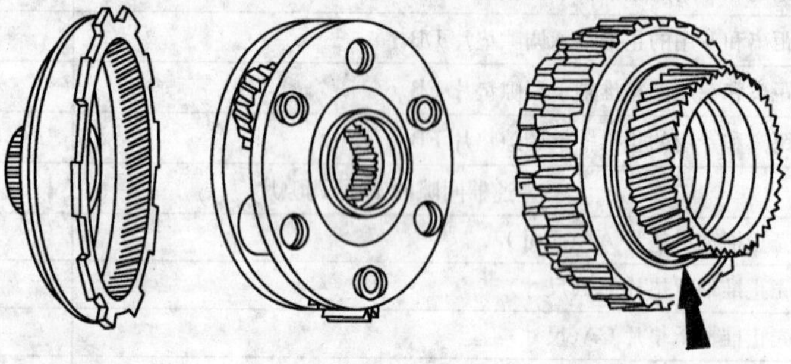

(a)　(b)　(c)

图 8-3　低速/中间档行星齿轮组

(a)低速/中间档齿圈　(b)低速/中间档行星架　(c)低速/中间档中心齿轮

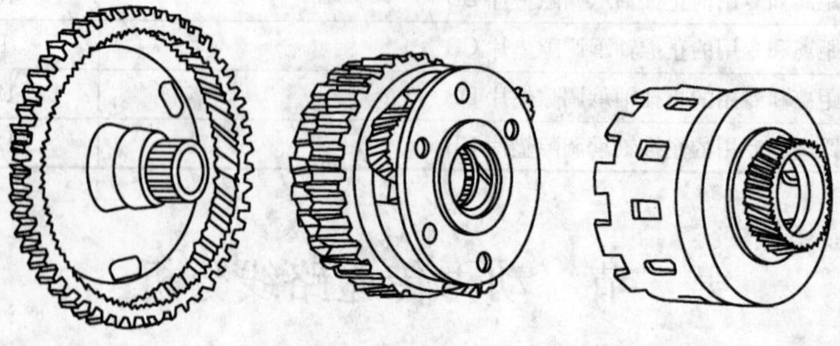

(a)　(b)　(c)

图 8-4　倒档/超速档行星齿轮组

(a)倒档/超速档驱动齿圈　(b)倒档/超速档驱动行星架　(c)倒档/超速档驱动中心齿轮

2. 传动链条与主减速器

CD4E 型自动变速器采用行星齿轮式主减速器，驱动链条将转矩由行星齿轮组传到主减速器，传动链条如图 8-5 所示，主减速器如图 8-6 所示。驱动链条包含下列部件：

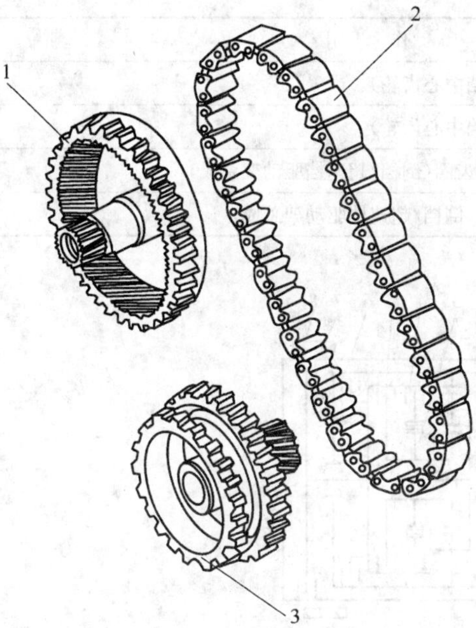

图 8-5　传动链条

1. 驱动链轮(倒档/超速档驱动齿圈)　2. 驱动链条　3. 从动链轮(驻车齿轮和主减速器太阳轮)

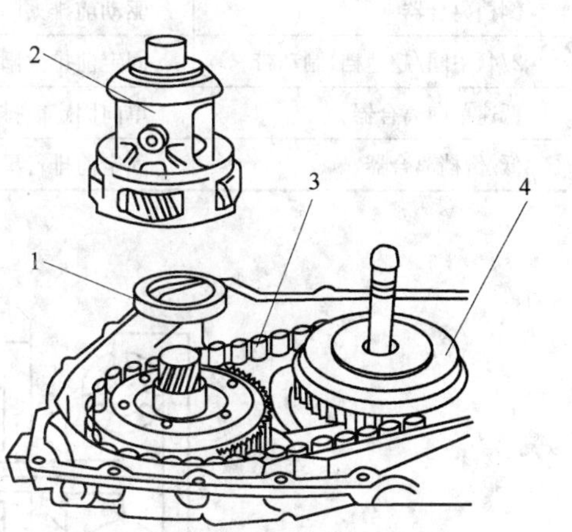

图 8-6　主减速器

1. 止推轴承　2. 差速器壳　3. 传动链条　4. 驱动链轮

(1)倒档/超速档驱动齿圈总成:该齿圈亦用作驱动链轮。

(2)从动链轮:即主减速器太阳轮。

(3)驱动链条:驱动链条将倒档/超速档驱动齿圈连接至从动链轮,主减速器太阳轮位于从动链轮的顶端和主减速器齿轮组啮合。行星齿轮组中的主减速器可将来自行星齿轮组的转矩增大后传送至差速器。主减速器包含下列部件:

—主减速器中心齿轮:通过倒档/超速档驱动齿圈总成用链条驱动,然后将转矩传到主减速器支座(行星架)。

—主减速器支座(行星架):用作从动件,为差速器外壳的一部分。

—主减速器齿圈:位于变矩器壳内并且是主减速器行星齿轮组的固定保持件。

—差速器总成:差速器总成驱动差速器小齿轮和差速器半轴齿轮。差速器总成包含以下部件:差速器壳体;由小齿轮轴支撑的两个小齿轮;由差速器壳体和驱动轴支撑的两个半轴齿轮。

二、换档执行元件

CD4E 型自动变速器换档执行元件包括 4 个离合器、1 个湿式多片制动器、1 个带式制动器和 2 个单向离合器,各换档执行元件的布置如图 8-7 所示,作用见表 8-4。

表 8-4　各换档执行元件的作用

换档执行元件	作　用
前进离合器	通过前进单向离合器驱动后排太阳轮(低速/中间档中心齿轮)
前进单向离合器	锁止时驱动后排太阳轮(低速/中间档中心齿轮)
滑行离合器	驱动后排太阳轮(低速/中间档中心齿轮)
直接离合器	驱动前排行星架/后排内齿圈(低速/中间档齿圈)

续表 8-4

换档执行元件	作　　用
倒档离合器	驱动前排太阳轮(倒档/超速档中心齿轮)
2/4(中间/超速档)制动带	固定前排太阳轮(倒档/超速档中心齿轮)
低速单向离合器	单向固定前排行星架/后排内齿圈(倒档/超速档驱动架总成)
低/倒档离合器	固定前排行星架/后排内齿圈(倒档/超速档驱动架总成)

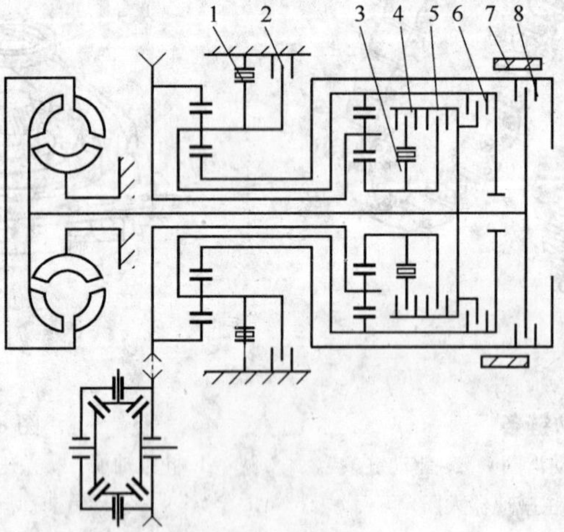

图 8-7　换档执行元件的布置

1. 低速档单向离合器　2. 低/倒档离合器　3、4. 前进离合器　5. 滑行离合器　6. 直接离合器　7. 2/4(中间/超速档)制动带　8. 倒档离合器

1. 中间/超速档制动带与伺服器

中间/超速档制动带也称2/4制动带,如图8-8所示,该总成在2档和4档时将倒档离合器鼓总成固定至变速器壳体,此动作使倒档/超速档驱动中心齿轮和外壳总成在2档和4档时连接在一起保持静止不动。中间/超速档伺服器也称服务器,它是中间/超速档制动带总成的液压制动器。

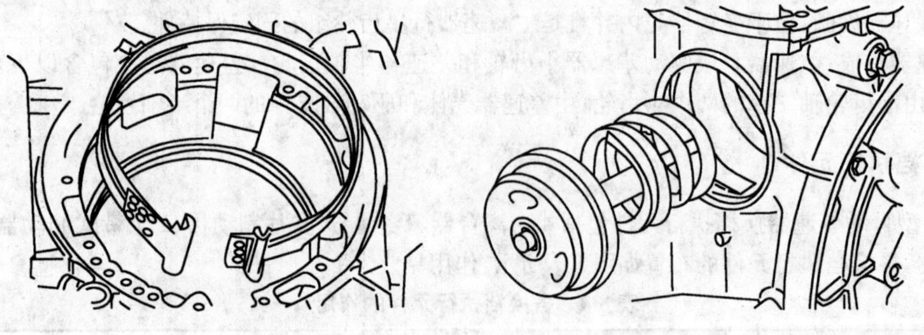

(a)　　　　　　　　　　　　(b)

图 8-8　中间/超速档制动带与伺服器

(a)中间/超速档制动带　(b)中间/超速档伺服器

2. 前进离合器

前进/滑行/直接离合器缸和低档离合器鼓如图8-9所示,前进/滑行/直接/倒档离合器分解如图8-

10所示。前进离合器将涡轮轴与前进档单向离合器外座圈相连，在所有前进档位，均由外座圈驱动低速/中间中心齿轮。在4档时，因为前进单向离合器超速空转使得前进离合器无动力输出。前进离合器为多片式离合器，装在前进/滑行/直接离合器缸总成内。

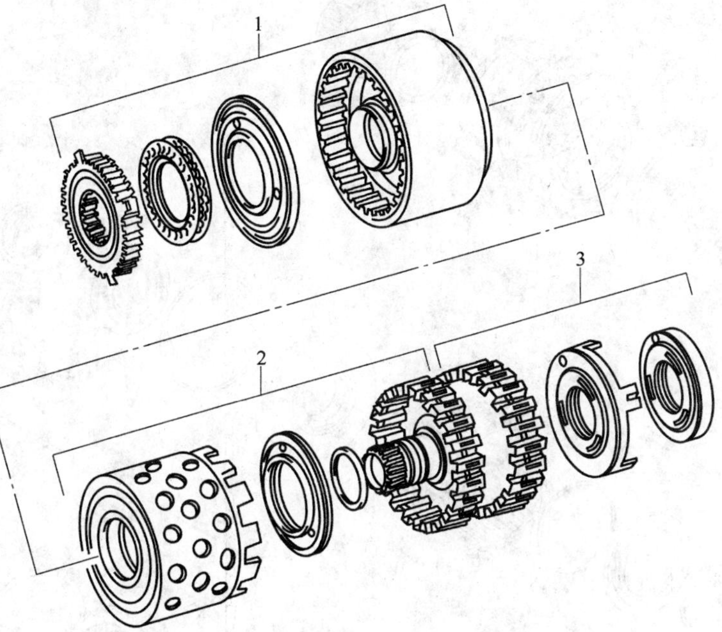

图8-9　前进/滑行/直接离合器缸和低档离合器鼓

1. 倒档离合器　2. 直接档离合器　3. 前进/滑行离合器

3. 直接离合器

直接离合器是多片式离合器，装在前进/滑行/直接离合器缸总成内，如图8-10所示。在3和4档时，直接离合器将涡轮轴与低速/中间齿圈总成连接。

4. 倒档离合器

当汽车在倒档时，倒档离合器将涡轮轴与倒档/超速档中心齿轮相连。倒档离合器是多片式离合器，装在倒档离合器鼓总成内，如图8-11所示。

5. 滑行离合器

滑行离合器是多片式离合器，位于前进/滑行/直接离合器缸总成中前进离合器下方，如图8-10所示。当变速器控制开关接通(ON)且在D位或以手动选择档位时，它将把低/中间中心齿轮总成连接至涡轮轴总成。

6. 低/倒档离合器

低/倒档离合器也称1/R档离合器，当变速器换档到“R”和“1”档位时，低/倒档离合器将倒档/超速档驱动架总成固定至变速器壳体。如图8-12所示，低/倒档离合器是多片式离合器，以齿槽方式接合至变速器壳体。按业界习惯，当某个换档执行元件工作时，如果是固定行星齿轮机构某部件，应称为制动器。所以，低/倒档离合器在某些资料中也称低/倒档制动器。

7. 前进档单向离合器

前进档单向离合器是一斜撑式单向离合器，其部件分解如图8-13所示。前进档单向离合器在前进离合器中，在1、2和3档位时，离合器锁止，将涡轮轴动力连接至低速/中间中心齿轮总成，在滑行和4档时，前进档单向离合器处于滑转状态。

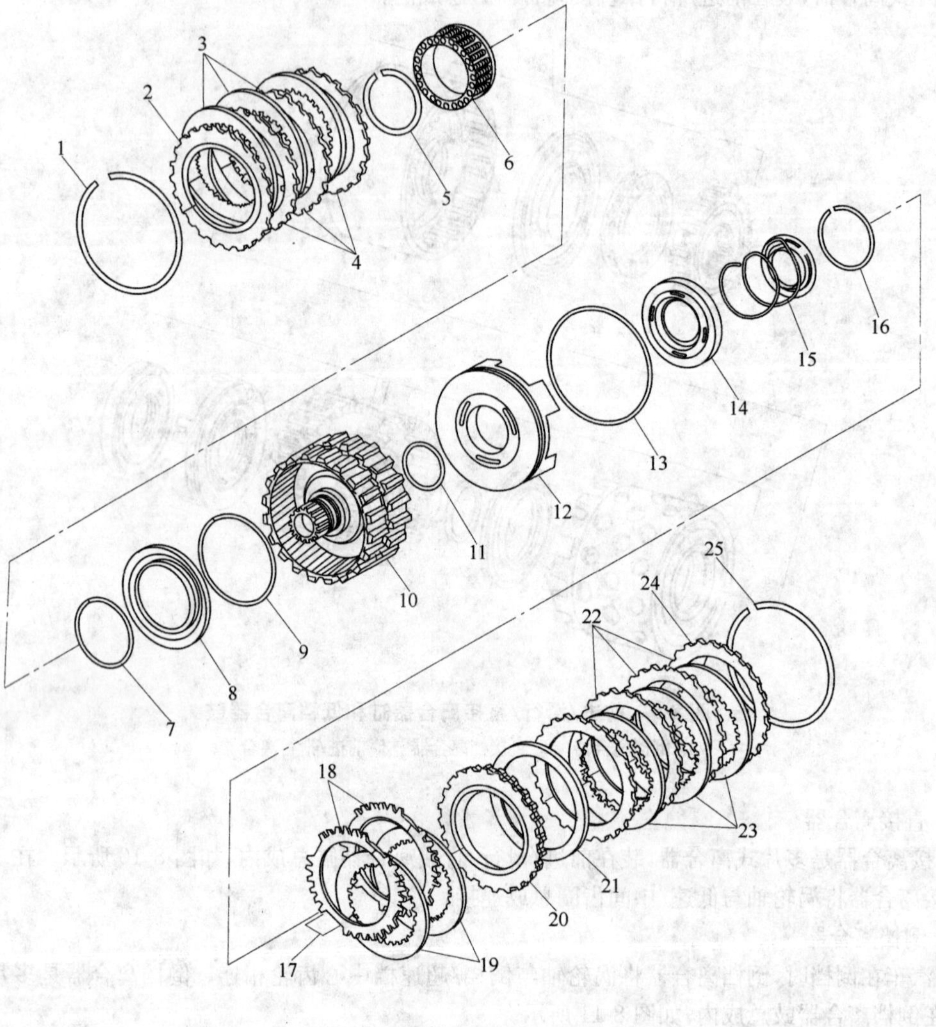

图 8-10 前进/滑行/直接/倒档离合器分解图

1、5、16、25. 卡环 2、20、24. 压盘 3. 直接离合器摩擦片 4. 直接离合器钢片 6. 直接离合器回位弹簧 7、11. 内油封 8. 直接离合器活塞 9、13. 外油封 10. 前进/滑行和直接离合器缸总成 12. 前进离合器活塞 14. 滑行离合器活塞总成 15. 前进/滑行离合器回位弹簧 17. 齿隙 18. 滑行离合器钢片 19. 滑行离合器摩擦片 21. 波形弹簧 22. 前进离合器摩擦片 23. 前进离合器钢片

8. 低速单向离合器

低速单向离合器也称1档单向离合器，它是一个滚子式单向离合器，如图8-14所示。它可使变速器壳体在1档时将倒档/超速档驱动架固定在静止状态。在加速时，低速单向离合器将把倒档/超速档驱动架总成固定；当车辆滑行时，低速单向离合器会高速空转，使主减速器从行星齿轮组脱离。

三、动力传递路线分析

CD4E型自动变速器动力传递路线如图8-15所示，不同档位时，各换档执行元件的状态见表8-5。

图 8-11　倒档离合器

1. 毂卡环　2、10. 倒档离合器毂　3. 压盘卡环　4. 压盘　5. 摩擦片　6. 钢片　7. 卡环　8. 回位弹簧　9. 倒档离合器活塞　10. 倒档离合器鼓

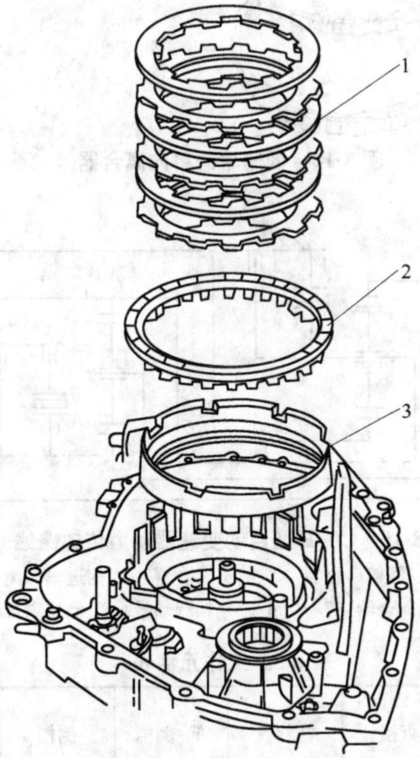

图 8-12　低/倒档离合器

1. 摩擦片和钢片　2. 回位弹簧　3. 活塞

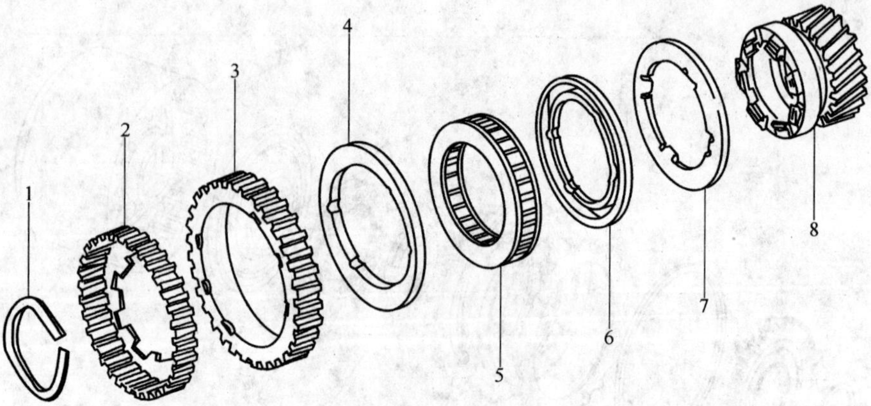

图 8-13 前进档单向离合器

1. 滑行离合器卡环 2. 滑行离合器毂 3. 前进单向离合器外圈 4. 前进单向离合器端盖 5. 前进单向离合器 6. 前进单向离合器定位器 7. 低速/中间中心齿轮、座圈和衬套总成 8. 单向离合器内圈

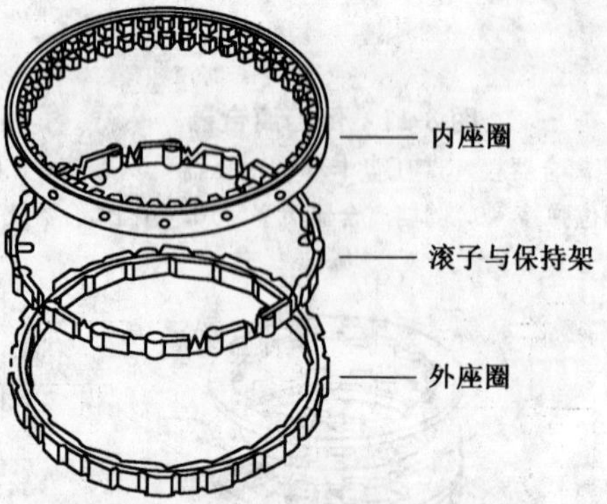

图 8-14 低速单向单向离合器

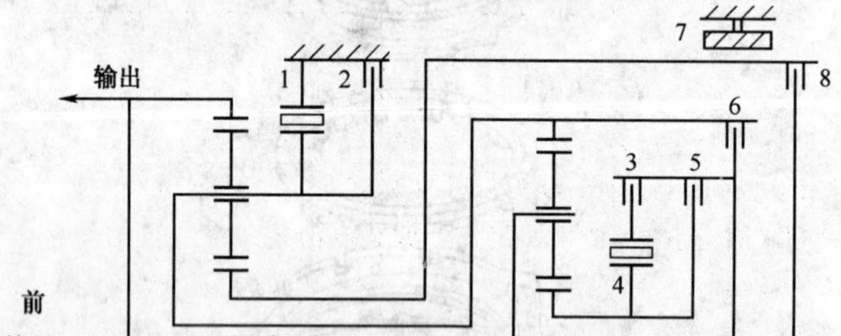

图 8-15 CD4E 型自动变速器动力传递路线

1. 低速单向离合器 2. 低/倒档离合器 3. 前进离合器 4. 前进单向离合器 5. 滑行离合器 6. 直接离合器 7. 中间/超速档制动带 8. 倒档离合器

表 8-5 工作元件表

元件 档位	2/4 中间/超速档制动带	前进离合器	直接离合器	滑行离合器	低/倒档离合器	倒档离合器	前进单向离合器		低速单向离合器	
R					×	×				

续表 8-5

元件 / 档位	2/4 中间/超速档制动带	前进离合器	直接离合器	滑行离合器	低/倒档离合器	倒档离合器	前进单向离合器		低速单向离合器	
D-1		×					×	OR	×	OR
D-2	×	×					×	OR	OR	OR
D-3		×	×				×	OR	OR	OR
D-4	×	×	×				OR	OR	OR	OR
M-2	×	×		×			×		OR	OR
M-1		×		×	×		×		×	

×:传送转矩;OR:超速

1. 倒档动力传递路线

倒档动力传递路线如图 8-16 所示,在倒档时,倒档离合器工作,将涡轮轴连接至前排太阳轮(倒档/超速档中心齿轮);低/倒档离合器工作,将前排行星架/后排内齿圈(倒档/超速档驱动架总成)固定至变速器壳体,则前排内齿圈/后排行星架反向减速旋转(输出)。

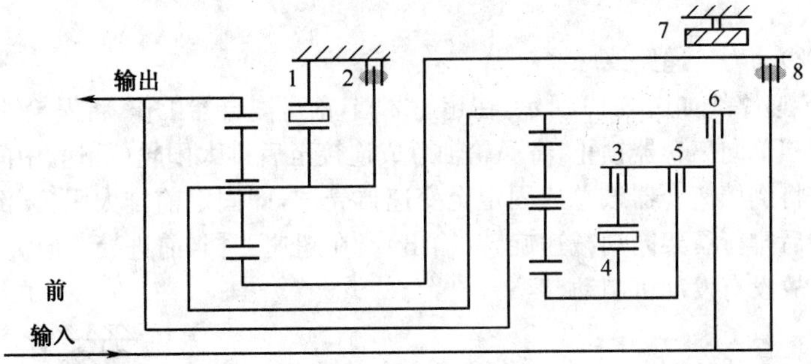

图 8-16　倒档动力传递路线

2. 超速 1 档(D1)动力传递路线

超速 1 档(D1)档动力传递路线如图 8-17 所示,在超速 1 档,前进离合器工作,将涡轮轴连接至前进档单向离合器外座圈,前进档单向离合器锁止,将涡轮轴总成连接至后排太阳轮(低速/中间中心齿轮);低速单向离合器锁止,单向固定前排行星架/后排内齿圈(倒档/超速档驱动架总成),则前排内齿圈/后排行星架同向减速旋转(输出)。在所有前进档位时,均由外座圈驱动后排太阳轮(低速/中间中心齿轮),但在 4 档时,因为前进单向离合器超越空转,使得前进离合器无动力传递。

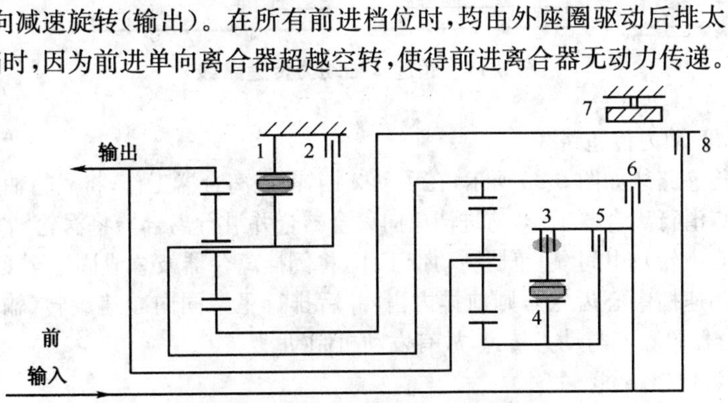

图 8-17　超速 1 档动力传递路线

在加速时，低速单向离合器将把倒档/超速档驱动架总成固定；当滑行时，低速单向离合器打滑空转，使主减速器与行星齿轮组脱离。所以，在超速1档无发动机制动。

3. 手动1档(M1)动力传递路线

手动1档(M1)档动力传递路线如图8-18所示，在手动1档，前进离合器工作，将涡轮轴连接至前进档单向离合器外座圈；同时，滑行离合器工作，前进档单向离合器合并滑行离合器将涡轮轴总成连接至后排太阳轮(低速/中间中心齿轮)；低速单向离合器锁止，同时低/倒档离合器工作，将前排行星架/后排内齿圈(倒档/超速档驱动架总成)固定至变速器壳体，则前排内齿圈/后排行星架同向减速旋转(输出)。在M1档，因为滑行离合器和低/倒档离合器的工作，使得自动变速器有发动机制动。

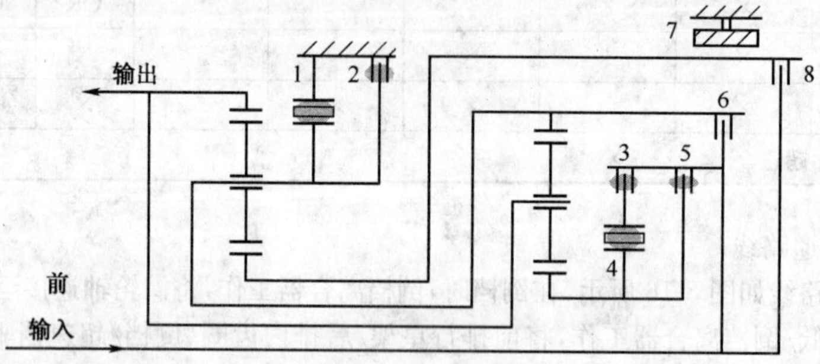

图8-18 手动1档动力传递路线

4. 超速2档(D2)动力传递路线

超速2档动力传递路线如图8-19所示，在超速2档，前进离合器工作，将涡轮轴连接至前进档单向离合器外座圈，前进档单向离合器锁止，将涡轮轴总成连接至后排太阳轮(低速/中间中心齿轮)；中间/超速档制动带工作，将倒档离合器鼓总成固定至变速器壳体，即固定前排太阳轮(倒档/超速档中心齿轮)，则前排内齿圈/后排行星架同向减速旋转(输出)。在超速2档，前进档单向离合器锁止是动力传递不可缺少的条件，故没有发动机制动。

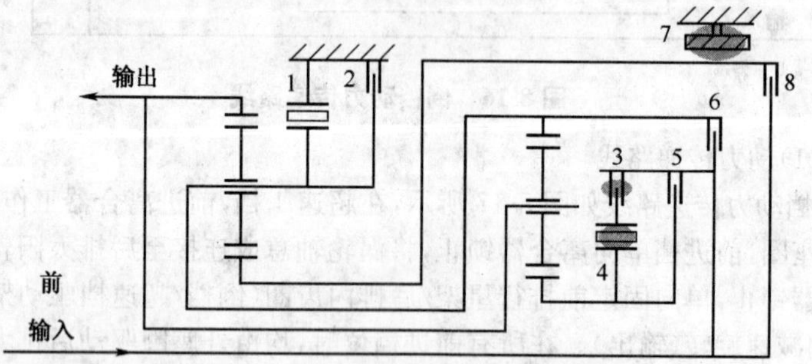

图8-19 超速2档动力传递路线

5. 手动2档(M2)动力传递路线

手动2档动力传递路线如图8-20所示，在手动2档，前进离合器工作，将涡轮轴连接至前进档单向离合器外座圈；同时，滑行离合器工作，前进档单向离合器合并滑行离合器将涡轮轴总成连接至后排太阳轮(低速/中间中心齿轮)；中间/超速档制动带工作，将倒档离合器鼓总成固定至变速器壳体，即固定前排太阳轮(倒档/超速档中心齿轮)，则前排内齿圈/后排行星架同向减速旋转(输出)。因手动2档(M-2)没有单向离合器单独参与动力传递，故有发动机制动。

6. 超速3档动力传递路线

超速3档动力传递路线如图8-21所示，在超速3档，前进离合器工作，将涡轮轴连接至前进档单向

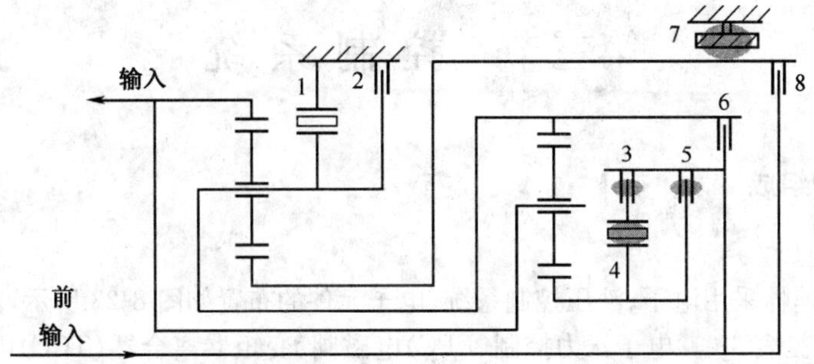

图 8-20　手动 2 档动力传递路线

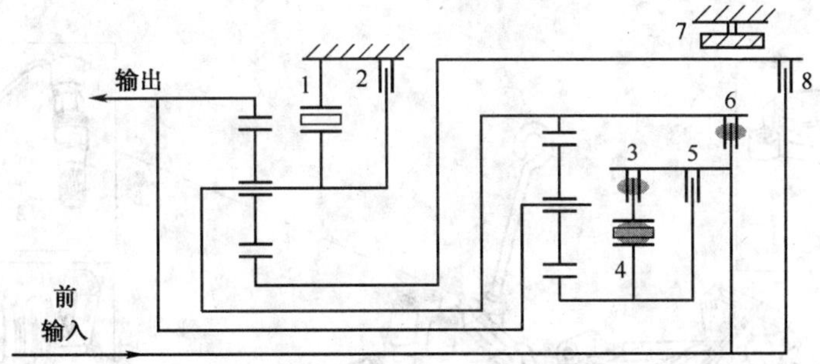

图 8-21　超速 3 档动力传递路线

离合器外座圈，前进档单向离合器锁止，将涡轮轴总成连接至后排太阳轮(低速/中间中心齿轮)；直接离合器工作，将涡轮轴连接至前排行星架/后排内齿圈(低速/中间齿圈)。行星齿轮机构中的两个部件被同时驱动，则整个行星齿轮机构以一个整体旋转，传动比为 1。在超速 3 档，前进档单向离合器参与了动力传递，故没有发动机制动。

7. 超速 4 档动力传递路线

超速 4 档动力传递路线如图 8-22 所示，在超速 4 档，直接离合器工作，将涡轮轴连接至前排行星架/后排内齿圈(低速/中间齿圈)；中间/超速档制动带工作，将倒档离合器鼓总成连接至变速器壳体，即固定前排太阳轮(倒档/超速档中心齿轮)，则前排内齿圈/后排行星架同向增速旋转(输出)，为直超速档。在 4 档时，前进离合器仍工作，将涡轮轴连接至前进档单向离合器外座圈，但因为前进单向离合器超速空转，使得前进离合器无动力传递。在超速 4 档没有单向离合器单独参与动力传递，故有发动机制动。

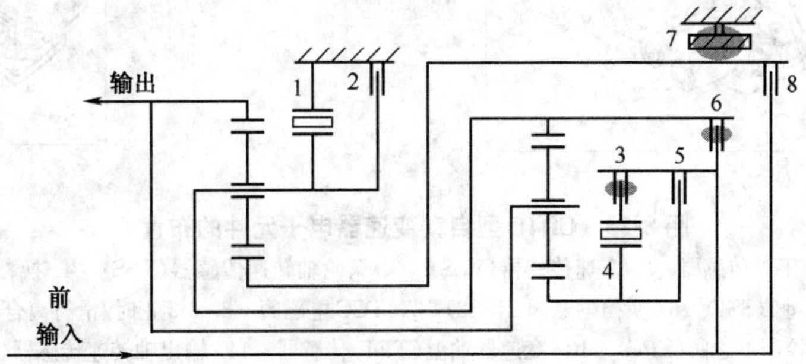

图 8-22　超速 4 档动力传递路线

第三节 控制系统

一、电控系统的组成

1. 电控系统的组成

CD4E 型自动变速器采用电子、液压控制系统，电子元件的布置如图 8-23 所示，其电子控制系统的输入及输出信号框图见表 8-6。电子压力控制（EPC）电磁阀、变矩器离合器（TCC）电磁阀、2 个换档电磁阀、3-2 正时/滑行离合器电磁阀（3-2T/CCS）、变速器油温（TFT）传感器集成为一体，安装在阀体总成上。

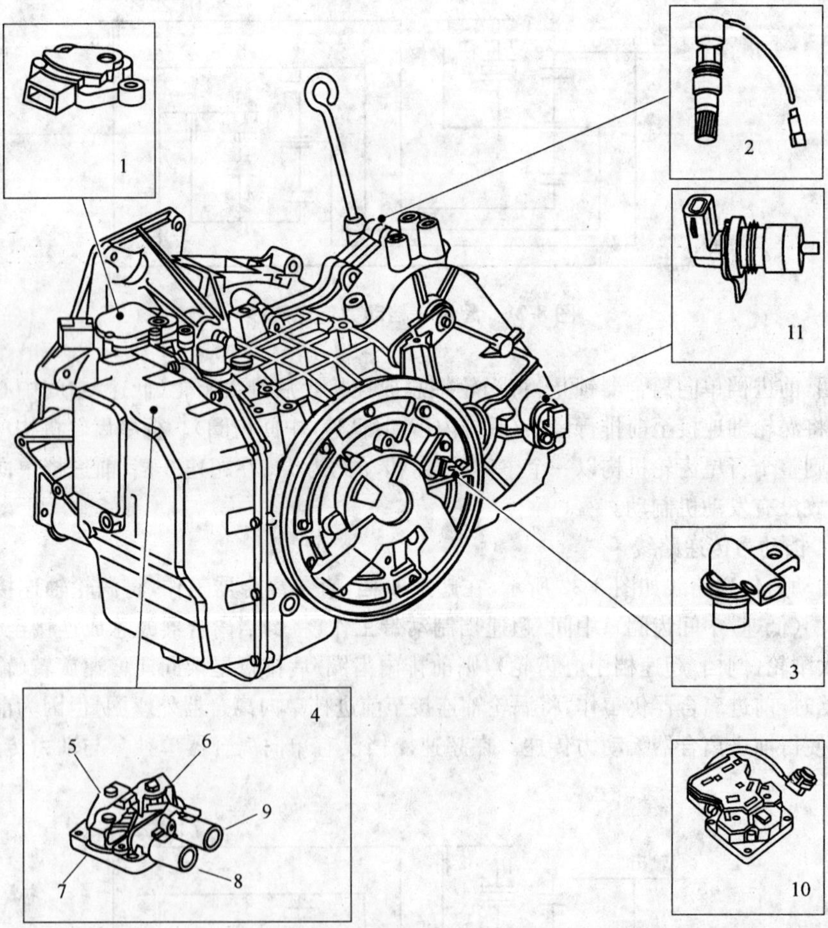

图 8-23 CD4E 型自动变速器电子元件的布置

1. 变速器档位（TR）传感器 2. 车速传感器（VSS） 3. 涡轮轴转速传感器（TSS） 4. 换档电磁阀总成 5. 换档电磁阀 1（SS1） 6. 换档电磁阀 2（SS2） 7. TCC 电磁阀 8. 3-2 正时/滑行离合器电磁阀 9. 压力控制电磁阀（EPC） 10. 变速器油温（TFT）传感器 11. 输出轴转速传感器（OSS）

表 8-6　CD4E 电子控制系统输入输出信号

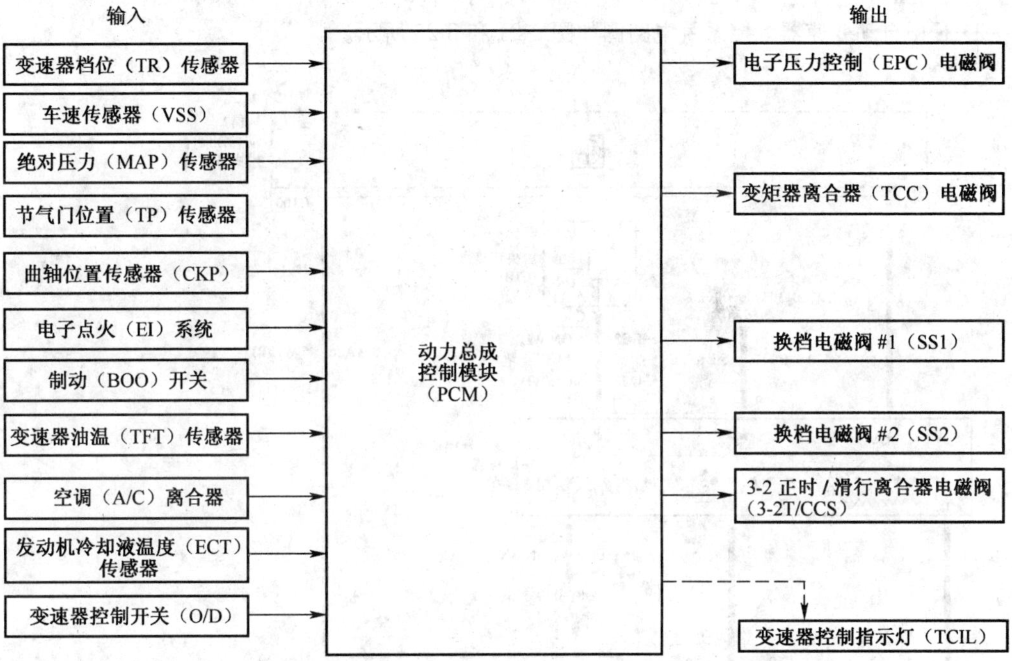

2. 动力系统控制模块(PCM)

变速器的工作受动力控制模块(PCM)控制，输入传感器把信息送至 PCM，PCM 则通过电磁阀来控制变速器的操作。在 CD4E 型自动变速器中，换档正时、换档油压(管路油压)和变矩器锁止离合器电磁阀等均由 PCM 控制，PCM 利用其输入及输出信号网络来实施电气控制。虽然某些输入信号是共用的，但在动力控制模块内部变速器的控制和发动机的控制是各自分离的，有些输入来自各个传感器(空气流量、冷却液温度等)用以通知 PCM 有关负载情况和发动机的工作状况；有些输入信号来自驾驶人的输入，例如由节气门位置(TP)传感器传送至 PCM 的加速踏板位置信号；还有来自变速器本身的输入信号，如车速传感器信号(VSS)和变速器档位传感器(TR)信号以及变速器油温(TFT)信号等。PCM 利用所有上述信号，决定何时、何种状态才是换档和变矩器离合器接合的正确时机，PCM 同时决定所需的管路油压以使换档感觉达到最佳化。变速器有以下几种换档模式：

(1)升档：动力控制模块(PCM)接收来自不同传感器的信号和驾驶人的输入命令，控制变速器升档。

(2)降档：在某种情况下，变速器会自动降到一个较低的档位(在不使用变速器档位选择杆时)。自动降档有三种情况：

—滑行：当汽车需要滑行而停止时会发生滑行自动降档。

—转矩需求：在部分节气门开度下加速而所需的转矩大于发动机此时所能提供的转矩时，便会发生转矩需求自动降档。需要时已接合的变矩器离合器还会分离以提供额外的加速能力。

—强迫降档：当驾驶人通过踩加速踏板到底，以强迫降档时，汽车便会达到最大的加速度。仅在低于 88km/h 时才有可能强迫降到 2 档；在时速低于 40km/h 时实施强迫降档，会使变速器降至 1 档。上述规格会因轮胎尺寸的改变和发动机的设定而修改。

PCM 还监控输入和输出装置有无故障，对某些测知的故障，可使仪表板上的 TCIL 灯(变速器控制指示灯)闪亮来警示驾驶人，同时储存与所测故障有关的故障诊断代码(DTCs)。如果 PCM 探测出一个输入信号故障，它就可能使用 FMEM(故障管理和效果模式)的控制原则，提供替代信号或数值。

3. 电路图

CD4E 型自动变速器电控系统电路图如图 8-24 和 8-25 所示。

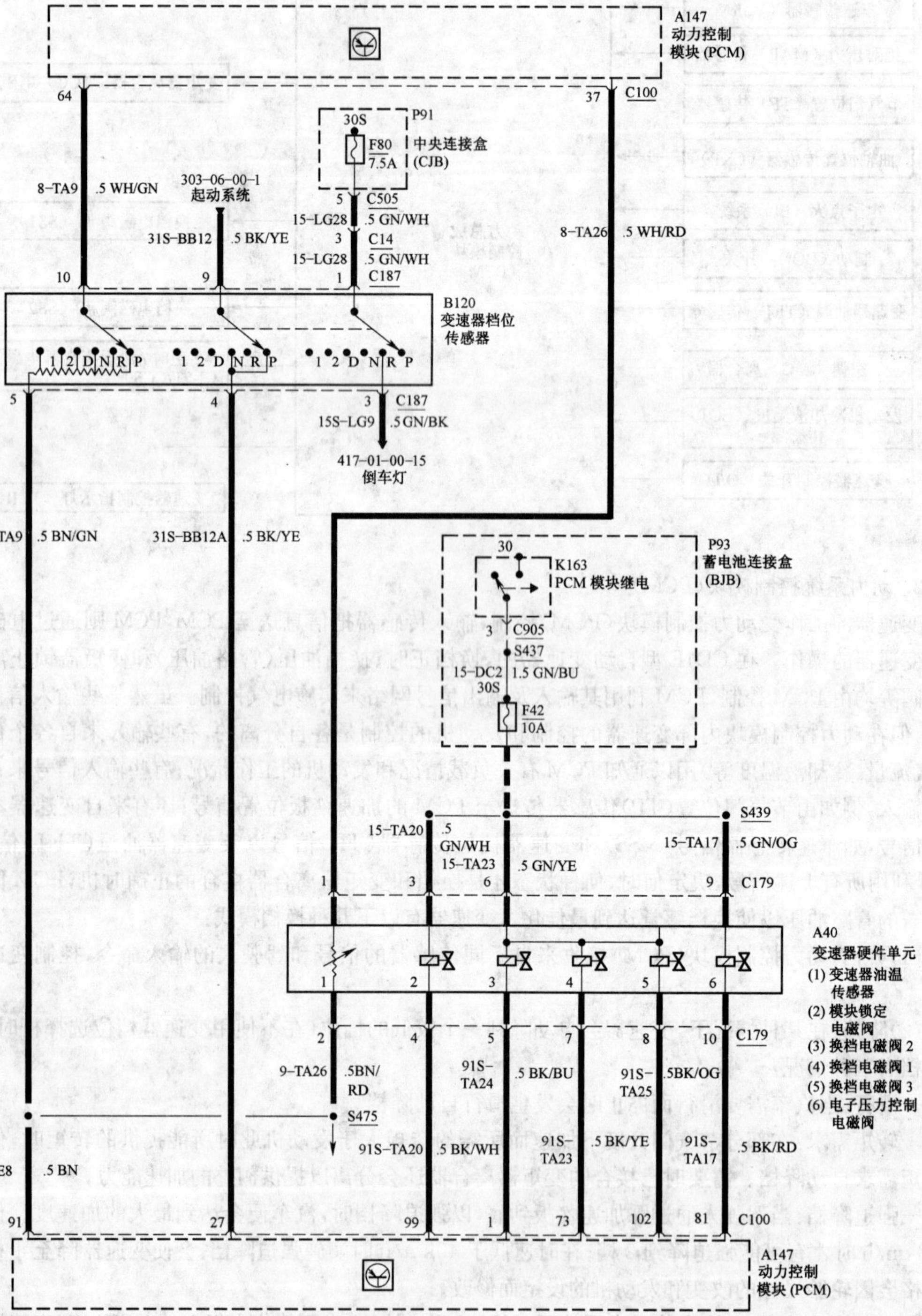

图 8-24　电控系统电路图(一)

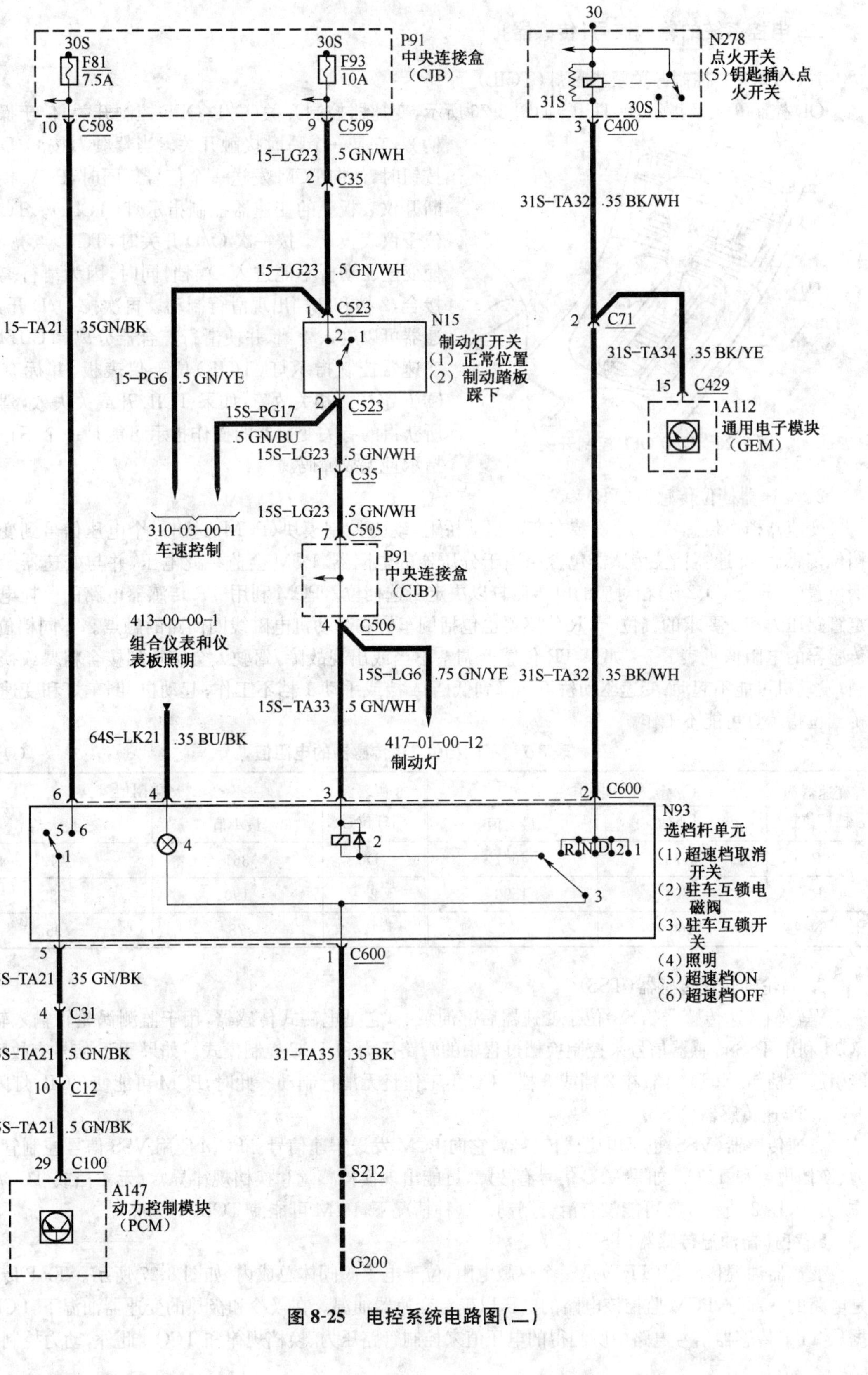

图 8-25 电控系统电路图(二)

二、电控系统的输入信号(传感器)

1. O/D OFF 控制开关及指示灯(TCIL)

OD 控制开关及指示灯(TCIL)如图 8-26 所示,变速器控制开关(O/D OFF 控制开关)位于操纵手柄旁,它是一个瞬时接触开关。当驾驶人按 O/D 开关按钮时,便向 PCM 发送一个信号。同时,PCM 接通或断开仪表板上的变速器控制指示灯(TCIL)。TCIL 灯位于仪表板上。按一次 O/D 开关时,TCIL 点亮,PCM 使变速驱动桥不能进入 D4 档,同时,因为滑行离合器接合,2 档和 3 档出现滑行制动。再次按 O/D 开关,变速器可以进入 4 档,并使滑行离合器分离,TCIL 熄灭。变速器控制指示灯(TCIL)位于仪表板,并标有 O/D OFF 字样。相关故障:如果 TCIL 开或关失效,驾驶人所获得的有关变速器的操作指示可能是一个不正确的指示且无故障码。

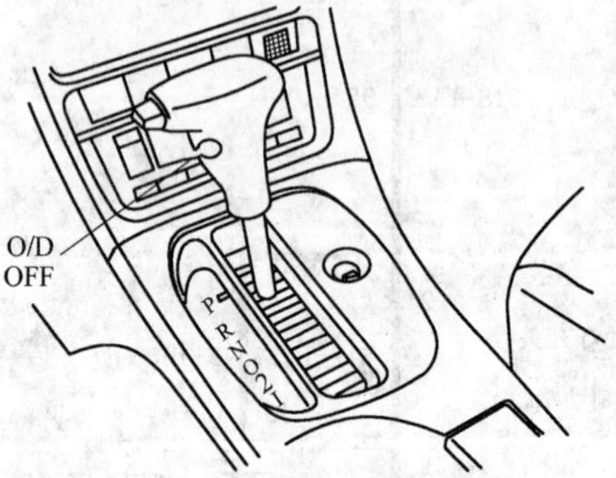

图 8-26 O/D OFF 控制开关

2. 变速器档位传感器(TR)

变速器档位传感器(TR)安装在变速驱动桥上,动力控制模块(PCM)送出一个电压信号到变速器档位传感器,变速器档位传感器包含相当于分压器的电阻器,PCM 会监视此电压,并与变速器操纵手柄位置(P、R、N、D、2、1)相对应的电压比较以决定所选档位。PCM 利用 TR 传感器电路的监控电压确定管路压力和所要求的档位。TR 传感器也包括倒车灯和起动机电磁线圈回路的触点。不同档位,TR 传感器的电阻值见表 8-7。如果 TR 传感器调整不当或出现故障,驾驶人会感觉到接合粗暴或换档生硬;发动机可能不起动;变速驱动桥可能降到低档;4 档或手动 1 档不工作;起动机、倒车灯和变速驱动桥档位指示灯可能不工作。

表 8-7 不同档位 TR 传感器的电阻值 (Ω)

变速器选档杆位置	电阻值		变速器选档杆位置	电阻值	
	最小值	最大值		最小值	最大值
P	3770	4607	D	361	442
R	1304	1593	2	190	232
N	660	807	1	78	95

3. 涡轮轴转速传感器(TSS)

涡轮轴转速传感器(TSS)位于变速器后部油泵上,它是电磁式传感器,用于监测涡轮轴输入转速。PCM 利用 TSS 传感器信号来控制换档过程中的管路压力和 TCC 控制模式。如果 TSS 信号有故障,可能引起换档粗暴;无 4 档;在 2 档或 3 档 TCC 不工作且无滑行制动。此时,PCM 可能使 TCIL 灯闪亮。

4. 车速传感器(VSS)

车速传感器(VSS)也是电磁式传感器,它向 PCM 发送车速信号。PCM 使用 VSS 信号控制管路压力、换档规律和 TCC。如果 VSS 信号有故障,可能出现换档感觉和换档规律异常;无 4 档或 TCC 不工作;另外,在 2 档和 3 档可能没有滑行制动。这种情况下,PCM 可能使 TCIL 灯闪亮。

5. 变速器油温传感器(TFT)

变速器油温传感器(TFT)是一个热敏电阻,位于电磁阀阀体总成内,如图 8-27 所示。TFT 传感器是电路的一部分,PCM 监控该电路的电压以确定变速器油温。在极冷和极热的变速器油温下,PCM 根据从 TFT 传感器信号电路中所测得的电压值来控制管路压力、换档规律和 TCC。此外,动力控制模块在低变速器油温时会停止变矩器离合器的操作，并依据温度调节电子压力控制系统的油压。如果TFT传感器信号有故障，可能出现EPC压力不正确和TCC工作异常。

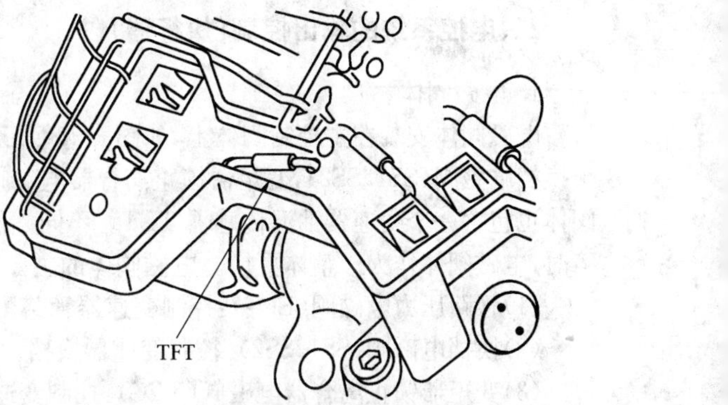

图 8-27 变速器油温传感器(TFT)

6. 空调离合器(A/C)

当空调离合器循环开关接合时，动力控制模块便从空调离合器的开关接到一个指示压缩机离合器已经接合的电压信号，然后动力控制模块利用该信号来调整管路油压以补偿发动机的额外负载。相关故障：空调压缩机离合器开关闭合时发生故障，空调关闭时管路油压会稍微降低；如果空调压缩机离合器开关在打开时发生故障，则当空调打开时，管路油压会略微偏高。

7. 制动开关

制动时，制动开关将送信号给动力控制模块。踩下制动时，制动开关闭合；松开时，制动开关打开。踩下制动时，变矩器锁止离合器会分离。相关故障：当制动开关ON失效时(无法接通ON)，变矩器锁止离合器(TCC)在小于1/3的节气门开度时不会接合；当制动开关OFF失效时(无法关闭OFF)，TCC在制动作用时不会分离。

8. 发动机冷却液温度传感器(ECT)

发动机冷却液温度传感器检测发动机冷却液温度并将信息传送到动力控制模块(PCM)，PCM使用发动机冷却液温度传感器信号控制变矩器锁止离合器的操作。相关故障：如果发动机冷却液温度传感器读数比正常低，则TCC会经常关闭，从而减低燃油的经济性。

9. 电子点火系统(EI)

电子点火系统包括动力系统控制模块(PCM)、曲轴位置传感器(CKP)和点火线圈。曲轴位置传感器将曲轴位置信号传递给PCM，然后PCM传送适当的点火信号给点火线圈，动力控制模块用此信号来控制变速器的换档、变矩器离合器的接合和电子压力控制。油门全开的换档控制也会受到电子点火系统输入的影响。相关故障：换档接合生硬，延迟节气门全开换档和变矩器离合器不会接合。

10. 空气流量传感器(MAF)

空气流量传感器直接测量空气流入发动机的质量，空气流量传感器输出一个0.5～5V的模拟直流信号，动力控制模块(PCM)用该信号来计算喷油器的喷射时间。在变速器的操作上，空气流量传感器可用于电子压力控制、换档正时控制和变矩器锁止离合器控制。相关故障：不正确的换档正时，电子控制油压过高或低，不正确的变矩器离合器接合以及类似节气门位置传感器的故障。同时，故障指示灯会亮起。

11. 节气门位置传感器(TPS)

节气门位置传感器是一个电位计，安装在节气门体上，节气门位置传感器监测节气门的位置并将结果以一个变化的电压信号传送到动力控制模块(PCM)。如果节气门位置传感器线路产生故障，PCM将检测到节气门位置传感器信号超出范围，PCM会以较高的电子压力控制来操作变速器以防止变速器的损坏，动力控制模块也会用此信号来决定换档正时并控制变矩器离合器。相关故障：TCC生硬的接合、固定的换档压力、不正常的换档正时、TCC无法接合、TCC开关转换等，故障指示灯会被点亮。

三、电控系统的输出控制(执行器)

1. 电磁阀体

电磁阀体安装在主控制阀体上,如图 8-28 所示,它由 5 个电磁阀组成:管路压力电磁阀(EPC),两个换档电磁阀(SS1,SS2),变矩器锁止离合器电磁阀(TCC),3-2 正时/滑行离合器电磁阀(CCS)。电磁阀体也包含一个变速器油温传感器 TFT。不同档位各电磁阀的状态见表 8-8。当有任何一部件出现故障时,电磁阀体作为一整体更换。电磁阀体的主要功能如下:

(1)管路压力电磁阀(EPC):控制变速器管路压力。

(2)换档电磁阀(SS1,SS2):控制变速器换档。

(3)变矩器锁止离合器电磁阀(TCC):控制变速器锁止离合器。

(4)3-2 正时/滑行离合器电磁阀(CCS):控制变速器直接离合器的接合和控制滑行离合器分离。

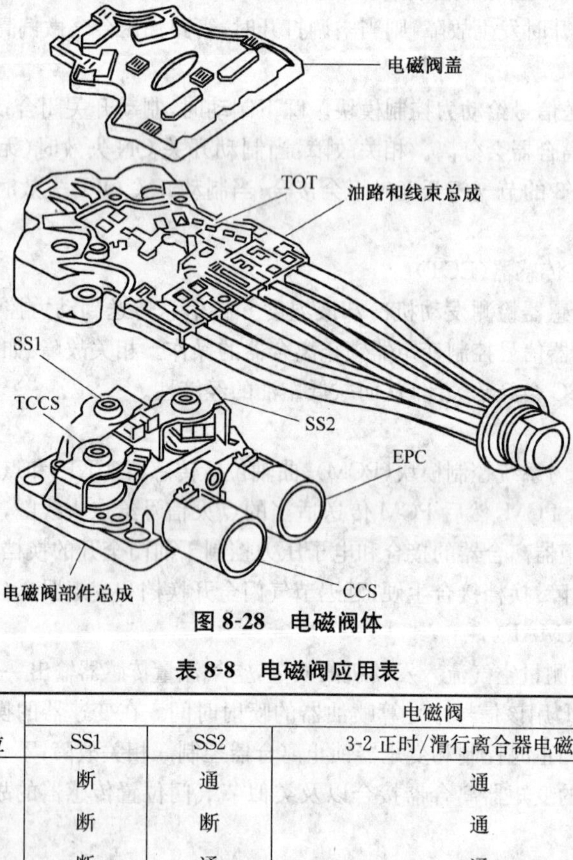

图 8-28　电磁阀体

表 8-8　电磁阀应用表

选档杆位置		PCM 指令档位	电磁阀			
			SS1	SS2	3-2 正时/滑行离合器电磁阀①	TCC
P		—	断	通	通	断#
R		—	断	断	通	断#
N		—	断	通	通	断#
D	(O/D ON)	1	通	通	通	断
		2	断	通	通	通或断 *
		3	断	断	通	通或断 *
		4	通	断	通	通或断 *
	(O/D OFF)	1	通	通	通	断
		2	断	通	断	通或断 *
		3	断	断	断	通或断 *
2		2	断	通	断	通或断 *
2		3 * *	断	断	断	通或断 *

续表 8-8

选档杆位置	PCM指令档位	电磁阀			
		SS1	SS2	3-2 正时/滑行离合器电磁阀①	TCC
1	1	通	断	断	#
1	2**	断	断	断	#
1	3**	断	通	断	#

注：** 如果在高于标定车速下时换入“2”或“1”，在车速降到标定车速的前，变速器不会从高档换到低档。

* 动力控制模块(PCM)接到指令。

液压系统不允许变矩器离合器接合。

①a. 滑行离合器电磁阀接通，导致滑行离合器分离(OFF)。

b. 3-2 换档正时见另表。

2. 换档电磁阀(SS1 和 SS2)

动力系统控制模块(PCM)通过控制换档电磁阀 1(SS1)、换档电磁阀 2(SS2)的工作(ON/OFF)来控制换档油压，进而控制 1 至 4 换档。如图 8-29 所示，SS1 和 SS2 是电-液执行器，断电时关闭油路，通电时接通油路。PCM 通过决定何时接通或断开各换档电磁阀来影响换档阀的位置，从而控制变速驱动桥在 1、2、3 或 4 档的工作。如果 SS1 或 SS2 中有一个不能接通或断开，就会导致选档错误，具体与故障模式和手控杆位置有关。

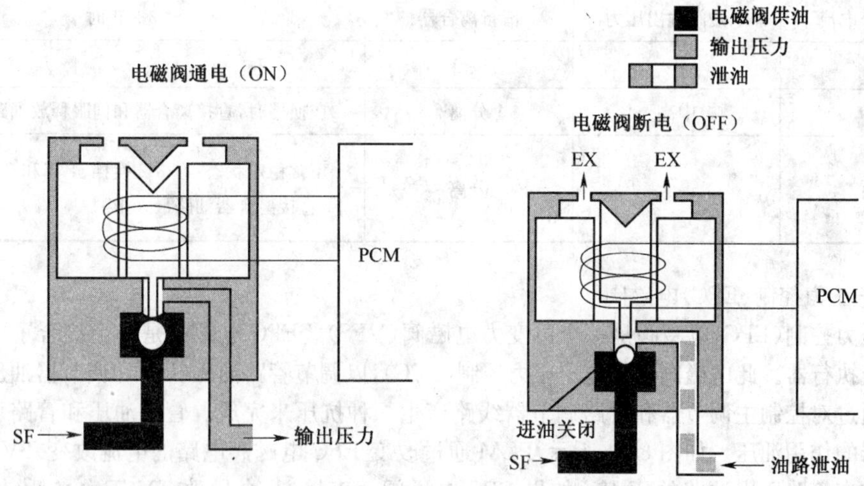

图 8-29　换档电磁阀的工作原理

3. 3-2 正时/滑行离合器电磁阀(3-2T/CCS)

3-2 正时/滑行离合器电磁阀(3-2T/CCS)是一个可变力型电磁阀(VFS)，即将电磁阀和调节阀组合在一起的电-液执行器。如图 8-30 所示，PCM 通过改变电磁阀电路的电流来改变 S3 液压油路的压力，从而影响 3-2 换档阀的位置，决定直接离合器的分离时间。PCM 也利用 3-2 正时/滑行离合器电磁阀控制滑行离合器的接合和分离。当电磁阀电路的电流超过规定值时，S3 油路的压力便推动滑行离合器换档阀使滑行离合器分离。3-2 正时/滑行离合器电磁阀应用见表 8-9。如果 3-2 正时/滑行离合器电磁阀一直接通，就不会出现滑行制动(4 档除外)，3-2 换档也会延迟。如果 3-2 正时/滑行离合器电磁阀一直断开，在 2 和 3 档有滑行制动，还可能出现 3-2 换档生硬和 4-3 换档粗暴。

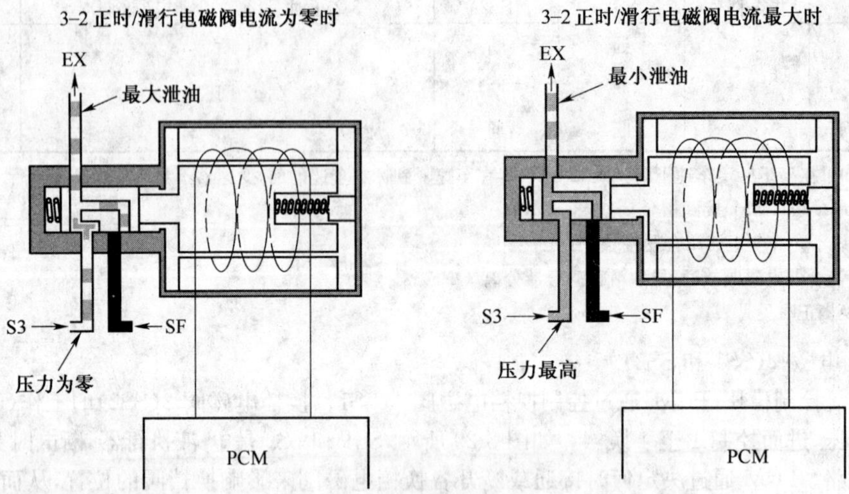

图 8-30 3-2T/CCS电磁阀的工作原理

表 8-9 3-2正时/滑行离合器电磁阀应用表

PCM指令电流	电磁阀输出压力	滑行离合器	3-2正时
零	零	接合	—
中高	中高	分离	在换档时,直接离合器和伺服释放油路节制排油
最大	最大	分离	正常稳定状态:在3-2换档、1档和2档工作状况下,直接离合器油路最大排油

4. 电子压力控制(EPC)电磁阀

电子压力控制(EPC)电磁阀是一个可变力电磁阀(VFS)。EPC电磁阀是一个接合了电磁阀和调节阀的电液执行器。此电磁阀提供电子压力控制(EPC),以调节管路油压(LP)和调节器油压(LM),此种控制是通过对控制主调节器和管路调节器线路产生一种抗压来完成。管路油压和管路调节器油压控制离合器的作用油压。如图8-31所示,PCM通过改变EPC电磁阀电路的电流改变TV油路压力,这一作用改变管路压力油路的压力。如果EPC电磁阀一直接通,会导致TV压力最低(输出转矩最小)。这种情况下,PCM可能使TCIL灯闪亮。如果EPC电磁阀一直断开,会导致TV压力最高(接合和换档粗暴)。

5. 变矩器锁止离合器电磁阀(TCC)

变矩器锁止离合器电磁阀(TCC)是一种用脉冲宽度调制(PWM)来控制的电磁阀,它控制变矩器中锁止离合器的接合和分离,S4线路中的油压依变矩器离合器电磁阀中的脉冲宽度调制而不同,因此可控制变矩器中旁通离合器的接合和分离。相关故障:ON失效,手动2档时发动机熄火,发动机加载减速,低速发动机性能不佳,换档不平顺;OFF失效,燃油经济性差,过热,变矩器离合器无法接合。

6. 紧急运行模式

如果变速器电子控制失效,变速器将在紧急运行模式下工作,紧急运行模式有以下特点:

(1)在所有档位下均为最大油压。

(2)具有P,R和N档功能。

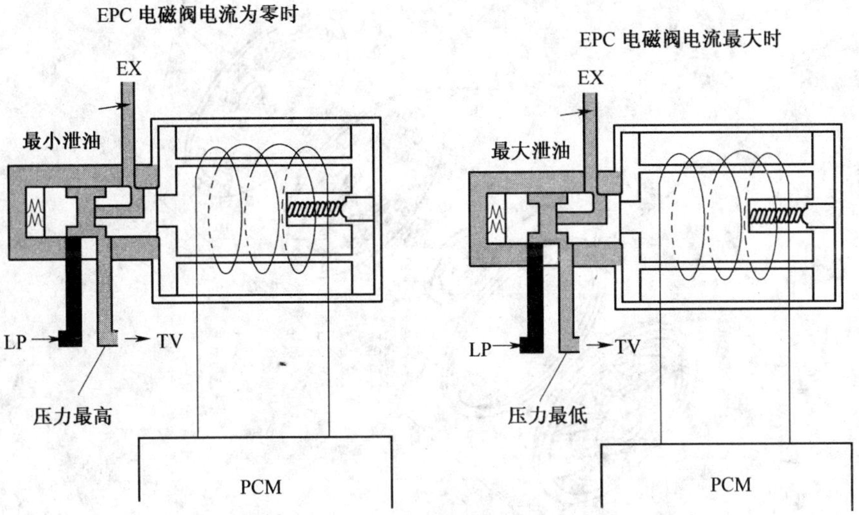

图 8-31　电子压力控制(EPC)电磁阀

(3)无论 O/D 开关(变速器控制开关)为何种状态,在 D 或 2 档位 3 档工作时均有滑行制动。

(4)在 1 档位 2 档有滑行制动,与 O/D 开关无关。

(5)TCC 在所有档位分离。

四、液压控制部件

1. 油泵

CD4E 型自动变速器采用齿轮式油泵,其分解如图 8-32 所示。油泵可提供给变矩器、主控制阀、冷却系统、润滑系统和油压制动部件所需的油液。变速器油从油底壳区(由变速器壳体和变矩器壳体形成)流经滤清器到油泵,滤清器有一个再循环口连接至壳体的主控制区域,它接收由主调节器排出的油液,在压力下提供的油液将有助于提高油泵的工作效率。油面高度控制阀通过保持油底壳油面高度(低于转动部件)来预防油液产生泡沫;两片式驱动链条盖通过不让链条在油液中运转来防止油液产生泡沫,位于链条盖下方的磁铁则会收集油液中的磁性材料。

2. 控制阀体

控制阀体包含各液压控制电磁阀及机械阀,这些阀可以引导油液流动、限制油液流动并改变油压的作用,主控制阀本体根据电磁阀信号并将信号转变为作用油压,这些作用油压控制离合器及制动带的操作,它们也提供及控制油液润滑与冷却。阀体总成部件分解如图 8-33 所示,蓄压器体部件分解如图 8-34 所示,控制阀体部件分解如图 8-35 所示。

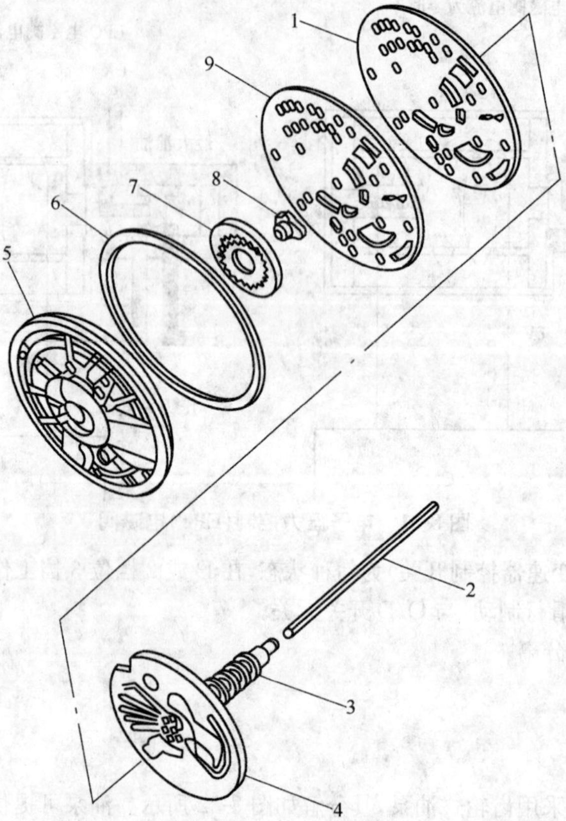

图 8-32　CD4E 自动变速器油泵

1. 衬垫　2. 油泵驱动轴　3. 密封环(5 片)　4. 油泵支架
5. 油泵体　6. 油泵油封　7. 油泵齿轮　8. 镶块　9. 隔板

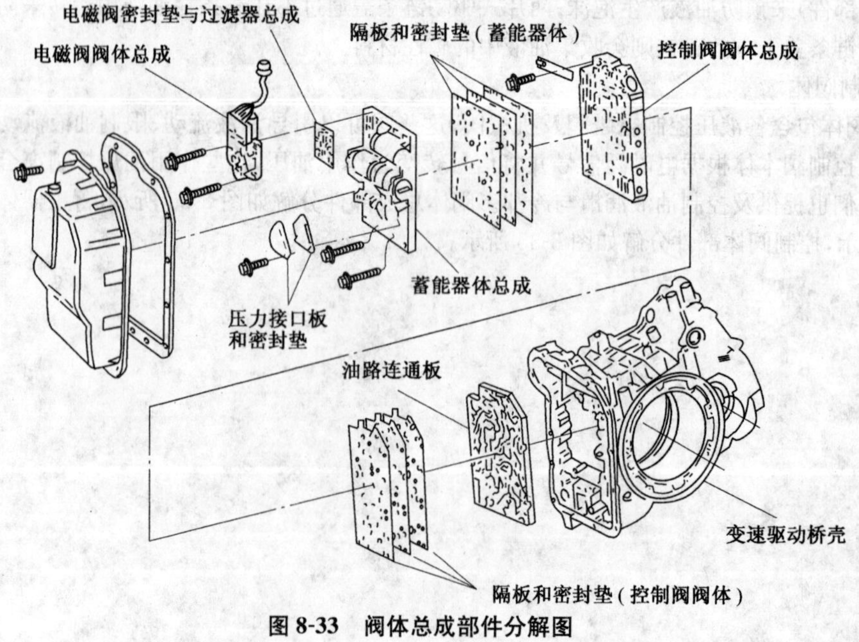

图 8-33　阀体总成部件分解图

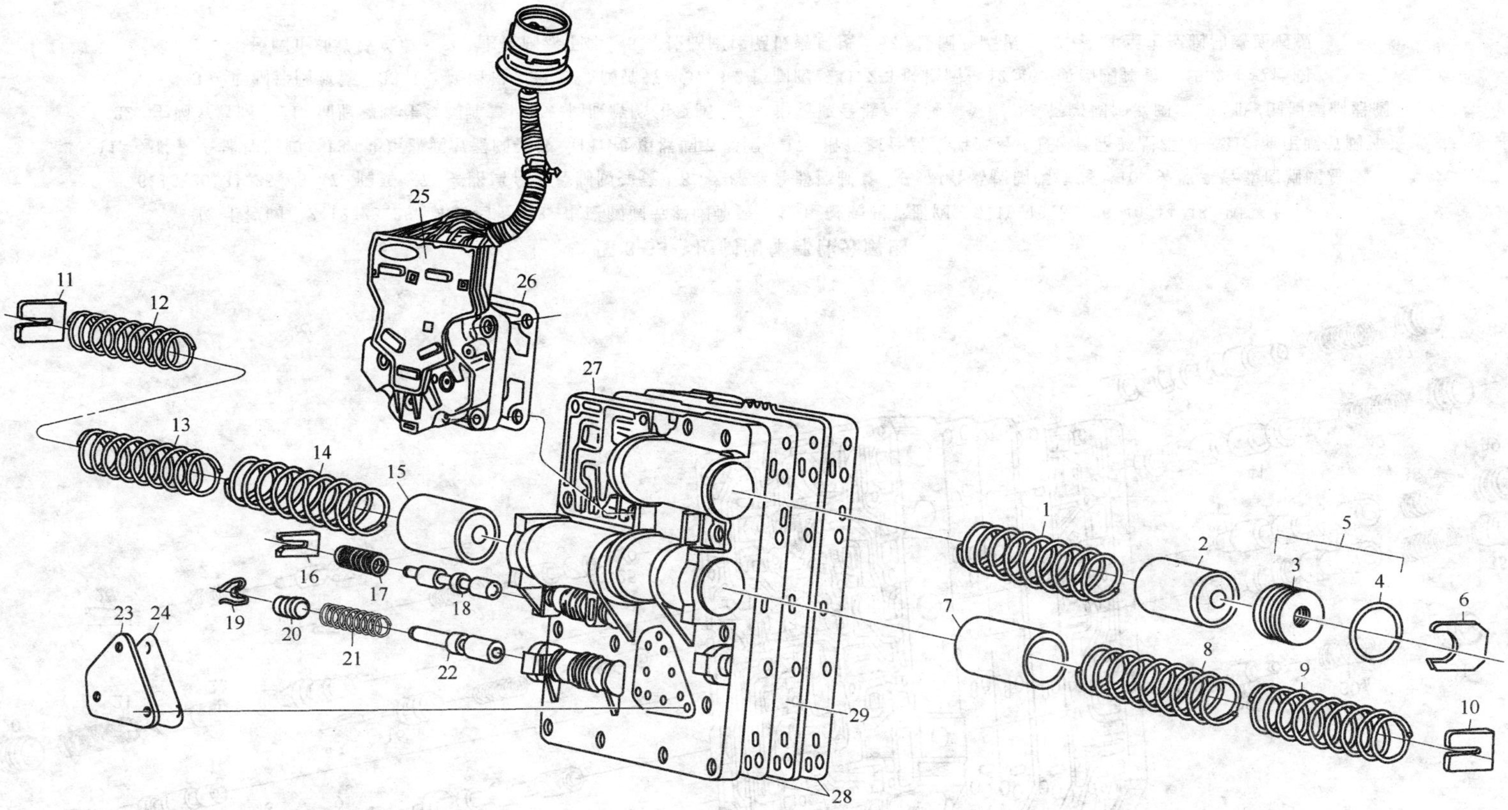

图 8-34　蓄压器体部件分解图

1.2/4 蓄压器阀弹簧　2. 主油控蓄压器　3.2/4 蓄压器阀塞　4.2/4 蓄压器体密封圈　5.2/4 蓄压器阀塞总成　6、10、11、16. 弹簧挡板　7. 主油控蓄压器　8. 前进蓄压器(外)弹簧　9. 前进蓄压器(内)弹簧　12、13. 低/倒档蓄压器(内)弹簧　14. 低/倒档蓄压器(外)弹簧　15. 主油控蓄压器　17. 牵入控制阀弹簧　18. 牵入控制阀　19. 阀塞卡子　20. 阀塞　21.3-2 正时阀弹簧　22.3-2 正时阀　23. 压力接口板　24. 压力接口板密封垫　25. 电磁阀换档与节气门控制阀体总成　26. 电子控制阀密封垫　27. 蓄压器体　28. 蓄压器体隔板密封垫　29. 蓄压器体隔板

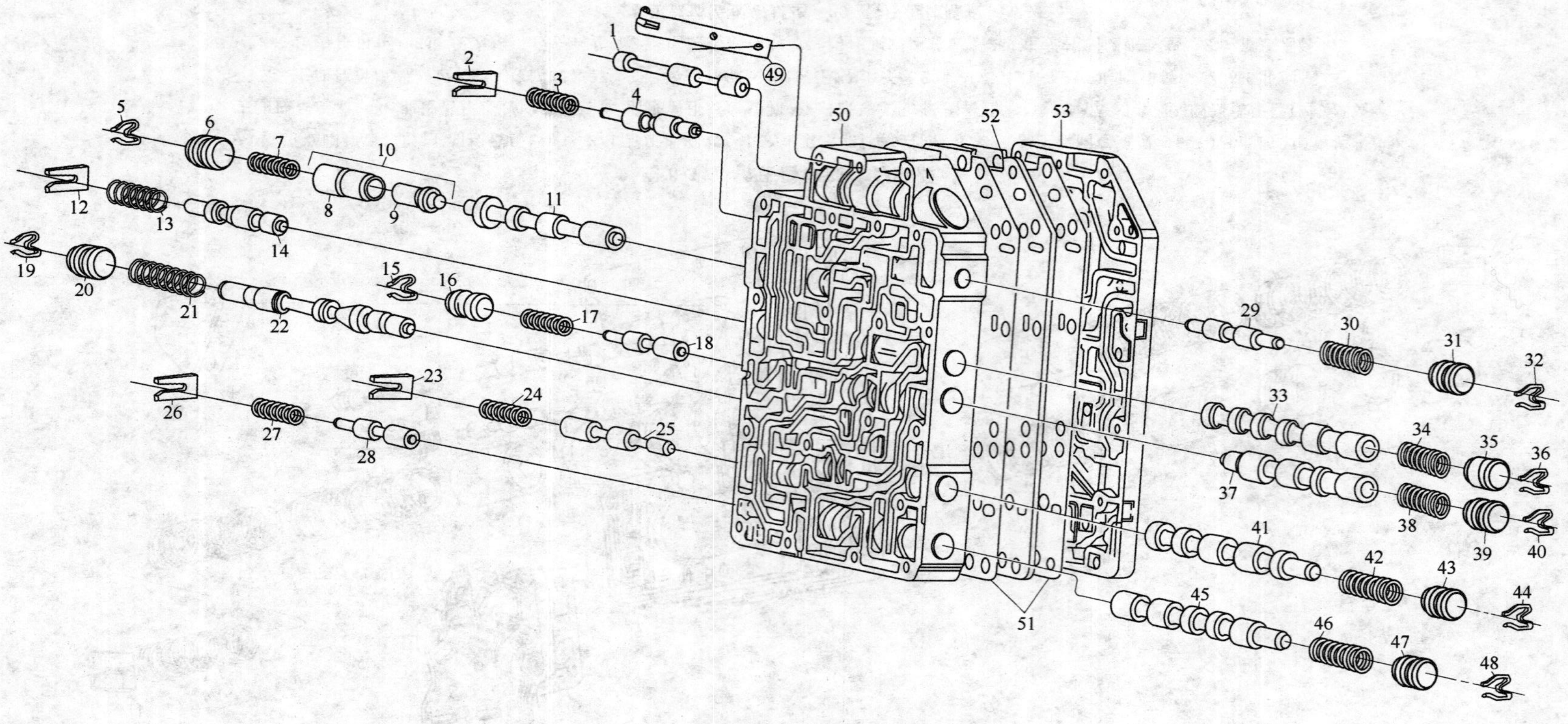

图 8-35 控制阀体部件分解图

1. 手控阀 2、12、23、26. 弹簧挡板 3. 电磁阀调节器阀弹簧 4. 电磁阀调节器阀 5、15、19、32、36、40、44、48. 阀塞卡子 6、16、20、31、35、43、47. 阀塞 7. 旁路离合器控制阀弹簧 8. 旁路离合器控制套 9. 离合器控制阀柱塞 10. 旁路离合器控制阀总成 11. 旁路离合器控制阀 13. 变矩器调节器阀弹簧 14. 变矩器调节器阀 17. 滑行离合器换档弹簧 18. 管路调制器阀 21. 油压调节阀弹簧 22. 主调节器阀 24. 伺服解除往复阀弹簧 25. 伺服解除往复阀 27. 滑行离合器换档阀弹簧 28. 管路调制器阀 29. 低/倒档调制器阀 30. 调制器阀弹簧 33. 1-2 换档阀 34、38. 阀弹簧 37. 3-2 控制阀 41. 2-3 换档阀 42、46. 换档阀弹簧 45. 3-4 换档阀 49. 手控阀止动弹簧总成 50. 主控制器下体 51. 控制阀体隔板密封垫 52. 控制阀隔板 53. 壳体至主控制油路连通板

第四节 自动变速器的维修

一、故障代码表

CD4E型自动变速器故障代码见表8-10。

表8-10 CD4E型自动变速器故障代码表

故障码	部件	可能原因	故障现象
P1116	ECT传感器	电压不在允许范围	在工作温度，重复自检
P0117	ECT传感器	ECT传感器显示125	变矩器离合器永久分离
P0118	ECT传感器	ECT传感器显示−40	变矩器离合器永久分离
P1124	TP传感器	电压不在允许范围	测试时TP信号不在正确位置
P0122,P0123,P1120,P1121,P1125	TP传感器	线路或元件故障	换档生硬，换档正时错误，变矩器离合器永久分离
P0102,P0103,P1100,P1101	MAF传感器	线路或元件故障	换档正时错误，工作油压不正确，变矩器离合器在错误的时间接合。
P0300,P0308,P0320,P0340,P1351,P1364	发动机点火	线路或元件故障	变矩器离合器不接合，在节气门全开时，延迟换档
P1705	TR传感器	自检时TR信号不在P档	重复自检
P1703	制动开关	自检时制动开关没作用	在节气门开启小于1/3时，变矩器离合器无法锁止
P1703	制动开关	制动开关线路故障	制动时变矩器离合器无法脱离
P1460	空调开关	在自检时，空调开关开启	工作油压错误
P0750 *	1号电磁阀	线路故障	档位选择不正确
P0755 *	2号电磁阀	线路故障	档位选择不正确
P1747 * P1760	EPC电磁阀	EPC电磁阀线路中，电压不稳定或对地线短路	如果对地线短路，发动机转速将受到影响
P1746 *	EPC电磁阀	在EPC电磁阀线路中，电压不稳定	线路断路导致工作油压变高，换档接合时有震动或噪音
P1711	TFT传感器		在自检时，变速器不在正常工作温度
P0713	TFT传感器	TFT传感器显示温度低于−40℃或线路断路	变矩器离合器不正常的接合和分离，工作油压控制故障
P0712	TFT传感器	TFT传感器显示温度高于150℃或线路短路	变矩器离合器不正常的接合和分离，工作油压控制故障
P0715	TSS传感器	PCM检测到TSS传感器输出信号缺失	变矩器离合器无法接合，换档生硬，没有4档且2或3档无发动机制动
P0731 *	1或2号电磁阀或机械部件	没有1档	档位选择不正确

续表 8-10

故障码	部件	可能原因	故障现象
P0732 *	1或2号电磁阀或机械部件	没有2档	档位选择不正确
P0733 *	1或2号电磁阀或机械部件	没有3档	档位选择不正确
P0734 *	1或2号电磁阀或机械部件	没有4档	档位选择不正确
P0743 *	TCC电磁阀	在自检时，在TCC电磁阀没有电压	如果切换至ON时不正确：在手动2档时失速，无法达到高发动机转速，低发动机转速时，性能不良，换档生硬
P1780	O/D开关	自检时，没有来自O/D开关的信号	重复自检
P1783	TFT传感器	TFT显示温度超过132℃	工作油压过高
P0707	TR传感器	TR传感器线路短路	4档无法操作，固定换档油压，没有手动1档。
P0708	TR传感器	TR传感器线路断路	4档无法操作，固定换档油压，没有手动1档。
P1789 *	3-2T/CSS电磁阀	在自检时，3-2T/CSS电磁阀短路	没有发动机制动(4档除外)，3-2降档延迟
P1788 *	3-2T/CSS电磁阀	在自检时，3-2T/CSS电磁阀断路	4-3降档生硬，3-2降档粗糙，2或3档发动机制动太强
P1742	TCC电磁阀	TCC电磁阀暂时接合	换档生硬，低速时发动机熄火
P1744	TCC电磁阀	无视TCC电磁阀已开启，锁止离合器打滑	变矩器离合器无法接合，最小工作油压。
P1751	1号电磁阀	1号电磁阀机械或油压故障	因故障模式和操纵手柄档位而产生的档位选择错误，TCIL亮
P1756	2号电磁阀	2号电磁阀机械或油压故障	因故障模式和操纵手柄档位而产生的档位选择错误，TCIL亮
P0756	2号电磁阀	2号电磁阀机械或油压故障	因故障模式和操纵手柄档位而产生的档位选择错误，TCIL亮
P0715	1号电磁阀	1号电磁阀机械或油压故障	因故障模式和操纵手柄档位而产生的档位选择错误，TCIL亮
P0721	OSS传感器	PCM接收错误的OSS传感器信号	换档生硬，换档正时不正确
P0720	OSS传感器	PCM没有接收来自的OSS传感器信号	换档生硬，换档正时不正确
P0722	OSS传感器	PCM中断接收来自的OSS传感器信号	换档生硬，换档正时不正确

续表 8-10

故障码	部件	可能原因	故障现象
P1714	1 号电磁阀	1 号电磁阀机械故障	因故障模式和操纵手柄档位而产生的档位选择错误
P1715	2 号电磁阀	2 号电磁阀机械故障	因故障模式和操纵手柄档位而产生的档位选择错误
P0718	TSS 传感器	PCM 从 TSS 传感器接收错误的信号	换档生硬，没有动力从变矩器输出
P1702	TRS 传感器	PCM 中断接收从 TRS 传感器来的信号	PCM 可能档位选择错误

* 输出线路的测试仅由电气故障现象所触发

二、自动变速器的基本检查

1. 检查油面高度

将汽车置于水平路面上，起动发动机并怠速运转。移动变速器换档杆到每个档位，使每个档位有足够的时间啮合；再将换档杆置于 P 档位，拉紧驻车制动并保持发动机怠速。在操作温度下（60℃～70℃）检查变速器油液面高度，擦净油尺盖，拉出油尺并擦干净。将油尺放回导管，并确认完全位于正确位置。拉出油尺并读取油面高度，油面高度必须在图 8-36 所示油尺上剖面线的范围内。为达到操作温度，车辆可以行驶约 30km；如果环境温度高于 10℃可不必驾驶车辆 30km。如果汽车曾在高速下长时间行驶或在拥挤的交通中长期运转或拖挂，则检查前必须先关闭发动机约 30min，使油液冷却。

如果油面过高，变速器部件可能会使油液产生泡沫，有泡沫的油液会使操作油压改变而产生下列后果：换档延迟或接合生硬；损坏离合器材料；不正确的变矩器操作；油液从通风管溢出。如果油面过低，也会影响变速器的操作，状况如下：打滑；换档延迟；损坏变速器部件。观察变速油的颜色和气味，它应是红色，而不是棕色或黑色；如果有气味，表示自动变速器油可能过热或离合器片和制动带有损坏。（注意：污染或不正确的变速油是可能使换档质量降低的。）

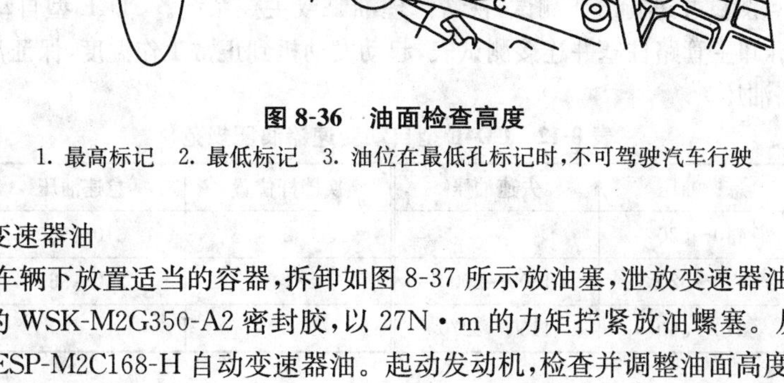

图 8-36　油面检查高度

1. 最高标记　2. 最低标记　3. 油位在最低孔标记时，不可驾驶汽车行驶

2. 更换自动变速器油

举升车辆，在车辆下放置适当的容器，拆卸如图 8-37 所示放油塞，泄放变速器油液，然后在油螺塞上涂 FORD 指定的 WSK-M2G350-A2 密封胶，以 27N·m 的力矩拧紧放油螺塞。从变速器油尺孔添加 FORD 指定的 ESP-M2C168-H 自动变速器油。起动发动机，检查并调整油面高度。

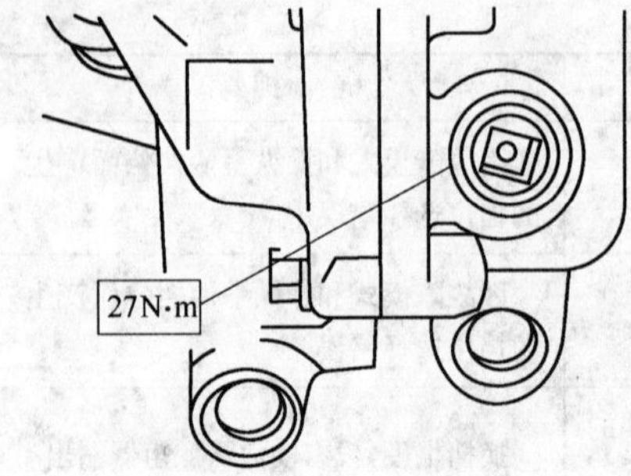

图 8-37 更换变速器油

3. 路试

路试可以检查动力传动部件是否打滑，并常常能清楚显示阀体和变矩器的运行情况。换档点检查是路试的主要检查项目之一，这一测试可以验证换档控制系统工作是否正常。CD4E自动变速器换档时刻见表8-11，路试步骤如下：

(1)起动发动机至正常工作温度。

(2)将换档杆移动到"D"位置。

(3)轻踩加速踏板并检查自动变速器升档和变矩器锁止离合器接合时的车速。

(4)如果变速器位于4档，关闭O/D开关，变速器应降回3档。松开加速踏板，滑行时应有发动机制动。

(5)将加速踏板踩到底，变速器须降至1或2档。

(6)换档杆在"D"位时，以略高于80km/h的速度驾驶汽车，踩加速踏板约1/3时，将换档杆移动位置2，放松加速踏板，变速器必须立即降至2档。

(7)当汽车位于2档时，移动换档杆到位置1，松开加速踏板，变速器必须在车速低于48～56km/h情况下能降到1档。

表 8-11 CD4E 型自动变速器换档时刻

换档	最大车速(km/h)	最小车速(km/h)	换档	最大车速(km/h)	最小车速(km/h)
Min1-2	24	15	PT1-2	34	24
Min2-3	34	24	PT2-3	60	50
Min3-4	56	47	PT3-4	85	72
CT4-3	53	44	WOT1-2	61	50
CT3-2	23	13	WOT2-3	110	100
CT3-1	23	13	WOT3-4	169	159
CT2-1	23	13			

Min＝轻踩加速器踏板，CT＝关闭节气阀门，

PT＝部分节气阀门(半开)，WOT＝节气阀门全开

4. 管路油压测试

变速器诊断的一个重要部分是检测变速器的压力，应在发动机怠速和节气门全开时，检查变速器在各档时主油路压力。进行失速转速测试前进行油路压力测试，如果油路压力较低，就不能进行失速转速测试，否则会进一步损坏变速器。在变速器的任何档位上不能让节气门全开的状态保持五秒以上。起动发动机，升至工作温度，检查管路压力，参照表8-12提供的规定管路压力。如压力不合规范，进行随车诊断和定点测试并进行气压测试，视情修理油泵或主控系统。CD4E型自动变速器油压测试口如图8-38所示，拆卸主管路柱塞并连接测试表，起动发动机到正常工作温度，保证油面高度和冷却液高度正常，测量管路油压。

表 8-12 CD4E 型自动变速器油压规范 (kPa)

换档杆位置	怠速油压	失速油压	换档杆位置	怠速油压	失速油压
P-N	440～520		2	310～360	1160～1270
R	440～520	1800～2000	1	310～360	1160～1270
D	310～360	1160～1270			

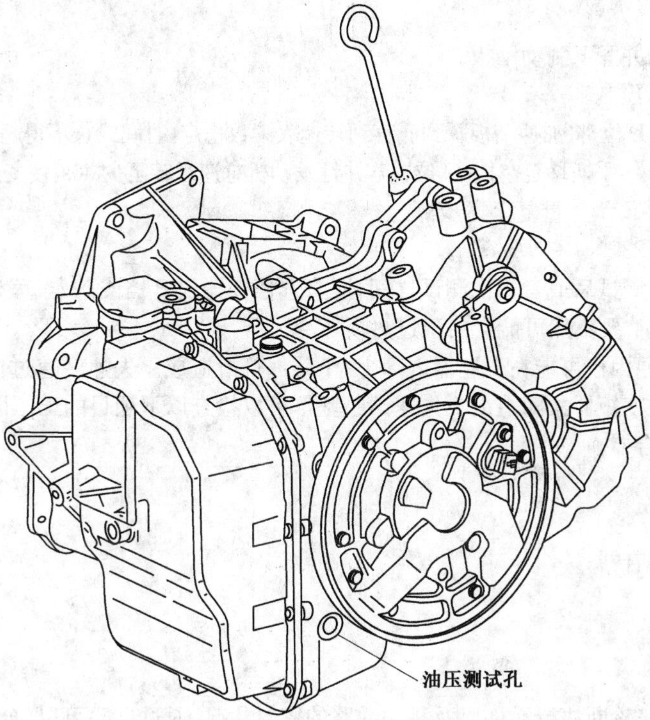

图 8-38　油压测试孔的位置

(1)各档怠速压力均低：

—检查油位是否过低；

—进油管滤清器是否堵塞；

—主阀体、电磁阀体、蓄压器体至壳体螺栓是否松动；

—油泵、壳体、控制阀体是否泄漏过大；

—EPC 电磁阀是否损坏或卡滞；

—主调节器阀是否卡滞；

—进油滤清器的进油管密封是否损坏；

—隔板或密封垫是否损坏。

(2)各档怠速压力均高：

—油泵；

—检查主调节器阀；

—电磁阀和线束；

—阀体。

5. 失速转速测试

失速试验可以区分故障现象是由发动机还是变速器造成的，通过测试失速转速可以判断发动机的性能和变矩器的运行是否正常，同时还可以检查离合器或制动带是否打滑。要进行这项测试前，要保证发动机冷却液液位和变速器油位正确，两者都处于工作温度，且已确认油压正常。进行测试时，必须将行车制动器和驻车制动器都牢固地挂上，给驱动轮垫上挡块。在各前进档和倒车档上，将加速踏板踩到底并保持住(不能超过 5s)，让发动机达到最高转速。如果发动机转速超过最大规范值，表明有离合器或制动带打滑，要立刻抬起加速踏板。记录下每次测试的结果(过高、过低或正常)。测试步骤如下：

(1)连接转速表。

(2)拉紧驻车制动并踩下制动踏板。

(3)起动发动机并预热。

(4)移动换档杆到 D 位,将加速踏板踩到底直到转速表读数稳定(时间最长不得超过 5s);读取转速值。

(5)在测试后,将操纵手柄移至空档(N 位置),并且发动机怠速运转至少 30s,使变速器及变矩器冷却。

(6)移动换档杆到 R 位并重复上述步骤。

允许的失速转速:2315~2700r/min。

注意:在每次完成测试后或者每次测试之间,应将选档杆挂到 P 档或 N 档,发动机转速必须提高到 1000 转并保持 15~30s,要不然可能会由于过热损坏变速器。

失速转速过高的原因极可能在变速器内部,由于元件打滑造成。失速转速过低则可能是发动机的性能引起的,也可能是变矩器故障造成。失速试验基本可以检查以下项目的工作情况:

一变矩器单向离合器;

一发动机性能;

一前进档离合器;

一低/倒档单向离合器;

一倒档制动器;

一前进单向离合器。

6. 气压测试

气密试验主要用来诊断执行元件以及相关油路的密封状况,通过试验可以将阀体和变速器本体之间的泄漏区分开来。测试时使用气密检测试板或类似的工具,将阀体从变速器上拆下,安装变速器空气压力测试板专用工具 307-301,对相应的执行器油路施加不高于 250kPa 的气压,确认离合器或制动带是否能正常工作。注意:不可将压缩空气输入滑行离合器管路,否则会将滑行离合器活塞从前进离合器活塞中压出。如果在加压时听到迟钝的“砰”声,并且可以感觉执行元件运动,说明元件没有问题。如听到“嘶嘶”声或没有听到任何声音,说明相应元件或者油路存在泄漏等问题。即使变速器油压正确,由于离合器或制动带失灵,也可能出现不行驶的情况,此时可参照离合器/制动带应用表确定相应元件。气密检测试板上各元件测试孔的位置如图 8-39 所示。

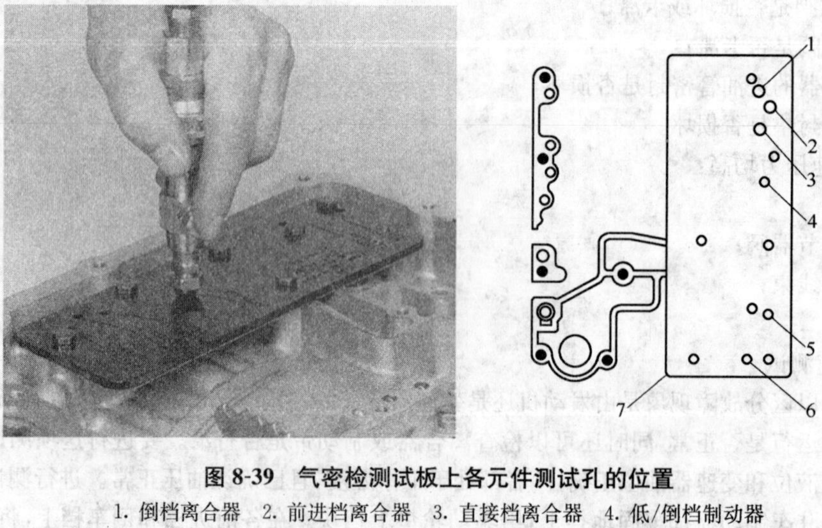

图 8-39 气密检测试板上各元件测试孔的位置

1. 倒档离合器 2. 前进档离合器 3. 直接档离合器 4. 低/倒档制动器
5. 2/4 档伺服器释放 6. 2/4 档伺服器接合 7. 测试板

7. 变速器油冷却器流量测试

CD4E 型自动变速器冷却油管接头及流向如图 8-40 所示。

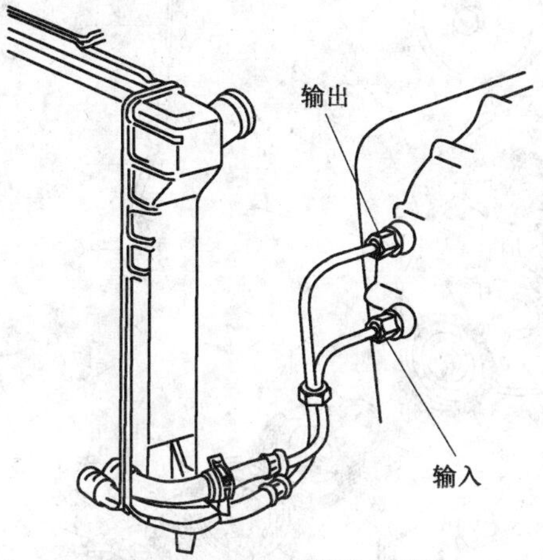

图 8-40　冷却油管接头及流向

(1)从自动变速器中拉出油面高度指示器

(2)将漏斗放入加油管内。

(3)举升汽车。

(4)从变速器后方接头分开变速油冷却器回流管路。

(5)连接软管的一端至变速油冷却器回流管路，并将另一端尽可能向上提，以便稍后能固定在漏斗内。

(6)降下汽车，将软管未固定的一端固定至漏斗。

(7)起动发动机，并以怠速运转，操纵手柄移到"N"档位。

(8)当从软管流出的油液不再黏稠时，立即检查油液约 0.5L 的自动变速器油必须在此 30s 内流过，如果流量足够，测试告完成。

(9)如果流量不足，停止运转发动机，从油冷却器分开软管，并连接至变矩器壳(前方接头)的输出管路。

(10)重复步骤 7 和 8，如果现在测量到足够的变速器油流量，实施逆向冲洗/清洁；如果变速器油流量不足，维修油泵或变矩器。

8. 变速器冷却器逆流冲洗/清洁

(1)使用变矩器/油液冷却器清洁器号码 014-00028 或同级品来清洁。

(2)用两条软管连接变速器钢制冷却器油管的变速器端；将清洁器油压管连接至冷却器回流管路(较长的管路)；将清洁器回流管路连接至油液冷却器油压管路(较短的管路)，见图 8-40 所示。

(3)开启溶剂泵并让溶剂循环至少 5s，交替开启和关闭，以有助于清除冷却器系统中的污染物。

(4)关闭清洁器泵，从油冷却器回流管路拆下清洁器油压管。

(5)连接空气管路至油冷却器回流管，用压缩空气吹干油冷却器和管路。

(6)断开冷却器管路的橡胶软管。

三、结构与装配图

(1)变矩器、变矩器壳、离合器等部件分解如图 8-41 所示。

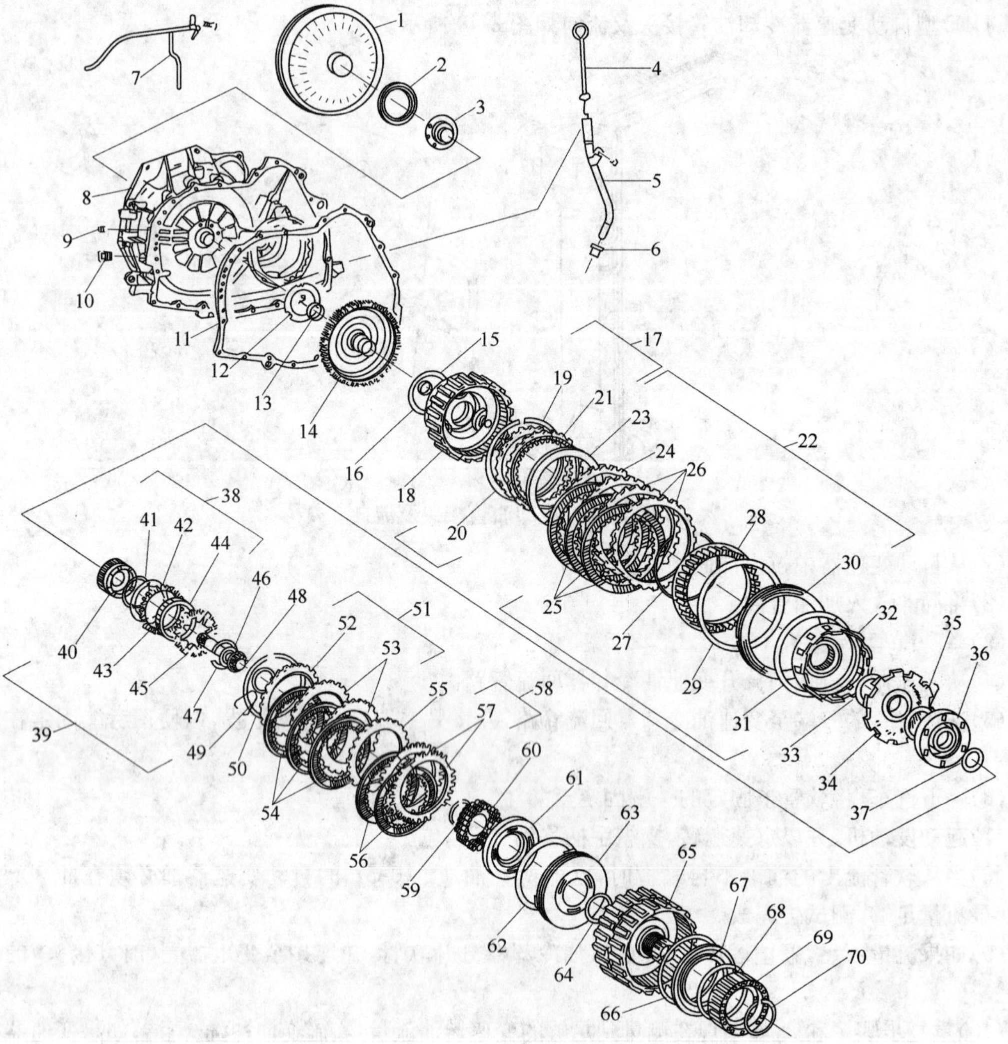

图 8-41　变矩器、变矩器壳、离合器等部件分解图

1. 变矩器　2. 变矩器毂油封　3. 导轮支架　4. 油尺　5. 加油管　6. 加油管护圈　7. 差速器油管　8. 变矩器壳　9. 油管塞，1/8-27 干式油封　10. 油管接头　11. 变速器法兰垫片　12. 驱动链轮 10 号止推垫圈(选配)　13. 导轮支撑 17 号轴承　14. 倒档/超速档齿圈总成　15. 驱动链轮 No.16 轴承　16. 倒档/超速档齿圈止推轴承　17. 低速单向离合器　18. 倒档/超速档行星架总成(已安装 No.8 止推轴承)　19. 单向离合器卡环　20. 单向离合器止推垫圈　21. 单向离合器总成　22. 1 档/倒档离合器　23. 1 档/倒档波形弹簧片　24. 1 档/倒档离合器压盘　25. 1 档/倒档离合器片(内花键片)(需用 3 片)　26. 1 档/倒档离合器片(钢片)(需用 3 片)　27. 1 档/倒档离合器回位弹簧卡环　28. 1 档/倒档离合器回位弹簧总成　29. 1 档/倒档离合器活塞外油封(大)　30. 1 档/倒档离合器活塞　31. 1 档/倒档离合器活塞内油封(小)　32. 倒档/超速档中心齿轮和壳体　33. 倒档/超速档中心齿轮 No.7 止推轴承　34. 低/中间档齿圈总成　35. 低/中间档行星架 No.6 止推轴承　36. 低/中间档行星架　37. No.5 止推轴承　38. 前进单向离合器　39. 前进单向离合器和中心齿轮总成　40. 低/中间档中心齿轮总成　41. 卡环(需用 2 片)　42. 前进单向离合器卡环　43. 前进单向离合器外座圈　44. 前进单向离合器(楔子)　45. 滑行离合器毂　46. 涡轮轴 No.4 止推轴承　47. 滑行离合器毂卡环　48. 涡轮轴　49. 前进/滑行/直接离合器缸毂油封　50. 前进/直接离合器压盘卡环　51. 前进离合器　52. 单向离合器压盘　53. 前进离合器片(钢片)(需用 2 片)　54. 离合器片(内花键片)(需用 3 片)　55. 滑行离合器压盘　56. 滑行离合器(内花键片)(需用 2 片)　57. 滑行离合器片(钢片)(需用 2 片)　58. 滑行离合器　59. 前进离合器弹簧卡环　60. 前进/滑行离合器回位弹簧　61. 滑行离合器活塞和油封总成　62. 前进离合器活塞外油封　63. 前进离合器活塞总成　64. 前进离合器活塞内油封　65. 前进/滑行/直接离合器缸总成　66. 直接离合器活塞外油封　67. 直接离合器活塞总成　68. 直接离合器活塞内油封　69. 直接离合器回位弹簧　70. 直接离合器弹簧卡环图

(2)主减速器、差速器及驱动链条等部件分解如图 8-42 所示。

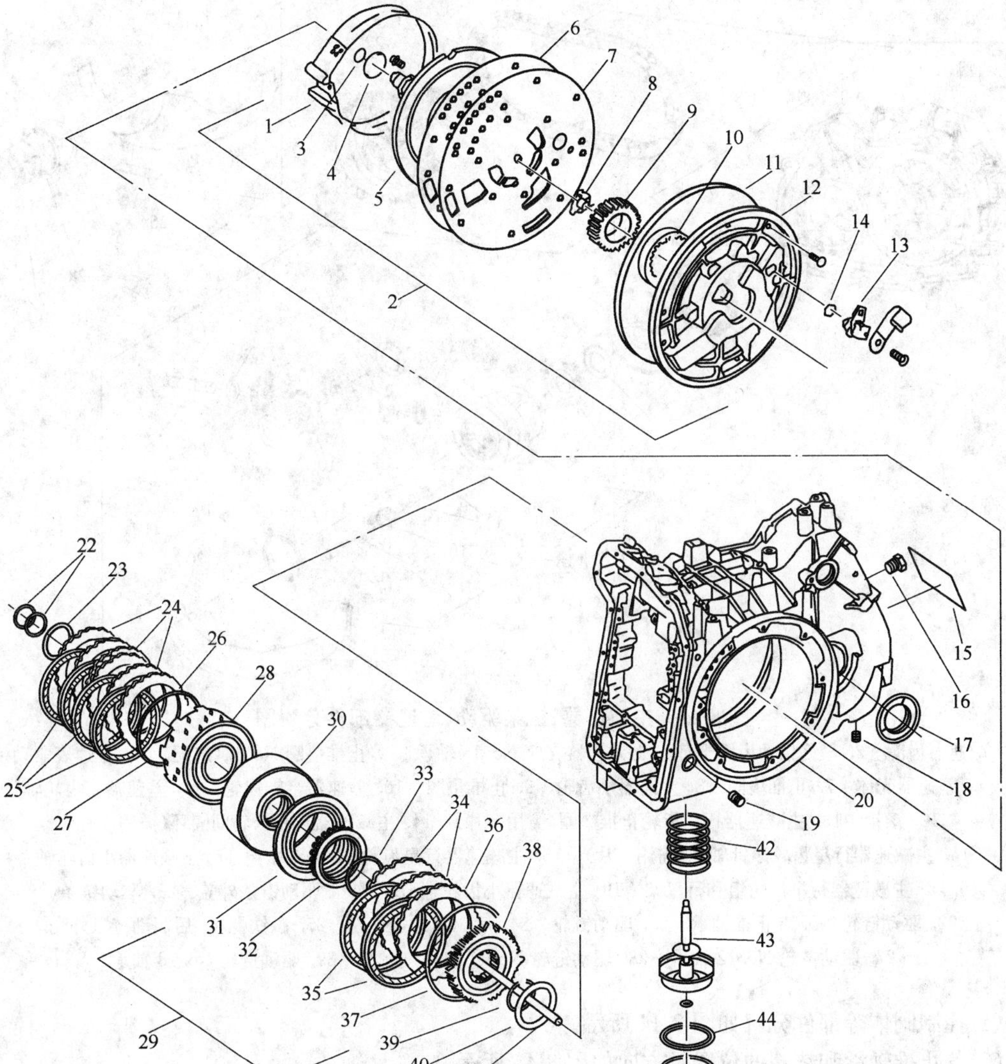

图 8-42　油泵、变速器壳体及换档执行元件等部件分解图

1. 中间和超速档制动带总成　2. 油泵总成　3. 油泵支架油封环　4. 油泵支架油封环(6 片)　5. 油泵支架总成　6. 油泵本体分隔板垫片　7. 油泵本体分隔板　8. 油泵驱动齿轮镶块　9. 油泵驱动齿轮　10. 油泵从动齿轮　11. 油泵油封　12. 油泵本体　13. 涡轮轴速度传感器(TSS)　14. TSS 传感器油封　15. 变速器识别标贴　16. 油管接头　17. 差速器油封(需用 2 只)　18. 变速器放油塞　19. 管路油压孔塞　20. 变速器壳体　21. 直接离合器　22. 倒档离合器缸油封(需用 2 只)　23. 直接离合器 No. 2 止推垫圈　24. 直接离合器片(钢片)(需用 3 片)　25. 直接离合器片(内花键片)(需用 3 片)　26. 直接离合器压盘　27. 直接离合器压盘卡环　28. 直接离合器外壳　29. 倒档离合器　30、38. 倒档离合器鼓　31. 倒档离合器活塞　32. 倒档离合器回位弹簧　33. 卡环　34. 倒档离合器外花键片(钢片)(需用 2 片)　35. 倒档离合器内花键片(需用 2 片)　36. 倒档离合器压盘　37. 倒档离合器压盘卡环(选配)　39. 倒档离合器毂卡环　40. 油泵支架 No. 1 止推垫圈　41. 油泵驱动轴　42. 中间/超速档服务器回位弹簧　43. 中间/超速档服务器活塞和连杆总成　44. 中间/超速档服务器盖　45. 中间/超速档服务器盖卡环

(3)主减速器,链条驱动,差速器部件分解如图 8-43 所示。

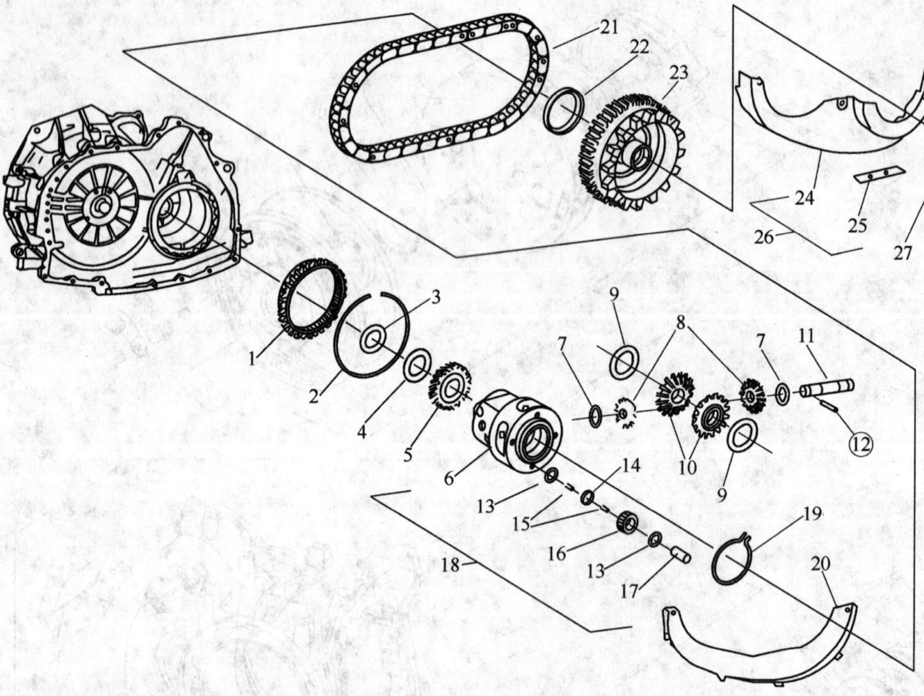

图 8-43 主减速器,链条驱动,差速器部件分解图

1. 主减速器齿圈 2. 最终传动齿圈卡环 3. 差速器支座 No. 15 轴承 4. 止推垫圈 No. 14(选配) 5. 车速表驱动齿轮 6. 差速器壳体 7. 止推垫圈 8. 差速器小齿轮 9. 止推垫圈 10. 差速器半轴齿轮 11. 差速器小齿轮轴 12. 滚销 13. 主减速器行星齿轮止推垫圈(需用 8 片) 14. 主减速器行星齿轮间隔环(需用 4 片) 15. 主减速器行星齿轮滚针轴承(需用 4 片) 16. 主减速器行星齿轮(需用 4 片) 17. 主减速器小齿轮轴 18. 主减速器行星齿轮组和行星架 19. 主减速器小齿轮轴卡环 20. 驱动链条外盖 21. 驱动链条 22. 驱动链轮 No. 13 止推轴承 23. 驱动链轮 24. 后驱动链条外壳 25. 磁铁 26. 后驱动链条外壳 27. 驱动链轮 No. 12 轴承 28. 驱动链轮 No. 11 垫片(选配) 29. 驱动链轮 No. 18 轴承

(4)控制阀体等部件分解如图 8-44 所示。

(5)各止推轴承和垫圈的位置及方向如图 8-45 所示。

(6)各衬套的位置如图 8-46 所示。

四、自动变速器的分解

(1)拆卸变速器,拆卸变矩器。

(2)拆卸输出轴转速传感器(OSS),支撑变速器,放出变速器油液。

(3)拆卸油泵总成半轴,拆卸变矩器油封。

(4)拆卸左、右差速器油封。

(5)拆卸涡轮轴转速传感器(TSS),废弃 O 形密封圈。

(6)拆卸变速器加油管,废弃 O 形密封圈。

(7)拆卸变速器档位(TR)传感器。

(8)拆卸阀体侧盖螺栓,拆下阀体侧盖,废弃侧盖垫。

(9)拆卸电磁阀体总成线束固定夹。

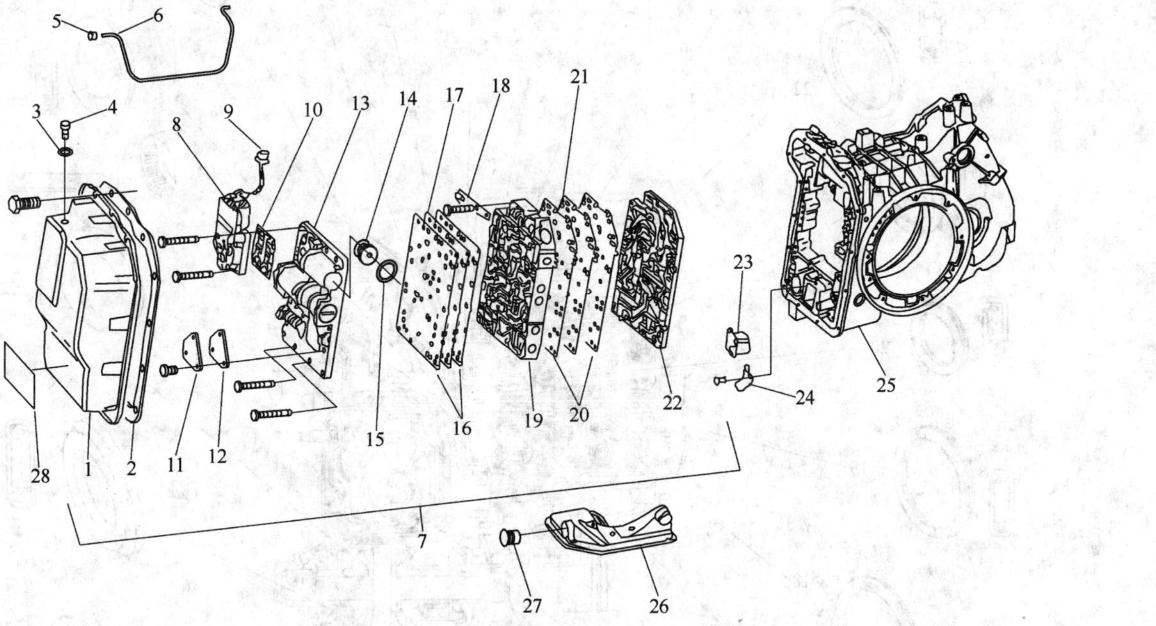

图 8-44　控制阀体等部件分解图

1. 主控制外盖　2. 主控制外盖垫片　3. 主控制外盖通风管垫片　4. 主控制外盖通风管　5. 主减速器油管油封　6. 主减速器油管　7. 主控制阀体总成　8. 电磁阀体(变速器控制)　9. 电磁阀体固定夹　10. 电磁阀体垫片　11. 油压分流板　12. 油压分流板垫片　13. 服务器本体总承　14. 中间和超速档服务器阀塞　15. 中间和超速档服务器塞垫片　16. 服务器本体分隔板垫片(需用 2 片)　17. 服务器本体分隔板　18. 手控阀掣子弹簧　19. 主控制阀体　20. 电磁体壳体分隔板垫片(需用 2 片)　21. 电磁体壳体分隔板　22. 油路连通板　23. 油面控制阀　24. 油面控制阀支架　25. 变速器壳体　26. 滤清器和油封　27. 滤清器循环调节泄放油封　28. 变速器识别标贴

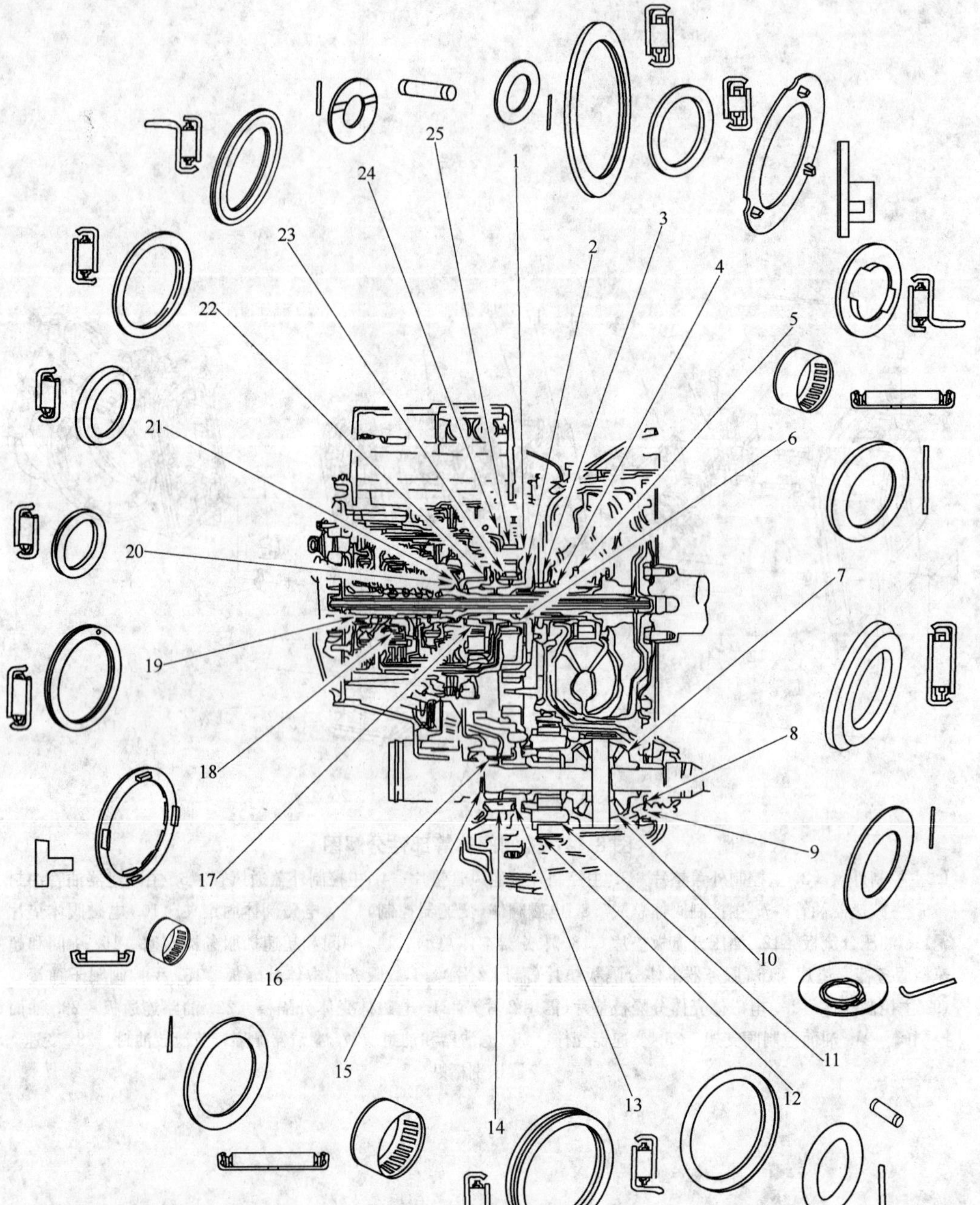

图 8-45 止推轴承和垫圈的位置及方向

1. 低/中间档行星齿轮组垫圈 2. 倒档/超速档驱动齿圈 No. 19 止推轴承 3. 倒档/超速档行星架 No. 8 止推轴承 4. 驱动链轮 No. 10 止推垫圈 5. 变矩器导轮轴承 6. 导轮支架 No. 17 轴承 7. 差速器半轴齿轮止推垫圈 8. 差速器小齿轮 No. 15 轴承 9. 差速器小齿轮轴承 No. 14 垫圈 10. 止推垫圈 11. 主减速器行星齿轮滚针轴承 12. 主减速器行星齿轮止推垫圈 13. 从动链轮 No. 13 止推垫圈 14. 从动链轮 No. 12 轴承 15. 从动链轮 No. 18 轴承 16. 从动链轮 No. 11 调隙片 17. 倒档/超速档驱动齿圈 No. 16 轴承 18. 直接离合器 No. 2 止推 19. 油泵支架 No. 1 止推轴承 20. 涡轮轴 No. 4 止推轴承 21. 低/中间档中心齿轮 No. 5 止推轴承 22. 低/中间档行星架 No. 6 止推轴承 23. 倒档/超速档中心齿轮 No. 7 止推轴承 24. 行星齿轮垫圈 25. 行星齿轮滚针轴承

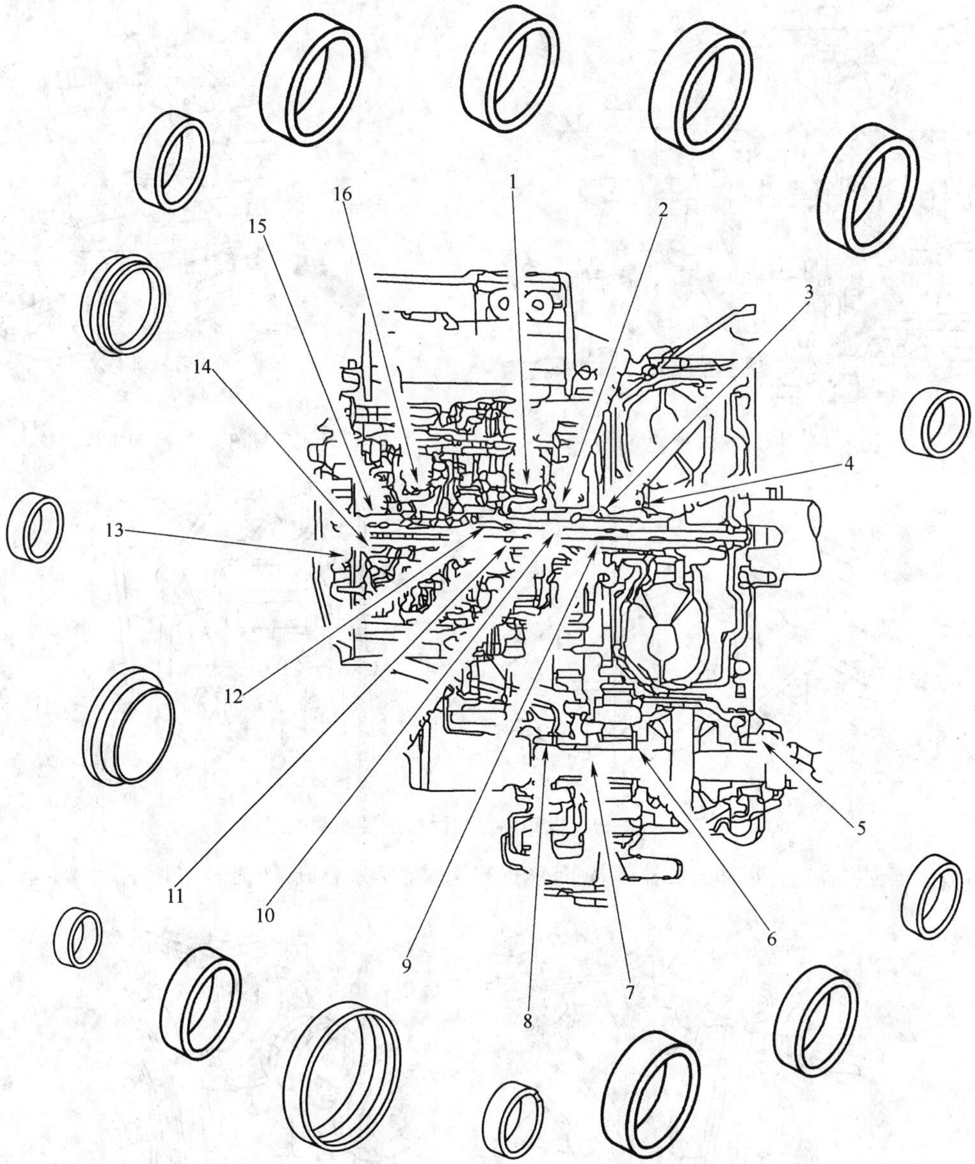

图 8-46　各衬套的位置

1. 低/中间档中心齿轮衬套　2. 倒档/超速档驱动轮毂板衬套　3. 变矩器叶轮毂衬套　4. 导轮支架衬套　5. 壳体衬套　6. 主减速器差速器小齿轮后衬套　7. 主减速器差速器小齿轮前衬套　8. 主减速器中心齿轮衬套　9. 倒档/超速档驱动鼓齿轮衬套　10. 低/中间档齿轮毂衬套　11. 涡轮轴衬套　12. 直接离合器衬套　13. 油泵总成驱动衬套　14. 倒档离合器鼓支架衬套　15. 前进/直接离合器缸衬套　16. 倒档离合器鼓衬套

(10)拆卸图 8-47 中箭头所示的阀体螺栓,分离手动阀连杆。

(11)释放电气插头的凸耳,从变速器壳体推出电气连接器,注意:切不可拉扯连接器。

(12)支撑手控阀并拆卸主控阀体,如图 8-48 所示。

(13)拆卸温控油面高度控制阀托架,拆卸温控油面高度控制阀,如图 8-49 所示。

(14)拆卸前进离合器线路滤清器。

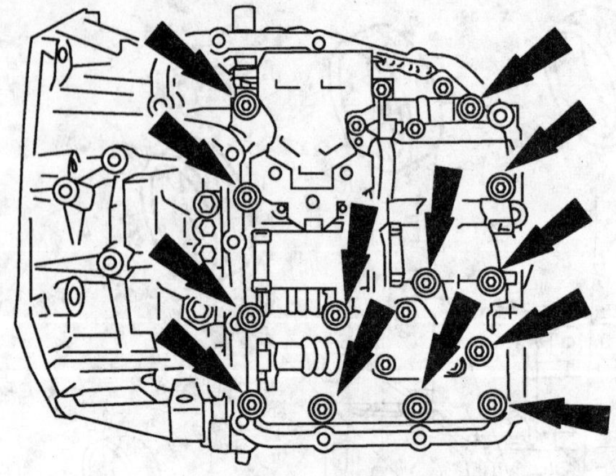

图 8-47　拆卸阀体螺栓

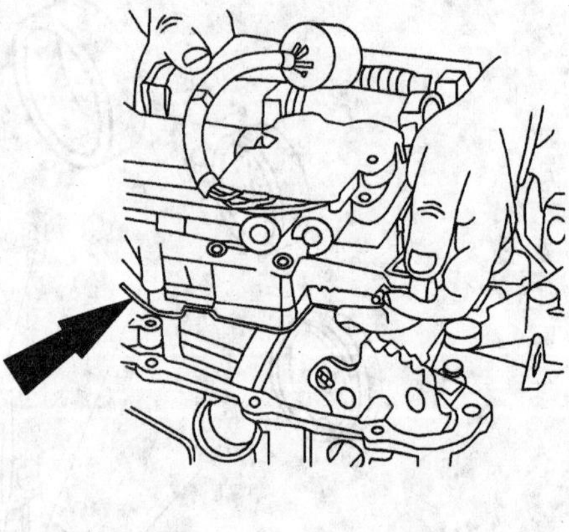

图 8-48　拆卸主控阀体

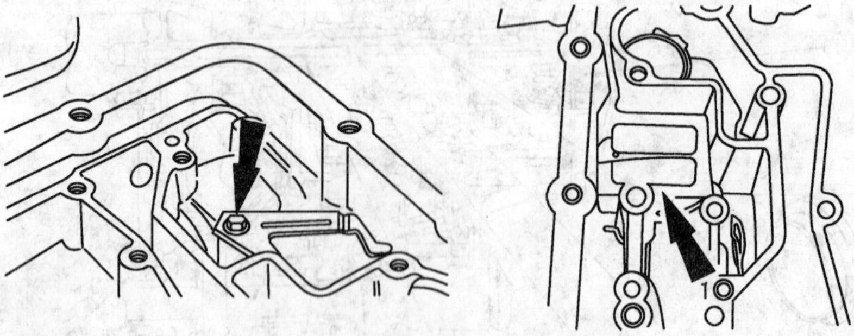

图 8-49　拆卸温控油面高度控制阀

(15)压缩伺服器盖并拆卸服务器弹簧卡环，拆卸伺服器活塞总成，如图 8-50 所示。

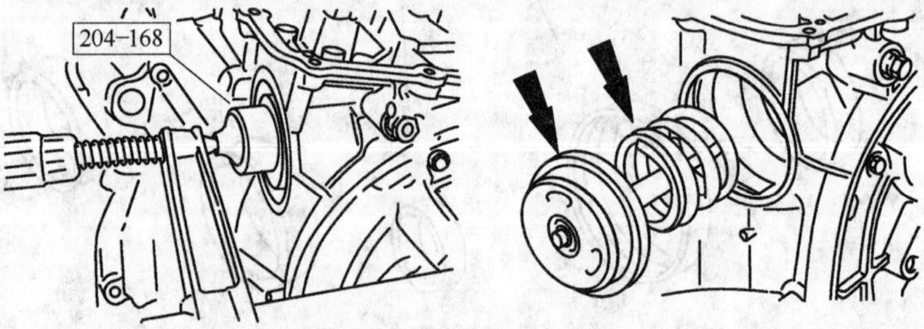

图 8-50　拆卸伺服活塞总成

(16)拆卸 20 个变矩器盖固定螺栓，拆卸变矩器盖。

(17)如图 8-51 所示，拆卸主减速器与差速器壳。

(18)松开锁扣并拆卸链条盘外盖，取下从动链轮上 13 号止推轴承，从倒档/超速档驱动齿圈总成上取下 10 号止推垫圈，如图 8-52 所示。

(19)同时拆卸驱动链条、倒档/超速档驱动齿圈和从动链轮总成，如图 8-53 所示。

(20)用专用工具拆卸滤清器再循环排气管，并废弃排气管，如图 8-54 所示。

(21)拆卸并废弃变速器油液滤清器 1 和油封总成 2，取下从动链轮 12 号止推轴承和 11 号调隙片，如图 8-55 所示。

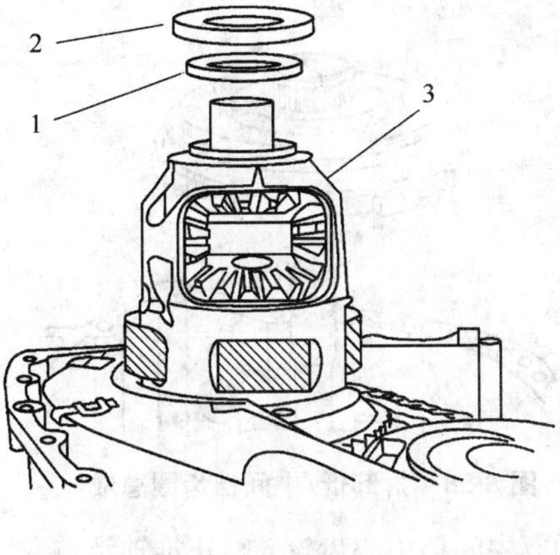

图 8-51　拆卸主减速器与差速器总成

1.15 号差速器轴承　2.14 号差速器轴承调隙片　3. 主减速器与差速器总成

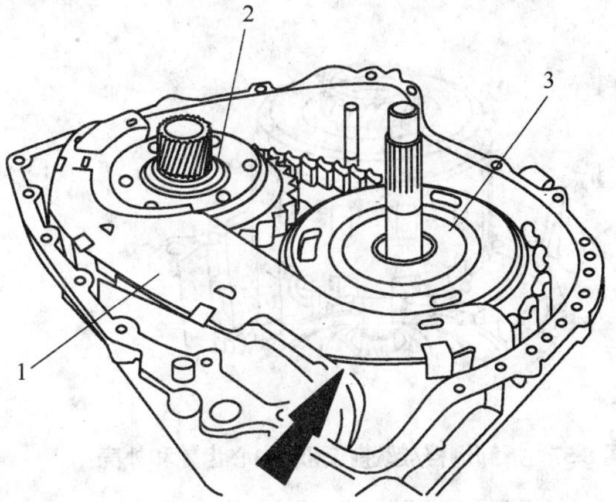

图 8-52　拆卸链条盘外盖与止推轴承及垫片

1. 链条外盖　2.13 号止推轴承　3.10 号止推轴承

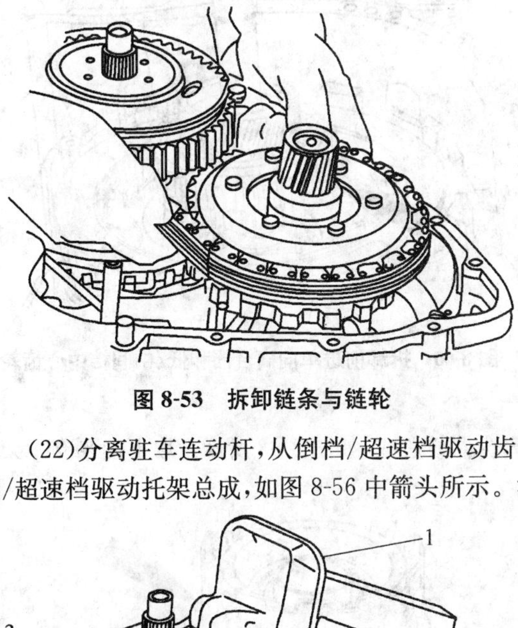

图 8-53　拆卸链条与链轮

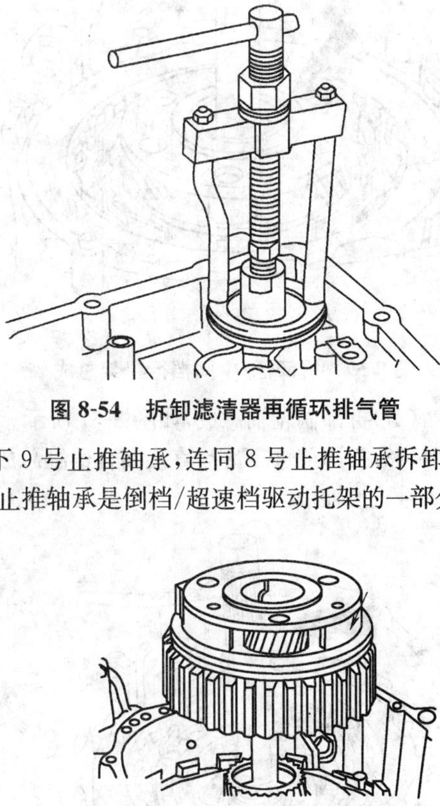

图 8-54　拆卸滤清器再循环排气管

(22)分离驻车连动杆，从倒档/超速档驱动齿圈上取下 9 号止推轴承，连同 8 号止推轴承拆卸倒档/超速档驱动托架总成，如图 8-56 中箭头所示。注意：此止推轴承是倒档/超速档驱动托架的一部分。

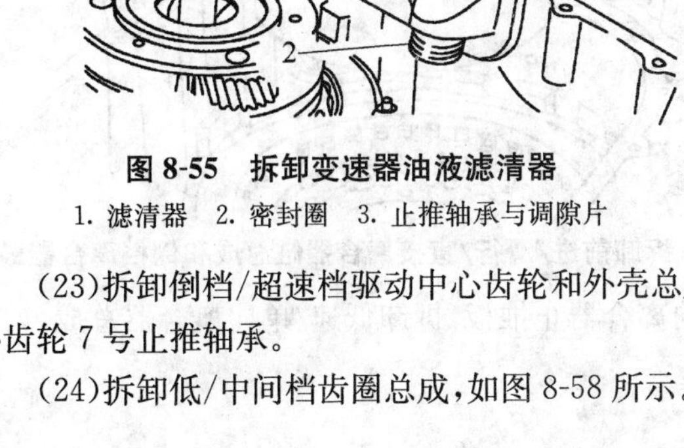

图 8-55　拆卸变速器油液滤清器

1. 滤清器　2. 密封圈　3. 止推轴承与调隙片

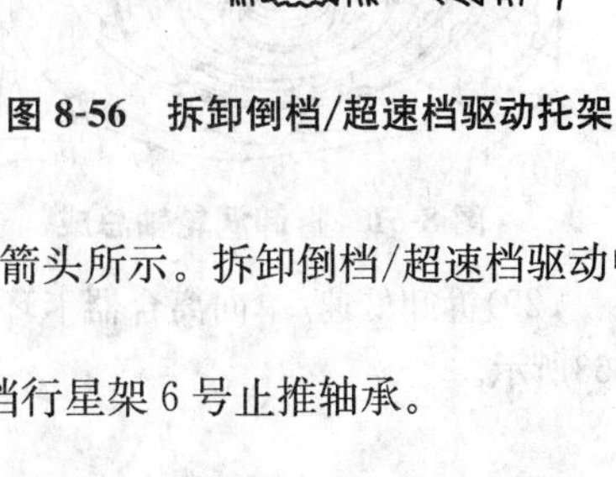

图 8-56　拆卸倒档/超速档驱动托架

(23)拆卸倒档/超速档驱动中心齿轮和外壳总成，如图 8-57 中箭头所示。拆卸倒档/超速档驱动中心齿轮 7 号止推轴承。

(24)拆卸低/中间档齿圈总成，如图 8-58 所示。拆卸低/中间档行星架 6 号止推轴承。

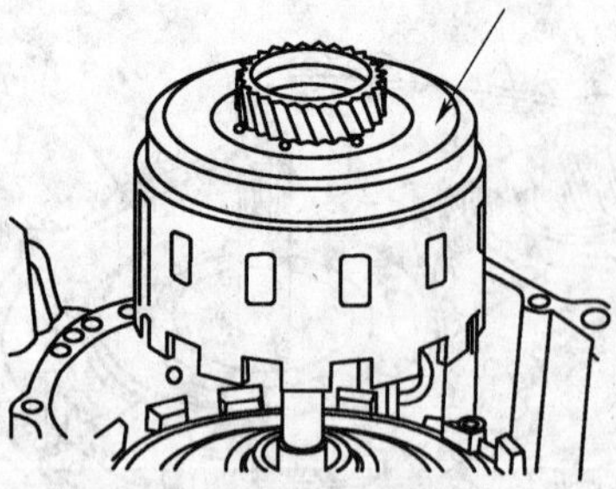

图 8-57　拆卸倒档/超速档驱动中心齿轮和外壳

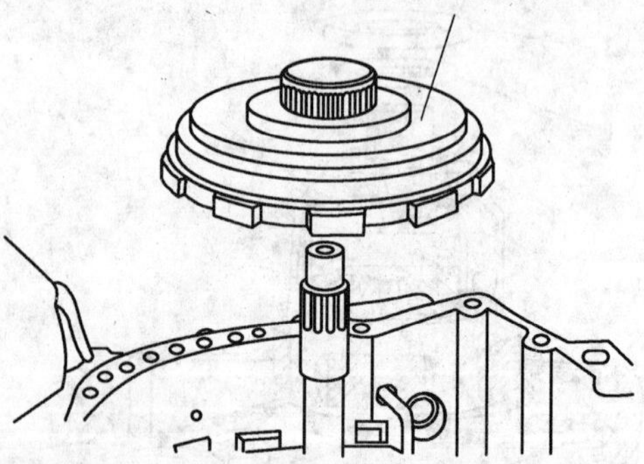

图 8-58　拆卸低/中间档齿圈总成

(25)拆卸低/中间档行星架总成,如图 8-59 所示。取下低/中间档中心齿轮 5 号止推轴承。

(26)拆卸前进单向离合器和低/中间档中心齿轮,如图 8-60 所示。取下涡轮轴 4 号止推轴承。

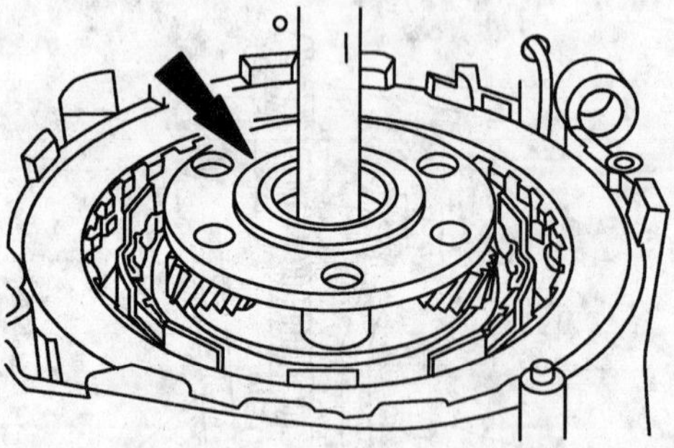

图 8-59　拆卸低/中间档行星架总成

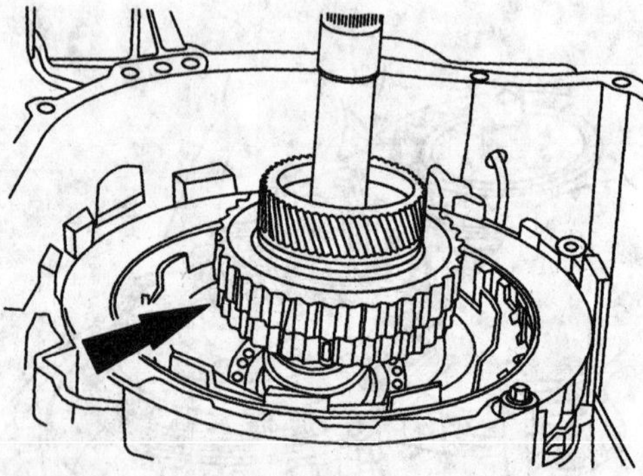

图 8-60　拆卸前进单向离合器和低/中间档中心齿轮

(27)拆卸涡轮轴总成,如图 8-61 所示。

(28)拆卸前进/滑行/直接离合器缸总成和倒档离合器鼓总成,如图 8-62 所示。取下油泵支撑架上的 1 号止推轴承。

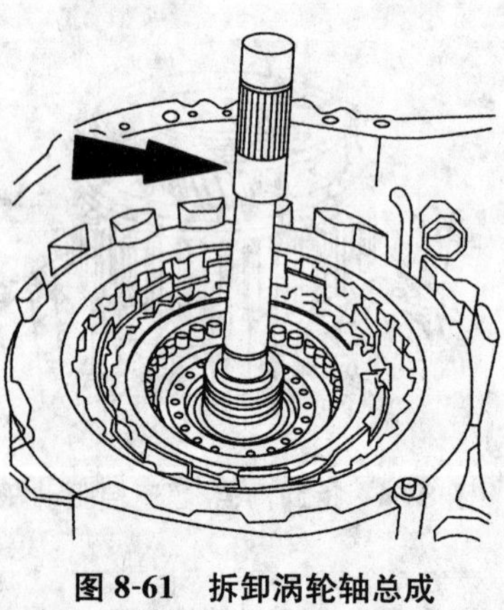

图 8-61　拆卸涡轮轴总成

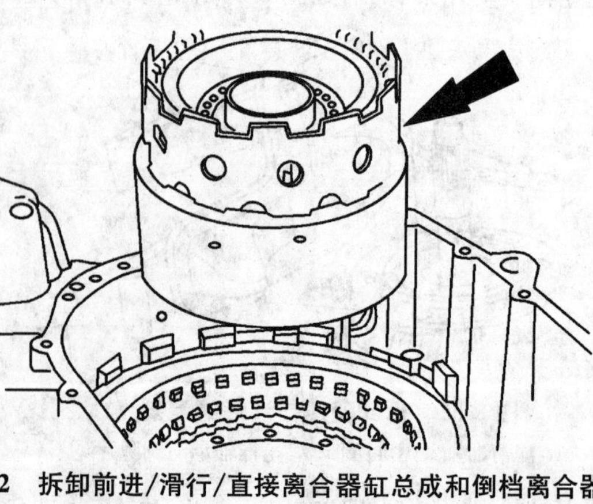

图 8-62　拆卸前进/滑行/直接离合器缸总成和倒档离合器鼓

(29)拆卸低速/单向离合器卡环,拆卸低速/单向离合器止推板,拆卸低速/单向离合器总成,如图8-63所示。

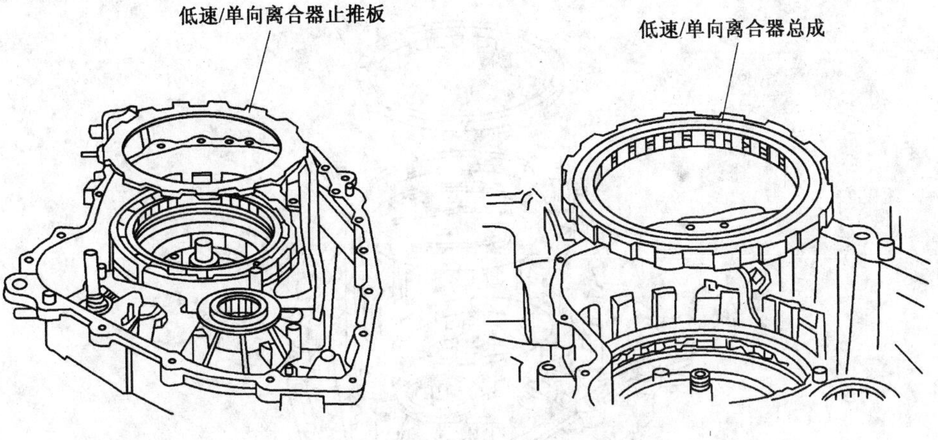

图 8-63　拆卸低速/单向离合器总成

(30)拆卸低速(1 档)/倒档离合器波形弹簧，拆卸低速(1 档)/倒档离合器压盘与摩擦片，如图 8-64 所示。

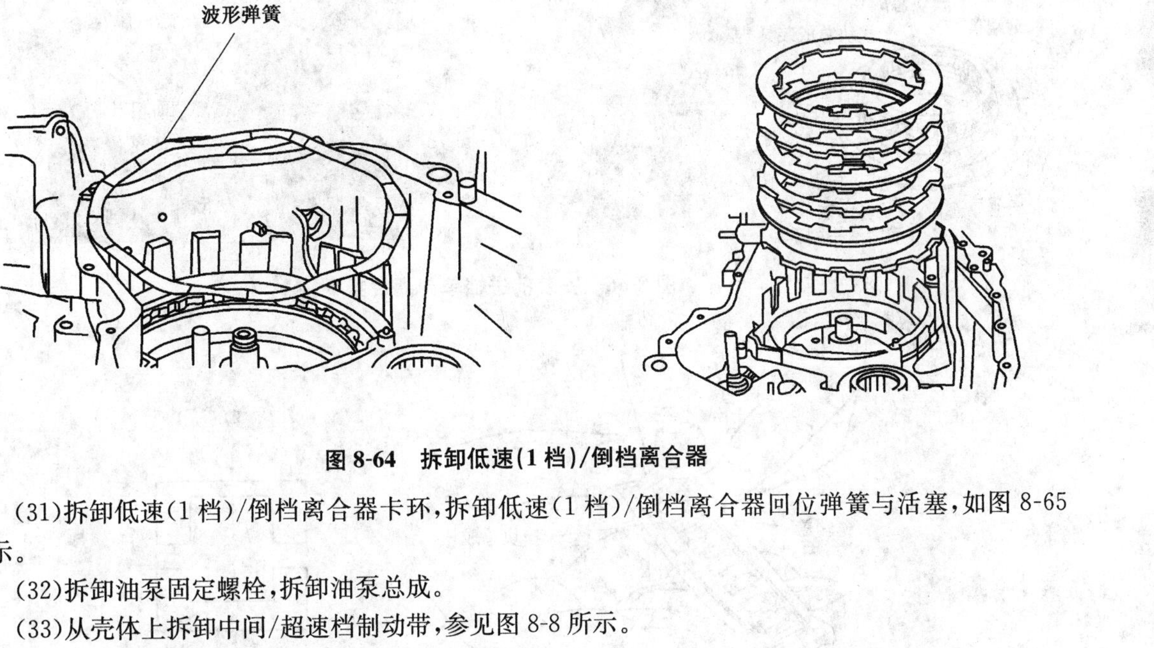

图 8-64　拆卸低速(1 档)/倒档离合器

(31)拆卸低速(1 档)/倒档离合器卡环，拆卸低速(1 档)/倒档离合器回位弹簧与活塞，如图 8-65 所示。

(32)拆卸油泵固定螺栓，拆卸油泵总成。

(33)从壳体上拆卸中间/超速档制动带，参见图 8-8 所示。

五、主要部件的检查、调整与装配要点

1. 前进档单向离合器

安装前进档单向离合器时可用专用工具 T94P-77000-J，以方便安装，外座圈润滑油槽须朝上(远离太阳轮方向)，如图 8-66 所示。安装时要注意区分其两个端盖薄厚不同，如图 8-67 所示。安装后，检查单向离合器的锁止方向，如图 8-68 所示：用一只手握住外座圈，顺时针转动太阳轮，太阳轮转动应稍有阻力但不带动外座圈；反时针转动太阳轮，太阳轮应带着外座圈转动。

2. 低档单向离合器

检查低档单向离合器的锁止方向，如图 8-69 所示：用一只手握紧外座圈，顺时针转动内座圈，内座

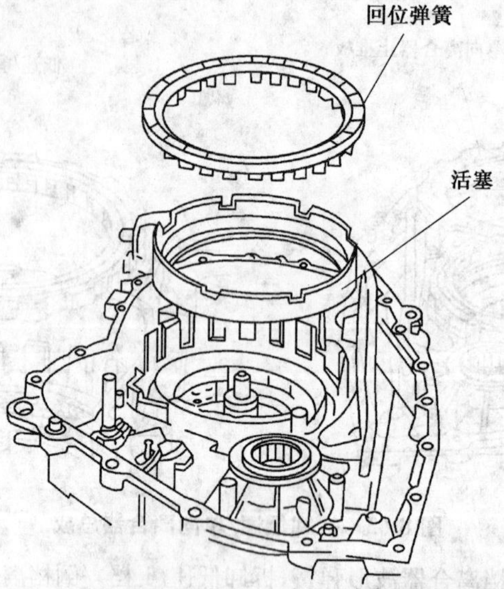

图 8-65 拆卸低速(1 档)/倒档离合器活塞与回位弹簧

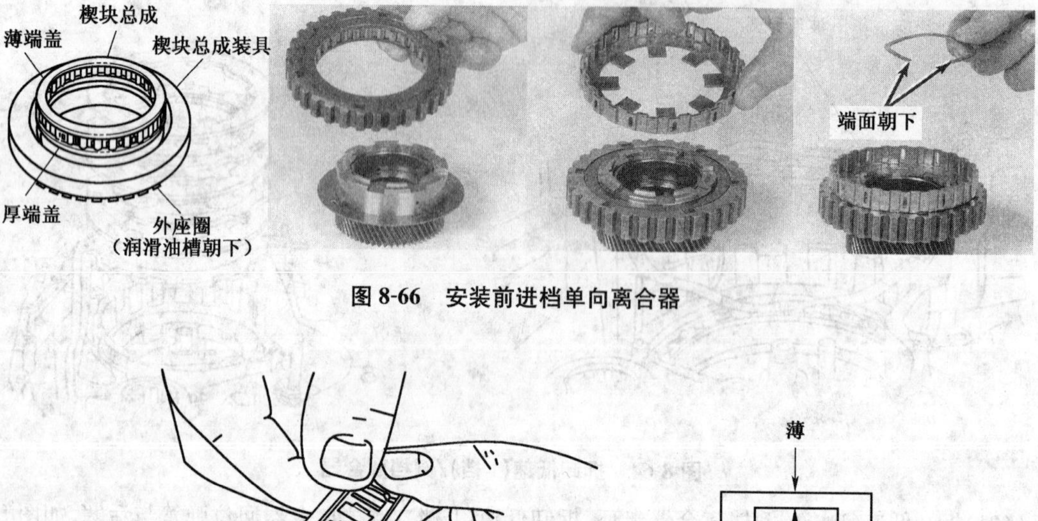

图 8-66 安装前进档单向离合器

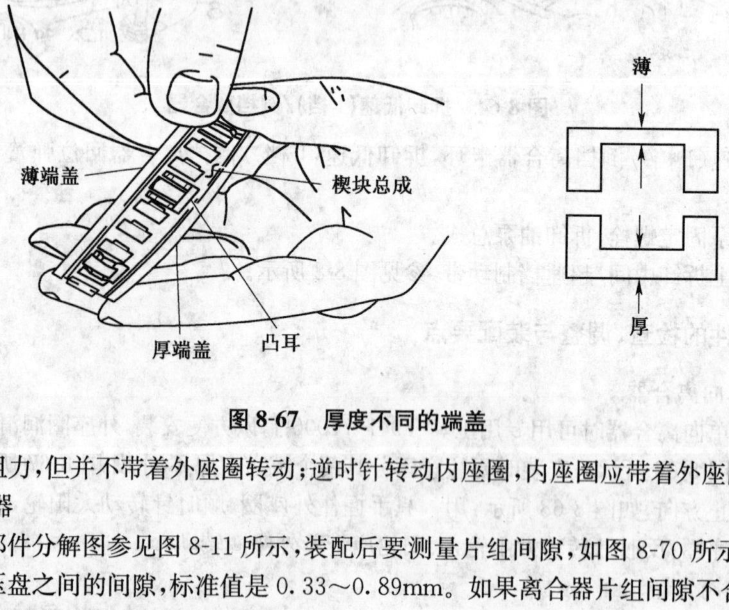

图 8-67 厚度不同的端盖

圈转动时应稍感阻力,但并不带着外座圈转动;逆时针转动内座圈,内座圈应带着外座圈转动。

3. 倒档离合器

倒档离合器部件分解图参见图 8-11 所示,装配后要测量片组间隙,如图 8-70 所示,用塞尺在两个位置测量卡环与压盘之间的间隙,标准值是 0.33～0.89mm。如果离合器片组间隙不合标准,可重新选配卡环来达到规定间隙,见表8-13选取卡环尺寸。

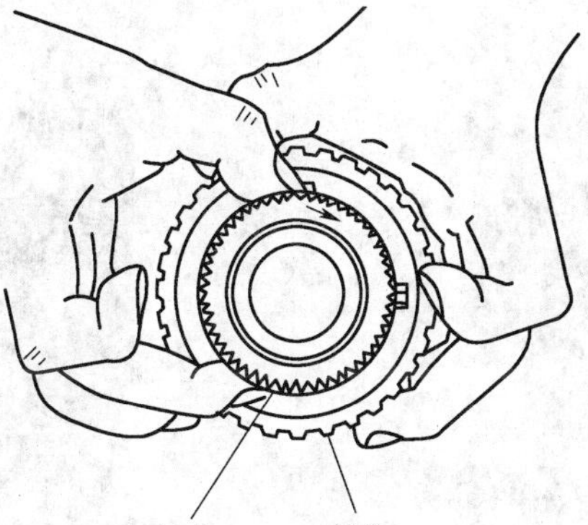

图 8-68　前进档单向离合器的锁止方向

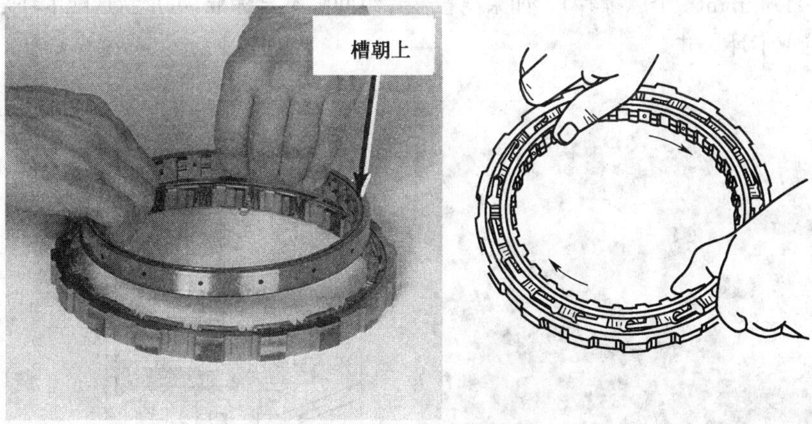

图 8-69　低档单向离合器的锁止方向

表 8-13　卡环尺寸规格

卡环	规格(mm)	卡环	规格(mm)
1	1.39～1.49	3	1.68～1.78
2	1.53～1.63		

4. 前进/直接/滑行离合器

(1)测量前进/滑行离合器片组间隙：前进/直接/滑行离合器部件分解图参见图 8-9 和图 8-10 所示，离合器装配后要测量片组间隙。前进/滑行离合器片组间隙测量如图 8-71 所示，用塞尺在两处测量卡环和压盘之间的间隙，标准值是 0.23～0.96mm。如果离合器片组间隙不合标准，可重新选配卡环来达到规定间隙，参照表 8-14 选取卡环尺寸。

表 8-14　卡环尺寸规格

卡环	规格(mm)	卡环	规格(mm)
1	1.43～1.53	3	1.75～1.85
2	1.59～1.69	4	1.92～2.02

(2)测量直接离合器片组间隙：直接离合器片组间隙测量如图 8-72 所示，用两根挑针拉出压盘，记下千分表的读数。将千分表换个位置再测一次。取两次测量的平均值，标准值是 0.52～1.12mm(3 个

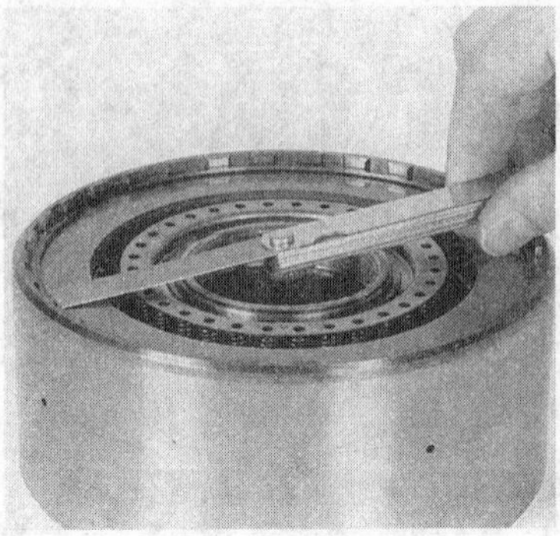

图 8-70　测量倒档离合器片组间隙

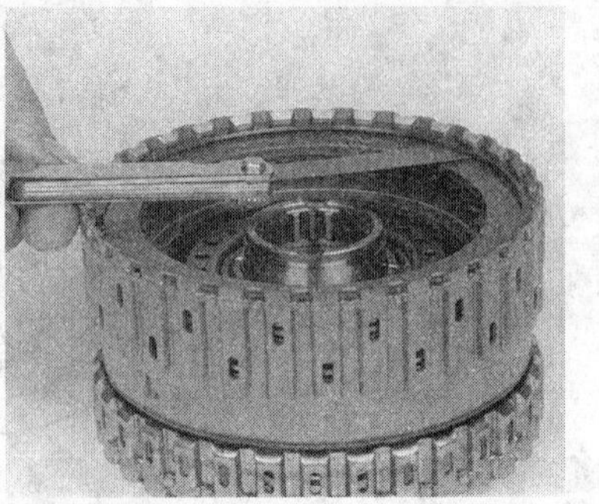

图 8-71　测量前进/滑行离合器片组间隙

摩擦片)；0.73～1.42mm(4 个摩擦片)。如果离合器片组间隙不合标准，可重新选配卡环来达到规定间隙，见表 8-15 选取卡环尺寸。

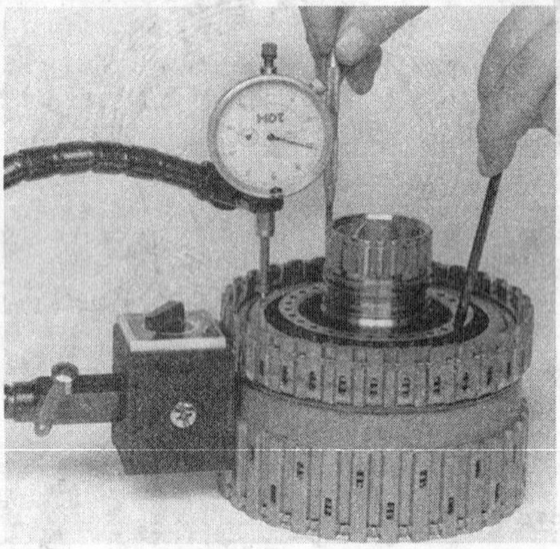

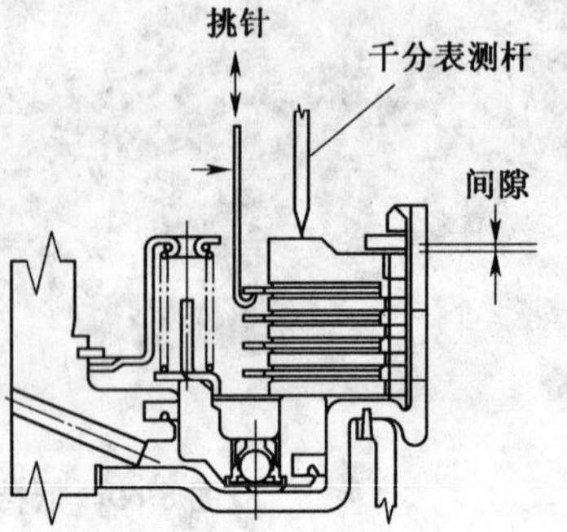

图 8-72　测量直接离合器片组间隙

表 8-15　卡环尺寸规格

卡环	规格(mm)	卡环	规格(mm)
1	1.28～1.38	3	1.52～1.62
2	1.39～1.49	4	1.65～1.75

5. 低倒档制动器总成间隙检查

低倒档制动器部件分解如图 8-73 所示，在自动变速器组装前，要先测量制动器片组间隙。如图 8-74所示，将波形弹簧装在离合器活塞上边(仅用于离合器间隙检查程序，在变速器组装时，要按图8-73 所示的正确顺序安装离合器钢片、摩擦片、压盘和波形弹簧)；安装离合器盘片；将低档单向离合器止推盘装在离合器片上边(仅适于离合器间隙检查程序)。如图 8-75 所示，用塞尺测量低/倒档制动器压盘和低档单向离合器止推盘之间的间隙，记下测量值；在第一次测量位置的对面作第二次测量，取两次测量结果的平均值同标准值比较，规定值为 0.54～1.17mm。如果制动器片组间隙与规定不符，可重新选配压盘达到规定间隙。压盘尺寸规格见表 8-16，(以切口数标示)选取压盘尺寸。拆卸倒档制动器片组，(包括低/倒档单向制动器止推盘、低/倒档制动器片、低/倒档制动器波形弹簧)准备最后组装。

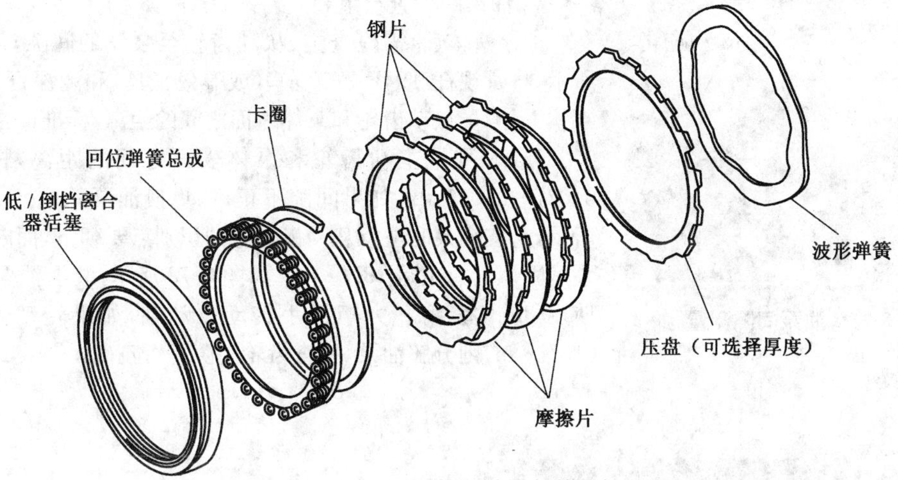

图 8-73　低倒档制动器部件分解

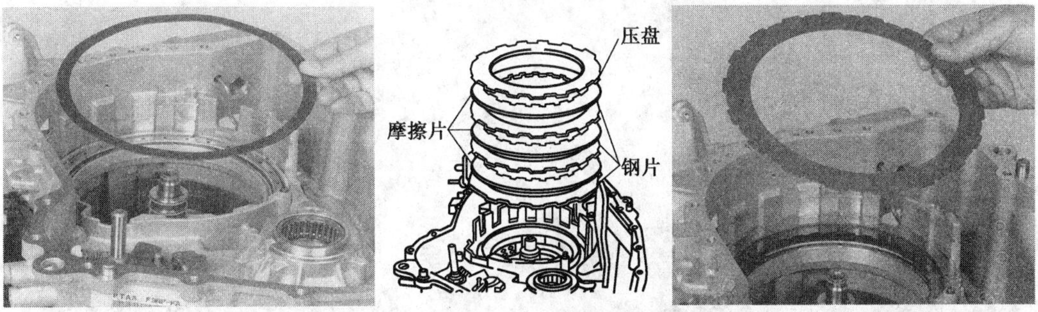

图 8-74　按测试顺序组装低倒档制动器

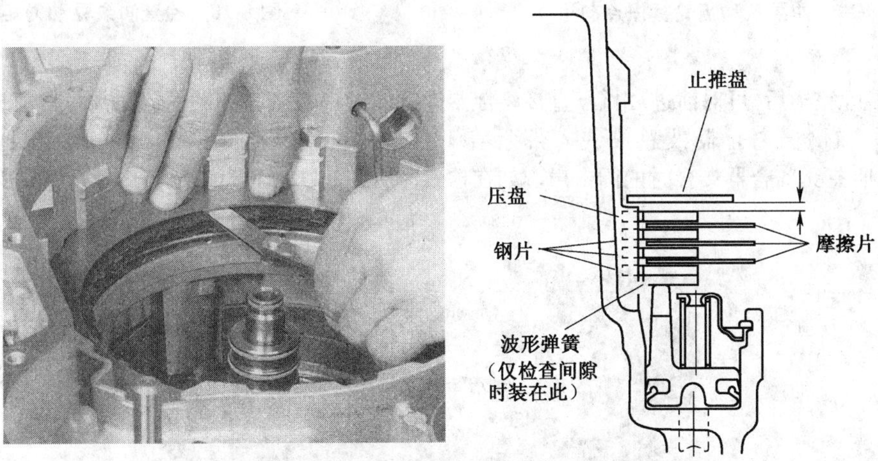

图 8-75　测量低倒档制动器片组间隙

表 8-16　卡环尺寸规格

压盘	规格(mm)	压盘	规格(mm)
1 切口	2.57～2.47	3 切口	2.16～2.06
2 切口	2.36～2.26		

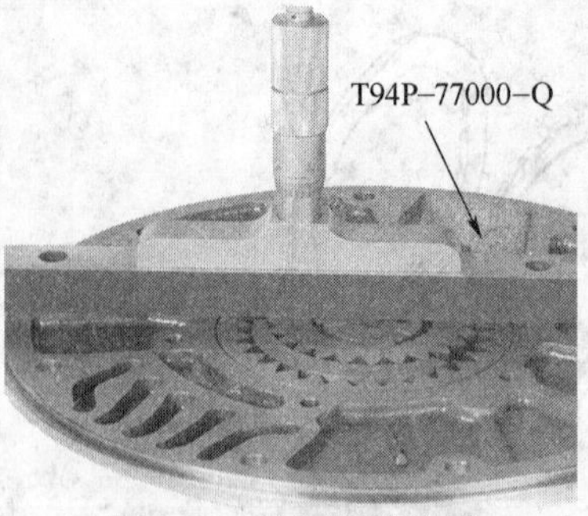

图 8-76　油泵间隙测量

6. 油泵的检查与组装

油泵解体后，需检查主、从动齿轮至泵体的间隙，如图 8-76 所示，将量规杆 T94P-77000-Q（或等效工具）和测深百分尺装到泵体上，测量从动齿轮和泵体表面之间的距离，标准值是0.027～0.060mm；测量主动齿轮和泵体表面之间的距离，标准值是 0.027～0.060mm，如果间隙不正确，更换油泵总成。如图 8-77 所示，组装油泵时注意从动齿轮上的识别点要朝下，面向泵体，油泵紧固螺栓力矩是 13N·m。如图 8-78 所示，装上油泵驱动轴，使用 8mm 套筒和力矩扳手转动驱动轴，如果转动力矩超过 0.3N·m，则分解油泵，检查齿轮间隙是否正确。

图 8-77　油泵从动齿轮标识点向下

图 8-78　检查油泵驱动力矩

油泵装配完毕后，可对前进/滑行/直接离合器进行气密性检查。如图 8-79 所示，将前进/滑行/直接离合器缸和倒档离合器鼓总成装入带泵盖 1 号轴承的油泵上，往离合器各油路通压缩空气（276kPa），听有无离合器接合时的闷击声。如在检查时听到有“嘶嘶”声，分解离合器，查找泄漏点。

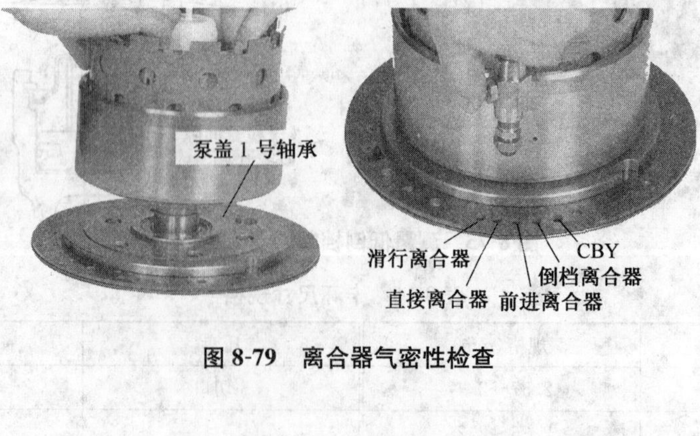

图 8-79　离合器气密性检查

六、自动变速器的装配

在装配前，需在专用清洗液或煤油中清洗除摩擦片、制动带、油封、橡胶件以外的金属部件，部件清洗后要用压缩空气吹干，不可使用毛巾擦干。新摩擦片、制动带在装配前需在变速器油液中浸泡。组装时宜使用凡士林保持零件位置，不可使用黄油。

(1)将中间/超速档制带总成安装进变速器壳体中，参见图8-8。

(2)在油泵支撑架油封和变速器的油泵孔径表面涂抹一薄层凡士林，安装油泵总成，按图8-80所示顺序紧固油泵螺栓至13N・m。

(3)用干净的自动变速器油涂抹在1档/倒档离合器活塞油封和活塞孔径中，安装新的1档/倒档离合器活塞外油封和内油封，油封的方向如图8-81所示。

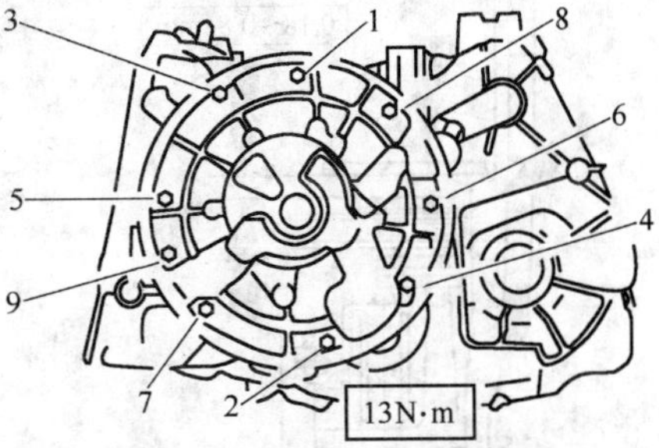

图8-80　油泵螺栓的紧固顺序

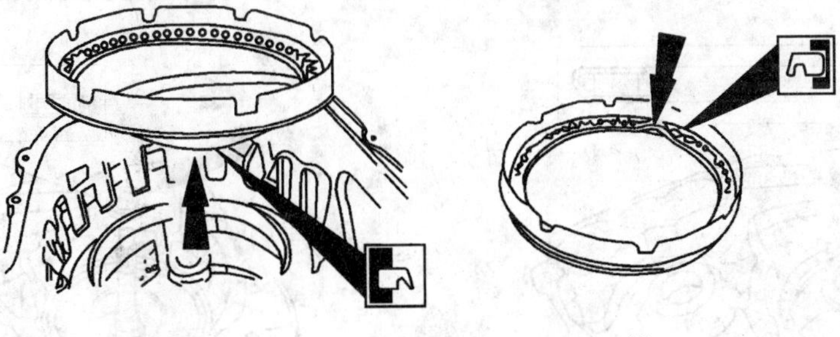

图8-81　1档/倒档离合器活塞油封的方向

(a)外油封　(b)内油封

(4)安装1档/倒档离合器活塞，安装1档/倒档离合器回位弹簧卡环，参见图8-65。

(5)为测量1档/倒档离合器间隙，预安装1档/倒档离合器波形弹簧。安装1档/倒档离合器片和1档单向离合器止推板，参见图8-64。

(6)测量1档/倒档离合器压盘和1档单向离合器(三片式离合器)的止推板的间隙，测量时在图示对称的两侧进行，规定值如图8-82所示。如果测量间隙不符合规定，选择正确厚度的压盘，规格值包括2.57～2.46mm、2.37～2.26mm、2.17～2.06mm。

(7)测量1档/倒档离合器压盘和1档单向离合器(二片式离合器)的止推板的间隙，测量时在图示对称的两侧进行，规定值如图8-83所示。如果测量间隙不符合规定，选择正确厚度的压盘，规格值包括2.57～2.46mm、2.37～2.26mm、2.17～2.06mm。

(8)拆卸1档单向离合器及1档/倒档离合器片。

(9)安装油泵支撑架1号止推轴承，轴承的安装方向如图8-84所示。

(10)从前进/滑行/直接离合器缸上拆卸油封固定器，安装前进/滑行/直接离合器缸总成和倒档离合器鼓总成。

(11)安装涡轮轴，参见图8-61。安装涡轮轴4号止推轴承，轴承的安装方向如图8-85所示。

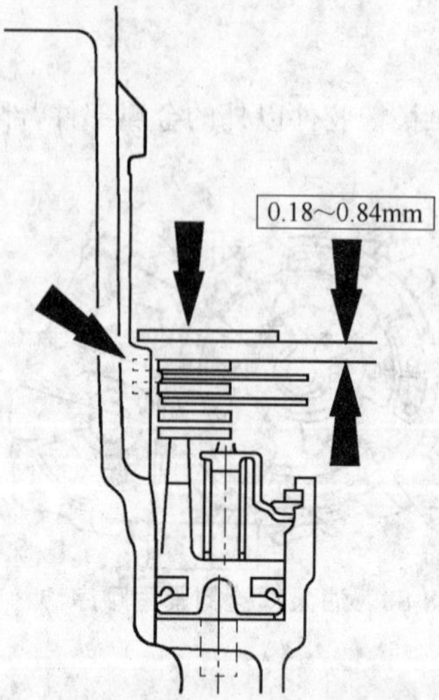

图 8-82　测量 1 档/倒档离合器压盘和 1 档单向离合器止推板的间隙(三片式离合器)

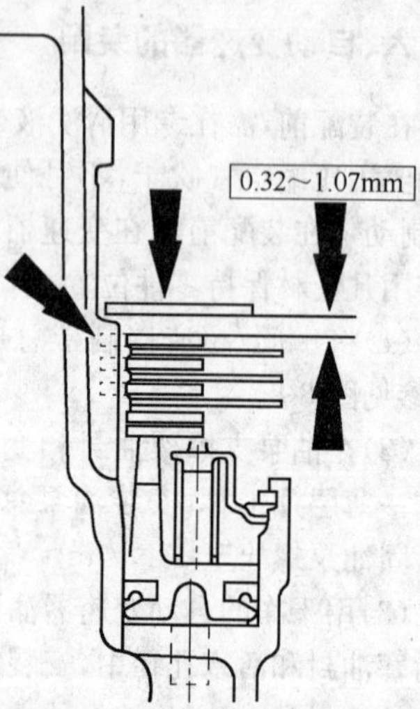

图 8-83　测量 1 档/倒档离合器压盘和 1 档单向离合器止推板的间隙(二片式离合器)

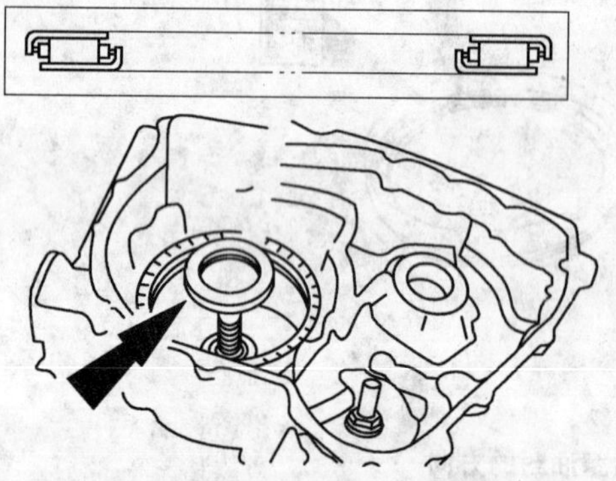

图 8-84　安装油泵支撑架 1 号止推轴承

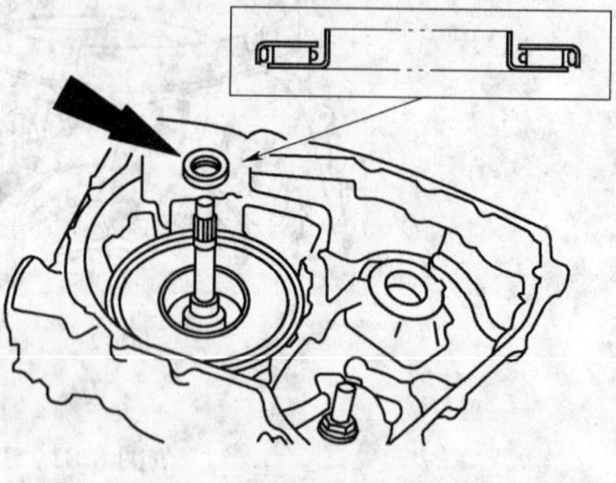

图 8-85　安装涡轮轴与 4 号止推轴承

(12)安装前进单向离合器和低/中间档中心齿轮总成,注意中心齿轮的安装深度,如图 8-86 中所示。

(13)安装低/中间档中心齿轮 5 号止推轴承,方向见图 8-87。

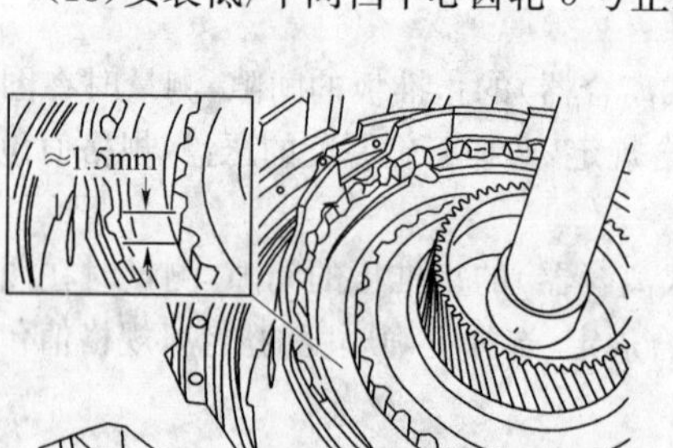

图 8-86　安装前进单向离合器和低/中间档中心齿轮总成

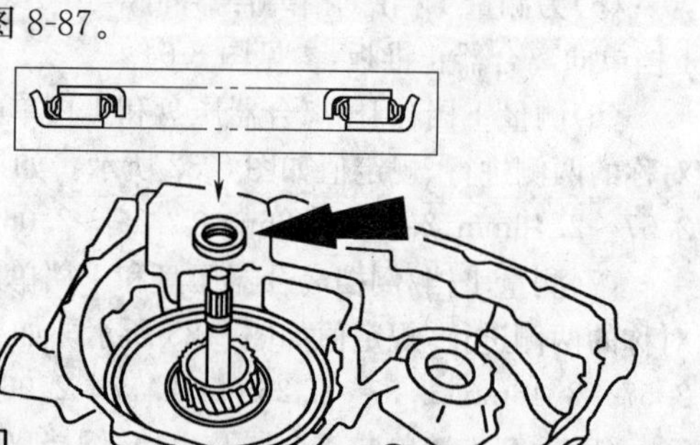

图 8-87　安装低/中间档中心齿轮 5 号止推轴承

(14)安装低/中间档行星架总成,参见图 8-59。安装低/中间档行星架 6 号止推轴承,方向如图 8-

88 所示。

(15)安装低/中间档齿圈总成,参见图 8-58。

(16)安装倒档/超速档中心齿轮 7 号止推轴承,方向如图 8-89 所示。

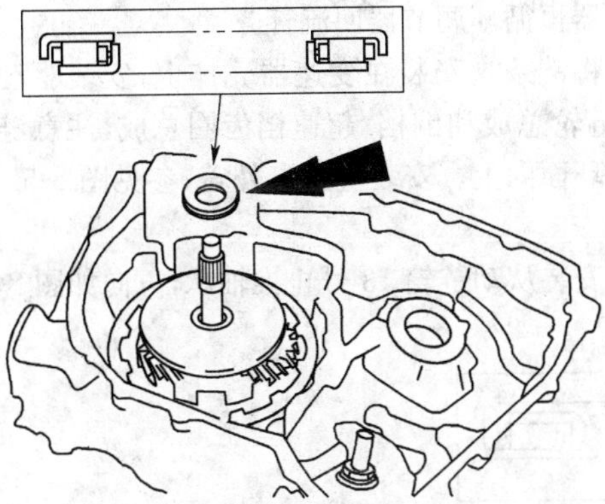

图 8-88 安装低/中间档行星架 6 号止推轴承

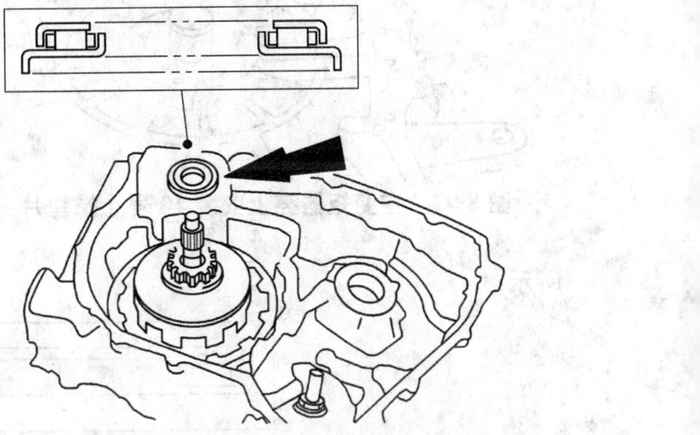

图 8-89 安装倒档/超速档中心齿轮 7 号止推轴承

(17)安装倒档/超速档中心齿轮和外壳总成,参见图 8-57。安装倒档/超速档行星齿轮架和其中的 8 号止推轴承,参见图 8-56。

(18)安装低速/倒档制动器片,安装低/倒档离合器波形弹簧,参见图 8-64。

(19)安装 1 档单向离合器总成,有识别环一面向上,安装 1 档单向离合器止推板,参见图 8-63。安装 1 档单向离合器卡环,确认位置正确。

(20)安装手动阀连杆。

(21)用自动变速器油润滑安装部件并安装,在从动链轮 18 号轴承安装滚针和油封(1);安装从动链轮 11 号垫片(2);安装从动链轮 12 号轴承(3),方向如图 8-90 所示。

(22)安装倒档/超速档齿圈的 9 号止推轴承,方向如图 8-91 所示。

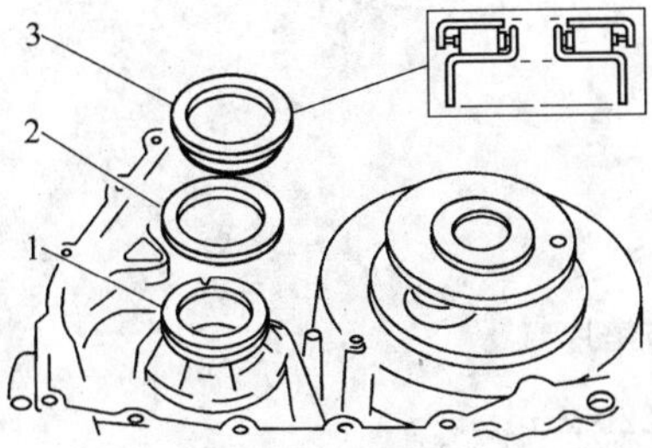

图 8-90 安装从动链轮轴承与垫片

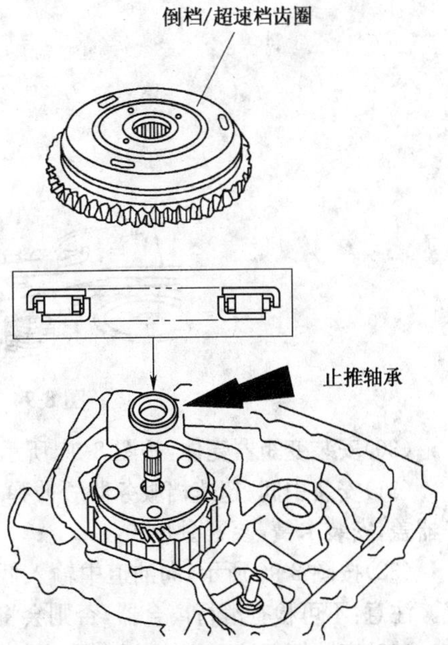

图 8-91 安装 9 号止推轴承和倒档/超速档齿圈

(23)将凡士林涂抹在主动齿轮 10 号止推垫片表面,在变矩器壳上安装 10 号止推垫圈,如图 8-92

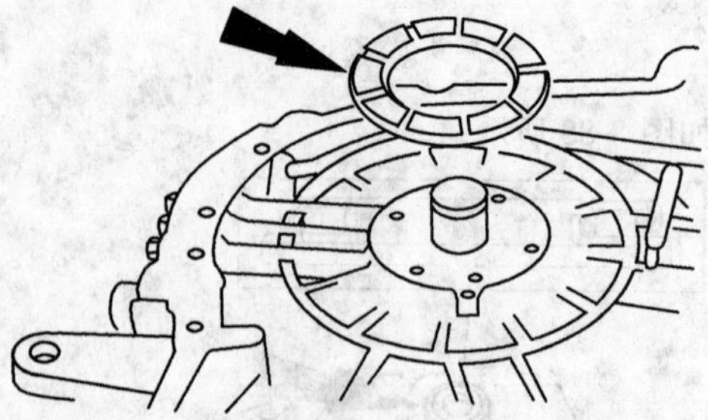

图 8-92　在变矩器壳上安装 10 号止推垫片

所示。

(24)安装倒档/超速档齿圈总成。

(25)安装滤清器和油封总成,参见图 8-55。安装新的滤清器再循环调节器回流管。

(26)将链条盘安装在变速器壳体上,安装驱动链条、从动链轮总成和倒档/超速档齿圈总成,注意链条的铜色链环面向上。安装链条盘外盖,参见图 8-52 和图 8-53。

(27)安装从动链轮 13 号止推轴承,方向如图 8-93 所示。

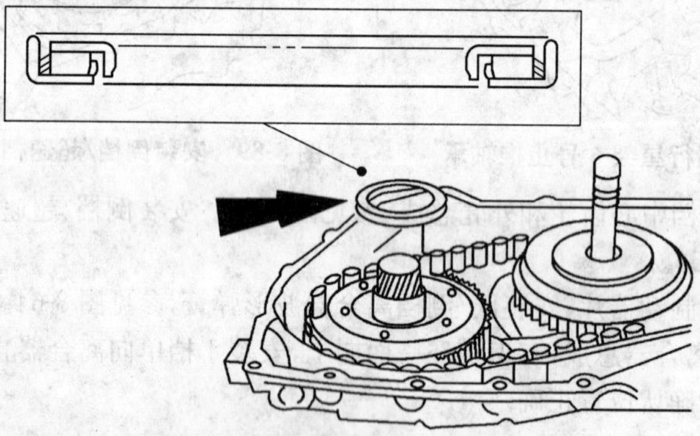

图 8-93　安装从动链轮 13 号止推轴承

(28)安装主减速器支座和差速器总成,参见图 8-51。

(29)安装差速器 15 号轴承垫片和 14 号差速器轴承,方向如图 8-94 所示。

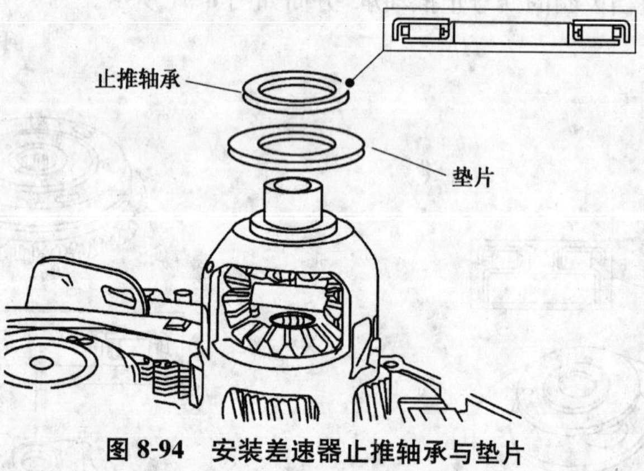

图 8-94　安装差速器止推轴承与垫片

(30)安装变矩器壳体,按图 8-95 所示顺序拧紧固定螺栓至 22N·m。

(31)安装中间/超速档服务器缓冲弹簧和回位弹簧,将活塞装入变速器壳中。用专用工具压缩服务器盖,安装卡簧,参见图 8-50。

(32)按图 8-96 所示,向油道中输入低于 250kPa 的压缩空气试压,检验是否有离合器或制动器漏气。注意:不可检查滑行离合器,否则会将滑行离合器活塞推离前进离合器活塞。

(33)安装恒温液面高度控制阀、支架及支架固定螺栓,参见图 8-49。安装前进离合器线路滤清器(如装备)。

(34)从壳体上举起主控制阀体,以防手控阀损坏。连接 Z 形连杆至手控阀,安装电磁阀体固定夹。

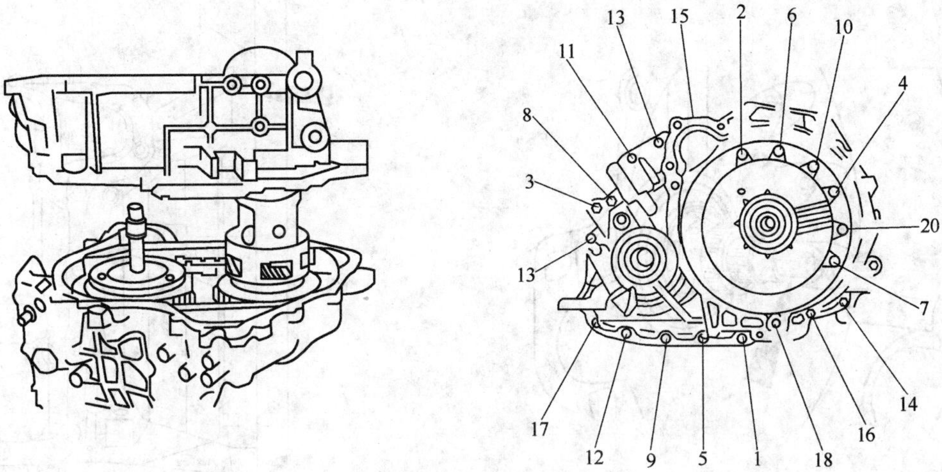

图 8-95　安装变矩器壳体

按图 8-97 所示顺序拧紧主控阀体固定螺栓至 10N · m。注意:螺栓 1、7、9 比其他螺栓长。

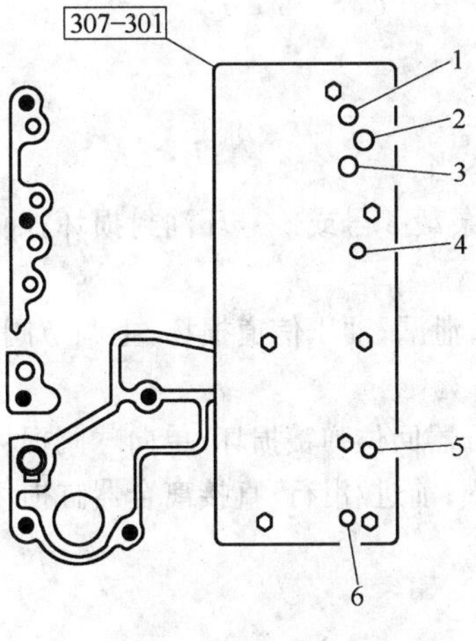

图 8-96　泄漏测试

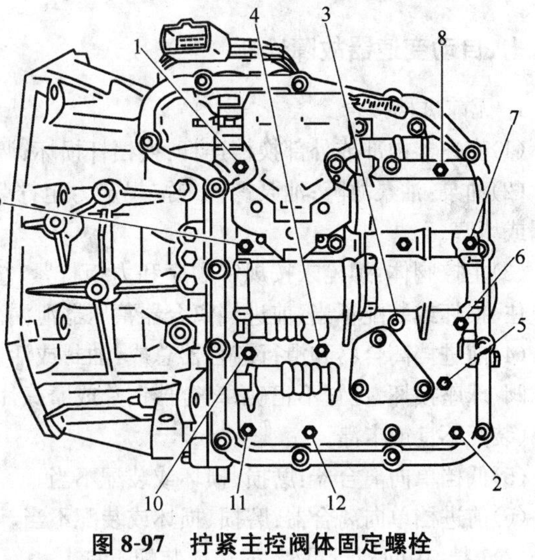

图 8-97　拧紧主控阀体固定螺栓

(35)安装变速器档位(TR)传感器。

(36)安装主控阀体侧盖,紧固螺栓至 20N · m。

(37)更换新的变速器加油管密封圈,安装加油管,紧固固定螺栓至 8N · m。

(38)安装涡轮轴转速传感器(TSS),紧固螺栓至 13N · m。

(39)安装新的驱动轴油封。

(40)安装新的变矩器油封。

(41)安装放油塞(更换新的放油塞垫片)。

(42)安装输出轴速度传感器(OSS)。

(43)安装油泵驱动轴,检查驱动轴是否正确转动,如图 8-98 所示。

(44)安装变矩器,确保变矩器毂和油泵驱动轴完全接合。

(45)在变速器法兰上放一钢尺,测量变速器法兰与变矩器中央凸起间的距离应为 12mm,说明变矩器安装到位,如图 8-99 所示。

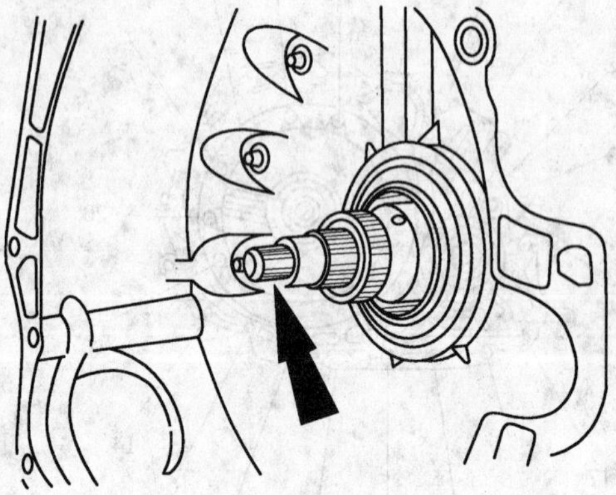

图 8-98　安装油泵驱动轴

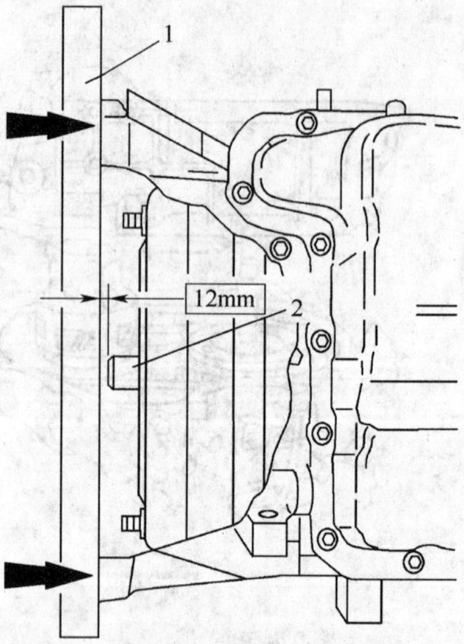

图 8-99　检查变矩器安装是否到位

1. 钢板尺　2. 变矩器中央凸起

七、自动变速器故障诊断

1. 无前进档接合

(1)变速器内部或外部换档连杆：换档杆损坏、调整失效或装配不当。

(2)油泵：油泵故障；油泵螺栓未按规定力矩拧紧；垫片损坏；油泵毂 3 号或 4 号环油封损坏；油道泄漏或堵塞。

(3)主控阀体：螺栓未按规定顺序和力矩拧紧；垫片或隔板损坏、泄漏；油压信道损坏；主调节阀黏滞卡住、损坏或装配不当；前进档离合器蓄压器泄漏。

(4)前进档离合器和滑行离合器总成：油封或活塞损坏；前进离合器回位弹簧损坏；单向球阀损坏；单球阀、球座损坏，位置不正确；离合器钢片或摩擦片及离合器毂烧损；前进/滑行/直接离合器缸损坏、泄漏、装配不良或卡滞。

(5)低档单向离合器：磨损、损坏或装配不当。

(6)前进档单向离合器：磨损、损坏或装配不当。

(7)1 档/中间档行星架：损坏或装配不良。

2. 无倒档接合

(1)电器故障：PCM 信号输入、输出不正常；变速器档(TR)位置传感器故障；换档电磁阀 1、2 故障。

(2)换档杆：损坏或调整不当。

(3)油压不正确。

(4)内部换档连杆：损坏、失调。

(5)阀体及相关件：主控阀体螺栓未按规定顺序和力矩拧紧；垫片或隔板损坏、泄漏；油压信道损坏；1-2 换档阀、换档电磁阀 1、主调节阀、低/倒档调制器阀、低/倒档蓄压器活塞损坏、卡滞或装配不当。

(6)油泵：油泵故障；螺栓未按规定力矩拧紧；垫片损坏；油道泄漏或堵塞；油泵毂 6 号或 7 号环油封损坏。

(7)倒档离合器：油封或活塞损坏；单向球阀损坏；摩擦片或钢片装配不当；活塞回位弹簧损坏；倒档离合器毂至前进/滑行/直接离合器毂齿槽损坏。

(8)低档/倒档离合器：油封或活塞损坏；摩擦片或钢片装配不当；活塞回位弹簧损坏；波形垫圈缺

失。

(9)前进/滑行/直接离合器缸:倒档环油封损坏、缺失或装配不当。

(10)壳体:在低/倒档离合器中的倒档离合器供油管路泄漏或有气孔,可试压检查。

(11)倒档/超速档驱动齿轮组:损坏。

3. 倒档或前进档离合器接合生硬

(1)电器故障:PCM信号输入、输出不正确,检查汽车线束;PCM主油压控制不正常或EPC故障;变速器油温传感器故障。用诊断工具读取故障码并测量数据流,以帮助诊断。

(2)变速器油:油面高度不正常;油质不良。

(3)变速器外部或内部换档连杆:损坏、调整失效。

(4)油压:管路油压不正确,需进行油压测试,如果主油压过高,检查主控制部件。

(5)油滤清器和油封总成:滤清器/油封损坏、堵塞;再循环油封损坏、阻塞或离开定位。

(6)主控制阀体:螺栓未按正确力矩拧紧;垫片损坏;低档/倒档蓄压器活塞和弹簧(倒档),主调节阀,前进档蓄压器活塞和弹簧装配不当,黏滞卡住或损坏;主管路油压控制(EPC)电磁阀黏滞卡住或损坏,检查是否有污染,用测试设备检测电磁阀。

(7)前进离合器总成(仅前进离合器):前进离合器壳体损坏;前进离合器活塞或油封损坏、回位弹簧损坏或缺失;离合器摩擦片或钢片损坏、磨损;单向钢珠损坏、缺失。

(8)倒档离合器总成(仅倒档离合器):倒档离合器活塞损坏;回位弹簧损坏或缺失;离合器摩擦片或钢片损坏、磨损;单向钢珠损坏、缺失。

(9)低档/倒档离合器总成(仅倒档离合器):波形垫圈损坏;回位弹簧损坏或缺失;离合器摩擦片或钢片损坏、磨损;单向钢珠损坏、缺失。

(10)直接离合器总成(仅倒档离合器):摩擦片(内花键片)或钢片严重损坏。

4. 倒档或前进离合器接合延迟/无力

(1)自动变速器油:未添加到正确油面高度;油质状况不良。

(2)变速器外部或内部换档连杆:损坏、调整不正确或装配不当。

(3)油压不正确:测量主油压,如果压力过低,检查主控制部件、油泵、离合器、变速器滤清器和油封、再循环油封是否损坏。

(4)油泵总成:螺栓未按正确力矩拧紧;油泵齿轮损坏;垫片损坏;泄漏、球阀缺失或信道阻塞;油泵毂油封损坏,3或4号(前进离合器)、6或7号(倒档离合器)密封损坏。

(5)主控制阀体:螺栓未按正确力矩拧紧;垫片损坏;手动换档阀、主调节阀,低档/倒档离合器调整阀黏滞卡住、损坏或装配不当;分流隔板损坏,压盘/垫片泄漏、损坏、装配不当。

(6)低档/倒档离合器总成(仅倒档离合器):活塞或油封损坏;离合器摩擦片或钢片损坏、磨损;回位弹簧损坏;过大的离合器片组端隙。

(7)倒档离合器总成(仅倒档离合器):油封或活塞损坏;单向钢珠损坏;离合器摩擦片或钢片损坏、磨损;回位弹簧损坏;过大的离合器片组端隙。

(8)前进离合器总成(仅前进离合器):油封或活塞损坏;单向钢珠损坏、缺失或未在正确位置;离合器摩擦片或钢片损坏、磨损。

(9)前进/滑行/直接离合器缸:倒档环油封损坏或缺失;离合器缸损坏或泄漏。

5. 前进或倒档离合器均无法接合

(1)变速器油:未添加至正确油面高度。

(2)变速器外部或内部换档连杆:损坏、调整不正确或装配不当。

(3)油压不正确:过低或没有管路油压。测量油压,如果压力过低,检查变速器油滤清器和油封总成、主控制阀、油泵。

(4)油泵总成:螺栓没有拧紧至正确转矩值;垫片损坏、缺失;空隙/横向泄漏或信道阻塞;油泵毂环油封缺失;油泵轴破损、损坏。

(5)主控制阀体:螺栓未按正确力矩拧紧;垫片损坏,压盘损坏或缺失;主调节阀,手控阀黏滞卡住,损坏、堵塞、缺失、z型连杆未连接。

(6)发动机驱动板(起动器齿圈):损坏、破损。

(7)变矩器:油泵驱动轴插入件损坏;双点螺栓破损或损坏;齿槽损坏;内部叶片损坏破损。

(8)涡轮轴至前进/滑行/直接离合器缸壳体:齿槽损坏。

(9)链条和链轮总成:破损、损坏。

(10)驻车机构:驻车爪回位弹簧损坏、缺失、安装不正确。

(11)主减速器和差速器总成:齿槽损坏。

(12)行星齿轮组:齿轮轮齿、行星架齿槽损坏或破损。

6. 部分或全部换档失误

(1)电气部件:PCM电气输入、输出不正确,检查汽车线束损坏;PCM;换档阀;变速器档位(TR)传感器;节气门位置传感器(TPS);车速传感器(VSS);变速器控制开关(TCS)。用诊断工具检测并进行路试。

(2)变速器油面不正确;内部或外部换档连杆安装调整不正确;变速器档位传感器(TR)调整不正确。

7. 换档正时一过早或延迟

(1)电气部件:PCM电气输入、输出不正确,检查汽车线束损坏;PCM;换档阀;变速器档位(TR)传感器;节气门位置传感器(TPS);车速传感器(VSS);变速器控制开关(TCS)。用诊断工具检测并进行路试。

(2)轮胎尺寸不正确;转速表驱动小齿轮损坏或不正确。

8. 换档正时一不稳定或周期性不稳定

(1)电气部件:PCM电气输入、输出不正确,检查汽车线束损坏;PCM;换档阀;变速器档位(TR)传感器;节气门位置传感器(TPS);车速传感器(VSS);制动开关故障;车速传感器(VSS);涡轮轴转速传感器(TSS);压力控制电磁阀(EPS);3-2换档/滑行离合器电磁阀(3-2T/CCS)。用诊断工具检测并进行路试。

(2)自动变速器油:液面高度不正确或油质不良。

(3)转速表驱动小齿轮损坏或不正确。

(4)主控制阀体:螺栓未按正确力矩拧紧;垫片损坏;3-2正时电磁阀,2档调节阀,2-4蓄压器,服务器释放往复阀,3-2控制阀粘滞、发卡、损坏或安装不正确;电磁阀滤清器堵塞;分流隔板损坏、堵塞。

9. 行驶感觉无力、打滑

(1)电气部件:PCM信号输入、输出不正确,检查汽车线束;电子压力控制电磁阀(EPC)、变速器油温传感器(TFT)、节气门位置传感器(TPS)、空气流量传感器(MAF);变速器档位(TR)传感器调整不正确。

(2)自动变速器油:液面高度不正确或油质不良。

(3)变速器外部或内部换档连杆:损坏、调整不正确或装配不当。

(4)油压不正确:测量油压,如果油压过低,检查主控制阀体、油泵、变速器油滤清器/油封等。

(5)主控制阀体:螺栓未按正确力矩拧紧;垫片损坏;主油压调节阀粘滞卡住、损坏、安装错误、弹簧丢失或损坏;EPC电磁阀损坏。

(6)分流隔板、垫片:损坏、丢失或阻塞。

(7)油泵总成:螺栓没有拧紧至正确力矩值;垫片损坏、缺失;空隙/横向泄漏或信道阻塞。

(8)油滤清器/油封:油滤清器/油封损坏、阻塞或缺失;再循环油封损坏或不在正确位置上。

10. 齿轮变换急剧(换档冲击)

(1)电气部件:PCM 信号输入、输出不正确,检查汽车线束;电子压力控制电磁阀(EPC);变速器油温传感器(TFT);节气门位置传感器(TPS);空气流量传感器(MAF);变速器档位(TR)传感器调整不正确;变矩器锁止离合器(TCC);变速器档位(TR)传感器;3-2 换档/滑行离合器电磁阀(3-2T/CCS)。

(2)自动变速器油:液面高度不正确或油质不良。

(3)油压不正确:测量油压是否过高。

(4)主控制阀体:螺栓未按正确力矩拧紧;垫片损坏;主油压调节阀、旁通阀或管路调整阀粘滞卡住、损坏、安装错误、弹簧丢失或损坏。EPC 电磁阀损坏;分流隔板损坏、阻塞。

(5)变矩器总成:活塞损坏;油泵毂 1 号油封(CBY)线路泄漏、缺失或损坏;壳体泄漏;变矩器总成损坏。

11. 没有 1 档(变速器接合在较高的档位)

(1)电气部件:PCM 信号输入、输出不正确,检查汽车线束;PCM;换档阀;变速器档位(TR)传感器。

(2)外部换档连杆:损坏、调整失效或装配不当。

(3)主控制阀体:螺栓未按正确力矩拧紧;垫片损坏;2 档调节阀,电磁阀调节阀,换档阀卡滞、损坏或安装不正确;电磁阀滤清器油封损坏或安装不正确;油压通路损坏;换档电磁阀 1、2 不动作。

(4)直接离合器、2/4 制动带、2/4 服务器损坏卡住在“开”的位置。

12. 没有手动 1 档

(1)电气部件:PCM 信号输入、输出不正确,检查汽车线束;PCM;换档阀;变速器档位(TR)传感器。

(2)外部或内部档连杆:损坏、调整失效或装配不当。

(3)主控制阀体:螺栓未按正确力矩拧紧;垫片损坏;2 档换档阀卡滞、损坏或安装不正确;换档电磁阀 2 卡在“开”的位置;油压通路损坏;分流隔板损坏、阻塞。

13. 没有 1-2 换档(自动)

(1)电气部件:PCM 信号输入、输出不正确,检查汽车线束;PCM;换档阀;变速器档位(TR)传感器。

(2)油压不正确。

(3)主控制阀体:螺栓未按正确力矩拧紧;垫片损坏;1-2 档换档阀,2-4 蓄压器,主调节阀卡滞、损坏或安装不正确;换档电磁阀 1 工作不正常;油压通路损坏;分流隔板损坏、阻塞。

(4)中间/超速档制动带和服务器(注意:也没有 4 档):油封损坏、丢失;活塞损坏;制动带损坏;弹簧损坏;服务器推杆损坏。

(5)低档单向离合器:不良。

(6)超速档/倒档中心齿轮和外壳:损坏、焊接处破损;柱齿损坏;壳体损坏。

14. 没有 2-3 换档(自动)

(1)电气部件:PCM 信号输入、输出不正确,检查汽车线束;PCM;换档阀;变速器档位(TR)传感器。

(2)油压不正确:油泵总成螺栓未拧紧至正确力矩值;垫片损坏;油泵毂 4 号或 5 号油封环损坏。

(3)主控制阀体:螺栓未按正确力矩拧紧;垫片泄漏;2-3 档换档阀(也没有 4 档),主调节阀卡滞、损坏或安装不正确;换档电磁阀 2 工作不正常(也没有 4 档);油压通路损坏;分流隔板损坏、阻塞。

(4)直接离合器总成:油封或活塞损坏;摩擦片或钢片严重磨损、损坏;单向钢珠没有在正确位置上;压缩弹簧齿槽损坏、外壳/毂损坏。

(5)中间/超速档服务器:活塞损坏;推杆损坏或泄漏。

(6)壳体:损坏,服务器供油、释放或直接离合器线路泄漏。

15. 没有 3-4 换档(自动)

(1)电气部件:PCM 信号输入、输出不正确,检查汽车线束;PCM;换档阀;变速器档位(TR)传感器。

(2)油压不正确:油泵总成螺栓未拧紧至正确力矩值;垫片损坏。

(3)主控制阀体:螺栓未按正确力矩拧紧;垫片泄漏;3-4档换档阀,主调节阀卡滞、损坏或安装不正确;换档电磁阀1工作不正常(也没有1档);分流隔板损坏、阻塞。

(4)中间/超速档制动带和服务器总成:服务器推杆损坏;服务器活塞或外盖损坏或泄漏;弹簧损坏。

(5)滑行离合器总成:油封损坏、缺失;活塞损坏;摩擦片或钢片严重磨损或损坏;单向钢珠严重损坏。

(6)前进单向离合器:损坏。

(7)壳体:制动带支撑损坏;服务器供油和释放线路泄漏。

16. 仅1-2换档无力/打滑(自动)

(1)电气部件:PCM信号输入、输出不正确,检查汽车线束;PCM;电子压力控制电磁阀(EPC);变速器油温度(TFT)传感器。

(2)主控制阀体:未按正确力矩值紧固螺栓;2-4档蓄压器活塞塞头和油封(3-4档温和换档也适用),主调节阀,管路调节器阀(3-4温和换档也适用)粘接卡住、受损或安装不正确;油压通路损坏;压力板/垫圈损坏;分流器板损坏。

(3)中间/超速档制动带和服务器总成:未拧紧到正确力矩;服务器推杆或导孔损坏;2/4档制动带或倒档离合器鼓总成磨损、损坏;弹簧损坏;服务器盖和油封损坏。

(4)前进单向离合器总成:损坏,1档滑行时不能连接或固定。

(5)前进离合器总成:回位弹簧损坏;摩擦片或钢片损坏;油泵牵毂3或4号油封损坏。

(6)低档单向离合器:损坏,不能空转。

(7)低/倒档离合器:摩擦片或钢片损坏。

(8)壳体:制动带支座损坏;服务器制动或释放线路损坏、泄漏。

17. 仅2-3换档无力/打滑

(1)电气部件:PCM信号输入、输出不正确,检查汽车线束;PCM;电子压力控制电磁阀(EPC);变速器油温度(TFT)传感器。

(2)油泵总成:螺栓未按正确力矩值紧固;垫圈损坏;油泵毂4或5号油封环损坏。

(3)主控制阀体:未按正确力矩值紧固螺栓;垫圈泄漏;系统油压调节器阀(也适用1-2档和3-4档温和换档)服务器释放往复运动阀粘接卡住、损坏或安装不正确;油压通路损坏;压力板/垫圈损坏;分流器板损坏。

(4)直接离合器:油封或活塞损坏;检查滚珠是否在正确位置;回位弹簧损坏;摩擦片或钢片损坏。

(5)中间/超速档离合器:活塞或活塞孔径损坏;服务器推杆或推杆孔径损坏。

(6)壳体:服务器制动和释放或直接离合器线路中有泄漏。

(7)前进单向离合器:损坏,无法固定。

18. 仅3-4档换档无力/打滑(自动)

(1)电气部件:PCM信号输入、输出不正确,检查汽车线束;PCM;电子压力控制电磁阀(EPC);变速器油温度(TFT)传感器。

(2)主控制阀体:未按正确力矩值紧固螺栓;垫圈泄漏;系统油压调节器阀,2-4档蓄压器堵头和油封阀粘接卡住、损坏或安装不正确;油压通路损坏;压力板/垫圈损坏;分流器板损坏。

(3)中间/超速杆制动带和服务器总成:2/4档制动带或倒档离合器鼓总成磨损、损坏或装配不当;油封或活塞孔径损坏、遗失;服务器盖或油封损坏;服务器推杆或推杆孔径损坏;弹簧损坏。

(4)直接离合器:油封损坏、遗失;活塞损坏;滚珠损坏、遗失或泄漏;回位弹簧损坏;摩擦片或钢片损坏。

(5)壳体:制动带支座损坏;服务器制动和释放线路泄漏。

19. 仅4-3档换档无力/打滑(自动)

(1)电气部件:PCM信号输入、输出不正确,检查汽车线束;PCM;电子压力控制电磁阀(EPC);变速器油温度(TFT)传感器。

(2)主控制阀体:未按正确力矩值紧固螺栓;垫圈泄漏;服务器释放往复运动阀,主调节阀粘滞卡住、损坏或安装错误;油压通路损坏;压力板/垫圈损坏;分流器板损坏。

(3)中间/超速杆制动带和服务器总成:2/4档制动带和倒档离合器鼓总成磨损、损坏或装配不当;服务器回位弹簧破损;服务器推杆损坏;活塞油封损坏。

(4)直接离合器总成:油封损坏、遗失;活塞损坏;滚珠损坏、遗失或泄漏;回位弹簧损坏;摩擦片或钢片损坏。

(5)前进/滑行离合器总成:油封损坏、遗失;活塞损坏;摩擦片或钢片损坏;检查滚珠是否作用;回位弹簧损坏。

(6)壳体:在服务器制动和释放及直接离合器线路中有空隙/泄漏。

20. 仅3-2档换档无力/打滑(自动)

(1)电气部件:PCM信号输入、输出不正确,检查汽车线束;PCM;电子压力控制电磁阀(EPC);节气门位置传感器(TPS);车速传感器(VSS);空气流量(MAF)传感器;3-2档正时滑行离合器电磁阀(3-2T/CCS)。

(2)主控制阀体:未按正确力矩值紧固螺栓;垫圈泄漏;3-2档正时阀;电磁阀调节器阀;3-2档控制阀粘接卡住、损坏或安装错误。3-2T/CCS电磁阀无法正确工作;压力板/垫圈损坏;分流器板损坏。

(3)直接离合器:回位弹簧破损;摩擦片或钢片损坏、磨损;单向钢珠无法释放;活塞或油封损坏。

(4)中间/超速档制动带和服务器总成:2/4档制动带或倒档离合器鼓总成磨损、损坏或安装错误;服务器活塞损坏;服务器回复和缓冲弹簧损坏、装配不当;服务器推秆弯曲、损坏。

(5)油泵总成:未按正确力矩拧紧;垫圈损坏;空隙/横向泄漏;油泵毂4、5、6号油封环损坏或安装错误;从前进档齿轮油管泄漏至直接齿轮油管。

(6)壳体:制动带支架损坏;服务器制动和释放线路泄漏;服务器推杆壳体孔径损坏。

21. 仅2-1档换档无力/打滑(自动或强迫降档)

(1)电气部件:PCM信号输入、输出不正确,检查汽车线束;PCM;电子压力控制电磁阀(EPC);节气门位置传感器(TPS);车速传感器(VSS);空气流量(MAF)传感器;变速器油温度(TFT)传感器。

(2)油泵总成:未按正确力矩拧紧;垫圈损坏;空隙/横向泄漏;油泵毂3或4号油封环损坏泄漏或安装错误。

(3)中间/超速档服务器和制动带总成:服务器活塞损坏;服务器回位和缓冲弹簧损坏。

(4)前进离合器总成:活塞或油封损坏;摩擦片或钢片损坏。

(5)低档单向离合器:无法连接、固定。

22. 仅1-2换档生硬

(1)电气部件:PCM信号输入、输出不正确,检查汽车线束;PCM;电子压力控制电磁阀(EPC);节气门位置传感器(TPS);车速传感器(VSS);空气流量(MAF)传感器;变速器油温度(TFT)传感器;变矩器离合器电磁阀(TCC);变速器档位(TR)传感器。

(2)主控制阀体:未按正确力矩值紧固螺栓;垫圈泄漏;2-4档蓄压器阀,3-2档控制阀(也适用3-4档换档生硬)粘接卡住、损坏或安装错误。压力板/垫圈损坏;分流器板损坏。

(3)油泵总成:未按正确力矩拧紧;垫圈损坏;空隙/横向泄漏;油泵毂3或4号油封环损坏泄漏或安装错误。

(4)中间/超速档制动带和服务器总成:缓冲回位弹簧损坏;中间/超速档制动带损坏、磨损;2/4档制动带或倒档离合器鼓总成磨损、损坏或安装错误。

(5)前进/滑行离合器总成:垫圈损坏;回位弹簧损坏;摩擦片或钢片损坏。

(6)壳体:制动带支架区域损坏。

23. 仅 2-3 档换档生硬(自动)

(1)电气部件:PCM 信号输入、输出不正确,检查汽车线束;PCM;电子压力控制电磁阀(EPC);节气门位置传感器(TPS);车速传感器(VSS);空气流量(MAF)传感器;变速器油温度(TFT)传感器;变矩器离合器电磁阀(TCC);变速器档位(TR)传感器;涡轮轴转速传感器(TSS)。

(2)主控制阀体:未按正确力矩值紧固螺栓;垫圈泄漏;系统油压调节器阀(也适用 1-2 档和 3-4 档换档生硬),服务器释放往复运动阀粘接卡住、损坏或安装错误;压力板/垫圈损坏;分流器板损坏。

(3)油泵总成:未按正确力矩拧紧;垫圈损坏;空隙/横向泄漏;油泵毂 4 或 5 号油封环损坏泄漏或安装错误。

(4)直接离合器:活塞或活塞孔径损坏;摩擦片或钢片损坏;单向钢珠位置不正确;回位弹簧损坏;离合器缸齿槽损坏。

(5)中间/超速档服务器:服务器活塞或活塞孔径损坏。

(6)壳体:服务器制动和释放或直接离合器线路泄漏;服务器推杆孔径损坏。

24. 仅 3-4 档换档生硬(自动)

(1)电气部件:PCM 信号输入、输出不正确,检查汽车线束;PCM;电子压力控制电磁阀(EPC);节气门位置传感器(TPS);车速传感器(VSS);空气流量(MAF)传感器;变速器油温度(TFT)传感器;变矩器离合器电磁阀(TCC);变速器档位(TR)传感器;涡轮轴转速传感器(TSS);3-2 档/滑行离合器电磁阀(CCS)。

(2)主控制阀体:未按正确力矩值紧固螺栓;垫圈泄漏;系统油压调节器阀(也适用 1-2 档和 2-3 档换档生硬),3-2 档控制阀,2-4 档蓄压器阀,滑行离合器阀粘接卡住、损坏或安装错误;压力板/垫圈损坏;分流器板损坏。

(3)油泵总成:未按正确力矩拧紧;垫圈损坏;空隙/横向泄漏;滑行离合器油封损坏。

(4)中间/超速档制动带和服务器总成:2/4 档制动带或倒档离合器鼓总成磨损、损坏或安装错误;服务器活塞或盖损坏或泄漏;弹簧损坏。

(5)滑行离合器总成:活塞或油封损坏、遗失;摩擦片或钢片损坏;检查滚珠是否无法作用。

(6)直接离合器总成:活塞或油封损坏、遗失;检查滚珠损坏、遗失或泄漏;回位弹簧损坏;摩擦片或钢片损坏;离合器缸齿槽损坏。

(7)壳体:制动带支架损坏。

25. 仅 4-3 档换档生硬(自动)

(1)电气部件:PCM 信号输入、输出不正确,检查汽车线束;PCM;电子压力控制电磁阀(EPC);节气门位置传感器(TPS);车速传感器(VSS);空气流量(MAF)传感器;变速器油温度(TFT)传感器;变矩器离合器电磁阀(TCC);变速器档位(TR)传感器;涡轮轴转速传感器(TSS);3-2 档/滑行离合器电磁阀(CCS)。

(2)主控制阀体:未按正确力矩值紧固螺栓;垫圈泄漏;服务器释放往复运动阀,3-2 档正时服行阀粘接卡住、损坏或安装不正确;压力板/垫圈损坏;油压通路损坏;分流器板损坏。

(3)油泵总成:未按正确力矩拧紧;垫圈损坏;空隙/横向泄漏;滑行和直接离合器线路上第 2,3,4 或 5 油封环损坏;油泵毂损坏。

(4)中间/超速档制动带和服务器总成:服务器推杆弯曲、损坏;服务器回位弹簧破损。

(5)滑行离合器总成:油封损坏、遗失;活塞损坏;摩擦片或钢片损坏;检查滚珠是否无法作用。

(6)壳体:服务器制动释放和直接离合器线路有空隙/泄漏。

26. 仅 3-2 档换档生硬(自动)

(1)电气部件:PCM 信号输入、输出不正确,检查汽车线束;PCM;电子压力控制电磁阀(EPC);节气门位置传感器(TPS);车速传感器(VSS);空气流量(MAF)传感器;变速器油温度(TFT)传感器;变矩器离合器电磁阀(TCC);变速器档位(TR)传感器;涡轮轴转速传感器(TSS);3-2档/滑行离合器电磁阀(3-2T/CCS)。

(2)主控制阀体:未按正确力矩值紧固螺栓;垫圈泄漏;3-2档正时阀,电磁阀调节阀,3-2控制阀粘接卡住、损坏、安装错误;3-2T/CCS电磁阀工作不正常;压力板/垫圈损坏;油压通路损坏;分流器板损坏。

(3)油泵总成:未按正确力矩拧紧;垫圈损坏;空隙/横向泄漏;油泵毂、油封环损坏或安装错误。

(4)直接离合器总成:回位弹簧损坏、破损;摩擦片或钢片损坏;检查滚珠是否开启。

(5)中间/超速档制动带和服务器总成:中间/超速档制动带或倒档离合器鼓总成损坏、磨损或装配不当;服务器活塞损坏;服务器推杆弯曲、损坏;服务器回位弹簧破损。

(6)壳体:制动器支架损坏;服务器推杆孔径损坏。

27. 变矩器无法接合

(1)电气部件:PCM信号输入、输出不正确,检查汽车线束;PCM;变速器油温度(TFT)传感器;变矩器离合器电磁阀(TCC);制动开关;涡轮轴转速传感器(TSS)。

(2)主控制阀体:未按正确力矩值紧固螺栓;垫圈泄漏;电磁阀油压调节器,旁通离合器阀控制阀和柱塞,变矩器调节器阀粘接卡住、损坏或安装不正确;TCC电磁阀故障;油压通路损坏;分流板损坏或阻塞。

(3)变矩器:泄漏或内部损坏。

28. 变矩器一直接合(汽车熄火)

(1)电气部件:PCM信号输入、输出不正确,检查汽车线束;PCM;变速器油温度(TFT)传感器;变矩器离合器电磁阀(TCC);制动开关。

(2)主控制阀体:未按正确力矩值紧固螺栓;垫圈泄漏;电磁阀油压调节器,旁通离合器阀控制阀和柱塞,变矩器调节器阀粘接卡住、损坏或安装不正确;TCC电磁阀故障;油压通路损坏;分流板损坏或阻塞。

(3)变矩器:内部油封损坏;离合器片粘接在变矩器壳上。

(4)油泵总成:未按规定力矩拧紧;垫圈损坏;油泵1号油封环损坏,丢失或安装错误。

(5)壳体:离合器旁通线路有空隙/横向泄漏。

29. 无驻车档位

(1)变速器内部或外部换档连杆:损坏、调整不当或装配不当。

(2)驻车机构:在从动链轮上的驻车锁定齿轮,驻车爪回位弹簧,接合弹簧发卡或损坏;驻车爪,驻车爪轴,操纵手柄,凸轮盘齿轮,操纵手柄连杆弹簧,变速器档位(TR)传感器,驻车爪驱动盘,操纵手柄轴螺母损坏、遗失或安装错误。

30. 变速器过热

(1)电气部件:PCM信号输入、输出不正确,检查汽车线束;PCM;变速器油温度(TFT)传感器;变矩器离合器电磁阀(TCC);涡轮轴转速传感器(TSS)。

(2)变速器油:变速器油未添加至正确油高,变速器油质不良。

(3)冷却器软管:损坏、阻塞、接反。

(4)冷却器:入口或内部堵塞;外部脏污堵塞。

(5)主控制阀:未按正确力矩值紧固螺栓;主调节器阀,旁通离合器控制阀,变矩器调节阀粘接卡住、损坏、安装错误;液压通路损坏;分流器板/垫片损坏;TCC电磁阀无法正确作用(关闭),变矩器离合器无法接合。

(6)油泵总成:垫片损坏;后润滑油通路阻塞。

(7)链条外壳:丢失。

(8)油面高度控制阀:开口粘接卡住或损坏;垫片损坏或遗失;螺栓或支架损坏、遗失或安装错误。

(9)壳体/变矩器壳/导轮支架:前润滑油通路阻塞或不通畅;变矩器离合器,正时通路阻塞或不通畅。

31. 手动 1 档时，无发动机制动

(1)电气部件：PCM 信号输入、输出不正确，检查汽车线束；PCM；3-2 档正时/滑行离合器电磁阀。

(2)主控制阀：未按正确力矩值紧固螺栓；垫片损坏；低/倒档调节器阀，滑行离合器电磁阀粘接卡住、损坏或安装错误；液压通路损坏；分流器板/垫片损坏。

(3)滑行离合器：装配不当、损坏；前进离合器毂油封损坏；活塞或油封损坏；单向钢珠损坏、遗失。

(4)低/倒档离合器：装配不当、损坏；活塞或油封损坏。

(5)油泵总成：滑行离合器线路的油泵毂 2 号或 4 号油封损坏、遗失。

32. 在行驶档位(O/D 开关开启)或操纵手柄位于 2 档时，没有发动机制动

(1)电气部件：PCM 信号输入、输出不正确，检查汽车线束；PCM；3-2 档正时/滑行离合器电磁阀。

(2)变速器内部、外部排档连杆：调整或装配不正确。

(3)主控制阀：未按正确力矩值紧固螺栓；垫片损坏；3-4 换档阀，1-2 换档阀，第 2 档控制阀，滑行离合器电磁阀粘接卡住、损坏或安装错误；3-2 正时/滑行离合器电磁阀卡住或损坏。

(4)前进单向离合器：损坏，装配不当。

(5)滑行离合器：装配不当；前进离合器毂油封损坏；活塞或油封损坏；单向钢珠损坏或丢失。

(6)油泵总成：滑行离合器线路的油泵毂 2 号或 3 号油封损坏、丢失。

33. 操纵手柄位于 N 档时，汽车会行进

(1)变速器内部、外部排档连杆：调整或装配不正确。

(2)油泵：垫片严重损坏；前进离合器线路的油泵毂 2 号油封泄漏。

(3)前进/滑行离合器：摩擦片或钢片损坏；回位弹簧损坏；检查滚珠是否损坏、丢失。

34. 换档杆故障

换档杆故障的现象、原因及排除方法见表 8-17。

表 8-17　换档杆故障表

状　况	可能原因	措　施
换档杆一直锁定	换档杆锁无法操作 蓄电池耗尽 方向机管柱锁定或点火开关不在点火位置且未踩下制动 中央接线盒熔丝 F24 熔断 中央接线盒熔丝 F25 熔断 组合仪表接口电路无电源供应	通过线路图，检查相关的电器部件和线路
	换档杆上的电磁阀没有作用	通过线路图，检查相关的电器部件和线路
换档杆锁没有作用	换档杆拉索调整不正确	调整换档杆拉索
	换档杆机械损坏	维修换档杆拉索
换档杆位置显示和接合档位的状况不一致	换档杆拉索调整错误	调整换档杆拉索
	换档杆总成和盖子未对正	拆卸换档杆总成并调整
换档杆不能变换至“P”或“1”档位	换档杆拉索调整错误	换档杆拉索调整错误
	换档杆机械损坏	拆卸换档杆总成并调整或更换

第九章 5F31J 型自动变速器

第一节 技术参数与结构特点

一、主要技术参数

1. 基本参数

长安福特蒙迪欧 2.5(V6)轿车装用日本 JATCO TRANS TECHNOLOGY 公司生产的 5F31J 型自动变速器，该自动变速器是电控 5 速、手/自动一体自动变速器，其基本参数见表9-1。

表 9-1 5F31J 型自动变速器的基本参数

变速器型号	5F31J	变速器型号	5F31J
1 档速比	3.801∶1	R 档速比	2.970∶1
2 档速比	2.131∶1	主减速比	3.712
3 档速比	1.364∶1	油液型号	ESP-M2C166-H
4 档速比	0.935∶1	油液容量	8.7L
5 档速比	0.685∶1		

2. 主要部件拧紧力矩

5F31J 型自动变速器主要部件拧紧力矩见表 9-2。

表 9-2 主要部件拧紧力矩 (N·m)

螺　栓	力　矩
变速器档位(TR)传感器固定螺栓	6
变速器外壳至发动机固定螺栓	48
变矩器固定螺帽	36
发动机后固定托架固定螺栓	80
发动机后固定座固定螺栓 M12	133
发动机后固定座固定螺栓 M10	48
接地导线至变速器固定螺栓	20
导索托架螺栓	10
中间轴中央轴承盖固定螺帽	25
增压空气冷却器进气软管固定螺栓	20
换档杆导索护盖固定螺栓	22
支柱与弹簧总成上固定座固定螺帽	30

续表 9-2

螺栓	力矩
起动机固定螺栓	35
蓄电池导线至起动机	12
点火开关至起动机导线固定螺帽	6
蓄电池托架支撑架固定螺栓	20
接地导线至电瓶支撑架	20
中央连接盒(CJB)至电瓶托架	10
变速器油测试塞	15
变速器排放塞	45
变速器油底壳固定螺栓	8
油冷却器管至变速器	40
变速器线束托架至变速器固定螺栓	9

二、总体构造

5F31J 型自动变速器外观如图 9-1 所示，内部总体构造如图 9-2 所示，壳体及阀体部件分解如图 9-3 所示，内部机械部件分解如图 9-4 所示。

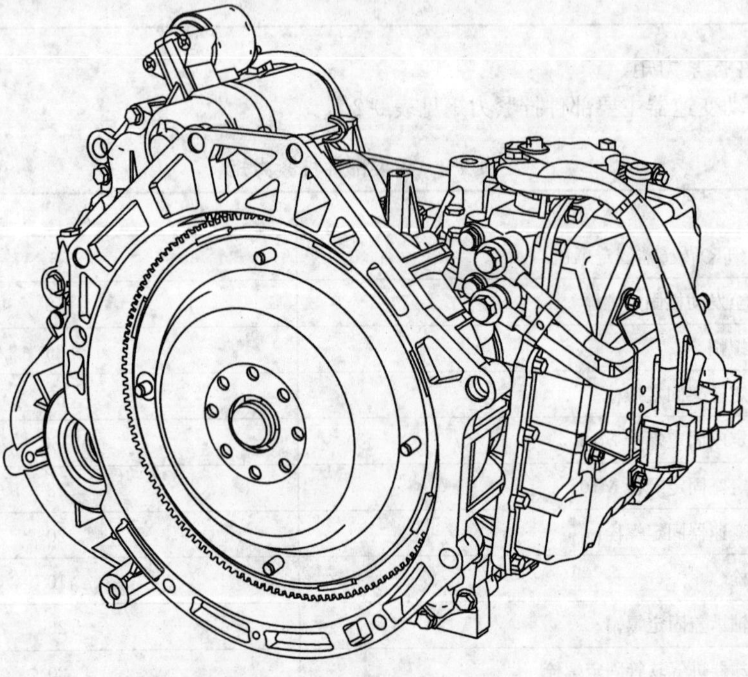

图 9-1 5F31J 型自动变速器外观

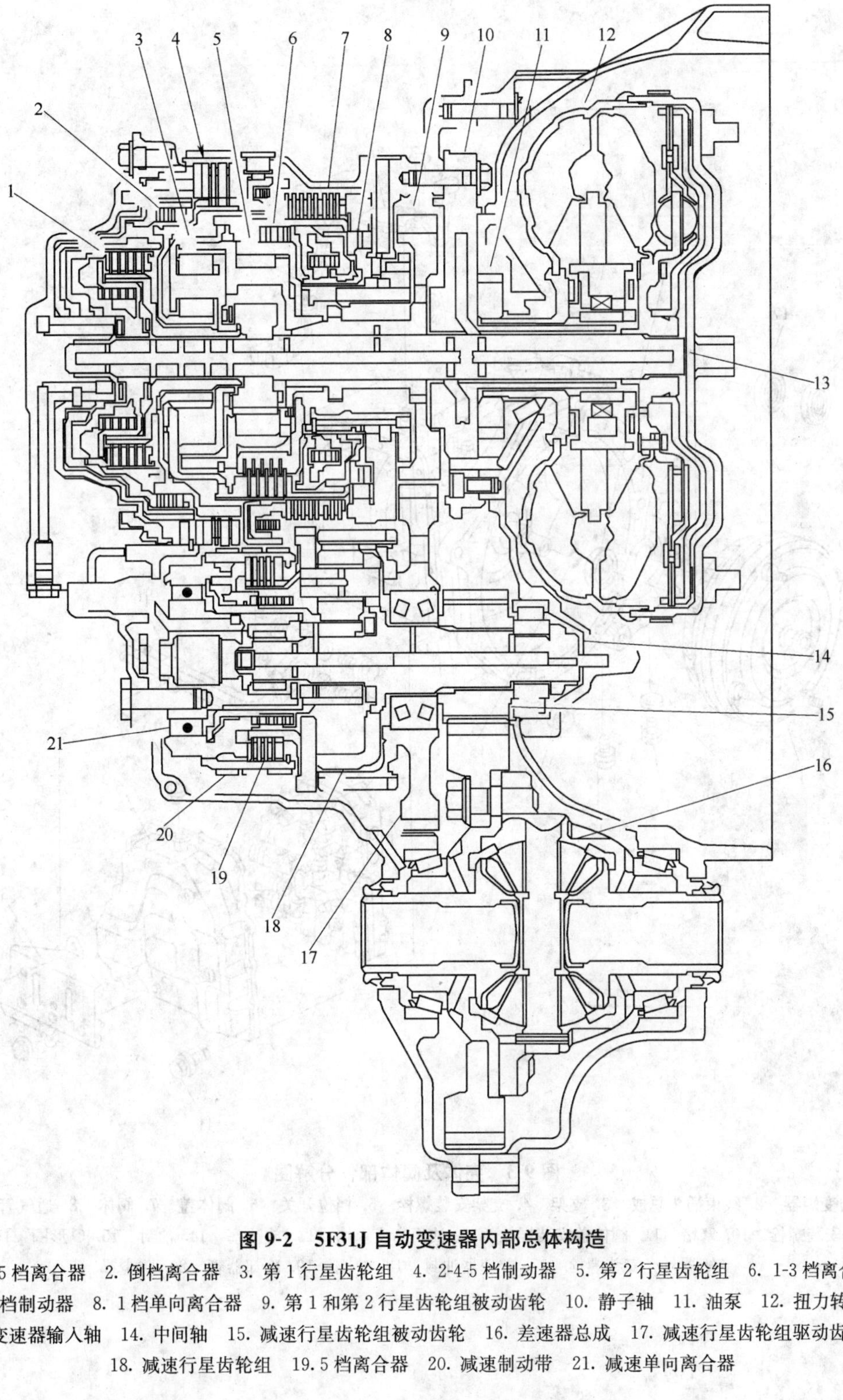

图 9-2　5F31J 自动变速器内部总体构造

1. 3-5 档离合器　2. 倒档离合器　3. 第 1 行星齿轮组　4. 2-4-5 档制动器　5. 第 2 行星齿轮组　6. 1-3 档离合器　7. 倒档制动器　8. 1 档单向离合器　9. 第 1 和第 2 行星齿轮组被动齿轮　10. 静子轴　11. 油泵　12. 扭力转换器　13. 变速器输入轴　14. 中间轴　15. 减速行星齿轮组被动齿轮　16. 差速器总成　17. 减速行星齿轮组驱动齿轮　18. 减速行星齿轮组　19. 5 档离合器　20. 减速制动带　21. 减速单向离合器

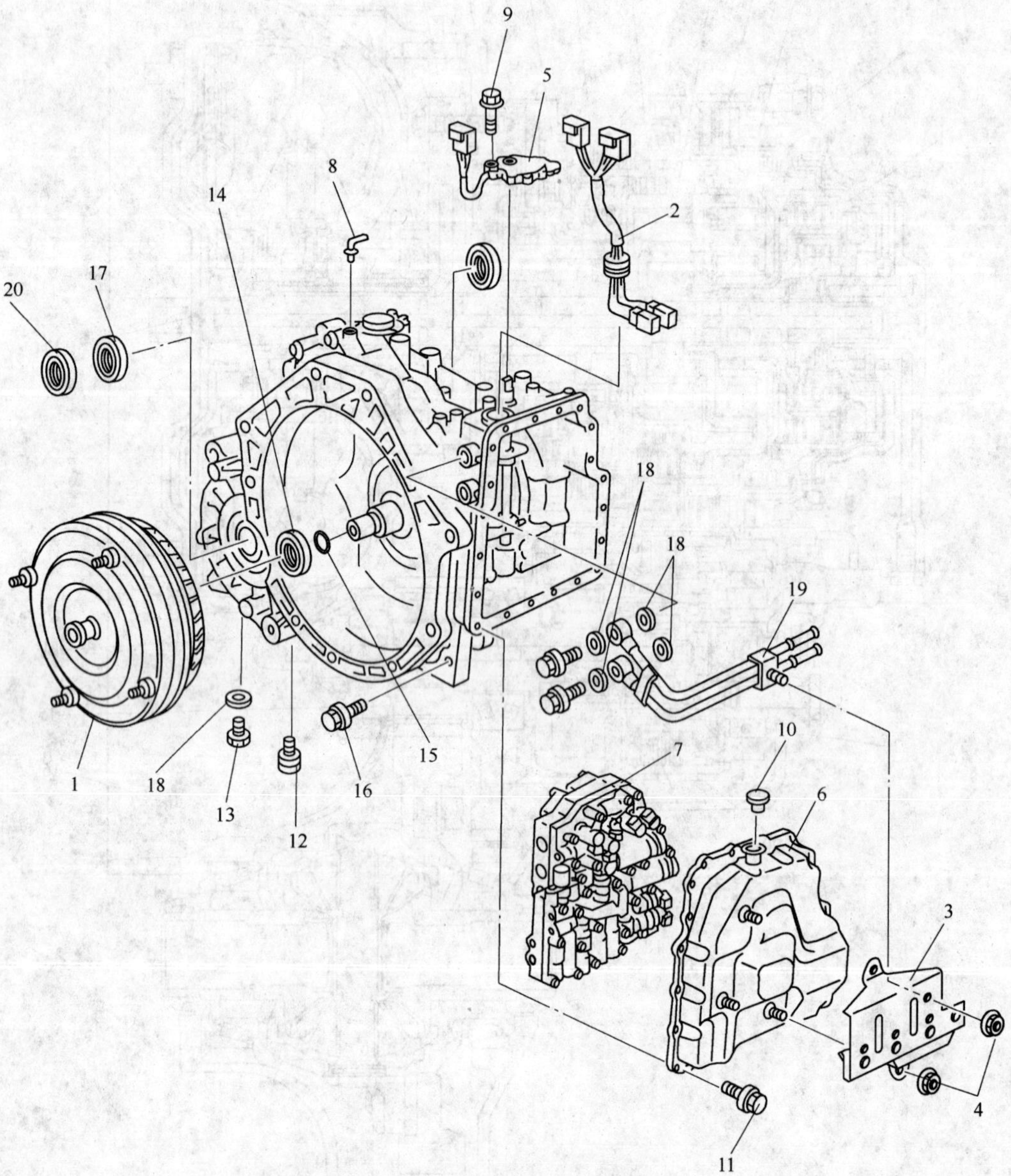

图 9-3　壳体及阀体部件分解图

1. 液力变矩器　2. 线束插头总成　3. 支架　4. 支架安装螺栓　5. 档位开关　6. 阀体盖　7. 阀体　8. 通气管　9. 档位开关安装螺栓　10. 塞堵　11. 阀体盖安装螺栓　12. 油面高度塞堵　13. 放油塞　14. 油封　15. O形圈　16. 液力变矩器外壳安装螺栓　17. 差速器油封　18. 垫圈　19. 冷却器管　20. 防尘罩

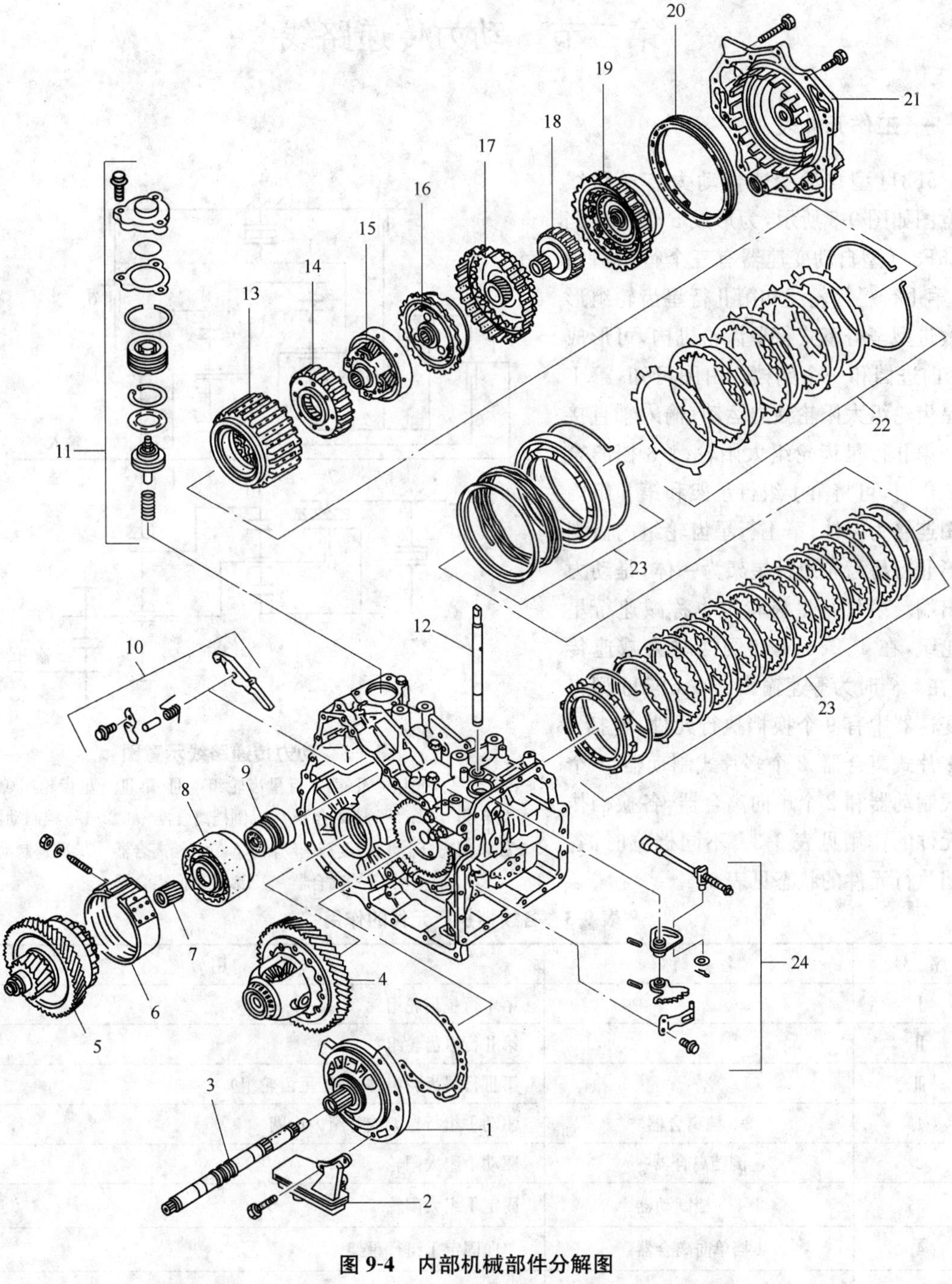

图 9-4　内部机械部件分解图

1. 润滑油泵　2. 润滑油滤清器　3. 输入轴　4. 差速器齿轮　5. 减速齿轮　6. 减速制动带　7. 太阳轮　8. 直接离合器　9. 单向离合器内座圈　10. 驻车机构　11. 制动带伺服器　12. 选档杆　13. 低速档离合器　14. 内齿轮　15. 后行星齿轮架　16. 前行星齿轮架　17. 低速档离合器钢片毂　18. 高速档离合器钢片毂　19. 倒档和高速档离合器总成　20. 回位弹簧　21. 侧盖　22. 2-4 档制动器　23. 低档和倒档制动器　24. 驻车部件

第二节 动力传递路线

一、工作元件表

5F31J 型自动变速器动力传递路线示意图如图 9-5 所示，为形成 5 个前进档位，5F31J 型自动变速器有三个行星齿轮组，第Ⅰ行星齿轮组和第Ⅱ行星齿轮组形成改进型辛普森式行星齿轮机构，可形成 4 个前进档和一个倒档。由图可知，第Ⅰ行星齿轮组太阳轮独立运动；输入轴直接驱动第Ⅱ行星齿轮组太阳轮；1-3 档离合器工作时，可将第Ⅰ组行星架和第Ⅱ组内齿圈连接为一体；第Ⅰ行星齿轮组内齿圈和第Ⅱ行星齿轮组行星架为一体，是动力输出端。第Ⅲ行星齿轮组也称减速行星齿轮组，在 1、2、3、4 和倒档时为减速传动，在 5 档时为等速输出。在 5F31J 型自动变速器中有 9 个换档执行元件，包括 4 个多片式离合器、2 个多片式制动器、1 个带式制动器和 2 个单向离合器，各换档执行元件的作用见表 9-3。不同档位时，各换档执行元件的状态见表 9-4。

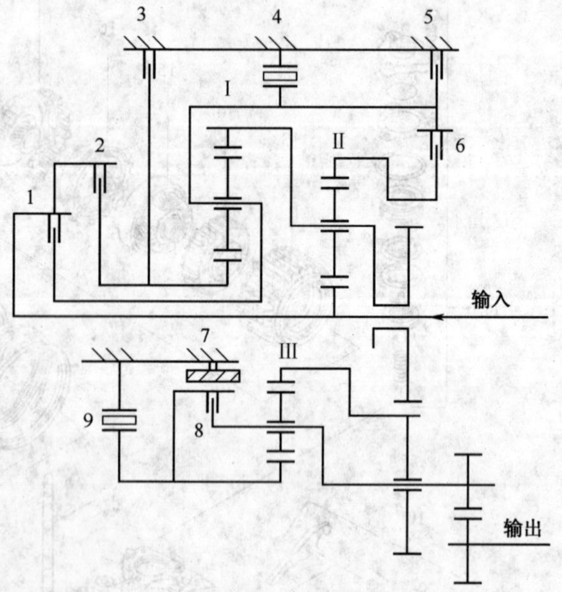

图 9-5 动力传递路线示意图

Ⅰ-第Ⅰ行星齿轮组 Ⅱ-第Ⅱ行星齿轮组 Ⅲ-第Ⅲ行星齿轮组(减速行星齿轮组) 1. 3-5 档离合器 2. 倒档离合器 3. 2/4/5 档制动器 4. 1 档单向离合器 5. 倒档制动器 6. 1-3 档离合器 7. 减速制动带 8. 5 档离合器 9. 减速单向离合器

表 9-3 各换档执行元件的作用

序 号	名 称	作 用
Ⅰ		第Ⅰ行星齿轮组
Ⅱ		第Ⅱ行星齿轮组
Ⅲ		第Ⅲ行星齿轮组(减速行星齿轮组)
1	3-5 档离合器	驱动Ⅰ组行星架或Ⅱ组内齿圈
2	倒档离合器	驱动Ⅰ组太阳轮
3	2/4/5 档制动器	固定Ⅰ组太阳轮
4	1 档单向离合器	单向固定Ⅰ组行星架
5	低速/倒档制动器	固定Ⅰ组行星架
6	1-3 档离合器	连接Ⅰ组行星架和Ⅱ组内齿圈
7	减速制动带	固定Ⅲ组(减速行星齿轮组)太阳轮
8	5 档离合器	连接Ⅲ组(减速行星齿轮组)行星架和太阳轮
9	减速单向离合器	单向固定Ⅲ组(减速行星齿轮组)太阳轮

表 9-4 工作元件表

执行元件 / 档位		1-3 档离合器	2-4-5 档制动器	3-5 档离合器	倒档离合器	低速/倒档制动器	减速制动带	5 档(直接)离合器	1 档(低速)单向离合器	减速单向离合器
P/N							○			
R					○	○	○			
D	1	○							●	●
	2	○	○							●
	3	○		○			○			
	4		○	○			○			
	5		○	○				○		
M	1					○	○			
	2	○	○				○			
	3	○		○			○			
	4		○	○			○			
	5		○	○				○		

○:作用 ●:行驶时转矩传递

二、动力传递路线分析

1. D 位 1 档(D1)动力传递路线

D 位 1 档动力传递路线如图 9-6 所示,为能表达清楚,现将第Ⅰ行星齿轮组、第Ⅱ行星齿轮组和第Ⅲ行星齿轮组(减速行星齿轮组)的状态分别说明。

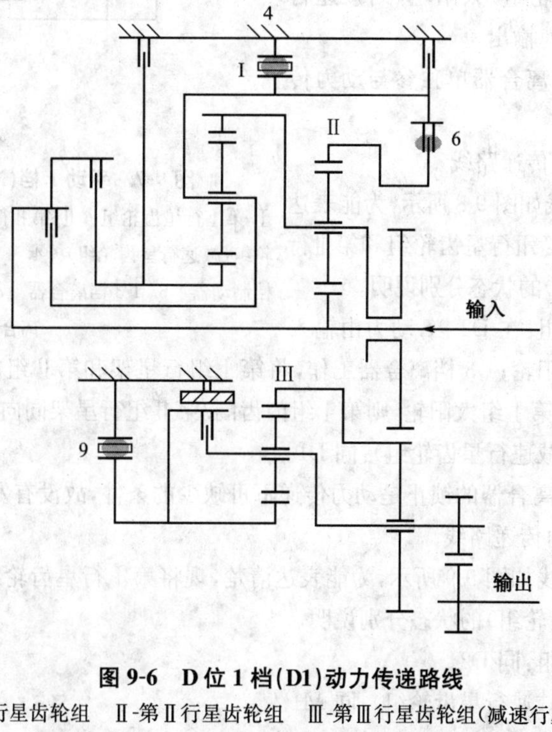

图 9-6 D 位 1 档(D1)动力传递路线

Ⅰ-第Ⅰ行星齿轮组 Ⅱ-第Ⅱ行星齿轮组 Ⅲ-第Ⅲ行星齿轮组(减速行星齿轮组)

4. 1 档单向离合器 6. 1-3 档离合器 9. 减速单向离合器

(1)第Ⅰ、Ⅱ行星齿轮组：在 D1 档，动力由输入轴传到第Ⅱ行星齿轮组太阳轮；1-3 档离合器工作，将第Ⅰ组行星架和第Ⅱ组内齿圈连接为一体；同时 1 档（低速）单向离合器锁止，单向固定第Ⅰ组行星架/第Ⅱ组内齿圈，则第Ⅰ组内齿圈/第Ⅱ组行星架同向减速输出。

(2)第Ⅲ行星齿轮组（减速行星齿轮组）：减速行星齿轮组的齿圈是动力输入端，减速单向离合器锁止，单向固定第Ⅲ组（减速行星齿轮组）太阳轮，则减速行星齿轮组的行星架同向减速输出。

综上分析，在 D1 档，只有第Ⅱ行星齿轮组参与动力传递，第Ⅰ行星齿轮组不参与动力传递，第Ⅲ行星齿轮组为减速输出。在 D1 档，因 1 档（低速）单向离合器和减速单向离合器的锁止是动力传递不可缺少的条件，故没有发动机制动。

2. 手动 1 档（M1）动力传递路线

手动 1 档动力传递路线如图 9-7 所示，为能表达清楚，现将第Ⅰ行星齿轮组、第Ⅱ行星齿轮组和第Ⅲ行星齿轮组（减速行星齿轮组）的状态分别说明。

(1)第Ⅰ、Ⅱ行星齿轮组：在 M1 档，动力由输入轴传到第Ⅱ行星齿轮组太阳轮；1-3 档离合器工作，将第Ⅰ组行星架和第Ⅱ组内齿圈连接为一体，同时低速/倒档制动器工作，固定第Ⅰ组行星架/第Ⅱ组内齿圈，则第Ⅰ组内齿圈/第Ⅱ组行星架同向减速输出。

(2)第Ⅲ行星齿轮组（减速行星齿轮组）：减速行星齿轮组的齿圈是动力输入端，减速制动带工作，固定Ⅲ组（减速行星齿轮组）太阳轮，则减速行星齿轮组的行星架同向减速输出。

在 M1 档，因没有单向离合器单独参与动力传递，故有发动机制动。

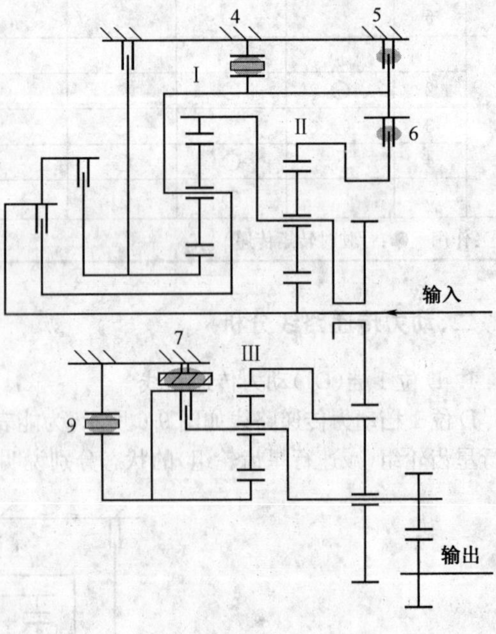

图 9-7　手动 1 档（M1）动力传递路线

Ⅰ-第Ⅰ行星齿轮组　Ⅱ-第Ⅱ行星齿轮组　Ⅲ-第Ⅲ行星齿轮组（减速行星齿轮组）　4. 1 档单向离合器　5. 低速/倒档制动器　6. 1-3 档离合器　7. 减速制动带　9. 减速单向离合器

3. D 位 2 档（D2）动力传递路线

D 位 2 档动力传递路线如图 9-8 所示，为能表达清楚，现将第Ⅰ行星齿轮组、第Ⅱ行星齿轮组和第Ⅲ行星齿轮组（减速行星齿轮组）的状态分别说明。

(1)第Ⅰ、Ⅱ行星齿轮组：在 D2 档，动力由输入轴传到第Ⅱ行星齿轮组太阳轮；1-3 档离合器工作，将第Ⅰ组行星架和第Ⅱ组内齿圈连接为一体，同时 2/4/5 档制动器工作，固定第Ⅰ组太阳轮，则第Ⅰ组内齿圈/第Ⅱ组行星架同向减速输出。

(2)第Ⅲ行星齿轮组（减速行星齿轮组）：同 D1。

在 D2 档，因减速单向离合器的锁止是动力传递不可缺少的条件，故没有发动机制动。

4. 手动 2 档（M2）动力传递路线

手动 2 档动力传递路线如图 9-9 所示，为能表达清楚，现将第Ⅰ行星齿轮组、第Ⅱ行星齿轮组和第Ⅲ行星齿轮组（减速行星齿轮组）的状态分别说明。

(1)第Ⅰ、Ⅱ行星齿轮组：同 D2。

(2)第Ⅲ行星齿轮组（减速行星齿轮组）：同 M1。

在 M2 档，因没有单向离合器单独参与动力传递，故有发动机制动。

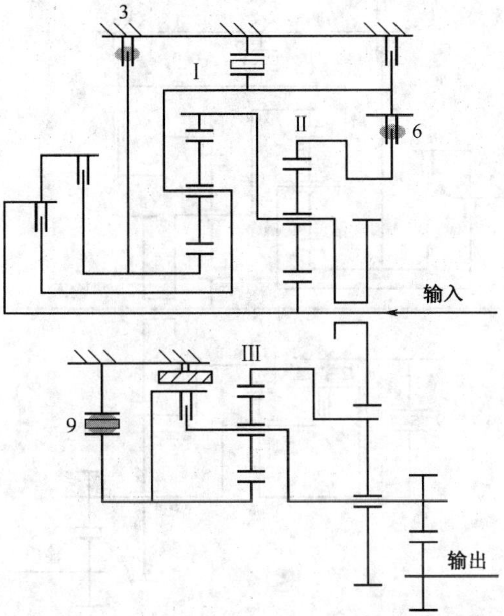

图 9-8　D 位 2 档(D2)动力传递路线

Ⅰ-第Ⅰ行星齿轮组　Ⅱ-第Ⅱ行星齿轮组　Ⅲ-第Ⅲ行星齿轮组(减速行星齿轮组)　3. 2/4/5 档制动器　6. 1-3 档离合器　9. 减速单向离合器

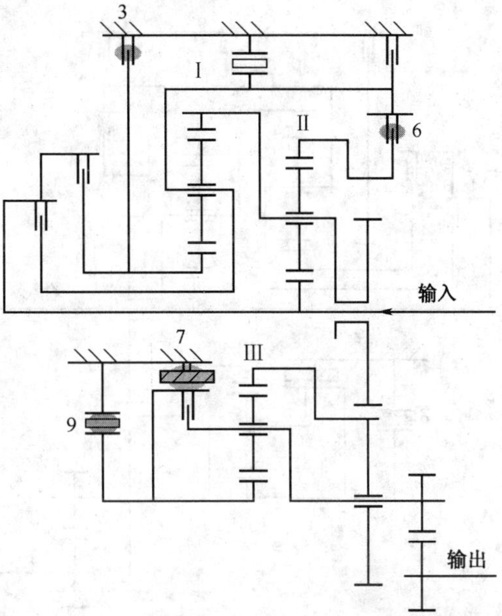

图 9-9　手动 2 档(M2)动力传递路线

Ⅰ-第Ⅰ行星齿轮组　Ⅱ-第Ⅱ行星齿轮组　Ⅲ-第Ⅲ行星齿轮组(减速行星齿轮组)　3. 2/4/5 档制动器　6. 1-3 档离合器　7. 减速制动带　9. 减速单向离合器

5. 3 档动力传递路线

D 位 3 档(D3)和手动 3 档(M3)动力传递路线相同,如图 9-10 所示,为能表达清楚,现将第Ⅰ行星齿轮组、第Ⅱ行星齿轮组和第Ⅲ行星齿轮组(减速行星齿轮组)的状态分别说明。

(1)第Ⅰ、Ⅱ行星齿轮组:在 3 档,动力由输入轴传到第Ⅱ行星齿轮组太阳轮;1-3 档离合器工作,将第Ⅰ组行星架和第Ⅱ组内齿圈连接为一体,同时 3-5 档离合器工作,驱动第Ⅰ组行星架/第Ⅱ组内齿圈,因行星齿轮机构中有两个部件被同时驱动,则整个行星齿轮机构以一个整体旋转,即第Ⅰ行星齿轮组和第Ⅱ行星齿轮组的总传动比为 1∶1,则第Ⅰ组内齿圈/第Ⅱ组行星架同向等速输出。

(2)第Ⅲ行星齿轮组(减速行星齿轮组):同 M1。

在 3 档,因没有单向离合器单独参与动力传递,故有发动机制动。

6. 4 档动力传递路线

D 位 4 档(D4)和手动 4 档(M4)动力传递路线相同,如图 9-11 所示,为能表达清楚,现将第Ⅰ行星齿轮组、第Ⅱ行星齿轮组和第Ⅲ行星齿轮组(减速行星齿轮组)的状态分别说明。

(1)第Ⅰ、Ⅱ行星齿轮组:在 4 档,动力由输入轴传到第Ⅱ行星齿轮组太阳轮,但因 1-3 档离合器不工作,这一路动力输入不起作用;3-5 档离合器工作,驱动Ⅰ组行星架;2/4/5 档制动器工作,固定Ⅰ组太阳轮,则第Ⅰ组内齿圈/第Ⅱ组行星架同向增速输出。

(2)第Ⅲ行星齿轮组(减速行星齿轮组):同 M1。

在 4 档,因没有单向离合器单独参与动力传递,故有发动机制动。

7. 5 档动力传递路线

D 位 5 档(D5)和手动 5 档(M5)动力传递路线相同,如图 9-12 所示,为能表达清楚,现将第Ⅰ行星齿轮组、第Ⅱ行星齿轮组和第Ⅲ行星齿轮组(减速行星齿轮组)的状态分别说明。

(1)第Ⅰ、Ⅱ行星齿轮组:同 4 档。

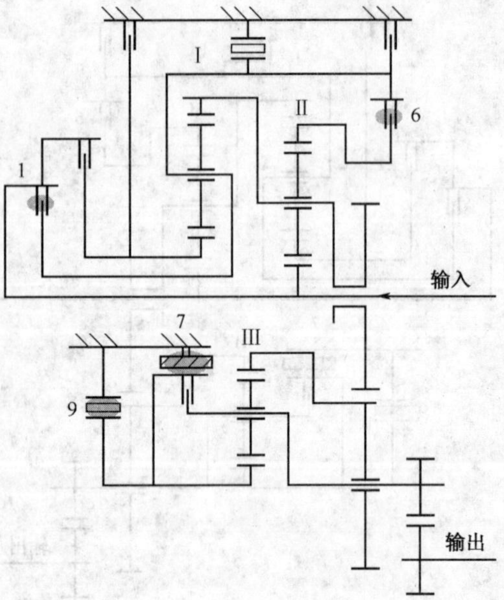

图 9-10 3 档动力传递路线

Ⅰ-第Ⅰ行星齿轮组 Ⅱ-第Ⅱ行星齿轮组 Ⅲ-第Ⅲ行星齿轮组(减速行星齿轮组) 1. 3-5 档离合器 6. 1-3 档离合器 7. 减速制动带 9. 减速单向离合器

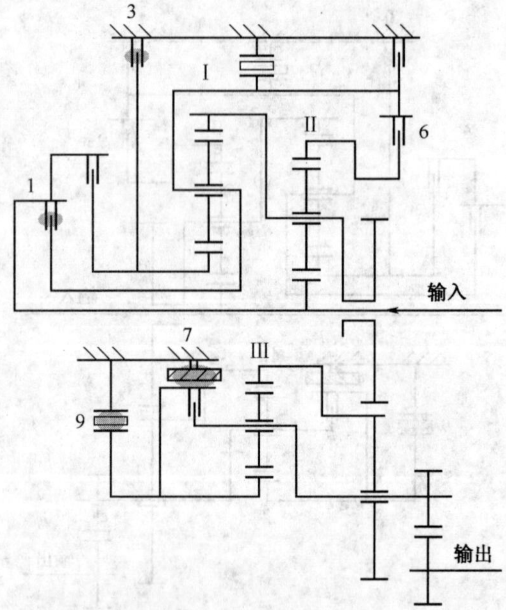

图 9-11 4 档动力传递路线

Ⅰ-第Ⅰ行星齿轮组 Ⅱ-第Ⅱ行星齿轮组 Ⅲ-第Ⅲ行星齿轮组(减速行星齿轮组) 1. 3-5 档离合器 3. 2/4/5 档制动器 7. 减速制动带 9. 减速单向离合器

(2)第Ⅲ行星齿轮组(减速行星齿轮组):减速行星齿轮组的齿圈是动力输入端,5 档离合器工作,连接Ⅲ组(减速行星齿轮组)行星架和太阳轮,则减速行星齿轮组为一个整体旋转,不再起减速作用,传动比为 1。

在 5 档,因没有单向离合器单独参与动力传递,故有发动机制动。

8. 倒档动力传递路线

倒档动力传递路线如图 9-13 所示,为能表达清楚,现将第Ⅰ行星齿轮组、第Ⅱ行星齿轮组和第Ⅲ行星齿轮组(减速行星齿轮组)的状态分别说明。

(1)第Ⅰ、Ⅱ行星齿轮组:在倒档,动力由输入轴传到第Ⅱ行星齿轮组太阳轮,但因 1-3 档离合器不工作,这一路动力输入不起作用;倒档离合器工作,驱动Ⅰ组太阳轮;低速/倒档制动器工作,固定第Ⅰ组行星架,则第Ⅰ组内齿圈/第Ⅱ组行星架反向减速输出。

(2)第Ⅲ行星齿轮组(减速行星齿轮组):同 M1。

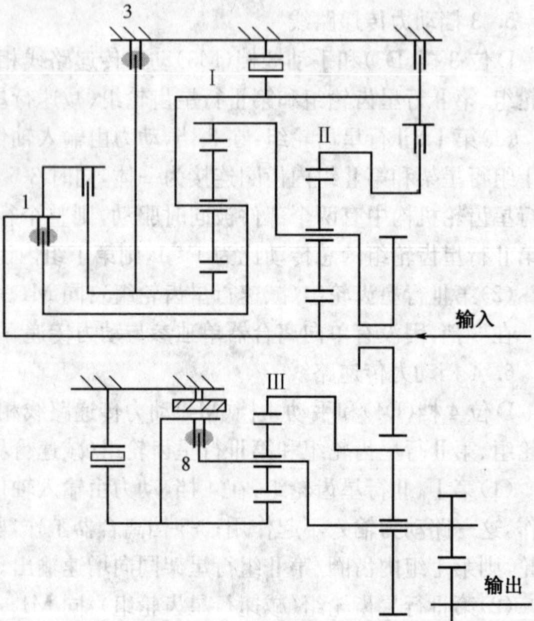

图 9-12 5 档动力传递路线

Ⅰ-第Ⅰ行星齿轮组 Ⅱ-第Ⅱ行星齿轮组 Ⅲ-第Ⅲ行星齿轮组(减速行星齿轮组) 1. 3-5 档离合器 3. 2/4/5 档制动器 8. 5 档离合器

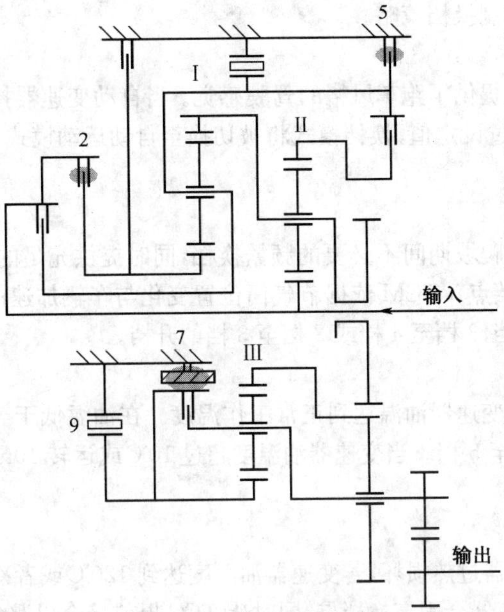

图 9-13　倒档动力传递路线

Ⅰ-第Ⅰ行星齿轮组　Ⅱ-第Ⅱ行星齿轮组　Ⅲ-第Ⅲ行星齿轮组(减速行星齿轮组)
2. 倒档离合器　5. 倒档制动器　7. 减速制动带　9. 减速单向离合器

第三节　电子控制系统

一、自动变速器控制模块(TCM)及其控制特点

自动变速器控制模块(TCM)是控制中枢,位于乘客仓内左侧 A 柱。变速器控制模块通过各种输入信号接受驾驶风格、行驶状态以及行驶阻力信息,通过模糊逻辑控制程序处理这些信息。处理程序利用车速、加速踏板动作速率来计算一个叫"运动系数"的参数。控制系统根据此参数选择介于注重动力性的换档特性与注重经济性的换档特性之间的换档方式。同时行驶阻力也会影响这个参数。

1. 换档模式

变速器控制模块使用的换档模式视工作状况而定,控制系统定义了 10 种不同换档模式,并安排了优先次序。表 9-5 是不同的模式以及所指定的优先次序(号码小＝较高的优先级别)。

表 9-5　换档模式及优先级别

模式	优先次序	模式	优先次序
正常	9	停车再走	4
自动运动	8	快放	3
爬坡	7	下坡	2
冷起动	6	手动换档	1
过热保护	5	紧急运行	0

(1)正常模式

正常模式在换档杆位于 D 时使用。在正常模式下,自动变速器控制模块(TCM)依照 PCM 传送节气门位置和车速信号自动控制换档策略。

(2)自动运动模式

自动运动模式为驾驶人提供了跑车风格的驾驶感觉。当自动变速器控制模块(TCM)感知加速踏板被迅速踩下,只要速度超过设定值,换档模式将被切换至自动运动模式,延迟升档时机,为车辆提供足够的动力加速。

(3)爬坡模式

爬坡模式用于避免车辆爬坡期间不必要的频繁换档,同时提供充足的动力。TCM 会视车辆加速状况推迟升档点,而提高降档点。TCM 依据节气门位置变化与车辆加速的关系,计算出坡度,视坡度的大小,会延迟自 4 档至 5 档,3 档至 4 档或 2 档至 3 档的升档。

(4)冷起动模式

冷起动模式用于尽快让变速器油温达到正常工作温度。在油温低于－40℃时,TCC 不会接合,在油温度低于 10℃时,无法升至 5 档。当变速器油温度超过 10℃或运转 10min 以上时,变速器控制将脱离冷起动模式。

(5)过热保护模式 ,

过热保护模式防止变速器过热损坏,若变速器油温度达到 120℃或者冷却液温度达到 115℃时,变速器进入过热保护模式,变速器会固定换档点,同时让 TCC 提前接合以避免油温继续上升。TCC 在 1 档时就会接合(但车速必须大于 20km/h),以减少变速器油温度。当变速器油温度回落到 117℃以下或冷却液温度低于 111℃时,变速器控制将离开过热保护模式。

(6)停车再走模式

停车再走模式用于当车辆在交通拥堵的情况下避免在低档频繁换档。变速器控制模块计算 PCM 在一固定时间内传送来的加速踏板作动次数,并与车速作比较。在变速器控制模块侦测到符合停车再走模式时,则会限制变速器进入 1 档。车辆将会使用 2 档起步。若变速器控制模块侦测到车速升高或节气门开度增大时,则自动离开停车再走模式。

(7)快放模式

快放模式避免加速踏板突然松开后变速器马上升档。为提供驾驶人更直接的驾驶感受更好地利用发动机制动功能(例如,当快速转弯时),若加速踏板突然放开时车速约在 50 km/h 以上,系统将限制变速器立即升至高档并提供发动机制动。

(8)下坡模式

下坡模式用于在下坡时提供更有效的发动机制动功能。当自动变速器控制模块(TCM)感知节气门关闭,制动提供,而车速并没有有效降低,就会提前降档,同时提供发动机制动功能。在车速于约 25km/h 以上时,若节气门关闭则变速器控制模块将限制升档。视当时行驶状况,系统将限制升至 3 档、4 档或 5 档。在这种情况下,制动踩下约 0.2s,则变速器控制模块在情况许可下,会向下降一档。注意:重复地踩下制动踏板,可得到进一步的降档。若节气门开启或车速至约 25km/h 以下,则变速器控制模块将离开下坡模式。

(9)手动换档模式

手动换档模式由驾驶人直接选择,为驾驶人提供更直接的驾驭感受。变速器控制系统依然要确保系统不会因不正常操作而损坏,手动换档模式有以下控制策略:

—若发动机达到转速上限时,则变速器控制模块将自动升一档;

—若发动机转速低于设定值以下,则变速器控制模块将自动降一档;

—若降档动作将使发动机转速高于最大转速限制时,则变速器控制模块将不会降档。

运动换档模式使驾驶者可以 2 档起步(雪地模式),并使强制降档车速提升至约 80km/h。

(10)紧急运行模式

若因某些严重故障使自动变速器控制模块(TCM)无法正确控制变速器的工作,则变速器会进入紧急运行模式,在此模式下,变速器控制模块将不再控制电磁阀。变速器使用机械液压进行控制。在此模式下,变速器按照以下方式运行:

—管路压力最高,会产生换档冲击;

—换档杆位置D时,4档TCC不接合;

—换档杆位置R有倒档;

—紧急运行模式完全依靠控制阀体内的手动阀控制,紧急运行模式仪表板内档位显示变为二水平线,如图9-14所示。

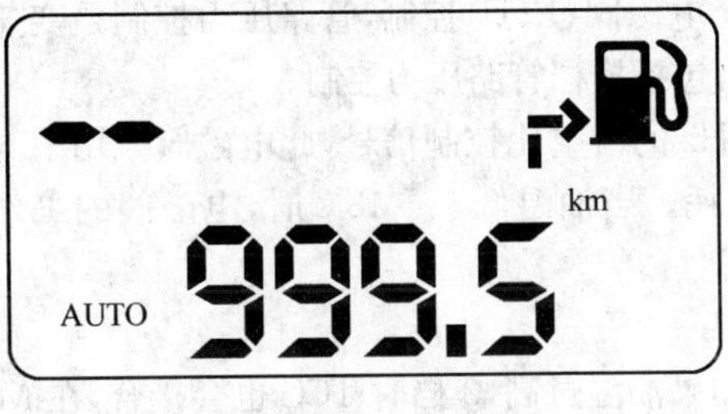

图9-14　紧急运行模式仪表显示

2. 倒档禁入功能

如果车辆在向前行驶过程中,变速器不慎挂入倒档,控制模块(TCM)会通过控制空档电磁阀阻止倒档执行元件接合,直到前进的速度降低到安全限值之内,才会解除倒档保护。

3. 换档减矩控制

换档期间,通过减矩控制发动机输出转矩会暂时降低,让换档冲击降至最低。变速器换档的同时,控制模块(TCM)通过高速CAN网络将转矩降低请求传输给发动机控制系统。减矩控制发生在D和M档位的升档和降档过程中,以下情况减矩控制不起作用:

—节气门信号不正确;涡轮轴转速(TSS)、车速(VSS)、中间轴轴转速(ISS)、变速器油温(TFT)信号或降矩信号有误。

—环境温度过低,低于−30℃。

4. 换档正时控制

换档期间,特定的离合器或者制动器被释放,而同时另一些执行元件会接合。理想状态下,执行元件的释放与接合过程应该尽可能同步进行以防止冲击,改善换档质量。因此,每次换档控制模块(TCM)都会监测TSS和ISS传感器信号并进行评估。如果控制模块发现信号偏离设定值,就会在下次换档期间相应调整压力或者换档时机。所有这些设定值存储在控制模块中的非易失性存储器中。控制模块使用匹配好的数据调整3/4/5档电磁阀,减速制动电磁阀以及2/4/5档制动器电磁阀的动作。如图9-15所示,在5F31J自动变速器内,有3个速度传感器,分别称为涡轮速度传感器(TSS)、中间轴速度传感器(ISS,用于监测复合行星齿轮组输出齿轮转速)和车速传感器(VSS),TCM利用TSS和ISS传感器信号确定复合行星齿轮组传动比,利用ISS和VSS信号确定减速行星齿轮组传动比。

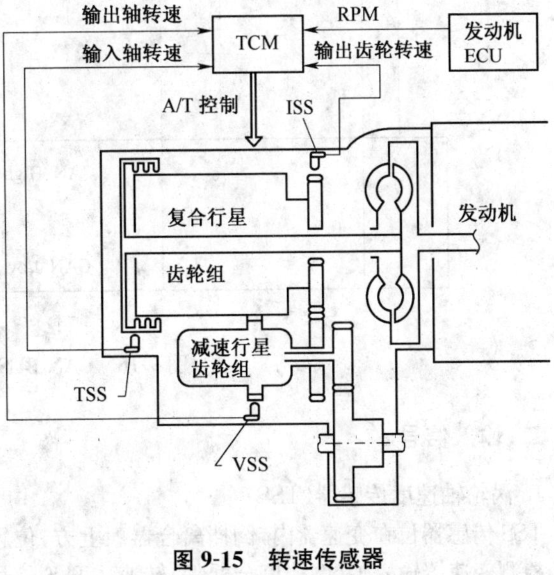

图9-15　转速传感器

举个例子,在5档行驶过程中加速降至4档时,5档离合器和减速制动带需要同时动作。但是如果二者动作不同步,换档时会有冲击。所以,系统控制正时(减速制动)电磁阀断电调整管路压力延迟减速制动带接合以便平稳换档。控制系统利用 TSS,ISS 和 OSS 传感器计算前排复合行星齿轮组与减速行星齿轮组的传动比,利用传动比确定换档时机是否在预期范围内。除了调整正时电磁阀的动作时机提高换档质量,5F31J 型还使用蓄压器背压控制方式来调整 1-3 档离合器以及 3/4/5 档离合器等执行元件的换档正时。

5. 管路压力控制

管路压力为片式离合器、片式制动器以及制动带等自动变速器执行元件提供操作油压。管路压力的控制为车辆提供了柔和的运行和换档操作。管路压力随着当前的驾驶状态实时调节,以便在任意时刻都可以提供最佳的换档与行驶性能。管理压力使用一个电磁阀(EPC)控制,管路压力控制是变速器最基本的操作与控制,同时对变速器的其他功能也很重要,包括换档管路压力控制。

自动变速器控制模块(TCM)向电磁阀输出频率为 50Hz 的占空比控制信号,此电磁阀采用了与常见 PWM 所不同的截止控制方式,以减少电磁阀的功率消耗。当油温低于－18℃时,电磁阀的工作频率降为 25Hz。

6. 变矩器锁止离合器控制(TCC)

正常情况下处于 D 档位 TCC 只在 3、4 和 5 档接合。如果油温过高,2 档时 TCC 也会接合,在 M 档位 1 档 TCC 也会接合。TCC 滑动控制使变矩器锁止离合器在低速也可以处于打滑状态(TCC 半接合),从而提高了传动效率。在控制过程中 TCM 比较发动机转速和涡轮轴转速(变速器输入轴转速),以确定 TCC 滑差,使用 TCC 电磁阀调整二者差值保持在预期范围内。在特定的高速行驶 TCC 锁止范围内,即使放松加速踏板,TCC 依然会保持锁止状态,以可以防止加速踏板的运动导致 TCC 频繁锁止和释放。

7. 网络通信

自动变速器控制模块(TCM)、动力系统控制模块(PCM)、车辆稳定控制系统(ESP)和仪表(IP)通过 CAN BUS 网络进行数据交换,如图 9-16 所示。

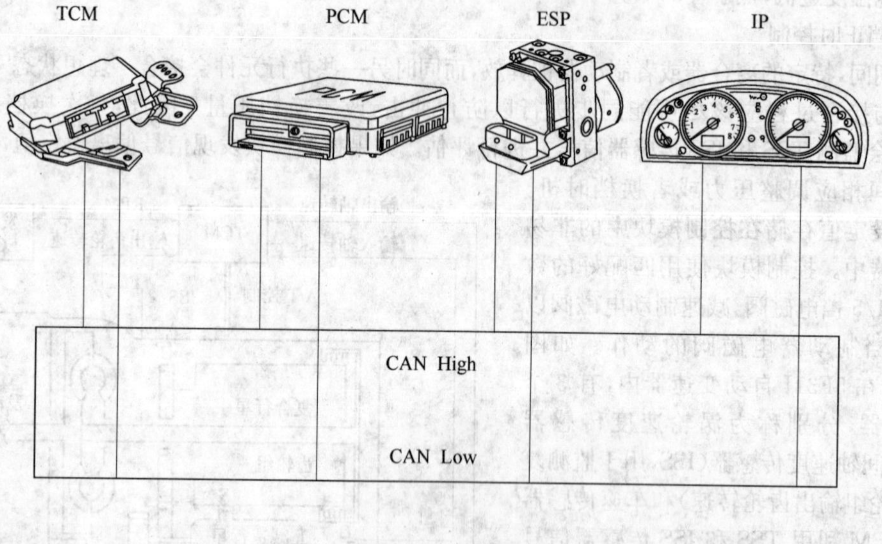

图 9-16　CAN BUS 通信网络

二、输入信号

1. 涡轮轴速度传感器(TSS)

TSS 传感器位在变速器内,倒档离合器毂上方,位置如图 9-17 所示。TSS 传感器为电磁感应式,用于检测变速器输入轴(倒档离合器毂)转速。TSS 信号用控制主管路压力和锁止离合器的工作。当

TSS传感器有故障时，会出现换档困难及没有爬坡模式和下坡模式。

2. 中间轴速度传感器(ISS)

中间轴速度传感器(ISS)位在变速器内，第1和第2行星齿轮组输出齿轮上方，位置如图9-18所示。中间轴速度传感器为电磁感应式，用于检测第1和第2行星齿轮组的输出齿轮转速。ISS此信号用于计算离合器和制动器接合和分离的时机，如果传感器有故障，会出现自动变速器换档不良。

图9-17　涡轮轴速度传感器(TSS)

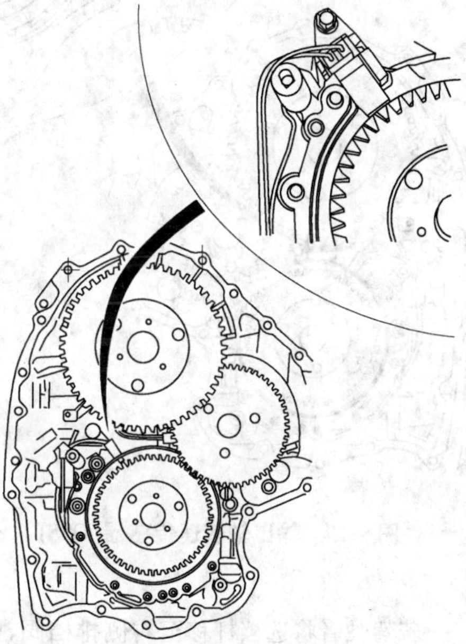

图9-18　中间轴速度传感器(ISS)

3. 输出轴转速传感器(OSS)

输出轴转速传感器(OSS)在变速器内，驻车齿轮上方，位置如图9-19所示。OSS传感器为电磁感应式，用于检测减速行星齿轮组输出转速。OSS信号用于：决定换档时机；决定主管路压力；控制TCC及用于车速输入信号。当OSS有故障时，会出现换档困难及没有爬坡模式和下坡模式。

4. 变速器油温(TFT)传感器

变速器油温(TFT)传感器位在变速器内，润滑油滤清器下方，如图9-20所示。TFT传感器为负温度系数(NTC)电阻器，可检测变速器油温度。变速器控制模块使用变速器油温度信号进行以下控制：决定换档时机；决定主管路压力；控制锁止离合器(TCC)；过热保护模式；冷起动模式。当变速器油温(TFT)传感出现故障时，由发动机冷却水温度(ECT)传感器的信号用作替代TFT信号，没有冷起动模式。

5. 档位(TR)传感器

档位(TR)传感器位在排档轴上，靠近变速器外壳顶部。该传感器为触点式，TR传感器用以下控制：侦测选档杆位置；控制倒车灯继电器；控制主管路压力。当TR传感器出现故障时，会出现换档困难，没有自动/手动、爬坡和下坡模式。

6. 手动换档开关

手动换档开关位在选档杆上，如图9-21所示，它包含3个霍尔传感器和一集成控制电路，霍尔传感器的信号转换成二数字输出信号，再传送至变速器控制模块。操纵手柄在不同位置时，手动换档开关的状态输出见表9-6。变速器控制模块使用此信号侦测驾驶者需求：

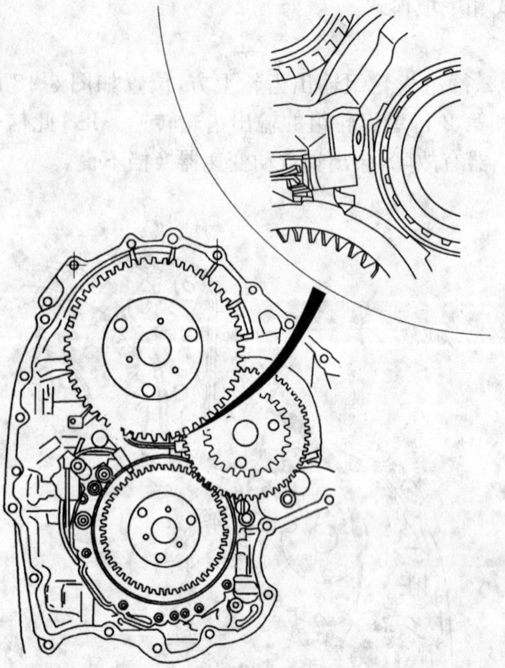

图 9-19　输出轴转速传感器(OSS)

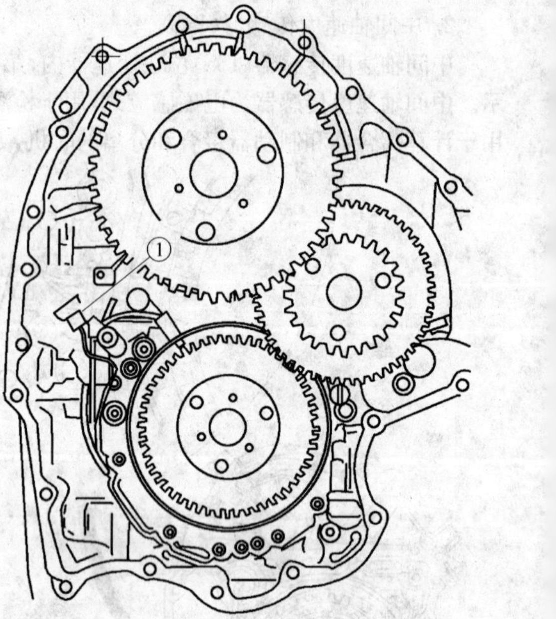

图 9-20　变速器油温(TFT)传感器

—若驾驶者将选档杆移至右侧排档阀，则变速器控制将进入手动换档模式；

—当选档杆向后拉(＋)时，若车速许可，则变速器将控制升到高一档位；

—当选档杆向前推(－)时，若车速许可，则变速器将控制降到低一档位；

—若变速器控制模块因发动机转速太高或太低而不许可换档时，则换档需求将被储存，并在稍后阶段时执行。手动换档开关出现故障时，没有手动换档模式。

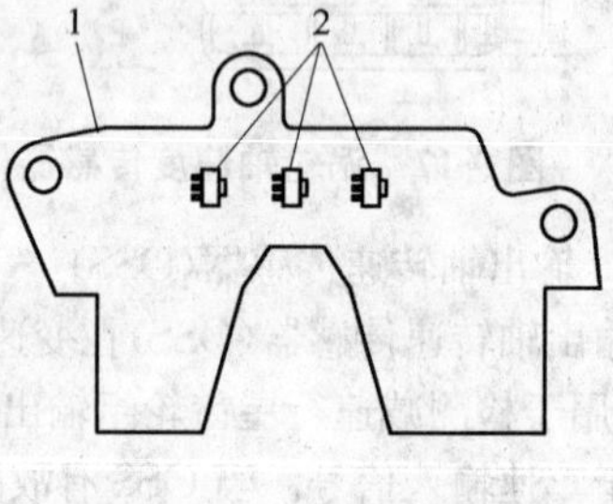

图 9-21　手动换档开关

1. 托板　2. 霍尔传感器

表 9-6　手动换档开关的状态输出

选档杆位置	霍尔传感器 1(＋)	霍尔传感器 2(M)	霍尔传感器 3(－)	线路 1 输出	线路 2 输出
D	OFF	OFF	OFF	1	1
M	OFF	ON	OFF	0	0
＋	OFF	ON	ON	1	0
－	ON	ON	OFF	0	1

7. 制动开关

制动开关位于制动踏板上，其功能有：释放选档杆锁定电磁阀；使 TCC 分离；供下坡模式用。当制动开关出现故障时，选档杆无法移出“P”位置；没有下坡模式。

8. 发动机转速信号

动力系统控制模块(PCM)从曲轴位置(CKP)传感器接收发动机转速信号，此信号经 CAN 数据总线传送至变速器控制模块(TCM)。变速器控制模块(TCM)使用此信号控制 TCC 滑差。

9. 负荷信号

动力系统控制模块(PCM)确认一负荷信号,经 CAN 数据总线传送至变速器控制模块(TCM)。TCM 使用此信号作下列功能:决定换档模式;决定主管路压力;决定换档时机。

10. 转矩降低信号

变速器控制模块(TCM)将实施降档的需求,经 CAN 数据总线传送至动力系统控制模块(PCM),PCM 随即降低发动机输出转矩,以确使降档平顺,且尽可能没有抖动。

11. 车速信号

车速信号由变速器控制模块(TCM)经由 CAN 数据总线传送至动力系统控制模块(PCM),PCM 处理信号并转送,再次经由 CAN 数据总线传送至仪表板。TCM 同时利用接收自 CAN 数据总线的 ABS 系统的车速信号作为备用信号。

12. 选档杆位置信号

变速器控制模块(TCM)经由 CAN 数据总线向仪表板传送选档杆位置和接合的档位,仪表板指示选档杆位置或接合档位(选择排档模式)给驾驶者。

三、输出元件

5F31J 型自动变速器使用了 9 个电磁阀控制变速器工作,其中 4 个电磁阀使用 PWM 方式控制,分别是:

(1)主压力调节电磁阀。

(2)2/4/5 档制动器电磁阀。

(3)3-5 档离合器电磁阀。

(4)TCC 电磁阀。

另外 5 个电磁阀为开关型电磁阀,分别是:

(5)换档电磁阀 SSA,SSB,SSC。

(6)减速制动带电磁阀。

(7)空档电磁阀。

PWM 电磁阀的工作原理如图 9-22 所示,它包含拉入线圈和弹簧预载针阀。PWM 电磁阀由控制模块控制以 50Hz 频率工作,输出液压按需求连续可变。线圈工作时,针阀克服弹簧力打开泄油,PWM 电磁阀断电输出最大压力。开关式电磁阀的工作原理如图 9-23 所示,它包含拉入线圈和针阀。线圈断电,泄油通道被打开,管路中的油压泻掉。线圈通电,针阀截断泄油孔,液压油可以输送至相应执行元件。开关型电磁阀断电输出压力最小。各电磁阀的位置如图 9-24 所示,不同档位各电磁阀的状态见表 9-7。

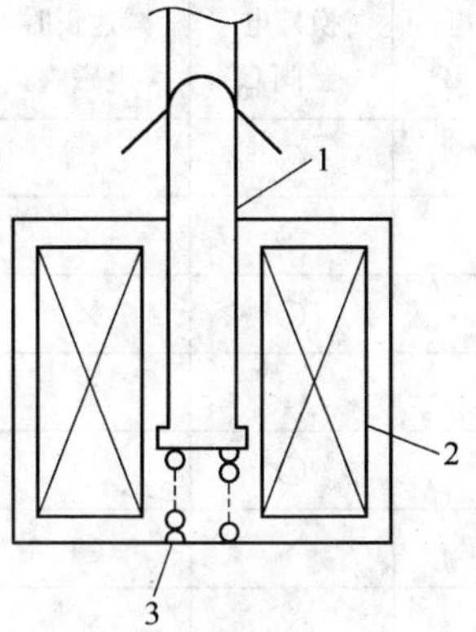

图 9-22　PWM 电磁阀

1. 针阀　2. 拉入线圈　3. 弹簧

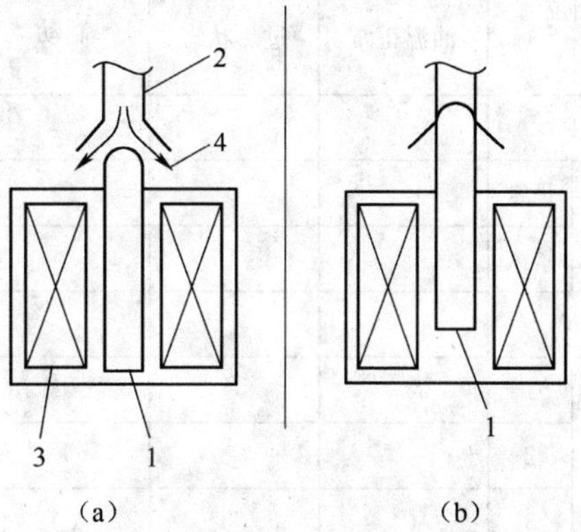

图 9-23　开关式电磁阀

(a)断电(OFF)　(b)通电(ON)

1. 针阀　2. 油压　3. 线圈　4. 泄油口

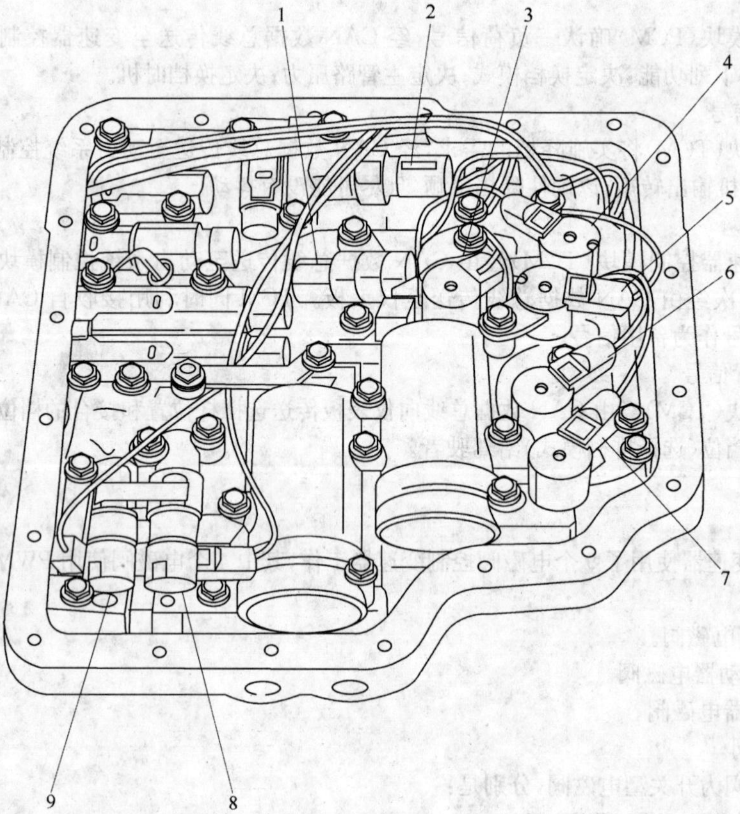

图 9-24　电磁阀的位置

1. 3-5 档离合器电磁阀　2. 主压力调节电磁阀　3. TCC 电磁阀　4. 换档电磁阀 SSA　5. 减速制动带电磁阀　6. 换档电磁阀 SSB　7. 换档电磁阀 SSC　8. 2/4/5 档制动器电磁阀　9. 空档电磁阀

表 9-7　不同档位各电磁阀的状态

档位		TCC		发动机制动	电磁阀状态				
		油温正常	过热状态		换档电磁阀 A	换档电磁阀 B	换档电磁阀 C	减速正时电磁阀	空档电磁阀
P					○	○	○	×	×
R	正常			○	○	○	○	×	×
	禁入				○	○	○	×	○
N					○	○	○	×	×
D	1				○	○	○	○	×
	2		○		○	○	×	○	×
	3	○	○	○	×	○	×	×	×
	4	○	○	○	×	×	○	×	×
	5	○	○	○	○	×	○	○	×

续表 9-7

档位		TCC		发动机制动	电磁阀状态				
		油温正常	过热状态		换档电磁阀 A	换档电磁阀 B	换档电磁阀 C	减速正时电磁阀	空档电磁阀
M	1	○	○	○	×	○	○	×	×
	2	○	○	○	○	○	×	×	×
	3	○	○	○	×	○	×	×	×
	4	○	○	○	×	×	○	×	×
	5	○	○	○	○	×	○	○	×

注：○—电磁阀 ON　×—电磁阀 OFF。

1. 主压力调节电磁阀

主压力调节电磁阀为脉宽调整(PWM)电磁阀，它依照行驶状况而控制主管路压力，以确保换档平顺。当主压力调节电磁阀出现故障时，TCM 给其断电，此时管路压力保持最大，会产生换档冲击。

2. 2/4/5 档制动器电磁阀

2/4/5 档制动器电磁阀控制 2/4/5 档制动器在接合和分离时的油压。当它出现故障时，管路压力保持在最大，会产生换档冲击。

3. 3-5 档离合器电磁阀

3-5 档离合器电磁阀控制 3-5 档离合器在接合和分离时的油压。当它出现故障时，管路压力保持在最大，会产生换档冲击。

4. TCC 电磁阀

TCC 电磁阀控制 TCC 在接合和分离时的油压，当电磁阀断电时，TCC 为分离状态。电磁阀出现故障后，TCC 无法接合。

5. 换档电磁阀 SSA、SSB 和 SSC

换档电磁阀 SSA、SSB 和 SSC 连接主控制阀体内不同的液压路径至离合器和制动器、制动带。若变速器控制模块侦测到 SSA、SSB 或 SSC 内有故障时，它将自动切换至紧急运行模式。

6. 减速制动带电磁阀

减速制动带换档电磁阀控制减速制动带的接合和分离，当它出现故障时，会产生降档冲击。

7. 空档电磁阀

空档电磁阀用于控制在车辆前进速度超过约 8 km/h 时倒档不能接合，避免变速器严重损坏。对于柴油发动机车型，在 1 或 M2 档车辆静止时，变速器自动转至空档状态。如果空档电磁阀出现故障，当车辆向前行驶时，若操纵手柄置于倒档，倒档会接合，将无法避免变速器损坏；对于柴油车型，会影响自动空档功能。

四、电控系统电路图

5F31J 型自动变速器电控系统电路图如图 9-25、图 9-26、图 9-27 和图 9-28 所示。

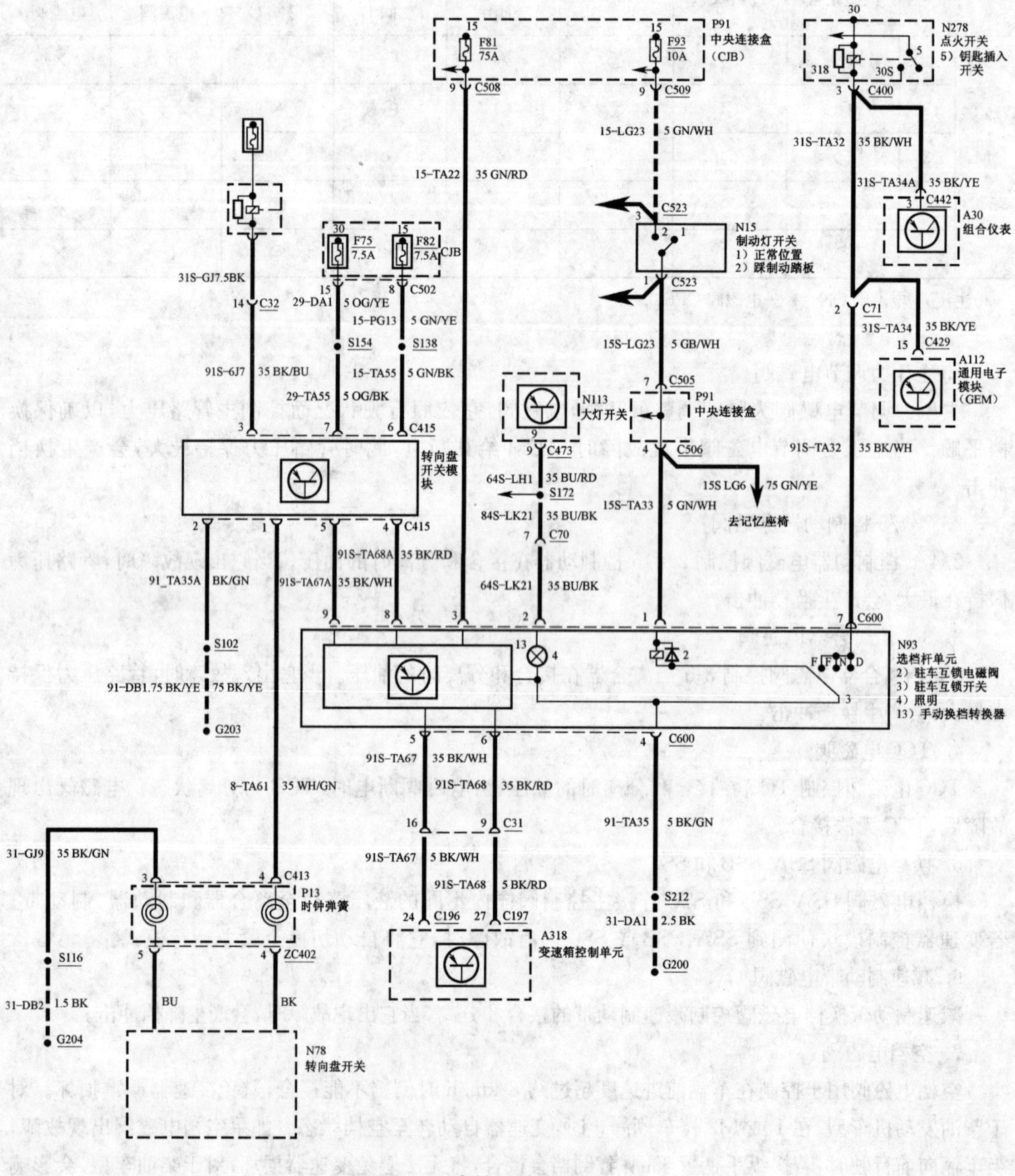

图 9-25 电控系统电路图(一)

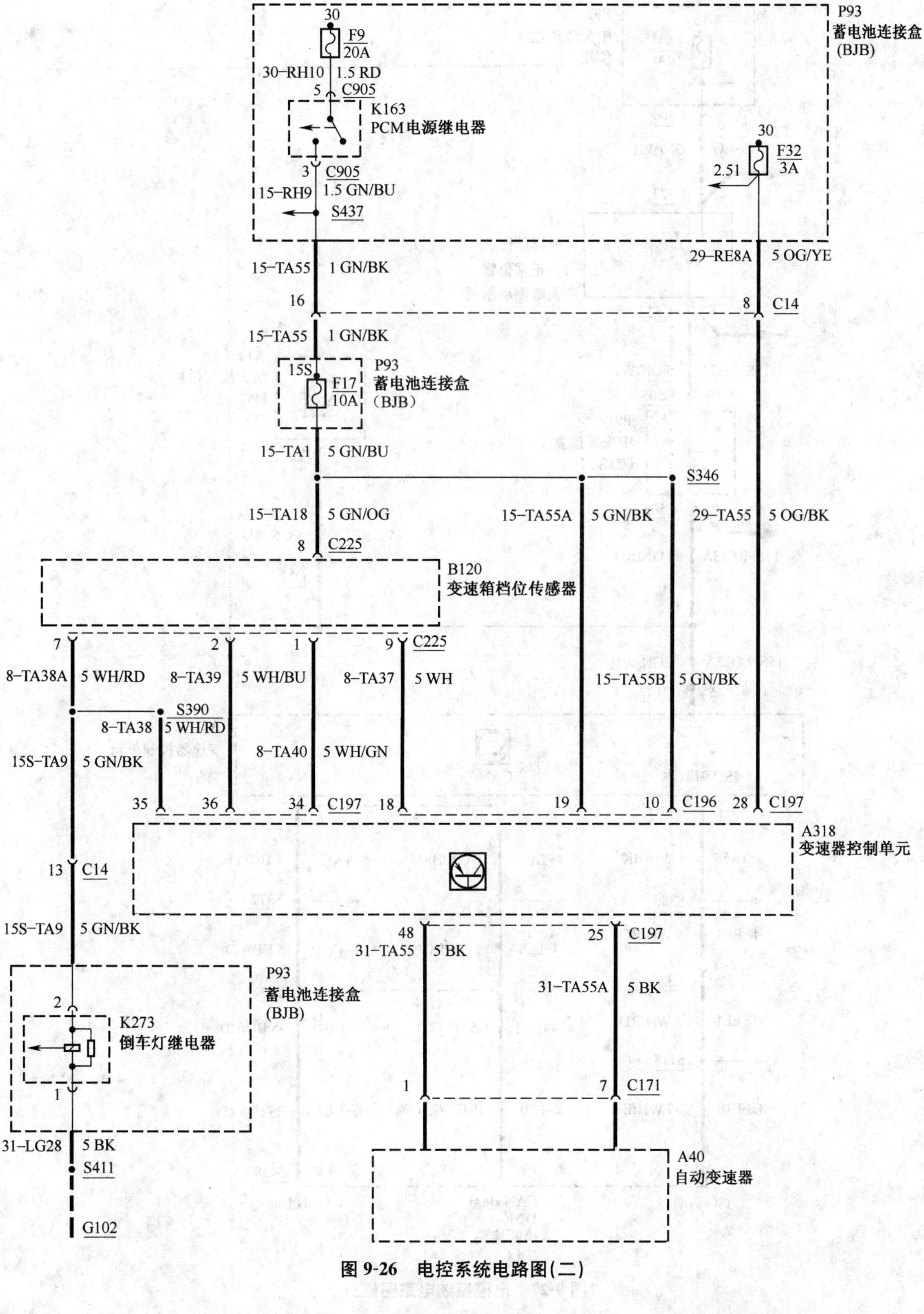

图 9-26 电控系统电路图(二)

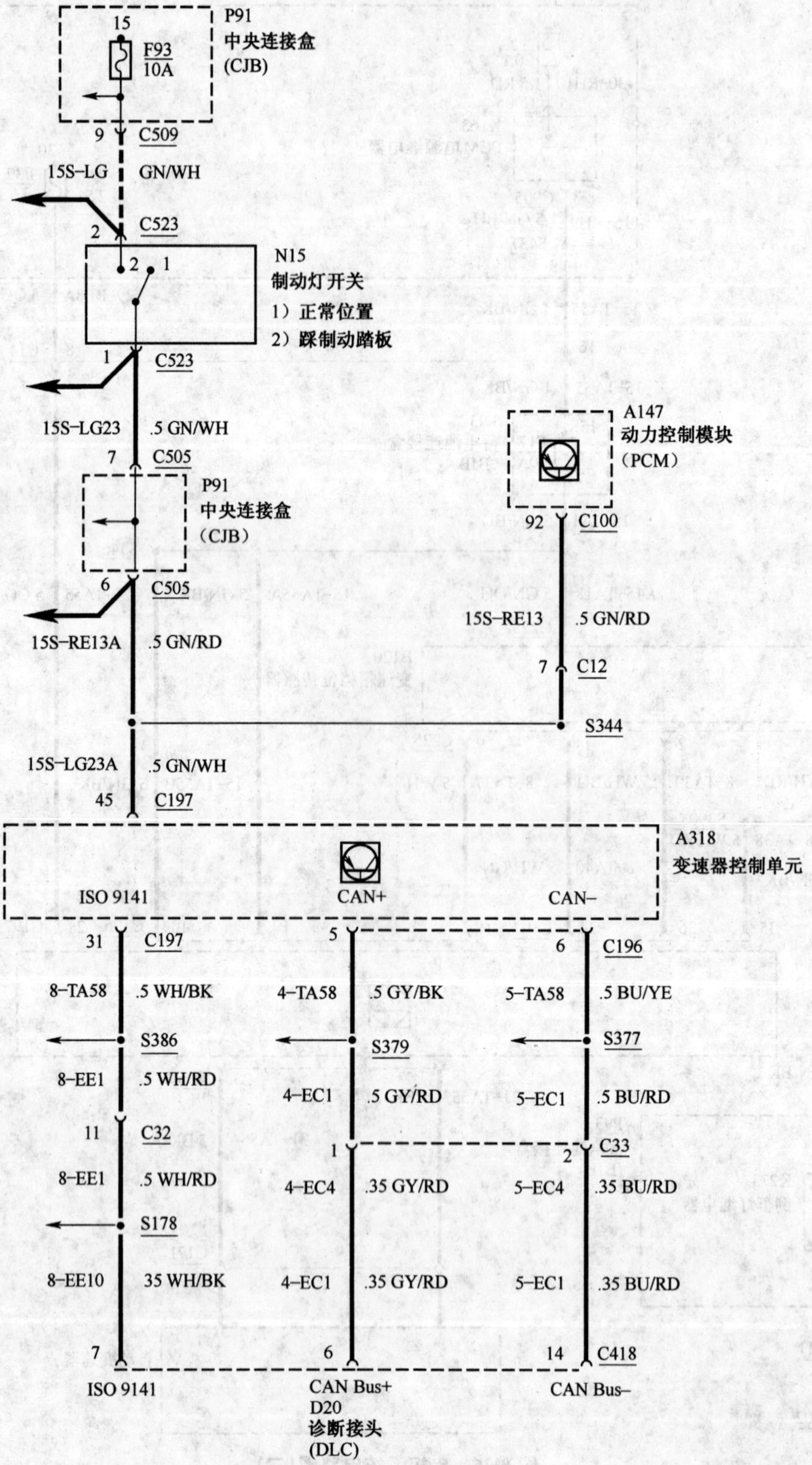

图 9-27 电控系统电路图(三)

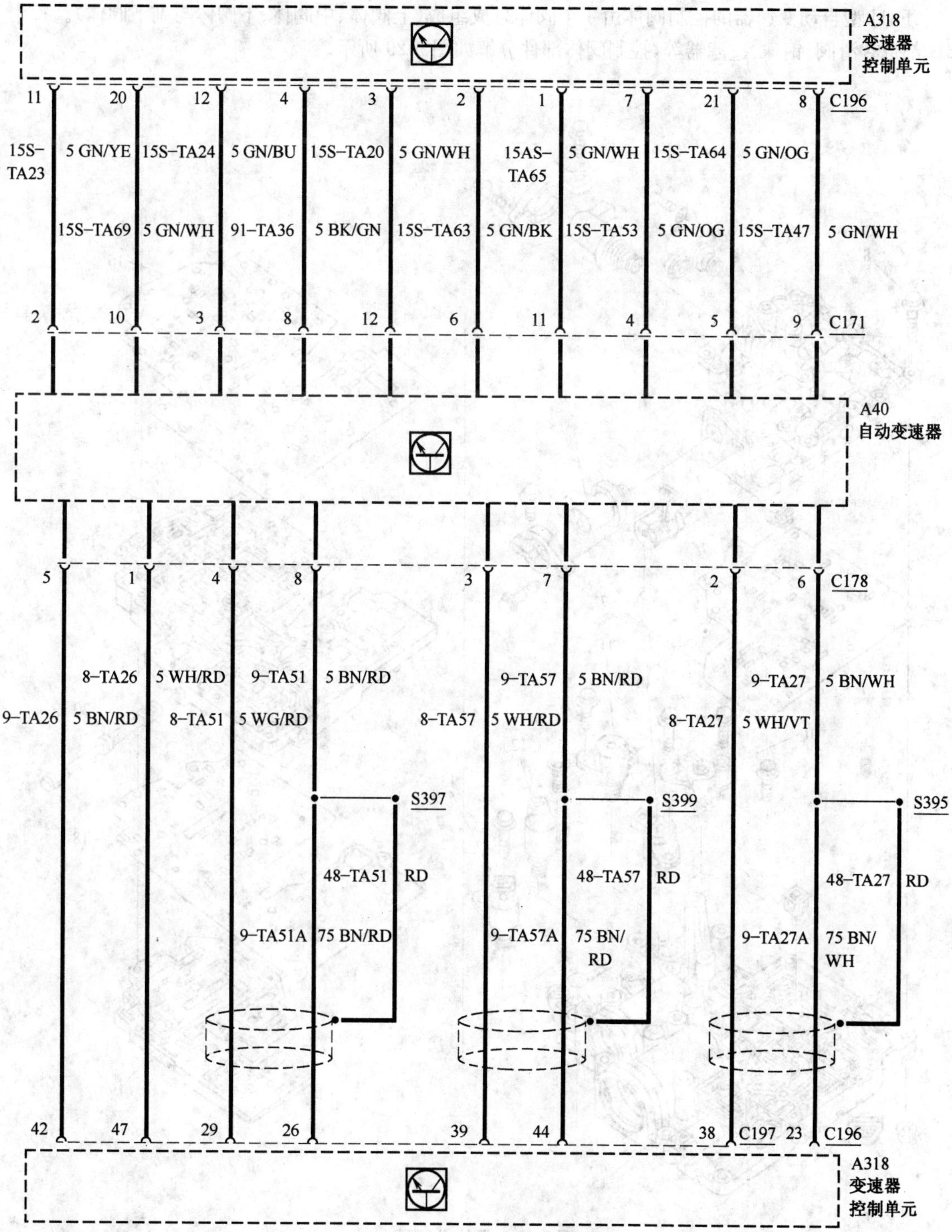

图 9-28　电控系统电路图(四)

五、阀体及主要滑阀

5F31J 型自动变速器的控制阀体由 4 个阀体总成组成(上阀体、中阀体、下阀体与副下阀体)。每个阀体都带有滑阀、钢珠、过滤器等,控制阀体部件分解如图 9-29 所示。

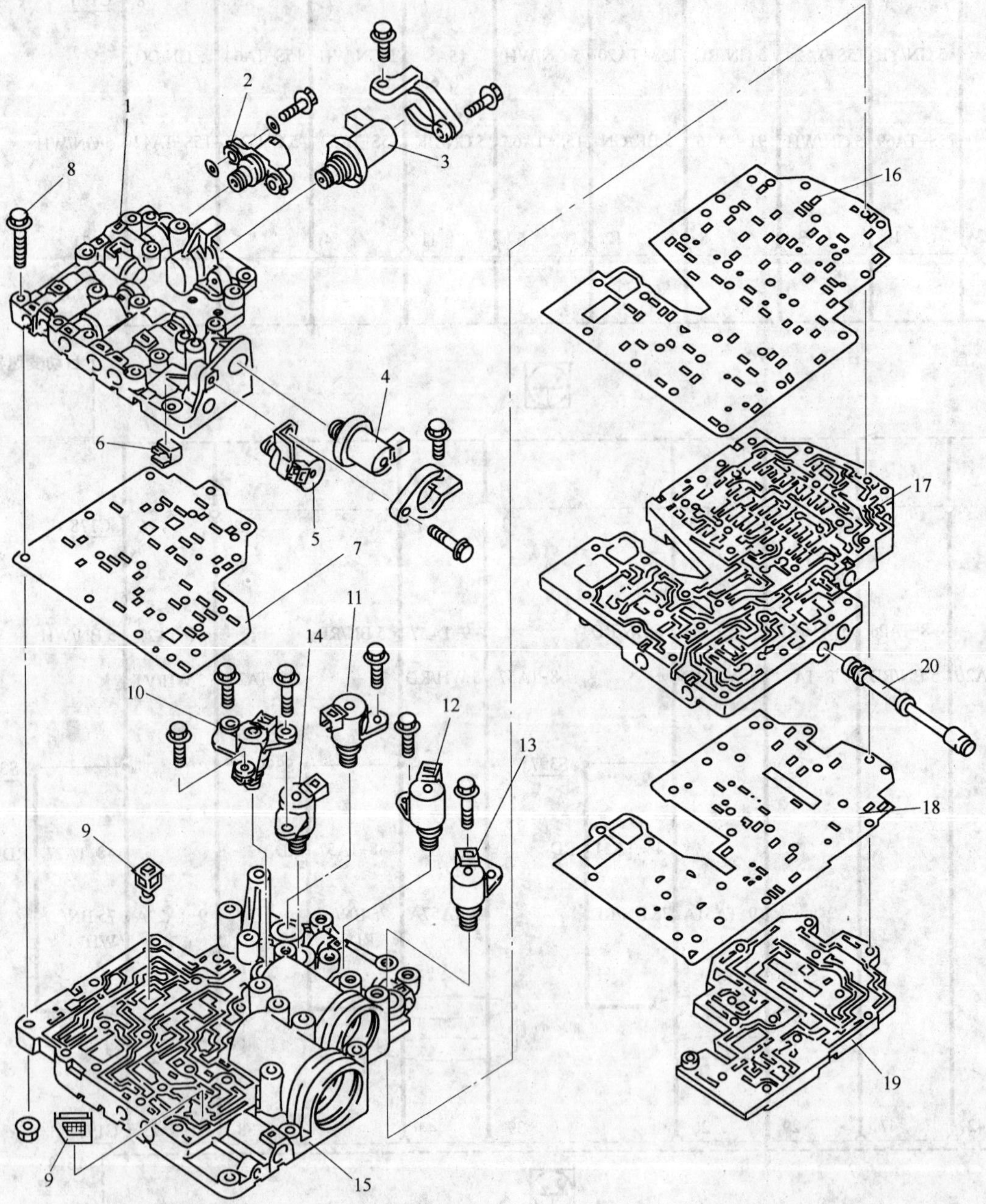

图 9-29 阀体分解图

1. 副下阀体 2. 管路压力负载电磁阀 3. 低速档离合器定时电磁阀 4. 2-4 档制动器负载电磁阀 5. 空档电磁阀 6. 导向过滤器 7. 隔板 A 8. 定位螺栓 9. 过滤器 10. 锁止负载电磁阀 11. 减速档定时电磁阀 12. 换档电磁阀 B 13. 换档电磁阀 C 14. 换档电磁阀 A 15. 下阀体 16. 隔板 B 17. 内阀体 18. 隔板 C 19. 上阀体 20. 手动阀

1. 引导压力调节阀 L2

如图 9-30 所示，引导压力由引导压力调节阀 L2 提供，引导压力阀降低管路压力调节产生引导压力。此压力为一恒定值，为各个电磁阀以及压力调节阀 L28 供油。

2. 主压力调节阀(L21)控制

如图 9-31 所示，主压力调节电磁阀(PL Duty)输出压力，控制压力调制阀(L28)产生负荷压力。主压力调节阀在负荷压力的控制下调节管路压力。主压力调节阀降低油泵压力，随着负荷变化控制管路压力。主压力会在变速器挂前进档时由于引导压力(5)的提供而进一步降低。

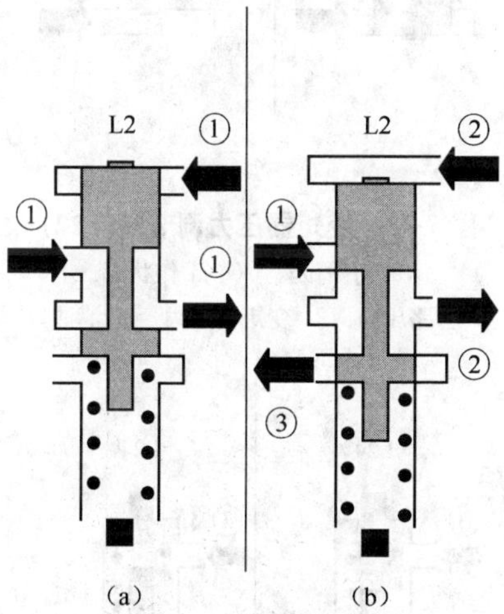

图 9-30　引导压力调节阀 L2

(a)初始位置　(b)工作状态

1. 管路压力　2. 引导压力　3. 泄油口

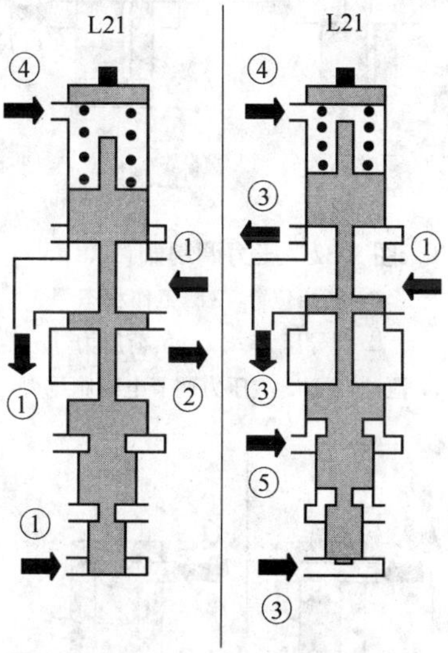

图 9-31　主压力调节阀(L21)

(a)初始位置　(b)工作状态

1. 油泵压力　2. 泄油口　3. 管路压力

4. 负荷压力(节气门压力)　5. 引导压

3. 压力调制阀(L28)

如图 9-32 所示，压力调制阀 L28 将引导压力降低形成负荷压力(节气门压力)，负荷压力直接由主调节电磁阀控制。负荷压力作用于主压力调节阀控制管路压力。主调节电磁阀产生调节压力(4)，控制负荷压力的形成。

4. 变矩器压力调节阀(L22)

变矩器油路压力由变矩器压力调节阀(L22)提供，并由变矩器离合器锁止控制阀(L4)控制。如图 9-33 所示，变矩器压力调节阀降低管路压力产生恒定的变矩器压力。变矩器压力调节阀也向变矩器/冷却器、变速器减速级，主减速器齿轮/差速器润滑油路和后润滑油路供油。

5. 变矩器离合器锁止控制阀(L4)

如图 9-34 所示，TCC 不接合时，变矩器离合器锁止阀为变矩器 RL 油路供油，变矩器 AP 油路回油为润滑油路供油。当 TCC 需要接合时，LU 电磁阀控制锁止阀工作，切换变矩器油路，变矩器改为 AP 油路供油，RL 油路直接泄油。

6. 蓄压器控制阀 A(L24)

如图 9-35 所示，蓄压器控制阀起到降低管路压力产生调节蓄压器 A 的控制压力，工作原理类似于主压力调节阀。蓄压器控制阀 A 作用于 1-3 档离合器蓄压器。

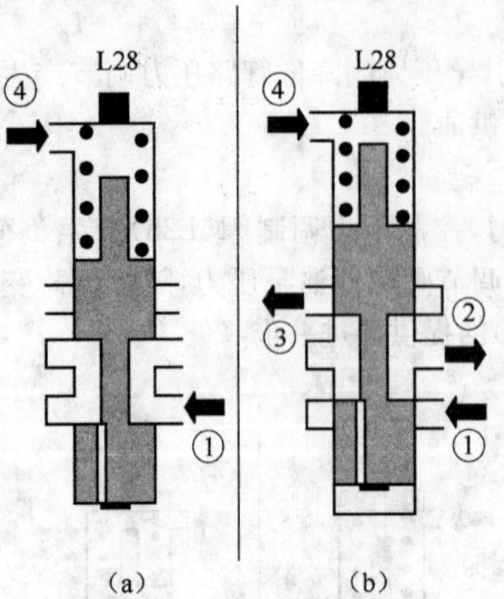

图 9-32　压力调制阀(L28)

(a)初始位置　(b)工作状态

1. 引导压力　2.　负荷压力

3. 泄油口　4. 主压力调节电磁阀压力

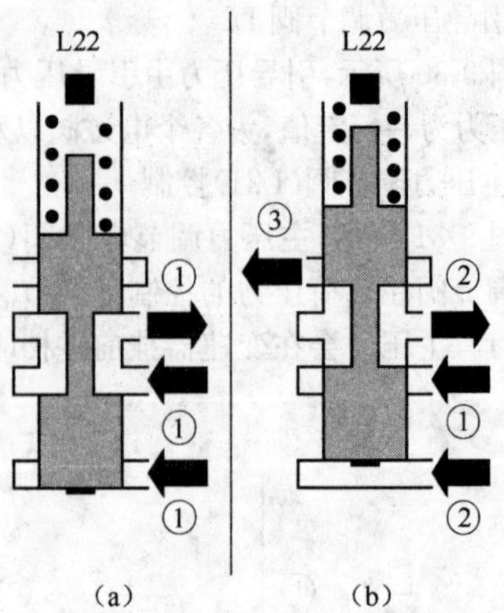

图 9-33　变矩器压力调节阀(L22)

(a)初始位置　(b)工作状态

1. 管路压力　2. 变矩器压力　3. 泄油口

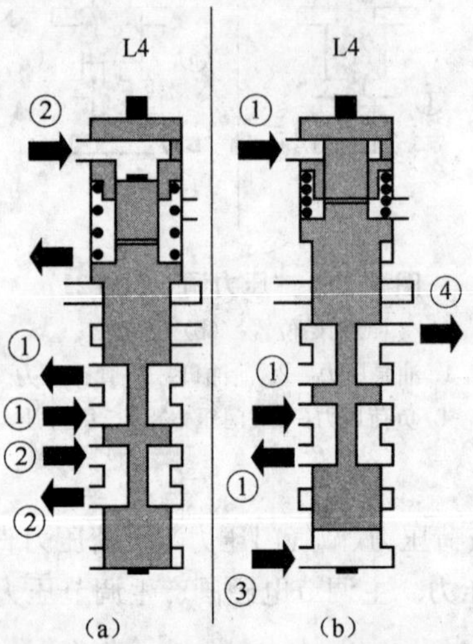

图 9-34　变矩器离合器锁止控制阀(L4)

(a)TCC 分离状态　(b)TCC 接合状态

1. 变矩器压力　2.　润滑压力

3. TCC 电磁阀压力　4. 泄油口

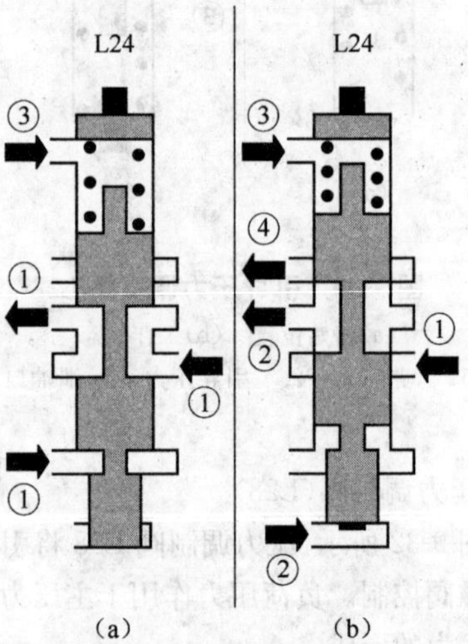

图 9-35　蓄压器控制阀 A(L24)

(a)初始位置　(b)工作状态

1. 管路压力　2.　蓄压器控制压力 A

3. 主压力调节电磁阀压力　4. 泄油口

7. 蓄压器控制阀 B(L12)

如图 9-36 所示,蓄压器控制阀 B 作用于 2/4/5 档制动器蓄压器和减速降压阀 L18。

8. 蓄压器控制阀 C(L30)

如图 9-37 所示,蓄压器控制阀 C 作用于 3-5 离合器蓄压器。

9. 蓄压器

5F31J 型自动变速器有 5 个蓄压器,总的蓄压器示意图如图 9-38 所示。蓄压器用于控制执行元件柔和的释放和接合,通过蓄压器可使执行元件接合的压力缓慢上升,改善换档感觉。同时 1-3 档离合器

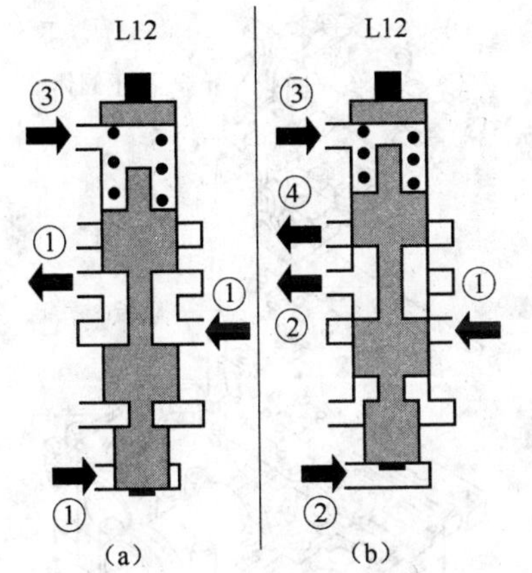

图 9-36　蓄压器控制阀 B(L12)

(a)初始位置　(b)工作状态

1. 管路压力　2.　蓄压器控制压力 B

3. 2/4/5 档制动器电磁阀压力　4. 泄油口

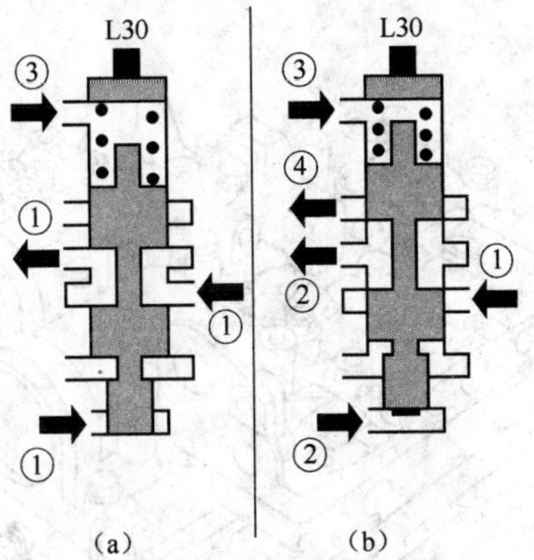

图 9-37　蓄压器控制阀 C(L30)

(a)初始位置　(b)工作状态

1. 管路压力　2.　蓄压器控制压力 C

3. 3-5 档离合器电磁阀压力　4. 泄油口

蓄压器以及 2/4/5 档制动器蓄压器也为了配合控制这两个执行元件的最佳接合时机。3-5 档离合器蓄压器在倒档时通过蓄压器换档阀(L1)动作为低/倒档制动器提供缓冲。蓄压器控制压力的延迟释放也可以让 1-3 档离合器或者 2/4/5 档制动器的执行器压力释放时间长一些。这样,离合器或者制动器的接合或者释放的时机就可以精确调控,充分利用电子控制的优势改善换档感。

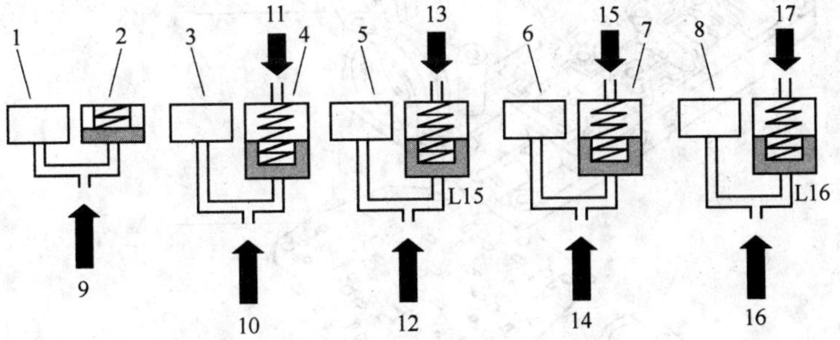

图 9-38　蓄压器

1. 减速制动带伺服器　2. 减速制动带蓄压器　3. 5 档离合器　4. 5 档离合器蓄压器　5. 3-5 档离合器　6. 2/4/5 档制动器　7. 2/4/5 档制动器蓄压器　8. 1-3 档离合器　9. 减速制动带油压　10. 5 档离合器油压　11. 蓄压器控制压力 A　12. 3-5 档离合器油压　13. 蓄压器控制压力 A　14. 2/4/5 档制动器油压　15. 蓄压器控制压力 B　16. 1-3 档离合器油压　17. 蓄压器控制压力 C　L15. 3-5 档离合器蓄压器　L16. 1-3 档离合器蓄压器

六、阀体的解体与装配

(1)拆下手动阀,当心不要将其掉落。拆下 9 个电磁阀。拆下线束夹子。

(2)拆下固定阀体的螺栓。注意:定位螺栓带有螺母。拆卸后,将其暂时装回原位,以防重新组装时装错。

(3)如图 9-39 所示,将下阀体、副下阀体和隔板作为总成拆分。

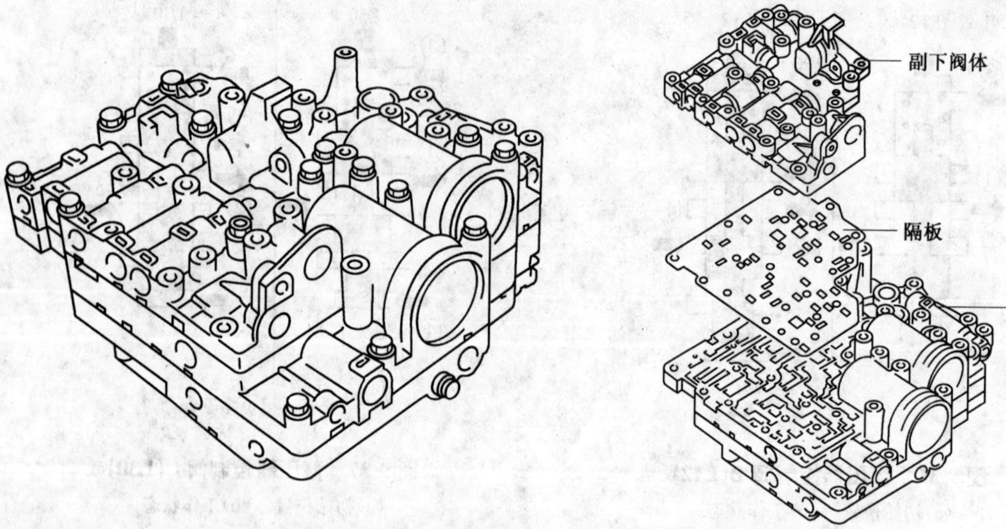

图 9-39 拆分下阀体、副下阀体和隔板

(4)如图 9-40 所示,将中阀体和隔板作为总成拆下。注意:中阀体的下侧装有钢珠。取下钢珠时,注意这些阀体的方向。

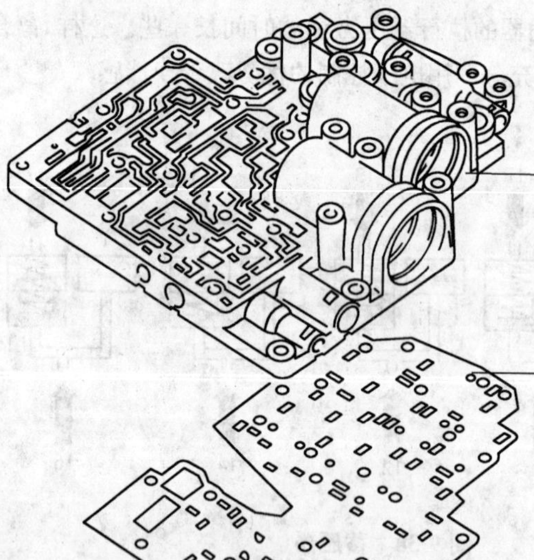

图 9-40 拆下中阀体和隔板

(5)如图 9-41 所示,将上阀体和隔板作为一个总成拆下。注意:上阀体的上侧装有钢珠。

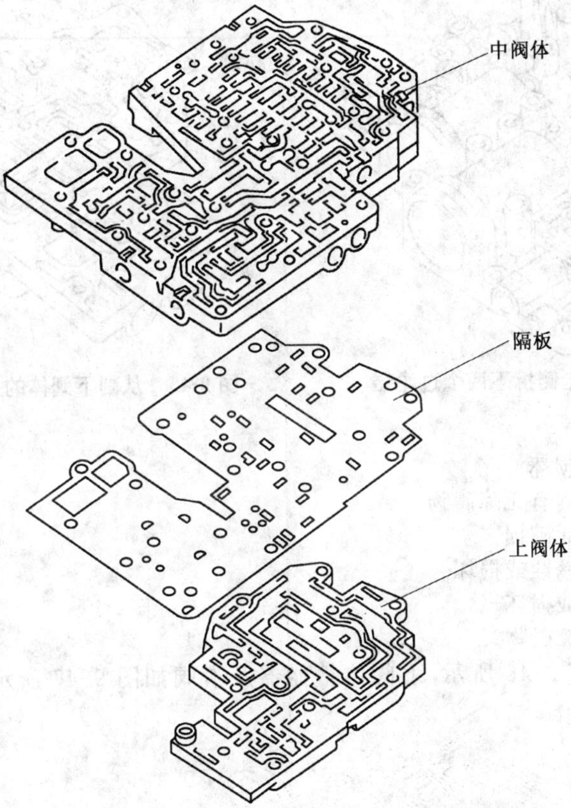

图 9-41　拆下上阀体和隔板

(6)如图 9-42 所示,确认 4 个钢珠和 5 个树脂珠位于中阀体左图所示位置,取下这些钢珠。

(7)如图 9-43 所示,确认 3 个钢珠位于上阀体左图所示位置。取下这些钢珠。

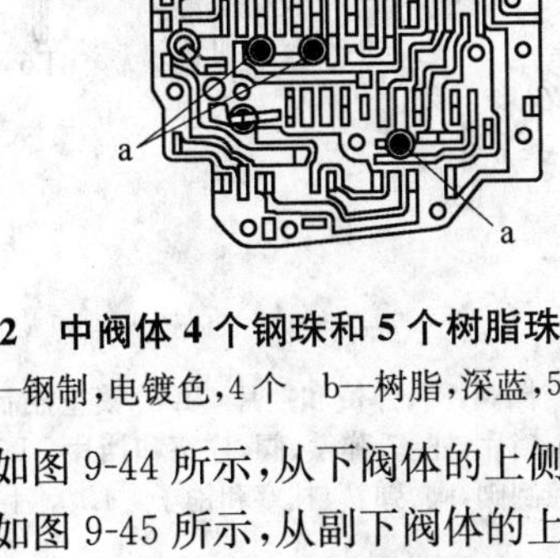

图 9-42　中阀体 4 个钢珠和 5 个树脂珠的位置

a—钢制,电镀色,4 个　b—树脂,深蓝,5 个

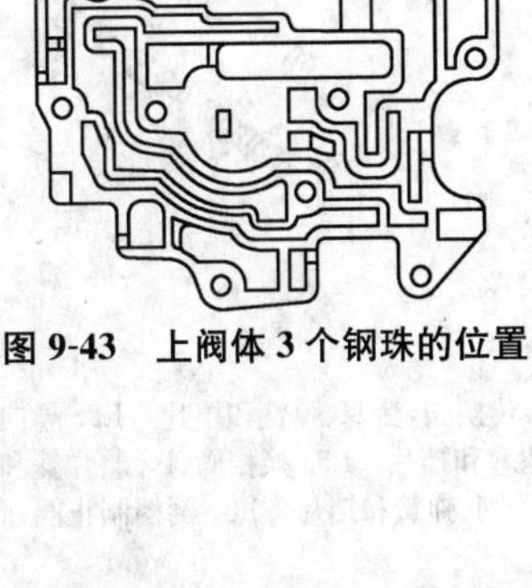

图 9-43　上阀体 3 个钢珠的位置

(8)如图 9-44 所示,从下阀体的上侧拆下两个过滤器。

(9)如图 9-45 所示,从副下阀体的上侧拆下一个过滤器。

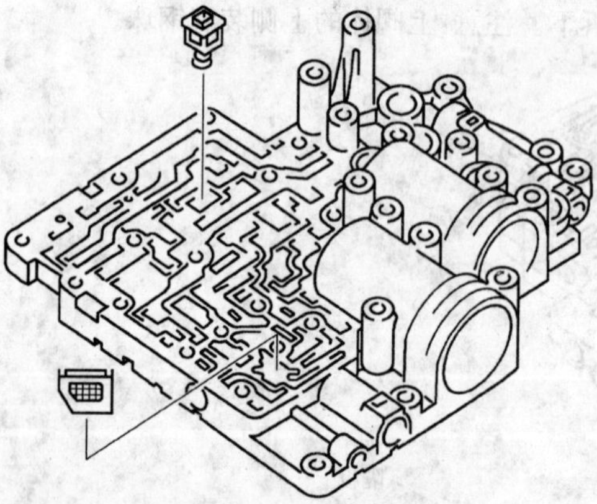

图 9-44　从下阀体的上侧拆下两个过滤器

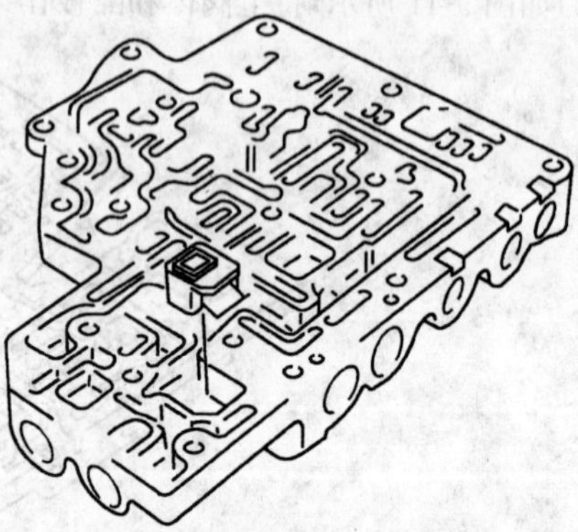

图 9-45　从副下阀体的上侧拆下一个过滤器

(10)检查

①检查所有部件有无损坏。

②检查润滑油集滤器内有无障碍物。

③检查电磁阀线束有无破损。

④检查插头芯脚有无锈蚀或损坏。

⑤检查隔板有无磨损或损坏。

⑥检查过滤器内有无障碍物。

(11)中阀体滑阀如图 9-46 所示，下阀体蓄能器及滑阀如图 9-47 所示，副下阀体滑阀如图 9-48 所示。

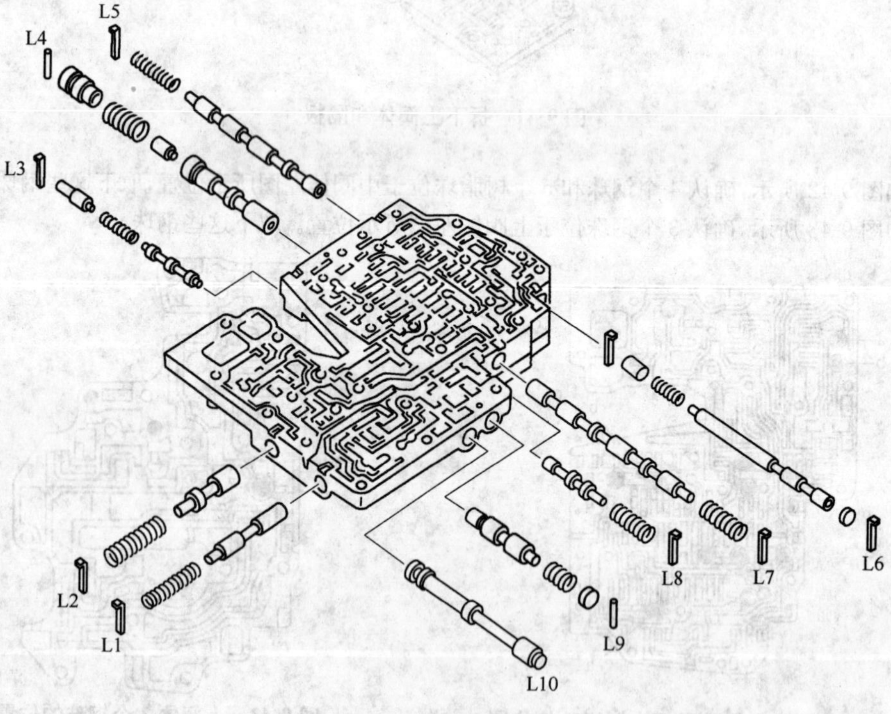

图 9-46　中阀体滑阀

L1. 蓄能器转换阀，活塞、弹簧和挡片　L2. 导向阀，阀、弹簧和挡片　L3. 空档阀，阀、弹簧和挡片　L4. 锁止控制阀，两个阀、弹簧、柱塞和挡片　L5. 换档阀、B 阀、弹簧和挡片　L6. 16-故障保险阀，挡片、柱塞、弹簧、阀、柱塞和挡片　L7. 17-换档阀，A 阀、弹簧和挡片　L8. 倒档制止阀，阀、弹簧和挡片　L9. 空档控制阀，阀、弹簧、柱塞和销子　L10. 手动阀

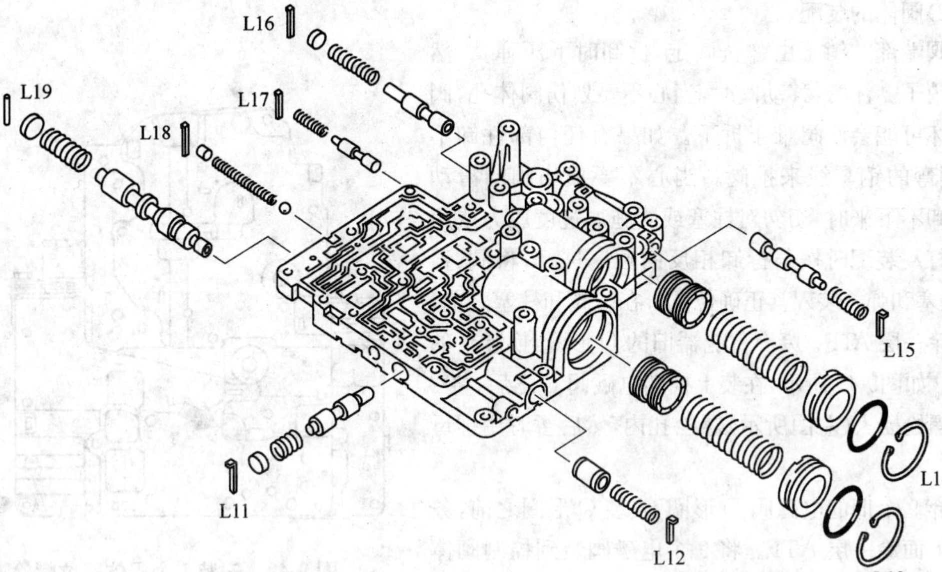

图 9-47　下阀体蓄能器及滑阀

L11. 蓄能器控制阀 B,活塞、弹簧、柱塞和挡片　L12. L12-节流蓄能器 B,活塞,弹簧、挡片　L13. 高速档离合器蓄能器,活塞、弹簧、活塞、O 形圈、卡环　L14. 低速档离合器蓄能器,活塞、弹簧、活塞、O 形圈、卡环　L15. 换档阀 C,阀、弹簧、挡片　L16. 减速档减压阀,阀、弹簧、柱塞和挡片　L17. 减速档定时阀,阀、弹簧和挡片　L18. 管路压力释放阀,钢球、弹簧、柱塞和挡片　L19. 调压阀,阀、弹簧、柱塞和销子

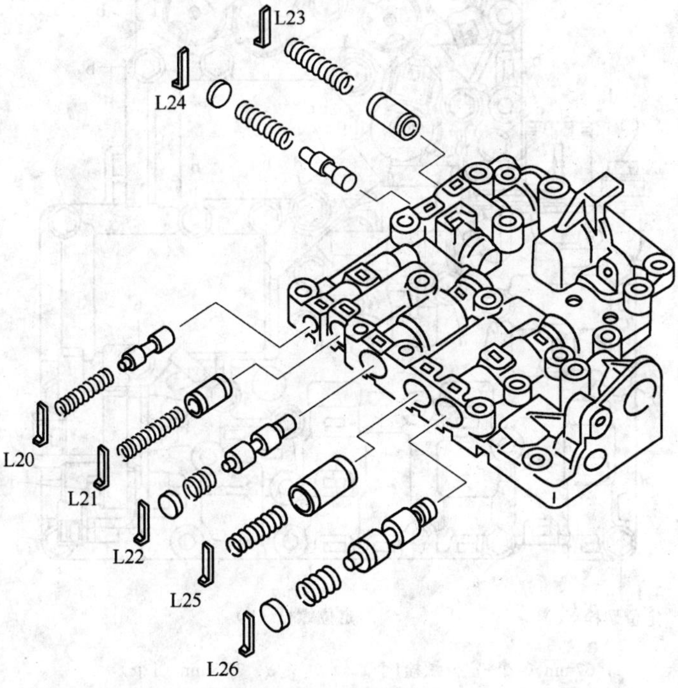

图 9-48　副下阀体滑阀

L20. 120-T/C 调压阀,阀、弹簧和挡片　L21. L21-节流蓄能器 A,活塞、弹簧和挡片　L22. L22-蓄能器控制阀 A,阀、弹簧、柱塞和挡片　L23. L23-调节器蓄能器,活塞、弹簧和挡片　L24. 124-调压阀,阀、弹簧、柱塞和挡片　L25. L25-节流蓄能器 C、活塞、弹簧和挡片　L26. L26-蓄能器控制阀 C,阀、弹簧、柱塞和挡片

(12)阀体的装配

滑阀端部的销子由弹簧固定，拆卸时下压弹簧，然后取下销子。注意：移动阀时，当心不要划伤阀体孔，阀体孔损坏可能会使阀难于拆下。如果有任何部件卸不下来，用弯的钢琴线来推阀。当心不要损伤阀的滑动面。阀卸不下来时，切勿对柱塞或阀施加过度压力或用锤子敲打。装配时按与拆卸相反的顺序进行，将阀、蓄能器、柱塞和弹簧装入其正确位置。在装阀和柱塞之前，在其上涂一层 ATF。废弃蓄能器旧的 O 形圈，换装新的 O 形圈。如图9-49 所示，在装上换档电磁阀 C 之后，将 3 个定位螺栓插入(左图所示)螺栓孔内，然后暂时用螺母拧紧。

废弃 9 个旧的电磁阀 O 形圈，安装 O 形圈之前，务必先在上面涂一层 ATF。将 9 个电磁阀装到控制阀体上，力矩规范：8.34～10.3N·m。按图 9-50 所示安装螺栓，力矩规范：8.34～10.3N·m。

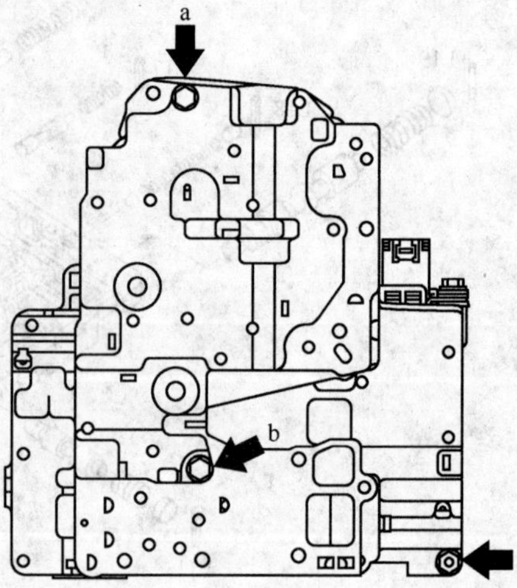

图 9-49　安装 3 个阀体定位螺栓

a：67mm　b：90mm　c：37mm

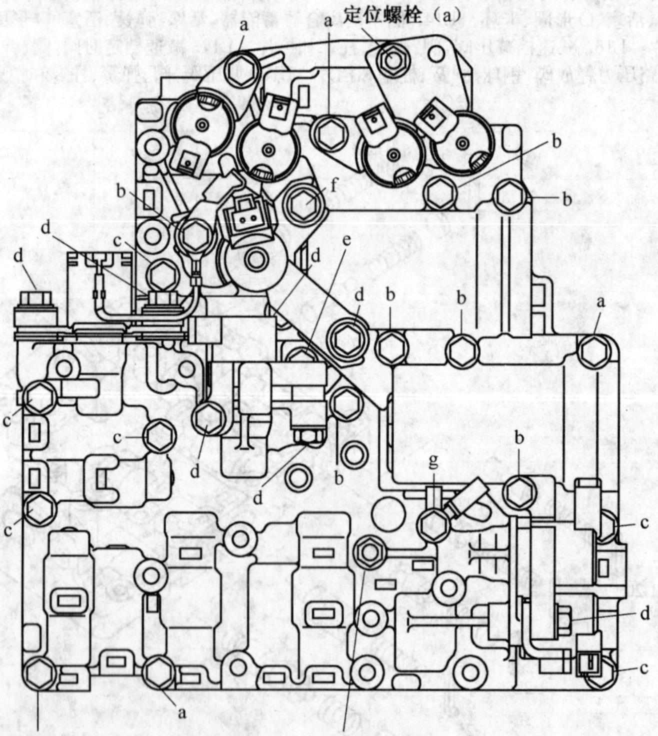

a：67mm（4个+定位螺栓1个）　　e：75.8mm（1个）

b：90mm（7个+定位螺栓1个）　　f：95mm（1个）

c：37mm（6个+定位螺栓1个）　　g：107mm（1个）

d：24mm（7个）

图 9-50　阀体螺栓规格

(13)阀体部件标准值

阀体部件标准值见表 9-8。

表 9-8　阀体部件标准值 (mm)

弹簧	元件	外径	净长度	起作用的圈数	导线直径	备注
L1	蓄能器转换阀	6.4	20.0	7.7	0.6	与 L3 和 L19 相同
L2	导向阀	8.9	31.4	11.5	1.1	
L3	空档阀	6.4	20.0	7.7	0.6	与 L1 和 L19 相同
L4	锁止控制阀	14.0	27.0	5.7	1.1	
L5	换档阀 B	9.0	25.2	7.9	0.8	与 L7 和 L17 相同
L6	故障保险阀	7.0	18.1	7.6	0.85	
L7	换档阀 A	9.0	25.2	7.9	0.8	与 L5 和 L17 相同
L8	倒档禁动阀	9.05	26.5	7.7	0.65	
L9	空档控制阀	10.5	17.0	4.3	0.5	与 L24 和 L30 相同
L12	蓄能器控制阀 C	11.0	21.5	4.5	0.5	
L14	节流蓄能器 B	10.0	36.0	9.77	1.6	
L15	高速档离合器蓄能器	27.0	76.9	6.9	2.3	
L16	低速档离合器蓄能器	27.0	78.5	8.6	2.3	
L17	换档阀 C	9.0	25.2	7.9	0.8	与 L5 和 L7 相同
L18	减速档减压阀	10.5	21.5	6.8	0.6	
L19	减速档定时阀	6.4	20.0	7.7	0.6	与 L1 和 L3 相同
L20	管路压力释放阀	9.6	45.8	19.1	1.8	
L21	调压阀	15.0	29.4	5.1	1.1	
L22	变矩器调压阀	9.0	34.7	12.1	1.4	
L23	节流蓄能器 A	9.7	36.0	9.6	1.7	与 L27 和 L29 相同
L24	蓄能器控制阀 A	10.5	17.0	4.3	0.5	与 L9 和 L30 相同
L27	调节器蓄能器	9.7	36.0	9.6	1.7	与 L23 和 L29 相同
L28	压力调节器阀	9.0	21.5	5.7	0.75	
L29	节流蓄能器 C	9.7	36.0	9.6	1.7	与 L23 和 L27 相同
L30	蓄能器控制阀 C	10.5	17.0	4.3	0.5	与 L9 和 L24 相同

第四节　自动变速器的维修

一、电控系统故障码

5F31J 型自动变速器电控系统故障码说明及可能的故障原因见表 9-9。

表 9-9 故障代码表

状 况	可能原因
P0701 变速器油温度回路故障	自动变速器油温度传感器回路
P0705 变速器档位(TR)传感器故障	抑制开关回路
P0715 涡轮速度传感器(TSS)故障	涡轮速度传感器
P0720 输出轴速度(OSS)传感器	输出轴速度传感器
P0725 引擎转速故障	动力传输控制模块 回路
P0731 齿轮比 1 不正确	变速器油高度不正确
	变速器油状况不正确
	节气门信号不正确 管路压力低 控制阀故障 减速单向离合器故障 低速离合器故障 低速单向离合器故障
P0732 齿轮比 2 不正确	变速器油高度不正确
	变速器油状况不正确
	节气门信号不正确 车速传感器(VSS)短路/开路/断开 管路压力高 管路压力低 控制阀故障 2-4 负载电磁阀短路/开路/断开 减速单向离合器故障 低速离合器故障 2-4 制动器与服务器故障
P0733 齿轮比 3 不正确	变速器油高度不正确
	变速器油状况不正确
	节气门信号不正确 车速传感器(VSS)短路/开路/断开 管路压力高 管路压力低 控制阀故障 高速离合器故障(烧毁/卡住/打滑) 减速单向离合器故障 低速离合器故障 2-4 制动器与服务器故障

续表 9-9

状　况	可能原因
P0734 齿轮比 4 不正确	变速器油高度不正确
	变速器油状况不正确
	节气门信号不正确 车速传感器(VSS)短路/开路/断开 管路压力高 管路压力低 控制阀故障 2-4 负载电磁阀短路/开路/断开 高速离合器故障(烧毁/卡住/打滑) 减速单向离合器故障 低速离合器故障 2-4 制动器与服务器故障
P0735 齿轮比 5 不正确	变速器油高度不正确
	变速器油状况不正确
	节气门信号不正确 车速传感器(VSS)短路/开路/断开 管路压力高 管路压力低 控制阀故障 高速离合器故障(烧毁/卡住/打滑) 直接离合器故障(烧毁/卡住/打滑)
P0743 锁定负载/扭力转换器离合器电磁阀失效	锁定负载电磁阀 回路
P0745 压力控制电磁阀 A 电路	管路压力负载电磁阀 回路
P0750 换档电磁阀 A	换档电磁阀 A 回路
P0760 换档电磁阀 B	换档电磁阀 B 回路
P0765 换档电磁阀 C	换档电磁阀 C 回路
P0778 2/4 制动负载电磁阀	2/4 制动负载电磁阀 回路
P0799 中间速度传感器	中间速度传感器 回路
P0800 正时电磁阀 A	空档换档正时电磁阀 回路
P0801 正时电磁阀 B	减速正时电磁阀 回路
P0802 压力控制电磁阀 B	2/4 制动负载电磁阀 回路

续表 9-9

状　况	可 能 原 因
P0803 压力控制电磁阀 C	高速离合器压力负载电磁阀 回路
P0804 锁定离合器故障	自动变速器油高度不正确
	自动变速器油状况不正确
	节气门信号不正确 车速传感器(VSS)短路/开路/断开 发动机转速传感器短路/开路/断开 自动变速器油温度传感器短路/开路/断开 控制阀故障 锁定电磁阀短路/开路/断开 扭力转换器故障(烧毁/卡住/打滑)
P0805 扭力下降故障要求	动力传输控制模块(PCM) 回路
P0806 模块电源输入故障	点火电压超出范围(8～18V)
P0808 手动切换	不正确的模式
P0809 齿轮比 R 不正确	自动变速器油高度不正确
	自动变速器油状况不正确
	抑制开关"N"位置调整不当
	管路压力低 控制阀故障 倒档离合器故障(烧毁/卡住/打滑) 低速与倒档制动器故障(烧毁/卡住/打滑)
P0810 CAN 网络通信总线故障	CAN 总线
P0812 扭力下降故障	动力传输控制模块(PCM) 回路
P1603 EEPROM 失效	回路 变速器控制模块(TCM)
P1710 变速器控制模块(TCM)接地回馈电气检查	回路
P1745 低速离合器正时电磁阀	低速离合器正时电磁阀 回路
P1746 减速正时电磁阀	减速正时电磁阀 回路
P1747 2/4 制动器正时电磁阀	2/4 制动负载电磁阀 回路
P1777 转矩下降故障	回报发动机失效
P1791 节气门角度故障	动力传输控制模块(PCM) 回路。
P1793 模块点火电源输入故障	点火电压超出范围(8～18V)
P1796 CAN 网络通信总线故障	CAN 总线
P1797 CAN EMS 故障	CAN 总线

二、自动变速器的基本检查

1. 液面检查

变速器油设计上可持续至变速器之使用寿命期限，不需要更换。5F31J 型自动变速器油面检查采用溢流管式，如图 9-51 所示，当检查油位时，变速器油温度必须在 35℃和 45℃之间，步骤如下：

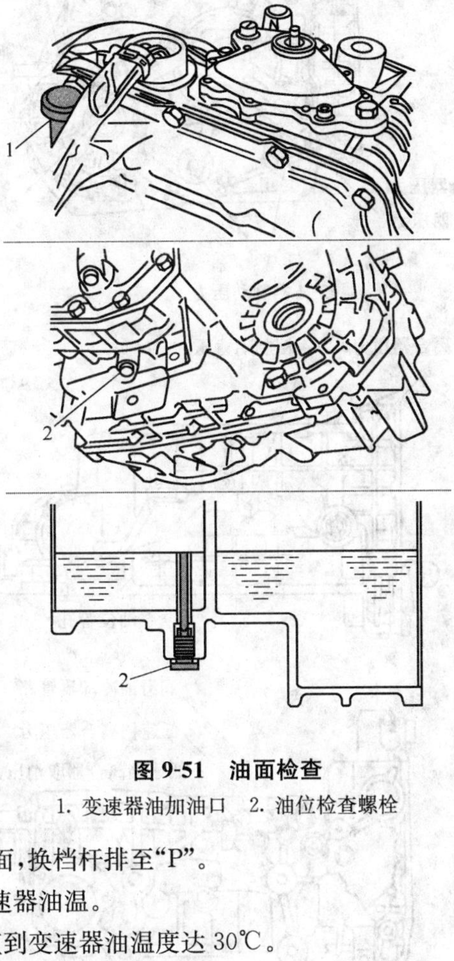

图 9-51　油面检查

1. 变速器油加油口　2. 油位检查螺栓

(1)确认车辆停在平坦地面，换档杆排至“P”。

(2)连接 WDS，并查询变速器油温。

(3)保持发动机在怠速，直到变速器油温度达 30℃。

(4)慢慢地将换档杆重复挂入所有档位，最后置入“P”。

(5)在温度达 35℃后，旋开油位检查螺栓。

(6)若变速器油自开口流出，则等待至油流停止。

(7)若无变速器油流出，则自加油管添加变速器油直至油从检查螺栓逸出。

2. 油压测试

5F31J 型自动变速器有多个不同执行元件的压力测试孔，位置如图 9-52 所示。

三、主要总成部件的分解与组装

1. 低速档离合器分解与组装

低速档离合器部件分解如图 9-53 所示，低速档离合器在 1 档、2 档、3 档时接合，故又称 1-3 档离合器。此离合器工作时，将前行星齿轮组(第Ⅰ行星齿轮组)内齿圈与后行星齿轮组(第Ⅱ行星齿轮组)行

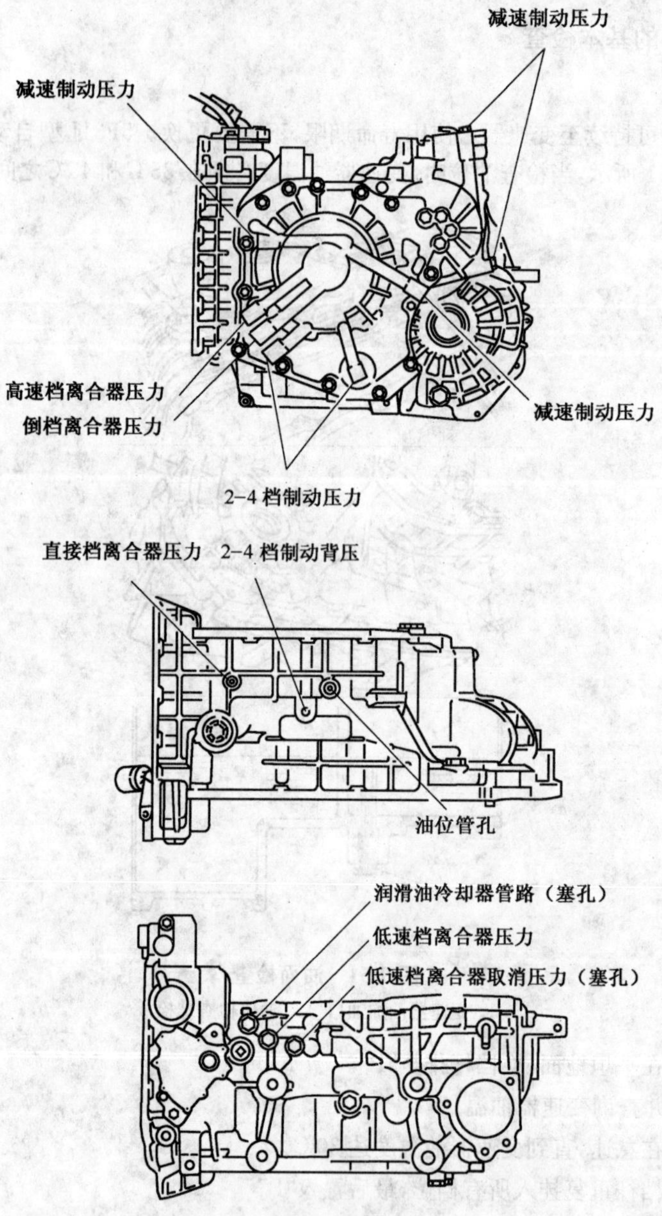

图 9-52 油压测试孔

星架连接在一起。组装后用塞尺测量压盘至卡环的间隙，如图 9-54 所示，规范：1.1～1.3mm。如果间隙小于上述限值，选择合适的压盘，使间隙达到维护标准。如果间隙超过规定，所有离合器片都要更换新的。然后，选择合适厚度的压盘，使间隙达到规定标准。

2. 高速/倒档离合器分解与组装

高速/倒档离合器分解如图 9-55 所示，高速档离合器在 3 档、4 档和 5 档时工作，驱动后排行星架，故也称高速档离合器。倒档离合器在倒档时驱动后排太阳轮。高速档离合器间隙测量如图 9-56 所示，倒档离合器间隙测量如图 9-57 所示，用塞尺测量压盘与卡环间的间隙，规范：倒档离合器：0.5～0.8mm；高速档离合器：0.8～1.1mm。

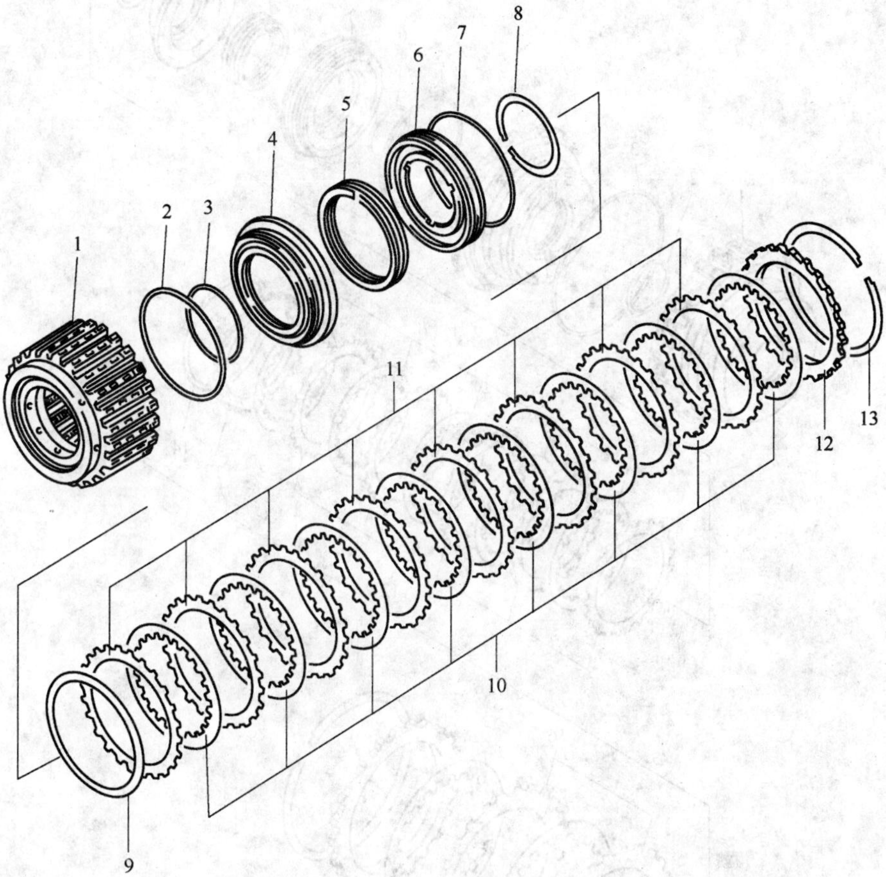

图 9-53 低速档离合器

1. 离合器鼓 2. 密封圈 3、7. O形圈 4. 活塞 5. 回位弹簧 6. 平衡室盖 8、13. 卡环 9. 盘形片 10. 摩擦片 11. 钢片 12. 压盘

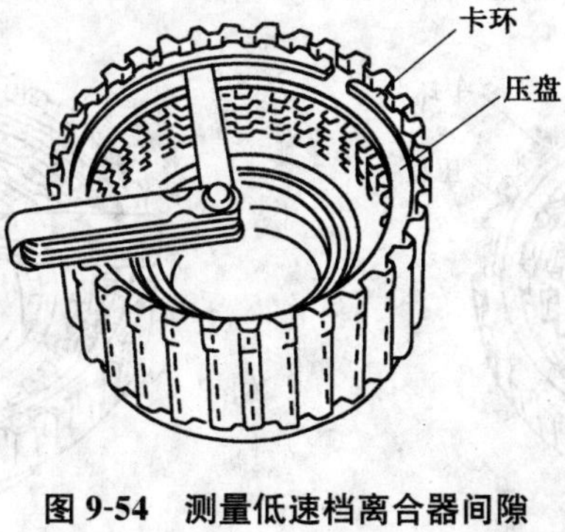

图 9-54 测量低速档离合器间隙

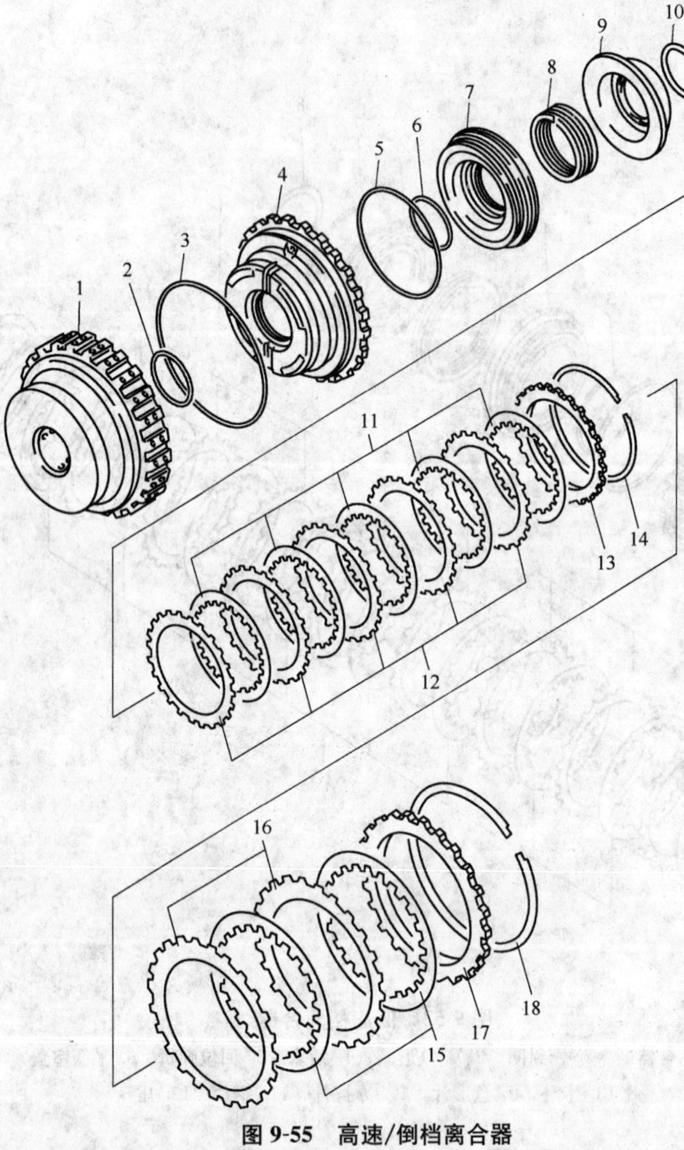

图 9-55　高速/倒档离合器

1. 离合器鼓　2、3、5、6. D形圈　4. 倒档离合器活塞　7. 离合器活塞　8. 回位弹簧　9. 弹簧座　10、14、18. 卡环　11、15. 摩擦片　12、16. 钢片　13、17. 压盘

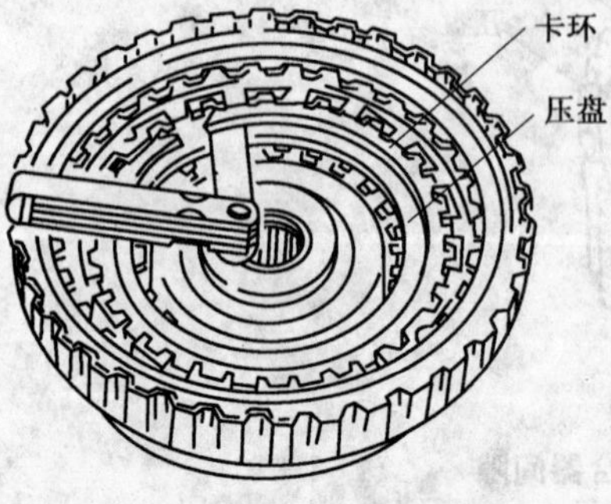

图 9-56　测量高速档离合器间隙

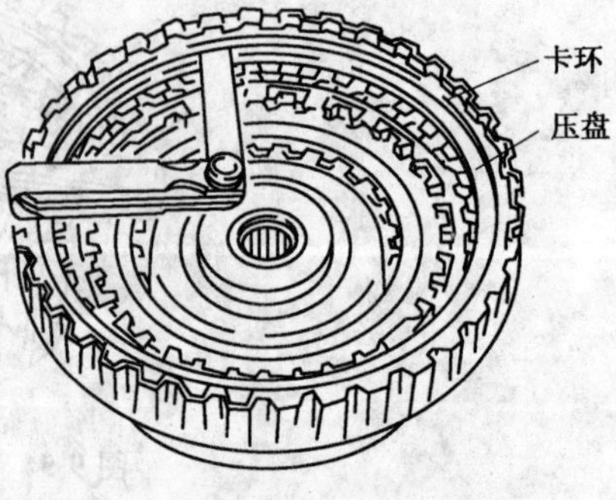

图 9-57　测量倒档离合器间隙

3. 低/倒档制动器和 1 档单向离合器

低/倒档制动器、1 档单向离合器和 2/4 档制动器如图 9-58 所示，倒档制动器在倒档时固定后排行星架（与低速档离合器壳装配为一体）。1 档单向离合器在 1 档时锁止，单向固定后排行星架，故又称低速档单向离合器。低/倒档制动器间隙测量如图 9-59 所示，测量卡环槽宽度 A，用下列公式确定所需卡环厚度：卡环厚度＝$A-0.20$（mm）。选择一个合适的卡环，可选择的卡环厚度：2.1，2.2，2.3（mm）。

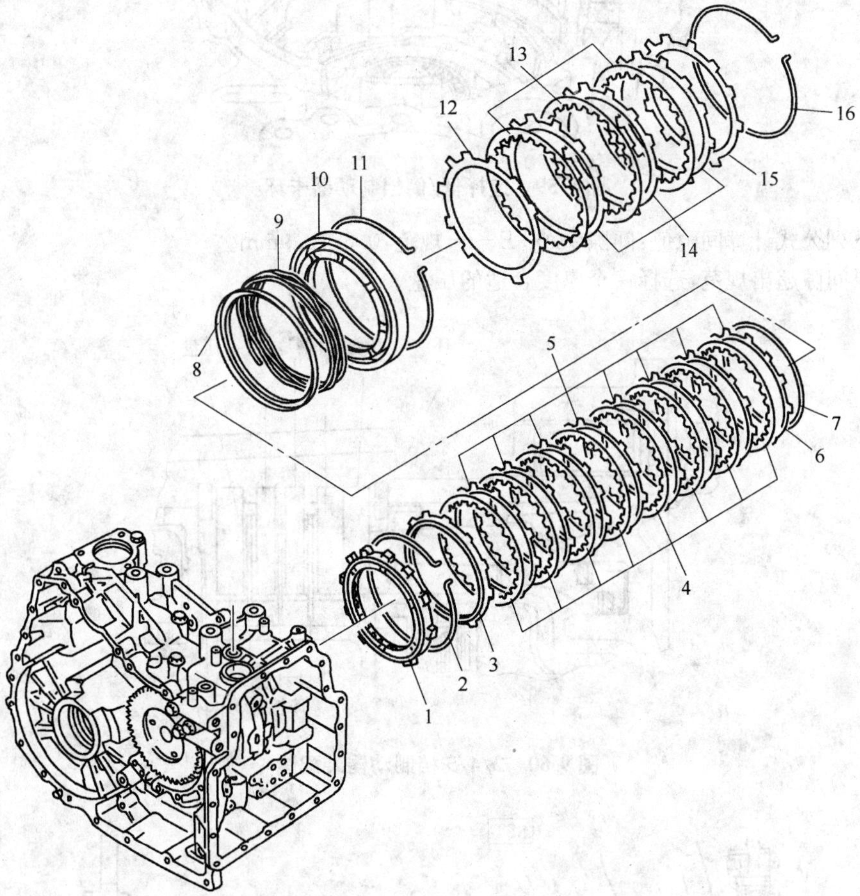

图 9-58　倒档制动器、1 档单向离合器和 2/4 档制动器

1. 单向离合器　2、11、16. 卡环　3、12. 压盘　4、13. 摩擦片　5、14. 钢片　6、15. 压盘　7. 碟形片　8. 弹簧座　9. 回位弹簧　10. 活塞和保持架

4. 2/4/5 档制动器

2/4/5 档制动器在 2/4/5 档时工作，固定后排太阳轮。实际上，它只在 2/4 档时参与速比形成，在辛普森式 4 速自动变速器中，它又称 2/4 制动器。2/4/5 档制动器装配图如图 9-60 所示，其压盘的厚度可选，参见图 9-61：

(1)使用深度千分表和 SST(No. JG9-001-318：端隙工具)测量压盘至卡环的间隙。

(2)测量压盘与 SST 表面间的高度 A。

(3)测量活塞边缘与 SST 表面间的高度 B。

(4)测量压盘厚度 C。

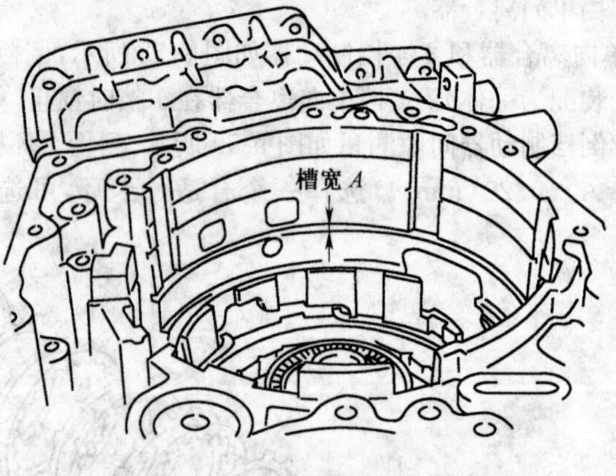

图 9-59　选择低/倒档制动器卡环

(5)用下列公式计算间隙值:间隙＝$A-B-C$,规范:0.6～0.9mm。

(6)如果间隙超出规范,选择一个厚度合适的压盘。

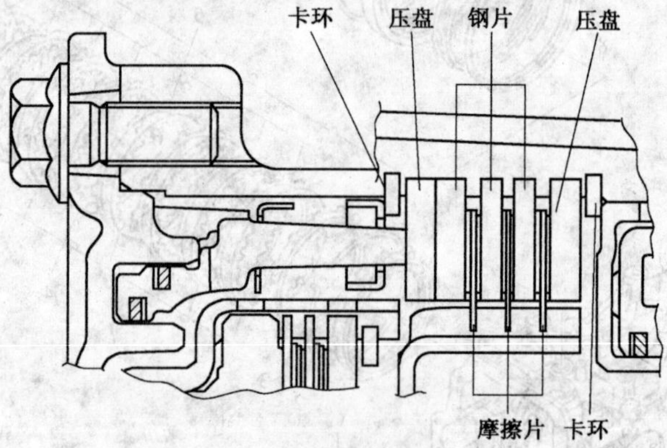

图 9-60　2/4/5 档制动器装配图

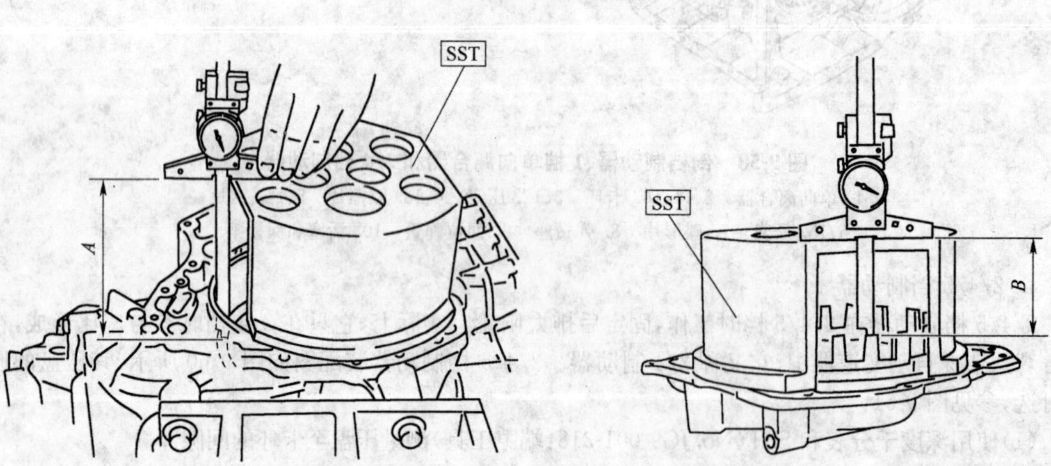

图 9-61　选择 2/4/5 档制动器压盘

5. 5 档离合器(直接离合器)

5 档离合器部件分解如图 9-62 所示,离合器壳体与减速行星齿轮组太阳轮装配在一起,当 5 档离合器工作时，将行星架和太阳轮连接为一体，则整个连接Ⅲ组（减速行星齿轮组）为直接传动，故又称5档离合器为直接离合器。直接离合器间隙测量如图9-63所示，用塞尺测量压盘至卡环的间隙，规范：1.8～2.2mm。如果间隙小于维修限度，选择合适厚度的压盘，使间隙达到规定标准。如果间隙超过规定，所有离合器片都要更换新的。然后，选择合适厚度的压盘，使间隙达到规定标准。

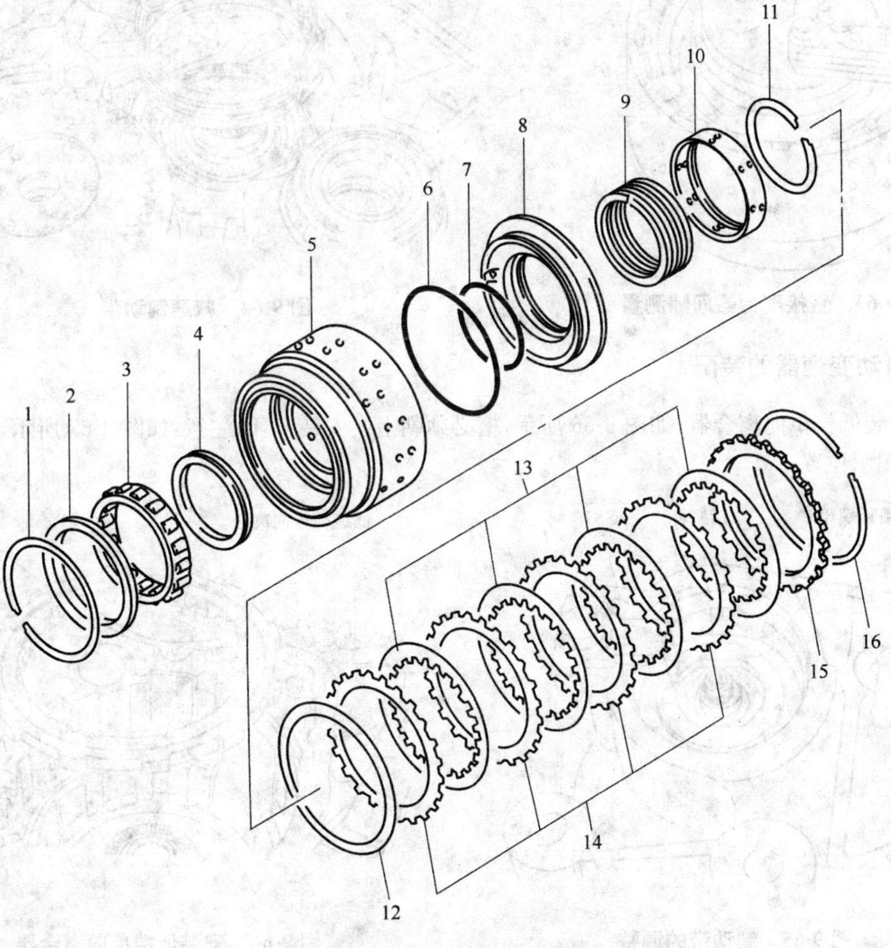

图9-62　直接离合器部件分解图

1、11、16. 卡环　2. 保持架　3. 单向离合器　4. 滚针轴承　5. 离合器鼓　6、7. D形圈　8. 活塞　9. 回位弹簧　10. 弹簧座　12. 碟形片　13. 摩擦片　14. 钢片　15. 压盘

6. 减速制动带

减速制动带如图9-64所示，减速制动带在1、2、3、4档时工作，固定5档离合器壳体，减速行星齿轮组太阳轮装配在5档离合器壳体上，这就固定了太阳轮。减速行星齿轮组的内齿圈是输入端，行星架是输出端，太阳轮固定是一个减速输出，所以，第Ⅲ行星齿轮组又称减速行星齿轮组。制动带的调整如图9-65所示：

(1)安装SST(SST No. S2A761：制动带活塞止动器)，以防制动带活塞转动。

(2)紧固活塞杆，力矩规范：4.0～6.0N·m。

(3)将活塞杆松开5圈。

(4)紧固锁紧螺母时，要防止活塞杆转动。力矩规范：39～50N·m。

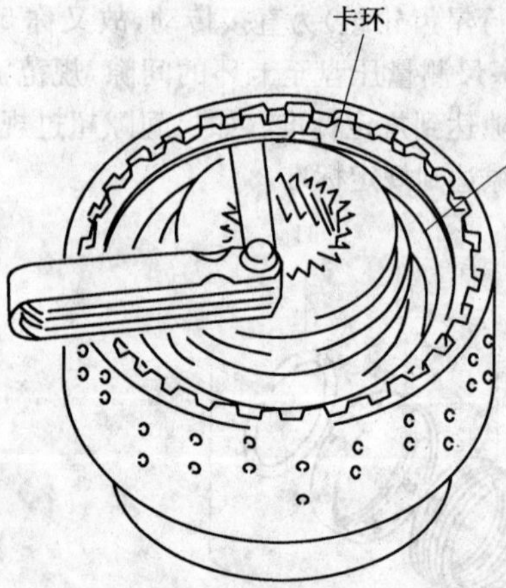

图 9-63 直接离合器间隙测量

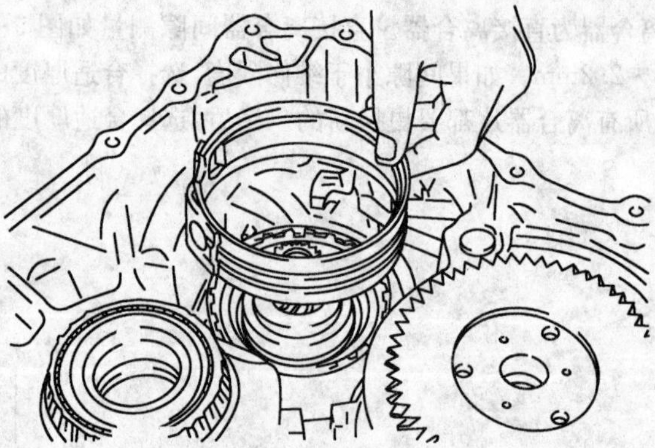

图 9-64 减速制动带

四、自动变速器的装配

(1)安装低档单向离合器,如图 9-66 所示,槽必须朝上。安装卡环,注意:如图 9-67 所示,卡环开口必须置于图示位置。

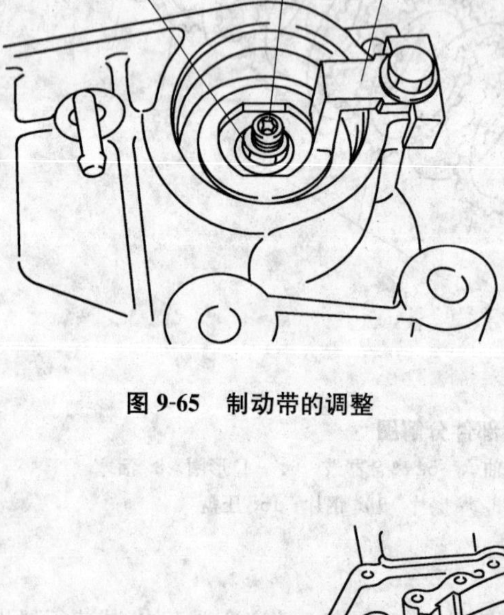

图 9-65 制动带的调整

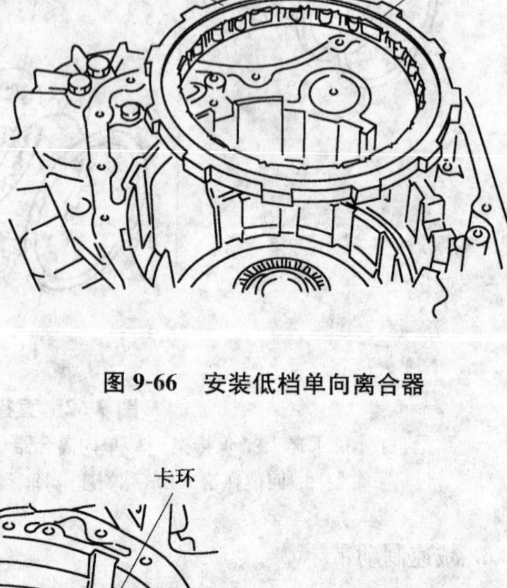

图 9-66 安装低档单向离合器

图 9-67 安装卡环

(2)安装低档和倒档制动器,将压盘、摩擦片、钢片和碟形片作为总成安装。装上弹簧座和回位弹簧。如图 9-68 所示,使用 SST No. S2A477(离合器弹簧压缩器)安装卡环,卡环开口必须置于左图所示位置。

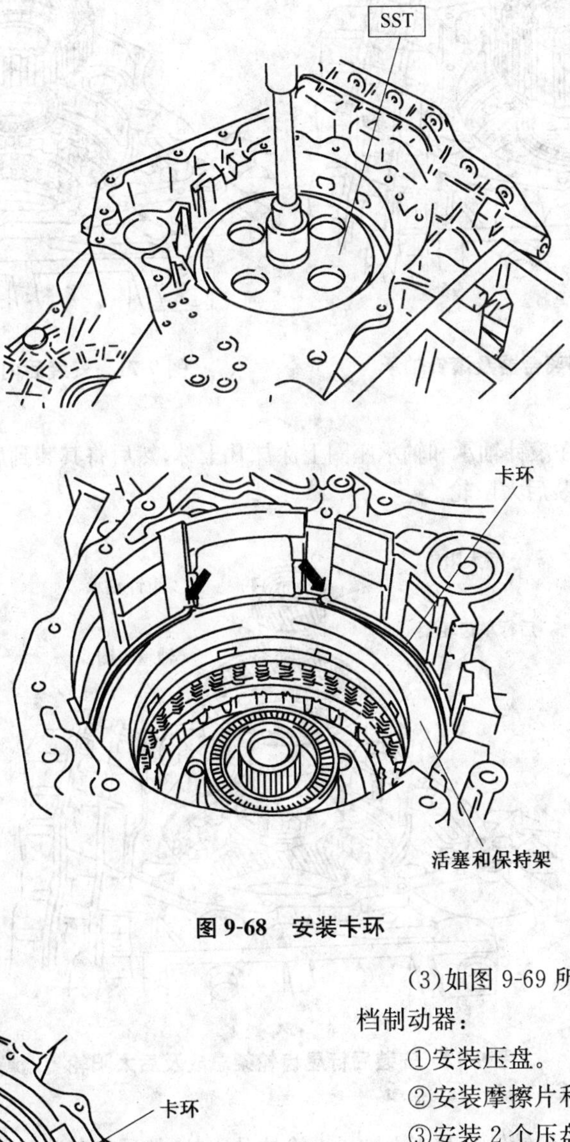

图 9-68　安装卡环

(3)如图 9-69 所示,按下列程序安装 2/4 档制动器:

①安装压盘。

②安装摩擦片和钢片。

③安装 2 个压盘。

④装上卡环。

(4)如图 9-70 所示,在滚针轴承上涂抹凡士林,然后将其装到低速档离合器上。安装低速档离合器。

(5)如图 9-71 所示,在滚针轴承上涂抹凡士林,然后将其装到后内齿轮上。安装后内齿轮。

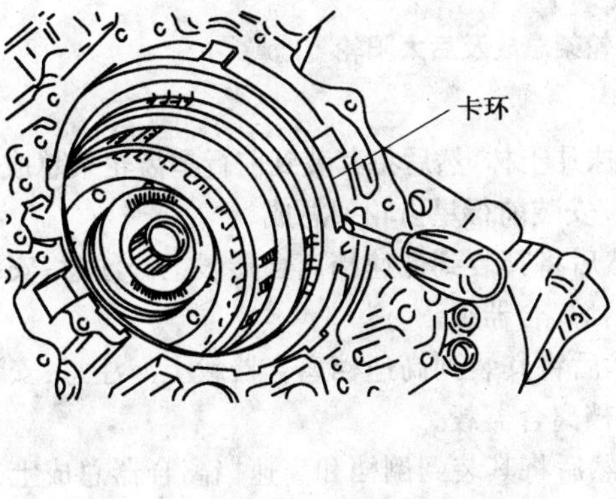

图 9-69　安装 2/4 档制动器及卡环

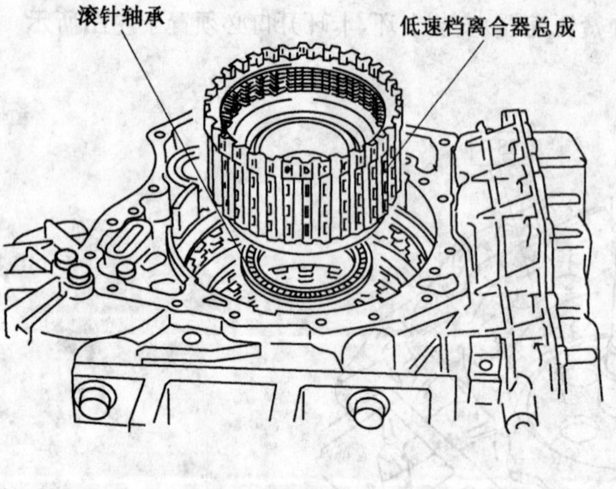

图 9-70 安装低速档离合器及滚针轴承

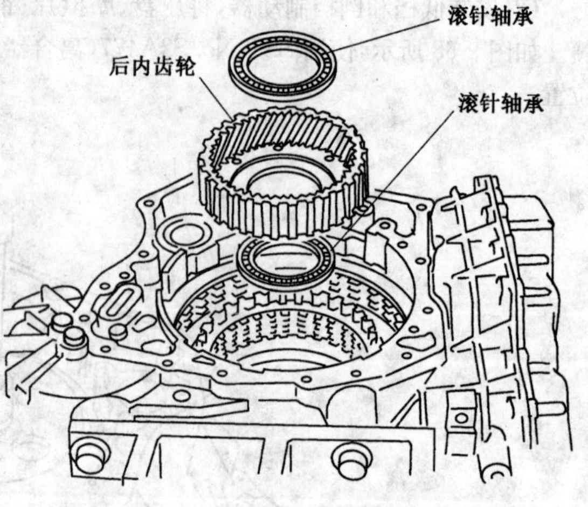

图 9-71 安装后内齿轮及滚针轴承

(6)如图 9-72 所示，在滚针轴承和轴承座圈上涂抹凡士林，然后将其装到后行星齿轮架总成上。安装后行星齿轮架总成，安装后太阳轮。

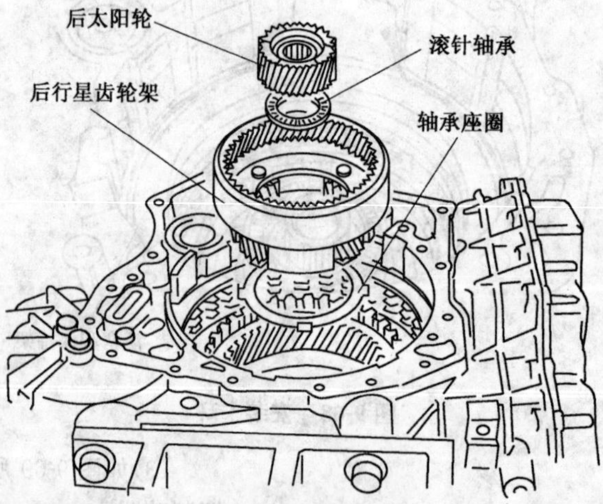

图 9-72 安装后行星齿轮架总成及后太阳轮

(7)如图 9-73 所示，在滚针轴承和座圈轴承上涂抹凡士林，然后将其装到前行星齿轮架总成上。注意：安装座圈轴承时，黑色面必须朝向前行星齿轮架。安装前行星齿轮架总成。

(8)如图 9-74 所示，在座圈轴承上涂抹凡士林，然后将其装到低速档离合器毂上。注意：安装座圈轴承时，黑色面必须朝向低速档离合器毂。安装低速档离合器毂。

(9)如图 9-75 所示，在座圈轴承上涂抹凡士林，然后将其装到高速档离合器毂上。注意：安装座圈轴承时，黑色面必须朝向高速档离合器毂。安装高速档离合器毂。

(10)如图 9-76 所示，在滚针轴承上涂抹凡士林，然后将其装到倒档和高速档离合器总成上。安装倒档和高速档离合器总成。

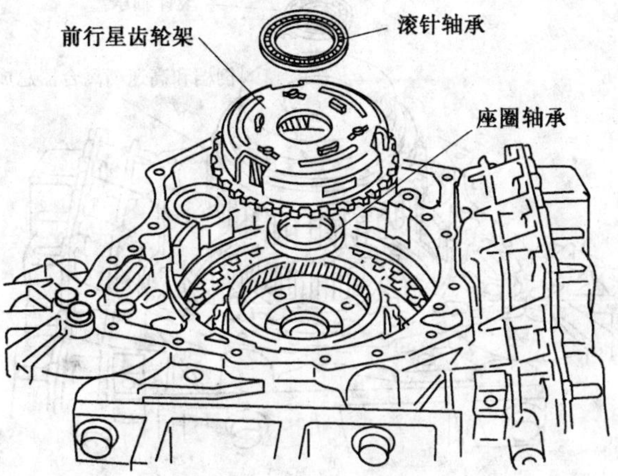

图 9-73　安装前行星齿轮架

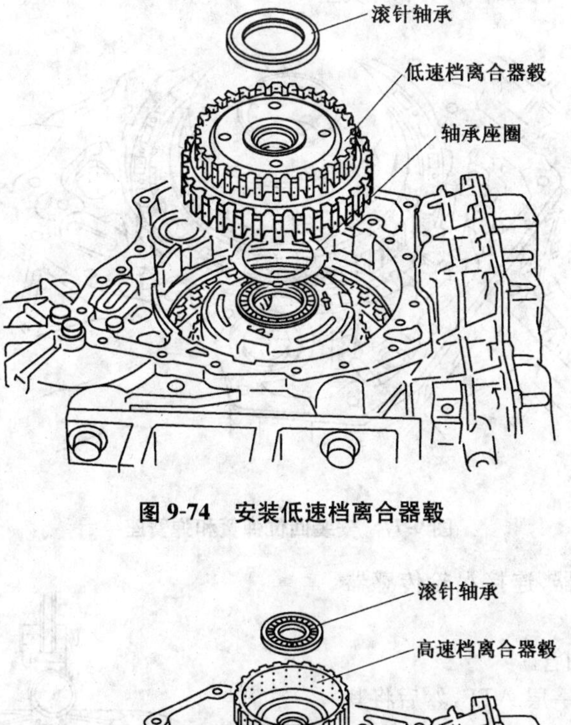

图 9-74　安装低速档离合器毂

图 9-75　安装高速档离合器毂

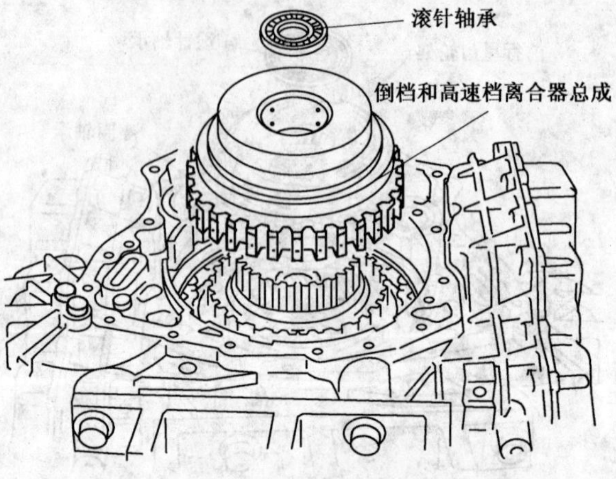

图 9-76　安装倒档和高速档离合器总成

(11)如图 9-77 所示,安装回位弹簧和弹簧座。

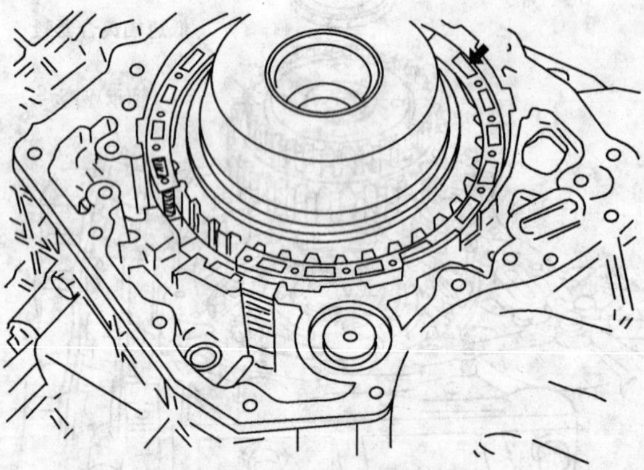

图 9-77　安装回位弹簧和弹簧座

(12)安装涡轮传感器,连接涡轮传感器插头。

(13)安装 3 根润滑油管。

(14)在 O 形圈上涂一层 ATF,然后将其装到 2/4/5 蓄能器活塞上。安装蓄能器盖和弹簧,安装卡环。

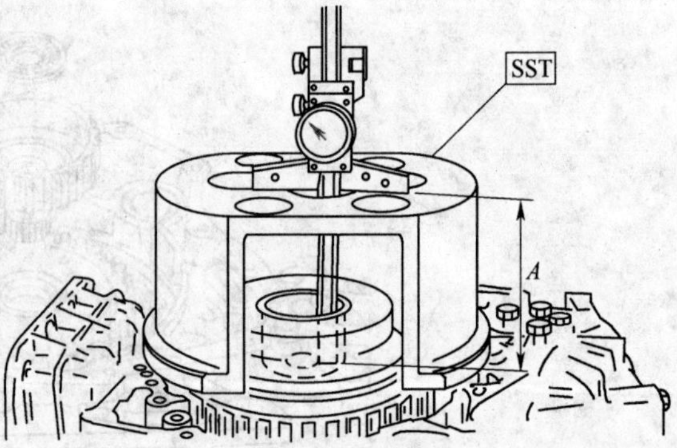

图 9-78　测量尺寸 A

(15)用深度千分表和 SST 检查端隙。如图 9-78 所示,使用 SST No. JG5-001-318(端隙工具)测量图中所示尺寸 A。测量端隙时,不要将滚针轴承安装在倒档和高速档离合器总成上。如图 9-79 所示,测量图中所示尺寸 B。测量端隙时,必须将轴承座圈装到侧盖上。测量轴承座圈厚度 C。用下列公式计算端隙值:端隙$=A-B-C$,规范:0.25～0.55(mm)。如果端隙超出规范，挑一个厚度合适的轴承座圈。

(16)如图 9-80 所示，先将配合面上旧的密封胶清理干净后，在侧盖与变速器壳的配合面上涂抹密封胶。然后安装侧盖。

(17)安装驻车棘爪、轴、弹簧和板，然后安装螺栓。

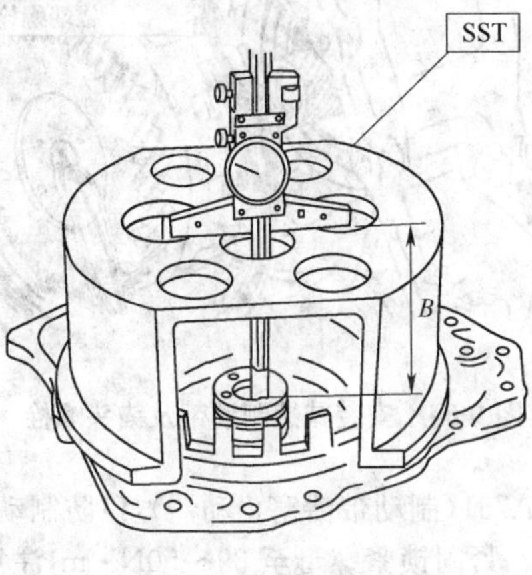

图 9-79　测量尺寸 *B*

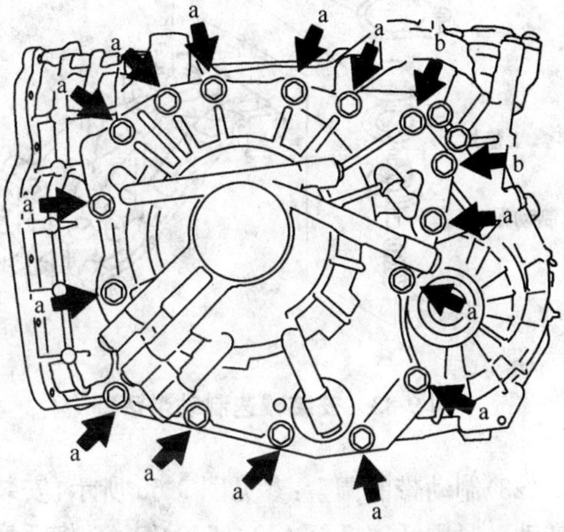

图 9-80　安装侧盖

a. 14 个，19～22N·m　b. 2 个，32.4～38.3N·m

(18)安装止动弹片，将其紧固。注意：将选档杆从 P 位移到其他任何档位。

(19)如图 9-81 所示，在滚针轴承和轴承座圈上涂抹凡士林，然后将其装到单向离合器内座圈上。

(20)如图 9-82 所示，安装直接离合器总成。

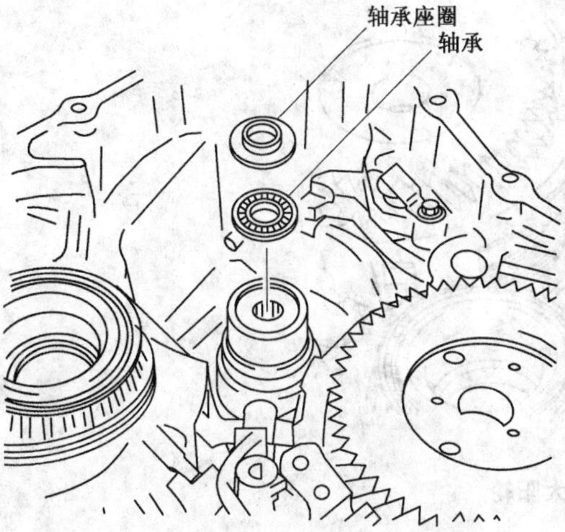

图 9-81　安装滚针轴承和轴承座圈

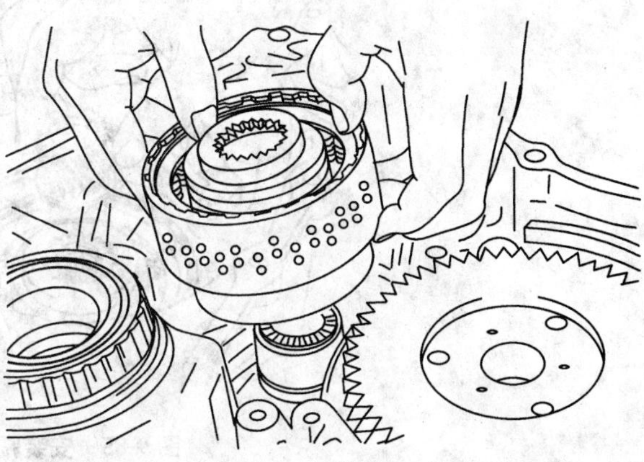

图 9-82　安装直接离合器总成

(21)如图 9-83 所示，在 D 形圈上涂一层 ATF，然后将其装到减速制动带活塞上。安装弹簧、减速制动带活塞和垫片，安装卡环。

(22)如图 9-84 所示，在减速制动带的摩擦面上涂一层 ATF，然后将其装到直接离合器总成上。安装新的锚头螺栓，力矩规范：64～94N·m。注意：切勿重新使用拆下的锚头螺栓，锚头螺栓的末端必须插入制动带的槽内。

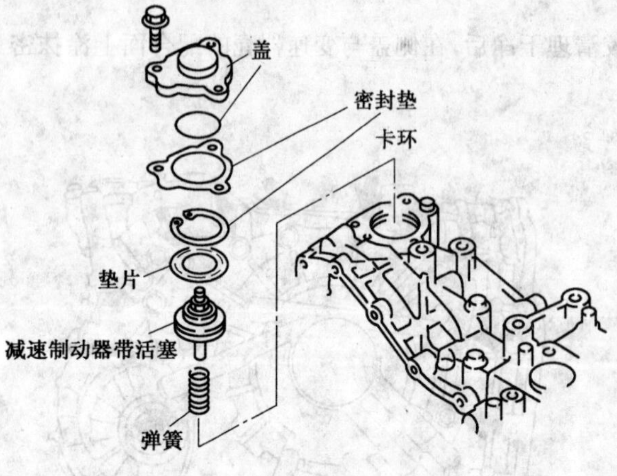

图 9-83　安装减速制动带活塞

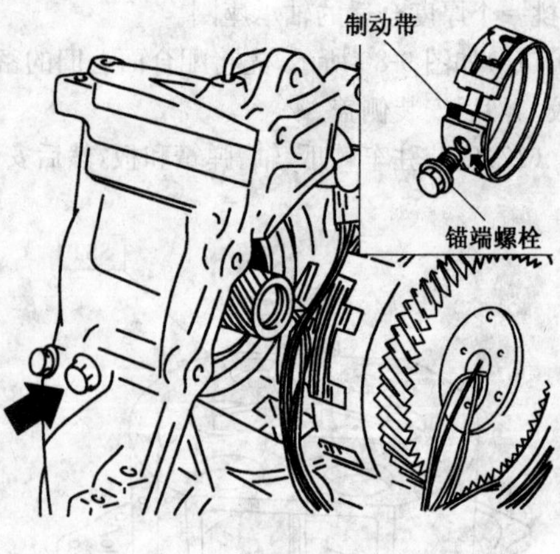

图 9-84　安装减速制动带及锚头螺栓

(23)制动带的调整:参见图 9-65 所示,安装 SST No. S2A761(制动带活塞止动器),以防制动带活塞转动。紧固活塞杆至 4.0～6.0N·m,将活塞杆松开 5 圈。紧固锁紧螺母至 39～50N·m,注意:要防止活塞杆转动。

(24)将减速制动带伺服器定位,安装卡环。

(25)在新的 O 形圈上涂一层 ATF,然后将其装到伺服活塞保持架上,安装伺服活塞保持架,紧固 3 个螺栓。

(26)安装减速太阳轮,方向如图 9-85 所示。

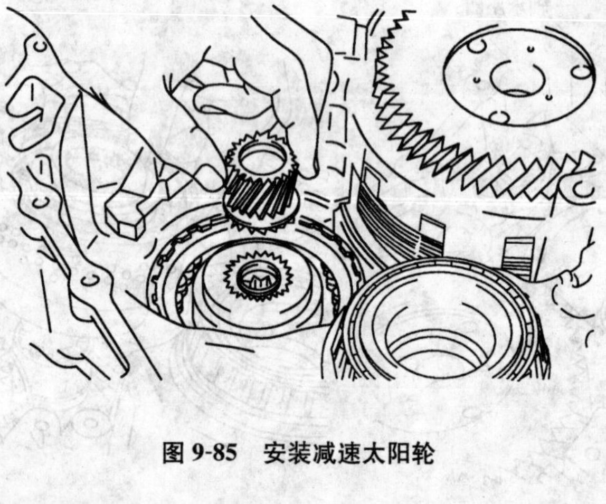

图 9-85　安装减速太阳轮

(27)安装减速器总成。

(28)如图 9-86 所示,在密封圈上涂凡士林,然后将其装到输入轴上,安装输入轴。

(29)如图 9-87 所示,将润滑油泵密封垫定位,如果油泵密封垫弯曲或划伤,切勿重新使用。安装润滑油泵总成,紧固 5 个螺栓至 17.9～20.9N·m。在 O 形圈上涂一层 ATF,然后将其装到输入轴上。

(30)安装输出速度传感器,连接速度传感器插头。

(31)安装中间传感器,连接速度传感器插头。

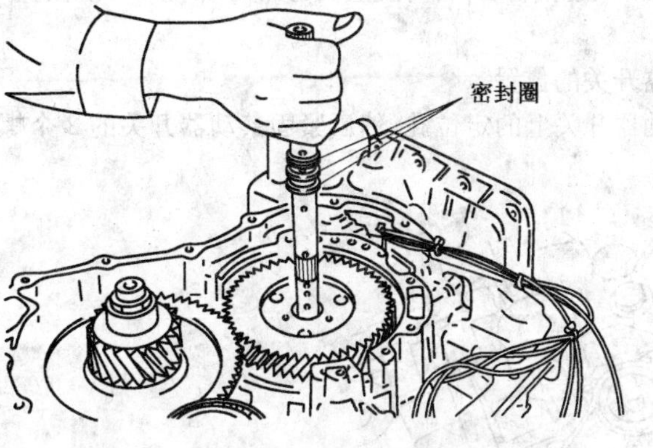

图 9-86　安装输入轴

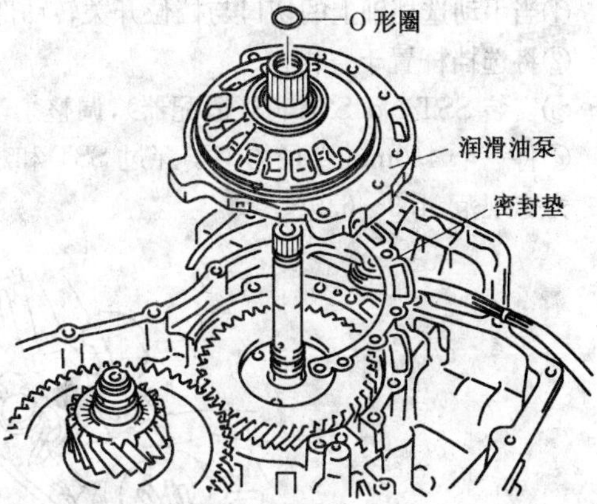

图 9-87　安装润滑油泵

(32)将 2 个磁铁定位。安装 ATF 温度传感器。安装润滑油集滤器。

(33)安装差速器总成。

(34)如图 9-88 所示,安装接线端子总成,安装连接插头支架。在 2 个密封圈上涂一层 ATF,然后将其装到变速器壳上。注意:如果密封圈装错位置或划伤,切勿重新使用。

(35)将控制阀体装到变速器壳上。安装控制阀体时,当心不要将手动阀掉落。如图 9-89 所示,紧固将控制阀体固定在变速器壳上的 11 个螺栓,力矩规格见表 9-10。

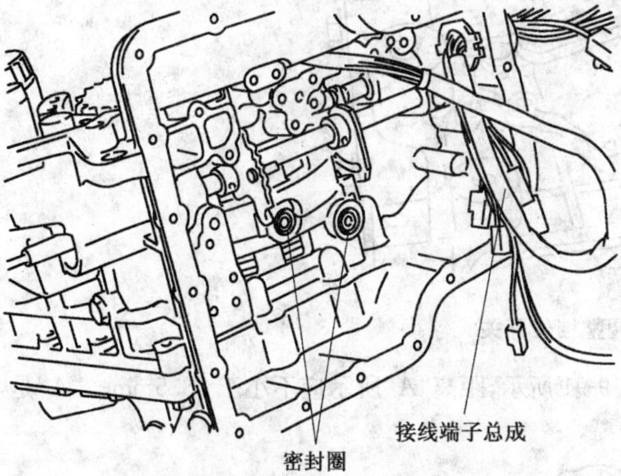

图 9-88　安装接线端子总成及密封圈

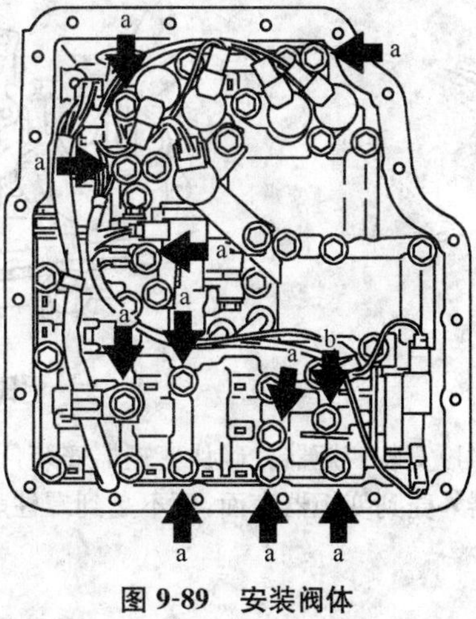

图 9-89　安装阀体

表 9-10　阀体螺栓力矩规格

螺栓	数量(个)	长度(mm)	紧固力矩(N·m)
a	10	89.0	6.9～8.8
b	1	105.5	6.9～8.8

(36)连接电磁阀与线束插头总成之间的电气插头。

(37)在控制阀盖与变速器壳的配合面上涂抹密封胶。然后,装上控制阀盖。力矩规范:6.9～8.8N·m。

(38)装上冷却器管,将 2 个螺栓紧固至 29.4～49N·m。注意:切勿重新使用拆下的密封垫圈。

(39)装上线束夹板,紧固 4 个螺母至 7.8～9.8N·m。

(40)如图 9-90 所示,按下列程序装上档位开关:

①当手动选档轴上的切口与档位开关转动部分的凸起接合时，暂时装上档位开关，带上 2 个螺栓。

②将选档杆置于空档。

③安装 SST No. S2A503(适配器)，调整禁动器开关的位置。

④将一个 4.0mm 直径的销子穿过 SST 和禁动器开关上的定位孔，然后紧固禁动器开关的 2 个螺栓。力矩规范：4.9～6.9N·m。

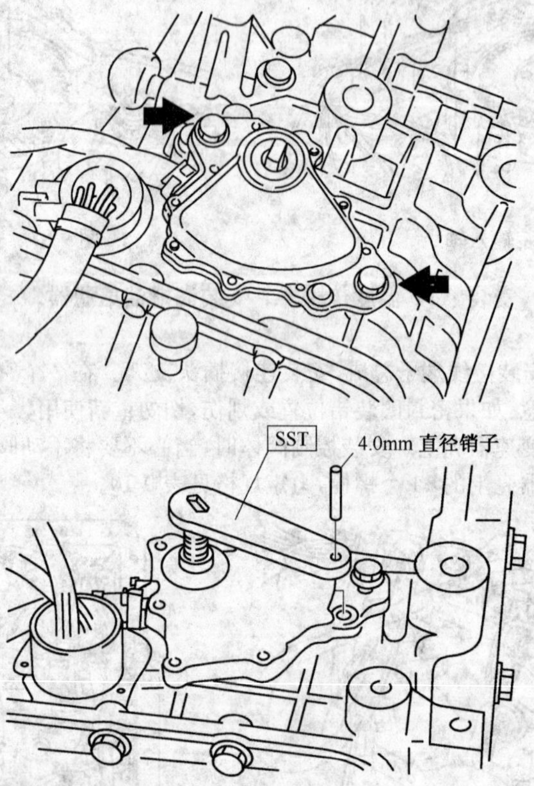

图 9-90　调整档位开关

(41)安装变矩器。确认变矩器安装位置，如图 9-91 所示，距离“A”所示应不小于 28.5mm。“A”是变矩器外壳到变矩器表面，而不是到螺柱表面的距离。

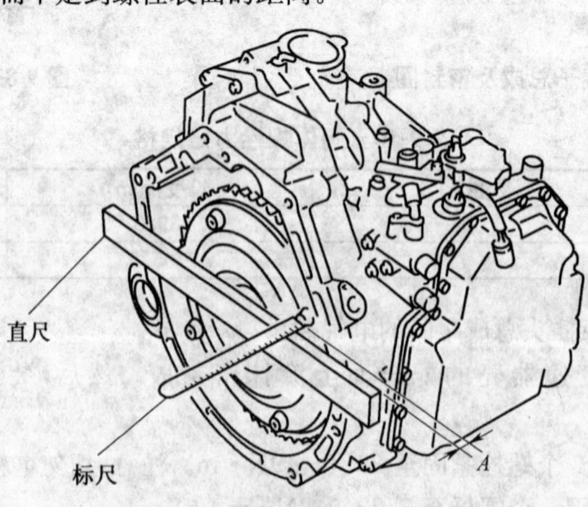

图 9-91　检查变矩器安装尺寸

第十章　4F27E 型自动变速器

第一节　结构特点与技术参数

一、结构特点

长安福特公司生产的福克斯轿车装配了 4F27E 型自动变速器，它是一款前轮驱动、电子控制 4 速、手/自动一体化自动变速器，其内部总体构造如图 10-1 所示。4F27E 型变速器的机械传动系统的内部主要部件包括：

(1)一组行星齿轮组：复合式行星齿轮组。

(2)一组制动器：低/倒档制动器。

(3)一条制动带：2/4 档制动带。

(4)一个单向离合器：低档单向离合器。

(5)三组摩擦片式离合器：前进档离合器；倒档离合器；直接档离合器。

(6)输出轴/差速器装置。

二、主要技术参数

1. 基本参数

4F27E 型自动变速器的基本参数见表 10-1。

表 10-1　4F27E 型自动变速器的基本参数

项　目	参　数
变速器型号：4—	4 前进档
变速器型号：F—	前轮驱动
变速器型号：27—	最大输出转矩(365N·m)
变速器型号：E—	电子控制
1 档传动比	2.816
2 档传动比	1.498
3 档传动比	1.000
4 档传动比	0.726
R 档传动比	2.649
主减速比	4.203
ATF 检查周期	1 年或 2 万 km 没有更换要求
油液型号	WSS-M2C202-B
油液容量	变速器油(包括冷却器与管路)：6.7L

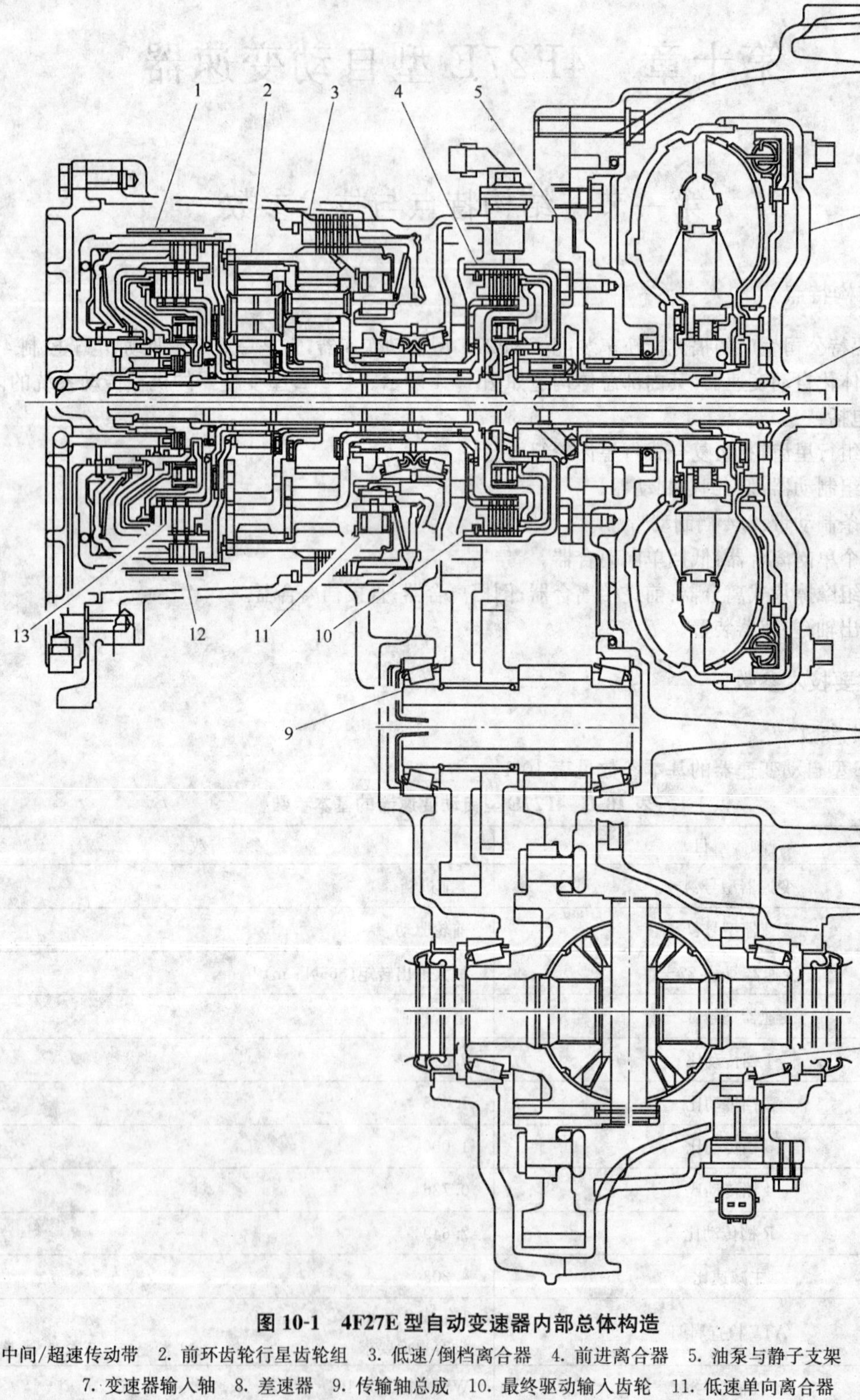

图 10-1 4F27E 型自动变速器内部总体构造

1. 中间/超速传动带 2. 前环齿轮行星齿轮组 3. 低速/倒档离合器 4. 前进离合器 5. 油泵与静子支架 6. 变矩器 7. 变速器输入轴 8. 差速器 9. 传输轴总成 10. 最终驱动输入齿轮 11. 低速单向离合器 12. 倒档离合器 13. 直接离合器

2. 主要螺栓紧固力矩

4F27E 型自动变速器主要螺栓紧固力矩见表 10-2。

表 10-2　4F27E 型自动变速器主要螺栓紧固力矩　(N·m)

项　目	力　矩
变速器法兰螺栓	48
变矩器至挠性板	36
主控制杆	22
底板支架	30
缓冲盒	40
散热器支架	25
起动机固定螺栓	35
起动机托架固定螺母	20
发动机后固定座托架螺栓	90
后发动机固定座螺母	133
发动机支架绝缘件	80
前排气管凸缘	47
输出轴速度(OSS)传感器	10
油底壳至变速器	7
变速器档位(TR)传感器	10
涡轮轴速度(TSS)传感器	10
制动带伺服活塞盖	13
手动杆轴固定轴	13
最终驱动输入齿轮轴承固定螺母转动力矩	0.6～0.9
最终驱动输入齿轮轴承固定螺母预负荷	400～450
驻车掣子	13
液力变矩器外壳	22
主控制装置总成	9
电磁阀导线夹	10
制动带锚座	45
变速器外壳护盖	22
油泵至变速器	22

第二节　动力传递路线

一、行星齿轮机构

4F27E 型自动变速器采用了一组复合式行星齿轮组，基本结构如图 10-2 所示，该行星齿轮组的特点是前行星轮架与后齿圈一体运转，而后行星轮架与前齿圈一体运转，前后的行星轮和太阳轮则是互相独立的。4F27E 型自动变速器动力传递路线如图 10-3 所示，其行星齿轮机构前齿圈和后行星架是一体；前行星架和后齿圈为一体，为动力输出端。在 4F27E 型自动变速器内部有 6 个换档执行元件，包括 3 个片式离合器、1 个片式制动器、1 个带式制动器和 1 个单向离合器，各换档执行元件的作用见表 10-3，执行元件和电磁阀工作表见表 10-4。

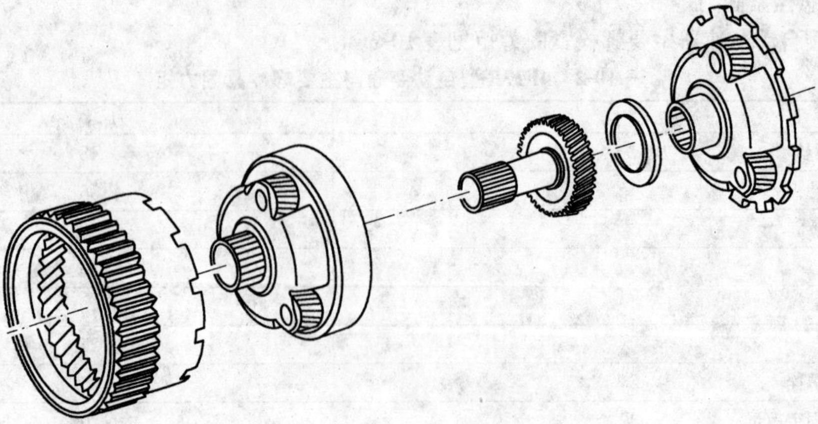

图 10-2 行星齿轮机构

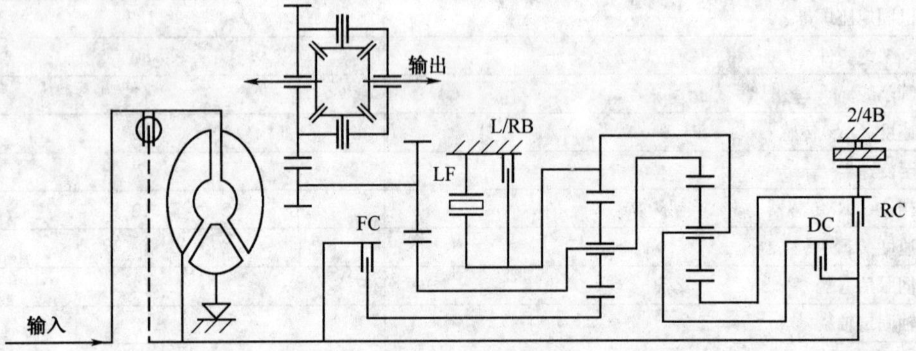

图 10-3 4F27 型自动变速器动力传递路线

FC—前进档离合器 LF—低档单向离合器 L/RB—低/倒档制动器 2/4B—2/4 档制动带
RC—倒档离合器 DC—直接档离合器

表 10-3 各换档执行元件的作用

换档执行元件	作 用
FC(前进离合器)	驱动前排太阳轮
LF(低档单向离合器)	单向固定前排内齿圈/后排行星架
L/RB(低/倒档制动器)	倒档时固定前排内齿圈/后排行星架
2/4B(2/4 档制动带)	在 2、4 档时固定后排太阳轮
RC(倒档离合器)	驱动后排太阳轮
DC(直接档离合器)	驱动后排行星架/前排齿圈

表 10-4 执行元件/电磁阀工作表

档位	发动机制动	执行部件							电磁阀					
		前进离合器	直接档离合器	倒档离合器	制动带		低倒档制动器	单向离合器	EPC	SSA	SSB	SSC	SSD	SSE
					接合侧	释放侧								
P									√	ON	OFF	OFF	OFF	OFF
N									√	ON	OFF	OFF	OFF	OFF
R	√			√			√		√	OFF	OFF	OFF	OFF	OFF

续表 10-4

档位	发动机制动	执行部件							电磁阀					
		前进离合器	直接档离合器	倒档离合器	制动带		低倒档制动器	单向离合器	EPC	SSA	SSB	SSC	SSD	SSE
					接合侧	释放侧								
TCC 不接合														
D1		√						√	√	OFF	OFF	OFF	ON	ON
M1	√	√					√		√	ON	ON	OFF	OFF	ON
D2	√	√			√				√	OFF	OFF	OFF	OFF	ON
D3	√	√	√		√	√			√	OFF	OFF	OFF	OFF	OFF
D4	√		√		√				√	ON	OFF	ON	OFF	OFF
TCC 接合														
D3	√	√	√		√	√			√	OFF	ON	ON	OFF	OFF
D4	√		√		√				√	ON	ON	ON	OFF	OFF

注：√处于工作状态

SSA/SSB：OFF=无液压流

SSC/SSD/SSE：OFF=全液压流

二、动力传递路线分析

1. 倒档动力传递路线分析

倒档动力传递路线如图 10-4 所示，倒档时，倒档离合器接合，驱动后排太阳轮；低/倒档制动器工作，固定前排齿圈/后排行星架，则前排行星架/后排齿圈反向减速输出。

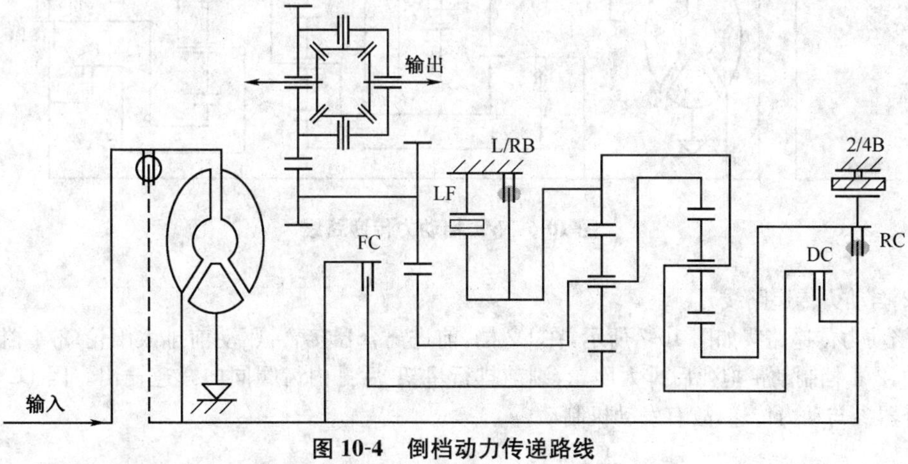

图 10-4　倒档动力传递路线

2. 1 档动力传递路线

(1)D1 档动力传递路线

D1 档动力传递路线如图 10-5 所示，在 D 位 1 档，前进离合器接合，驱动前排太阳轮；低档单向离合器锁止，单向固定前排内齿圈/后排行星架，则前排行星架/后排内齿圈同向减速输出。在 D1 档，低档单向离合器锁止，单向固定前排内齿圈/后排行星架是动力传递不可缺少的条件，但不能逆向传递动力，故在 D1 档没有发动机制动。

(2)M1 档动力传递路线

M1 档动力传递路线如图 10-6 所示，在 M1 档，前进离合器接合，驱动前排太阳轮；低档单向离合器锁止，单向固定前排内齿圈/后排行星架；同时，低/倒档制动器工作，双向固定前排内齿圈/后排行星架，则前排行星架/后排内齿圈同向减速输出。在 M1 档，因低/倒档制动器的工作，低档单向离合器锁止不再是动力传递不可缺少的条件，可或以逆向传递动力，故在 M1 档有发动机制动。

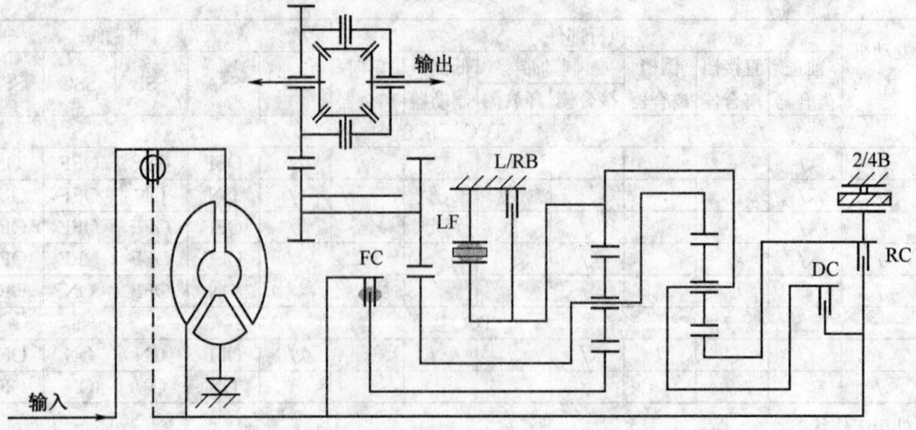

图 10-5 **D1 档动力传递路线**

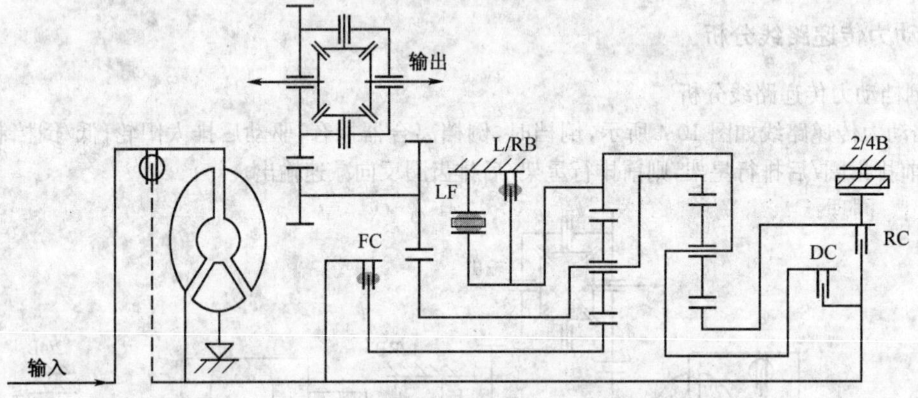

图 10-6 **M1 档动力传递路线**

(3)2 档动力传递路线

D2 档动力传递路线如图 10-7 所示，在 D2 档，前进离合器接合，驱动前排太阳轮；2/4 档制动带接合侧供油，2/4 档制动带抱死后排太阳轮，则前排行星架/后排内齿圈同向减速输出。因 D2 档中没有单向离合器参与动力传递，故有发动机制动。

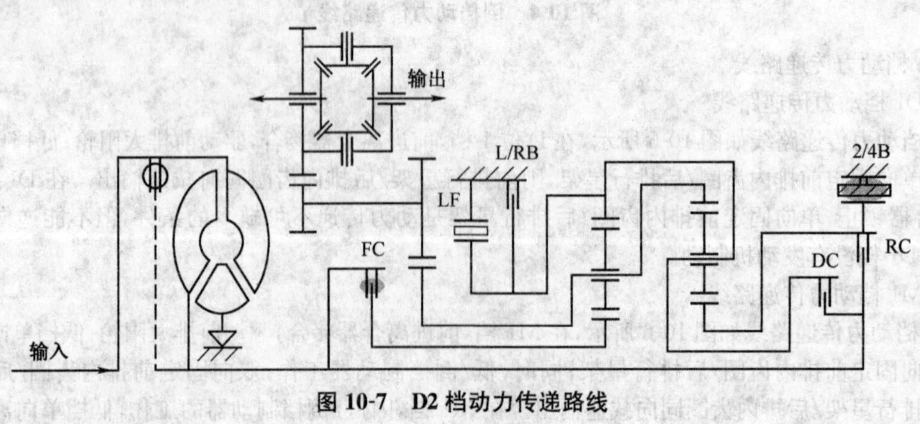

图 10-7 **D2 档动力传递路线**

(4)3 档动力传递路线

D3 档动力传递路线如图 10-8 所示，在 D3 档，前进离合器接合，驱动前排太阳轮；直接档离合器接合，驱动后排行星架/前排齿圈。因行星齿轮机构中有两个部件被同时驱动，则整个行星齿轮机构以一个整体旋转，为直接传动档。同理，在 D3 档中没有单向离合器参与动力传递，故有发动机制动。

在 D3 档，2/4 档制动带接合侧和释放侧同时供油，故制动带不工作。

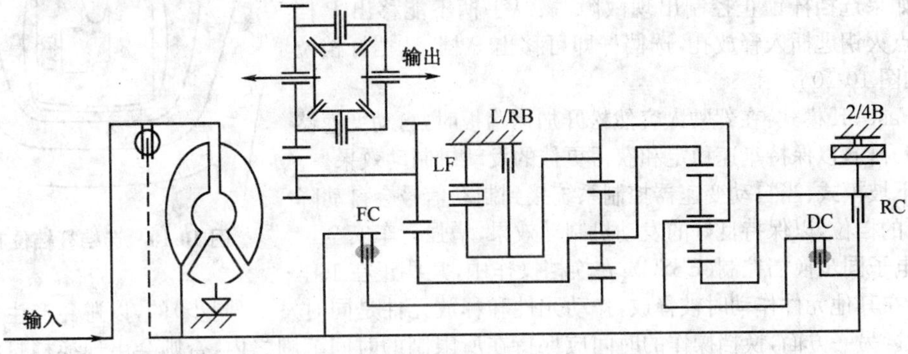

图 10-8　D3 档动力传递路线

(5)D4 档动力传递路线

D4 档动力传递路线如图 10-9 所示，在 D4 档时，直接档离合器接合，驱动后排行星架/前排齿圈；2/4 档制动带接合侧供油，释放侧泄油，2/4 档制动带抱死后排太阳轮，则前排行星架/后排内齿圈同向增速输出。同理，D4 档有发动机制动。

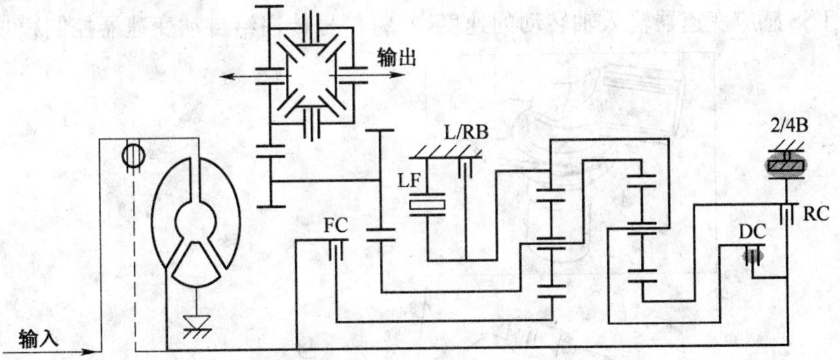

图 10-9　D4 档动力传递路线

第三节　控制系统

一、电子控制系统

1. 变速器控制模块(TCM)

4F27E 型自动变速器完全采用电子控制，控制系统通过采集负荷、车速以及各种信号，确定正确的操作模式。变速器的控制功能越来越强大，控制精度也越来越高。在电控变速器的诊断上也和早期全液控或者半电控自动变速器有很大的区别，对维修人员提出了更高的要求。变速器控制模块(TCM)也称自动变速器控制单元(TCU)，它是自动变速器的控制中枢，位于发动机舱挡火墙上的中间部位，TCM 接收各类信号，对信号进行处理，将输出信息传递到各电磁阀，以实现换档及 TCC 控

制。同时,TCM还要输出警告信息和诊断信息。TCM有如下控制特点:

(1)选择换档模式(手动控制模式):4F27E型自动变速器采用手/自动一体化控制方式,可以利用档位选择杆手动换档。在手动模式加、减档时,要符合升、降档条件时才会执行。在手动模式下可以2档起步,方便在湿滑地面顺利起步。在选档杆前部有一个释放孔,如果选档杆锁止控制出现故障,操纵手柄不能移出P档时,可将点火钥匙插入释放孔,选档杆即可移出P档,选档杆档位的布置如图10-10所示。

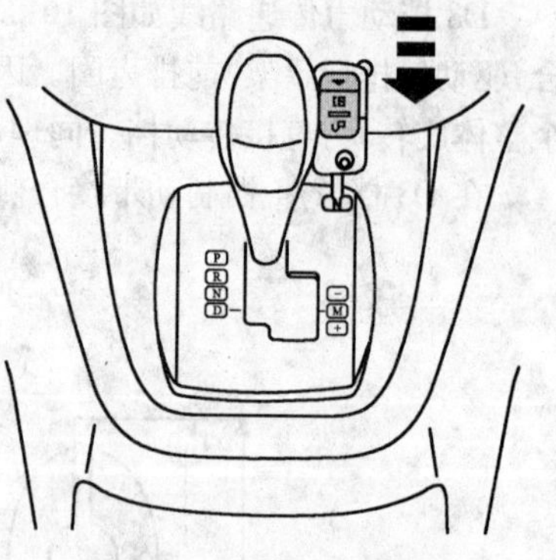

图10-10 选档杆档位布置

(2)Fast-off模式:在驾驶人突然松开加速踏板时,自动变速器不会立即升档,以保持车速稳定和获得更佳的发动机制动效果。

(3)下坡模式:当自动变速器控制系统接到制动信号会自动降低至较低的档位,以保持良好的发动机制动效果,增强行车安全。

(4)电子同步换档控制(ESSC):在换档操作中,某些正在工作的元件会在其他元件作动时被释放,作动元件和释放元件是同时发生(同步)的,以避免产生不平顺的换档感觉。另一方面,换档操作的时间应保持在所限制的时间范围之内,否则会出现换档打滑或换档冲击。当变速器在使用一段较长的里程后,由于执行元件会发生不同程度的磨损,影响到控制效果,压力的建立与降低可能将无法再同步,换档时间会超过规定的范围。ESSC会侦测换档操作时间,且能够在整个变速器使用寿命内适应换档组件的磨损。无论换档操作是否同步,系统都会侦测换档时间,如果TCM侦测到换档时间偏离了储存值,会据此调整换档操作压力。

2. 涡轮轴速度(TSS)传感器

涡轮轴速度(TSS)传感器是一个电磁式传感器,它位于变速器输入轴之上的变速器外壳上,如图10-11所示。TSS感应变速器输入轴转动的速度,并将信号传递给自动变速器控制模块TCM。如果

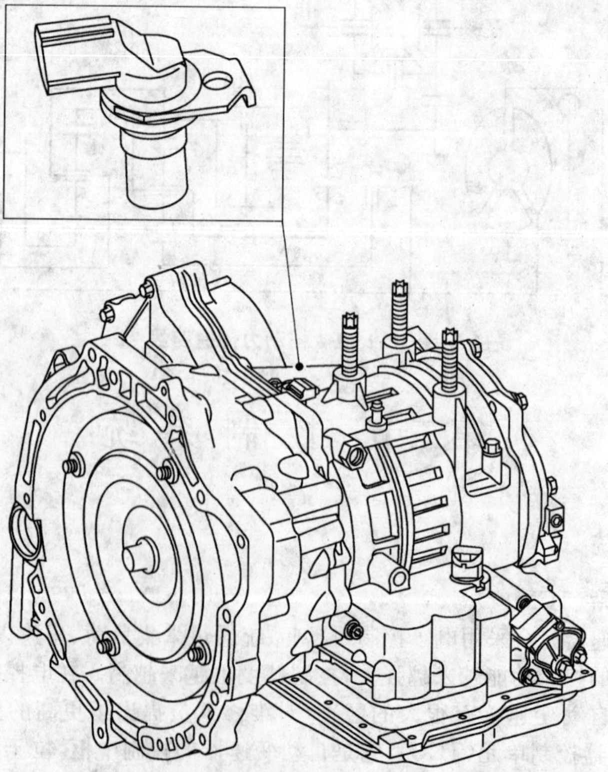

图10-11 涡轮轴速度(TSS)传感器的位置

TSS 传感器失效，TCM 利用输出轴速度(OSS)传感器的信号代替，车载诊断系统记忆故障码且点亮警告灯。在室温下，TSS 传感器的电阻值为 330～390Ω。

3. 输出轴速度(OSS)传感器

输出轴速度(OSS)传感器也是一个电磁式传感器，它位于差速器中转子上的变速器外壳上，如图 10-12 所示。OSS 利用差速器上的转子侦测车速，并将信号传递给自动变速器控制模块 TCM。如果 OSS 传感器失效，TCM 利用涡轮轴速度(TSS)传感器的信号代替，车载诊断系统记忆故障码且点亮警告灯。在室温下，OSS 传感器的电阻值为 800～920Ω。本 OSS 信号不作为车速信号源，车速信号是取自 ABS 系统的轮速传感器。

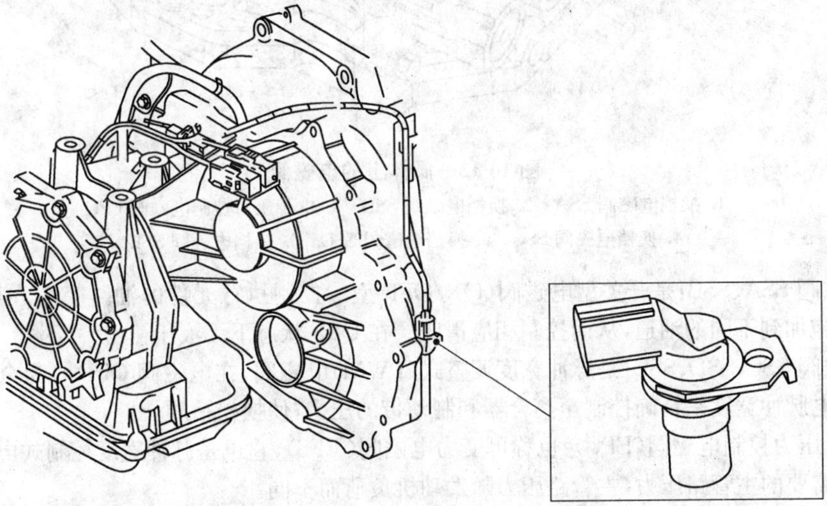

图 10-12 输出轴速度(OSS)传感器的位置

4. 变速器档位(TR)传感器

变速器档位(TR)传感器 TR 传感器是位于变速器外壳的手动轴上，用于向自动变速器控制模块(TCM)提供选杆档位置信息。

5. 自动变速器油温传感器(TFT)

自动变速器油温传感器是一个热敏电阻，它将油温信息转变为电压信号传递给 TCM，在极冷或极热的情况下，TCM 会根据 TFT 传感器信息控制管路压力、换档规律和变矩器锁止离合器(TCC)的工作。不同温度下，油温传感器的阻值见表 10-5。

表 10-5 不同温度下油温传感器的阻值

温度(℃)	阻值(kΩ)	温度(℃)	阻值(kΩ)
−20℃	236～317	80℃	3.61～4.06
0℃	83.2～107	100℃	1.96～2.20
20℃	33.5～41.2	120℃	1.13～1.25
40℃	14.6～17.6	130℃	0.87～0.96
60℃	7.08～8.01		

6. 其他输入信号

自动变速器控制单元还通过 CAN BUS 数据线从发动机控制单元获得某些输入信号，如节气门位置、空气流量、进气温度、电子点火、曲轴位置等等，来进行换档控制。

7. 输出控制(电磁阀)

在 4F27E 型自动变速器阀体上有 6 个电磁阀，如图 10-13 所示，不同档位时，各电磁阀的状态参见表 10-4。各阀的功能是：

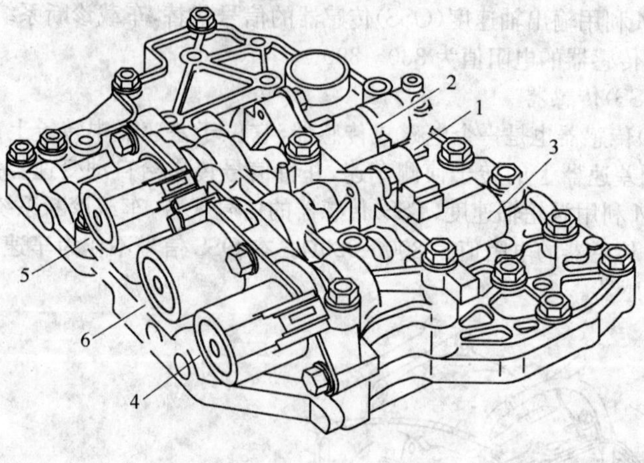

图 10-13 阀体上的电磁阀

1. 换档电磁阀 SSA 2. 换档电磁阀 SSB 3. 电子压力控制电磁阀 EPC
4. 换档电磁阀 SSC 5. 换档电磁阀 SSD 6. 换档电磁阀 SSE

(1)电磁阀 SSA、SSB：是开关型电磁阀(ON/OFF 型)，控制执行元件的油路变换。通过电流的通断控制液压施加到不同的油道，从而控制相应滑阀。在 OFF 状态下无液压输出。

(2)电磁阀 SSC、SSD、SSE：是脉冲宽度调整式(PWM)电磁阀，在电磁阀 OFF 时为全液压流，它通过调节其供电脉冲宽度来精确控制至离合器和制动带的压力，使换档平顺。

(3)电子压力控制电磁阀(EPC)：也称可变力电磁阀(VFS)，它也是脉冲宽度控制式电磁阀，控制各传动档位所需要的主管路压力，主管路压力随发动机负荷而不同。

SSB 与 SSC 同时还控制变矩器锁止离合器(TCC)的工作，4F27E 型自动变速器在 3 档以上且车速高于 40km/h 时 TCC 才接合。

在阀体上电磁安装的相应位置，标有对应插头的颜色标记，拆卸主控制装置线束接头时，位置必须要记下来，使它们能够接回相同的位置，颜色标记如图 10-14 所示。在室温下，电磁阀 SSA、SSB 的电阻值为 10.9～26.2Ω；电磁阀 SSC、SSD、SSE 的电阻值为 1.0～4.2Ω；PC 电磁阀的电阻值为 2.4～7.3Ω。

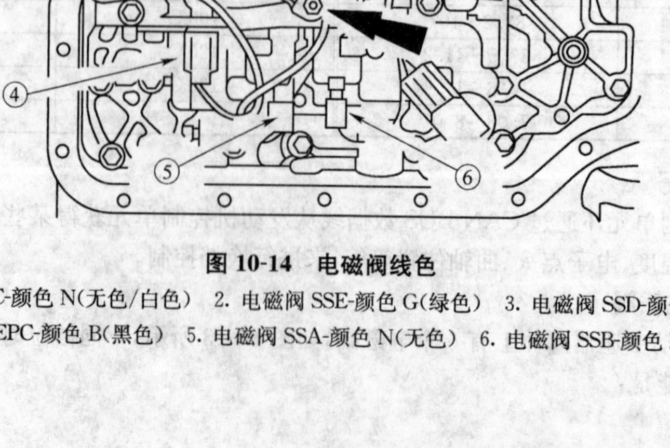

图 10-14 电磁阀线色

1. 电磁阀 SSC-颜色 N(无色/白色) 2. 电磁阀 SSE-颜色 G(绿色) 3. 电磁阀 SSD-颜色 L(蓝色)
4. 电磁阀 EPC-颜色 B(黑色) 5. 电磁阀 SSA-颜色 N(无色) 6. 电磁阀 SSB-颜色 B(黑色)

8. 电控系统电路图

4F27E 型自动变速器传感器及电磁阀电路如图 10-15 所示，档位开关电路如图 10-16 所示，选档杆控制单元电路如图 10-17 所示。

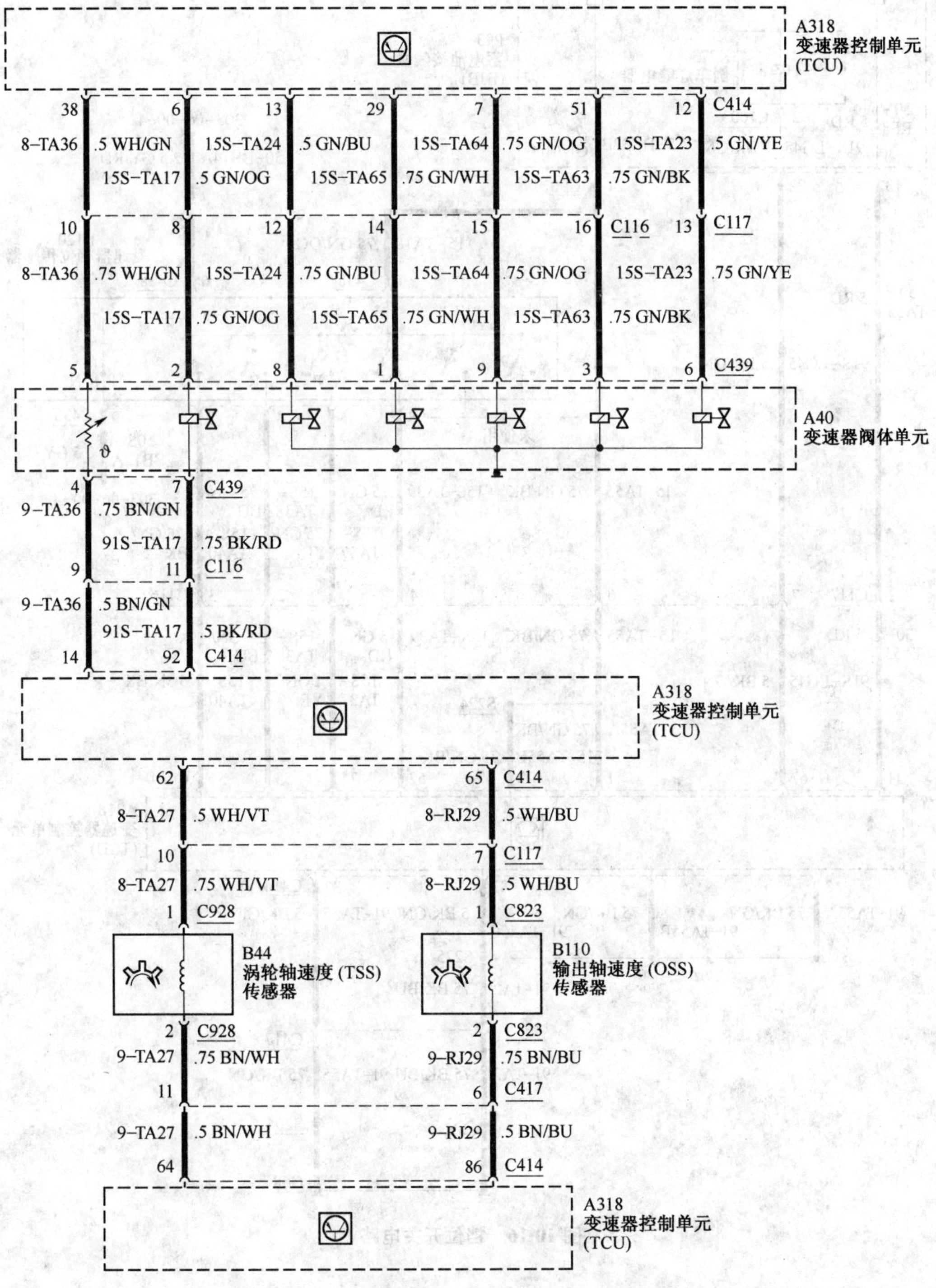

图 10-15 传感器及电磁阀电路

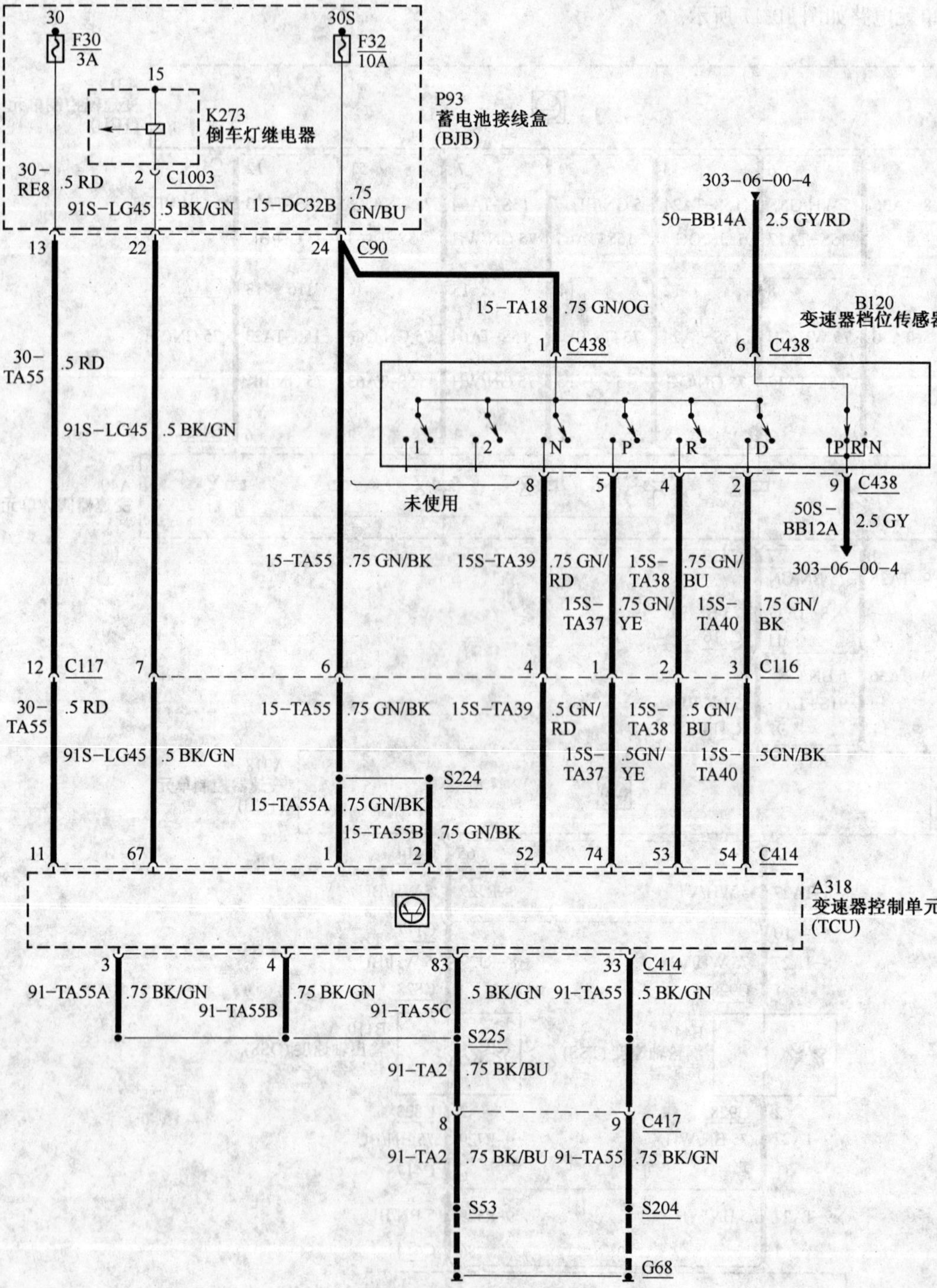

图 10-16 档位开关电路

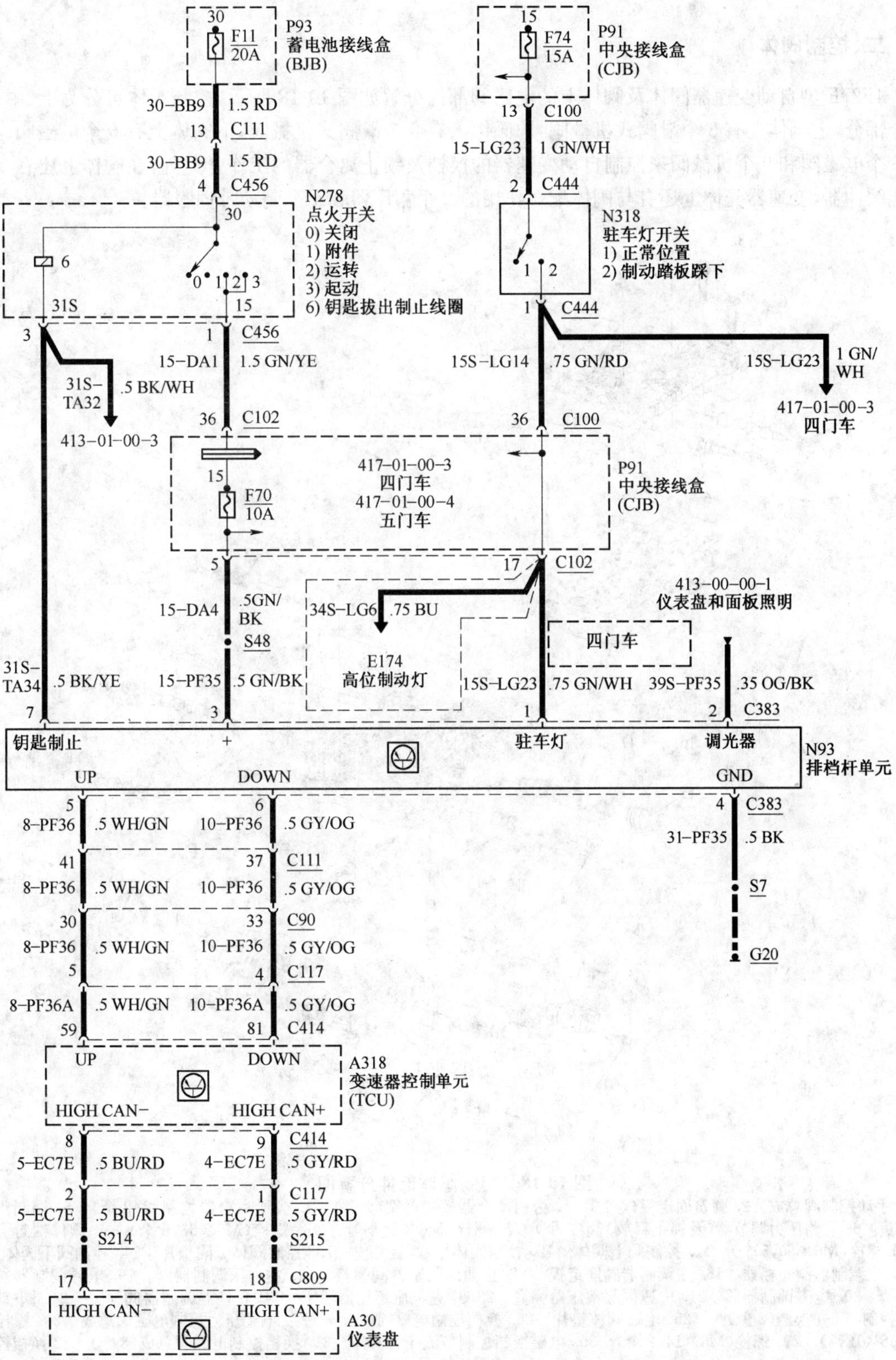

图 10-17 选档杆控制单元电路

二、控制阀体

4F27E 型自动变速器阀体及阀体上的电磁阀部件分解如图 10-18 所示，控制阀体可分为上、中、下三个部分，上阀体上有 3 个滑阀式机械阀，中阀体上有 6 个滑阀式机械阀，下阀体上有 6 个电磁阀。由这 6 个电磁阀和 9 个机械阀来控制自动变速器的换档及锁止离合器的工作。此外，在阀体上还有 1 个蓄能缓冲器，变速器壳体上还有与阀体配合作用的 2 个蓄压器和 1 个制动带伺服器。

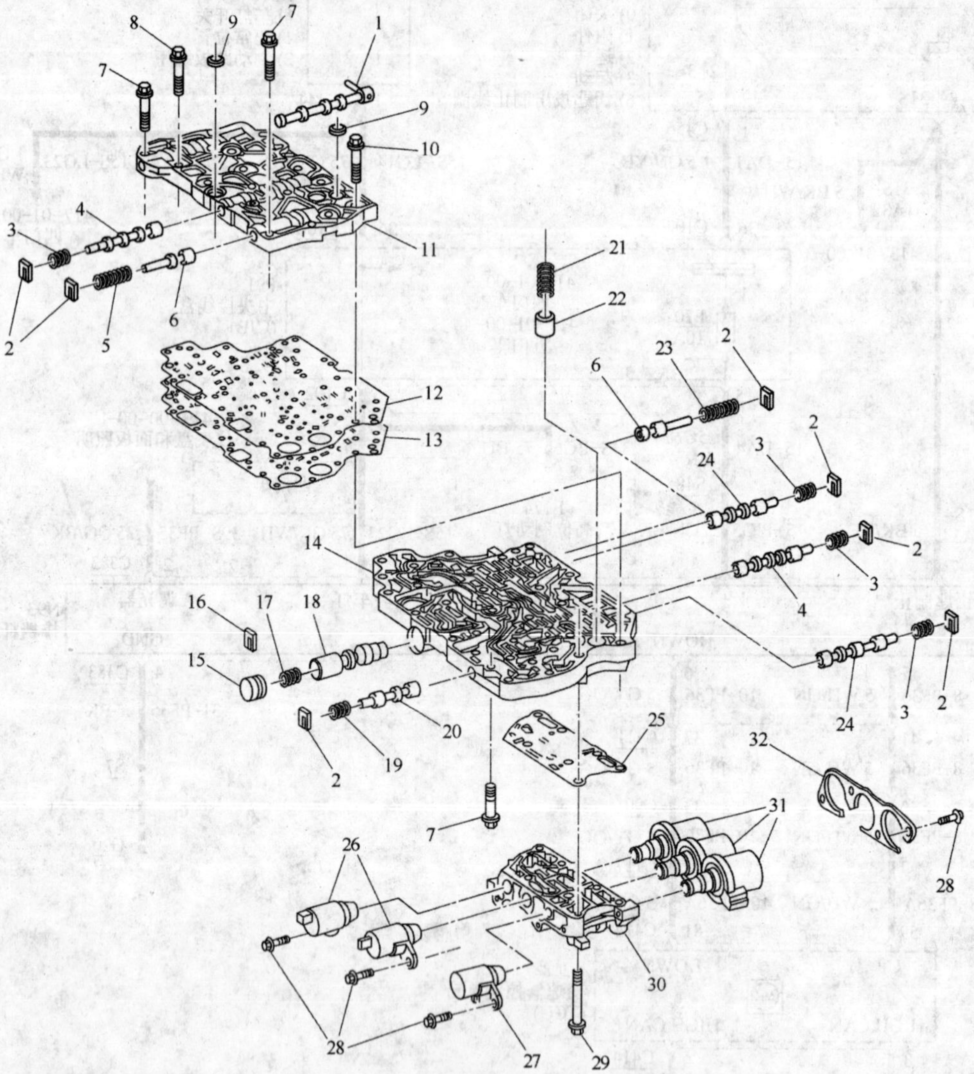

图 10-18　控制阀体部件分解图

1. 手动控制阀总成　2. 弹簧固定板(7 个)　3. 旁通离合器控制弹簧(4 个)　4. 旁通离合器控制阀(2 个)　5. 调制阀弹簧　6. 管路压力调节器(及锁止释放)阀(2 个)　7. 螺栓(M6×50，3 个)　8. 螺栓(M6×63，5 个)　9. 阀体油封　10. 螺栓(M6×60，5 个)　11. 控制阀上阀体　12. 控制阀体垫片/板总成　13. 控制阀体分隔垫片　14. 控制阀下阀体　15. 主调制器阀止档器　16. 主调制器阀固定板　17. 主油压调制器阀弹簧　18. 主油压调制器阀　19. 电磁调制器阀弹簧　20. 电磁调制器阀　21. 中速伺服蓄压器弹簧　22. 中速伺服蓄压器活塞　23. 转换器调制器阀弹簧　24. 阀-锁定控制与 2-4 换档(2 个)阀　25. 电磁阀体垫片　26. 换档控制电磁阀(2 个)　27. 电子压力控制电磁阀总成　28. 螺栓(M6×12，7)　29. 螺栓(M6×14，2 个)　30. 电磁换档控制节流压力阀体　31. 换档控制电磁阀总成(3 个)　32 换档控制电磁阀托架 H/DWN

第四节　自动变速器的维修

一、电控系统故障代码表

4F27E 型自动变速器电控系统故障代码见表 10-6。

表 10-6　电控系统故障代码表

故障码	组件	功能	状况	故障现象
P0705	TR 传感器	TR 回路故障	TR 回路，在 TR_D 中指示无效的模式。状况因 P/N、D、R、2 或 1 回路对搭铁短路或断路。尾灯搭铁回路断路。此 DTC 会因不正确的 TR 传感器调整而产生	控制压力增加(换档冲击)。无效的位置预设为 D
P0712	TFT	指示 157℃ TFT 传感器回路搭铁	TFT 传感器二端设定为温度的电压降过低 157℃	可能有粗糙的换档感觉
P0713	TFT	指示－40℃ TFT 传感器断路	TFT 传感器二端设定为温度的电压降过高－40℃	可能有粗糙的换档感觉
P0715	TSS	来自涡轮轴速度传感器的输入不足	PCM 在操作中侦测到 TSS 信号消失	换档冲击、变矩器离合器不动作，且啮合冲击
P0717	TSS	涡轮轴速度传感器信号断续	PCM 在操作中侦测到 TSS 信号消失	换档冲击、变矩器离合器不动作，且啮合冲击
P0718	TSS	TSS 传感器信号不正常	PCM 侦测到不正常的 TSS 信号	换档冲击、变矩器离合器不动作，且啮合冲击
P0720	OSS	OSS 传感器的输入不足	PCM 在操作中侦测到 OSS 信号消失	换档冲击、可能有不正常的换档程序
P0721	OSS	OSS 传感器信号噪声	PCM 侦测到不正常的 OSS 信号	换档冲击、不正常的换档程序
P0722	OSS	OSS 传感器信号断续	PCM 侦测到间歇的 OSS 信号	换档冲击、不正常的换档程序
P0731	SSA、SSB、SSC 或内部零件	1 档故障	无 1 档	依故障或模式与手动杆位置，选择不正确的档位 换档错误也可能因为其他的内部变速器问题(阀门卡住、摩擦材料损坏)而发生 发动机 RPM 可能会比预期的高或低
P0732	SSA、SSB、SSC 或内部零件	2 档故障	无 2 档	依故障或模式与手动杆位置，选择不正确的档位 换档错误也可能因为其他的内部变速器问题(阀门卡住、摩擦材料损坏)而发生 发动机 RPM 可能会比预期的高或低

续表 10-6

故障码	组件	功 能	状 况	故 障 现 象
P0733	SSA、SSB、SSC 或内部零件	3 档故障	无 3 档	依故障或模式与手动杆位置，选择不正确的档位 换档错误也可能因为其他的内部变速器问题(阀门卡住、摩擦材料损坏)而发生 发动机 RPM 可能会比预期的高或低
P0734	SSA、SSB、SSC 或内部零件	4 档故障	无 4 档	依故障或模式与手动杆位置，选择不正确的档位 换档错误也可能因为其他的内部变速器问题(阀门卡住、摩擦材料损坏)而发生 发动机 RPM 可能会比预期的高或低
P0741	TCC	侦测到 TCC 打滑	PCM 在正常车辆操作中，侦测到过大的 TCC 打滑量	TCC 打滑/冲击或变矩器离合器不操作
P0750	SSA	SSA 电磁阀回路故障	SSA 回路无法在电磁阀二端提供电压降 断路或短路，或 PCM 驱动器在车上诊断中故障	无倒档(短路)或无 4 档(断路)
P0751	SSA	SSA 功能性故障	换档电磁阀机械或液压故障	部分的档位没有
P0755	SSB	SSB 电磁阀回路故障	SSB 回路无法在电磁阀二端提供电压降 断路或短路，或 PCM 驱动器在车上诊断中故障	部分的档位没有。3 档与 4 档中，变矩器离合器不作用
P0756	SSB	SSB 功能性故障	换档电磁阀机械或液压故障	部分的档位没有。3 档与 4 档中，变矩器离合器不作用
P0760	SSC	SSC 电磁阀回路故障	SSC 回路无法在电磁阀二端提供电压降 断路或短路，或 PCM 驱动器在车上诊断中故障	部分的档位没有
P0761	SSC	SSC 功能性故障	换档电磁阀机械或液压故障	部分的档位没有
P0765	SSD	SSD 电磁阀回路故障	SSD 回路无法在电磁阀二端提供电压降 断路或短路，或 PCM 驱动器在车上诊断中故障	部分的档位没有
P0766	SSD	SSD 功能性故障	换档电磁阀机械或液压故障	部分的档位没有
P0770	SSE	SSE 电磁阀回路故障	SSE 回路无法在电磁阀二端提供电压降 断路或短路，或 PCM 驱动器在车上诊断中故障	部分的档位没有
P0771	SSE	SSE 功能性故障	换档电磁阀机械或液压故障	部分的档位没有

续表 10-6

故障码	组件	功 能	状 况	故障现象
P1700	—	未判定的故障	变速器无空档	变速器功能性故障
P1705	TR 传感器	TR 在 KOEO/KOER 中不在 PARK 或 NEUTRAL	KOEO/KOER 在 PARK 或 NEUTRAL 不执行;或 TR 回路故障	换档或啮合冲击
P1710	TFT	卡在中间位置	PCM 无法侦测到油温度的变化	偶尔换档困难
P1711	TFT	TFT 超出车上诊断范围	变速器于车上诊断中不在操作温度	DTC 设定车辆冷车或过热
P1713	TFT	在 TFT-低范围不改变	PCM 于操作中侦测到 TFT 在低范围不改变	不正确的 TCC 啮合程序、啮合冲击、换档冲击
P1718	TFT	在 TFT-高范围不改变	PCM 于操作中侦测到 TFT 在高范围不改变	不正确的 TCC 啮合程序、啮合冲击、换档冲击
P1746	EPC	EPC 电磁阀断路	通过 EPC 电磁阀的电压受到检查如果超过容差就会发生故障	断路-造成最低 EPC 压力、啮合冲击与换档冲击
P1747	EPC	EPC 电磁阀回路故障、短路	通过 EPC 电磁阀的电压受到检查如果超过容差就会发生故障	短路造成最高 EPC 压力、啮合冲击与换档冲击
P1780	O/D 开关	选择位置的 O/D 开关输入不正确	O/D 开关电压不正确	选档杆移动时,超速传动不取消
P1783	TFT	变速器侦测到过热状况	变速器油温度超过 135℃	控制压力增加

二、自动变速器的基本检查

1. 更换自动变速器油液

4F27E 型自动变速器油液检查周期为 1 年或 2 万 km,没有规定换油周期,但根据变速器油检查结果和车辆的使用状况,在合适的时刻更换自动变速器油对自动变速器的运转以及改善自动变速器的行驶状况是有好处的。4F27E 型自动变速器油的规格型号是 WSS-M2C202B,油液容量(包括冷却器与管路)是 6.7L。

2. 失速试验

失速试验可以帮助区分故障是在发动机还是在变速器,帮助分析发动机功率大小、液力变矩器性能好坏及变速器内换档执行元件是否正常。做失速试验时,变速器应达到正常工作温度,拉紧手制动,将全部车轮用三角木塞住,将变速杆置于 D 位,左脚踩住制动踏板,右脚将加速踏板踩到底,此时发动机的转速即为失速转速。做失速试验时,变速器的输入轴和输出轴都不转,变矩器内的涡轮也不转,发动机的能量都消耗在变矩器内部的摩擦损失上,变速器油温会迅速上升,所以,试验时间不能超过 5s,做试验后,要让发动机再运转约 2min,使变速器油得到冷却,然后依次再做 R 等不同档位的失速试验。4F27E 型自动变速器失速转速标准值见表 10-7,不正常值分析见表 10-8。

表 10-7 失速转速表

发 动 机	失速转速(r/min)
1.8L	2300~2650
2.0L ZETEC	2439~2837

表 10-8　失速转速诊断表

选杆档杆位置	可能原因
D、2与1位高于规定值	前进离合器打滑
2位高于规定值	中间/超速传动带打滑
1与R位高于规定值	低速/倒档离合器打滑
R位高于规定值	倒档离合器打滑
R位高于规定值	执行道路测试，判断低速/倒档离合器是否有问题
R位高于规定值	低速/倒档离合器不正常

3. 测量管路压力

在不同的工况下，变速器各部位应有各自正常的油压，主油压是自动变速器中最重要的油压。主油压测试需先热车，然后熄火，在主油压测试孔上连接油压表，拉紧手制动，将全部车轮用三角木塞住，将操纵手柄置于D位，记录自动变速器D位怠速主油压；然后用左脚踩住制动踏板，右脚将加速踏板踩到底，再记录D位失速油压。将操纵手柄置于P或N，让发动机怠速运转约2min，再测量R位怠速油压和失速油压。4F27E型自动变速器管路压力测试口如图10-19所示，压力测试标准值见表10-9，不正常值分析见表10-10。

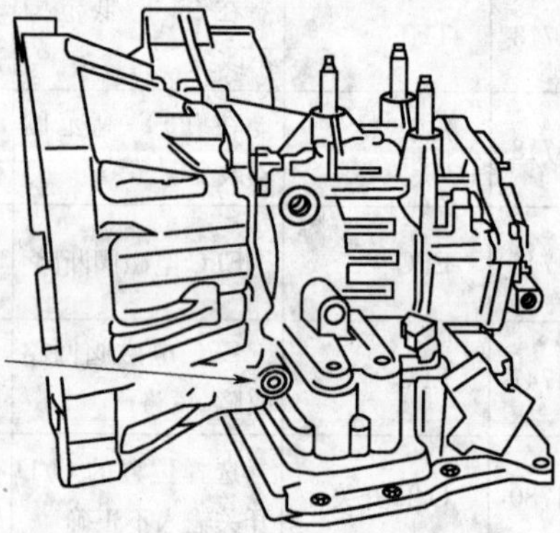

图 10-19　管路压力测试口

表 10-9　4F27E型自动变速器管路压力表

档　位	怠速(kPa)	失速(kPa)
P,N	345～450	1240～1450
R	450～585	1930～2310
D,2,1	345～450	1240～1450

表 10-10　管路压力诊断表

测试结果	可能原因
所有档位压力均低	泵磨损
所有档位压力均低	泵、主控制阀体或变速器外壳漏油
所有档位压力均低	压力控制电磁阀不动作
所有档位压力均低	电磁阀调制器阀卡住
仅D、2、1压力低	前进离合器液压回路漏油
2压力低	中间/超速传动带液压回路漏油
仅1、R压力低	低速/倒档离合器液压回路漏油
仅R压力低	倒档离合器液压回路漏油
所有档位均压力高	压力控制电磁阀不动作或导线断路
所有档位均压力高	压力调制器阀卡住
所有档位均压力高	PCM不作用

4. 换档时刻表

路试可以检查动力传动部件是否打滑，并常常能清楚显示阀体和变矩器的运行情况。换档点检查是路试的主要检查项目之一，这一测试可以验证换档控制系统工作是否正常。4F27E 型自动变速器换档时刻见表 10-11。

表 10-11　换档时刻表

节气门位置	挡位	最终传动比 3.67∶1	最终传动比 3.90∶1	最终传动比 4.15∶1
关闭	4～3	35～19	35～19	30～20
关闭	3～2	19～3	19～3	35～19
关闭	2～1	19～3	19～3	51～35
最小监视 PID TP＝1.25V	1～2	12～28	11～27	11～27
最小监视 PID TP＝1.25V	2～3	27～43	24～40	24～40
最小监视 PID TP＝1.25V	3～4	43～59	37～53	31～51
全开	1～2	41～57	45～61	43～59
全开	2～3	88～104	96～112	88～104
全开	3～4	123～140	135～151	138～154

三、主要部件分解图

(1)前进离合器部件分解如图 10-20 所示。

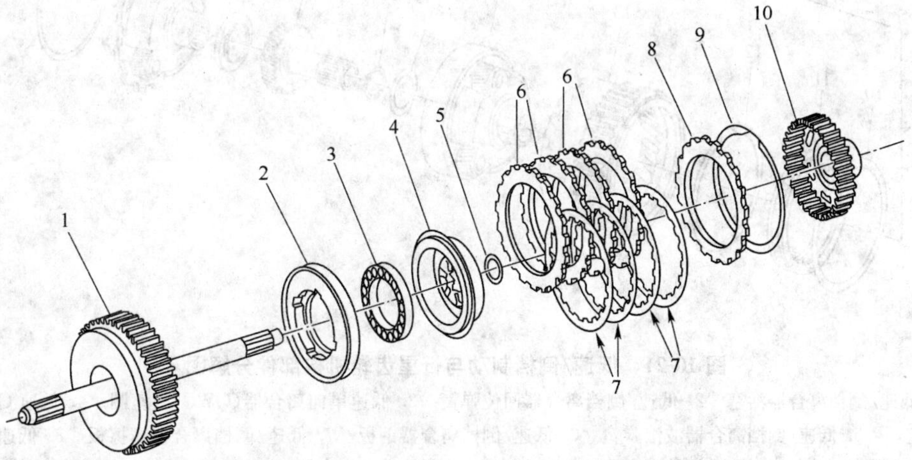

图 10-20　前进离合器部件分解图

1. 涡轮轴总成　2. 前进离合器活塞总成　3. 活塞回位弹簧　4. 前进离合器平衡活塞　5. 前进离合器平衡活塞卡环　6. 变速器前进离合器分离钢板(4)　7. 离合器摩擦板总成(前进 4)　8. 前进/直接离合器压力板(1 件)　9. 前进离合器固定环(选择)　10. 前进离合器缸毂

(2)低速/倒档制动器与行星齿轮机构部件分解如图 10-21 所示。

(3)倒档/直接离合器及2/4制动带部件分解如图10-22所示。

(4)壳体部件分解如图10-23所示。

(5)油封、O形圈与密封垫片的位置如图10-24所示。

(6)轴承、衬套与推力垫片的位置如图10-25所示。

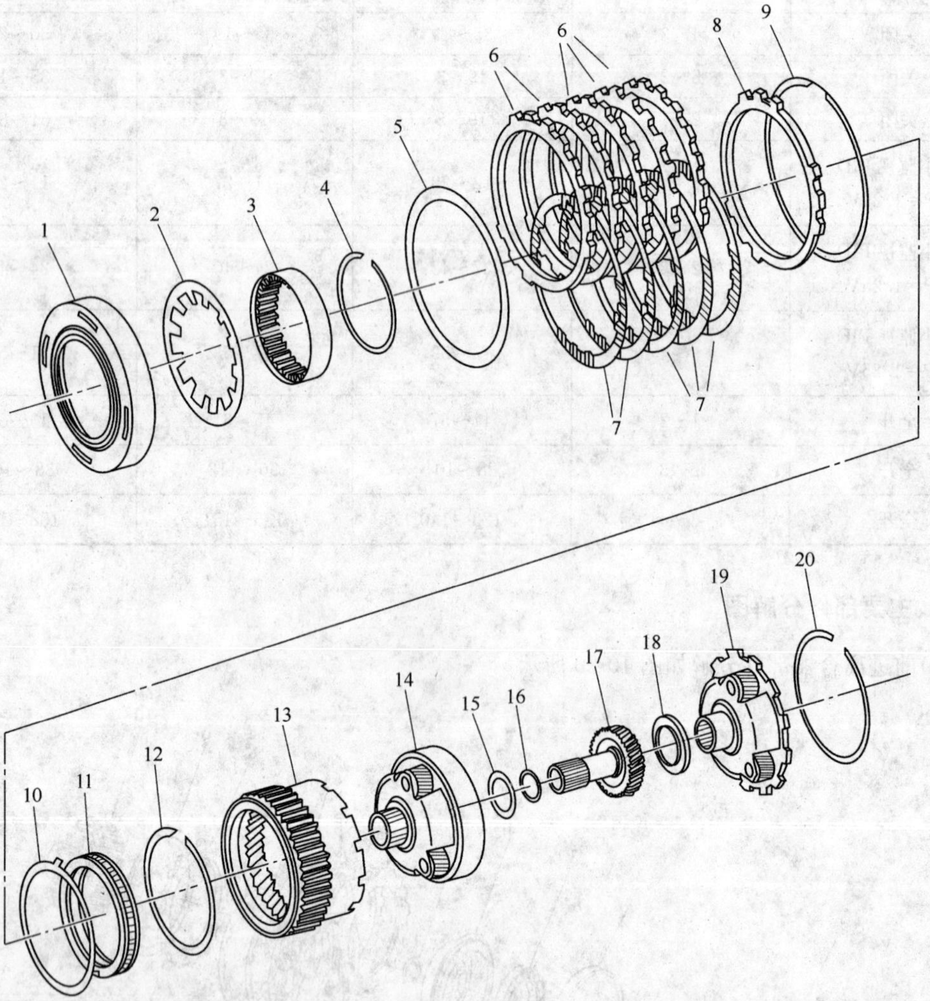

图10-21 低速/倒档制动与行星齿轮机构部件分解图

1. 低速/倒档离合器活塞 2. 低速/倒档离合器回位弹簧 3. 低速单向离合器(OWC)内座圈 4. 低速OWC固定环 5. 低速/倒档离合器波浪弹簧 6. 低速/倒档离合器钢板 7. 低速/倒档离合器摩擦板 8. 低速/倒档离合器压力板 9. 低速/倒档离合器选择板卡环 10. 低档单向离合器固定器 11. OWC总成-低档单向离合器 12. 固定环 13. 前环齿轮 14. 前行星齿轮总成 15. 前行星托架推力轴承总成 16. 卡环 17. 前行星太阳齿轮总成 18. 前太阳齿轮推力轴承总成 19. 后行星齿轮总成 20. 卡环

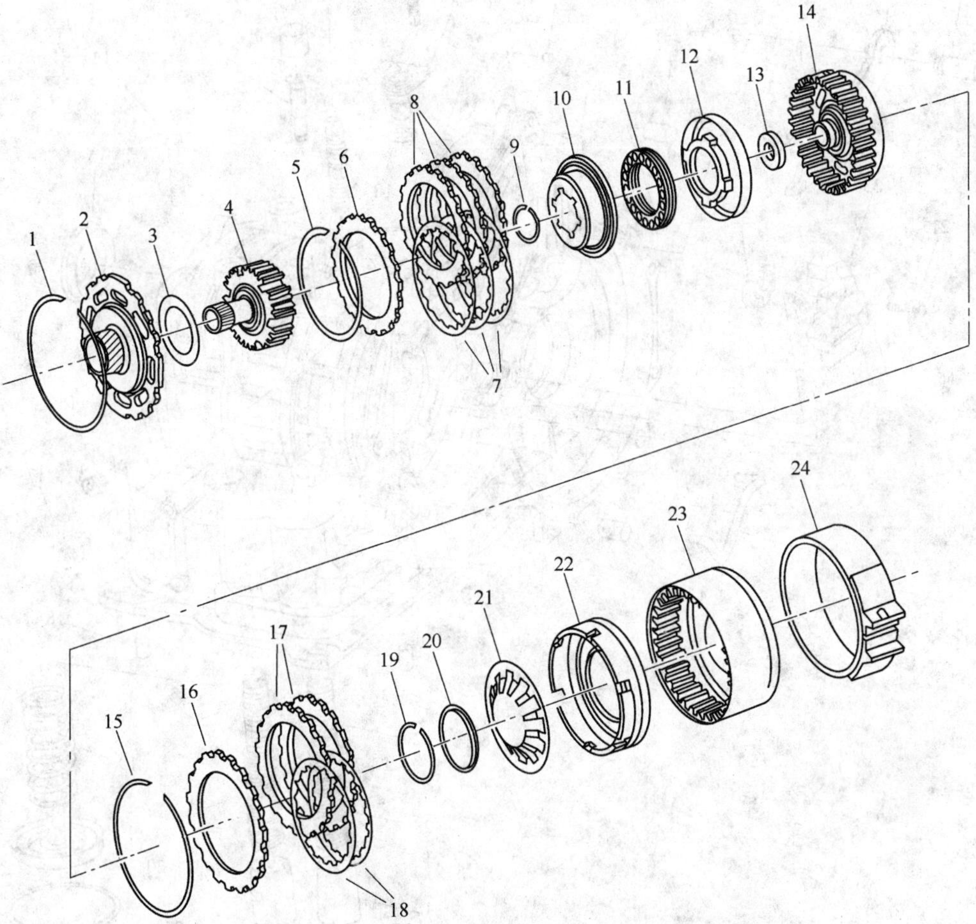

图 10-22　倒档、直接离合器及 2/4 制动带部件分解图

1. 倒档离合器固定环　2. 后太阳齿轮总成　3. 后太阳齿轮推力轴承总成　4. 直接离合器毂总成　5. 固定环　6. 前进/直接离合器压力板（各 1 个）　7. 前进/直接离合器摩擦板总成（前进 4 个，直接 3 个）　8. 直接离合器钢板（3 个）　9. 直接离合器平衡活塞卡环　10. 直接离合器平衡活塞　11. 前进/直接离合器活塞回位弹簧总成　12. 直接离合器活塞总成　13. 直接离合器推力轴承总成　14. 直接离合器缸总成　15. 倒档离合器固定环（选择）　16. 倒档离合器压力板　17. 倒档离合器钢板（2 个）　18. 倒档离合器摩擦板总成（2 个）　19. 倒档离合器弹簧固定器卡环　20. 倒档离合器弹簧固定器　21. 倒档离合器活塞回位弹簧　22. 倒档离合器活塞总成　23. 中速及超速传动鼓　24. 中速及超速传动带总成

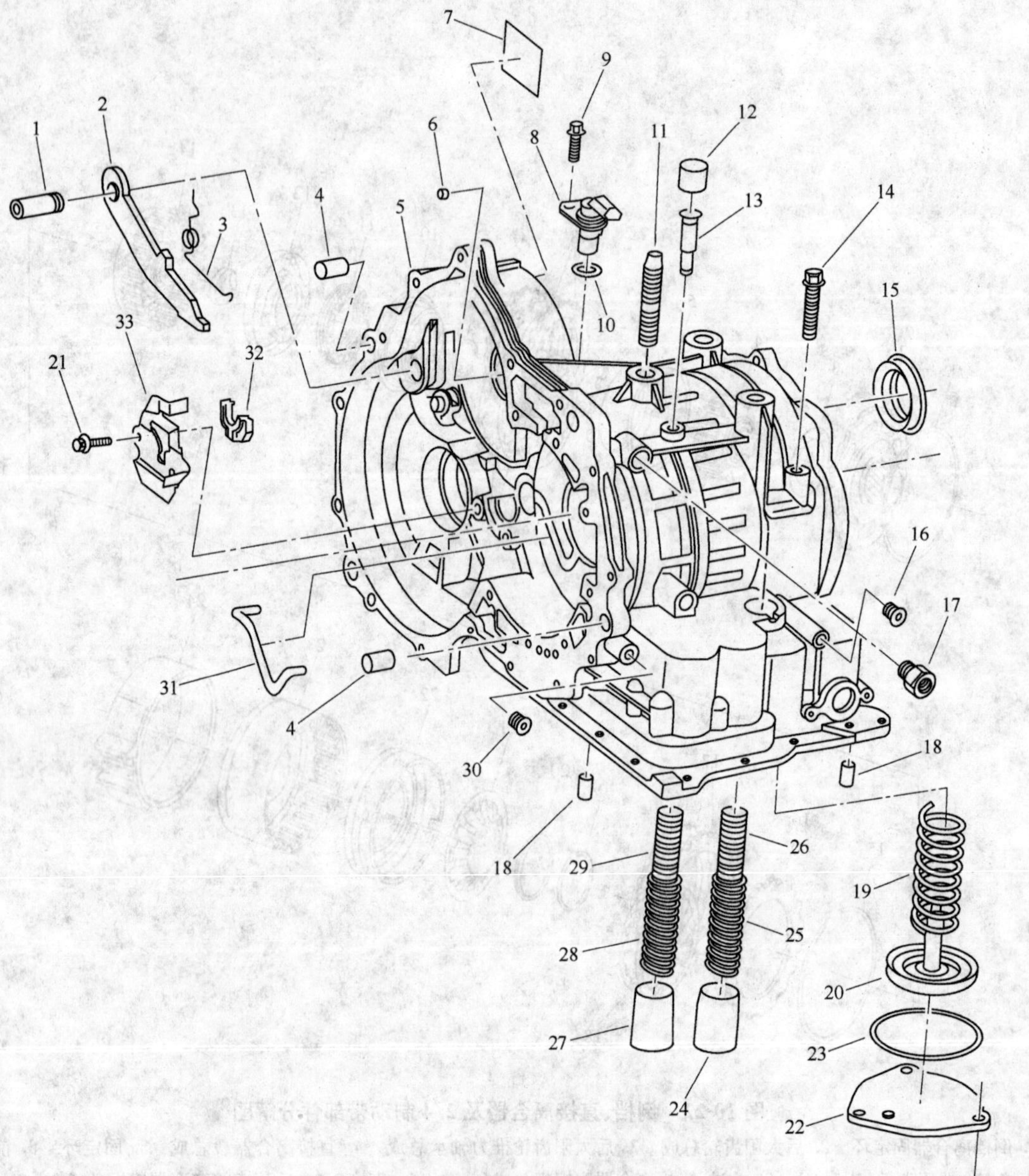

图 10-23 壳体部件分解图

1. 驻车掣子轴 2. 驻车制动车掣子 3. 掣子回位弹簧 4. 变速器壳定位销 5. 变速器壳 6. 变速器外壳限流塞 7. 维修识别牌 8. 涡轮轴速度(TSS)传感器 9. 螺栓 M6-1×20 10. O形环 11. 变速器壳螺栓 12. 橡皮通风孔盖 13. 通风管 14. 2/4制动带定位螺栓 15. 差速器油封 16. 1/8-27内六角套筒 17. 接头¼×5/8×22.9 18. 壳定位销 19. 伺服活塞回位弹簧 20. 中速及超速传动伺服活塞与油封总成 21. 螺丝 M6×20 22. 中速及超速传动伺服盖 23. 中速及超速传动伺服盖油封 24. N/D换档蓄压器活塞 25. N/D换档蓄压器外弹簧 26. N/D换档蓄压器内弹簧 27. 1/2换档蓄压器活塞 28. 1/2换档蓄压器外弹簧 29. 1/2换档蓄压器内弹簧 30. 管路塞 31. 润滑油输送 32. 驻车掣子作动调整 33. 驻车掣子作动板

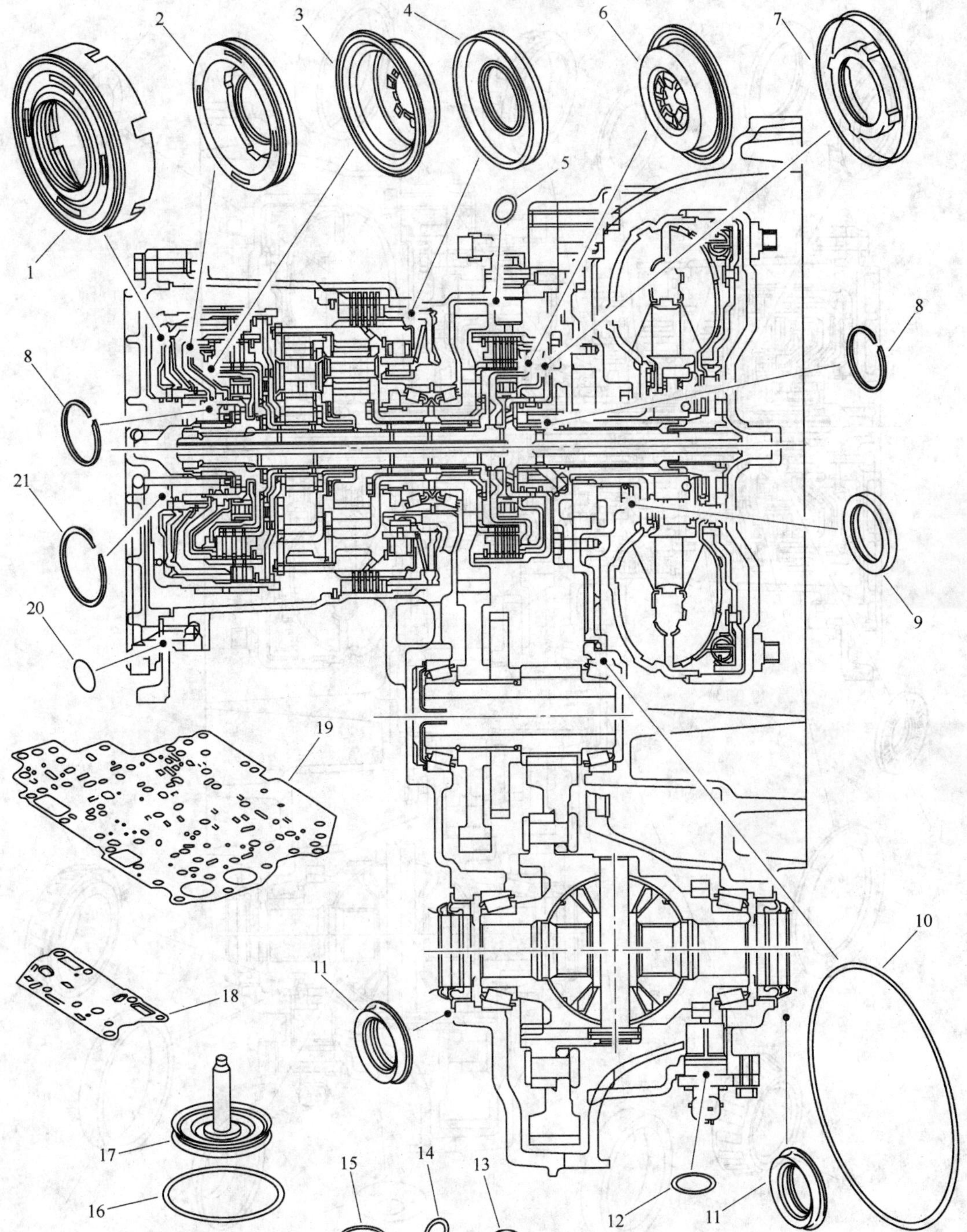

图 10-24　油封、O 形环与密封垫片的位置

1. 倒档离合器活塞总成　2. 直接离合器活塞总成　3. 直接离合器平衡活塞　4. 低速/倒档离合器活塞　5. 涡轮轴速度(TSS)传感器 O 形环　6. 前进离合器平衡活塞　7. 前进离合器活塞总成　8. 前进与直接离合器缸油封(4 个)　9. 油泵油封总成　10. 油泵油封　11. 差速器油封总成　12. 输出轴速度(OSS)传感器 O 形环　13. 阀体油封(2 个)　14. 手动轴油封(2 个)　15. 油滤器油封　16. 中速伺服盖油封　17. 中速及超速传动伺服活塞与油封总成　18. 电磁阀体垫片　19. 控制阀体垫片　20. 变速器外壳护盖油封(2 个)　21. 倒档离合器缸油封(2 个)

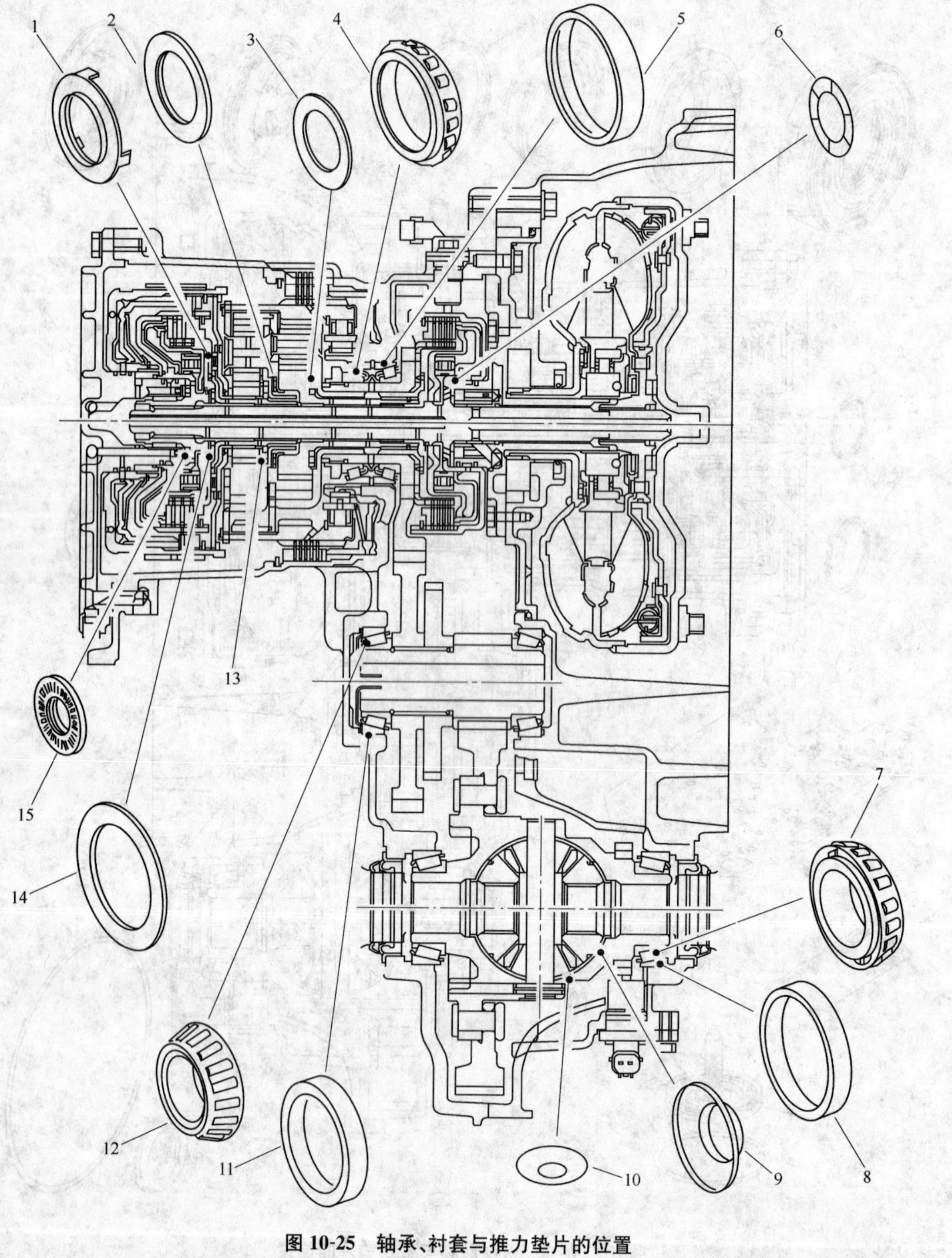

图 10-25 轴承、衬套与推力垫片的位置

1. 后太阳齿轮轴承总成 2. 前太阳齿轮轴承总成 3. 前行星托架轴承总成 4. 输入轴锥形滚子轴承 5. 输入轴轴承座 6. 油泵支架推力垫片 7. 差速器锥形滚子轴承 8. 差速器轴承座 9. 差速器边齿轮推力垫片 10. 小齿轮推力垫片 11. 传输轴轴承座 12. 传输轴锥形滚子轴承 13. 后行星托架轴承总成 14. 后太阳齿轮轴承总成 15. 直接离合器缸轴承总成

四、各分总成分解、测量、组装及规格数据

1. 油泵的分解与组装

拆除油泵时，将2个M10×1.25螺栓安装于油泵内并拆除油泵，如图10-26所示。安装油泵时，注意油泵齿轮的安装方向与拆卸时相同，油泵螺栓紧固力矩为13N·m。

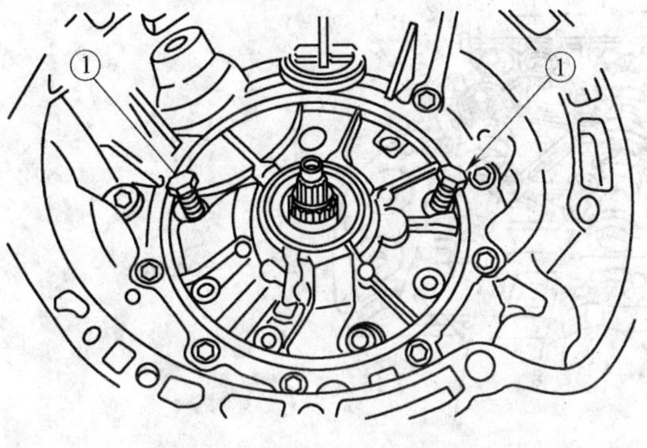

图 10-26 拆除油泵

2. 阀体组装注意事项

(1)检查并清洁主控制阀本体，并安装一新的隔板总成与垫片。

(2)组合上与下主控制装置阀体，并暂时安装图10-27所示螺栓。

(3)安装新的电磁阀体垫片，安装电磁阀体并安装图10-28所示2个螺栓，并拧固至9N·m。然后按图10-29所示的顺序安装其他的螺栓并依顺序锁紧。

(4)安装新的阀体油封，如图10-30所示。

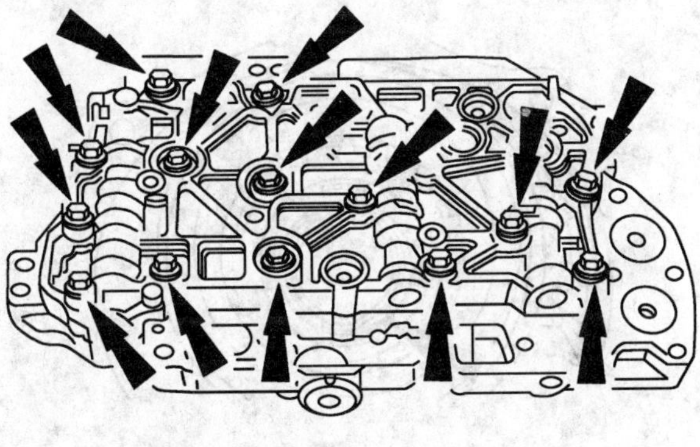

图 10-27 暂时安装的阀体螺栓

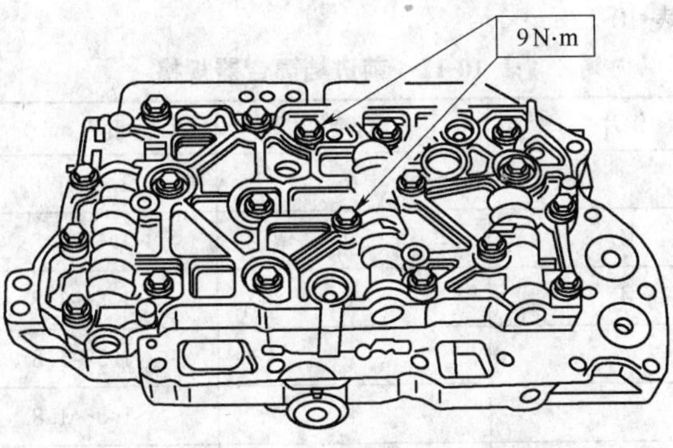

图 10-28 先紧固的两个阀体螺栓

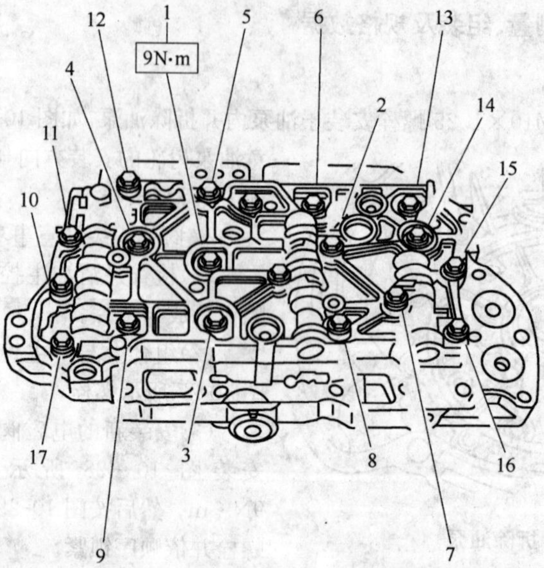

图 10-29 阀体螺栓的紧固顺序

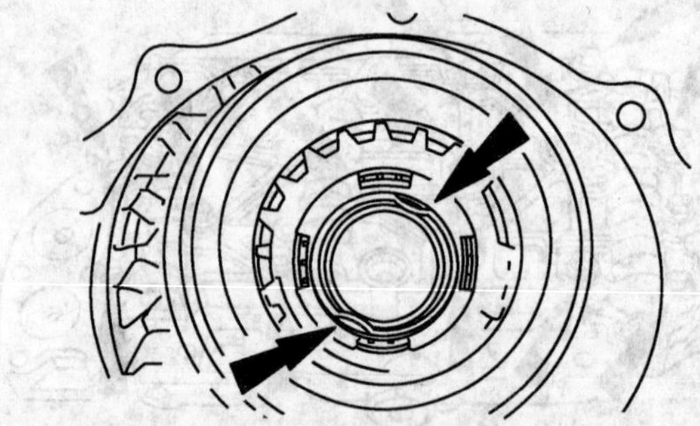

图 10-30 安装新的阀体油封

3. 前进档离合器规格

前进档离合器规格见表 10-12。

表 10-12 前进档离合器规格

离合器	钢片	摩擦片	间隙(mm)	卡环厚度(mm)
前进	4	4	1.5~1.8	1.15~1.25
前进	4	4	1.5~1.8	1.35~1.45
前进	4	4	1.5~1.8	1.55~1.65
前进	4	4	1.5~1.8	1.75~1.85
前进	4	4	1.5~1.8	1.95~2.05
前进	4	4	1.5~1.8	2.15~2.25

4. 直接档离合器规格

直接档离合器规格见表 10-13。

表 10-13　直接档离合器规格

离合器	钢片	摩擦片	间隙(mm)	卡环厚度(mm)
直接	3	3	1.0～1.3	1.15～1.25
直接	3	3	1.0～1.3	1.35～1.45
直接	3	3	1.0～1.3	1.55～1.65
直接	3	3	1.0～1.3	1.75～1.85
直接	3	3	1.0～1.3	1.95～2.05
直接	3	3	1.0～1.3	2.15～2.25

5. 倒档离合器规格

倒档离合器规格见表 10-14。

表 10-14　倒档离合器规格

离合器	钢片	摩擦片	间隙(mm)	卡环厚度(mm)
倒档	2	2	1.0～1.3	1.15～1.25
倒档	2	2	1.0～1.3	1.35～1.45
倒档	2	2	1.0～1.3	1.55～1.65
倒档	2	2	1.0～1.3	1.75～1.85
倒档	2	2	1.0～1.3	1.95～2.05
倒档	2	2	1.0～1.3	2.15～2.25

6. 低/倒档制动器规格

低/倒档制动器规格见表 10-15。

表 10-15　低/倒档制动器规格

制动器	钢片	摩擦片	间隙(mm)	卡环厚度(mm)
低/倒档	5	5	2.2～2.5	1.75～1.85
低/倒档	5	5	2.2～2.5	1.95～2.05
低/倒档	5	5	2.2～2.5	2.15～2.25
低/倒档	5	5	2.2～2.5	2.35～2.45
低/倒档	5	5	2.2～2.5	2.55～2.65
低/倒档	5	5	2.2～2.5	2.75～2.85
低/倒档	5	5	2.2～2.5	2.95～3.05

7. 行星齿轮组

安装行星齿轮组时，确认单向离合器总凸耳部朝上，如图 10-31 所示。

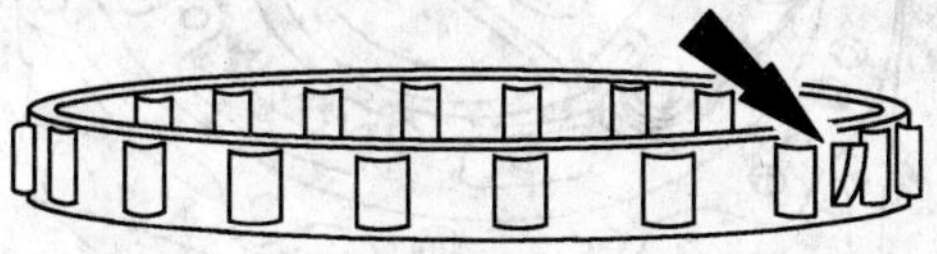

图 10-31　单向离合器的安装方向

五、变速器壳体部件的组装

(1)利用心轴压床与专用工具,安装最终驱动输入齿轮轴承,如图10-32所示。

(2)安装一新的伸缩调整垫,如图10-33所示。

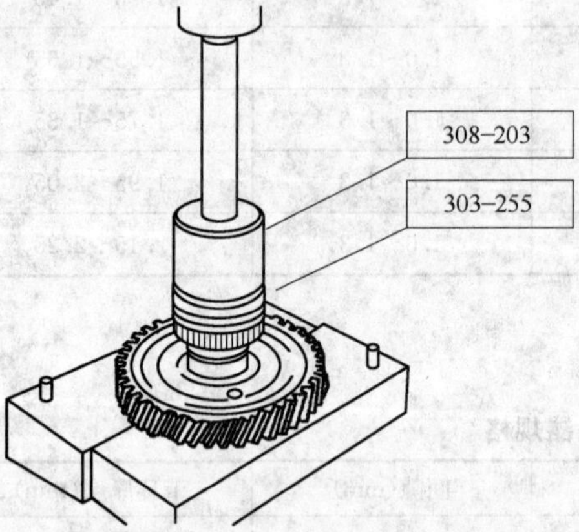

图10-32 安装最终驱动输入齿轮轴承

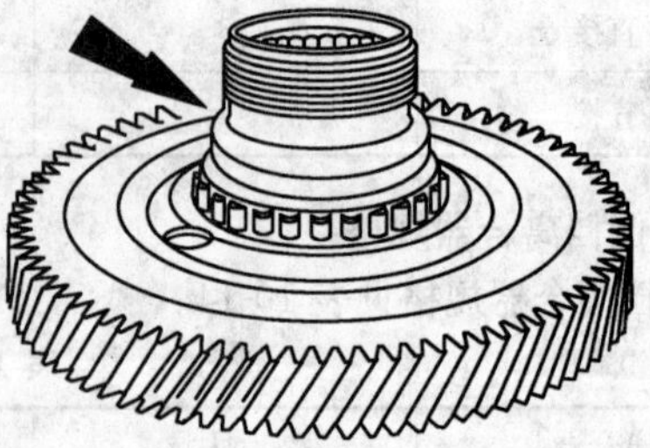

图10-33 安装新的伸缩调整垫

(3)利用专用工具,使最终驱动输入齿轮定位,如图10-34所示。

(4)利用专用工具,安装最终驱动输入齿轮轴承,如图10-35所示。注意:在安装最终驱动输入齿轮轴承时,固定最终驱动输入齿轮,以避免它从变速器外壳落出。将转动变速器180°。

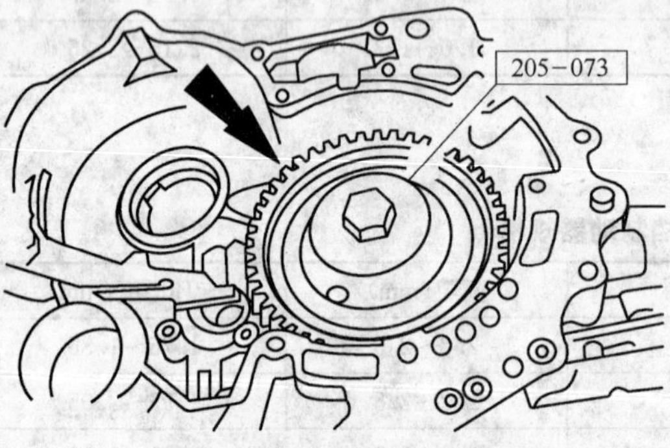

图10-34 利用专用工具定位最终驱动输入齿轮

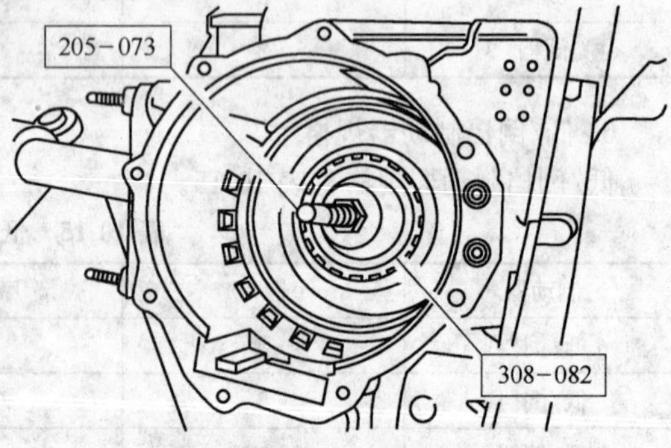

图10-35 安装最终驱动输入齿轮轴承

(5)利用专用工具,固定最终驱动输入齿轮,如图10-36所示。

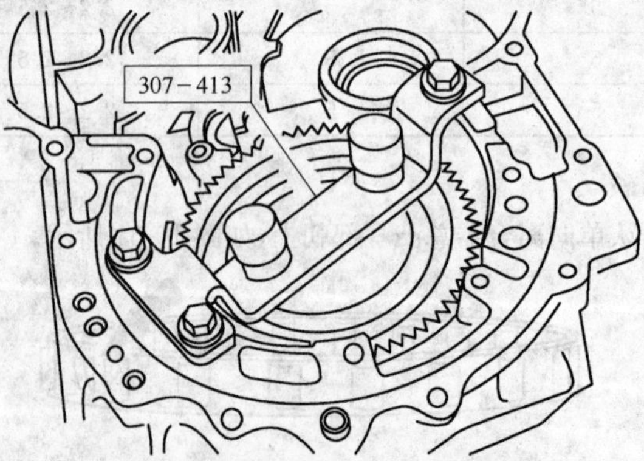

图10-36 固定最终驱动输入齿轮

(6)利用专用工具,锁紧螺母至预负荷规格,如图 10-37 所示。注意:正确的轴承预负荷需要高锁紧力矩(400～450N·m),才能使伸缩间隙件溃缩。如果预负荷过高,则必须安装一新的伸缩间隙件。

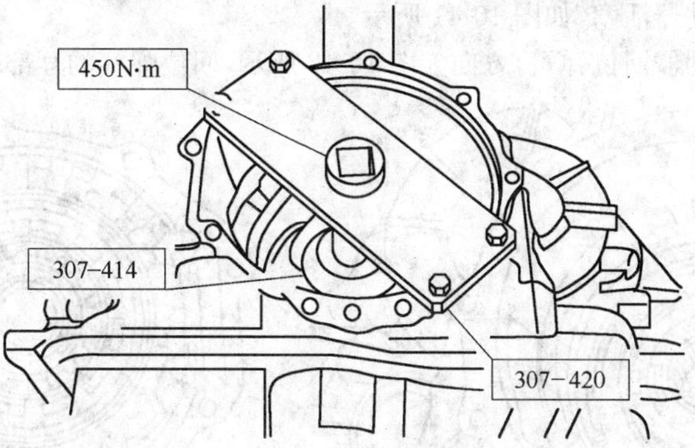

图 10-37　锁紧螺母至预负荷规格

(7)拆除专用工具,确认最终驱动能够转动。

(8)利用专用工具,测量转动力矩,如图 10-38 所示。转动齿轮 10 次,以确认轴承已正确安装。

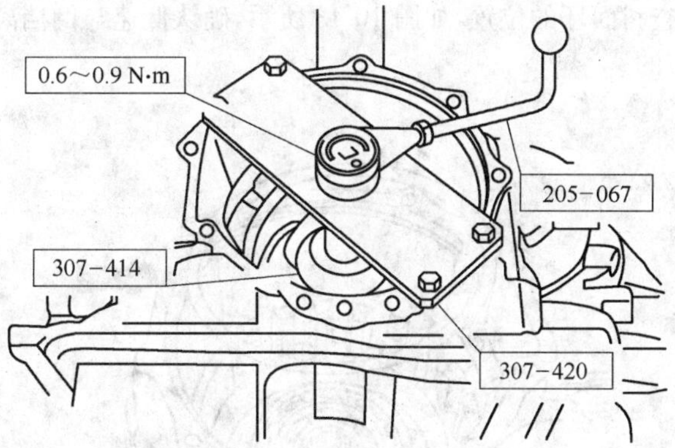

图 10-38　测量转动力矩

(9)在达到正确的力矩后,敲击螺母使其固定,以避免移动,如图 10-39 所示。

(10)安装主控制阀体,依图 10-40 所示的顺序锁紧螺栓。

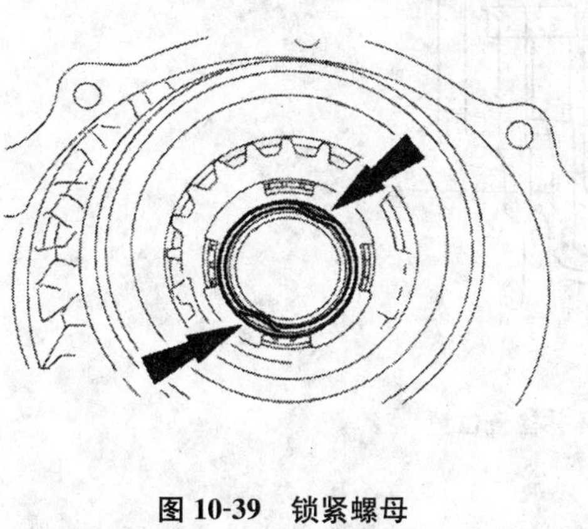

图 10-39　锁紧螺母

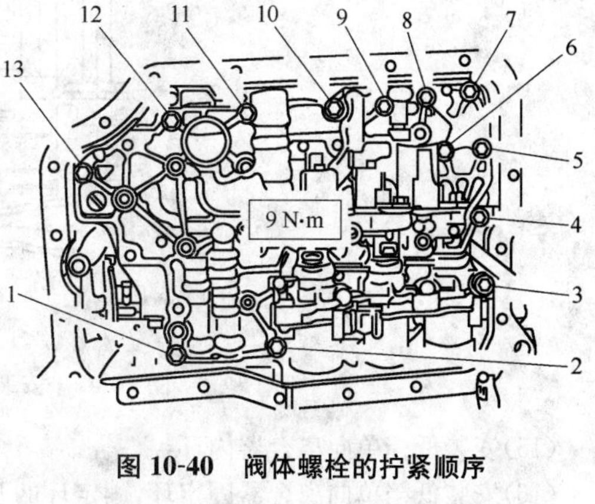

图 10-40　阀体螺栓的拧紧顺序

(11)安装主控制装置线束,连接电气接头并安装搭铁导线螺栓。接头必须接回在与分解时相同的位置上,接头颜色的代号是铸刻在下阀体上,参见图10-14所示。

(12)安装低倒档制动器活塞,如图10-41所示。

(13)安装低倒档制动器回位弹簧,方向如图10-42所示,回位弹簧的耳部朝上。

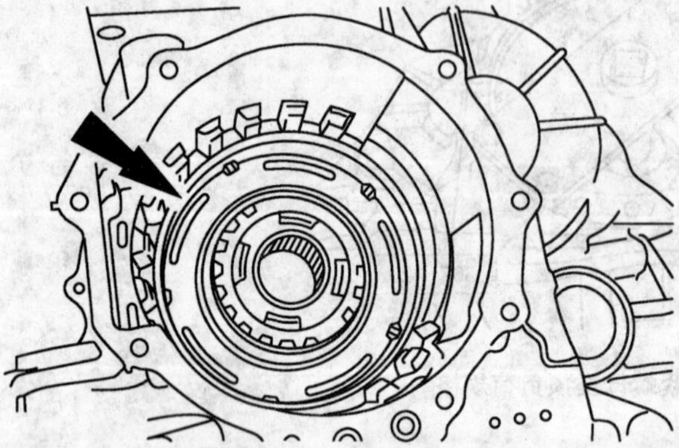

图10-41 安装低倒档制动器活塞

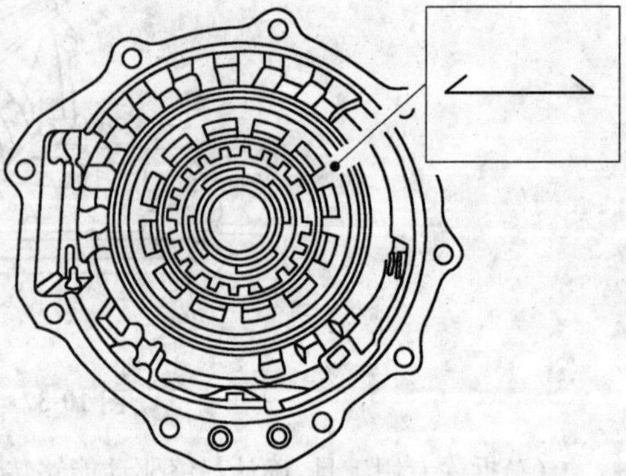

图10-42 安装低倒档制动器回位弹簧

(14)安装斜面环,检查斜面环的位置,如图10-43所示,确认低速与倒档离合器活塞已正确的安装,斜面环内侧边缘朝下安装的。

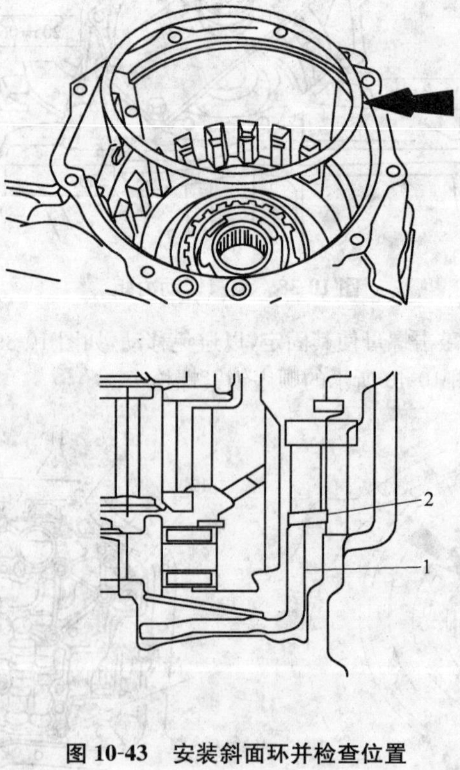

图10-43 安装斜面环并检查位置

(15)安装低档单向离合器内环。

(16)安装低档单向离合器固定环,固定环的开口必须是在10点钟位置,如图10-44所示。

(17)安装低倒档制动器压盘,如图 10-45 所示。

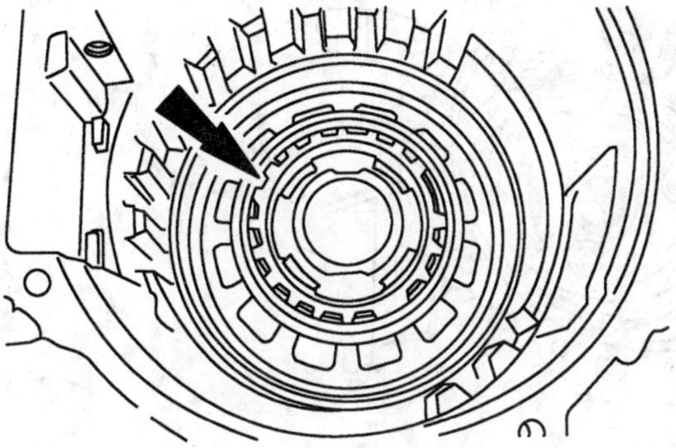

图 10-44　安装低档单向离合器固定环

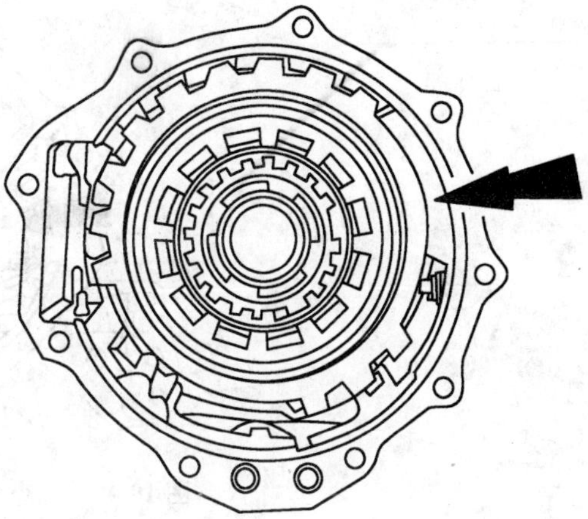

图 10-45　安装低倒档制动器压盘

(18)安装低倒档制动器固定环,如图 10-46 所示。

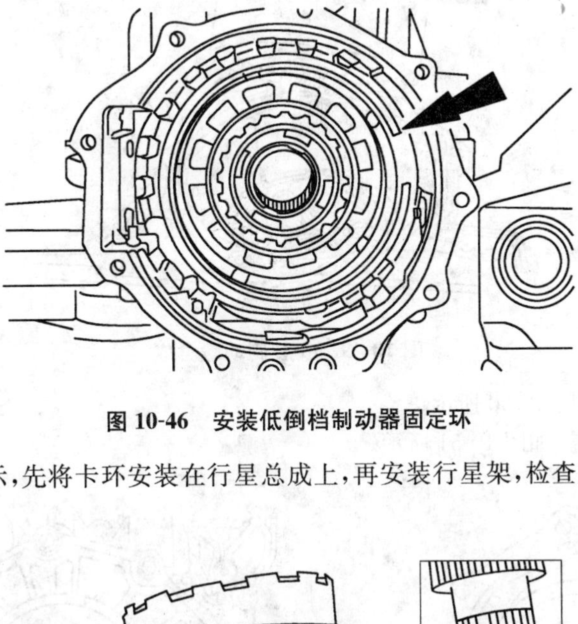

图 10-46　安装低倒档制动器固定环

(19)如图 10-47 所示,先将卡环安装在行星总成上,再安装行星架,检查并确保行星总成的安装到位。

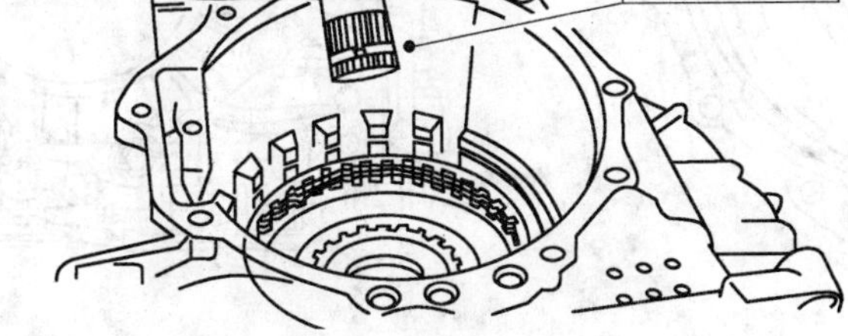

图 10-47　安装行星架

(20)检查单向离合器是否正确的安装,如图 10-48 所示,行星总成必须逆时针转动。

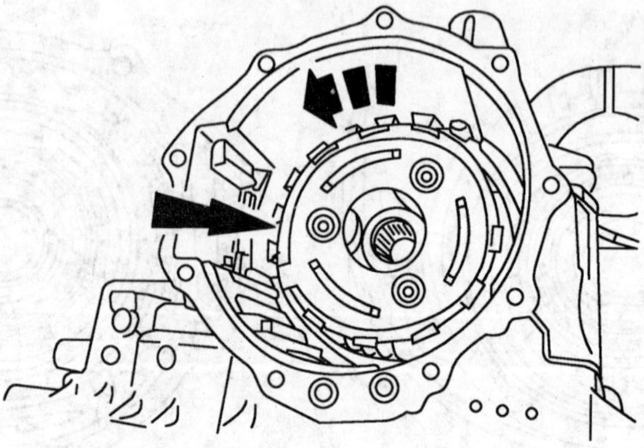

图 10-48　检查单向离合器的锁止方向

(21)安装制动鼓总成,如图 10-49 所示。

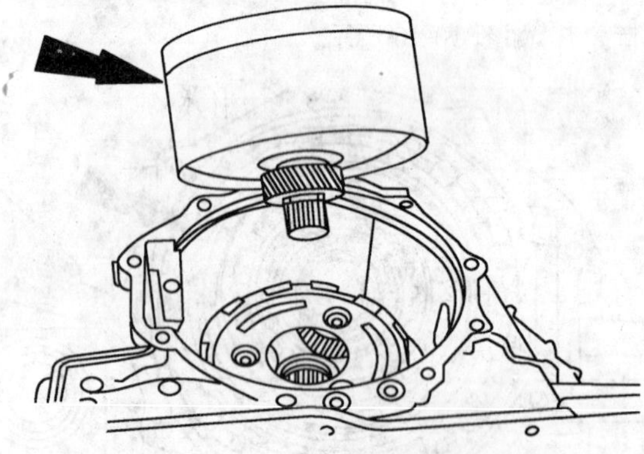

图 10-49　安装制动毂总成

(22)安装制动带,如图 10-50 所示。
(23)安装变速器端盖,如图 10-51 所示。

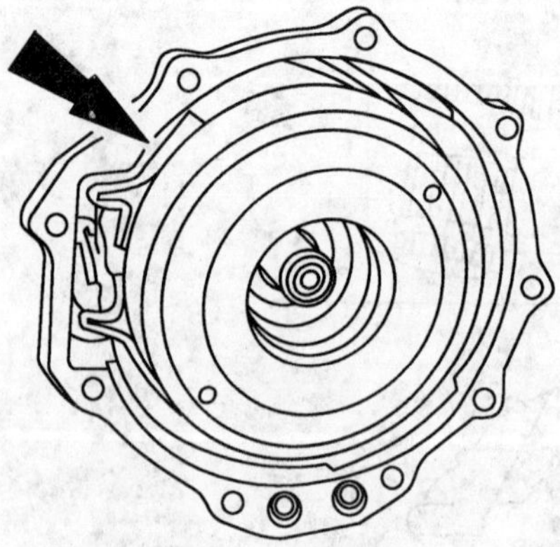

图 10-50　安装制动带

图 10-51　安装变速器端盖

(24)安装带锚座螺栓,如图 10-52 所示,在螺栓上涂抹螺纹密封剂。

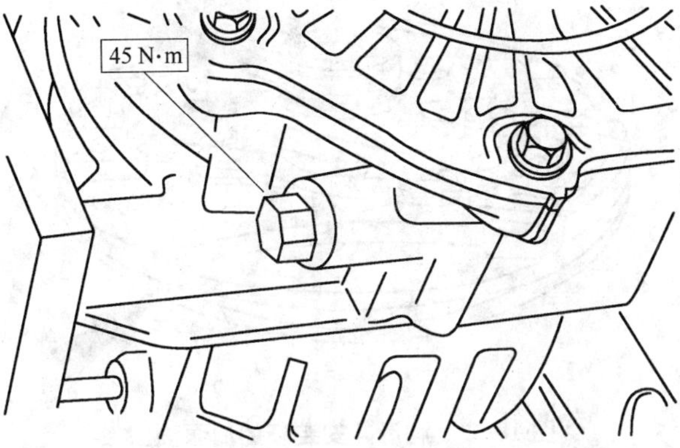

图 10-52　安装带锚座螺栓

(25)安装前进离合器毂,如图 10-53 所示。

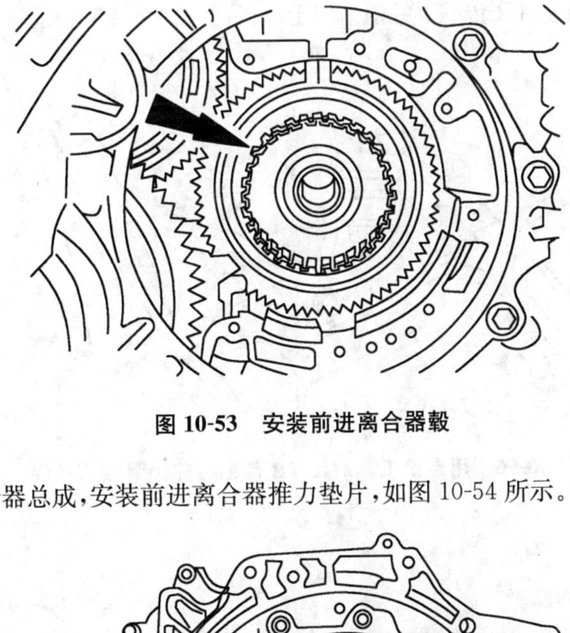

图 10-53　安装前进离合器毂

(26)安装前进离合器总成,安装前进离合器推力垫片,如图 10-54 所示。

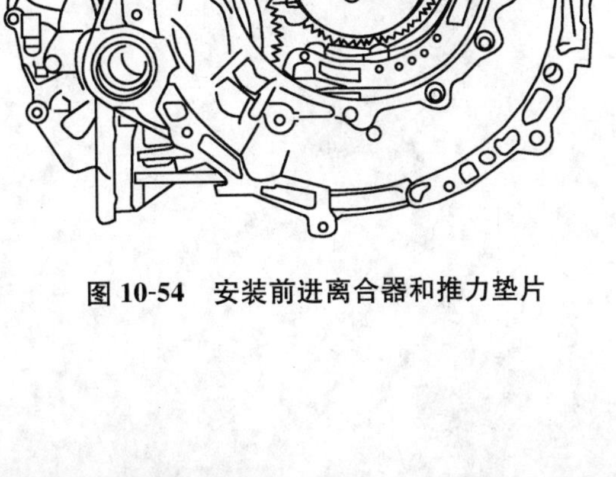

图 10-54　安装前进离合器和推力垫片

(27)润滑并安装新的油泵油封,如图 10-55 所示。

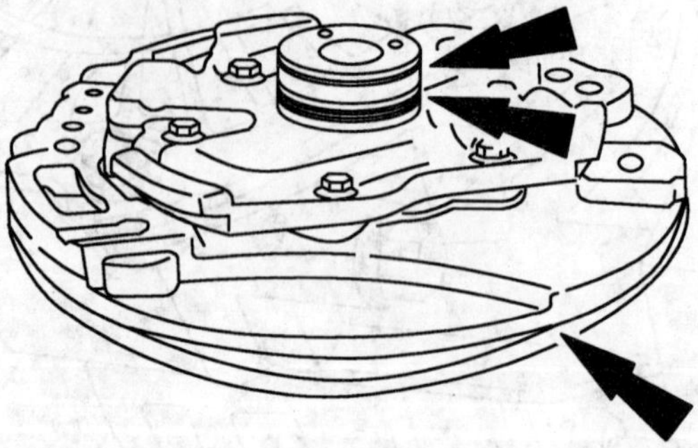

图 10-55　润滑并安装新的油泵油封

(28)安装油泵,并紧固螺栓至 22N·m。

(29)安装输出轴速度(OSS)传感器。

(30)安装涡轮轴速度(TSS)传感器。

(31)利用专用工具,对正 TR 传感器并锁紧固定螺栓,如图 10-56 所示。

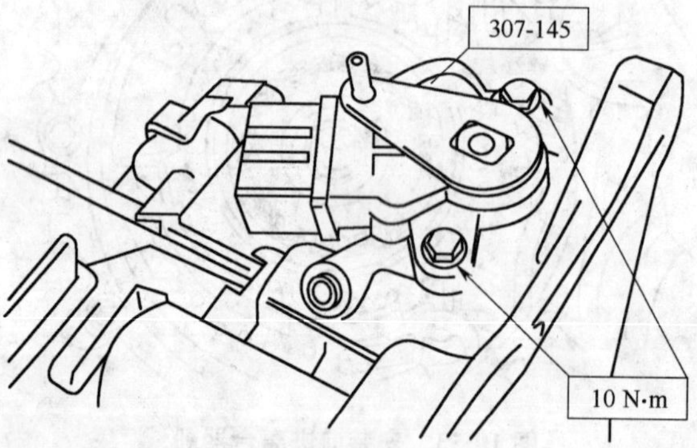

图 10-56　用专用工具对正 TR 传感器并锁紧固定螺栓

(32)安装手动控制杆。

(33)安装变矩器。

(34)检查变矩器安装位置。

第十一章　41TE 型自动变速器

第一节　结构特点与技术参数

一、结构特点

41TE 型自动变速器是一款电控 4 速前轮驱动自动变速器，用于克莱斯勒的多款车型，包括 08 款及以前的道奇捷龙、锋哲、铂锐、PT 漫步者、凯领等。本章内容介绍除另有说明外，是基于 2002～2007 款道奇捷龙。41TE 型自动变速器内部总体构造如图 11-1 所示，41TE 是一个配备一体式差速器、传统

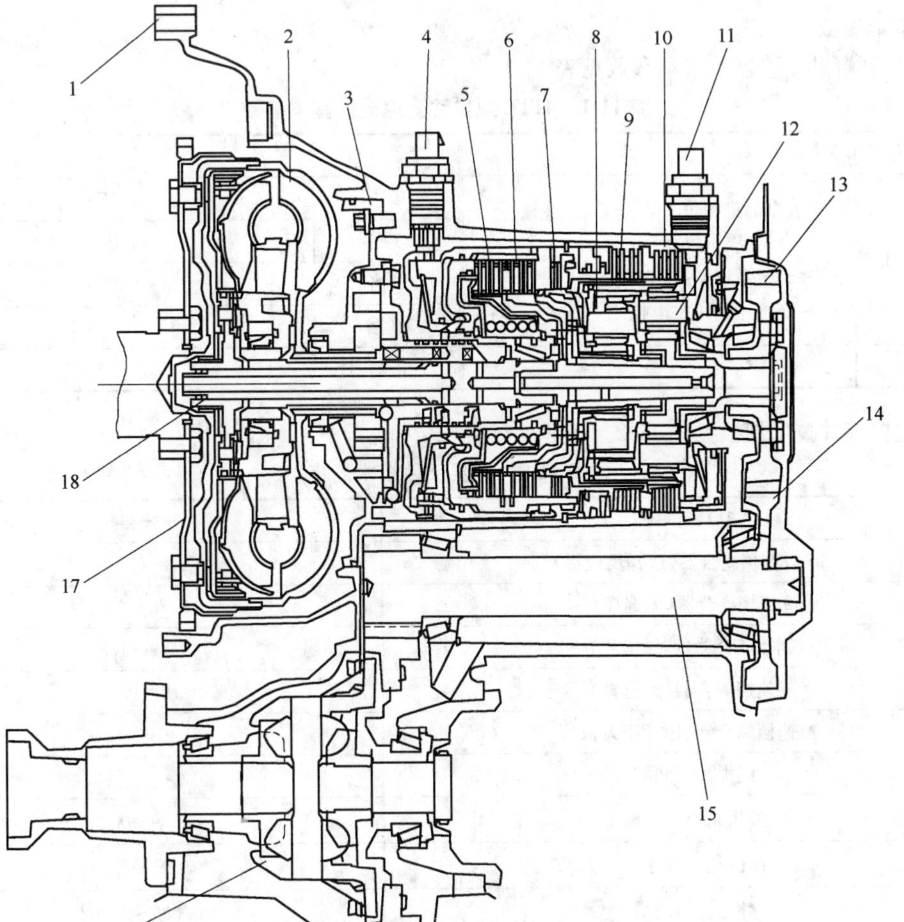

图 11-1　41TE 型自动变速器内部总体构造

1. 变速驱动桥箱体　2. 液力变矩器　3. 润滑油泵　4. 输入速度传感器　5. 低速档离合器　6. 超速档离合器　7. 倒档离合器　8. 前行星齿轮架　9. 2/4 离合器　10. L/R 离合器　11. 输出速度传感器　12. 后行星齿轮架/输出轴　13. 驱动齿轮　14. 从动齿轮　15. 中间轴　16. 差速器　17. 变矩器　18. 输入轴

液压/机械总成的四速变速驱动桥，由自适应电子控制装置进行控制。变速驱动桥的液压系统包括变速驱动桥油液、油液管路、液压阀和各种管路压力控制部件。换档执行元件包含有低速档、超速档和倒档离合器的输入离合器总成；还有独立的固定离合器：2/4 档离合器和低速/倒档离合器。变速驱动桥的主要机械部件包括：三个多片输入离合器、两个多片制动离合器、四个液压蓄压器、两个行星齿轮组、液压润滑油泵、阀体、电磁阀/压力开关总成和整合式差速器组件。

变速驱动桥的控制是由全自动调整电子部件完成的，通过向动力传动系控制模块（PCM）或变速器控制模块（TCM）提供连续的实时传感器反馈信息来实现最佳的换档程序。PCM/TCM 是电子控制系统的核心，可依据各种直接与间接输入装置（传感器、开关等）送来的信息确定驾驶人指令和车辆工作条件。接收到此信息后，PCM/TCM 会进行计算并通过各种输出装置或控制装置（电磁阀组、变速器控制继电器等）进行及时、高质量的换档操作。PCM/TCM 还能执行某些自诊断功能并提供对正确诊断和维修有帮助的全面信息（传感器数据、故障码 DTC 等）。

二、主要技术参数

1. 基本参数

41TE 型自动变速器的基本参数见表 11-1。

表 11-1　41TE 型自动变速器的基本参数

项　目	参　数	项　目	参　数
41TE/AE/LE	4—4 个前进档位 1—输入转矩的大小 T—动力系统形式，T—发动机横置 E—换档控制，E—电控	2 档	1.57∶1
		3 档	1.00∶1
		4 档	0.69∶1
		倒档	2.21∶1
一档	2.84∶1	油液型号	Mopar ATF+4

2. 主要部件技术规格见表 11-2。

表 11-2　主要部件技术规格　(mm)

离合器间隙	规格
低速/倒档离合器（选择反应板）	0.89～1.47
2/4 档离合器（无选择）	0.76～2.64
倒档离合器（选择卡环）	0.89～1.37
超速档离合器（无选择）	1.07～3.25
减速档离合器（选择压力板）	0.910～1.50
润滑油泵间隙	
外齿轮与月牙板	0.060～0.298
内齿轮与月牙板	0.093～0.385
外齿轮至凹槽	0.089～0.202
外齿轮侧间隙	0.020～0.046
内齿轮侧间隙	0.020～0.046
输入轴	
端隙	0.13～0.64

3. 主要部件螺栓拧紧力矩

主要部件螺栓拧紧力矩见表 11-3。

表 11-3　主要螺栓拧紧力矩　（N·m）

差速器盖至壳螺栓	19	分动齿轮螺母	271
差速器齿圈至差速器螺栓	95	变速驱动桥压力盖	5
差速器轴承固定器至箱体螺栓	28	低速/倒档离合器固定器螺栓	5
驱动板至曲轴螺栓	95	电磁阀/压力开关总成接头螺栓	4
延伸壳体/板至箱体螺栓	28	阀体至分动板螺栓	5
油底壳至箱体螺栓	19	传感器，输入速度	27
输出齿轮螺栓	271	传感器，输出速度	27
输出齿轮箍/带螺栓	23	传感器，变速器范围传感器	5
润滑油泵至箱体螺栓	27	将变速驱动桥固定在发动机上的螺栓	95
反应支架至箱体螺栓	27	差速器盖螺栓	28
将电磁阀/压力开关总成固定到壳体螺栓	12	将换档杆拉线固定变速驱动桥上的螺栓	14
将液力变矩器固定到驱动盘螺栓	88	拉线调整螺母	23
分动齿轮盖螺栓	20	将换档机构固定在底盘上的螺母	17
阀体至箱体螺栓	12	后安装槽螺栓	70
润滑油冷却器管路接头	12		

第二节　动力传递路线

一、行星齿轮机构及工作元件表

41TE 型自动变速器动力传递路线示意图如图 11-2 所示，它采用改进型辛普森行星齿轮机构，即前、后排两个太阳轮独立运动；前排行星架与后排内齿圈相连；前排内齿圈与后排行星架相连，是动力输出端，这样只用两个行星排即可完成 4 个前进档和 1 档倒档的档位。自动变速器内部共有 5 个换档执行元件，包括三个多片式输入离合器、两个多片式保持离合器（制动器），各换档执行元件的作用见表 11-4，执行元件工作见表 11-5。

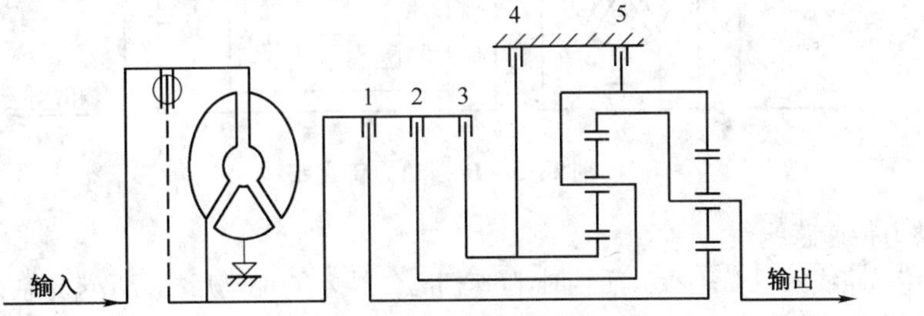

图 11-2　动力传递路线

1. 降速档离合器　2. 超速档离合器　3. 倒档离合器
4. 2/4 档保持离合器　5. 低/倒档保持离合器

表 11-4　各换档执行元件的作用

执行元件	作　用	执行元件	作　用
降速档离合器	驱动后排行星齿轮系太阳轮	2/4 档保持离合器	固定前排行星齿轮系太阳轮
超速档离合器	驱动前排行星架/后排内齿圈	低/倒档保持离合器	固定前排行星架/后排内齿圈
倒档离合器	驱动前排行星齿轮系太阳轮		

表 11-5　执行元件工作表

档位	输入离合器			制动离合器	
	UD	OD	REV	2/4	L/R
P					X
R			X		X
N					X
OD-OVERDRIVE					
1档	X				X
2档	X			X	
3档	X	X			
4档		X		X	
D-DRIVE *					
1档	X				X
2档	X			X	
3档	X	X			
L-LOW *					
1档	X				X
2档	X			X	
3档	X	X			

二、动力传递路线分析

1. R档动力传递路线

R档动力传递路线如图11-3所示，R档时，倒档离合器接合，驱动前排行星齿轮系太阳轮，太阳轮顺时针旋转，行星轮逆时针旋转；低/倒档保持离合器接合，固定前排行星架，因行星轮逆时针旋转，则前排内齿圈/后排行星架反向减速旋转(输出)。由以上分析可知，在R档时，只有前排行星齿轮系参与速比变化。

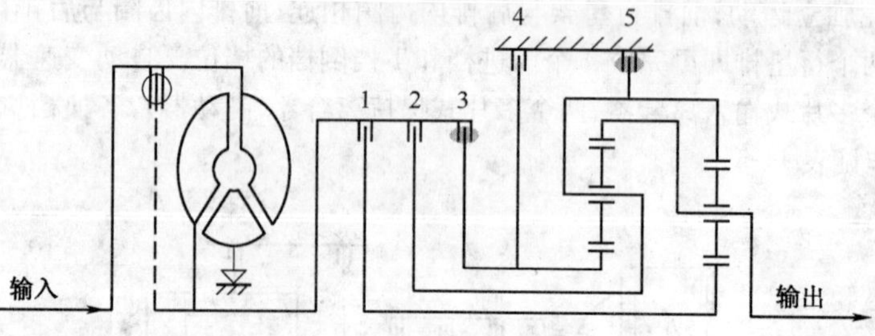

图 11-3　R档动力传递路线

2. 1档动力传递路线

1档动力传递路线如图11-4所示，1档时，降速档离合器接合，驱动后排行星齿轮系太阳轮，太阳轮顺时针旋转，行星轮逆时针旋转；低/倒档保持离合器接合，固定后排内齿圈，因行星轮逆时针旋转，则前排内齿圈/后排行星架同向减速旋转(输出)。由以上分析可知，在1档时，只有后排行星齿轮系参与速比变化。

3. 2档动力传递路线

2档动力传递路线如图11-5所示，2档时，降速档离合器接合，驱动后排行星齿轮系太阳轮；2/4档保持离合器接合，固定前排行星齿轮系太阳轮，则前排内齿圈/后排行星架同向减速旋转(输出)。由以上分析可知，在2档时，前、后排行星齿轮系都参与速比变化。

下面，我们对1、2档时的传动比作以定性分析。在1档时，前排行星齿轮系行星架固定，前排内齿圈同向减速旋转。在升2档后，前排行星架放松，前排太阳轮固定，前排内齿圈与车体相连，仍是同向减速旋转，则前排行星架/后排内齿圈由静止变为同向减速旋转。再看后排行星齿轮系，如果后排太阳

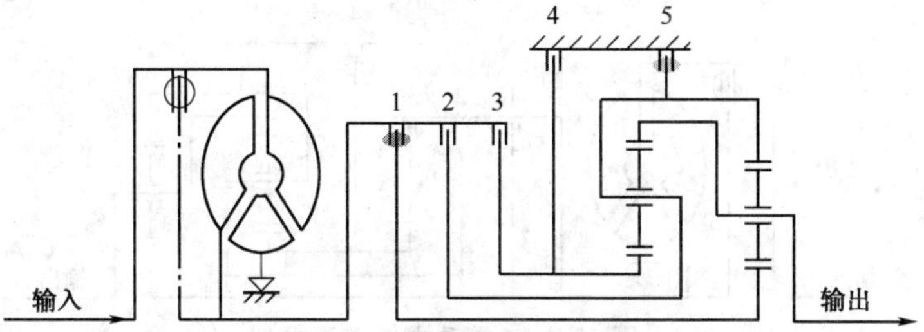

图 11-4　1 档动力传递路线

轮与输入轴同向等速旋转，后排齿圈固定，则后排行星架同向减速旋转，这正是 1 档；如果后排齿圈也以输入轴同向等速旋转，则后排行星架同向等速旋转，这正是 3 档；如果后排齿圈以输入轴同向减速旋转，则后排行星架转速介于以上两种情况之间，这正是 2 档。

1、2 档速比也可以这样理解，在前排行星齿轮机构中，1 档时，前排内齿圈（后排行星架）顺时针旋转（输出），前排行星架固定，则前排行星齿轮顺时针旋转，前排太阳轮逆时针旋转；2 档时，太阳轮固定，而行星齿轮仍在顺时针旋转，则行星齿轮在顺时针自转的同时会带动行星架顺时针旋转。也就是说，前排行星架/后排内齿圈由 1 档时的静止变为 2 档时的顺时针旋转，而驱动部件不变，则前排内齿圈/后排行星架在 2 档比 1 档时旋转速度加快。

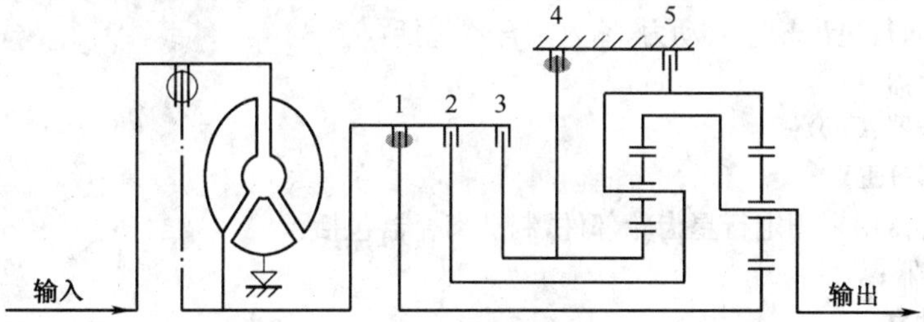

图 11-5　2 档动力传递路线

4. 3 档动力传递路线

3 档动力传递路线如图 11-6 所示，3 档时，降速档离合器接合，驱动后排行星齿轮系太阳轮；超速档离合器接合，驱动前排行星架/后排内齿圈，因后排行星齿轮系中的太阳轮和内齿圈两个部件被同时驱动，则整个行星齿轮系以一个整体旋转（输出）。由以上分析可知，在 3 档时，只有后排行星齿轮机构参与速比变化。

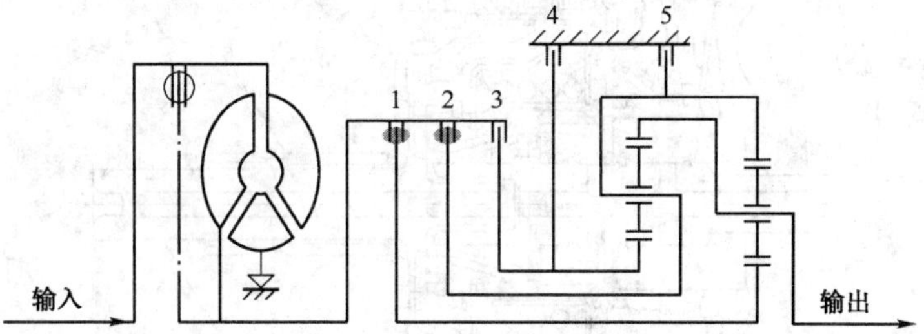

图 11-6　3 档动力传递路线

5. 4 档动力传递路线

4 档动力传递路线如图 11-7 所示，4 档时，超速档离合器接合，驱动前排行星架/后排内齿圈；2/4 档保持离合器接合，固定前排行星齿轮系太阳轮，则前排内齿圈/后排行星架同向增速旋转（输出）。由以上分析可知，在 4 档时，只有前排行星齿轮机构参与速比变化。

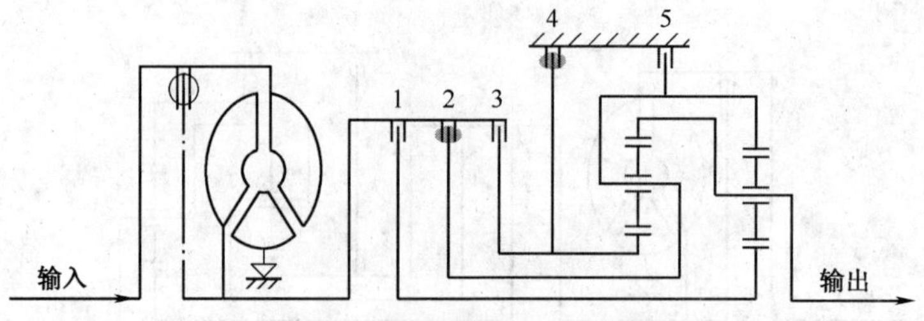

图 11-7 4 档动力传递路线

第三节 主要机械部件

一、换档执行元件

41TE型自动变速器采用复合行星齿轮组，通过相应的机械组合，可提供四个前进速比和一个倒档速比。为得到这些不同的速比，需要两个行星架和行星齿轮总成，两个太阳轮和两个内齿圈。两个轴被用来向行星齿轮输入动力，即低速档毂和轴总成与超速档毂和轴总成。低速档轴穿过超速档轴的中心，并比超速档轴长。41TE变速驱动桥有五个离合器总成，没有起制动作用的带式制动器和单向离合器，其中三个用来向行星齿轮输入动力，输入离合器包括：

—低速档离合器(UD)；

—超速档离合器(OD)；

—倒档离合器(REV)。

另外两个离合器用来固定行星齿轮部件，制动离合器包括：

—2/4档制动器；

—L/R档制动器。

41TE型变速器使用变矩器锁止离合器，该锁止离合器用来机械连接曲轴和输入轴。离合器有两种接合形式：部分接合和完全接合。

1. 输入离合器总成

在输入离合器总成中，包括减速档、超速档和倒档离合器，如图11-8所示，内部部件分解如图11-9所示。

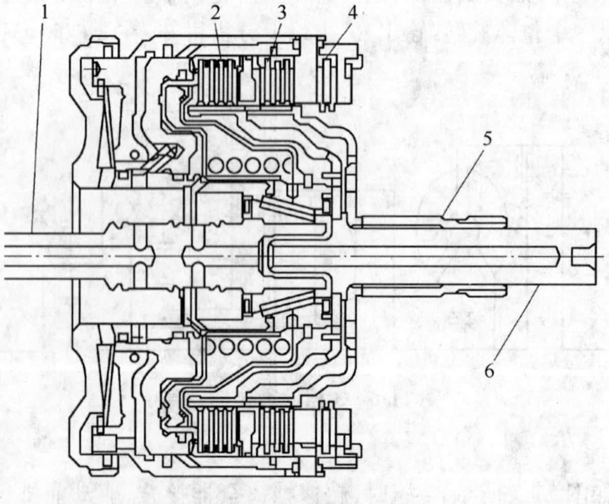

图 11-8 输入离合器总成

1. 输入轴 2. 低速离合器 3. 超速离合器 4. 倒档离合器 5. 超速驱动轴 6. 低速驱动轴

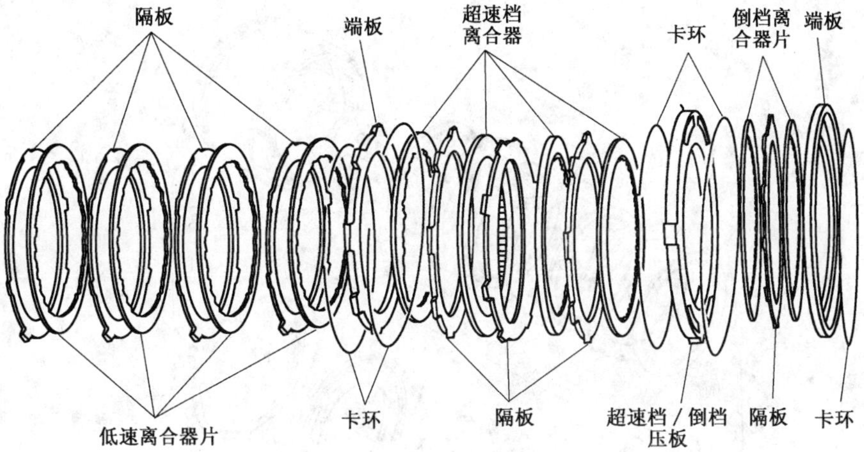

图 11-9　输入离合器总成内部部件分解图

2. 低速档离合器

低速档离合器也称降速档离合器，其部件分解如图 11-10 所示，低速档离合器与低速档毂键连接，与低速档毂连接的低速档轴键连接到后太阳轮，当低速档离合器液压接合时，通过后太阳轮在 1 档，2 档和 3 档把动力输入到行星齿轮机构后太阳轮。

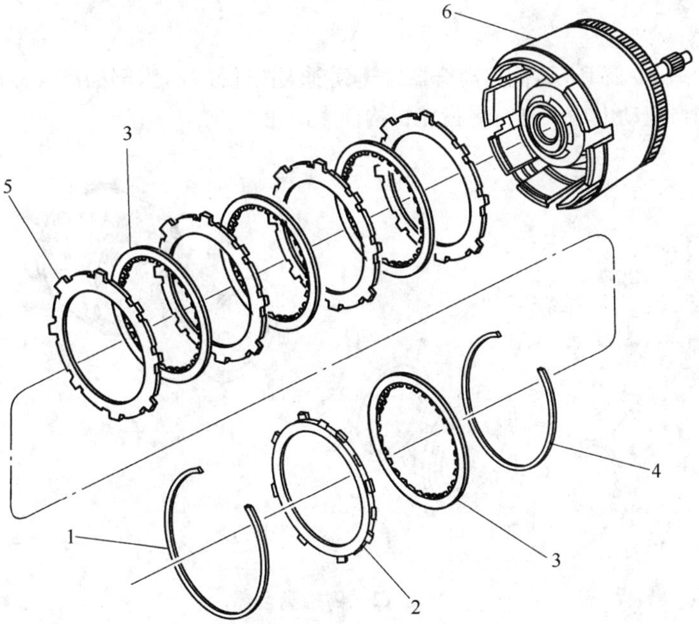

图 11-10　低速档离合器

1. 开口环(锥形)　2. OD/UD 档反作用盘　3. 离合器片　4. 开口环(平)　5. 离合器盘　6. 输入离合器总成

3. 超速档和倒档离合器

超速档离合器如图 11-11 所示，超速档离合器键连超速档毂总成，超速档毂键连到前行星架总成，当超速档离合器液压接合时，通过前行星架在直接档和超速档把动力输入到行星齿轮机构前行星架。

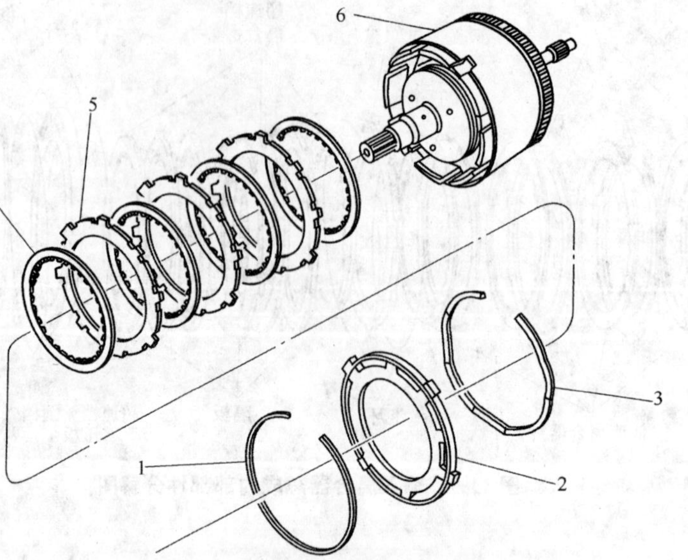

图 11-11 超速档离合器

1. 卡环 2. OD/倒档压盘 3. 卡环(波形) 4. 离合器片(4个)
5. 离合器钢片(3个) 6. 输入离合器总成

4. 倒档离合器

倒档离合器如图 11-12 所示，倒档离合器键连到前太阳轮总成，当倒档离合器压力接合时，它驱动前太阳轮，在倒档时，把动力输入到行星齿轮机构前太阳轮。

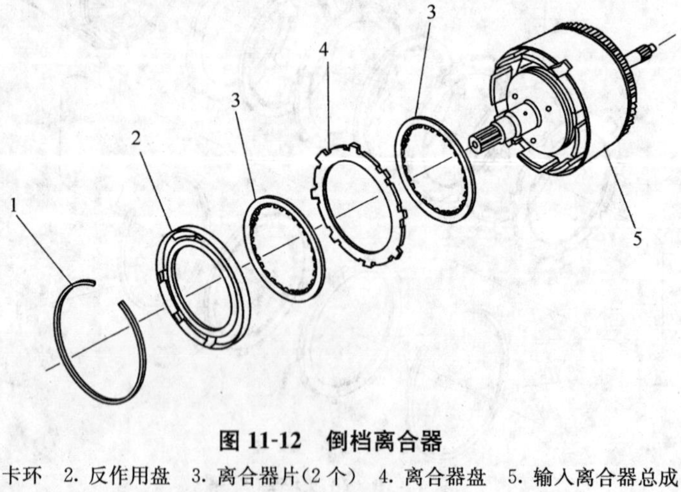

图 11-12 倒档离合器

1. 卡环 2. 反作用盘 3. 离合器片(2个) 4. 离合器盘 5. 输入离合器总成

5. 制动离合器

片式制动器又称制动离合器，如图 11-13 所示，在 41TE 型自动变速器中有两个液压多片式离合器，在变速驱动桥壳体后部安装，分别称为 2/4 档和低速/倒档离合器，它们用于保持行星齿轮系部件的固定。

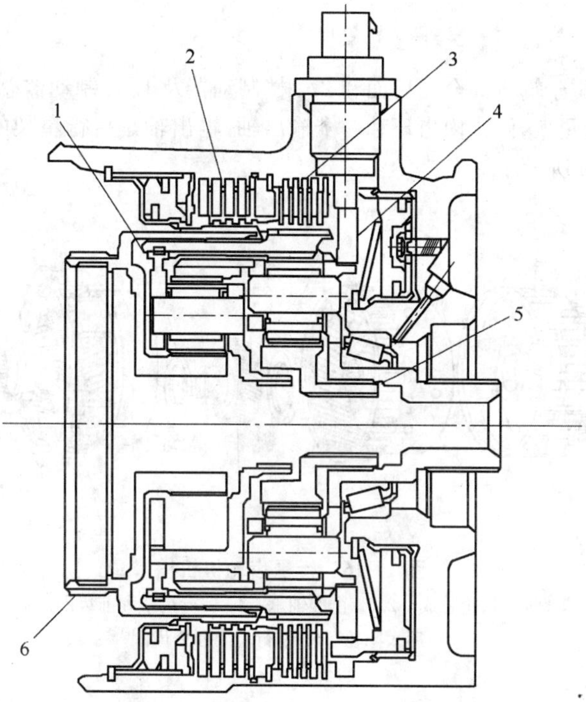

图 11-13 2 个多片式制动离合器

1. 前行星齿轮架/后齿圈 2. 2/4 离合器 3. L(低速)/R(倒档)离合器
4. 后行星齿轮架/前齿圈 5. 后太阳齿轮 6. 前太阳齿轮组件

6. 2/4 档离合器

2/4 离合器如图 11-14 所示，当使用 2/4 档离合器工作时，前中心齿轮总成与变速驱动桥壳连接并保持固定。

7. 低速/倒档离合器

低速/倒档离合器如图 11-15 所示，当低速/倒档离合器工作时，前行星齿轮架/后齿圈总成与变速驱动桥壳连接并保持固定。

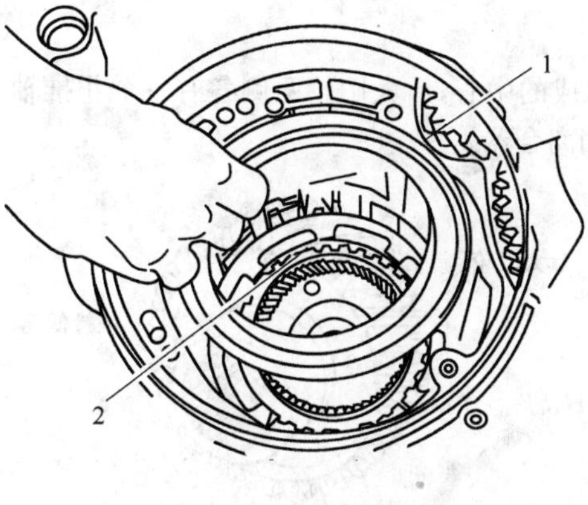

图 11-14 2/4 档离合器

1. 2/4 离合器挡圈 2. 2/4 离合器回位弹簧

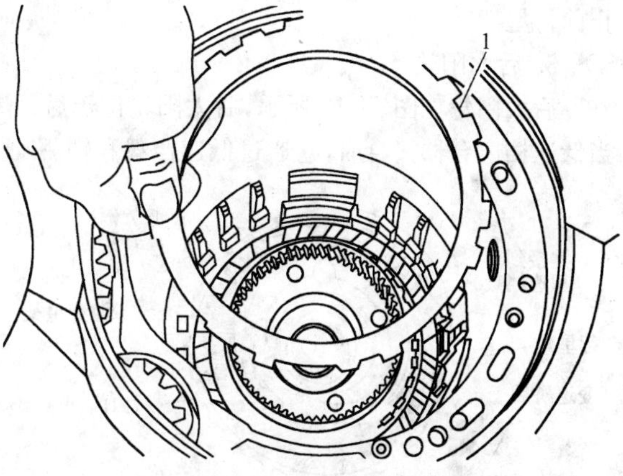

图 11-15 低速/倒档离合器

1. 低速/倒档离合器挡圈

二、行星齿轮机构

全部行星齿轮部件位于输入离合器后面和 2/4 档制动器及 L/R 制动器总成内侧。行星齿轮机构包括两个太阳轮，两个行星架，两个内齿环和一个输出轴（输出轴是后行星架的一部分）。行星齿轮机构部件分解图如图 11-16 所示。

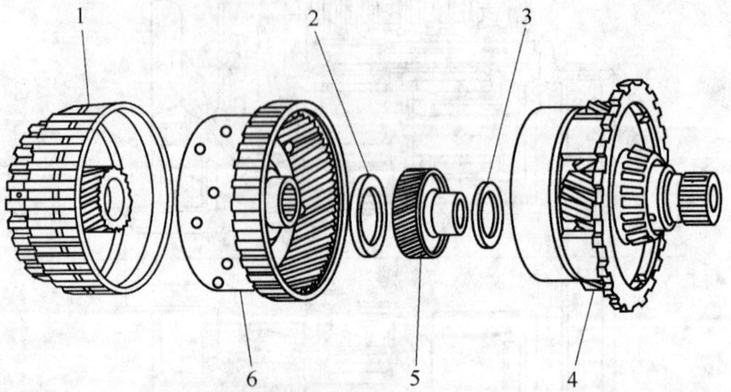

图 11-16　行星齿轮机机构

1. 前太阳轮总成　2、3. 止推轴承　4. 后行星架和前齿圈总成　5. 后太阳轮　6. 前行星架和后齿圈

1. 前太阳轮总成

前太阳轮总成如图 11-17 所示，前太阳轮总成位于前行星架的中心，并与两个离合器毂对中焊接在一起，每个毂键连接到一个离合器，最前边的毂连到倒档离合器，离合器接合时它转动前太阳轮；后边的毂键连接到 2/4 档制动器，当其接合时防止前太阳轮转动。

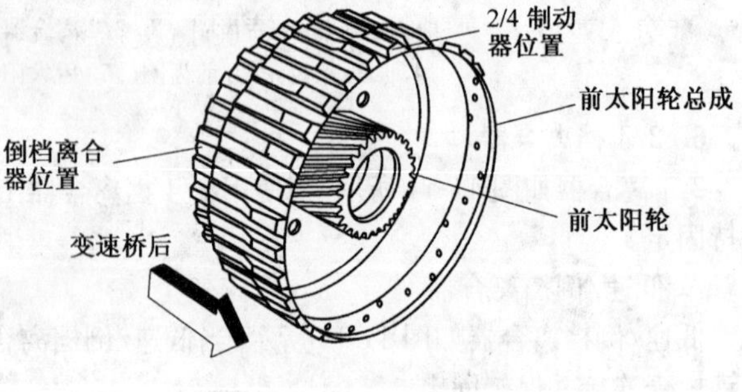

图 11-17　前太阳轮总成

2. 前行星架总成

前行星架总成如图 11-18 所示，前行星架和后内齿圈键连在一起作为一个部件。当超速档离合器接合时，由超速档离合器毂驱动前行星架。当 L/R 制动器接合时，其防止前行星架转动。

3. 后太阳轮

后太阳轮如图 11-19 所示，后太阳轮位于后行星架总成的中心，后太阳轮两侧各有一个止推轴承，当低速档离合器接合时，它通过低速档毂和轴驱动低速档离合器。

图 11-18　前行星架总成

图 11-19　后太阳轮

4. 后行星架总成

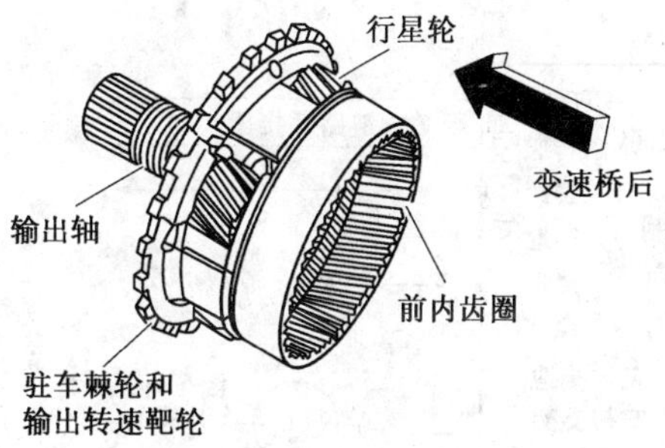

图 11-20　后行星架总成

后行星架总成如图 11-20 所示，后行星架、前内齿圈和输出轴是一个总成，提供变速器总成的全部输出动力。总成外侧的齿槽有两个作用：

(1)在驾驶人把档位置于驻车档位时，驻车棘爪与齿槽接合。

(2)产生提供给 TCM 的输出转速信号。

后行星架总成没有与离合器键连，它由两个锥轴承支撑，装配时要按技术要求预载并用力矩扳手测量。

第四节　控 制 系 统

一、电子控制系统

1. 控制系统电路图

铂锐轿车 41TE 型自动变速驱动桥控制模块(PCM/TCM)输入、输出控制框图如图 11-21 所示，输入信号用来确定汽车或变速器的工作状况。其中一些输入是与 PCM/TCM 直接通过硬线连接的，称为直接输入，见图 11-21 中左上方框中的信号部分；其他输入则是通过 BUS 总线通讯接收的，称为间接输入，见图 11-21 中左下方框部分。2002 款大捷龙 41TE 型自动变速器电控系统电路图如图 11-22 所示。

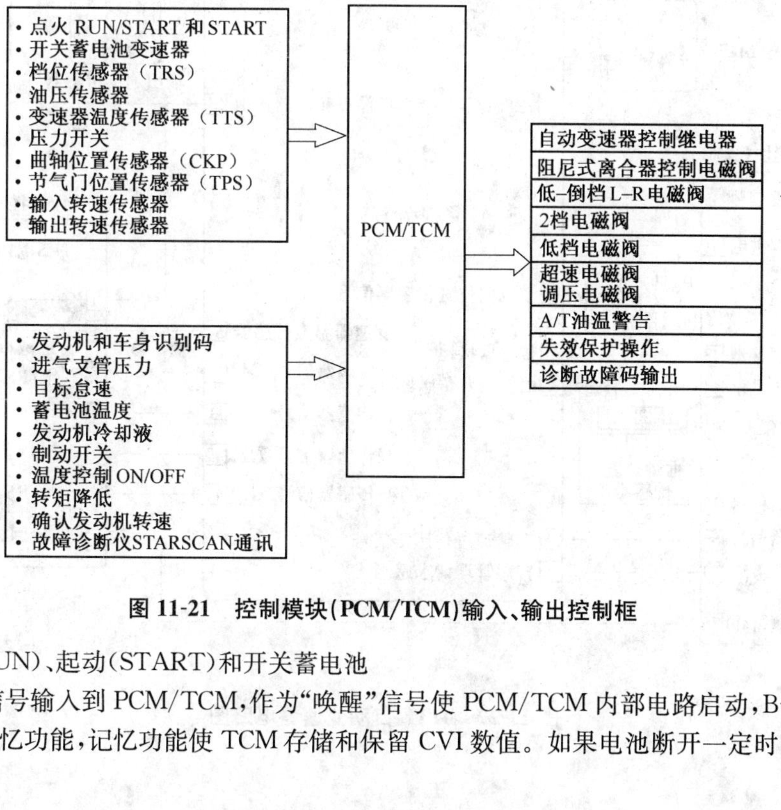

图 11-21　控制模块(PCM/TCM)输入、输出控制框

2. 点火(RUN)、起动(START)和开关蓄电池

点火开关信号输入到 PCM/TCM，作为“唤醒”信号使 PCM/TCM 内部电路启动，B+针脚电源输入用于 TCM 记忆功能，记忆功能使 TCM 存储和保留 CVI 数值。如果电池断开一定时间，TCM 可能

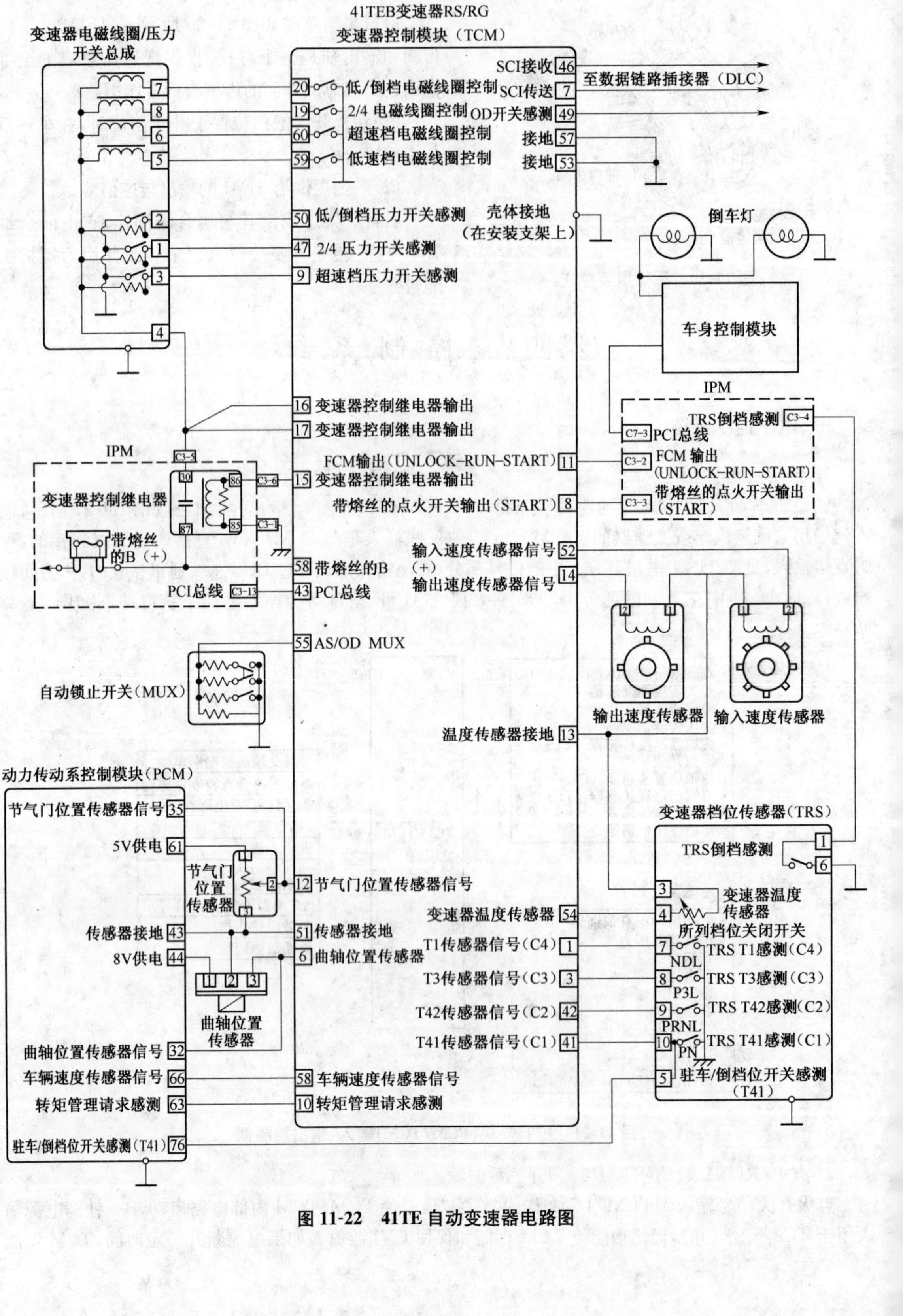

图 11-22　41TE 自动变速器电路图

丢失所有记忆的数据。当点火开关转到"RUN"或"START"位置时，TCM 检查电压情况，当高于 26V 或低于 8V 的会使 TCM 关闭。如果车辆断电或 PCM/TCM 接地，电磁阀进入无电状态。某些电磁阀常开，某些电磁阀常闭，变速器设计为 2 档(故障模式)。但是如果电源恢复，PCM/TCM 接通并恢复正常工作，但是要设置故障码。

3. 变速器档位传感器(TRS)

变速器档位传感器(TRS)安装在变速驱动桥内，阀体顶部，通过电气接头伸过变速驱动桥外，如图 11-23 所示。档位传感器(TRS)只能拆下阀体进行维修。TRS 有四个开关触点，用于监测换档杆位置并向 PCM/TCM 发送此信息。变速器档位传感器(TRS)会以组合开关开启和闭合的信息向 PCM/TCM 发送换档杆位置(SLP)，PCM/TCM 从四个感应电路接收到的各个换档杆位置都有一个指定的开关状态(开启/闭合)组合，以确定适当的变速驱动桥档位和换档程序。因为有四个开关，所以有 16 个可能的开启和闭合开关(代码)的组合。这些代码中的七个与档位有关，三个认知为"档位之间的"代码。这将产生不该发生的六个代码，这些代码称为"无效"代码。一个无效代码会产生一个故障码(DTC)，之后，PCM/TCM 将根据压力开关数据确定换档杆位置，这允许开关在 TRS 故障的情况下使变速器合理地正常操作。不同档位时，TRS 各信号端子的状态见表 11-6。如图 11-24 所示，在 TRS 内还集成一个温度传感器，它是一个热敏电阻，它可向 TCM 和 PCM 发送变速驱动桥的温度信息。

表 11-6　不同档位 TRS 各信号端子的状态组合

TRS 开关状态滑动	T42	T41	T3	T1
停车	CL	CL	CL	OP
R	CL	OP	OP	OP
N	CL	CL	OP	CL
超速	OP	OP	OP	CL
3	OP	OP	CL	OP
L	CL	OP	CL	CL

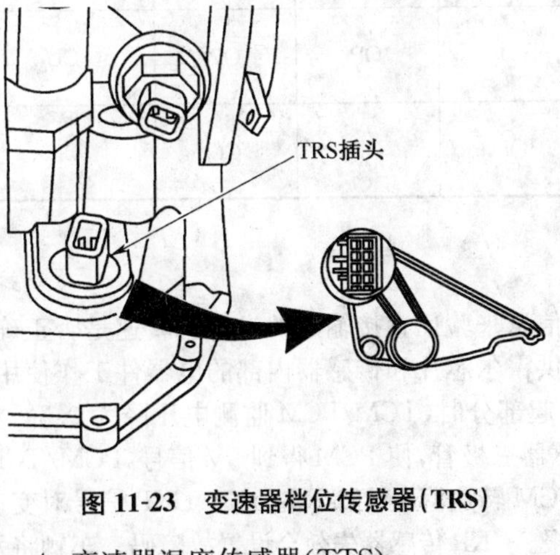

图 11-23　变速器档位传感器(TRS)

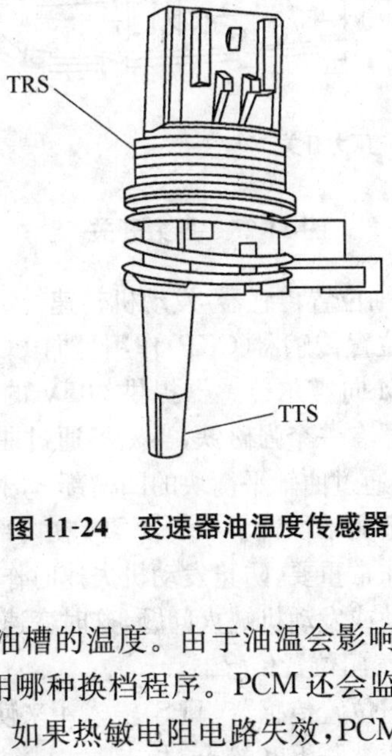

图 11-24　变速器油温度传感器

4. 变速器温度传感器(TTS)

TTS 集成一个热敏电阻，PCM/TCM 可用于监测变速器油槽的温度。由于油温会影响变速器换档质量和变矩器锁定情况，PCM/TCM 需要此信息来确定采用哪种换档程序。PCM 还会监测这个温度数据，因而它可以在变速器"过热"时向车辆冷却风扇供电。如果热敏电阻电路失效，PCM/TCM 将恢复使用计算的油温，计算的温度是从输入信号组合中计算出的预测的油液温度：

(1)蓄电池(环境)温度;

(2)发动机冷却液温度;

(3)自起动后在档位的运行时间。

5. 压力开关

电磁阀/压力开关总成在变速驱动桥外部,并安装在变速驱动桥壳上,如图 11-25 所示。压力开关只能通过更换组件来进行维修。电磁阀总成上有三个压力开关,分别是 L/R 档压力开关、OD 超速档压力开关和 2/4 档压力开关,PCM/TCM 依靠三个压力开关来监测低速/倒档、2/4 档和 OD 超速档液压回路中的液压压力。这些开关的主要作用是帮助 PCM/TCM 检测离合器是否发生液压回路故障。压力开关的开启与闭合点范围为 76～159kPa。通常开关的开启点比闭合点约低。比如,一个开关可在 124kPa 下闭合,117kPa 下开启。PCM/TCM 会连续监测各个档位下这些开关的状态(开启或闭合)是否正确,正确的开/关组合见表 11-7。如果 PCM/TCM 检测到特定档位下任何开关在错误时间打开或关闭,将设置一个诊断故障码(DTC),这些故障码会导致车辆进入故障模式,将会出现不能换档或换档困难。故障码通常是由电路故障,阀体松动,滤清器堵塞或电磁阀总成失效造成的。

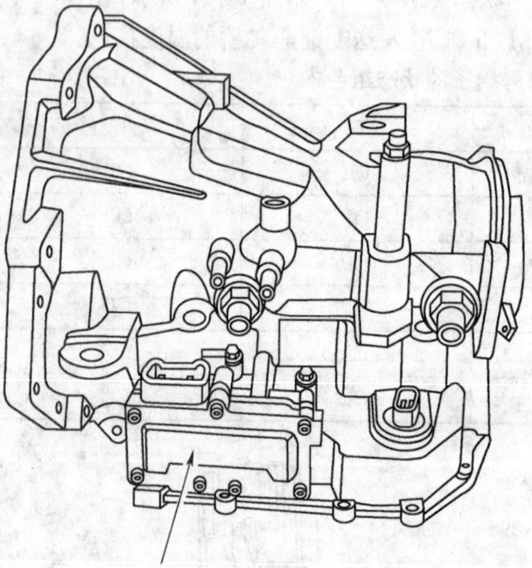

图 11-25 压力开关

表 11-7 不同档位正确的压力开关组合

档位	L/R	2/4	OD
R	OP	OP	OP
P/N	CL	OP	OP
1 档	CL	OP	OP
2 档	OP	CL	OP
D	OP	OP	CL
OD	OP	CL	CL

6. 曲轴位置传感器/发动机转速

曲轴位置传感器(CKP)作用是向 PCM/TCM 输入信息来验证直接输入的发动机转速是否正确。PCM/TCM 向霍尔传感器提供约 5V 的电压。该电压供霍尔芯片和传感器内部的电器件工作使用。霍尔传感器有一个强磁铁,当磁场通过曲轴平衡块的凸起部分时,TCM/PCM 监测电压降为 0.3V 左右;当磁场通过曲轴平衡块的凹槽部分时,磁场关闭传感器三极管,使 PCM 得到 5V 信号,PCM/TCM 以此来确定曲轴位置。然后,PCM 在内部把它转换成 TCM 转速值送给 TCM。由于 CKP 信号对变速器的控制非常重要,防止发动机失速时作为故障信息错报。CKP 传感器失效会设置故障码。车辆将发生不能起动或发动机缺火问题,这时变速器进入故障模式。

7. 节气门位置传感器

节气门位置传感器(TPS)输入用来使 TCM 确定换档点和换档质量。TPS 是可变电阻感应装置。当加速踏板被踩下和松开时,节气门挡板滑过 TPS 的电阻元件。节气门开启时 TPS 感应针脚(在 TCM 和 PCM 上)的电压增加,关闭时电压降低。电压范围大约在 0.6V(节气门关闭)至 4.5V(节气门全开)之间。目标怠速同实际发动机转速比较来确定节气门关闭时的 TPS 值,用这种方法来校正系统的差别和传感器公差。如果监测到 TPS 失效,TCM 就用 1/3 节气门全开的值作为默认值来替代 TPS 值,根据车速状况决定升档或降档。不是所有的 TPS 故障都会设置故障码,在 TPS 工作不正常的时候,用户会抱怨变速器换档时发抖,或换档时间长和换档滞后,这种情况不会使车辆进入故障模式,这通常由 TPS 失效,TPS 线路或 TCM 接头问题造成。

8. 输入转速传感器

输入转速传感器是一个双线电磁式传感器,安装在变速驱动桥壳体中,位置如图 11-26 所示,工作原理如图 11-27 所示,输入速度传感器用于检测输入离合器的转速,当输入离合器轮毂的齿转过传感器线圈时,在线圈中就会产生一个交流电压并将其发送到 PCM/TCM,PCM/TCM 会比较输入转速信号与输出转速信号以确定下列信息:

(1)变速器传动比;

(2)传动比错误侦测;

(3)CVI 计算。

PCM/TCM 还会比较输入转速信号与发动机转速信号以确定下列信息:

(1)液力变矩器锁止离合器打滑;

(2)液力变矩器元件速度比。

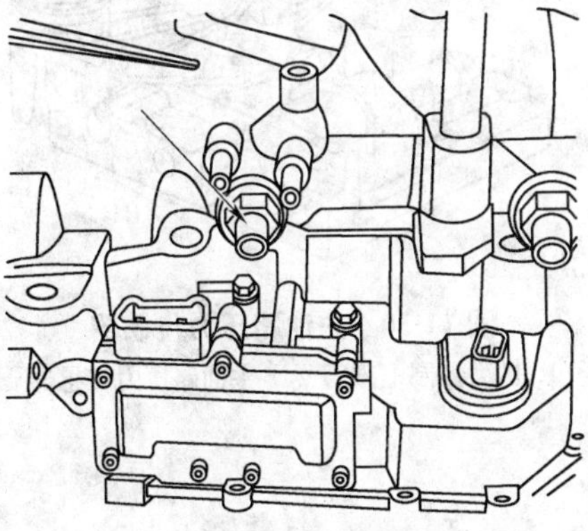

图 11-26　输入转速传感器的位置

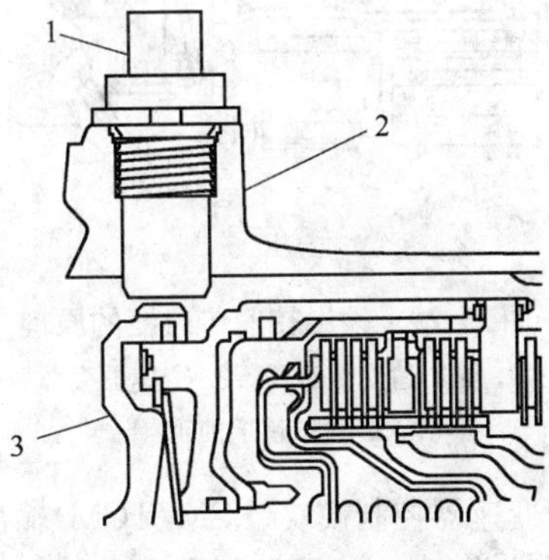

图 11-27　输入转速传感器原理

1. 输入速度传感器　2. 变速器壳体　3. 输入离合器毂

9. 输出转速传感器

输出转速传感器是一个双线电磁传感器,它安装在变速驱动桥壳体中,位置如图 11-28 所示,工作原理如图 11-29 所示。输出速度传感器用于检测后行星架驻车棘轮的速度,当后行星齿轮托架驻车棘爪锁舌转过传感器线圈,就会产生一个交流电压并将其发送到 PCM/TCM。PCM/TCM 会比较输入轴与输出转速信号以确定下列信息:

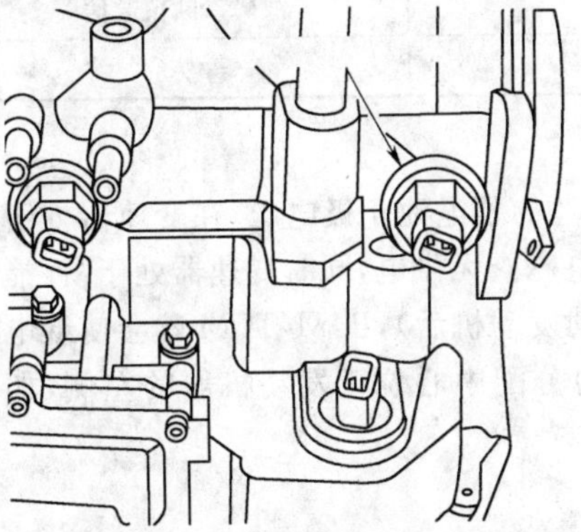

图 11-28　输出转速传感器的位置

(1)变速器齿轮比率;

(2)速度比错误侦测;

(3)CVI 计算。

10. 车辆速度信号

车辆速度信号取自输出速度传感器,PCM 将该信号转化为脉冲/里程的信号,并通过通信总线向 BCM 发送车速信息。BCM 将该信号传送给仪表组,以给驾驶人显示车辆速度。

11. 主油路压力传感器

管路压力传感器安装在阀体的顶部，紧挨着压力控制电磁阀，如图 11-30 所示。变速器控制模块利用闭环系统控制变速器主油路压力，此系统包括一个压力控制电磁阀，由 TCM 工作周期控制，以排出由润滑油泵回供给油底壳的不必要的管路压力。此系统也包括管路压力传感器，其是 TCM 的一个直接输入。管路压力电磁阀监视变速器管路压力，并完成至 TCM 的反馈回路。TCM 使用此信息，调整其对压力控制电磁阀的控制，以达到要求的管路压力。

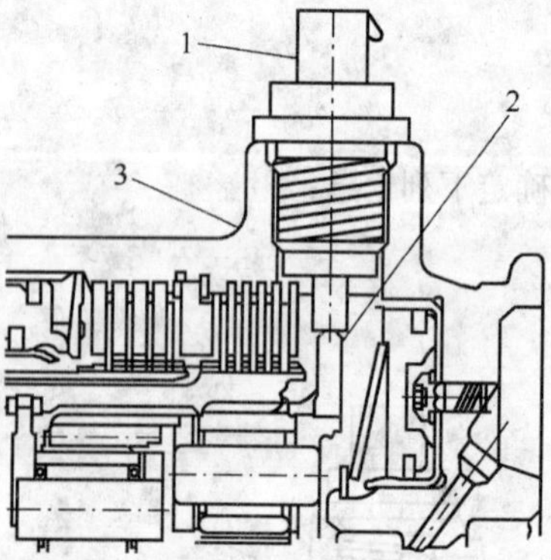

图 11-29 输出转速传感器的原理

1. 输出速度传感器 2. 变速器壳体
3. 驻车棘爪锁舌

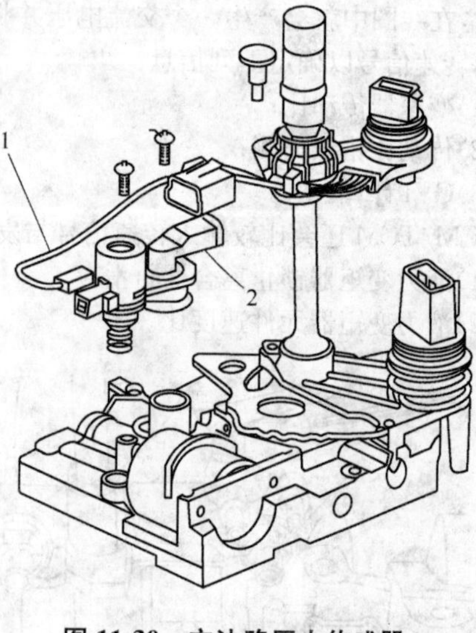

图 11-30 主油路压力传感器

1. 压力控制电磁阀 2. 主油路压力传感器

12. 变速器控制模块(PCM/TCM)输出

与输入类似，变速器控制模块(TCM)的输出分为两类，直接输出和间接输出，见表 11-8。

表 11-8 变速器控制模块(PCM/TCM)输出

直 接	间 接	直 接	间 接
变速器控制继电器	给仪表档杆显示		故障指示灯(MIL)
电磁阀	变速器油温度		故障诊断仪通信
转矩管理请求(TRD)	给 PCM 和 BCM 的 PRNDL 码		

13. 变速器控制继电器

自动变速器继电器由 PCM/TCM 控制供电，可提供带熔丝的蓄电池正极电压，在变速器处于正常工作模式下用于向电磁阀组供电。当继电器“关闭”时，对电磁阀无供电，同时变速器处于“性能不佳”状态。控制装置器复位后(点火钥匙转到“run”位置或起动发动机后)，PCM/TCM 就会使继电器通电。变速器控制继电器位于动力分配中心(PDC)，而动力分配中心位于发动机舱的左侧，如图 11-31 所示。

14. 电磁阀(OD,LR/CC,U/D,2/4)

电磁阀/压力开关总成在变速驱动桥外部，并安装在变速驱动桥壳上，参见图 11-25，电磁阀总成及隔音罩如图 11-32 所示。该组件由控制至 LR/CC,2/4、OD 和 UD 摩擦元件的液压的四个电磁阀组成。

倒档离合器由阀体中手控阀的管路压力控制。电磁阀包含在电磁阀/压力开关组件中，只能通过更换组件来维修。电磁阀总成还包含监测并向 PCM/TCM 发送液压回路信息的压力开关。电磁阀通过一根导线接收到继电器来的电源，TCM 通过控制电磁阀总成上的电磁阀来控制油道接通和关闭的功能。TCM 根据需要，把电磁阀断开或接通。当 TCM 对一个电磁阀接地时，电流通过电磁阀线圈，产生了电磁力。阀杆被产生的磁场吸引而使阀门关闭或开启。阀门的切换导致油道开通或关闭，从而使油道产生油压或泄掉油压。电磁阀有常开和常闭两种，通过电磁阀线圈的电流是脉宽调制的。电磁阀失效则设置故障码，这时使车辆进入故障模式，原因可能是由于 TCM 和电磁阀总成间的电路故障或电磁阀总成失效引起。

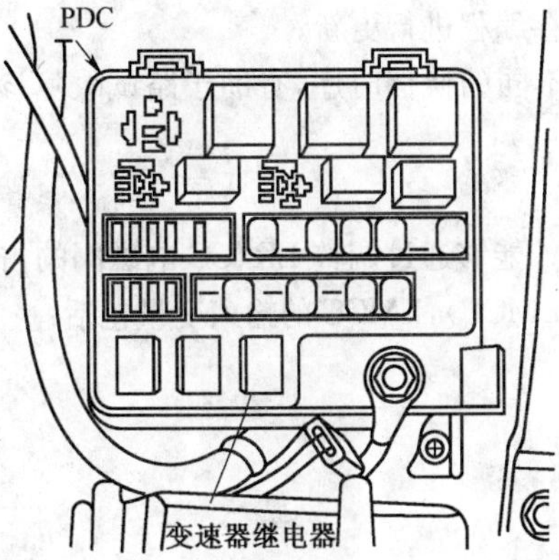

图 11-31　变速器控制继电器

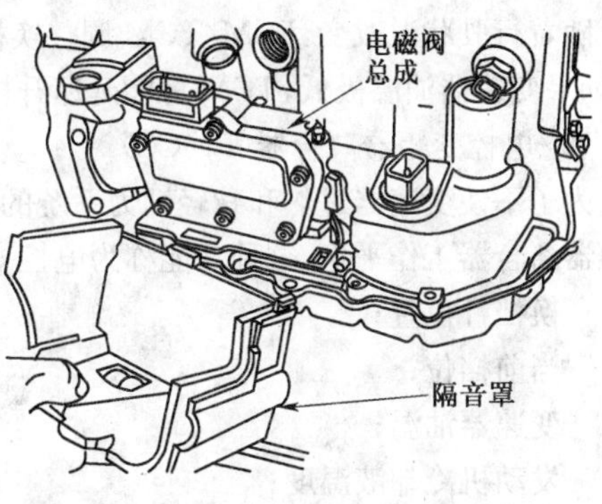

图 11-32　电磁阀

15. 主油路压力电磁阀

主油路压力电磁阀是变力电磁阀，它是由电磁阀和调节阀接合而成。变速器控制模块压力电磁阀电流来改变液压管路的主油路压力，在电流为 0 时（无负载）的时候压力最大。相反在电流最大时，主油路压力最小。

16. TCM 的其他控制功能

(1)转矩降低要求（TRD 通讯）：转矩降低要求输出也可称为“转矩降低通讯”。TRD 是 PCM 与 TCM 之间的通讯联系，用来进行转矩管理。在某些换档时序中要求对发动机转矩管理控制或降低转矩输出。当 TCM 通过总线发出脉冲信号就是要求转矩管理。当 PCM 接收到此信息码，它就发出指令使一些喷油器停喷并稍微推迟点火提前角。PCM 同时通过总线把此信号反馈给 TCM。总线信息用来证实 PCM 已经采取行动。TRD 通讯失败会设置故障码。可能会出现动力低和换档时间太短。这种情况不使车辆进入故障模式，故障通常由节气门位置传感器粘住或 TCM 和 PCM 之间的连线故障造成的。

(2)STARSCAN 通讯：PCM/TCM 通过 PCI 总线与 STARSCAN 诊断仪通讯。STARSCAN 通过数据通讯接头（DLC）与总线连接。STARSCAN 能够操作输出装置，读传感器数值以及捕捉发生故障时的数据。

(3)PCM（故障灯）：按照 OBDII 标准要求，对有些故障码 TCM 要求点亮故障指示灯。

(4)变速器油液温度：TCM 的间接输出之一是变速器油温。PCM 全时监测变速器油温，当油温达到 117℃时启动低速冷却风扇；当油温低于 113℃时关闭风扇。如果油温达到 121℃时，高速风扇启动；当油温降到 117℃以下时，高速风扇关闭。

(5)换档杆：换档杆是驾驶人参与换档的装置，使车辆具有手动换档功能。PCM/TCM 通过总线把换档杆的档位传给 MIC,并点亮 PRNDL 指示灯。

(6)PRNDL 信号:换档位置逻辑(SLP)是由 PCM/TCM 根据 TRS 的档位开关的各种开启和关闭组合,压力开关输入信息和输入输出转速传感器的数据推算出档位。

17. 换档时序

变速器控制模块(PCM/TCM)已经编程为可以选择各种换档时序,根据下面的条件选择换档时序:

(1)变速器油温:由变速器油温度传感器提供,或者在该传感器有故障时用 TCM 计算值代替。

(2)发动机负荷:由动力控制模块(PCM/TCM)提供。

(3)节气门位置:由节气门位置传感器(TPS)提供或者 TPS 有故障时由数据总线提供。

(4)软件水平:最初编程在 PCM/TCM 内,可以通过闪存编程进行更新。

随着行驶状况改变,PCM/TCM 调整换档时序。熟悉不同的换档时序,有助于路试故障诊断。例如,如果变速器油温极低,TCM 可能延迟升档并加速降档。

18. 电控变矩器离合器(EMCC)

为了不使变速器过热和减轻动力系统的旋转振动,TCM 能够通过调整 LR/CC 电磁阀的占空比使变矩器离合器工作平稳,这种功能称为电控变矩器离合器(EMCC),EMCC 的输入变量包括:

—换档杆位置;

—当前档位;

—变速器油温;

—发动机冷却液温度;

—输入转速;

—节气门角度;

—发动机转速。

(1)无 EMCC:在无 EMCC 工况,L/R 电磁阀是关闭的。有几种工况可导致无 EMCC 工况。变速器失效和 TCM 认为车辆目前行使状况不需要都可以导致无 EMCC 工况。

(2)部分 EMCC:部分 EMCC 工况是通过调整 L/R 电磁阀(占空比)使部分转矩作用在变矩器离合器。部分 EMCC 工况一直维持到完全 EMCC 工况运行。在部分 EMCC 工况会发生一些打滑现象。它一般发生在低速,低负荷和节气门开度小的工况下。

(3)完全 EMCC:在部分 EMCC,TCM 根据变速器输入转速与发动机转速差别进行判断,控制发动机转速在打滑允许范围内,之后,它就增加 L/R 电磁阀的占空比,直到完全开启。进入到完全 EMCC 工况下。

(4)渐变到无 EMCC:这种工况是从完全或部分 EMCC 逐步变为无 EMCC。这在中等节气门工况下通过降低 L/R 电磁阀占空比得到。

在很多情况下 TCM 不允许 EMCC 工作。例如:油温低,制动信号,TPS 值小于 2°～3°(节气门关闭)和电磁开关阀失效等。

二、液压控制系统

41TE 型液压系统的主要部件包括油泵、压力开关总成、阀体、蓄压器等。

1. 油泵

41TE 型自动变速器采用齿轮式油泵,如图 11-33 所示。油泵包含内外齿轮,壳体和盖板,该盖板也作为反作用轴的支撑。当变矩器转动时,变矩器毂使内外齿轮转动。当齿轮转动时,在半月板附近两齿轮间的空间是加大时,使泵的进口增加吸力,该吸力把油盘中的油液吸入泵的进口。(实际是大气

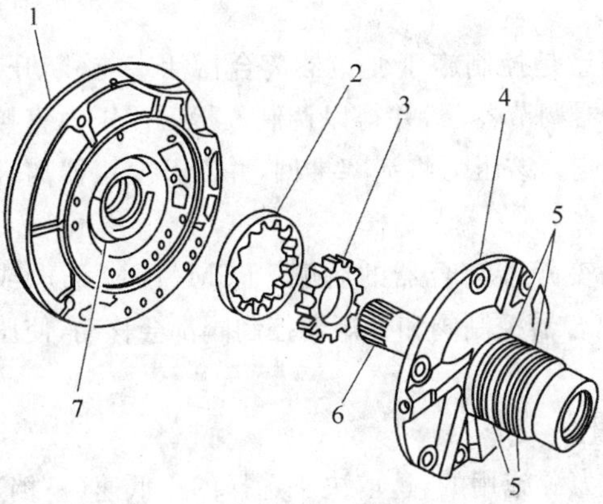

图 11-33　油泵

1. 泵体　2. 外齿轮　3. 内齿轮　4. 反作用轴支架
5. 密封圈　6. 反作用轴　7. 月牙板

压力把油液压入低压力的地方)。当半月板附近两齿轮间的空间是减小时,就把油液压到泵的出口和进入阀体。

2. 阀体

阀体总成包括一个铸铝阀体,隔板与分流板和七个阀。阀体有两个主要功能:

—控制主油压和变矩器离合器;

—用手动换档阀和开关阀导通到离合器,变矩器,润滑系统和电磁阀。

阀体部件分解图如图 11-34 所示,阀体的主要组成部件包括:

—调压阀;

—电磁开关阀;

—手动换档阀;

—变矩器离合器控制阀;

—变矩器离合器开关阀;

—变矩器离合器调压阀;

—低/倒档开关阀。

另外,阀体上还有温度阀,2 号,3 号和 4 号单向球阀,5 号单向阀及 2/4 档蓄能器总成。

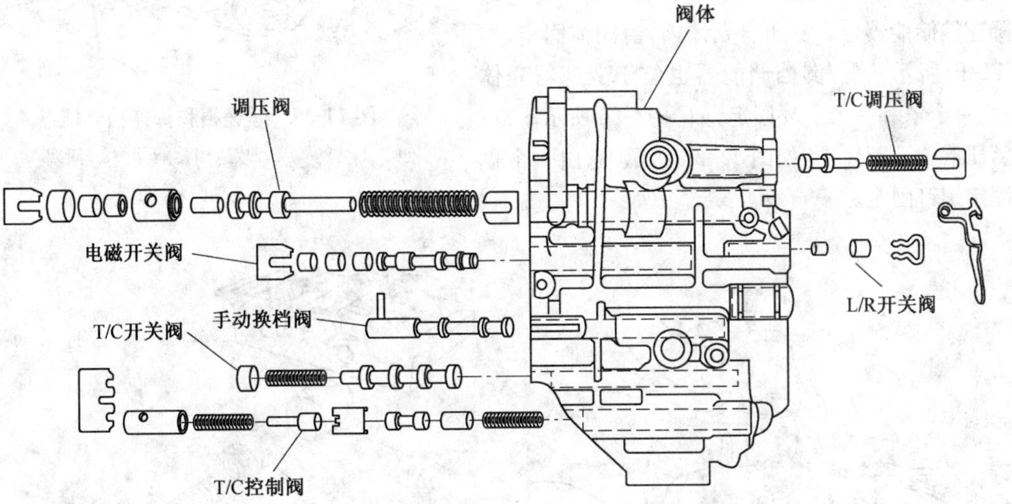

图 11-34　阀体

(1)调压阀:调压阀控制变速器中的液压压力。它接收来自油泵的未调制的压力。该压力抵住弹簧的张力将油保持在规定的压力内。调节后的油压又被称为“管路压力”。

(2)电磁阀开关阀:电磁阀开关阀控制自 LR/CC 电磁阀的管路压力。在一个位置,它允许低速/倒档离合器被加压。在另一个位置,它将管路压力导引到转换器控制和转换器离合器阀。

(3)手控阀:手控阀由机械排档连杆控制。其主要任务是将管路压力传送到合适的液压管路和电磁阀。该阀有三个操作范围或位置。

(4)T/C开关阀:变矩器离合器开关阀的主要用途是控制施于变矩器离合器活塞前(断开)侧的液压压力。来自调压阀的管路压力反馈给液力变矩器调节器阀,并得以调制。然后该压力直接到达变矩器离合器开关阀和到达变矩器离合器活塞的前侧。该压力将活塞推回,并断开变矩器离合器的接合。

(5)T/C控制阀:变矩器离合器控制阀控制液力变矩器离合器的后侧。PCM/TCM通电或调节LR/CC电磁阀来施加变矩器离合器活塞时,变矩器离合器控制阀和变矩器控制阀都会移动,使压力施加到离合器的背面。

(6)T/C调压阀:调压阀调节至液力变矩器的液量。

(7)L/R开关阀:低速/倒档离合器是用不同的动力源施用的,这取决于选择的是低速(一档)档还是倒档。低速/倒档开关阀根据受到的油液压力的方向而交换位置。根据设计,当阀受来自一个通道的油液压力而移动,则相对的通道就堵塞。开关避免了止回球滞塞的可能,从而在所有的操作条件下恒定使用低速/倒档离合器。

3. 蓄压器

储能器的功能是缓冲离合器摩擦元件。当压力油液进入离合器油路时,储能器室容纳油液,克服活塞和弹簧缓冲油压,目的是实现平滑、稳固的离合器接合。41TE型变速器的降速档、超速档、低/倒档和2/4档液压油路都有一个储能器。一个典型的储能器包括一个活塞、回位弹簧和一个罩或塞。超速档和降速档储能器位于变速器壳体内,由阀体固定,如图11-35所示。低/倒档储能器也位于变速器壳体内,由一个罩和一个卡环固定,如图11-36所示。2/4档蓄压器位于阀体中,如图11-37所示,它由一个盖和固定螺钉固定。

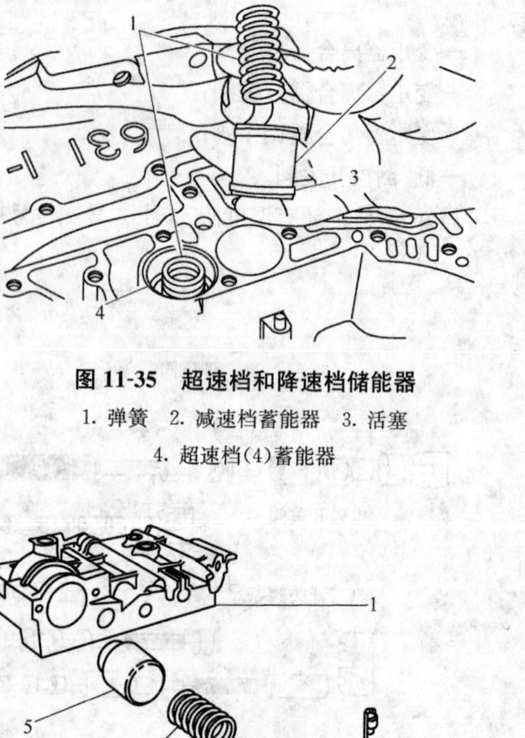

图11-35　超速档和降速档储能器

1. 弹簧　2. 减速档蓄能器　3. 活塞　4. 超速档(4)蓄能器

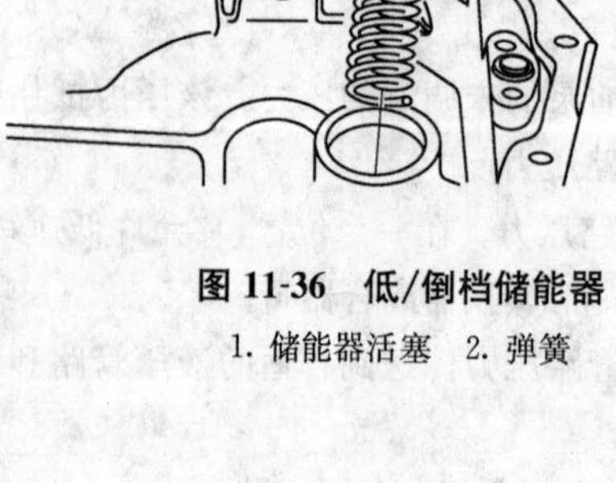

图11-36　低/倒档储能器

1. 储能器活塞　2. 弹簧

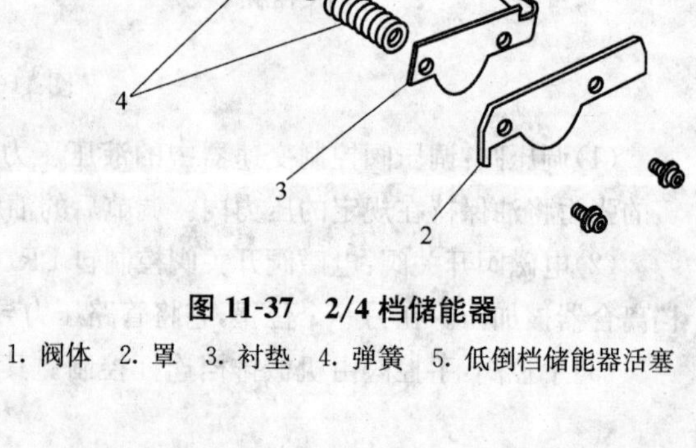

图11-37　2/4档储能器

1. 阀体　2. 罩　3. 衬垫　4. 弹簧　5. 低倒档储能器活塞

第五节　自动变速器的维修

一、电控系统故障码

41TE型自动变速器电控系统故障代码(以锋哲为例)见表11-9。

表11-9　电控系统故障代码表

P0122	TPS/APP电路电压低	P0871	OD压力开关合理性
P0123	TPS/APP电路电压高	P0882	TCM电源输入低
P0124	TPS/APP间歇性故障	P0883	TCM电源输入高
P0218	高温下工作	P0884	行驶中通电
P0602	控制模块编程错误/未编程	P0888	变速器继电器一直关闭
P0604	内部控制模块RAM	P0890	可开关蓄电池
P0605	内部控制模块ROM	P0891	变速器继电器一直接通
P0613	变速器内部处理器	P0897	变速器油质量差
P0706	变速器档位传感器的合理性	P0932	主油路压力传感器电路
P0711	变速器温度传感器性能	P0934	主油路压力传感器电路电压低
P0712	变速器温度传感器电压低	P0935	主油路压力传感器电路电压高
P0713	变速器温度传感器电压高	P0944	液压泵主压力损失
P0714	变速器温度传感器间歇性故障	P0952	手切换档输入电路电压低
P0715	输入速度传感器1电路	P0957	ERS电路电压低
P0720	输出速度传感器电路	P0992	2/4/超速档液压压力测试
P0725	发动机速度传感器电路	P128B	TCM电源控制电路2电压低-TIPM
P0731	1档传动比错误	P128C	TCM电源控制电路2电压高-TIPM
P0732	2档传动比错误	P128D	TCM电源控制电路2断路-TIPM
P0733	3档传动比错误	P128E	TCM电源控制电路2过电流-TIPM
P0734	4档传动比错误	P1684	蓄电池断开
P0736	倒档传动比错误	P1713	限制阀在T2范围内
P0740	TCC超程	P1745	变速器主油路压力长时间过高
P0750	LR电磁阀电路	P1775	电磁阀开关阀锁在TCC位置
P0755	2/4档电磁阀电路	P1776	电磁阀开关阀锁在低档倒档位置
P0760	OD电磁阀电路	P1790	换档后立即出现故障
P0765	UD电磁阀电路	P1794	速度传感器接地错误
P0841	LR压力开关合理性	P1797	手动换档过热
P0845	2/4档液压压力测试	U0100	与ECM/PCM失去通讯
P0846	2/4档压力开关合理性	U0002	CAN C总线中断性能
P0868	主油路压力低	U0121	与ABS失去通讯
P0869	主油路压力高	U0141	与FCM失去通讯
P0870	OD液压测试		

二、自动变速器的基本检查

1. 自动变速器油位检查

41TE型自动变速器有一个油液液位指示器以检查润滑油，它位于发动机的左侧。在拆卸前，一定要擦净量油尺柄上的所有灰尘。将选档杆放在驻车档位置以确认液位查核是准确的。车辆应停在平整的地面上，发动机至少应以怠速运行1min。如图11-38所示，在82℃的正常工作温度下，油位处于油位指示器上的HOT(热)区域，就说明油位正确；27℃的油温下油位应在油尺COLD(冷)区域以内。低液位可能引起各种故障现象，因为它使泵将空气与液体一起吸入，气泡会使液体成海绵状，因此压力就偏低并且形成缓慢。不适当的加注也能使液位太高，当变速驱动桥有太多的液体，齿轮会搅起泡沫，导致出现与油位低时同样的故障现象。起泡沫还可导致油液从变速驱动桥通气口跑出，这可能被误认为是泄漏。

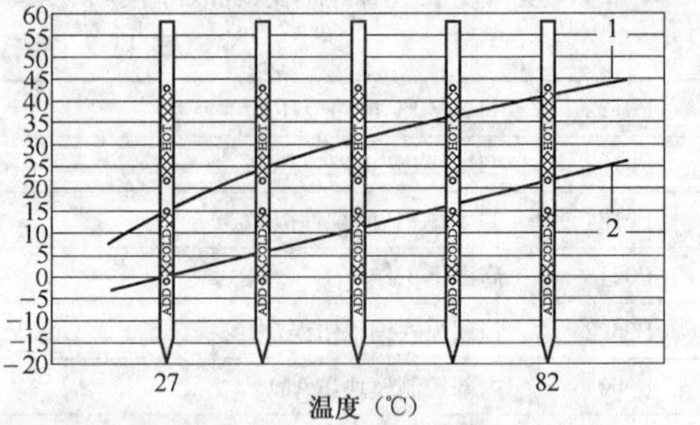

图11-38 检查油面

2. 检查油质

在测量液位的同时，检查油液的状况是非常重要的。当闻到油液烧糊味道或看到受金属或摩擦材料粒子污染时，可能需要对变速驱动桥进行全面检修。一定要细心地检查量油尺上的油液，若对油液状况有所怀疑，可泄放出一些样品以作复验。

Mopar® ATF+4(自动变速器液)新的时候为红色，可以与车辆中使用的其他油液，诸如发动机润滑油或防冻剂区别开来。红色并非永久性，而且也不是用来指示油液状况。当车辆被驱动后，ATF的颜色开始变暗，且可能最终变成棕色，这属正常。ATF+4也有一种特别的气味，会随时间变化而变化。因此，气味和颜色不能用于指示油液状况以及油液是否需要更换。在检查完油液后，将量油尺完全插入到位，以密封水及其他污物。

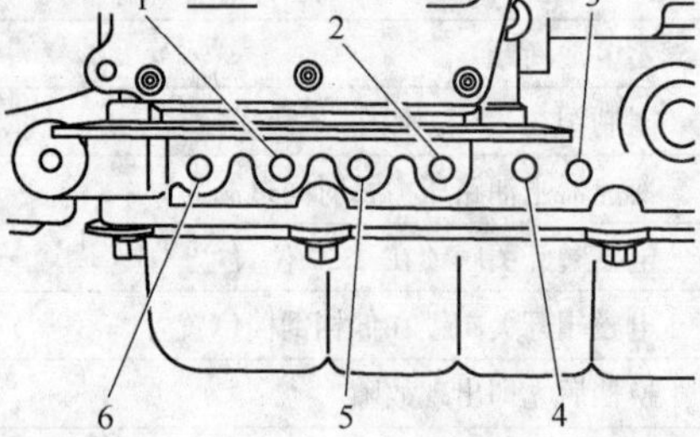

图11-39 油压测试孔

1. 超速离合器 2. 变矩器关闭
3. 低速/倒档离合器 4. 2/4离合器
5. 倒档离合器 6. 低速离合器

3. 自动变速器油压测试

压力测试是诊断步骤中重要的步骤，这些测试通常能揭示出大部分液压变速驱动桥问题的原因。进行压力测试之前，一定要注意液位及其状况，油液工作温度必须在66℃～93℃。41TE型自动变速器有多个油压测试口，如图11-39所示。为进行测试，应将2068kPa压力表C-3293SP连接到测试口超速档离合器、变矩器断开、低速/倒档离合器、2/4档离合器、倒档离合器、低速档离合器。使用适配器L-4559使压力表与变速驱动桥相配。正确的压力值见表11-10。

(1)测试1：选档杆在LOW位置(第一档)，该测试检查泵输出、压力调节及低速/倒档离合器液压回路状况，以及换档计划表。

—把压力表接到低速/倒档离合器接口上。

—把选档杆移动到L位置。

—使车轮转动，增大节气门开度以使指示的车速达到 32km/h。

—低速/倒档离合器压力读数应为 793～1000kPa。

(2)测试 2：选档杆在驱动位置(2 档)，此项测试检查减速驱动离合器液压回路以及排档计划表。

—把压力表安装到减速档离合器塞。

—将选档杆移到 3 位置。

—使车轮转动，增大节气门开度以使指示的车速达到 48km/h。

—在第二档，减速档离合器压力读数应为 758～1000kPa。

(3)测试 3：选择器在 OD 位置(第 4 档)，此项测试检查减速驱动离合器液压回路以及排档计划表。

—把压力表安装到减速档离合器塞。

—把选档杆移动到(OD)位置。

—使车轮自由转动，增大节气门开度以获得指示车速 64km/h。

—减速档离合器压力读数应低于 34kPa。如果不是的话，就说明电磁阀总成或 PCM/TCM 发生故障。

(4)测试 4：超速档离合器查核(第 3 档和第 2 档)，此项测试检查超速档离合器液压回路以及排档计划表。

—把仪表接到超速档离合器塞。

—把选档杆移动到(OD)位置。

—使车轮转动并增加节气门开度以达到指定的 32km/h 车速，车辆应挂入 3 档。

—超速档离合器压力读数应在 510～655kPa。

—把选档杆移动到 3 位置，然后增大所指示的车速为 48km/h。

—车辆应在第二档，超速档离合器压力应低于 34kPa。

(5)测试 5：选择器在超速档位置(第 4 档)：此项测试检查 2/4 离合器液压回路。

—把仪表接到 2/4 离合器塞。

—把选档杆移动到(OD)位置。

—使车辆前轮转动并增加节气门开度以达到显示的 48km/h 车速。车辆应挂入 4 档。

—2/4 离合器压力读数应在 517～655kPa。

(6)测试 6：选档杆在超速档位置(4 档-CC 接通)：该测试检查液力变矩器离合器的液压回路。

—把仪表接到液力变矩器离合器关闭压力接口上。

—把选档杆移动到(OD)位置。

—使车轮转动并增加节气门开度以达到显示的 80km/h 车速。车辆应挂入 4 档，CC 接通。小心：两个车轮必须以同一速度旋转。

—液力变矩器离合器关闭压力应低于 34kPa。

(7)测试 7：选档杆在倒档位置：此项测试检查倒档离合器液压回路。

—将仪表接到倒档及 LR 离合器接口上。

—将选档杆移到 R 位置。

—在输出稳定(脚在制动器上)并且节气门打开，转速达到 1500r/min 的情况下，读取倒档离合器压力。

—倒档及 LR 离合器压力读数应为 1138～1620kPa。

表 11-10 正确的压力值 (kPa)

选档杆位置	实际档位	测压点					
		低速档离合器	超速档离合器	倒档离合器	液力变矩器离合器关闭	2/4离合器	低速/倒档离合器
驻车档 0km/h *	驻车档	0～14	0～34	0～14	414～690	0～14	793～1000
倒档 0km/h *	倒档	0～14	0～48	1138～1620	3410～690	0～14	1138～1620
空档 0km/h *	空档	0～14	0～34	0～14	414～690	0～14	793～1000
低 32km/h #	1档	758～1000	0～34	0～14	414～690	0～14	793～1000
3 48km/h #	2档	793～1000	0～34	0～14	414～690	793～1000	0～14
3 72km/h #	直接档	517～655	517～655	0～14	414～621	0～14	0～14
OD 48km/h #	超速档	0～14	517～655	0～14	414～621	517～655	0～14
OD 48km/h #	TCC超速档	0～34	517～655	0～14	0～34	517～655	0～14

注：* 发动机转速在1500r/min；

一小心：两个前轮必须以相同转速转动。

4. 离合器压力测试

离合器压力测试可以在诊断自动变速器故障时使用，也可以在自动变速器大修后对执行元件及其密封油路状况进行测试。测试时拆下阀体，分别向离合器油道接入空气压力进行离合器测试，用空气压力代替油液压力找到不工作的离合器。测试要使用专用工具6056—(1)，如图11-40所示。进行空气压力测试，接入的压缩空气必须无尘干燥，所用压力为207kPa。按照下列步骤进行：

—拆下油盘和阀体。

—将空气压力接入专用工具(1)的孔内，一次一个。

—听一听离合器是否接合，正常会有轻微的撞击声。如果听到大量空气逃逸，则必须从汽车上拆下变速器，解体，检查所有密封。

(1)2/4档离合器：如图11-41所示，将空气压力接入位于2/4档离合器座(2)上的进油孔。查看2/4档活塞接触第一个隔离盘的区域，仔细观察2/4档活塞是否向后移动。撤走空气压力后，活塞应当回到其原来的位置。

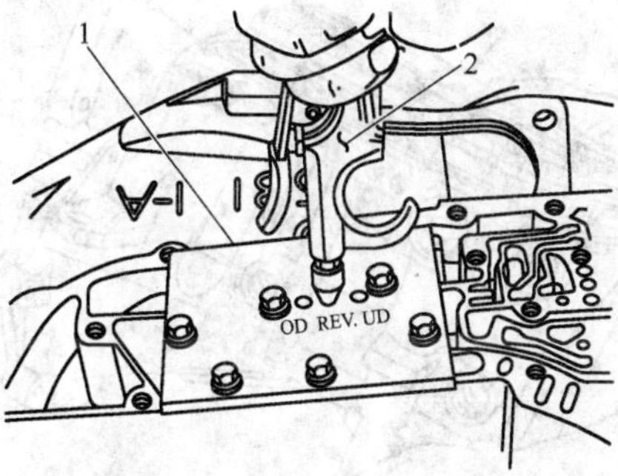

图 11-40　离合器空气压力测试
1. 专用工具　2. 气枪

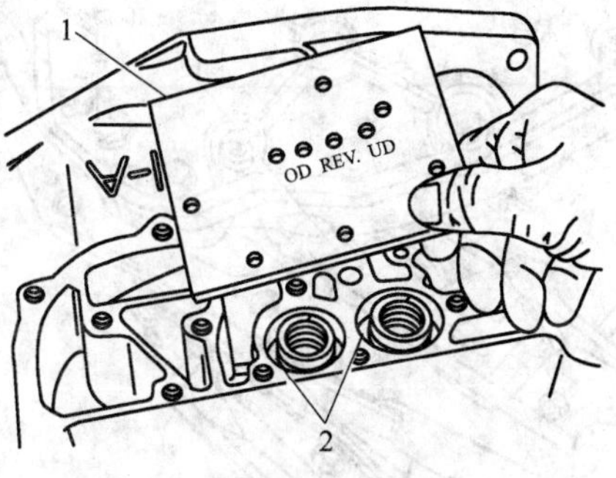

图 11-41　2/4 档离合器空气压力测试
1. 专用工具　2. 2/4 档离合器座孔

(2)超速档离合器:将空气压力接入超速档离合器进油道,观察推/拉活塞是否向前移动。撤走空气压力后,活塞应当回到其起始位置。

(3)倒档离合器:将空气压力接入倒档离合器进油道,观察推/拉活塞是否向后移动。撤走空气压力后,活塞应当回到其起始位置。

(4)低/倒档离合器:将空气压力接入低/倒档离合器进油孔通道。查看低/倒档活塞接触第一个隔离盘的区域,仔细观察低/倒档活塞是否向前移动。撤走空气压力后,活塞应当回到其原来的位置。

(5)降速档离合器:因为这个离合器活塞看不见,要通过功能测试来检查其工作。使用油嘴将空气压力接到测试盘 6056—(1)内的低/倒档或 2/4 档离合器开口。这就锁住了输出轴。使用一段橡胶软管裹住输入轴和一对卡钳转动输入轴。然后,向降速档离合器通入空气压力。用手转动时输入轴应当不动。撤掉空气压力,确认输入轴能转动。

三、自动变速器的分解

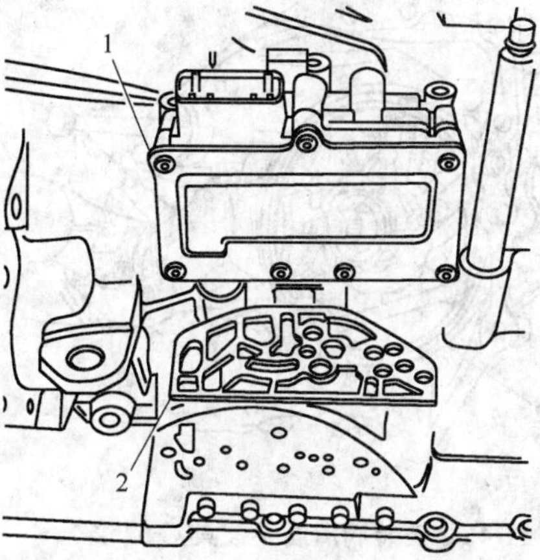

图 11-42　拆下电磁阀/压力开关总成
1. 电磁阀/压力开关总成　2. 密封垫

(1)拆下输入和输出速度传感器。

(2)拆下将电磁阀/压力开关总成固定在壳体上的螺栓。

(3)如图 11-42 所示,拆下电磁阀/压力开关总成 1 和密封垫 2。

(4)拆卸油底壳螺栓。

(5)拆卸油底壳。

(6)拆下润滑油滤清器。

(7)全力顺时针转动手动阀以使停车杆进入拆卸的位置。

(8)拆下阀体固定螺栓。

(9)如图 11-43 所示,用一个旋具 2,从导向支架 3 上推出驻车杆辊 1。

(10)如图 11-44 所示,拆下阀体总成。

(11)参见图 11-35 所示,拆下减速档与超速档蓄能器。注意:根据发动机型号不同,某些蓄能器可能有两个弹簧,也可能有一个弹簧。弹簧标有彩色代码,当分解时,标识好蓄能器弹簧位置以便于组装。

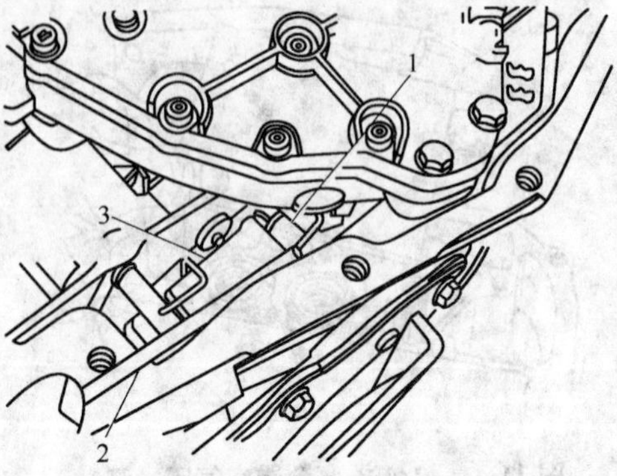

图 11-43 推出驻车杆辊

1. 驻车杆辊 2. 旋具 3. 导向支架

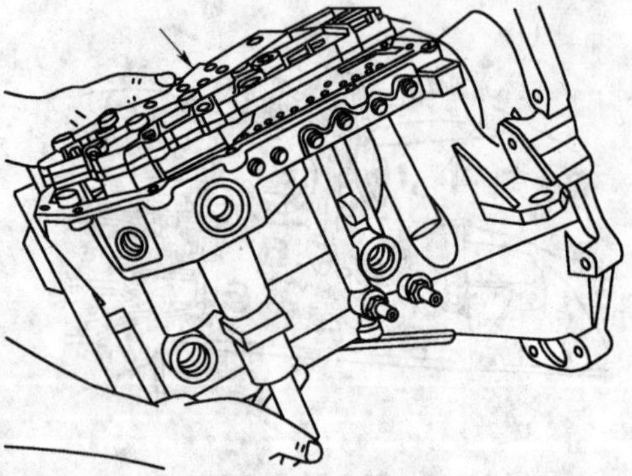

图 11-44 拆下阀体总成

(12)参见图 11-36，如图拆下低速/倒档蓄能器卡环。

(13)拆下低速/倒档蓄能器柱塞。

(14)用适当的钳子，拆下低速/倒档蓄能器活塞。

(15)拆下低速/倒档蓄能器回位弹簧。

(16)测量输入轴端隙。如图 11-45 所示，放置变速驱动桥使输入轴垂直，设置轴向间隙套筒套件和百分表，输入轴轴向间隙应在 0.13～0.64mm。如果超出此范围，需要更换一个 4 号止推板。在重新组装时以记录指示器读数作参考。

(17)将润滑油泵固定螺栓拆下。

(18)如图 11-46 所示，安装润滑油泵拔具 C-3752(1)。注意：确保在卸下润滑油泵之前卸下输入速度传感器。

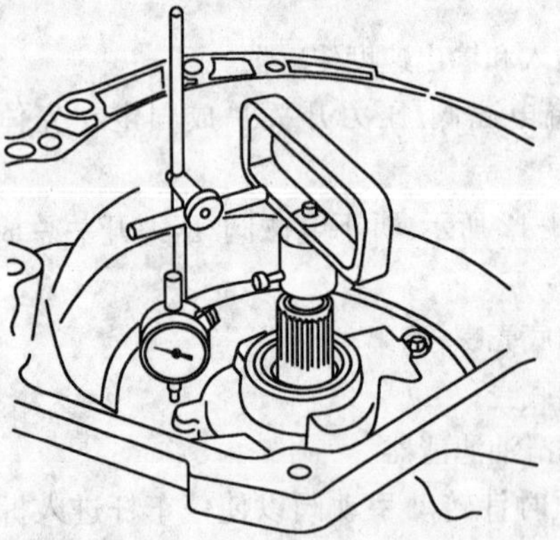

图 11-45 测量输入轴端隙

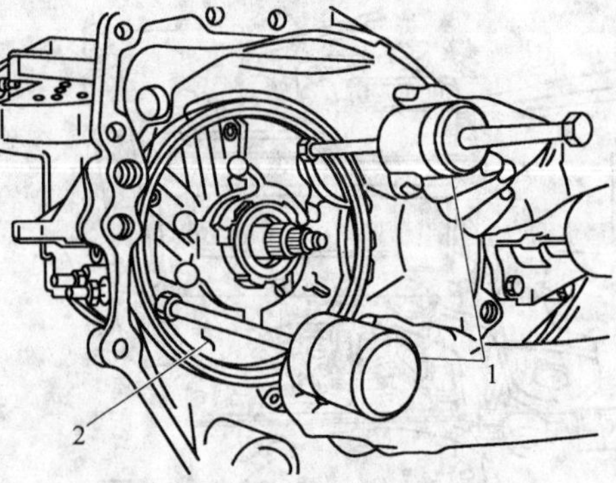

图 11-46 安装润滑油泵拔具 C-3752

1. C-3752 2. 润滑油泵

(19)拆下润滑油泵总成。

(20)拆下润滑油泵密封垫。

(21)如图 11-47 所示，拆下冷却器旁通阀。注意：若变速驱动桥发生故障，必须更换冷却器旁通阀，不要重复使用或试图清洁阀。

(22)如图 11-48 所示，拆下 1 号滚针轴承。

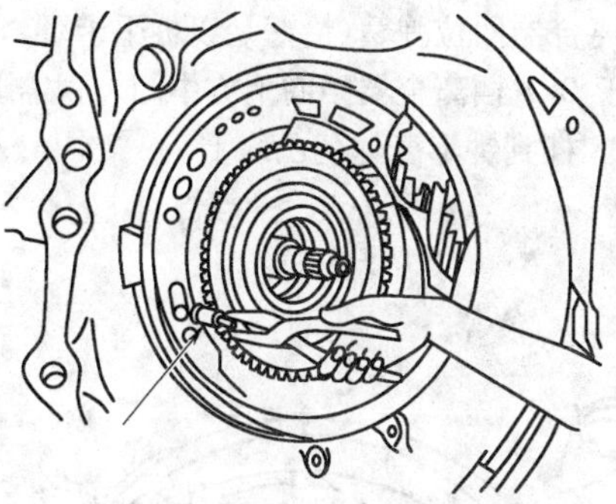

图 11-47　拆下冷却器旁通阀

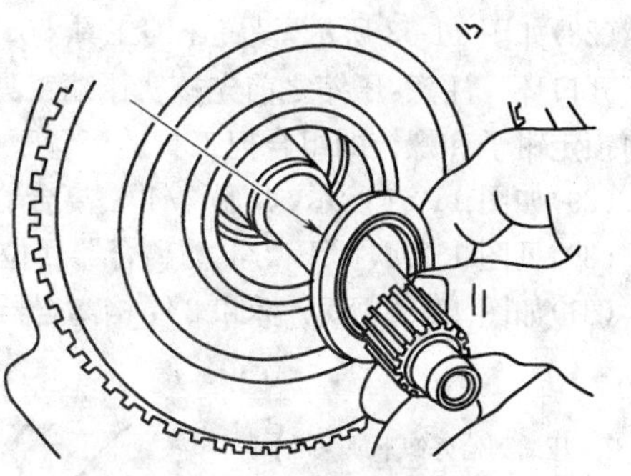

图 11-48　拆下 1 号滚针轴承

(23)如图 11-49 所示,拆下输入离合器总成。

(24)拆下 4 号止推垫圈。

(25)如图 11-50 所示,拆下前太阳齿轮总成和 4 号止推垫圈。

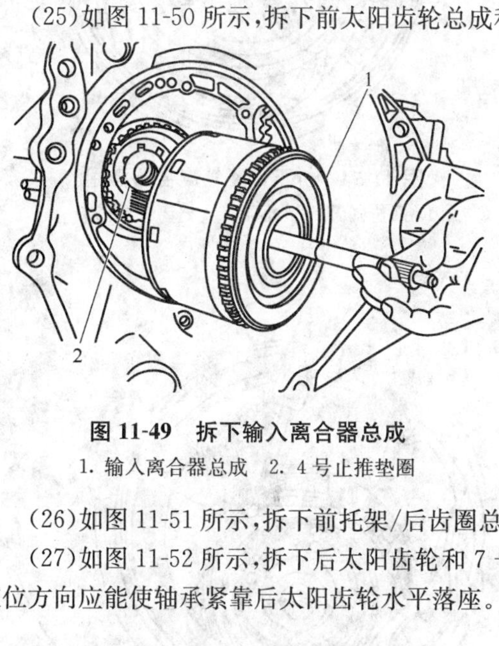

图 11-49　拆下输入离合器总成

1. 输入离合器总成　2. 4 号止推垫圈

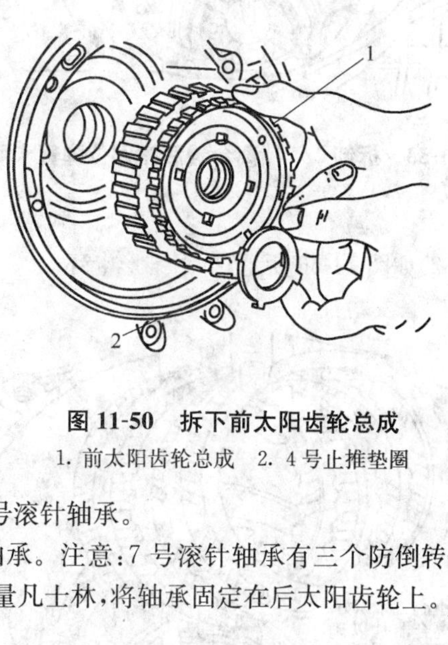

图 11-50　拆下前太阳齿轮总成

1. 前太阳齿轮总成　2. 4 号止推垫圈

(26)如图 11-51 所示,拆下前托架/后齿圈总成和 6 号滚针轴承。

(27)如图 11-52 所示,拆下后太阳齿轮和 7 号滚针轴承。注意:7 号滚针轴承有三个防倒转锁片,定位方向应能使轴承紧靠后太阳齿轮水平落座。可用少量凡士林,将轴承固定在后太阳齿轮上。

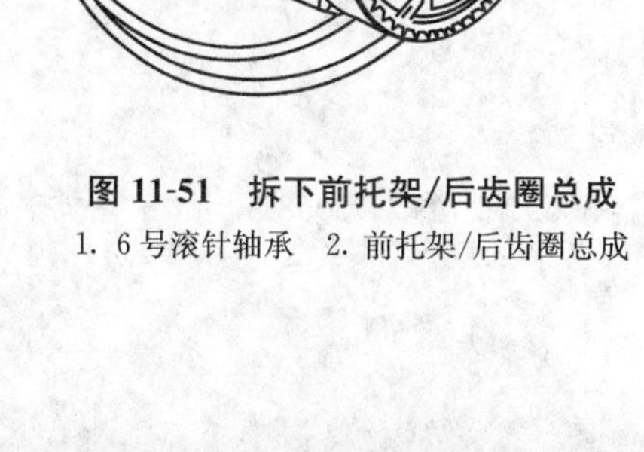

图 11-51　拆下前托架/后齿圈总成

1. 6 号滚针轴承　2. 前托架/后齿圈总成

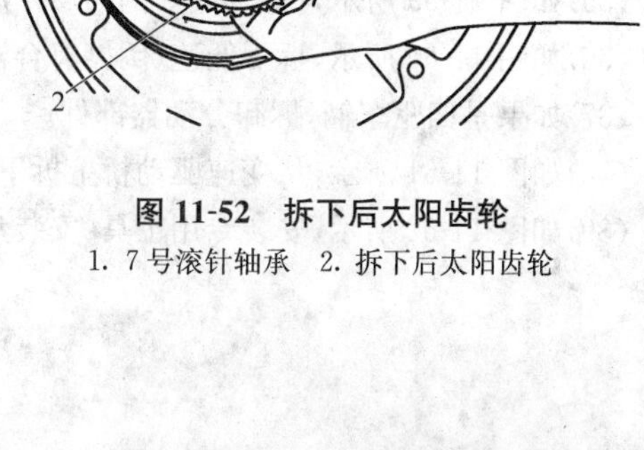

图 11-52　拆下后太阳齿轮

1. 7 号滚针轴承　2. 拆下后太阳齿轮

(28)如图 11-53 所示,设置压缩工具 5058,压缩 2/4 档离合器回位弹簧(恰好足以拆下卡环),然后拆下开口环。注意:压缩之前先核实压缩工具 5058 正确位于 2/4 档离合器挡圈上方中间。视需要,用任何锁定钳子和螺栓的组合把工具适当置于中间来紧固 5058 杆到钟形壳体的凸缘上。

(29)如图 11-54 所示,拆下 2/4 档离合器挡圈。

(30)见图 11-54,拆下 2/4 档离合器回位弹簧。

(31)如图 11-55 所示,拆卸 2/4 档离合器片组。

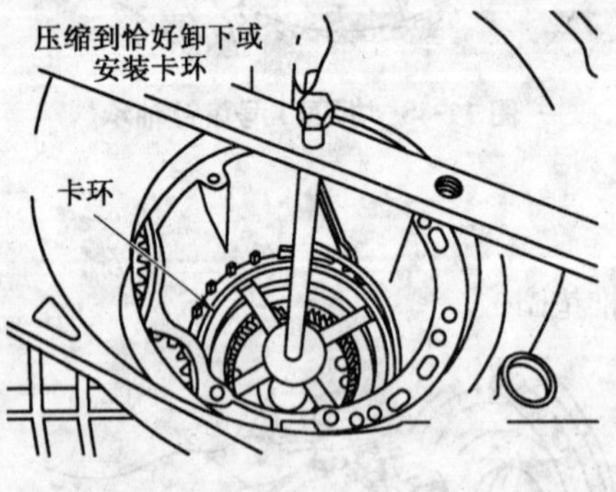

图 11-53　拆卸 2/4 档离合器活塞回位弹簧卡环

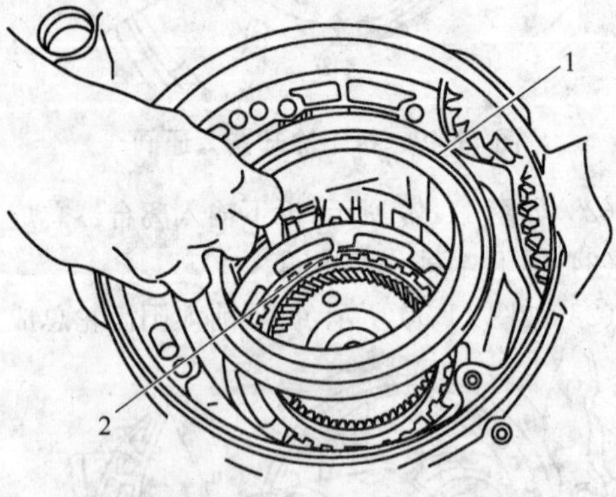

图 11-54　拆下 2/4 档离合器挡圈

1. 回位弹簧　2. 拆下 2/4 档离合器挡圈

(32)如图 11-56 所示,拆下锥形卡环。

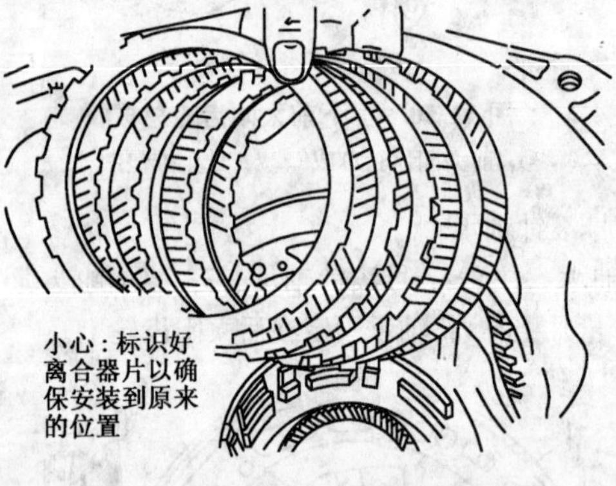

图 11-55　拆下 2/4 档离合器片组

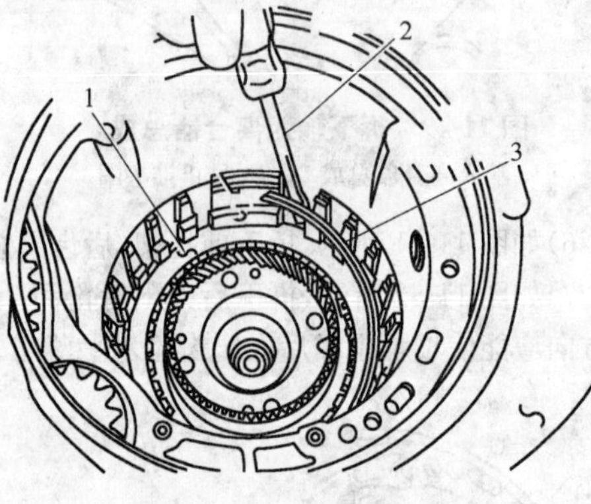

图 11-56　拆下锥形卡环

1. 低速/倒档反作用盘　2. 旋具　3. 卡环

(33)如图 11-57 所示,拆下低速/倒档反作用盘。

(34)如图 11-58 所示,拆卸一个低速/倒档离合器片。

(35)如图 11-59 所示,拆下低速/倒档反作用盘卡环。

(36)如图 11-60 所示,拆下低速/倒档离合器组。

(37)如果是四驱车辆,拆卸分动器部件。

(38)如图 11-61 所示,从变速驱动桥上拆下后托架总成。

(39)如图 11-62 所示,安装专用工具:安装盘 6057、压缩器 5059 和压缩杆 5058-3。

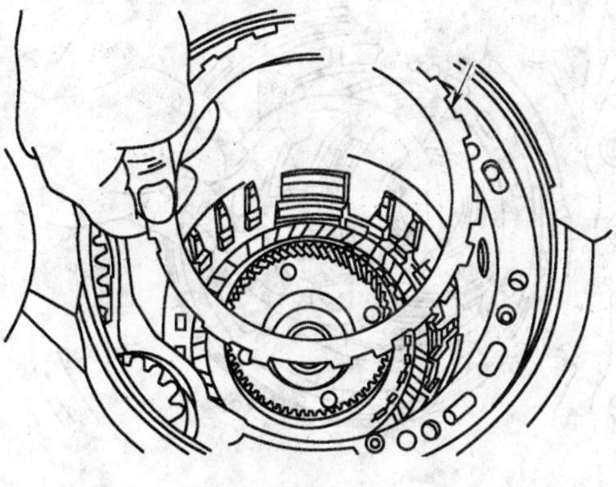

图 11-57　拆下低速/倒档反作用盘

图 11-58　拆卸一个低速/倒档离合器片

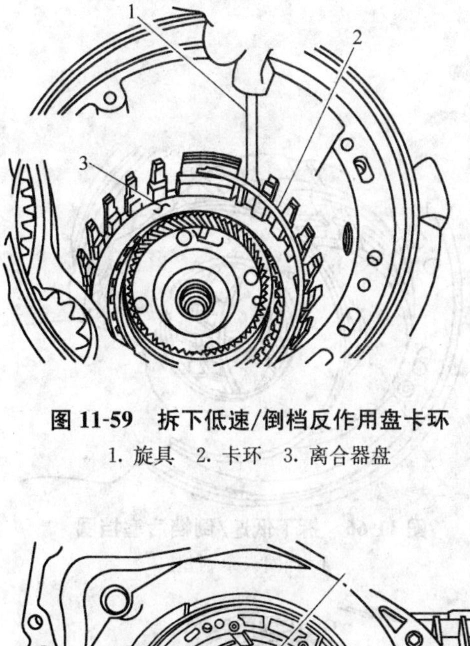

图 11-59　拆下低速/倒档反作用盘卡环

1. 旋具　2. 卡环　3. 离合器盘

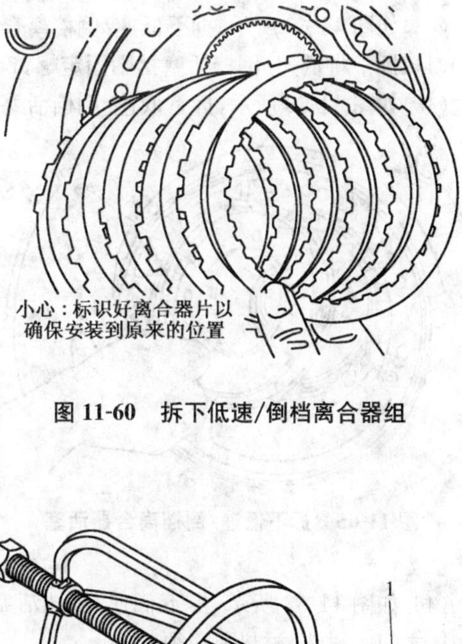

图 11-60　拆下低速/倒档离合器组

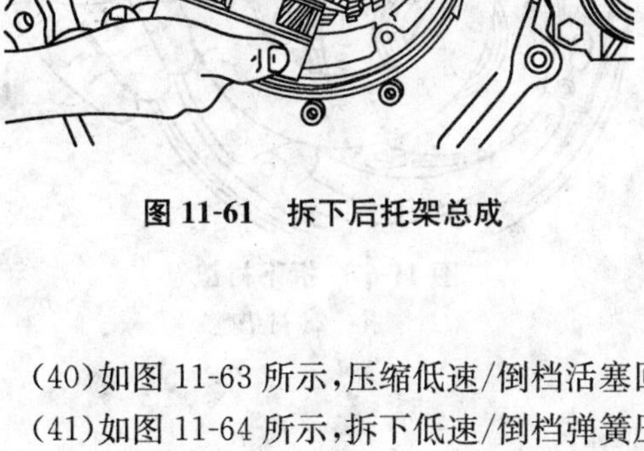

图 11-61　拆下后托架总成

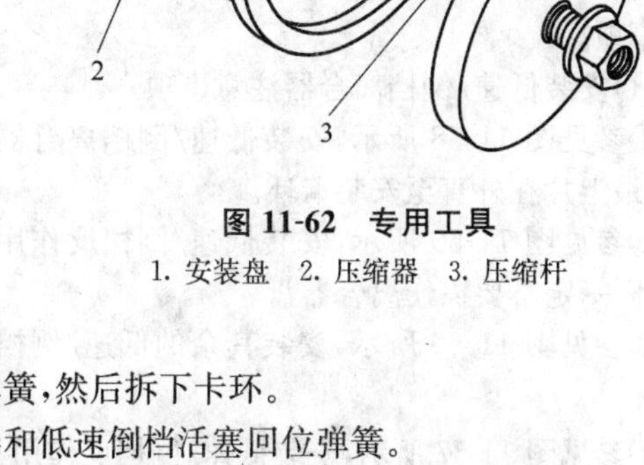

图 11-62　专用工具

1. 安装盘　2. 压缩器　3. 压缩杆

(40)如图 11-63 所示,压缩低速/倒档活塞回位弹簧,然后拆下卡环。

(41)如图 11-64 所示,拆下低速/倒档弹簧压紧器和低速倒档活塞回位弹簧。

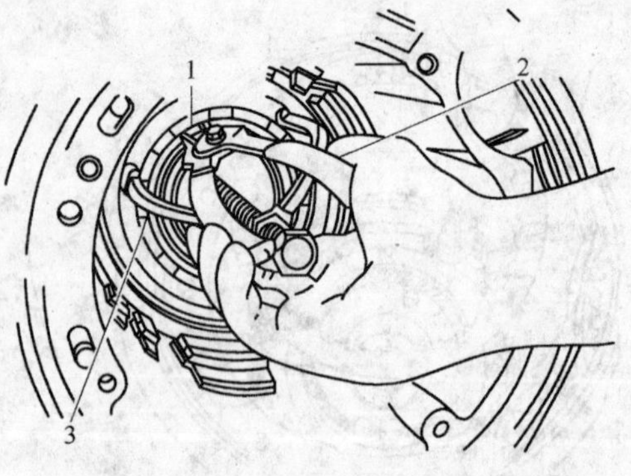

图 11-63　压缩低速/倒档活塞回位弹簧并拆下卡环

1. 卡环　2. 卡环钳　3. 专用工具

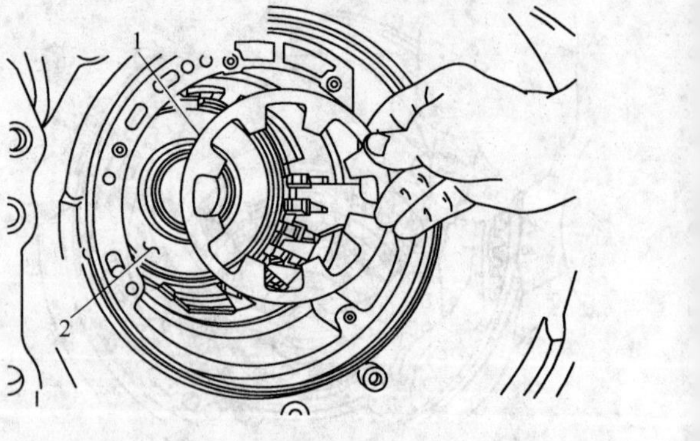

图 11-64　拆下低速/倒档回位弹簧

1. 回位弹簧　2. 活塞

(42)拆卸驻车锁止机构。

(43)如图 11-65 所示,拆下低速/倒档离合器活塞。

(44)拆下将低速/倒档活塞挡圈固定螺钉。

(45)如图 11-66 所示,拆下低速/倒档活塞挡圈。

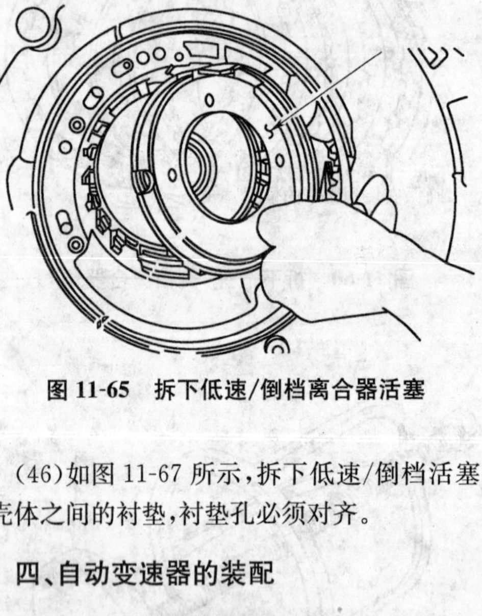

图 11-65　拆下低速/倒档离合器活塞

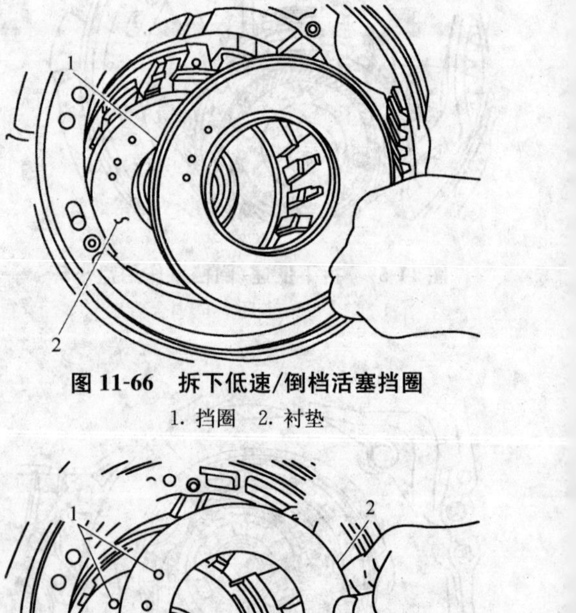

图 11-66　拆下低速/倒档活塞挡圈

1. 挡圈　2. 衬垫

(46)如图 11-67 所示,拆下低速/倒档活塞挡圈与壳体之间的衬垫,衬垫孔必须对齐。

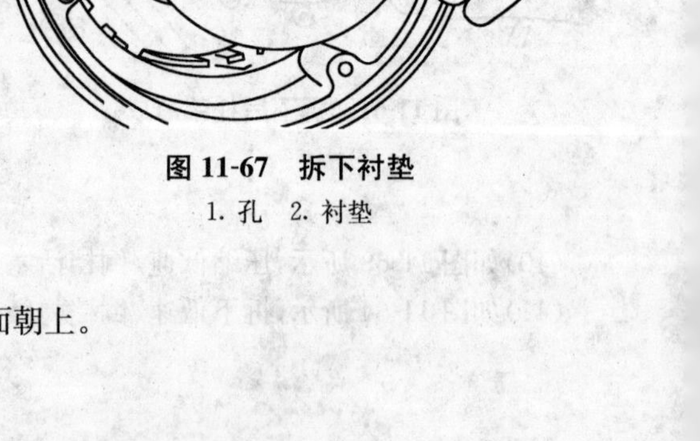

图 11-67　拆下衬垫

1. 孔　2. 衬垫

四、自动变速器的装配

自动变速器的装配顺序与分解时相反,有以下注意事项。

(1)安装低速/倒档离合器注意事项

①参见图 11-58 所示,安装低速/倒档离合器组时,留最上片在外直至安装卡环。

②参见图 11-59 所示,安装低速/倒档反作用盘平卡环,一定不要擦伤离合器盘。

③参见图 11-60 所示,安装其余的低速/倒档离合器片。

④参见图 11-57 所示,安装低速/倒档反作用盘,平面朝上。

⑤安装锥形卡环时参考使用如图 11-68 所示。

⑥参见图 11-56,安装锥形卡环(锥面朝上)。

⑦如图 11-69 所示,设置百分表来测量低速/倒档离合器间隙。用手指压下离合器组和使百分表归零。低速/倒档离合器组间隙为 0.89～1.47mm。在四个位置设置百分表并记录测量值,取四个读数的平均值,并选择适当的低速/倒档反作用盘来达到技术参数要求,反作用盘的规格见表 11-11。

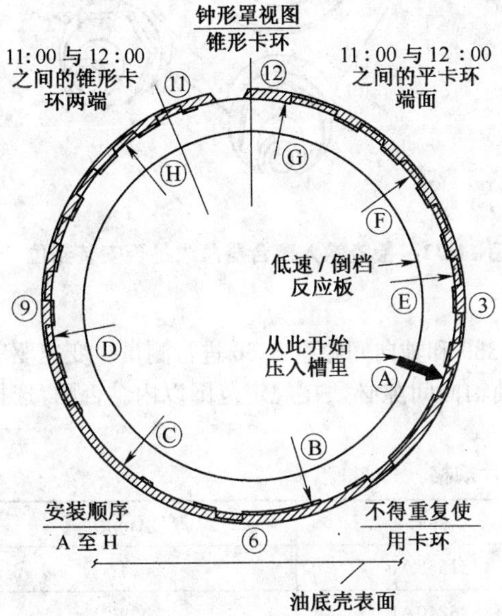

图 11-68　安装锥形卡环

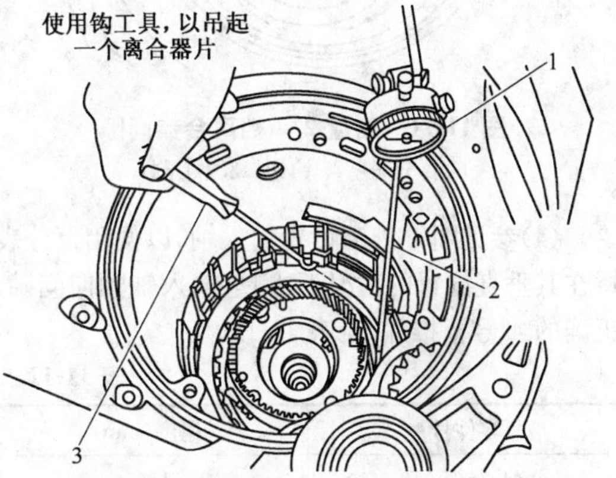

图 11-69　测量低速/倒档离合器间隙

1. 百分表　2. 测量杆　3. 钓钩

表 11-11　低速/倒档反作用盘规格

零件号	厚度(mm)	零件号	厚度(mm)
4799846AA	5.88	4799849AA	6.66
4799847AA	6.14	4799855AA	6.92
4799848AA	6.40		

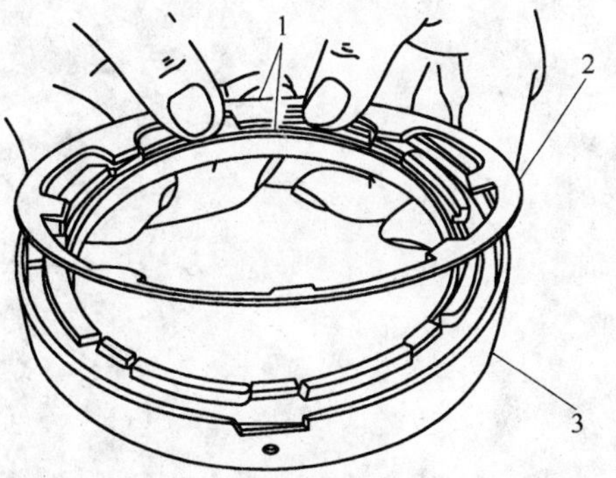

图 11-70　安装 2/4 档离合器回位弹簧和挡圈

(2)2/4 档离合器组安装注意事项

①如图 11-70 所示,将 2/4 档离合器回位弹簧定位在挡圈中,再将 2/4 档离合器挡圈安装到变速驱动桥上。

②参见图 11-53,用压缩工具 5058-A,压缩 2/4 档离合器回位弹簧,安装卡环。

③如图 11-71 所示设置百分表,然后测量 2/4 档离合器间隙。用手指压下离合器组和使百分表归零。2/4 离合器组间隙为 0.76～2.64mm。在四个位置设置百分表并记录测量值。取四次读数的平均值。若间隙超出该范围,则离合器组装不正确。不需调整 2/4 离合器间隙。

(3)如图 11-72 所示,将输入离合器总成安装到位,然后从输入转速传感器孔观察来核实其完全落座。如果从输入转速传感器孔看不到下图所示的情况,则说明输入离合器总成没有正确落座。

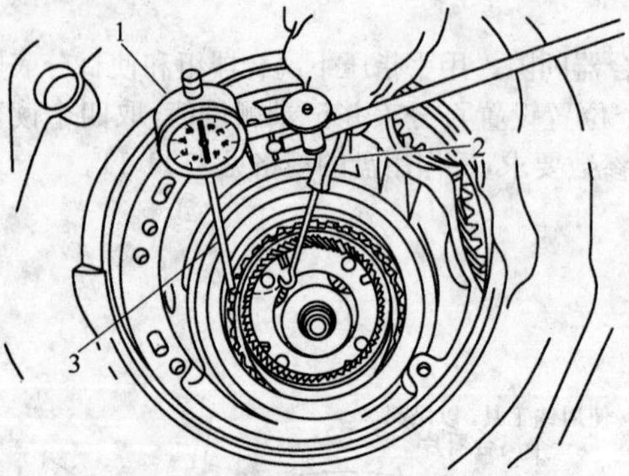

图 11-71　测量 2/4 档离合器间隙

1. 百分表　2. 钓钩　3. 测量杆

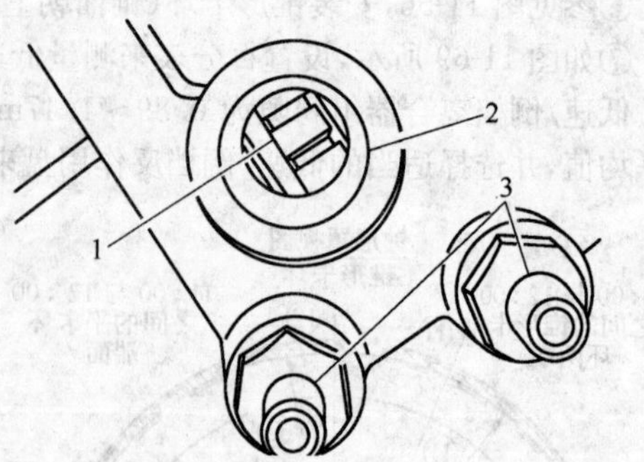

图 11-72　检查输入离合器总成是否安装到位

(4)参见图 11-45,设置输入轴,以便用百分表套件 C3339 和轴向间隙组 8266 进行测量。变速驱动桥在其垂直位置的情况下,测量输入轴轴向间隙。输入轴轴向间隙必须在规定范围以内。否则,选择正确的 4 号止推片,见表 11-12。

表 11-12　4 号止推片规格

零件号	厚度(mm)	零件号	厚度(mm)
4431665AB	1.60	4431668AB	2.24
3836237AB	1.73	3836240AB	2.39
4431666AB	1.80	4431669AB	2.46
3836238AB	1.96	3836241AB	2.62
4431667AB	2.03	4446670AB	2.67
3836239AB	2.16	4446671AB	2.90

第十二章　545RFE 型自动变速器

第一节　结构特点与技术参数

一、结构特点

2007 款大切诺基 4.7L 与 5.7L 发动机车型搭载了一款电子控制 5 速自动变速器，其型号是 545RFE，该自动变速器是一种复杂的多档位电控自动变速器，它优化组合传动比以得到良好的响应性能、最佳的传动效率和很低的 NVH（噪声、震动和粗暴性），其外观如图 12-1 所示。其他特点包括驾驶人自适应换档、以三个行星齿轮装置提供更宽的传动比范围和更精确的传动比变化来达到最佳驾驶性能。三个行星齿轮装置还提供一个独特的优选二档传动比。超速档传动比（0.67∶1）还可以在高速时提高燃油经济性并降低 NVH。变速器的液压部分包括变速器油、油道、液压阀的各种主油路控制部件。变速器的主要机械部件包括：

三个多片输入离合器、三个多片保持离合器、五个液压蓄能器、三个行星齿轮组、双级液压油泵、阀体和电磁阀组件。

自动变速器控制模块（TCM）是电控系统的核心部分，它依靠来自各种输入装置（传感器、开关等）的直接和间接信息来确定驾驶人的需求和汽车的工况。经计算后，再通过各种输出或控制装置（电磁阀组件、变速器控制继电器等）及时、高质量地完成换档操作。

变速器识别码位于箱体左面油底壳密封面上方，购买替换零件时请参考此信息。变速器识别码上方贴有标签，此标签上的信息也可用于识别。

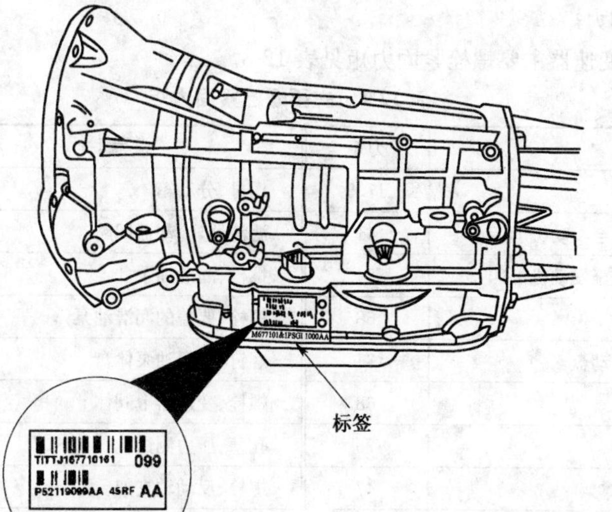

图 12-1　545RFE 型自动变速器的外观与标签

二、主要技术参数

1. 基本参数

545RFE 型自动变速器的基本参数见表 12-1。

表 12-1 545RFE 型自动变速器基本参数

项目		参数	项目	参数
传动比	R	3.00	3	1.00
	1	3.00	4	0.75
	2	1.67	5	0.67
	优选 2 档	1.50		
油液类型			Mopar® ATF+4	
油液容量(L) (润滑油和滤清器)			5.2(2 驱) 6.2(4 驱) 13.3(大修)	

2. 部件标准间隙

545RFE 型自动变速器各部件标准间隙见表 12-2。

表 12-2 部件标准间隙 (mm)

部件	间隙	部件	间隙
输出轴轴向偏差	0.22~0.55	L/R 离合器间隙	1.00~1.74
输入轴端隙	0.46~0.89	OD 离合器间隙	1.103~1.856
2C 离合器间隙	0.455~1.335	UD 离合器间隙	0.84~1.54
4C 离合器间隙	0.770~1.390	倒档离合器间隙	0.81~1.24

3. 主要螺栓紧固力矩

545RFE 型自动变速器主要螺栓紧固力矩见表 12-3。

表 12-3 主要螺栓紧固力矩 (N·m)

螺栓	力矩	螺栓	力矩
软管、变速器冷却通路	17.5	螺母、分动箱	35
螺栓、液力变矩器外壳至发动机上四	41	滤清器、冷却器回路	9.5
螺栓、液力变矩器外壳至发动机下四	54	螺栓、润滑油泵	28
螺栓、变速器凸缘	68	螺栓、要盖的润滑油泵体	4.5
螺栓、液力变矩器至从动盘	31	螺钉、润滑油泵体盘	4.5
螺栓/螺母、横梁	68	螺栓、变速器上阀体	12
螺栓、从动盘至曲轴	75	孔塞、压力测试孔	5
螺栓、U 形托架/后支撑架	47	螺栓、反动轴支架	12
螺栓、转换器壳	68	螺钉、阀体至分动盘	5.5
螺栓、油底润滑油壳	12	螺钉、电磁阀模块到分动盘	6
螺钉、主润滑油滤清器	4.5	螺钉、蓄压器罩	7

续表 12-3

螺栓	力矩	螺栓	力矩
螺钉、定位槽弹簧	4.5	螺栓、扩展件外壳	54
螺栓、输入转速传感器	12	螺钉、手动阀门凸轮固定件	4.5
栓、输出转速传感器	12	螺钉、手动变速杆固定件	28
螺栓、管路压力传感器	12	对销螺栓、手动变速杆	16

第二节　动力传递路线与换档执行元件

一、行星齿轮机构

545RFE 型自动变速器动力传递路线示意图如图 12-2 所示，在变速器内部有 3 个离合器、3 个片式制动器和 1 个单向离合器。各换档执行元件的名称及作用见表 12-4，不同档位的传动比及各执行元件的状态见表 12-5。

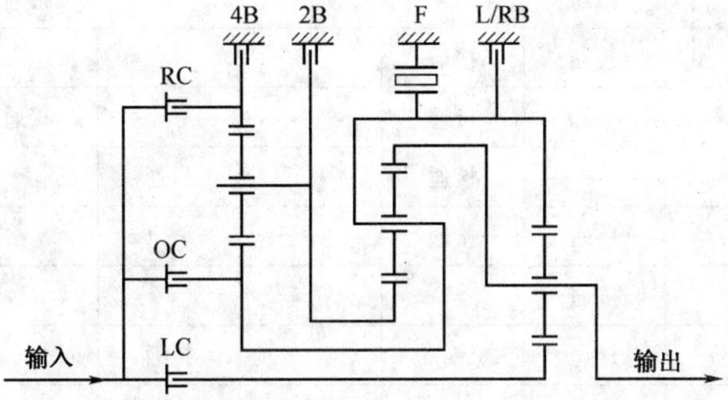

LC—低档离合器　OC—超速档离合器　RC—倒档离合器

4B—4 档制动器　2B—2 档制动器　F—单向离合器

L/RB—低/倒档制动器

图 12-2　动力传递路线

由图 12-3 可知，545RFE 型自动变速器的前排行星齿轮系是反作用行星齿轮系；中间是倒档行星齿轮系；后排是输入行星齿轮系。其中反作用行星齿轮系的行星架与倒档行星齿轮系的太阳轮相连；反作用行星齿轮系的太阳轮与倒档行星齿轮系的行星架相连；倒档行星齿轮系与输入行星齿轮系间形成改进型的辛普森式行星齿轮机构，即倒档行星齿轮系的行星架与输入行星齿轮系的内齿圈相连，同时又与反作用行星齿轮系的太阳轮相连；倒档行星齿轮系的内齿圈与输入行星齿轮系的行星架相连，是动力输出端。

表 12-4　换档执行元件的名称及作用

名　称	作　用
低档离合器 LC	驱动输入行星齿轮系太阳轮
超速档离合器(OC)	驱动反作用行星齿轮系太阳轮/倒档行星齿轮系行星架/输入行星齿轮系内齿圈
倒档离合器(RC)	驱动反作用行星齿轮系内齿圈

续表 12-4

名 称	作 用
2 档制动器(2B)	固定反作用行星齿轮系行星架/倒档行星齿轮系太阳轮
4 档制动器(4B)	固定反作用行星齿轮系内齿圈
低/倒档制动器(L/RB)	固定反作用行星齿轮系太阳轮/倒档行星齿轮系行星架/输入行星齿轮系内齿圈
单向离合器(F)	单向固定倒档行星齿轮系行星架/输入行星齿轮系内齿圈

表 12-5 工作元件表

档位	LC	0C	R	2C	4C	L/RB	F
P - 驻车档						接通	
R - 倒档			接通			接通	
N-空档						接通	
D - 1 档(ERS1)	接通					开启 *	接通
D - 2 档(ERS2)	接通			接通			
D - 2 档启动(ERS3)	接通				接通		
D - 3 档(ERS4)	接通	接通					
D - 4 档(ERS5)		接通			接通		
D - 5 档(ERS 前进)		接通		接通			
D - 应急	接通	接通					
2 - 第 1 档	接通					开启 *	接通
2 - 第 2 档	接通			接通			
2 - 应急	接通			接通			
1 - 低速	接通					接通	接通

注：* —L/R 离合器仅在输出轴转速低于 150r/min 时接合。

在 545RFE 型自动变速器中有三组行星齿轮机构，分别为反作用行星齿轮系、倒档行星齿轮系和输入行星齿轮系，行星齿轮机构部件分解如图 12-3 所示。

1. 反作用行星齿轮组

需要时可将反作用行星齿轮组的反作用行星齿轮架和反向(倒档)中心齿轮作为一个部件，用 2B 离合器固定。反作用齿圈齿轮是一个独立的部件，可以用倒档离合器驱动或用 4B 离合器固定。反作用中心齿轮由超速离合器驱动。

2. 倒档行星齿轮组

倒档行星齿轮组是三个行星装置中间的一个。如需要，倒档行星架可以用超速离合器驱动。倒档行星架用花键连接到输入齿圈上，输入齿圈用低速/倒档离合器固定。倒档行星齿圈、输入行星架和输出轴都是一个整体的零件。

3. 输入行星齿轮组

输入行星齿轮组的输入中心齿轮用低速离合器驱动。

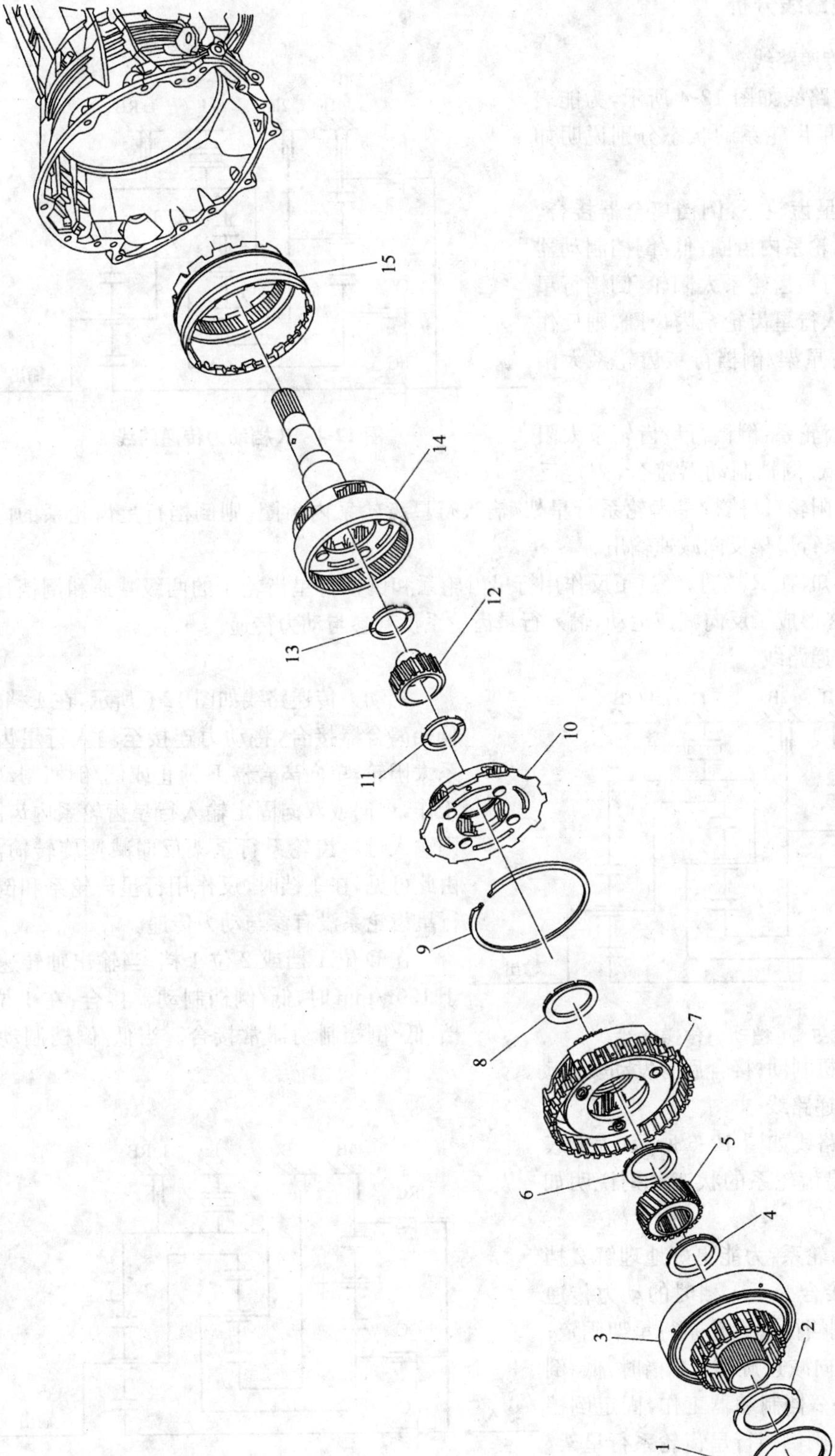

图 12-3　行星齿轮机构

1.6 号轴承　2. 可选盘　3. 反作用齿圈　4.7 号轴承　5. 反作用太阳轮　6.8 号轴承　7. 反作用行星架/倒挡太阳轮　8.9 号轴承　9. 卡环　10. 倒挡行星架　11.10 号轴承　12. 输入太阳轮　13.11 号轴承　14. 倒挡齿圈/输入行星架　15. 输入齿圈

二、动力传递路线分析

1. R 档动力传递路线

R 档动力传递路线如图 12-4 所示，为能表达清楚，现将各行星齿轮系的状态分别说明如下：

(1)反作用行星齿轮系：倒档离合器接合，驱动反作用行星齿轮系内齿圈；低/倒档制动器接合，固定反作用行星齿轮系太阳轮/倒档行星齿轮系行星架/输入行星齿轮系内齿圈，则反作用行星齿轮系的行星架/倒档行星齿轮系太阳轮同向减速旋转。

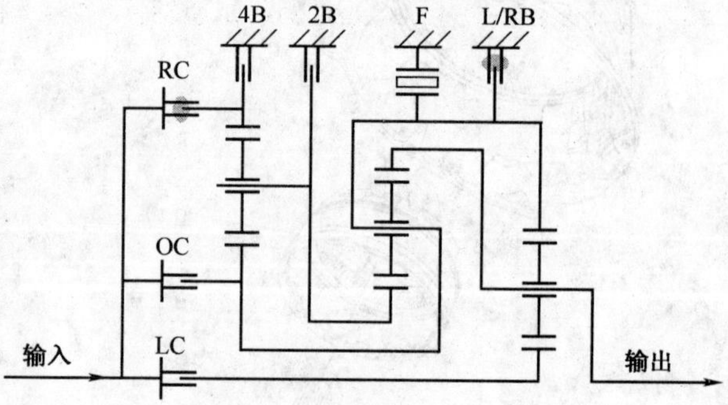

图 12-4　R 档动力传递路线

(2)倒档行星齿轮系：倒档行星齿轮系太阳轮同向减速旋转；低/倒档制动器接合，固定反作用行星齿轮系太阳轮/倒档行星齿轮系行星架/输入行星齿轮系内齿圈，则倒档行星齿轮系的内齿圈/输入行星齿轮系行星架反向减速输出。

由以上分析可知，在 R 档时，经过了反作用行星齿轮系和倒档行星齿轮系的两级减速和倒档行星齿轮系的反向，取终形成了反向减速运动，输入行星齿轮系没有参与动力传递。

2. 1 档动力传递路线

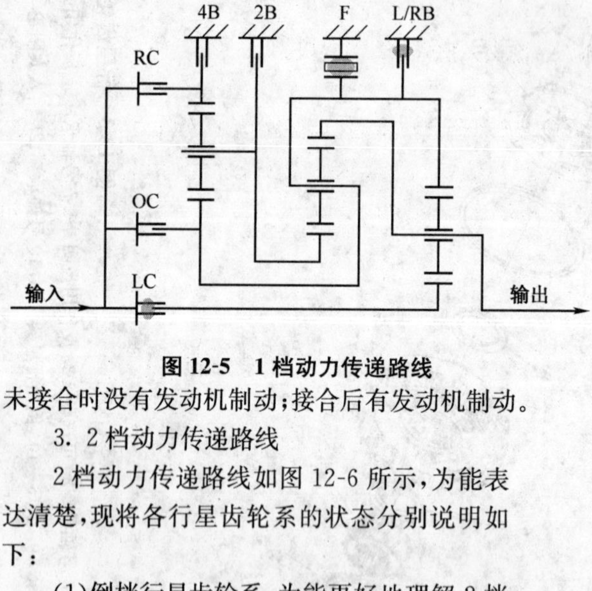

图 12-5　1 档动力传递路线

档动力传递路线如图 12-5 所示，在 1 档时，低档离合器接合，将动力连接至输入行星齿轮系太阳轮；单向离合器 F 锁止或低/倒档制动器工作，单向或双向固定输入行星齿轮系内齿圈，则输入行星齿轮系行星架反向减速旋转输出。由此可见，在 1 档时，反作用行星齿轮系和倒档行星齿轮系没有参与动力传递。

在 D 位 1 档或 2 位 1 档，当输出轴转速低于 150r/min 时，低/倒档制动器接合；在 1 位 1 档，低/倒档制动器常接合。当低/倒档制动器未接合时没有发动机制动；接合后有发动机制动。

3. 2 档动力传递路线

2 档动力传递路线如图 12-6 所示，为能表达清楚，现将各行星齿轮系的状态分别说明如下：

(1)倒档行星齿轮系：为能更好地理解 2 档动力传递路线，需接合一下 1 档时的动力传递路线。在 1 档时，倒档行星齿轮系行星架固定；内齿圈(输出端)同向减速旋转。2 档时，低/倒档制动器脱离接合；2 档制动器工作，固定倒档行星齿轮系太阳轮，则倒档行星齿轮系行星架/输入行星齿轮系内齿圈开始同向减速旋转。

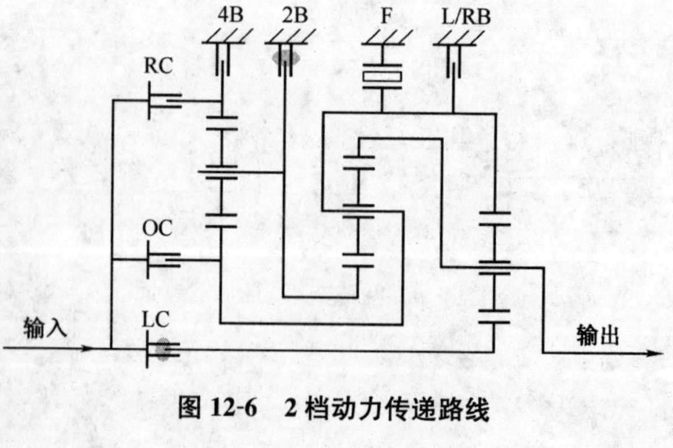

图 12-6　2 档动力传递路线

(2)输入行星齿轮系：低档离合器接合，将动力连接至输入行星齿轮系太阳轮(同 1 档);输入行星齿轮系内齿圈同向减速旋转,则输入行星齿轮系行星架(输出端)同向减速旋转。

在 1 和 2 档,输入行星齿轮系太阳轮的状态相同,只是在 1 档时,输入行星齿轮系内齿圈固定,而 2 档时输入行星齿轮系内齿圈是同向减速旋转,故在 2 档时输入行星齿轮系的行星架旋转(输出)速度比 1 档要快。

2 档时,反作用行星齿轮系没有参与动力传递。

4. 优选 2 档动力传递路线

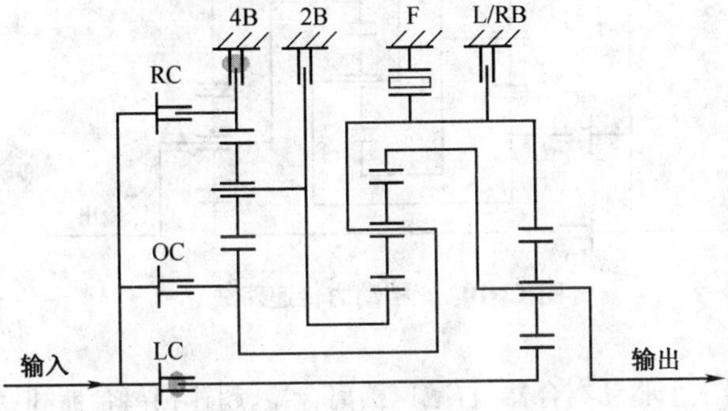

图 12-7　优选 2 档动力传递路线

优选 2 档动力传递路线如图 12-7 所示,由表 12-5 可知,545RFE 型自动变速器可形成 6 种不同的前进档传动比,但 2 档和优选 2 档的传动比变化较小,故不称为一个独立的档位。在大多数升档和降档时使用 2 档,但在大节气门 4-2 降档时使用优选 2 档。为能更好地理解优选 2 档动力传递路线,需接合一下 2 档时的动力传递路线。在 2 档时,2 档制动器工作,固定倒档行星齿轮系太阳轮,则倒档行星齿轮系行星架/反作用行星齿轮系太阳轮同向减速旋转。在优选 2 档,4 档制动器工作,固定反作用行星齿轮系内齿圈,则反作用行星齿轮系行星架/倒档行星齿轮系太阳轮同向减速旋转。在 2 档时,倒档行星齿轮系太阳轮固定,在优选 2 档变为同向减速旋转,则倒档行星齿轮系行星架/输入行星齿轮系内齿圈的转速要比 2 档时快,则输入行星齿轮系的行星架旋转(输出)速度比 2 档要快。

5. 3 档动力传递路线

3 档动力传递路线如图 12-8 所示,3 档时,低档离合器接合,将动力连接至输入行星齿轮系太阳轮;同时超速档离合器接合,驱动输入行星齿轮系内齿圈。在输入行星齿轮系中,太阳轮和内齿圈被同时驱动,则整个行星齿轮机构以一个整体旋转,传动比为 1,是直接传动档。

6. 4 档动力传递路线

4 档动力传递路线如图 12-9 所示,为能表达清楚,现将各行星齿轮系的状态分别说明如下。

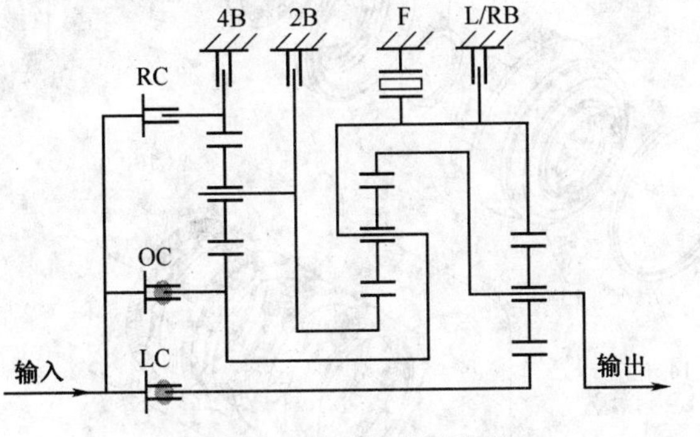

图 12-8　3 档动力传递路线

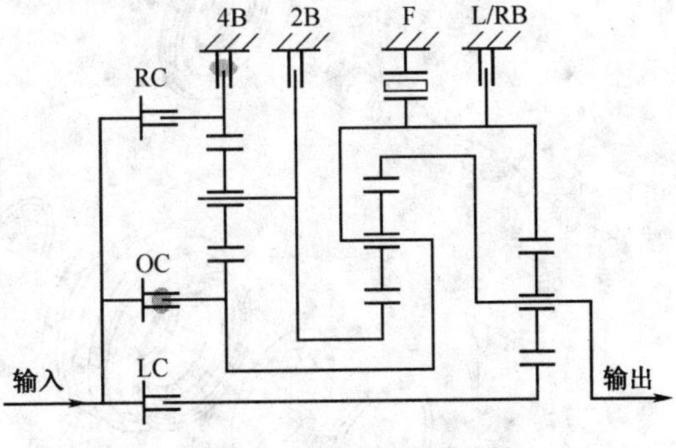

图 12-9　4 档动力传递路线

(1)反作用行星齿轮系:超速档离合器接合,驱动反作用行星齿轮系太阳轮;4 档制动器工作,固定反作用行星齿轮系内齿圈,则反作用行星齿轮系行星架/倒档行星齿轮系太阳轮同向减速旋转。

(2)倒档行星齿轮系:超速档离合器接合,驱动倒档行星齿轮系行星架;如果倒档行星齿轮系太阳轮固定,则倒档行星齿轮系内齿圈/输入行星齿轮系行星架(输出端)同向增速旋转;如果倒档行星齿轮系太阳轮与输入轴同向等速旋转，则倒档行星齿轮系内齿圈/输入行星齿轮系行星架（输出端）同向等速旋转。现在，倒档行星齿轮系太阳轮是同向减速旋转，则倒档行星齿轮系内齿圈/输入行星齿轮系行星架（输出端）的转速介于以上两种情况之间，即为同向增速旋转，但比太阳轮固定时的速度较慢。

4档时，输入行星齿轮系没有参与动力传递。

7. 5档动力传递路线

5档动力传递路线如图12-10所示，5档时，超速档离合器接合，驱动倒档行星齿轮系行星架；2档制动器工作，固定倒档行星齿轮系太阳轮，则倒档行星齿轮系内齿圈/输入行星齿轮系行星架（输出端）同向增速旋转。5档与4档传动比的定性分参见4档动力传递路线说明。

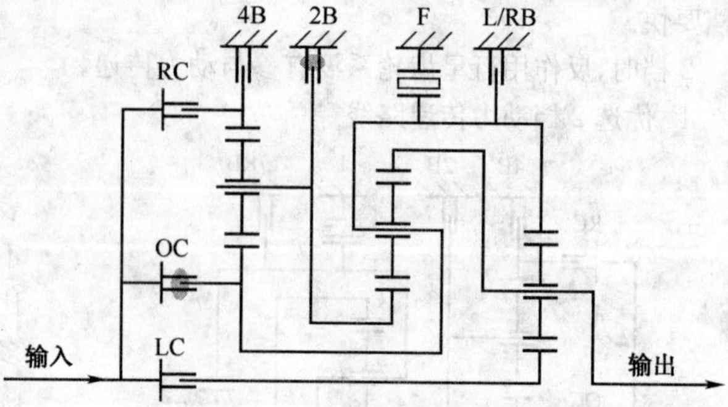

图12-10　5档动力传递路线

三、换档执行元件

1. 输入离合器总成

输入离合器位于油泵壳体的正后方，它包括三个驱动离合器组：减速档离合器、超速档离合器和倒档离合器，三个输入离合器分别驱动行星齿轮系的不同部件。输入轴用花键联接到液力变矩器的涡轮上，当液力变矩器涡轮旋转时，输入轴、输入轮毂和离合器支架也随着旋转。所有离合器组中的隔板都用花键联接到输入离合器支架上，摩擦片则用花键联接到相应的驱动轮毂上（减速档、超速档或倒档）。当变速器油从反作用轴的一个端口经过输入离合器轮毂端口到达活塞时，压力就会作用在离合器组上，使之与相应的轮毂接合（减速档、超速档或倒档）。上述三个离合器组都位于离合器支架内，用卡环和反作用盘互相分开。输入离合器总成内部部件分解如图12-11和图12-12所示。

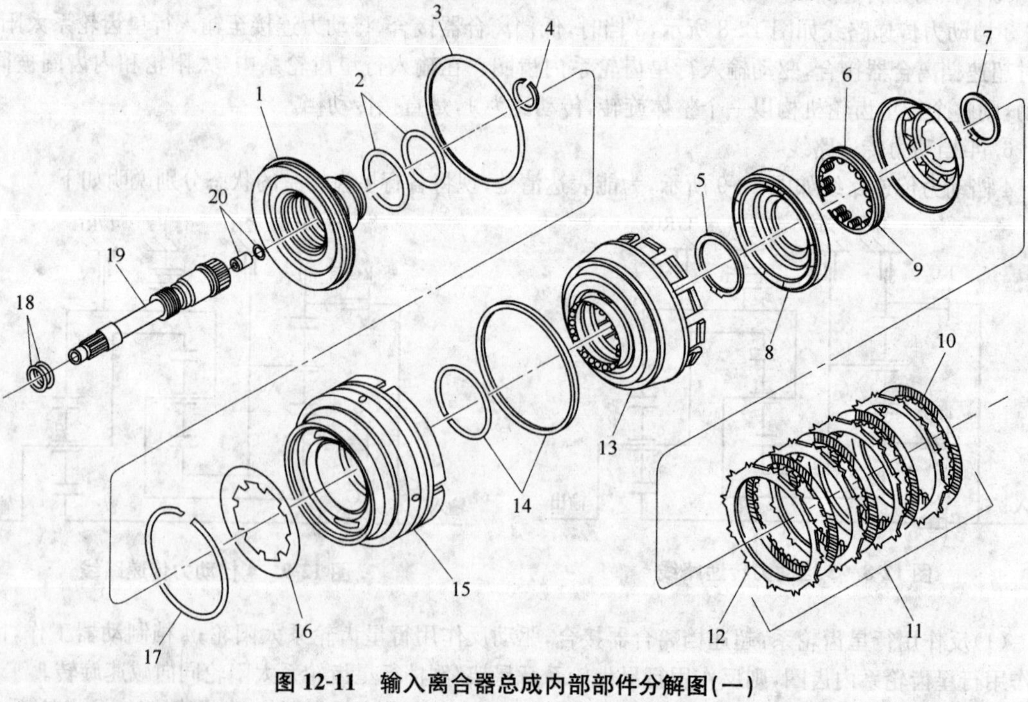

图12-11　输入离合器总成内部部件分解图(一)

1. 输入离合器毂　2、3、14. 密封件　4、5、7、17. 卡环　6. 低档平衡活塞　8. 低档活塞　9. 弹簧　10. 离合器片　11. 低档离合器　12. 离合器盘　13. 离合器座　15. 超速档/倒档活塞　16. 碟形弹簧　18. 密封件　19. 输入轴　20. 润滑单向阀和卡环

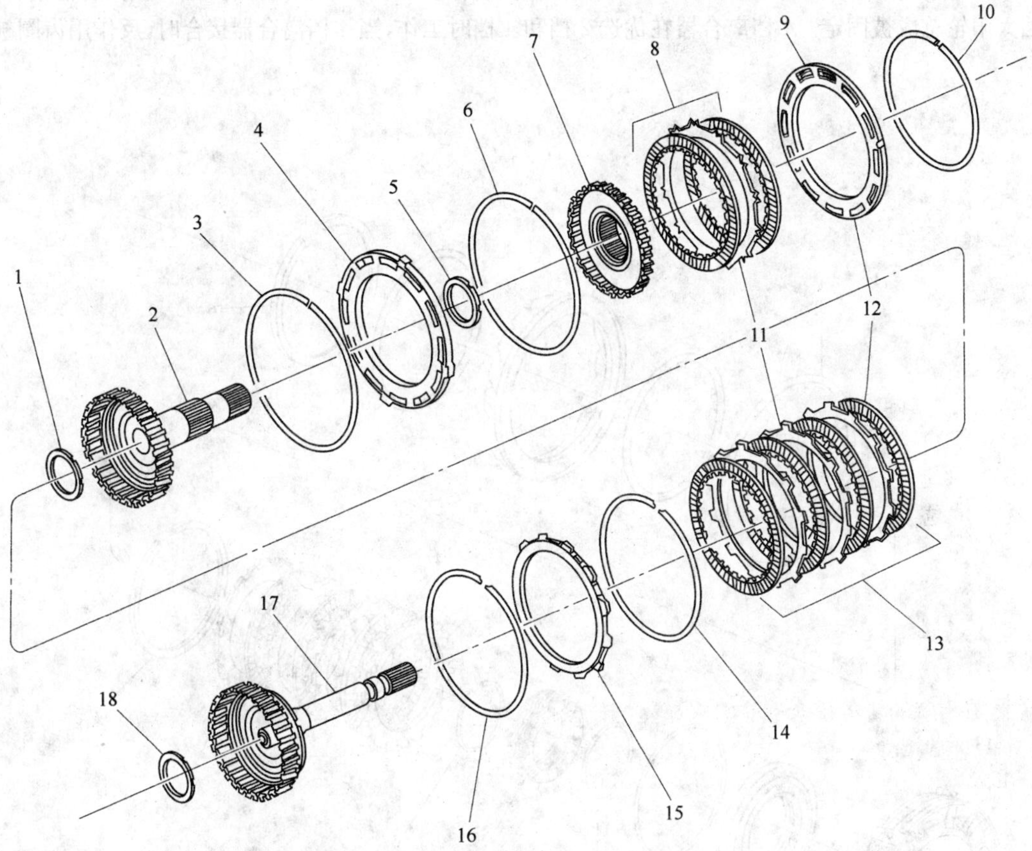

图 12-12　输入离合器总成内部部件分解图(二)

1. 3号轴承　2. 超速档毂/轴　3. 卡环(波形)　4. 超速档/倒档反作用盘　5. 4号轴承　6. 卡环(平口)　7. 倒档毂/轴　8. 倒档离合器　9. 倒档反作用盘　10. 卡环(选配)　11. 离合器盘　12. 离合器片　13. 超速档离合器　14. 卡环(锥形)　15. 低档/倒档反作用盘　16. 卡环(平口)　17. 低档毂/轴　18. 2号轴承

(1)低档离合器

低档离合器也称减速档离合器,在1档、2档、优选2档和3档(直接档)时接合。当离合器接合时,减速档离合器的摩擦片带动减速档轮毂顺时针方向转动,低档毂驱动输入太阳轮。

(2)超速档离合器

超速档离合器在3档(直接档)、4档和5档时接合。当离合器接合时,超速档离合器的摩擦片带动超速档轮毂顺时针方向转动,超速档毂驱动倒档行星架/输入齿圈总成。

(3)倒档离合器

倒档离合器在倒档时接合。当离合器接合时,倒档离合器的摩擦片带动倒档轮毂顺时针方向转动,倒档轮毂用花键联接到反作用行星齿轮组的齿环上,反作用齿圈被驱动。

2. 保持离合器

三个多片离合器用于保持行星齿轮系部件的固定,也称为制动器,包括2档离合器、4档离合器和低档/倒档离合器。2档离合器和4档离合器位于4档离合器座/隔板中,而低档/倒档离合器位于变速器壳体的后部。

(1)2 档离合器和 4 档离合器

2 档离合器和 4 档离合器如图 12-13 所示，2 档离合器在 2 档和 5 档时工作，当 2 档离合器接合时，倒档太阳轮总成被固定。4 档离合器在优选 2 档和 4 档时工作，当 4 档离合器接合时，反作用齿圈被固定。

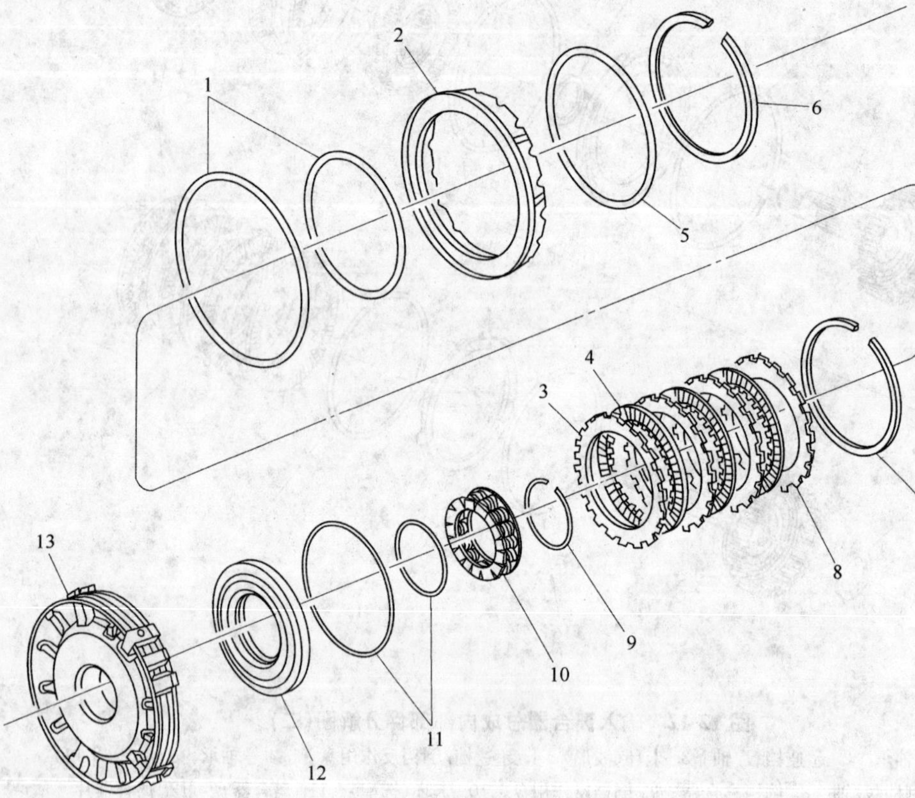

图 12-13 2 档离合器和 4 档离合器

1. 密封件 2. 2 档离合器活塞 3. 离合器盘 4. 离合器片 5. 2 档离合器碟形弹簧 6、9. 卡环 7. 卡环(先配) 8. 反作用盘 10. 回位弹簧 11. 密封件 12. 4 档离合器活塞 13. 4 档离合器座/隔板

(2)低档/倒档离合器

低档/倒档离合器如图 12-14 所示，低档/倒档(L/R)离合器位于变速器的后部，行星齿轮组的后面。低档/倒档离合器在驻车、空档、倒档和 1 档时接合。当低档/倒档离合器接合时，输入齿圈总成被固定。

3. 单向离合器

单向离合器(F)也称作"超越离合器"，它位于 L/RB 离合器总成内，如图 12-15 所示。单向离合器在 1 档操作过程中起作用，在超速档、手动 2 档和手动低档，单向离合器可以防止输入行星机构的齿圈逆时针转动并且只有在 1 档断开时才有效。它在减速时不起作用。单向离合器能够实现 1-2 档的平滑升档和降档。

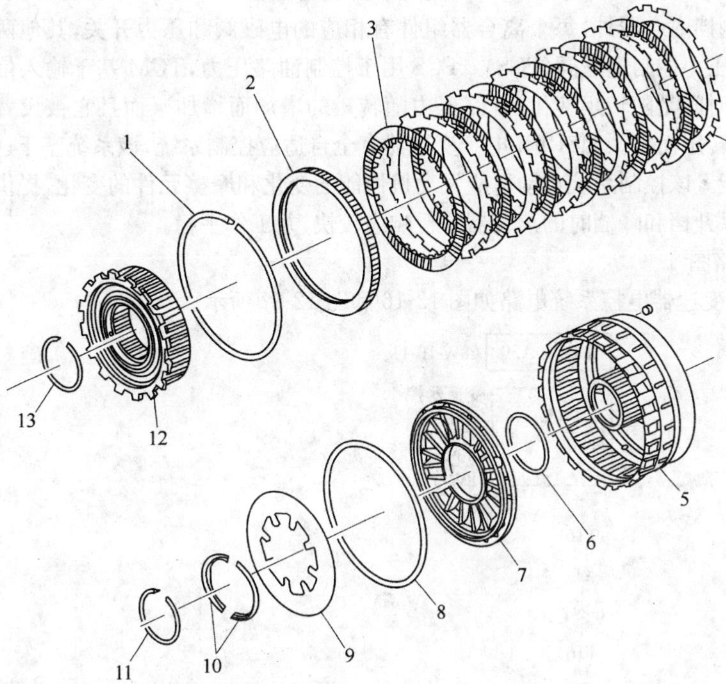

图 12-14 低档/倒档离合器

1. 卡环(选配) 2. 反作用盘 3. 离合器片 4. 离合器盘 5. 低档/倒档离合器座 6、8. 密封件 7. 活塞 9. 碟形弹簧 10. 固定圈 11、13. 卡环 12. 单向离合器

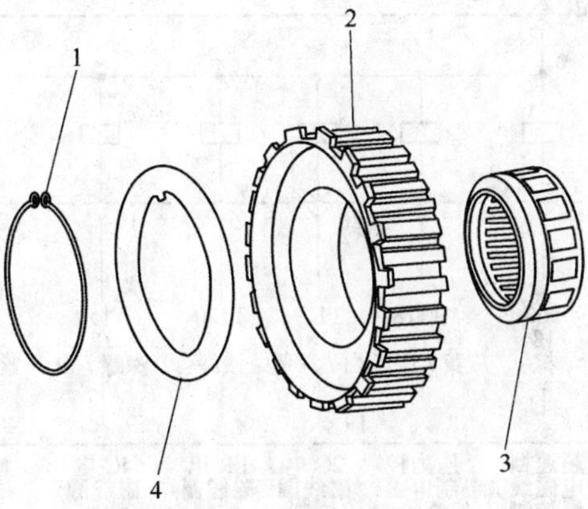

图 12-15 单向离合器(F)

1. 卡环 2. 外座圈 3. 单向离合器 4. 隔圈

第三节 控 制 系 统

一、电子控制系统

电子控制系统包括变速器控制模块(TCM)、变速器档位传感器(TRS)、输入速度传感器(ISS)、输

出速度传感器(OSS)、管路压力传感器(LPS)、变速器温度传感器(TTS)、5个压力开关和7个电磁阀。除由手动阀控制的倒档离合器外,每个离合器组件有相应的电磁阀和压力开关,其他两个电磁阀为多选择电磁阀(MS)和压力控制电磁阀(PCS)。PCS用于控制油路压力,TCM基于输入信号来控制油路压力,油路压力多数时间是随转矩变化(管路压力随转矩的增加而增加),而且它被设置成换档前的预定值,换档后其值随转矩而定。545RFE电子变速器有全自适应控制系统,该系统基于连续实时传感器反馈信息完成其功能。该控制系统自动适应发动机性能的变化和摩擦元件的变化,提供恒定的换档质量。该控制系统确保升档和降档时的离合器运行响应较快,并工作平稳。

1. 电控系统电路图

545RFE该自动变速器电控系统电路如图12-16和图12-17所示。

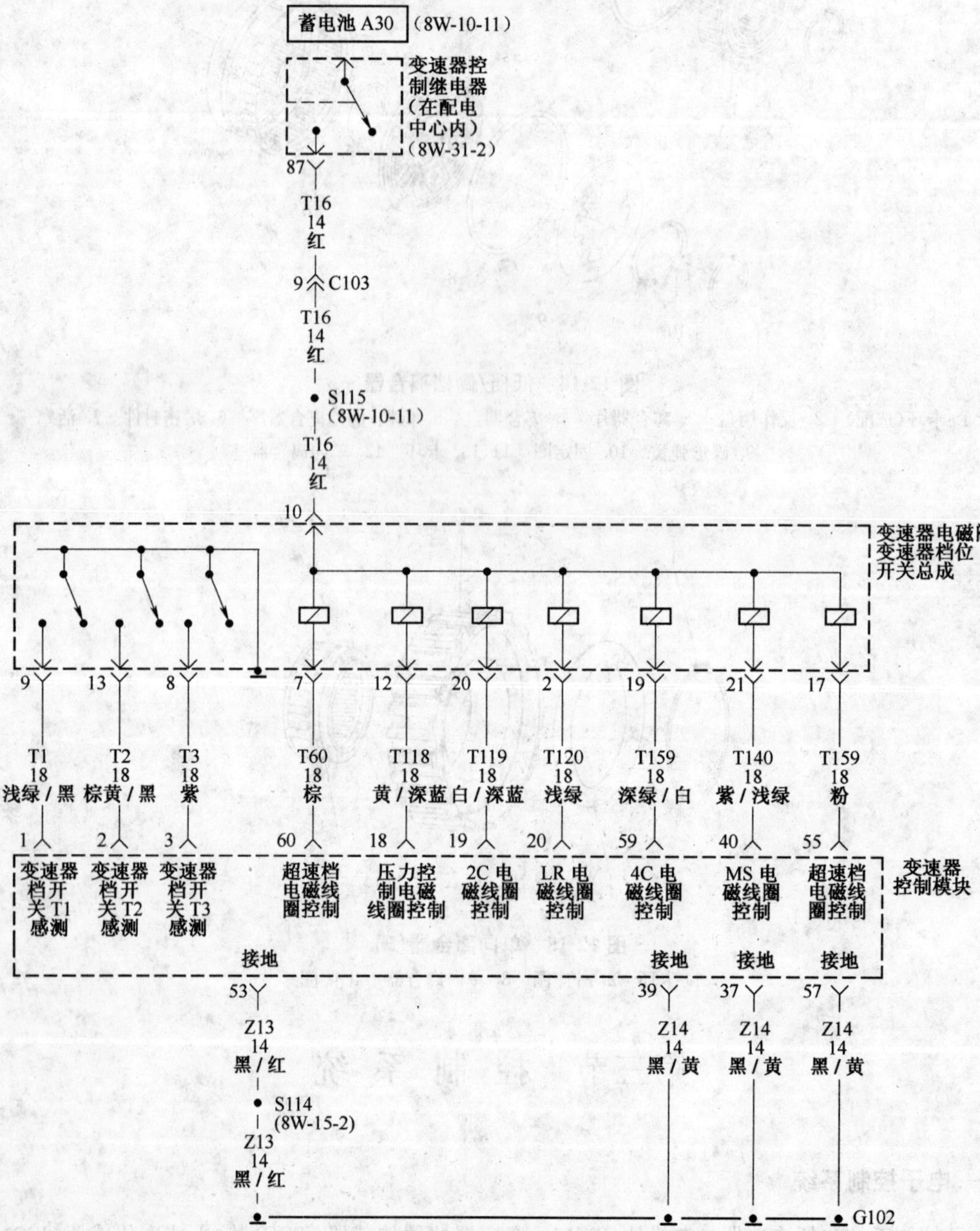

图12-16　电控系统电路图(一)

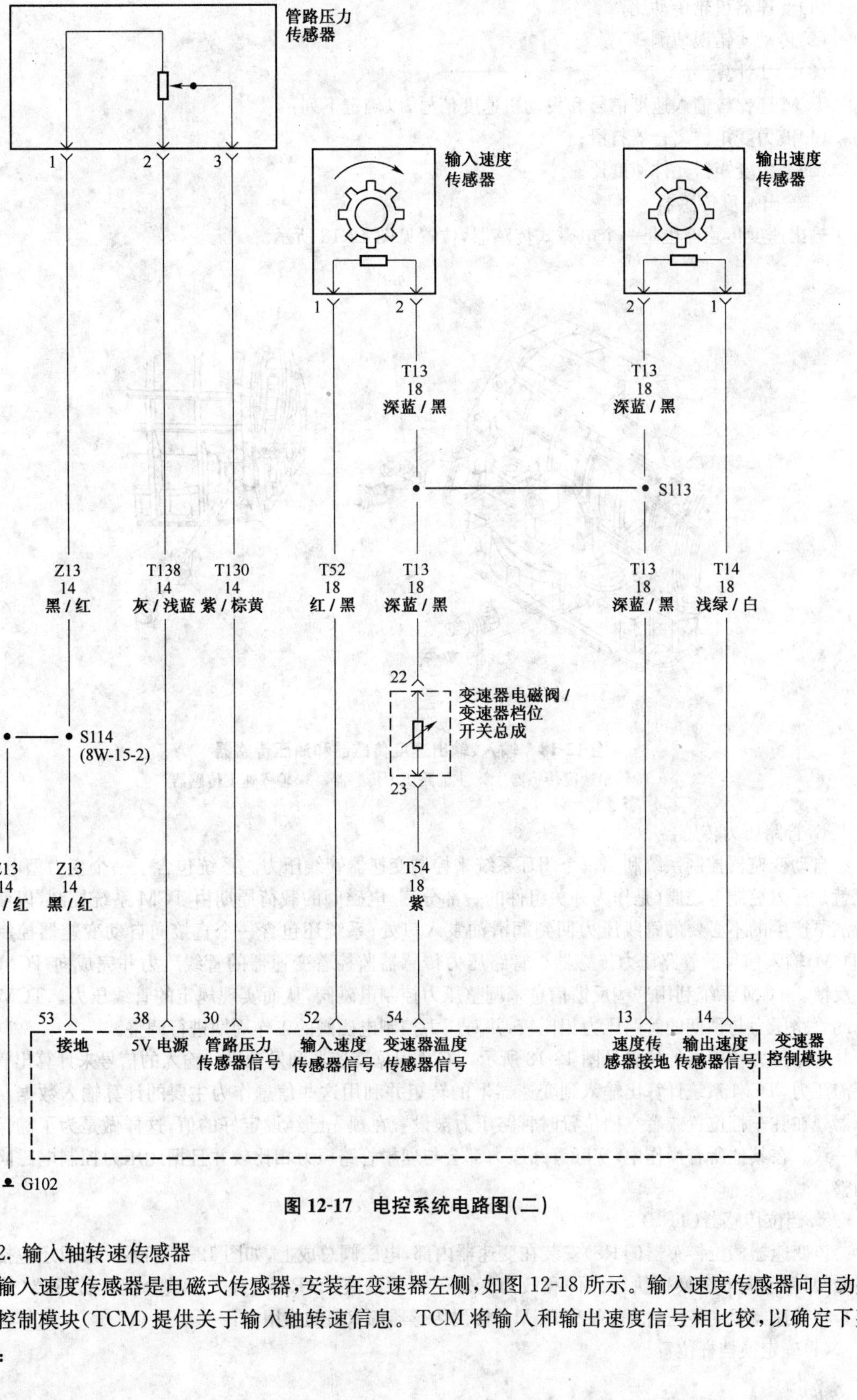

图 12-17　电控系统电路图(二)

2. 输入轴转速传感器

输入速度传感器是电磁式传感器，安装在变速器左侧，如图 12-18 所示。输入速度传感器向自动变速器控制模块(TCM)提供关于输入轴转速信息。TCM 将输入和输出速度信号相比较，以确定下列各项：

(1)变速器齿轮传动比；

(2)传动比错误侦测；

(3)CVI 计算。

TCM 还比较输入速度信号和发动机速度信号，以确定下列：

(1)液力变矩器离合器打滑；

(2)液力变矩器元件速度比。

3. 输出速度传感器

输出速度传感器也是一个电磁式传感器，位置见图 12-18 所示。

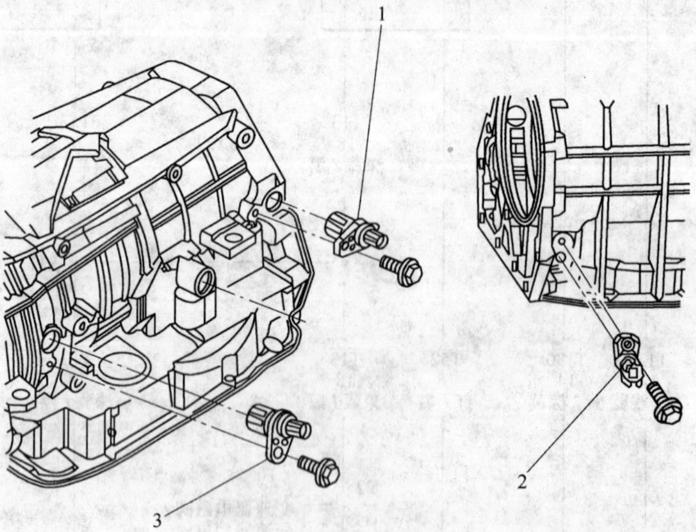

图 12-18　输入、输出速度传感器和油压传感器

1. 输出速度传感器　2. 主油路压力传感器　3. 输入速度传感器

4. 管路压力传感器

自动变速器控制系统利用一个闭环系统来控制变速器管线压力。系统包含了一个变力型电磁阀，也就是压力控制电磁阀(是作为开关组件的一部分)。电磁阀的载荷周期由 TCM 系统控制，以使由润滑油泵产生的不必要的管线压力回到润滑油泵入口处；系统还包含一个直接向自动变速器控制模块(TCM)输入信号的管路压力传感器。管路压力传感器监控着变速器的管线压力并完成向 TCM 的闭环反馈。TCM 系统利用这些反馈信息来调整压力控制电磁阀，从而实现规定的管线压力。TCM 将实际的管路压力与预期的管路压力相比较，并对压力控制电磁阀的工作周期进行调整。

管路压力传感器的位置见图 12-18 所示，TCM 根据变速器和发动机的输入的信号来计算出管路的所需压力，TCM 系统计算出输入到变速器上的转矩并利用这些信息作为主要的计算输入数据。当变速器处在驻车档位置或者空档位置时管路压力被设置在预先已经设定好的值，这样做是为了确保换档的一致。在其他所有操作中，实际管路压力都会与理想管路压力相比较并且据此压力控制电磁阀作出调整。

5. 档位传感器(TRS)

该变速器档位传感器(TRS)安装在变速器内部，电磁阀总成上，如图 12-19 所示。总成还包括 6 个电磁阀，用于向 6 个换档执行元件和液力变矩器提供油液。TRS 还有一个整合温度传感器(热敏电阻)，将变速器温度传送给 TCM 和 PCM。档位传感器(TRS)的作用有：

(1)确定换档杆位置。

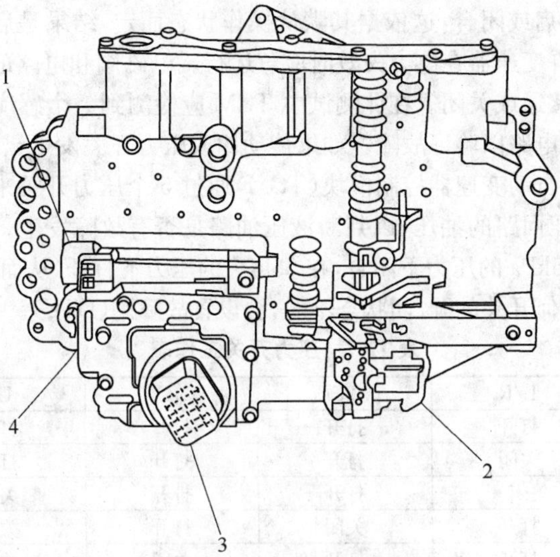

图 12-19 电磁阀体总成

1. 压力控制电磁阀 2. 档位传感器(TRS) 3. 23 针接头 4. 电磁阀组件

(2)仅在 Park(驻车)和 Neutral(空档)位置提供接地到起动机继电器。

(3)仅在倒档时为倒车灯供应 12V 电压。

该变速器档位传感器(TRS)有 5 个开关触针,将换档杆位置作为开启和闭合开关的组合传送给 TCM,档位传感器逻辑表见表 12-6。每个换档杆位置具有一个特定的开关状态(开启/闭合)组合,TCM 从四个感知电路接收到该信息。TCM 解译该信息并确定合适的变速器档位和换档计划。有许多可能的开启和闭合开关(代号)的组合。这些可能代码中的七个与档位有关,五个被识别为"档位之间"的代码,这些代码称为"无效"代码。一个无效代码将产生一个 DTC,然后 TCM 根据压力开关数据确定换档杆位置。在 TRS 故障的情况下,这将允许变速器合理正常运转。

表 12-6 档位传感器逻辑表

档位	C5	C4	C3	C2	C1
停车	关闭	打开	打开	关闭	关闭
温度 1	关闭	打开	打开	关闭	打开
倒档	打开	打开	打开	关闭	打开
温度 2	打开	打开	关闭	关闭	打开
空档 1	打开	打开	关闭	关闭	关闭
空档 2	打开	关闭	关闭	关闭	关闭
温度 3	打开	关闭	关闭	关闭	打开
驱动	打开	关闭	关闭	打开	打开
温度 4	打开	关闭	打开	打开	打开
手动 2	关闭	关闭	打开	打开	打开
温度 5	关闭	打开	打开	打开	打开

6. 电磁阀体与压力开关

电磁阀用来控制低/倒档离合器、2 档离合器(2C)、4 档离合器(4C)、超速档离合器(OD)和减速档离合器(UD)的工作。倒档离合器由管路压力和阀体内的手控阀位置进行控制。所有的电磁阀装在电磁阀和压力开关总成内,见图 12-19。总成包含一个额外的多重选择(MS)电磁阀,主要用来提供 2 档和 3 档故障模式下的操作。电磁阀通过一根单线接收来自变速器控制继电器的电源,自动变速器控制模块(TCM)根据需要将电磁阀的回线接地,从而单独启动或操作各电磁阀。当电磁阀被启动时,电磁阀移动，一个油液通路被开启或闭合，这依据其默认操作状态而定，结果是启用或松开执行元件。MS和 UD 电磁阀通常用来允许变速器在电力失效时应急运行。电磁阀和电路的导通性是定期测试的，每个电磁阀依据其当前状态接通或关闭。在此测试中 TCM 应检测到一个感应尖峰信号，若没有检测到感应尖峰信号，会再次测试电路以验证故障。如果传动比或压力开关发生错误，则除了定期测试外，还要对电磁阀电路进行测试，自动变速器控制模块(TCM)通过 5 个压力开关来监测低/倒档、2 档、4 档、减速档和超速档离合器液压回路的油压，以判断液压油路是否有故障发生。不同档位时，压力开关的状态见表 12-7。开关在 195kPa 的压力下闭合，在 76kPa 的压力下打开，从而监测油压是否存在。如果 TCM 监测到在给定档位任何开关的开/闭状态不对，会设置故障码(DTC)。

表 12-7　压力开关工作表

档位	L/R	2C	4C	UD	OD
R	打开	打开	打开	打开	打开
P/N	关闭	打开	打开	打开	打开
1 档	关闭 *	打开	打开	关闭	打开
2 档	打开	关闭	打开	关闭	打开
2 档最佳(ERS3 档)	打开	打开	关闭	关闭	打开
3 档(ERS4 档)	打开	打开	打开	关闭	关闭
4 档(ERS5 档)	打开	打开	关闭	打开	关闭
5 档(ERSD)	打开	关闭	打开	打开	关闭

注：* 如果输出转速在行驶状态并处于手动 2 档时低于 100r/min，L/R 接合。L/R 在手动 1 档位置时打开。

7. 超速档关闭(OFF)控制开关

超速档关闭(OFF)控制开关位于换档杆内，当按一下开关，使超速档进入 OFF 模式时，超速档 OFF 灯点亮，自动变速器不会升到 4、5 档。再按一下开关，恢复超速档正常工作模式，指示灯熄灭，变速器可以升入超速档。点火开关经过接通和关闭的循环后，超速档关闭(OFF)控制开关默认为 ON 状态。

8. 自动变速器控制模块(TCM)

变速器控制模块(TCM)为动力传动系控制模块(PCM)内的子模块，位于翼子板的右内侧，如图 12-20所示。

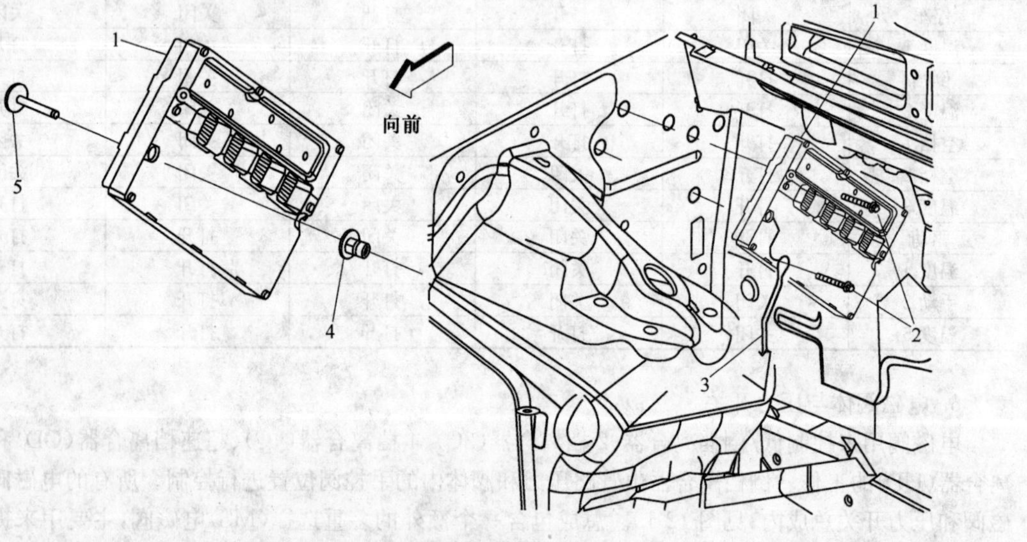

图 12-20　自动变速器控制模块(TCM)

1. TCM　2. 螺栓　3. 接地带　4. 定位套　5. 定位销

(1)TCM 的输入、输出及控制功能

变速器控制模块(TCM)控制变速器的所有电子操作,TCM 接收关于直接和间接输入的车辆操作的信息,以及选择变速器的操作方式。直接输入是硬线连接的,并由 TCM 专用。间接输入来源于其他部件/模块,并通过车辆通讯总线与 TCM 共享。

到 TCM 的直接输入的信号有:

—蓄电池(B+)电压;

—点火 ON 电压;

—变速器控制继电器(转换的 B+);

—节气门位置传感器;

—曲轴位置传感器;

—变速器范围传感器;

—压力开关;

—变速器温度传感器;

—输入轴速度传感器;

—输出轴速度传感器;

—管路压力传感器。

到 TCM 的间接输入的信号有:

—发动机/车体标识;

—歧管压力;

—目标怠速;

—扭力降低确认;

—发动机冷却液温度;

—环境/蓄电池温度;

—扫描工具通讯。

TCM 依据从这些不同输入接收的资讯,根据目前的操作状况和驾驶人的要求来确定适合的排档点,这些控制功能是通过各种直接和间接输出的控制实现的。TCM 直接输出功能包括:

—变速器控制继电器;

—电磁阀;

—转矩降低请求。

TCM 某些间接输出功能包括:

—变速器温度(至 PCM);

—PRNDL 位置(至 BCM)。

除了监视输入和控制输出,TCM 具有其他重要责任和功能:

—存储并保持离合器容量指数(CVI);

—存储和选择适合的排档时间表;

—系统自诊断;

—诊断能力(用扫描工具)。

(2)离合器容量指数(CVI)

CVI 代表压缩离合器组所需的油液量。随着正常磨损的发生,满足离合器行程的变速器油容量将会增加。545RFE 型变速器的 TCM 有一个可连续监测换档时间并与预置值进行比较的内部程序。如果 TCM 监测到换档时间比预置值长,就会采取相应的措施以提高相关换档电磁阀占空比,通过这种方式,在整个汽车寿命期内,TCM 可以使换档质量保持稳定。

TCM 通过比较输入轴的转速和输出轴的转速(输入转速传感器和输出转速传感器)来监测档位变化。例如,假设变速器在 1 档时,输入轴的转速为 1500r/min,输出轴的转速为 500r/min,则 TCM 就可以断定此时的速比为 3.00：1 或者说为 1 档。现在,让我们把变速器从 1 档换到 2 档,在换档开始时,输出轴速度几乎保持恒定,因此当速度发生变化时,输入速度从 1500r/min 降到 883r/min,或者说使速比达到 1.667：1,这就是 TCM 如何知道什么时候变速器发生了档位变化。TCM 监测档位变化所需的时间。如果 TCM 检测到档位变化时间不对,就会调节相应的电磁阀的占空比来加以补偿,通过这种方式,在整个汽车寿命期内,TCM 可以使换档感觉保持稳定。

(3)离合器容量的更新

当进行 2-1 或 3-1 的手动降到 1 档的操作时,节气门开度低于 5°,L/R 离合器容量就会更新。变速器温度必须高于 43℃,离合器容量应在 82～134 之间。

当进行 3-2 的强制降档操作时,节气门开度在 20°和 54°之间,2C 离合器容量就会更新。变速器温度必须在 43℃以上,离合器容量应在 25～64 之间。

当进行 2-3 的升档操作时,节气门开度在 5°和 54°之间,OD 离合器容量就会更新。变速器温度必须在 43℃以上,离合器容量应在 30～64 之间。

当进行 3-4 升档的操作时,节气门开度在 5°和 54°之间,4C 离合器容量就会更新。变速器温度必须在 43℃以上,离合器容量应在 30～64 之间。

当进行 3-2 强制降档的操作时,节气门开度在 20°和 54°之间,UD 离合器容量就会更新。变速器温度必须在 43℃以上,离合器容量应在 44～92 之间。

二、液压控制系统

1. 油泵

545RFE 该自动变速器采用齿轮式油泵,安装在自动变速器的前端,如图 12-21 所示。545RFE 自动变速器中的油泵是双级容积式齿轮泵,它包括两个独立的泵,如图 12-22 所示。低速时,两级都工作,润滑油泵的两侧都向变速器供油。随着液力变矩器速度的增加,两侧的流量也增加,直至主要一侧的流量能单独满足系统的要求。这时,单向阀位于两个泵的汇合处。辅助侧关闭,主要侧将所有流量提供给变速器。此泵的结构在低速时提供大排量泵的流量和压力,而在发动机速度较高时,给出小排量

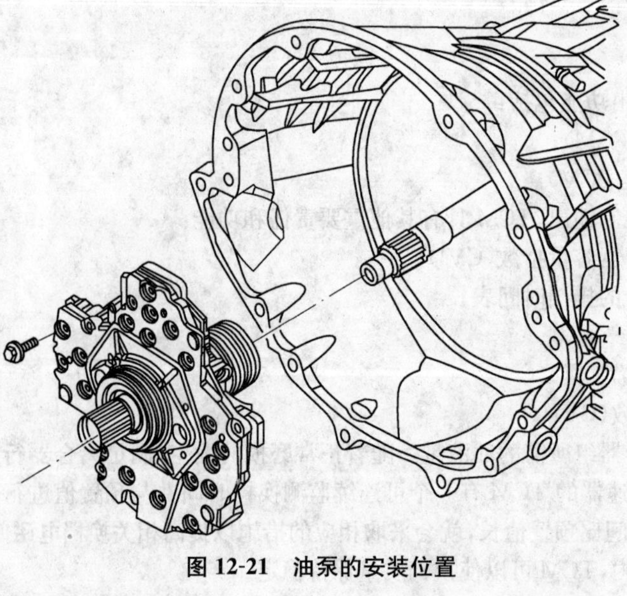

图 12-21　油泵的安装位置

泵的经济流量和压力。润滑油泵也包括一些阀，如图 12-23 所示，液力变矩器离合器开关 3、控制阀 2、调压阀 5 和限压器 6 都位于润滑油泵阀体内。液力变矩器离合器开关阀用于控制液力变矩器供油的流向，当变矩器离合器释放时，液压提供给液力变矩器离合器的前面（关闭）；变矩器离合器应用时，经调节的油压提供给变矩器离合器的后面（打开）。离合器调压阀用于控制供向液力变矩器离合器后面（打开）的液压。液力变矩器离合器限压阀用于将液力变矩器离合器的压力限制在 827kPa 左右。

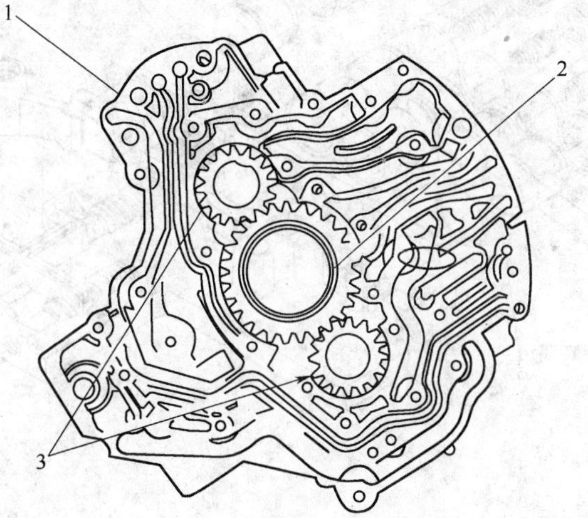

图 12-22　油泵

1. 泵体　2. 主动齿轮　3. 从动齿轮（2 个）

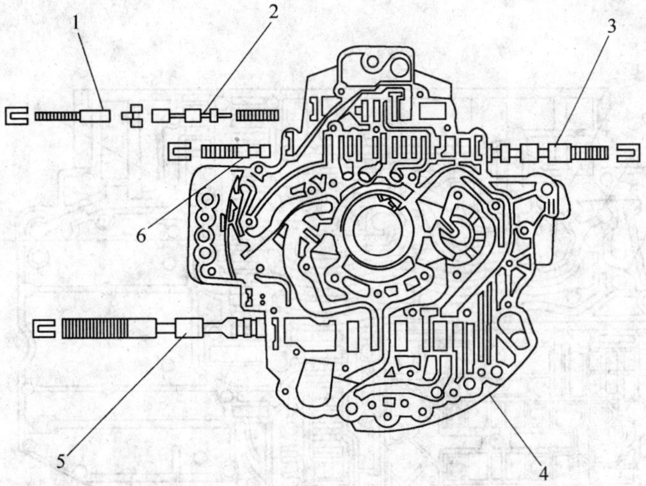

图 12-23　油泵中的滑阀

1. 液力变矩器离合器蓄能器阀　2. 液力变矩器离合器控制阀　3. 液力变矩器离合器开关阀　4. 油泵盖　5. 调压阀　6. 液力变矩器离合器限压阀

2. 阀体

阀体与电磁阀总成一起工作来控制离合器的接合/分离并控制用于润滑的压力油。电磁阀总成和阀体的压力油来自油泵。阀体部件分解如图 12-24 所示，阀体中单向球的位置如图 12-25 所示，档位传感器选择板和锁止弹簧如图 12-26 所示，阀体包括下列液压部件：

—电磁开关阀；

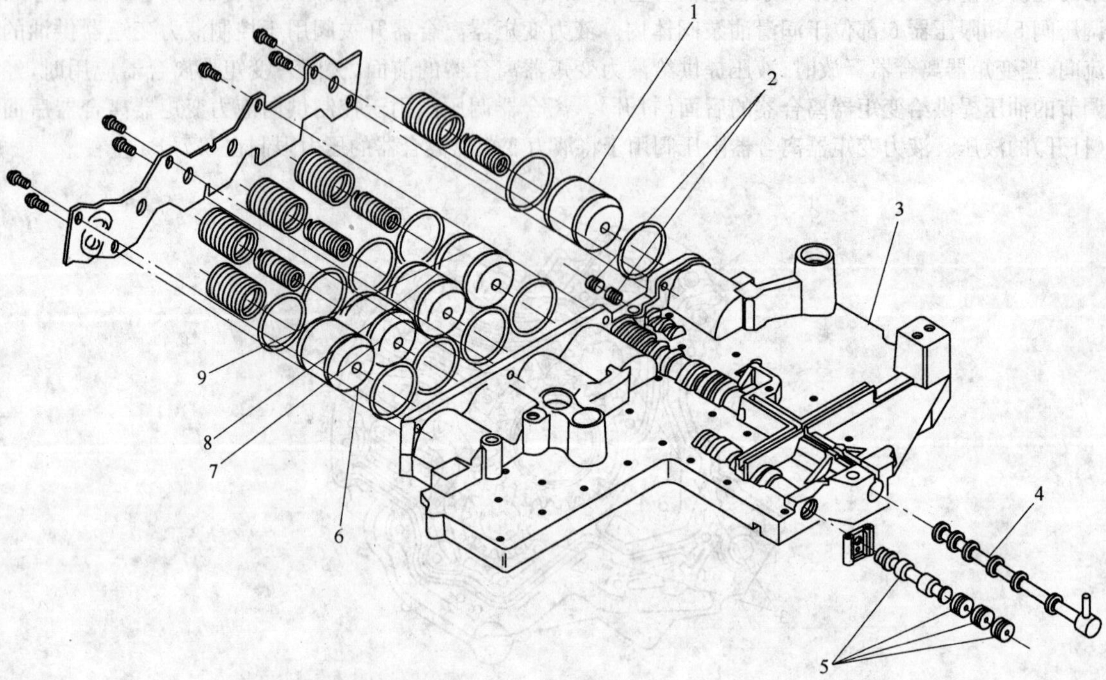

图 12-24　阀体

1. 低档/倒档蓄能器　2. 低档/倒档开关阀　3. 上阀体　4. 手动阀　5. 电磁开关阀　6. 超速档蓄能器　7. 低档蓄能器　8. 4档离合器蓄能器　9. 2档离合器蓄能器

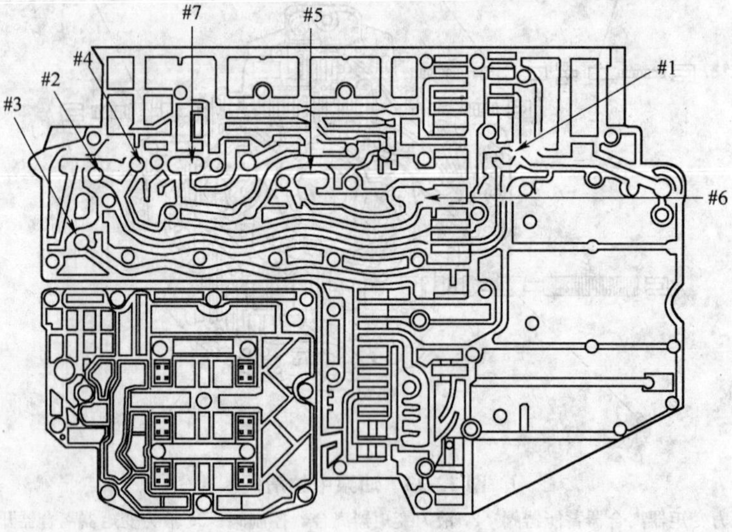

图 12-25　单向阀球的位置

—手动阀；

—低档/倒档开关阀；

—5个蓄能器；

—7个单向阀球。

(1)手动阀：手动阀的作用是根据需要在特定的档位或驱动范围将油导入正确的油路。手动阀用拉线与换档机构机械式相连，手动阀由驾驶人手动通过一个位于阀体顶部的杆来使其工作。阀的每一个位置都是靠与档位传感器选择板的"顶冠"相啮合的滚子锁止弹簧来保持的，见图12-26所示。

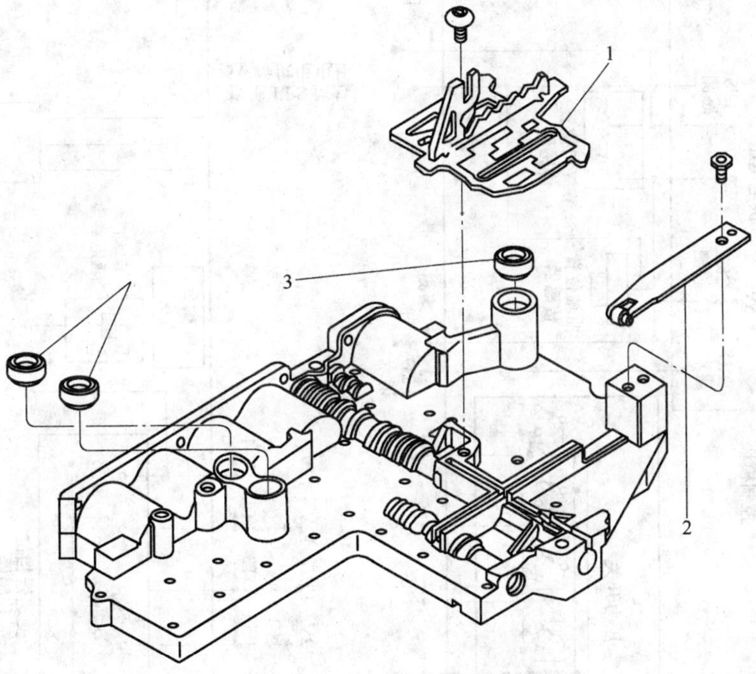

图12-26 档位传感器选择板和锁止弹簧

1. TRS选择器板 2. 定位槽弹簧 3. 密封圈

(2)电磁开关阀：电磁开关阀在低档/倒档和液力变矩器离合器电磁阀通电时控制变速器油的方向。电磁开关阀控制来自低档/倒档和液力变矩器离合器电磁阀的主油路压力。在1档，电磁开关阀将处于降档位置，从而将变速器油导入低档/倒档离合器油路。在2档、3档、4档和5档，电磁开关阀将处于升档位置，从而将变速器油导入液力变矩器离合器油路。在入1档时，执行专门的液压时序以保证电磁开关阀进入降档位置。监测低档/倒档压力开关，来确认电磁开关阀的移动。如果没有确认移动(低档/倒档压力开关没有关闭)，用2档来代替1档。在一次起动中三次试图进入1档失败后会设置故障码。

(3)低档/倒档开关阀：低档/倒档开关阀允许低档倒档/液力变矩器离合器电磁阀或多选电磁阀来操作低档/倒档离合器。

第四节 自动变速器的维修

一、电控系统故障诊断

1. 控制电路及端子

545RFE该自动变速器电控系统电路如图12-27所示，TCM端子如图12-28所示，各端子的作用见表12-8，变速器线束插头端子如图12-29所示，各端子的作用见表12-9。

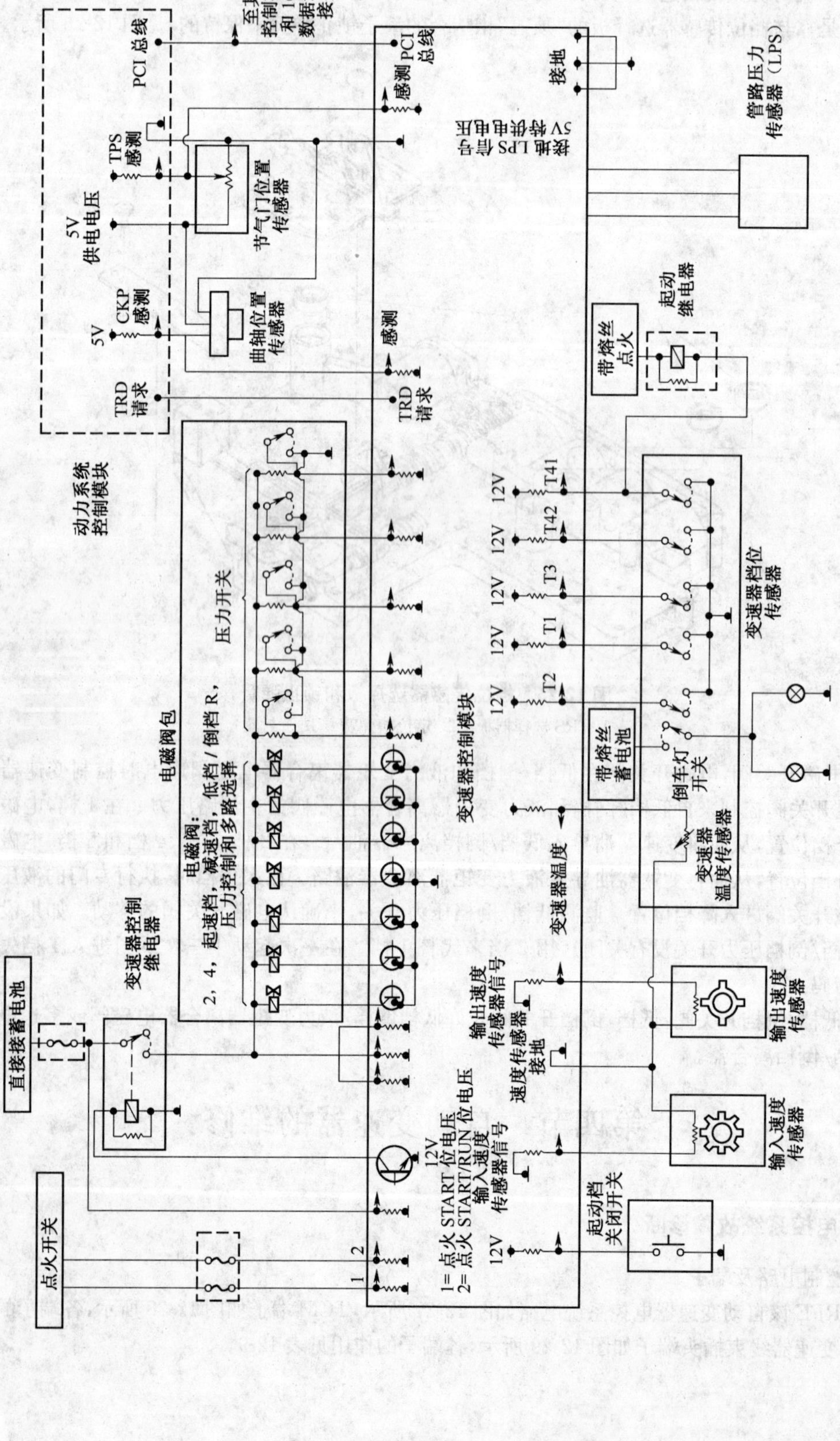

图 12-27 电控系统电路图

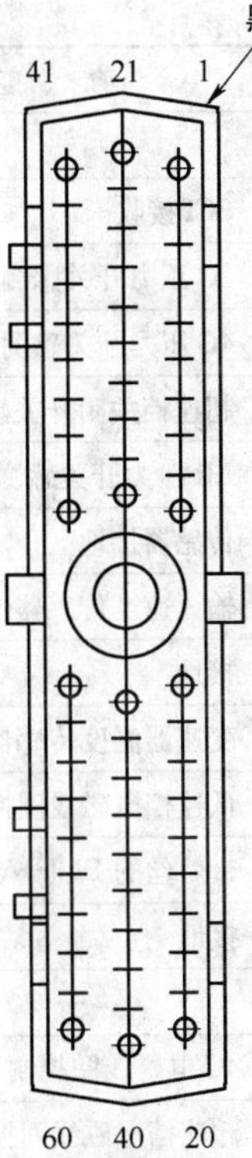

图 12-28　TCM 端子视图(4.7L)

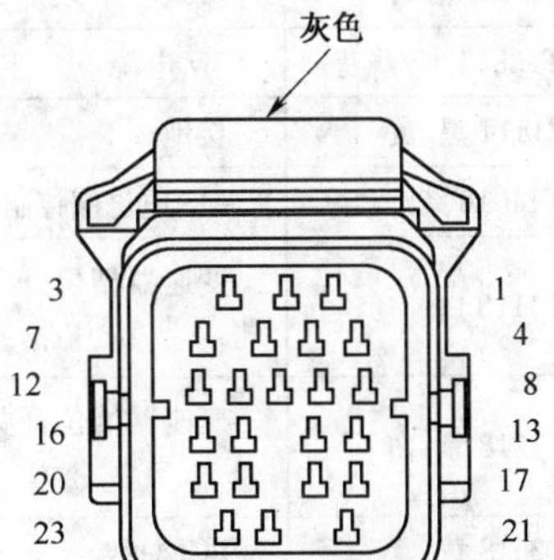

图 12-29　变速器线束插头端子视图

表 12-8　TCM 各端子的作用

插孔	电　路	功　能	插孔	电　路	功　能
1	T118 浅绿/黑	变速器档位开关 T1 感测	15	K3018 粉/黄	变速器控制继电器控制
2	T218 棕黄/黑	变速器档位开关 T2 感测	16	T1614 红	变速器控制继电器输出
3	T318 紫	变速器档位开关 T3 感测	17	T1614 红	变速器控制继电器输出
4	—	—	18	T11818 黄/深蓝	压力控制电磁阀控制
5	—	—	19	T11918 白/深蓝	2C 电磁阀控制
6	K2418 灰/黑	曲轴位置传感器信号	20	T12018 浅绿	LR 电磁阀控制
7	D2120 粉	SCI 发送	21	—	—
8	F4518 黄/红	带熔丝的点火开关输出(START)	22	—	—
			23	—	—
9	T918 橙/黑	超速档压力开关感测	24	—	—
10	T1018 黄/深绿	转矩管理请求感测	25	—	—
11	F99118 橙/黑	带熔丝的点火开关输出(RUN—START)	26	—	—
			27	—	—
12	K2218 橙/红	节气门位置传感器信号	28	G718 白/橙	车速信号
13	T1318 深绿/黑	速度传感器接地	29	T2918 灰	减速档压力开关感测
14	T1418 浅绿/白	输出速度传感器接地	30	T13014 紫/棕黄	管路压力传感器信号

续表 12-8

插孔	电　路	功　能	插孔	电　路	功　能
31	—	—	45	—	—
32	—	—	46	D2020 浅绿	SCI 接收
33	—	—	47	T14718 浅蓝	2C 压力开关感测
34	—	—	48	T4818 深蓝	4C 压力开关感测
35	—	—	49	T618 紫/白	超速档关闭开关感测
36	T1614 红	变速器控制继电器输出	50	T15018 棕/浅蓝	LR 压力开关感测
37	Z1414 黑/黄	接地	51	K418 黑/浅蓝	传感器接地
38	T13814 灰/浅蓝	5V 电源	52	T5218 红/黑	输入速度传感器信号
39	Z1414 黑/黄	接地	53	Z1314 黑/红	接地
40	T14018 紫/浅绿	MS 电磁阀控制	54	T5418 紫	变速器温度传感器信号
41	T4118 白	变速器档位开关 T41 感测	55	T5918 粉	低速档电磁线圈控制
			56	A3014 红/白	带熔丝的 B(+)
42	T4218 紫/白	变速器档位开关 T41 感测	57	Z1414 黑/黄	接地
			58	—	—
43	D2518 黄/紫	PCI 总线	59	T15918 深绿/白	4C 电磁线圈控制
44	—	—	60	T6018 棕	超速档电磁线圈控制

表 12-9　变速器线束插头各端子的作用

插孔	电路	功　能	插孔	电路	功　能
1	F2218 白/棕黄	带熔丝的点火开关输出(RUN)	12	T11818 黄/深蓝	压力控制电磁阀控制
			13	T218 棕黄/黑	变速器档位开关 T2 感测
2	T12018 浅绿	LR 电磁阀控制	14	T15018 棕/浅蓝	LR 压力开关感测
3	T4118 棕/黄	驻车/空档位置开关感测	15	T14718 浅蓝	2C 压力开关感测
4	T4118 白	变速器档位开关 T41 感测	16	T918 橙/黑	超速档压力开关感测
5	T4218 紫/白	变速器档位开关 T42 感测	17	T5918 粉	低速档电磁阀控制
6	L118 紫/黑	倒车灯供电	18	T2918 灰	低速档压力开关感测
7	T6018 棕	超速档电磁阀控制	19	T15918 深绿/白	4C 电磁阀控制
8	T318 紫	变速器档位开关 T3 感测	20	T11918 白/深蓝	2C 电磁阀控制
9	T118 浅绿/黑	变速器档位开关 T1 感测	21	T14018 紫/浅绿	MS 电磁阀控制
10	T1614 红	变速器控制继电器输出	22	T1318 深蓝/黑	速度传感器接地
11	T4818 深蓝	4C 压力开关感测	23	T5418 紫	变速器温度传感器信号

2. 电控系统故障码

电控系统故障码见表 12-10。

表 12-10 电控系统故障码列表

故障码	意义	故障码	意义
P0122	TPS/APP 电路电压低	P0845	2C 液压测试
P0123	TPS/APP 电路电压高	P0846	2C 压力开关合理性
P0124	TPS/APP 间歇性故障	P0868	管路压力低
P0218	高温操作激活	P0869	管路压力高
P0562	蓄电池电压低	P0870	OD 液压测试
P0602	控制模块编程错误/未编程	P0871	OD 压力开关合理性
P0604	内部控制模块 RAM	P0875	UD 液压测试
P0605	内部控制模块 ROM	P0876	UD 压力开关合理性
P0613	内部 TCM	P0882	TCM 输入电压低
P0706	变速器范围传感器合理性	P0883	TCM 输入电压低
P0711	变速器温度传感器性能	P0932	管路压力传感器电路
P0712	变速器温度传感器电压低	P0934	管路压力传感器电路电压低
P0713	变速器温度传感器电压高	P0935	管路压力传感器电路电压过高
P0714	变速器温度传感器间歇性故障	P0944	液压泵初始压力丢失
P0715	输入转速传感器 1 电路	P0957	AUTOSTICK 电压低
P0720	输出转速传感器电路	P0958	自保持电路电压高
P0725	发动机转速传感器电路	P0987 4C	液压系统压力测试
P0731	1 档传动比错误	P0988	4C 压力开关合理性
P0732	2 档传动比错误	P1715	T3 档手动阀堵塞
P0733	3 档传动比错误	P1736	2 档起动传动比错误
P0734	4 档传动比错误	P1775	电磁阀开关阀锁死在 TCC 位置
P0735	5 档传动比错误	P1776	电磁阀开关阀锁死在 LR 位置
P0736	倒档变速比错误	P1790	换档后随即出现故障
P0740	TCC 超出范围	P2700	LR 元件容量不足
P0750	LR 电磁阀回路	P2701	2C 元件容量不足
P0755	2C 电磁阀回路	P2702	OD 元件容量不足
P0760	OD 电磁阀回路	P2703	元件容量不足 UD
P0765	UD 电磁阀回路	P2704	元件容量不足 4C
P0770	4C 电磁阀回路	P2706	MS 电磁阀电路
P0841	LR 压力开关合理性		

二、故障码分析

自动变速器控制模块(TCM)连续检查是否有电气故障、机械故障及某些液压故障。当检测到故障时，TCM 存储故障码(DTC)。有些故障码使变速器进入“故障”或“缺省”模式。有三种缺省方式：

(Ⅰ)立即关闭：TCM 使变速器控制继电器断电。传动系统立即默认 3 档(如果换档杆在“D”位)或默认 2 档(如果换档杆在“2”或“L”位置)。驻车、空档和倒档仍然有效。

(O)顺序关闭:如果TCM识别出一个无须立即关闭的故障,变速器会维持当前档位,而变速器控制继电器依然通电直到发动机不超速为止。当汽车达到适当速度时,TCM使变速器控制继电器断电。这使得传动系统立即进入3档缺省(如果换档杆在“D”位)或对2档缺省(如果换档杆在“2”或“L”位置)。驻车、空档和倒档仍然有效。

(L)随恢复逻辑关闭:TCM不使变速器控制继电器断电。相反,在“D”位时,变速器将利用1档和3档;在“2”或“L”位置时,将利用2档。在此方式下,变速器的整个工作会在预置管路压力下运行(开环)。如果检测到的故障已排除掉,则变速器恢复正常运行。在同一点火周期间,允许3次恢复,第4次出现后,将保持上述开环工作。

一旦DRBIII处于诊断程序的“电子自动变速器(EATX)”部分,它不断地监测TCM,看该系统是否处于故障模式。如果变速器处于故障模式,DRBIII会使红色发光二极管(LED)闪烁。

1. P0122:TPS/APP电路电压低

4.7LV8发动机采用一个3线式节气门位置传感器(TPS),PCM提供给TPS的电压大约为5.0V,TPS为PCM提供节气门位置信号电压。5.7LV8发动机采用加速踏板位置传感器(APPS),但加速踏板和节气门本体之间没有电缆连接。监控条件:点火开关打开,发动机起动。设置条件:TPS电压下降到0.78V以下,且持续了0.48s时,设置此故障码。可能的故障原因有:

(1)节气门位置传感器(TPS)/(APPS)信号和/或接地电路断路或短路。

(2)TCM插接器故障。

(3)节气门位置传感器(TPS)/(APPS)或插接器故障(检查PCM故障码)。

(4)PCM/TCM故障。

2. P0123:TPS/APP电路电压高

在点火开关打开且发动机起动,当TPS电压升高到4.94V以上,且持续了0.48s时,出现此故障码。可能的故障原因参见P0122。

3. P0124:TPS/APP间歇性故障

监控中的TPS节气门角度信号超出规定范围以及有间歇(过大的信号变化),设置此故障码。可能的故障原因参见P0122。

4. P0218:高温操作激活

监控条件:发动机正在运行。设置条件:当变速器温度超过127°C时,过热换档规律激活,出现此故障码。可能的故障原因有:

(1)液力变矩器故障,如内部锁止离合器打滑。

(2)驾驶变速器处于失效保护模式的车辆一段时间后。

(3)ATF散热不良。

(4)变速器内部元件打滑。

(5)变速器长时间超负荷使用。

5. P0562:蓄电池电压低

电磁阀供应电压不足可能导致摩擦元件老化,为避免这一可能,蓄电池电压处于被监控状态,且当蓄电池电压下降到基线以下时,系统进入逻辑失效保护模式。监控条件:发动机处于起动状态,PCM关闭了变速器控制继电器。设置条件:若PCM的变速器控制继电器输出感应电路的蓄电池电压低于10.0V且持续了15s。注意:P0562说明蓄电池电压在逐渐下降或PCM连接受阻。若PCM感应到的蓄电池电压低于6.5V,且持续200ms或变速器控制继电器输出感应电路电压低于7.2V,且持续200ms,也会出现此故障码。可能的故障原因有:

(1)相关充电系统故障。

(2)(Z908,Z977)接地电路开路或电阻过高。

(3)(A104)PCM 熔合 B(+)电路开路或电阻过高。

(4)(T16)变速器控制继电器输出感应电路开路或电阻过高。

(5)变速器控制继电器故障。

(6)动力传动系控制模块(PCM)故障。

6. P0602:控制模块编程错误/未编程

控制器在生产期间已使用通用软件进行了编程以方便测试。然而,通用软件并不符合控制车辆变速器的设计标准。如发现通用软件,MIL 将立刻亮起,变速器将被置于失效保护模式,直到安装了正确的软件。监控条件:通用软件的检查在启动阶段就已开始。设置条件:若发现通用软件,MIL 立刻亮起。此 DTC 旨在通知技术人员,控制器内仍安装有通用软件。可能原因:PCM 编程错误。

7. P0604:内部控制模块 RAM

控制器重新设置后(点火开关处于"RUN"位置),微处理器通过不断的读取和写入操作验证每个 RAM 地址的完整性。读取值应和写入值相同。监控条件:控制器重新设置后(点火开关处于"RUN"位置)。设置条件:每当动力传动系控制模块(PCM)检查出内部控制器故障。可能原因:

(1)动力模块接地电路;

(2)动力传动系控制模块故障。

8. P0605:内部控制模块 ROM

控制器重新设置后(点火开关处于"RUN"位置),微处理器验证程序存储器(ROM)的完整性。校验总和可通过在程序存储器内加入使用过的比特数据得到。此值应和已知的不断写入程序存储器的数据相同。监控条件:控制器重新设置后(点火开关处于"RUN"位置)。设置条件:每当动力传动系控制模块(PCM)检查出内部控制器故障。可能原因参见 P0604。

9. P0613:内部 TCM

内部看门狗(WD)是一个独立的硬件电路,负责持续监督微处理器的情况。为保证变速器控制器的正常运转,看门狗必须能在一个特定的时间窗内(14ms±1ms)从微处理器处接受一个信号,避免系统在一段较短的延迟(570ms)后自动关闭。微处理器使用三阶段测试法周期性地测试 WD 防止关闭的功能;

(1)发出信号过晚>15ms;

(2)发出信号过早<13ms;

(3)延迟测试<590ms。

如看门狗的输入信号到达过晚或过早,看门狗故障线路会降低,延迟开始计时。此延时可通过看门狗在以下操作中及时地发出信号得到重新设置。延迟测试检查延迟时间。延迟监督线路降低,迫使延迟开始计时。延迟计时结束,变速器继电器关闭。检测到继电器关闭后,延迟测试将立即在系统关闭前打开继电器。监控条件:

(1)控制器重新设置后一次(点火开关处于"RUN"位置),之后每 60s 一次。延迟测试仅在重新设置一次后执行。

(2)无效测试后 2s。

设置条件:若下列任一情形发生 3 次:

(1)看门狗故障线路在或过早/或过晚的看门狗测试结束后仍处于高位;

(2)变速器控制继电器在看门狗延迟结束后仍然打开。

可能原因参见 P0604。

10. P0706:变速器档位传感器的合理性

PCM 监测 T41(C1)、T42(C2)、T3(C3)、T1(C4)或者 T2(C5)感应电路的状态,每个换档杆位置均具有其独有的开关打开和闭合组合,即做 PRNDL 代码,PCM 可对这些信息进行解码并确定换档杆位置。由于共有 5 个开关,因此,有很多可能的开关打开与闭合组合(代码)。共有 12 个有效代码:两个用于空档、其他档位各一个(5)、还有 5 个为临时(过渡区)代码。其余的代码永远不会出现,因此叫做无效代码。监控条件:在点火开关打开时,连续监测。设置条件:如果控制器检测到持续时间超过 0.042s 的无效 PRNDL 代码,DTC 将进行设置。可能原因:

(1)换档杆失调;

(2)TRS 感应电路开路;

(3)TRS 感应电路接地短路;

(4)TRS 感应电路对电压短路;

(5)油底壳中有金属屑;

(6)变速器档传感器故障;

(7)动力传动系模块故障。

11. P0711:变速器温度传感器性能

变速器油液的温度可以影响变速质量、液力变矩器的锁止、何时以及是否需要进行某些 OBDII 或者系统自检测试。如果变速器温度传感器电路出现故障,则动力传动系控制模块(PCM)替代变速器温度的计算值。监控条件:在点火开关打开、发动机运行时,连续监测。设置条件:当所需的 TRS 温度未在指定时间内达到正常的工作温度时,DTC 将进行设置。时间因环境温度变化而变化,大致时间为起始温度到预热时间:(−40°C/35min),(−28°C/25min),(−6.6°C/20min),(15.5°C/10min)。可能原因:变速器温度传感器、动力传动系模块及其连接线路。

12. P0712:变速器温度传感器电压低

监控条件:在点火开关打开、发动机运行时,连续监测。设置条件:当所监测的温度传感器电压降到低于 0.078V 且持续 0.45s 时,DTC 将进行设置。可能原因:

(1)(T54)TRS 温度传感器信号电路接地短路;

(2)变速器温度传感器故障;

(3)动力传动系模块故障。

13. P0713:变速器温度传感器电压高

监控条件:在点火开关打开、发动机运行时,连续监测。设置条件:当所监测的温度传感器电压上升超过 4.94V 且持续 0.45s 时,DTC 将进行设置。可能原因:

(1)(T54)变速器温度传感器信号电路与其他电路短路;

(2)变速器温度传感器故障;

(3)动力传动系模块故障。

14. P0714:变速器温度传感器间歇性故障

监控条件:在点火开关打开、发动机运行时,连续监测。设置条件:当所监测的温度传感器电压在预先确定的时间段内突然波动或者变化时,DTC 将进行设置。可能原因参见 P0711。

15. P0715:输入速度传感器 1 电路

变速器系统使用两个速度传感器,一个用于测量输入转速,一个用于测量输出转速。这些输入对变速器的正确运行是必不可少的。因此,可通过以下检查来验证数据的完整性:

(1)在正常情况下,如果传动比与已知传动比不对应,则设置相应的故障代码(DTCP0731~36 与 P1736)。

(2)标明信号断续的输入或者输出速度的过度变化导致 DTCP0715 及 P0720 需要设置。

(3)如果公用速度传感器接地电路出现故障,则两个传感器输入电路都将读取空档怠速的输入速度传感器信号。由于输入速度传感器读取输入离合器轮毂的 60 齿,而输出速度传感器读取驻车档的 30 齿,因此结果为 1∶2 的视在速度比率,从而在停车时导致 DTCP1794 的设置。监控条件:当变速器正常时，传动比被连续监测。设置条件：如果在任何档位存在输入转速的过度变化。在点亮 MIL 之前，此 DTC 需要用 5min 来识别故障。可能原因：

(1)(T52)输入速度传感器信号电路开路；

(2)(T13)速度传感器接地电路开路；

(3)(T52)输入速度传感器信号电路接地短路；

(4)(T13)速度传感器接地电路接地短路；

(5)(T52)输入速度传感器信号电路对电压短路；

(6)(T13)速度传感器接地电路对电压短路；

(7)输入速度传感器故障；

(8)动力传动系模块故障。

16. P0720：输出速度传感器电路

故障说明可参考 P0715。监控条件：当变速器正常时，传动比被连续监测。设置条件：如果在任何档位存在输出转速的过度变化。在点亮 MIL 之前，此 DTC 需要用 5min 来识别故障。可能原因：

(1)输出速度传感器信号电路开路；

(2)速度传感器接地电路开路；

(3)输出速度传感器信号电路接地短路；

(4)速度传感器接地电路接地短路；

(5)输出速度传感器信号电路对电压短路；

(6)速度传感器接地电路对电压短路；

(7)输出速度传感器故障；

(8)动力传动系模块故障。

17. P0725：发动机速度传感器电路

变速器控制系统通过直接读取发动机曲轴位置传感器来计算发动机转速。该系统将计算值与发动机控制系统在控制器内部总线上传输的发动机速度传感器信号进行比较。监控条件：在点火开关打开、发动机运行时，每隔 7ms 连续监测。设置条件：当发动机运行时，计算出的发动机转速小于 390r/min，或者在 2.0 周期内发动机转速大于 8000r/min，此 DTC 将进行设置。当设置此 DTC 时，PCM 将变速器设为备用控制模式。可能原因：

(1)曲柄位置传感器或者导线；

(2)动力传动系模块。

18. P0731：1 档传动比错误

故障说明参见 P0715 及 P0720。监控条件：在点火开关打开、发动机运转且变速器啮合的情况下连续监测。设置条件：输入转速对输出转速的比率与当前的传动比不匹配。在点亮 MIL 之前，此 DTC 需要用 5min 来识别故障。可能原因：

(1)UD 活塞密封件切断；

(2)低液面；

(3)润滑油滤清器或者密封件破裂或者安装错误；

(4)主调压阀卡滞；

(5)超速离合器故障；

(6)UD 蓄压器密封圈切断；

(7)UD 蓄压器活塞破碎；

(8)反作用轴支架的密封圈破碎；

(9)管路压力低；

(10)主阀体放气孔破碎/缺失；

(11)反作用轴支架滴水口总成破碎/缺失；

(12)泵阀体平面机加工不良；

(13)输入速度传感器和相关导线；

(14)变速器电磁阀/TRS 总成；

(15)动力传动系模块。

19. P0732:2 档传动比错误

故障说明参见 P0731。可能原因：

(1)输入速度传感器或者导线；

(2)低液面；

(3)润滑油滤清器或者密封件破裂或者安装错误；

(4)电磁阀开关阀或者柱塞磨损；

(5)主调压阀卡滞；

(6)UD 或者 2C 离合器烧毁；

(7)2C 或者 UD 活塞密封件切断；

(8)2C 活塞铸件破碎；

(9)2C 放气孔破碎或者缺失；

(10)UD 放气孔破碎或者缺失；

(11)2C 或者 UD 蓄压器活塞密封件切断；

(12)2C 或者 UD 蓄压器活塞破裂；

(13)5 号或者 7 号止回球切断或者缺失；

(14)变速器电磁阀/TRS 总成；

(15)倒档中心齿轮的反作用托架焊缝破碎；

(16)输入离合器轮毂缺齿。

20. P0733:3 档传动比错误

故障说明参见 P0731。可能原因：

(1)输入速度传感器或者导线；

(2)低液面；

(3)润滑油滤清器或者密封件破裂或者安装错误；

(4)主阀体蓄压器罩弯曲或者破碎；

(5)电磁阀开关阀或者柱塞磨损；

(6)主调压阀卡滞；

(7)UD 或者 OD 离合器烧毁；

(8)OD 或者 UD 活塞密封件切断；

(9)UD 或者 OD 主阀体放气孔破碎或者缺失；

(10)UD 或者 OD 离合器活塞的放气孔破碎或者缺失；

(11)OD 或者 UD 蓄压器活塞密封件切断；

(12)OD 或者 UD 蓄压器活塞破裂；

(13)6 号止回球切断或者缺失；

(14)变速器电磁阀/TRS 总成；

(15)倒档托架与托架轮毂焊缝破碎；

(16)反作用轴支架的密封圈破碎；

(17)泵阀体面机加工不良。

21. P0734:4 档传动比错误

故障说明参见 P0731。可能原因:

(1)低液面;

(2)输入速度传感器或者导线;

(3)阀体蓄压器罩故障;

(4)OD 或者 4C 蓄压器密封件切断;

(5)OD 或者 4C 蓄压器活塞破裂;

(6)主阀体 OD 放气孔破碎或者缺失;

(7)4C 塔架密封件切断;

(8)变速器电磁阀/TRS 总成;

(9)5 号或者 6 号止回球切断或者缺失;

(10)电磁阀开关阀或者柱塞磨损;

(11)OD 或者 4C 活塞密封件切断;

(12)主调压阀卡滞;

(13)OD 或者 4C 离合器烧毁;

(14)2C/4C 固定器 4C 放气孔破碎或者缺失;

(15)反作用轴支架的密封圈破碎;

(16)泵阀体面机加工不良;

(17)反作用轴支架滴水口总成变松/缺失;

(18)OD/反转活塞放气孔破裂/变松/缺失;

(19)反向托架轮毂焊缝破碎;

(20)反向中心齿轮与反作用托架的焊缝破裂。

22. P0735:5 档传动比错误

故障说明参见 P0731。可能原因:

(1)低液面;

(2)输入速度传感器或者导线;

(3)阀体蓄压器罩故障;

(4)OD 或者 2C 蓄压器密封件切断;

(5)OD 或者 2C 蓄压器活塞破裂;

(6)主阀体 OD 放气孔破碎或者缺失;

(7)2C 塔架密封件切断;

(8)变速器电磁阀/TRS 总成;

(9)5 号、6 号或者 7 号止回球切断或者缺失;

(10)电磁阀开关阀或者柱塞磨损;

(11)OD 或者 2C 活塞密封件切断;

(12)主调压阀卡滞;

(13)OD 或者 2C 离合器烧毁;

(14)2C/4C 固定器 2C 放气孔破碎或者缺失;

(15)反作用轴支架的密封圈破碎;

(16)泵阀体面机加工不良;

(17)反作用轴支架滴水口总成变松/缺失;

(18)OD/反转活塞放气孔破裂/变松/缺失；

(19)反向托架轮毂焊缝破碎；

(20)反向中心齿轮与反作用托架的焊缝破裂。

23. P0736:倒档传动比错误

故障说明参见P0731。可能原因：

(1)低液面；

(2)主阀体上的LR塔架密封件切断；

(3)LR离合器活塞密封件切断；

(4)LR离合器放气孔(在LR离合器固定器里)破裂或者缺失；

(5)主阀体的LR蓄压器活塞密封件切断；

(6)主阀体的LR蓄压器活塞破裂；

(7)OD/REV活塞密封件切断；

(8)OD/REV放气孔(在OD/REV离合器活塞内)破裂或者缺失；

(9)反向托架轮毂焊缝破碎；

(10)反作用托架的反向中心齿轮破裂。

24. P0740:TCC超程

当位于2档、2准备档、3档、4档或者5档时，液力变矩器离合器(TCC)可以在满足某些特定条件时啮合，这是通过将LR电磁阀的工作循环增加至TCC滑差达到60r/min内来进行电子调节的，然后，LR电磁阀完全加电(FEMCC - 100%工作循环)。TCC滑差在FEMCC中监测，用于确保足够的离合器容量。监控条件:在电子调节转换器离合器(EMCC)的运行过程中。设置条件:变速器必须处于EMCC，且输入速度大于1750r/min。TCC－LR电磁阀实现最大工作循环，仍不能使TCC滑差达到60r/min的范围内。另外，当变速器处于FEMCC且TCC转差超过100r/min持续10s时，在点亮MIL之前，此DTC需要用5min来识别故障。可能原因：

(1)存在相关的DTCP0750；

(2)L/R电磁阀；

(3)TCC开关阀卡滞；

(4)TCC调压阀卡滞；

(5)输入轴密封圈切断；

(6)液力变矩器和/或变速器内部。

25. P0750:LR电磁阀电路

必须定期测试每个电磁阀电路的导通性，未激活的电磁阀将开启几毫秒，然后关闭。激活的电磁阀将关闭几毫秒，然后开启。这种电磁阀的电压脉动会引起感应尖峰，可由变速器控制系统感应到。如果在导通性检查过程中，变速器控制系统未感应到电感尖峰，应再次测试。如果连续三次测试未通过，则将设置相应的诊断故障代码(DTC)。如果电磁阀测试的运行响应传动比或者压力开关错误，一次失败则会导致相应DTC的设置。监控条件:最初是在加电时，此后每隔10s。在检测到传动比或者压力开关错误之后，还应立即进行电磁阀电路测试。设置条件:电磁阀导通性连续测试失败三次后，或因为传动比或压力开关错误导致电磁阀导通性测试失败1次后。注意:此DTC完全属于电气故障，不能由任何除了变速器电磁阀/TRS总成打开之外的任何变速器内部故障引起。如果需要，更换变速器电磁阀/TRS总成，不要更换阀体。可能原因：

(1)(T20)L/R电磁阀控制电路对其他电路短路；

(2)(T20)L/R电磁阀控制电路开路；

(3)(T20)L/R电磁阀控制电路接地短路；

(4)变速器电磁阀/TRS总成；
(5)动力传动系模块。
26. P0755:2C电磁阀电路
故障说明参见P0750。可能原因：
(1)(T219)2C电磁阀控制电路对其他电路短路；
(2)(T219)2C电磁阀控制电路开路；
(3)(T219)2C电磁阀控制电路接地短路；
(4)变速器电磁阀/TRS总成；
(5)动力传动系模块。
27. P0760:OD电磁阀电路
故障说明参见P0750。可能原因：
(1)(T60)OD电磁阀控制电路对其他电路短路；
(2)(T60)OD电磁阀控制电路开路；
(3)(T60)OD电磁阀控制电路接地短路；
(4)变速器电磁阀/TRS总成；
(5)动力传动系模块。
28. P0765:UD电磁阀电路
故障说明参见P0750。可能原因：
(1)(T59)UD电磁阀控制电路对其他电路短路；
(2)(T59)UD电磁阀控制电路开路；
(3)(T59)UD电磁阀控制电路接地短路；
(4)变速器电磁阀/TRS总成；
(5)动力传动系模块。
29. P0770:4C电磁阀电路
故障说明参见P0750。可能原因：
(1)(T259)4C电磁阀控制电路对其他电路短路；
(2)(T259)4C电磁阀控制电路开路；
(3)(T259)4C电磁阀控制电路接地短路；
(4)变速器电磁阀/TRS总成；
(5)动力传动系模块。
30. P0841:LR压力开关合理性

变速器系统使用5个压力开关来监测L/R、2C、4C、UD和OD离合器电路的液压。压力开关连续监测每个档位的正确状态。监控条件:点火开关打开、发动机运行时,连续监测。设置条件:如果L/R压力开关读取到给定档位在错误时间的打开或者关闭,DTC将进行设置。可能原因：

(1)初始压力损失及TCM电源输入不足DTC；
(2)低液面；
(3)管路压力低；
(4)倒档托架卡环离开原位；
(5)润滑油滤清器或者密封件破裂或者安装错误；
(6)主调压阀粘到泵阀体上；
(7)1号止回球切断或者损坏；
(8)导线和插头；

(9)(T50)L/R 压力开关感应电路开路；

(10)(T50)L/R 压力开关感应电路接地短路；

(11)(T50)L/R 压力开关感应电路对电压短路；

(12)变速器电磁阀/TRS 总成；

(13)动力传动系控制模块。

31. P0845:2C 液压测试

变速器控制系统在压力开关关闭时对其进行测试，以验证开关是否可操作（当施加压力时，开关闭合）。如果开关未能闭合，则重新测试。如果第二次测试仍未通过，则 DTC 将进行设置，MIL 将点亮，变速器系统将执行默认的正常停车程序。监控条件：当发动机转速超过1000r/min时，在任意前进档，在变速之后不久，此后每隔 1min。设置条件：在发动机转速超过 1000r/min 时，变速到前进档之后，PCM 瞬间对离合器电路施加压力。如果压力开关未闭合 2 次，则 DTC 将进行设置。可能原因：

(1)管路压力传感器；

(2)变速器油液污染；

(3)相关 TCM 电源输入 DTC 存在；

(4)变速器电磁阀/TRS 总成；

(5)油底壳中有过多残渣；

(6)管路压力传感器连接不良；

(7)存在变速器控制继电器 DTC；

(8)(F856)5V 电源电路开路；

(9)(F856)5V 电源电路接地短路；

(10)(T147)2C 压力开关传感电路对其他电路短路；

(11)变速器电磁阀/TRS 总成；

(12)内部变速器；

(13)动力传动系模块。

32. P0846:2C 压力开关合理性

故障说明参见 P0841。监控条件：在点火开关打开、发动机运转且变速器啮合的情况下连续监测。设置条件：如果 2C 压力开关读取到给定档位在错误时间的打开或者关闭，DTC 将进行设置。可能原因：

(1)相关 TCM 电源输入 DTC 存在；

(2)(T147)2C 压力开关感应电路开路；

(3)(T147)2C 压力开关感应电路接地短路；

(4)(T147)2C 压力开关感应电路对其他电路短路；

(5)2C 离合器电路中油液泄漏过量；

(6)5 号及 7 号止回球是否切断或者损坏；

(7)7 号止回球套筒下游的附加止回球；

(8)管路压力低；

(9)变速器电磁阀/TRS 总成；

(10)动力传动系模块；

(11)导线和插头。

33. P0868:管路压力低

管路压力是通过管路压力传感器(LPS)测量的，并通过改变压力控制电磁阀(PCS)的工作循环而调节。(5%工作循环＝电磁阀关闭＝最高管路压力，62%工作循环＝电磁阀打开＝最低管路压力)连续比较所需管路压力与实际管路压力，如果在驾驶过程中，实际管路压力总是低于目标值，则DTCP0868将设置。监控条件：在用前进档驾驶的同时连续进行。设置条件：PCM连续监测实际管路压力并与所需管路压力做比较。如果实际管路压力连续3.5s低于所需管路压力超过103kPa，此DTC将进行设置。可能原因：

(1)低液面；

(2)(F856)5V电源电路开路；

(3)管路压力传感器连接不良；

(4)(F856)5V电源电路接地短路；

(5)(F856)5V电源电路对电压短路；

(6)(T140)压力控制电磁阀控制电路对其他电路短路；

(7)内部变速器；

(8)管路压力传感器；

(9)润滑油滤清器破裂、堵塞或者安装错误；

(10)过滤器上的冷却器回水螺旋(如果配备的话)变松；

(11)主调压阀卡滞；

(12)动力传动系模块。

34. P0869：管路压力高

故障码说明参见P0868。监控条件：在用前进档驾驶的同时连续进行。设置条件：如果实际管路压力始终高于当前档位所用的最高所需管路压力，则DTCP0869将设置。如果实际管路压力读数＞827kPa，而压力控制电磁阀工作循环处于或者接近最大值(这应产生最低管路压力)连续3.5s，则DTC将进行设置。可能原因：

(1)(F856)5V电源电路开路；

(2)管路压力传感器连接；

(3)(T140)压力控制电磁阀控制电路开路；

(4)(F856)5V电源电路接地短路；

(5)(T140)压力控制电磁阀控制电路接地短路；

(6)变速器控制继电器输出电路；

(7)管路压力传感器；

(8)主调压阀卡滞；

(9)动力传动系模块。

35. P0870：OD液压测试

故障码说明参见DTC P0845。监控条件：当发动机转速超过1000r/min时，在任意前进档，在变速之后不久，此后每隔1min。设置条件：在发动机转速超过1000r/min时，变速到前进档之后，PCM瞬间对离合器电路施加压力。如果压力开关未闭合2次，则DTC将进行设置。可能原因：

(1)管路压力传感器；

(2)变速器油液污染；

(3)存在相关DTC；

(4)变速器电磁阀/TRS总成；

(5)油底壳中有过多残渣；

(6)管路压力传感器连接不良；

(7)相关TCM电源输入DTC存在；

(8)(F856)5V电源电路开路；

(9)变速器控制继电器输出电路开路；

(10)(F856)5V 电源电路接地短路；

(11)(T9)OD 压力开关感应电路对其他电路短路；

(12)变速器电磁阀/TRS 总成；

(13)内部变速器；

(14)动力传动系模块。

36. P0871:OD 压力开关合理性

故障码说明参见 DTCP0846。监控条件:在点火开关打开、发动机运行时,连续监测。设置条件:如果压力开关中的一个在给定档位时,在错误的时间打开或者关闭,则相应的 DTC 将进行设置。可能原因:

(1)存在管路压力 DTC;

(2)4 号或者 6 号止回球是否切断或者损坏；

(3)(T9)OD 压力开关感应电路开路；

(4)(T9)OD 压力开关感应电路接地短路；

(5)(T9)OD 压力开关感应电路对其他电路短路；

(6)管路压力低；

(7)导线和插头；

(8)OD/REV 活塞密封件切断；

(9)OD/REV 活塞放气孔破碎或者缺失；

(10)反作用轴支架的密封圈破碎；

(11)泵阀体面机加工不良；

(12)反作用轴支架滴水口总成破碎/缺失；

(13)变速器电磁阀/TRS 总成；

(14)OD 蓄压器活塞密封件切断；

(15)OD 蓄压器活塞破裂；

(16)主阀体 OD 放气孔破碎或者缺失；

(17)动力传动系模块。

37. P0875:UD 液压测试

故障码说明参见 DTC P0845。监控条件:当发动机转速超过 1000r/min 时,在任意前进档,在变速之后不久,此后每隔 1min。设置条件:在发动机转速超过 1000r/min 时,变速到前进档之后,PCM 瞬间对离合器电路施加压力。如果压力开关未闭合 2 次,则 DTC 将进行设置。可能原因:

(1)管路压力传感器；

(2)变速器油液污染；

(3)存在相关 DTC;

(4)变速器电磁阀/TRS 总成；

(5)油底壳中有过多残渣；

(6)管路压力传感器连接不良；

(7)存在变速器控制继电器 DTC;

(8)(F856)5V 电源电路开路；

(9)(F856)5V 电源电路接地短路；

(10)(T29)UD 压力开关感应电路对其他电路短路；

(11)变速器电磁阀/TRS 总成；

(12)内部变速器；

(13)动力传动系模块。

38. P0876:UD压力开关合理性

故障码说明参见DTC P0841。监控条件:在点火开关打开、发动机运行时,连续监测。设置条件:如果UD压力开关在当前档位时处于错误状态,此DTC将进行设置。例如,如果变速器处于第2档,而UD压力开关仍保持关闭,此代码将设置。可能原因:

(1)存在相关的继电器DTC;

(2)低液面;

(3)2号止回球切断或者损坏;

(4)管路压力低;

(5)润滑油泵过滤器或者密封破裂或者安装错误;

(6)过滤器上的冷却器回水螺旋(如果配备的话)变松;

(7)主调压阀粘到泵阀体上;

(8)(T29)UD压力开关感应电路开路;

(9)(T29)UD压力开关电路接地短路;

(10)(T29)UD压力开关感应电路对其他电路短路;

(11)变速器电磁阀/TRS总成;

(12)动力传动系模块。

39. P0882:TCM电源输入低

当变速器处于正常运行模式时,变速器控制继电器用来向电磁阀和压力开关供电。继电器输出通过针脚16、17和36反馈到TCM,这称为"变速器控制继电器输出"。此电路不向TCM供电,只是感应电路。当继电器关闭时,无电源供应给电磁阀和压力开关,变速器处于"备用控制"或者"缺省"模式。变速器控制继电器输出电压不足会导致DTCP0846、P0869、P0871、P0876或者P0988的设置。这并不表明变速器或者电磁阀/TRS出现内部故障。监控条件:当点火开关从"关闭"位置转到"运行"位置及从"起动"位置转到"运行"位置时。设置条件:在PCM对继电器加电时,若动力传动系控制模块的变速器控制继电器输出电路电压<3.0V,此DTC设置。可能原因:

(1)(A104)装有熔丝的B(+)电路开路;

(2)(T16)变速器控制继电器输出电路开路;

(3)(T16)变速器控制继电器输出电路接地短路;

(4)(T15)变速器控制继电器控制电路开路;

(5)(T15)变速器控制继电器控制电路接地短路;

(6)(Z915)变速器控制继电器接地电路开路;

(7)变速器控制继电器保持开路;

(8)动力传动系模块。

40. P0883:TCM电源输入高

当处于车辆正常运行模式时,变速器控制继电器用来给变速器电磁阀/TRS总成供电(变速器控制继电器输出)以及给PCM的针脚C4-19、C4-28和C4-38供电。变速器控制继电器的目的在于使PCM在变速器由于DTC而需要转入"准备控制"模式时,关闭变速器电磁阀/TRS总成的电源。在PCM重新设置之后(点火开关转到运行位置,或者在起动发动机之后),PCM通过在变速器控制继电器加电之前检查变速器控制继电器输出电路的电压来验证变速器控制继电器触点是否打开。如果检测到电压,DTC将设置。监控条件:当点火开关从"关闭"位置转到"运行"位置及从"起动"位置转到"运行"位置时。设置条件:如果在PCM要求对变速器控制继电器加电之前,动力传动系控制模块感应到变速器控制继电器输出电路的电压超过 3.0V，此 DTC 设置。可能原因：

(1)(T15)变速器控制继电器控制电路对电压短路；

(2)(T16)变速器控制继电器输出电路对电压短路；

(3)变速器控制继电器；

(4)变速器电磁阀/TRS 总成；

(5)动力传动系模块。

41. P0884：高速下通电

如果车辆的变速器控制系统失电，则电磁阀(L/R、2C、OD、UD、4C)将进入各自的停电状态。某些电磁阀是常开的，而某些电磁阀是在停电状态下应用的。变速器设计成能在所有电磁阀在此状态时处于第 3 档。但是，如果恢复供电，变速器控制系统将加电，同时恢复正常运行。当档位选择器在"驾驶"位置，而车辆的运动速度超过 32km/h 时，此代码确定变速器控制系统恢复电源。此 DTC 并不是标明变速器或者变速器控制系统有故障，而是表明装有熔丝的点火开关输出、B(+)或者 TCM 接地电路存在间歇故障。另外，如果执行关闭点火再重启操作，DTC 可以设置。因此，如果车辆在经受间歇的第 3 档运行、随后恢复正常运行，就必须调查此 DTC。监控条件：当动力传动系控制模块初始加电时。设置条件：如果 PCM 加电并感应到车辆处于有效的前进档，无 PRNDLDTC，且输出速度高于 800r/min，即，大约 32km/h，此 DTC 将设置。

42. P0890：可切换的蓄电池

监控条件：当点火开关从"关闭"位置转到"运行"位置及从"起动"位置转到"运行"位置时。设置条件：如果在变速器控制继电器加电之前，动力传动系控制模块感应到压力开关输入的任意电压，则此 DTC 设置。可能原因：

(1)压力开关感应电路对电压短路；

(2)变速器电磁阀/TRS 总成；

(3)动力传动系模块。

43. P0932：管路压力传感器电路

监控条件：在点火开关打开、发动机运转且变速器啮合的情况下连续监测。设置条件：PCM 连续监测实际管路压力并与所需管路压力做比较。如果实际管路压力读数比所需管路压力高 172.4kPa，但是低于当前档位曾经使用的最高管路压力，则 DTC 设置。可能原因：

(1)管路压力传感器插头和导线；

(2)管路压力传感器插头未完全安装好；

(3)内部变速器；

(4)动力传动系模块。

44. P0934：管路压力传感器电路低电位

监测的管路压力传感器电压应始终在 0.35～4.75V 之间。若监测到这些参数以外的电压，则标明管路压力传感器或者导线故障，会导致 DTCP0934 或者 P0935 设置。监控条件：在点火开关打开、发动机运行时，连续监测。设置条件：当监测的管路压力传感器电压≤0.35V 且持续 0.18s 时，此 DTC 设置。可能原因：

(1)(F856)5V 电源电路开路；

(2)(F856)5V 电源电路接地短路；

(3)(T38)管路压力传感器信号开路；

(4)(T38)管路压力传感器信号接地短路；

(5)管路压力传感器；

(6)动力传动系控制模块。

45. P0935:管路压力传感器电路高电位

监控条件:在点火开关打开、发动机运行时,连续监测。设置条件:如果监测的管路压力传感器电压≥4.75V且持续0.18s时,此DTC设置。可能原因:

(1)(T38)管路压力传感器信号电路开路;

(2)(K900)传感器接地电路开路;

(3)(T38)管路压力传感器信号电路对电压短路;

(4)管路压力传感器;

(5)动力传动系模块。

46. P0944:液压泵初始压力损失

初始压力损失测试用于防止在暂时的润滑油泵初始压力损失期间出现变速器缺省故障码和错误故障码,此压力损失会在恶劣的制动、起动等条件下的低变速器液位时发生,并预示着更为敏感的故障,例如滤清器堵塞或者破裂。初始压力损失DTC是由变速器系统的液压损失设置的。如果出现此状况,将导致车辆不能运动。监控条件:如果变速器挂入任意前进档且所有压力开关均不指示压力,就需要进行初始压力损失测试。设置条件:如果变速器开始挂入某前进档,并且所有本应闭合的压力开关打开,则初始压力损失测试开始。有效的元件通过PCM打开,以确认是否存在润滑油泵初始压力。如果无压力开关响应,此DTC设置。可能原因:

(1)换档杆失调;

(2)液面不正确;

(3)润滑油滤清器或者密封件破裂或者安装错误;

(4)冷却器回流过滤器变松;

(5)主调压阀卡滞;

(6)变速器润滑油泵。

47. P0957:AutoStick电路低电位

AutoStick开关位于换档杆总成(SLA)中,选择所要求的档位通过AutoStick上/下感应电路发送到PCM以啮合所要求的档位。常用的AutoStick® 电压为:下=0.71~1.11V,上=2.02~2.41V。监控条件:点火开关打开、发动机运转及0.5s之后。设置条件:当监测时,AutoStick上/下感应电路电压降到低于0.35V。可能原因:

(1)(T5)AutoStick上/下感应电路接地短路;

(2)(T5)AutoStick上/下感应电路对其他电路短路;

(3)换档杆组件;

(4)变速器控制模块。

48. P0958:AutoStick电路高电位

故障说明参见P0958。监控条件:点火开关打开、发动机运转及0.5s之后。设置条件:当监测的AutoStick上/下感应电路电压升至超过4.75V。可能原因:

(1)(T5)AutoStick上/下感应电路开路;

(2)(K900)传感器接地电路开路;

(3)(T5)AutoStick上/下感应电路对电压短路;

(4)(T5)AutoStick上/下感应电路对其他电路短路;

(5)换档杆组件;

(6)变速器控制模块。

49. P0987:4C液压测试

故障说明参见P0845。监控条件：当发动机转速超过1000r/min时，在任意前进档，在变速之后不久，此后每隔1min。设置条件：在发动机转速超过1000r/min时，变速到前进档之后，PCM瞬间对离合器电路施加压力。如果压力开关未闭合2次，则DTC将进行设置。可能原因：

(1)管路压力传感器；

(2)变速器油液污染；

(3)存在相关DTC；

(4)变速器电磁阀/TRS总成；

(5)油底壳中有过多残渣；

(6)管路压力传感器连接不良；

(7)相关TCM电源输入DTC存在；

(8)(F856)5V电源电路开路；

(9)(F856)5V电源电路接地短路；

(10)(T48)4C压力开关感应电路对其他电路短路；

(11)变速器电磁阀/TRS总成；

(12)内部变速器；

(13)动力传动系模块。

50. P0988：4C压力开关合理性

故障说明参见P0846。监控条件：在点火开关打开、发动机运转且变速器啮合的情况下连续监测。设置条件：如果4C压力开关读取到给定档位在错误时间的打开或者关闭，DTC将进行设置。可能原因：

(1)相关TCM电源输入DTC存在；

(2)DTCP0871也存在；

(3)12V馈电损失；

(4)(T48)4C压力开关感应电路开路；

(5)(T48)4C压力开关感应电路接地短路；

(6)4C离合器电路油液泄漏过多；

(7)5号止回球切断或者损坏；

(8)管路压力低；

(9)变速器电磁阀/TRS总成；

(10)动力传动系模块；

(11)导线和插头。

51. P1684：蓄电池断开

PCM使用蓄电池供电的RAM(随机存取存储器)来保存某些学习值。当蓄电池B(+)断开时，记忆消失。当B(+)恢复接通时，此记忆消失由变速器控制系统检测到。DTC进行设置，学习值初始化至已知常数或者EEPROM(电子可擦可编程只读存储器)的先前学习值。这会导致某些参数的重新初始化。监控条件：无论点火开关何时处于运行/起动位置。设置条件：只要动力传动系控制模块与装有熔丝的B(+)或者接地断开，此DTC将设置。还可以使用扫描工具执行蓄电池断开及快速学习程序来设置。可能原因：

(1)蓄电池断开；

(2)扫描工具蓄电池断开完成；

(3)更换或者断开 PCM；

(4)快速学习完成。

52. P1715：T3 范围内的限制手动阀

监控条件：只要 PRNDL 代码标明 Temp3。设置条件：当 DTCP1776 的条件满足，或者在换档杆处于温度 3 区域时，三次挂第一档尝试失败，此 DTC 将设置。这表明手动阀阀口由于换档杆未完全挂到驾驶位置而受限。可能原因：

(1)存在相关的变速器 DTC；

(2)驾驶人驾驶习惯；

(3)换档杆失调。

53. P1736：2 档起动传动比错误

监控条件：在点火开关打开、发动机运转且变速器啮合的情况下连续监测。设置条件：如果输入转速对输出转速的比率与当前的传动比不匹配。在点亮 MIL 之前，此 DTC 需要用 5min 来识别故障。可能原因：

(1)输入速度传感器或者导线；

(2)低液面；

(3)润滑油滤清器或者密封件破裂或者安装错误；

(4)电磁阀开关阀或者柱塞磨损；

(5)主调压阀卡滞；

(6)UD 或者 4C 离合器烧毁；

(7)4C 或者 UD 活塞密封件切断；

(8)4C 活塞铸件破碎；

(9)4C 放气孔破碎或者缺失；

(10)UD 放气孔破碎或者缺失；

(11)4C 或者 UD 蓄压器活塞密封件切断；

(12)4C 或者 UD 蓄压器活塞破裂；

(13)变速器电磁阀/TRS 总成；

(14)倒档中心齿轮的反作用托架焊缝破碎；

(15)输入离合器轮毂音轮缺齿。

54. P1775：电磁阀开关阀锁在 TCC 位置

当 L/R 电磁阀加电时，电磁阀开关阀(SSV)控制变速器油液的方向。SSV 处于第 1 档的降速换档位置，这样就将油液引导至 L/R 离合器电路。在第 2 档到第 5 档，它处于加速换档位置，将油液引导至液力变矩器离合器(TCC)。换档至第 1 档时，执行特定的液压顺序，以确保 SSV(电磁阀开关阀)移动至向下换档位置。监测 L/R 压力开关，以确定 SSV 的运动。如果未确认运动(L/R 压力开关未闭合)，EMCC 将被抑制，直至 SSV 运行确认。监控条件：在尝试变速至第 1 档过程中。设置条件：如果在给定的点火开关起动的情况下，3 次尝试将电磁阀开关阀(SSV)换档到减速换档位置失败，则此 DTC 将设置。在点亮 MIL 之前，此 DTC 需要用 5min 来识别故障。可能原因：

(1)存在相关的 DTC P0841；

(2)电磁阀开关阀卡滞；

(3)L/R 压力开关感应电路对其他电路短路；

(4)变速器电磁阀/TRS 总成；

(5)动力传动系模块。

55. P1776：电磁阀开关阀锁在 LR 位置

监控条件：当执行部分或者完整 EMCC－PEMCC 或者 FEMCC 时，连续操作。设置条件：如果在执行 PEMCC 或者 FEMCC 时，变速器感应到 L/R 压力开关闭合。在两次尝试执行 PEMCC 或者 FEMCC 失败之后，此 DTC 将设置。在点亮 MIL 之前，此 DTC 需要用 5min 来识别故障。可能原因：

(1)存在相关的 DTC P0841；

(2)L/R 压力开关感应电路开路；

(3)L/R 压力开关感应电路接地短路；

(4)电磁线圈开关阀；

(5)动力传动系统模块；

(6)中断的导线和插头。

56. P1790：变速之后立即出现故障

此 DTC 仅与传动比 DTC 一起储存。如果此 DTC 设置，则表明可能存在液压(管路压力)或者机械故障。对变速器的诊断应基于相关的速比 DTC 并应首先考虑机械原因。监控条件：在速比错误储存之后。设置条件：如果相关的速比 DTC 在变速之后的 1.3s 内储存，此 DTC 设置。

57. P1794：速度传感器接地错误

(1)在正常情况下，如果传动比与已知传动比不对应，则设置相应的正常故障代码(DTCP0731～36 与 P1736)。

(2)标明信号断续的输入或者输出速度的过度变化导致 DTCP0715 及 P0720 需要设置。

(3)如果公用速度传感器接地电路出现故障，则两个传感器输入电路都将读取空档怠速的输入速度传感器信号。由于输入速度传感器读取输入离合器轮毂的 60 齿，而输出速度传感器读取驻车档的 30 齿，因此结果为 1∶2 的视在速度比率，从而在停车时导致 DTCP1794 的设置。

监控条件：当变速器正常时，传动比被连续监测。设置条件：在控制器重新设置到空档之后，以及输入输出比率为 1∶2。在点亮 MIL 之前，此 DTC 需要用 5min 来识别故障。可能原因：

—(T13)速度传感器接地电路开路；

—(T13)速度传感器接地电路接地短路；

—(T13)速度传感器接地电路对电压短路；

—动力传动系模块。

58. P2700：元件容量不足 LR

对摩擦元件上所需的变速器油的容量实时监控，以便进行适应性控制。随着离合器摩擦材料的磨损，离合器所需的油量也增加。某些变速器机械故障会引起油液漏光，导致该 DTC 的产生。此 DTC 通常与其他 DTC 一同设置，表明存在变速器内部故障。监控条件：只要发动机正在运行，当节气门开度＜5°时，L/R 离合器容积指数(CVI)在 3-1 或者 2-1 手动减速换档过程中更新。变速器温度至少要达到 43℃。设置条件：当 L/R 离合器容积指数(CVI)低于 16 时。可能原因：

(1)阀体出现液压泄漏;

(2)L/R 离合器活塞回位弹簧或者弹簧限位器破裂;

(3)L/R 蓄压器弹簧破裂;

(4)变速器电磁阀/TRS 总成;

(5)动力传动系模块。

59. P2701:元件容量不足 2C

故障码说明参见 P2700。监控条件:只要发动机正在运行,当节气门开度在 10°～54°之间时,2C 离合器容积指数(CVI)在 3-2 档换低档过程中更新。变速器温度至少要达到 43°C。设置条件:当 2C CVI 低于 5 时,可能原因:

(1)阀体出现液压泄漏;

(2)2C 离合器活塞回位弹簧破裂/卡环离开原位;

(3)蓄压器弹簧破裂;

(4)变速器电磁阀/TRS 总成;

(5)动力传动系模块。

60. P2702:元件容量不足 OD

故障码说明参见 P2700。监控条件:只要发动机正在运行。当节气门角度处于 10°～54°之间,进行 2 档到 3 档换档操作时,更新 OD 离合器容量指数(CVI)。变速器温度至少要达到 43℃。设置条件:OD CVI 降到 5 以下时。可能原因:

(1)阀体出现液压泄漏;

(2)OD 蓄压器弹簧破损;

(3)破损 OD/REV 活塞环形弹簧或移位卡环;

(4)油泵组件内漏;

(5)变速器电磁阀/TRS 总成;

(6)动力传动系模块。

61. P2703:元件容量不足 UD

故障码说明参见 P2700。监控条件:只要发动机正在运行,节气门角度在 10°～54°之间,进行 4 档到 3 档的换低档操作时,UD 离合器容量指数(CVI)得到更新。变速器温度至少要达到 43°C。设置条件:当 UD CVI 降至 11 以下。可能原因:

(1)UD 蓄压器弹簧损坏;

(2)UD 离合器活塞弹簧损坏或卡环错位;

(3)油泵或阀体组件内漏;

(4)变速器电磁阀/TRS 总成;

(5)动力传动系模块。

62. P2704:元件容量不足 4C

故障码说明参见 P2700。监控条件:只要发动机正在运行,当节气门角度处于 10°～54°之间,进行 3 档到 4 档换档操作时,4C 离合器容量指数(CVI)得到更新。变速器温度至少要达到 43°C。设置条件:当 4C CVI 降到 5 以下时。可能原因:

(1)4C 回位弹簧损坏或卡环错位;

(2)4C 蓄压器弹簧损坏;

(3)阀体出现液压泄漏;

(4)变速器电磁阀/TRS 总成；

(5)动力传动系模块。

63. P2706:MS 电磁阀电路

如果在对电磁阀导通性检查过程中，变速器控制系统未感应到电感尖峰，应再次测试。如测试连续 3 次失败，将显示相应诊断故障码(DTC)。如电磁阀测试是由传动比或压力开关错误引发的，一次故障将导致故障码的产生。监控条件:开始加电时，而后每隔 10min。在检测到传动比或者压力开关错误之后，还应立即进行电磁阀回路测试。设置条件:电磁阀导通性测试连续失败 3 次后，或因为传动比或压力开关错误导致电磁阀导通性测试失败 1 次后。注意:此故障码只适用于电子故障，而非内变速器故障。可能原因：

(1)(T118)MS 电磁阀控制电路对另一电路短路；

(2)(T118)MS 电磁阀控制电路开路；

(3)(T118)MS 电磁阀控制电路对地短路；

(4)变速器电磁阀/TRS 总成；

(5)动力传动系模块。

三、基本检查与故障诊断

1. 自动变速器诊断特点

注意:在对 545RFE 型自动变速器进行任何修理之前，使用扫描工具检查诊断故障码。

变速器故障可能由以下常见情况导致：

(1)发动机性能不良；

(2)调整不适当；

(3)液压故障；

(4)机械故障；

(5)电气故障。

这些故障的诊断总是从检查易于查找的变化开始，润滑油油位和状况、换档拉线的调整。然后执行道路测试，以确定问题是否已经校正，或者必须进行其他诊断。若完成前述测试和处理后，故障仍然存在，应该执行液压检查。

2. 预检

(1)可驾驶车辆：

—记录所有 DTC 和与一起出现的 DTC 事件数据。

—查看适用于用户投诉的合适的维修技术报告。

—检查油液液位和油液状况。

—进行路试，并注意变速器升档、降档以及啮合的方式。

—如果投诉与换档质量有关，运行快速读入程序。

—如果换档方面投诉问题继续存在，将发动机转速在 1500r/min 转速时的驻车档、前进档和倒车档实际管路压力(扫描工具中的传感器读数)，并与期望管路压力值进行对比。在点火钥匙接通/发动机停止运转状况下检测 LP 传感器读数是否为 30(应显示的最小值)。

—运行空气压力测试，检测离合器的运行。

—更换变速器电磁阀/TRS 组件并重新运行快速读入程序和驾驶学习程序。

—如果投诉问题仍存在，拆下并检查变速器并视需要修理。

(2)不能行驶车辆：

—记录所有 DTC 和与一起出现的 DTC 事件数据。

—发动机运转状态将变速器挂档，检查 PRNDL 读数是否正确。使用扫描工具观察输入和输出转速。如果输出转速大于零但车辆并不移动，在空档检查分动箱(或内部故障)、后驱传动轴故障以及驱动轴的故障或驱动轴被断开。如果输出转速为零而输入转速大于零，表示变速器内部存在滑转。使用扫描工具进行离合器滑转测试，检查油底壳中的碎片，并对各离合器回路进行空气压力检测。

—将变速器换入空档，如果输入转速和输出转速均为零，检查波形弹簧、液力变矩器以及变速器输入轴。

—如果换档方面投诉问题继续存在，将 1500r/min 转速时的驻车档、前进档和倒车档实际管路压力(扫描工具中的传感器读数)与期望管路压力值进行对比。在点火钥匙开/发动机停止运转状况下检测 LP 传感器读数是否为显示的最小值。如果压力不正确，检查油液液位和油液状况。

—拆下并检查变速器，视需要对其进行修理。

3. 路试

路试前确保已经检查油位和控制拉线的调节情况并视需要进行调节。确认是否所有诊断故障码已经解决。路试过程中观察发动机性能。调节不当的发动机无法对变速器操作进行准确的分析。在所有档位范围内操作变速器。检查换档过程的变化以及发动机转速是否突然升高，这表示滑转发生。发动机转速突然升高表示滑转出现，通常意味着离合器、超速离合器或管路压力出现故障。离合器应用图是分析路试结果的基础。

4. 油压测试

545RFE 型自动变速器壳体上只提供了两个测压口，如图 12-30 所示，液力变矩器离合器接合和分离口位于变速器壳体右侧，压力传感器位于左侧。有两种方法可以确定主油路压力：可以用诊断工具从主油路压力传感器读取主油路压力；第二种方法如图 12-31 所示，在变速器安装管路压力适配器 8259(3)，然后再在适配器安装压力表和原传感器(2)。这样，扫描工具读数和压力表读数就得以比较，从而可以判断管路压力传感器读数是否精确。诊断工具的主油路压力读数应当与压力表的读数相符，差值在±69kPa 之内。

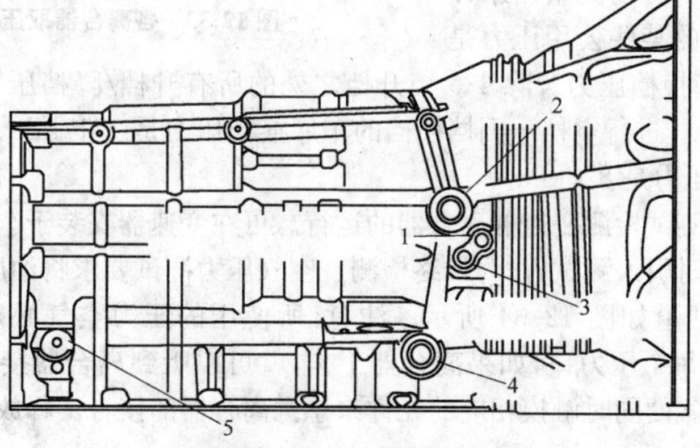

图 12-30　油压测试孔

1. 液力变矩器离合器分离　2. 制冷却器　3. 液力变矩器离合器接合

4. 自冷却器　5. 主油路压力传感器

为了正确找到其他测压口的位置，必须拆下变速器油盘、压力口螺塞，并如图 12-32 所示安装阀体压力口转换接头 8258－A(2)，转换接头 8258－A，其外伸部分允许将压力表装到阀体上。识别压力口的位置可参见图 12-33。

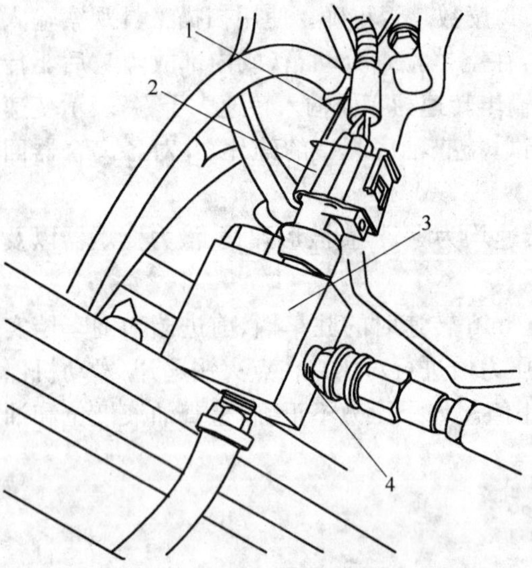

图 12-31 测量主油压专用工具

1. 主油路压力传感器口 2. 主油路压力传感器 3. 8259 工具 4. 测压口

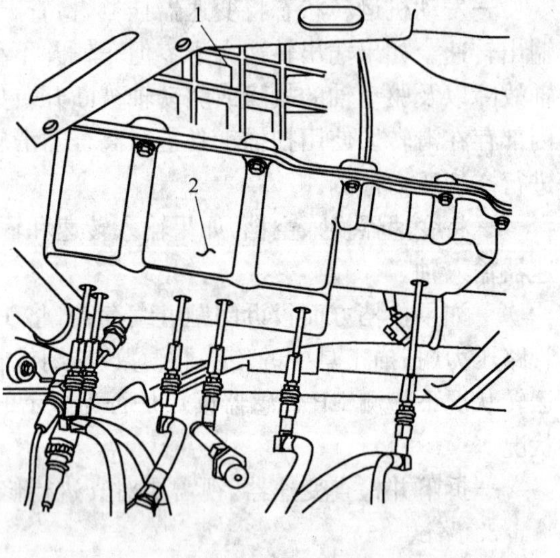

图 12-32 安装阀体压力口转换接头 8258-A

1. 主油路压力传感器口 2. 主油路压力传感器

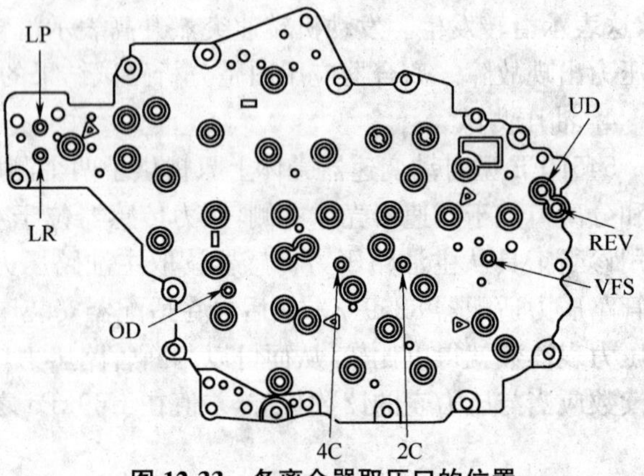

图 12-33 各离合器取压口的位置

所有压力读数都应在正确加注变速器、正常工作温度并且发动机转速为 1500r/min 的情况下进行。检查变速器在各个要测试的档位或者特定的元件是否正确工作，至少要在使用该元件的两个档位检查压力读数。可以测量用来评价油泵和离合器性能的某些公用压力是升档/降档压力和车库换档压力。除 4-5 档升档之外的所有升档/降档压力都是 827kPa。4-5 档升档压力是 896kPa。进行空档—倒档换档的车库换档压力是 1517kPa。倒档/空档和空档/1 档换档的车库换档压力是 827kPa。

可使用空气压力测试检测变速器离合器的运行。可在变速器安装于车辆之上时，也可在变速器位于试验台架上时引入测试，作为最终检测。空气压力测试要求将油底壳和阀体从变速器中拆除，离合器测试油道如图 12-34 所示。注意：所使用的压力空气必须干燥无尘，压力为 207kPa。将空气通入每个压力口，如果离合器工作，就可以听到离合器接合时轻柔的撞击声。还可以在通入压力空气的同时触摸相应的元件来感觉离合器的接合。释放空气压力，离合器应当分离。

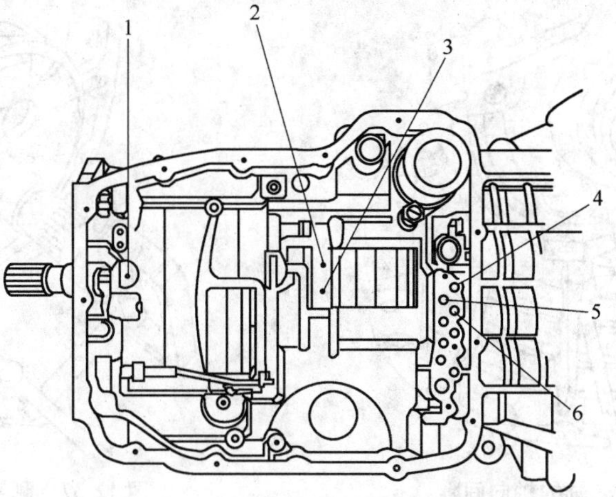

图 12-34　空气压力测试口的位置

1. 低倒档离合器　2. 4 档离合器　3. 2 档离合器
4. 超速档离合器　5. 低档离合器　6. 倒档离合器

四、自动变速器的解体

(1)排干变速器油。

(2)用适当的溶剂或压力水清洗变速器外部。

(3)从变速器拆下液力变矩器。

(4)从变速器上拆下手动换档杆。

(5)从变速器壳体上拆下输入、输出和主油路压力传感器。

(6)检查传感器的端部是否有碎屑，这是变速器存在故障的征兆。

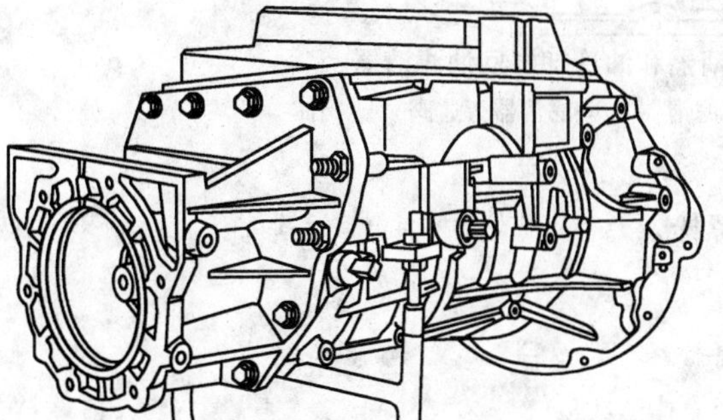

图 12-35　将支架 8257 安装到变速器壳体

(7)将支架 8257 安装到变速器壳体上，如图 12-35 所示。

(8)如图 12-36 所示，使用轴向偏差工具套装 8266(1)里的适配器 8266-1 和百分表 C-3339(2)，测量并记录输入轴轴向偏差。注意：测量输入轴轴向偏差时，应能感觉到两次“停顿”。内推输入轴，百分表归零，外拉输入轴时感觉到的第一次“停顿”是输入离合器外壳轮毂内输入轴的运动。轴向偏差测量值应不包括此值，因此应记录此值并从最后的百分表读数中扣除。

(9)拆下用于将变速器延伸壳体/转换接头壳体连接到变速器壳体上的螺栓。

(10)从变速器壳体上拆下延伸壳体/转换接头壳体。

(11)如图 12-37 所示，使用轴向偏差工具套装内的 8266(2)定位板 8261(1)，适配器 8266-17 和百分表 C-3339(3)，测量并记录输出轴轴向偏差。

(12)拆下将变速器油盘固定螺栓。

(13)从变速器壳体上拆下变速器油盘。

图 12-36　测量输入轴的轴向间隙

1. 工具 8266　2. 工具 C-3339

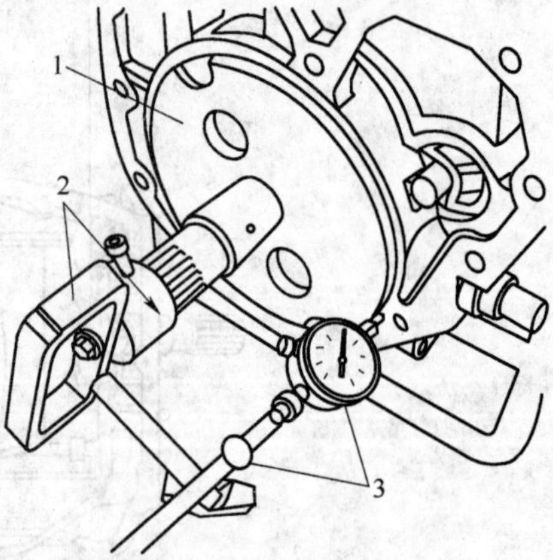

图 12-37　测量输出轴的轴向偏差

1. 工具 8261　2. 工具 8266　3. 工具 C-3339

(14)如图 12-38 所示，拆下初级油滤清器和油冷却器回油滤清器。

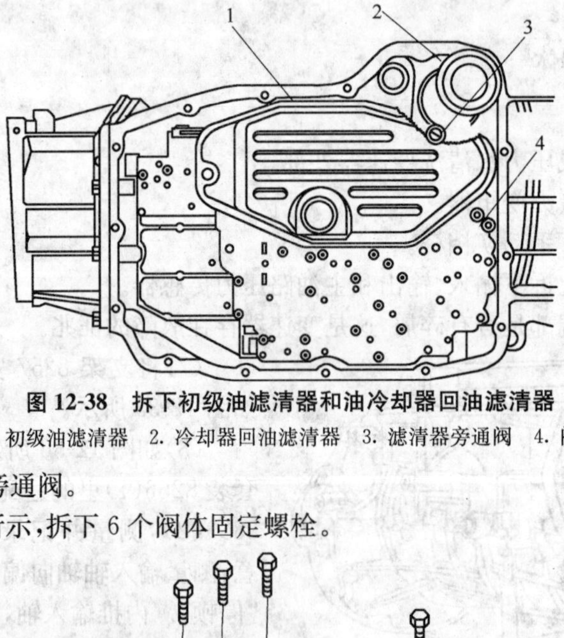

图 12-38　拆下初级油滤清器和油冷却器回油滤清器

1. 初级油滤清器　2. 冷却器回油滤清器　3. 滤清器旁通阀　4. 阀体

(15)拆下冷却器旁通阀。

(16)如图 12-39 所示，拆下 6 个阀体固定螺栓。

图 12-39　拆下阀体固定螺栓

(17)从变速器壳体上拆下阀体。

(18)如图 12-40 所示,拆下前盖固定外卡环。

(19)拆下将变速器前盖固定在油泵上的内卡环,见图 12-40 所示。

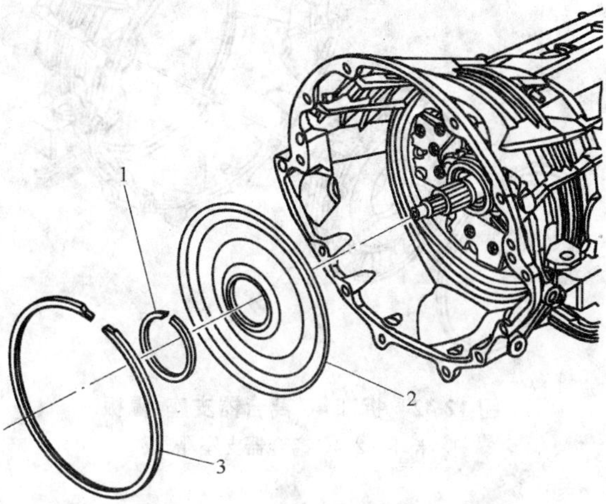

图 12-40　拆下前盖固定外卡环

1. 内卡环　2. 前盖　3. 外卡环

(20)用一个长的、钝的工具穿过壳体上的阀体区开口,从变速器壳体上拆下变速器前盖。

(21)参见图 12-21,拆下变速器内的润滑油泵固定螺栓。

(22)参见图 12-21,拆下润滑油泵。将输入轴向内固定,以防止用润滑油泵拉动输入离合器组件。若拆卸润滑油泵时输入轴移动,输入离合器组件将会和润滑油泵一起向前移动,输入离合器组件内的 2 号、3 或 4 号轴承将有可能错位。

(23)如图 12-41 所示,从输入离合器总成上拆下 1 号轴承。

(24)见图 12-41,从变速器壳体上拆下输入离合器总成。

(25)见图 12-41,从输入离合器总成或 4C 离合器支座/隔板上拆下 5 号轴承。

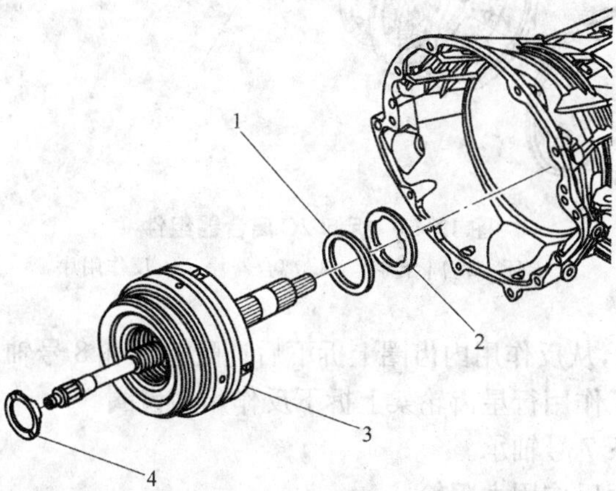

图 12-41　拆下输入离合器总成

1.5 号轴承　2. 止推片选配　3. 输入离合器总成　4.1 号轴承

(26)如图 12-42 所示,从变速器壳体上拆下 4C 离合器支座/隔板锥形卡环。

(27)见图 12-42,从变速器壳体上拆下 4C 离合器支座/隔板。

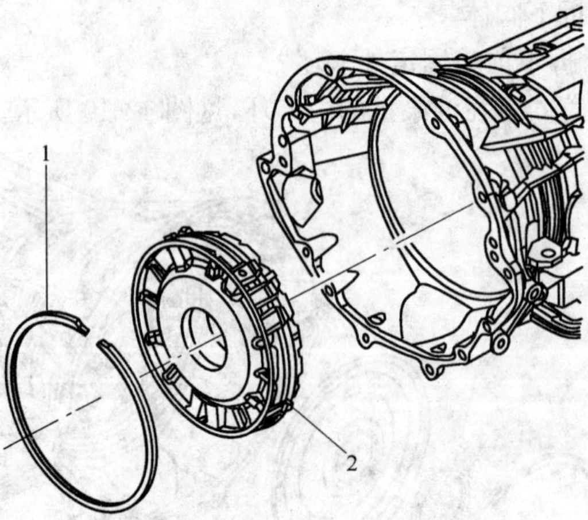

图 12-42 拆卸 4C 离合器支座/隔板

1. 卡环 2. 4C 离合器支座/隔板

(28)如图 12-43 所示,从变速器壳体上拆 2C 离合器组件卡环。

(29)见图 12-43,从变速器壳体上拆 2C 离合器组件。

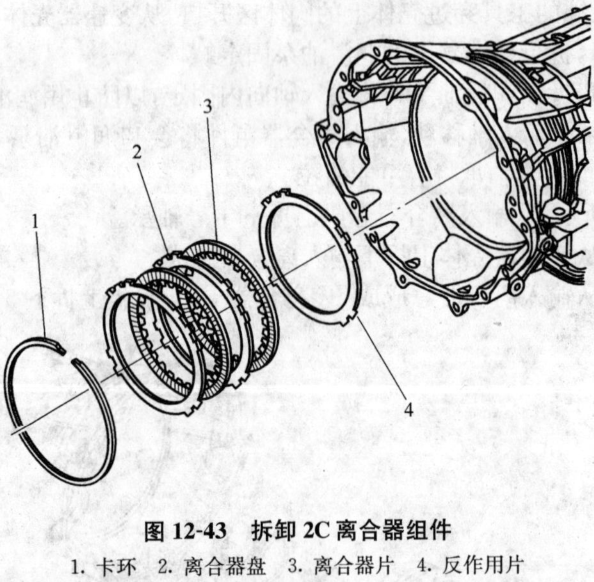

图 12-43 拆卸 2C 离合器组件

1. 卡环 2. 离合器盘 3. 离合器片 4. 反作用片

(30)如图 12-44 所示,从反作用内齿圈上拆下后选配垫片和 8 号轴承。

(31)见图 12-44,从反作用行星齿轮架上拆下反作用内齿圈。

(32)见图 12-44,拆下 7 号轴承。

(33)见图 12-44,拆下反作用太阳轮。

(34)见图 12-44,从反作用行星齿轮架上拆下 8 号轴承。

(35)见图 12-44,拆下反作用行星齿轮架。

(36)见图 12-44,从倒档行星齿轮装置上拆下 9 号轴承。

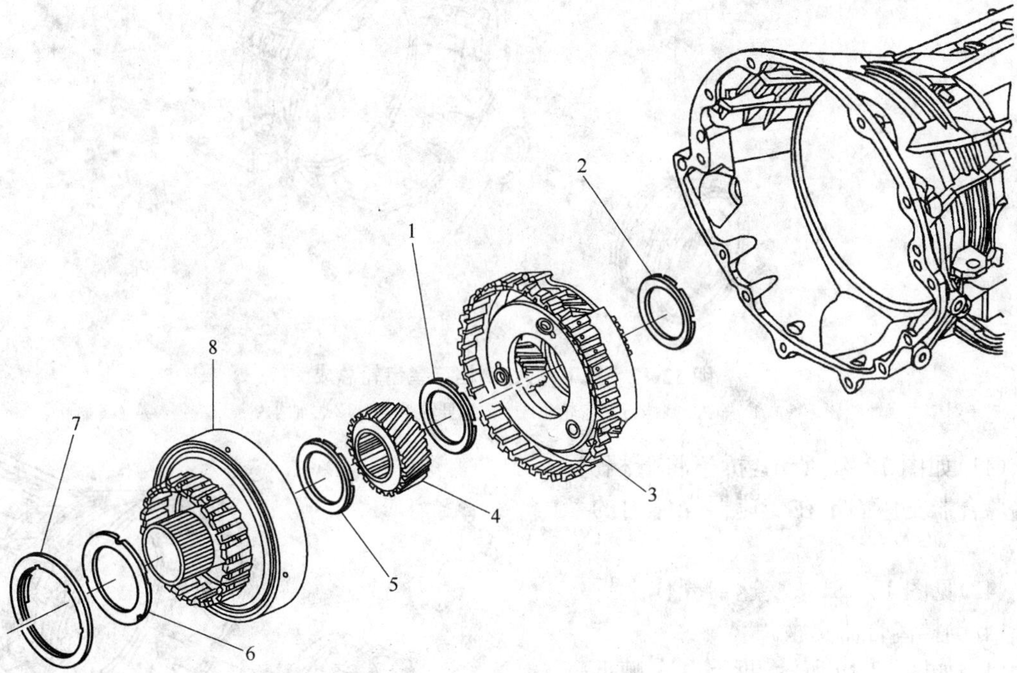

图 12-44　拆卸反作用内齿圈和行星齿轮架

1. 8 号轴承　2. 9 号轴承　3. 反作用行星齿轮架　4. 反作用太阳轮　5. 7 号轴承　6. 止推片　7. 6 号轴承　8. 反作用内齿圈

(37)如图 12-45 所示,拆下将驻车棘轮固定到输出轴上的卡环 1。

(38)如图 12-46 所示,从输出轴上拆下驻车棘轮 1。

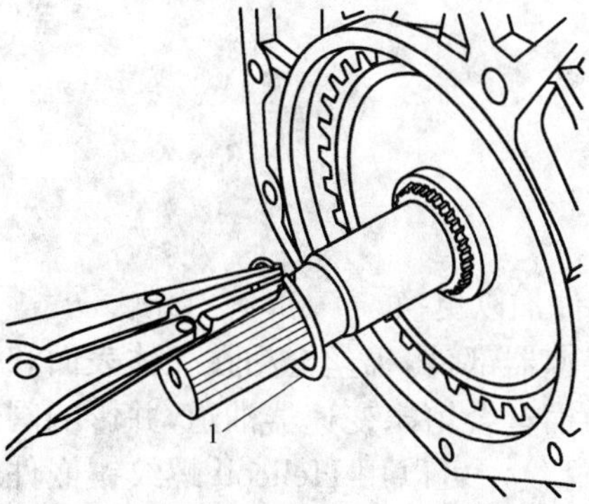

图 12-45　拆卸驻车棘轮卡环

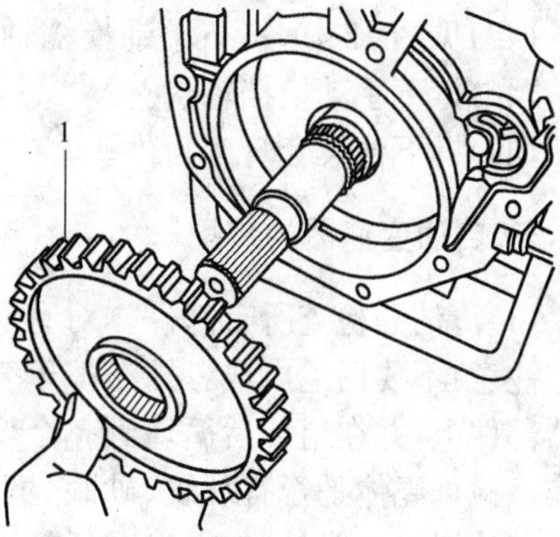

图 12-46　从输出轴上拆下驻车棘轮

(39)如图 12-47 所示,拆下输入/倒档行星齿轮总成。

(40)见图 12-47,从输入/倒档行星齿轮总成拆下 12 号轴承。

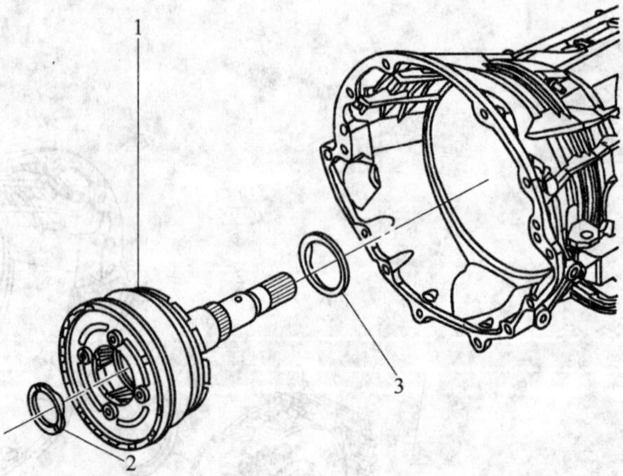

图 12-47　拆下输入/倒档行星齿轮总成

1. 输入/倒档行星齿轮总成　2. 9 号轴承　3. 12 号轴承

(41)如图 12-48 所示,拆下将低档/倒档离合器支座固定在变速器壳体内的卡环。

(42)见图 12-48,从变速器壳体上拆下低档/倒档离合器支座。

(43)如图 12-49 所示,拆下驻车棘爪杆和 E 形夹子。

(44)见图 12-49,拆下驻车棘爪杆导向器卡环。

(45)见图 12-49,拆下驻车棘爪杆导向器。

(46)见图 12-49,拆下驻车棘爪枢轴、驻车棘爪和弹簧。

(47)见图 12-49,拆下手动换档轴。

(48)拆下手动换档轴封。

(49)拆下油尺套管密封件。

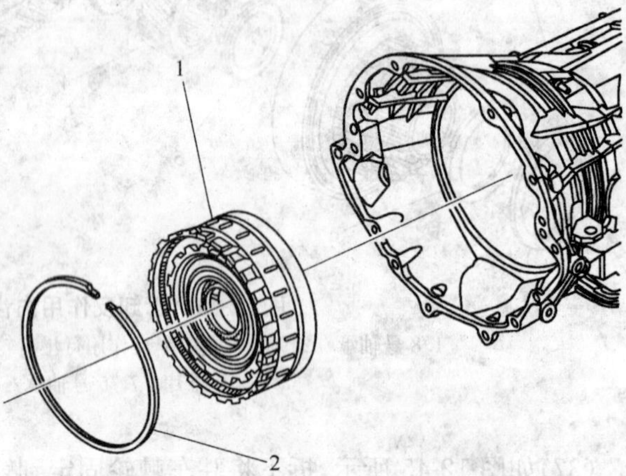

图 12-48　拆卸低档/倒档离合器支座

1. 低档/倒档超越离合器总成　2. 卡环

五、自动变速器的装配

(1)清洁并检查所有部件。对有明显磨损或划痕和部件加以更换。

注意:不要用毛巾或者抹布擦干壳体或者任何其他变速器部件,棉丝会粘在壳体表面和变速器部件上,并在组装后循环到整个变速器。足够数量的棉丝会堵塞变速器油道,并影响阀体工作。检查壳体是否有裂纹、砂眼、磨损的孔或者损坏的螺纹。可以用 Helicoil 螺纹镶嵌件修理损坏的螺纹。但是,如果出现任何形式的损坏或者磨损,则要更换壳体。在有必要使用砂布的地方可以使用砂布,在轴或阀上使用砂布时尤其要小心以避免磨平其锐边。锐边对于防止外来物质滞留在阀和阀孔之间是非常重要的。在大修过程中不要使用用过的油封、衬垫、密封圈或 O 形圈,一定要更换这些零件。也不要使用已经弯曲或变形的卡环或 E 形夹子,这些零件也要加以更换。在大修和组装过程中要用 9602 型 Mopar® ATF＋4 变速器油润滑变速器零件。

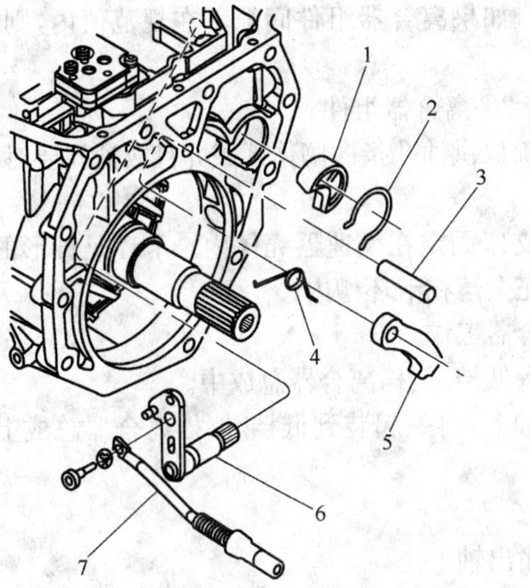

图 12-49　拆卸手动轴/驻车锁止部件

1. 导向器　2. 卡环　3. 轴　4. 弹簧　5. 驻车棘爪　6. 手动轴/杆　7. 驻车杆

使用凡士林、Mopar®DoorErase 或者 Ru-Glyde 预润滑密封、O 形圈和止推垫圈，凡士林还可以在组装过程中用于固定零件。在溶剂箱中清洗壳体，用溶剂彻底冲刷壳体孔和油道，用压缩空气吹干壳体和所有油道，确保所有溶剂从壳体清除干净，并且所有油道清洗干净。

(2)安装冷却器滤清器旁通阀。

(3)按规定的力矩拧紧旁通阀。阀上的螺纹是锥形管螺纹，拧紧力矩过大会损坏变速器壳体。将冷却器滤清器旁通阀拧紧至 11.3N·m。

(4)如图 12-50 所示，用密封安装器 8253 安装新的换档轴。

(5)安装手动换档轴和固定螺钉。将换档轴固定螺钉拧紧至 28N·m。

(6)见图 12-49，安装驻车棘爪、弹簧和轴。

(7)见图 12-49，安装驻车杆和 E 形夹子。

(8)见图 12-49，安装驻车杆导向器和卡环。

(9)如图 12-51 所示，用密封件安装器 8254 安装新的油尺套管密封。

(10)见图 12-43，将 2C 反作用片装入变速器壳体内。反作用片是有方向的，其平面侧应该朝向变速器前端。

(11)见图 12-43，将 2C 离合器组件装入变速器壳体内。

(12)见图 12-43，将 2C 离合器平口卡环装入变速器壳体内。

(13)将 4C 支座/隔板装入变速器壳体。要确保供油孔指向阀体区域。

(14)将 4C 支座/隔板的锥形卡环装入变速器壳体。要确保卡环的开口端要位于壳体中，朝向阀体区域。

图 12-50　安装新的换档轴

1. 密封件　2. 工具 8253

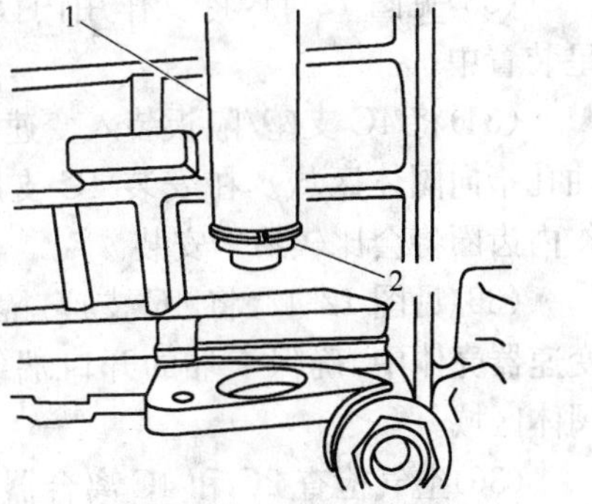

图 12-51　用工具 8254 安装油尺套管密封

1. 工具 8254　2. 密封件

(15)将塞尺穿过变速器壳体后端的开口处，在四个点上测量 2C 反作用片和变速器壳体之间的 2C 离合器组件间隙。这些测量值的平均值就是 2C 离合器组件间隙。正确的离合器间隙应该是 0.533～1.27mm。反作用片是不可选配的。如果离合器组件间隙不在规范值内，则反作用片、所有摩擦片和钢盘都必须加以更换。

(16)从变速器壳体上拆下 4C 支座/隔板和所有 2C 离合器组件。

(17)见图 12-48，安装低档/倒档离合器总成。确保供油孔指向阀体区域并且放油孔要对准变速器壳体后端的凹槽。

(18)见图 12-48，安装卡环将低档/倒档离合器支座固定在变速器壳体内。卡环是锥形的，安装时必须使锥形侧朝前。安装完后，要确认卡环完全落在卡环槽内。

(19)空气检查低档/倒档离合器并确认超越离合器工作。

(20)见图 12-47，将倒档/输入行星齿轮总成装入低档/倒档离合器总成中。

(21)将 12 号轴承装到后行星齿轮装置的输出轴上，再一起装到低档/倒档离合器总成上。轴承的平面侧应朝向离合器总成。

(22)见图 12-46，将驻车棘轮装到输出轴上。

(23)见图 12-45，安装卡环，将驻车棘轮固定在输出轴上。

(24)见图 12-43，将 2C 反作用片装入变速器壳体内。反作用片是有方向的，安装时必须使其平面侧朝向变速器的前端。

(25)见图 12-43，将 2C 离合器组件装入变速器壳体中。

(26)将 8 号轴承装到反作用行星架的内侧，使其圆形侧与行星架相靠。

(27)见图 12-44，将反作用行星架齿轮装置和 9 号轴承装入变速器壳体中。

(28)见图 12-43，将 2C 离合器的平口卡环装入变速器壳体内。

(29)见图 12-44，将反作用太阳轮装到反作用行星齿轮装置上，确保小台肩面向变速器的前端。

(30)见图 12-44，将 7 号轴承装到反作用太阳轮上，使其平面侧与太阳轮相靠。

(31)如图 12-52 所示，将输出轴选配止推片装到反作用内齿圈上，使油槽面向内齿圈齿，并且如图所示对准凸耳和凹槽。

(32)见图 12-44，安装与输出轴选配垫片相靠的 6 号轴承，使其平面侧与垫片相靠。

(33)见图 12-44，将反作用内齿圈装入反作用行星装置中。

(34)将 4C 支座/隔板装入变速器壳体中，确保进油孔指向阀体区域。在安装 4C 支座/隔板时转动反作内齿圈将会比较易于安装。

(35)见图 12-42，将 4C 支座/隔板锥形卡环装入变速器壳体中，确保卡环的开口端位于壳体中，开向阀体区域。

(36)空气检查 2C 和 4C 离合器的工作。

(37)见图 12-37，测量并记录输出轴的轴向间隙。正确的输出轴轴向间隙为 0.22～0.55mm，必要时加以调整。安装所选的输出轴选配垫片并重新测量轴向间隙以确认所选的垫片。

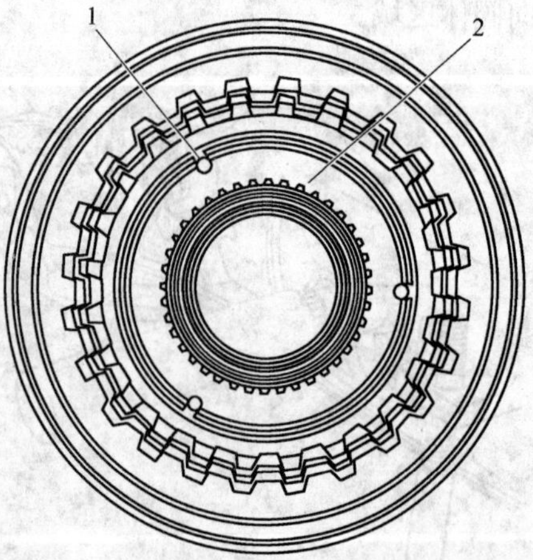

图 12-52　止推片对准

1. 工具 8254　2. 密封件

(38)涂上 RTV 硅胶并将延伸/转换接头壳体装到变速器壳体上。

(39)安装用于将延伸/转换接头壳体固定到变速器壳体上的螺栓并将其拧紧至 54N·m。

(40)见图 12-41,将 5 号轴承装入 4C 离合器支座/隔板台。

(41)见图 12-41,将输入离合器总成装入变速器壳体中。通过输入速度传感器孔目测检查输入离合器总成以确保其完全安装好。如果能够看见输入离合器总成上的触发轮,则表示总成已完全装好。

(42)见图 12-41,将 1 号轴承装入输入离合器总成的凹坑中,使其平面侧朝下。

(43)见图 12-21,将油泵安装到变速器壳体上。

(44)安装用于将油泵固定到变速器壳体上的螺栓,将油泵螺栓拧紧至 28N·m。

(45)见图 12-36,测量并记录输入轴的轴向间隙,正确的输出轴轴向间隙为 0.46～0.89mm。必要时加以调整。将所选的选配垫片装到 5 号轴承上并重新测量轴向间隙以确认所选的垫片。

(46)见图 12-40,将变速器前盖装入变速器壳体中。

(47)见图 12-40,安装用于将变速器前盖固定到变速器壳体上的外卡环。

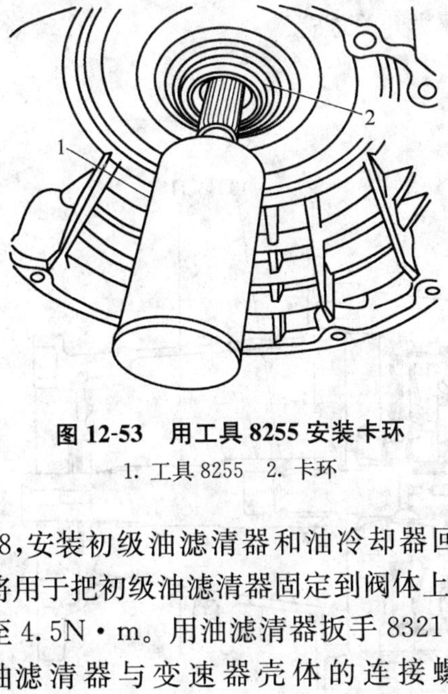

图 12-53　用工具 8255 安装卡环

1. 工具 8255　2. 卡环

(48)见图 12-40,将变速器前盖内卡环部分地安装到油泵上。

(49)如图 12-53 所示,用安装器 8255 将变速器前盖内卡环的剩余部分安装到油泵上。

(50)见图 12-39,安装阀体。将阀体和变速器壳体的连接螺栓拧紧至到 12N·m。

(52)在油盘上涂上 RTV 硅胶并安装变速器油盘,将螺栓拧紧至 12N·m。

(53)安装输入、输出和主油路压力传感器,将螺栓拧紧至 12N·m。

(54)见图 12-38,安装初级油滤清器和油冷却器回油滤清器。将用于把初级油滤清器固定到阀体上的螺钉拧紧至 4.5N·m。用油滤清器扳手 8321 将冷却器回油滤清器与变速器壳体的连接螺栓拧紧至 14N·m。

(55)安装变矩器。用变速器油润滑油泵密封唇,对正液力变矩器和油泵,小心将液力变矩器插入油泵。然后来回转动液力变矩器,直到完全与油泵齿轮接合。

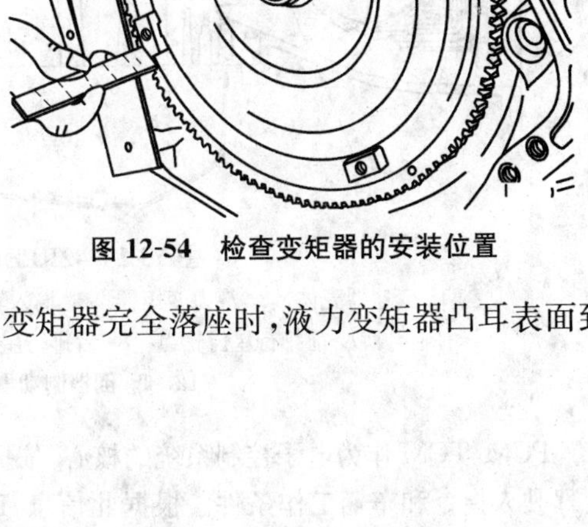

图 12-54　检查变矩器的安装位置

(56)检查变矩器的安装位置。如图 12-54 所示,用刻度尺和直尺检查液力变矩器的支承面,液力变矩器完全落座时,液力变矩器凸耳表面到到直尺后部的距离应当为 13mm。

第十三章 42RLE 型自动变速器

第一节 结构特点与技术参数

一、结构特点

克莱斯勒 300C(2.7/3.5L 发动机)和 08 款牧马人吉普(2008JEEP WRANGLER)搭载 42RLE 型自动变速器,这一款电子控制四速自动变速器由自适应电子控制装置进行控制。42RLE 自动变速器内部总体构造如图 13-1 所示,变速器执行元件包含有低速档、超速档和倒档离合器的输入离合器总成以及 2/4 档制动器和低/倒档制动器。其主要机械部件包括:3 个多片输入离合器、2 个多片制动器、4 个液压蓄压器、2 个行星齿轮组、液压润滑油泵、阀体和电磁阀/压力开关总成。

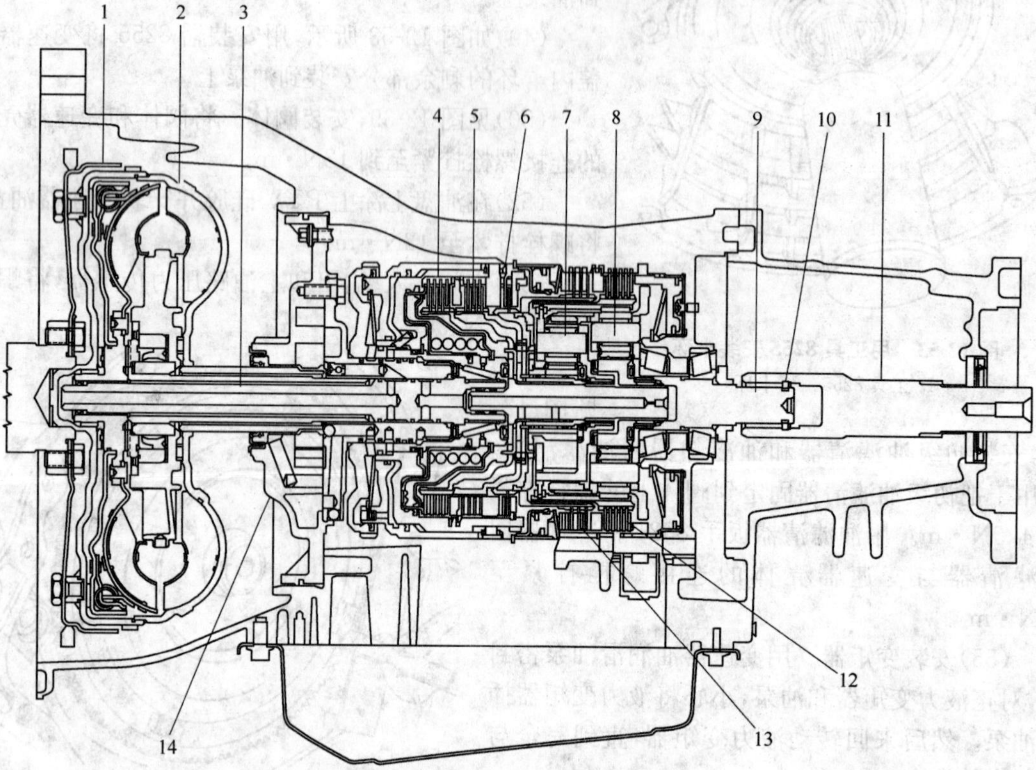

图 13-1 42RLE 型自动变速器的总体构造

1. 变速器壳体 2. 液力变矩器 3. 输入轴 4. 低速离合器 5. 超速离合器 6. 倒档离合器 7. 前排行星齿轮组 8. 后排行星齿轮组 9. 输出轴 10. 花键 11. 中间轴 12. 低/倒档制动器 13. 2/4 制动器 14. 油泵

PCM/TCM 作为电子控制系统的核心,依据各种直接与间接输入装置(传感器、开关等)的信息确定驾驶人指令和车辆工作条件。根据此信息,PCM/TCM 进行计算并通过各种输出装置或控制装置

(电磁阀组、变速器控制继电器等)进行及时、高质量的换档操作。PCM/TCM 还执行某些自诊断功能并提供对正确诊断和维修有帮助的全面信息(传感器数据、DTC 等)。

二、主要技术参数

1. 基本参数

42RLE 自动变速器的基本参数见表 13-1。

表 13-1　42RLE 四速变速器基本参数

档位	传动比	档位	传动比
1 档	2.84∶1	4 档	0.69∶1
2 档	1.57∶1	R 档	2.21∶1
3 档	1.00∶1		
油液类型		Mopar® ATF+4	
油液容量(L)		保养加注:3.8　大修:8.3	

2. 主要螺栓拧紧力矩规范

42RLE 自动变速器主要螺栓的拧紧力矩规范见表 13-2。

表 13-2　主要螺栓拧紧力矩规范　(N·m)

螺栓	拧紧力矩	螺栓	拧紧力矩
液力变矩器壳体与发动机连接螺栓	68	油泵与变速器壳体连接螺栓	30
液力变矩器与驱动盘连接螺栓	88	反作用轴支架螺栓	28
变速器油滤清器与阀体连接螺栓	5	阀体与变速器壳体连接螺栓	12
低倒档离合器座与变速器壳体连接螺栓	5	阀体与传递盘连接螺栓	5
转换接头/外伸壳体螺栓	54	冷却器管接头	47.5
手动阀拉杆与手动阀连接螺栓	5	输出轴螺母	271
油盘与变速器壳体连接螺栓	20		

3. 间隙数据

42RLE 自动变速器主要间隙数据见表 13-3。

表 13-3　主要间隙数　(mm)

离合器间隙	规定值	离合器间隙	规定值
低速/倒档离合器(选择反应板)	0.89～1.47	润滑油泵间隙	
2/4 离合器(无选择)	0.76～2.64	内齿轮与月牙板	0.093～0.385
倒档离合器(选择卡环)	0.89～1.37	外齿轮至凹槽	0.089～0.202
超速档离合器(无选择)	1.07～3.25	外齿轮侧间隙	0.020～0.046
减速档离合器(选择压力板)	0.913～1.50	内齿轮侧间隙	0.020～0.046
润滑油泵间隙		输入轴端隙	
外齿轮与月牙板	0.060～0.298	端隙	0.13～0.64

第二节　动力传递路线与换档执行元件

一、动力传递路线分析

42RLE 自动变速器动力传递路线如图 13-2 所示，自动变速器档位变化是靠不同执行元件工作来实现的，我们可以通过执行元件工作表来了解各档位的执行元件工作情况，见表 13-4。

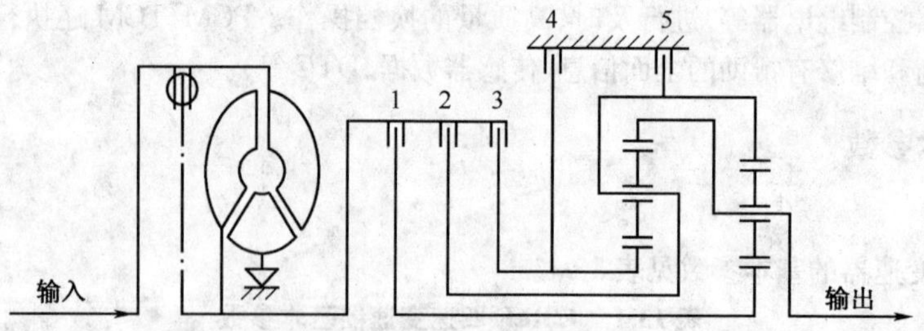

图 13-2 动力传递路线

1. 降速档离合器 2. 超速档离合器 3. 倒档离合器 4. 前排行星齿轮 5. 后排行星齿轮 6. 低/倒档保持离合器 7. 2/4 档保持离合器

表 13-4 执行元件工作表

档位	输入离合器			制动离合器	
	UD	OD	REV	2/4	L/R
P					X
R			X		X
N					X
OD-OVERDRIVE					
1档	X				X
2档	X			X	
3档	X	X			
4档		X		X	
D-DRIVE *					
1档	X				X
2档	X			X	
3档	X	X			
L-LOW *					
1档	X				X
2档	X			X	
3档	X	X			

1. R档动力传递路线

R档动力传递路线如图 13-3 所示，在 R 档时，R 档离合器和 L/R 制动器参与了操作。

(1)倒档离合器接合，倒档离合器将输入轴的动力传递至倒档太阳轮。

(2)L/R 制动器接合，OD 行星架被锁定，因此输出齿圈逆时针转动，实现倒档传动比2.21∶1。

2. 1档动力传递路线

1档动力传递路线如图 13-4 所示，在 1 档时，UD 离合器和 L/R 离合器参与了操作。

(1)在 1 档时，低速离合器以及 L/R 离合器参与了工作。来自输入轴的发动机动力通过低速离合器传递至低速太阳轮。当车辆静止时，输出行星架也静止，所以使低/倒档齿圈产生逆时针转动趋势。

(2)因为 L/R 离合器锁定了低/倒档齿圈，只有输出行星齿架顺时针转动。因此，可以达到 1 档传动比 2.84∶1。

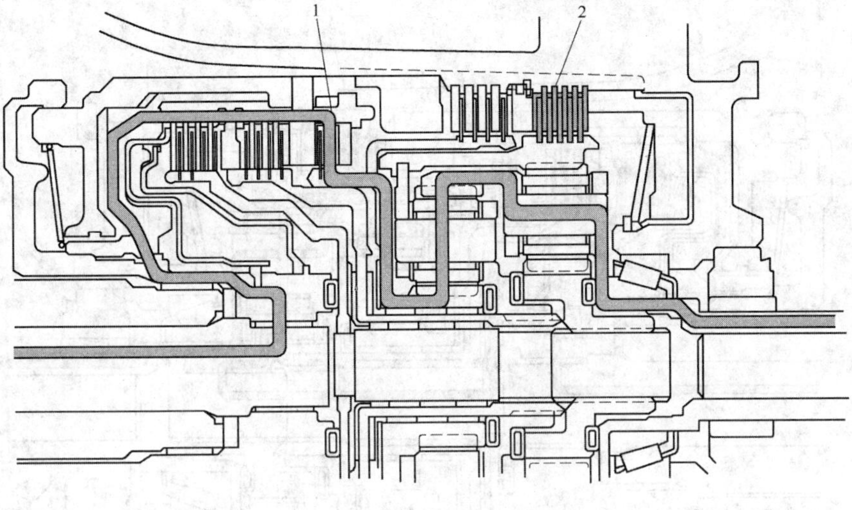

图 13-3 R 档动力传递路线

1. 低/倒档离合器接合(保持后齿圈前行星架) 2. 倒档离合器接合(转动前太阳轮)

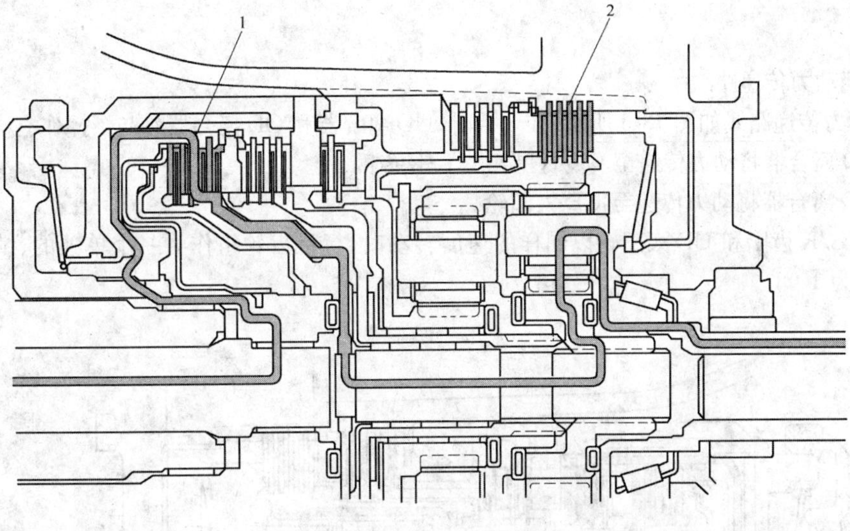

图 13-4 1 档动力传递路线

1. 降速档离合器接合(转动后太阳轮) 2. 低/倒档离合器接合(保持后齿圈/前行星架)

3. 2 档动力传递路线

2 档动力传递路线如图 13-5 所示,在 2 档时,低速离合器和 2/4 档离合器参与了操作。

(1)通过释放 L/R 制动器,L/R 齿圈可以自由转动,并且因为施加了 2 档制动器,倒档太阳轮被锁定。

(2)通过 L/R 齿圈传递的动力使超速行星轮绕着倒档太阳轮转动,并且使 OD 行星架顺时针转动。

(3)因为 OD 行星架与 L/R 齿圈连接,所以 L/R 齿圈也顺时针转动。

(4)L/R 齿圈的转动加上输出行星架在 1 档时的转动可以达到 2 档传动比 1.57∶1。

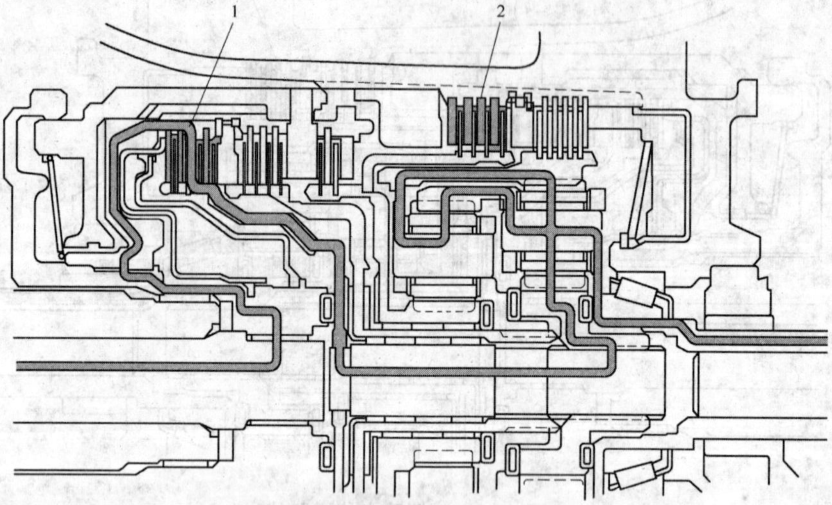

图 13-5 2档动力传递路线

1. 降速档离合器接合(转动后太阳轮) 2. 2/4档离合器接合(保持前太阳轮)

4. 3档动力传递路线

3档动力传递路线如图13-6所示,在3档时,UD离合器和OD离合器参与了操作。

(1)OD离合器将动力传递至OD行星架及L/R齿圈。

(2)UD离合器将动力传递至UD太阳轮。

(3)当L/R齿圈和UD太阳轮以同样的速度转动时,行星齿轮组作为一个单独的、锁定的装置转动,传动比为1∶1。

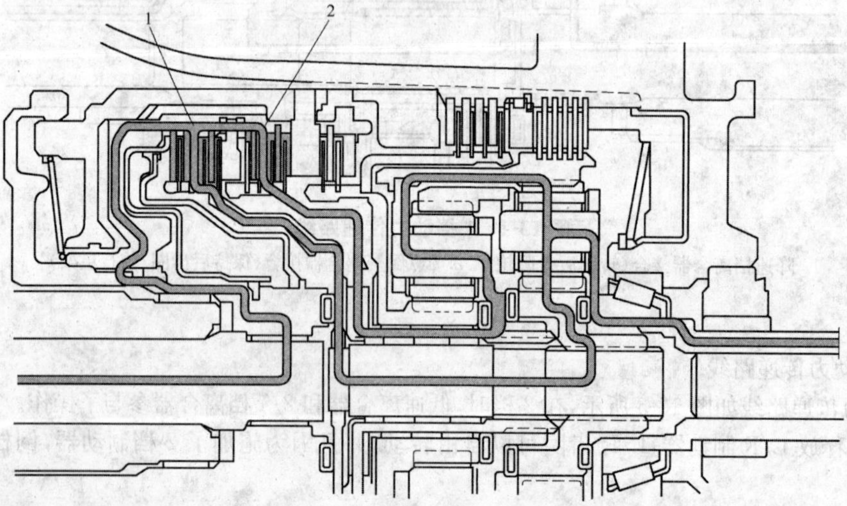

图 13-6 3档动力传递路线

1. 降速档离合器接合(转动后太阳轮) 2. 超速档离合器接合(转动前行星架/后齿圈)

5. 4 档动力传递路线

4 档动力传递路线如图 13-7 所示，在 4 档时，OD 离合器和 2/4 离合器参与了操作。

(1)OD 离合器将动力传递至 OD 行星架。

(2)因为倒档太阳轮被 2 档制动器锁定，OD 行星轮顺时针转动时，输出齿圈的转速是 OD 行星架以及 OD 行星轮的转速之和，实现超速档传动比 0.69：1。

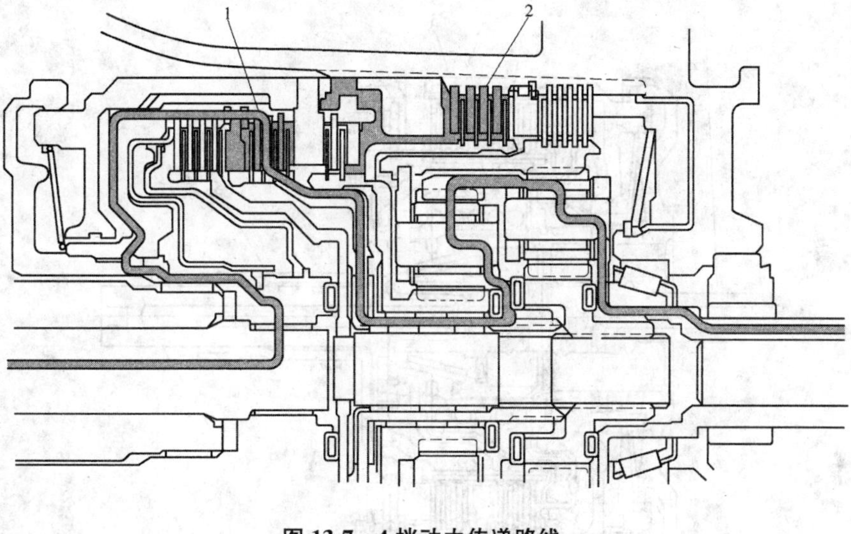

图 13-7　4 档动力传递路线

1. 超速档离合器接合(转动后太阳轮)　2. 2/4 档离合器接合(保持前太阳轮)

二、行星齿轮机构

42RLE 自动变速器行星齿轮系位于输入离合器总成和变速器后部壳体之间。如图 13-8 所示，行星齿轮系包括两个太阳轮、两个行星架、两个齿圈和一个输出轴，输出轴是后行星架的一部分。行星齿轮系使用两个行星齿轮排将变速器输入轴连接到输出轴。输入和保持离合器驱动或锁止不同的行星齿轮机构元件，来改变输出比或旋转方向。

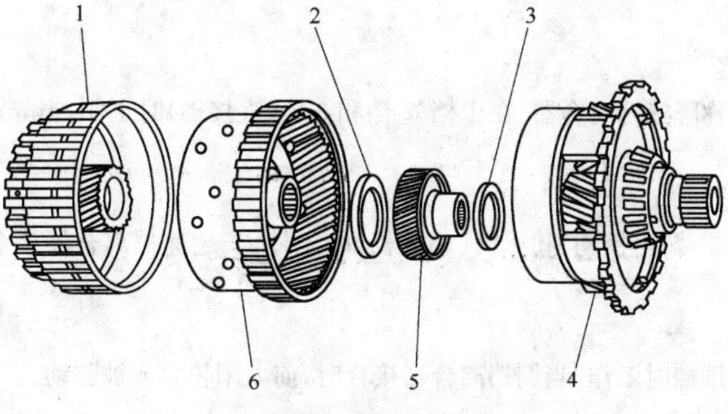

图 13-8　行星齿轮机构

1. 后太阳轮　2、3. 滚针轴承　4. 前齿圈/后行星架　5. 前太阳轮　6. 前行星架/后齿圈

三、换档执行元件

1. 驱动离合器

三个离合器用来驱动行星齿轮部件，分别为降速档(2)、超速档(3)和倒档(4)离合器，它们包含在输入离合器总成内。如图13-9所示，输入离合器总成还包括：

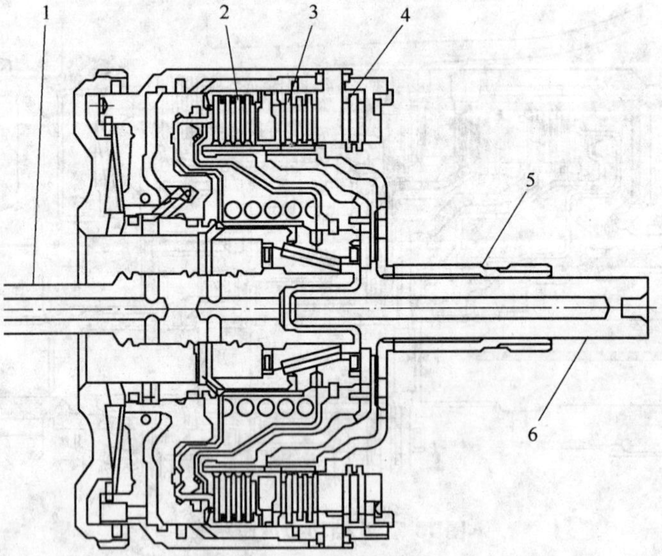

图13-9 输入离合器总成

1. 输入轴 2. 低速离合器 3. 超速离合器 4. 倒档离合器 5. 超速驱动轴 6. 低速驱动轴

—输入轴；
—输入毂；
—离合器座；
—降速档活塞；
—超速档/倒档活塞；
—超速档毂；
—降速档毂。

(1)低速档离合器

低速档离合器也称降速档离合器，在1档、2档和3档(直接档)时工作，当降速档离合器接合时，降速档毂驱动后太阳轮。

(2)超速档离合器

超速档离合器在3档(直接档)和4档(超速档)时工作，当超速档离合器接合时，超速档毂驱动前行星架。

(3)倒档离合器

倒档离合器只在倒档时工作，当倒档离合器接合时，前太阳轮总成被驱动。

2. 保持离合器

保持离合器也称制动器，如图13-10所示，42RLE自动变速器有两个液压接合的多片式保持离合器，用来保持行星齿轮部件静止，包括2/4档和低/倒档离合器。

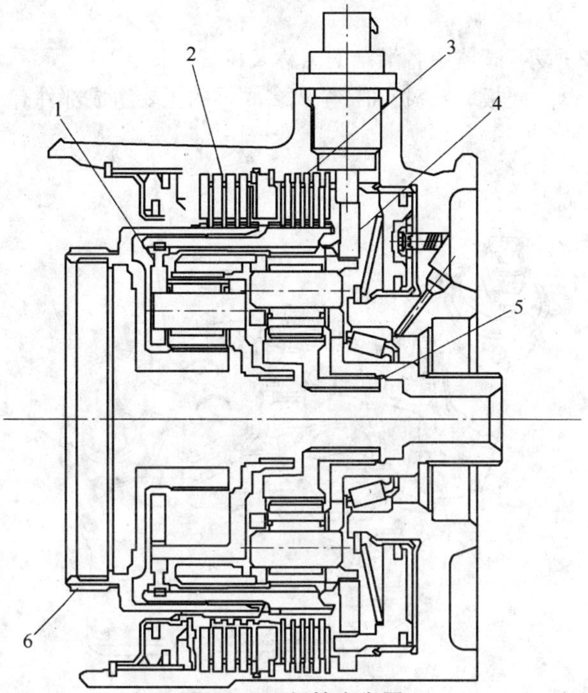

图 13-10 保持离合器

1. 前行星齿轮架/后齿圈 2. 2/4 制动器 3. L/R 制动器 4. 后行星齿轮架/前齿圈 5. 后太阳齿轮 6. 前太阳齿轮组件

第三节 控制系统

一、液压控制系统

1. 油泵

油泵位于变速器壳体后壳内的油泵壳体内。如图 13-11 所示，42RLE 自动变速器采用齿轮式油泵，总成包括一个内齿轮(3)和一个外齿轮(2)、壳体(1)和一个盖，这个盖还作为反作用轴(6)的支架(4)。

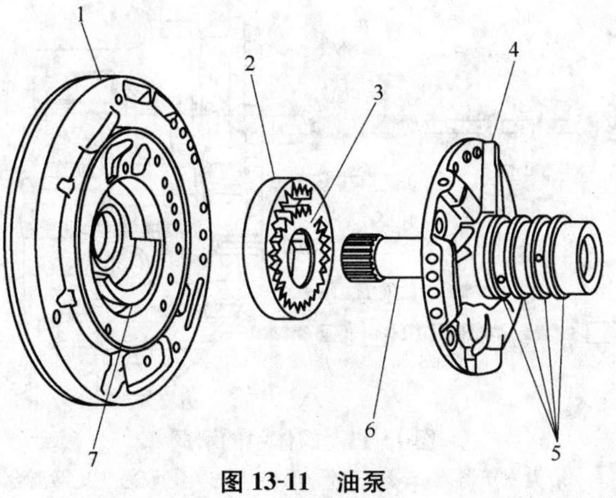

图 13-11 油泵

1. 壳体 2. 外齿轮 3. L/R 内齿轮 4. 盖(反作用轴支架) 5. 密封圈 6. 反作用轴

2. 阀体

阀体总成如图 13-12 所示，阀体中各滑阀的名称及位置如图 13-13 所示，油路图如图 13-14 所示。阀体总成包括一个铸铝阀体、隔板、分流板和 7 个阀。阀体的主要组成部件有：

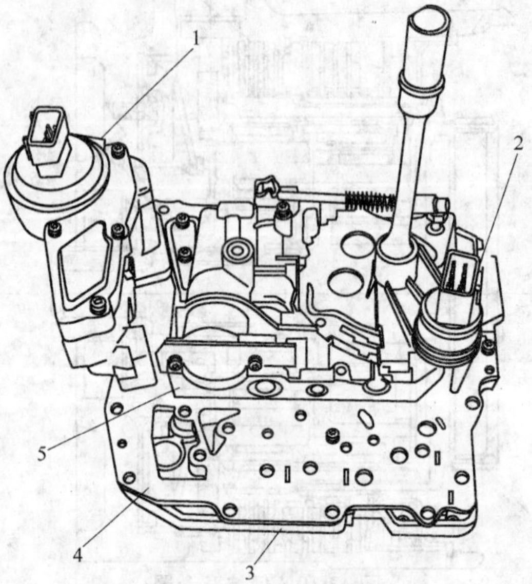

图 13-12　阀体总成

1. 电磁阀和压力开关总成　2. 档位传感器　3. 传输盘　4. 隔板　5. 铸铝阀体　6. 反作用轴

—调压阀；
—电磁开关阀；
—手动换档阀；
—变扭器离合器控制阀；
—变扭器离合器开关阀；
—变扭器离合器调压阀；
—低/倒档开关阀。

另外阀体上还有温度阀，2 号、3 号和 4 号单向球阀，5 号单向阀及 2/4 档蓄能器总成。

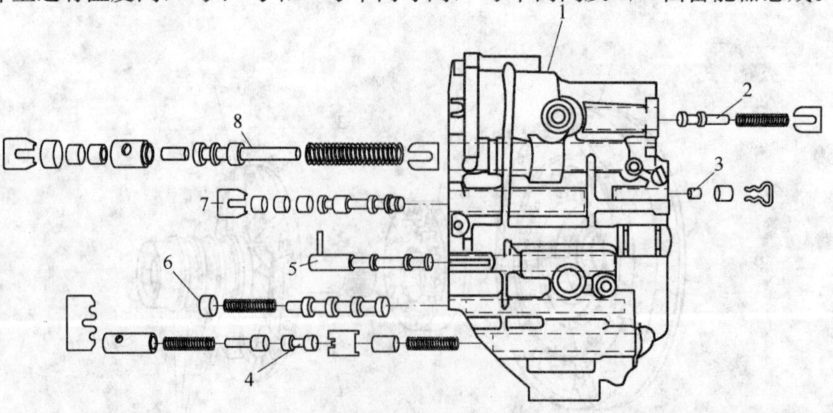

图 13-13　阀体中的滑阀

1. 阀体　2. 液力变矩器调节阀　3. 低/倒档开关　4. 液力变矩器离合器控制阀　5. 手动阀　6. 液力变矩器离合器开关阀　7. 电磁阀开关阀　8. 调节阀

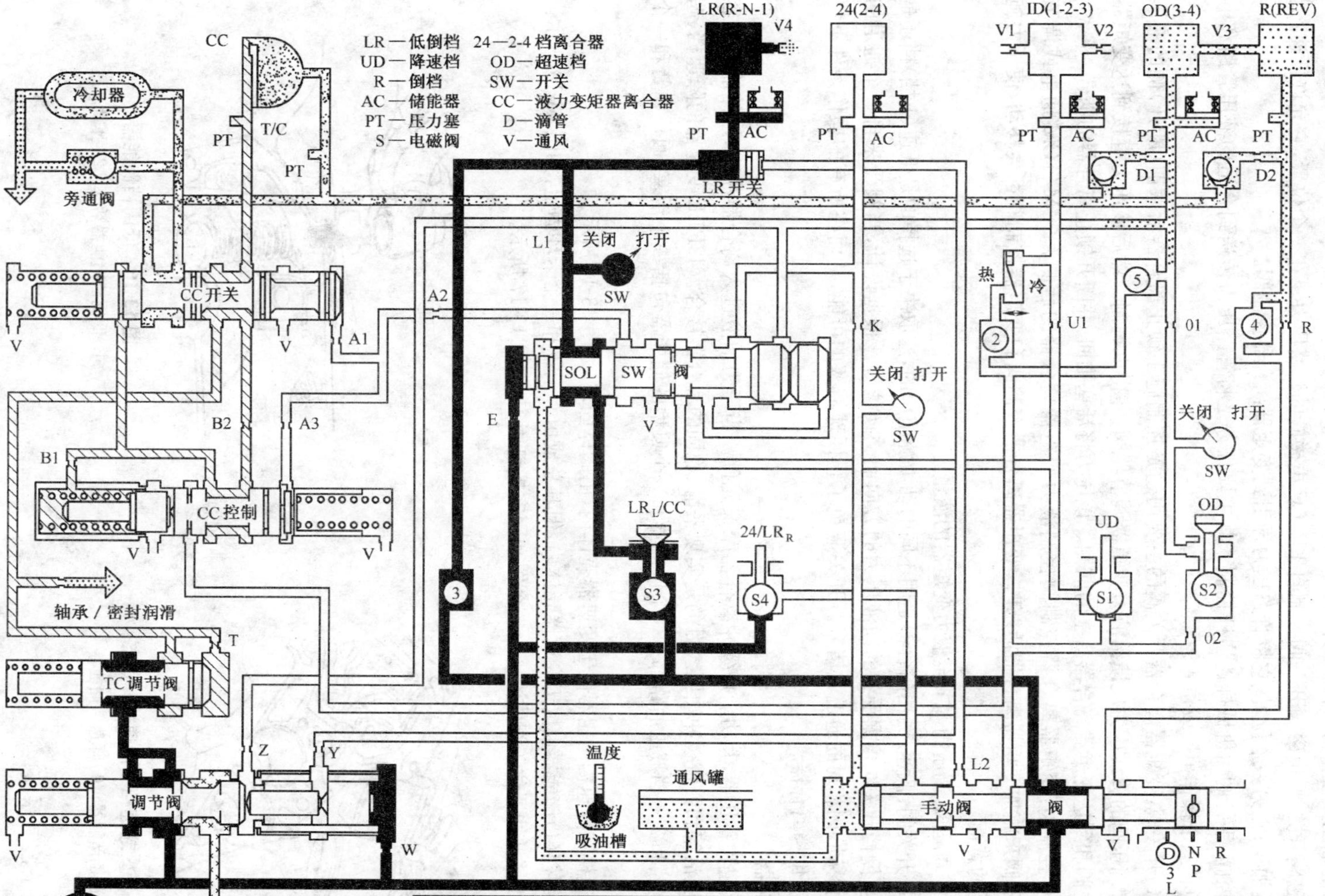

120—145	60—110	45—100	0—5	15—40		1500 转／分时压力（磅／平方英寸）
主油路压力	CC分离压力	CC接合压力	残余压力	润滑压力	吸油压力	

电磁阀通电			
LR_1/CC	24/LR_R	UD	OD
X	X		

图 13-14　驻车/空档油路图

(1)调压阀:调压阀控制变速器中的液压压力。它接收来自泵的未调制的压力。该压力抵住弹簧的张力将油液保持在规定的压力内。衬套和接口系统允许调压阀在三个预定的压力液位中的一个工作。调节后的油压又被称为"管路压力"。

(2)电磁阀开关阀:电磁阀开关阀控制自LR/CC电磁阀的管路压力。在一个位置,它允许低速/倒档离合器被加压;在另一个位置,它将管路压力导引到变矩器离合器控制阀。

(3)手控阀:手控阀由机械排档连杆控制。其主要任务是将管路压力传送到合适的液压管路和电磁阀。该阀有三个操作范围或位置。

(4)T/C开关阀:变矩器离合器开关阀的主要用途是控制施于锁止离合器活塞前(断开)侧的液压压力。来自调压阀的管线压力反馈给液力变矩器调节器阀,并得以调制。然后该压力直接到达变矩器离合器开关阀和到达变矩器离合器活塞的前侧。该压力将活塞推回,并断开锁止离合器的啮合。

(5)T/C控制阀:变矩器离合器控制阀控制液力变矩器离合器的后侧。PCM/TCM通电或调节LR/CC电磁阀来施加变矩器离合器活塞时,变矩器离合器控制阀和变矩器控制阀都会移动,使压力施加到离合器的背面。

(6)T/C调压阀:调压阀调节至液力变矩器的液量。

(7)L/R开关阀:低速/倒档离合器是用不同的动力源施用的,这取决于选择的是低速(1档)档还是倒档。低速/倒档开关阀根据受到的油液压力的方向而交换位置。根据设计,当阀受来自一个通道的油液压力而移动,则相对的通道就堵塞。开关避免了止回球滞塞的可能,从而在所有的操作条件下恒定使用低速/倒档离合器。

2. 储能器

储能器也称蓄压器,其功能是缓冲离合器摩擦元件。当压力油液进入离合器油路时,储能器室容纳油液,克服活塞和弹簧缓冲油压。目的是实现平滑、稳固的离合器接合。42RLE变速器的降速档、超速档、低/倒档和2/4档液压油路都有一个储能器。一个典型的储能器包括一个活塞、回位弹簧和一个罩或塞。

(1)超速档和降速档储能器位于变速器壳体内,由阀体固定,如图13-15所示。

(2)低倒档(1)储能器也位于变速器壳体内,但其总成由一个罩和一个卡环固定,如图13-16所示。

(3)2/4档储能器位于阀体内。由一个罩和固定螺钉固定,如图13-17所示。

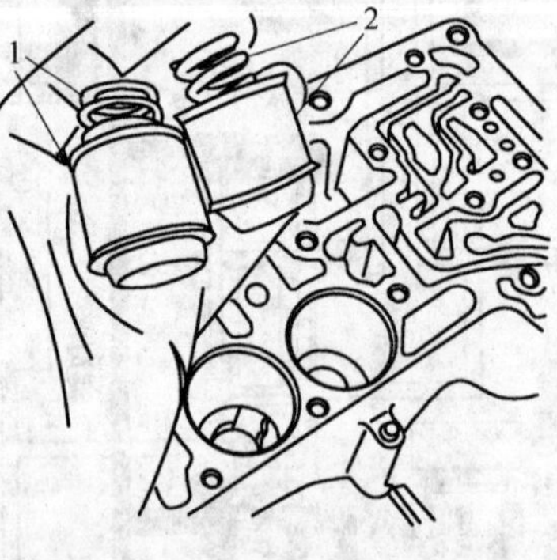

图13-15 超速档和降速档储能器

1. 超速档储能器 2. 降速档储能器

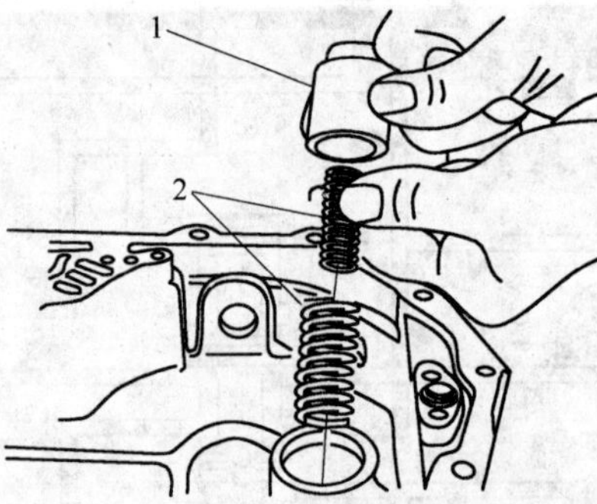

图13-16 低倒档储能器

1. 低倒档储能器活塞 2. 弹簧

二、电子控制系统

1. 变速器控制模块(PCM/TCM)的输入信号

PCM/TCM监测两类输入,用来确定汽车,特别是变速器的工作状况。其中一些输入是与PCM/

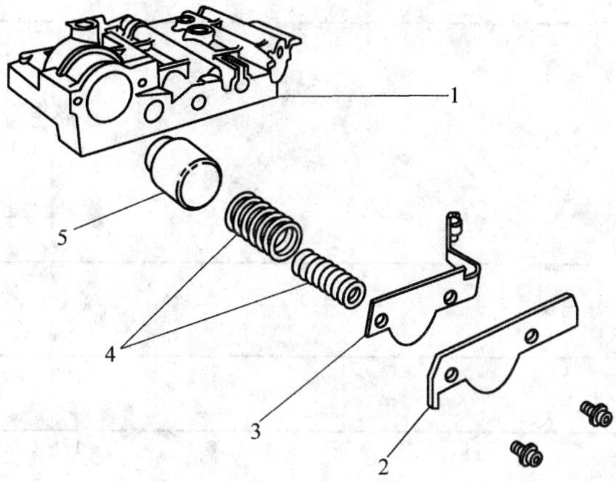

图 13-17 2/4 档储能器

1. 阀体 2. 罩 3 衬垫 4. 弹簧 5. 低倒档储能器活塞

TCM 直接通过硬线连接的，称为直接输入。其他输入则是通过 BUS 总线通讯接收的，称为间接输入。输入信号见表 13-5。

表 13-5 变速器控制模块(PCM/TCM)的输入信号

直 接	间 接	直 接	间 接
点火 RUN/START 和 START	发动机和车身识别码	压力开关	制动开关
开关蓄电池	进气支管压力	曲轴位置传感器(CKP)	速度控制 ON/OFF
变速器档位传感器(TRS)	目标怠速	节气门位置传感器(TPS)	故障诊断仪 STARSCAN 通讯
超速 OFF 开关	蓄电池温度	输入转速传感器	转矩降低确认
变速器温度传感器(TTS)	发动机冷却液	输出转速传感器	发动机转速

2. 点火(RUN)、起动(START)和开关蓄电池

点火开关信号输入到 PCM/TCM，作为“唤醒”信号使 PCM/TCM 内部电路启动。B＋针脚电源输入用于 TCM 记忆功能。记忆功能使 TCM 存储和保留 CVI 数值。如果电池断开一定时间，TCM 可能丢失所有记忆的数据。当点火开关转到“RUN”或“START”位置时，通过熔丝的蓄电池电压接通到带熔丝的点火输入针脚上。开始时 TCM 检查电压情况，高于 26V 或低于 8V 的会使 TCM 关闭。如果车辆断电或 PCM/TCM 接地，电磁阀进入无电状态，这时，某些电磁阀常开，某些电磁阀常闭，变速器设计为 2 档(故障模式，不需要电源来控制变速器电磁阀)。但是如果电源恢复，PCM/TCM 接通并恢复正常工作，但是会设置故障码。

3. 变速器控制继电器

变速器控制继电器电路如图 13-18 所示，通过熔丝为继电器提供蓄电池正极电压，由变速器控制模块接通，当变速器在正常工作模式时用来为电磁阀组提供电源。当继电器断开时，没有电源提供给电磁阀组，变速器处于“故障保护”模式。控制器复位后，变速器控制模块使继电器通电。

4. 变速器档位传感器(TRS)

变速器档位传感器位置参见图 13-12，它安装在变速器内的阀体顶部，电气插接器延伸穿过变速器壳体，只能拆下阀体总成进行维修。变速器位传感器(TRS)电路如图 13-19 所示，变速器档位传感器有四个开关触点，该传感器以组合开关的形式向变速器控制模块发送换档拉杆位置信息，每个换档拉杆

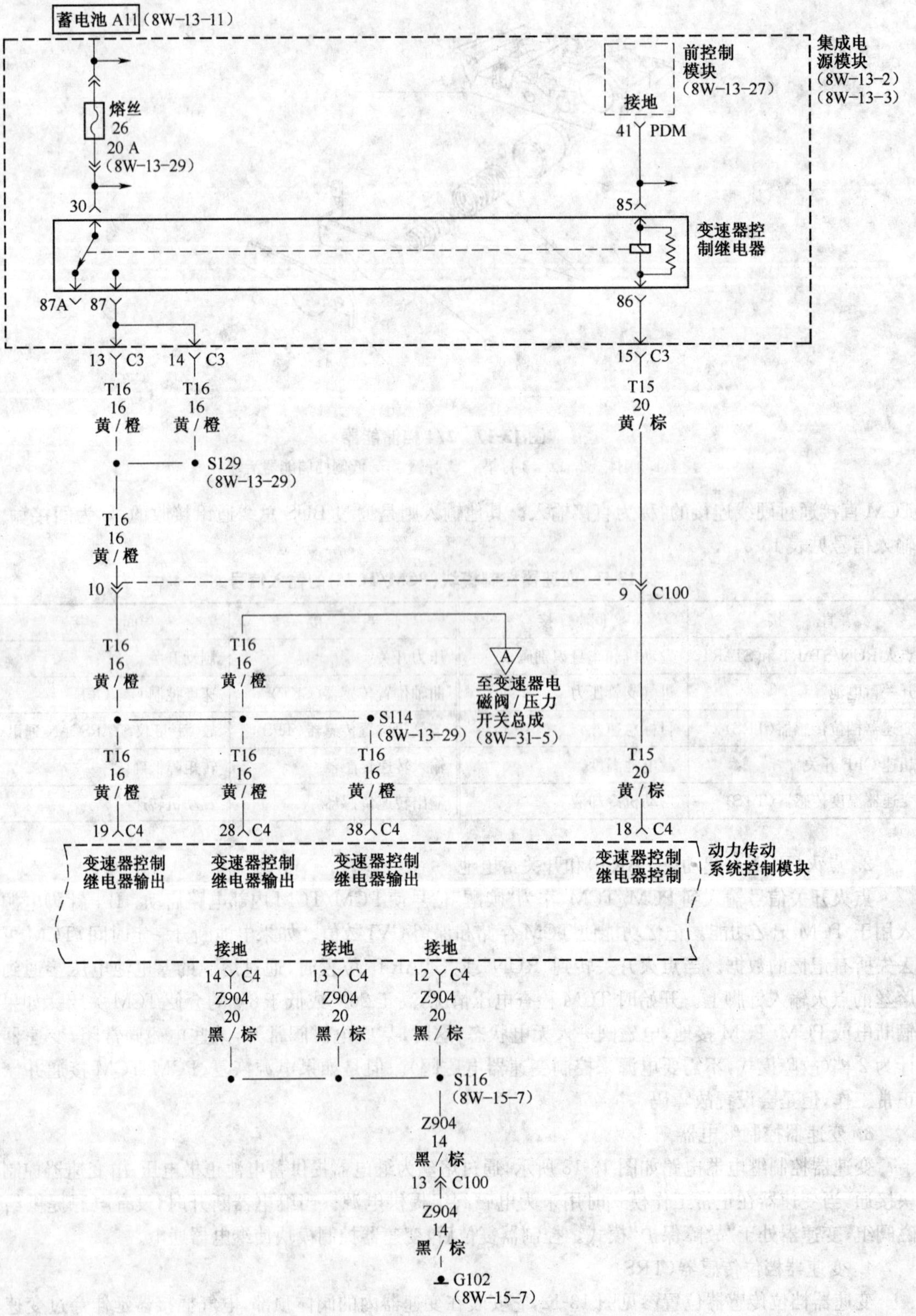

图 13-18 变速器控制继电器电路

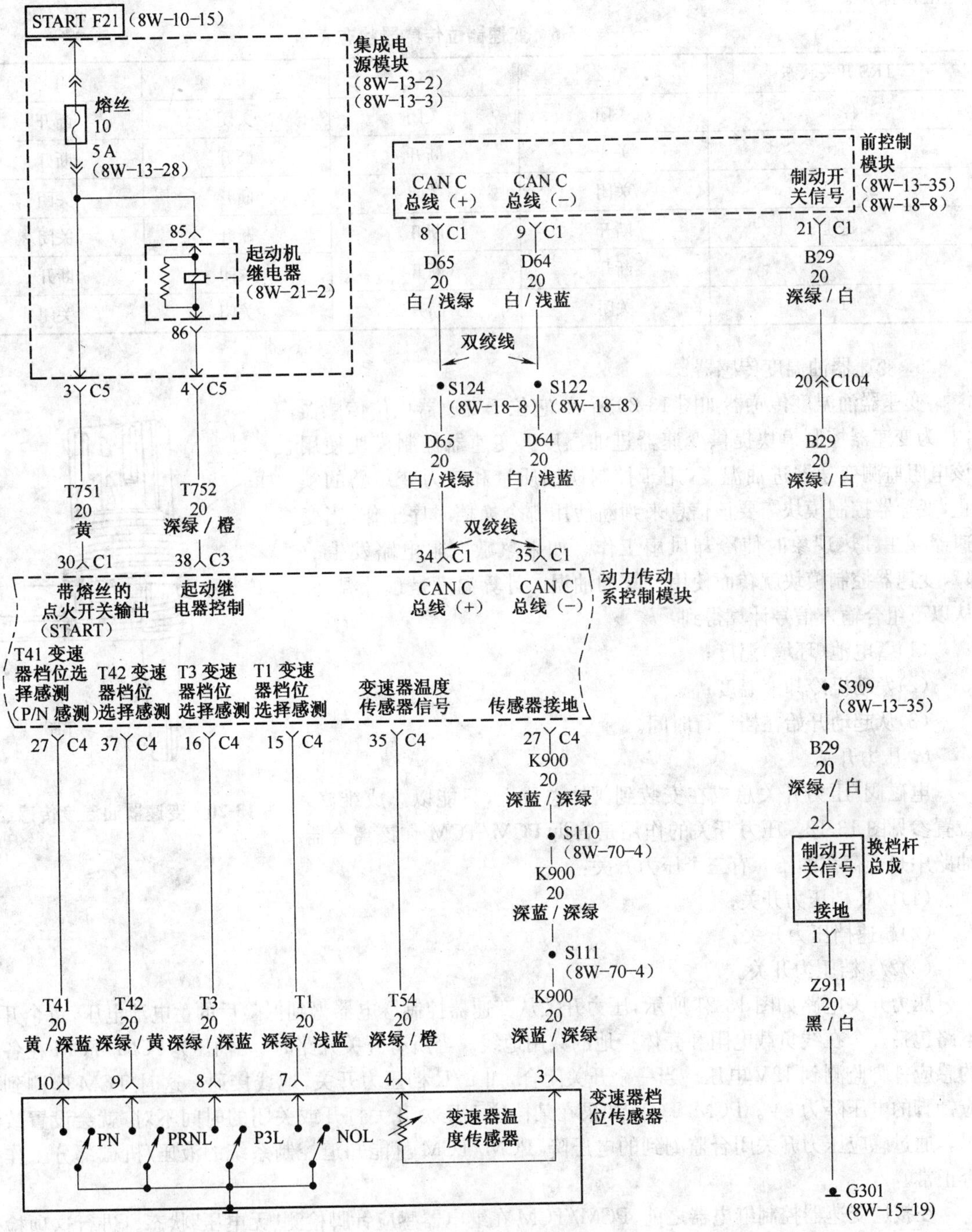

图 13-19　变速器档位传感器(TRS)电路

位置都有指定的开关状态组合(开/闭),变速器控制模块从传感电路接收并解读该信息,以确定正确的变速器档位和换档时序。不同档位时,变速器位传感器开关的状态组合见表 13-6,因为有四个开关,所以有 16 个可能的开启和闭合开关(代码)的组合。这些代码中的七个与档位有关,三个认知为"档位之间的"代码。还有不该发生的六个代码,这些代码称为"无效"代码。一个无效代码会产生一个 DTC,之后 PCM/TCM 将根据压力开关数据确定换档杆位置。这允许开关在 TRS 故障的情况下使变速器合理地正常操作。

表 13-6 变速器位传感器状态表

TRS 开关状态	T42	T41	T3	T1
停车	关闭	关闭	关闭	断开
R	关闭	断开	断开	断开
N	关闭	关闭	断开	关闭
超速	断开	断开	断开	关闭
2	断开	断开	关闭	断开
L	关闭	断开	关闭	关闭

5. 变速器油温度传感器

变速器油温度传感器如图 13-20 所示，它位于变速器档位传感器内，为变速器控制模块提供变速器进油温度。变速器控制模块使用该电阻监测变速器进油温度，用于控制换档质量和液力变矩器的锁止，变速器控制模块需要该信息来判断使用哪个换档时序工作，当变速器存在过热现象时使冷却风扇工作。如果热敏电阻电路发生故障，变速器控制模块就转而使用计算的油温。计算温度是预计温度，从以下组合输入信号计算得到：

(1)蓄电池(环境)温度；

(2)发动机冷却液温度；

(3)从起动开始在档运行时间。

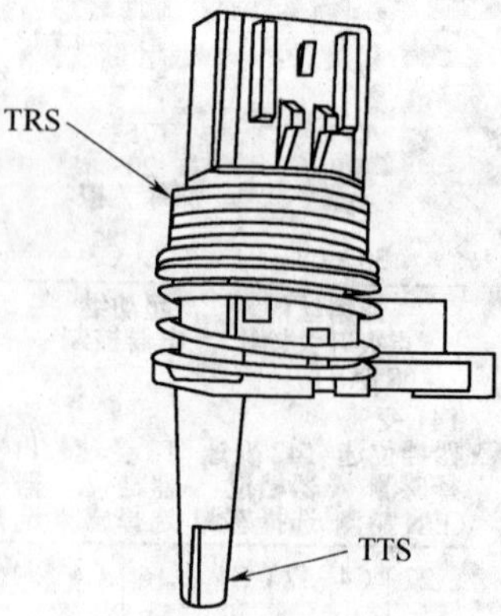

图 13-20 变速器油温度传感器

6. 压力开关

电磁阀/压力开关总成在安装到阀体总成上，只能以总成维修，位置参见图 13-12。压力开关的作用是告诉 PCM/TCM 在该离合器油路中是否存在油压。有三个压力开关：

(1)L/R 档压力开关；

(2)超速档压力开关；

(3)2/4 档压力开关。

压力开关电路如图 13-21 所示，压力开关从变速器控制继电器得到保险后的蓄电池电压，每个开关电路包括一个在线负载电阻和壳体接地的共用地线。当所有开关开路时(无油压)，PCM/TCM 在各自的感应针脚监测到 12V 电压。当一个开关闭合，如 L/R 档压力开关，地线接通。这时 TCM 监测到感应针脚的电压降为 0V。PCM/TCM 如果在某档位下压力开关打开或关闭的时间不对，就会设置故障码。通过感应压力开关闭合监测到的电压降，PCM/TCM 就能知道控制系统的液压/机械部分工作是否正常。

在接通变速器控制继电器之前，PCM/TCM 在继电器感应针脚检测"无电压"状态。进行这项检查是看继电器的触点是否被粘住而闭合。之后，再检查电磁阀总成上的压力开关的电压。在继电器通电前，电磁阀总成还没有通电，所以在各个压力开关上不应该有电压，如果存在电压，则开关蓄电池电路有问题。压力开关出现故障会设置故障码，用户可能抱怨不能换档或换档困难，这些故障码会导致车辆进入故障模式。故障码通常是由电路故障，阀体松动，滤清器堵塞或电磁阀总成失效造成的。

7. 输入/输出转速传感器

输入和输出转速传感器的位置如图 13-22 所示，电路如图 13-23 所示。输入和输出转速传感器是两个电磁式传感器，在工作时产生交流电压信号。传感器安装在变速器壳体左侧，是变速器控制模块

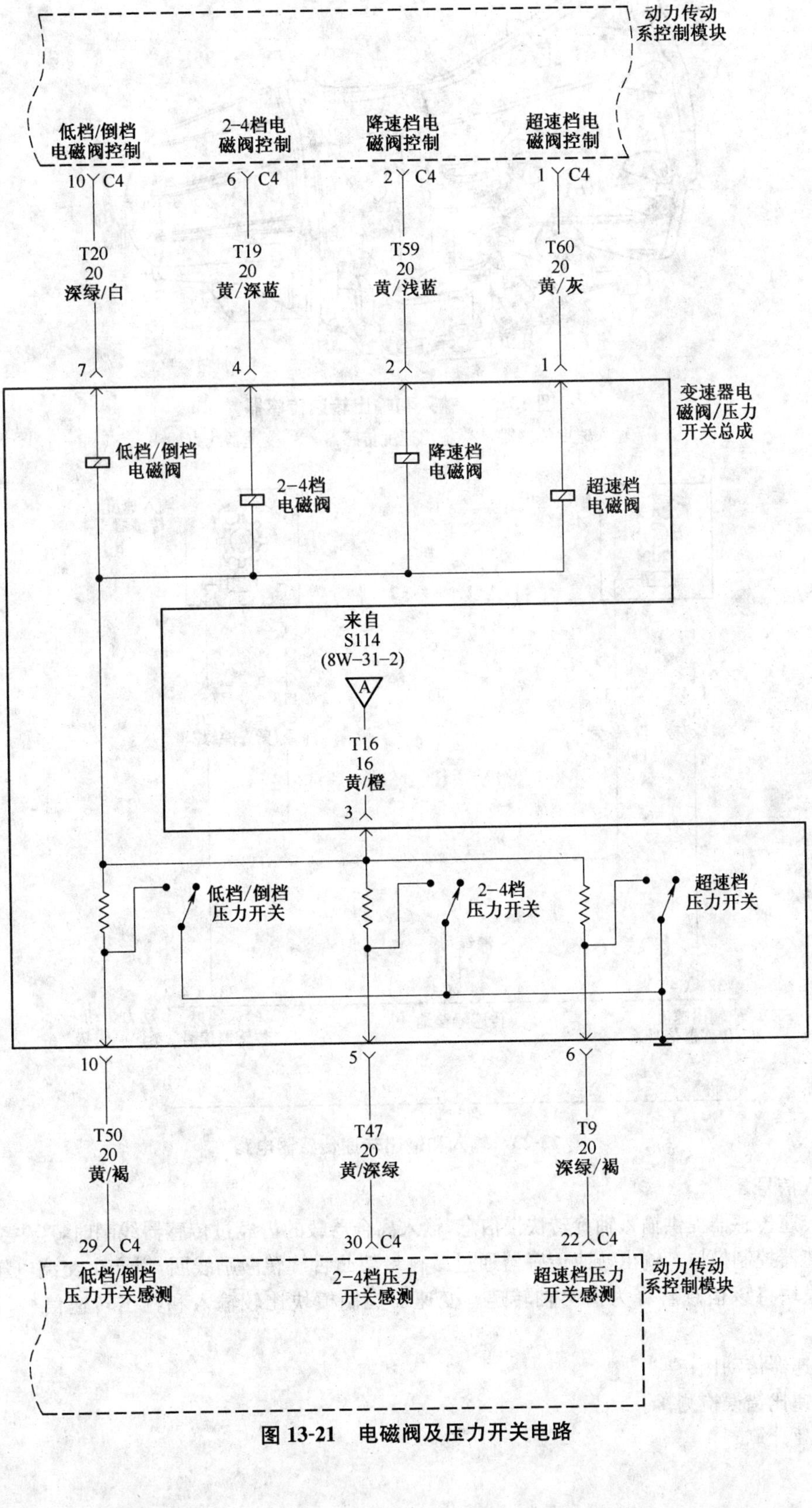

图 13-21　电磁阀及压力开关电路

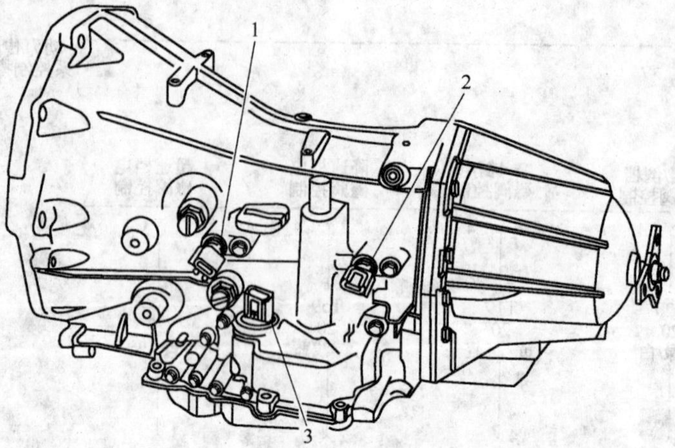

图 13-22　输入和输出转速传感器

1. 输入速度传感器　2. 输出速度传感器　3. 变速器线束插头

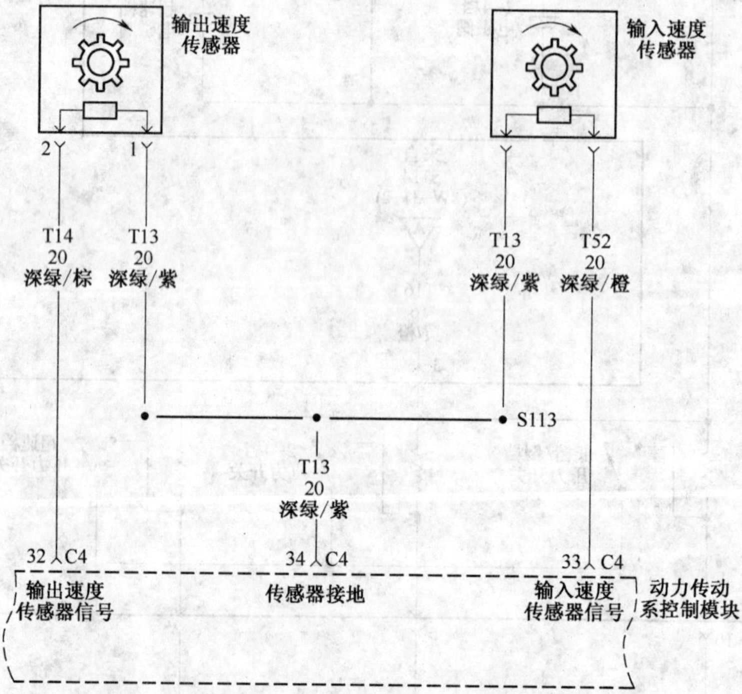

图 13-23　输入和输出转速传感器电路

的主要输入信号。

输入转速传感器提供输入轴旋转快慢信息，输入离合器毂的齿经过传感器线圈时，产生交流电压，发送到变速器控制模块。输出转速传感器通过后行星架凸舌旋转激励线圈，以产生交流电压信号，变速器控制模块将该信息解释为输出轴转速。变速器控制模块比较输入和输出转速信号，确定下列项目：

(1)变速器传动比；

(2)转速比错误检测；

(3)CVI计算。

变速器控制模块还比较输入转速信号和发动机转速信号，确定下列项目：

(1)液力变矩器离合器打滑量；

(2)液力变矩器元件速比。

8. 电磁阀

电磁阀/压力开关总成安装到阀体总成上，位置参见图 13-12，电路参见图 13-21。电磁阀/压力开关总成包括四个电磁阀，分别控制低/倒档、2/4 档、超速档和降速档摩擦元件(变速器离合器)以及液力变矩器离合器的液压。倒档离合器由来自阀体内手动阀的主油路压力控制。电磁阀包含在电磁阀/压力开关总成内，只能通过更换总成进行维修。电磁阀总成还包含压力开关，监测并向变速器控制模块发送液压信息。同样，压力开关也只能通过更换总成进行维修。

电磁阀通过单根导线接受来自变速器控制继电器的电源，变速器控制模块通过使所需要的电磁阀返回导线接地操作单个电磁阀。一个电磁阀通电时，根据默认工作状态，油道开启或关闭(通风或接合)，使摩擦元件接合或分离。2/4 档和降速档电磁阀是常接合的，允许油液在其“断电”状态流通。通过设计，允许发生电气故障的情况下变速器进入故障保护模式。要定期测试电磁阀和电路的导通性，根据当前状态，每个电磁阀接通或断开。在此测试过程中，变速器控制模块应当检测到感应脉冲。如果没有检测到脉冲，要再次测试电路以验证故障。除了定期测试外，如果出现速比或者压力开关错误，要测试电磁阀电路。

第四节 42RLE 型自动变速器的维修

一、电控系统故障代码表

42RLE 自动变速器电控系统故障代码见表 13-7。

表 13-7 电控系统故障故障代码表

故障代码	故障代码含义	故障代码	故障代码含义
P0122	TPS/APP 电路低电位	P0726	发动机速度输入电路范围/性能
P0123	TPS/APP 电路高电位	P0731	1 档传动比错误
P0124	TPS/APP 间歇性	P0732	2 档传动比错误
P0218	高温操作激活	P0733	3 档传动比错误
P0562	蓄电池电压低	P0734	4 档传动比错误
P0602	控制模块编程错误/未编程	P0736	倒档变速比错误
P0604	内部控制模块 RAM	P0740	TCC 超程
P0605	内部控制模块 ROM	P0750	LR 电磁阀电路
P0613	内部变速器处理器	P0755	2/4 档电磁阀电路
P0706	变速器档位传感器的合理性	P0760	OD 电磁阀电路
P0711	变速器温度传感器性能	P0765	UD 电磁阀电路
P0712	变速器温度传感器电压低	P0841	LR 压力开关合理性
P0713	变速器温度传感器电压高	P0845	2/4 档液压压力测试
P0714	变速器温度传感器间歇性故障	P0846	2/4 档压力开关合理性
P0716	输入速度传感器 1 电路性能	P0868	管路压力低
P0721	输出速度传感器电路性能	P0869	管路压力高

续表 13-7

故障代码	故障代码含义	故障代码	故障代码含义
P0870	OD 液压测试	P128C—	TCM 电源控制电路 2 电压高-TIPM
P0871	OD 压力开关合理性	P128D	TCM 电源控制电路 2 开路-TIPM
P0882	TCM 电源输入低	P128E	TCM 电源控制电路 2 过电流-TIPM
P0883	TCM 电源输入高	P1684	蓄电池断开
P0884	高速下通电	P1713	T2 档位中手动阀阻塞
P0888	变速器继电器一直关闭	P1745	变速器管路压力持续过高的时间太长
P0890	可切换的蓄电池	P1775	电磁阀开关阀锁在 TCC 位置
P0891	变速器继电器一直通电	P1776	电磁阀开关阀锁在 LR 位置
P0897	变速器油质量差	P1790	变速之后立即出现故障
P0933	管路压力传感器电路性能	P1794	速度传感器接地错误
P0934	管路压力传感器电路低电位	P1797	手动换档过热
P0935	管路压力传感器电路高电位	U0100	与 ECM/PCM 失去通讯
P0944	液压泵初始压力损失	U0002	CANC 总线中断性能
P0992	2/4/超速档液压压力测试	U0121	与 ABS 失去通讯
P128B	TCM 电源控制电路 2 电压低-TIPM	U0141	与 FCM 失去通讯

二、自动变速器的基本检查

1. 42RLE 自动变速器预诊断故障排除程序

(1)很多变速器的症状可能是由低液位引起的。如果油位低,查找泄漏点并进行维修,然后加注变速器油到正确的油位。

(2)只能在蓄电池完全充电的情况下进行测试,以避免诊断错误。

(3)使用专业故障诊断仪检查齿轮系数(如果装备),检查轮胎标志是否正确,视需要进行写入程序或重新编程。

(4)用专业故障诊断仪,读取发动机(PCM)DTC。如果存在发动机 DTC,在行动之前请参见操纵性能目录并执行适用的诊断步骤。

(5)使用专业故障诊断仪读取变速器(TCM)DTC。记录所有已储存的、激活的和待定的 DTC 信息,将待定 DTC 视做成熟 DTC 进行诊断。

(6)使用专业故障诊断仪,读取事件数据,使用该数据识别 DTC 产生的条件。

注意:即使没有存储 DTC,也可能存在事件数据。只有通过断开蓄电池、覆盖或快速学习程序才能去除事件数据,清除 DTC 不能擦除事件数据。一些 DTC 在存储以前(MIL 启亮)需要两次“不良行程”。在第一次“不良行程”期间,变速器可能要输入“应急”模式,但是如果汽车重新起动后失效状况没有出现,待处理 DTC 可能在 MIL 不启亮的情况下被清除。然而,待处理 DTC 的事件数据将存储,仍然可以用专业故障诊断仪检索到。如果用户报告应急事件,但没有出现 DTC,检查事件数据。断开蓄电池连接将会清除所有事件数据并重新设置所有已知变速器值至控制器默认值,造成换档规律暂时不稳定。

(7)使用专业故障诊断仪,进行换档杆位置测试。

(8)对于传动比错误 DTC,使用专业故障诊断仪读取并记录离合器容量指数(CVI)信息。

(9)使用电路图作为指导,检查和此电路有关的导线和插头,并视需要维修。

(10)参考此 DTC 的处于工作状态和设定条件。打开点火开关、起步、特定条件下行驶时或控制器诊断监测器运行后都可以设置 DTC。

(11)控制器软件更新信息请参考适用的技术服务公告(TSB)。通过更新发动机(PCM)或变速器(TCM)控制器软件,可更正某些设定条件。

(12)检查维修信息、调整信息或维修公告有无可以适用的可能原因。

2. 检查油面高度

(1)将汽车停在水平路面上。

(2)拆下油尺管盖。

(3)换档杆在"P"位,起动发动机并让其怠速运转。

(4)汽车静止发动机怠速,换到变速器各档位几次。

(5)预热变速器,等待至少 2min,在发动机运转的情况下检查变速器油面高度。将油尺 9336 推入变速器加油管内,直到油尺接触到油盘,再拉出油尺,读取油面高度,如必要重复进行。

(6)使用合适的故障诊断仪检查变速器油温。

(7)如图 13-24 所示,变速器油尺 9336 每 10mm 有一个指示标记。确定油尺上的油面高度,利用油面高度、变速器温度以及"变速器油位图"判断变速器油面高度是否正确。

(8)按照需要加注或放掉变速器油,并重新检查油面高度。

(9)如果油面高度正确,装上油尺盖。

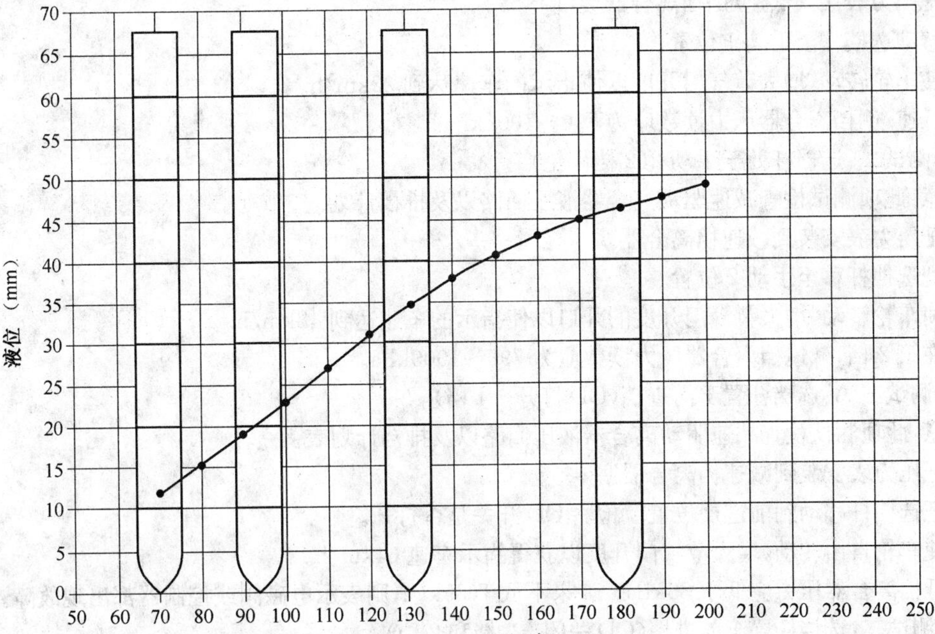

图 13-24　变速器油位图

3. 自动变速器路试

进行路试之前,验证变速器油面高度、油液状况和拉线调整正确。

路试过程中,应当在各个档位操作变速器,检查有无换档打滑和任何振动。如果汽车在高速正确工作,但加速性差,则液力变矩器导轮超越离合器可能打滑。如果加速正常,但维持高速需要大节气门开度,则液力变矩器导轮离合器可能卡住了。这两种导轮缺陷都需要更换液力变矩器和彻底清洗变速器。离合器打滑可以通过比较工作元件表(表 13-4)和路试中遇到的离合器工作情况进行判断,该表判断换档杆在每个位置哪些离合器接合。离合器打滑也可能设置故障码，可以在各个换档位置操作变速器来判断。路试分析可以诊断打滑单元，但不能确定故障原因。实践中任何现象都可能由液压油路泄漏或阀门卡住引起。

4. 液压测试

液压测试是诊断步骤中非常重要的一步，这些测试通常反映大多数变速器故障原因。进行液压测试之前，一定要保证检查变速器油面高度和油液状况正常，以及换档拉线的调整正确，液压油必须处于工作温度。安装发动机转速表，在举升机上升起汽车，允许车轮转动，转速表放在能够看到的位置。使用专用转换接头 L-4559，将量程为 2000kPa 的压力表 C-3293SP 接到需要进行测试的压力测试口。各压力测试口的位置如图 13-25 所示。

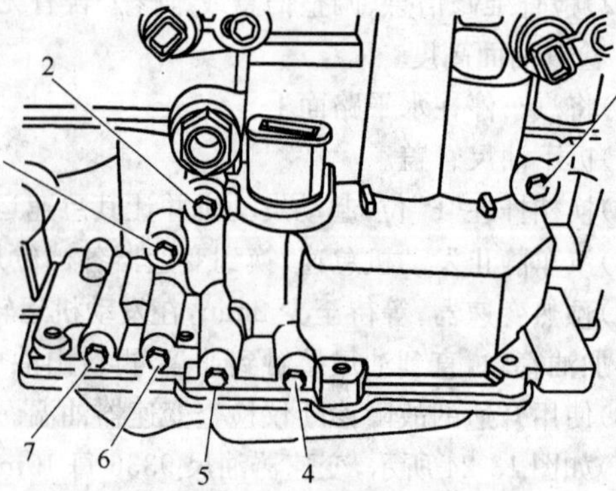

图 13-25 压力测试口

1. 液力变矩器离合器分离 2. 倒档 3. 低/倒档 4. 2/4 档 5. 降速档 6. 液力变矩器离合器接合 7. 超速档

(1)测试一：选档杆处于手动 1(1 档齿轮)

注意：该测试查核油泵输出、压力调节及低速/倒档离合器液压回路状况，以及换档计划表。

—把压力表接到低速/倒档离合器接口上。

—移动选档杆至手动 1 位置。

—使车轮转动，增大节气门开度以使指示的车速达到 32km/h。

—低速/倒档离合器压力读数应为 790～1000kPa。

(2)测试二：选档杆处于手动 2(2 档齿轮)

注意：此项测试检查减速驱动离合器液压回路以及排档计划表。

—把压力表安装到减速档离合器塞。

—把选档杆移至手动 2 位置。

—使车轮转动，增大节气门开度的开口以使指示的车速达到 48km/h。

—在第 2 档，减速档离合器压力读数应为 790～1000kPa。

(3)测试二 A：选档杆置于前进档(OD 打开－4 档)

注意：此项测试检查减速驱动离合器液压回路以及排档计划表。

—把压力表安装到减速档离合器塞。

—把选档杆移动到前进档位置。检验 OD 开关是否打开。

—使车轮自由转动，增大节气门开度以获得指示车速 64km/h。

—低档离合器压力应低于 35kPa。如果不低于 35kPa，则表示电磁阀或控制器都出现故障。

(4)测试三：选档杆置于前进档(OD 关闭－3 档和 2 档)

注意：此项测试检查超速档离合器液压回路以及排档计画表。

—把仪表接到超速档离合器塞。

—把选档杆移动到前进档位置。

—使车轮转动，增大节气门的开口以使指示的车速达到 32km/h。

—超速档离合器压力读数应在 510～655kPa。

—把选档杆移动到前进档位置，然后增大所指示的车速为 48km/h。

—车辆应在第 2 档，超速档离合器压力应低于 35kPa。

(5)测试四：选档杆置于前进档(OD 打开－4 档)

注意:此项测试检查 2/4 离合器液压回路。

—把仪表接到 2/4 离合器塞。

—把选档杆移动到前进档位置。

—使车辆前轮转动并增加节气门开度以达到显示的 48km/h 车速,车辆应挂入四档。

—2/4 离合器压力读数应在 510～655kPa。

(6)测试五:换档杆置于前进档(OD 打开－4 档,TCC 打开)

注意:这些测试检查液力变矩器离合器液压管路。

—把仪表接到液力变矩器离合器关闭压力接口上。

—把选档杆移动到前进档位置。

—使车轮转动并增加节气门开度以达到显示的 80km/h 车速。车辆应挂入 4 档,TCC 接合。

小心:两个车轮必须以同一速度旋转。

—液力变矩器离合器关闭压力应低于 35kPa。

—把压力表连接到液力变矩器离合器的测压孔上。

—把选档杆移至 OD 位置。

—使车轮转动,增大节气门开度以使指示的车速达到 80km/h。

—检验液力变矩器离合器是否使用专业故障诊断仪的转速显示应用模式。

—液力变矩器离合器压力应为 414～620kPa。

(7)测试六:选档杆在倒档位置

注意:此项测试检查倒档离合器液压回路。

—把压力表连接到倒档和低速档/倒档离合器测压孔上。

—把选档杆移动到倒档位置。

—在输出稳定(脚在制动器上)并且节气门打开,转速达到 1500r/min 的情况下,读取倒档离合器压力。

—倒档和低速档/倒档离合器压力应在 1138～1621kPa 之间。

测试结果表示:

—若在任一测试中得出管路压力正确,说明泵及压力调节器操作正常。

—各个位置中的压力过低表示泵坏了、滤清器堵塞或调压阀卡滞。

—如果压力没降低到规定的压力范围,说明离合器回路有泄漏。

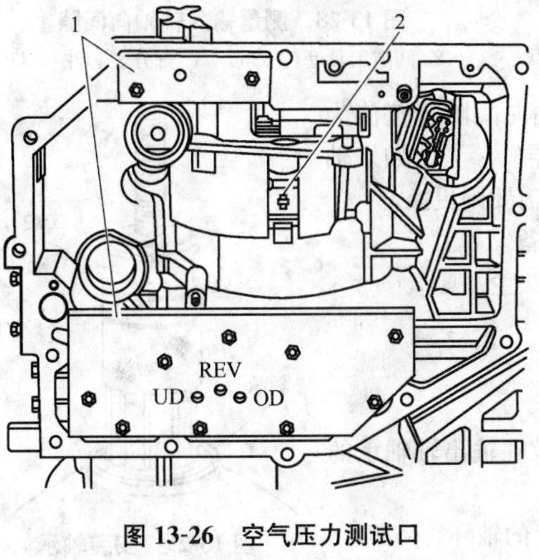

图 13-26　空气压力测试口

1. 空气压力测试盘　2. 2/4 档离合器座孔

—如果测试三中超速档离合器压力高于 35kPa,就说明反作用轴密封圈磨损或电磁阀总成失效。

—在测试二 A 中如果低档离合器压力高于 35kpa,则可能是由于电磁阀/压力开关组件或控制器的缺陷造成的。

5. 离合器空气压力测试

可以使用空气压力代替油液压力找到不工作的离合器。如图 13-26 所示,测试时需使用专用工具 6599-1(1)和 6599-2(1)进行测试,拆下阀体,可以分别向离合器油道接入空气压力进行离合器测试。接入的压缩空气必须无尘干燥,所用压力为 205kPa。测试时拆下油盘和阀体,将空气压力接入专用工具的孔内,一次一个。听一听离合器是否接合，正常情况会有轻微的撞击声。如果听到大量空气逃逸声，则必须从汽车上拆下变速器，解体并检查所有密封。

(1)2/4 档离合器：将空气压力接入位于2/4档离合器座上的进油孔。查看 2/4 档活塞接触第一个隔离盘的区域，仔细观察 2/4 档活塞是否向后移动。撤走空气压力后，活塞应当回到其原来的位置。

(2)超速档离合器：将空气压力接入超速档离合器进油道，观察推/拉活塞是否向前移动。撤走空气压力后，活塞应当回到其起始位置。

(3)倒档离合器：将空气压力接入倒档合器进油道，观察推/拉活塞是否向后移动。撤走空气压力后，活塞应当回到其起始位置。

(4)低/倒档离合器：将空气压力接入低/倒档离合器进油孔通道。查看低/倒档活塞接触第一个隔离盘的区域，仔细观察低/倒档活塞是否向前移动。撤走空气压力后，活塞应当回到其原来的位置。

(5)降速档离合器：因为这个离合器活塞看不见，要通过功能测试来检查其工作。见图 13-27 所示，使用油嘴将空气压力接到测试盘 6599-1 内的低/倒档或 2/4 档离合器开口。这就锁住了输出轴。使用一截橡胶软管裹住输入轴和一对卡钳转动输入轴。下一步，向降速档离合器通入空气压力。用手转动时输入轴应当不动，撤掉空气压力，确认输入轴会转动。

三、自动变速器的解体

(1)从变速器输入轴拆下液力变矩器。

(2)使用工具 8266(1、2)测量输入轴轴向间隙。如图 13-28 所示安装工具 8266 和百分表。

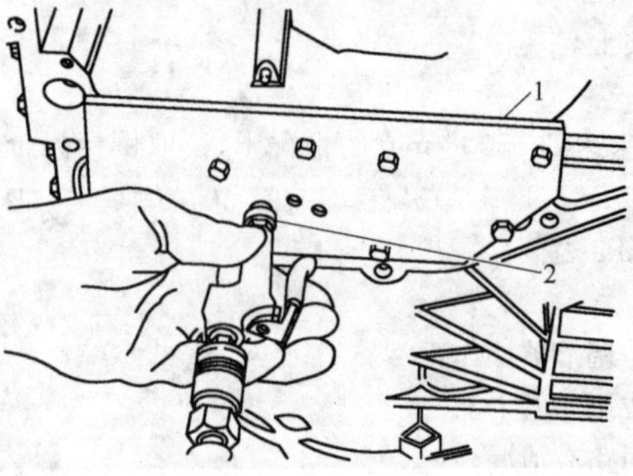

图 13-27 降速档离合器测试

1. 空气压力测试盘 2. 2/4 档离合器座孔气嘴

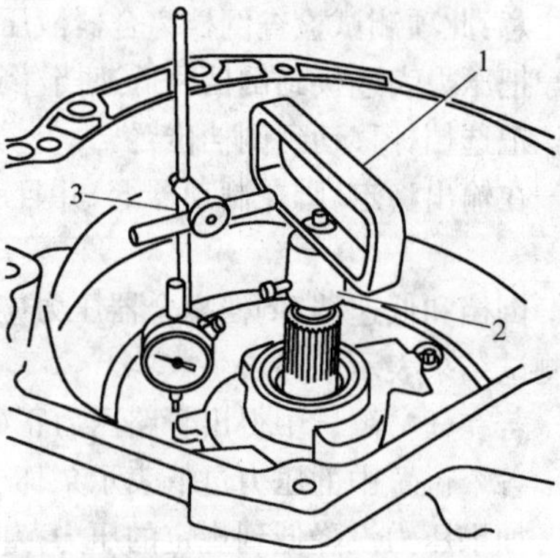

图 13-28 测量输入轴轴向间隙

1、2. 间隙工具套件 8266 3. 百分表套件 C3339

(3)向里、外移动输入轴，获得轴向间隙数值。轴向间隙规范值为 0.13～0.64mm。记录百分表读数，为重新组装变速器时参考。如果轴向间隙超过规定的范围，则需要检查 4 号止推片，如果需要则更换。

(4)变速器放在驻车位置，为拆卸输出轴螺母作准备。

(5)拆下将传动轴法兰固定到输出轴的螺母，拆下法兰。

(6)用合适的滑锤和旋具拆下变速器后油封。

(7)拆下变速器输出轴垫圈。

(8)拆下变速器后输出轴轴承卡环。

(9)如图 13-29 所示安装轴承拆卸器 9082，将其放在输出轴轴承的内座圈上。

(10)在工具的键槽上向下滑动轴承拆卸器 9082 上的轴环。

(11)拆下输出轴轴承。

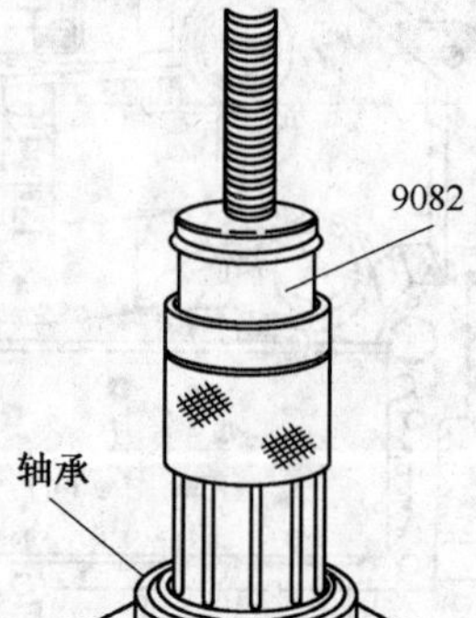

图 13-29 安装轴承拆卸器 9082

(12)从输出轴上拆下齿轮系的轴向垫片。要保证在垫片上做标记,因为其与输出轴垫圈非常相似,两者绝对不能互换。

(13)如图 13-30 所示,拆下将外伸壳体固定到变速器壳体的螺栓。

(14)从变速器壳体拆下外伸壳体。外伸壳体底部角上有两个撬动槽,用来从变速器壳体分离外伸壳体。

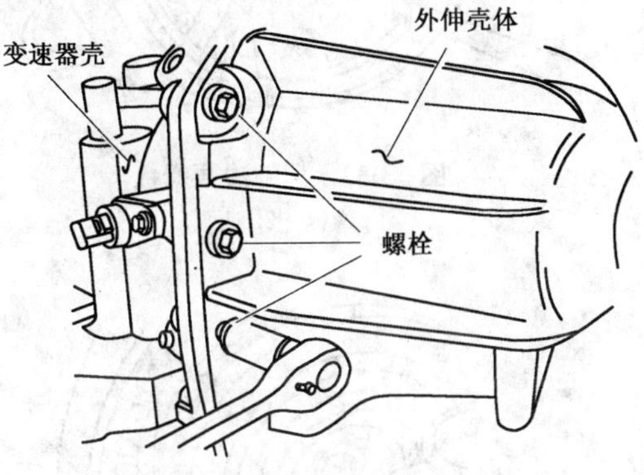

图 13-30 拆卸外伸壳体

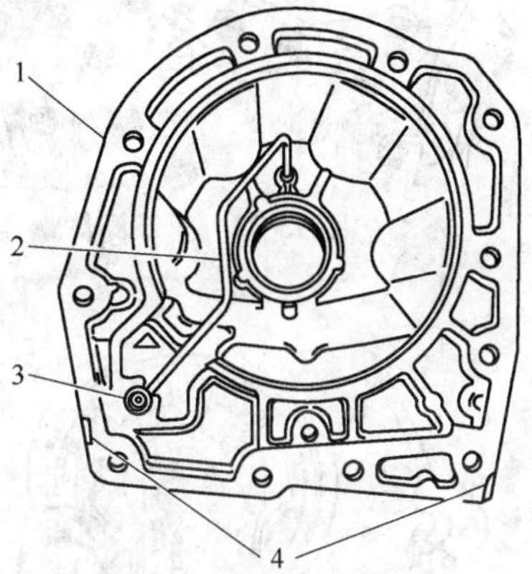

图 13-31 检查润滑管索环

1. 壳体 2. 润滑管 3. 索环 4. 撬动槽

(15)如图 13-31 所示,检查润滑管索环是否损坏。如果索环唇损坏,则需要更换。

(16)拆下输入转速传感器螺栓。

(17)拆下输出转速传感器螺栓。

(18)拆下输入和输出转速传感器。要辨别传感器以便重新安装,因为两者是不可互换的。

(19)拆下变速器油盘螺栓。

(20)拆下变速器油盘。

(21)拆下变速器油滤清器螺钉。

(22)拆下变速器油滤清器。

(23)从阀体拆下变速器油滤清器 O 形圈。

(24)如果需要,使用合适的工具从变速器壳体底部推动变速器加油管索环以及和伸出部分。

(25)拆下图 13-32 箭头所示阀体与变速器壳体的连接螺栓。

(26)从变速器拆下阀体。

(27)拆下降速档和超速档储能器。

(28)拆下低/倒档储能器卡环。

(29)拆下低/倒档储能器塞。

(30)使用合适的钳子拆下低/倒档储能器活塞。

(31)参见图 13-16,拆下活塞和弹簧。

(32)如图 13-33 所示,拆下并丢弃油泵与变速器壳体连接螺栓,油泵螺栓不能再次使用。

(33)如图 13-34 所示,使用 C-3752 拉拔器拆下油泵。

(34)向内推输入轴的同时拆下油泵。

(35)拆下油泵衬垫。

(36)如图 13-35 所示,拆下冷却器旁通阀。注意:如果出现变速器故障,必须更换旁通阀。

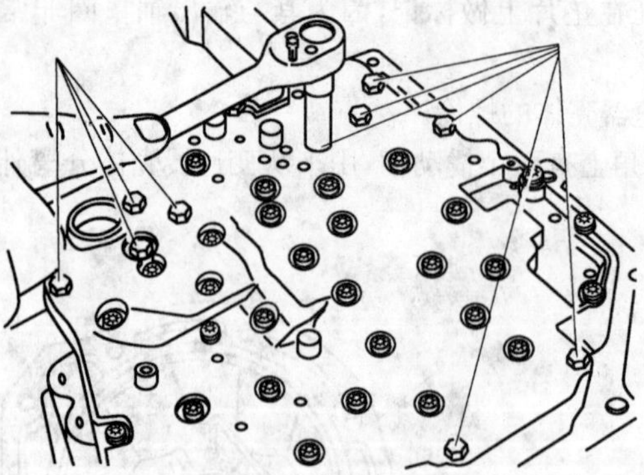

图 13-32 拆卸阀体螺栓

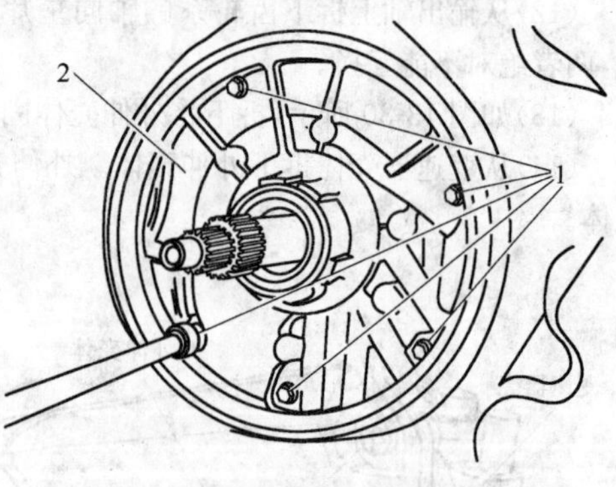

图 13-33 拆卸油泵螺栓

1. 螺栓 2. 油泵

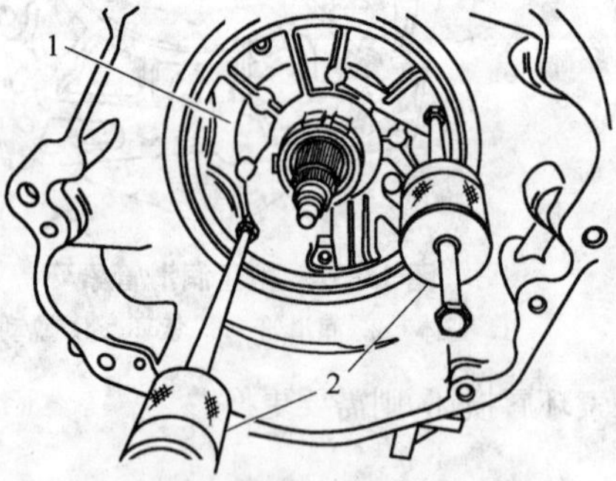

图 13-34 拆卸油泵

1. 油泵 2. C-3752

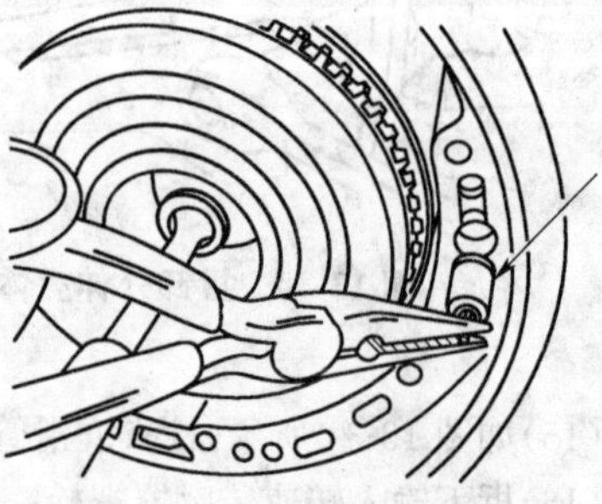

图 13-35 拆下冷却器旁通阀

(37)如图 13-36 所示,拆下 1 号有隔圈滚针轴承。

(38)如图 13-37 所示,拆下输入离合器总成。

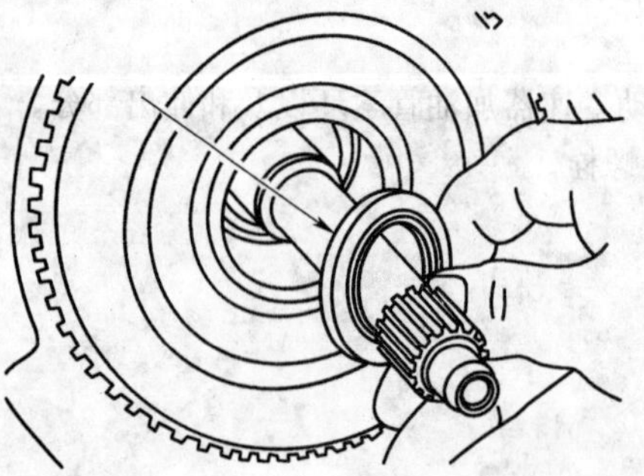

图 13-36 拆下 1 号有隔圈滚针轴承

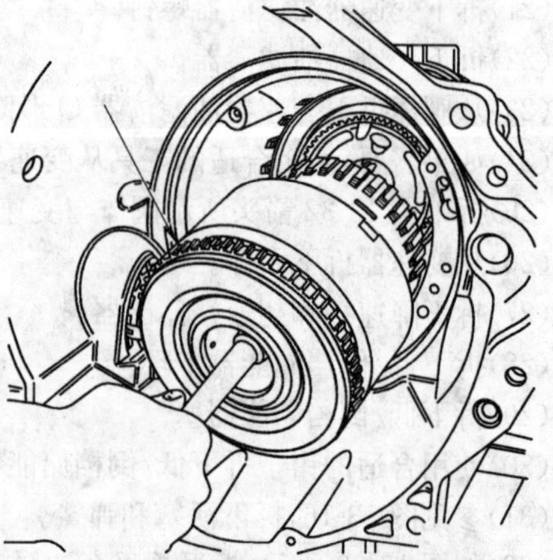

图 13-37 拆下输入离合器总成

(39)拆下 4 号止推垫片或参见下一步。

(40)如图 13-38 所示,拆下前太阳轮总成和 4 号止推垫片(如果还在)。

(41)如图 13-39 所示,拆下前行星架/后齿圈(2)和 6 号滚针轴承(1)。

(42)如图 13-40 所示,拆下后太阳轮(2)和 7 号滚针轴承(1)。注:7 号滚针轴承(1)有 3 个防反转舌,与 5 号和 2 号滚针轴承位置一样。安装方向应当允许轴承平整地靠在后太阳轮上。可以使用少量

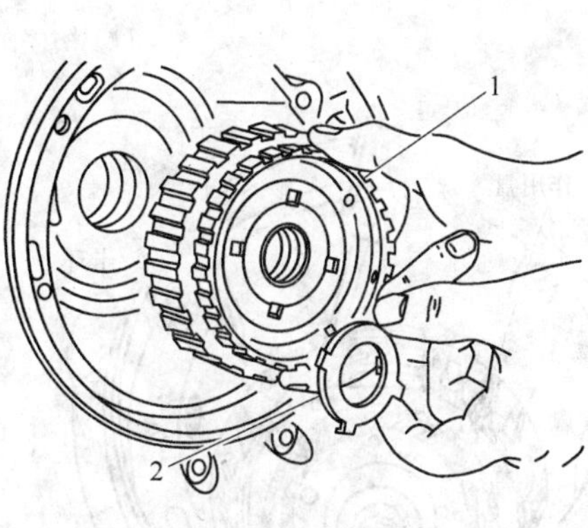

图 13-38　拆下前太阳轮总成和 4 号止推垫片

1. 前太阳轮总成　2. 4 号止推垫片

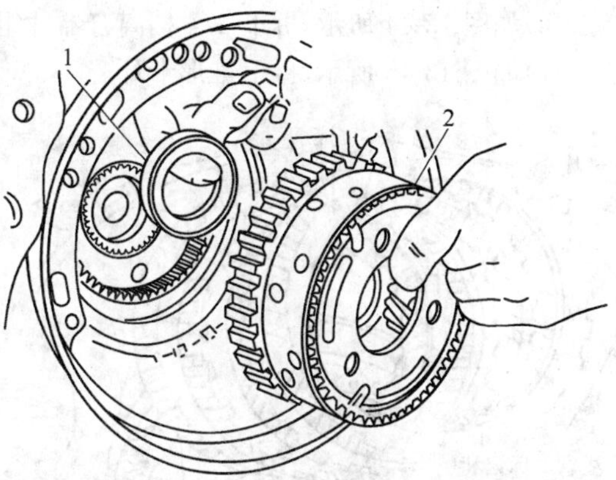

图 13-39　拆下前行星架/后齿圈和 6 号滚针轴承

1. 6 号滚针轴承　2. 行星架/后齿圈

凡士林将轴承保持在后太阳轮上。

(43)如图 13-41 所示，安装并加载工具 5058A，拆下 2/4 档离合器座卡环。

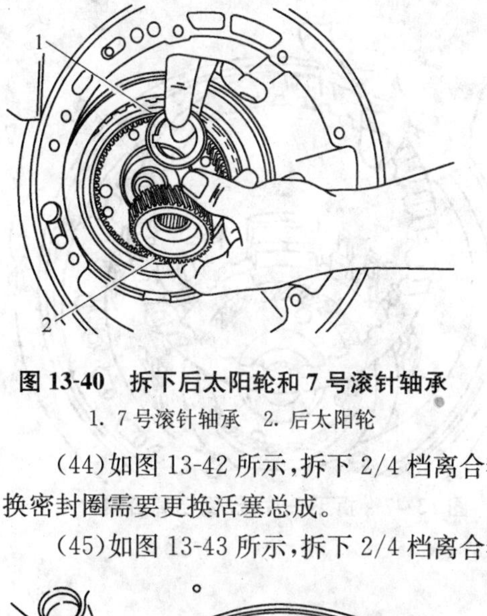

图 13-40　拆下后太阳轮和 7 号滚针轴承

1. 7 号滚针轴承　2. 后太阳轮

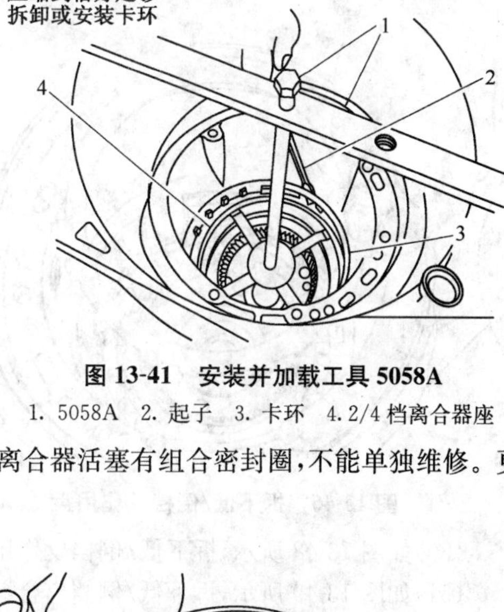

图 13-41　安装并加载工具 5058A

1. 5058A　2. 起子　3. 卡环　4. 2/4 档离合器座

(44)如图 13-42 所示，拆下 2/4 档离合器座。2/4 档离合器活塞有组合密封圈，不能单独维修。更换密封圈需要更换活塞总成。

(45)如图 13-43 所示，拆下 2/4 档离合器回位弹簧。

图 13-42　拆下 2/4 档离合器座

1. 离合器座　2. 回位弹簧

图 13-43　拆下 2/4 档离合器回位弹簧

(46)如图 13-44 所示,拆下 2/4 档离合器片组。

(47)如图 13-45 所示,拆下锥形卡环。

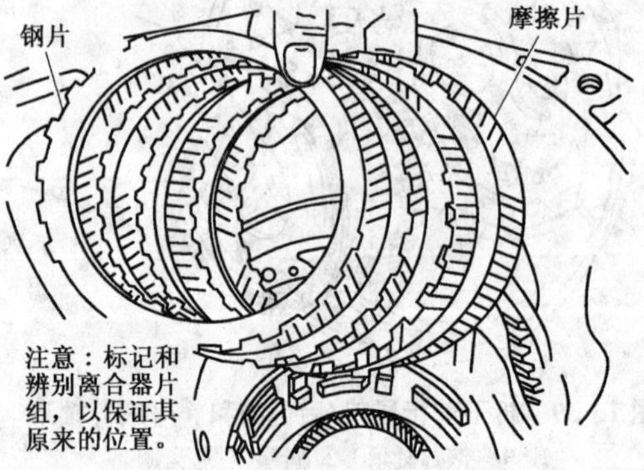

图 13-44　拆下 2/4 档离合器片组

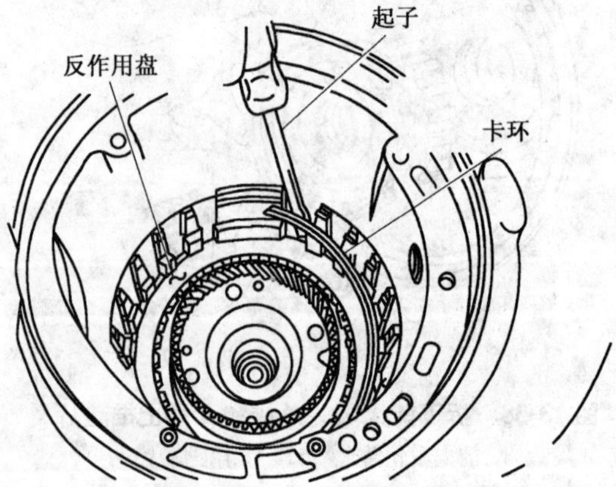

图 13-45　拆下锥形卡环

(48)如图 13-46 所示,拆下低/倒档反作用盘。

(49)如图 13-47 所示,拆下一片低/倒档离合器片,以方便拆卸卡环。

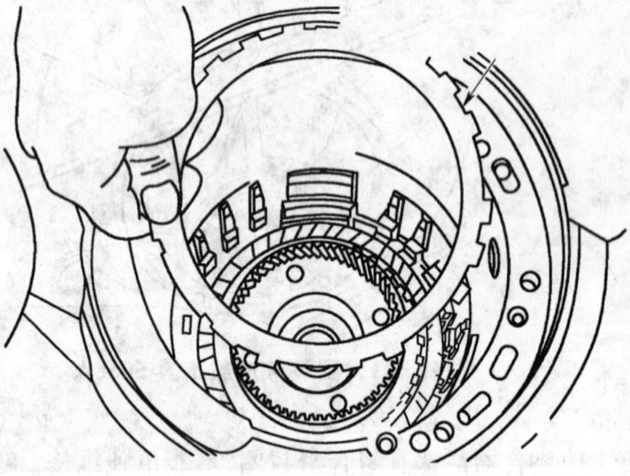

图 13-46　拆下低/倒档反作用盘

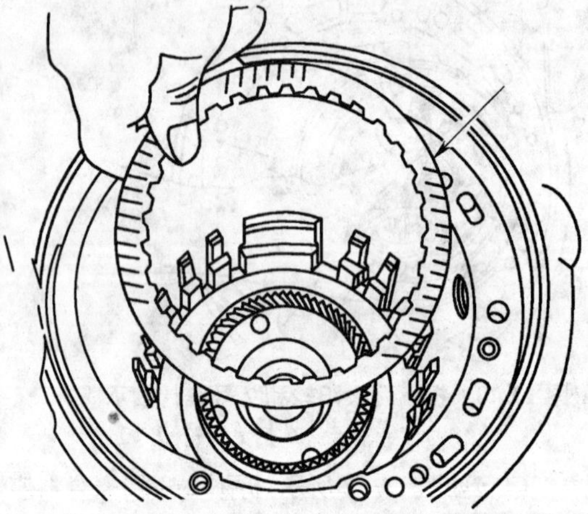

图 13-47　拆下一片低/倒档离合器片

(50)如图 13-48 所示,拆下低/倒档反作用盘卡环。

(51)如图 13-49 所示,拆下低/倒档离合器片组。

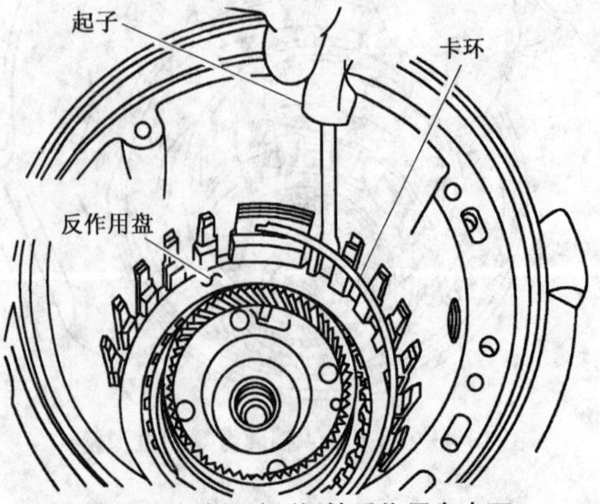

图 13-48　拆下低/倒档反作用盘卡环

图 13-49　拆下低/倒档离合器片组

(52)使用板牙打磨工具或等同品在轴螺母的轴肩内打磨凸台,不要贯通打磨螺母,不要进入轴内。每个螺母上有 2 个凸台。

(53)如图 13-50 所示,使用小冲子,小心打开螺母上的凸台。

(54)如图 13-51 所示,使用专用工具 6497 和 6498A 拆下输出轴螺母。

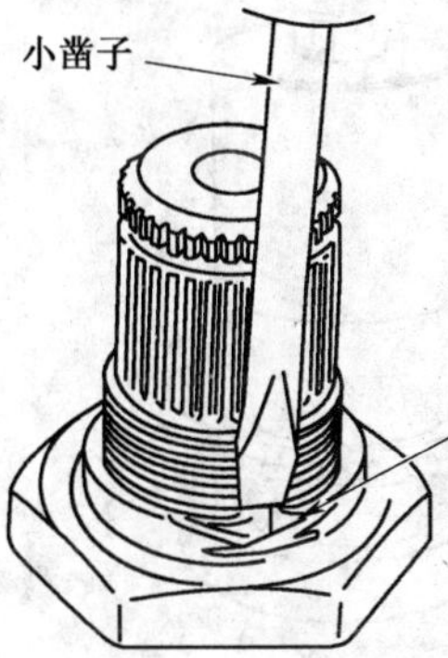

图 13-50 打开螺母上的凸台

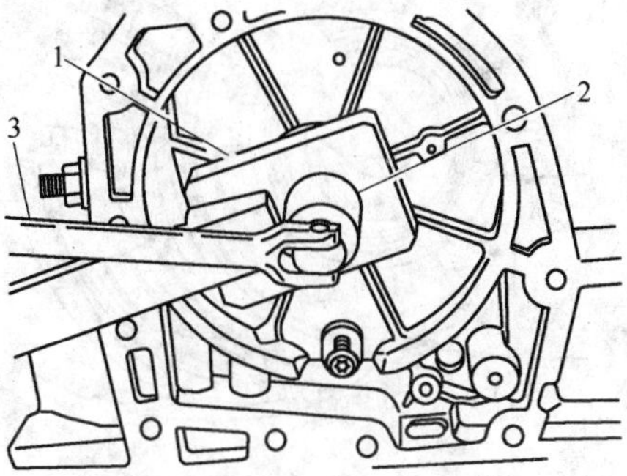

图 13-51 拆下输出轴螺母

1. 6497 2. 6498A 3. 扳手

(55)如图 13-52 所示,使用压力工具从变速器壳体拆下输出轴。

(56)如图 13-53 所示,使用专用工具 6596 与压力工具一起拆下前输出轴轴承盖。

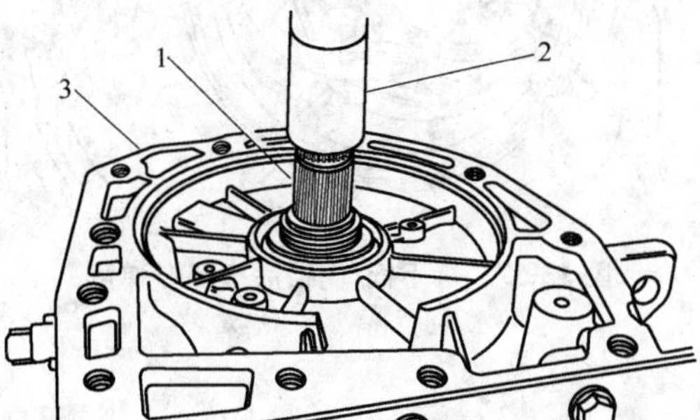

图 13-52 拆下输出轴

1. 压力工具 2. 输出轴 3. 变速器壳体

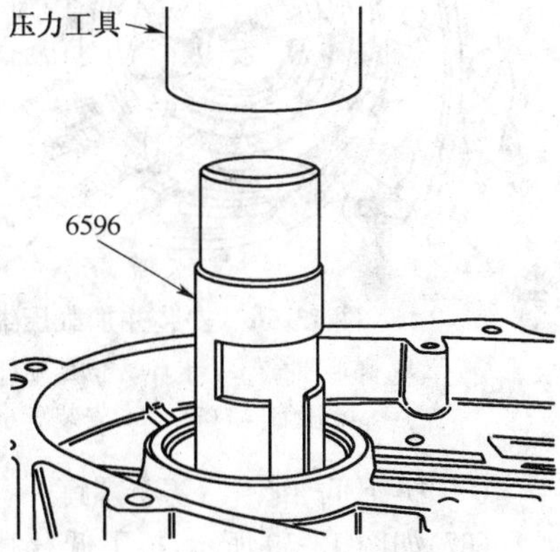

图 13-53 拆下前输出轴轴承盖

(57)如图 13-54 所示,使用专用工具 6597 和手柄 C-4171、C-4171-2 向后压后输出轴轴承盖。

(58)如图 13-55 所示,拆下后行星架前轴承内圈。

(59)如图 13-56 所示,安装并加载压缩器 5059A(4)。

(60)拆下低/倒档碟形弹簧卡环。

(61)如图 13-57 所示,拆下低/倒档活塞碟形弹簧。

(62)拆下驻车棘爪枢轴固定螺钉。

(63)使用合适的冲子冲出铆钉轴。

(64)拆下导向架轴销。检查所有部件是否磨损。

(65)如图 13-58 所示,拆下低/倒档离合器活塞。

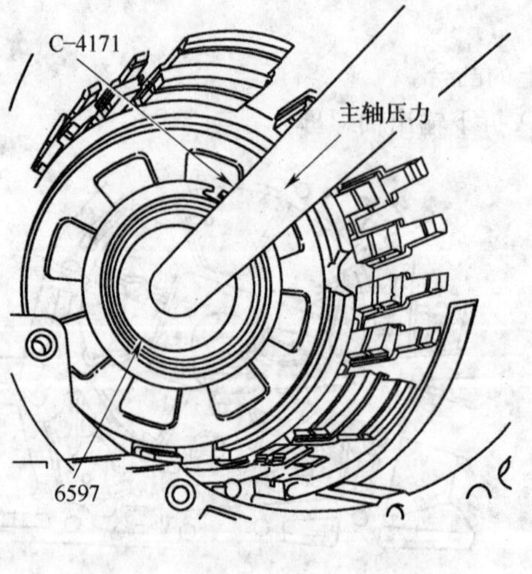

图 13-54 向后压后输出轴轴承盖

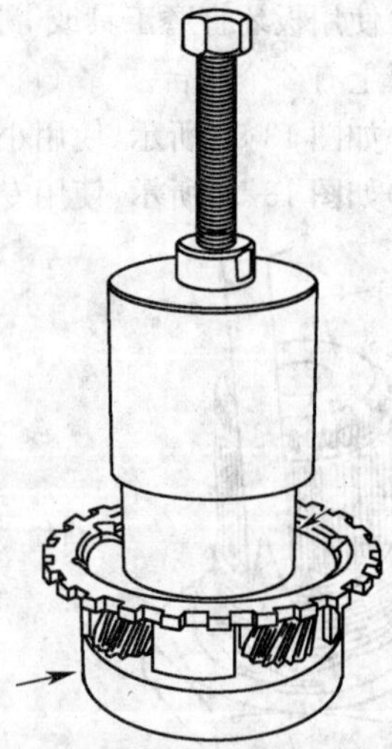

图 13-55 拆下后行星架前轴承内圈

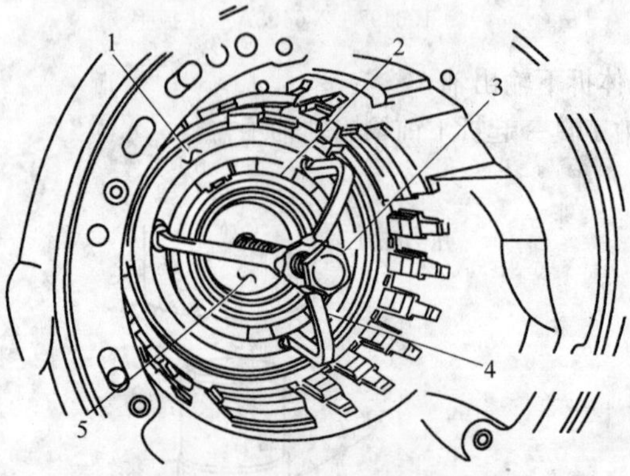

图 13-56 安装并加载压缩器

1. 碟形弹簧 2. 卡环 3. 压缩杆 5058-3
4. 压缩器 5059 5. 安装盘 6057

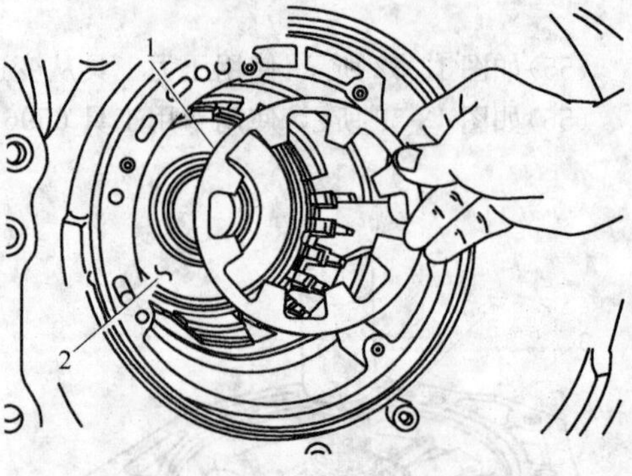

图 13-57 拆下低/倒档活塞碟形弹簧

1. 回位弹簧 2. 活塞

(66)拆下低/倒档活塞座螺钉。

(67)如图 13-59 所示,拆下低/倒档活塞座。

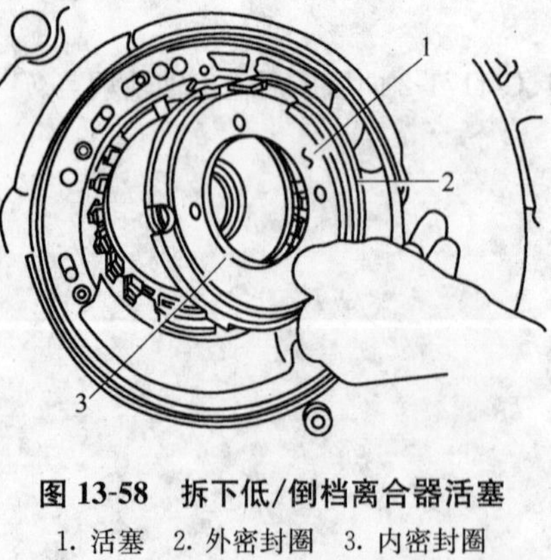

图 13-58 拆下低/倒档离合器活塞

1. 活塞 2. 外密封圈 3. 内密封圈

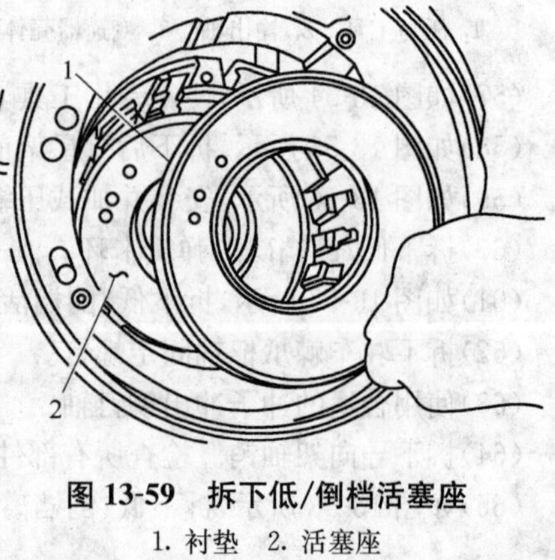

图 13-59 拆下低/倒档活塞座

1. 衬垫 2. 活塞座

(68)如图 13-60 所示,拆下低/倒档活塞座衬垫。

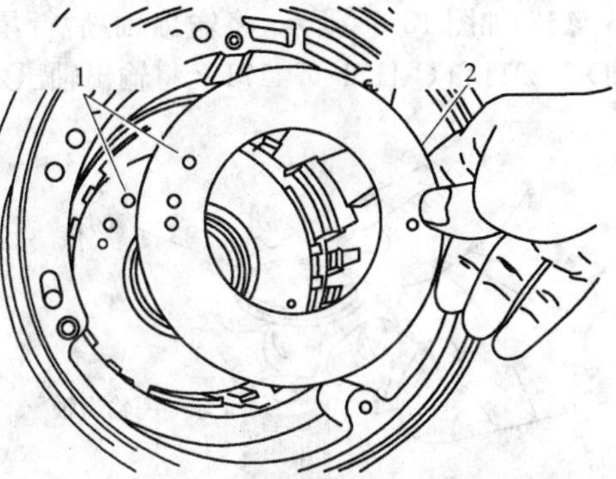

图 13-60　拆下低/倒档活塞座衬垫

1. 对齐孔　2. 衬垫

四、自动变速器的装配

(1)使用专用工具 5050A 安装输出轴轴承盖。

(2)参见图 13-60,安装低/倒档活塞座衬垫。

(3)参见图 13-59,安装低/倒档活塞座。

(4)安装低/倒档活塞座与变速器壳体的连接螺钉,并拧紧到 5N·m。

(5)参见图 13-58,安装低/倒档离合器活塞。

(6)组装导向架总成。

(7)安装导向架轴销。注意:安装时,要保证导向架和开口套接触到变速器壳体后部。

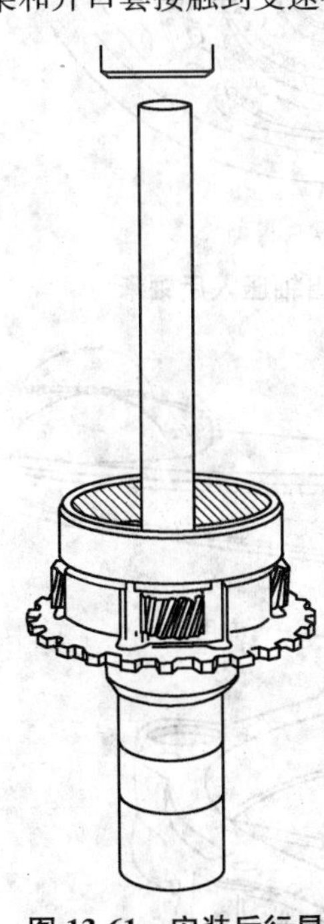

图 13-61　安装后行星架前轴承内圈

(8)安装驻车棘爪枢轴固定螺钉,并拧紧到 4.5N·m。

(9)参见图 13-57,将低/倒档活塞碟形弹簧安装到位。

(10)参见图 13-56,所示安装并加载低/倒档弹簧压缩器,以方便安装卡环。

(11)安装卡环,拆下压缩工具。

(12)如图 13-61 所示,安装后行星架前轴承内圈。

(13)检查输出轴轴承预加载荷。如果更换了下列任何一项,则必须检查输出轴轴承预加载荷:

—输出轴(后行星架总成)

—输出轴轴承

—变速器壳体

如图 13-62 所示,预加载荷检查/垫片选择:安装输出轴轴承内圈和专用工具 6618A。

(14)如图 13-63 所示,安装专用工具 6618A。稍微拧紧固定螺钉。螺钉应当低于盘表面,但不要盖住螺钉。

(15)在手动压力机上翻转变速器壳体,使盘位于压力机基座上。注意:输出轴会伸出工具 6618A 的孔。要保证压力台上有输出轴空隙。

(16)如图 13-64 所示,将垫片装到输出轴上。在垫片上使用少量的凡士林,以将其保持不动。从使用原来的垫片开始。如果原来的垫片没有了,使用可用的最厚的垫片。

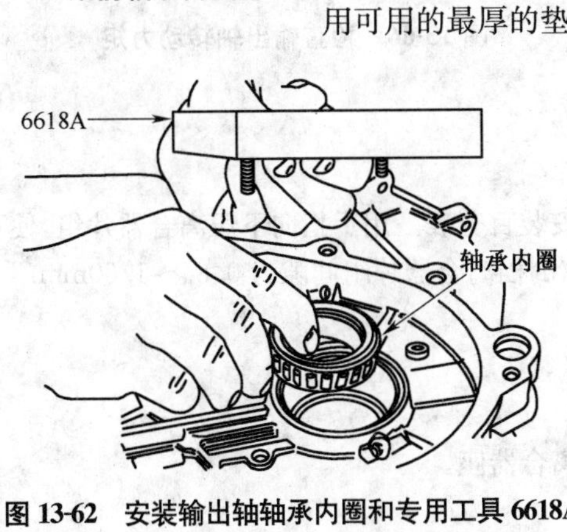

图 13-62　安装输出轴轴承内圈和专用工具 6618A

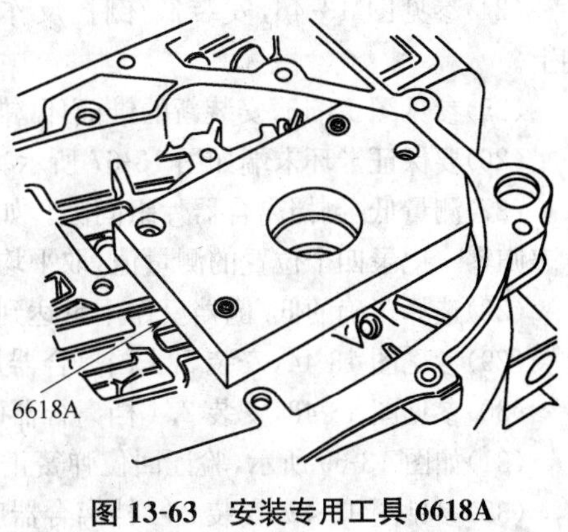

图 13-63　安装专用工具 6618A

(17)如图 13-65 所示,将输出轴/后行星架装入后轴承。输出轴必须压入到位。使用专用工具 MD-998911和 C-4171、C-4171-2 将输出轴压入后轴承。

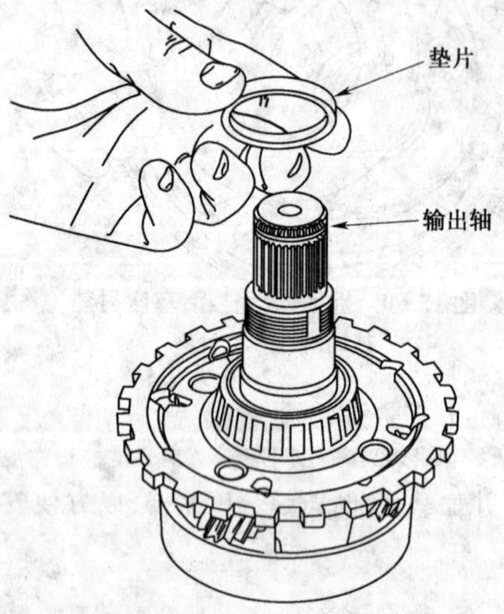

图 13-64　安装垫片

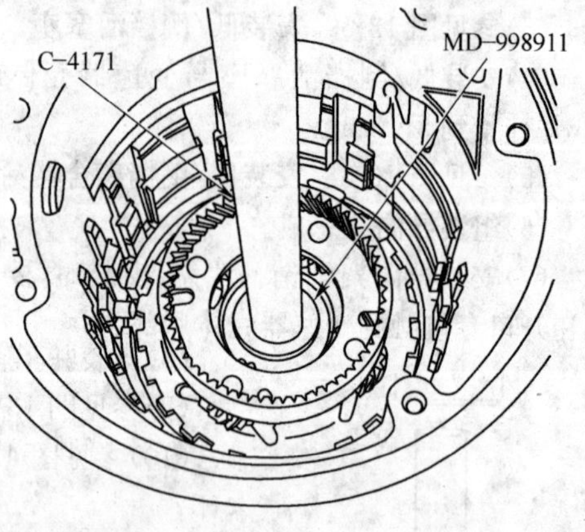

图 13-65　将输出轴压入后轴承

(18)如图 13-66 所示,使用专用工具 6497 和 6498-A 安装新的输出轴螺母。将新的输出轴螺母拧紧到 271N·m。检查输出轴转动力矩,输出轴应当有 9～70N·m 的转动力矩。如果转动力矩大于 70N·m,则安装厚一些的垫片。如果转动力矩小于 9N·m,则安装薄一些的垫片。要保证没有轴向间隙。

(19)参见图 13-50,拧紧到正确的力矩后,必须将新螺母锁定。使用专用工具 6639 锁定输出轴螺母。

(20)验证螺母正确锁定到输出轴上。

(21)参见图 13-49,安装低/倒档离合器片组。留下最上面的一片,以便安装卡环。

(22)参见图 13-48,安装低/倒档反作用盘卡环。

(23)参见图 13-47,安装一片低/倒档离合器片。

(24)参见图 13-46,安装低/倒档反作用盘,平面朝上。

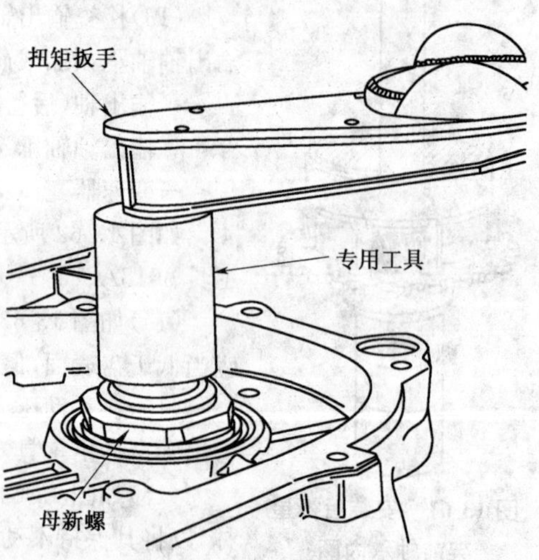

图 13-66　检查输出轴转动力矩

(25)参见图 13-45,安装新的锥面环(锥面朝外)。

(26)要保证卡环末端如图 13-67 所示。

(27)测量低/倒档离合器片组间隙。如图 13-68 所示安装百分表。用手指向下压离合器片组,使百分表归零。记录四个位置的测量值,取平均作为结果。低/倒档离合器片组间隙为 0.84～1.60mm。

(28)选择正确的低/倒档反作用盘达到规范值。

(29)参见图 13-44,安装 2/4 档离合器片组。

(30)参见图 13-43,安装 2/4 档离合器碟形弹簧。

(31)如图 13-69 所示,验证回位弹簧正确朝向 2/4 档离合器座。

(32)参见图 13-42,安装 2/4 档离合器座。

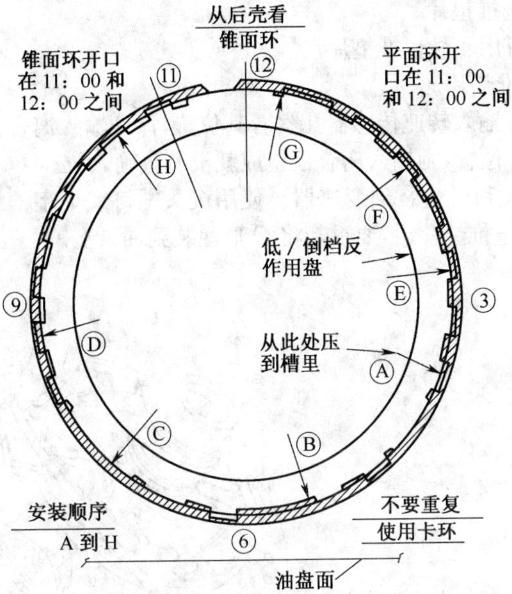

图 13-67 卡环末端位置

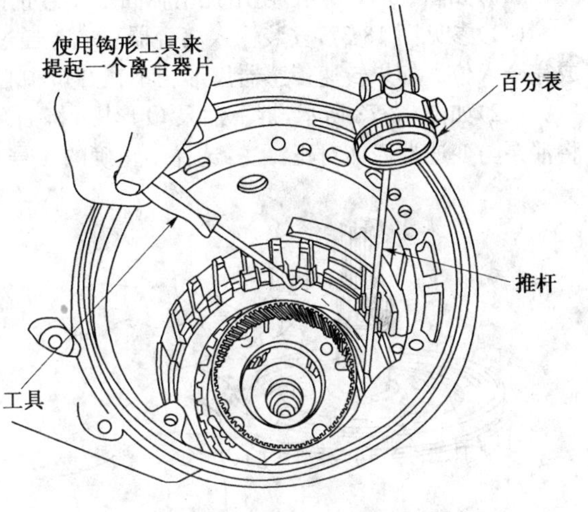

图 13-68 测量低/倒档离合器片组间隙

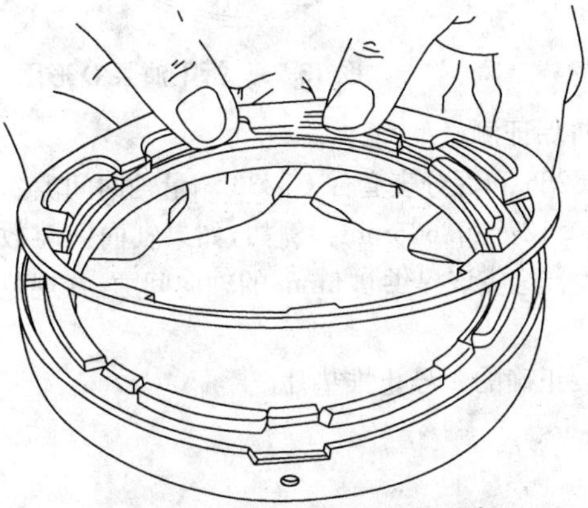
图 13-69 验证回位弹簧正确朝向 2/4 档离合器座

(33)参见图 13-41，如图所示安装工具 5058A(1)。压缩 2/4 档离合器到恰好足以便于安装卡环。

(34)如图 13-70 所示，测量 2/4 档离合器间隙，如图所示安装百分表，用手指压缩离合器片组使百分表归零。记录四个位置的测量值，取平均作为结果。2/4 档离合器片组间隙为 0.76～2.64mm。如果不在规范值内，则离合器组装得不正确或者磨损过度。没有办法调整 2/4 档离合器间隙。

(35)如图 13-71 所示，将 7 号滚针轴承装到后太阳轮。

(36)参见图 13-40，安装后太阳轮和 7 号滚针轴承。

(37)参见图 13-39，安装前行星架/后齿圈总成和 6 号滚针轴承。

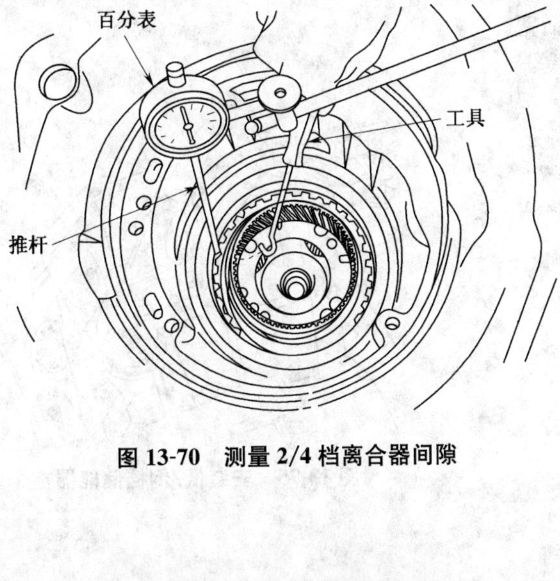

图 13-70 测量 2/4 档离合器间隙

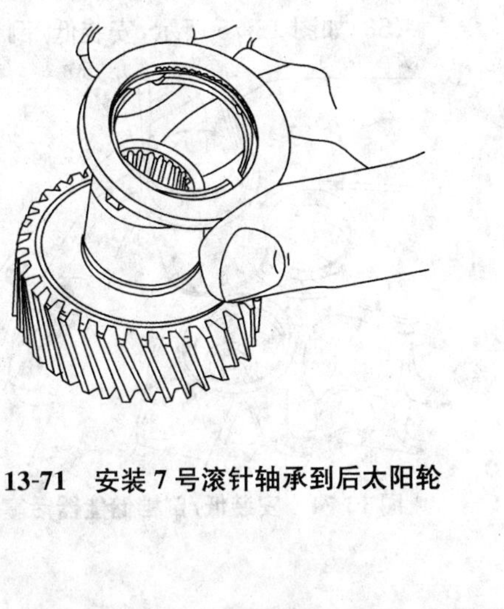
图 13-71 安装 7 号滚针轴承到后太阳轮

(38)参见图 13-38,安装前太阳轮总成和 4 号止推垫片。

(39)确定 4 号止推垫片的厚度。选择最厚的可用 4 号止推垫片。

(40)如图 13-72 所示,使用凡士林固定 4 号止推垫片。

(41)参见图 13-37,安装输入离合器总成。通过输入转速传感器孔察看其位置,保证输入离合器总成完全入位。如果转速传感器齿形轮不在开口中心位置,则输入离合器总成就没有正确入位。

(42)如图 13-73 所示,拆下油泵 O 形圈,将油泵和衬垫装到变速器。使用沉头螺钉或十字槽螺钉将油泵与变速器壳体对正。注:选择了正确的 4 号止推垫片后,要重新将 O 形圈装到油泵上。

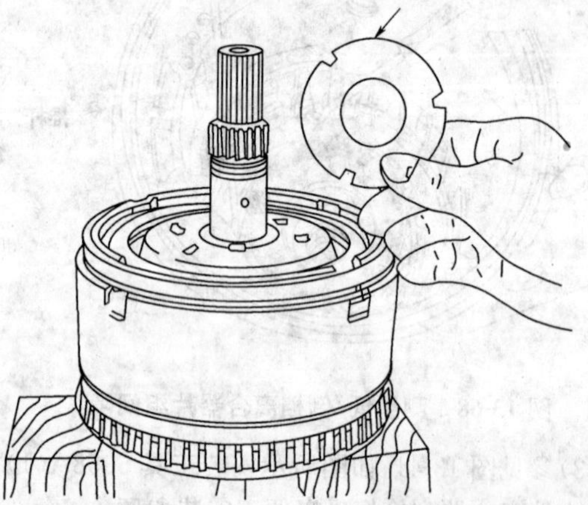

图 13-72　安装固定 4 号止推垫片

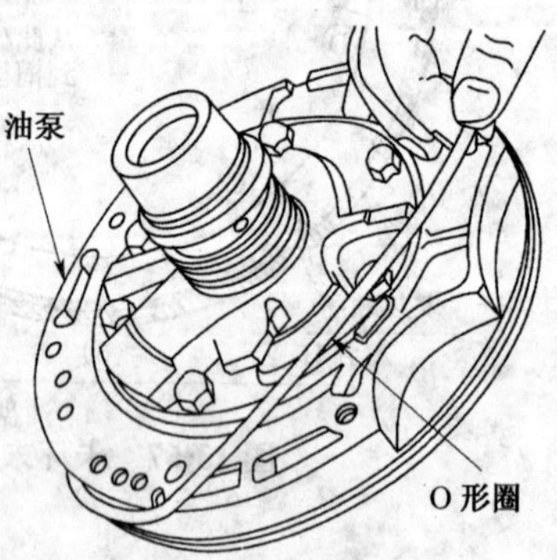

图 13-73　拆下油泵 O 形圈

(43)变速器处于垂直位置测量输入轴轴向间隙。这将保证测量准确。

(44)参见图 13-28,如图所示使用轴向间隙工具套件 8266 和百分表套件 C3339 测量轴向间隙。

(45)测量输入轴轴向间隙。输入轴轴向间隙必须为 0.127～0.635mm。例如,如果轴向间隙数值是 1.397mm,则选择厚度为 1.8～1.9mm 的 4 号止推垫片。这应该提供 0.5mm 的轴向间隙,在规范值范围内。

(46)拆下油泵、衬垫和输入离合器总成,以接触和安装正确的 4 号止推垫片。

(47)使用正确的止推垫片安装输入离合器总成。

(48)参见图 13-36,安装 1 号有隔座圈滚针轴承。

(49)参见图 13-35,如果变速器发生了故障,则更换冷却器旁通阀。

(50)安装油泵衬垫。

(51)安装油泵并拧紧油泵与变速器壳体的连接螺栓到 30N·m。

(52)如图 13-74 所示,安装低/倒档储能器活塞。

(53)如图 13-75 所示,安装低/倒档储能器塞。

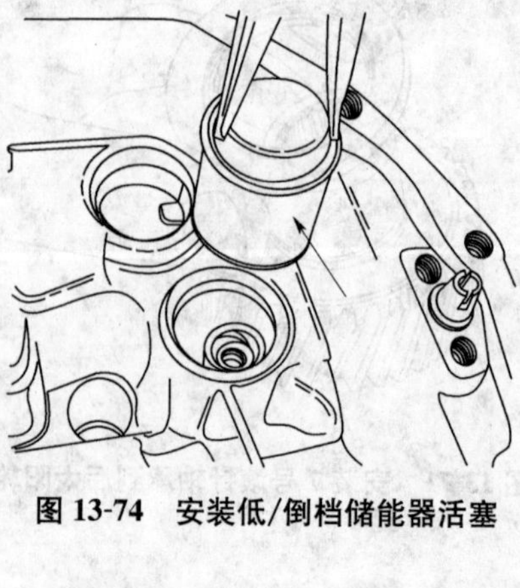

图 13-74　安装低/倒档储能器活塞

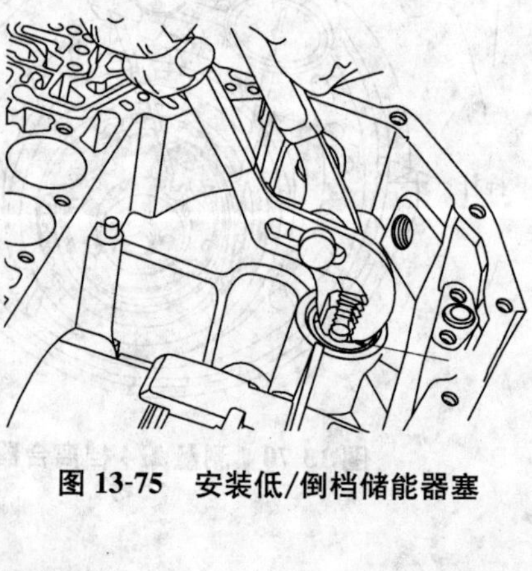

图 13-75　安装低/倒档储能器塞

(54)如图 13-76 所示,安装低/倒档储能器卡环。

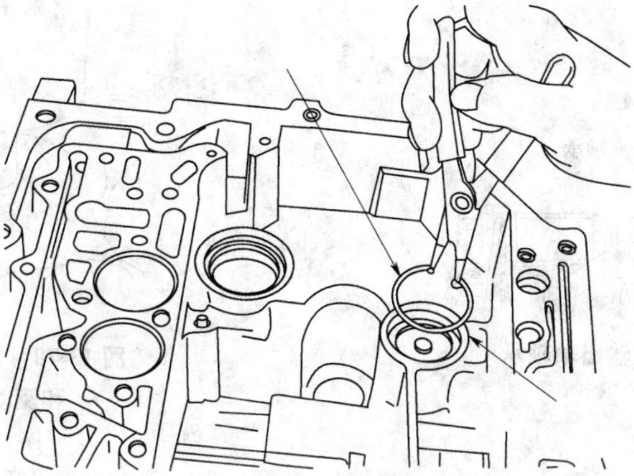

图 13-76　安装低/倒档储能器卡环

(55)参见图 13-15,安装降速档和超速档储能器和弹簧。

(56)安装阀体。

(57)参见图 13-32,安装阀体与变速器壳体的连接螺栓,拧紧到 12N·m。

(58)安装变速器油滤清器和 O 形圈。拧紧螺栓到 5N·m。

(59)如果需要,安装一个新的变速器加油管索环,用安装器 8254 伸入到变速器壳体内。

(60)安装变速器油盘。

(61)安装油盘与变速器壳体连接螺栓,拧紧到 20N·m。

(62)参见图 13-22,将两个转速传感器装入变速器壳体。拧紧转速传感器螺栓到 9N·m。

(63)参见图 13-28,作为变速器检查的最后一项,测量输入轴轴向间隙。这会指示何时需要更换 4 号止推片,4 号止推片位于超速档离合器毂后面。将百分表连到变速器后壳,测量头靠住输入轴末端,里外移动输入轴,得到轴向间隙。输入轴轴向间隙必须为 0.127～0.635mm。如果轴向间隙不在规范值内,进行必要的垫片调整。

(64)参见图 13-31,检查润滑管索环是否损坏,如果索环唇损坏,则需要更换。

(65)如图 13-77 所示,将输出轴轴承装入变速器后壳体内。使用轴承安装器 9287,将输出轴轴承装入变速器壳体。塑料内圈必须指向变速器。

(66)将卡环装入输出轴内的卡环槽内。

(67)将输出轴装入输出轴轴承内。

(68)安装挡圈,要保证挡圈在槽内正确落座。

(69)将输出轴垫圈装到输出轴。

(70)用密封圈安装器 8902 将新的变速器后密封圈装入变速器壳体内。

(71)将传动轴法兰装到输出轴上,安装新的法兰螺母,用手拧紧。

(72)参见图 13-30,将外伸壳体装到变速器壳体上。

(73)安装将外伸壳体固定到变速器壳体的螺栓。要保证将任何螺栓装在其原来的位置。拧紧螺栓到 54N·m。

(74)验证变速器驻车位置,为安装输出轴螺母作准备。拧紧法兰螺母到 120N·m。

(75)如图 13-78 所示,将输出轴螺母锁定到输出轴。将立柱工具 9078 和驱动手柄 C-4171 装到输出轴上。

(76)转动立柱工具 9078,直到定位销与输出轴槽接合。

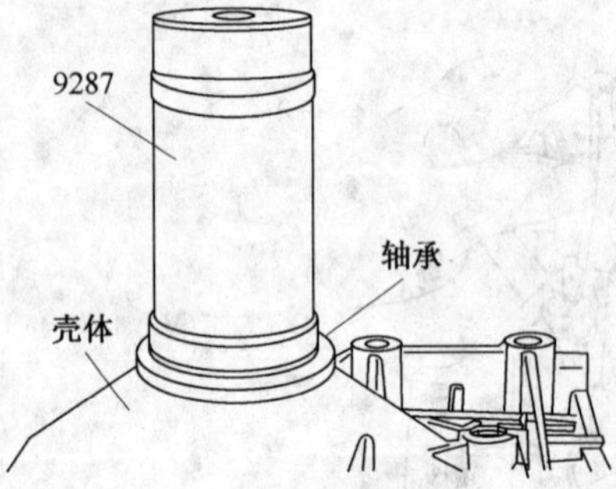

图 13-77 安装输出轴轴承

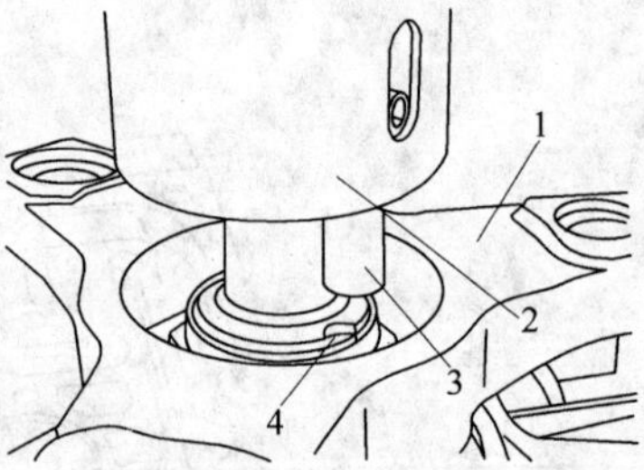

图 13-78 安装立柱工具 9078 和驱动手柄 C-4171

1. 壳体 2. 立柱工具 9078
3. 定位销 4. 输出轴槽

(77)如图 13-79 所示,在立柱工具上向下压,直到立柱销接触到输出轴螺母法兰。

(78)用合适的锤子敲打驱动手柄 C-4171,直到输出轴螺母牢固地锁到输出轴上。

(79)安装变矩器,如图 13-80 所示检查液力变矩器安装是否到位。液力变矩器完全落座时,液力变矩器凸耳表面到直尺后部应当至少有 19mm 的间隙。

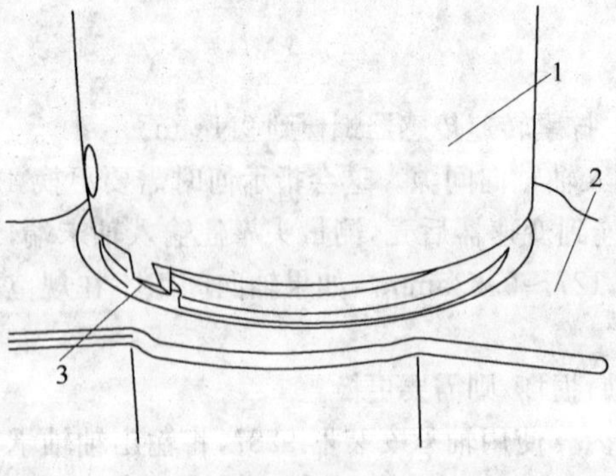

图 13-79 将输出轴螺母地锁到输出轴上

1. 立柱工具 9078 2. 螺母法兰 3. 立柱销

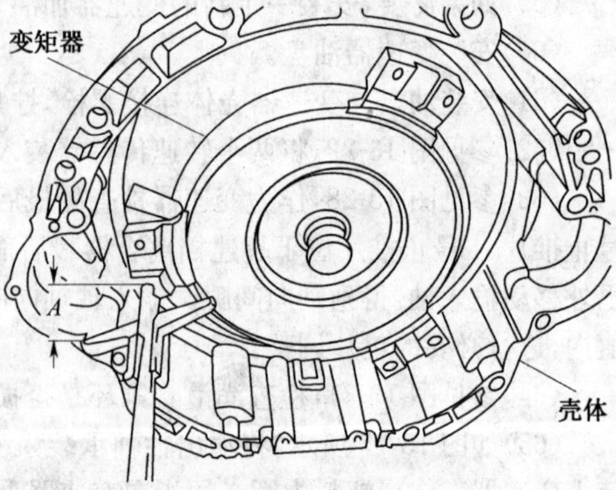

图 13-80 检查变矩器的安装位置

五、阀体的解体

(1)拆下手动轴密封圈。

(2)如图 13-81 所示,拆下手动轴螺钉。

(3)如图 13-82 所示,拆下变速器档位传感器和手动轴。

(4)如图 13-83 所示,从阀体拆下电磁阀/压力开关总成。

(5)如图 13-84 所示,拆下阀体加强盘。

(6)如图 13-85 所示,翻转阀体总成,拆下传输盘和阀体之间的连接螺钉。

(7)如图 13-86 所示,从阀体拆下传输盘和隔板。

(8)拆下隔板与传输盘的连接螺钉。

(9)如图 13-87 所示,从传输盘拆下隔板。

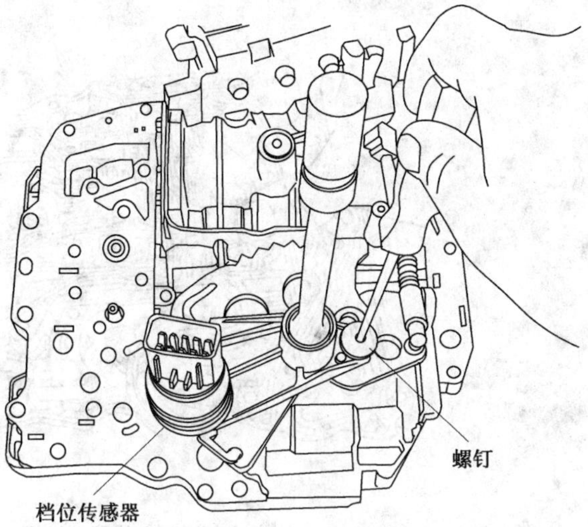

图 13-81 拆下手动轴螺钉

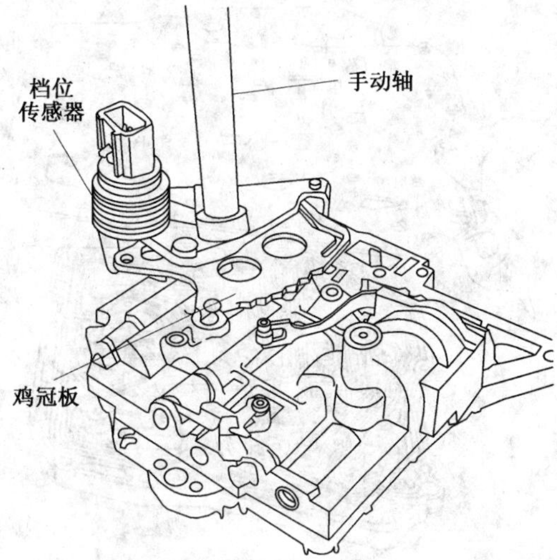

图 13-82 拆下档位传感器和手动轴

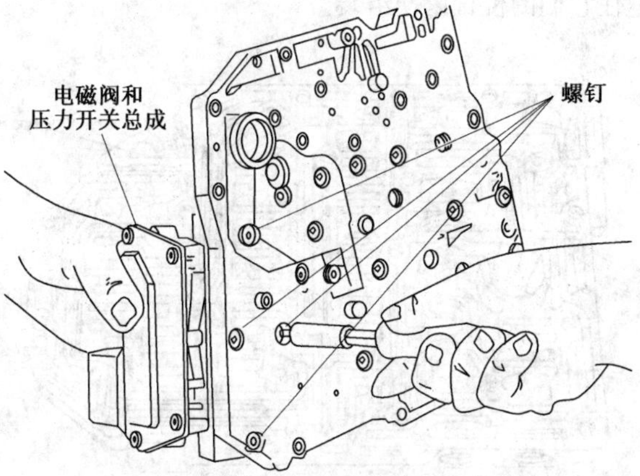

图 13-83 拆下电磁阀和压力开关总成

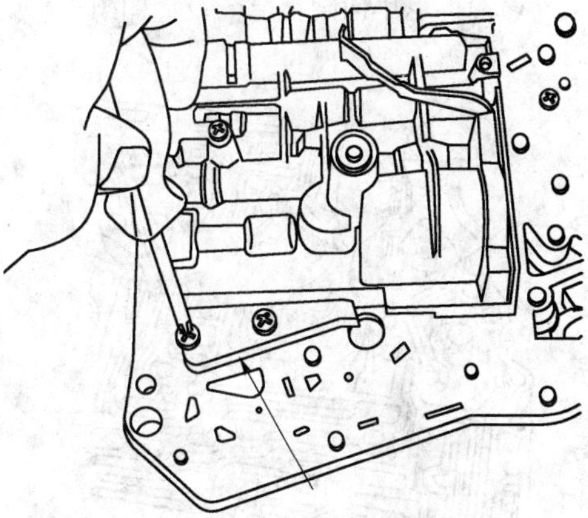

图 13-84 拆下阀体加强盘

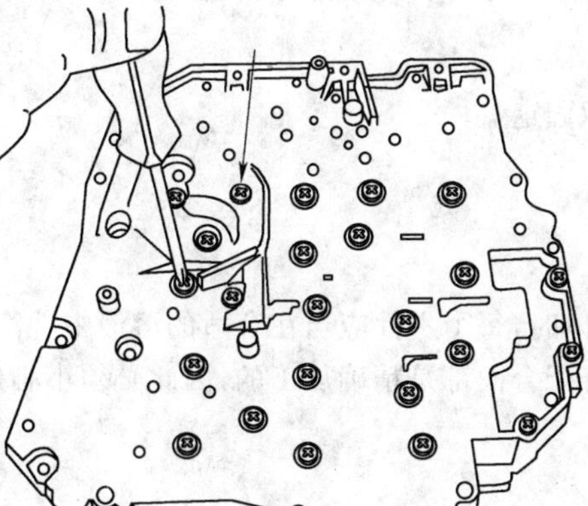

图 13-85 拆下传输盘和阀体之间的连接螺钉

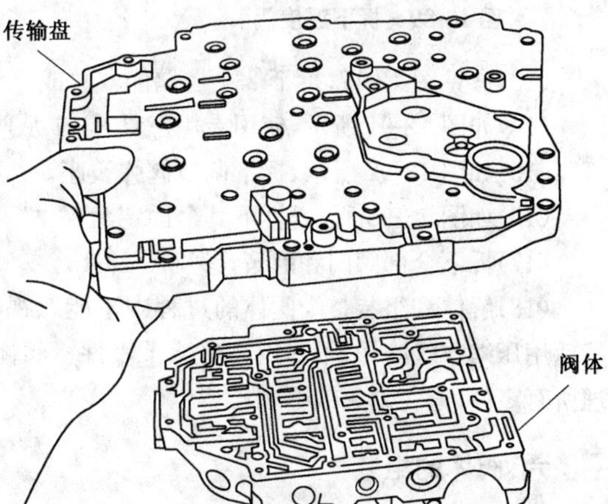

图 13-86 从阀体拆下传输盘和隔板

(10)如图 13-88 所示,从传输盘拆下变速器油滤网。

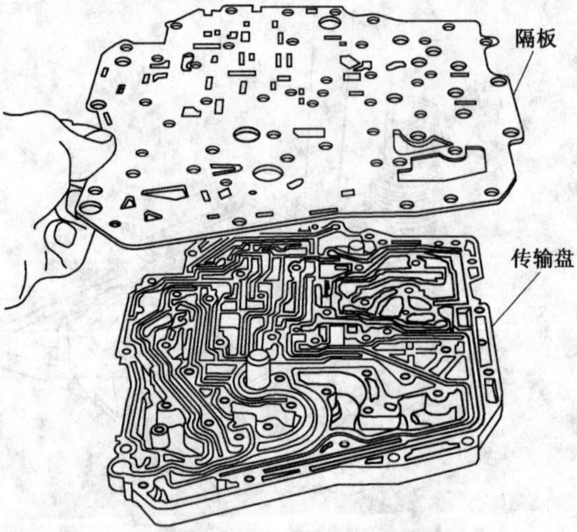

图 13-87 从传输盘拆下隔板

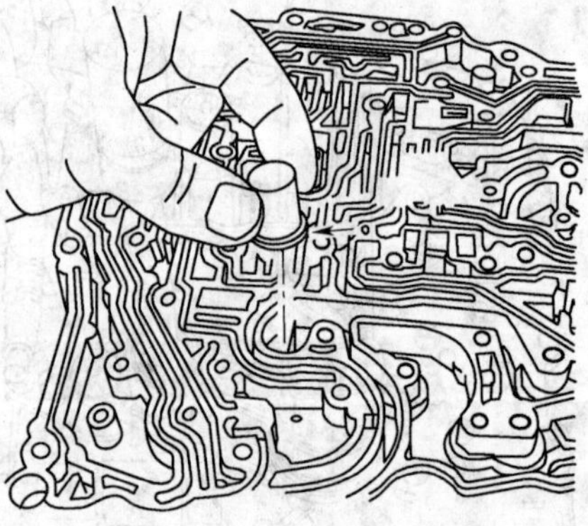

图 13-88 从传输盘拆下变速器油滤网

(11)如图 13-89 所示,从传输盘拆下温度阀。

(12)拆下单向阀球(1～4)。如图 13-90 所示,记住它们的位置以便组装。

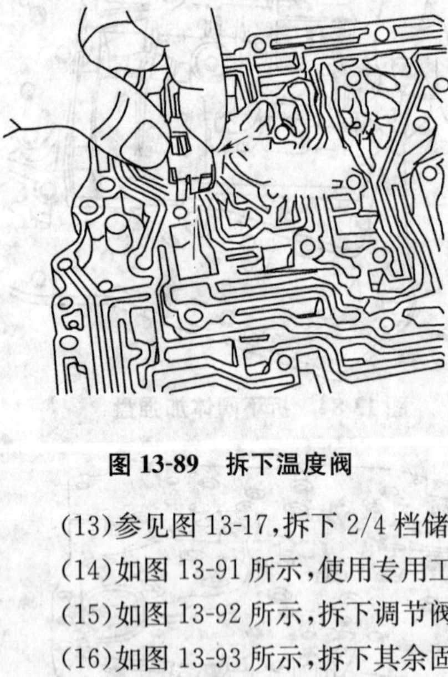

图 13-89 拆下温度阀

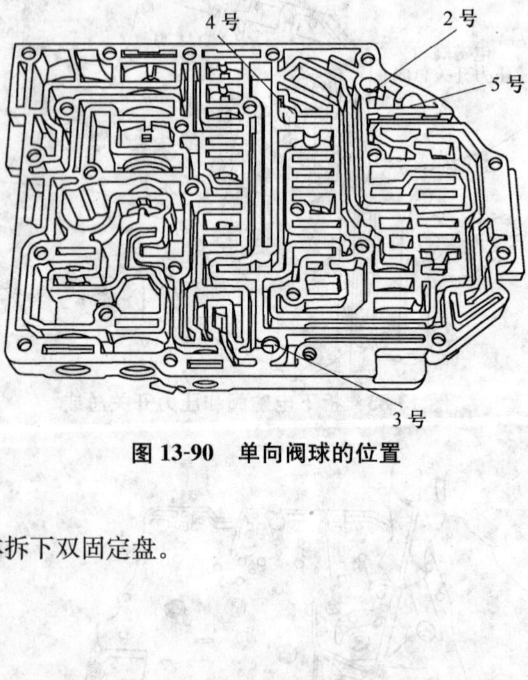

图 13-90 单向阀球的位置

(13)参见图 13-17,拆下 2/4 档储能器总成。

(14)如图 13-91 所示,使用专用工具 6301 从阀体拆下双固定盘。

(15)如图 13-92 所示,拆下调节阀弹簧座。

(16)如图 13-93 所示,拆下其余固定盘。

(17)拆下全部阀门和弹簧,参见图 13-13。

(18)解体和组装整个阀体的过程中不能忽视清洁。解体时,每个零件应当在合适的溶液中洗涤,然后用压缩空气吹干,不要用毛巾擦干零件。阀体内的所有配合面都是精确加工的,因此必须小心处理所有零件,避免划痕或毛刺。

六、阀体的组装

(1)参见图 13-13 所示安装全部阀和弹簧。

(2)参见图 13-92,安装调节阀弹簧座。

(3)参见图 13-91,使用工具 6301 安装双固定盘。

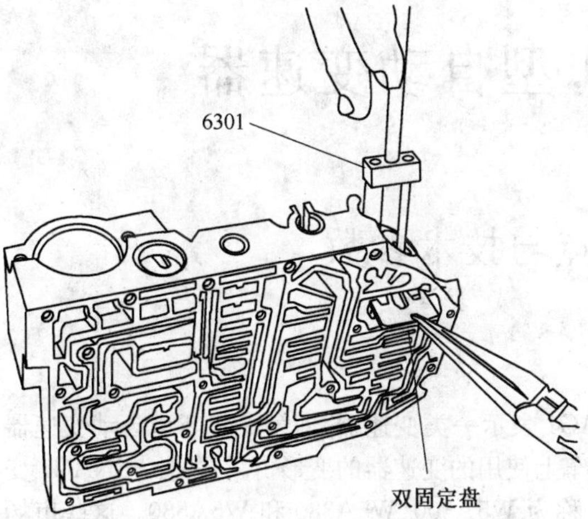

图 13-91　拆下双固定盘

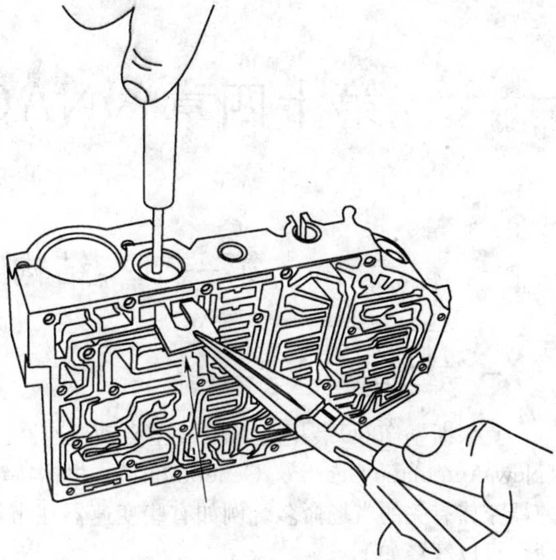

图 13-92　拆下调节阀弹簧座

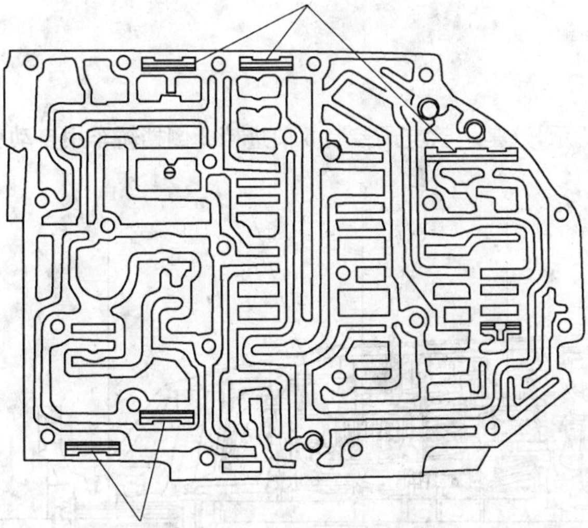

图 13-93　拆下其余固定盘

(4)验证所有固定盘都如图 13-93 所示安装，固定盘应当与阀体表面平齐或低于阀体表面。

(5)如图 13-17 所示安装 2/4 档储能器部件(1～5)。拧紧 2/4 档储能器固定盘到 5N・m。

(6)如图 13-90 所示安装单向阀球。如果需要，用凡士林或变速器组装胶固定单向阀球，以便于组装。

(7)参见图 13-89，将温度阀装到传输盘。

(8)参见图 13-88，将变速器油滤网装到传输盘。

(9)参见图 13-87，将隔板装到传输盘。

(10)如图 13-94 所示，安装隔板和传输盘的 2 个连接螺钉。

(11)参见图 13-86，将传输盘装到阀体。

(12)参见图 13-85，安装传输盘和阀体的连接螺钉，拧紧到 5N・m。

(13)参见图 13-84，安装加强盘。

(14)参见图 13-83，安装电磁阀/压力开关总成及其与传输盘的连接螺钉，拧紧力矩为5.5N・m。

(15)参见图 13-82，将手动轴/鸡冠板和变速器档位传感器装到阀体。

(16)参见图 13-81，安装变速器档位传感器/手动轴固定螺钉，拧紧到 5N・m。

(17)安装手动轴密封圈。

(18)将阀体总成安装到变速器。

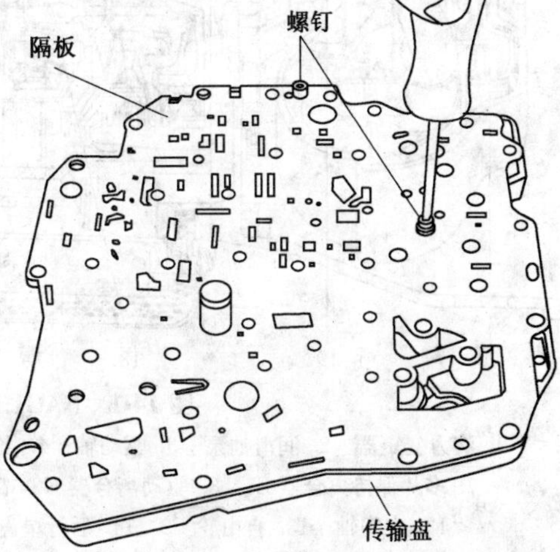

图 13-94　安装隔板和传输盘的 2 个连接螺钉

第十四章　NAG1 型自动变速器

第一节　结构特点与技术参数

一、结构特点

克莱斯勒 300C 装用了 NAG1 型自动变速器。NAG1 表示一类变速器，即第一代新型自动变速器(New Automatic Gearbox,Generation1)。根据特定汽车上使用的变速器的变形，存在各种与 NAG1 变速器家族有关的市场命名。例如有些变速器在市场上称为 W5A300、W5A380 和 W5A580。这些市场命名可以解释如下：

W—使用液力变矩器的变速器

5—5 个前进档

A—自动变速器

580—最大输入力矩，单位为 N·m。

NAG1 自动变速器内部总体构造如图 14-1 所示，这是一款电子控制 5 前进档 2 倒档轿车用自动变

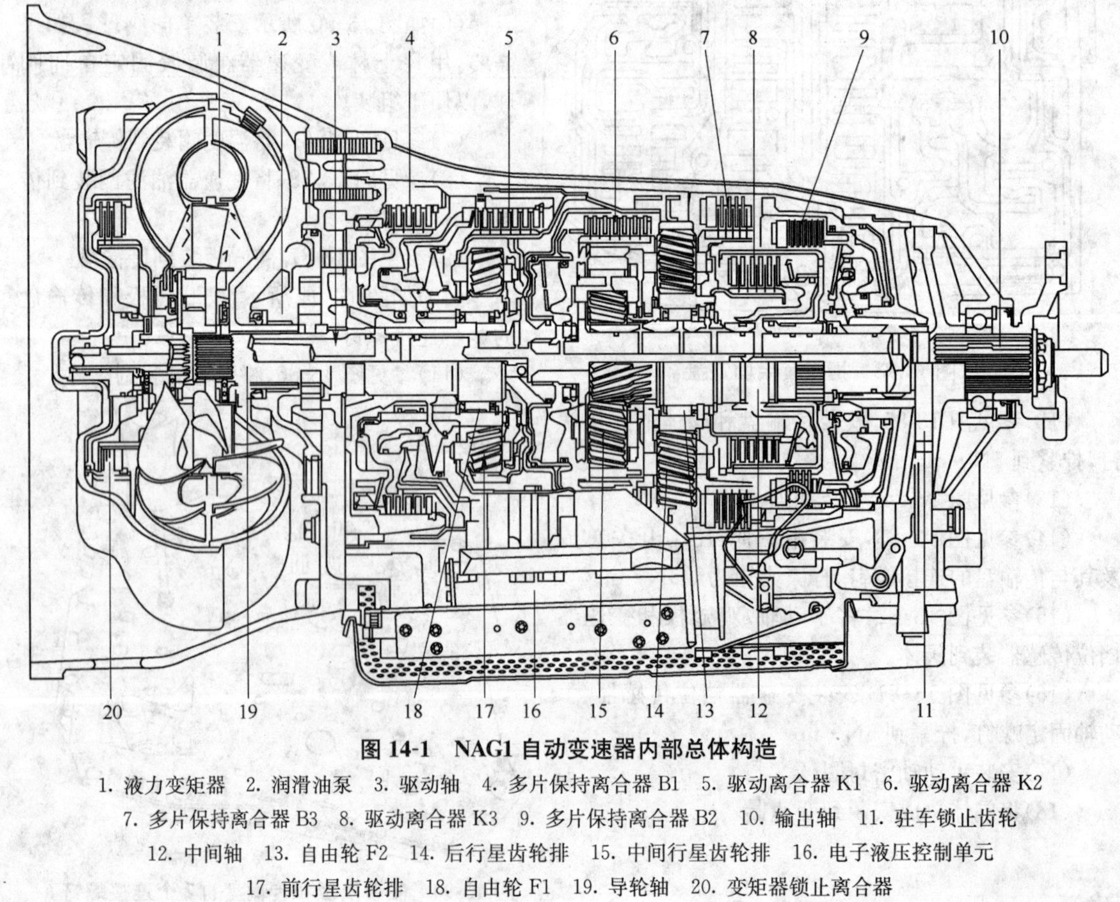

图 14-1　NAG1 自动变速器内部总体构造

1. 液力变矩器　2. 润滑油泵　3. 驱动轴　4. 多片保持离合器 B1　5. 驱动离合器 K1　6. 驱动离合器 K2　7. 多片保持离合器 B3　8. 驱动离合器 K3　9. 多片保持离合器 B2　10. 输出轴　11. 驻车锁止齿轮　12. 中间轴　13. 自由轮 F2　14. 后行星齿轮排　15. 中间行星齿轮排　16. 电子液压控制单元　17. 前行星齿轮排　18. 自由轮 F1　19. 导轮轴　20. 变矩器锁止离合器

速器，在正常模式下，倒档传动比是 3∶16，在故障保护模式，传动比是 1∶93。所有档位都是电子/液压操纵的。换档执行元件包括 3 个多片保持离合器、3 个多片驱动离合器和 2 个单向离合器。电子变速器控制实现了换档过程中对于相应的工作条件和发动机动力输出的精确压力适应，明显改善了换档质量。而且电子变速器控制提供了对各种汽车和发动机的灵活适应能力。电子控制的自动变速器具有以下优点：

(1)降低了燃油消耗。

(2)提高了换档舒适性。

(3)通过 5 个档位实现了更顺畅的提速。

(4)增加了使用寿命和可靠性。

(5)更低的保养成本。

二、主要技术参数

1. 基本参数

NAG1 自动变速器的基本参数见表 14-1。

表 14-1 NAG1 自动变速器的基本参数

项目		参数	项目		参数
传动比	1	3.59	传动比	R	−3.16
	2	2.19		R∗	−1.93
	3	1.41	油液类型		Mopar® ATF+4
	4	1	油液容量(L)		更换：7.4 大修/变矩器更换或放油：8.1
	5	0.83			

注：R∗—故障保护模式下的倒档。

2. 间隙规范

NAG1 自动变速器间隙规范见表 14-2。

表 14-2 NAG1 自动变速器间隙规范 (mm)

部件		间隙规范
B1 离合器间隙-双侧摩擦片	2 片	2.3～2.7
	3 片	2.7～3.1
	4 片	3.0～3.4
B1 离合器间隙-单侧摩擦片	4 片	2.2～2.6
	6 片	2.4～2.8
	8 片	2.6～3.0
B1 离合器卡环		2.6、2.9、3.2、3.5、3.8 和 4.1
B2 离合器间隙	4 片	1.9～2.3
	5 片	2.0～2.4
B2 离合器卡环		2.9、3.2、3.5、3.8 和 4.1
B3 离合器间隙		1.0～1.4
B3 离合器卡环		3.2、3.5、3.8、4.1、4.4 和 4.7
K1 离合器间隙-双侧摩擦片	3 片	2.7～3.1
	4 片	3.0～3.4
	5 片	3.3～3.7
	6 片	3.6～4.0

续表 14-2

部　　件		间隙规范
K1 离合器间隙-单侧摩擦片	6	2.4～2.8
	8	2.6～3.0
	10	2.8～3.2
	12	2.9～3.3
K1 离合器卡环		2.6、2.9、3.2、3.5、3.8 和 4.1
K2 离合器间隙	3	2.3～2.7
	4	2.4～2.8
	5	2.5～2.9
	6	2.7～3.1
K2 离合器卡环		2.3、2.6、2.9、3.2、3.5 和 3.8
K3 离合器间隙-双侧摩擦片	3	2.3～2.7
	4	2.4～2.8
	5	2.5～2.9
K3 离合器间隙-单侧摩擦片	6	2.3～2.7
	8	2.4～2.8
	10	2.5～2.9
K3 离合器卡环		2.0、2.3、2.6、2.9、3.2、3.5 和 3.8

3. 主要螺栓拧紧力矩

NAG1 自动变速器主要螺栓拧紧力矩见表 14-3。

表 14-3　主要螺栓拧紧力矩　　(N·m)

螺栓名称	力矩	螺栓名称	力矩
B2 离合器架螺栓	16	油盘螺栓	8
B1 离合器架与液力变矩器壳体连接螺栓	10	阀体/壳体侧盖螺钉	4
油泵螺栓	20	换档盘螺栓	8
传动轴法兰螺母	120	电磁阀片簧螺栓	8
电子液压单元螺栓	8	换档机构与地板连接螺栓	7
变速器壳体与液力变矩器壳体连接螺栓	20		

第二节　动力传递路线与换档执行元件

一、执行元件工作表

NAG1 自动变速器动力传递路线如图 14-2 所示，该自动变速器行星齿轮机构由三排单级行星齿轮机构组成，分别称为前行星齿轮机构、中间行星齿轮机构及后行星齿轮机构，前行星架与后齿圈为一体；后行星架与中间齿圈为一体；中间行星架是动力输出端。换档执行元件包括三个离合器 K1、K2、K3 和三个制动器 B1、B2、B3 及两个单向离合器 F1、F2。各换档执行元件的作用见表 14-4，不同档位各换档执行元件的状态见表 14-5。

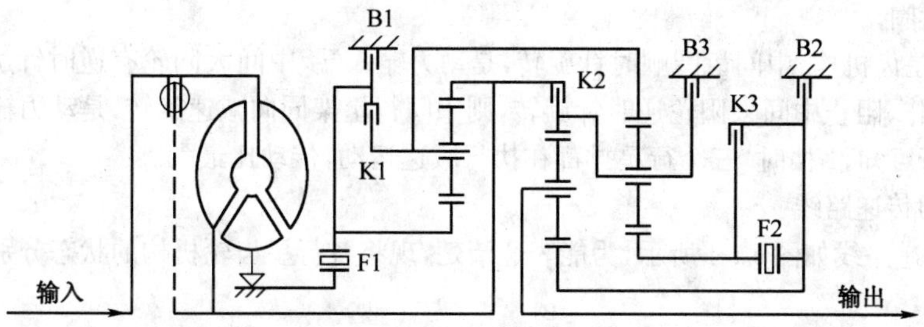

图 14-2　动力传递路线

表 14-4　各换档执行元件的作用

换档执行元件	作　用	换档执行元件	作　用
离合器 K1	连接前行星架和前太阳轮	保持离合器 B2	固定中间太阳轮
离合器 K2	连接输入轴和中间齿圈/后行星架	保持离合器 B3	固定后行星架/中间齿圈
离合器 K3	连接中间太阳轮和后太阳轮	单向离合器 F1	防止前太阳轮逆时针方向旋转
保持离合器 B1	固定前太阳轮	单向离合器 F2	当 B2 工作时,防止后太阳轮逆时针方向旋转

表 14-5　执行元件工作表

档位	K1	K2	K3	B1	B2	B3	F1	F2
1			O*	O*	O		O	O
2	O		O*		O			O
3	O	O			O			
4	O	O	O					
5		O	O	O*			O	
R			O	O*		O	O	
R*	O		O			O		

二、动力传递路线分析

1. 1 档动力传递路线

1 档动力传递路线如图 14-3 所示,为能表达清楚,现将各行星齿轮机构的状态分别说明如下:

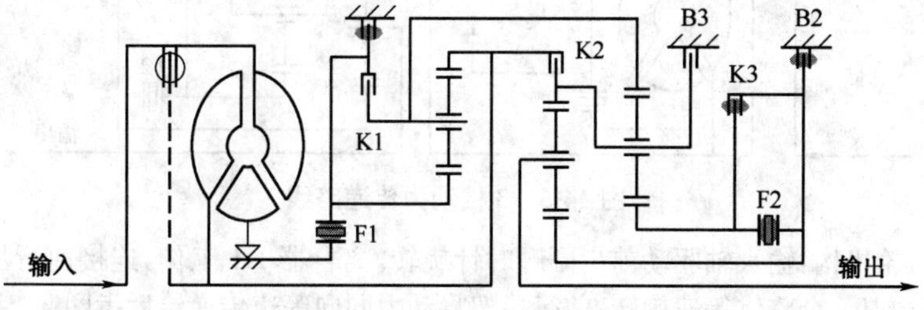

图 14-3　1 档动力传递路线

(1)前行星齿轮机构:输入轴驱动前齿圈顺时针旋转,前太阳轮有逆时针旋转的趋势,单向离合器 F1 锁止(或保持离合器 B1 工作),阻止前太阳轮逆时针旋转,则前行星架同向减速输出,将动力传递给后齿圈。

(2)后行星齿机构:后齿圈顺时针旋转,是动力输入端,后太阳轮有逆时针旋转的趋势,因保持离合器 B2、单向离合器 F2(或离合器 K3)工作,阻止后太阳轮逆时针旋转,则后行星架同向减速输出,将动力传递给中间齿圈。

(3)中间行星齿机构:中间齿圈顺时针旋转,是动力输入端,中间太阳轮有逆时针旋转的趋势,因保持离合器 B2 工作,阻止中间太阳轮逆时针旋转,则中间行星架同向减速旋转,是动力输出端。

由以上分析可知,1 档时,三个行星排都在执行减速运动,传动比最大。

2. 2 档动力传递路线

2 档动力传递路线如图 14-4 所示,为能表达清楚,现将各行星齿轮机构的状态分别说明如下:

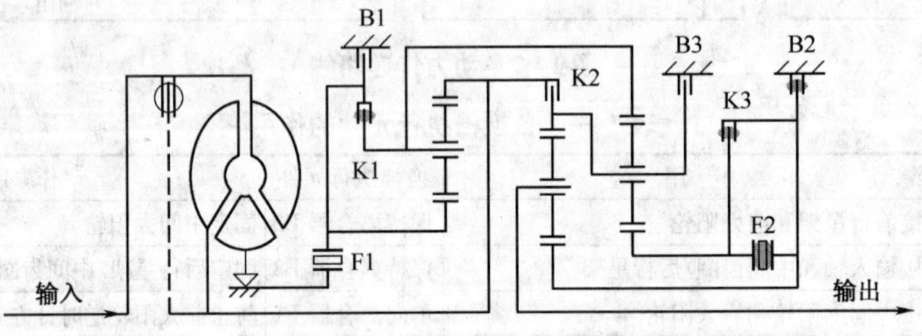

图 14-4　2 档动力传递路线

(1)前行星齿轮机构:输入轴驱动前齿圈顺时针旋转,离合器 K1 工作,连接前行星架和前太阳轮,则前行星齿轮机构以一个整体等速旋转,前行星架将动力同向等速传递给后齿圈。

(2)后行星齿轮机构:后齿圈是动力输入端,其与输入轴同向等速顺时针旋转,后太阳轮有逆时针旋转的趋势,因保持离合器 B2、单向离合器 F2(或离合器 K3)工作,阻止后太阳轮逆时针旋转,则后行星架同向减速输出,将动力传递给中间齿圈。

(3)中间行星齿轮机构:中间齿圈顺时针旋转,是动力输入端,中间太阳轮有逆时针旋转的趋势,因保持离合器 B2 工作,阻止中间太阳轮逆时针旋转,则中间行星架同向减速旋转,是动力输出端。

由以上分析可知,与 1 档相比,2 档时只有后行星齿轮组和中间行星齿轮组在执行减速运动,传动比小于 1 档。

3. 3 档动力传递路线

3 档动力传递路线如图 14-5 所示,为能表达清楚,现将各行星齿轮机构的状态分别说明如下:

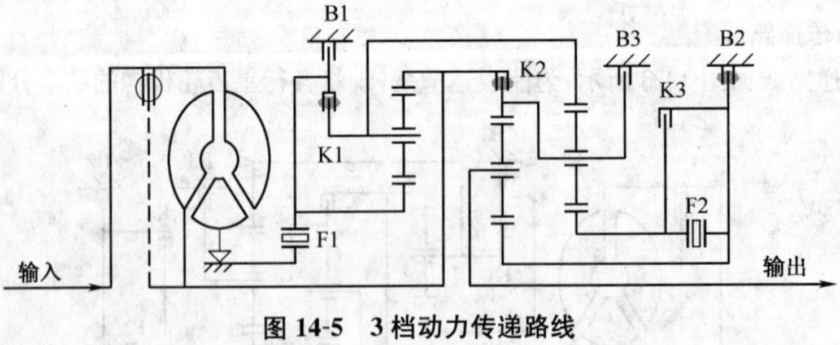

图 14-5　3 档动力传递路线

(1)前行星齿轮机构:输入轴驱动前齿圈顺时针旋转,离合器 K1 工作,连接前行星架和前太阳轮,则前行星齿轮机构以一个整体等速旋转,前行星架将动力同向等速传递给后齿圈。

(2)后行星齿轮机构:后齿圈与输入轴等速顺时针旋转;同时,离合器 K2 工作,连接输入轴和中间齿圈/后行星架,后行星齿轮机构的齿圈和行星架被同时以输入轴转速驱动,则后行星架同向等速输出,将动力传递给中间齿圈。

(3)中间行星齿轮组:离合器 K2 工作,连接输入轴和中间齿圈,离合器 K2 和后行星架同时驱动中间齿圈顺时针与输入轴等速旋转,是动力输入端;中间太阳轮有逆时针旋转的趋势,因保持离合器 B2 工作,阻止中间太阳轮逆时针旋转,则中间行星架同向减速输出,是动力输出端。

由以上分析可知，3 档时，前、后行星齿轮机构都是同向等旋转，只有中间行星齿轮组在执行减速运动，传动比小于 2 档。

4. 4 档动力传递路线

4 档动力传递路线如图 14-6 所示，4 档时，离合器 K1、K2、K3 都工作，由以上 1、2、3 档动力传递路线分析可知，离合器 K1 工作时，前行星齿轮机构为直接传动；离合器 K2 工作时，后行星齿轮机构为直接传动。离合器 K3 工作时，中间太阳轮和后太阳轮连接为一体，则中间太阳轮以输入轴转速旋转，因中间行星齿轮机构的齿圈和太阳轮同时以输入轴转速旋转，即中间行星齿轮机构也为为直接传动，总传动比为 1∶1。

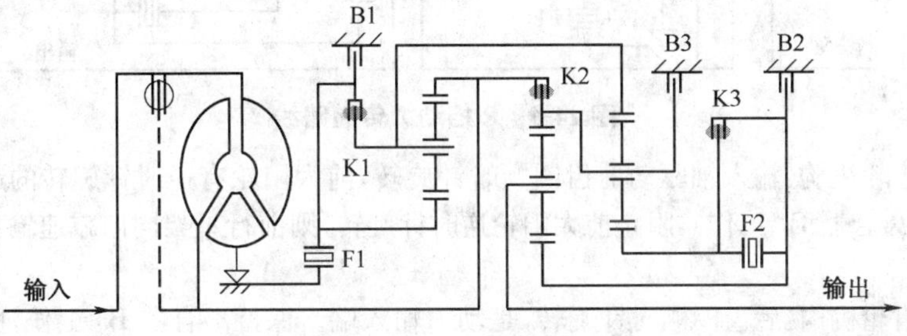

图 14-6　4 档动力传递路线

5. 5 档动力传递路线

5 档动力传递路线如图 14-7 所示，为能表达清楚，现将各行星齿轮机构的状态分别说明如下：

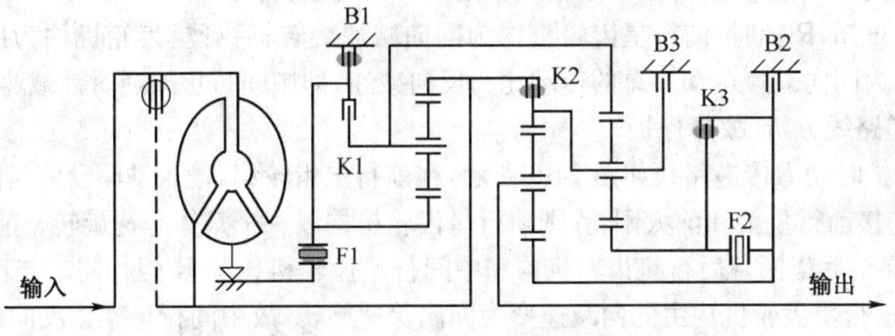

图 14-7　5 档动力传递路线

(1)前行星齿轮机构：输入轴驱动前齿圈顺时针旋转，前太阳轮有逆时针旋转的趋势，单向离合器 F1 锁止(或保持离合器 B1 工作)，阻止前太阳轮逆时针旋转，则前行星架同向减速输出，将动力传递给后齿圈。

(2)后行星齿轮机构：后行星齿轮机构有两组输入，一是后齿圈顺时针减速旋转；二是离合器 K2 工作，连接输入轴和中间齿圈/后行星架，即后行星架顺也与输入轴等速旋转，则后太阳轮顺时针增速旋转。

后太阳轮转速可以这样理解：后行星架被以输入轴转速等速驱动，如果后齿圈固定，则后太阳轮为同向增速旋转；如果后齿圈也被以输入轴转速等速驱动，则后太阳轮为等速旋转；现在后齿圈被减速驱动，则后太阳轮的转速介于以上两种情况之间。

(3)中间行星齿轮机构：中间行星齿轮机构也有两组输入，一是离合器 K2 工作，连接输入轴和中间齿圈/后行星架，即中间齿圈与输入轴等速旋转；二是离合器 K3 工作，使中间太阳轮和后太阳轮连接为一体，即同向增速旋转，则中间行星架同向增速旋转，传动比小于 1，为超速档。

中间行星架的转速可以这样理解：中间齿圈被以输入轴转速等速驱动，如果中间太阳轮固定，则中间行星架为同向减速旋转；如果中间太阳轮也被以输入轴转速同向等速驱动，则中间行星架为同向等速输出；现在，中间太阳轮被同向增速驱动，则中间行星架同向增速旋转。

6. R档传递路线分析

R档动力传递路线如图14-8所示，为能表达清楚，现将各行星齿轮机构的状态分别说明如下：

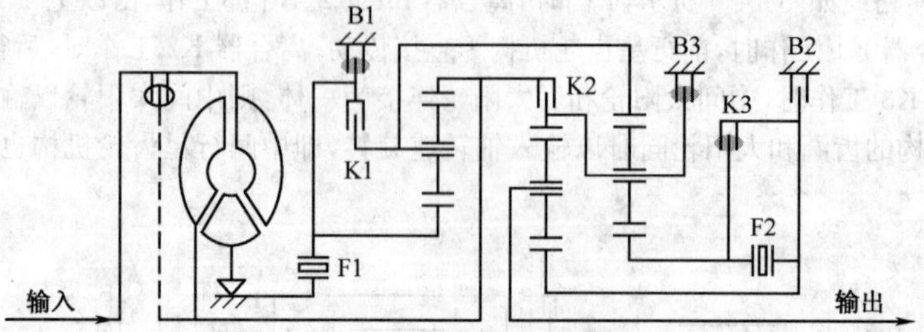

图14-8 R档动力传递路线

(1)前行星齿轮机构：输入轴驱动前齿圈顺时针旋转，前太阳轮有逆时针旋转的趋势，单向离合器F1锁止(或保持离合器B1工作)，阻止前太阳轮逆时针旋转，则前行星架同向减速输出，将动力传递给后齿圈。

(2)后行星齿轮机构：后齿圈顺时针旋转，是动力输入端。保持离合器B3工作，固定后行星架，则后太阳轮反向增速旋转，即逆时针增速旋转。

(3)中间行星齿轮机构：离合器K3工作，将后太阳轮和中间太阳轮连接为一体，则中间太阳轮也逆时针旋转，是中间行星齿轮机构的动力输入端。保持离合器B3工作，固定中间齿圈，则中间行星架相对于中间太阳轮同向减速旋转，即相对于输入轴逆时针减速旋转。

由以上分析可知，R档时，前行星齿轮机构为同向减速旋转；后行星齿轮机构为反向增速旋转；中间行星齿轮机构为同向减速运动。总的传动比为反向减速，即中间行星架逆时针减速旋转。

7. R档传递路线分析(故障保护)

R档故障保护时动力传递路线如图14-9所示，在前行星齿轮组，输入轴驱动前齿圈顺时针旋转，离合器K1工作，连接前行星架和前太阳轮，则前行星齿轮机构以一个整体等速旋转。前行星架同向等速输出，将动力传递给后齿圈。后行星齿轮机构和中间行星齿轮机构与R档相同。与正常R档相比，故障保护R档时，前行星齿轮机构由同向减速变为同向等速旋转，故中间行星架为反向旋转，传动比绝对值比R档减小。

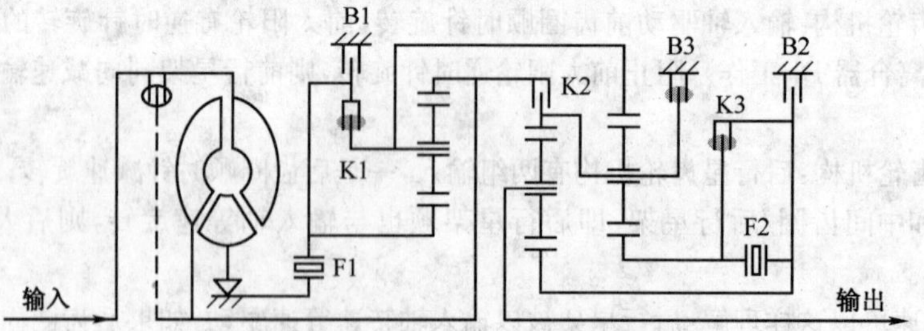

图14-9 R档动力传递路线(故障保护)

第三节 主要机械部件

一、行星齿轮机构

行星齿轮机构用来产生不同的齿轮传动比，其部件分解如图14-10所示。

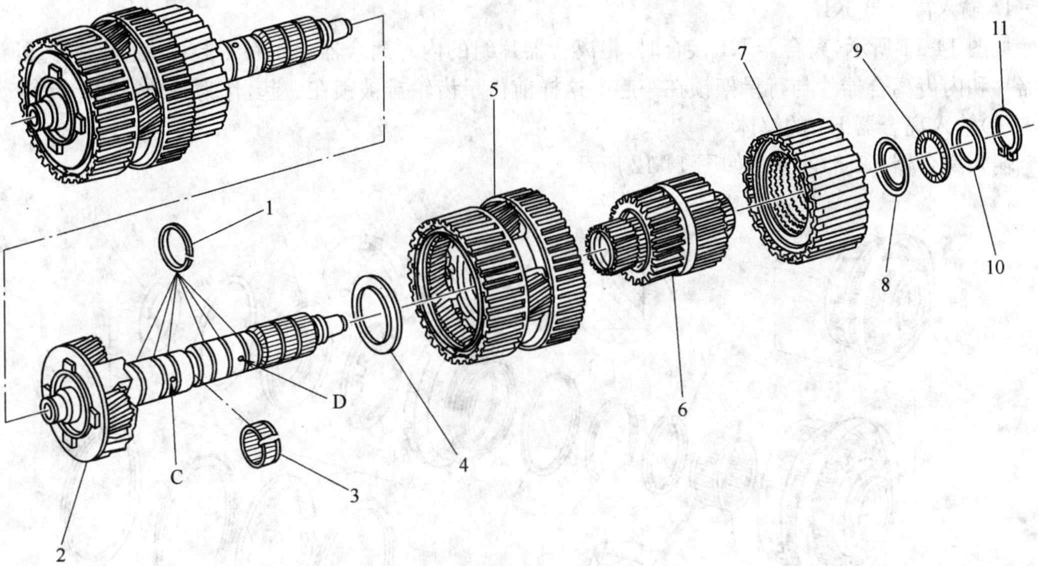

图 14-10　行星齿轮机构

1. 橡胶密封圈　2. 带有中间和后行星齿轮系的输出轴　3. 滚针轴承　4. 止推垫圈　5. 后行星齿轮排　6. 后中空轴/自由轮离合器 F2　7. 驱动离合器 K3　8. 止推垫圈　9. 止推滚针轴承　10. 垫片　11. 挡圈

二、输入离合器

NAG1 自动变速器有三个多片输入离合器，如图 14-11 所示，分别为前多片离合器 K1、中间多片离合器 K2 和后多片离合器 K3。输入离合器用于产生一个行星齿轮排的两个元件之间或者两个行星齿轮排各一个元件之间的非主动锁止连接，以传递驱动力矩。

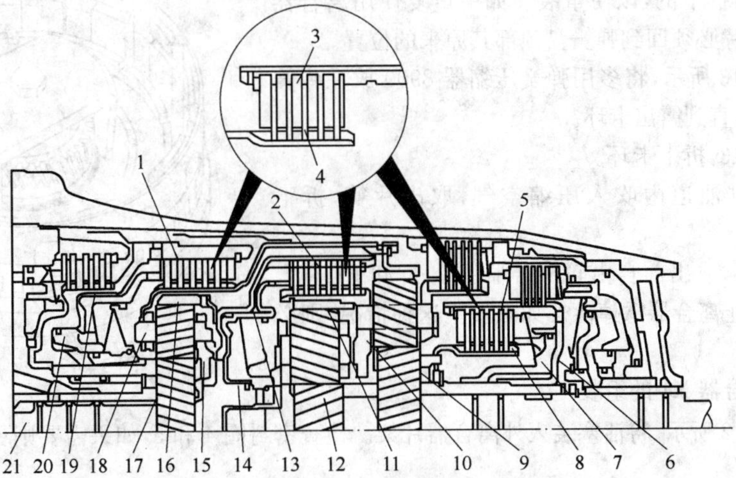

图 14-11　输入离合器

1. K1 离合器　2. K2 离合器　3. 外齿离合器片架　4. 内齿离合器片架　5. K3 离合器　6. K3 离合器外齿离合器片架　7. K3 离合器活塞　8. K3 离合器内齿离合器片架　9. 后行星齿轮排太阳轮　10. 中心行星齿轮排行星架　11. 中心行星齿轮排齿圈　12. 中间行星齿轮排太阳轮　13. K2 离合器外齿离合器片架　14. K2 离合器活塞　15. 前行星齿轮排行星架　16. 前行星齿轮排齿圈　17. 前行星齿轮排太阳轮　18. K1 离合器内齿离合器片架　19. K1 离合器外齿离合器片架　20. K1 离合器活塞　21. 驱动轴

1. 输入离合器K1

见图14-11所示，离合器K1接合时，将离合器片组的内外离合器片压在一起。太阳轮通过外齿离合器片和内齿离合器片与行星架锁在一起。这样前行星齿轮排被锁在一起，作为一个封闭单元转动。

(1)输入离合器K1的解体

输入离合器K1部件分解如图14-12所示。

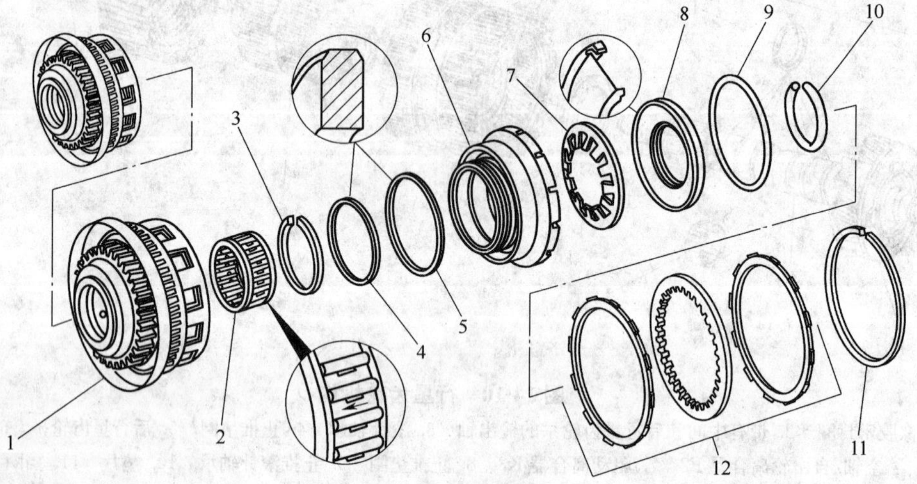

图14-12 输入离合器K1

1. K1外离合器片架 2. 自由轮离合器F1 3、10、11. 卡环 4. 外离合器片架密封圈 5. 活塞密封圈 6. 活塞 7. 片簧 8. 弹簧盘 9. 弹簧盘密封圈 12. 多片组(关于正确的组装顺序，参见文字部分)

①从外离合器片架拆下卡环。

②从外离合器片架取出多片组。记住哪一个离合器片是在弹簧盘之前拆下的，以便重装。如果重复使用离合器片，则该离合器片必须回到弹簧盘顶部其原来的位置。

③如图14-13所示，将多用弹簧压缩器8900放在弹簧盘上，压缩弹簧，直到露出卡环。

④见图14-13，拆下卡环。

⑤小心向供油道内吹入压缩空气，取出片簧，拆下活塞。

⑥拆下卡环，取出前自由轮离合器F1。拆卸F1离合器时要小心，防止离合器爪掉落。如果发生这种情况，则必须更换离合器。

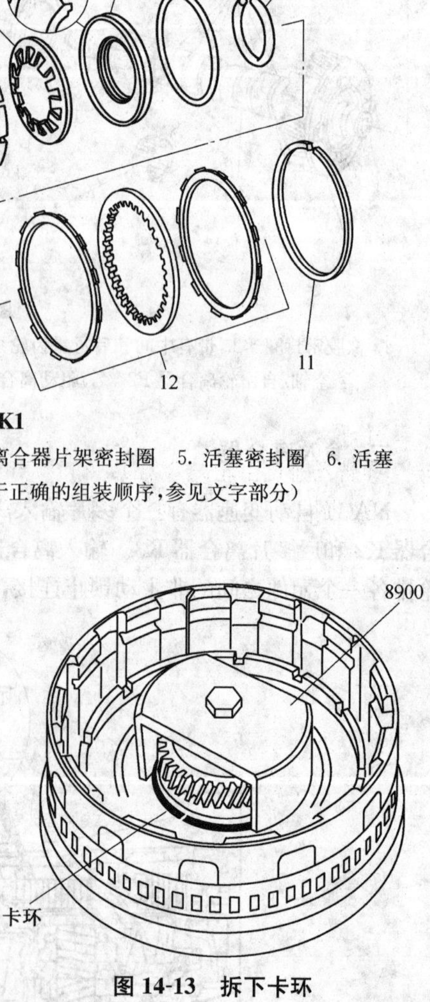

图14-13 拆下卡环

(2)输入离合器K1的组装

①见图14-12所示，将活塞装入外离合器片架。检查密封圈4和5，如果需要则更换。密封圈的圆角边必须朝外。

②插入片簧。曲面朝向活塞插入片簧。

③如图14-12所示，插入弹簧盘。曲面朝向太阳轮插入弹簧盘。检查密封圈9，如果需要则更换。

④如图14-13所示，将多用弹簧压缩器8900放在弹簧盘上，压缩弹簧，直到露出卡环槽。

⑤见图14-13所示，插入卡环。安装后，检查卡环是否正确落座。

⑥将多片组插入外离合器片架。注意：当安装双摩擦面离合器片时，要首先安装外部有凸起的钢盘，接着安装一个摩擦片，继续安装，直到安装了所需的全部离合器片。当安装单摩擦面的离合器片

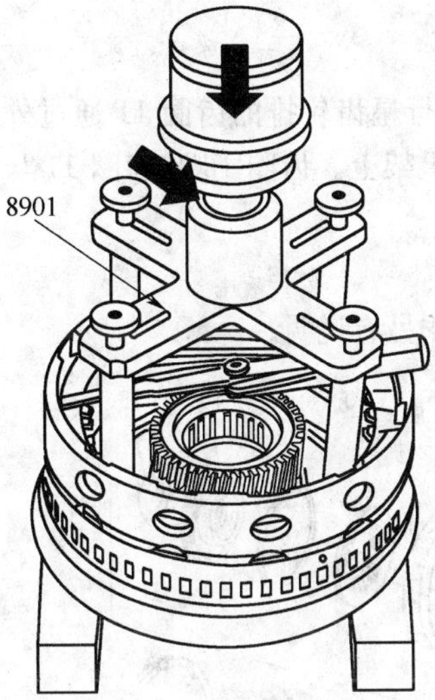

图 14-14　测量 K1 离合器片组的间隙

时，要首先安装外部有凸起的离合器片，接着安装内部有凸起的离合器片，继续安装，直到安装了所需的全部离合器片。所有单摩擦面的离合器都是摩擦面朝上安装。如果使用原来的离合器片，要保证解体时标记的属于弹簧盘顶部的离合器片回到其原来的位置。如果使用新摩擦面，安装之前要将新的摩擦片在自动变速器油中浸泡 1h。

⑦如图 14-12 所示，插入卡环 11。

⑧如图 14-14 所示，将压力工具 8901 安装在外离合器片上，测量 K1 离合器片组的间隙。

⑨见图 14-14，使用压杆将压缩工具压缩到停止位置(然后标记环仍然可见，见小箭头处)。

⑩如图 14-15 所示，对于使用双摩擦面离合器片的变速器，要使用塞尺在卡环 5 和外离合器片 3 之间的三个位置确定间隙 L。

⑪在测量过程中，卡环 5 必须接触到外离合器片架 4 内环槽的上承压面。

⑫使用双摩擦面离合器片的变速器正确间隙是 3 片离合器片为 2.7～3.1mm，4 片离合器片为 3.0～3.4mm，5 片离合器片为3.3～3.7mm、6 片离合器片为 3.6～4.0mm。

⑬见图 14-15，如果需要，用卡环 5 调整间隙。卡环的厚度为 2.6mm、2.9mm、3. mm、3.5mm、3.8mm 和 4.1mm。

⑭插入前自由轮离合器 F1 和固定卡环。自由轮离合器 F1 必须按照箭头方向安装。

⑮如图 14-16 所示，对于使用单摩擦面离合器片的变速器，要使用塞尺在卡环 4 和外离合器片 2 之间的三个位置确定间隙 L。

⑯在测量过程中，卡环 4 必须接触到外离合器片架 3 内环槽的上承压面。

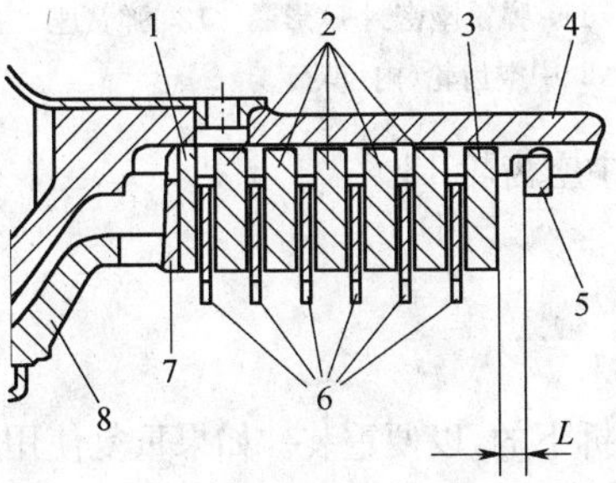

图 14-15　测量 K1 离合器片组的间隙(双摩擦面离合器片)

1. 外离合器片—1.8mm　2. 外离合器片—2.8mm　3. 外离合器片—4.0mm　4. K1 外离合器片架　5. 卡环　6. 摩擦片　7. 片簧　8. 活塞

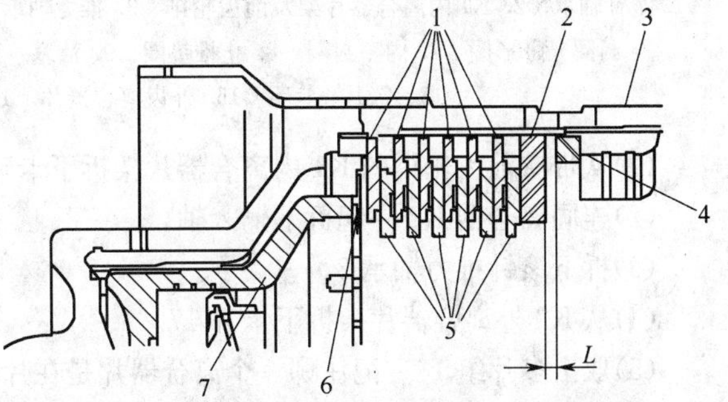

图 14-16　测量 K1 离合器片组的间隙(单摩擦面离合器片)

1. 外离合器片　2. 外离合器片—4.0mm　3. K1 外离合器片　4. 卡环　5. 内离合器片　6. 片簧　7. 活塞

⑰使用单摩擦面离合器片的变速器正确间隙是 6 片离合器片为 2.4～2.8mm，8 片离合器片为 2.6～3.0mm，10 片离合器片为 2.8～3.2mm，12 片离合器片为 2.9～3.3mm。

⑱见图 14-16，如果需要，用卡环 4 调整。卡环的厚度为 2.6mm、2.9mm、3.2mm、3.5mm、3.8mm 和 4.1mm。

⑲插入前自由轮离合器 F1 和固定卡环。

⑳自由轮离合器 F1 必须按照箭头方向安装。

(二)输入离合器 K2

参见图 14-11,离合器 K2 接合时,前行星齿轮排的齿圈 16 与中间行星齿轮排的齿圈 11 通过外齿离合器片架 13 和中间行星架 10 锁在一起,内齿离合器片位于中间行星架上。齿圈 16 和齿圈 11 与输入轴 21 相同的转速旋转。

1. 输入离合器 K2 的解体

输入离合器 K2 部件分解如图 14-17 所示,以下说明参见本图,除非另有说明。

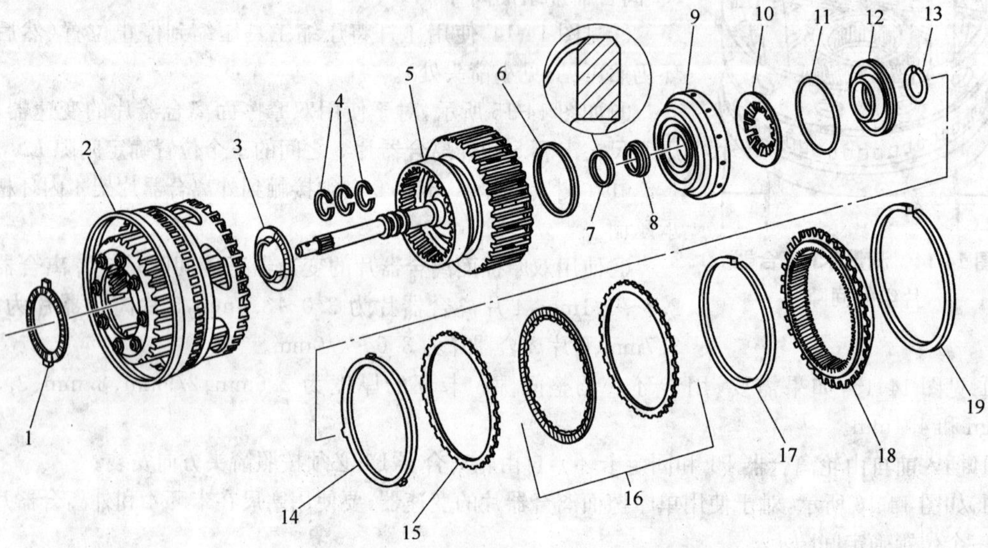

图 14-17 输入离合器 K2

1. 滚针轴承 2. K1 内离合器片架及前齿轮排 3. 推力轴承 4. 橡胶密封圈 5. 输入轴和 K2 离合器 6. 活塞外密封圈—O 形圈 7. 内密封圈 8. 止推垫圈 9. 活塞 10、14. 片簧 11. 弹簧座密封-O 形圈 12. 弹簧座 13、17、19. 卡环 15. 外齿离合器片 16. 多片组 18. 中空齿轮(内齿轮)

(1)从带有前齿轮排的 K1 内离合器片架拆下卡环 19,脱开中空齿轮 18。

(2)连同离合器 K2 一起拆下输入轴。

(3)拆下滚针推力轴承 3。

(4)从 K2 外离合器片架拆下卡环 17。

(5)取出多片组 16。记住哪一个离合器片是在片簧 14 之前拆下的,以便重装。如果重复使用离合器片,该离合器片必须放回弹簧垫圈上部其原来的位置。

(6)取出片簧 14。

(7)如图 14-18 所示,将多用弹簧压缩器 8900 装到弹簧座 12 上,压缩弹簧直到卡环松开。

(8)拆下卡环。

(9)取出片簧 10,将活塞 9 拉出外离合器片架。

2. 输入离合器 K2 的组装(参见图 14-17,除非另有说明)

(1)活塞 9 装到外离合器片架上。检查密封圈 6 和 7,如果需要则更换。内活塞密封圈 7 的圆角边必须朝外。

(2)插入片簧 10 和弹簧座 12。插入片簧 10 时要曲面朝向弹簧座 12。检查密封圈 11,如果需要则更换。

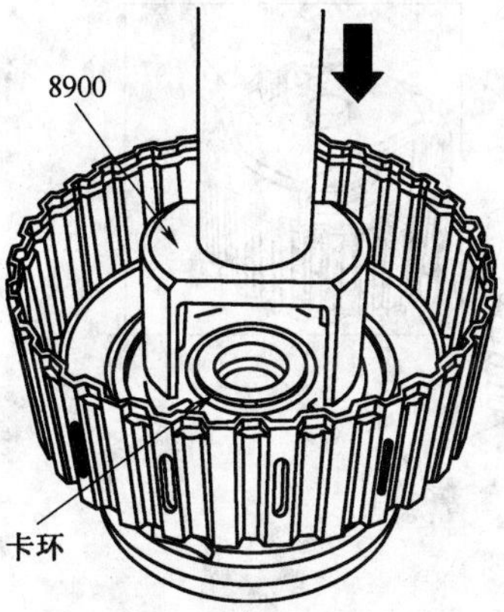

图 14-18 拆下卡环

(3)见图 14-18,将多用弹簧压缩器 8900 放到弹簧盘上,压缩弹簧直到露出卡环槽。

(4)插入卡环。

(5)插入片簧 14。

(6)将多片组 16 插入外离合器片架。

(7)装上卡环(17)。

(8)将压缩工具 8901 安装到外离合器片上,测量 K2 离合器间隙。

(9)如图 14-19 所示,使用压杆将压缩工具压缩到停止位置(然后标记环仍然可见)。

(10)参见图 14-19,使用塞尺在卡环 6 和外离合器片 4 之间的三个位置确定间隙 L。

(11)参见图 14-19,在测量过程中,卡环 6 必须接触到外离合器片架内环槽的上承压面。

(12)离合器片的正确间隙是三片摩擦片为 2.3～2.7mm,四片为 2.4～2.8mm,五片为 2.5～2.9mm,六片为 2.7～3.1mm。

(13)参见图 14-19,如果需要,用卡环 6 调整间隙。卡环的厚度为 2.3mm、2.6mm、2.9mm、3.2mm、3.5mm 和 3.8mm。

(14)参见图 14-17 将轴向滚针轴承 3 插入 K1 内离合器片架。插入滚针轴承 3 时要用一点润滑脂,防止其打滑。

(15)连同前齿轮排 2 整体一起将输入轴装入 K1 内离合器片架。

(16)装上内啮合齿轮 18,装上卡环 19。

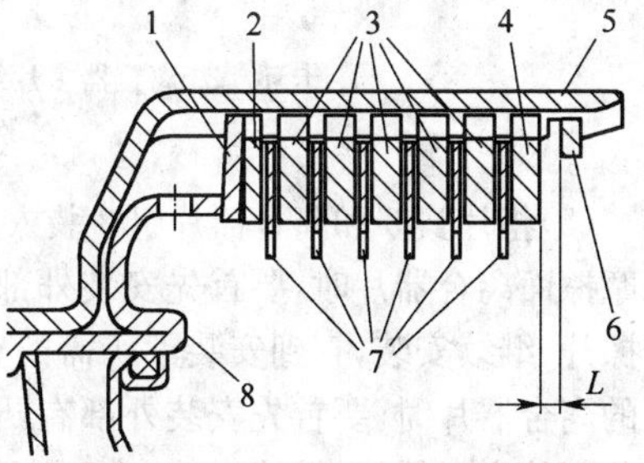

图 14-19 测量 K2 离合器间隙

1. 片簧 2. 外离合器片—1.8mm 3. 外离合器片—3.5mm 4. 外离合器片—4.0mm 5. K2 外离合器片架 6. 卡环 7. 摩擦片 8. 活塞

(三)输入离合器 K3

参见图 14-11,多片离合器 K3 接合时,中间行星齿轮排的太阳轮 12 与后行星齿轮排的太阳轮 9 通过外齿离合器片架 6 和内齿离合器片架 8 锁在一起。太阳轮 12 和太阳轮 9 以相同的转速旋转。

1. 输入离合器 K3 的解体

输入离合器 K3 部件分解如图 14-20 所示,以下说明参本图,除非另有说明。

(1)从外离合器片架拆下卡环 1。

(2)从外离合器片架拆下离合器多片组 2 和片簧 3。记住哪一个离合器片是在片簧 3 之前拆下的,以便重装。如果重复使用离合器片,该离合器片必须放回弹簧垫圈上部其原来的位置。

(3)将多用弹簧压缩器 8900 9 放在片簧 3 上,压缩弹簧直到露出卡环 4。

(4)拆下卡环 4。

(5)从外离合器片架拆下弹簧盘 5 和活塞 6。

2. 输入离合器 K3 的组装(参见图 14-20,除非另有说明)

(1)将活塞 6 装入外离合器片架 8。检查密封圈 7,如果需要则更换。密封圈的圆角边必须朝外。

(2)插入片簧 3。插入片簧时曲面朝向活塞。

(3)将多用弹簧压缩器 8900 9 装到弹簧盘上,压缩弹簧,直到露出卡环槽。

(4)插入卡环 4。卡环开口必须朝向离合器多片组。

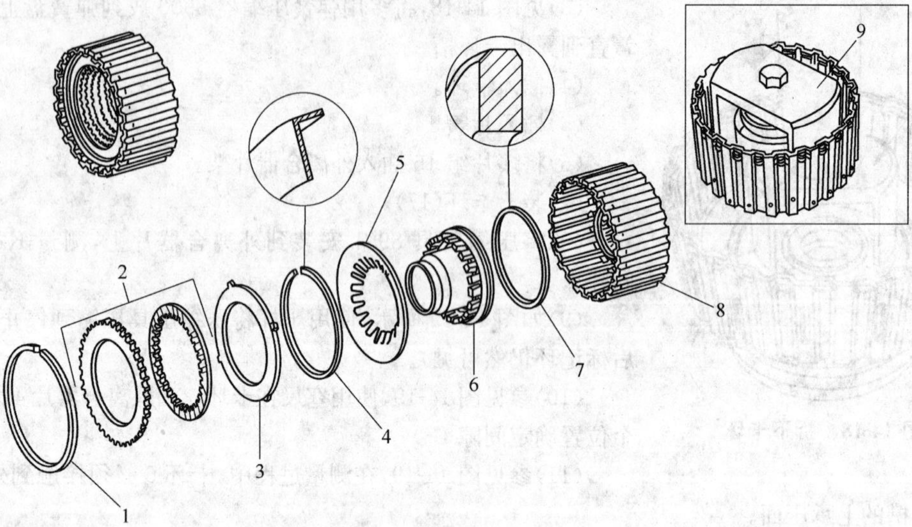

图 14-20　输入离合器 K3

1. 卡环　2. 离合器多片组　3. 片簧　4. 卡环　5. 弹簧盘　6. 活塞　7. 密封圈　8. 外离合器片架　9. 多用弹簧压缩器

(5)将片簧 3 和离合器片组 2 装入外离合器片架 8。注意:当安装双摩擦面离合器片时,要首先安装外部有凸起的钢盘,接着安装一个摩擦片,继续安装,直到安装了所需的全部离合器片。当安装单摩擦面的离合器片时,要首先安装外部有凸起的离合器片,接着安装内部有凸起的离合器片,继续安装,直到安装了所需的全部离合器片。所有单摩擦面的离合器都是摩擦面朝上安装。

(6)插入卡环 1。

(7)如图 14-21 所示,将压缩工具 8901 装在外离合器片上,测量 K3 离合器间隙。

(8)参见图 14-21,使用压杆将压缩工具压缩到停止位置(然后标记环仍然可见,见小箭头处)。

(9)如图 14-22 所示,对于使用双摩擦面离合器片的变速器,要使用塞尺在卡环 8 和外离合器片 2 之间的三个位置确定间隙 L。

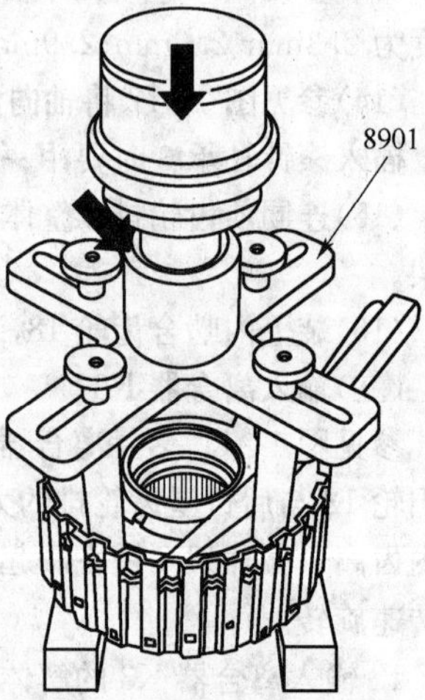

图 14-21　测量 K3 离合器间隙

(10)在测量过程中,卡环 8 必须接触到外离合器片架内环槽的上承压面。

(11)使用双摩擦面离合器片的变速器正确间隙是三片离合器片为 2.3～2.7mm,四片离合器片为 2.4～2.8mm,五片离合器片为 2.5～2.9mm。

(12)如果需要,用卡环 8 调整。卡环的厚度为 2.0mm、2.3mm、2.6mm、2.9mm、3.2mm 和 3.5mm。

(13)如图 14-23 所示,对于使用单摩擦面离合器片的变速器,使用塞尺在卡环 8 和外离合器片 2 之间的三个位置确定间隙 L。

(14)在测量过程中,卡环 8 必须接触到外离合器片架内环槽的上承压面。

(15)单摩擦面变速器离合器片的正确间隙是六片摩擦片为 2.3～2.7mm,八片为 2.4～2.8mm,十片为 2.5～2.9mm。

(16)如果需要,用卡环 8 调整。卡环的厚度为 2.0mm、2.3mm、2.6mm、2.9mm、3.2mm 和

3.5mm。

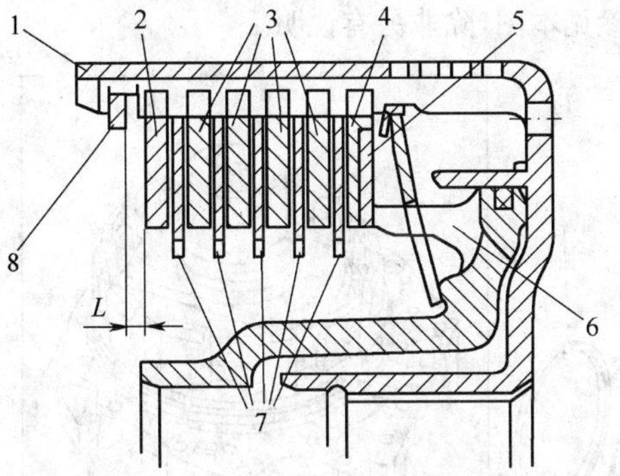

图 14-22 测量 K3 离合器片组的间隙（双摩擦面离合器片）

1. 外离合器片架 2. 外离合器片—4.08mm 3. 外离合器片—2.8mm 4. 外离合器片—1.8mm 5. 片簧 6. 活塞 7. 摩擦片—2.1mm 8. 卡环

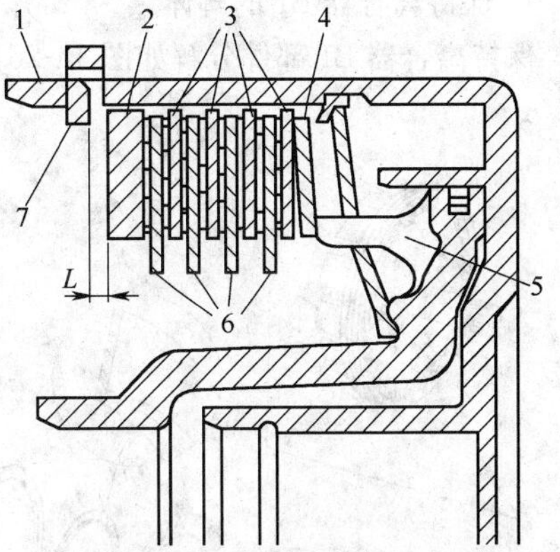

图 14-23 测量 K3 离合器片组的间隙（单摩擦面离合器片）

1. 外离合器片架 2. 外离合器片—4.08mm 3. 外离合器片—2.8mm 4. 外离合器片—1.8mm 5. 片簧 6. 活塞 7. 摩擦片—2.1mm 8. 卡环

三、保持离合器

NAG1 自动变速器有三个多片保持离合器，如图 14-24 所示，分别为前多片离合器 B1(1)、中间多片离合器 B3(4)和后多片离合器 B2(5)。保持离合器工作时，将齿圈、太阳轮，或者行星齿轮排的行星架连接到变速器壳体上，故也称制动器。

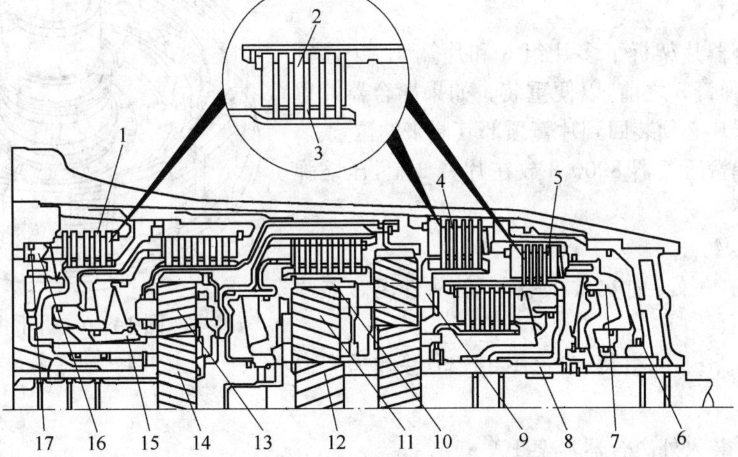

图 14-24 保持离合器

1. B1 离合器 2. 外齿离合器片 3. 内齿离合器片 4. B3 离合器 5. B2 离合器 6. B3 离合器活塞 7. B2 离合器活塞 8. B2 离合器内齿离合器片架 9. 后行星齿轮排行星架 10. 中央行星齿轮排齿圈 11. 中央行星齿轮排行星齿轮 12. 中央行星齿轮排太阳轮 13. 前行星齿轮排行星齿轮 14. 前行星齿轮排太阳轮 15. B1 离合器内齿离合器片架 16. B1 离合器活塞 17. B1 离合器外齿离合器片架

(一)保持离合器 B1

参见图 14-24，当保持离合器 B1 接合时，将内 3 和外 2 离合器片压在一起。内齿离合器片架 15 将太阳轮 14 锁到壳体上。行星齿轮 13 在太阳轮 14 上转动。

1. 保持离合器 B1 的解体

保持离合器 B1 部件分解如图 14-25 所示，以下说明参见本图，除非另有说明。

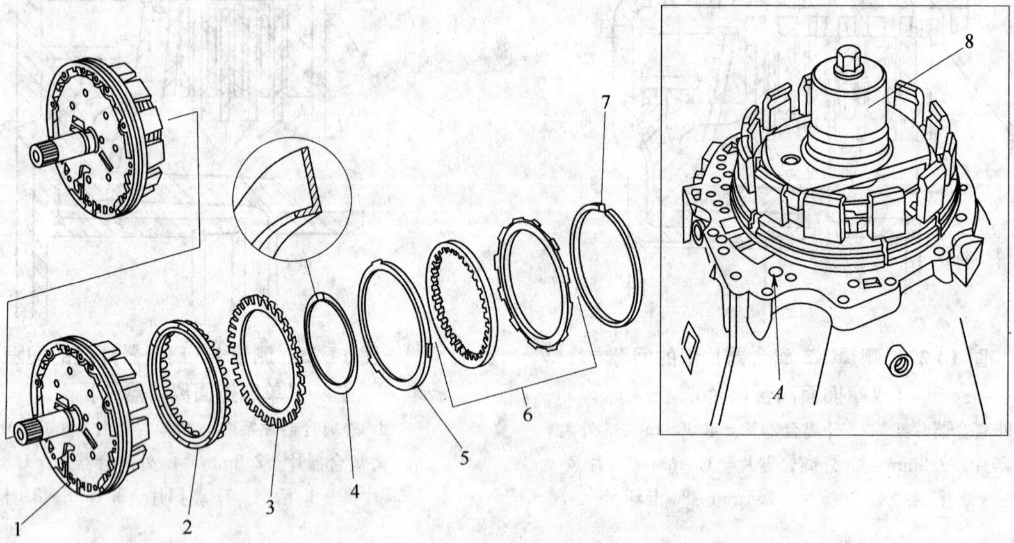

图 14-25 保持离合器 B1

1. 保持离合器 B1 外离合器片架 2. 活塞 3、5. 片簧 4、7. 卡环 6. 多片组 8. 多用弹簧压缩器 8900

(1)如图 14-26 所示，从 B1 离合器片架毂 2 拆下橡胶环(1)。

(2)拆下卡环 7。

(3)从外离合器片架拆下多片组 6 和片簧 5。记住哪一个离合器片在弹簧 5 之前，以便重装。如果离合器片重复使用，该离合器片必须装回到片簧顶部其原来的位置。

(4)将多用弹簧压缩器 8900 8 放在片簧 3 上，压缩弹簧，直到露出卡环 4。

(5)拆下卡环 4。

(6)小心向孔(A 处)内吹入压缩空气，从外离合器片架拆下活塞 2。

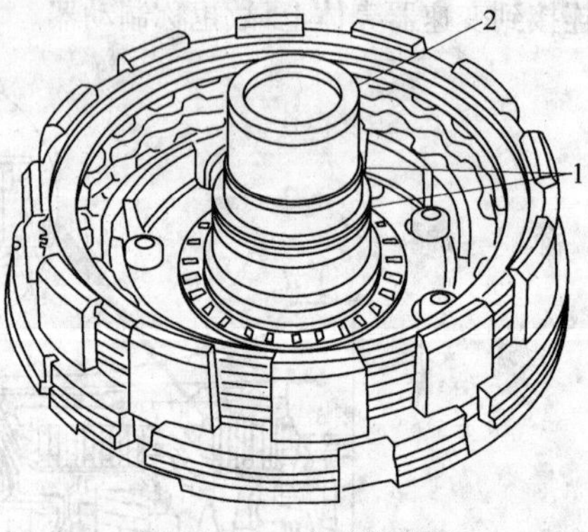

图 14-26 拆下橡胶环

1. 橡胶环 2. 离合器片架毂

2. 保持离合器 B1 的组装(参见图 14-25，除非另有说明)

(1)将活塞 2 装入外离合器片架 1。

(2)将弹簧压缩器 8 放在片簧 3 上，压缩弹簧，直到露出卡环槽。注：卡环开口必须指向离合器多片组。安装后，检查卡环是否正确落座。

(3)插入卡环 4。

(4)如图 14-27 所示，将片簧 2 插入外离合器片架。观察片簧 2 的安装位置。片簧 2 的凸起必须与 B1 离合器多片架 1 的三个升高垫(箭头处)对齐。弹簧垫圈的锥形朝下。

(5)将多片组 6 插入外离合器多片架，测量离合器间隙。

(6)如图 14-28 所示，在外离合器片上安装压缩工具 8901 测量 B1 离合器间隙。注：注意离合器片的顺序。如果使用原来的离合器片，要保证拆卸时标记的属于片簧5顶部的离合器片回到其原来的位置。注意：当安装双摩擦面离合器片时，要首先安装外部有凸起的钢盘，接着安装一个摩擦片，继续安装，直到安装了所需的全部离合器片。当安装单摩擦面的离合器片时，要首先安装外部有凸起的离合器片，接着安装内部有凸起的离合器片，继续安装，直到安装了所需的全部离合器片。所有单摩擦面的离合器都是摩擦面朝上安装。

图 14-27　安装片簧

1. 离合器多片架　2. 片簧

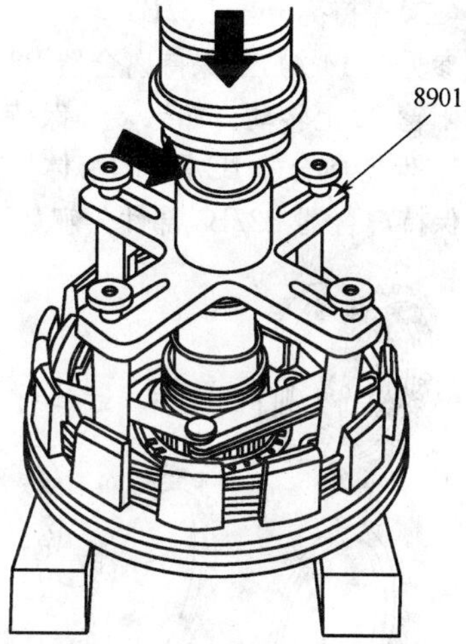

图 14-28　测量 B1 离合器间隙

(7)参见图 14-28，使用压杆将压缩工具压缩到停止位置(然后标记环仍然可见，见小箭头处)。

(8)如图 14-29 所示，对于使用双摩擦面离合器片的变速器，要使用塞尺在卡环 6 和外离合器片 4 之间的三个位置确定间隙 L。在测量过程中，卡环 6 必须接触到外离合器片架 5 内环槽的上承压面。使用双摩擦面离合器片的变速器正确间隙是：两片离合器片为 2.3～2.7mm，三片离合器片为 2.7～3.1mm，四片离合器片为 3.0～3.4mm。

(9)如果需要，用卡环 6 调整。卡环的厚度为 2.6mm、2.9mm、3.2mm、3.5mm、3.8mm 和 4.1mm。

(10)如图 14-30 所示，对于使用单摩擦面离合器片的变速器，要使用塞尺在卡环 5 和外离合器片 3 之间的三个位置确定间隙 L。在测量过程中，卡环 5 必须接触到外离合器片架 4 内环槽的上承压面。

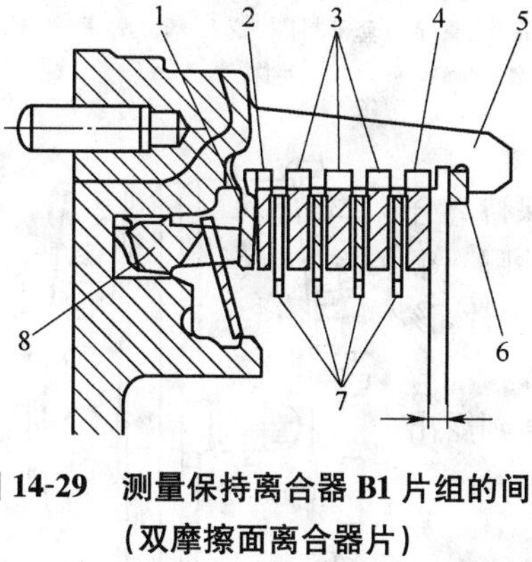

图 14-29　测量保持离合器 B1 片组的间隙
(双摩擦面离合器片)

1. 片簧　2. 外离合器片－1.8mm　3. 外离合器片－2.8mm　4. 外离合器片－4.0mm　5. B1 外离合器片架　6. 卡环　7. 内离合器片　8. 活塞

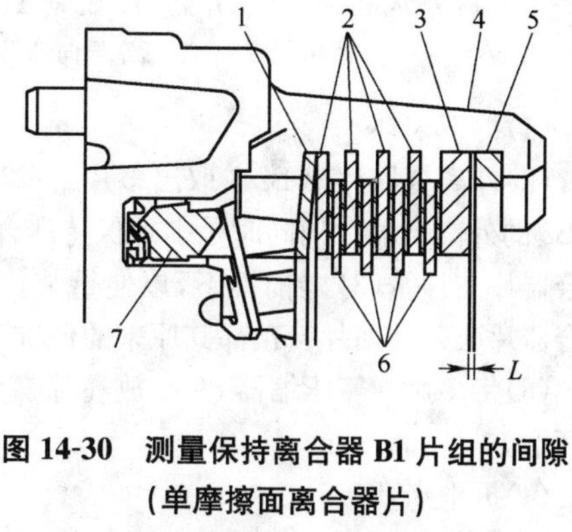

图 14-30　测量保持离合器 B1 片组的间隙
(单摩擦面离合器片)

1. 片簧　2. 外离合器片　3. 外离合器片－4.0mm　4. B1 外离合器片架　5. 卡环　6. 内离合器片　7. 活塞

使用单摩擦面离合器片的变速器正确间隙是四片离合器片为 2.2～2.6mm，六片离合器片为 2.4～2.8mm，八片离合器片为 2.6～3.0mm。

(11)如果需要，用卡环 5 调整。卡环的厚度为 2.6mm、2.9mm、3.2mm、3.5mm、3.8mm 和 4.1mm。

(12)参见图 14-26，将橡胶环 1 装到 B1 离合器片架毂 2 上。

(13)参见图 14-26，在橡胶环 1 上稍微涂一些润滑脂，插入到环槽内，使接头保持在一起。

(二)保持离合器 B2/B3

参见图 14-24，当保持离合器 B2 接合时，内齿离合器片架 8 将太阳轮 12 锁到壳体上。行星齿轮 11 在太阳轮 12 上转动。如果多片保持离合器 B3 工作，行星架 9 和齿圈 10 被锁住。

1. 保持离合器 B2/B3 的解体

保持离合器 B2/B3 部件分解如图 14-31 所示，以下说明参见本图，除非另有说明。

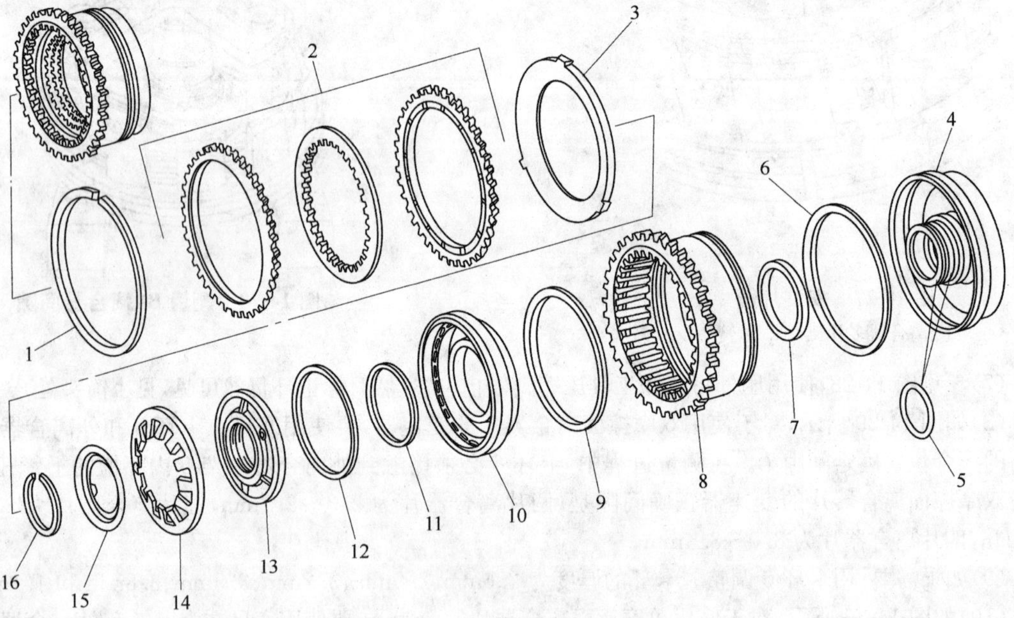

图 14-31 保持离合器 B2/B3

1. 卡环 2. 多片组 3. 片簧 4. B2 和 B3 活塞导向套 5. O 形圈 6. B3 活塞密封圈 7. B3 活塞密封圈 8. B3 活塞/B2 外离合器片架 9. B2 活塞密封圈 10. B2 活塞 11. 活塞导向套密封圈 12. 活塞导向套密封圈 13. 活塞导向环 14. 活塞支撑压盘弹簧 15. 弹簧盘 16. 卡环

(1)拆下卡环 1。

(2)外离合器片架 B2 8 取出多片组 B2 2 和片簧 3。多片保持离合器 B2 的外离合器片架同时是多片保持离合器 B3 的活塞。记住哪一个离合器片在片簧(3)之前拆下，以便重装。如果重复使用离合器片，该离合器片必须装回片簧顶部其原来的位置。

(3)将多用弹簧压缩器 8900 放在片簧(14)上，压缩弹簧，直到露出卡环槽。

(4)拆下卡环(16)。

(5)拆下弹簧盘(15)和片簧(14)。

(6)如图 14-32 所示，向孔 D 内吹压缩空气，从 B3 活塞 8 分开活塞导向环 13。

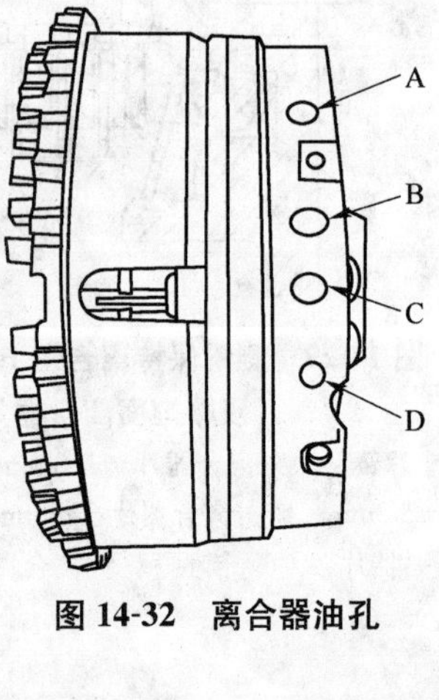

图 14-32 离合器油孔

(7)参见图 14-31,将活塞导向环(13)压出 B2 活塞(10)。

(8)参见图 14-32,向孔(A)内吹压缩空气,从 B3 活塞(8)分开活塞导向套(14)。

2. 保持离合器 B2/B3 的组装(参见图 14-31,除非另有说明)

(1)如图 14-33 所示,检查全部密封圈(2～4、6),如果需要则更换。密封圈(2、4、6)上圆角边必须朝外。

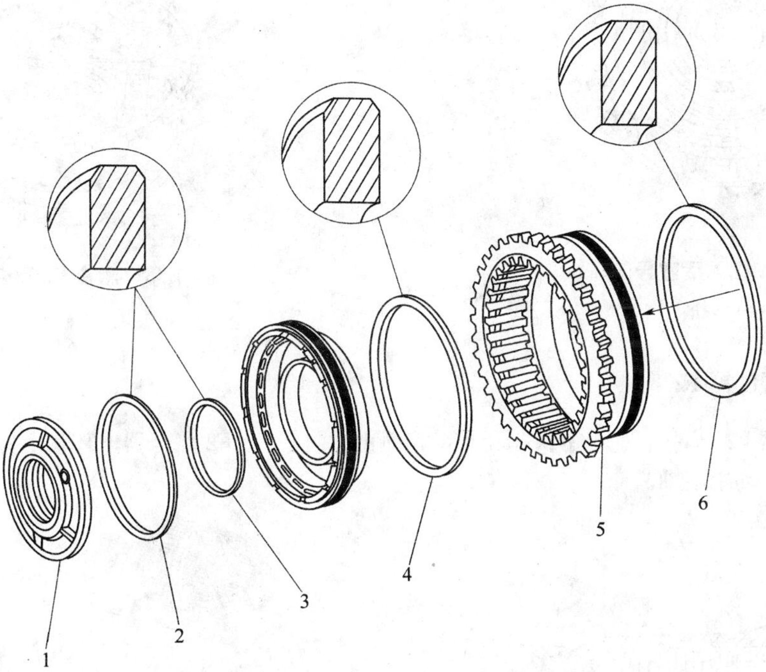

图 14-33　离合器活塞密封件

1. 活塞导向环　2. 活塞导向环密封圈　3. 活塞导向环密封圈　4. B2 活塞密封圈
5. B3 活塞/B2 外离合器片架　6. B3 活塞密封圈

(2)将活塞导向套 4 和 B3 活塞 8 组装在正确的位置。验证 B3 活塞/B2 外离合器片架 8 内的缺口与 B2 和 B3 活塞导向套 4 内的两个螺纹孔中心线对齐。

(3)将 B2 活塞 10 插入 B3 活塞(8)。

(4)如图 14-34 所示,插入活塞导向环(2)。活塞导向环内的阀(1)必须在顶部。

(5)插入片簧(14)和弹簧盘(15)。要使曲面朝向弹簧盘插入片簧。

(6)将多用弹簧压缩器 8900 放在片簧(14)上,压缩弹簧,直到露出卡环槽。

(7)插入卡环(16)。

(8)将片簧(3)和多片组(2)插入到 B2 外离合器片架内。注意离合器片的顺序。如果使用原来的离合器片,要保证拆卸时标记的属于片簧(3)顶部的离合器片回到其原来的位置。

(9)插入卡环(1)。

(10)如图 14-35 所示,在外离合器片上安装压缩工具 8901(1),测量 B2 离合器片组间隙。测量过程中,卡环(8)必须接触到外离合器片架内卡环槽的上承压面。

(11)使用压杆将压缩工具压缩到停止位置(然后标记环仍然可见,见小箭头处)。

(12)如图 14-36 所示,使用塞尺在卡环(8)和外离合器片(7)之间的三个位置确定间隙 L。

(13)正确间隙是:四片摩擦片 1.9～2.3mm,五片摩擦片为 2.0～2.4mm。

(14)如果需要,用卡环(8)调整。卡环的厚度为 2.9mm、3.2mm、3.5mm、3.8mm 和 4.1mm。

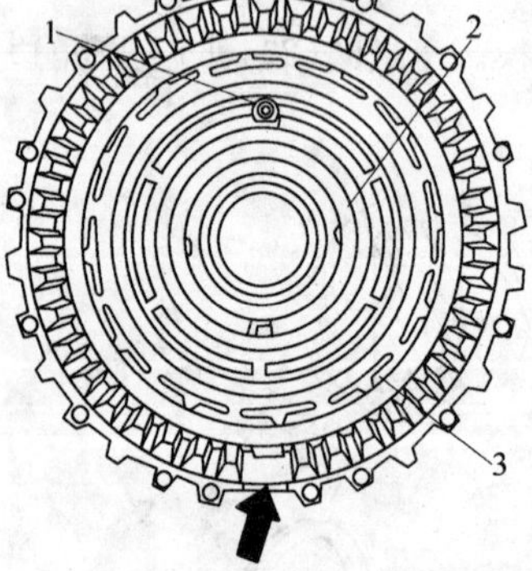

图 14-34 插入活塞导向环
1. 阀 2. 导向环 3. 活塞

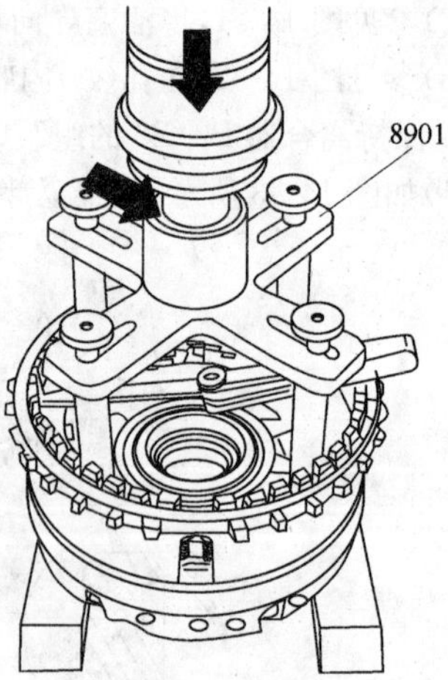

图 14-35 测量 B2 离合器片组间隙

四、单向离合器 F2

单向离合器 F2 部件分解如图 14-37 所示，其锁止方向是：当 F2 离合器卡环朝上固定总成时，应当能逆时针方向转动中空轴。

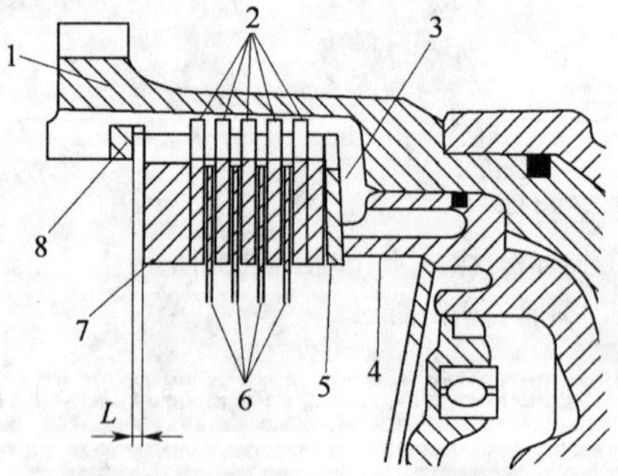

图 14-36 测量 B2 离合器片组间隙
1. B2 外离合器片架 2. 摩擦片 3. 片簧 4. B2 活塞
5. 外离合器片－1.8mm 6. 外离合器片－1.8mm
7. 外离合器片－6.5mm 8. 卡环

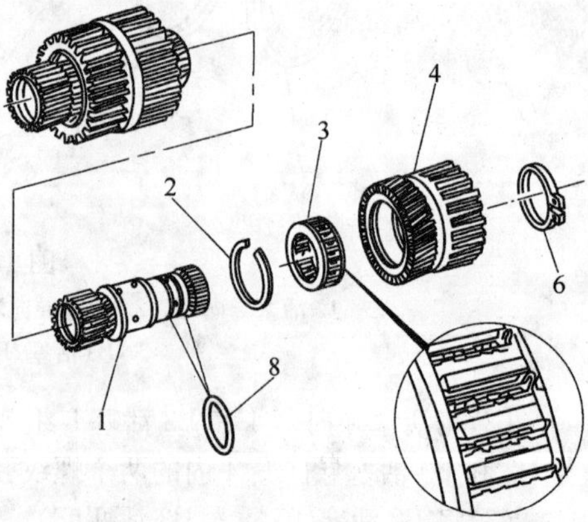

图 14-37 单向离合器 F2

第四节 控制系统

一、变速器控制模块

1. 电控系统的控制特点

变速器控制模块(TCM)位于仪表板下面左侧，如图 14-38 所示。TCM 接收传感器和其他模块的讯息，包括监控变速器传感器、换档杆位置和总线讯息，来确定换档时机，然后，TCM 通过控制变速器油压电磁阀和过四个电磁阀的作动顺序来实现柔顺换档控制。NAG1 电子变速器有一个完全自适应控

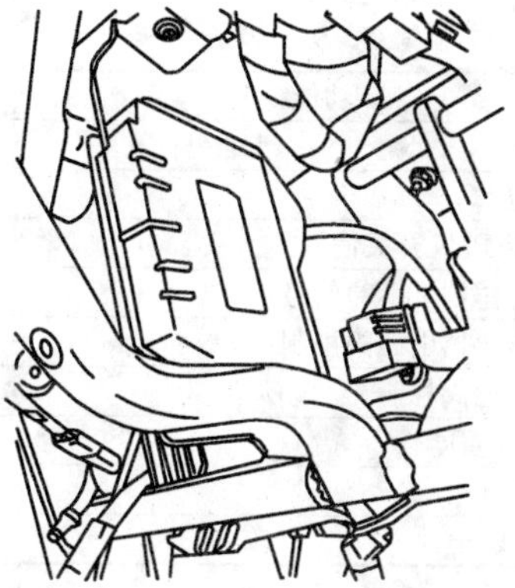
图 14-38 变速器控制模块(TCM)

制系统,系统利用直接硬接到控制器的几个传感器输入信号外,还经过 CAN 总线接收 PCM(发动机管理系统)和 ABS(底盘系统)控制器的信息。为了提供恒定的换档质量,变速器控制系统自动适应发动机性能、车速和发动机温度的变化,确保在升档和降档期间离合器响应是柔和的。TCM 监控换档杆总成(SLA)里的换档杆位置传感器,以接通电磁阀并移动阀体里的阀门以便获得所需的档位。倒档灯开关是 SLA 的整体式零件,它控制倒档灯继电器控制电路。TCM 控制着制动器/变速器换档互锁(BTSI)电磁阀和停车闭锁电磁阀(也是 SLA 的零件)。除了直接控制执行器以外,TCM 通过 CAN 总线向其他的控制模块发送各种输出信号。

为了保证安全行驶状态和防止损坏自动变速器,在发生严重故障的情况下变速器控制模块(TCM)转入故障保护模式。对应该故障的故障码存储在内存中。这时所有电磁阀和调节阀都断电。实际结果是:

—最后接合的齿轮保持接合。

—调制压力和换档压力升到最大值。

—液力变矩器锁止离合器不工作。

为了在一定程度上保护汽车的操纵能力,可以使用下列步骤使液压控制接合 2 档或倒档:

—停车。

—关闭发动机。

—换档杆移到 P 位。

—等待至少 10s。

—起动发动机。

—换档杆移到“D”位:2 档。

—换档杆移到“R”位:倒档。

故障保护功能一直保持工作,直到故障码被改正或者使用正确的故障诊断仪清除。有些类型的故障可以通过开关点火复位。

2. 控制电路图与 TCM 端子视图

NAG1 自动变速器控制系统电路如图 14-39 所示,TCM 端子视图如图 14-40 所示,TCM 各端子的作用见表 14-6。

表 14-6 TCM 各端子的作用

插孔	电路	功能
C1 插头		
1	D21 20 白/棕	SCI 发送(PCM)
2～10	—	—
23～28	—	—
29	F942 18 粉/黑	带熔丝的变速器继电器输出
30	Z912 18 黑/橙色	接地
C1 插头		
12	T70 20 黄	输入速度传感器 1(N2)信号
13	T72 20 黄/深蓝	传感器供电电压
14	T60 20 黄/灰	1-2 档/4-5 档电磁阀控制
15	T73 20 黄/灰	3-4 档电磁阀控制
16	T74 20 黄/浅绿	2-3 档电磁阀控制
17	T75 20 黄/浅蓝	液力变矩器离合器电磁阀控制

续表 14-6

插孔	电路	功能
C1 插头		
33	T13 20 深绿/V	传感器接地
34	T54 20 深绿/橙色	温度传感器-P/N 开关信号
35	T71 20 黄/橙色	输入速度传感器 2(N3)信号
36	T76 20 黄/褐色	调节压力传感器电磁阀控制
37	T77 20 黄/棕	换档压力电磁阀控制
38	T78 20 黄	电磁阀供电电压
H1	D65 20 白/浅绿	CAN C 总线(+)
L2	D64 20 白/浅蓝	CAN C 总线(−)

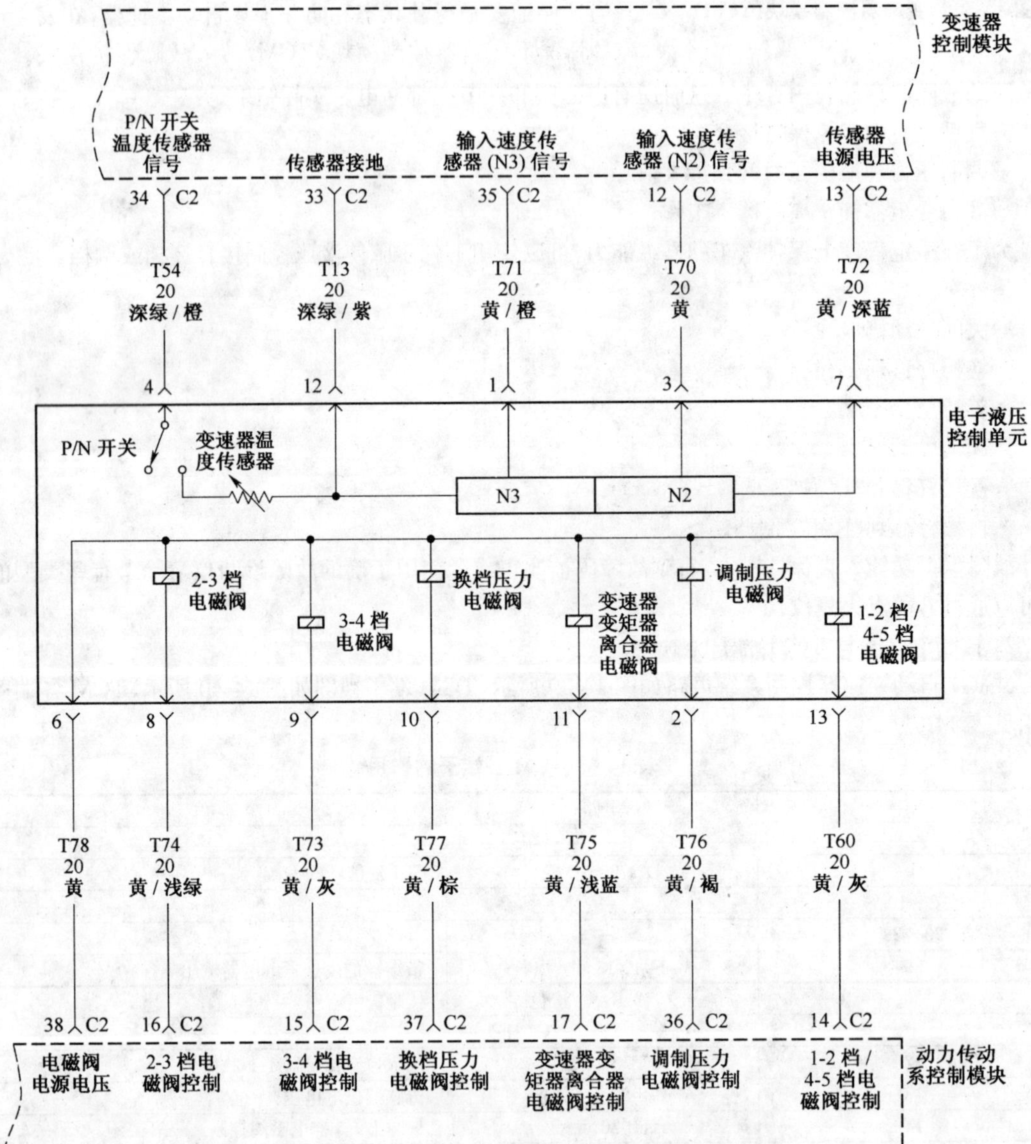

图 14-39 电控系统电路图

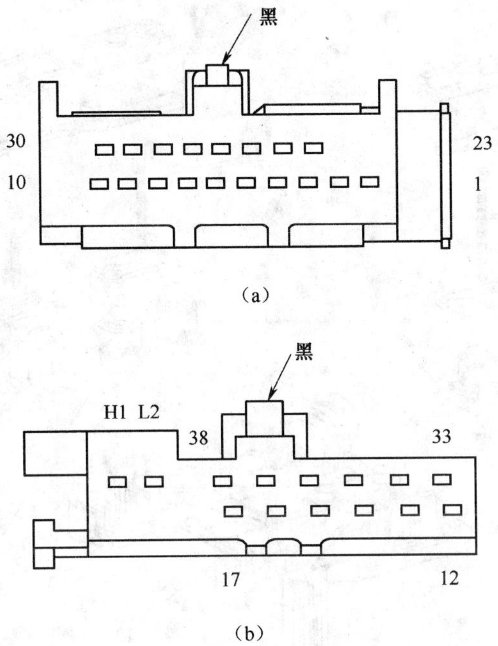

图 14-40 TCM 端子视图

(a)C1 插头 (b)C2 插头

二、电子液压控制单元概述

电子液压控制单元如图 14-41 所示,包括轻合金制造的液压控制换档盘 13 和电气控制单元 12。电气控制单元 12 包括塑料制造的支撑体,电气部件(1～11)就装配在其中。支撑体安装在换档盘(13)上,用螺钉连接。汽车和变速器控制模块上线束的连接是由带有卡口锁的 13 针插头实现的,插头端子视图如图 14-42 所示,各端子的作用见表 14-7。

表 14-7 电子液压控制单元插头端子作用

插孔	电路	功能
1	T71 20 黄/橙色	输入转速传感器 2(N3)信号
2	T76 20 黄/褐色	调节压力电磁阀控制
3	T70 20 黄	输入转速传感器 1(N2)信号
4	T54 20 深绿/橙色	P/N 开关温度传感器信号
5	—	—
6	T78 20 黄	电磁阀供电电压
7	T72 20 黄/深蓝	传感器供电电压
8	T74 20 黄/浅绿	2-3 档电磁阀控制
9	T73 20 黄/灰	3-4 档电磁阀控制
10	T77 20 黄/棕	换档压力电磁阀控制
11	T75 20 黄/浅蓝	液力变矩器离合器电磁阀控制
12	T13 20 深绿/紫色	传感器接地
13	T60 20 黄/灰	1-2/4-5 档电磁阀控制

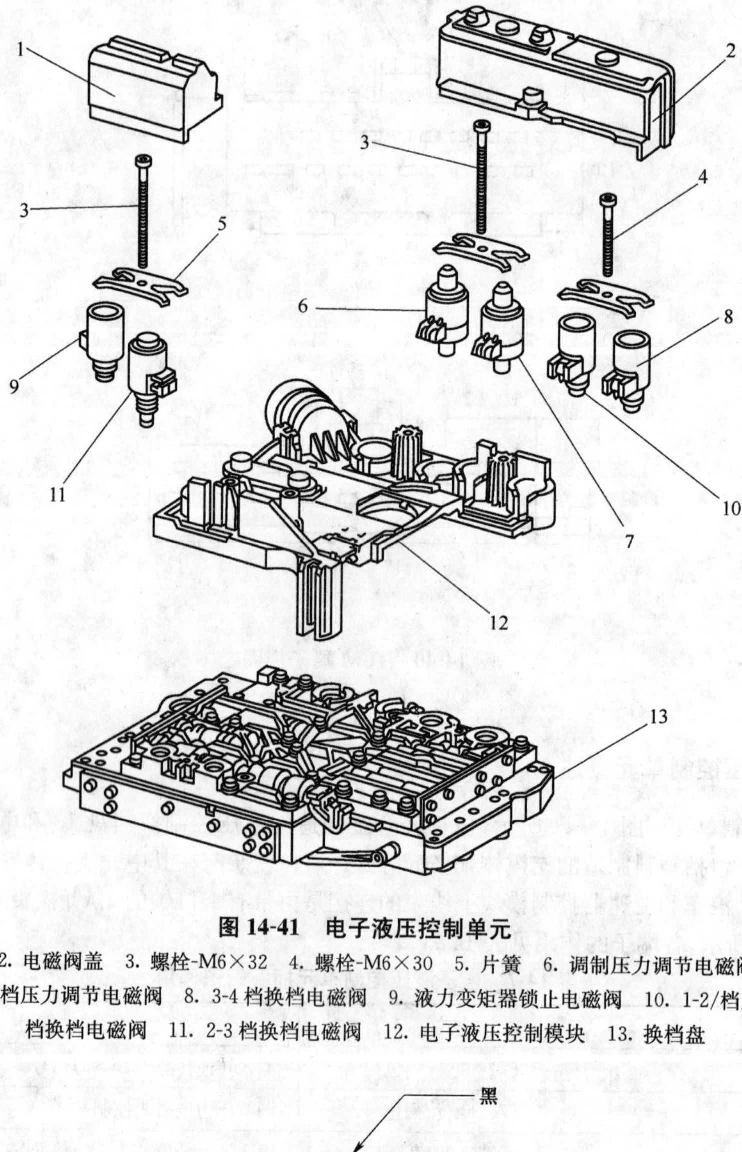

图 14-41　电子液压控制单元

1、2. 电磁阀盖　3. 螺栓-M6×32　4. 螺栓-M6×30　5. 片簧　6. 调制压力调节电磁阀　7. 换档压力调节电磁阀　8. 3-4 档换档电磁阀　9. 液力变矩器锁止电磁阀　10. 1-2/档/4-5 档换档电磁阀　11. 2-3 档换档电磁阀　12. 电子液压控制模块　13. 换档盘

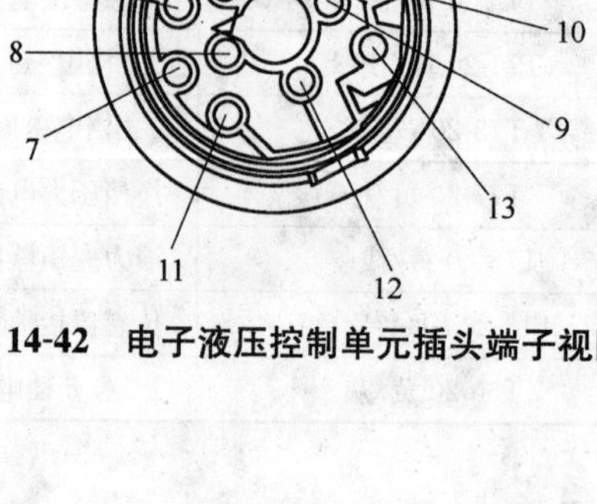

图 14-42　电子液压控制单元插头端子视图

三、电子控制单元

电子控制单元如图 14-43 所示，电子控制单元 7 包括一个塑料壳，安装有转速传感器（1、12）、调节电磁阀（3、4）、电磁阀（5、6、10）、液力变矩器离合器电磁阀 11、驻车/空档触点 9 和变速器油温传感器 8。集成在壳体内的导体线路将电气部件连接到插头连接座 2，该 13 针插头连接座建立了与汽车线束和变速器控制模块的连接。除电磁阀外，所有电气部件都固定在导体线路上。来自变速器控制模块的信号在电子控制单元 7 内转换为液压控制功能，电子控制单元 7 的转速传感器（1、12）、起动机互锁触点 9 和变速器油温度传感器 8 为变速器控制模块提供输入信号，电磁阀由变速器控制模块控制，触发液压功能。

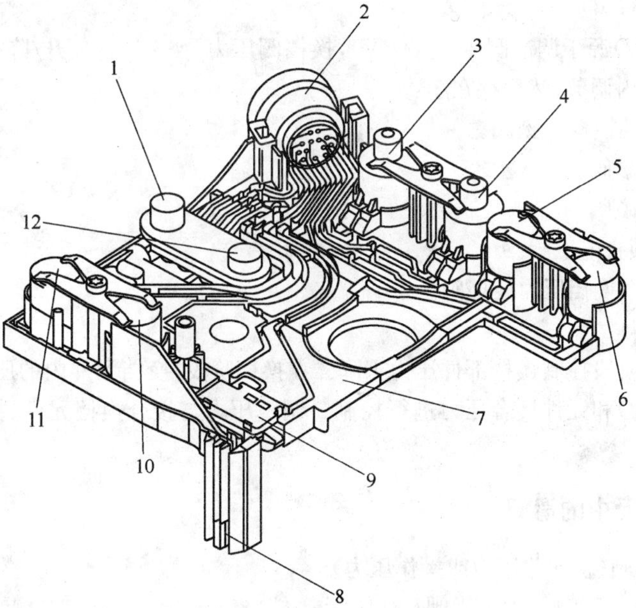

图 14-43　电子控制单元

1、12. 转速传感器　2. 插头连接座　3、4. 调节电磁阀　5、6、10. 电磁阀　7. 电子控制系统　8. 油温传感器　9. 驻车/空档触点　11. 液力变矩器离合器电磁阀

四、液压控制单元

液压控制单元主要包括阀室和阀体，内部有用于形成各种压力的滑阀。下面对各压力的作用做以简介。

1. 工作压力（主油路压力或操作压力）(p-A)

工作压力为液压控制系统和变速器换档元件提供压力。工作压力是整个液压系统内的最高压力，它由工作压力调节阀按照与负荷和档位关系进行调节。所有其他变速器需要的压力都源自工作压力。

2. 润滑压力(p-Sm)

在工作压力调节阀处，在这里调节润滑和冷却变速器机械部件和液力变矩器所需的油量，多余的润滑油被导流到润滑压力调节阀。而且，润滑压力(p-Sm)还用于限制液力变矩器内的压力。

3. 换档压力(p-S)

换档压力由换档压力调节电磁阀和换档压力调节阀确定。换档压力的作用包括：

(1)调节换档阶段工作元件内的压力。

(2)当重叠调节阀调节时,与调制压力一起确定不工作换档元件的压力降。

(3)在故障保护模式初始化为2档。

4. 调制压力(p-Mod)

调制压力影响工作压力的大小,与换档压力一起确定重叠调节阀调节的压力。调制压力在调制压力调节电磁阀内调节,低于调节阀压力。调制压力是可变的,与发动机负荷有关。

5. 调节阀/控制阀压力(p-RV)

调节阀压力按照与工作压力的关系在调节阀压力(p-A)调节阀内调节,最大压力可达800kPa。为调制压力调节电磁阀、换档压力调节电磁阀和换档阀压力调节阀提供压力。

6. 换档阀压力(p-SV)

换档阀压力(p-SV)源于调节阀压力(p-RV),换档阀压力(p-SV)通过升/降档电磁阀控制命令阀,在换档阀压力调节阀内调节,然后存在于:

(1)1-2档和4-5档换档电磁阀。

(2)3-4档换档电磁阀。

(3)2-3档换档电磁阀。

(4)液力变矩器锁止电磁阀。

(5)3-4档和2-3档换档压力换档阀。

7. 重叠压力(p-Ü)

重叠压力在换档阶段控制换档部件压力下降。在换档阶段,换档元件内的压力随着元件分离根据发动机负荷(调制压力)和元件接合压力进行控制。调整压力与接合换档元件(控制重叠)的传输能力成反比。

五、液压控制单元中的滑阀

1. 工作压力调节阀(主油路压力或操作压力)

如图14-44所示,工作压力调节阀(4)位于换档盘的阀室内,工作压力(p-A)在工作压力调节阀(4)内按照负荷(调制压力p-Mod)和档位(K1或K2压力)(1)关系,由调节阀调节液压系统内的初级压力。工作压力调节阀内的弹簧设定最小压力值(基本压力)。

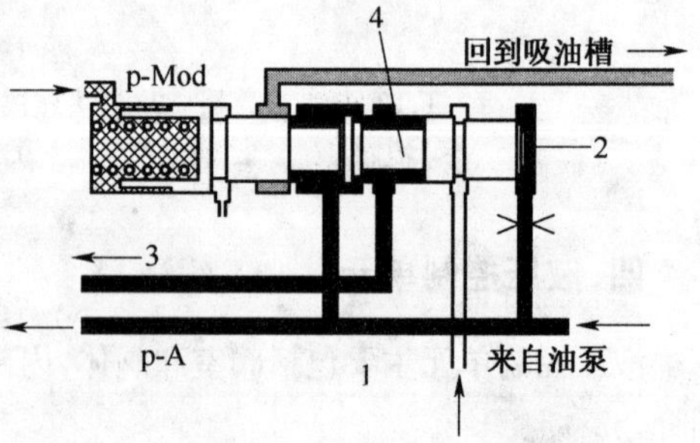

图14-44 工作压力调节阀

1. 来自离合器K1/K2的压力 2. 端面 3. 至液力变矩器调节阀 4. 工作压力调节阀

2. 液力变矩器锁止离合器调节阀

如图14-45所示,液力变矩器锁止离合器调节阀(6)位于电子液压控制模块的阀室内。该阀负责液力变矩器锁止离合器的液压控制和润滑油分配。液力变矩器锁止离合器调节阀(6)按照液力变矩器锁止控制压力(p-S/TCC)的关系调节液力变矩器锁止离合器工作压力(p-TCC)。按照工作压力(p-A)的大小,液力变矩器锁止离合器要么接合、要么分离,或者打滑。当调节阀(6)在低位时,润滑油流过液力变矩器和润滑油冷却器(8),进入变速器(液力变矩器锁止离合器不受压)。在其调节位置(打滑、液力变矩器锁止离合器受压),流量减少的润滑油流经环形油道(7),绕过液力变矩器,直接流过润滑油冷却器进入变速器。剩余的润滑油经节流阀“a”进入液力变矩器,以冷却液力变矩器锁止离合器。

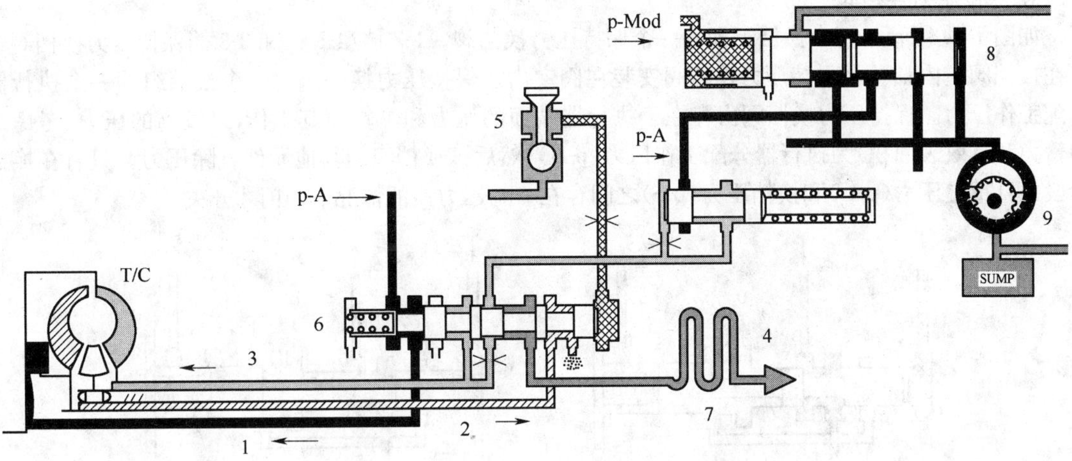

图 14-45　液力变矩器锁止离合器调节阀

1. 液力变矩器锁止离合器　2. 液力变矩器输出　3. 液力变矩器输入　4. 润滑　5. 液力变矩器锁止电磁阀　6. 液力变矩器锁止离合器调节阀　7. 润滑油冷却器　8. 主油路压力调节阀　9. 油泵

3. 重叠调节阀

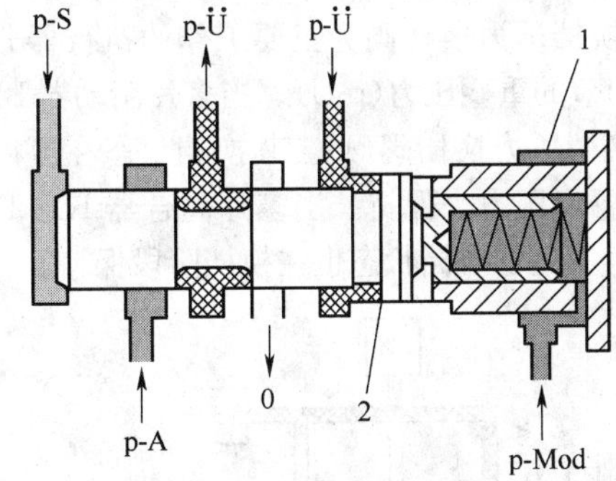

图 14-46　重叠调节阀

1. 重叠调节阀　2. 重叠调节阀上的环形表面

如图 14-46 所示，每个换档组指定一个重叠调节阀(1)。1-2 档/4-5 档重叠调节阀安装在换档阀室内；2-3 档和 3-4 档重叠调节阀安装在阀室内。重叠调节阀在换档阶段调节压力降。在换档过程中，正要不工作的换档执行器内的压力按照发动机负荷(调制压力 p-Mod)和工作执行器内的压力关系进行调节。调节的压力与工作换档执行器(调节重叠)的传递能力成反比。

4. 命令阀

如图 14-47 所示，每个换档组拥有一个命令阀(3)。1-2 档/4-5 档命令阀安装在换档阀室内。3-4 档命令阀安装在阀室内。命令阀将换档组从静止阶段转换到换档阶段，再转换回去。当命令阀端面不受压时(静止阶段)，工作压力(p-A)被导入到工作的换档元件。如果命令阀的端面受到换档阀压力(p-SV)，那么换档压力(p-S)转换到工作元件，重叠压力(p-Ü)转换到不工作的元件。

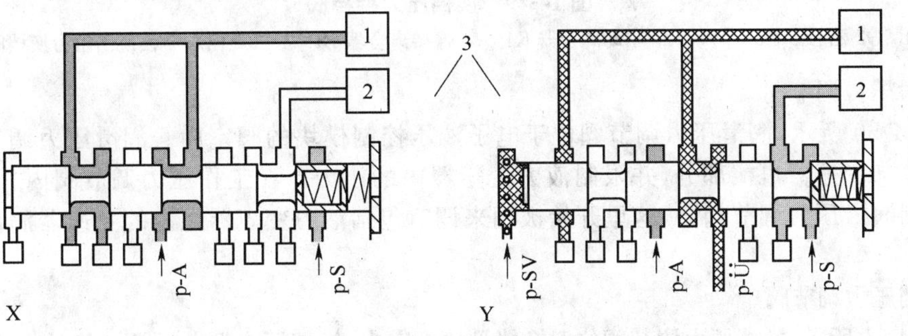

图 14-47　命令阀

1. 保持离合器 B1　2. 驱动离合器 K1　3. 1-2 档/4-5 档命令阀

5. 保持压力换档阀

如图 14-48 所示，每个换档组拥有一个保持压力换档阀。1-2 档/4-5 档和 2-3 档保持压力换档阀安装在换档阀室内；3-4 档保持压力换档阀安装在阀室内。保持压力换档阀为一个换档组的一个执行器分配工作压力。保持压力换档阀由存在于执行器端面的压力和弹簧使其工作，以较高的压力（考虑到弹簧力和有效表面积）为执行器分配工作压力（p-A），然后该换档组的其他元件解除压力。只有在换档阶段并且重叠压力（p-Ü）和换档压力（p-S）之间存在一定压力比的情况下阀门才开关。

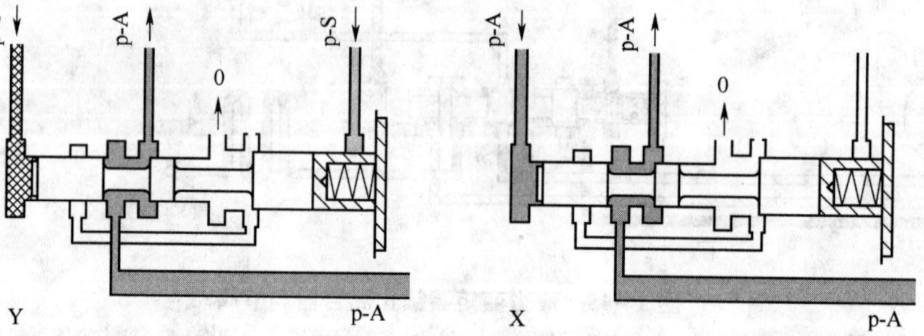

图 14-48 保持压力换档阀

6. 换档压力换档阀

如图 14-49 所示，每个换档组拥有一个换档压力换档阀（4）。1-2 档/4-5 档和 2-3 档换档压力换档阀安装在换档阀室内；3-4 档换档压力换档阀安装在阀室内。换档压力换档阀为正要工作的执行器分配换档压力（p-S），为正要不工作的执行器分配由重叠调节阀调节的重叠压力（p-Ü）。当多片制动器 B1（3）工作时，工作压力（p-A）经过命令阀（1）通到 1-2 档/4-5 档换档压力换档阀（4）。其换档状态在换档阶段通过替换作用在其端面（在换档阶段是变化的）的相应的恒定压力来保持。当多片离合器 K1（2）工作时，换档阀的端面在静止和换档阶段解除压力，因此在这种情况下换档状态也在换档阶段保持。

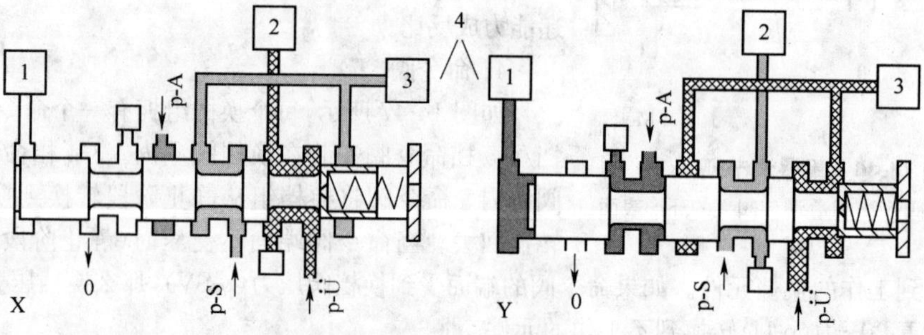

图 14-49 换档压力换档阀

1. 1-2 档/4-5 档命令阀 2. 驱动离合器 K1 3. 保持离合器 B1 4. 1-2 档/4-5 档换档压力换档阀

7. 润滑压力调节阀

如图 14-50 所示，润滑压力调节阀位于电子液压控制模块的阀室内。润滑压力调节阀控制油液润滑和冷却变速器机械部分，并限制液力变矩器内的压力。在工作压力调节阀内，多余的润滑油被分流到润滑压力调节阀，从这里开始被用来调节包括液力变矩器在内的变速器润滑系统润滑用油量。

8. 换档压力调节阀

如图 14-51 所示，换档压力调节阀位于换档盘的阀室内，换档压力调节阀调节换档压力（p-S）。换档压力由换档压力调节电磁阀和换档压力调节阀确定。另外，来自离合器 K2 的压力也存在于换档压力调节阀的环形表面，这就降低了 2 档换档压力。

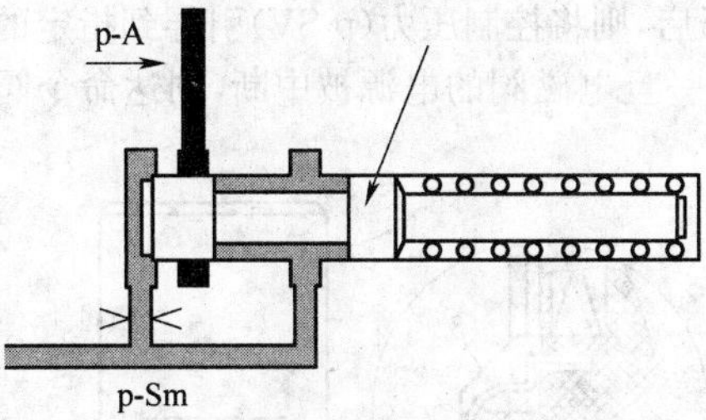

图 14-50 润滑压力调节阀

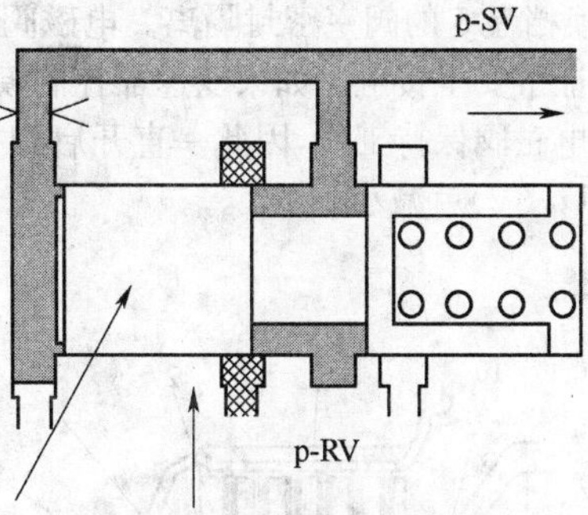

图 14-51 换档压力调节阀

9. 调节阀压力调节阀

如图 14-52 所示,调节阀压力调节阀位于电子液压控制模块的阀室内,负责调节调节阀/控制阀压力(p-RV)。调节阀压力(p-RV)在调节阀压力调节阀内按照工作压力(p-A)的关系进行设定,直到最大压力。

10. 换档阀压力调节阀

如图 14-53 所示,换档阀压力调节阀位于电子液压控制模块的阀室内,负责调节换档阀压力(p-SV)。非恒定的调节阀压力(p-RV)由换档阀压力调节阀内被调节为恒定的换档阀压力(p-SV),用来为 1-2 档和 4-5 档/3-4 档/2-3 档电磁阀和液力变矩器锁止离合器脉宽调制(PWM)电磁阀提供压力。

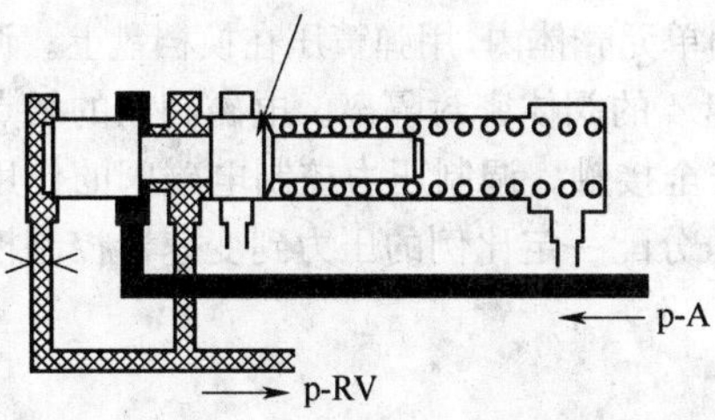

图 14-52 调节阀压力调节阀

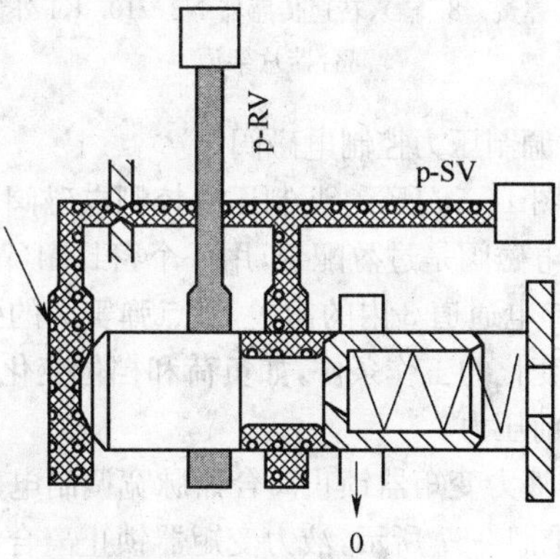

图 14-53 换档阀压力调节阀

六、输入转速传感器

输入转速传感器 N2 和 N3 是安装在变速器内的两个霍尔效应传感器,TCM 使用它们的信号计算变速器的输入转速。如图 14-54 所示,有两个输入转速传感器(6、8),通过触片固定在控制单元壳上。转速传感器由弹簧(7)压在变速器壳体(2)上,弹簧被固定在换档盘(5)的阀室内。这就保证了转速传感器和励磁环(4)之间的确定距离。来自输入转速传感器(6、8)的信号与车轮和发动机转速以及其他信息一起记录在变速器控制模块内,处理后成为电子控制的输入信号。输入转速传感器 N2(6)经过多片离合器 K1(10)的外齿离合器片架监测前太阳轮的转速,输入转速传感器 N3(8)经过多片离合器 K1(3)的内齿离合器片架监测前行星架的转速。之所以需要使用两个输入传感器是因为两个传动元件在所有档位不能起作用。

七、电磁阀

1. 升档/降档电磁阀

如图 14-55 所示,升降档电磁阀 1 位于电子控制单元壳体内,用弹簧压在换档盘上,用 2 个 O 形圈

4、6 与换档盘 5 的阀室密封隔离。电磁阀内的接触弹簧 8 嵌入导电通道 7 内的槽中。接触弹簧 8 的弹簧力保证了安全接触。如果变速器控制模块控制电磁阀开启，则将控制压力（p-SV）引导到指定的命令阀。该电磁阀保持工作，因此一直开启到换档过程完成。一旦电磁阀的电源被中断，到达命令阀的控制压力（p-SV）就减小到 0。

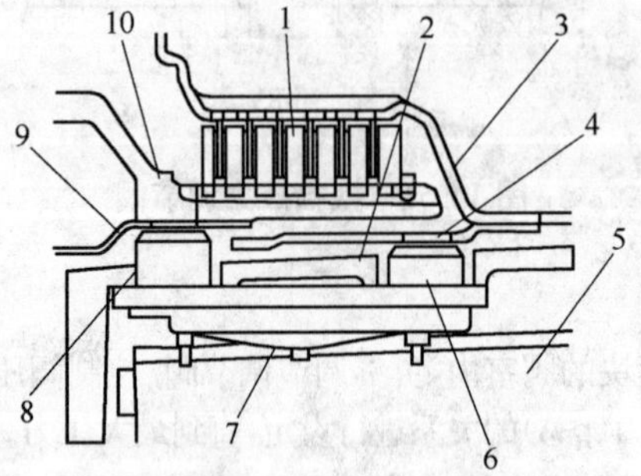

图 14-54　输入转速传感器

1. 离合器 K1　2. 变速器壳体　3. K1 内齿离合器片架　4、9. 励磁环　5. 换档盘　6. 输入转速传感器 N2　7. 弹簧　8. 输入转速传感器 N3　10. K1 外齿离合器片架记

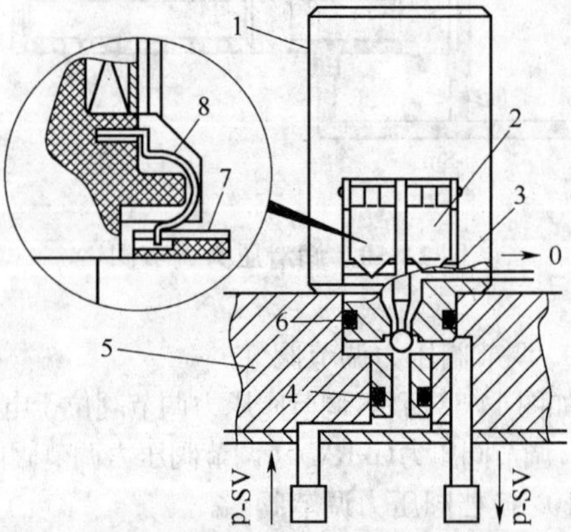

图 14-55　升档/降档电磁阀

1. 电磁阀　2. 触点弹簧　3、7. 导电通道　4、6. O 形圈　5. 换档盘　8. 接触弹簧

2. 调制压力控制电磁阀

如图 14-56 所示，调制压力控制电磁阀 1 位于电子控制单元壳体内，用弹簧压在换档盘上。调制压力调节电磁阀是过盈配合，用一个密封圈（箭头处）与换档盘 4 的阀体密封隔离。电磁阀内的触点弹簧 2 嵌入导电通道 3 内的槽中，触点弹簧 2 的弹簧力保证了安全接触。调制压力控制电磁阀的作用是根据连续变化的工作条件，如负荷和档位变化，控制调制压力，分配一定比例的压力到变速器控制模块控制的当前压力。

3. 液力变矩器锁止离合器脉宽调制电磁阀

如图 14-57 所示，液力变矩器锁止离合器脉宽调制电磁阀 1 位于电子控制单元壳体内，用弹簧压在

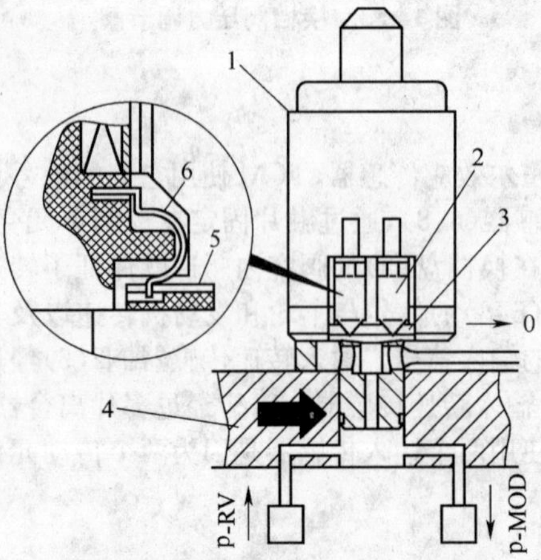

图 14-56　调制压力控制电磁阀

1. 电磁阀　2. 触点弹簧　3、5. 导电通道　4. 换档盘　6. 接触弹簧

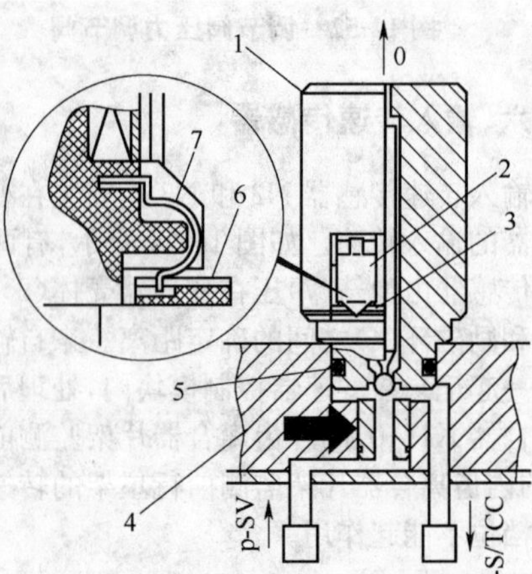

图 14-57　锁止离合器脉宽调制电磁阀

1. 电磁阀　2. 触点弹簧　3、6. 导电通道　4. 换档盘　5. O 形圈　7. 接触弹簧

换档盘上。电磁阀用一个O形圈5和密封圈(箭头处)与换档盘阀体密封隔离。电磁阀内的触点弹簧2嵌入导电通道3内的槽中。触点弹簧2的弹簧力保证了安全接触。液力变矩器锁止脉宽调制电磁阀1将变速器控制模块控制的脉宽调制电流转换为相应的控制液压(p-S/TCC),控制液力变矩器锁止离合器压力。

4. 换档压力控制电磁阀

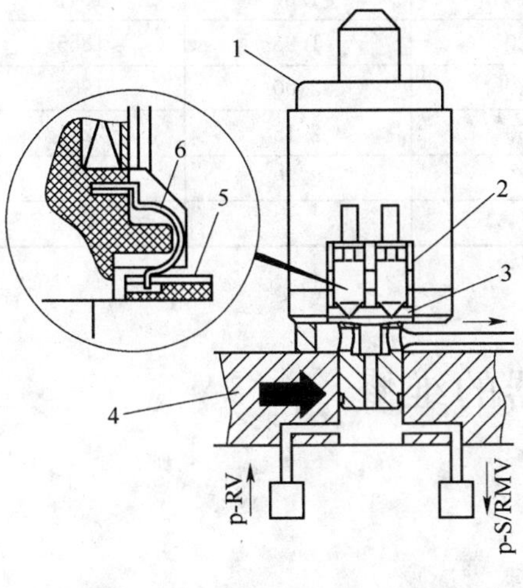

图 14-58　调制压力控制电磁阀

1. 电磁阀　2. 触点弹簧　3、5. 导电通道　4. 换档盘　6. 接触弹簧

如图14-58所示,换档压力控制电磁阀1位于电子控制单元壳体内,用弹簧压在换档盘上。电磁阀是过盈配合,用一个密封圈(箭头处)与换档盘4的阀体密封隔离。电磁阀内的触点弹簧2嵌入导电通道3内的槽中。触点弹簧2的弹簧力保证了安全接触。换档压力控制电磁阀的作用是根据连续变化的工作条件,如负荷和档位,控制换档压力。

八、温度传感器和驻车/空档触点

1. 驻车/空档触点

如图14-59所示,驻车/空档触点4位于电子控制单元壳体内,固定在导电通道。驻车/空档触点的作用是识别换档阀和换档杆的P和N位置。换档杆在P和N位时,驻车/空档触点4由位于锁止盘内的凸轮使其工作,永久磁铁3离开干式舌簧触点4,干式舌簧触点4开启。变速器控制模块接收到一个电子信号。

2. 变速器油温度传感器

如图14-60所示,变速器油温度传感器位于电子控制单元壳体内,固定在导电通道。变速器油温度传感器的作用是测量变速器油温度,并将温度传递给变速器控制模块作为输入信号。变速器油温度对换档时刻有重要影响,通过测量变速器油温,可以在所有温度范围内优化换档操作。变速器油温度传感器与驻车/空档触点以开关形式串联连接。只有在倒档或一个前进档位置,当驻车/空档触点的干式舌簧触点闭合时,温度信号才被传递到变速器控制模块。变速器油温度传感器是随温度变化的电阻(PTC),不同温度下的阻值见表14-8。

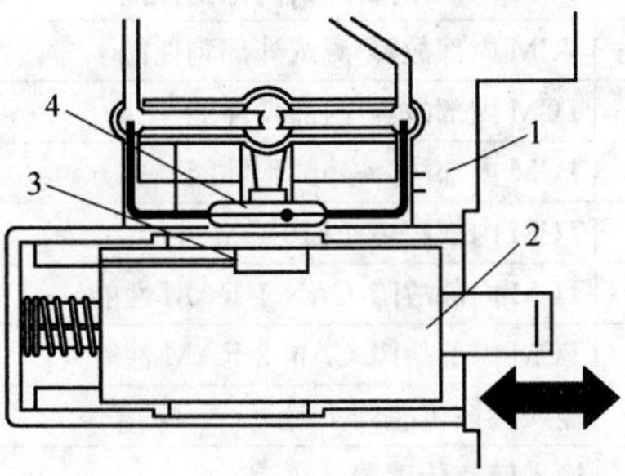

图 14-59　驻车/空档触点

1. 电子控制单元壳体　2. 柱塞
3. 永久磁铁　4. 干式舌簧触点

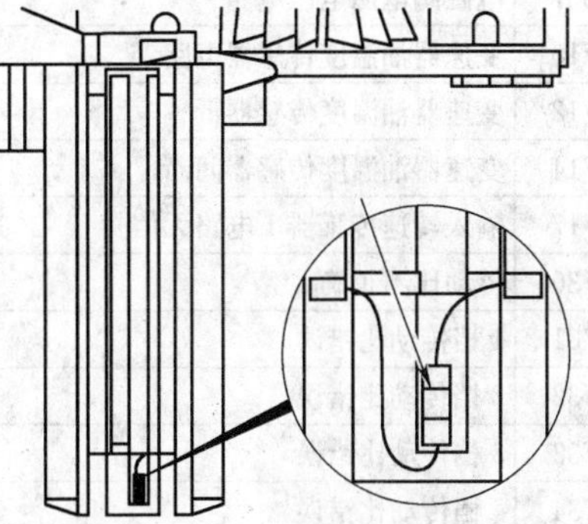

图 14-60　变速器油温度传感器

表 14-8　不同温度下变速器油温度传感器的阻值

温度(℃)	电压(V)	阻值(Ω)	温度(℃)	电压(V)	阻值(Ω)
−50	0.73	506	80	1.65	1450
−40	0.80	564	90	1.72	1545
−30	0.88	624	100	1.78	1644
−20	0.95	686	110	1.86	1747
−10	1.02	750	120	1.93	1855
0	1.09	817	130	2.00	1968
20	1.23	957	150	2.15	2211
40	1.37	1109	170	2.29	2479
60	1.51	1273			

第五节　自动变速器的维修

一、电控系统故障代码表

NAG1 型自动变速器电控系统故障代码见表 14-9。

表 14-9　电控系统故障代码表

故障代码	故障代码含义	故障代码	故障代码含义
P0219	发动机超速	P0748	调压器压力电磁阀电路
P0562	蓄电池电压低	P0752	1-2 档/4-5 档电磁阀
P0563	蓄电池电压高	P0753	1-2 档/4-5 档电磁阀电路
P0602	控制模块编程错误/不能编程	P0758	2-3 档电磁阀
P0604	控制模块随机存储器内部故障	P0759	2-3 档电磁阀电路
P0605	控制模块只读存储器内部故障	P0762	3-4 档电磁阀
P0613	变速器内部故障处理器	P0763	3-4 档电磁阀电路
P0642	传感器参考电压 1 电路低	P0778	换档压力电磁阀电路
P0643	传感器参考电压 1 电路高	P1629	TCM 内部故障-电磁阀供电/狗
P0657	电磁阀电源电压电路	P1631	TCM 内部故障-处理器时钟性能
P0710	变速器油温度传感器电路	P1632	TCM 内部故障-测试内部狗性能
P0712	变速器油温度传感器低	P1633	TCM 内部故障-测试外部狗性能
P0714	变速器油温度传感器间断	P1634	TCM 内部故障-内部狗性能
P0717	输入转速传感器 1 电路无信号	P1636	TCM 内部故障-外部狗性能
P0730	传动比不正确	P1637	TCM 内部故障-EEPROM 性能
P0731	1 档传动比错误	P1638	TCM 内部故障-CAN 1 RAM 性能
P0732	2 档传动比错误	P1639	TCM 内部故障-CAN 2 RAM 性能
P0733	3 档传动比错误	P1704	输入转速传感器 1 超速
P0734	4 档传动比错误	P1705	输入转速传感器 2 超速
P0735	5 档传动比错误	P1731	接合不正确的档位
P0742	液力变矩器离合器卡滞在接合状态	P2638	液力变矩器管理反馈信号性能
P0743	液力变矩器电磁阀电路	P2767	输入转速传感器 2 电路无信号

续表 14-9

故障代码	故障代码含义	故障代码	故障代码含义
P2783	液力变矩器温度过高	U1400	接受到不真实的 TPS 信号
P2784	输入转速传感器 1/2 相关性	U1401	接受到不真实的发动机转速信号
U0002	CAN C 总线关闭性能	U1402	接受到不真实的发动机温度信号
U0100	失去与 ECM/PCM 的通讯	U1404	接受到不真实的发动机静态转矩信号
U0103	失去与电子换档模块的通讯	U1405	接受到不真实的发动机最小转矩信号
U0121	失去与 ABS 模块的通讯	U1406	接受到不真实的发动机最大转矩信号
U0141	失去与前控制模块的通讯	U1407	接受到不真实的发动机转矩请求信号
U0155	失去与仪表板/CCN 的通讯	U1408	接受到不真实的制动信号
U0164	失去与 HVAC 控制模块的通讯	U1409	接受到不真实的左前轮转速信号
U0401	从 ECM/PCM 接收到不真实的数据	U140A	接受到不真实的右前轮转速信号
U0404	从 ESM 接收到不真实的数据	U140B	接受到不真实的左后轮转速信号
U0415	从 ABS 接收到不真实的数据	U140C	接受到不真实的右后轮转速信号
U0423	从仪表板/CCN 接收到不真实的数据	U140D	接受到不真实的车轮转速信号
U0424	从 HVAC 控制模块接收到不真实的数据	U140F	不真实的发动机变量数据
U0431	从 FCM 接收到不真实的数据	U1410	不真实的/丢失的 FCM 变量数据
U110B	失去发动机冷却液信息	U1507	长时间接受到不真实的发动机温度信息数据
U1118	失去发动机信息	U1509	长时间接收到不真实的发动机变量信息数据
U1119	失去 FCM 信息	U150A	长时间接收到不真实的 FCM 变量信息数据

二、电控系统故障码分析

1. P0219:发动机超速

(1)工作原理:变速器控制模块(TCM)通过 CAN 总线来监测发动机的转速。如果发动机转速超过(4100+800)r/min,TCM 就会估计到动力系统控制模块(PCM)的信息不对或出现严重的机械故障。一旦设置了故障码,TCM 就会将变速器档位放到空档,以保护发动机和变速器,防止它们受到损害。变速器会保持在空档并且 TCM 不会重新评估,直到点火开关关闭为止。

(2)监控条件:点火开关打开、发动机运转,变速器挂档并且至少一次接收到有效的发动机转速信息,CAN 总线电路和发动机 CAN 信息丢失都没激活的情况下持续监控。

(3)设置条件:发动机转速超过(4100+800)r/min。

(4)可能的故障:

—发动机机械故障;

—变速器机械故障;

—动力系统控制模块;

—变速器控制模块。

2. P0562:蓄电池电压低

(1)工作原理:变速器继电器电路如图 14-61 所示,变速器控制模块(TCM)监测点火电压,如果被监测的蓄电池电压下降到低于 8.5V,则设置故障码并且暂时进入故障保护模式。如果电压上升到高于 9.0V,则恢复到正常的工作模式,TCM 将故障码记录为一次行车故障。发动机转速高于 2000r/min 的工况下,如果电压低于 8.5V 的时间持续 60s 以上,则故障码变成完整的故障码。

(2)监控条件:点火开关打开时持续监测。

(3)设置条件:当被监测的蓄电池电压下降到低于 8.5V。

(4)可能的故障：

—发动机充电系统故障码；

—蓄电池电压低；

—(A1)B(+)电路电阻高；

—(Z912)接地电路电阻高；

—(F942)带保险的变速器继电器输出电路电阻高；

—变速器继电器；

—变速器控制模块。

3. P0563：蓄电池电压高

(1)工作原理：电路参见图14-61，变速器控制模块(TCM)监测点火电压。如果被监测的蓄电池电压上升到高于16.9V，则设置故障码并且暂时进入故障保护模式。如果电压下降到低于16.4V，则恢复正常工作状态，TCM将记录故障码并作为一次行车故障。发动机转速高于2000r/min的工况下，如果电压高于16.9V的时间持续60s以上，则故障码变成完整的故障码。

(2)监控条件：点火开关打开时持续监测。

(3)设置条件：当被监测的蓄电池电压升到高于16.9V。

(4)可能的故障：

—充电系统过量充电；

—跨接起动24V系统；

—变速器控制模块。

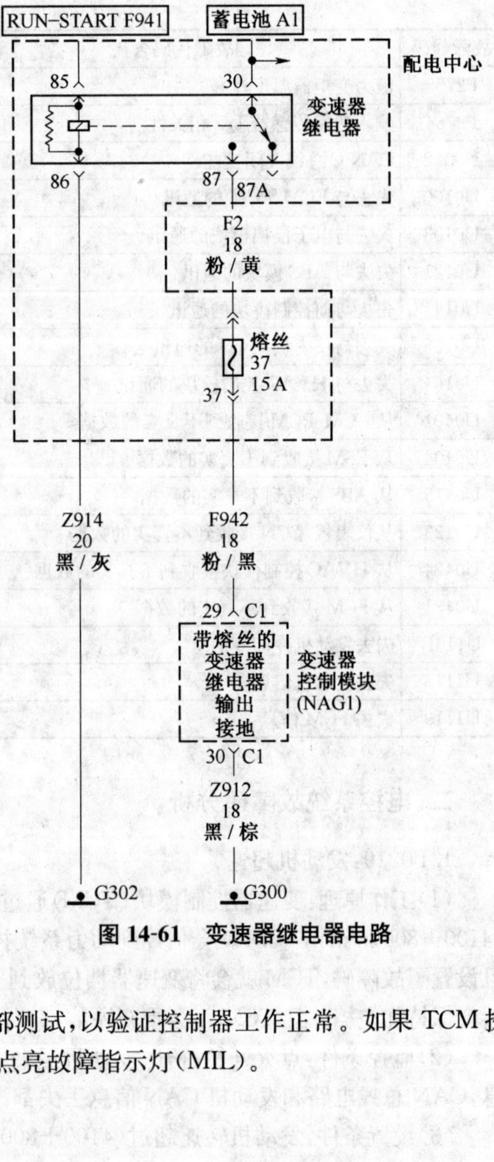

图14-61 变速器继电器电路

4. P0602：控制模块编程错误/未编程

(1)工作原理：变速器控制模块(TCM)进行各种内部测试，以验证控制器工作正常。如果TCM探测到变量不属于该车型，控制器将进入故障保护模式并点亮故障指示灯(MIL)。

(2)监控条件：点火开关打开时持续监测。

(3)设置条件：TCM探测到变量不属于该车型。

(4)可能的故障：

—控制器没编码；

—变速器控制模块。

5. P0604：控制模块随机存储器内部故障

(1)工作原理：变速器控制模块(TCM)进行各种内部测试，以验证控制器工作正常。如果TCM探测到控制器随机存储器(RAM)错误，控制器将进入故障保护模式并点亮故障指示灯(MIL)。

(2)监控条件：点火开关打开时持续监测。

(3)设置条件：如果TCM探测到控制器随机存储器(RAM)错误。

(4)可能的故障：变速器控制模块。

6. P0605：控制模块只读存储器内部故障(续)

(1)工作原理：变速器控制模块(TCM)进行各种内部测试，以验证控制器工作正常。如果TCM探测到控制器只读存储器(ROM)错误，控制器将进入故障保护模式并点亮故障指示灯(MIL)。

(2)监控条件:点火开关打开时持续监测。

(3)设置条件:如果 TCM 探测到控制器只读存储器(ROM)错误。

(4)可能的故障:变速器控制模块。

7. P0613:变速器处理器内部故障(续)

(1)工作原理:变速器控制模块(TCM)进行各种内部测试,以验证控制器工作正常。如果 TCM 探测到控制器的处理器错误,控制器将进入故障保护模式并点亮故障指示灯(MIL)。

(2)监控条件:点火开关打开时持续监测。

(3)设置条件:如果 TCM 探测到控制器的处理器错误。

(4)可能的故障:变速器控制模块。

8. P0642:传感器参考电压 1 电路低

(1)工作原理:电路参见图 14-39,传感器电源电路向两个输入转速传感器提供 6V 的电源电压。传感器电源电路被一直监控,使其保持正确的 4.8~7.2V 电压。如果电压不能保持在 4.8~7.2V 范围内,设置相应的故障码。

(2)监控条件:点火开关打开时持续监测,并且无电压过低情况出现。

(3)设置条件:当检测的传感器电压不在规定的极限内,下降到低于 4.8V。

(4)可能的故障:

—出现转速传感器故障码;

—(T72)传感器电源电压对地短路;

—电子液压控制单元总成内部短路;

—变速器控制模块。

9. P0643:传感器参考电压 1 电路高

(1)工作原理:参见 P0642。

(2)监控条件:点火开关打开时持续监测,并且无电压过高情况出现。

(3)设置条件:当检测的传感器电压不在规定的极限内,上升到高于 7.2V。

(4)可能的故障:

—(T72)传感器电源电压对电压短路;

—(T72)传感器电源电压对其他电路短路;

—变速器控制模块。

10. P0657:电磁阀电源电压电路

(1)工作原理:变速器控制模块(TCM)的电磁阀电源电压电路向三个换档、两个压力和液力变矩器电磁阀提供电源电压。就是系统处于异常工作状态时,输出依然有效。如果探测到系统出现严重故障,该输出就会关闭,以确保无电磁阀有效。

(2)监控条件:当输出有效且无过低电压出现。

(3)设置条件:当检测的电源电压与蓄电池电压相差 3.6V 时。

(4)可能的故障:

—(T78)电磁阀电源电压电路;

—(T78)电磁阀电源电压对地短路;

—(T78)电磁阀电源电压对电压短路;

—(T78)电磁阀电源电压电路对其他电路短路;

—变速器控制模块。

11. P0710:变速器温度传感器电路

(1)工作原理:NAG1 变速器的电子液压控制单元总成包括一个检测变速器油温度的温度传感器。

该传感器串接着变速器驻车/空档开关。当换档杆置于倒车档或任何前进档位置时,变速器控制模块(TCM)知道有无效的电压。TCM还能当换档杆置于驻车档或空档位置时知道有电路断路故障。当换档杆置于倒车档或任何前进档位置,并且控制器探测到电路的断路故障时,就会设置故障码。注:由于换档杆置于驻车档或空档位置时出现的电路断路,TCM就用发动机温度来替代变速器温度。

(2)监控条件:点火开关打开时持续监测。

(3)设置条件:当换档杆置于倒车档或任何前进档位置,并且TCM探测到电路的断路故障时,就会设置故障码。

(4)可能的故障:

—换档杆总成无法调整;

—(T54)温度传感器—驻车/空档位置开关信号电路断路;

—(T54)温度传感器—驻车/空档位置开关信号对电压短路;

—(T54)温度传感器—驻车/空档位置开关信号对其他电路短路;

—(T54)温度传感器—驻车/空档位置开关信号对另外一个或多个电路短路;

—换档杆总成;

—变速器控制模块。

12. P0712:变速器油温度传感器低

(1)工作原理:参见P0710。

(2)监控条件:点火开关打开时持续监测。

(3)设置条件:当TCM探测到温度传感器的输入信号低于0.5V时。

(4)可能的故障:

—(T54)温度传感器—驻车/空档位置开关信号对接地短路;

—(T54)温度传感器—驻车/空档位置开关信号对另外一个电路短路;

—变速器温度传感器—驻车/空档开关;

—变速器控制模块。

13. P0714:变速器油温度传感器间歇故障

(1)工作原理:参见P0710。

(2)监控条件:点火开关打开时持续监测,并且变速器油温度传感器低于170℃。

(3)设置条件:当TCM探测到在每20ms读取的温度传感器输入信号变化超过10℃。

(4)可能的故障:

—线路和插接器;

—变速器油温度传感器—驻车/空档开关;

—变速器控制模块。

14. P0717:输入转速传感器1电路无信号

(1)工作原理:输入转速传感器1(N2)是霍尔效应式转速传感器,变速器控制模块(TCM)用传感器来计算变速器泵轮的转速。由于泵轮转速不能直接测量,因此通过其驱动元件的两个用来测量。因为两个元件不能照顾到所有档位,则要求两个输入转速传感器。

(2)监控条件:没有发动机转速、TCM电压过低、输出转速传感器和/或后轮转速故障码;还要求所有车轮转速高于250r/min,并且没探测到车轮打滑(由ABS系统信号得知)。在上述状态下发动机转速高于450r/min。

(3)设置条件:如果输入转速传感器1(N2)信号为0。

(4)可能的故障:

—(T72)传感器电源电压电路断路;

—(T70)输入转速传感器1(N2)信号电路断路；

—(T70)输入转速传感器1(N2)信号电路对其他电路短路；

—(T13)传感器接地电路断路；

—(T13)传感器接地电路是否对其他电路短路；

—(T70)输入转速传感器1(N2)信号电路对地短路；

—(T13)传感器接地电路是否对地短路；

—转速传感器1(N2)；

—变速器控制模块。

15. P0730:传动比不正确

(1)工作原理:变速器控制模块(TCM)一直根据输入转速传感器1和2(N2-N3)信号和计算的输出转速来计算变速器传动比。该诊断的目的是探测变速器是否试图机械降档到比TCM想要的档位低。

(2)监控条件:发动机转速高于450r/min,输出转速高于180r/min,无N2—N3输入转速传感器错误,无换档杆错误,无ABS系统错误,且所有车轮转速高于450r/min。

(3)设置条件:无换档操作,并且探测到的档位不是实际档位。无换档操作—探测到(计算出)的档位低于实际(认为)档位,没有计算出看上去正确的档位,实际涡轮转速:计算出的涡轮转速高于300r/min或计算出的变速器传动比高于极限。升档期间:探测到(计算出)的档位低于实际(认为)档位。降档期间:探测到(计算出)的档位低于实际(认为)档位。

(4)可能的故障:

—变速器内部故障；

—变速器控制模块。

16. P0731:1档传动比错误/P0732:2档传动比错误/P0733:3档传动比错误/P0734:4档传动比错误/P0735:5档传动比错误

(1)工作原理:变速器控制模块(TCM)一直根据输入转速传感器1和2(N2—N3)信号和计算的输出转速来计算变速器传动比。该诊断的目的是探测变速器是否打滑或出现无效的传动比。

(2)监控条件:发动机转速高于450r/min,输出转速高于180r/min,无N2—N3输入转速传感器错误,无换档杆错误,无ABS系统错误,且所有车轮转速高于450r/min。

(3)设置条件:无换档操作,并且探测到的档位不是实际档位。无换档操作—探测到(计算出)的档位低于实际(认为)档位,没有计算出看上去正确的档位,实际涡轮转速:计算出的涡轮转速高于300r/min或计算出的变速器传动比高于极限。升档期间:探测到(计算出)的档位低于实际(认为)档位。

(4)可能的故障:

—变速器油位低；

—出现其他变速器故障码；

—变速器内部故障。

17. P0742:液力变矩器卡滞在接合状况

(1)工作原理:变速器控制模块(TCM)持续监控液力变矩器的打滑量。当液力变矩器(TCC)断开时,打滑量认为超过了极限。如果TCC断开时打滑量低于极限,TCM就假定TCC卡滞在接合状态。

(2)监控条件:点火开关打开,TCM不在初始设置状态,无输入转速传感器1或2(N2 CN3)故障码,无CAN总线或ECM故障码,无CAN发动机转速信号或发动机转矩信号,没有不像真实的故障码,发动机转速高于450r/min,无换档,1,2,3,4或5档接合,并且TCM液力变矩器为断开状态。

(3)设置条件:当发动机转矩低于100N·m时,发动机转速(涡轮转速)高于30r/min的状况达1.0s。

(4)可能的故障:

—(T75)TCC电磁阀控制电路对地短路；

—(T75)TCC电磁阀控制电路对其他电路短路；

—变速器内部故障；

—锁止控制阀卡滞在缸内；

—TCC电磁阀泄漏；

—液力变矩器；

—变速器控制模块。

18. P0743:TCC电磁阀电路

(1)工作原理:当变速器控制模块(TCM)确定液力变矩器应激活时,TCC电磁阀才会激活。液力变矩器是可变打滑转矩的离合器,它允许控制从5.5%到95.5%锁止的打滑量。离合器由发出调制脉宽(PWM)的TCC电磁阀控制,以提供要求的打滑量。离合器要求1000Hz的电子脉宽调制信号(PWM)和100Hz的液压PWM。

(2)监控条件:在点火开关打开、发动机运转,变速器挂在档位、TCC电磁阀激活或当TCC电磁阀激活并控制在高于25%的工作循环,电磁阀电源电压激活的状况下持续监控。

(3)设置条件:如果TCM探测到TCC电磁阀控制电路断路、对地短路、对电压短路,TCC电磁阀内部短路或断路。

(4)可能的故障:

—(T75)TCC电磁阀控制电路断路；

—(T75)TCC电磁阀控制电路对地短路；

—TCC电磁阀控制电路对其他电路短路；

—TCC电磁阀；

—变速器控制模块。

19. P0748:调压器压力电磁阀电路

(1)工作原理:调节压力控制电磁阀的作用是根据诸如负荷和档位变化的工况来持续控制调节压力。调节压力控制电磁阀始终是激活的,电磁阀利用调制脉宽(PWM)来控制由变速器控制模块(TCM)确定的变速器液压。

(2)监控条件:在点火开关打开、发动机运转、调节压力控制电磁阀任一关闭或当工作循环为25%~75%时激活,无电磁阀电源电压故障码出现的状况下持续监控。

(3)设置条件:当调节压力控制电磁阀开启并且电磁阀驱动器探测到故障(测量的电流与目标电流相差太大)时,或当电磁阀关闭且探测到对地短路时。

(4)可能的故障:

—(T76)调节压力电磁阀控制电路断路；

—(T76)调节压力电磁阀控制电路对地短路；

—(T76)调节压力电磁阀控制电路对其他电路短路；

—调节压力控制电磁阀；

—变速器控制模块。

20. P0752:1-2档/4-5档电磁阀/P0753:1-2档/4-5档电磁阀电路

(1)工作原理:当变速器控制模块(TCM)确定变速器必须升到或离开2档或5档时,1-2档/4-5档电磁阀就会激活。电磁阀只有在换档期间才会激活,电磁阀激活时,液压就提供给变速器内正确的换档元件,以按要求换档。一旦换档完成,电磁阀就会关闭。

(2)监控条件:当1-2档/4-5档电磁阀和电磁阀电源电压都激活时。

(3)设置条件:当1-2档/4-5档电磁阀接通,并且TCM探测到1-2档/4-5档电磁阀或电路中出现下面情况：断路、对地短路、对电压短路，或 TCM 中的电磁阀驱动器故障。

(4)可能的故障：

—(T76)1-2 档/4-5 档电磁阀控制电路断路；

—(T76)1-2 档/4-5 档电磁阀控制电路对地短路；

—(T76)1-2 档/4-5 档电磁阀控制电路对其他电路短路；

—1-2 档/4-5 档电磁阀；

—变速器控制模块。

21. P0758：2-3 档电磁阀/P0759：2-3 档电磁阀电路

(1)工作原理：当变速器控制模块(TCM)确定变速器必须升到或离开 3 档时，2-3 档电磁阀就会激活。电磁阀只有在换档期间才会激活，电磁阀激活时，液压就提供给变速器内正确的换档元件，以按要求换档。一旦换档完成，电磁阀就会关闭。

(2)监控条件：当 2-3 档电磁阀和电磁阀电源电压都激活时。

(3)设置条件：当 2-3 档电磁阀接通，并且 TCM 探测到 2-3 档电磁阀或电路中出现下面情况：断路、对地短路、对电压短路，或 TCM 中的电磁阀驱动器故障。

(4)可能的故障：

—(T74)2-3 档电磁阀控制电路断路；

—(T74)2-3 档电磁阀控制电路对地短路；

—(T74)2-3 档电磁阀控制电路对其他电路短路；

—2-3 档电磁阀；

—变速器控制模块。

22. P0762：3-4 档电磁阀/P0763：3-4 档电磁阀电路

(1)工作原理：当变速器控制模块(TCM)确定变速器必须升到或离开 4 档时，3-4 档电磁阀就会激活。电磁阀只有在换档期间才会激活，电磁阀激活时，液压就提供给变速器内正确的换档元件，以按要求换档。一旦换档完成，电磁阀就会关闭。

(2)监控条件：当 3-4 档电磁阀和电磁阀电源电压都激活时。

(3)设置条件：当 3-4 档电磁阀接通，并且 TCM 探测到 3-4 档电磁阀或电路中出现下面情况：断路、对地短路、对电压短路，或 TCM 中的电磁阀驱动器故障。

(4)可能的故障：

—(T73)3-4 档电磁阀控制电路断路；

—(T73)3-4 档电磁阀控制电路对地短路；

—(T73)3-4 档电磁阀控制电路对其他电路短路；

—3-4 档电磁阀；

—变速器控制模块。

23. P0778：换档压力电磁阀电路

(1)工作原理：当变速器控制模块(TCM)确定变速器需要换档时，换档压力电磁阀就会激活。换档压力电磁阀由调制脉宽(PWM)控制，它允许将正确的液压量传到换档元件。换档压力电磁阀只有在换档期间才会激活，当换档压力电磁阀激活时，通过变速器中其中的一个换档电磁阀可将液压提供给正确的换档元件，这样允许需要的换档。一旦换档完成，电磁阀就会关闭。

(2)监控条件：当换档压力电磁阀为：关闭或占空比为 5%～25%时激活、电磁阀电源电压激活。

(3)设置条件：当换档压力电磁阀开启，TCM 探测到换档压力电磁阀或电路中出现下面情况时：断路、对地短路、对电压短路，或 TCM 中的电磁阀驱动器故障。

(4)可能的故障：

—(T77)换档压力电磁阀控制电路断路；

—(T77)换档压力电磁阀控制电路对地短路；

—(T77)换档压力电磁阀控制电路对其他电路短路；

—换档压力电磁阀；

—变速器控制模块。

24. P1629：TCM内部故障—电磁阀电源/监视器

(1)工作原理：变速器控制模块(TCM)进行各种内部测试，以验证控制器工作正常。给控制器通电期间，TCM测试TCM切断电磁阀电源电压电路的能力。控制器监测在电磁阀电源驱动输出处的A/D反馈，以确保蓄电池电压不再出现。注：对电磁阀电源电压电路或任一电磁阀的电压短路都可能设置故障码。

(2)监控条件：点火开关打开时持续监测。

(3)设置条件：如果当TCM要求电路关闭时还探测到电磁阀电源电压电路上的电压。

(4)可能的故障：

—(T78)电磁阀电源电压对电压短路；

—变速器控制模块。

25. P1631：TCM内部故障-处理器时钟性能

(1)工作原理：变速器控制模块(TCM)进行各种内部测试，以验证控制器工作正常。该故障码表明TCM内部时钟出现问题。如果TCM探测到控制器内部时钟的错误，控制器将进入故障保护模式并点亮故障指示灯(MIL)。

(2)监控条件：点火开关打开时持续监测。

(3)设置条件：如果TCM探测到控制器内部时钟错误。

(4)可能的故障：变速器控制模块。

26. P1632：TCM内部故障-测试内部监视器性能

(1)工作原理：变速器控制模块(TCM)进行各种内部测试，以验证控制器工作正常。该故障码表明TCM内部监视器出现问题。如果TCM探测到控制器内部监视器错误，控制器将进入故障保护模式并点亮故障指示灯(MIL)。

(2)监控条件：点火开关打开时持续监测。

(3)设置条件：如果TCM探测到控制器内部监视器错误。

(4)可能的故障：变速器控制模块。

27. P1633：TCM内部故障-测试外部监视器性能

(1)工作原理：变速器控制模块(TCM)进行各种内部测试，以验证控制器工作正常。该故障码表明TCM外部监视器出现问题。如果TCM探测到控制器外部监视器电源测试失败，控制器将进入故障保护模式并点亮故障指示灯(MIL)。

(2)监控条件：点火开关打开时持续监测。

(3)设置条件：如果TCM探测到控制器外部监视器电源测试失败。

(4)可能的故障：变速器控制模块。

28. P1634：TCM内部故障-内部监视器性能

(1)工作原理：变速器控制模块(TCM)进行各种内部测试，以验证控制器工作正常。该故障码表明控制器的微处理器内部监视器错误。如果TCM微处理器探测到内部监视器错误，控制器将进入故障保护模式并点亮故障指示灯(MIL)。

(2)监控条件：点火开关打开时持续监测。

(3)设置条件：如果TCM微处理器探测到内部监视器错误。

(4)可能的故障:变速器控制模块。

29. P1636:TCM内部故障-外部监视器性能

(1)工作原理:变速器控制模块(TCM)进行各种内部测试,以验证控制器工作正常。该故障码表明微处理器外部监视器错误。如果TCM探测到微处理器监视器错误,控制器将进入故障保护模式并点亮故障指示灯(MIL)。

(2)监控条件:点火开关打开时持续监测。

(3)设置条件:如果TCM探测到至微处理器有故障。

(4)可能的故障:变速器控制模块。

30. P1637:TCM内部故障-EEPROM性能

(1)工作原理:变速器控制模块(TCM)进行各种内部测试,以验证控制器工作正常。故障码表明控制器的随机存取存储器(RAM)有内部错误。如果探测到故障,控制器就会进入故障保护模式并点亮故障指示灯。

(2)监控条件:点火开关打开时持续监测。

(3)设置条件:如果TCM表明控制器的随机存取存储器(RAM)有内部错误。

(4)可能的故障:变速器控制模块。

31. P1638:TCM内部故障-CAN 1 RAM性能

(1)工作原理:变速器控制模块(TCM)进行各种内部测试,以验证控制器工作正常。故障码表明微处理器的CAN控制器1部分上的随机存取存储器(RAM)出现内部错误。如果探测到故障,控制器就会进入故障保护模式并点亮故障指示灯。

(2)监控条件:点火开关打开时持续监测。

(3)设置条件:如果TCM探测到微处理器的CAN控制器1部分上的随机存取存储器(RAM)出现内部错误。

(4)可能的故障:变速器控制模块。

32. P1639:TCM内部故障-CAN 2 RAM性能

(1)工作原理:变速器控制模块(TCM)进行各种内部测试,以验证控制器工作正常。故障码表明微处理器的CAN控制器2部分上的随机存取存储器(RAM)出现内部错误。如果探测到故障,控制器就会进入故障保护模式并点亮故障指示灯。

(2)监控条件:点火开关打开时持续监测。

(3)设置条件:如果TCM探测到微处理器的CAN控制器2部分上的随机存取存储器(RAM)出现内部错误。

(4)可能的故障:变速器控制模块

33. P1704:输入转速传感器1超速

(1)工作原理:NAG1变速器有两个输入转速传感器,它们分别是传感器1和2(N2和N3),该两个转速传感器都位于阀体上,变速器控制模块(TCM)用它来计算变速器输入转速。在2档、3档或4档,输入转速传感器1和2会报告相同的输入转速。如果在这些档位1号和2号输入转速传感器信号不相同,TCM就会设置故障码P2784—输入转速传感器1/2相关性。输入转速传感器2在1档及5档不会报告输入转速。输入转速传感器1(N2)在倒档不会报告输入转速。

(2)监控条件:点火开关打开、发动机运转、变速器挂档且输入转速传感器1(N2)的转速高于0r/min时持续监测。

(3)设置条件:如果输入转速传感器1(N2)的转速高于7700r/min。

(4)可能的故障:

—变速器内部故障;

—变速器控制模块。

34. P1705:输入转速传感器 2 超速

(1)工作原理:参见 P1704。

(2)监控条件:点火开关打开、发动机运转、变速器挂档且输入转速传感器 2(N3)的转速高于 0r/min 时持续监测。

(3)设置条件:如果输入转速传感器 2(N3)的转速高于 7700r/min。

(4)可能的故障:

—变速器内部故障;

—变速器控制模块。

35. P1731:接合不正确的档位

(1)工作原理:变速器控制模块(TCM)用实际接合的变速器档位与计算的档位比较。通过验证两个输入转速传感器 1(N2)和 2(N3)以及变速器输出转速传感器(来自 ABS 系统)的信号,识别实际档位。如果实际档位与 TCM 计算的档位有偏差,TCM 值就会调整到接合的档位,并且记数器增加 2 点。如果换档后接合的档位与计算的档位相匹配,记数器就会减少 1 点。记数器一旦超过极限,马上就会探测到一个故障码。

(2)监控条件:档位探测的工况为:发动机转速高于 450r/min,无激活的输入转速传感器故障,无换档杆错误,换档杆不在两档之间,换档杆位置不为电源上升值,无激活的输出转速传感器错误,无激活的分动器错误,输出转速(ABS 系统)高于 180r/min,没探测到车轮转速(ABS 系统)超速。

(3)设置条件:探测到的 TCM 计算档位与实际档位不同。例如:探测的档位为 1 档,实际档位为 2 档。如果连续 3 个点火循环出现故障,TCM 就会进入变速器故障保护模式,直到用诊断仪清除该故障码。

(4)可能的故障:

—出现变速器电磁阀故障码;

—出现 ABS 故障码;

—变速器内部故障;

—变速器控制模块。

36. P2638:液力变矩器管理反馈信号性能

(1)工作原理:变速器控制模块(TCM)通过 CAN 总线请求转矩减少,这样可改善换档质量。TCM 通过监测对请求的响应来验证 PCM/ECM 已减少转矩。如果响应不在规定的公差范围内,TCM 就会增加计数器。如果计数器达到极限,就会设置故障。

(2)监控条件:发动机干预至少 20ms、无发动机转矩错误、发动机转矩需求大于 0。

(3)设置条件:转矩减少确认比特无设置,无档位退出,转矩减少确认错误未设置,动力系统控制器不支持转矩请求。

(4)可能的故障:

—CAN 总线电路出现故障码;

—变速器控制模块;

—动力系统/发动机控制模块。

37. P2767:输入转速传感器 2 电路无信号

(1)工作原理:输入转速传感器 2(N3)是两个霍尔效应式转速传感器之一,变速器控制模块(TCM)用传感器来计算变速器涡轮的转速。

(2)监控条件:没有下面故障码的状态下发动机转速高于 450r/min:发动机转速、TCM 电压过低、输出转速传感器和/或后轮转速故障码。还要求所有车轮转速高于 250r/min,并且没探测到车轮打滑

(由 ABS 系统信号得知)。

(3)设置条件:如果输入转速传感器 2(N3)信号为 0r/min。

(4)可能的故障:

—(T72)传感器电源电压电路断路;

—(T71)输入转速传感器 2(N3)信号电路断路;

—(T71)输入转速传感器 2(N3)信号电路对其他电路短路;

—(T13)传感器接地电路断路;

—(T13)传感器接地电路是否对其他电路短路;

—(T71)输入转速传感器 2(N3)信号电路对地短路;

—(T13)传感器接地电路是否对地短路;

—输入转速传感器 2(N3);

—变速器控制模块。

38. P2783:液力变矩器温度太高

(1)工作原理:变速器控制模块(TCM)监测液力变矩器离合器在打滑模式下的摩擦损失。TCM 利用诸如发动机转速、发动机转矩以及 TCM 计算的液力变矩器涡轮转速等信号来计算摩擦损失。根据每个程序循环中计算的摩擦损失,在液力变矩器离合器处于打滑模式时,系数再加上一个相应值。当离合器断开时,系数就设置成 0。如果系数达到规定值,就会设置故障码。

(2)监控条件:当电磁阀电源电压激活时,没报告出现输入转速传感器 1 或 2(N2-N3)、CAN 总线、PCM、CAN 发动机、和/或 CAN 发动机转速故障码。液力变矩器处于打滑模式。

(3)设置条件:当摩擦损失达到极限时。

(4)可能的故障:变速器内部或液力变矩器离合器故障。

39. P2784:输入转速传感器 1/2 相关性

(1)工作原理:在 2 档、3 档及 4 档,输入转速传感器 1 和 2(N2-N3)会报告相同的转速。如果输入转速传感器 1 和 2 的信号在这些档位不相同,就会设置故障码。

(2)监控条件:发动机转速高于 450r/min,无发动机转速故障码,无 TCM 低电压系统工作,无输出转速传感器故障码(从 ABS 系统来的 CAN 信号),所有车轮转速高于 250r/min(从 ABS 系统来的 CAN 信号),无后轮转速故障码(从 ABS 系统来的信号),探测到无车轮打滑(从 ABS 系统来的 CAN 信号),无换档操作,输入转速传感器 2(N3)高于 800r/min,输入转速传感器 1(N2)高于 0r/min,TCM 没有重新设置。

(3)设置条件:如果转速输入转速传感器 1 与 2(N2-N3)之间的转速差值高于 150r/min。

(4)可能的故障:

—变速器内部故障;

—变速器控制模块;

—间歇性线路和插接器。

40. U0002:CAN C 总线关闭性能

(1)工作原理:CAN 通讯电路如图 14-62 所示,变速器控制模块(TCM)通过 CAN C 总线接收来自发动机、防抱死制动系统(ABS)及电子换档控制模块的信号。CAN C 总线是个高速通讯总线,它允许各个控制器之间的实际时间控制能力。大多数信息都是每 20ms 发送一次,这表明重要信息能为各控制器共享。CANC 总线是带 CAN(+)和 CAN(−)电路的双线总线。为了减少无线电和其他电气噪声的干扰,CAN 总线电路导线制造成线束内的一对双编织线。

(2)监控条件:点火开关打开时持续监测。

(3)设置条件:TCM 探测:断路、对地短路、对 CANC(+)或 CANC(−)电压的短路、CANC(+)或

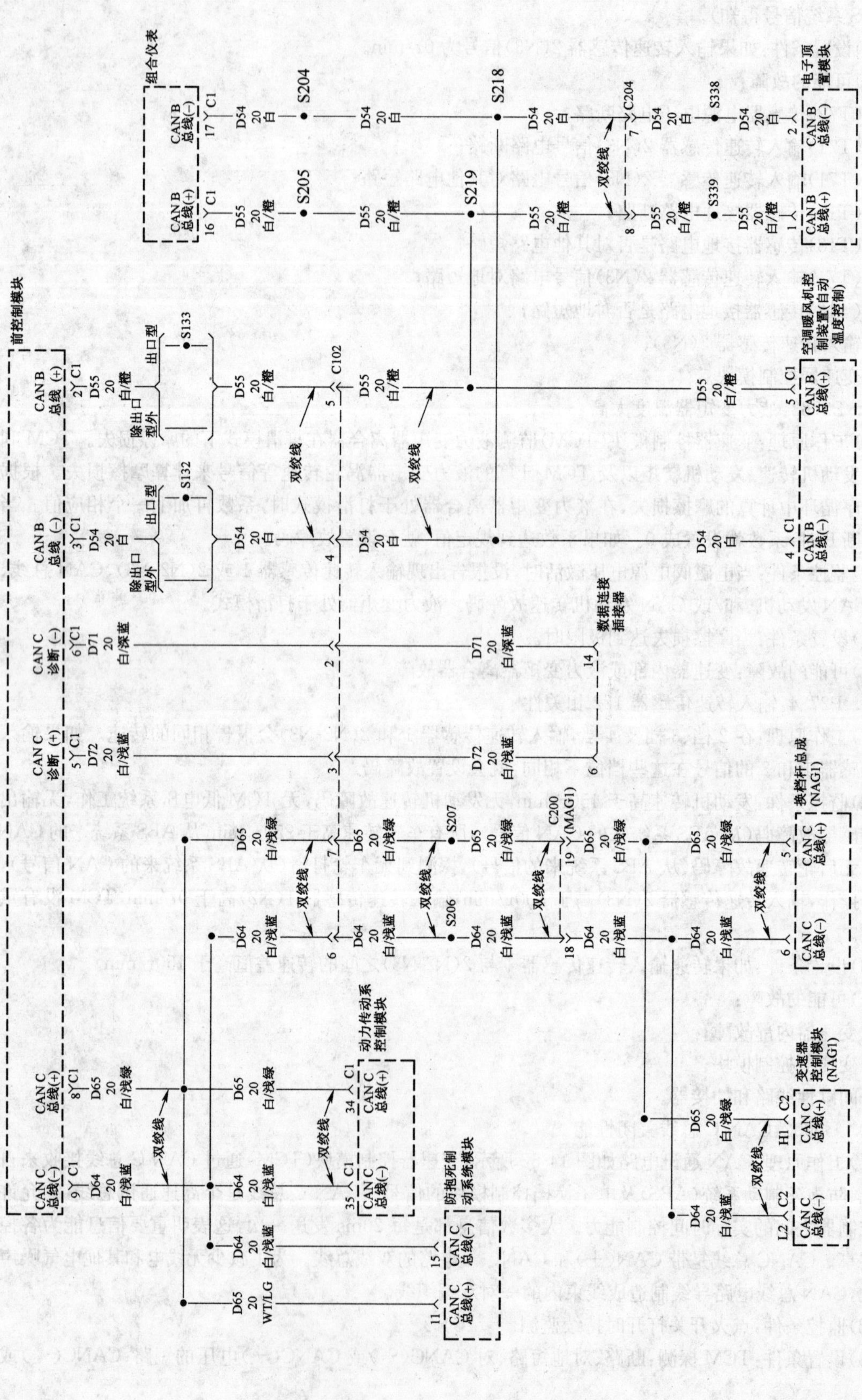

图 14-62 CAN 通讯电路

CANC(一)电路之间的短路。

(4)可能的故障:

—检查 FCM 是否出现整体的 CAN 通讯总线故障;

—变速器控制模块;

—间歇性线路和插接器。

41. U0100:去与 ECM/PCM 的通讯

(1)工作原理:变速器控制模块(TCM)通过 CAN C 总线接收来自发动机、防抱死制动系统(ABS)及电子换档控制模块的信号。

(2)监控条件:没出现故障码 U0002-CAN C 总线关闭性能。点火开关打开 1s 后,不在 P 档或 N 档,无系统电压过高或系统电压过低出现,或变速器在 P 档或 N 档且发动机转速高于 850r/min。

(3)设置条件:如果在要求的时间内未从 ECM 或 PCM 收到 CANID,就会设置故障码。

(4)可能的故障:

—检查 FCM 是否有 CANC 总线通讯故障码;

—变速器控制模块;

—间歇性线路和插接器。

42. 其他失去与××××的通讯类故障码参见 U0100

43. U0401:从 ECM/PCM 收到不真实数据

(1)工作原理:每个 CANID 都定义包含一定数目的字节。变速器控制模块(TCM)验证每个 ID 是否接受到正确数目的字节。

(2)监控条件:点火开关打开、至少接收过有效的 CAN 信息一次、无 U0002-CANC 总线关闭性能故障码出现时持续监测。

(3)设置条件:当 TCM 从发动机控制模块(ECM)探测到一个不正确的 CAN 信息。

(4)可能的故障:

—FCM CAN 总线故障码;

—发动机故障码;

—变速器控制模块。

44. 其他接收到不真实数据通讯类故障码参见 U0401。

三、基本检查与诊断

1. TCM 自适应

使用故障诊断仪执行自适应程序,该程序使电子变速器系统能自身校正,补偿公差和磨损,使变速器正常工作。适应数据可能最大限度被存储,并且能够诊断。自适应状况包括:

—换档正时。

—离合器加油时间。

—离合器加油压力。

—液力变矩器锁止控制。

如果执行以下修理,应该执行 TCM 自适应程序。

—更换变速器总成。

—更换变速器控制模块。

—更换离合器盘和/或油封。

—更换电动液压装置或修理。

(1)使用故障诊断仪,复位变速器自适应。

(2)驾驶车辆直到变速器温度达到规定范围。首先执行滑行适应,变速器温度在60℃~70℃。如果不在该温度范围内,该步就无效了。

(3)执行4到5次的从5档到4档然后从4档到3档滑行。

(4)从静止状态,适度地将车辆加速,当发动机转速保持在1800r/min以下时,变速器换到每个前进档。重复该步骤4到5次。注:有关升档自适应变速器温度在60℃~100℃。如果不在该温度范围内,该步就无效了。

(5)在1800r/min达到5档可能有些困难,将变速器以更高的转速换到5档然后将转速降到1800r/min,并在4档和5档使用换档杆手动换档。

(6)TCM将每10min存储一次自适应。完成所有适应程序后确保车辆运转至少10min。

(7)存储自适应程序。

2. 诊断注意事项

试图对NAG1自动变速器进行任何修理之前,要用合适的故障诊断仪检查故障码。变速器故障一般由下列条件引起:

(1)发动机性能差。

(2)调整不正确。

(3)液压故障。

(4)机械故障。

(5)电子故障。

(6)分动器性能(如果装备)。

这些故障的诊断应当从容易检查的项目开始:油面高度和油液状况、换档拉线的调整。然后进行路试以确定故障是否排除或者需要进一步诊断。

3. 初步诊断-汽车可以驾驶时的诊断规程

(1)使用合适的故障诊断仪检查是否有变速器故障码。

(2)检查变速器油面高度和油液状况。

(3)如果出现的问题是基于换档延迟、不稳或换档生硬,则调整换档拉线。

(4)路试汽车并注意变速器如何升档、降档和接合。

4. 初步诊断-汽车不能行驶时的诊断规程

(1)检查变速器油面高度和油液状况。

(2)检查换档拉线是否断裂或连接断开。

(3)检查冷却管路是否有裂纹、泄漏,或者压力口螺塞松动或丢失。

(4)升起汽车并支撑在安全的工作台上,起动发动机,将变速器进入档位,注意下列几点:

—如果传动轴转动,但车轮不动,则故障与差速器或半轴有关。

—如果传动轴不转且变速器有噪声,则关闭发动机。拆下润滑油盘,检查是否有沉积物。如果润滑油盘干净,则拆下变速器,检查驱动盘、液力变矩器、油泵或者输入轴是否损坏。

—如果传动轴不转且变速器没有噪声,则进行液压测试,以确定是液压故障还是机械故障。

5. 自动变速器路试

进行路试之前,要保证检查了变速器油面高度和控制拉线的调整,并在需要的情况下进行调整。验证所有故障码问题都已解决。路试过程中观察发动机性能,调整差的发动机不能准确分析变速器的工作。在各个档位操作变速器。检查是否有换档变化和发动机飞车现象,这表示出现打滑。注意换档是否生硬、绵软、延迟、过早,或者部分节气门开度降档是否敏感。发动机飞车指示的打滑通常意味着离合器、超越离合器或者主油路压力有故障。离合器打滑通常可以通过比较用于各个档位的内部单元进行判断。离合器应用表提供了分析路试结果的基本信息，参见表 14-5。

6. 换档点

NAG1 型自动变速器换档点见表 14-10。

表 14-10　NAG1 型自动变速器换档点(节气门开度的 35.2%)

升档	1-2	2-3	3-4	4-5
控制电磁阀	1-2/4-5	2-3	3-4	1-2/4-5
换档点(km/h)	29	48	68	85
降档	5-4	4-3	3-2	2-1
控制电磁阀	1-2/4-5	3-4	2-3	1-2/4-5
换档点(km/h)	55.7	40.5	24.4	15.1

7. 油面检查

(1)将汽车停在水平路面上。

(2)拆下油尺管盖。

(3)用上行车制动。换档杆在 P 位，起动发动机并让其怠速运转。

(4)汽车静止发动机怠速，换到变速器各种模式几次。

(5)预热变速器，等待至少 2min，发动机运转的情况下检查变速器油面高度。将油尺 9336 推入变速器加油管内，直到油尺接触到油盘，再拉出油尺，读取油面高度，如必要重复进行。

(6)使用故障诊断仪检查变速器油温。

(7)变速器加油图如图 14-63 所示。变速器油尺 9336 每 10mm 有一个指示标记。确定油尺上的油面高度，利用油面高度、变速器温度以及"变速器加油图"判断变速器油面高度是否正确。

(8)按照需要加注或放掉变速器油，并重新检查油面高度。

(9)如果油面高度正确，装上油尺盖。

(10)如果油面高度不正确，执行添加步骤。

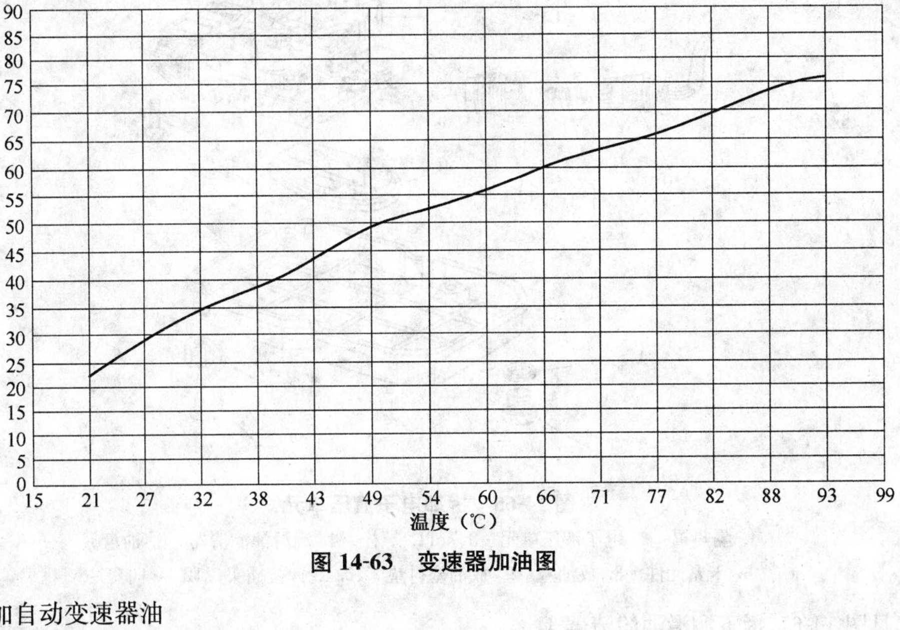

图 14-63　变速器加油图

8. 添加自动变速器油

(1)将汽车停在水平路面上。

(2)油拆下油尺管盖。

(3)向变速器加入下列初始量的 Mopar® ATF+4 自动变速器油。

—如果只换变速器油和滤清器，则给变速器加注 7.4L 的变速器油。

—如果彻底大修了变速器或者液力变矩器更换或放油，则给变速器加注 8.1L 变速器油。

(4)检查变速器油并根据需要进行调整。

四、自动变速器的解体

(1)拆下液力变矩器。

(2)将变速器垂直放置。

(3)如图 14-64 所示，按照下列步骤测量输入轴轴向间隙：

①将转接头 8266-18(2)连到手柄 8266-8(1)。

②将百分表 C-3339(3)连到手柄 8266-8(1)。

③将组装好的工具安装到变速器输入轴上，并拧紧转接头 8266-18(2)上的固定螺钉，以将其紧固到输入轴上。

④使百分表的测量头靠在油泵的平面点上，将百分表调零。

⑤向里向外移动输入轴，记录最大行程，作为重装参考。

(4)如图 14-65 所示，松开导向套(12)，从变速器壳体上拆下。

(5)见图 14-65，拆开油盘 5。

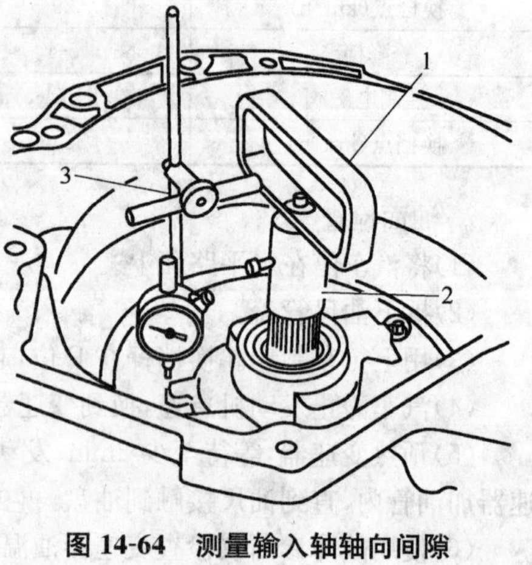

图 14-64 测量输入轴轴向间隙

1. 手柄 8266-8 2. 接头 8266-18
3. 百分表 C-3339

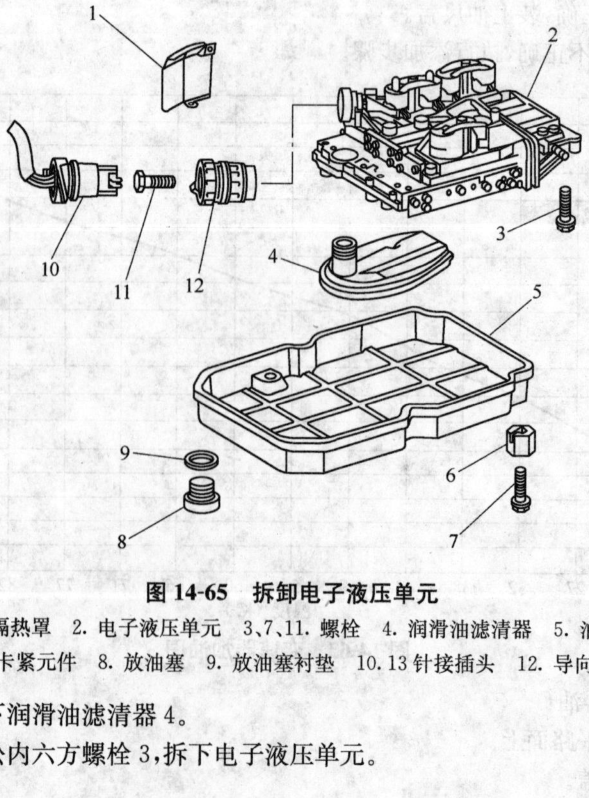

图 14-65 拆卸电子液压单元

1. 隔热罩 2. 电子液压单元 3、7、11. 螺栓 4. 润滑油滤清器 5. 油盘
6. 卡紧元件 8. 放油塞 9. 放油塞衬垫 10. 13 针接插头 12. 导向套

(6)见图 14-65，拆下润滑油滤清器 4。

(7)见图 14-65，拧松内六方螺栓 3，拆下电子液压单元。

(8)将变速器置于P位，准备拆卸输出轴螺母。

(9)拆下将传动轴法兰固定到输出轴的螺母，拆下法兰。

(10)用合适的滑锤拆下变速器后油封和螺钉。

(11)拆下变速器输出轴垫圈。在垫圈上做标记，垫圈与齿轮系轴向垫片非常相似，二者不能互换。

(12)拆下变速器后输出轴轴承卡环。

(13)将轴承拆卸器9082放置在输出轴轴承的内座圈上。

(14)在工具的键槽上向下滑动轴承拆卸器9082上的轴环。

(15)拆下输出轴轴承。

(16)从输出轴上拆下齿轮系的轴向垫片。在垫片上做标记，垫圈与输出轴垫片非常相似，两者不能互换。

(17)从液力变矩器壳体内部拆下变速器壳体到液力变矩器壳体的固定螺栓。

(18)将变速器直立在液力变矩器壳体上。在工作台表面和液力变矩器壳体之间使用隔垫，因为输入轴伸出到液力变矩器壳体前端面之外。

(19)拆下将变速器壳体固定到液力变矩器壳体上的剩余螺栓。

(20)从液力变矩器壳体拆下变速器壳体。

(21)如图14-66所示，连同中间和后行星齿轮排以及离合器K3(3)一起拆下输出轴。

(22)见图14-66，拆下推力滚针轴承(4)和止推垫圈(5)。

(23)见图14-66，连同离合器K2(2)和前行星排一起拆下输入轴。

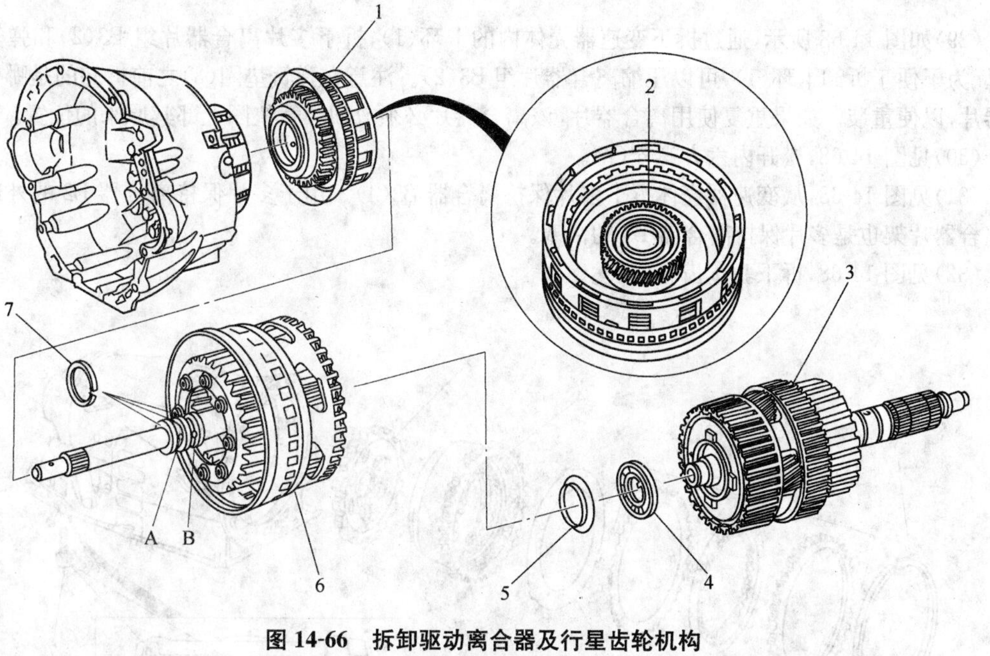

图14-66　拆卸驱动离合器及行星齿轮机构

1. 驱动离合器K1　2. 前行星齿轮排太阳轮　3. 驱动离合器K3、输出轴以及中间和后行星齿轮排　4. 推力滚针轴承　5. 止推垫圈　6. 前行星齿轮排、驱动离合器K2和输入轴　7. 密封圈

(24)见图14-66，拆下离合器K1(1)。

(25)如图14-67所示，松开内六方螺栓(4)，拆下油泵(6)。将两个相对的螺栓拧入油泵壳体，用塑料锤轻轻敲击，将油泵推出液力变矩器壳体。

(26)见图14-67，拆下并扔掉液力变矩器毂密封圈和油泵外O形圈。

(27)见图 14-67,松开内六方螺栓(1),从液力变矩器壳体拆下多片保持离合器 B1(5)。将两个相对的螺栓拧入多片保持离合器 B1(5)内,用塑料锤轻轻敲击,将其与液力变矩器壳体分离。

(28)见图 14-67,从液力变矩器壳体拆开中间盘(3)。

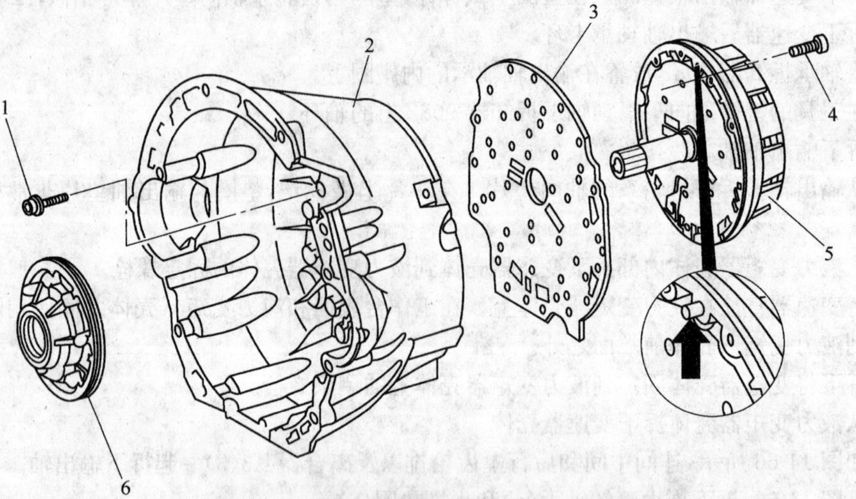

图 14-67　拆卸油泵、保持离合器 B1 及变矩器壳

1. 螺栓 M6×32　2. 液力变矩器壳体　3. 中间盘　4. 螺栓 M8×35　5. 保持离合器 B1　6. 油泵

(29)如图 14-68 所示,通过拆下变速器壳体内的卡环(1),拆下多片离合器片组 B3(2)和弹簧垫圈(3)。为了便于拆卸卡环(1),可以压缩离合器片组 B3(2)。注意在弹簧垫圈(3)之前拆卸的是哪一个离合器片,以便重装。如果重复使用离合器片,该离合器片必须放回弹簧垫圈上部其原来的位置。

(30)见图 14-68,松开内六方螺栓(7)。

(31)见图 14-68,从变速器壳体拆下多片保持离合器 B2(4)。用于多片保持离合器 B2 的外部有齿的离合器片架也是多片保持离合器 B3 的活塞。

(32)见图 14-68,拆下驻车齿轮(5)。

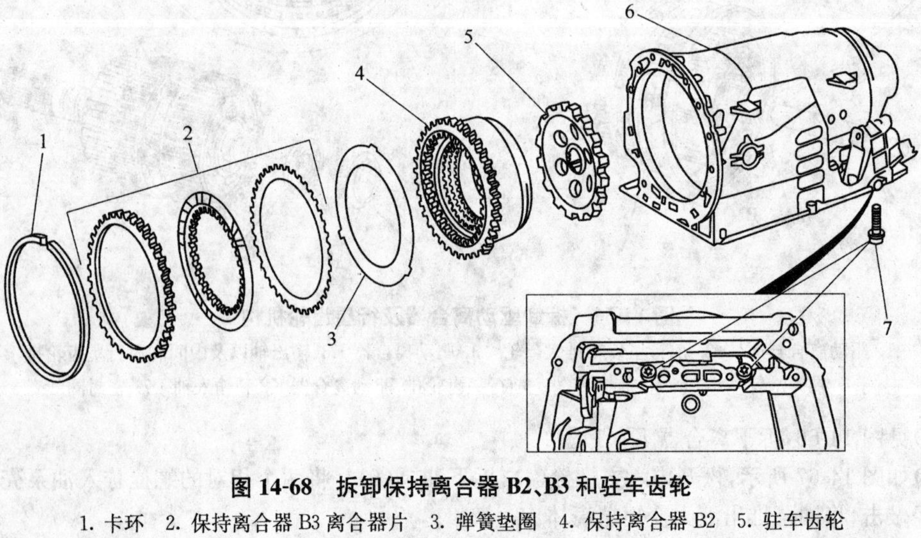

图 14-68　拆卸保持离合器 B2、B3 和驻车齿轮

1. 卡环　2. 保持离合器 B3 离合器片　3. 弹簧垫圈　4. 保持离合器 B2　5. 驻车齿轮　6. 变速器壳体　7. 螺栓 M8×60

五、自动变速器的装配

(1)见图 14-68,插入驻车锁止齿轮(5)。

(2)见图 14-68,将多片保持离合器 B2(4)装入变速器壳体内。

(3)见图 14-68,拧上两个内六方螺栓(7),将螺栓拧紧到 16N・m。

(4)如图 14-69 所示,安装弹簧垫圈(4)和离合器片组 B3(2、6)并测量离合器间隙。

①将多片保持离合器 B3 的离合器片按图中的顺序放在一起,单个插入。

②注意:用塞尺测量离合器间隙时,只能轻压离合器片组(用力小于 10N・m)。对离合器用力过大会给出不正确的读数,导致变速器故障。使用塞尺在卡环(7)和外离合器片(1)之间的 3 个点确定间隙 *L*。B3 离合器间隙应当为 1.0～1.4mm。

③如果需要,用卡环(7)调整。卡环厚度有 3.2mm、3.5mm、3.8mm、4.1mm、4.4mm 和 4.7mm。

(5)如图 14-70 所示,安装离合器 B1 之前检查离合器 B1 内毂内的 K1 离合器进油孔是否畅通。

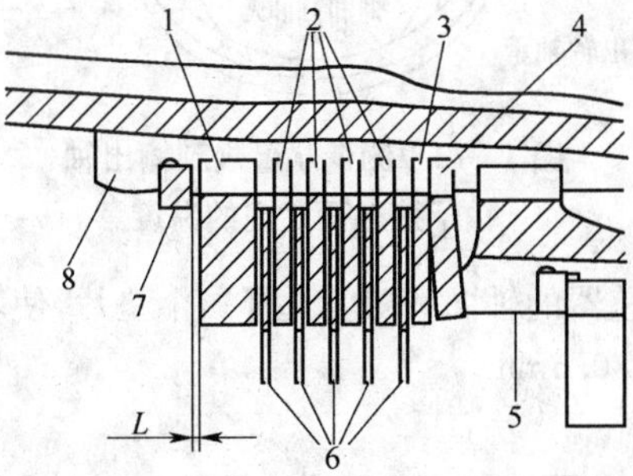

图 14-69　测量离合器 B3 间隙

1. 外离合器片－6.5mm　2. 外离合器片－1.8mm
3. 外离合器片－1.8mm　4. 弹簧垫圈　5. 活塞
6. 摩擦片　7. 卡环　8. B3 离合器片架

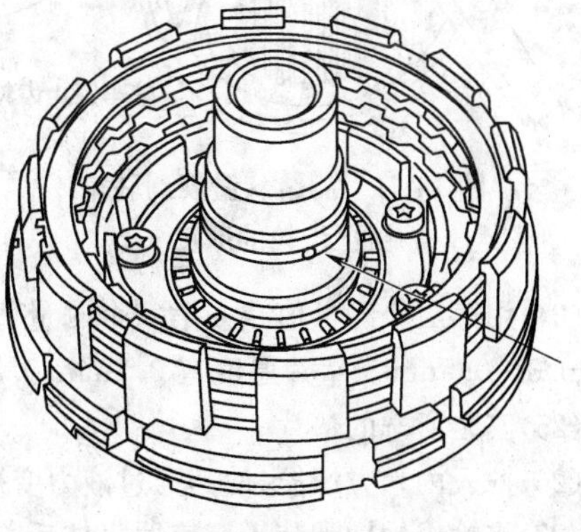

图 14-70　检查离合器 B1 内毂内的 K1 离合器进油孔是否畅通

(6)见图 14-67,中间盘(3)放在液力变矩器壳体(2)上并对正。

(7)见图 14-67,将保持离合器 B1(5)安装到液力变矩器壳体和中间盘上。离合器 B1 的安装位置与液力变矩器壳体的关系由离合器 B1 内的平头定位销(箭头处)决定。

(8)见图 14-67,装上将离合器 B1(5)固定到液力变矩器壳体的螺栓。

(9)见图 14-67,牢固地将多片保持离合器 B1(5)拧紧到液力变矩器壳体(2)上,拧紧到 10N・m。

(10)使用密封圈安装器 8902A 将新的液力变矩器毂密封圈装入油泵内。

(11)将新的油泵外 O 形圈装到油泵上。

(12)安装油泵,将油泵螺栓拧紧到 20N・m。

(13)见图 14-66,使用润滑脂,将密封圈(7)装到密封槽内,使接头保持在一起。

(14)见图 14-66,离合器 K1(1)装到 B1 离合器上。

(15)见图 14-66,同离合器 K2(6)和前行星齿轮排(1)一起安装输入轴。

(16)见图 14-66,安装前垫圈(5)和推力滚针轴承(4)。

(17)见图 14-66,连同中间和后行星齿轮排以及离合器 K3(3)一起安装输出轴。

(18)使用润滑脂,将两个橡胶密封圈装入输出轴后部的槽内,使接头保持在一起。

(19)将变速器壳体装到液力变矩器壳体上。

(20)拧入内六方螺栓,穿过变速器壳体进入液力变矩器壳体。将螺栓拧紧到 20N・m。

(21)测量驻车棘爪齿轮和带槽的滚珠轴承之间的轴向间隙，以选择正确的齿轮系轴向间隙垫片。

(22)如图14-71所示，将量规6311放到变速器壳体上。使用深度规测量从量规到驻车锁止齿轮的深度。

(23)如图14-72所示，使用深度规测量从量规6311到变速器壳体内的输出轴轴承接触面之间的深度。

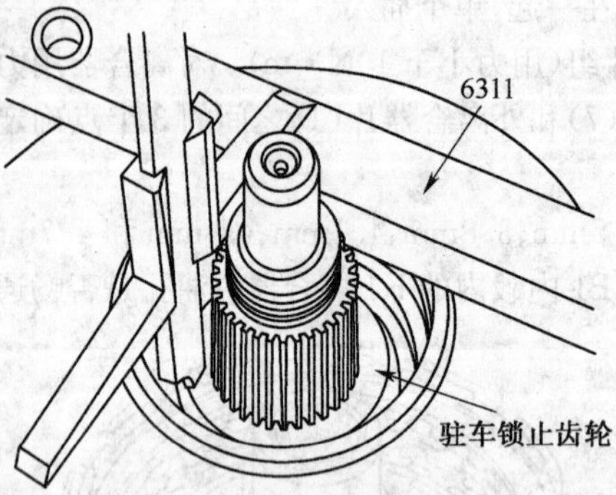

图14-71 测量从量规到驻车锁止齿轮的深度

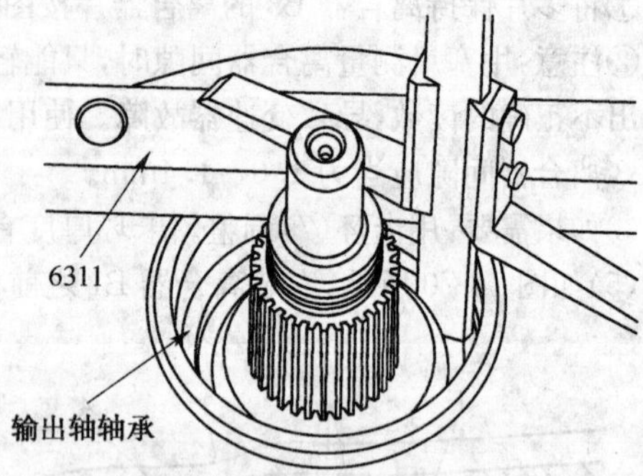

图14-72 测量从量规到输出轴轴承接触面之间的深度

(24)用第二个测量值减去第一个测量值，确定当前变速器的轴向间隙。选择一个垫片，使轴向间隙为0.3～0.5mm。垫片厚度有0.2mm、0.3mm、0.4mm和0.5mm。

(25)安装所选的垫片。

(26)拧入内六方螺栓，使其穿过液力变矩器壳体进入变速器壳体。将螺栓拧紧到20N·m。

(27)将输出轴轴承装入变速器壳体后部。使用轴承安装器9287将输出轴轴承装入变速器壳体，塑料笼的封闭端必须朝向驻车锁止齿轮。

(28)安装卡环，保证卡环正确落在环槽内。

(29)使用塞尺检查轴承和卡环之间的间隙。

(30)卡环和轴承之间应当没有间隙。如果不能安装卡环，必须使用薄一点的卡环。如果卡环和轴承之间有间隙，必须使用厚一点的卡环。卡环厚度有2.0mm、2.1mm和2.2mm。

(31)转动变速器，使后壳朝上，保证输出轴自由移动。

(32)参见图14-64，测量输入轴轴向间隙，轴向间隙应当为0.3～0.5mm，根据需要进行调整。

(33)输出轴垫圈装到输出轴上。

(34)用密封安装器8902A将新的变速器后密封装入变速器壳体。

(35)变速器置于驻车位置，准备安装输出轴螺母。

(36)将传动轴法兰装到输出轴上，安装新的法兰螺母。将螺母拧紧到120N·m。

(37)如图14-73所示，将立柱工具9078(2)和驱动手柄C-4171装到输出轴上。

(38)见图14-73，转动立柱工具9078(2)，直到定位销(3)与输出轴缺口(4)对齐。

(39)如图14-74所示，向下压立柱工具(1)，直到立柱销(3)接触到输出轴螺母法兰(2)。

(40)见图14-74，用合适的锤子敲击驱动手柄C-4171，直到输出轴螺母牢固地进入输出轴。

(41)参见图14-65，安装电子液压单元(2)，将螺栓拧紧到8N·m。

(42)参见图14-65，安装润滑油滤清器(4)。

(43)参见图14-65，安装油盘(5)。将螺栓拧紧到8N·m。

(44)参见图14-65，安装导向套(12)。

(45)如图 14-75 所示,安装液力变矩器。用比例尺和直尺检查液力变矩器落座情况。液力变矩器完全落座时,液力变矩器凸耳表面到直尺后部距离 A 应当至少为 19mm。

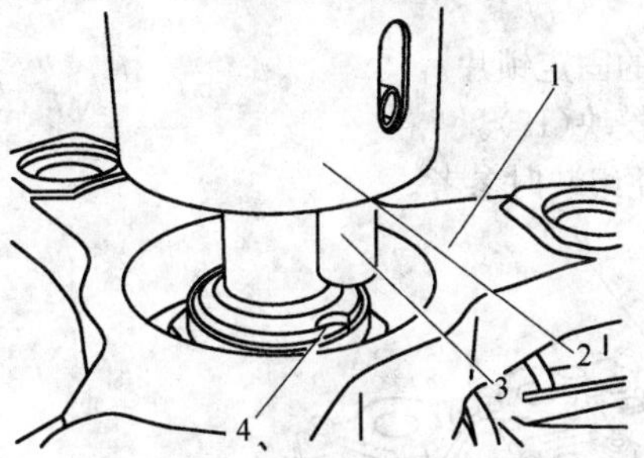

图 14-73　安装立柱工具 9078

1. 法兰　2. 9078　3. 定位销　4. 输出轴缺口

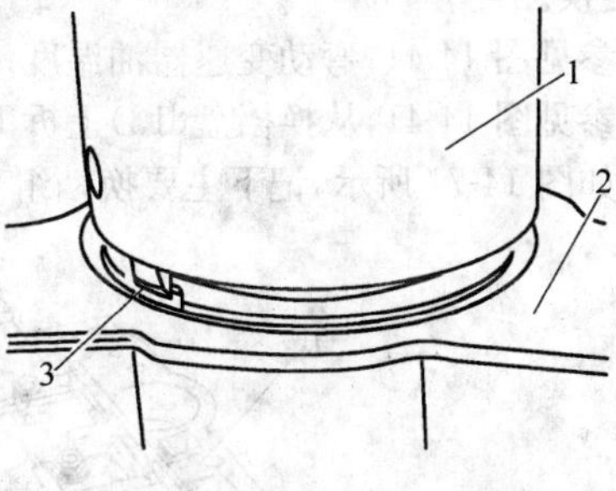

图 14-74　锁止输出轴螺母

1. 立柱工具　2. 法兰　3. 定位销

六、电子液压控制单元的拆卸

(1)参见图 14-65,拧下油盘放油塞(8)(如果装备),放掉变速器油。

(2)将换档杆移到 P 位。

(3)升起汽车。

(4)拆下将隔热罩固定到变速器的螺栓和螺钉。

(5)如图 14-76 所示,逆时针转动导向套的卡口锁,拔出 13 针插接器插头。

(6)松开导向套,从变速器壳体上拆下。

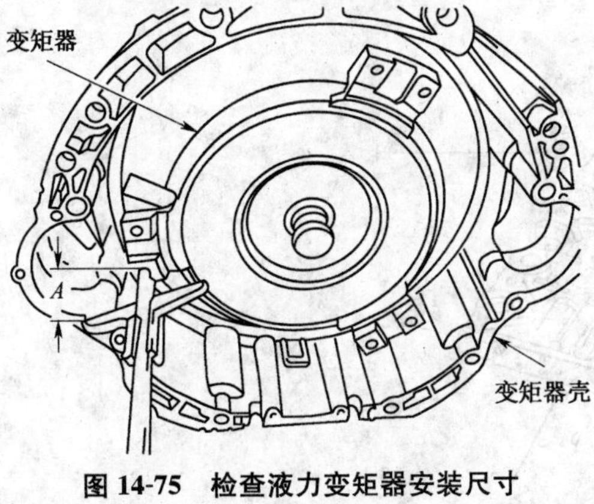

图 14-75　检查液力变矩器安装尺寸

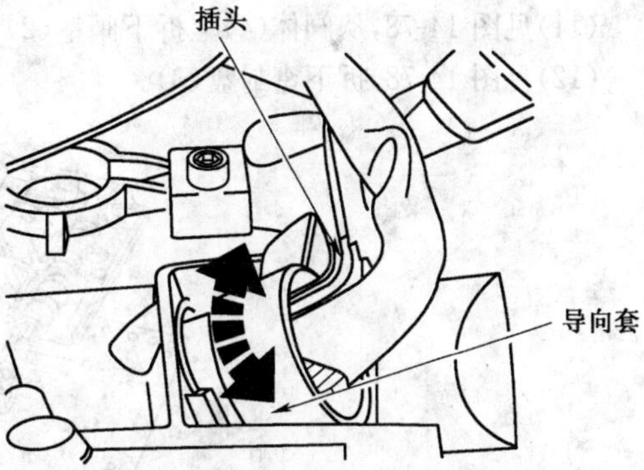

图 14-76　断开 13 针插接器插头

(7)参见图 14-65,拆下油盘(5)。

(8)参见图 14-65,拆下润滑油滤清器(4)。

(9)参见图 14-65,拧下内六方螺栓(3),拆下电子液压控制模块(2)。

七、电子液压控制单元的解体

解体注意:要充分注意换档盘的清洁,不要使用带绒毛的布,鹿皮最好。解体后,必须清洗所有零件并用压缩空气吹干。

(1)参见图 14-41,从汽车上拆下电子液压控制单元。

(2)参见图 14-41,拆下电磁阀盖(1、2)。

(3)参见图 14-41,拧下内六方螺栓(3、4)。注:注意内六方螺栓的不同长度。

(4)参见图 14-41,拆下片簧(5)。

(5)参见图 14-41,从换档盘(13)上退出电磁阀(6～11)。注:检查电磁阀上的 O 形圈是否损坏,如需要则更换。

(6)参见图 14-41,弯动变速器油温度传感器加强筋上的固定锁片。

(7)参见图 14-41,从换档盘(13)上拆下电子液压控制模块(12)。

(8)如图 14-77 所示,记下主要换档组部件的位置,以便组装时参考。

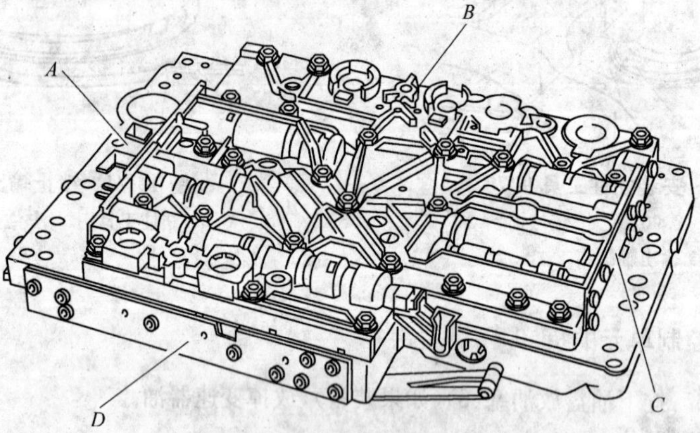

图 14-77　主要换档组部件的位置

A—操作和润滑压力调节阀及 2-3 档重叠阀　B—1-2 档/4-5 档换档组和换档阀,以及调节阀压力调节阀　C—3-4 档换档组　D—2-3 档换档组、液力变矩器离合器锁止阀和 B2 调节阀

(9)如图 14-78 所示,拧下片簧螺栓(5)。

(10)见图 14-78,拧下内六方螺栓(1)。

(11)见图 14-78,从阀体(4)上拆下阀室(2)。

(12)见图 14-78,拆下密封盘(3)。

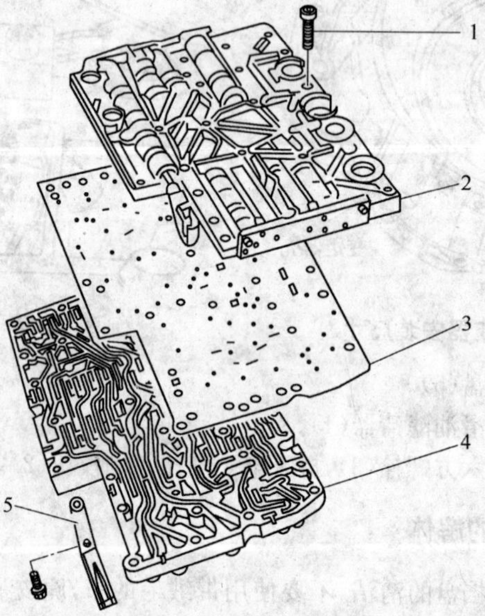

图 14-78　从阀体上拆下阀室

1. 内六方螺栓　2. 阀室　3. 密封盘　4. 阀体　5. 片簧螺栓

(13)如图 14-79 所示,从阀室拆下用于调制压力和换档压力控制电磁阀的滤网。

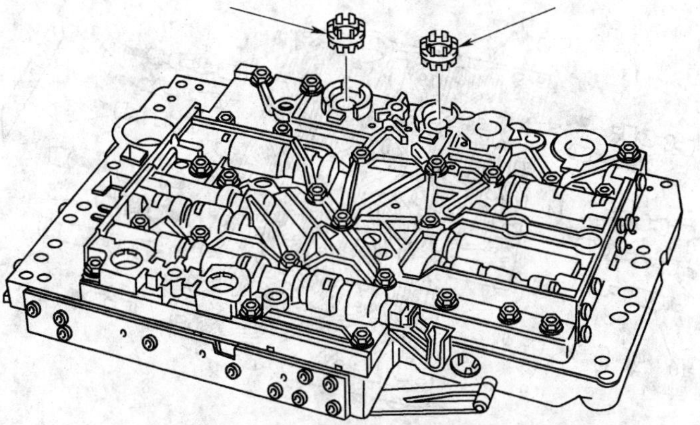

图 14-79　拆下调制压力和换档压力控制电磁阀的滤网

(14)如图 14-80 所示,拆下液力变矩器锁止控制电磁阀入口内的滤网。

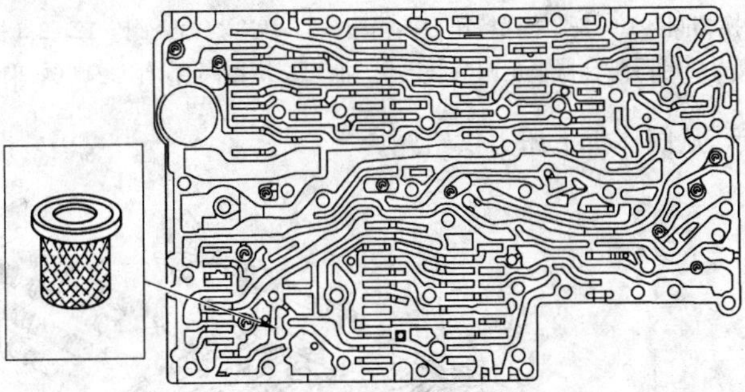

图 14-80　拆下液力变矩器锁止控制电磁阀入口滤网

(15)如图 14-81 所示,记下全部单向阀门球(1、3、4)和中心滤网(2)的位置,以便重装。拆下全部单向阀球(1、3、4)和中心滤网(2)。全部 12 个阀球位于阀体内,有 4 个塑料球和 8 个钢球。

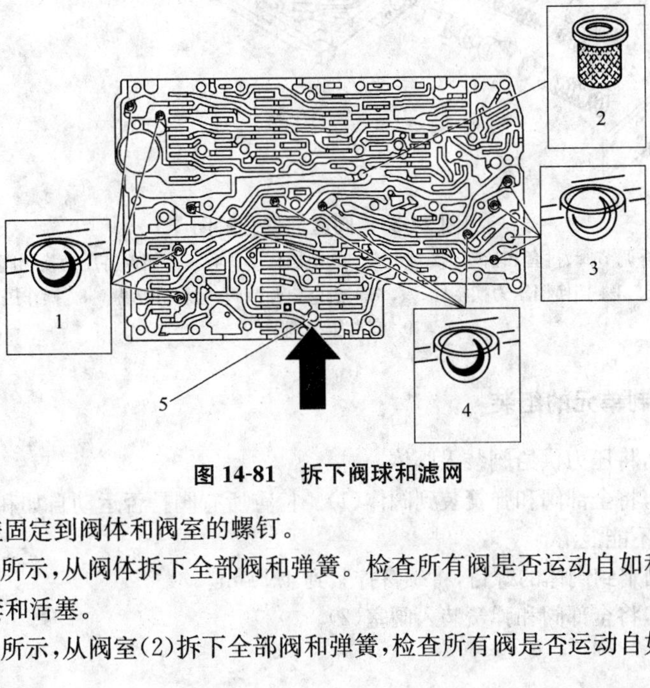

图 14-81　拆下阀球和滤网

(16)拆下将侧盖固定到阀体和阀室的螺钉。

(17)如图 14-82 所示,从阀体拆下全部阀和弹簧。检查所有阀是否运动自如和有废屑。注:不能混淆重叠调节阀的衬套和活塞。

(18)如图 14-83 所示,从阀室(2)拆下全部阀和弹簧,检查所有阀是否运动自如和有废屑。

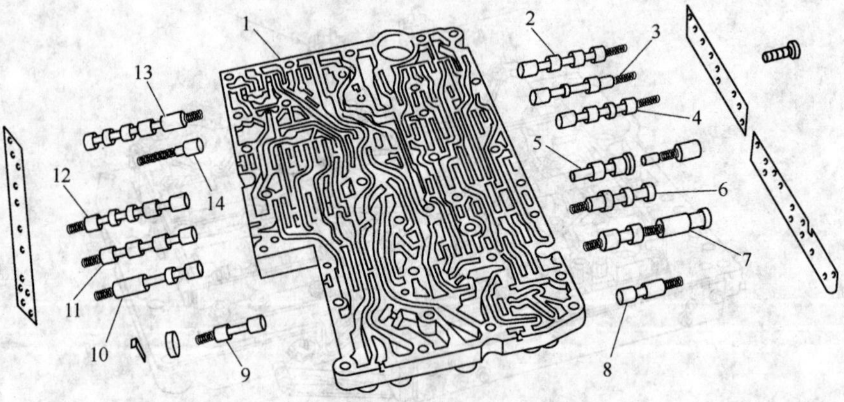

图 14-82 阀体部件分解图

1. 阀体 2. 1-2 档/4-5 档命令阀 3. 1-2 档/4-5 档保持压力换档阀 4. 1-2 档/4-5 档换档压力换档阀 5. 1-2 档/4-5 档重叠调节阀、衬套和活塞 6. 换档压力调节阀 7. 调节阀压力调节阀 8. 换档阀压力调节阀 9. B2 换档阀 10. 2-3 档保持压力换档阀 11. 2-3 档命令阀 12. 2-3 档换档压力换档阀 13. 液力变矩器离合器锁止调节阀 14. 液力变矩器离合器阻尼阀(如果装配)

(19)如图 14-84 所示,从阀体拆下压力供给阀。

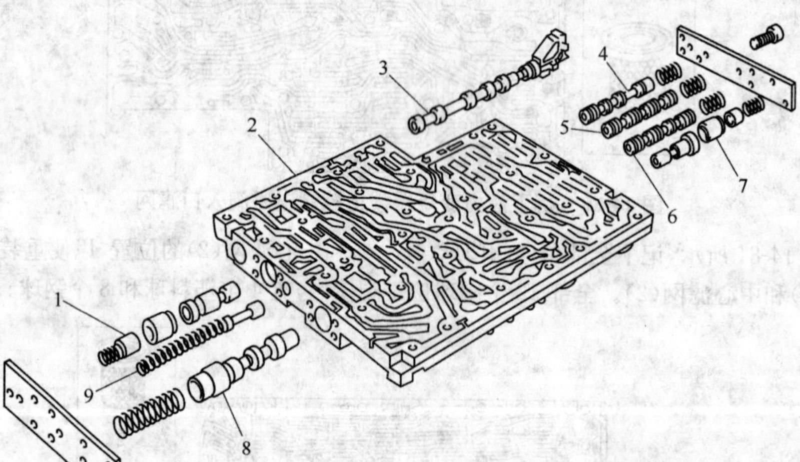

图 14-83 阀室部件分解图

1. 2-3 档重叠调节阀、衬套和活塞 2. 阀室 3. 换档杆阀 4. 3-4 档保持压力换档阀 5. 3-4 档命令阀 6. 3-4 档换档压力换档阀 7. 3-4 档重叠调节阀、衬套和活塞 8. 操作压力调节阀 9. 润滑压力调节阀

八、电子液压控制单元的组装

(1)参见图 14-84,将压力供给阀装入阀体。

(2)参见图 14-82,将全部阀和弹簧装到阀体(1)。检查所有阀是否运动自如和有废屑。注:重叠调节阀的衬套和活塞决不能混淆。

(3)装上将侧盖固定到阀体的螺钉,将螺钉拧紧到 4N·m。

(4)参见图 14-83,将全部阀和弹簧装入阀室(2)。

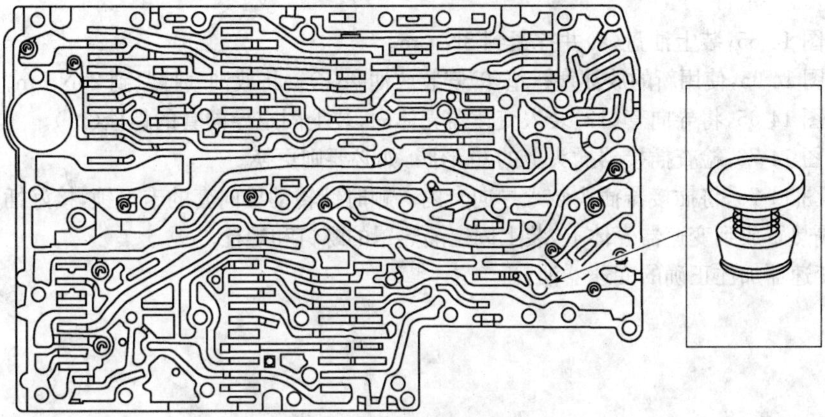

图 14-84　拆下压力供给阀

(5)装上将侧盖固定到阀室的螺钉。将螺钉拧紧到 4N·m。

(6)参见图 14-81,安装全部阀球(1、3、4)和中心滤网。

(7)参见图 14-80,将滤网装到液力变矩器锁止控制电磁阀入口内。

(8)参见图 14-78,将密封盘(3)放到阀体(4)上。

(9)参见图 14-78,将阀室(2)装到阀体(4)和密封盘(3)上。

(10)参见图 14-78,装上换档盘内六方螺栓(1)。将螺栓拧紧到 8N·m。

(11)参见图 14-78,装上片簧(5)。

(12)参见图 14-79,将用于调制压力和换档压力控制电磁阀的滤网装到阀室内。

(13)参见图 14-41,将电子液压控制模块(12)装到换档盘(13)上。

(14)参见图 14-41,弯动变速器油温度传感器加强筋上的固定锁片,以固定电子液压控制模块。

(15)参见图 14-41,将电磁阀(6～11)装入换档盘(13)。注:检查电磁阀上的O形圈是否损坏,如必要则更换。

(16)参见图 14-41,装上片簧(5)。

(17)参见图 14-41,装上内六方螺栓(3、4)。将螺栓拧紧到 8N·m。注:注意内六方螺栓的不同长度。

(18)参见图 14-41,装上电磁阀盖(1、2)。

(19)参见图 14-41,将电子液压控制单元装入汽车。

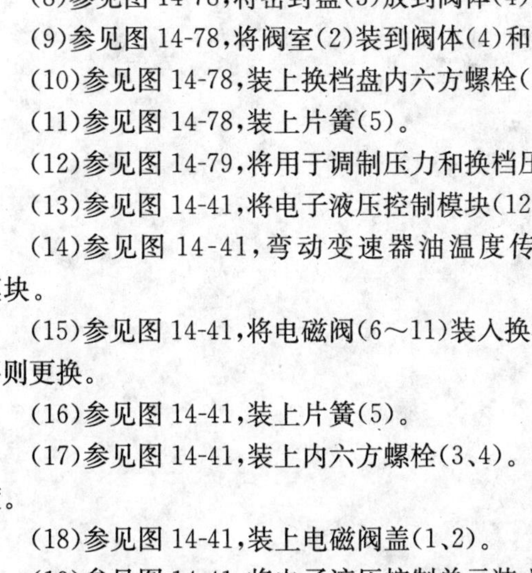

图 14-85　接合换档杆阀与锁止盘

1. 换档杆阀　2. 锁止盘

九、电子液压控制单元的安装

(1)将电子液压控制单元放在变速器壳体内。

(2)如图 14-85 所示,将换档杆阀(1)插入锁止盘(2)的驱动器内。当在变速器壳体内安装电子液压控制模块时,换档杆阀(1)的塑料零件必须接合在锁止盘(2)的驱动器内。

(3)参见图 14-65,装上内六方螺栓(3)并拧紧到 8N·m。

(4)参见图 14-65,安装新的润滑油滤清器(4)。

(5)参见图 14-65,装上油盘(5)并拧紧到 8N·m。

(6)参见图 14-65,使用新的放油塞衬垫(9)安装放油塞(8)。将放油塞拧紧到 20N·m。

(7)参见图 14-65,将导向套(12)装入变速器壳体内,装上固定导向套的螺栓(11)。

(8)参见图 14-76,检查插接器插头上的O形圈,如必要则更换。

(9)参见图 14-76,将插接器插头装入导向套内。顺时针转动导向套的卡口锁,接好插头。

(10)将隔热罩放到变速器壳体上,装上固定隔热罩的螺钉和螺栓。

(11)给变速器加注正确的变速器油。